XI' AN UNIVERSITY OF SCIENCE AND TECHNOLOGY

校 史

(1958~2018)

主编 周孝德

中国矿业大学出版社

China University of Mining and Technology Press

图书在版编目(CIP)数据

西安科技大学校史(1958～2018)/周孝德主编. —
徐州:中国矿业大学出版社,2018.7
ISBN 978 - 7 - 5646 - 4059 - 0

Ⅰ.①西… Ⅱ.①周… Ⅲ.①西安科技大学—校史—
1958—2018 Ⅳ.①G649.284.11

中国版本图书馆 CIP 数据核字(2018)第 166869 号

书　　名	西安科技大学校史(1958～2018)
主　　编	周孝德
副 主 编	樊建武　陈春林　朱旭风　郭连江　王孝云
责任编辑	王德福　黄本斌　何晓明　史凤萍　徐　玮　陈　慧　李　敬
出版发行	中国矿业大学出版社有限责任公司
	（江苏省徐州市解放南路　邮编 221008）
营销热线	(0516)83885307　83884995
出版服务	(0516)83885767　83884920
网　　址	http://www.cumtp.com　E-mail:cumtpvip@cumtp.com
印　　刷	江苏苏中印刷有限公司
开　　本	880×1230　1/16　总印张 65.75　总彩页 32　总字数 1945 千字
版次印次	2018 年 7 月第 1 版　2018 年 7 月第 1 次印刷
定　　价	260.00 元

（图书出现印装质量问题,本社负责调换）

西安科技大学校史 (1958~2018)

1958~2018
六十周年校庆

历史沿革

2017 ← 整合陕西理工学校

2003 更名西安科技大学

1999 更名西安科技学院

1958 西安矿业学院成立 — 以交通大学(西安)采矿系、地质系及部分基础课部师资为基础，独立建校

1957 交通大学（西安）采矿系

采油专业调出 ← **1955**

1953 ← 甘肃工业专科学校采矿科调入

冶金组调出至北京钢铁学院 矿冶工程学系改名采矿系 ← **1952** ← 山西大学采矿系调入

1950 西北工学院 矿冶工程学系

北洋工学院、焦作工学院 部分复员
国立西北工学院迁校咸阳 ← **1946**

1938 国立西北工学院 矿冶工程学系 ← 私立焦作工学院 采矿冶金科（1909年创办）
北洋工学院 矿冶工程学系（1895年创办）

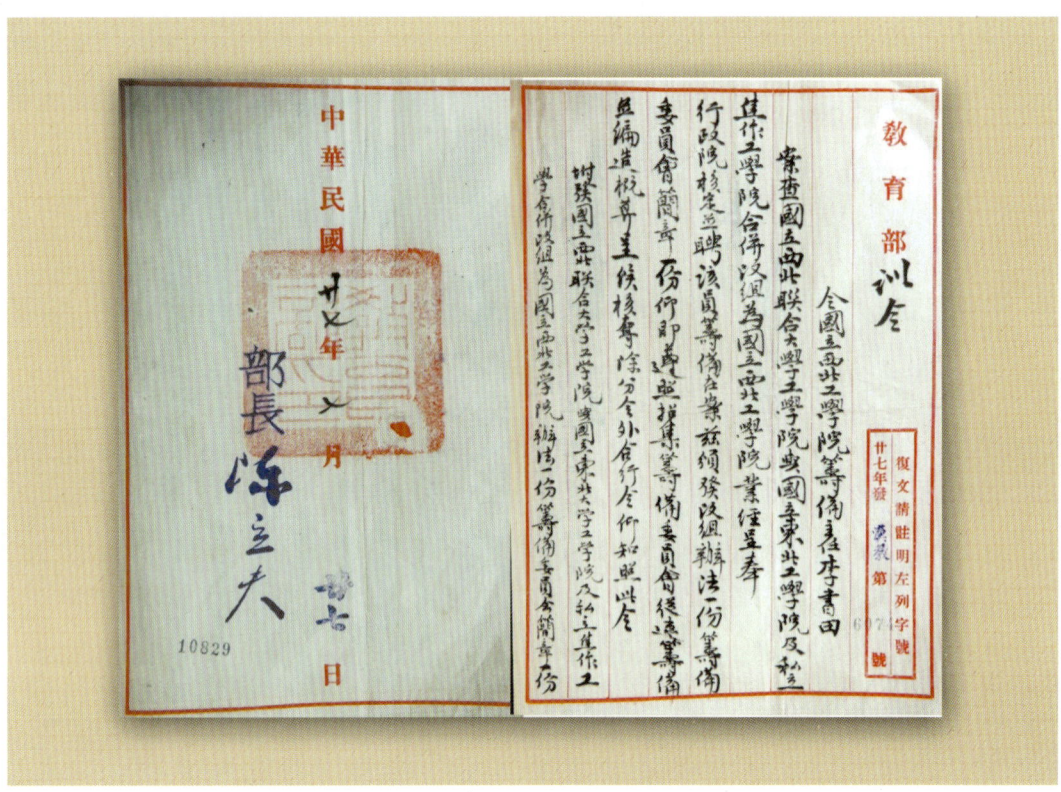

成立国立西北工学院的训令

国立西北工学院校貌（古路坝）

北洋工学院教学大楼旧址

焦作工学院工程馆旧址

国立西北工学院古路坝旧址

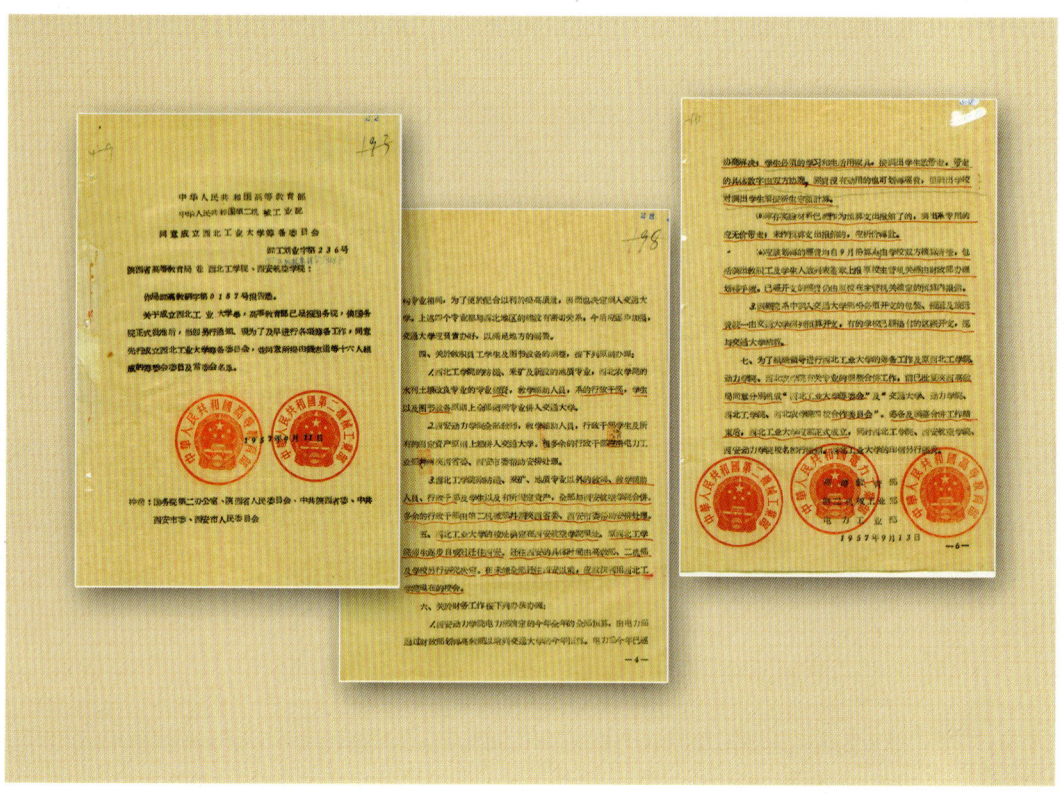

教育部、二机部关于成立西北工业大学，西北工学院采矿系及新设的地质专业调入
交通大学（西安）的文件

交通大学（西安）校门（1958~1960）

1958~2018
六十周年校庆

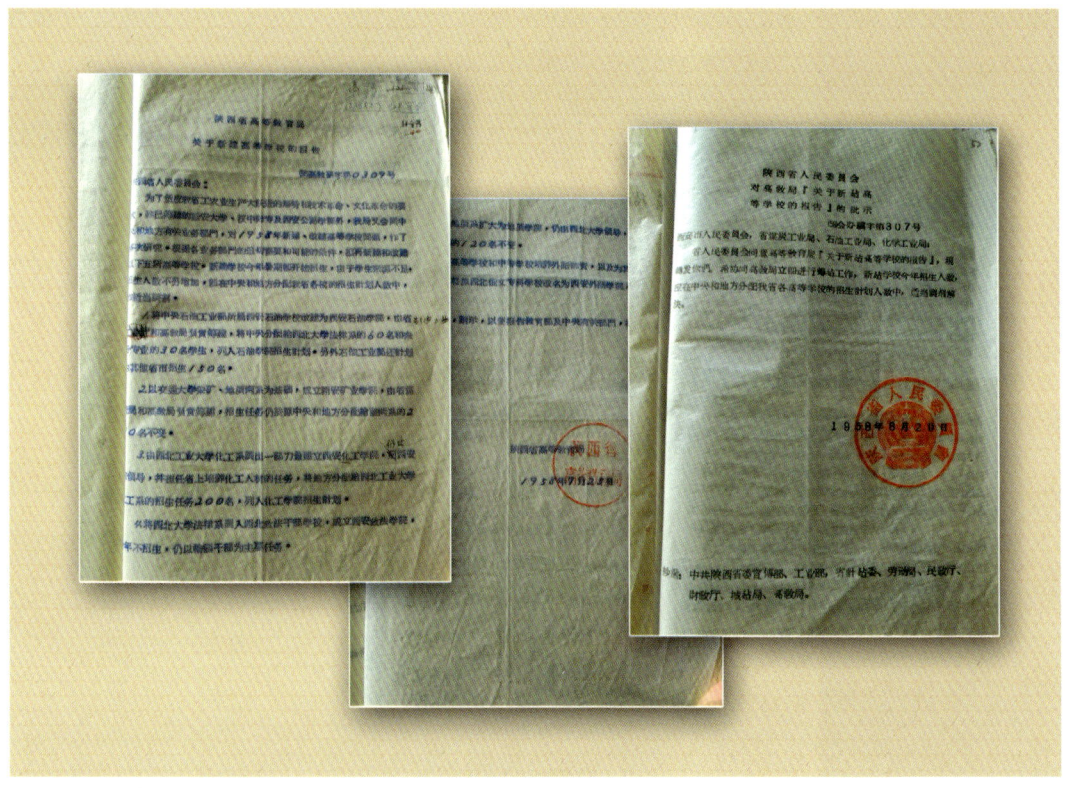

陕西省高等教育局关于成立西安矿业学院等高校的报告和陕西省人民委员会的批示

1958年西安矿业学院大门（吉祥村）

20世纪60年代西安矿业学院大门

20世纪80年代西安矿业学院大门

1999年，更名西安科技学院

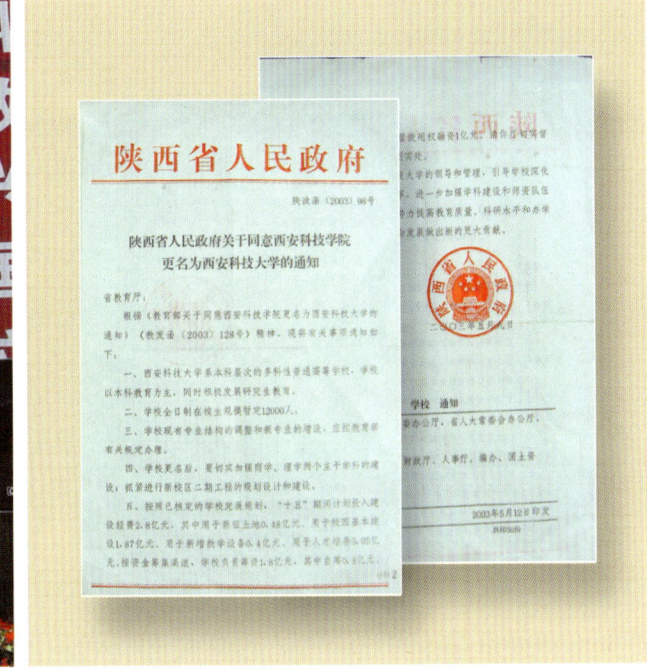

2003年，更名西安科技大学

西安科技大学雁塔校区北院大门

西安科技大学临潼校区骊山校园大门

搭载"神舟十号"飞船遨游太空的校旗

建校50周年庆祝大会

1998年，学校获得博士学位授予权

2012年9月，研究生院揭牌

2014年9月，陕西省人民政府、国家安全生产监督管理总局共建西安科技大学签字仪式

1958~2018
六十周年校庆

历任领导

何能
西安矿业学院党委副书记、
副院长（1958~1979）
西安矿业学院副院长
（主持工作）（1958~1961）

罗沛
西安矿业学院党委书记
（1965~1983）
西安矿业学院院长
（1965~1979）
（1981~1983）

李树荣
西安矿业学院院长
（1979~1981）

肖继彦
西安矿业学院党委书记
（1983~1987）

郝耀
西安矿业学院院长
（1961~1965）

王学文
西安矿业学院院长
（1983~1987）
西安矿业学院党委书记
（1987-1990）

赵文杰
西安矿业学院院长
（1987~1995）

徐子善
西安矿业学院党委书记
（1990~1997）
西安矿业学院院长
（1995~1999）
西安科技学院院长
（1999~2000）

王斗虎
西安矿业学院党委书记
（1997~1999）
西安科技学院党委书记
（1999~2003）
西安科技大学党委书记
（2003~2006）

常心坦
西安科技学院院长
（2000~2003）
西安科技大学校长
（2003~2006）

苏三庆
西安科技大学校长
（2006~2013）

刘德安
西安科技大学党委书记
（2006~2017）

杨更社
西安科技大学校长
（2013~2017）

现任领导

周孝德
西安科技大学党委书记（2017~）

蒋林
西安科技大学校长（2017~）

团结奋进的校领导班子

左起：来兴平（副校长）李树刚（副校长）胡巍（党委副书记）李明（党委副书记）周孝德（党委书记）
蒋林（校长）樊建武（党委副书记）张威虎（副校长）王贵荣（副校长）黄英维（总会计师）

西安科技大学校史 (1958~2018)

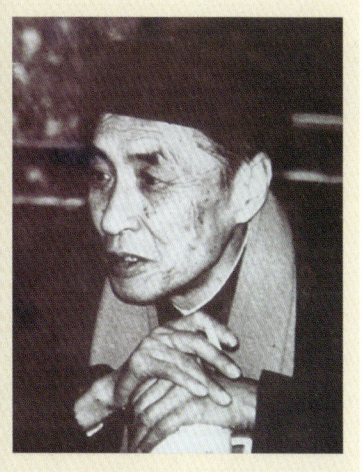

侯运广（1916~1984）
1958年建校时采矿系主任，教授

袁耀庭（1917~1993）
1958年建校时地质系主任，教授

谭宗尧（1907~1987）
1958年建校时采矿系矿山机电
专业教授

王双明 中国工程院院士，1977
年地质系煤田地质专业毕业，我
校地质学科带头人

魏悦广 中国科学院院士，我校
1977级校友

何 琳 中国工程院院士，我校
1977级校友

邓 军 1996年采矿工程系毕业，"长江学者"
特聘教授

来兴平 1993年采矿工程系毕业，"长江学者"
特聘教授

大型多功能立式支架实验台

反力墙-条形实验台系统

省重点实验室
——煤粉与气体爆炸防控实验室

陕西省实验教学示范中心
——工程训练中心

地质博物馆

2004年，学校在本科教学工作水平评估中获得优秀等级

2017年，学校通过教育部本科教学工作审核评估

2010~2017年，学校土木工程等7个专业通过中国工程教育专业认证（评估）

青年教师培养

课堂教学

实践教学

学科专业竞赛

"挑战杯" 全国大学生课外学术科技作品竞赛

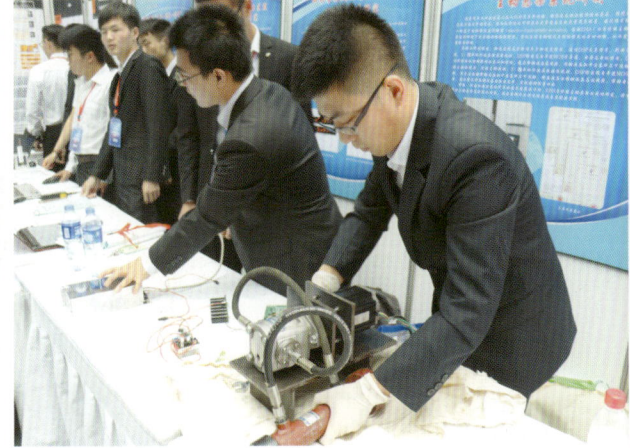

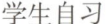

学生自习

国防生培养

陕西省第二届"丝绸之路青年学者论坛"西安科技大学分论坛

第三届岩石力学国际会议

学校董事会成立暨第一次全体董事大会

2003~2017年获国家科学技术进步奖6项

校企合作 社会服务

学校第十次党代会

学习贯彻党的十九大精神专题研讨班

校领导赴长武县芋元村开展精准扶贫对接工作

组织统战成员参观抗战胜利70周年图片展

老同志趣味运动会

学校第六届教代会第七次会议

大学生社会实践

升国旗仪式

校园文化活动

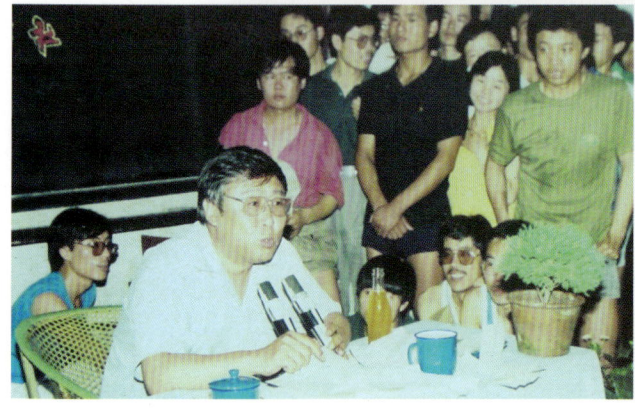

春季运动会

教工文体活动

国际交流与合作

留学生学习

1958~2018
六十周年校庆

校园景观

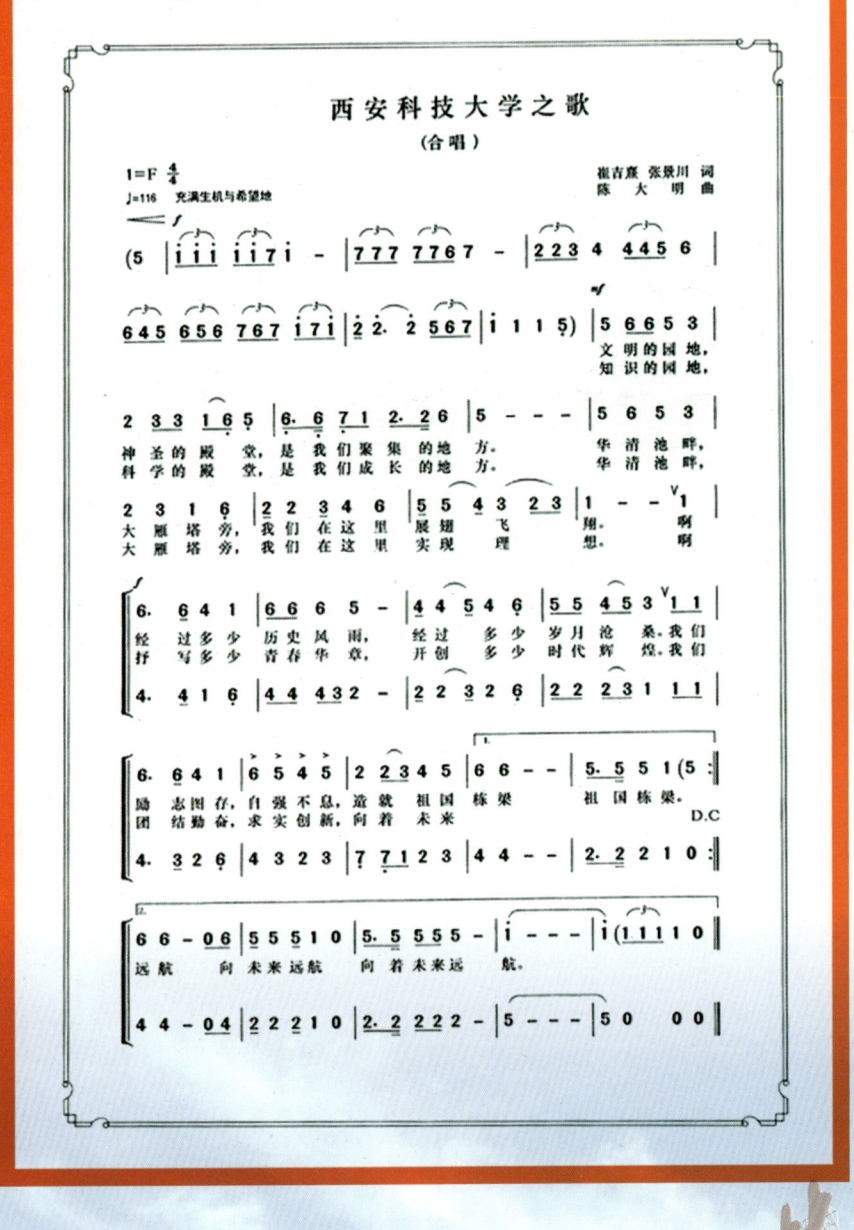

参与《西安科技大学校史》编写的人员

（按姓氏笔画排序）

卫晓君	马 天	马 毅	马军卫	王 刚	王 悦	王 鸽
王 媛	王文涛	王生全	王国勇	王学礼	计 宏	叶万军
田 楠	田水承	田俊峰	付周兴	白生宝	冯永财	宁晓晴
邢皓越	朱 明	任乃艳	任建勋	华 强	刘训明	刘光林
问西玲	孙 涛	孙再罗	孙丽梅	孙晓娜	孙逸辉	孙联社
孙德权	苏陆岭	苏晓亚	杜美利	李 波	李 勇	李 琳
李 强	李大畏	李朋林	李建明	李栋樑	李绥波	杨 华
杨忠民	杨建涛	杨惠珺	来俊文	肖 阳	肖大为	吴 乐
吴晓明	何 静	宋 洁	张 剑（学科办）		张 剑（通信）	
张 萌	张向荣	张玮屹	张金来	张建奇	张振中	陈俊杰
尚长春	罗 珍	孟凡静	赵 京	赵 亮	赵 涛	赵兵朝
赵建会	赵晓强	胡安辉	南涛涛	祝少辉	郭 鹏	郭小平
曹 悦	曹 鸿	曹现刚	崔志林	梁 宏	梁 钰	隋春侠
韩旭鹏	翟承旭	潘 昊	薛旭升	戴 俊	戴开文	魏 颖

序

　　盛世修史,资政育人。值此办学 123 年和独立建校 60 周年之际,《西安科技大学校史(1958～2018)》付梓问世,这对学校记录史实、回顾历程、总结经验、开创未来都具有重要的意义。

　　百年薪火,弘扬光大。西安科技大学的办学历史可追溯到 1895 年创建的天津北洋西学学堂和 1909 年创建的焦作路矿学堂,积淀了我国近代高等教育史上最早的一批矿业、地质类学科精华。1958 年 9 月 15 日,以交通大学(西安)采矿系、地质系及基础课部部分师资与设备为基础独立办学,成立西安矿业学院。1999 年 6 月 9 日更名为"西安科技学院"。2003 年 4 月 16 日更名为"西安科技大学"。60 年来,几代西科人弘扬传统、艰苦奋斗、求真务实、开拓创新,在人才培养、科学研究、社会服务、文化传承创新及国际交流合作等方面均取得了显著的成就。目前,学校已发展成为一所文化底蕴深厚、地矿安全特色鲜明、人文学术氛围浓郁并在海内外有良好声誉的高水平教学研究型大学。

　　西安科技大学因煤而生、依煤而兴,与祖国煤炭工业同呼吸、共命运。60 年来,在原煤炭工业部和陕西省委、省政府的正确领导下,学校始终立足西部、面向全国、服务地矿相关行业及地方经济与社会发展,弘扬"励志图存,自强不息"的学校精神,秉承"祖国利益高于一切"的校训和"团结、勤奋、求实、创新"的优良校风,先后培养了 13 万余名具有"基础厚实、作风朴实、工作扎实、为人诚实、勇于创新"的高水平工程技术人才,产出了一大批高水平科研成果,学科综合实力跃居省属院校前列,成为我国西部矿业、安全科技与教育的摇篮和高地,为煤炭工业和区域经济社会发展做出了重要贡献。

　　当前,中国特色社会主义进入新时代,陕西省正在加快建设西部经济强省的追赶超越步伐。希望西安科技大学全体师生全面学习贯彻党的十九大精神,以习近平新时代中国特色社会主义思想为指导,抢抓发展机遇,强化特色优势,努力引领地方科技产业发展走向,在陕西省奋力谱写新时代追赶超越新篇章的伟大历程中扮演重要角色、发挥重要作用;希望西安科技大学全体师生主动适应经济社会和高等教育发展新形

势,以落实立德树人为根本,以实现高质量发展为目标,以深化教育改革为抓手,以高层次人才队伍建设为突破口,不驰于空想,不骛于虚声,真抓实干、爬坡过坎、敢为人先,不断加快追赶超越的步伐,为区域经济社会和行业发展做出新的更大贡献。

以史为鉴,继往开来。西安科技大学组织专人编写了这部校史,内容丰富翔实,全面记录了学校 60 年来的发展全貌,总结了学校的发展成就,彰显了学校的办学特色。前事不忘,后事之师。铭记前人艰苦创业的奋斗历程,更能激励后人继续前行。我衷心希望西安科技大学以建校 60 周年为新的起点,在中国特色社会主义的新时代,深化改革、创新发展,全力推进"一流大学、一流学科"建设事业,为把学校建设成为国内一流的特色鲜明的高水平教学研究型大学而不懈奋斗。

2018 年 6 月

目　　录

第二篇 深化改革 开拓前进(1988～1998)

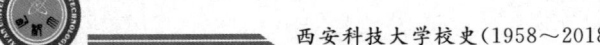

第五篇　学　院　篇

概　述

西安科技大学是一所高教历史悠久、文化底蕴深厚、综合实力较强、学术氛围浓郁,具有博、硕士学位授予权和国家重点学科,在海内外有良好声誉的、特色鲜明的高水平教学研究型大学。

学校是以 1895 年创立的天津北洋西学学堂的矿务学和 1909 年创办的焦作路矿学堂采矿冶金科为历史渊源,以 1938 年合并成立的国立西北工学院(西北工学院)矿冶工程学系为前身,以交通大学(西安)的采矿系、地质系(含新设立的矿山机电专业)及部分基础课师资与设备等为基础,以"西安矿业学院"为校名于 1958 年在西安创立的,隶属于煤炭工业部,时任中国科学院院长郭沫若先生题写了校名。1998 年 8 月,国务院决定将学校划转陕西省,实行"中央与地方共建,以地方管理为主"。经教育部和陕西省政府批准,1999 年 6 月更名为"西安科技学院",2003 年 4 月更名为"西安科技大学"。2000 年,学校创办临潼校区。2017 年,整合陕西理工学校。

学校基本形成了一校两区(雁塔校区、临潼校区)的格局。占地面积 121.52 万平方米,设有研究生院和 19 个学院(部)。雁塔校区与举世闻名的大雁塔相伴,邻接大雁塔北广场,环境优美。临潼校区与闻名遐迩的华清池为邻,屹立于骊山脚下,环抱于世界级人文和自然景观之中。经过多年发展,学校成为原国家安全生产监督管理总局和陕西省人民政府共建高校、教育部卓越工程师教育培养计划实施高校、国家建设高水平大学公派研究生项目实施高校、国家特色重点学科项目实施高校、国家中西部高校基础能力建设工程实施高校、陕西省高水平大学建设高校。学校先后获得陕西省"文明校园"、"平安校园"和西安市"园林化单位"等称号。

60 年来,学校的发展大体经历了四个重要历史时期:创业维艰,曲折发展;深化改革,开拓前进;抢抓机遇,建设知名大学;强化内涵,建设高水平教学研究型大学。这四个重要历史时期又包含了以下六个特殊阶段。

(1)第一阶段,筹建和初创发展(1958 年 6 月～1966 年 5 月)

西安矿业学院宣告成立后即进入了艰苦创业阶段,选调配备干部,组建学院及各级领导班子,党政工团组织机构相继建立。同时,学院调入一批中青年教师,开始摸索办学经验,组织师生投入了特定历史条件下的"教育改革"和"教育革命",参加了"大炼钢铁""左"的指导思想下的错误实践;进行了与西安煤矿学校,陕西煤炭干部学校短暂的合并。在贯彻党中央"调整、巩固、充实、提高"的八字方针和高教"六十条"后,学院初步总结了"教育改革"正反两个方面的经验,及时对学院进行了整顿,着力抓了基础课师资、实验室、图书资料基础建设;同时注意纠正全盘学习苏联的教条主义倾向,开展甄别平反和落实知识分子政策工作,注重对学生进行专业思想教育,开展了"学雷锋"及"学习焦裕禄、王杰、冯玉萍"等英雄人物和学习人民解放军的活动。学院重视和加强实践教学环节,组织师生下矿区,参加生产实习,进行了"真刀真枪"的毕业设计的探索,取得了明显的效果。因有前期的办学经验和基础条件,全院教职工、学生服从大局,齐心协力,建院工作顺利完成,教学质量逐步提高,科研工作开始起步,各项工作开始走上正轨,学院进入了生机勃勃的发展阶段。

(2)第二阶段,十年"文化大革命"(1966 年 6 月～1976 年 10 月)

这一阶段,全党、全国人民处于中华人民共和国成立以来最困难的时期,社会主义建设事业受到了极其严重的摧残和破坏,教育战线更是重灾区。学院党团组织基本陷入了瘫痪,正常教学秩序被冲乱,师资、干部队伍遭到了极大破坏,一大批干部、知识分子受到了错误批判,身心健康受到摧

残,造成了中华人民共和国成立以来历次政治运动中最多的冤、假、错案,学院被迫停止招生6年之久。在此阶段,学院被迫疏迁陕西韩城,教学设备损坏严重,大批师资流失,原学院校舍和规划内的土地被占,给学院之后的发展造成了难以弥补的损失。但广大教职工(包括受打击和迫害的人),绝大多数都没有动摇热爱祖国、拥护共产党、拥护社会主义的立场,他们不为种种倒行逆施所屈服,逐步提高了认识,对"文化大革命"采取观望以至抵制的态度,使其破坏力受到一定程度的限制。同时,根据周总理和邓小平等中央领导同志的正确指导和部署,在特定历史条件下进行了一定限度的教学、科学研究等工作,取得了一定成绩。

(3)第三阶段,拨乱反正与新的发展(1976年11月～1987年12月)

粉碎"四人帮"以后,学校开展了揭批查斗争,经过拨乱反正,平反纠正冤、假、错案,落实了知识分子政策,特别是党的十一届三中全会以后,党的各项政策全面落实,调动了广大师生员工的积极性,从思想上、组织上进行了整顿,顺利完成了学校工作重点向教学、科研的转移,学院工作开始出现转机并进入了新的发展阶段。学院贯彻中共中央关于教育体制改革的决定精神,开始进行教学和其他方面的改革,师资队伍建设、干部队伍结构、专业设置、教材建设、实验技术设施、研究生培养、国内外学术交流与合作、思想政治工作及统一战线工作、基本建设等,取得了明显的成绩。经过整顿,学院的组织自身建设得到加强,学院的办学能力有了较大提高,面貌开始发生较大变化。这一阶段是学院得以集中全力抓教育的重要时期,为振兴学院打下了必要的基础。

(4)第四阶段,深化改革,开拓前进(1988年1月～1998年7月)

这10年,是学院高举邓小平建设有中国特色社会主义理论伟大旗帜,坚持党的"一个中心、两个基本点"的基本路线,坚持社会主义办学方向,全面贯彻执行党的教育方针,加强党的领导,搞好党的建设,学院面貌发生了新的变化的10年。在这一阶段,学院始终把教学工作放在学院工作的中心位置上,深化教学改革,加强教学管理,整顿教学秩序,坚持不懈地抓教风和学风建设,教学质量有了显著提高,取得了满意的效果。1994年国家教委对陕西16所工科院校的高等数学、大学物理进行统考,我校大学物理平均成绩86.64分,全省平均76.20分,其中重点院校平均81.15分,一般院校平均71.25分;我校高等数学平均成绩90.38分。1997年全国英语四级考试中97级学生英语四级通过率达到62.9%,高出全国平均通过率8.1个百分点,其中建工系95级本科生英语四级通过率达到96.4%。学校在管理体制、专业设置、教学内容、课程体系及教学方法、财务管理、后勤社会化改革等方面,进行了一系列的探索和改革,保持适度发展规模,重点充实内涵,加强学科建设、师资队伍、干部队伍建设、实验室建设、院内基本设施建设,取得了可喜的成就。学院始终坚持"勤奋、求实、团结、献身"的八字校训指导全院工作。在创建文明校园建设和"教书育人、管理育人、服务育人"的活动中,激发了教职工和学生热情,整个校园出现了生气勃勃的新气象。

(5)第五阶段,抢抓机遇,建设知名大学(1998年8月～2008年)

在陕西省委、省政府的正确领导和大力支持下,学校高举邓小平理论和"三个代表"重要思想伟大旗帜,全面贯彻党的教育方针,认真落实科学发展观,抢抓教育深化改革的机遇,与时俱进,坚持"四个一"的工作思路,坚持规模、质量、结构、效益协调发展的原则,确立了"质量立校、特色兴校、人才强校"的发展思路,提出了构建和谐校园的重要任务。这一阶段,学校扩大了办学规模;扩展了专业设置;获得了博士授予权,增加了博士、硕士授予权的数量;教学质量得到进一步提高。2004年进行的本科教学工作水平评估被教育部评为优秀。这一阶段,学校学科建设成绩显著,科学研究得到了快速发展,师资队伍明显加强,结构更加合理;国际合作有了新的发展;办学条件得到了极大改善,临潼新校区一期建设结束并投入了使用,二期建设正在进行实施,三期规划已经开始,老校区改造进展顺利;实现了学校两次更名,特别是西安科技大学的挂牌提升了学校的规格和品位,社会影响显著提高,生源数量与质量接近重点大学。这一阶段,校党委始终用"发展是第一要务,稳定是第一责任"的思想教育广大干部和党员,特别是通过先进性教育活动,进一步提高了各级领导班子的

治校能力。充分发挥了党员、团员和各民主党派及离退休人员爱校建校的积极性,团结带领全体师生员工发扬"励志图存、自强不息"的胡杨精神,进行了学校发展史上艰苦而辉煌的二次创业,有力保障了学校教育事业的快速健康发展。

(6)第六阶段,强化内涵,建设高水平教学研究型大学(2008～2018年)

在上级组织的正确领导下,学校高举中国特色社会主义伟大旗帜,以马克思列宁主义、毛泽东思想、邓小平理论、"三个代表"重要思想、科学发展观、习近平新时代中国特色社会主义理论为指导,紧紧围绕"五位一体"总体布局和"四个全面"战略布局,牢固树立"五大发展"理念,围绕"五个扎实"要求,坚持"围绕中心抓党建、抓好党建促发展",坚持"强化内涵、优化结构、彰显特色、打造品牌、全面提升办学水平"的发展思路,卓有成效地开展了创先争优活动、党的群众路线教育实践活动、"三严三实"专题教育和"两学一做"学习教育。这一阶段,学校强化内涵、深化改革、依法治校、砥砺前行,办学实力显著增强,办学水平不断提升,办学影响日益扩大,管理体制不断完善,民生福祉大幅改善,党的建设全面加强。学校教职工共同努力,清偿全部银行贷款8.47亿元;新建了一批教学实验楼,新增了一批教学实验设备;学科水平取得新的跃升,安全科学与工程学科在全国第四轮学科水平评估中进入 A 类;人才培养质量不断提高,人才队伍质量显著提升;挂牌成立了研究生院,获得第十一届世界矿山通风大会举办权;在煤炭开采、矿山事故救援、煤矿机电装备智能化等方面取得了一批标志性成果,获得国家科技进步二等奖 3 项;国际国内合作取得新的发展,与美国、英国 3 所高校合作开展本、硕连读项目,与 8 所美国高校合作开展本科双学位和硕士双学位项目,与澳大利亚 2 所高校合作办学;教职工住房条件较大幅度改善,教职工收入实现逐年较大幅度增加。学校第十次党代会确定了"三步走"发展战略,吹响了建设国内一流的、特色鲜明的高水平教学研究型大学的前进号角。

60 年来,随着社会主义祖国的曲折发展和进入中国特色社会主义新时代,几代西科(矿)人发扬"励志图存、自强不息"的胡杨精神,扎根西部、爱国奉献、弘扬传统、求真务实、团结拼搏、不断创新,将人才培养、科学研究、社会服务、文化传承创新及国际交流合作紧密结合,使学校发展成为我国西北矿业、安全科技与教育的摇篮与高地,一所文化底蕴深厚、地矿特色鲜明、学术氛围浓郁并在海内外有良好声誉的高水平教学研究型大学,不仅为煤炭行业和地方经济的发展做出了卓越的贡献,也使学校的面貌发生了巨大的变化。

一、学校规模不断扩大

1958 年建校初期在校生 452 人,其中本科生 408 人,专科生 44 人;1988 年在校生 2 282 人,其中本科生 1 885 人,专科生 310 人,研究生 87 人;1998 年在校生 5 043 人,其中本科生 3 563 人,研究生 123 人,专科生 52 人,函授生 1 305 人;2003 年 4 月更名大学时各类在校生 14 270 人,其中研究生 611 人,本科生 10 121 人,专科生 598 人,函授生 2 940 人;2008 年 6 月各类在校生 28 140 人,其中博、硕士研究生 2 144 人,本、专科生 17 706 人,成教生 6 290 人;2018 年 4 月各类在校生 36 822 人,其中博、硕士研究生 4 759 人,本科生 19 414 人,成教生 12 649 人。

二、专业设置大幅增加

建校初期学校只有 5 个专业,即采矿专业、矿井建设专业、煤田地质勘探专业、地质测量与找矿专业、矿山机电专业,3 个系是采矿系、地质系、机电系;1987 年有 10 个专业,即采矿工程、矿井建设、矿山通风与安全、煤田地质勘探、矿山测量、机电制造工艺与设备、矿业机械、工业电气自动化、通信工程、计算机应用专业,有采矿系、地质系、机械系、电气系及基础部;1998 年增至 23 个专业 12 个系;2008 年 6 月,有 49 个专业 19 个院(系、部);2018 年 4 月,有 1 个研究生院和 19 个学院(部),56 个本科专业。

三、学科建设成就显著

1978年国家恢复研究生招收制度。1979年9月,学校开始招收第一批硕士研究生。1984年初,国务院学位委员会批准学校为硕士学位授予单位,5个学科专业为硕士授予专业。1998年6月,经国家学科评议组和国务院学位委员会评审通过,获批为博士学位授予单位,安全技术及工程学科同时获得了博士学位授予权。同年,学校拥有15个硕士点,11个一级学科,学科门类增至3个。有4个省部级重点学科,1个国家级先进实验室。"十五"期间,学校建成国家级重点学科1个,博士后科研流动点1个,省级名牌专业5个;学科门类增至6个,硕士学位点增至29个;新增本科专业17个,本科专业增至47个。2008年6月,硕士学位点增至52个,国家特色专业3个,本科专业49个。学校成为国务院学科评议组成员单位。2018年4月,学校拥有安全技术及工程国家重点学科,8个省级优势特色(重点)学科,涵盖46个二级学科;拥有国家能源煤炭分质清洁转化重点实验室、国家煤炭工业采矿工程重点实验室(省部级)、西部煤矿安全教育部工程研究中心等16个省部级以上科研平台,1个教育部创新团队;拥有6个博士后科研流动站,7个一级学科博士点,40个二级学科博士点,25个一级学科硕士点,107个二级学科硕士点,18个工程硕士培养领域、1个工商管理硕士(MBA)专业学位授权点和1个会计硕士(MPAcc)专业学位授权点,56个本科专业。

四、教学成绩硕果累累

教育体系逐步完善,教学质量稳步提高。2004年,学校获得教育部本科教学水平评估优秀等级。截至2007年,共为国家培养了各类高级专门人才5万余人。2018年4月,学校拥有8个国家特色专业、11个省级特色专业,1门国家精品课程、1门国家精品资源共享课、67门省级精品资源共享课程(精品课程)、2门省级双语教学示范课程,1个国家级教学团队、28个省级教学团队,1个国家级人才培养模式创新实验区、15个省级人才培养模式创新实验区、2个国家级实验教学示范中心(虚拟仿真实验教学中心)、16个省级实验教学示范中心(虚拟仿真实验教学中心)。"十一五"以来,获国家级教学成果奖2项。截至2017年年底,共为国家培养了各类高级专门人才13万余人。学校培养的人才遍及海内外,在煤炭行业和其他各行各业中发挥着重要作用。

五、科研能力明显增强

1977～1987年,学校获省部级以上科研项目奖励45项。1988～1998年,获省部级以上科研项目奖励56项。"十五"期间,学校共承担各类科研项目961项,其中国家级项目67项,省部级项目230项;科研经费总额达1.13亿元,较"九五"时期增长158.3%;获各级科技成果奖93项,其中国家科技进步二等奖1项,省部级以上科技进步奖43项;获得专利52项。1988～1998年,正式出版著作教材91部,"十五"期间出版著作168部,在核心级以上刊物发表论文1 941篇;科技产业总值达1.24亿元;依托优势学科,争取到了"国家矿山应急救援技术西安研究中心"和"西部矿井开采及灾害防治"教育部重点实验室。"十二五"以来,承担科研项目5 000余项,其中国家重大科技专项课题、"973"、"863"、国家科技支撑计划、国家自然科学基金以及国家社科基金等国家级项目270余项,科研经费合同总额达8亿元,获国家科技进步奖3项,省部级科技成果奖180余项;获准专利2 400余项。

六、师资队伍日益优化

1987年全校教职工总数1 198人,其中专任教师463人,教授15人,副教授94人,讲师157人;1998年在校教职工总数1 183人,其中专任教师456人,教授42人,副教授102人,讲师189

人,助教 123 人。到 2005 年,教职工总数增至 1 674 人,其中专任教师 817 人,正高级 83 人,副高级 188 人,中级 254 人,初级 265 人。到 2008 年 6 月,教职工增至 1 785 人,其中正高级 143 人,副高级 260 人。到 2018 年,教职工总数增至 2 281 人,其中专任教师 1 200 余人,教授、副教授 500 余人,教师中具有博、硕士学位者 1 100 余人。其中中国工程院院士 1 人,"长江学者奖励计划"特聘教授 2 人,国务院学位委员会学科评议组成员 2 人,国家"万人计划"科技创新领军人才 2 人,"百千万人才"工程国家级人选 6 人,教育部新世纪优秀人才支持计划入选者 8 人,陕西省"三五人才工程"人选 11 人,陕西省"三秦学者"特聘教授 3 人,陕西省"百人计划"24 人,获得国务院政府特殊津贴 43 人,陕西省青年科技新星 12 人。学校还有一支由 300 名专家、教授组成的高水平兼职教师队伍,其中双聘院士 15 人。

七、国际交流日益广泛

截至 2018 年 4 月,学校先后与美国、英国、俄罗斯、日本、荷兰、澳大利亚等 20 多个国家和地区的近 60 所高校、科研机构建立了稳定友好的合作关系。学校是"1＋2＋1 中美人才培养计划"项目创始院校之一,与澳大利亚塔斯马尼亚大学、麦考瑞大学联合开展 2 个中外合作办学项。学校与美国各大学联合开展了"1＋2＋1 中美双学位项目",与马来西亚等国家和地区的高校开展了本科、研究生学期交换生项目,以及"赴美带薪实习项目"等各类短期出国(境)交流学习项目等 30 余个。学校已招收来自 11 个国家的博、硕士及本科国际学生来校学习。

八、办学条件不断改善

图书馆藏书 1988 年有 121 095 册,2008 年 6 月有 174 万册。2018 年 3 月,图书馆馆藏资源有印刷型文献 193 万册,电子文献 279 万册,中外文纸本期刊 1 645 种,电子版全文期刊 51 732 种,数据库 64 个。实验室由 1988 年的 32 个,增至 2008 年的 130 个,设备总值增至 1.33 亿元。截至 2017 年年底,学校本科实验教学中心增加至 19 个。教学科研仪器设备固定资产 31 009 台(套),资产原值 4.78 亿。学校占地面积由建校初期的 103 亩到 1988 年增至为 297 亩,分南院(大雁塔)、北院(鲁家村)、工厂区(西影路)三处。2008 年 6 月,学校占地面积 1 600 余亩(含已预审定点的 450 亩)。学校建筑面积由 1988 年的 93 357 平方米,截至 2008 年 6 月增至 62 万平方米,其中教学行政用房 34 万平方米,学生宿舍 16 万平方米。截至 2018 年 4 月,学校占地面积 121.52 万平方米。总建筑面积 93.61 万平方米(含陕西理工学校)。其中,教学科研及辅助用房 34.84 万平方米;行政办公用房 3.88 万平方米,学生公寓及生活用房 27.73 万平方米,教职工住宅 19.18 万平方米,其他用房 7.98 万平方米。绿化覆盖率达到 38.4%。学校 2018 年 3 月固定资产总值为 189 701 万元,比 2008 年的 84 128 万元增长了 2.25 倍。

60 年来,随着国家教育事业的不断改革和发展,西科(矿)人含辛茹苦,日积月累,使学校由小到大,由弱到较强,由单一学科到多学科的综合性大学,实现了学校发展四个方面的转变:

(1)学校由原来的一般较小型院校转变成为在海内外有较大影响力的、综合实力较强的高水平教学研究型大学。

(2)学校由专业较少、学科比较单一的工科学校转变为以工科为主体,工、理、文、管、法、经、艺协调发展的门类较全的特色鲜明的综合性大学。

(3)学校由原来主要为煤炭行业服务为主转变为继续服务于煤炭事业的同时,立足西部,面向全国,服务地矿相关行业及地方经济与社会发展。

(4)学校由培养本科学生为主,转变为以本科生教育为基础,积极发展研究生教育,开拓留学生教育,构建以本科和研究生教育为主体的多层次人才培养体系。

以上成绩和变化记录了西安科技大学光荣的历史,承载了西科(矿)几代人的努力奋斗,也

是学校进一步建设和发展的十分宝贵的基础。展望未来,西安科技大学将秉承"团结、勤奋、求实、创新"的优良校风和"励志图存、自强不息"的精神,锐意改革、开拓创新,努力把学校建设成为国内一流的、特色鲜明的高水平教学研究型大学,为服务区域经济社会和行业发展做出新的更大的贡献!

西安科技大学的起源、前身及建校基础

一、西安科技大学的起源——天津北洋西学学堂、焦作路矿学堂

西安科技大学的办学历史源远流长,可追溯到1895年创立的天津北洋西学学堂和1909年创立的焦作路矿学堂。天津北洋西学学堂是近代中国为学习西方先进科学技术,培养自己的高级科技人才而建立的第一所现代大学。焦作路矿学堂则是近代中国第一所矿业高等学府和第一所私立工科高等学校,被公认为是中国煤炭高等教育的源头。从诞生开始,这两所高等学校经历了上百年的数次搬迁、合并、院系调整,经历了上百年的艰辛与奋斗、嬗变与发展,不仅开创了中国现代大学和中国煤炭高等教育之先河,也为新中国孕育出了一批高水平大学。今天的西安科技大学也是由此发展而来,是屹立在我国西部的特色鲜明的高水平教学研究型大学。

(一)天津北洋西学学堂及矿冶工程学系的建立与初期发展(1895~1936年)

天津北洋西学学堂创立于1895年。1896年改名为"北洋大学堂"。"中华民国"成立后,更名为"北洋大学校"。1913年更名"国立北洋大学"。1928年改称"国立北平大学第二工学院"。1929年改称"国立北洋工学院"。

天津北洋西学学堂的创办人是曾任清朝政府商务大臣、邮传部大臣的洋务派人物盛宣怀。他提出:"自强首在储才,储才必先兴学","伏查自强之道,以作育人才为本;求才之道,尤宜以设立学堂为先"的主张,把教育视为兴国之本。

1895年9月19日,盛宣怀将《拟设天津中西学堂章程禀》禀请直隶总督北洋大臣王文韶开办。王文韶于1895年9月30日(清光绪二十一年八月十二日)将《拟设天津中西学堂章程禀》奏折封发具奏光绪皇帝。1895年10月2日,创办天津北洋西学学堂获光绪皇帝批准。它有别于以前建立的各类新式专科学校,创办时就是名副其实的大学。从学制来看,头等学堂为大学本科,二等学堂为预科,学制各为四年。从学门设置看,分设律例、工程、矿务、机器四学门。1899年有了第一届毕业生。

国立北洋大学1920年6月专办工科,设有土木、采矿、冶金三学门,并设预科和预科补习班。1925年呈准教育部将采矿、冶金两学门合并为采矿冶金学门,设有采矿冶金、土木、机械三学门。1933年筹建水利工程科目或学系,呈准日起,将土木工程学系四年级分成普通土木工程组及水利卫生工程组。1933年添设电机工程学系,并添设矿冶工程研究所、工程材料研究所。1934年以矿冶工程学系分为采矿工程组、冶金工程组,12月5日教育部核准开办工科研究所。1935年北洋工学院设有矿冶工程学系(采矿工程组、冶金工程组)、土木工程学系(普通土木工程组、水利卫生工程组)、机械工程学系(机械工程组、航空工程组)、电机工程学系,共四个系(内分七个工程组),还设有工科研究院。

学校初办时,设督办为名誉校长,首任由盛宣怀兼任;设总教习,即教务长,实为校长。首任总教习为美国学者丁家立(Charles Daniel Tenney)。丁家立以哈佛大学、耶鲁大学为蓝图,将学校办成一所传授西学的学堂。丁家立管理严格,教学严谨,讲求实际,重质不重量,在任11年,使学校成了东方有名的学府。之后几任校长均治学有方,我国著名机械工程学专家刘仙洲、桥梁专家茅以升、水利专家李书田等先后担任过该校校长。天津北洋西学学堂从创办就重视规章制度和校风建设,要求严格,注重质量,注重培养有真才实学的人才。北洋的教学质量甚获赞誉,有很高的社会地位,毕业生可不经考试,直接到美国各研究院深造。

(二)焦作路矿学堂的建立与初期发展(1909～1936年)

焦作路矿学堂于1909年(清宣统元年)3月创立,是整体面向煤炭行业的专科学校,是近代中国第一所矿业高等学府和私立工科高等学校。

1898年6月21日,在总理各国事务大臣、庆亲王奕劻的主持下,豫丰公司与英国福公司议定河南开矿制铁以及转运各色矿产章程(简称《河南矿产章程》)。其中第十三条特别规定:"福公司于各矿开办之始,即于矿山就近开设矿务铁路学堂,由地方官绅选取青年颖悟学生二三十名,延洋师教授,培养专门人才,以备路矿应材选用,此项经费由福公司筹备。"后经地方官绅反复争取,1909年,焦作路矿学堂终于诞生。

1909年3月1日,焦作路矿学堂举行开学典礼,首批招收学生20人,学制四年,主要培养采矿、冶金和铁路方面专门人才。1912年12月,首届学生毕业后,福公司单方面撕毁合同,中断经费供应,停办焦作路矿学堂。1915年6月1日,改名为河南福中矿务学校,在开封举行开学典礼,并确定该日为校庆纪念日。招收预科学生60名,修业年限为三年。1919年2月,根据教育部颁布的《专门学校令》,易名福中矿务专门学校。1920年4月,学校迁回焦作;5月10日,正式开学授课。1921年夏,设置采矿冶金科,并将学校改名为福中矿务大学。1931年,河南省政府转呈教育部将学校改名为"私立焦作工学院"。按照南京国民政府教育部颁布的私立学校规程,制定了《私立焦作工学院董事会章程》和《私立焦作工学院组织大纲》;本科设置两科四系,即采矿冶金科的采矿系、冶金系,土木工程科的路工桥梁系、水利系。1933年7月,积极引进人才,汇聚了任殿元、张伯声等一大批名流硕学。1935年10月,孙越崎继任整理专员和常务校董。1936年5月,学校废科改系,设采矿、冶金、路工、水利四系。

(三)在战乱、合并、搬迁中建立的西安临时大学和国立西北联合大学

1. 西安临时大学(1937年10月～1938年4月)

北洋大学从1895年创立到1937年抗日战争爆发,走过约40年相当辉煌的办学历程。但是,到了1937年由于战争的原因,学校开始走上了在颠沛流离中艰难办学的道路。

1937年"七七"事变后,日本帝国主义发动的侵华战争全面爆发,北平、天津先后失守,祖国山河惨遭日本铁蹄践踏,一些著名高校遭到空前洗劫。北洋工学院被日寇侵占为兵营,仪器设备损失惨重,一些珍贵的地质标本和仪器被窃往东京,全体师生有校难归、流离失所。在国破家散、民族危亡之际,北洋师生深感民族存亡、匹夫有责,奋起抗日;同时也有责任将中国的高等教育保存和延续下去。为了使无校可归的师生不致失学或当亡国奴,一些爱国学者和教授提出了"教育为民族复兴之基本"的口号,纷纷要求内迁。

1937年9月10日,南京国民党政府教育部发布第16696号训令,以北京大学、清华大学、南开大学和当时的中央研究院的师资设备为基干,成立长沙临时大学。以北平大学、北平师范大学、北洋工学院和北平研究院等院校为基干,成立西安临时大学。同年10月11日,南京国民党政府教育部部长王世杰又以第17728号训令颁发了《西安临时大学筹备委员会组织规程》,明确设立西安临时大学的目的是以"收容北方学生,并建立西北高教良好基础"。由于国难当头,各种条件异常困难,各校内迁合并成西安临时大学后校址分为三处,分别称第一院、第二院、第三院。第一院在城隍庙后街4号,为校本部;第二院在小南门外东北大学(即今西北大学校址),为工学院和数学系、物理系、化学系、体育系;第三院在北大街通济坊,为法商学院、农学院、医学院和教育系、生物系、地理系。全校设立文理、法商、教育、工、农、医6个学院,共23个系。其中,工学院就是由北平大学工学院、北洋工学院合组而成的,工学院设有土木、矿冶、机械、电机、化工、纺织6个系。其中,矿冶工程系主任由魏寿崑教授兼任,教授有雷祚雯、张伯声等。

西安临时大学1937年10月在西安筹建,11月开课,至1938年4月西北联合大学成立,前后仅存在半年时间,又处在不断的搬迁筹建之中。因此,整个学校的教育工作处于战时状态。

2. 国立西北联合大学(1938年4月~1938年7月)

1938年3月,日军已经侵占到风陵渡、潼关一带,经常隔着黄河向陕西境内发射炮弹,飞机也经常到西安侵扰轰炸。"潼关吃紧""西安告急",战争的气氛异常紧张。加上西安与陕北革命根据地很近,宜受共产党的影响,西安临时大学的师生抗战爱国激情高涨,地下党及民族解放先锋队组织的活动越来越活跃,不少学生投奔延安。国民党当局害怕西安临时大学成为"陕北公学第二",使其"赤化",遂命令西安临时大学南迁汉中。

1938年3月16日,西安临时大学正式迁离西安。全校师生千余人,坐火车到宝鸡后,步行250公里,历时半月到达汉中。校址分设在城固、勉县、南郑三县。其中,工学院设在城固县古路坝意大利天主教堂(县城西南20公里)。

1938年4月3日,教育部根据国民政府行政院第350次会议通过的《平津沪地区专科以上学校管理方案》,令"西安临时大学"改名为"国立西北联合大学"。

1938年5月2日,国立西北联合大学正式开学。在校政概况及院系设置上与西安临时大学基本相同,在教学方针、教学制度、课程设置等方面,基本沿袭旧制。只有文科的一些爱国学者、教授指导学生理论联系实际,探索爱国真理,在教学内容上有所改进。

国立西北联合大学存在的时间很短,从1938年4月建立,前后仅维持了4个月的时间。1938年7月,国民政府教育部下令西北联合大学改组为西北大学、西北工学院、西北师范学院和西北医学院。

二、西安科技大学的前身——国立西北工学院的矿冶工程系

(一)四校合组国立西北工学院(1938~1957年)

1. 私立焦作工学院的整体西迁

1937年10月14日,日军攻占豫北重镇安阳,私立焦作工学院安全受到威胁。中福公司总经理、常务校董孙越崎力排众议,下令将学校的全部设备、仪器、图书、标本和实习工厂设备等教学用具,连同教职员和学生全部撤迁后方。同年11月,迁校西安端履门,借用陕西省立西安高级中学部分教室即西安机械厂部分房屋恢复上课。

1938年3月,风陵渡失陷,危及西安,学校再迁甘肃天水。当时,陇海铁路刚通至宝鸡,公路运输力量又极其薄弱,全校师生均自陇海铁路虢镇站起,长途跋涉500余里。不久即以天水南郊水月寺为临时校舍,开始上课。这一年暑假,四系25名学生在天水毕业。1938年11月,焦作工学院师生及眷属146人在张清涟院长的率领下,从甘肃天水乘汽车整建制迁入陕西城固古路坝,图书、仪器及办公用品等约160吨分别从西安、宝鸡、天水运往西北工学院。对此,孙越崎曾回忆说:"由于焦作工学院是完整西迁的,图书和教学用具、实习工厂设备齐全,这为流亡到陕西的北洋、平大和东大工学院合并成立西北工学院创造了条件。"原焦作工学院绝大部分教职员留任于各学系、研究所(部)及管理部门。

2. 四校合组国立西北工学院及迁并复校情况

1938年7月27日,国民政府教育部(部长陈立夫)发汉教字第6074号训令称:"国立西北联合大学工学院(注:北洋工学院、北平大学工学院)与国立东北大学工学院及私立焦作工学院合并改组为国立西北工学院。"

据此,1938年8月10日国立西北工学院筹备委员会在城固组成,经过4个月的紧张筹备,于1938年11月12日(孙中山诞辰纪念日)举行了开学典礼。东北大学工学院由四川三台,焦作工学院由甘肃天水,陆续搬迁到古路坝,东工和焦工两院的图书、仪器构成了西北工学院的教学基础。

开课时,全校约有学生 600 人,聘请教师 85 人,其中教授 62 人,副教授 4 人,知名教授 18 人,可谓"专家云集、群英荟萃"。校址仍设在陕西省城固县古路坝天主教教堂内。1939 年 7 月,教育部任命赖琎为院长。这一时期,制作了院旗,确定院训为"公诚勇毅",谱写了院歌。

学校成立后,设有土木工程学系、矿冶工程学系、机械工程学系、电机工程学系、化工工程学系、纺织工程学系、水利工程学系、航空工程学系等 8 个工程学系。其中,矿冶工程学系是由原北洋、焦作的矿冶系合组而成的。聘任任殿元教授兼任系主任。

矿冶工程学系的教授有:任殿元、魏寿崑、张伯声、雷祚雯、马载之、李余庆、王子祐、石心圃。

后学校又成立了工科研究所,先后聘雷祚雯、任殿元教授为工科研究所和矿冶研究部主任。

国立西北工学院的建立具有十分重要的意义,"在那浴血抗战的艰苦年代,在穷乡僻壤的大后方,集中了四学院(北洋工学院、北平大学工学院、东北大学工学院、焦作工学院)的师资、办学经验和优良的传统,建立起这样一所学科比较齐全、师资阵容雄厚、西北唯一的高等学府,实非易事,开西北高等工程教育的先河,四院校的融合不是形式上的联合,而是以新的办学实体出现在我国大西北,成为抗日战争时期以及后来国家培养高等工程技术人才的重要基地"。

抗日战争时期,古路坝的办学条件异常艰苦,校舍、实验设备、图书资料等严重匮乏,很多学生生活困难,经济紧迫。师生们秉承着"公诚勇毅"的校训,立志为国家民族的前途而奋斗,立志为抗战救国、收复失地、建设中国而读书。他们用废墨水瓶自制煤油灯,坚持挑灯夜读,被当地人称为:"古路坝一景",有"坝上长夜""七星灯火"的佳话。

1945 年 8 月抗日战争胜利后,原内迁各校开始复校。1946 年 1 月,教育部下达了关于恢复北洋大学的函令。西工原北洋的部分教师职工返天津复校;东北大学复校沈阳;焦作工学院复校洛阳,北平大学工学院未有复校。因西工保留建制且办有成绩,随三院离去的只有一小部分教师职工。1946 年 3 月,教育部指令国立西北工学院回迁西安。但因西安校舍不足,后决定校本部设在咸阳,为二、三、四年级所在地;分院设在西安早慈巷公字 1 号省立第一中学南院,为一年级及先修班所在地。1946 年 11 月,矿冶工程学系随校搬迁工作完成,从此开始了咸阳办学时期。

(二)"古路坝"及"咸阳"时期,矿冶工程学系的教育与教学状况

1. 教育方针与学制

抗日战争时期,教育部依照国民党《抗日建国纲领》提出了"大学教育应为研究高深学术,培养能治学、治事、治人之通才与专才之教育"。据此,国立西北工学院确立以研究高深学术、培养专门人才及发展西北工业为办学宗旨。学生修业年限定为四年制,实行美国式的学分制,学生只要修满学分即可毕业。

2. 课程设置

各系一年级课程设置相同,学生不分系科,混合编班(约 50 人)上课,开设国文、英文、微积分、立体解析几何、物理、化学、工厂实习、投影几何、工程图画、伦理学、三民主义、军事训练和体育,共15 门课程,46 个学分。

3. 教材与教学方式

矿冶工程学系的自然科学和工程技术课程基本选用 20 世纪 30 年代英美原文教材,主要依靠图书馆藏书,少数依靠学生自购。但由于外文书籍欠缺,购买困难,学生之间互借或用后出售给下一年级学生使用成为当时一种特有现象。在选教材的时候,教授们多使用自编讲义或提纲讲课,学生听讲全靠记笔记,记好笔记成为当时学生的主要学习方式。教材缺乏是当时教学的突出问题之一。

教学方式以课堂讲授为主,占全部学时的 80%。实验、实习课由于当时的条件所限安排较少,矿冶工程学系的学生主要在天府煤矿等厂矿实习。

课堂讲授主要由教授承担。矿冶工程学系当时教授占教师队伍的绝大多数,很多是留美归来

的知名教授。任殿元、张伯声就是其中的著名学者。讲授采矿工程的马载之教授,学识渊博、经验丰富,是讲课的名师。在青年教师中矿冶工程学系的袁耀庭因学业基础深厚、教学内容熟谙、讲授清楚、效果出众,深受同学们欢迎。当时虽设备物质条件十分困难,但因教师教学认真负责、学生学习刻苦用功,教学质量仍很高。矿冶工程学系的毕业生,以其基础扎实、学业深厚、踏实苦干享有盛誉。

4. 教师组成与变化

1938 年,矿冶工程学系由北洋、焦作矿冶系合并,汇集组成了阵容较强的师资队伍,有教授 8 人;到 1946 年 6 月,有任殿元、张伯声、李余庆、马载之、石心圃、关绍宗教授 6 人;到 1948 年 5 月,有任殿元、张伯声、李余庆、石心圃教授 4 人,有袁耀庭、侯运广副教授 2 人。

1938～1949 年矿冶工程系招生与毕业人数统计见表 0-1-1。

表 0-1-1 1938～1949 年矿冶工程学系招生与毕业生人数统计表

年度	招生/人	毕业/人
1938	36	0
1939	19	21
1940	46	19
1941	22	21
1942	49	44
1943	45	28
1944	44	32
1945	22	26
1946	11	39
1947	3	38
1948	5	43
1949	0	20
合计	302	331

(三)国立西北工学院时期矿冶工程学系的研究生培养与科学研究

矿冶工程学系是西北工学院开展研究生培养和科学研究工作最早、研究生人数最多的系。1938 年 8 月,在国立西北工学院筹备时期就建立了工科研究所矿冶研究部。1939 年又成立了工程学术推广部,1940 年 3 月与西北大学合办西北科学研究室,特别注重工矿、地质、地理、水利、交通经济科目的研究。至 1942 年 2 月,国立西北工学院有水利、化工、矿冶、纺织、电工、机械、土木工程及边疆问题 8 个研究会。

据史料记载:"科学研究机构建立后,主要进行了两方面的工作,一是科学研究,二是研究生培养。工科研究所矿冶研究部分设采矿、冶金、应用地质 3 个组,培养硕士研究生,期限为两年,以修满 24 学分为标准,先后招收研究生 46 人,修业期满者 11 人。导师由矿冶工程学系的教授担任。"矿冶工程学系在科研工作上也取得了一定的成就,还出版有学术刊物《西工矿冶》。

(四)中华人民共和国成立后的西北工学院矿冶工程学系的发展与变迁

1949 年 5 月 18 日,中国人民解放军于上午 10 时解放陕西咸阳。下午 3 时王震司令员由政治部冯达同志陪同,到达西北工学院,受到西工全体留校人员的热烈欢迎。王震同志向大家发表了讲话,勉励大家好好保护学校,协助解放军工作。一批学生随王震司令员参加了人民解放军。中华人民共和国成立后,西北工学院矿冶学系进入了新的发展时期。

1. 院系调整

1952～1957年期间,我国高等教育经历了几次大的调整,适当兼顾改变原有学校系科结构和地理分布不合理状况,以适应国家建设的需要。

中华人民共和国成立后,西北工学院设有土木、机械、矿冶、电机、化工纺织、水利、航空、工业管理9个工程学系。1951年,矿冶工程学系设置为冶金组、采矿组、采油组3个本科系组。

1952年8月4日,西工矿冶系冶金组调入新建的北京钢铁学院,调走教师13人,学生76人,及有关设备和图书资料。同时,矿冶系主任任殿元教授及石心圃调走,侯运广教授接任矿冶系主任。

1952年9月,西工开始设置专业,全面进行教学改革。根据教育部的指示设立7个本科专业,8个专修科专业。采煤专业为专修科专业之一。1953年再次调整,将8个专修科专业压缩为4个,地下采煤专业仍为其一。

1952年9月19日,山西大学采矿系调入西工,与西工采矿组合并,调入教师3人,学生16人,原矿冶系改名为采矿系。山西大学工学院采矿工程系迁并西北工学院教员有教授兼主任王宪及助教李彩耀、李树森3人,仪器、图书、行李等随迁。1952年10月,山西大学采矿系移交选矿用机械12台,价值165美元。

1953年7月29日,甘肃工业专科学校(土建、采矿两科)并入西工采矿系;10月24日,甘肃工业厅来函西北工学院:甘肃工专并入西工的情况是副教授2人,助教2人,学生47人。贾殿魁副教授、林冠冕副教授随学生转往西北工学院。

1954年9月,石油工程系成立,采油专业从采矿系调出。

1955年9月,采矿系增设本科矿区开采(地下采煤)专业。

经过1952～1955年的一系列调整,随着冶金组、采油组的调出,矿区开采(地下采煤)升为本科专业,矿冶工程学系更名为采矿系,部分院校采矿专业的并入使采矿系的专业更加单一,煤炭的专业特色更加突出,进一步明确了采矿系的专业方向。

1955年年初,根据中央进一步调整高校布局和专业设置的指示精神,教育部拟定了1955～1957年高等工业学校院系、专业调整和新建、迁建学校的方案。1955年7月4日,教育部正式下文通知西工:"决定将西北工学院于1956年暑假后改建为特种(国防)工业学院。"学校专业做出了大幅度调整。其中,决定将矿区开采专业于1956年暑假调入迁来西安的交通大学。但由于种种原因,矿区开采专业在1956年暑假未能按计划调出。当时采矿系有教师20人(教授2人,讲师7人,助教11人),行政干部1人,教学辅助人员5人;有地质、采矿两个实习室,设备约值20.4万元;有图书资料11 940册,约值1.9万元;有老生65人,1956年入学新生60人。

2. 采矿系概况

1952年矿冶系更名采矿系。更名为采矿系后设有3个教研组:

地质学　　　　　　　　主任:袁耀庭(教授)

地下采掘　　　　　　　主任:丁克宽(讲师)

矿山机械及运输　　　　主任:侯运广(教授)

1946～1957年8月讲师以上教师名单:

教授:任殿元　石心圃　张伯声　袁耀庭　侯运广　霍世诚　吴士壁　王宪

副教授:邵元济　张广石

讲师:潘静澜　杨让　张尔道　丁克宽　张廷范　李家砥　闫润　李彩耀　李树森
　　　耿景麟　张钵　黄树模

(注:后到我校的谭宗尧教授,在西北工学院时在电机系任教授)

实验室:

地质实习室(1938年成立)可满足教学大纲约75％的需要。

采矿实习室(1954 年成立)能做示范用,缺乏动力。

中华人民共和国成立后,采矿系在西北工学院的统一领导和安排部署下,经过 1949～1951 年 3 年的恢复整顿和 1952～1956 年 4 年的学习苏联教育经验时期,以全面进行教育改革、加快学校建设为中心任务,使采矿系的教育工作发生了深刻的变化。采矿系建立了新的教学制度和教学体系,实施了专业教育制度,明确了培养目标,加强了教学工作的目的性、计划性和思想性;教学内容从二三十年代的状况提高到四五十年代比较先进的水平;在教学全过程中贯彻理论联系实际的原则,加强了基础理论课和专业课的教学,增加了生产实习等实践环节,发挥了以讲课为主的各种教学方式的作用;重视发挥教师的主导作用和教师集体的力量,从而提高了教学质量,为中华人民共和国培养了一大批急需的合格的建设人才。

三、西安科技大学的建校基础

(一)西安科技大学成立前的办学渊源及发展概况

西安科技大学是以 1895 年创办的天津北洋西学学堂矿务学和 1909 年创办的焦作路矿学堂采矿冶金科为历史渊源,以国立西北工学院(西北工学院)采矿系为前身,以交通大学(西安)的采矿系、地质系和新设立的矿山机电专业及部分基础课教师为基础,以"西安矿业学院"为校名于 1958年在西安建立的。

北洋大学是近代中国第一所学习西方先进技术,为自己培养高级科学技术人才的新型大学。学校要求严格,注重质量,注重培养有真才实学的人才,"教学质量甚获赞誉",是全国乃至东方有名的学府之一。

焦作路矿学堂是近代中国第一所矿业高等学府和私立工科高等学校,是整体面向煤炭行业的专科学校,是中国煤炭高等教育的源头。

国立西北工学院是集四校爱国学者及学生而成。其中,矿冶工程学系主要是由北洋和焦作工学院矿冶系合并而成。其教师队伍以教授为主,8 名教授多为国外归来的学者,除北洋大学的张伯声等人赫赫有名外,焦作工学院的任殿元、马载之、石心圃等也都是留学美国专攻采矿冶金的学问大家,师资力量可谓是"专家云集,群英荟萃"。焦作工学院的图书、实验设备是抗战时期支撑西北工学院艰苦办学的"台柱子",发挥了重要的作用。同时,国立西北工学院的矿冶系也是中华人民共和国成立前该校招收研究生最早、人数最多的系。矿冶工程学系办学历史之久、办学层次之高,在当时全国采矿界具有极高的地位和重要的影响。

中华人民共和国成立后,矿冶工程学系(采矿系)经过一系列整顿和教学改革,图书资料、实验设备、基本建设等条件得到了很大的改善。但由于发展专门人才教育的需要,进行了院系调整,先后调走了冶金组、石油组的设置和全部师生,使矿冶工程学系的规模大为缩减,减少了一批名师。更名为采矿系后,在加强了煤炭专业教育、行业特色更加突出的同时,也丧失了很多历经几十年奋斗积累下来的宝贵财富,甚至改变了矿冶工程学系原有的发展轨迹。

(二)院系调整中西北工学院采矿系留在西北的过程

1952 年,全国进行高等院校院系调整,当时就曾提出过采矿系从西北工学院分出,单独成立以采矿为主的高等院校的设想。1954 年,陕西省委根据陕西地区煤炭事业发展的需要,也曾多次考虑在西安创办一所为煤炭工业培养高级技术人才的学校。

1956 年 5 月 11 日,高教部致函西北工学院有关高教部、二机部改建西北工学院方案:为了培养国防工业的高级技术干部,以适应国防建设发展的需要,经国务院批准,高教部和二机部共同决定改建西北工学院为国防高等工业性质的高等学校。自 1956 年暑期开始改建工作,并进行专业调整,原校原有的工业与民用建筑,工业与民用建筑结构、矿区开采,石油及天然气开采,石油及天然气工学,发电厂配电网及联合输电系统,河川结构及水电站的水工建筑等专业均依照高教部的规

定，与 1956 年暑期分别并入他校或另行成立新校。

此调整方案实施期间，有关采矿系是并入北京矿业学院还是留在西部并入新迁来的交通大学（西安）在采矿系师生中争议较大。1957 年 6 月 4 日，高教部杨秀峰部长出席了西工、西安动力学院、西安航空学院、西安建筑学院的各校联席会议，宣读了周总理邀请同志们见面的名单（包括西工代表团全体成员）。杨部长说，周总理请大家的目的有二：宣布总方案，听取大家意见；确定方案后大家帮忙做些工作。4 日下午在国务院会议室，周总理、康生、二机部、一机部、文化部、高教部、教育部、中央宣传部、电力部、建工部、国务院二办、西工、交大、西航、动力、建院、南洋、造船等单位代表参加了会议，聆听了周总理的讲话。周总理指示交通大学迁往西安，除新专业留西北外，动员其他一些专业师生留西北，支援西北。

1957 年 6 月 24 日至 27 日，西北工学院院委会举行了 1956～1957 年第二学期第六次（扩大）会议。会议对"高等教育部、第二机械工业部关于西北工学院和西安航空学院的方向和专业安排问题的意见"进行了讨论，在 27 日的会议上，通过了决议。决议指出："同意西北工学院与西安航空学院合并成立综合性的国防工业大学，定名西北工业大学，校址设西安；并将西北工学院的纺织系、采矿系和地质专业调整并入交通大学。"

（三）西北工学院采矿系并入交通大学（西安）及取得的新发展

1957 年 7 月，教育部决定将西北工学院采矿系调整到当时由上海迁来西安的交通大学。1957 年 9 月 13 日，教育部、二机部、电力部联合发出"关于西安地区高等工业学校以及西北大学问题的批复"，正式下达了国务院的调整方案。西北工学院与西安航空学院合并成立西北工业大学。西北工学院的纺织、采矿（包括新成立的地质专业）两系调入交通大学（西安）。至此，矿冶工程学系（采矿系）结束了在国立西北工学院 19 年的办学历史，踏入了新的办学征程。

采矿系、地质系及矿山机电专业的发展设立情况：采矿系调至交通大学后，原归属采矿系的地质教研组分出，与西安动力学院及西北农学院水利系的水文地质与工程地质教研组合并组建了交通大学地质系，袁耀庭教授担任系主任。侯运广教授仍担任采矿系主任。1957 年 10 月 14 日，交通大学人事处通知，关于本校采矿系各教研组正、副主任名单业经校长批准公布如下：采矿方法教研组副主任张庭范；井巷工程教研组主任丁克宽；通风安全教研组主任侯运广（兼）；矿山机电教研组副主任李家砥；采掘机械及运输教研组代理副主任李树森。1958 年 1 月 6 日，教育部函复拟增设"矿山机电"专业问题，由交通大学采矿系负责设立及管理。

其他高校支援交通大学采矿系、地质系师资情况：1957 年 7 月，西北工学院采矿系并入当时由上海迁来西安的交通大学的教职工人数是 26 人。在交通大学（西安）的一年中，教师队伍建设取得较大发展，仅从北京矿业学院就调入骨干教师 14 人，助教 17 人。到 1958 年 9 月成立西安矿业学院时，直接从交通大学（西安）转来的教职工人数有 98 人。

这 98 名教职工是：丁克宽、门广学、王琛、王世熙、王廷武、王树仁、王爱仁、王淑贤、王徽枢、方慎权、邓宝、龙荣生、田传瑾、代凤云、丛敬同、吕宏泰、朱玉仁、朱家骥、朱景秋、任定华、邹崇章、刘听成、刘怀恒、刘冠姝、闫润、闫文敏、孙文章、牡玉枝、杜庆轩、李晋、李玉琨、李世文、李守章、李树森、李家砥、李菊英、李维坚、李赛群、杨卜安、杨仲平、杨作勋、吴应芳、吴绍倩、何唐铺、何新义、何慎则、邹开徽、张钵、张廷范、张居仁、陆刃秋、陈乃亮、陈刃余、陈立德、陈扬杰、陈志学、金永俭、周先德、郑昭孚、郑惠琴、孟繁章、赵定利、侯运广、俞明亮、姜伯熙、洪则麟、姚英杰、贺敦良、高桐、袁耀庭、耿景林、顾宝荣、钱富章、徐文升、徐启光、郭泰、席昭明、唐祖章、唐海清、黄作华、黄树模、梅季益、曹淑霞、阎嘉祺、董悦仁、蒋芷华、韩启斌、韩振邦、傅炳章、曾宪永、曾祥熙、谢铭三、鲍其珍、蔡柔芳、廖启徽、谭宗尧、谭普久、魏泽国。

第一篇

创业维艰　曲折发展

第一章　学院的筹建和初创发展时期
(1958 年 6 月~1966 年 5 月)

第一节　学院筹建工作

　　煤炭是工业的食粮,是我国的主要能源。西北地区是我国的主要煤炭基地之一。当时整个西北地区煤炭战线的技术力量十分薄弱,工程技术干部奇缺。如 1958 年陕西省从事煤炭生产的职工 33 964 人,而其中工程技术人员仅有 610 人,只占职工总数的 1.8%。煤炭教育事业也十分落后,整个西北地区没有一所培养煤炭工业技术人才的高等学校。

　　1952 年,全国进行高等院校院系调整,当时就曾提出过采矿系从西北工学院分出,单独成立以采矿为主的高等院校的设想。1954 年,陕西省委根据陕西地区煤炭事业发展的需要,也曾多次考虑在西安创办一所为煤炭工业培养高级技术人才的学校。但是,由于当时各方面条件不成熟,这些想法均未实现。

　　1958 年 7 月 25 日,陕西省高等教育局向陕西省人民委员会提出《陕西省高等教育局关于新建高等学校的报告》(高教研字〔1958〕第 309 号),第二条内容为"以交通大学采矿、地质两系为基础,成立西安矿业学院,由省煤管局和高教局负责筹建,招生任务仍按原中央和地方分配给两系的 270 名不变"。同时组成了西安矿业学院筹备委员会,由陕西省委宣传部部长张华辛任主任,陕西省煤炭工业局局长郝耀、西安交通大学副校长苏庄任副主任,成员有:何能、侯运广、袁耀庭等。筹备委员会下设办公室,由何能主持,负责开展日常筹备工作。1958 年 8 月 1 日,筹备委员会正式召开第一次全体会议,会议根据陕西省人委、高教局精神,研究部署了筹备工作,责成筹委会办公室具体负责全面筹备工作。

　　根据西北协作区第二个五年计划中煤炭工业大发展对培养科技干部的要求,1958 年 8 月 20 日,陕西省人民委员会同意高等教育局《关于新建高等学校的报告》(会办骥字〔1958〕第 307 号),正式批准成立"西安矿业学院"等高校。

　　根据陕西省人委、高教局决定:"将西安交通大学的采矿、地质两系全套设备物资(包括新设的矿山机电专业)并带既定任务(包括 1958 年度设备物资、经费预算及原在校学生和本年度新招学生)调出"建立新校,以陕西省煤炭工业局干部学校为校址(煤干校搬回原煤田地质局),占地 103 亩。从 1958 年 8 月 12 日起,有关各方开始搬迁。当时由西安交大转来学生 210 名,交通大学招生到矿院报到的新生 243 名,还有暂在交通大学学习的煤矿干部班学生 11 名,共计 464 名。另从交大转来教职工 96 人,设备费 5 万多元,中外书籍 14 000 余册和部分教学、实验设备。这些由西安交通大学转来的师生以及设备、书籍等就是西安矿业学院成立时的基础。

　　在陕西省委、省人委、陕西省煤炭局的领导下,在西安交大等兄弟单位的大力支持下,经过多方努力,筹备工作就绪。1958 年 9 月 15 日,西安矿业学院开学典礼在西安市吉祥村矿院校址内隆重举行。何能主持开学典礼。省委有关领导、省煤炭工业局局长郝耀、西安交通大学校长彭康等领导同志出席了大会。前来参加大会并表示祝贺的还有西安医学院、西安煤校、陕西省煤干校、甘肃省煤校等兄弟单位。一所新的高等煤炭工科院校——西安矿业学院宣告成立了。

她的成立标志着我国西北地区开始有了第一所煤炭高等学府,有了第一个培养煤炭工业高级科学技术人才的摇篮。

第二节　建院初期的办学规模与专业设置

建院之初,学院提出了发展远景规划设想,计划设 4 个系,在校学生人数发展到 3 000～5 000人,校园占地面积 515 亩。1960 年陕西省人委批准,学院规模为 3 000 人,但是由于以后连年的各种原因,学院发展规划一直未能实现。

1958 年 9 月,学院开学时共有教职工 146 名,其中教师 81 人(教授 3 人,讲师 11 人,助教 67人),教辅人员 10 人,其余来自各个方面的党政干部及职工 55 名。

学院虽然正处在初建阶段,存在着校舍不足、设备缺乏等困难,但在全体教职工的努力下,学院连续 3 年共招收学生 750 名。1959 年成立了机电系。此时学院已设采矿、地质、机电 3 个系,有采矿、矿井建设、煤田地质勘探、地质测量与找矿、矿山机电等 5 个专业,设有采矿方法、通风安全、测量、井巷工程、普通地质、矿物岩石、矿床勘探、采掘机械设备及运输、金工制图、矿山机械设备、普通电工及矿山电工等 11 个专业教研组和隶属于教务处直接领导的包括数学、理化、力学、俄语、体育、制图、零件、马列主义教师等基础课教研组。

1960 年 7 月,根据煤炭部的指示,成立了函授部,负责西北地区煤炭系统的高等函授教育工作。先后建立了铜川、韩城、蒲城 3 个函授工作站,组织了第一批函授生的招录和正常函授教学工作,参加学习的函授生共有 260 名。为了在甘、宁、青、新四省(区)开展函授教育工作,1960 年 8 月和 12 月,学院分别在兰州和铜川召开有各省(区)煤炭局干教部门和各大矿务局参加的函授工作会议。会后在兰州、西宁、哈密、山丹等地设立了函授站,招生专业设有煤矿地下开采、矿山机电、矿井建设、矿山测量等专业。学习年限定为 4 年,要求毕业后,基本达到高等工科学校全日制同专业本科毕业生的水平。

1961 年 4 月 26 日,中共中央、国务院在批转教育部党组《关于审定全国重点高等学校发展规模和专业设置的报告》中指出,鉴于 1958 年以后,全国高等院校数量递增过快,学校规模膨胀过大,造成师资力量、实验设备、图书资料不足,以致影响教学质量的提高的现状,决定缩短战线,集中力量,保证重点,必须对全国重点学校的专业设置加以调整。调整的原则是:明确学校的重点发展方向,合理安排,保证重点;各专业的业务范围适当放宽,一个学校的专业数不宜过多,每个专业的学生人数不宜过少。要求中央各部和各有关省、市对非重点高等学校的专业设置和发展规模也进行调整。

1961 年年初,学院开始进行专业调整,在调整中,放弃了原来贪大求全的设想,从实际出发对规划的 5 个专业进行分析比较,认为"矿井地质"专业涉及面太窄、招生量过小,不宜设置,于 1961年 6 月 2 日报请陕西省煤炭工业局撤销矿井地质专业,并要求恢复"地质测量及找矿专业"。1961年 6 月 22 日,陕西省煤炭工业局批复学院,认为不宜撤销矿井地质专业,恢复地质测量及找矿专业。由于对矿井地质专业的存废和地质测量及找矿专业是否恢复形成了不同的意见,呈报煤炭工业部决定,当年矿井地质专业暂停招生。1962 年 3 月 7 日,西安矿业学院改由煤炭工业部直接领导。同年 6 月 5 日,煤炭工业部煤干教全中字第 167 号文件指出,根据中央"八字方针"的精神,保留煤矿高等学校 8 所。其中西安矿业学院修业年限 5 年,近期发展规模为 1 000 名学生。专业设置有采矿专业、矿山机电专业、矿井建设专业和煤田地质与勘探专业。撤销矿井地质专业,不设置地质测量与找矿专业。经过这次专业调整后,学院的重点专业得以巩固。直至 1966 年学院的专业数量再无增减。受国民经济调整的影响,1960～1962 年,学院招生人数变化出现显著下降的趋势。1963 年以后,随着国民经济建设形势的好转,招生数才有较大幅度的回升,1963 年增到 322 人,是

1962年招生人数的3倍多。以后几年招生人数保持了稳定状态。1960～1965年,招生人数变化情况如图1-1-1所示。

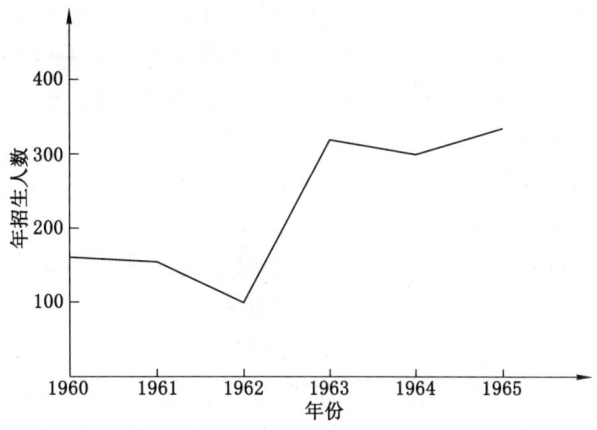

图1-1-1 1960～1965年招生人数变化表

第三节 "教育改革"与"教学革命"探索

1958年9月,党中央、国务院提出:"党的教育工作方针是教育为无产阶级政治服务,教育与生产劳动相结合"。1958年10月,中共陕西省委发出《关于加强高等学校教育改革工作意见》。《意见》指出,各院校在继续大搞教育改革运动中,应做到以下几点:一是彻底批判资产阶级的教育观点和学术观点,进一步明确党的教育方针;二是大办工厂、农场,促使教育同生产劳动相结合;三是学校中的管理制度、教学计划、教学内容和学制问题,也要适应教育同生产劳动相结合的要求,实行一系列的彻底的大改革;四是加强党的领导,继续批判"教育工作只能由专家领导,不能由党委领导"的资产阶级教育思想,从思想上和组织上进一步巩固党的领导。遵照省委指示,学院投入了这场"教育改革"运动。当时开展"教育改革"运动主要包括生产劳动、教学革命和学术思想批判、红专辩论等内容。1958年9月,陕西全省高校停课参加所谓的大办工厂、大炼钢铁的群众运动,高等学校正常的教学秩序开始被打乱。在这种形势下,学院创办初期就把生产劳动作为"教育改革"的核心,大抓生产劳动。1958年9月底,响应陕西省委号召,由煤炭工业局统一组织,采矿系三、四年级学生和教师共144人分赴榆林、延安、商洛、汉中等地区和彬县、韩城等矿区支援全省小土群(小煤窑)运动。采矿系二年级师生先到户县,后转陕北,完成了4个矿区地形图测量任务。地质系师生连续4个月在陕北、商洛、华阴等地区十余县进行普查找矿,并编成地质报告12份。在校内学习的学生也全都参加了支援郊区人民公社及校内大炼钢铁、修造煤气发生炉等劳动。正常的教学活动已被取消,劳动代替了教学。1958～1959学年第一学期的140天里,学院参加生产劳动最多的班劳动时间为120天,参加生产劳动最少的班劳动时间也有75天。

1958年12月,陕西省委批转了高教局党组《关于高等学校中等专业学校的教学与生产劳动时间安排意见》。1959年3月,陕西省高教局召开教育工作会议,开始纠正当时出现的偏向,进一步明确了学校应以教学为主,围绕教学进行生产劳动和科学研究。学院积极贯彻会议精神,一方面抓紧讲课和补课,另一方面将生产劳动列入教育计划。提出生产劳动应以体力劳动和改造思想为主,并尽可能结合专业,通过完成一定的生产任务增加师生的感性知识并培养独立工作能力。同时提出了参加生产劳动的改进措施:一是密切联合专业,妥善选择劳动场所;二是格执行劳动与教学时间二与九(地质专业)或三与八(采矿、机电专业)的比例;三是拟订生产劳动大纲与实习大纲;四是

采用现场教学方法；五是出发前做好组织、思想和物质准备。这些措施使上述偏向初步得到了纠正。1959年5月，学院按新的教学计划安排，除采矿专修科一个班外，400余名师生先后去矿山、工厂和野外进行第二次大规模的为期2～3个月的生产劳动和实习。采矿系本科1～4年级230名学生，分别到大同、峰峰、平顶山、铜川、新冶等矿区参加生产劳动。地质系与煤炭工业局地质勘探公司订立合同，组成地质综合普查大队赴陕南安康地区进行"真刀真枪"的普查与勘探工作。1960年又进行了第三次全院性的生产劳动（包括毕业实习、教学实习、支援工农业生产）。从1960年6月（毕业班学生从3月开始）至8月15日，采矿系1～5年级、地质系1～3年级、机电系1～2年级，共3个系5个专业的663名学生（占学生总数的97％）、82名教师（占教师总数的92％）和20余名党团干部、职工等分别前往省内外18个矿山、工厂和地质队参加生产劳动、生产实习和毕业实习，参加工厂、矿山的"双革"和"四化"活动。同年，学院根据省委关于千方百计加强农业战线的指示，一方面加强一般性的积肥、抗旱、收割和干部下放劳动等支农工作，仅1960年就支援郊区人民公社6000多个劳动日；另一方面，在省委的统一安排下，学院组成了由师生90多人参加的西安矿业学院支援蒲城工农建设工作大队，从1960年6月20日至8月9日前往蒲城进行支农劳动，完成了对王家山铁矿和三眼桥硫黄矿的勘探、填绘地形图、开采施工设计及部分机械设备的设计革新工作，并为当地培养了20多名技术人员。在农业水利建设上，完成林高河水库坝址地质核实、高阳渠隧道的掘进及支护等施工技术的指导工作。

1958～1960年，学院组织的生产劳动、生产实习向工农业生产战线提供了10万多劳动日，直接支援了工农业生产建设。地质系成立综合普查大队，结合生产劳动、生产实习承担了国家下达的生产任务。在煤田地质普查找矿方面共计完成陕南安康、紫阳、石泉一带5500平方千米1:10万地质填图与瓦房店煤田、黄草梁煤田的普查勘探，提交了《南秦岭石泉—安康地区地质普查报告》；陕南镇巴地区1100平方千米、比例尺为1:5万的地质普查生产任务，提交了《陕南镇巴煤田地质普查报告》。1:1万地质详查设计10平方千米。采矿系和机电系在大抓生产劳动的同时，也注意了结合生产劳动开展科学研究工作。1960年，采矿系三年级以上的学生在生产劳动中全部参加了科研活动，特别是毕业班的学生改变了过去在校内做毕业设计的做法，采用通过生产劳动以"真刀真枪"搞技术革命的方式进行毕业设计。

结合生产劳动现场的实际情况开展现场教学，是当时贯彻教育与生产劳动相结合方针的重要形式之一。学院在生产劳动中，结合专业教育，广泛开展了现场教学活动。如1960年采矿专业在生产劳动中，对采煤方法、矿井通风、矿山安全等10门课程全部或部分进行了现场教学；地质系则根据完成国家生产任务的需要，采取缺什么补什么的办法进行现场教学，对于完成生产任务起了应急作用，也解决了部分专业教育问题。在现场教学中，学院广大教师本着对学生负责的精神，为解决生产劳动现场实际条件和教学要求之间存在的矛盾做了大量的工作。这在当时的客观条件下对搞好教学工作、扩大学生的实践知识面起到了一定的作用。

学院的红专辩论、学术思想批判和教育改革是从1958年10月起展开的。

1958年4月，中共中央召开教育工作会议，讨论教育方针，批判教条主义、右倾保守思想和脱离生产、脱离实际并在一定程度上忽视政治、忽视党的领导的错误。本省各高等院校在传达讨论的基础上，普遍开展了"兴无灭资"的政治思想教育。在这一运动中，首先对红与专的问题进行了讨论，继而又开展了学术思想批判活动。9月19日，陕西省委宣传部召开高等学校党委书记会议，研究了在高等学校必须继续批判资产阶级的教育观点，进一步明确党的教育方针的问题。根据这次会议精神，学院制定了《关于进一步贯彻教育改革工作的实施计划》，从10月开始并先后停课两周，动员组织了全院师生在学习文件的基础上联系实际暴露问题、揭发问题；对红与专、专业思想、劳动观念等问题进行讨论；对教学计划、教学方法、教学态度等进行了"鸣放"。

在"教育改革"中，学院除采矿71、72班因师资条件仍采用多科并进外，其他各班级都改用了单

科独进或双课并进的教学方法,对原安排在各个年级分别讲授的理论基础课和专业课也重新进行了调整,合并部分课程。这种做法破坏了循序渐进的原则,违反教学规律,打乱了课程设置的整体布局,在实行不久就暴露出了很多问题。教学工作一度处于无章可循的状况,影响了教学工作的正常进行,影响了教育质量的提高。但限于当时的客观条件,这些错误在一段时间内未能及时得到纠正。

1959年4月,学院根据中宣部和省委宣传部《关于高等学校修订教育计划》的指示精神,针对教学工作中存在的问题,由教务处拟出了《关于制订教育计划若干问题的意见》。新的教育计划明确规定,学制为五年制大学本科,培养具有社会主义觉悟,能掌握并运用有关煤炭生产、建设各专业的科学知识,体魄健全的,手脑并用的高级工程技术人员。暂设采矿、煤田地质勘探、矿山机电等专业。各专业的总学时数为3000～3450学时,其中理论教学为129～144周。每周课内外学时为60～62学时,课堂讲授、习题课、生产实习、毕业实习、课程设计、毕业设计等为教学必要环节,而课堂讲授又是其中最主要、最基本的一环。新的教育计划明确了教育为无产阶级政治服务,教育与生产劳动相结合的培养目标,并以教学为主,对理论教学、生产劳动和科研活动,各类课程之间的比重与联系,以及总学时数、课内外时数、教学方式、文体活动等都做了较合理的安排。此后,各系、各专业也都相应制订了教学计划、教学大纲和日历。全院制定和修订了71门课程的教学大纲,制定和修订了80门课程的教学日历。制定了《教务处工作职责和业务范围》《西安矿业学院学生学习成绩考核办法》《西安矿业学院学生学籍管理暂行办法》《西安矿业学院学生请假制度》《西安矿业学院学生奖励办法》《西安矿业学院学生处分办法》等一系列规章制度。

1959年学院制定的一系列教育计划、教学大纲和各种规章制度,是学院教育发展史上的第一批带有教学法规性质的文件。通过这批文件的制定和贯彻执行,确定了以教学为主,教学与生产劳动、科学研究三结合的教学方案,建立了新的教学秩序,教学组织工作也日益得到改进,使学院的教学工作从计划上、组织上、制度上得到了保证,学院教学工作开始步入正轨。这批教学文件在当时的教学工作中曾起到了一定的积极作用。

1960年4月,学院遵照省委召开的大专院校党委书记座谈会的精神,在自1958年开展的"教育改革"的基础上,又开展了以改革课程、教学制度和教学内容并相应地改进教学方法,多快好省地发展教育事业为中心问题的"教育革命"。经过院党委的反复动员,全院迅速掀起了一个学习文件、提高认识、揭发问题,深入解剖麻雀,推动全盘工作的高潮,采取师生结合的方式,对高等数学、机械原理及零件、地史、构造地质、采煤方法等各种课程及教师的教学观点、教学态度等进行了检查,归纳出所谓资产阶级教学观点、教学方法等在本院的主要表现11种,开展了批评、自我批评,对一些教授、教师进行了错误的批判。

在思想革命的基础上,学院又提出了课程改革和新的教育计划初步方案,改革后学院各专业的专业课比重、专业课程的门数和总学时数都普遍减少,采矿专业由31门减为25门,机电专业由26门减为24门,地质专业由35门减为28门;总学时数采矿专业由3400学时减为2781学时,机电专业由3524学时减为2714学时,地质专业由3420学时减为2898学时。而生产劳动、生产实习的时间普遍增加了。"教育改革"中,片面强调生产劳动,出现了工多于读、主次混淆的现象,又一次打乱了学校正常的教学秩序,影响了教学工作的开展,在教学内容、教学方法等的改革上带有很大的盲目性和片面性,轻率地对全院教学工作展开全面改革,对一些违反教学规律的做法也盲目效仿,教学计划变动频繁;同时也出现了以劳动教育代替全面的思想品德教育,影响了学生的全面发展。更为严重的是,在所谓教育思想和学术思想的批判中,错误地对一些教师进行了批判,伤害了他们的感情,严重地挫伤了他们在教学和科研工作中的积极性。在开展的红专大辩论中,混淆了是非界限,造成了思想混乱。

1958年年底至1959年上半年,在贯彻党中央、国务院"关于教育工作的指示"中,学院曾进行

过当时特定历史条件下办学方式的尝试——西安矿业学院、西安煤矿学校、陕西煤干校三校合并。这是一次不成功的探索。在全国"大跃进"和教育改革、大办教育的形势下,陕西省煤炭工业局在1958年12月3日召开的讨论"教育与生产劳动相结合问题"会议上,首次提出了将在西安地区属于煤炭系统的西安矿业学院、西安煤矿学校、陕西省煤干校三所学校予以合并的设想,计划三校合并和初期先办中技、大学"一条龙"的学院,集中人力、物力办好生产实习矿井和实习工厂,实行半工半读,逐步实现生活自给自足。此后再进行课程体系的改革,订出新的教学大纲和详细说明书,逐步将中技移至各矿区举办,将西安矿业学院办成包括各项煤炭工业技术和矿山企业管理综合性高等院校。三校合并提出的目的,主观上是为了统一组织,加强领导,集中人力、物力来办好学校,贯彻教学、生产和科学研究相结合的方针,使矿院和中技都得到发展。

1959年1月19日,陕西省人民委员会以会高李字〔1959〕第01号文批准三校合并,合并后仍以"西安矿业学院"命名。1月22日,陕西省煤炭工业局召集三校负责人会议,确定由西安矿业学院副院长何能、西安煤矿学校校长张化民、陕西省煤干校校长肖绶文等7人组成合校工作委员会,负责领导合校工作的一切事宜。由何能任合校工作委员会主任,张化民、肖绶文任副主任。

1959年2月24日,合校工作结束。合校后的西安矿业学院设采矿、地质、矿山机电、矿井建设、经济等5个系。系内分高级班(大学班)、中级班(中技班)和干部班。全院计有各类学生1 897人,教职工629人。

随着合校后各项工作的进行和教学工作的开展,各种以前没有预料到或估计不足的问题相继出现。首先,从教学组织机构上将具有不同培养目标、教学内容的大学班和中技班合编在一个系里,将大学教师和中技教师合编在一个教研室里,给教学的组织安排、教师的调配等都带来了很大困难,同时也引起了教师和同学的思想波动,再加上校址分散难以集中领导,在行政领导、教学组织、生活管理等方面都存在着许多难以克服的困难。合校后两个多月的实践证明,原设想的许多有利条件并未起到提高教学质量的作用,反之,不利因素日益突出,既搞乱了大学,也搞乱了中技,合校后工作难以维持。1959年5月,中共西安矿业学院委员会在给上级的报告中提出了恢复原来三校建制的意见。1959年7月11日,经陕西省人委批准,矿院、煤校、煤干校各自开始以原来学校的名义单独对外办公。

三校合并是在"大跃进""左"的路线指导下进行的,是在当时本着"破除迷信,敢想敢做"的精神进行的一次办学方法的尝试,但是这一尝试失败了。由于违背教育规律,打乱了正常的教学秩序,引起教师、学生的思想动荡,致使学院的工作一段时间内徘徊不前。

第四节　贯彻《高教六十条》与学院教育事业的初步发展

1961年1月,中共中央八届九中全会决定对国民经济实行"调整、巩固、充实、提高"的指导方针。学院在贯彻以调整为中心的"八字方针"中,开始对"坚持以教学为主,努力提高教学质量"的思想有所重视。1961年4月26日,学院成立了以副院长何能为组长的教学调查研究小组,深入到高等数学教研组了解情况,解决教学中存在的实际问题。与此同时,教务处也组织人员到化学教研室、俄语教研室以及马列主义教研室(1960年成立基础部及其所属教研室),通过交谈和听课的方式掌握第一手资料,为即将开始的改革教学工作做了必要的准备。1961年9月15日,中共中央批准试行《教育部直属高等学校暂行工作条例(草案)》,即简称《高教六十条》。这个条例总结了我国高等教育自中华人民共和国成立以来,特别是自1958年以来的主要经验,提出了高等教育工作的一整套具体办法和基本制度。它的颁布和试行,为整顿高等教育,使其沿着正规化的办学方向前进,为高等教育事业的复苏和稳步发展指明了方向。

《高教六十条》颁布后,学院党委认真做了具体部署,制订了学习计划,在师生员工中展开深入

讨论。1962年3月,西安矿业学院召开第一届党员大会,以贯彻《高教六十条》为宗旨,认真分析和总结了学院创办以来,在教学、科学研究、生产、"三校合并"等工作以及在各项运动中的成绩和失误,提出了认真贯彻《高教六十条》的措施。发动群众联系学院的实际工作,提出建设性意见573条。学院根据中央关于《高教六十条》的批示"目前在高等学校工作中,必须以教学为主,努力提高教学质量,生产劳动、科学研究、社会活动的时间应该安排得当,以利教学"的精神,提出四条具体贯彻改进措施:一是重新修订教学计划,按照煤炭工业部所属高等工业学校本科修订教学计划的规定,调整了教学与科学研究、生产劳动、社会活动之间的比例,纠正了原来学生在校五年内有两年参加生产劳动的错误做法,确定每年必须有8个月以上的时间用于教学,并对讲课、实验、实习、考查、考试、学年论文、课程设计和毕业论文(设计)等教学环节统筹兼顾,合理安排,逐步定型化。二是立即着手组织学院有经验的教师,抓紧编写适合学院专业特点的教材。三是改进教学方法。四是切实加强对公共基础课的教学工作。针对学院基础课教学力量薄弱的问题,学院再次组织力量,对高等数学、力学、画法几何、机械制图课程,从教师的配备到教学内容的选择、从教学方法的改革到实验的安排都做了具体的研究,并采取了一定的措施。

1962年12月,已被任命为西安矿业学院院长的郝耀(当时未到职),以西北煤炭工业管理局副局长身份率工作组进驻协助工作。不久郝耀正式就任西安矿业学院院长。1963年,谭伯调任西安矿业学院任副院长。至此,院级领导班子得到完善和加强。当时,学院领导重点抓了贯彻理论联系实际,克服全盘学习苏联的教条主义,整顿校纪、校容、校风,尊重和提拔中老年知识分子,落实知识分子政策,调动和发挥知识分子积极性等方面的工作。教学方面明确提出抓"三大件"(师资、实验室、图书馆)等基础工作的正确主张,注意对学生进行专业思想教育,招生中注意多招收农村学生,提高学生政治业务素质等。从1963年开始,学院各方面工作出现生机勃勃的景象,进入一个重要的发展时期。学院各级机构经过调整,规章制度相继建立和健全,教学秩序得以整顿,校纪、校容得到改观,学院被评为1963年西安市卫生模范单位。从1963年到1966年5月,学院在教学方面重点做了以下几个方面的工作。

(1)提高师资队伍素质,加强图书资料和实验室的建设。由于基础课教师队伍数量不足,青年教师较多,力量薄弱;教学设备和图书资料缺乏,一些必要的实验课都不能开出,各个方面都有待于发展。学院提出抓好教师队伍、实验室、图书馆三大件的基本建设。这一符合实际的意见迅速得以实施,仅1963年,通过各种渠道从外单位调进有教学经验的教师49人(主要是基础课教师),增加了教师队伍的力量。同时,努力提高教师队伍的业务素质,除有计划地让教师脱产进修外,根据业务水平的不同情况,对各个层次的教师提出在职进修提高的要求,如对刚毕业踏上教学岗位的新教师,原则上先从实验、习题等基本教学环节做起。另外,加快实验设备和图书资料建设,购置和调拨价值100万元的实验设备,购买了一批图书资料,对已有实验设备进行清理和修复,改进实验室、图书馆的管理制度,以利教学。1963年第二学期,全院新开实验57个,基本上满足了教学的需要。与此同时,学院专门成立以副院长谭伯为组长,侯运广、袁耀庭为副组长的14人修订教学计划领导小组,开展了修订教学计划工作。学院领导组织专人,并亲自带领,深入教研室、实验室等教学第一线听课、蹲点、调查研究。1963年10月,经过半年多的努力,学院采矿、矿建、煤田地质勘探、机电等专业教学计划修订顺利完成。有13个教学管理规章制度在全院试行,随着各个教学环节的加强和教学秩序的进一步稳定,教学质量有了较大的提高。1965年8月,煤炭部教育司朱献民司长带工作组到学院宣传、贯彻毛泽东教育思想。在朱司长的大力支持下,学院提升了一批助教为讲师。这批讲师的提升有力地调动了教师队伍的积极性和改善了学院师资队伍的结构,推动了教学工作的发展。

(2)坚持德、智、体全面发展的教育方针,加强体育工作,增强学生的身体素质,广泛开展群众性体育活动。1963年3月,学院成立以党委副书记何能、副院长谭伯为领导的,有院工会、团委、学

生会、各系和体育教研室参加的体育工作筹备委员会。学院在三个系实行了体育辅导员制,由体育教师分系包干,辅导学生的课外体育活动,制订了课外运动的竞赛计划。1963年4月12日举行了西安矿业学院第一届单项田径运动会,全院有28个班级共467名学生参加了比赛,占全院学生总数的70%。在运动会上达到等级运动员标准共22人。随后,又相继成立了田径、篮球、足球、乒乓球等代表队。在高校比赛中,学生男、女篮球队,男子排球队都曾击败强队获得良好成绩。男子足球队在1963年高校分区赛中,发挥了较高的水平,获得亚军,为学院争得了荣誉。学院教工男、女乒乓球队也在当时陕西省教育工会主办的高等学校教工乒乓球赛中获得男子小组冠军、女子小组亚军。在个人单打比赛中,获得女子单打亚军,男子单打第三名、第五名。

(3)贯彻"少而精"的原则,教学改革进入新阶段。1963年8月,教育部在北京召开了直属高等工业学校工作座谈会。会议提出了贯彻"少而精"的原则是当前执行《高教六十条》的一项重要措施,是提高教学质量的中心环节。1964年,毛泽东春节谈话发表,教育改革的步伐加快。学院组织师生对毛泽东的春节谈话精神展开了学习讨论,大家敞开思想,各抒己见,深化了对"少而精"原则的认识。学院还组织六人调查小组,调查了解学生负担情况以及学习中存在的问题。同时,对课程设置、课程内容、教学方法和考试方法进行了初步的改革和试点,各门课程内容都精减了10%~30%,力求做到突出重点。采矿专业的普通测量课与矿山测量合并成测量课,把课程分为测量基本知识及基本方法、控制测量、图纸测绘及日常的矿井工程测量三个部分,建立了新的课程体系。通过两个学期的试点,收到较好的效果。机械零件课也结合矿山机械的特点进行课程体系改革,各门课都增加了实验和现场教学,学生反映比较满意。在教学方法上开始采取启发式,注意引导和培养学生独立思考,举一反三和抽象思维能力;在考试方法上,有39门课实行了开卷考试,占全部考试科目的95%。这些做法对探索教育改革和提高教学质量起到了积极的作用。

(4)加强实践教学环节,丰富和完善教学计划。在改革教学中,重视实践性教学,采取各种措施,加深学生对煤矿生产和社会的认识,增加直接的感性知识,以利学生的健康成长。1964~1966年,组织62级学生深入矿区煤矿工作面参加适量的专业生产劳动;组织63级学生到煤矿进行认识实习,了解煤矿生产的过程。1965年年初,64级273名学生到部队进行为期一个月的军训。军训结束后,学院举办的"下连当兵展览",在院内引起较大反响。按上级要求,1965年4月由院党委副书记、副院长何能带领61级学生和学院30名干部、教师到铜川王石凹煤矿参加"四清"运动,使师生广泛接触、了解社会,加深对煤矿的了解。1965年2月,学院组织60级采煤、矿建、机电、地质4个专业的127名毕业生,由24名教师带领,分赴陕西铜川和河北开滦矿区分组进行了"真刀真枪"的毕业设计。"真刀真枪"的毕业设计是学院加强实践性教学环节、探索教学与生产活动相结合的大胆尝试。学生们选择生产过程中急需解决的技术问题,将生产实际中的技术项目作为设计任务来完成。这是对学生在校5年学业水平综合发挥的一次检验,4个多月的时间,除直接为现场完成一定生产任务外,共做技术设计和施工设计30项,完成专题调查及技术革新52项。"真刀真枪"毕业设计的成果,有些被现场采用,在生产中直接发挥了作用,有些对煤炭生产技术和管理的改进具有一定的参考价值。在增加实践性教学活动的同时,注意了课堂教学的改进,充分应用模型教具进行教学,帮助学生理解教材难点,加深记忆,掌握好基本理论。1965年,学院组织教师结合各个学科的特点以及每门课的需要制作模型教具。这一富有意义的活动得到了全院教职工的支持,大家齐动手,在15天里共做成教具484件,编制图表146张,这些自己设计、制作的教具,成本低,用起来得心应手,在教学中发挥了一定的作用。

(5)抓紧教材建设。1961~1963年,学院的编写教材工作,除抽调部分教师参加高等院校协作的编写教材任务外,主要是组织教师以编写适合本院各专业适用的讲义、教学大纲、实习指导书等。1964年3月3日,在高等工业院校采矿专业制订教学计划和教材工作会议上,学院接受参加统编教材任务。对此学院十分重视,为了编好专业教材,于1965年抽调30名教师组成采煤、地质、

机电、矿建、政治理论 5 个小组分别到陕西铜川矿务局、淮南煤矿、河南焦作煤矿进行为期一个月的现场调查,搜集资料。这对教学的进一步改革和教学计划的修订,也起到了促进作用。为了编写出水平较高的教材,力学教研室就搜集有关教育方针和上级指示的文件 58 件,教学参考书 33 册,习题、实验指导书 47 册。

(6) 接收越南留学生。1965 年,根据煤炭工业部下达的任务,学院接收了 40 名越南留学生,他们分别就读于机电系机电专业和地质系煤田地质与勘探专业,学院对越南留学生的学习、生活十分重视,配备了业务水平较高的老师,在生活上给予特殊照顾,创造了一个较为舒适的学习、生活环境。越南留学生在院一年多的时间里,学到了一定基础知识。1966 年越南留学生全部提前回国。

从 1961 年下半年起,根据《高教六十条》的精神,学院对科学研究工作进行调整,要求在搞好教学的前提下,以中、老年教师为科学研究的主要力量,支持和鼓励他们开展科研活动,时间上由各系、部根据教学情况进行安排;方法上强调科研要紧密结合教学,以教学带科研,以科研促教学,使教学与科研相互促进,共同提高;在科研选题上根据学院的特点,以编写适合学院各专业需要的教材为主,并在可能条件下,通过对基础和专业理论的研究,解决国民经济建设中的实际问题,以及煤炭生产中新技术的开发和应用。1961~1966 年,学院主要承担的科研项目有"渭北煤田厚、中厚、特厚煤层开采方法""坑木代用""煤矿床供水勘探及储量评价""导坑掘进中爆破技术的研究""导坑中高效率装渣机械的研究""韩城地层的划分""51-2 型风钻架""钢罐道断绳防坠保险器"等十项;1963 年,采矿系通风教研室讲师唐海青在对煤矿生产系统通风网络的研究中提出"通风网络的动坐标解法",发表于《煤炭工业》1963 年第 13 期。"动坐标解法"以计算迅速、简便的优点,克服了通风网络解标法计算复杂的缺点,引起了同行们的关注。

第五节　初创时期的组织机构与思想政治工作

1958 年学院成立时隶属陕西省直接领导。凡属教学方针、干部任免由陕西省委决定,有关行政及业务由省人委负责。1959 年,陕西省委、省人委调整陕西高等学校管理体制,西安矿业学院由陕西省高教局和省煤炭工业管理局领导。1965 年 5 月起,改由煤炭工业部直接领导。

创建之初,建立和完善组织机构是当时的重要工作。在陕西省委、煤炭工业局的领导下,学院党、政、工、团各级组织很快建立起来,逐步得到健全和完善。1958 年 12 月 3 日,经陕西省委批准,学院临时党委由何能、王田夫、赵杰、阎贺庭、杜庆轩 5 人组成,何能任副书记兼统战部部长,杜庆轩任组织部长,阎贺庭任宣传部部长兼党委办公室主任。1959 年,省委调卜吉甫、史德周来学院分别任副书记、副院长。同年 10 月,经省委批准由何能、卜吉甫、申垣周、杜庆轩、王田夫 5 人组成党的临时监察委员会,何能兼监委书记。1962 年 3 月 17 日,中共西安矿业学院第一届党员大会选举产生了九人组成的第一届院党委,由何能、卜吉甫任党委副书记。1963 年 6 月,组成新的临时监委,由史德周任书记。建院初期学院党群系统机构隶属关系和学院教学、行政机构隶属关系如图 1-1-2 和图 1-1-3 所示。

为了加强学院的领导力量,煤炭工业部、陕西省委调郝耀任学院院长,谭伯任副院长,程振国任副书记,封秉天任院长助理。1965 年 7 月,院长郝耀奉调离任,罗沛被任命为西安矿业学院院长、党委副书记并代理书记。1966 年 1 月 6 日,学院第二届党员大会召开,大会选举了新的党委。由罗沛、程振国、何能、卜吉甫、史德周任党委常委,罗沛任书记,卜吉甫、程振国任副书记。

从 1959 年下半年到 1966 年伊始,按照上级规定,学院一直实行"党委领导下的院长为首的院务委员会负责制"的领导体制。

1959 年年初,学院做出筹建西安矿业学院院务委员会的决定,并指定筹备组由何能、申垣周、侯运广、袁耀庭、季诚等 5 位同志组成,由何能任组长。1959 年 10 月 15 日,学院批准了《西安矿业学院院务委员会暂行办法》,正式成立西安矿业学院院务委员会。第一届院务委员会由 24 名委员

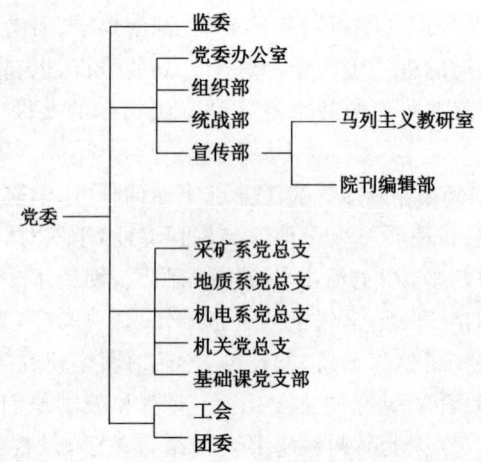

图 1-1-2　建院初期学院党群系统机构隶属关系图

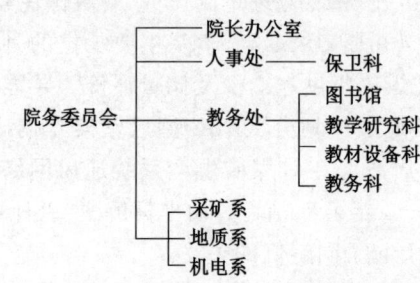

图 1-1-3　建院初期学院教学、行政机构隶属关系图

组成,何能任主席。1959 年 11 月 2 日,院务委员会召开第一次全体会议,一致通过由何能、史德周、卜吉甫、王田夫、申垣周、易云、侯运广、袁耀庭、吴秀士等九位同志任院务委员会常委。继院务委员会建立之后,各系也相继建立了系委员会。1963 年 6 月,学院院务委员会进行调整,经煤炭工业部批准,新的院务委员会由 13 人组成,由院长郝耀任主任委员,副院长何能、谭伯任副主任委员。

1959 年 11 月,按照陕西省煤炭工业局的决定,在矿院成立了陕西省煤炭科学院,科学院隶属矿院统一领导,由院长助理封秉天任科学院院长,申垣周任党总支书记。下设采煤选矿研究室、煤田地质研究室、矿山机电研究室,分别由学院的侯运广、袁耀庭、谭宗尧 3 位教授担任研究室主任。1961 年,陕西省煤炭科学院被撤销。

1959 年年初,为了贯彻党的教育方针,使地质专业的教学、科研与生产劳动更好地结合起来,学院遵照省煤炭工业局指示,在学院地质系成立了地质综合普查大队。地质综合普查大队将教学与生产结合起来,在当时被人们普遍认为是一种贯彻党的"教育与生产劳动相结合"的教育方针的一种好形式。从实践的情况看,虽然有 1958 年以来"大跃进""左"的思想的影响,但是这种形式既直接支援了国民经济建设,又锻炼了师生,有助于教学、科研与生产相结合。

建院初期,基础课各教研组归教务处领导,1960 年从教务处分出,多数分散到各系,由各系负责管理,而外语和体育教研组分别由教务处和院长办公室管理。到了 1960 年下半年精简机构时,基础课各教研组又从各系分出来,单独成立了相当于系一级的公共基础课教研室。

1961 年,曾先后撤销了实习工厂、校办子弟小学和学院函授分部。同年 10 月,又决定院办公室和党委办公室合并。1962 年,根据煤炭工业部的指示,恢复了一度被撤销的西安矿院函授分部。1963 年 2 月,为了加强基础课的教学工作,将数学、物理、化学、力学、画法几何、外语、体育以及马列主义教研室合并成立了公共基础课教学部。行政机构也相应增加,1963 年 4 月 25 日,成立保卫

科,隶属人事处管辖;教务处下设教务科、教学研究科、教材设备科;总务处增设物资设备供应科、财务科、医务所。

1962年,根据教学实习、科学研究的需要,西安矿业学院实习工厂重整设备恢复生产。1963年9月,成立基建办公室。1965年,马列主义教研室从公共基础课部分出,由党委直接领导。1966年1月,对教学组织重新进行了调整,把21个教研室压缩为16个。

1959年8月,中国教育工会西安矿业学院基层委员会正式成立。当时全院共有会员200多人,由肖绶文任工会主席。之后成立了5个部门工会委员会,设立了20个工会小组,逐步建立健全了工会组织。1960年1月21日,经全院工会会员大会民主选举,产生了由17名委员组成的西安矿业学院工会第二届委员会,由肖绶文兼任主席,黄树模任副主席。

建院后,随即组建了西安矿业学院临时团委。1959年5月,党委决定由13人组成学院团委,阎贺庭兼任团委书记。1959年12月,学院召开了第一次团代会。1960年8月9日,院党委研究决定,王志兴为院团委副书记。

思想政治工作是培养有社会主义觉悟的高级技术人才健康成长的根本保证。党组织十分重视思想政治工作,在创业之初十分艰苦的条件下,在学生中重点开展了热爱煤炭事业、巩固专业思想的教育,取得了较好的效果,激发了学生勤奋刻苦学习的劲头,促进学生向又红又专的方向健康成长。

1961年,党中央批转的《高教六十条》明确了思想政治工作在高等学校的地位,并且对思想政治工作的任务、内容、政策和方法等作了明确的规定。规定指出:社会主义的高等工业学校的思想政治工作是在党委领导下进行的。思想政治工作的任务就是要在全体师生员工中宣传马克思列宁主义、毛泽东思想,宣传党的路线、方针、政策,团结全校师生员工,充分调动他们的积极性,贯彻执行党的教育方针,保证学校的教学工作和其他各项工作任务的顺利完成。随着《高教六十条》的贯彻,思想政治工作越来越引起重视,被放在突出的地位。学院开展了忆苦思甜,树立革命人生观、世界观等方面的教育,对青年学生的健康成长起到了积极作用。

1963年年初,毛泽东、周恩来和中央其他领导同志发出向雷锋同志学习的号召,学院开展了"学雷锋创三好",争当"五好职工、先进集体"的活动,这次活动开展得广泛深入,收到了相当好的效果。雷锋精神深入人心,影响了一代人的成长,学院也涌现出一批好人好事和先进典型。1963年12月,学院共评出三好学生44人,五好个人25人,五好集体3个,卫生模范集体27个,关心集体、埋头苦干、努力读书、刻苦钻研、勤俭节约、讲究卫生成了学院的新风尚。1964年,又组织了学习王杰、焦裕禄、冯玉萍等英雄、模范人物的先进事迹活动,这些活动的开展,对陶冶学生高尚情操、树立正确的理想都产生了积极的作用。

向人民解放军学习,加强思想政治工作。1965年9月11日,中国共产党煤炭工业部政治部批准成立西安矿业学院政治部。政治部由党委办公室、组织部、宣传部、干部部、武装部、保卫科和马列主义教研室7个单位组成。由党委副书记程振国兼任主任,在各系(部)设立政治指导员,学生班级设立政治辅导员。在一、二年级还配备了班主任,试行了《班主任工作条例》。至此,学院正式组建了思想政治工作队伍,其中有12人专门从事学生思想政治工作。思想政治工作机构的健全和思想政治工作队伍的充实,强化了党对各部门的领导,使思想政治工作进一步落实,为更好地培养德、智、体全面发展的人才提供了保证,为推动全院各项工作的顺利进行发挥了积极的作用。但是,这一阶段批判资产阶级思想中出现了混淆思想界限和简单化的问题,把学生思想教育纳入"以阶级斗争为纲"的轨道,忽视高校特点,生搬硬套解放军思想政治工作经验,思想政治工作中出现了形式主义和"左"的倾向等问题。

第六节 政治运动和甄别平反工作

1958年9月至"文化大革命"前夕,按照上级的部署,先后开展过"反右倾"、"三反"、"反五风"、"五反"和"四清"等政治运动。

1959年9月至1960年4月,在中央和省委的统一部署下,学校开展了历时半年多的以学习八届八中全会文件,"反右倾、鼓干劲"为中心的整风运动。1959年庐山会议以后,在"左"的路线影响下,全党错误地开展了"反右倾"斗争。8月7日,中共中央发出《关于反对右倾思想的指示》。9月14日,中共陕西省委发出了《关于开展"反右倾、鼓干劲"的整风运动的指示》,要求在全省党员干部中立即开展整风运动。9月16日,学院开始了以党委委员、党员处长和相当于科长级干部为重点的整风运动。为了加强整风运动的组织领导,在院党委的统一领导下,成立了以卜吉甫为组长,由卜吉甫、何能、申垣周、阎贺庭、杜庆轩5位同志组成的整风领导小组。

学院的整风运动大体分为三个阶段:一是学习文件,联系实际,向党交心;二是自我检查,互相帮助,组织批判;三是巩固提高。在认真学习文件的基础上,人人都进行了检查,个个都进行了"消毒",在多次动员下,党员干部都向党进行了"交心",并对8名同志进行了错误的批判。这次整风运动是在"左"的路线指导下,错误地开展起来的,这场斗争使学院的党内民主生活遭到损害,对部分同志所进行的错误的批判,严重地伤害了他们的感情,挫伤了他们的积极性。

1960年4月,"反右整风"运动刚刚结束,5月又根据中央和陕西省委关于开展"三反"运动的指示,在全院开展了反贪污、反浪费、反官僚主义的"三反"运动。5月24日,院党委会议讨论了《中央关于反对官僚主义的指示》、陕西省委关于《三反问题的批示》和党中央、国务院关于劳逸结合的指示后,院党委确定:学院的"三反"运动首先从检查"五多、五少"入手反对官僚主义,进而开展反贪污、反浪费,并把开展"三反"运动和贯彻中央劳逸结合的指示结合起来进行。为了加强对"三反"运动的领导,院党委决定成立院"三反运动领导小组",由何能、卜吉甫、史德周、肖绥文、王志兴五同志组成。何能同志任组长,卜吉甫同志任副组长。5月28日,院党委向全体师生员工作了动员报告,并制定了开展"三反"运动和劳逸结合的十大措施。运动中揭露和检查了存在的官僚主义作风,并组织人员对全院所有管理钱财、物资、设备的部门进行认真清查,对伙食科23个月账目不清的问题立了专案,进行重点清查和处理。对于学校因计划不周、管理不善等原因造成的积压浪费现象也进行了检查。8月8日,学院的"三反"运动基本结束,院党委提出了《关于克服官僚主义,改进领导作风的几项措施》,各系、部等单位也都提出了整改方案。

这次"三反"运动使全院师生员工受到了教育,提高了政治思想觉悟。但限于当时的历史条件,学院的"三反"运动也出现了一些偏差,对个别干部一般性的问题立了专案,错误地进行了批判。

1961年,根据陕西省委文教口的部署,开展了"反五风"运动,即反共产风、浮夸风、命令风、瞎指挥、特殊风。学院的"反五风"从3月1日开始,每周用一天半的时间,历时3个多月。"反五风"中,全院共收集到群众的各种意见610条。这次"反五风"运动,对于纠正1958年"大跃进"以来"左"的思想认识,改变干部作风起了一定的积极作用。1963年4月,根据陕西省委和教育局高教分口的指示,又开展了以反"官僚主义、分散主义、铺张浪费、贪污盗窃、投机倒把"为内容的"五反"运动,即通常所谓的"前三反"和"后两反"运动。"五反"运动与后来开展的社会主义教育运动(即"四清"运动)交叉进行。在开展上述政治运动中,特别是社会主义教育运动中,把一些属于学术争论的问题,或是应通过正常的党内批评解决的问题,当作政治问题去处理,对一些学生、教师和干部(其中包括一位副院长)进行了错误的批判,伤害了他们的积极性。作为学院来说,许多教训是应当记取的。

1961年,按上级部署,院党委向全院传达了陕西省委关于甄别工作会议的精神,组织基层党支

部进行讨论,统一思想,为顺利开展甄别工作扫除思想上的障碍。经过一段时间的认真工作,先后对 1958 年以来在历次运动中受批判、处分的同志,进行了复查甄别,落实了党的政策,给受委屈的同志洗清了污点,卸掉了包袱,消除了同志间的隔阂,增进了团结,密切了党群关系。开展甄别、平反工作后,学院的民主空气活跃起来。1962 年年底,全院甄别平反工作结束。据统计,全院共甄别 167 人,其中处级干部 6 人(均系党员)、教授 1 人(民盟成员)、讲师 2 人、一般干部 15 人(党员 10 人)、工人 1 人(党员)、学生 142 人。

第七节　新校舍建设和第一次搬迁

1958 年学院成立时接收陕西省煤炭工业局干部学校校址,占地仅 103 亩,建筑面积 13 500 平方米,其中教学用房为 5 012 平方米,学生宿舍 3 212 平方米,家属宿舍 2 926 平方米。基本建设基础十分薄弱,很难满足教学和生活的需要。

为了在吉祥村校址基础上把校园的整体建设搞好,学院大力抓了基建工作,1958 年第四季度,学院依据当时提出的在校学生人数将发展到 3 000~5 000 人,设置采矿、地质、机电、矿建等 4 个系,计划占地 515 亩的长远规划,提出了任务设计书,并委托西北煤矿建筑设计院进行了总平面设计。这一设计方案由于以后经济困难、迁校等原因未能实现。1959 年,在基建资金紧张、三大建筑材料缺乏的情况下,经过多方努力终于争取到基建投资,使 12 000 平方米的教学大楼(先建 8 200 平方米)、1 700 平方米的单身宿舍楼、3 900 平方米的家属宿舍楼、457 平方米的合班教室等工程破土动工,并先后竣工。至此,学院校址占地面积由原来的 103 亩扩大到 218 亩,房屋建筑面积由 13 500 平方米增加至 27 870 平方米,为学院的进一步发展奠定了基础。

1961 年,陕西省人民委员会未经与煤炭工业部商议,决定将西安矿业学院校址,包括 3 万平方米的建筑在内拨给中共西北局党校使用。当时陕西省煤炭工业局只好决定将坐落在大雁塔十字一侧的西安煤矿学校迁往陕西蒲城县,西安矿业学院迁往西安煤矿学校校址。当时陕西省人民委员会限学院 10 天内搬完。学院无奈只好从 3 月 15 日正式开始搬迁。3 月 22 日基本搬迁完毕。

在搬迁过程中,为了解决全院师生吃饭、喝水等问题,经请示陕西省煤炭工业管理局允许拆卸一台锅炉。加之当时正处于国民经济困难时期,市场上物资供应匮乏,发生了师生自动拆卸灯泡等问题,为此,陕西省监察委员会就“西安矿业学院向中共西北局党校移交校舍发生乱拆乱卸、抢拉抢运一事”,错误地决定给西安矿业学院主要负责人、党委副书记兼副院长何能以党内警告处分。这次搬迁给学校的发展造成了无可弥补的重大损失,迁校冲击了正常的教学秩序,教学质量受到一定的影响。很多实验设备无法架设,堆积在仓库中,发挥不了作用,实验课只能开出 20%。此后虽经陕西省人民委员会批准,可以扩建西安矿业学院,然而,由于当时国家处于暂时困难时期,资金短缺,基本建设无法正式铺开。随着国民经济建设形势的逐步好转,初步计划 1963~1965 年内完成扩建面积 38 162 平方米,需再征地 115 亩,所需基本建设投资 3 306 万元。1963 年 9 月,学院成立基建办公室。1963 年 10 月 18 日,煤炭工业部决定将扩建方案改为全部新建,并确定,学院规模近期 1 500 人。1963 年 10 月 23 日,学院召开了有关基建工作会议,传达了煤炭工业部的决定,并派专人与西安市城市建设局及有关单位联系新建校址。后经西安市人民委员会同意,划定在西安市和平门外鲁家村附近东西长 520 米、南北长 300 米(占地 234 亩)区域为西安矿业学院新建校址。

1964 年年初,国家计划委员会批准学院设计任务书,原定新建方案按扩建方案执行。扩建新校舍总面积为 4.5 万平方米,其中教学用房 5 120 平方米,实验室 11 000 平方米,图书馆 2 500 平方米,福利用房 13 000 平方米,总投资控制在 490 万元以内,占地面积控制在 140 亩以内。1964 年 9 月 16 日,学院重新编制了扩建设计任务书(学院扩建校舍投资分配表如下图所示),经陕西省煤炭工业局审查,上报煤炭工业部正式批准。1964 年 12 月 4 日,煤炭工业部批准西安矿业学院扩建

按原设计任务书规定的学院规模 1 500 人,总投资控制在 200 万元以内进行。鉴于学院旧校址无扩建余地,煤炭部同意在已征购拟新建校址上进行扩建。原有校址建筑物集中利用为生活福利设施,决定将原批准的 3 000 平方米宿舍建筑改为 5 000 平方米的基础课教学及实验楼建筑面积。扩建基本建设(北院)项目从 1964 年开始,到 1966 年已完成教学楼 3 栋及基础部楼底层基础工程,实际建筑面积大约为 14 000 平方米。后来,由于"文化大革命"开始,学院扩建计划被迫停止实施。

西安矿业学院扩建校舍投资分配见表 1-1-1。

表 1-1-1　　　　　　　　　西安矿业学院扩建校舍投资分配表

项目	建筑面积/平方米	单价/(元/平方米)	总价/万元
总计	25 000		296.50
一、建筑工程	25 000		282.00
1. 采矿系教学楼	4 500	120	66.00
2. 地质系教学楼	4 500	120	54.00
3. 机电系教学楼	4 500	120	54.00
4. 办公图书楼	4 500	120	54.00
5. 学生宿舍楼	5 000	75	37.50
6. 食堂及仓库	1 500	80	12.00
7. 锅炉房变电所	500	90	4.50
二、设备			
三、其他费用			14.50

第二章　十年"文化大革命"时期 (1966年6月～1976年10月)

第一节　学院"文化大革命"的简要情况

1966年四五月间,院党委根据省委的部署和有关指示,组织全院师生员工结合学习有关"文化大革命"的社论和文章,开展了对所谓的"三家村"及"黑帮"的批判,并在干部和教师中进行"左、中、右"的政治排队。为了加强党对"文化大革命"的领导,5月24日成立了院"文化大革命办公室"。

根据形势的发展,6月4日,省委派出由3人组成的工作组进驻学校,宣布与院党委共同领导"文化大革命"。工作组和院党委要求全院师生员工,要严格按照省委的"八点要求"来进行。6月14日,工作组撤离学校。工作组撤离之后,"文化大革命"的矛头即由声讨和批判"三家村"转向院内。

7月1日,省委又派出由11人组成的工作组,再次进驻学校。7月2日发生了给所谓"黑帮"戴高帽子的游行事件。斗争矛头逐步指向院党委及所谓的"走资派"。7月4日,第二工作组宣布,院内"文化大革命"由工作组直接领导。在此期间,以"揭阶级斗争盖子"为名,在全院师生员工中进行大揭发,并点名批判了一些干部和教师。

8月4日,省委宣布撤销工作组。

8月5日,学校成立了"文化大革命委员会筹备处",之后,给一些干部戴高帽子游校事件日益增多。此时,院党政机构实际上已陷入瘫痪或半瘫痪状态,党、团员组织生活也基本停止了。

8月24日,"文化大革命临时委员会"成立。从此在学院出现了"文革筹备处"与"文革临委会"两派群众组织相互对峙的局面。

9月23日,"文革筹备处"又经改选正式成立"文革筹委会"。

1967年1月27日,"文革筹委会"召开了全院夺权大会,宣布接管全院党政财文一切权力。会后,将院部分党政中层以上干部及少数群众游街示众。

1967年6月28日,根据陕西省革命委员会的批示,召开了"西安矿业学院革命委员会"成立大会。随后各系成立了"革委会分会",机关各处、工厂成立了"革命领导小组"。

1968年3月8日至5月23日,院革委会举办了第五期"毛泽东思想学习班"。在这期学习班的中后期,由于开展"三反一粉碎"的斗争,使参加学习班的广大干部和群众受到批斗、抄家、游街游校等打击迫害,被关进"牛棚"者达22人之多。五期学习班结束之后,各系、处、工厂都相继举办了类似的学习班。

1968年8月29日,工宣队进驻本校。工宣队进校后,继续清理阶级队伍。

1969年,按照九大新党章学院开展了整党、建党工作。

1969年前后,在毛泽东关于解放干部有关指示发表后,学院一批被当作"走资派"打倒的革命干部得到"解放",陆续重新参加领导工作。

1970年年初,开展了"一打三反"运动。

1971年上半年,在干部教师中开展了"批修整风"学习。

1974年2月开始,开展了"批林批孔"运动,批判"修正主义教育路线回潮"。

1975年上半年,学习毛泽东提出的"无产阶级专政理论问题""把国民经济搞上去""安定团结为好"三项指示。强调以整顿为纲,在全院开展了讲大局、讲党性、讲团结、讲纪律的学习,使各项工作有了转机。同年年底,又开展了所谓"批邓反击右倾翻案风"运动。

在"文化大革命"这场大浩劫中,全院共有151名干部、教师、工人、学生遭到迫害,关进"牛棚"的85人,送交公安机关拘留的3人,迫害致死的5人,致伤致残的15人,"文化大革命"给我院造成了大量冤、假、错案,给受害人及其家庭带来了极大的不幸和痛苦。

1976年10月,党中央执行人民的意志粉碎了"四人帮"。一场长达十年之久的"文化大革命"结束了。

第二节　第二次迁校——搬迁韩城

1970年前后,发生了西安矿业学院建院后的第二次迁校事件——学院被迫搬迁韩城。这次搬迁给学院的发展造成了巨大的损失。

1969年,林彪发布"第一号命令"。同年,全国各地一些高等学校相继被撤、并、迁、散。当时,陕西省革命委员会指示矿院疏迁韩城。1969年9月,省革命委员会负责人亲临矿院,与学院革委会负责人研究决定西安矿业学院迁往韩城并在韩城建校。在一未确定建校的确切校址,二未将韩城建校纳入国家基建项目,且无基建投资的情况下,在全院广大教职工缺乏必要的思想准备和物质准备的条件下,十分轻率地做出了学院搬迁韩城的决定。

1969年12月8日,学院正式开始疏迁韩城。接上级通知,69、70两届大学生留西安等待毕业分配。学院除极少数人负责留守工作外,其余绝大部分教职工、家属于1970年春节前后迁往韩城。院实习工厂一时无法搬迁。教职工、家属起初分散居住在韩城县附近的江裕、江丰两个公社长达60公里的区间内。1970年四五月间,又被分散到姚庄、薛村、土门农村租住农民的房屋。偌大的一个高等学校,仅有韩城煤矿建设指挥部旧址的数排平房可供使用。教职工、家属面临着许多难以想象的困难,连吃水、子女入托、上学、购粮买菜等都难以解决。全院上下一时出现了相当大的思想混乱和波动。不少在学院工作多年的骨干教师也调离学校,另谋出路。从搬迁韩城起,学院广大教职工基本脱离教育事业,荒废业务,陆续投入韩城矿区的建设和学院韩城建校劳动。

当时,学院韩城领导小组确定了矿院搬迁韩城后面临的主要任务是"建井、建校、建场",并要求将"建井任务放在第一位"。1970年学院承担了象山斜井的设计任务。当年5月,学院完成了象山斜井设计施工方案。随后,学院领导小组在象山斜井现场附近的竹园村召集有16人参加的建井工作座谈会,对学院自行设计的象山斜井施工方案进行审议。根据所面临的建井任务,领导小组对学院组织机构做了相应变更:采矿系、机电系兼称采矿连、机电连,同时组织土建连。采矿连、机电连的连长、指导员分别由系革委会主任和党支部书记担任;土建连直属院基建组领导。基建组下设劳动工资、计划统计、工程管理、材料供应四组。6月16日,象山斜井正式举行了开工典礼。当时,学院地质系的广大教职工承担了为老区延安普查煤炭资源的任务,长期跋涉在陕北山区。

在象山煤炭的建设和为延安老区普查煤炭资源过程中,学院的广大教职工付出了艰巨的劳动和心血,这是应当充分给予肯定的。但是,忠诚党的教育事业的广大教职工对弃学办矿、放弃培养人才、不办教育的状况愈来愈不满。

1970年8月11日,陕西省革命委员会主任召见学院革委会负责人,重申西安矿业学院迁往韩城指示不变,并敦促尽快搬迁建校。之后,陕西省革委会基建指挥部、省革委会教育局派人赴韩城与矿院共同勘察校址并商定,矿院新校址设在南起韩城东站迁出线,北至苏武庙沟,西起象山,东至星火煤炭专用线范围之内。直到此时,陕西省革委会才初步确定学院规模为学生1 500名,校办

600名工人的矿山机械制造场和1 000名工人的煤矿。1970年10月13日,陕西省革委会基建指挥部通知渭南地区革委会生产组称:西安矿业学院在韩城县红旗公社姚庄大队姚庄坡地区建校。可是,学院初步提出建校规划51 374平方米的面积和至少需要的386万元基建投资仍没有被省革委会列入国家基建项目。建校规划实际上仍未落实。

1970年4月,以贯彻落实中央三、五、六号文件精神为内容的"三、五、六"运动开始。学院专门成立韩城"三、五、六"运动领导小组,各基层单位也相继建立领导小组。"三、五、六"运动虽有解放干部的因素,但它仍然是"清理阶级队伍"扩大化的继续。在全院颇有影响的以基础部为重点的"五不"(不请假、不回家、不会客、不写信、不打电话)学习班就是在韩城象山中学举办的。"三、五、六"运动的结果使学院又一批干部、教师遭受了批判和打击。

1971年年初,鉴于韩城建校的一系列问题无法解决,学院处于山穷水尽的困境,新成立不久的学院革委会党的核心小组于1月向上级报告,提出解决矿院出路的方法。报告指出,准备除组织学院100名左右教职工参加韩城建校劳动外,以主要力量投入"教育革命",并表明"不管建校能否列入国家计划,学院坚持要办教育","要为煤矿培养技术人员"。学院曾设想把学校办到社会上去。利用可能利用的现场基地作为办学点,计划采矿系在铜川、韩城各设一办学点,机电系回西安,原有校舍、学生宿舍和院实习工厂作为办学基地之一,另在铜川中机厂或煤矿机械厂再设一个办学点。地质系选地质勘探队为基地办学。所有教师组成"一条龙"小分队,深入基地进行教育活动。对学院核心小组提出的解决方法,当时的上级不置可否。韩城建校进退维谷。

1971年,学院按上级部署举办批修整风学习班。同年5月,学院在西安联合举办批陈整风学习班。由此矿院的教职工、家属陆续迁回西安。

从矿院疏迁韩城开始,学院在西安的校舍陆续被外单位占去,西安大雁塔附近的校舍被陕西省国防工办占用(后退回),鲁家村北院教学区规划内和已征土地早在1969年被中国人民解放军总后203部队以办医训班名义"借住",尔后203部队所属323医院在学院规划区土地上兴建了医院。学院被迫丢失了100多亩规划内征用土地。

搬迁韩城给学院的发展带来了极其严重的后果。大批图书设备损坏、物资流失,人心浮动、业务荒废,尤其严重的是学院规划发展区被破坏,造成了无法弥补的损失,直接影响了学院以后的发展,使学院处于不得不分散建校的不利局面。搬迁韩城是林彪、"四人帮"摧残教育事业在学院的一个直接恶果。

第三节　艰难中恢复办学

1968年7月,毛泽东发出大学还是要办的,要从有实践经验的工人农民中选拔学生的"七二一"指示。

1971年7月,中共中央发出的《全国教育工作座谈会纪要》,提出大专院校招生的对象是具有实践经验的工农兵,决定大学学制暂以二至三年试行。在全国教育工作会议上,张春桥、姚文元一伙篡改毛泽东指示,直接参与了炮制了"两个估计",全盘否定中华人民共和国成立以来教育事业所取得的成绩。知识分子被诬蔑为"臭老九"。"两个估计"成为横加在广大知识分子身上的枷锁,引起广大知识分子的强烈不满。学院的广大干部、教师对"两个估计"采取了当时所能表示的愤慨和抵制,并在艰难中为恢复办学培养人才尽力工作。

为了贯彻毛泽东的"七二一"指示,学院曾先后在校外承担了为厂矿举办短期培训班、试点班的教学任务。1972年4月,学院举办的一年制工人试点班结束,结业28名学员。

1972年4月,学院在停止招生六年之后,正式招收三年制本科工农兵学员。这次招生专业有地下开采、矿井建设、矿山机电、矿山机械制造与修配、煤田地质勘探5个专业,其中矿山机械制造

与修配专业是首次招生。为迎接恢复办学，学院做了各方面的准备。1971年年底重建了各系教研组18个，拟订了5个专业的教学计划。教学计划时间安排大体是政治学习占总学时的20％，业务学习占70％，学军、学农占10％。理论课与实践活动大体按7：3安排，业务教学中基础与专业课按7：3或6：4安排。承担教学任务的教师，反复修订教学计划，积极编写教材，当时编写出各种教材23种，基本解决了恢复办学时教材的问题。恢复办学的1972年，学院仅有教职工558名，内有教师242名，其中基础课66名，采矿系44名，地质系61名，机电系61名，政治课10名。

1972年5月，首批工农兵学员251人进校。

1972年8月，317名工农兵学员和教职工徒步到延安，参加了陕西省高校组织的千里野营训练。

1972年至1973年上半年，学院的广大干部和教职工，克服韩城搬迁造成校舍紧张、实验设备陈旧、图书资料丢失等困难，努力维护正常教学秩序。广大教师认真备课教课，针对工农兵学员的实际情况，在教学内容和教学方法上做了相应的改革，取得了一定的成效，保证了教学活动的顺利进行。

1973年下半年，全国教育部门批判所谓修正主义教育路线"回潮"和"复辟"。

1974年，江青等提出开展所谓"批林批孔"运动。学院恢复不久的教学等秩序再次被打乱，政治运动严重冲击教学。按照上级部署，学院也开展了批判所谓的"克己复礼"及"资产阶级复辟势力"运动，在"工人阶级必须长期占领、彻底改造学校"旗号下，教唆工农兵学生反对知识分子，煽动无政府主义，否定文化学习，使广大教师处于欲教不能、欲罢不忍的困境，教学秩序重新陷入混乱状态。

从1973年下半年起，学院办学开始向建立三结合教育体制发展，实行开门办学，先后与铜川王石凹矿、韩城一三一地质队、西安煤矿机械厂挂钩。1974年"批林批孔"以后，教育战线强调工农兵学员要上好"马列主义毛泽东思想课""阶级斗争课""工业学大庆课"，学院开门办学也越来越频繁，门也越开越大。仅1975年上半年，到厂、矿、地质队开门办学的学员就有816人，占在校学员人数的93％，参加开门办学的教职工204人，占教职工总人数的30％。开门办学所到厂、矿、地质队有17个单位。为了适应当时开门办学的需要，学院将原有3个系撤销，成立了6个专业委员会。1975年，先后选择的教育革命基地有铜川、韩城、西安煤矿机械厂、西安煤田地质勘探公司等。1976年，学"朝农"以后，开门办学的规模之大、人数之多，超过了以往任何时候。对学院的干部、教师、学生来说，通过几年的开门办学，到厂、矿、地质队举办短训班和讲座，参加技术革新，对学校的科学研究工作做出了贡献，对煤炭生产的发展起了一定的促进作用。但是，开门办学带来了严重的后果，它打乱了刚建立的新教学秩序，废弃了正常的教学制度，违背了高等教育规律，造成教师业务荒废，学生学习基础理论和专业理论时间大大减少。开门办学实质上是只开门，不办学。当时，报纸上宣传所谓"朝农经验"，按上级部署，院内也提出了"学朝农，迈大步"的号召，并做了相应的部署。1976年7月，学院派院级领导干部随陕西省组织的学习团奔赴朝阳农学院参观学习。由于教育战线极"左"思潮再度泛滥，引起教学质量严重下降，坑害了不少青年学生。

1975年8月27日，学院召开党委三届七次（扩大）会议，传达了毛泽东的指示和中央军委扩大会议精神。9月26日，院召开教职工和学院干部会议，由党委书记罗沛做报告，总结前一段教育革命的情况，部署了贯彻毛泽东"三项重要指示"的措施，提出了开展"一学、四批、五大讲"活动。会后全院开展了大干六十天活动，取得了明显的成绩。这次党委扩大会议是在贯彻党中央关于整顿指示下召开的，会议提出了批判资产阶级派性，迅速把各项工作搞上去等正确主张。但这些正确决策还没有来得及完全实行，就被全国范围内开展的所谓"反击右倾翻案风"运动压了下去。

1975年9月，学院三年制本科工农兵学员251人毕业。

1976年八九月间，学院300余名师生到84870部队进行为期一个月的学军活动。

"文化大革命"中,忠于党的教育事业的不少教师始终没有放弃业务学习,甚至有的在受到批判后也偷偷学习外语。学院的广大干部和师生员工忠于职守,坚持工作和学习,许多同志顶着压力,冒着戴"白专"帽子的危险,坚持教学与科学研究。据统计,1973年下半年以后,结合生产第一线亟须解决的实际问题,学院广大教师、学员与厂、矿、地质队的技术人员、工人一起完成了73个技术革新项目,其中80％被现场采用。1975年,学院完成国家下达的11项科研任务。煤炭部开发组1975年推广的5项新技术中,光面爆破、锚喷支护、内涨摩擦式耙斗装岩机、立井激光指示仪4项是西安矿业学院研制的。学院与铜川王石凹煤矿、西安整流器厂、陕西煤矿设计院一道研制的"王石凹630千瓦副井提升机可控硅串级调速装置"是当时国内提升装备中容量最大的副井运行的闭环系统。学院还完成了陕西省下达的支农项目——榆林地区神木县腐殖酸资源普查工作,绘制风化煤储量分布图,通过计算核实风化煤总储量120万吨,泥炭总储量为1 240万吨,化验了262个样品,修正了原普查材料。采矿系师生37人,按煤炭部指示,去河南林县支援年产60万吨地方煤矿建设,完成工业厂矿设计、井巷施工和培训技术人员等任务。

在当时的条件下,学院在科学研究工作中重视技术研究的同时,也开始注意理论研究,如巷道喷射混凝土支护理论研究、开采要素研究、爆破理论研究、采场矿压研究等项目均被列入计划。

第四节　"文化大革命"中的党、团组织状况

1966年"文化大革命"开始不久,学院党的组织陷入瘫痪,正常的党的组织生活被迫中断。

党的九大和九届二中全会后,根据上级党组织的部署,学院开始进行整党建党工作。1969年4月,学院成立由13人组成的院整党建党领导小组,负责全院整党建党工作。采矿系、地质系、机电系、基础部、教务系统、实习工厂也相继建立整党建党领导小组,负责开展本单位的整党建党工作。虽然这次整党建党从中央到地方在指导思想上和组织形式上都是错误的,但通过整党建党,全院183名党员中有174人恢复了组织生活,建立了11个基层总支和支部,党的组织得到初步恢复。根据毛泽东"吐故纳新"的指示,整党中全院吸收新党员5名。

1970年12月28日,中共陕西省革委会党的核心小组批准由罗沛、白金良、庄泽华、孟庆熙、苏枫、王斌6人组成中共西安矿业学院革委会党的核心小组。罗沛任组长,白金良任副组长。全院党组织为3个总支,10个支部。

1972年10月,院革委会党的核心小组发出通知,部署筹备西安矿业学院第三次党员代表大会和成立党委工作,决定成立筹建党委办公室,具体承办筹建党委的有关事宜。经过一段筹备,1973年10月26日,中共西安矿业学院第三次党员代表大会正式召开,会期两天。院革委会党的核心小组组长罗沛做了题为《在党的十大路线指导下,以批林整风为纲,夺取教育革命的新胜利》的工作报告,大会讨论通过了工作报告。工作报告一方面正确提出要狠抓教育方针的贯彻执行,继续加强师资队伍的政治建设和业务建设;抓紧落实知识分子政策;教育学员正确处理政治与业务的关系,贯彻以学为主的原则;加强党的建设,整顿党的组织,健全组织生活,等等。另一方面工作报告又不可能摆脱当时的客观环境,在指导思想上仍不可避免地贯彻有关"文化大革命"的路线、方针、政策,错误地提出过一些口号。第三次党代会选举产生了中共西安矿业学院第三届委员会,经上级批准由21人组成新党委。罗沛、苏枫、谭伯、孙茂喜、卜吉甫、乔荣山、邢子辉、赵亚民、王斌9人为党委常委,罗沛任党委书记,苏枫任副书记。

1975年,为适应当时开门办学的需要,学院曾成立6个专业委员会,相应建立了6个党的总支委员会。直至粉碎"四人帮"后,随着专业委员会撤销,6个总支也不复存在。

随着党的组织生活的恢复,院党的核心小组对学院共青团组织也进行重建和整顿。1972年恢复办学后,共青团西安矿业学院工作委员会建立,苏芝兰任团工委书记。经过一年的组建和恢复工

作,团工委下属 4 个团总支及所属的各团支部组织生活也开始恢复正常。

1973 年 6 月,共青团西安矿业学院第四届团代会召开,大会选出团委委员 13 人。苏芝兰任书记,徐木彬、徐永征任副书记。

1975 年 5 月,共青团西安矿业学院第五届团代会召开。会议选举 17 人组成第五届院团委。徐木彬任书记,李瑞荣(学生)、何秀兰(工宣队员)任副书记。

1972 年恢复办学后,随着学生进校,学院和各系学生会组织也相继建立。

第三章　拨乱反正与新的发展时期
(1976 年 11 月～1987 年 12 月)

第一节　平反冤、假、错案　全面落实党的政策

　　"文化大革命"给全国人民带来了很大的灾难,高等学校是受"四人帮"反革命集团摧残的重灾区,"文化大革命"造成了高等学校政治上、思想上、组织上的严重混乱。粉碎"四人帮"后,百废待兴。摆在学院党组织和广大师生员工面前的首要任务是肃清林彪、"四人帮"反革命集团的流毒和影响,正本清源。从 1976 年 10 月至 1979 年年底,根据党中央和省委的部署,学院着重深入开展了揭发批判"四人帮"罪行,清查与"四人帮"篡党夺权活动有牵连的人和事。党的十一届三中全会以后,学院清除"左"的影响,开始全面落实党的政策。

　　1976 年 10 月之后,学院广大师生员工以极大的热情投入对"四人帮"反革命集团揭发、批判的斗争中。1976 年 10 月 27 日,学院召开全体教职工大会,庆祝粉碎江青反革命集团的胜利,愤怒声讨"四人帮",揭发批判"四人帮"篡改党的教育方针,破坏教育事业的罪行。1977 年二三月间,学院连续两次举办联系实际、揭批"四人帮"的百人学习班。在此后的近两年时间里,学院多次采取多种形式,组织干部、群众学习贯彻党中央关于揭批"四人帮"的"第一战役""第二战役""第三战役"。1978 年 10 月 6 日召开的院党委常委扩大会,将揭批"四人帮"的"第三战役"推向高潮。参加这次常委扩大会的党委常委、总支及直属支部书记、总支委员计 40 余人。会议进一步学习党中央对陕西工作的重要指示,传达贯彻陕西省委扩大会议精神,紧密联系学院实际,深入揭批林彪、"四人帮"反革命集团的严重罪行,以整风精神,开展批评与自我批评,分清了矿院的是非,总结了经验教训,提高了大家的认识,又团结教育了犯错误的同志。会议取得了良好的效果。1977 年 3 月,根据上级要求,院党委成立清查领导小组,由党委常委卜吉甫、赵亚民先后负责,开展清查工作。经过一年多的艰苦工作,在上级清查办的支持、协同下,基本查清了列入清查的八个问题。在这一过程中,学院党委一方面发动群众,激发群众揭批"四人帮"的积极性;另一方面又注意引导、教育群众掌握党的政策,正确对待犯有错误的干部和群众。学院党委顶住来自不同方面的干扰,妥善解决和处理了对待"文化大革命"中犯错误的干部、群众的问题。学院揭批查运动发展健康、稳妥,没有出现偏差。揭批查运动教育和挽救了一些受"四人帮"毒害较深的干部群众,增强了团结,分清了是非,为进一步落实党的各项政策及学校进行整顿奠定了思想基础。

　　在开展揭批查运动的同时,平反、纠正冤、假、错案的工作同时迅速展开。院党委组织专门力量,落实人员,首先清理了"文化大革命"中大量的冤、假、错案。1978 年 11 月 1 日,学院为"文化大革命"中受迫害致死的王醒民等同志召开平反昭雪大会。11 月中旬,在召开的全院揭批"四人帮"大会上,学院党委宣布,过去强加在干部、教师身上的一切诬蔑不实之词应予推倒,一些错误的事件和做法应予以否定和纠正。一大批曾遭受迫害的干部群众被恢复名誉。党的十一届三中全会以后,彻底平反冤、假、错案的条件已经具备。经过几年的艰苦工作,先后对历次政治运动中造成的193 起冤、假、错案实事求是地平反纠正。其中包括 1978 年根据中央关于纠正错划右派的有关文件精神,对 1957 年反右斗争中错划的干部、群众进行复查改正的 12 人;复查纠正"反右""反右倾"

中被错误处分的 15 人。学院抽调专人对档案进行了清理。共清理出 634 份个人在"文化大革命"及历次政治运动中的"请罪书""思想检查"等资料。退还或销毁材料 9 800 余份。补发及补助 10 位同志被错误处理停发、减发工资近 2 万元,学院还向因错误处理和"三案"问题受影响的家属、子女单位发出更正函件 86 人次,及时消除影响。对已调离学院被错误处理的 20 多位同志,学院分别派人或去函与当地政府协商,妥善处理,安置适当的工作,并落实了有关工资待遇等问题。

1982 年前后,学院报请上级撤销了 1961 年因学院迁校中被错误处理的前党委副书记、副院长何能同志的处分;撤销了"文化大革命"初期对前副院长谭伯同志的错误处分。

1984 年前后的一段时间内,认真、彻底妥善处理了"文化大革命"中查抄物品清退遗留问题。学院党委指定院、系两级专人负责此项工作,采取多种方法,查清了矿院尚未清退的查抄物品的下落。共清退物品 106 件,书籍 422 册,赔偿贵重物品 34 件。基本做到学院"文化大革命"中被查抄物品件件有着落,被抄物品主人满意。

1977 年 9 月起开展的批判"四人帮"炮制的所谓"两个估计"是党中央拨乱反正的一项重大决策。1977 年 11 月 18 日,《人民日报》发表了教育部组织的文章《教育战线的一场大辩论——批判"四人帮"炮制的两个估计》。1977 年 11 月,中共陕西省委在西安召开了批判"两个估计"的万人大会。之后,学院党委领导全院广大师生员工积极投入批判"两个估计"。

1978 年 3 月 18 日,邓小平同志在全国科学大会上明确宣布,知识分子"已经是工人阶级自己的一部分",正式为广大知识分子摘掉"资产阶级"的帽子。广大的知识分子扬眉吐气,精神振奋,解除了思想枷锁。1978 年 12 月召开的党的十一届三中全会确定了"解放思想,开动脑筋,实事求是,团结一致向前看"的指导方针,为清除"左"的影响,迅速落实党的各项政策,尤其是落实知识分子政策指明了方向。在党的十一届三中全会路线指引下,学院各级党组织积极采取各种措施,认真落实党的知识分子政策。

在落实党的知识分子政策方面,几年来学院主要进行了以下工作:

(1) 从政治上首先解决对知识分子的评价问题,恢复知识分子的声誉,实事求是地纠正、平反了历次政治运动造成的冤、假、错案等。

(2) 采取有力措施解决知识分子夫妻两地分居问题。学院根据中央有关政策规定,在解决知识分子夫妻分居中注意科技人才的合理流向和学院的具体情况。1982～1984 年,解决知识分子两地分居 51 户。

(3) 学院在尽可能的范围内创造条件,改善知识分子的工作及生活环境。1979～1985 年,学院三次在较大范围内为教师调整住房,基本改善了中、老年知识分子的住房条件。此外,还为教师补贴电费,为教职工发放书报费,解决生活保障方面的其他问题,等等。

(4) 选拔有一定组织领导能力的知识分子担任学院各级领导职务。截至 1986 年年底,党的十一届三中全会以来,选拔到各级领导岗位上的知识分子 130 人,占学院科以上干部总数的 79%。其中院级 6 人,处级 65 人,科级 59 人。他们在教学、科研、思想教育和其他工作中发挥了积极的作用。

(5) 吸收优秀知识分子入党。党委重视解决知识分子入党难的问题,制定了吸收优秀知识分子入党的措施规划。从 1982 年至 1986 年 10 月,学院共发展党员 240 名,其中教工 88 名,内有教授、副教授 12 名,讲师 33 名,加上大学生党员,知识分子党员占发展党员总数的 89%。有些中、老年知识分子,申请入党二三十年,他们多年的夙愿终于得以实现。

(6) 根据国家恢复高等学校学衔(职称)制度,为一大批知识分子评定和提升了职称。

随着党的知识分子政策的全面落实和知识分子地位的提高,广大知识分子扬眉吐气,精神振奋,调动了积极性,在学院的教学、科研中,在培养又红又专的高级建设人才中起着主导作用。他们与学院的广大干部、工人团结一心,为学院的发展贡献着自己的力量。

第二节　调整组织机构和干部队伍结构

为了贯彻党中央在揭批"四人帮"的斗争中认真把学校整顿好的指示精神,1977年年底陕西高校工人毛泽东思想宣传队全部撤离高校,中共陕西省委重新起用和任命了一大批老干部,充实和加强高校领导班子。中央有关部委也不失时机地对部属高等院校领导班子进行整顿、充实和调整。

1978年8月,煤炭工业部根据国务院转发教育部《关于恢复和办好全国重点高等学校的报告》精神,发出《关于加快煤炭高等学校发展的意见》。根据《意见》精神,学院在已撤销专业委员会和停止使用院革命委员会名称之后,决定从1979年1月起实行新的体制和组织机构。明确规定:西安矿业学院是由煤炭工业部和陕西省双重领导,以部为主的高等煤炭工科院校。学院实行党委领导下的院长分工负责制。学院新的体制和组织机构基本恢复到"文化大革命"前的状况,按院、系(处、部)、室(科、所)三级建立机构。院党委下设的组织机构有:党的纪律检查委员会,党委办公室、组织部、宣传部、人武部、保卫科、马列主义教研室;党委领导下的工青组织有:院工会、院团委、院学生会。院行政组织机构设有:院长办公室、人事处、教务处、科研处、后勤处、知青处、采矿系、地质系、机电系、基础部、图书馆、工厂。1979年1月,学院报请上级批准,任命了27名系、部、处中层干部。随后,根据工作需要,学院又新设函授教育工作部、党委学生工作部、子弟中学等机构。学院还根据教学工作需要,恢复、重建了各系教研室,任命了26个教研室56名正、副主任。各教研室主任多数是具有丰富教学经验的中、老年教师。1979年6月,根据党中央纪律检查委员会第一次全会通告精神和陕西省委文教部要求,学院成立党的临时纪律检查委员会,由张毅兼任书记,易云任专职副书记。随着相应机构的建立,学院实行院行政会议制,初步打破过去一元化的领导方式。这次机构调整和组织整顿为实现学院工作重点转移到教学、科研上来和进入新的发展时期,起了很重要的组织保证作用。

1979年12月,煤炭工业部对学院领导班子进行调整充实。鉴于原党委常委何能、卜吉甫、乔荣山等老同志年事已高,退居二线,改为顾问;原党委副书记苏枫、常委邢子辉调兄弟院校任职。煤炭部任命张毅任院党委副书记,宋歧、王学文、赵亚民任副院长。罗沛继续任学院党委书记。李树荣任院长。

在进行组织机构整顿工作前后,学院相应地恢复和建立了其他机构。

根据1978年10月中国工会第九次代表大会通过的《中国工会章程》及陕西省总工会关于恢复高等院校基层工会的精神,学院于1979年11月恢复中断了13年之久的西安矿业学院工会。矿院工会第三届委员会由15人组成。杜庆轩任院工会主席,黄树模任副主席。

1978年5月15日,根据陕西省高教局《关于目前我省高等学校工作的若干问题》的要求,经系、部讨论酝酿,学院批准成立首届西安矿业学院学术委员会,由王学文任代主任,王学文、侯运广任副主任,共有委员16人。1979年6月,学院成立西安矿业学院学报编辑委员会。编委16人,由赵亚民任主任委员,侯运广、王学文任副主任委员。学院相应学术组织机构的建立,为提高教师的学术水平、开展学术研究活动、提高教育质量发挥了积极作用。

1980年,党中央提出改革干部队伍,努力使干部队伍实现革命化、知识化、专业化、年轻化。为逐步实现学院领导班子"四化"的要求,学院党委制订了院领导班子建设计划,并将选拔优秀中青年干部工作列入党委工作的重要议事日程。1981年,党委充实一名专业干部进入院领导班子。1983年,学院领导班子进行了调整,几位经过革命战争考验的老同志离开领导岗位或退居二线。1983年6月,经中共中央、煤炭工业部批准,肖继彦任学院党委书记,王学文任院长,原党委书记罗沛、副书记赵亚民改任顾问。原党委副书记张毅、副院长宋歧由于年龄关系离开领导

岗位。何德福任党委副书记,赵文杰、刘听成任副院长。1984年3月,煤炭部批准学院又增补王仁远任副院长。

院领导班子调整后,从1983年下半年起,对学院中层领导班子进行了调整。1984年1月,学院宣布中层领导班子,任命54名中层干部,其中提拔了29名专业干部、知识分子进入中层领导班子。从1983年学院机构调整以后,干部队伍的结构发生了变化,向"革命化、知识化、专业化、年轻化"方向迈进了一步。截至1987年年底,学院科以上干部中具有大专以上文化程度的有90人。干部队伍结构的变化,对学院工作的开展具有积极的作用。为了适应机构改革、干部调配后的新情况,进一步明确各职能部门和各级领导的职责分工,1984年3月,经过充分酝酿讨论,颁布了《西安矿业学院党政职能机构职责范围暂行规定(试行稿)》,并于公布之日起施行。

1987年7月,经煤炭工业部批准,学院领导班子换届调整。8月24日,煤炭部教育司副司长辛镜敏宣读中共煤炭部党组决定,新的领导班子由5人组成。党委书记王学文,代院长赵文杰(1988年1月任院长),党委副书记何德福,副院长李世文、徐子善。原党委书记肖继彦由于年龄原因离休,原副院长刘听成由于学术科研方面的需要,不再担任学院的工作。

第三节　整顿教学秩序　进行教学改革

1977～1987年期间的教学工作,大致可以分为恢复整顿教学秩序和进行教学改革探索两个阶段。

"文化大革命"期间,正常的教学制度基本被废弃,教学工作长期处于混乱状况。在粉碎"四人帮"、揭批查运动基本告一段落后,学院立即着手对教学秩序进行整顿,开始教学工作上的"拨乱反正"。学院采取了一系列措施,为恢复和稳定教学秩序做出了很大的努力。按照煤炭工业部制订的新教育计划开始组织教学活动,在教学安排中开始重视理论教学、实验、实习、毕业设计等环节的结合,强调加强基础理论。扭转政治运动冲击一切的倾向,采取一定措施保证教学、科研人员"六分之五"时间用于业务工作,整顿以教研室为主的教学组织,任命一批有丰富教学经验的中、老年教师任教研室正、副主任。为迎接恢复高考制度后的新生入学,重新制订了四年制本科各专业教学计划(草案),同时修订了当时其他三年制各专业教学计划。恢复过去被取消的必要的考试制度,改开卷考试为闭卷考试。1978年7月,学院根据上级的要求进行了专业设置情况的调查,拟订了"五五""六五"期间学院各专业招生规划。同年,经过努力,学院增设了矿山测量专业。

1978年春季,恢复高考招生制度后的第一届四年制362名本科生进校。

1978年四五月间,中央召开全国教育工作会议。全国教育工作会议后,煤炭工业部、陕西省委分别召开高等学校党委书记会议,学院党委主要负责人参加了会议。之后,学院工作转入贯彻全国教育工作会议精神。1978年8月,学院党委召开常委扩大会。会议学习了邓小平同志关于教育要为四个现代化服务的重要讲话,结合学院情况,提出了"贯彻全国教育工作会议精神,全面执行毛泽东的教育路线,为尽快提高教育质量而奋斗"的口号。全院上下响应党委号召,为医治"四人帮"造成的创伤,恢复学校元气,尽快恢复正常的教学秩序,实现学院工作重点的转移而努力。1978年10月,国家教育部发出《全国重点高等学校暂行工作条例(试行草案)》,它的基本精神适用于普通高等学校。这个重要文件的下发和执行,对教育战线进行拨乱反正,统一思想,起了重要的作用。党的十一届三中全会之后,学院的教学工作基本转到贯彻党中央以调整为主的八字方针上来。教学整顿又深入了一步,主要抓了建立教学、技术责任制,完善教学机构,提高师资队伍,制定教师个人红专规划,专业技术人员"归队"等方面的工作。

1979年年底,学院胜利实现了工作重点向教学、科研转移。经过整顿,学院教学秩序、教学工作基本恢复到"文化大革命"前的正常状况。

1980年,学院第四届党员大会的召开标志着学院工作进入新的发展阶段。从1980年以后,学院教学工作开始在教学内容、教学方法、教学管理、教学环节等方面进行改革和探索,取得了一定的成果。1985年,中共中央《关于教育体制改革的决定》为教育改革指明了方向,推动了教学改革工作的进行。

粉碎"四人帮"后至1988年间,学院在教学工作方面主要做了以下十项工作。

1. 修订教学计划

1977～1988年,学院教学计划修订工作先后进行过五次。比较大的修订有两次。1981年,学院和部属院校一起统一修订部颁计划。1985年,中央关于教育体制改革的决定公布后,根据新的教学要求修订了当时执行的教学计划。这次修订的目的是为了加强基础、拓展专业、重视实践、培养能力。修订后的教学计划较过去相比有四个变化:① 学时有所压缩,总学时压缩了近10%。② 调整课程设置,增加了有利于培养学生解决煤矿生产实际问题能力的内容。③ 增加实验课,加强了实践环节。④ 增加了选修课,如矿业机械专业增设"机械优化设计"等八门选修课。各教研室按照修订后的教学计划对各学科计划进行了修订和调整,保证了教学计划的完成。

2. 改革教学方法

学院各系、部所属的教研室都恢复了教学研究活动,不同程度地开展了教学方法、考试方法的改革探索。不少教师在改革教学方法、提高教学质量方面进行了有益的尝试,付出了艰巨的努力。有的采取启发式教法,减少课堂讲授时间,增加自学学时;有的以课堂讨论或结合实验进行授课;有的因材施教,注意了学生水平的层次。从1985年起,学院数学课采取分A、B班授课,外语实行分级教学。教学方法的改革,有利于发挥学生的主动性和创造性。学院重视总结交流教学经验,1985年10月16日,召开了有300多名教师参加的教学经验交流会。

3. 加强教材建设

学院先后组织有丰富教学经验和一定学术水平的教师参加编写教材的工作,取得了明显的成果。教材编写中普遍注意了学院自己的特点,有的结合专业方向的调整编写教材,有的根据增设新专业组织编写新教材。1977～1988年,学院教师编写教材、教学参考书、实验指导书共有120种。铅印或油印供本院或兄弟院校使用的自编讲义96种。不少教学经验丰富、学术水平较高的中、老年教师,认真总结自己的教学经验和科研成果,注意吸收与消化国外的新科技,结合我国煤炭工业的实际,努力在教材编写中体现思想性、科学性、先进性、适用性。如魏泽国教授主编的《自动控制原理》,黄作华教授主编的《煤田测井方法与数字处理》,刘听成、吴绍倩教授与兄弟院校合编的《矿山压力及其控制》和《煤矿地下开采方法》,以及学院其他教师主编或参加编写的《采掘机械》《煤矿采掘机械的液压传动》《矿山运输机械》《矿井提升设备》《中国煤田地质学》《矿井地质与矿井水文地质》等教材,质量较高,成为煤炭高等院校的通用教材,有的还重印数次。学院准备"七五"期间加快教材建设,初步规划"七五"期间编写教材73种,其中向煤炭工业部教材建设规划推荐22种。

4. 加快师资队伍建设与提高

"文化大革命"造成了师资队伍的青黄不接和业务素质的严重下降,随着学院新专业的增加和招生规模的扩大,师资队伍面临着数量严重不足、外语水平低、计算机等新技术掌握较少等问题,师资队伍建设亟待加强。学院在师资队伍建设方面做了许多努力。1977年建立了师资料,学院首先抓了教师业务水平的提高,举办了青年教师进修提高班,系统地补习了基础理论与外语。先后在院内举办过日语(2期)、英语(6期)教师脱产提高班,共有172人参加学习。各系帮助青年教师制订了个人进修计划并相应落实了具体措施。为充实师资队伍,1978年以后共补充青年教师203人,占教师总数的46.5%。截至1986年年底,学校的专任教师已达454人。1977～1987年专任教师变化情况如图1-3-1所示。

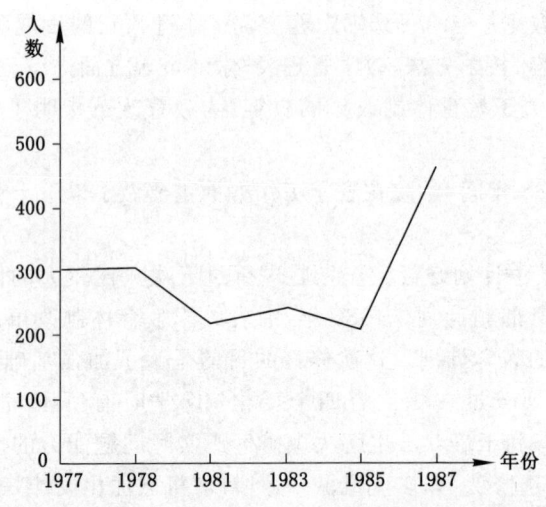

图 1-3-1 1977～1987年专任教师变化情况

此外,为了提高师资队伍的学术水平,学院选派教师到兄弟院校或国外进修学习,截至1987年,已有65人(次)到兄弟院校,21人到美、英、日、加拿大等国进修学习。通过培养、进修,有效地提高了教师的业务水平和素质。学院在提高教师业务水平的同时,对师资队伍进行了调整,1982年将"文化大革命"期间毕业留校的几十名青年教师全部调离教学岗位,分别不同情况转入实验室或改做行政工作。对极少数不适应教学的同志根据所长做了调整安排。学院还不失时机地选拔、确定了一批学科带头人,以学科带头人为主逐步形成学术梯队,充分发挥了骨干教师在提高师资水平上传、帮、带的作用。学科带头人的选拔对师资队伍的建设具有积极的意义。1978年以来,学院根据国务院批转教育部《关于高等学校恢复和提升职务问题的请示报告》,认真进行了教师职务提升工作。截至1987年,学院先后分批提升或确定任职资格教授13名、副教授94名、讲师129名。学院有教师463名,其中教授13名,占教师总数的2.8%;副教授94名,占教师总数的20.3%;讲师157名,占教师总数的33.9%;助教199名,占教师总数的43%。教师职务晋升或任职资格确定工作的进行,使多年积压的教师职务、职称问题基本得到解决,极大地调动了广大教师的积极性。

5. 开展教学与教育科学研究

1985年,为促进教学改革,学院建立了高等教育研究室,由当时的副院长赵文杰兼任主任。同年7月,学院创办的进行教学与教育科学研究的刊物《高等教育研究》正式发行。在开展教学与教育科学研究过程中,学院初步形成了以兼职人员为主体的研究高等教育的队伍,与专职人员一道,开展教育研究活动和教学改革探讨。为了进一步根据学院自己的教育实践活动探索教育规律,学院进行过三次较大范围的毕业生质量追踪调查。从社会对毕业生使用信息反馈总结办学的经验教训。1984年5月,学院顾问罗沛、副院长赵文杰率调查组赴甘肃、青海、宁夏、新疆四省(区)主要矿、局,听取用人单位对学院的意见,看望慰问历届毕业生,先后会见了1960届以来毕业生400多人。1986年、1987年,又组织了各系主任(或总支书记)、教授、有关处室负责人参加的调查组,由赵文杰带队,先后到西南主要矿区、陕西韩城矿区,对毕业生使用情况和业务能力进行调查。三次调查,较广泛地接触了毕业生和用人单位的同志,获取了宝贵的第一手资料,为解决学院教学中存在的问题,从理论和实践上探求煤炭高等教育的规律提供了有益的依据。1984～1987年期间,学院教学与教育科学研究活动的开展,对认识煤炭高等教育规律、交流信息、活跃学术空气,推动教学改革,起了积极的作用。

6. 实行教师工作量制度,奖励优秀教师

为鼓励教师搞好教学工作,提高教学质量,从1981年起,逐步实行教师教学工作量制度,并对

完成教学工作量超学时的教师予以奖励,体现多劳多得。1986年起,学院又专门设立"教学优秀奖""优秀教材奖""教育研究优秀论文奖""科技成果奖",鼓励在教学、科研工作中做出突出成绩的教师。学院定期结合教学检查、考核、了解教师工作情况,建立教师业务档案。1977~1988年,学院召开了四次表彰先进个人、先进集体大会,奖励包括优秀教师、实验人员在内的先进工作者。1985年9月10日第一个教师节,学院就表彰了97名优秀教师和实验工作人员,同时给96名从事教育30年的同志颁发了煤炭工业部授予的荣誉证书。1987年3月,学院先进集体采矿系井巷工程教研室被煤炭工业部、中国煤矿工会全国委员会授予"全国煤炭工业先进集体"称号。井巷工程教研室代表何德福出席了煤炭工业部召开的表彰命名大会。1985年11月,学院教师刘建生、何唐镛被煤炭部授予"全国煤炭工业劳动模范"称号。

7. 建立学士学位制

根据国家颁发的学位条例,1982年2月,学院建立了学士学位评定委员会,由当时的副院长肖继彦任主席,侯运广、王永义任副主席。同年学院颁发了《西安矿业学院学位授予工作细则》,对毕业生中符合规定条件的授予学位。截至1987年,已授予7届毕业生2 460人以学士学位。

8. 创造条件、增设新的专业

1977~1988年,学院在增设新专业和办学规模上均有大的发展。在校学生变化情况如图1-3-2所示。

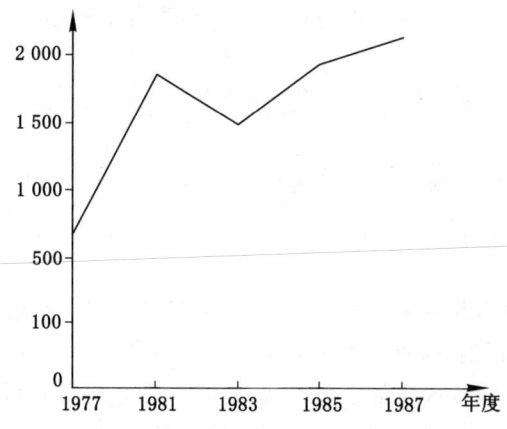

图1-3-2　1977~1987年学生人数变化情况

1977年,学院仅有地下开采、矿井建设、矿山机电(偏电)、矿山机电(偏机)、矿山机械、煤田地质勘探6个专业。1987年,学院专业已发展到有采矿工程、矿井建设、矿山通风与安全、煤田地质勘查、矿山测量、机械制造工艺与设备、矿业机械、工业电气自动化、通信工程、计算机及应用10个专业。在校学生人数由1977年的901人(内有本科生848人,进修生53人)增加到1987年的本、专科生2 092人,另有研究生80人、函授生361人、进修生19人。

9. 健全和加强学籍管理,开始实行淘汰制

1977年以后,学院先后制定下发《西安矿业学院学生考勤暂行规定》《西安矿业学院课堂规则》《西安矿业学院考场规则》《西安矿业学院校纪管理条例》等文件。1982年5月,学院又制定《三好学生和奖金评选条件》。1985年,学院又规定从85级起实行浮动学制,即新生入学两年后,根据其两年的学习成绩或其他方面的表现实行中期筛选,达到要求的继续在本科班学习,未达到要求的,经过一年专业学习,按大专毕业或大学结业分配工作。同年,学院在机电系试行由助学金改奖学金制度,对学习优秀的学生按规定发给奖学金,以资鼓励。为严肃校纪,学院在较大范围内进行过几次整顿校纪工作,对一些违反校纪校规的学生进行了严肃的处理。1977~1988年,有150名学生因违反校纪受到校纪处分。学籍管理工作的加强和改革有利于优秀人才的成长,淘汰制的实行开

始打破人才培养上的"大锅饭",为教育改革迈出了新的一步。

10．开展体育锻炼活动

学院按教学大纲要求完成体育课教学外,在青年学生中开展了群众性的体育锻炼活动。学生出早操已经形成制度。在校期间,85％的学生达到国家体育锻炼标准。1981～1983年,有76人达到三级跳远运动员标准。1977～1988年,男、女学生分别有26项60人(次)和18项44人(次)打破学院田径单项纪录。学校组建的球类和田径代表队在高校比赛中初露头角,在陕西省大学生运动会和教工比赛中有6次拿了男子团体或女子团体的名次。学院干部、长跑老将董耀录同志在1985年9月举行的第二届全国工人运动会上打破5 000米和10 000米陕西省老年组纪录。在1985年陕西高校教工乒乓球赛中,学院教工马东升获男子单打冠军。

1977年以后,学院各方面工作有了一定的发展,尤其在扩大办学能力、增加新专业方面发展较快,为以后进行教育改革、发展学校教育事业打下了基础。学院的教学质量基本符合本科培养目标的要求。1981年前后,学院学生在煤炭部、陕西省组织的基础统考及选拔出国留学生的考试中都取得了好的成绩,但同时也发现还存在着教学质量波动、要求时紧时松等问题。学院结合国家教委关于开展本科教育调查的要求,一方面对学院本科教育状况进行了较系统的调查,客观分析原因;一方面大力整顿校纪校风。在此基础上,学院明确本科教育的地位和重要性,制定措施,做出了《关于加强本科教学和提高本科教育质量的决定》。《决定》中所提出的十项措施的贯彻执行,在学院引起了反响,调动了师资队伍的积极性,对提高教学质量和教育质量起了积极的作用。

第四节　实验室建设工作

实验技术设施是进行教学与科研工作的重要物质保证。粉碎"四人帮"以后,学院的实验技术设施改善较快,实验室队伍的素质不断提高,为保证教学和科研工作的健康发展,做出了积极的贡献。

"文化大革命"前,学院的实验室装备简陋落后,在数量和质量上仅能基本维持教学,很不适应科学研究工作的需要。1977年以后,这种状况发生了变化。煤炭工业部每年拨专款用于购置仪器设备,加之科研工作的发展,学院实验技术装备更新很快。1978年,学院实验设备固定资产仅有240万元,1987年已达808万元,增加了2.4倍。实验室也逐步增多,至1988年,学院有基础课、专业基础课实验室等32个,各种教学仪器设备5 990件。其中2万元以上的45台(件)、10万元以上的7台。全院实验室用房使用面积8 370平方米。实验室拥有一批较先进的仪器设备,如MPV-3显微光度计、微型处理机、三轴应力试验机、高速摄影机、数字应变仪、电子速测仪、记忆示波器、陀螺经纬仪、电子扫描显微镜、高温差热仪等。学院建起了一些装备较先进、实验条件较好的实验室。如采矿系矿压实验室自己设计和建造的全国第一个巷道立式支架实验台,经煤炭部生产司鉴定,达到国内先进水平,曾获1985年陕西省高教局的奖励。这个实验室已为采场矿压显示规律、顶板预报处理、无煤柱护巷和特厚煤层开采等项目进行过多次大型试验,都获得了理想效果。地质系矿物陈列室拥有国内外矿物达400多种属,其中国外标本500多块,分别产于美国、英国、法国、德国、意大利、西班牙、澳大利亚等国。陈列标本特征明显,有的标本实属国内外罕见。学院各实验室基本可以满足本科生与研究生教学、科研的需要。实验室开出率,基础课为98.1％,专业基础课为88.4％,专业课为79.5％。

为了解决实验技术人员后继乏人问题,学院在调整教师队伍时,注意加强实验技术队伍建设,及时补充人员;同时从兄弟院校实验员专科培训班的毕业生中充实一批到各实验室。实验技术队伍力量有了明显加强。至1988年,学院有实验技术人员89人,其中中青年居多,实验技术队伍后继乏人问题基本得到解决。为提高实验技术人员的业务水平和素质,学院建立了实验工作人员考核制度和技术档案,对实验技术人员加强了业务培训。经过几年的努力,学院实验技术队伍的结

构、素质和业务水平都有了较大的变化。

在加强实验室建设的同时,学院相继建立了电化教学中心、计算机中心。学院的科技情报资料工作也有了新的发展。

电化教学是运用现代科学技术进行教学的重要手段。1978 年,学院开始组建电教机构,当时隶属设备供应处。经过几年的筹备,1984 年 3 月,学院正式设立电化教学科,隶属教务处领导,具体负责全院电化教学管理和电教设备管理。电教科有人员 11 人。经过几年的努力,学院电教中心已拥有相应的电教设备,并可自行编导摄制录像片。至 1986 年年底,已摄制教学录像片《开创新局面》(介绍综采机组内容)、《电工仪表》、《筒型建筑的拆除爆破》、《采煤概论》,电教片《急倾斜采煤方法》及《西安矿业学院》等 8 部,转录教学片 216 部,制作幻灯片 17 000 张。放像条件也大有改观,除学院地质系、外语教研室建立放像室外,学院又改建了一次可容 360 人观看录像的专用电化教室,也已投入使用。

电子计算机是现代科学技术和管理的重要工具。在高等学校普及电子计算机技术有特殊的重要意义。根据教学、科研工作发展的需要,学院积极抓紧筹备建立计算机站的工作。1982 年 3 月,学院计算机中心正式建立。经过几年的努力,计算机站已初具规模,有技术人员 12 名,有 PDP-11/23 型、宇宙 68 型、环宇 1604 型七种计算机,提供 50 个终端对学生服务。计算机中心的建成为学生实习、毕业设计、研究生论文,为学院承担科研项目,向社会提供服务创造了良好的条件。

科技情报是进行科学研究的先导和依据。加强情报研究是适应科学发展需要,迎接新技术革命挑战的对策之一。科技情报工作在高等学校中有不容忽视的重要性。学院的科技情报工作是从粉碎"四人帮"以后才发展起来的,1978 年建立了科技情报室,隶属学院科研处,主要进行了三方面的工作:① 创办定期或不定期的学术交流刊物。先后办的刊物有《科技通讯》(后更名为《西安矿业学院学报》)、《科技情报》、《科研动态》等。② 为学院承担的科研项目提供有关资料,如先后为学院较有影响的科研项目"弓笔石研究""快硬水泥卷锚杆"等十余个项目提供有价值的资料,较好地开展了情报服务。③ 广泛开展科技情报、信息交流,学院已和 700 多个单位建立起科技情报交流关系。

第五节　科学研究和国际学术交流活动

科学研究工作在高等学校占有十分重要的地位,它和教学工作有着相辅相成的密切关系。30 年来,围绕教学和煤炭生产,学院广泛开展了科学研究活动,取得了一批研究成果。

1977 年,学院成立科研处,负责统筹全院工作。当时逐步建立健全了学院的科学研究机构。如煤矿建井、采煤、采掘机械化、煤矿电气工程、系统工程研究室等相继成立。1978 年 5 月 15 日,学院第一届学术委员会成立。至 1988 年,经过两次调整充实,选举产生了第二、三届院学术委员会。学术委员会的建立对活跃学术气氛,推动科学研究活动起了很好的作用。学术委员会的职责是执行"百花齐放,百家争鸣"的方针,审议科研规划,评定教授、副教授的学术水平,审查或鉴定科研成果,组织定期或不定期的学术交流和举办学术报告会,审查学院校刊或学报等有关学术研究方面的工作。1981 年 9 月,经煤炭工业部批准,学院正式创办《西安矿业学院学报》。同年成立以侯运广任主编,肖继彦、刘怀恒、杨仲平、黄克兴、韩大中任副主编的院学报编辑委员会。1981 年 9 月,《西安矿业学院学报》正式公开发行。学报是以反映学院教学、科研成果为主的综合性技术性理论刊物,对学院的学术交流起了重要的作用。1980 年,煤炭工业部矿压科技情报中心站井巷地压分站在西安成立,并挂靠学院。1986 年,经煤炭部批准,地压分站创办的内部期刊《井巷地压与支护》正式出版。

从 1978 年起,学院根据上级下达的科研任务,制订了 1978～1985 年科学技术工作规划,初步提出了学院在煤田地质、矿井建设、开采技术、采掘机械化、应用电子技术等方面的科研主攻方向。1982年6月,学院根据党中央提出的科学技术要为生产建设服务,特别要为重大经济效益的关键服务的精神,结合"六五"煤炭科技发展的6项战略目标和学院的人力、物力、财力等实际情况,在1981年科技工作的基础上,调整安排了22项新产品及中间试验项目。从1982年起,学院科研计划实行分级管理,将国家、部委、省市下达的攻关项目、一般项目和国家自然科学基金项目列为院级管理项目。部基金项目、院内自选项目属于系(部)管理项目。分级管理有利于保证重点,也有助于出成果。学院同时开始实行鉴定课题成果时验收科技档案的新规定,建立科技档案室。1983年以来,学院逐步形成较完整的科研管理制度,先后制定出《西安矿业学院科研管理办法》及《西安矿业学院科技奖罚办法》等下发执行。学院的科研机构也有了增加,截止到1987年8月,科学研究室(机构)已增至10个。各研究室程度不等地开展了科学研究活动,学院已初步形成以教师为主体的科学研究队伍。1986年起,设立科技成果奖,奖励在科研中做出突出成绩的个人。已奖励11项科技应用成果和53项科研理论成果。1986年,学院成立陕西省煤矿系统专利事务所并报请上级批准正式开办业务,受理专利申请事务。

1977年后,学院承担的科研任务逐年增多。据统计,1977～1987年,学院已完成主要科研项目84项,其中获国家、煤炭部、陕西省及司、局级奖励的43项。如"光面爆破""0.5 m³内涨式靶斗机""锚喷支护技术及材料"获1978年全国科学大会奖;"快硬水泥卷锚杆""无煤柱开采研究及推广"以及学院工程技术人员为主要参加者的"斜井机械化配套作业线及施工工艺新纪录"获国家科学技术进步三等奖;"陕西紫阳弓笔石的发现""锚喷支护理论"分别获陕西省优秀科研成果一、二等奖;"螺旋齿轮研究""岩石力学平面非线性有限单元法及程序"获陕西省优秀科研成果奖;"论螺旋笔石的形态特征及其亲缘关系并论地质意义"获煤炭部科技进步一等奖,"煤田预测""河南米村矿技术改造"获煤炭部科技进步特等奖。

学院的科研成果有些已属国内领先地位,有的填补了国家科研的空白,不少科研成果已直接应用于生产实践,转化为生产力。学院研究的无煤柱开采技术、锚喷技术及材料、快硬水泥卷锚杆、控制爆破、模拟材料研究及微电脑自动控制系统、D级矿用圆环链、浅井平衡提升系统、可控硅串级调速系统、全面质量管理理论研究及企业诊断咨询、煤炭运输最优化方案、激光测量等在煤炭、水电、交通、军工等行业得到应用推广,获得了一定的经济效益和社会效益。"大型弓笔石聚群的发现"1981年、1985年在英国和丹麦举行的国际学术会议上交流。1985年5月,学院有18项科研成果或产品参加了煤炭工业科技成果交易会。科研成果"快硬水泥卷锚杆"和"DZ-200型多点转换器"应邀参加国际煤炭技术及设备展览会,引起国内外有关专家和同行的兴趣。学院还积极开展学术交流活动,总结科研成果,1981～1987年,在各类刊物上发表科技论文1 107篇,有31篇在有关国际学术会议上宣读。

为了进一步促进科研成果的推广,为国民经济建设和社会服务,随着科技市场的形成、开放,学院1985年成立西安矿业学院科技咨询服务部,专门负责对外科技咨询服务工作。学院可以向社会和横向联合提供如下服务:① 专业技术人才培训;② 科技咨询;③ 技术转让;④ 新产品的研制与开发;⑤ 中小型煤矿的设计与技术改造;⑥ 承接物理、化学、力学等测试与实验,岩石矿物鉴定,磨片、钢丝绳试验,各种仪器计算机使用,电化教学录像,复印、印刷等业务;⑦ 专利申报。学院在开展横向联合——承担厂、矿委托科研项目,科技咨询服务与技术转让,培训技术人才等方面做了大量工作,取得了一定效益。1985～1986年,学院承担厂、矿委托科研项目16项,签订成果转让合同5项,委托研究合同16项,技术承包合同2项,技术咨询合同47项;为厂、矿举办英语、体育、外语、建筑技术、运输专业等短训班及机械化专业大专班、日语班和委托代培班等。

横向联合的开展,推动了学院向教学、科研、生产三结合基地方向发展,有利于培训锻炼师资队伍,有助于把科研成果及时转化为生产力。

　　党的十一届三中全会以来,随着我国实行对外开放政策,学院的外事活动和国际学术交流逐渐增加。1984年,为适应外事工作的新形势,学院正式建立外事办公室,隶属院长办公室,统一负责全院外事工作。学院外事工作发展较快,活动范围逐步扩大。

　　1979年,学院首次向英国派出留学生。之后,学院派出人员逐年增加,截至1986年年底,已先后派出30名教师出国留学、进修、考察;所到国家有英国、美国、加拿大、日本、德国、波兰、丹麦等。副教授邓宝先后应邀参加英国、丹麦举行的国际学术会议并宣读论文,为学院扩大了影响。1985年12月,由副院长刘听成率领煤炭部四院校教师代表团访问了波兰西里西亚工学院等院校。1986年6月,院长王学文应美国新墨西哥矿业及理工学院、弗吉尼亚理工学院和州立大学、威勒逊女子学院的邀请,赴美国进行友好访问。1986年12月,副院长赵文杰赴波兰参观访问,参加了克拉科夫矿冶学院庆祝波兰“矿工节”的活动。许多国际友人、专家也曾来学院访问参观、讲学、作专题报告等。据统计,截至1986年年底,已有45名外籍专家、学者对学院进行过访问。1984年7月,学院接待了朝鲜政府代表团的参观访问。1985年3月,法国圣太田大学学生代表团一行43人来学院访问,与学院的大学生举行了热情欢快的联欢活动,中法两国大学生互相交流,增进了友谊。1985年以后,波兰矿工美术展览团,波兰西里西亚学生代表团、实习生代表团先后对学院进行了参观访问。1984～1986年,学院聘请8位外国专家、教师来院任教,并邀请国内外专家多人来院讲学。

　　随着外事活动的展开,至1988年,学院与两所国外大学正式建立校际友好合作关系。与两所大学建立了友好往来关系,为进一步进行国际学术交流打开了窗户。1985年6月,学院与波兰克拉科夫矿冶学院、西里西亚工学院正式建立校际友好合作关系。1987年7月,波兰克拉科夫矿冶学院院长安东尼·克列兹可夫斯基来院访问并与学院签订了教学与科研合作协议。国际学术关系的建立为广泛开展国际学术交流创造了良好条件,有利于促进学院的教学与科研工作。对外学术交流的展开,使学院广大干部、师生开阔了眼界,增进了对来访客人所在国家的了解,推动和活跃了学院学术气氛,提高了师生的外语水平。

第六节　研究生工作

　　随着教育事业的发展,学院办学层次也开始发生变化。1978年,党中央、国务院决定恢复我国研究生招生制度,教育部也下发了有关研究生招生工作的具体规定。经过短期筹备,经教育部、煤炭工业部批准,我校开始招收硕士研究生。1979年9月,学院招收了自建院以来第一批硕士研究生两名。以后,学院每年都招收研究生,人数逐年增加。

　　1982年年初,学院正式建立研究生科,配备专职管理人员,初步制定有关制度,开始将研究生教育作为一个独立层次进行管理。1984年年初,国务院学位委员会正式批准学院为硕士学位授予单位,取得硕士授予权。这次被批准授予专业有采矿工程、矿山建设工程、矿山机械工程、矿山电气化与自动化、煤田地质及勘探等五个。1986年6月,学院矿山工程力学专业又获得硕士学位授予权,矿山测量专业被批准招收研究生。

　　1982年7月,学院首届两名研究生通过毕业答辩并获得硕士学位。

　　1984年6月,学院第二届学位委员会(第一届为学士学位委员会)成立,由刘听成副院长任主任,侯运广、黄作华任副主任,委员有16人。同年12月,学院举行硕士学位论文答辩会,接受8名研究生的论文答辩申请。8名研究生的论文全部通过,获得硕士学位。

　　1985年,学院被煤炭工业部批准为推荐少数优秀应届毕业生免试为硕士研究生的试点单位。截止到1988年,学院录取了9名优秀应届毕业生免试为硕士学位研究生。1985年9月,学院开办了“电子技术研究生班”,招收了14名在职研究生。1982～1987年,学院先后共招收研究生151

名,已毕业 54 名,获硕士学位 44 名。

从 1983 年开始,学院按初步制订的研究生培养方案培养研究生。随着教学实践的发展,原有培养方案已不能适应研究生教育发展的需要,无论是课程设置原则、结构层次,还是开设课程内容都遇到许多新问题。从 1987 年年初起,学院开始重新修订各专业研究生课程设置,并试行了学分制。新的《研究生培养方案的课程设置（试行草案）》开始试行。按试行草案规定:研究生课程分为学位课、指定必修课和选修课三个结构层次,其中学位课必须按二级学科设置。新的课程设置使学院研究生课程基本规范化,课程管理、教学、行政工作已初步走上正轨。学院在研究生管理过程中,初步建立可行的管理制度。1986 年 6 月,第一次印刷出版了《西安矿院研究生工作手册》,初步形成研究生管理教育制度化,制定的《研究生经费管理办法》《研究生导师遴选办法和应履行的职责》《研究生学习期间的管理办法》《硕士学位研究生论文答辩及申请学位工作的规定》等,在实践中已取得比较明显的管理效果。

1986 年,学院研究生会正式成立。研究生会的成立为在研究生中展开外语第二课堂学习、进行科技服务、技术咨询、社会实践方面起了一定的积极作用。

第七节　函授与其他成人高等教育

为了适应煤炭工业发展的需要,为煤炭事业多培养人才,在努力办好普通高等教育的同时,学院大力发展函授教育和其他各种成人高等教育。

党的十一届三中全会以后,函授教育事业出现了新的生机。1979 年 11 月,学院恢复组建了函授部。经过短期准备,1981 年 6 月在陕西铜川、甘肃窑街两个函授站招收工业电气自动化和矿业机械本科函授生 70 名,学制五年。

经过艰苦努力,学院的函授教育规模和招生范围不断扩大,教育机构逐步健全与配套。当时学院函授招生主要面向西北、西南八省（区）,开设采煤、工业电气自动化、矿业机械、矿山机电四个专业。学制为本科五年半、专科三年半。1988 年,学院在校函授生 361 人。

1987 年 1 月 11 日,经过"文化大革命"之后恢复函授教育的第一届函授本科工业电气自动化专业 33 名学生圆满完成学业,顺利毕业。

截至 1988 年,学院已在陕西的铜川、韩城、陕西煤炭基建公司,甘肃的窑街、靖远、华亭,宁夏的石嘴山、石炭井,新疆的乌鲁木齐、哈密,内蒙古的乌达,四川省的成都、永荣、南桐等恢复和重建 15 个函授站。各函授站在行政上归建站单位领导,在业务上接受院函授部的领导。各站共有专职管理人员 29 人、专职教师 15 人、兼职教师 25 人。学院的函授教学除函授部、站配备一定数量的专、兼职教师承担外,主要依靠学院的师资力量和教学设备开展工作。学院始终坚持函授教育走正规化办学的道路,十分重视函授生的培养规格和质量。学院函授教育坚持把好入学、期中和期末考试、毕业设计（论文）答辩"三关"。教学管理上严格执行《煤炭高等学校函授生学籍管理暂行规定》,学院还结合自己的特点,颁布了《西安矿业学院函授部工作条例》《函授生守则》《函授教材发放制度》等规章制度,加强对函授教育的管理工作。

1987 年,学院创刊的函授教育的学术性刊物《函授教育》正式发行。

学院从 1960 年创办函授教育至 1988 年,培养出 651 名函授生,他们分布在全国 15 个省（区）,大多数已成为生产岗位上的技术骨干,不少人走上了领导岗位。

随着煤炭工业的发展,矿区对工程技术人才的需求越来越急迫,学院加快发展成人高等教育。党的十一届三中全会以后,成人高等教育正式纳入正规化高等教育轨道。1981 年,学院招过两年制专科矿长班。1983 年以后,学院挖掘潜力,成人高等教育发展较快。1984 年,经煤炭部批准,学院在陕西铜川、韩城矿区对口招收 219 名成人委托代培生,学制为两年制专科,开设采煤、矿井建

设、矿山机械三个专业。同年,学院响应陕西省委帮助老区建设的号召,为榆林地区办了矿建专修班,学制两年,招生29人。1985年6月,学院从甘肃窑街、青海、四川南桐等矿区招收118名成人委托代培生,开设采煤、矿山机电、矿业机械三个专业。同年又在全国煤炭企事业单位招收质量管理专修科32名学生和教学干部专修科22名。

为了适应煤炭工业管理现代化的发展和继续工程教育的需求,根据煤炭部领导同志"要西安矿院承担煤炭工业系统干部的质量管理教育培训任务"的要求精神,1984年10月,在西安矿业学院建立了"煤炭工业质量管理研究、咨询、培训中心"。其主要任务是承担煤炭系统干部和技术人员的全面质量管理的教育培训任务,开展科学研究,组织对煤炭工业企业进行质量管理的咨询、诊断活动。"中心"建立以来,积极开展工作,先后为煤炭部举办了6期领导干部或技术人员质量管理研究班,有300多个厂、矿企业的370多位领导干部和技术骨干在"中心"接受了全面的质量管理、电子计算机、系统工程等方面的教育。"中心"还派出教师应邀为华东六省一市局长学习班讲学,为宁夏煤炭厅、河南煤机公司、国家医药总局等单位举办质量管理学习班;深入几十个企业进行短期专题讲学,就企业关心的方针目标管理等问题作专题讲座。

上述各种类型的进修班、短训班、委托代培、函授教育、质量管理等构成了学院成人高等教育的形式,扩大了学院办学能力,适应了社会需要,为国民经济建设培养高等专门人才开辟了新的途径。

第八节　学生思想政治工作

粉碎"四人帮"以后,通过拨乱反正,学校思想政治工作再度受到重视。党的各级组织积极开展活动,思想政治工作队伍得到了充实。院党委有一名副书记分管学生思想政治工作,各系配备一名党总支副书记兼行政副主任专管学生思想政治教育和学生管理工作。院团委、各系团总支都配备了专职团干部。以年级或专业为单位配备了学生政治辅导员,形成了一支专职的学生思想政治工作队伍。

1978年年底,党的十一届三中全会确定全党工作的重点转移到社会主义现代化建设的轨道上来。学院的学生思想政治工作也积极适应工作重心的转变,教育学生树立坚定正确的政治方向,为实现"四化"刻苦学习,努力按照党的教育方针德智体全面发展。1979年5月,学院学生会主席吴嘉琳同学作为陕西省高校的代表参加了全国学联第十九次代表大会。学院贯彻全国学联大会精神,在全院学生中掀起以"三好"为目标,以学习为中心,争当三好学生的热潮。学生的精神面貌发生了可喜的变化。

1980年前后,受当时社会上自由化思潮的影响,学生思想存在着不同程度的涣散和混乱。党委认真总结并吸取经验教训,以中央《关于建国以来党的若干历史问题的决议》为思想武器,在全院尤其是学生中进行坚持四项基本原则的教育,加强了对思想政治工作的领导和管理。1981年年底,建立了党委学生工作部,与团委合署办公,共同负责全院学生思想政治工作。同时扩大和充实了学生思想政治工作队伍,按学生120人配备一名专职学生政治辅导员,辅导员从留校毕业生中选调,并试行了从高年级品学兼优的学生中选拔半脱产的政治辅导员。学院制定了《政治辅导员工作条例》,实行学生政工干部培训日制度。党委职能干部、院团委和院学生会,从各自不同的工作角度,在全院大力开展了"学雷锋、树新风""文明礼貌""五讲四美""教书育人"等社会主义精神文明建设的活动。特别在学生中继续广泛开展创"三好"活动,建立了学生两年一次的思想品德鉴定制度。定期表彰奖励先进集体和个人。1982年5月,地质系78级学生雒昆利被团中央、教育部授予"全国三好学生"的称号;1983年年初,采矿系采煤802二班被授予省"高教系统建设社会主义精神文明先进集体"的称号。

党的第十二次全国代表大会和全国第六届人大的召开,开创了我国社会主义现代化建设的新

局面,推动了我国全面改革开放的进程。根据新的形势,学院党委紧紧围绕为"四化"培养"四有"新人这一目标,坚持正面教育,采取疏导的方针,努力改进思想政治工作。团的活动得到加强,学院在学生中广泛开展了第二课堂等活动。1983年9月,全国学联第二十届代表大会召开,学院学生会主席胡兰子参加了大会。根据全国学联大会精神,学院学生会在院党委领导下开展自己教育自己、自己管理自己的活动,较好地发挥了桥梁和纽带作用,受到省学联的表扬。为了加强和改善学生的思想政治工作,学院成立了以党委副书记为组长、教学副院长为副组长,有宣传部、团委、教务处、总务处、人事处、马列主义教研室负责人参加的学生工作领导小组(不另设机构),各系成立了以党总支副书记为组长、教学副主任为副组长,有团总支书记、辅导员参加的学生工作组,对学生的教育和管理统一领导和组织。从1984年9月起,全院实行学生班,每班设班主任或指导教师,配合辅导员共同做好学生的思想教育和管理工作。同时学院成立思想品德教研室,在一、二年级学生中开设了思想品德课,有计划、较系统地对学生进行做合格大学生及革命人生观、道德观、爱国主义等教育。

从1983年起,学院实行评选"三好"与评定煤炭奖学金结合的制度,部分系试行助学金改为奖学金的办法。先后开展了向张海迪、张华、华山抢险英雄集体的学习活动。1986年10月,与四十七集团军某部赴老山前线作战部队共建精神文明,开展了"共做四有新人,共立四化大业"活动,收到好的效果。还组织学生进行社会调查、知识咨询等活动。1985年起,学院还定期组织大学生参加社会实践活动。三好学生、优秀学生干部代表组成夏令营,先后赴革命圣地延安、大屯煤电公司、陕西神府煤田等地参观、考察。学院赴神府煤田科技考察小分队成绩突出,被陕西省委科教部、省高教局、团省委评为1987年大学生社会实践活动先进集体,两名同学被评为先进个人。

1985年,结合学习第四军医大学思想政治工作齐抓共管、综合培育的经验,学院实行党群系统、行政系统和学生会系统三条线齐抓共管的方法,开展学生思想政治工作,并涌现了一批教书育人、管理育人的先进分子。1986年3月,学院重建了学生工作部(1984年机构调整中曾撤销)。从1986年4月起,学院分别开办了学生业余党校、业余团校,有计划、有组织地培训党的积极分子和团的基层干部,全院的政治形势比较稳定。1988年,学院贯彻中央《关于加强和改进高等学校思想政治工作的决定》精神,学习领会和贯彻十三大文件,不断探索改革新形势下的学生思想政治工作,引导学生沿着又红又专的方向努力。

第九节　党组织的建设

经过拨乱反正,学院各级党组织逐步得到整顿。1980年12月12日,中共西安矿业学院第四届党员大会正式召开,参加会议的党员305人。会上,由罗沛代表上届党委做了题为《加强和改善党的领导,为四化培养又红又专的煤炭建设人才而奋斗》的工作报告。大会审议并通过了工作报告。工作报告实事求是地总结历史经验教训,总结粉碎"四人帮"以来,特别是党的十一届三中全会以来学院党的工作,按照中共中央书记处对教育工作的指示精神,提出了学院今后的办学方针,初步发展规模及办好学校为四化培养合格专门人才的主要措施,提出了改善和加强党的领导,提高学院各级党组织战斗力的初步措施。大会按照民主集中制的原则,差额选举产生了中共西安矿业学院第四届委员会。院第四届党委会由15人组成。罗沛、张毅、赵亚民、宋歧、王学文、肖继彦6人为党委常委。罗沛任党委书记,张毅、赵亚民任党委副书记。

第四届党员大会还选举了中共西安矿院纪律检查委员会,由11人组成。张毅兼任书记,易云、张春芳任副书记。

第四届党员大会选举罗沛为出席陕西省第六届党代表大会代表。

第四届党员大会对学院进入新的发展时期前期的工作起了重要的促进作用。党员大会后,在领导体制上,开始正式实行党委领导下的院长负责制,党委以主要力量抓方针、政策,抓学院的重大

问题,抓思想政治工作,开始发挥院行政系统的作用,各系也开始实行系主任负责制,党总支起监督保证作用。这些都对学院以后的发展起了作用。

第四届党员大会以后,学院党委在自身建设方面做了大量工作,带领广大党员积极执行党的十一届三中全会以来的路线、方针、政策,开展经常性的党员教育,抓紧对申请入党的积极分子的培养,党的组织和思想状况有了改善。在此期间,冲破旧的习惯势力的约束,在解决知识分子入党难的问题上取得了较大的突破,先后吸收268名知识分子入党。在反对资产阶级自由化斗争和社会改革实践中,在为煤炭高等教育事业勤奋工作中,涌现了一批优秀党员和先进党支部。1985年年底,学院纪委被评为陕西科教系统端正党风先进集体。

在进入新的发展时期后,学院党组织和广大党员参加了新时期的整党。1983年10月11日,中共十二届二中全会通过中共中央关于整党的决定。这是中共中央为夺取新的伟大胜利所采取的一个重大步骤,是为保证实现党的十二大确定到20世纪末全国工农业年总产值翻两番和建设现代化的高度文明、高度民主所采取的重要措施,是党自身建设的一件大事。中央整党决定指出:这次整党的任务是统一思想、整顿作风、加强纪律、纯洁组织。

1983年年底,全国整党工作在各省相继开始。1984年中共陕西省委科教口将学院列入第二期整党第一批单位。

1984年年底,学院开始做整党的准备工作。1985年1月15日,学院党委发出5号通知,部署和安排了整党的工作。遵照中央整党决定中关于第二期整党的部署意见和中共陕西省委《关于整党的实施方案》的精神,为了做到整党和业务(教学、科研)两不误,学院党委决定组成两套班子。整党工作由党委书记肖继彦侧重抓,院长王学文侧重抓教学、行政工作。党委组成了肖继彦任组长,副书记何德福为副组长的整党领导小组。领导小组下设整党办公室,负责具体日常工作。各系(部)也相应建立了整党和业务两套班子。

1985年3月,中共陕西省委科教口、煤炭工业部党组派驻学院的整党联络员小组分别进驻学院,协助学院党委开展整党工作。3月15日,召开全院党员大会,由党委书记肖继彦作题为《树立整党信心,学好整党文件,为全面完成任务而努力》的动员报告。自此,全院6个党总支、29个基层党支部,376名党员参加了新时期的整党。学院的整党工作经历了学习文件、对照检查、组织处理和重新登记三个阶段。

整党期间,学院党委先后八次向党内外通报整党情况,贯彻了《整党决定》提出的上下监督精神。

1986年4月29日,陕西省科教口整党指导小组成员黄明吾、整党办主任田俊生等15人组成整党验收组对学院整党工作进行检查验收。5月8日,陕西省委科教口整党指导小组正式批复,同意学院整党结束。历时一年的整党胜利结束。

新时期学院的整党工作,在上级党组织的正确领导下,基本完成了中央规定的整党任务,对学院今后的发展产生了促进作用。整党使学院各方面工作发生了一些变化,其主要收获表现在以下六个方面:① 提高了广大党员的思想觉悟,党员的党性和素质都有了不同程度的提高,不同岗位上,共产党员发挥模范带头作用,组织纪律观念有所增强。② 初步划清了改革与新的不正之风的关系,初步划清新的不正之风与政策规定之间的界限,整党中查处和纠正了一批学院内发生的问题,增强了对新的不正之风的免疫力。③ 学院领导班子同中央保持一致,认真执行政策的自觉性提高。党组织自身的建设得到加强,在突发事件面前学院各级党组织应变能力和战斗力有了提高。④ 进一步肃清了"左"的影响,广大党员加深了对党的十一届三中全会以来路线、方针、政策的认识,深化了对当前改革的认识。⑤ 清"左"破旧,明确了学院办学方向,为学院的改革和今后的发展,为形成"七五"发展规划纲要做了必要的基础工作。⑥ 较稳妥地开展核查"三种"人工作,摸清了党员状况和组织状况,完成了中央整党决定规定的整顿、纯洁组织的任务。

在整党的基础上，结合原领导班子换届调整，经煤炭部及省委批准，1987年12月25日，召开了中共西安矿业学院第五届党代会，参加大会正式代表115人。会议审议并原则通过王学文代表上届党委所做的题为《在党的十三大精神指引下团结起来，开拓前进，为实现振兴矿院的共同目标而努力奋斗》的工作报告。第五届党代会审议并原则同意了《西安矿业学院1988～1991年发展规划纲要》《学习贯彻十三大精神，加强改进我院思想政治工作实施意见》等文件，选举产生了九人组成的第五届党委和五人组成的第二届纪委。经报上级批准，由王学文任党委书记，何德福任副书记，何德福兼任纪委书记，姚世廉任纪委副书记。

第十节　统一战线工作和民主党派组织

高等学校党的统一战线工作主要包括民主党派成员、无党派人士、党外知识分子、少数民族人士、宗教界人士、香港、澳门、台湾同胞、海外侨胞和归侨、侨眷，出国和回国留学人员等方面的工作。粉碎"四人帮"以后，在党的统一战线工作方针的指引下，学院的统战工作逐步得到恢复和发展。

党的十一届三中全会，经过拨乱反正，清除"左"的影响，统一战线工作在高等学校的地位和重要作用进一步得到明确。学院党委决定统战工作由宣传部兼管，以后，党委决定由一名副书记分管统战工作。1986年，学院成立党委统战部专门负责统一战线工作。几年来，学院的统一战线工作采取了多种形式的活动，取得了明显的进展，学院民主党派组织不断扩大，侨务工作积极展开。

"文化大革命"前夕，学院有中国民主同盟成员6人，中国民主促进会成员1人。只有"民盟"在学院设有小组。"文化大革命"中，民主党派的组织生活也被迫中断，民主党派成员受到了冲击和迫害。粉碎"四人帮"之后，随着党的统一战线政策的落实，民主党派在学院得到发展。1985年，中国民主同盟在学院建立了民盟西安矿业学院支部。1987年，九三学社在学院建立九三学社西安矿业学院支社。截至1988年，学校已有中国国民党革命委员会、中国民主同盟、中国民主促进会、中国致公党、九三学社等5个民主党派成员40人。他们基本上是高、中级知识分子。学院民主党派组织在团结教育自己的成员，配合学院的教学、科研等工作中发挥了积极的作用。

随着党的对外开放搞活政策的施行，侨务工作的重要性被提到学院工作的议事日程上来。侨务工作开展活跃，发展很快，取得了明显成绩。1982年，学院被评为西安市侨务工作的先进单位。1987年，又被评为陕西省侨务工作先进单位。1986年，西安矿业学院归国华侨联合会正式成立，拥有成员40人。

学院党委在执行党的统一战线政策中，注意在生活上关心民主党派、归侨、侨眷、台湾同胞亲属，政治上给予充分信任，注意发挥和调动他们的积极性。在解决子女升学、就业、参军、住房等问题上做到一视同仁并给予政策上的照顾，帮助他们解决了一些实际问题。对符合共产党员条件的及时吸收他们入党，符合干部条件的及时提拔使用。归侨、侨眷、台湾同胞亲属、民主党派成员中已有19人加入中国共产党，3人分别担任区、市政协委员，2人担任陕西省政协委员，1人担任文史馆员，1人被评为全国煤炭工业劳动模范，13人分别担任学院的系（处）、教研室的领导工作。

学院已逐步形成党委同民主党派、侨联等人民团体民主协商制度。每年都要召开2～3次协商会。遇到重大问题，如有关国家大事、学院中心工作、学院发展规划以及群众关心的问题等，党委及时通报有关情况，听取他们的意见、建议和批评。学院还吸收民主党派、华侨负责人参加院咨询委员会工作，共商院内大计。这些措施有效地发挥了民主党派、侨联等成员的积极性。如民主党派成员、陕西省政协委员邓宝教授提出的有关陕南青石板采集外销方面存在问题的建议，受到中央有关部门的重视，中央办公厅为此批转有关部门注意。

先后有20名海外侨胞、外籍华人来学院探亲访友，学院在尽可能的范围内提供方便，予以热情接待，答复他们关心的有关问题。由于接待工作做得较好，使他们深受感动，有些回去后给学院发

来电报或写信表示对祖国人民的答谢。

第十一节　基本建设与后勤保障工作

基本建设是一个学校发展的基础,与教学、科研和师生员工生活有直接的密切联系。由于历史的原因,矿院校址几经变迁,造成学院基建长期没有完工,不少基建项目没有完成,形成了分散建校的局面。粉碎"四人帮"以后,学院的基本建设工作才开始走上正轨。

随着学院规模的发展,原有校舍远远不能满足需求。党的十一届三中全会以来,在煤炭工业部和省、市的关怀下,学院征购土地近百亩,重新规划了基建布局,加快基本建设的进程。截止到1986年年底,竣工面积32 341平方米,其中教学、实验室用房7 736平方米,职工宿舍用房16 786平方米,学生宿舍5 873平方米,公用设施3 683平方米,完成基建投资1 750.35万元。上述基本建设任务的完成,为学院的扩大发展提供了一定的物质条件。

1979～1985年,学院竣工5栋职工宿舍楼,缓解了学院长期存在的住房紧张的矛盾,基本改善了中、老年教职工的住房条件。但是,随着学院规模扩大,新设专业增多,学生人数和教职工人数增加较快,青年直至部分中年教职工住房困难的问题显得比较突出,不少住房条件差,有的青年教职工新婚分不到住房,租住农村房屋。

后勤保障工作是直接影响到教职工积极性的一项重要工作,在很大程度上决定着教学、科研工作能否顺利进行。党的十一届三中全会以来,由于学院重视,学院后勤工作有了改善,每年都投入一定物力财力用于改善工作环境,减轻后勤员工劳动强度,培训职工队伍,提高技术素质等。经过后勤部门广大职工的努力,在学院学生人数、职工人数增加较快的情况下,基本保障了教学、科研和师生员工生活需要。1984年以来,学院后勤部门开始实行初步改革,采用了承包或单项承包等改革措施。在伙食、车辆、招待所的管理中,实行了不同形式的承包责任制。全院开展了"争创文明食堂、开展文明就餐"活动,食堂的饭菜质量和数量都有了改进。学院为了提高烹饪技术、提高饭菜质量,对炊管人员进行培训并建立了技术考核制度。1985年,在八院校技工考试中矿院取得了好的成绩。为了改进学生宿舍的管理,从1987年2月起,全院对学生宿舍实行公寓管理。公寓管理实行以来已收到了较好的社会效益,为宿舍安全、卫生、管理、综合治理开辟了新的途径。学院校园绿化工作也有新的进展。财务管理引进计算机技术,提高了工作效率,受到上级的肯定和奖励。

截至1988年,学院的办学条件逐步好转,师生员工的工作、学习和生活条件有了一定程度的改善。

第二篇

深化改革　开拓前进

第一章　抓教学工作　推教学改革

　　学校的根本任务是培养人才。作为培养人才的重要环节和主要手段的教学工作是学校经常性的中心工作,也是学校教育改革的核心。1989～1998 年期间,学校遵循教育必须为社会主义建设服务的方针和教育教学工作规律,坚持社会主义办学方向,贯彻执行党的教育方针,在教学工作方面就管理体制、专业设置、教学内容、课程体系及教学方法等问题,进行了一系列的探索和改革,逐步走出了一条规模、结构、质量、效益协调发展之路,并取得了可喜成就。

　　经过艰苦的探索与实践,学校在服务对象上,已从单一为煤炭生产服务的工科院校,转变到面向全社会、服务于煤炭行业的,以工科为主、兼有文管类专业的多学科院校;在培养模式上,从过去的专才教育拓展为通才并重视能力的培养;从低效益办学逐步转到了低投入、高产出的高效益办学模式。同时,挖掘内部潜力,进行了一系列从宏观到微观的教学工作改革,使学校的办学规模有了很大的发展,专业结构得以调整和优化,教育质量有了很大的提高,办学效益有了明显好转。

第一节　扩大办学规模　提高办学效益

　　1992 年 7 月,学校召开了第六次党代会,提出了学校办学的指导思想是"以邓小平同志南方谈话精神为指导,认清形势,坚持方向,稳定规模,深化改革,强化管理,改善条件,提高效益,立足西部,突出重点,办出特色"。在 1996 年年底学校召开的第七次党代会上,提出了提高办学效益,扩大办学规模的具体指标,即"九五"末办学规模本、专科在校生达到 4 000 人,研究生达到 170 人,到2010 年招生规模达到 5 000 人,研究生达到 300 人。又在 1998 年的教代会上提出新目标,即到2000 年,本、专科招生规模达到 5 000 人,师生比达 1∶10。

　　依据经济建设发展对人才培养的要求及学校的改革发展规模,全校各部门积极改革,大胆探索,逐步扩大办学规模,提高办学效益。截止到 1998 年 10 月,学校在校本、专科生共计 4 074 人,比 1988 年增加了 85.6%,师生比达到 1∶10。学校学生人数统计见表 2-1-1(本表为每年 10 月份统计结果,增长率为在校生相对于上一年增长率)。

表 2-1-1　　　　　　　　西安矿业学院 1988～1998 年学生人数统计

年度	计划招生数	实际招生数			在校生情况	
		合计	本科	专科	总数	增长率/%
1988	630	618	470	148	2 195	0
1989	630	571	508	63	2 086	−4.97
1990	630	615	558	57	2 092	0.28
1991	630	619	557	62	2 213	5.78
1992	786	786	612	174	2 446	10.52
1993	1 020	1 009	591	418	2 883	17.87

续表 2-1-1

年度	计划招生数	实际招生数			在校生情况	
		合计	本科	专科	总数	增长率/%
1994	930	929	614	315	3 071	6.52
1995	1 000	995	785	210	3 118	1.53
1996	1 030	1 030	815	215	3 246	4.10
1997	1 110	1 110	867	243	3 522	8.50
1998	1 180	1 180	1 090	90	4 074	15.67

1988～1991 年,招生数都在 600 人左右徘徊,人数少,规模小,办学效益不高。1992 年、1993年国家扩大委培、自费生招生计划,学校多方努力,从煤炭部和陕西省教委两条渠道争取到招生指标,使规模逐步扩大。1994 年,国家教委取消部委院校增加地方计划的渠道,使我院招生人数有所减少,但招生计划中国家任务部分增大、国家拨款增加。1988～1998 年,学校为国家和社会培养了6 820 名本、专科毕业生。

为进一步主动适应人才市场的需求,1996 年,学校在煤炭高校中率先实行招生并轨,实施按系按类招生改革。按系按类招生,学生进校后按"4211"培养模式(即两年基础课教育,一年专业基础课教育,一年专业课教育)进行培养,学生在学完两年基础课后,根据人才市场的需求和个人志愿分专业。同时,从 1996 年起电类六个专业(计算机及应用、通信工程、信息工程、工业自动化、自动控制、电力系统及其自动化)在陕西省参加第一批重点分数线录取,提高了生源质量和学校知名度;经努力,取得招收应届高中保送生资格,以及单独招收采矿工程专业有实践经验的专科生资格。1998年被陕西省考试中心批准为"通信专业"自学考试主考院校。筹集到艰苦专业定向奖学教育基金89 万元,对毕业后愿意留在陕西省煤炭系统内工作的艰苦专业学生,每人每年奖励 2 000 元,为煤炭院校招生并轨后的发展探索出一条新路。

第二节　调整专业结构　加强专业改造

随着社会主义市场经济体制的逐步建立,高等学校之间的竞争也日趋激烈。1988 年以后,学校根据教育改革的指导思想,把调整专业结构、加强专业改造作为改革的重大步骤来实施。

一、专业建设的指导思想

根据学校实际情况,在调整专业设置、优化专业结构过程中,学校的指导思想是:面向全社会,主要服务于煤炭行业;以本科教育为主,适度发展专科和研究生教育;以工科专业为主,兼有文管类专业;以改造老专业为重点,巩固基础;以建设地矿类、土建类、机械类、电子信息类、材料类、管理类六大学科相关专业群为目标,提高效益。

二、专业建设的发展及特点

在明确指导思想的基础上,在 1988 年 11 月学校第一届教学工作会议和 1994 年 11 月院第二届教学工作会议上,都对专业设置和专业改造做出了部署,学校的"八五"规划和"九五"规划也都对优化专业结构提出了要求。经过 10 年的艰苦努力,学校的本科专业从 1988 年的 11 个,发展到 1997 年的 22 个;专科专业从 1988 年的 3 个,发展到 1998 年的 11 个。学校专业发展情况见表 2-1-2。

表 2-1-2　　　　　　　　　　西安矿业学院专业发展情况

年份	本科专业	专科专业
1988 年	1.采矿工程；2.煤田地质及勘查；3.矿山机械化；4.矿井建设；5.工业电气自动化；6.机械制造与工艺；7.矿山通风与安全；8.矿山测量；9.水文地质与工程地质；10.计算机及应用；11.矿山通信	1988 年：1 工业与民用建筑；2.政教师资；3.矿山通信；4.计算机及应用 1993 年：1.工业与民用建筑；2.企业文秘；3.三资企业；4.机械电子工程；5.检测技术及应用；6.采矿及建井；7.矿产综合利用与营销 1994 年：1.工业与民用建筑；2.企业文秘；3.检测技术及应用；4.计算机及应用；5.机械设备及自动化；6.企业经济管理（财会）；7.地籍测量与土地管理；8.工业企业质量管理（未招生）；9.市场营销（未招生）；10.装饰工程（未招生） 1995 年：1.房屋建筑工程；2.经济秘书；3.检测技术及应用（未招生）；4.计算机应用与维护；5.机械设备及自动化；6.会计；7.地籍测量与土地管理（未招生）；8.工业企业质量管理（未招生）；9.市场营销（未招生）；10.装饰工程（未招生）；11.通信工程（未招生）
1989 年	1.采矿工程；2.煤田地质及勘查；3.矿山机械化；4.矿井建设；5.工业电气自动化；6.机械制造工艺与设备；7.矿山通风与安全；8.矿山测量；9.水文地质与工程地质；10.计算机及应用；11.通信工程	
1993 年	1.采矿工程；2.地质矿产勘查；3.机械设计及制造；4.矿井建设；5.工业自动化；6.机械制造工艺与设备；7.矿山通风与安全；8.测量工程；9.水文地质与工程地质；10.计算机及应用；11.通信工程；12.机械电子工程；13.无机非金属材料	
1994 年	1.采矿工程；2.地质矿产勘查；3.机械设计及制造；4.矿井建设；5.工业自动化；6.机械制造工艺与设备；7.矿山通风与安全；8.测量工程；9.水文地质与工程地质；10.计算机及应用；11.通信工程；12.机械电子工程；13.无机非金属材料；14.检测技术及仪器仪表；15.化工工艺	
1995 年	1.采矿工程；2.地质矿产勘查（未招生）；3.机械设计及制造；4.矿井建设及制造；5.工业自动化；6.机械制造工艺与设备；7.矿山通风与安全；8.测量工程；9.水文地质与工程地质；10.计算机及应用；11.通信工程；12.机械电子工程；13.无机非金属材料；14.自动控制；15.化工工艺；16.信息工程；17.会计学；18.建筑工程	
1996 年（实行按系按类招生）	1.采矿工程；2.地质矿产勘查；3.机械设计及制造；4.矿井建设；5.工业自动化；6.机械制造工艺与设备；7.矿山通风与安全；8.测量工程；9.水文地质与工程地质；10.计算机及应用；11.通信工程；12.机械电子工程；13.无机非金属材料；14.自动控制；15.化工工艺；16.信息工程；17.会计学；18.建筑工程；19.企业管理	
1997 年（仍实行按系按类招生）	1.采矿工程；2.地质矿产勘查；3.机械设计及制造；4.矿井建设；5.工业自动化；6.机械制造工艺与设备；7.矿山通风与安全；8.测量工程；9.水文地质与工程地质；10.计算机及应用；11.通信工程；12.机械电子工程；13.无机非金属材料；14.自动控制；15.化工工艺；16.信息工程；17.会计学；18.建筑工程；19.企业管理；20.电力系统及其自动化；21.光电子技术；22.供热通风与空调	

　　1988～1998 年是学校专业数量和专业门类发展较快的时期。在这十年中，不仅专业数量有所增加，同时新设置的会计专业属工商管理类专业，企业管理（经济文秘）属文、管交叉类学科。这样，学校就从单一的工科类院校变成了以工为主，兼有文、管类专业的多学科院校；从单一的地矿、机电专业群，发展成了地矿、土建、机械、电子信息、材料、管理多学科专业群。多学科专业群的建设与形成，有利于资源共享、设备共用，提高效益，有利于各专业相互支持，共同发展。同时调整由过去单一为煤炭工业服务，为立足煤炭工业、面向社会的服务方向，增强了毕业生的适应能力，为学校 21 世纪的发展奠定了坚实的基础。

第三节　加强教学基础建设　保证教育改革的发展

一、多方筹资加强实验室建设

　　实验室是高等学校三大支柱之一，是进行教学、科研的重要基地，是进行教学改革、提高教育质量的重要保证。1988～1998 年，学校加大资金投入，加快实验室建设，使仪器设备固定资产由 1989

年的 808 万元,增加到 1998 年的 1 600 余万元。1996 年 12 月,学校对实验室管理体制进行了改革,把原来按课程设置的小而全、利用率低的实验室进行了调整与合并,建成了按专业、学科设置的院级中心实验室 3 个,院、系两级管理的实验室 19 个,重点建设了覆盖面大的基础课、技术基础课实验室和新建专业的专业课实验室。实验开出率从原来的 80％提高到 85％。调整后的实验室名称和实验室主任名单如下:

(一)院管实验室

1. 电教中心(教务处管)   主任:张炳科

2. 计算中心(计算机系代管)   主任:王建军   副主任:籍万新

3. 外语语言实验室(基础部代管)   主任:师新民

(二)系(部)管实验室

1. 物理实验室   主任:王亚民

2. 材料力学实验室   主任:张西正

3. 新材料工程系实验中心(含:化学实验室、化工实验室、高分子材料实验室、矿物加工工程实验室)   主任:李侃社 副主任:李自立 梁耀东

4. 微机原理及应用实验室   主任:王秀珍

5. 地质实验室   主任:王生全

6. 水文地质与工程地质实验室   主任:王贵荣

7. 无机非金属材料实验室   主任:邓军平

8. 测量实验中心   主任:贾建华   副主任:肖天和

9. 电工与电子技术实验室   主任:王等趁   副主任:雷俊科

10. 自动化技术实验室   主任:郭建彪   副主任:焦水林

11. 通信工程基础实验中心   主任:赵宝魁   副主任:罗小莹

12. 通信工程专业基础实验中心   主任:李白萍   副主任:武风波

13. 通信工程专业系统实验中心   主任:卢建军   副主任:李国民

14. 机械制造与自动控制实验室   主任:魏法祥

15. 机械设计与设备实验室   主任:李建疆

16. 岩土实验室   主任:霍志芳

17. 建工实验室   主任:陈新年

18. 矿井通风与安全实验室   主任:魏引尚

19. 矿山压力与控制实验室   主任:苏普正

"八五"期间,共投入实验设备费 285 万元,购置教学仪器 432 余件。更新和充实了语音实验室,设立了覆盖全院的外语无线电台和教学主楼有线音频系统,改善了外语听力教学条件,使学校四级英语通过率逐年稳步提高。同时,扩建了院计算中心,使计算中心的微机终端达到 160 台,并具有图形工作站和其他计算机辅助设备,基本满足了现代化教学和科研工作的需要,使学生的计算机水平有明显的提高,参加全国及省计算机水平考试的学生人数越来越多,通过率逐年上升。

1993 年,建成了学校自己设计的、亚洲第一的多功能巷道支架试验台,设备的自动化程度很高,试验过程和数据采集、处理均由计算机控制完成,填补了我国大型支架试验设备的空白。采矿系的组合堆体相似材料模拟实验装置,可做十多种适应于采场、巷道的主体或平面的应力、应变模拟实验,该装置已申请国家专利。矿压实验室已通过省、部级重点实验室验收,1998 年被批准为"陕西省岩层控制"省级重点实验室。

1998 年 12 月,学校采矿工程实验室被国家煤炭工业局批准为"国家煤炭工业采矿工程重点实验室"。该实验室是我校建成的第一个部级重点实验室,是我校采矿工程学科 60 年艰苦发展的结

晶,在我校实验室建设历史上具有里程碑式的意义。

实验室的建设需要巨额资金的投入,而学校的经济实力很薄弱,上级部门的投入也很少。面对这种情况,学校不等不靠,解放思想,抓住机遇,走产、学、研相结合的道路,多方筹措资金进行实验室建设。通信工程系为适应通信事业的发展,在上级主管部门的支持下,先后建立了煤炭部通信人才培训基地、西北地区卫星地面维护中心和数字电话网实验室。在实验室建设中,他们广为宣传,多方联系,至1998年先后同近十家通信设备生产厂家和公司签订联合建设实验室的合作协议,厂家和公司无偿提供实验设备达400多万元,建成了功能齐全、设备先进的通信专业实验室。

1994年年底,煤炭部召开了部属高校实验室工作研究会第三次会议,会后下发了实施煤炭高等学校基础实验室"达标工程"的通知。从1995年起,历时三年,学校利用基建投资100万元、教育发展基金100万元、自筹经费100万元,共计300万元对物理、化学、材料力学、外语听音、制图、体育、电工学、电子技术、机械原理及零件、微机组成原理、结构力学等11个实验室进行了重点投资建设,较大地改善了基础课实验室的设施,使基础课实验开出率达到100%。1997年年底,接受了煤炭部有关领导的检查,受到好评。

煤炭高校基础实验室"达标工程"是在煤炭工业"不景气",煤炭部和学校经费都非常紧张的情况下进行的。经过"达标工程"的建设,虽然未能从根本上解决实验室基础设施上存在的问题,但在当时的历史条件下已属不易。

在煤炭部实施煤炭高校基础实验室"达标工程"的同时,陕西省教委也印发了《高等学校基础课教学实验室评估办法及标准的通知》。为了做好评估工作,学校成立了基础课教学实验室评估领导小组和专家组,认真开展了整改和建设工作。1997年,学校的物理、化学和电路实验室通过了省教委实验室合格评估验收,被省教委命名为合格实验室。

加强实验队伍建设是加强实验室建设的重要环节。学校重视实验人员的业务培训,不断调整实验人员的知识结构和职称结构。截至1998年,有实验人员89人,其中高职11人,中职31人,其他技术人员40人。具有大专以上学历79人,其中硕士研究生5人。同时,建立健全了实验室管理的各项规章制度,并严格监督执行。学校物理实验室、矿压实验室多次被评为省、部级先进实验室,4人(次)被评为省部级先进个人。

二、加快图书馆自动化建设

作为高等学校三大支柱之一的图书馆,是学校的文献信息中心。在世界进入信息时代之际,图书馆在教育教学中的作用尤为重要。学校对图书馆的建设非常重视,逐年增加对图书馆的投入,1995～1998年累计投入图书经费达80万元。从1995年开始,图书馆开始了自动化建设的步伐。在没有专项投入的情况下,多方筹措资金,本着少花钱多办事的原则,暑假冒着酷暑加班苦干,终于在1995年9月实现了学生借还书的自动化管理,同时实现了与因特网的联网。图书馆自动化建设经历了四个阶段:第一期工程,在1995年8月实现了学生借还书自动化管理;第二期工程,在1996年9月实现了图书馆分类编目的自动化管理;第三期工程,在1997年4月建成了多媒体阅览室,室内配备有光盘网络系统,可以方便快速地为读者检索《中国学术期刊(光盘版)全中文书数据库》,同时还能从因特网上检索世界各地的信息,满足教学、科研对信息情报的需求;第四期工程,在1997年8月完成,全馆图书借还都实现计算机自动化管理,既减轻了工作人员负担,又方便了广大读者。

建设一支高水平的图书馆情报工作人员队伍,是图书馆自动化的有力保证。1995～1998年,图书馆开展了各种培训和岗位练兵,使全体工作人员都掌握了计算机的操作技能,能利用先进的计算机网络系统为读者提供服务。1998年,图书馆共有工作人员51人,其中高级职称7人,中级职称12人,其他工作人员32人;大专以上学历37人,占73%。由于工作成绩突出,图书馆多次受到学校的表彰。

三、教材供应与教材建设

教材供应工作是教学管理工作的一个重要环节。学校针对办学层次多,专业变化大,教材品种多、数量少、门类偏、采购难的特点,在工作中加强科学管理,研制了教材管理计算机软件,重点抓教材计划的落实,不断完善教材管理规章制度,使教材到位率连续多年达到100％。教材工作各项管理指标均超过国家教委教材评估指标体系中的 A 级标准。"八五"教材建设成绩显著,完成主编煤炭部规划教材 16 部,参编部规划教材 45 部,自编教材 71 部,有 2 部电视教材(该教材有 7 个专题为我校电教中心制作)获省部级优秀电视教材三等奖。在全国第一届(1995 年)优秀教材评选中,获部优秀教材二等奖 3 项,三等奖 2 项。

四、课程建设

课程建设是高等教育的基本工程之一,是高教改革的重要任务。在教育改革中,学校对课程建设非常重视,在 1988 年以〔1998〕94 号文件印发的《西安矿业学院关于开展课程建设的决定》,制定了课程建设的目标和验收标准。1994 年,学校第二届教学工作会议又对该文件进行了修订,进一步制定了课程建设规划和优秀课程评价体系。"八五"规划制定了重点建设 20 门课程的目标。经过多年努力,使一批课程的建设取得了显著效果。如高等数学、大学物理、英语、计算机原理及应用、采掘信号与控制等课程的建设成果获省级优秀教学成果奖。矿井通风与空气调节、矿山压力及其控制、煤矿岩层与地表移动、采掘机械、高等数学、岩石力学与支护等 6 门课程在 1992 年被列为陕西省第一批省级重点课程。

五、加强电教建设,推广现代化教学手段

1988 年以后,随着教育改革的不断深化,学校电化教育工作得到了进一步的发展,设备资金额已达到上百万元,不仅能满足本校电视教材的播放任务,而且具有制作电视教材的能力。学校电教科为全国煤炭院校制作的 5 个大型统编电视教材节目,分别获得总公司、省、市优秀电视教材奖。电教科还为学校制作了大量的专题片和资料片,有些资料片还被翻译成外语片与波兰、美国等进行资料交流。

在各级领导的支持下,学校的电教用房面积由 220 平方米增加到 1 000 平方米。根据电化教育必须深入课堂、方便教学的指导思想,电化教育全方位地面向师生,语音实验室已形成开放型管理模式,电视教材的播放也简化手续,方便教学,使播放量猛增到 300 多小时。

学校电化教育分为院、系两级管理,专职电教人员 11 人,其中中级职称 3 人,初级职称 7 人,工人 1 人。先后有半数以上人员参加了进修及专业学习培训,使工作能力和管理水平得到进一步的提高。在 1996 年陕西省教委进行的三个阶段电教评估中,我校电教工作评为良好。

第四节　深化教学改革　加强教学管理　提高教学质量

一、广泛开展教学研究工作

教学研究是高等学校教学工作中重要的组成部分。它对于丰富教学理论,指导教学改革实践,总结传播教学改革经验,全面提高教学质量有着极其重要的作用。学校《高等教育研究》自 1985 年创刊以来,至 1998 年已出版近 50 期,成为学校教学研究工作的宣传阵地,同时引导教学研究工作向更深更广的方向发展。在"高教研究室"和"教学研究科"专职从事教学研究的基础上,为了更广泛地调动广大教职工投身于教学研究工作的积极性,推动教学研究工作,学校先后于 1990 年 5 月,

评选出"西安矿业学院1989年优秀论文"63篇,其中一等奖3篇,二等奖6篇,三等奖23篇,表扬奖31篇;1996年年底,评出学校"1994～1995年度高等教育科学研究论文"27篇,其中一等奖3篇,二等奖9篇,三等奖15篇。学校拨出专项经费,用于公共课,包括外语、制图、物理、数学、马列、体育、思想教育等学科学术论文补助,鼓励教师从事基础学科的学术研究工作。

学校"优秀教学成果"评审和奖励工作开始于1989年,是在国家教委设立优秀教学成果奖后,为做好我校此项工作而开展的。1992年3月,学校制定了《西安矿业学院优秀教学成果奖励条例》,规定:"优秀教学成果奖每两年评选一次,每次设奖30项,分为三个等级。其中一等奖5项,二等奖10项,三等奖15项。"学校设立了"优秀教学成果奖评审委员会"。从此,开始了我校每两年一届的"优秀教学成果"评审表彰奖励活动。截止到1997年,学校共组织了五届"西安矿业学院优秀教学成果奖"的评选工作,共评出优秀教学成果奖158项,其中有14项荣获陕西省优秀教学成果二、三等奖(具体获奖情况见附录)。在《西安矿业学院教师教学工作量管理条例》中,规定教师在完成教学任务的同时,必须在每学期完成6学时的教学法研究任务。学校要求:每周周三为政治学习和教学法活动日,最少每两周以教研室为单位举行一次教学法研究活动,对教学法活动的内容、形式等,有关部门做了原则要求,并在每学期期中教学检查中组织有关领导抽查,使教学法研究得以深入持久地开展,为学校的教学改革、教学管理以及解决各阶段教学中存在的问题,提高了教学质量,提供了翔实的理论、实践依据。

为了推动学校的高等教育研究和改革,把一个充满生机和活力的西安矿业学院高等教育和教学工作带入21世纪,1997年学校"高等教育科学研究'九五'计划"立项30项,学校投入专项经费给予支持,其中有6项是与煤炭院校合作研究项目,7项为院内重点项目,一般研究项目17项,合作项目和院重点项目见表2-1-3。

表2-1-3　　　　　　　　　　　　学院"高等教育科学研究'九五'计划"立项项目

项目类别	项目名称	所在系部
与煤炭院校合作研究项目	采矿类专业人才培养方案及教学内容和课程体系改革的研究与实践	资源开发与管理工程系
	机械类专业人才培养方案及教学内容和课程体系改革的研究与实践	机械工程系
	信息与通信类专业人才培养方案及教学内容和课程体系改革的研究与实践	通信工程系
	地质类专业人才培养方案及教学内容和课程体系改革的研究与实践	地质系
	力学系列课程教学内容和课程体系改革的研究与实践	基础部
	社会主义现代化过程中高校德育工作特点与规律的研究	社科系、德育教研室
院内重点项目	煤炭系统测量工程专业人才培养方案及教学内容和课程体系改革的研究	测量工程系
	土建类专业人才培养方案及教学内容和课程体系改革的研究	建筑工程系
	化工—材料复合型人才培养方案及教学内容和课程体系改革的研究与实践	新材料工程系
	电工与电子类专业人才培养方案及教学内容和课程体系改革的研究与实践	自动化系
	煤矿开采学多媒体辅助教学系统的开发	资源开发与管理工程系
	建立电工与电子类专业教育科研生产劳动相结合基地的研究	自动化系
	面向21世纪大学生德育工作的目标、模式、内容的研究	德育教研室

二、改革教学内容、方法和手段,培养学生综合素质

社会的发展,人才需求的变化,要求学校对培养人才的载体——专业做相应的调整。在1985年开始进行专业改造的同时,学校先后于1990年、1994年、1996年、1997年四次全面修订各专业教学计划,优化课程体系,改革教学内容,"加厚基础,拓宽专业面,培养能力"。在外语教学四年不

断线的同时,1997年修订的教学计划,做到了计算机教学四年不断线,使计算机基础教育、计算机文化教育、计算机技术教育三个层次教学得以实现。为了使高年级学生补上计算机知识全面教育这一课,学校适时地开设了四期"计算机应用"辅修专业,共毕业学生400多人。为适应提高学生的涉外英语、商务英语等就业外语能力的要求,学校在学生学习基础英语、专业英语和科技英语的基础上,1998年开设了"商务英语"辅修专业,提高学生的英语会话、写作能力。为提高学生的人文素质,学校先后为学生开设了书法、大学语文、文学欣赏、公共关系、经济法、诉讼法理论、国际贸易等公共选修课。各系也结合专业需要,为学生开办了近百次边缘学科、交叉学科学术讲座。

在改革教学内容的同时,要求教师改进教学方法、教学手段。实行老教师辅导新教师制度,不定期地进行一些观摩教学。1992年开始的每年一次的青年教师讲课比赛,目的就是为了提高青年教师的讲课水平,督促其改进教学方法;根据生源情况和各门课程的特点,进行了一些教学形式的改革尝试:针对学生来源于不同省,知识结构存在的差异,高等数学课从1989年开始开设提高班,对学生进行因材施教;外语教学实行分级教学,以提高学生的外语水平;部分实验课,如物理、电路、电子等单独设课,加强了实验课程的管理,有利于实验教学的教改;电类专业开设综合实践技术训练(综合实验)课,提高学生的动手能力;物理课加强课堂演示,进行形象化教学,使学生加深对基本概念的理解,提高了学生的学习兴趣。一些教师在教学进程中也进行了一些教学方法的改革,如:薛问西教授的"引入最新成果,更新教学内容";魏泽国教授的"反馈式教学法";潘文玲、徐玉山等教授的"育人寓教书之中";常晋才老师的"英语听说与词汇结合教学法";刘鹏飞老师的"结合科研实践组织教学";马中骧教授的"一箭双雕教学体系";来兴平老师的"实例法教学";等等。1996年学校开始筹建多媒体教室;1997年的CAI辅助教学手段的应用,使传统教学方式、教学手段的改革迈出新的一步;1998～1999学年第一学期,学校有材料力学、物理化学、机械设计、计算机应用基础等十几门课运用CAI辅助手段。

注重学生文化素质培养的同时,学校加强了对学生思想道德素质的培养教学工作。1989年6月10日,学校批准,同意《西安矿业学院思想教育课程安排意见》,决定将思想教育课程正式纳入教学计划;学校的"八五"规划中,明确指出要"不断完善德育教育体系,搞好德育工作,进一步提高政治理论课的教学水平,抓好教学法研究和教材编写工作,对德育专兼职教师进行正规培训。要坚持德育教育连贯性的原则,各级组织应紧密配合,突出德育的位置,保证德育的质量,使全校一切教学活动着眼于转变学生的思想,促进学生的全面发展"。1990年以后,承担马列主义教育和思想品德教育课的全体教师,认真学习,充分讨论,提高认识,制定措施,改革教学内容。为适应新形势要求,将马列课老三门——马克思主义原理、社会主义建设、中国革命史从1998年开始改为新四门——哲学、社会主义概论、资本主义概论、邓小平理论;德育课由先后开设的大学生成才修养、人生哲理、法律基础、职业道德、形势与政策改为新两门——大学生思想道德修养和法律,而把大学生的职业道德教育、形势与政策学习放在课堂外的每周三政治活动中进行。"两课"内容的改革方面,注重教学方法、方式的灵活变化,尤其是将当代的马克思主义"邓小平理论"引进课堂,理论联系实际,既联系学生的认识实际,又联系社会实际,有针对性地组织学生进行一些专题讨论,使学生澄清认识,提高觉悟。"两课"教学除采取课堂教学外,还结合校园文明建设,贯彻国家教委《德育教育大纲》和《爱国主义教育实施纲要》,抓学生的爱国主义、社会主义、集体主义和科学的世界观、人生观、价值观的教育,将"两课"教育落实到学生参与校园文明建设、做"四有"新人的具体行动中,使学校的"两课"建设成果得以体现。1994年,社科部的《在哲学教学中如何宣传特色理论》经验介绍,得到全国煤炭系统高校思想政治教育工作年会领导和同志们的好评,这一成果同时获得省教工委召开的全省高校马列课教学改革会的奖励。

根据当代大学生的心理需求,结合多年来体育教学经验,学校体育部从1994年开始,挖掘师资潜力,克服经费不足、场地不足的困难,为学生开设了篮球、足球、乒乓球、羽毛球、跆拳道、体育保健

及女生健美操共八门体育课程,学生根据自己的兴趣和身体素质自由选择,学生兴趣浓,教学效果好。在加强课堂教学的同时,从1988年第一届教学工作会议后,学生的早操活动得以坚持,体育部全体教师指导学生大力开展课余体育活动,活跃广大学生业余文化生活,先后组织学校足球队、男子篮球队、女子篮球队、男子排球队、田径队、跆拳道队、健美操队共七支代表队,在院内带动普及课余体育活动,在院外代表学校参加各类比赛。1996年,足球队获全国煤炭高校学生足球赛冠军。1997年,男、女篮球队在省大学生篮球赛中分别夺取第五名和第二名;田径队的队员王飞舟、范鹏、常敏在全省大学生运动会上分别夺得男子跳高第一名、标枪第二名和女子跳高第二名。乒乓球队在1998年全省高校比赛中夺得团体第五名。女子健美操队在1997~1998年度全省高校表演赛中获得表演优秀奖。多年来,体育部坚持每学期至少为学生举办一期裁判学习班,培养各类业余裁判人才。

学生实验能力、计算机操作能力、实践能力,是学生综合素质中能力结构的重要组成部分。在1994年修订教学计划中,使全校各专业的上机时数由原来的不足80机时,增加到120机时;实验课时与理论课时分开出现在教学计划中,保证了实验教学计划的执行。加强实践性教学环节,重视学生实践能力的培养和提高,1991年1月,学校召开了实习、实践工作会议,交流了实践教育工作经验,讨论、制定了实习、实践有关规定,对下一阶段实习计划的落实情况按专业进行了逐项检查。对传统的实习内容、形式和方法进行了一些改革尝试,取得了一定的效果。如矿山压力教研室的"走实践教学与科研相结合的道路",把学生的实习活动与教研室承担的重点科研项目或现场急需解决而委托学校研究的课题,以及教研室从学科发展方向上准备进行以及国内矿压领域的前缘新课题结合起来,使学生"带着问题、任务实习";测量工程系矿测87-1班"带着生产任务实习"。这些做法使实习与生产实际、科研任务结合起来,为经济建设服务,提高实习效益,也为解决实习场所和经费困难创造了条件。在毕业设计工作中,学校对选题方向进行了重大改革,逐步减少"假题假做""真题假做"的内容,提倡结合现场实际选题目,"真刀真枪"搞设计,评选优秀毕业设计以创造性和对实践的指导价值为主;从1991年起对各系的毕业设计进行评估验收,评先进、找差距,促进毕业设计的规范化,使毕业设计工作得以加强,学生的设计能力得到提高。学校在实践教学中取得的成绩,曾受到总公司领导的重视,并给予较高评价。1992年1月,省教委转发了我校实习工作经验。1994年12月,省教委评估专家组对学校金工课程和实习两方面进行了检查评估,结论是实习教学优秀。

三、健全教学管理制度,加强教学管理,抓教风、学风建设

从1989年开始,为了严格要求,强化管理,学校在本、专科和研究生教学中,多次修订和完善各种教学文件和管理制度,根据新的教学要求,在学籍管理、教学过程和教学质量等方面,制定并颁布教学文件30余种。使各专业开设的必修课、公共选修课和实验课均有教学大纲;1990年对主要课程的教学大纲进行了修订和汇编;1996年对各类课程的教学大纲进行了部分修订;课程设计、毕业设计和各类实习均有较实用的指导书和检查验收制度;外语教学从1988年开始实行"质量目标责任制",1993年实行模拟强化训练制度;教师停课、调课和补课实行登记制度。各种教学管理制度先后两次汇编成册,使教学管理有章可循,工作制度化、规范化。

从1992年开始,教务处推行计算机管理,引进和研制了一批教学管理软件,使教学计划、任务、排课和考试安排及教师、教室资源的利用管理,四、六级考试及成绩统计,实验设备管理,教材管理,教师教学工作量管理实现了微机管理,使教学日常事务性管理节省了大量时间,也使教务处的工作得以转到教学过程的监控和教学质量的管理上来。教务处在自行研制的"主讲教师授课质量综合评价系统"使用多年的基础上,引进了"西安矿业学院教师授课评价微机管理系统",通知学生涂卡,对教师的授课态度、授课方式、效果等多方面进行评价,计算机处理,得出教师授课质量平均值,结

合教学日常检查中发现的问题和各方面反馈的情况,对全院 300 多名教师在 1996 年、1997 年、1998 年的授课质量进行了三次较为客观的评价,量化后的评价结果作为教师考核的重要依据。1992 年制定了管理干部听课和巡视教学秩序制度,1994 年、1996 年先后两次修订,1997 年下半年开始将干部听课情况与干部职务津贴、减免工作量挂钩,使这一制度得以落实和执行。1992 年 6 月,我校开始试行教学工作督导制,印发了《教学督导组工作条例》,组建了学校第一任教学督导组,在分管教学副院长的领导下,协助教学管理部门对学校的教学工作进行了监督、检查和指导。通过干部听课和巡视教学秩序,退休老教授组成的教学督导组的教学督导,教务总支教学秩序监督岗日常检查,干部晚自习检查,加强了教学过程监控。坚持每学期一次的期中教学检查和各系(部)的日常检查制度,对教师停课、调课、答疑、辅导、批改作业等教学环节及学习风气、学习纪律等进行全面的检查,对检查的结果及发现的问题,每次均及时通报全校并提出整改措施,使期中教学检查成为我校重要的教学管理方法之一。严格考试管理,加强考试的巡视检查,实行基础课统一命题、统一阅卷、统一评分;专业课实行 A、B 卷,单人单桌;建立了部分基础课的试卷库和试题库,使考、教分离,使考试作弊现象得到了有效控制。在学籍管理方面,坚持实行升、留级和退学淘汰制,对代考和被代考学生及二次作弊的学生坚决作退学处理。

在教学工作中,教师起着主导作用,在加强师德建设的同时,要求教师从严治教,并引入竞争机制,将教师对教学法投入情况(具体反映在教学态度、教学效果等各方面)与教师的职称评定挂钩。采取的主要措施是:要求各系严格执行教学计划,认真实施规定的教学环节;要求主讲教师精心组织教学过程,充分利用课堂时间,切实保证课堂容量,努力完成规定的教学内容,确定适宜的习题作业,规定辅导教师必须随堂听课,认真完成辅导答疑、批改作业和分配的其他教学任务。努力发挥教研室在教学研究和教学组织中的作用,教研室按要求修订好各门课程的教学大纲,督促教师在学期初完成教学进度表,使教学过程有计划地进行;组织好期末考试,同一课程要有要求相同的两份命题,实行集中阅卷评分;安排好教学研究计划;认真研究教材及教法;认真执行停课、调课、补课登记制度;按时答疑辅导;教师要做到出题不漏题,不送人情分。对教学效果好、教学态度认真的教师予以表扬。从 1995 年下半年开始实行教师课时津贴制度,做到专人核算,专人负责。课时津贴制度的实行真正体现了教师多劳多得,调动了教师教学的积极性。为了使教师将更多的精力投入到教学,在住房分配、职称评定、进修培训等方面给予教师政策的倾斜。对在省级、全国统考中做出突出贡献的集体和个人,学校给予表彰和奖励,外语教研室的师新民老师所任班级在全国英语四级考试中通过率连续两年名列前三名,学校在给予物质奖励的同时,职称高聘一级。

学风的好坏,是能否提高教学质量的一个重要因素。学校在学风建设中,首先抓学习纪律,规定学生要参加早操、早读,保证自习时间,不得任意缺课;早操点名登记,早读由年级辅导员组织,一、二年级外语教师到班辅导。从 1988 年实行新规定以来,早操出勤率在 95% 以上,早读出勤率在 80% 左右;因采取有效措施,保证准时下课的学生能吃上可口的热饭菜,上午第四节课提前下课的现象基本扭转;机关干部检查晚自习,加强早、晚自习的检查评比工作,使校园内的学习气氛大为改观。严格考试、学籍管理制度,使考试作弊现象明显下降,从 1988 年前后的几十个人,下降到1998 年前后每学期的几个人,学风明显好转。学校坚持按照“勤奋,求实,团结,献身”八字校训精神安排学校的学风建设,在 1994 年开始的校园文明建设中提出“教书育人,管理育人,服务育人”的标准,以教风、管理风气和服务态度的转变带动学风的进一步好转。同时,树立典型,表彰先进,用竞争手段和精神、物质奖励激发学生的学习热情,四级考试成绩与学位挂钩,与免试推荐研究生挂钩,实行专升本制度,也使学生的学习积极性更高。

四、教学质量稳步提高

深化教学改革,加强教学管理,坚持不懈地抓教风和学风建设,使我校的教学质量在 1988～

1998 年间有了稳步提高。

20 世纪 90 年代,学校为进一步提高教学质量,培养适应现代化建设的新一代大学生,采取了多种措施和办法。在 1994 年,学校提出了提高英语四级通过率的"五年计划",即到 1999 年达到高等工业院校本科教学评估方案中一般院校外语教学质量 A 级的要求——英语四级通过率为 80% 以上。为实现这一目标,学校于 1992 年制定了《提高英语教学质量暂行办法》,于 1995 年、1997 年两次下发文件,制定和修订学校《本科英语教学质量目标管理办法》,对英语教学实行质量目标管理,每年均以学校正式文件表彰英语教学先进单位和个人,做到奖惩分明,对提高我校英语教学水平,激励教师和学生教好英语、学好英语起了积极的推动作用。

学校在全国四级英语考试中,1991 年以前通过率与陕西省平均通过率差距一直徘徊在 19.19～24.78 个百分点之间,通过不懈的努力,1993 年的一次性通过率已超过陕西省和全国一般院校的平均水平,1997 年 95 级学生四级通过率已达到 62.9%,高出全国平均通过率 8.1 个百分点,见表 2-1-4。学校大学生四级通过率,是在教学主管部门和各系部加强管理、外语教师共同努力、学生认识提高的前提下,逐渐提高的过程。建工系 95 级本科生四级通过率达到 96.4%,这在全国重点院校也是少见的。学校四级优秀率在这几年内也逐步有所提高,先后有 8 位同学获得四级优秀证书,自动化系的刘录同学考出了 92.9 分的好成绩,测量系的段英杰以 90.0 分的成绩取得全国大学生英语四级考试优秀证书,见表 2-1-5。

表 2-1-4　　　　　　　西安矿业学院英语四级平均通过率与陕西省和全国对比

年级	我院平均通过率	陕西省平均通过率	全国平均通过率	我院与陕西省的差距	我院与全国的差距
87 级	10.9%	34.32%	37.92%	−23.42	−27.02
88 级	19.6%	44.7%	47.92%	−24.78	−28.32
89 级	24.4%	46.09%	56.01%	−21.69	−31.61
90 级	44.7%	65.0%	60.20%	−20.30	−15.50
91 级	24.0%	43.19%	51.20%	−19.19	−27.20
92 级	67.2%	67.64%	69.85%	−0.44	−2.65
93 级	59.3%	59.2%	59.5%	+0.1	−0.2
94 级	64.2%	58.6%	68.9%	+5.6	−4.7
95 级	62.9%	52.3%	54.8%	+10.6	+8.1

注:"+"(或"−")指我院平均通过率高于(或低于)陕西省、全国平均通过率的百分点。

表 2-1-5　　　　　　　西安矿业学院本科毕业生英语四级通过情况

毕业年级	修读人数/人	通过四级人数/人	通过率/%
87 级	337	37	10.9
88 级	372	75	20.2
89 级	411	131	31.9
90 级	454	278	61.2
91 级	520	216	41.5
92 级	553	412	74.5
93 级	573	453	79.1

1994 年,国家教委对陕西省 16 所工科院校的高等数学、大学物理进行了统考,学校两门课程的统考成绩是:大学物理,我校平均 86.64 分,全省平均 76.20 分,其中重点院校平均 81.15 分,一

般院校平均71.25分;高等数学,我校平均90.38分。与了解到的部分院校平均成绩比,我校处于中上水平。

1992年4月,在西安举行的西安地区高校第一届数学建模比赛中,我校代表队荣获一等奖;1993年2月,由李朝辉、艾晓国和金祥曙三位大学生组成的我校数学建模代表队获"1993年大学生国际数学建模竞赛"成功奖;1993年10月,在数学教研室建模指导小组教练张家彬,领队褚维盘、刘荣均的带领下,由测量系马志刚,电气系艾晓国、曾召华组成的我院数学建模代表队,获"第二届全国大学生数学建模竞赛"一等奖;1997年10月,由黄建文、郭小华、刘青组成的我校数学建模代表队,获"全国大学生数学建模竞赛"二等奖。

第二章　研究生教育

第一节　研究生教育概况

随着教育事业的发展,学院的办学层次开始发生变化,在学院建院30周年时,已初步形成了相对独立的研究生教育层次和合理、完善的研究生教育管理体系。自1988年以来,学院在已有的研究生教育基础上,锐意改革,积极进取,着力抓培养质量。在1991年和1992年煤炭工业部分别组织的"办学水平综合评估"和"研究生教育专项评估"中,研究生教育被评为"优"。经过积极争取及各部门的努力,截至1998年学院已获得1个博士点和15个硕士点。学院总体水平上了一个台阶,进入了全国具有博士学位授权院校之列,不仅学科覆盖面大大加宽,而且人才的培养层次也已齐全。

(1)"八五"期间,在煤炭行业研究生生源普遍紧缺,多数院校不能完成招生计划的情况下,除1997年外每年超额完成任务,且生源质量较好,所有录取新生均通过国家统一招生考试,成绩合格,其中有1/3的学生来自其他行业的重点大学。截至1998年,在校研究生人数达到123人,生源也由单一的脱产生扩大到定向生、委培生、自筹经费生、应届生、在职生等多种类型。1986年获得应届本科生免试推荐硕士生的推荐、录取权之后,1997年又获得了在职人员以研究生毕业同等学力申请硕士学位的授予权。

(2)从1997年起,开始申请博士学位授予单位及博士学位授权点。在100多个申请单位的激烈竞争中,学院始终保持了较大优势。1998年6月,经国务院学科评议组和国务院学位委员会评审通过,批准了学院为博士学位授予单位,安全技术及工程学科同时获得了博士学位授予权。这是学院建院40年来取得学位建设的突破性成就。

学院从1988年的6个硕士学位授权点增加到1998年的15个硕士学位授权点;建成1个部级重点学科,3个省级重点学科,1个省级重点实验室。学院硕士学位专业批准时间见表2-2-1。

表 2-2-1　　　　　　　　　　西安矿业学院硕士学位专业批准时间

年份	数目	已有学科	新增学科	指导教师人数	备注
1988	6	采矿工程 矿山建设工程 矿山机械工程 煤田、油气地质与勘探	矿山工程力学	52	
1990	7	采矿工程 矿山建设工程 矿山机械工程 煤田、油气地质与勘探 电力传动及自动化 矿山工程力学	工程测量	57	

年份	数目	已有学科	新增学科	指导教师人数	备注
1993	8	采矿工程 矿山建设工程 矿山机械工程 煤田、油气地质与勘探 电力传动及自动化 矿山工程力学 工程测量	安全技术及工程	67	
1993	11	采矿工程 矿山建设工程 矿山机械工程 煤田、油气地质与勘探 电力传动及自动化 矿山工程力学 工程测量 安全技术及工程	岩土工程 计算机应用 通信与电子系统 矿物加工工程 水文地质与工程地质	78	同时撤销煤田、油气地质与勘探、矿山工程力学
1998	15	机械设计及理论 控制理论与控制工程 岩土工程 大地测量学与测量工程 大地测量学与测量工程 采矿工程 安全技术及工程 通信与信息系统 计算机应用技术 结构工程 地质工程 矿物加工工程	马克思主义理论与思想政治教育 电力电子与电力传动 机械制造及其自动化 企业管理	81	

第二节　基础建设与研究生教育改革

为了保证研究生教育质量的稳步提高,在加强课程建设、教材建设、经费投入等基础建设的同时,深化研究生教育改革。

(1) 全面修订各专业硕士生培养方案、课程设置和硕士生课程教学大纲。根据不同时期国家对硕士生培养提出的新的要求及以往培养方案实施过程中暴露出的学生知识面窄、适应性差的缺陷,先后三次修订各专业硕士生培养方案,两次修订100多门课程的教学大纲。在新的培养方案修订过程中坚持按二级学科设置学位课程的原则,并增加了基础理论课程和反映现代高新技术课程的比例,增加了实践性环节的内容。同时,将学院硕士生的学制由三年改为二年半制。形成了现行的比较完善和科学的培养方案和课程教学大纲。

(2) 针对煤炭行业研究生培养的特点和目标,加强课程教材建设。学院组织有关教师编写了高等动力学、矩阵论等六门课的教材,收到了良好的效果。

(3) 研究生教育经费的投入有较大的增长。学院有可供研究生使用的教室、实验室近百个,有研究生专用计算中心和工程软件研究中心,教学实验设备 5 000 多台,总价值 2 000 多万元。

第三节　管理体制和管理措施

"八五"期间,学院进一步完善了研究生教育管理体制,强化了管理工作的职能。研究生处下设的招生、培养、学位、分配及学生工作等科室对研究生教育的各个环节进行了有效的管理。针对制订计划、选拔录取、导师遴选、课程设置、教学安排、检查监督、论文工作以及答辩、学位授予、毕业分配和思想品德教育等一系列工作,建立了一整套科学、规范的工作流程和比较完善的管理制度,并实行了计算机管理。

(1)培养规格实现了多样化。在继续加强对教学、科研型研究生培养的同时,实现了工程型研究生和跨学科、交叉学科研究生的培养。

(2)制定导师遴选条例、导师应履行的职责及导师指导硕士研究生工作评价指标体系和优秀导师评选条例。学院每年4～6月份进行导师遴选和优秀导师评选。系学位评定委员会和院学位评定委员会分别召开会议,根据导师和优秀导师应具备的条件进行遴选与评审。经院学位委员会审批获得批准者具有指导研究生资格或获得优秀导师称号。研究生导师资格的任职时间为三年。

(3)制定硕士研究生论文工作进度检查考核表,按季度填写并进行考核。自92级研究生起,部分硕士学位论文的评阅在随机抽样的基础上采取秘密评审的办法,由研究生处统一加密,送给校外有关专家评审。

(4)适应学科的调整变化,拓宽专业口径和知识面,对研究生课程和任课教师进行了大幅度调整。平均每学期开设课程78门,4 413学时,开课教师70人,副教授以上教师占开课教师总数的73%,其余开课的讲师都具有研究生学历。对有全国统一教学大纲的课程,采用校外试题对研究生进行考试。1995年学院聘请了21位专家,组成6个专家组,对93级和94级研究生的37门课程、试卷、试题及任课教师的教学文件(教学日历、教学总结等)进行了评估。评估结果为80分以上的课程占61%,80分以下的(含80分)课程占39%,有11门课程被评为优秀,其中有4门课程的任课教师是35岁以下具有硕士以上学位的青年教师。

(5)加强研究生毕业分配管理工作,建立健全有关制度。

① 根据国家的现行政策和煤炭部的实际情况,制定了有关研究生毕业分配工作管理规定及办法,做到有章可循,有据可依。

② 在研究生毕业生分配工作中加强环节管理,实行三表制度,即研究生分配工作日程表、毕业研究生情况调查表、研究生就业推荐(自荐)表等,使毕业生分配工作制度严格,工作有序,取得了较好的效果。

③ 对毕业研究生的分配,坚持思想教育和就业指导并重的原则,在思想教育中引导毕业生树立正确的择业观,鼓励毕业研究生学煤爱煤,把"面向煤炭行业、面向基层"作为思想教育的落脚点。

(6)在研究生思想教育管理中,进行了综合测评工作。制定了《研究生综合测评指标评价》《研究生思想政治工作条例》《研究生奖学金实施办法》《优秀研究生评选办法》等一系列管理文件。这些文件的实施,对加强研究生思想教育工作起到了重要作用。在思想教育中针对研究生的培养特点,根据不同年级的具体情况,有的放矢地开展思想教育,把思想教育融入入学教育、课程学习、综合测评、学年鉴定、教育实践、社会实践、奖惩活动及毕业教育的全过程中,收到了较好的效果。在思想教育中重视加强研究生党建工作,积极发展党员,在校研究生入党积极分子由过去的23.6%上升到35%,研究生在校党员数由过去的33%上升到47%,这些党员是研究生队伍的骨干,他们有较高的政治素质和业务素质。另外,在学生管理工作中,结合研究生的特点组织开展爱国主义教育和革命传统教育等多种活动,充分发挥党、团组织及研究生会的作用,加强党支部、研究生班委会建设,充分发挥学生干部的作用,真正发挥自我管理、自我教育的积极性。

第四节　指导教师队伍

高水平的研究生指导教师,是研究生培养质量的保证,因此,学院十分重视导师队伍的建设。经过多年的严格管理与定期遴选,学院逐渐形成了一支水平较高、老中青相结合的指导教师队伍。其中有 32 人享受政府特殊津贴。他们均是煤炭或矿业系统的著名学者。老一代学科带头人刘听成教授,长期从事矿山压力的研究,是我国在该研究领域著书最多的学者之一,至今已正式出版专著、教材和译著 20 部,担任百万字《矿山压力与围岩控制指南》一书的主审,任陕西省政府顾问。吴绍倩教授是我国从事地下开采少有的几位有成就的女专家之一,被授予能源部劳动模范、陕西省科技精英、西安市"三八红旗手"称号。在她的领导下,所在学科先后有 16 项科技成果获奖,其中省部级以上 8 项,创经济效益数亿元,出版专著 23 部,发表论文 210 篇,获奖 40 项。学科带头人刘怀恒教授,是国内最早从事矿山岩土力学问题数值方法应用的研究者之一,任全国岩土力学学会常任理事,陕西省分会副理事长,陕西省学位委员会学科评议组专家,承担国家自然科学基金等多项课题。在他的带领下,本学科获国家科技进步奖 1 项,省部级科技进步奖 3 项,转让成果 5 项,获直接经济效益 1 000 万元,有 2 项科技成果达到国际先进水平,5 项达到国内先进水平。学科带头人石平五教授是陕西省优秀教师、政府特殊津贴获得者,完成科研项目 20 余项,其中获国家、省部级和省教委科学技术进步奖及教育成果奖 8 项。承担着国家自然科学基金等 7 个项目的科研任务。

中年学科带头人常心坦教授,在美国学习及合作科研八年,获美国密执安技术大学工程力学博士学位。他研究的 MFIRE 矿井火灾通风模拟软件系统,系美国矿业局的技术推广项目。归国后,承担多项国家各部委科研课题,其中"矿井火灾通风模拟软件系统"等方面的研究成果达到国际先进水平,主持完成的"地下民用建筑火灾烟气流动规律研究"获公安部科技进步一等奖、国家科技进步三等奖。

青年学术带头人雒昆利教授,从事地层古生物学和环境科学的研究,对我国华北地区煤层基底寒武奥陶地层地质特征、古生物岩石矿物成分进行了系统的研究,对秦巴地区早古生代地层古生物和共伴生矿产及微量元素进行了系统的研究,对华北区煤中有毒有害元素及环境效应脱除技术进行了研究;主持完成省部级科研项目、煤炭部青年基金项目、陕西省科研成果及基金项目多项;完成论文 36 篇,专著 2 部。她由于突出贡献,1993 年被授予陕西省优秀教师和全国优秀教师称号;1995 年荣获煤炭系统科研最高个人荣誉——孙越琦科学成就奖,且列该年度排名之首;1996 年被评为煤炭部首批拔尖人才,获陕西省首届青年科技奖;1997 年被煤炭部确定为跨世纪学术带头人并获带头人基金资助;1998 年荣膺陕西省第二届"三秦巾帼十杰"及陕西省"三八红旗手"称号。

1988 年以来,学院研究生指导教师队伍不断壮大,为学院研究生培养做出了贡献,截止到 1998 年,学院研究生导师已达 148 人。学院硕士生指导老师名单见表 2-2-2。

表 2-2-2　　　　　　　　　西安矿业学院硕士生指导教师名单

学科专业类	硕士生指导教师姓名									
采矿	刘听成	吴绍倩	王世熙	陈志学	唐祖章	张文生	石平五	刘建生	侯忠杰	伍永平	余学义
	赵朔柱	袁汉春	范公勤	柴 敬	李永清	张金锁	索永录				
矿建	刘怀恒	何唐镛	王廷武	杜玉枝	曾仲节	刘其兴	刘荣钧	张光富	韩庆达	王野平	张福林
	李永和	路庆忠	潘国斌	张 奇	王芝银	谷拴成	褚维盘	王晓利	杨更社	贾明彦	郭长生
	郭秉山	赛云秀									
安全	贺敦良	刘冠姝	常心坦	李新东	徐精彩						

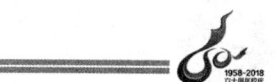

续表 2-2-2

学科专业类	硕士生指导教师姓名									
地质	赵德政	邓　宝	黄作华	黄克兴	傅炳章	龙荣生	曲星武	石呈龙	苏文智	梁绍暹　雒昆利
	杨梅忠	王　瑛	夏玉成	巨天乙	侯恩科					
材料	葛岭梅	任大伟	周安宁	李侃社						
机械	方慎权	韩大中	廖启徽	李维坚	施吾省	毛开友	马中骧	宋之桐	陶煜翘	徐玉山　董　金
	黄　俊	生成德	李世文	曾国元	张汉生	周先德	茅兴富	羌志平	秦玉宝	殷明甫　谢远涵
	李中文	顾祖莉	郭　卫	宁仲良	李富凯	李充宁	任中全	郝迎吉	马宪民	
电气	魏泽国	韩　华	杨仲平	刘鸿浩	张燕美	赵铁群	刘少亭	田艾平	杨恒青	樊锡德　田一涵
	王勉华	侯媛彬	耿稳强	冯楼台	王中义	张家彬	张群会	龙熙华	杨世兴	付周兴　韦惠民
	康少华	卢建军	龚尚福							
力学	薛问西	钟奉娥	陈光寅	张少如	廖明治	范象英	赵文杰	李忠真	蔡大文	徐子善　李云鹏
	郭志勇	韩江水								
测量	何新义	田家琪	姚应生	房树人	陈君翊	余世书	孟鲁闽	陈月华	梁　明	

　　由于学院有一大批学术造诣较高的硕士生导师,因此学院的科研总体水平较高。完成科研300多项,其中国家级、省部级重点科研课题100多项,获得科研经费1 500多万元,并已有56项获国家和省部级奖励。同时,在采矿工程、矿山建设工程、安全技术及工程等学科领域中,一些研究方向已独具特色,处于国内同行的前列。

第五节　研究生培养质量

　　(1)"八五"以来,学院研究生的培养质量有明显提高。

　　① 学院93级和94级研究生英语通过考试采用北京地区研究生第一外国语(英语)统一考试试题,结果表明,学院研究生的外语水平可与外校横向比较,且水平与著名大学相比差距不大。1995年学院硕士研究生的英语六级通过率达到67.7%。

　　② 自1992年起,学院部分硕士研究生学位论文采取秘密评审办法,分别送到西安交大、西工大等重点大学的专家手里进行评审。几年来,经抽签秘密评审的硕士学位论文全部达到65分以上,最高92分,这表明学院硕士学位论文的水平已得到社会认可。1997年,国务院学位委员会聘请全国有关专家对申请博士学位授予单位的毕业研究生的硕士论文进行秘密评审,学院被抽评的硕士论文平均成绩达到了80分以上。

　　③ 1995年毕业的硕士生中有32%的人员考取了浙江大学、东北大学、中国科学院、南京航空航天大学等著名大学的博士生;9名学生的论文被评为院优秀硕士论文;3名被评为院优秀毕业生。1996年毕业的研究生中,有56%的人员考取了西安交大、同济大学等大学的博士生;9名学生的论文被评为优秀硕士论文;2名研究生分别被评为煤炭部优秀大学生和陕西省优秀毕业生,5名被评为院优秀毕业生。

　　④ 截止到1998年,学院在校研究生中,党员人数已占到研究生总数的47%。有74%的同学荣获省、部、院级各种奖励,其中有2名同学分别荣获全国大学生课外学术科技作品"挑战杯"竞赛三等奖和陕西省研究生(非英语专业)英语演讲比赛三等奖。

　　⑤ 自1993年到1998年,学院毕业的研究生在煤炭系统的就业率达到80%(不含考取的博士生),并且普遍受到用人单位的欢迎。

　　(2)1998年,在已毕业的329名硕士研究生中,有99名在国内外攻读或已取得博士学位,103名晋升为高级职称。据对80名已毕业研究生进行的调查表明,他们共完成科技项目127项,获奖

23 项,其中国家级 2 项,省部级 10 项,发表学术论文 286 篇。他们中,共产党员占 49％,有 32％的同志被评为优秀共产党员、优秀教师、先进工作者,有 9％的同志获得部级以上优秀青年知识分子和教书育人一、二等奖,有 7 人荣获省部级跨世纪带头人和专业技术拔尖人才称号,1 人为全国教育系统"劳动模范"及"五一劳动奖章"获得者,36 人工作几年后又考取了国内著名大学或科研机构博士生,有 11 人晋升教授职称,59 人晋升副教授职称,他们中的多数已成为各自单位的领导或骨干。

据以上统计调查和多方反馈信息来看,学院毕业的研究生以其基础扎实、知识面广、适应性强、作风朴实而受到用人部门的好评。

第三章　成人教育

党的十一届三中全会以来,根据煤炭工业的发展和煤炭部"要尽快恢复煤炭函授教育"的指示精神,为适应煤炭成人函授高等教育的需要,学校的成教工作在经过重新组建恢复发展的阶段后,1990年学校函授部改名成教部。1994年,根据成人教育发展的需要,学校在原成教部的基础上成立了西安矿业学院成人教育学院,在主管院长的领导下统一管理全校的各类成人教育工作。成人教育已成为学校整体发展的重要组成部分,同本(专)科教育、研究生教育并列为学校三大任务,得到迅速发展并初具规模。

一、明确办学思路,完善规章制度,理顺管理机制,加强教学管理,全面推进成人教育长足发展

随着社会主义市场经济体制的逐步确立,学校的成教工作根据煤炭建设现代化发展需求,明确指导思想是:坚持"立足煤炭,面向地方,以党的教育方针为指导,以育人为宗旨,以满足煤炭生产一线为目标,坚持理论与实践相结合、教学与生产相结合、集中与分散相结合、面授与自学相结合,以水平求生存,以质量谋发展,进一步扩大办学规模,提高办学效益;增强市场竞争能力,开展多层次的学历教育和岗位技能培训",本着"基础要实,专业要宽,知识要新"的原则开展教学工作,力求使学生毕业后能够初步掌握现代化生产和管理的基本理论和基本方法。

完善规章制度,加强制度化、标准化、科学化、规范化建设。制度化建设是实现各项管理工作规范化、科学化的有效途径。成教院先后建立健全了《科室职责范围及岗位职责》《函授生学籍管理办法》《函授教学环节的基本要求》《评选先进函授站、优秀函授教师和优秀函授工作者办法》《教材管理制度》等近40个规范性文件,明确了教学、学籍、师资、教材、考务等管理工作规范,使成人教育的管理工作进一步走上制度化、标准化、规范化、科学化的轨道。

理顺管理机制,加强教学管理。学校的成教工作实行主管院长领导下的学校—成教院—函授站—教学班四级管理体系。

学校把成人教育的规模、机构、人员编制、师资队伍建设、办学条件改善纳入"八五"及"九五"总体规划以及学校综合改革方案和学校年度工作计划,并采取了具体措施加强落实,收到了显著效果。

1996年,为加强成人教育的管理,适应市场经济竞争,学校充实调整了内部管理机构,健全了领导班子。成教院下设4个科(教学研究科、教务科、招生办公室、办公室),管理人员增加到9名,其中8名同志具有大专以上文化程度,他们中绝大多数是熟悉成人教育的方针、政策、法规,具有一定业务水平的干部。

学校的成教工作坚持"严谨治学,质量为本"的准则,对于每一管理环节严抓不懈,在依法办学、专业设置、招生、毕业证书发放、学费收缴、函授站建设、教学环节实施等方面,建立了一套严格的管理制度和措施。招生方面坚持"透明高效,公平竞争,择优录取"的原则;学籍管理上坚持做到"档案完备,真实客观,妥善保存,专人管理,及时反馈",深受广大学员和学员工作单位的好评;教学内容方面,在保证体系完整的前提下,突出基础理论,既适合各函授站辅导教师授课,又适合学生自学,并力求密切联系企业生产经营管理实际,具有较强的现实指导意义;教学方式方面,坚持集中与分

散相结合、面授与自学相结合，并根据学员实际情况灵活机动，既保证学员顺利完成学业，又不影响企业生产经营；师资队伍建设方面，尽量聘请教学经验丰富、教学水平较高、熟悉函授教育特点的教师，同时开展各种教学评估活动，由学员和函授站对教师做出评估，确保教学质量；教学成绩考核方面，严格执行有关部门的规定，坚持标准化操作，认真组织，客观评判，及时分析，全面总结，切实使学员的成绩考核成为检验和推动教学工作的有效途径；学员毕业环节方面，严抓毕业设计关，坚持"既有理论指导，又有现实经验；既体现学业水平，又能解决实际问题"的原则，使毕业设计真正成为学员学业的集中体现。

函授站是开展成人教育的基层单位，对保证正常教学秩序和提高教育质量有着重要影响。为了加强对各函授站的管理，学校严格执行《普通高等学校函授教育辅导站暂行规程》的有关规定，不断加强函授站建设。近年来，函授站在成教院和设站单位的双重领导下得到了相当程度的发展。各站教学设施齐全，管理制度完善，基本满足了函授教学的需要。为进一步加强经验交流，互相促进，共同提高，学校每学年都召开函授站站长会议。同时成教院充分利用巡考机会对函授站进行检查、监督，及时解决有关问题，从而使函授站工作有显著提高。截至1998年，学校成教函授站共有9个，管理人员27人，其中具有大学文化程度、中级职称的人员占41%；有的成教函授站教学设备完善，如靖远矿务局函授站的教学设备总值已达50余万元。

以育人为本，不断加强学员政治思想教育，促进学风建设。加强政治思想教育是形成良好学风的重要保证，也是提高办学质量的基本前提。各专业均开设马列主义理论课，提高学员的政治理论水平，帮助他们树立正确的世界观、价值观和人生观。成教院指派思想觉悟较高、责任心较强的同志做兼职班主任，负责学员的日常思想教育，并要求任课教师在教书的同时更要育人，形成了成教院（函授站）—班主任—教师—单位齐抓共管的格局。引入激励机制是加强管理教育的有效途径，坚持每年度开展一次思想鉴定和评优工作，对思想觉悟较高、学习成绩优秀、工作成绩突出的学员进行表彰，形成了你追我赶的喜人局面。几年来，共有130余名学员被评为优秀学员、优秀毕业生，他们绝大多数已成为本单位生产经营管理的中坚力量。

二、以评估为契机，进一步加强成人教育工作

1995年，为加强对煤炭普通高校成人高等教育的宏观管理和监督，确立成人教育在普通高校中的地位和作用，强化函授教育质量控制，增加学校对函授夜大学教育的投入，建立健全各种规章制度，加强教学管理，提高教学质量，原煤炭工业部根据国家教委的要求对所有煤炭普通高校的函授夜大学教育进行了评估验收。为加强领导，学校又成立了以教学副院长宁仲良为组长的评估工作领导小组和自评专家组，下设评估办公室，开展了全面的以评促建、以评促改工作。院长徐子善同志曾先后六次亲自主持党政有关会议研究部署学校的评估工作，解决函授教育评估、验收工作中的重大问题，确立了总结经验、找出差距、以评促改、以评促建的指导思想，把函授教育评估、验收工作列为1995～1996年度学校的一件大事来抓，在全院广大教职工及所属函授站进行了广泛的宣传动员，各有关部门也积极配合，保证了评估、验收工作的顺利完成。在自评过程中，学院先后投入近30万元人民币，配备了1215型复印机、计算机、传真机等现代教学管理设备，同时对原有的教室、办公室、学生宿舍进行了全面维修。成教院用一年时间对往年的教学档案、管理文件进行了全面整理，重新修订和编制了11个专业的计划，补充完善了教学大纲，建立了函授学生学籍档案库，制定和完善了20种教育管理规章制度、16项工作人员职责，为规范化管理奠定了良好的基础。1996年，原煤炭工业部高校函授夜大学教育评估、验收专家组对学校成教工作进行了评估，打出了869.02分的好成绩，并给予了高度评价。他们在《关于对西安矿业学院函授教育工作评估验收的意见》中明确指出："教学文件和各种规章制度齐全，主要教学环节能按规定认真进行管理。"1997年，成教院自筹资金16万元人民币建成了拥有23台586型计算机的计算机室，为成人教育进一步

提高教学质量奠定了坚实的基础。

三、校企合作

1993~1998 年,成教院根据社会发展的需求,及时调整了办学方向,在保证办好函授教育的同时,开展了多渠道、多规格、多形式、多证书的办学方式,先后开设成人教育脱产班、双专科班等学历教育和岗位培训。坚持了面向社会、面向特大型现代化矿区,主动深入到生产一线开展服务,先后为甘肃省平凉地区培养了近 200 名本地区急需的机电、工民建、财会等专业技术人才。组织学院教师编写了近 100 万字的引进美、英等发达国家的连续采煤机培训教材。先后为黄陵、神府、东胜等矿区培训了 210 余名技术操作人员,受到矿区的高度赞赏,为 1994 年学院与神华集团签订 100 万元人民币的培训协议奠定了良好的基础,开辟了在学历教育和岗位培训方面与神府、东胜两个公司全面合作的新前景。截至 1998 年,成教院已全部完成了与神华集团签订的协议所规定的培训任务,先后为他们培养脱产及函授毕业生 162 名、岗位技能培训人员 228 名,他们中绝大多数已成为这两个矿区的业务技术骨干,有的已走上领导岗位。该项任务的完成,在为企业创造社会效益和经济效益的同时,也为学校赢得了巨大的社会效益和经济效益,为学校创收近 150 万元,并为以后与这两个公司的长期合作奠定了良好的基础。

1988~1998 年期间,新的历史机遇为学院成人教育的发展壮大提供了有利的社会环境,严格的管理又使学院成人教育迈上一个新的台阶,已初具规模,并创造了巨大的社会效益。截至 1997 年年底,成教院已毕业本科生 181 名、专科生 1 601 名、各类成人岗位培训千余名,年学费收入 50 余万元,取得了社会效益和经济效益双丰收。据不完全统计,截至 1998 年,在 86~97 届毕业学员中已有 3 人担任了局级领导职务,50 余人担任了矿(处)级领导职务,60 余人担任了科级职务,他们大部分已成为各个岗位的主要技术负责人和企业的中坚力量。如对四川芙蓉矿务局函授站 103 名毕业生的调查中,有 6 人担任了矿(处)级领导、14 人担任了正(副)科长、50 人被评为工程师和助理工程师,有 4 人被评为"十佳青年"。92 届毕业生泮贵柱 1995 年分别被四川省煤炭局、芙蓉矿务局授予"优秀知识分子"和"科技拔尖人才"荣誉称号。1996 年,煤炭部函授夜大学评估、验收专家组对用人单位、函授站进行直接调查后,在《关于对西安矿业学院函授教育工作评估验收的意见》中这样评价说:"西安矿院的函授毕业生受到了社会的称赞。"

第四章　科研工作

第一节　制订科技计划和工作方针

科学技术研究是高等学校的重要工作。1988~1998年,学院坚决贯彻党中央"经济建设必须依靠科学技术、科学技术必须面向经济建设"的方针,积极引导广大教师和科技人员注重科学研究,投入到经济建设的主战场开展科学研究和科技成果的转化工作,加强了与社会多方面的联系与协作,扩大了科技成果转化的视野和为企业经济发展服务的渠道,使学院科学研究和科技开发工作出现了新的局面。

1989年,学院在"七五"科技计划的基础上,制订和完善了"八五"科技计划,提出"力争纵向,发展横向,立足西北,面向全国"的科研工作方针。在科研工作方针的指导下,"八五"期间,学院制定了一系列的政策和制度,出台了一整套的文件、办法,使科学技术研究水平稳步发展,科研队伍不断壮大。

在"八五"计划开展的科研工作的基础上,学院制订了"九五"科技计划,进一步提高了科学技术研究水平,注重基础研究,拓展科学技术研究领域。1988~1997年,学院共承担国家自然科学基金、国家科技攻关、煤炭科学基金等纵横项科技项目382项,科研经费2 078万元;获得国家、省市级科技进步奖56项,部分科研成果推广应用,为企业取得直接和间接经济收益约15亿元;发表科技论文2 724篇,正式出版教材、著作(译著)91部。

第二节　加强基础研究　培养科研骨干

为在20世纪实现学院发展目标,学院先后制订了"八五""九五"科技计划,据此修改和制定了与之配套的科技管理文件,遵照这些文件,广大科技人员的科研积极性和创造性进一步得到了调动。

一、"七五"期间

学院科研工作主动适应煤炭战略西移的需要,立足西北、西南,努力扩大研究范围。在学院重点学科采矿工程、矿山建设及与煤炭主体专业相关的矿山机电领域的科研中,逐渐形成了自己的特色或优势,在矿压理论及监测技术、井巷支护理论、施工技术与监测、井下"信集闭"、计算机联网、"三下"采煤技术等方面都取得了一定的进展,申请并获准了一批煤炭科学基金项目。

1988年3月,为调动全院教师、科技人员的积极性,合理使用学院筹集的科技发展基金,学院成立了"西安矿业学院科学技术发展基金委员会"。并于1990年3月召开了院科学技术发展基金委员会1990年度第一次工作会议,总结了基金项目的进展情况和实施过程中出现的问题,增补了院科学发展基金委员会委员,并对院科学发展基金项目的成果管理进行了完善。

1989年1月,学院结合本院科学研究的现状,就如何加强管理、改革机制、统筹兼顾、繁荣科技事业召开了科技工作会议。基金会主任委员李世文副院长主持了会议,并做了《为开创我院科研新

局面而奋斗》的讲话。会议通过了《西安矿业学院科技成果管理条例》《西安矿业学院专利职权管理条例》《西安矿业学院科研工作量考核试行办法》《西安矿业学院计算中心管理规定》四个文件。

二、"八五"期间

学院认真分析科技工作的实际,及时调整工作部署,提出"力争纵向,发展横向,立足西北,面向全国"的科研工作方针。

1994年12月,召开了西安矿业学院科技校产工作会议,李世文同志传达了国家教委"关于高校科技改革与发展的思路",会议总结了科研、校产工作的经验,找出了存在的问题和差距,提出了搞好科研、校产工作的措施,确定了西安矿业学院科研工作进一步改革的思路,修改完善并通过了《西安矿业学院科研机构管理暂行办法》《西安矿业学院纵向科研项目及经费管理办法》《西安矿业学院横向科研项目及经费管理条例》《西安矿业学院科技成果管理办法》《西安矿业学院科技成果鉴定办法》《西安矿业学院专利管理办法》《西安矿业学院科学技术研究类档案工作规范》《西安矿业学院产品生产与科技开发类档案工作规范》。

为拓展研究领域和加强基础研究项目的竞争力,学院设立了院科学基金及学术活动奖励基金,同时加大了高水平基金研究项目的申请力度,在确保煤炭科学基金项目稳中有升的基础上,争取了两项国家自然科学基金和数项陕西省自然科学基金。同时学院的科技机构有所增加,截至1997年年底,由1987年的10个研究室发展到9个研究所、7个研究室,程度不等地开展了基础性科学研究活动。

三、"九五"期间

学院根据"九五"科技计划,又修改和制定了《西安矿业学院科研项目和经费管理办法》《西安矿业学院技术合同专用章的使用管理办法(试行)》等一系列适合科技发展的配套文件。1997年6月,选举产生了以石平五教授为主任委员的第四届学术委员会,主要审议科研规划,评定教授、副教授的学术水平,审定或鉴定科研成果,组织定期或不定期的学术交流和学术报告会,使学院的基础研究走向了正轨。

1988～1998年,学院拥有一支热爱煤炭工业、有较高学术水平和较强科研能力的科技队伍,他们坚持良好的校风,重视基础研究和应用基础研究,如钟奉娥、刘怀恒、刘听成、杨仲平、石平五等教授承担并完成的国家自然科学基金项目和煤炭科学基金项目,其成果水平在各学科领域均处于国际先进或国内领先水平。在老教授的带动下,许多基础知识扎实、科技理论渊博的中青年教授积极从事基础科学的研究。1990年,学院的李永和、李政平、张奇、常晋才4位同志因在基础科学研究中成绩突出,被评为"煤炭系统先进青年知识分子"。地质系雒昆利教授在地质学科取得突出成绩,荣获1995年"中国科学技术发展基金会孙越崎科技教育基金优秀青年科技奖"及1996年煤炭部首批"科技拔尖人才"的光荣称号。

学院创办的《西安矿业学院学报》,是以反映学院教学科研成果为主的综合性、技术性理论刊物。它自1981年创刊至1998年,每年一卷,共出版17卷59期,刊登论文988篇,总字数约882万字,涉及作者1 685人次。学报是以提高学院的知名度及科研水平为宗旨,刊登了大批以较为领先的科研成果为基础,学术观点新颖、信息含量大的高水平论文。经过全体同志的努力,学报编辑部荣获1989年陕西省高等学校自然科学学报编辑质量奖和优秀编辑部称号;《西安矿业学院学报》荣获1989年全国高等学校自然科学学报二等奖,1995年全国高等学校自然科学学报三等奖,1996年陕西省高等学校优秀期刊第二名。

第三节 科研项目与科研经费

一、科研项目

学院非常重视并积极鼓励广大科技人员广开渠道,申报国家、煤炭部、省市各种基金项目。科技人员结合煤炭工业的特点,发挥自身的科技优势,加强学术研究,组织多学科协同作战,形成整体的研究力量。学院在采矿工程、安全工程、岩土工程、矿山机械工程、通信与电子工程、矿物加工工程领域形成自己的特色。国家科技攻关项目的科技含量高,科技难度大,科技人员积极争取并勇于承担。1990 年,采矿系吴绍情教授等承担并完成了国家"八五"科技攻关项目"大断面平顶型金属可缩性支架的研制";1996 年,采矿系徐精彩副教授等承担了国家"九五"科技攻关项目"综合机械化放顶煤开采成套技术与装备研究"。国家自然科学基金代表着我国在该学科领域内研究的最高水平。1992 年,建筑工程系刘怀恒教授承担了国家自然科学基金项目"地下工程围岩稳定性评价支护决策专家系统";采矿系石平五教授承担了国家自然科学基金项目"急倾斜煤层大范围垮落监测计算反馈的理论基础"。这表明学院在此学科领域内的科研水平已处于国内领先地位。

据统计,1990～1997 年学院共承担国家、煤炭部、省市各种纵向科研项目 176 项,其中:

(1) 国家科技攻关项目 2 项;

(2) 国家自然科学基金项目 6 项(其中 4 项合作);

(3) 国家教委留学回国基金 1 项;

(4) 公安部重点科研项目 1 项;

(5) 煤炭部重点科研项目 3 项;

(6) 煤炭科学基金项目 34 项;

(7) 煤炭部一般科研项目 54 项;

(8) 煤炭高校留学回国人员科研基金项目 14 项;

(9) 陕西省自然科学研究项目 5 项;

(10) 煤炭高校优秀青年科学基金项目 56 项。

二、科研经费

据不完全统计,1990～1997 年学院共承担横向项目 206 项,横向科研经费 1 295 万元;纵向项目 176 项,纵向科研经费 783 万元,见表 2-4-1。

表 2-4-1　　　　西安矿业学院 1990～1997 年科研项目数及审批经费情况

横向项目			纵向项目		
年份	项目/个	经费/万元	年份	项目/个	经费/万元
1990	2	2.50	1990	19	295.50
1991	13	18.30	1991	25	57.00
1992	33	103.17	1992	23	112.00
1993	20	101.85	1993	25	103.00
1994	37	216.53	1994	24	40.50
1995	30	171.86	1995	18	35.00
1996	36	204.75	1996	21	77.00
1997	35	476.13	1997	21	63.00

第四节 科研成果及效益

一、科研成果

学院承担的科研课题逐年增多,取得了一大批科研成果。据 1998 年统计,获国家、省(部)、市级科技进步奖 56 项;正式出版教材、著作(译著)91 部。其中获国家科学技术进步奖 3 项,获煤炭部和公安部三等奖以上 7 项,获省、市一等奖 9 项。如"中国采煤方法研究(我国采煤方法完善、发展及推广应用)"获 1992 年能源部科学技术进步一等奖,1993 年国家科学技术进步二等奖;"地下民用建筑火灾烟气流动过程模拟技术的研究"获 1997 年公安部科学技术进步一等奖、国家科学技术进步三等奖。

学院的科研成果部分达到国内领先水平,部分填补了国家学科领域的空白,还有部分达到国际先进和国际领先水平。

(1) 在"八五"期间,吴绍倩、伍永平、刘听成、王世熙、邓广哲等同志积极承担国家"八五"攻关项目"大断面平顶型金属可缩性支架的研制",多次到煤矿井下考察调研、实测数据、科学试验、分析总结,历经艰辛,终于首次研制成功用工字钢可缩性支架(支护净断面 12 平方米),建立了相应的支架设计分析、试验检测、加工制造和使用监测系统,并获两项国家专利,专家鉴定认为该支架为国内首创,该项成果达到国内领先水平。

(2) 吴绍倩、李筱毅、王世熙、柴敬、刘听成、赵来顺、赵文杰、周宏伟、伍永平、张光富等承担的煤炭部生产司的科研项目"大型立式多架巷道支架试验台",于 1993 年研制成功,该试验台是亚洲唯一的能进行多架巷道支架联合及大型矿山结构体力学试验的多功能支护体试验系统。该项目已经过煤炭部组织的专家鉴定,认为该试验台是我国首创,其性能优于国外同类设备,达到了国际领先水平。该试验台的建成,为我国矿山巷道支护研究和支护材料的生产提供了现代化的实验和检测手段,对促进我国巷道支护向规范化、标准化和科学化发展具有重要意义。

(3)"九五"期间,由徐精彩、葛岭梅、文虎、郭兴明、邓军等同志承担的煤炭"九五"国家科技攻关项目综合机械化放顶煤开采成套技术与装备研究,课题组全体成员都认真按照项目合同的具体要求,有序地进行了自己所承担的研究工作。

(4) 中国—俄罗斯政府间科技合作项目"振动截割式掘进机的研制",被列入国家外国专家局引智专项和煤炭工业部科研项目。该项目是由我院负责、我院和南京晨光集团共同承担,煤科院上海分院和皖北矿务局参与了此项目。

1993 年,学院邀请俄罗斯图拉国立技术大学两位教授来院进行此项目的合作,经过方案论证、设计、制造、测试,1998 年上半年在皖北矿务局刘桥二矿井下进行工业性试验,获得成功。其主要特点是该截割机构采用惯性冲击式振动器,它产生高频冲击扭矩,提高了截割岩石的硬度,由 $f=4～5$ 提高到 $f<7.7$,在半煤岩巷中,比能耗降低 40%,生产率提高 40%,是旋转式截割机构破岩技术上的突破,是掘进机发展的新途径。经原煤炭部同意,由陕西煤管局主持评议,认为该技术"属国内首创","达到国际先进水平","可以在半煤岩或 $f<7$ 的软岩巷道中推广使用"。

该项目由学院的毛开友教授、宁仲良教授负责,共 37 人参加。

1988～1999 年,学院为鼓励科研工作者积极进行科学研究,创造良好的学术气氛,推动科研工作的发展,对科研成果进行了三次评奖。共评出"西安矿业学院科技进步奖"48 项,其中:一等奖 6 项,二等奖 12 项,三等奖 18 项,优秀奖 12 项;评出"优秀著作奖"31 部,其中:一等奖 4 部,二等奖 6 部,三等奖 12 部,优秀奖 9 部;评出"优秀论文奖"535 篇,其中:一等奖 32 篇,二等奖 100 篇,三等奖 176 篇,优秀奖 227 篇。

二、科研成果产生的经济效益和社会效益

学院坚持用"科学技术是第一生产力"的思想来武装广大科技人员的头脑,使广大科技人员大大增强了科技意识,积极投入到经济建设主战场,用先进的科学技术有效地解决了煤炭企业的一个又一个重大科技难题,促进了煤炭工业的发展,为企业取得了经济效益和社会效益。

(1)神府大柳塔矿是神府煤田现代化程度较高的煤矿之一,是集国内外煤炭高科技于一体的现代化矿井,其顺利投产具有现代化矿井的代表性、典型性、示范性,具有极其重要的现实意义。从1992年起,学院领导多次深入神府矿区,在技术合作、人员培训、资料翻译、教材编写等方面做了大量工作。

共有七项科技合作予以立项管理:

① 1—1煤及2—2煤开采方法研究;

② 矿井运输系统最佳方案选择研究;

③ 微机自动化管理研究;

④ 通信系统科学性、合理性、可靠性研究;

⑤ 弱电插件研究;

⑥ 矿井钢带、锚杆喷支护研究;

⑦ 大柳塔矿的经济分析评估。

(2)1994年10~12月,神府公司引进设备技术资料(英、德等外文书籍)共100余册移交我院进行翻译、印刷等,经过两年的努力,先后完成了连续采煤机、液压支架、长臂采煤机,各种车辆、输送机、电气设备等设备的操作、维护手册和零部件手册的翻译、印刷工作及部分技术标准的翻译工作。据统计,翻译字数达310万字。

(3)由华能精煤神府分公司和西安矿业学院合作编写的《高产高效综合机械化采煤技术与装备》一书共250万字,它是国内第一部系统介绍当前国内外最先进的高产高效综合机械化采煤技术与装备的专著,重点介绍国内外先进采掘运装备的发展动态、使用情况、设备类型、基本原理及结构特点,为推广高产高效综合机械化采煤技术提供了新路子。

学院为华能神府分公司大柳塔矿所做的工作,为其顺利投产做出了积极的贡献。

(4)徐精彩教授带领学院矿山技术应用研究所的同志长期在山东、山西、陕西、甘肃、宁夏、新疆等地的10多个矿务局和30多个煤矿,进行科学研究与新技术开发应用工作。其中:"煤炭自燃发火过程""煤层自然发火期测定""防灭火电厂材料和工艺研究与应用""煤炭自燃火灾预测技术"等成果在煤矿生产中推广后,受到了现场的欢迎。他们直接参与现场灭火61次,据不完全统计,直接经济效益1.47亿元,企业创产值10.89亿元。

① 大同矿务局煤峪口矿自燃煤堆进行煤场火灾防治,减少直接经济损失60万元/年,大同矿务局推广此项成果,13个月中新增产值3 500万元,减少工作面防火费用18.42万元,减少了环境污染,保证了工作面的安全生产。

② 山东兖州矿务局南屯矿采用凝胶防灭火技术向火源注胶,先后灭火6处,杜绝了巷道的自燃火灾,安全采出160多万吨煤,创产值30 080万元,新增利税10 528万元,节约金额2 800万元,减少损失3 600万元,年增收金额为5 740万元。

③ 澄合矿务局王村矿采用凝胶防灭火技术扑灭11501综合工作面支架上方火点,建立了一道15米的凝胶防水隔离带,保护了工人的生命安全,抢救出火压下的设备,安全撤出70架支架,减少损失810万元。

第五节　校办产业

学校校办产业起步较早,1985 年前已有实习工厂、印刷厂及为安置待业青年为主的劳动服务公司。1985 年成立了"西安矿业学院科技服务部",1988 年组建了校招待所,到 1991 年年底,学校有校办企业 5 家,年产值 190 万元。"八五"期间是学院校办产业发展的重要阶段,特别是邓小平发表南方谈话以后,校办产业的规模、效益和科技含量都得到了一定程度的提高,为之后校办产业的快速发展打下了一定的基础。截至 1998 年,学校校办企业的数量已发展到 16 家,专职产业职工达到 78 人,沿街门面房建设达 7 830 平方米。1995 年实现销售收入 591 万元,较 1990 年增长 200％;实现利润 30 万元,较 1990 年增长 250％;上缴国家税金 18 万元,较 1990 年增长 150％;上缴学校利润 26 万元,较 1990 年增长 100％。整个"八五"期间实现总销售收入达到 2 670 万元,总利润达135 万元,上缴国家税金 109 万元,固定资产增值 140 万元。

学校确定了校办产业"学校经济后盾"的重要地位,提出了"大力发展校办产业,增强学校经济实力"的校办产业发展战略,党政一把手和主管校产的副院长亲自协调,解决产业发展中遇到的问题,1989 年成立了"经济活动管理领导小组",开始对校办产业实行企业化管理;1992 年成立了"校办产业办公室",以组建校办企业为主,对全校校办产业进行全面管理。1995 年在"经济活动管理领导小组"的基础上,成立了"西安矿业学院校办产业委员会",由书记、院长及主管产业的副院长分别担任委员会的主任、副主任。校产委员会下设校办产业办公室,确定了校产办对校办产业实行全面管理、开发、建设为主的管理体系,在财务处设立"经济管理科",对学校产业实施经济管理及指导,使学校产业走上了正规的管理、发展阶段。

学校逐步增加产品科技含量的投入。到 1995 年年底,实习工厂完成了矿用绞车的系列化产品,由 1989 年的两种产品增加到八种,开发了六个新产品,使销售收入逐年增加。随后又与机械系、电气工程系合作研制开发了"DK 底卸式吊桶""XK-1.5 型除尘清洗两用机""XK 型多用数字电秒表"等四种科研新产品,使实习工厂 1993 年组建的"电子车间"产品达到七个品种,从而结束了机械产品配套电器部分外购的历史。

加强对沿街房开发建设及传统产业的技术改造是学校校办产业的主要内容。学校三个校园有两个占据着被称为"金角银边"的有利地势,开发建设沿街门面房将对学校产业发展起到积累资金的积极作用。"八五"期间,先后引进资金 800 多万元,建成门面房 6 500 平方米,为产业发展打下了一定的物质基础。实习工厂及印刷厂是学院的传统产业,多年来一直受到资金短缺、设备陈旧的困扰。"八五"期间先后筹款 100 万元,对实习工厂和印刷厂的设备进行了更新改造,使其设备水平有了明显提高,其发展步入良性循环道路。

在总结产业发展的经验教训的基础上,学校制定了以成本核算和利润分配为核心内容的一系列管理办法,并根据学校产业发展出现的问题不断加以完善,对加强管理、提高效益起到了积极作用。

虽然学院校办产业取得了一定的成绩,但自身管理还存在问题,主要表现在:产业管理仍显分散,体制不顺;科技产业发展不力,教学、科研与产业结合的管理办法不够配套,产业科技含量低;产业人员的待遇较低等。

第五章 国际合作与交流

20世纪90年代,学院采矿、建井、机械、自动化、通信、地质、测量等学科的科技人员积极参加国内外各级各类学术活动,广泛交流学术的新信息、新观点、新思路、新方法。在开展国际科技交流与合作方面,采取走出去、请进来的方式,进行了大量有益的探索,国际合作与学术交流工作出现了可喜局面。

一、做好选派出国留学工作,发挥回国人员的作用

改革开放以来,我国的高等教育事业逐步走向世界、走向未来。为了学习国外的先进技术、提高我院教育质量和科研水平,促进高层次人才、骨干师资队伍和学科学术带头人的培养,学院广开渠道,筹集资金,截至1997年年底共选派81名优秀教师赴波兰、俄罗斯、美国、日本、澳大利亚、英国等国留学进修,提高学术水平,其中:公费46人,自费25人,单位公派10人。目前公费出国留学人员回国31人,占派出人数的近70%;自费出国留学人员回国5人,占派出人数的近20%;单位公派人员90%按期回国。归国人员中博士生3人,硕士生1人。学院在做好选派留学工作的同时,尤其重视发挥留学回国人员的作用,学院的留学回国人员有3名担任着院级领导,不少教师学成回院后,在教学和科研中发挥着骨干作用,大部分回国人员成为学院与国外科研合作的主要力量和业务骨干。

二、做好短期互访,建立合作研究关系,提高学院知名度

随着社会的发展和科学技术的进步,现代科学和高等教育必然超越民族、超越国家界限而具有国际性。加强学术的国际合作不但能产生更多能够走上国际舞台的学科、学术带头人,而且创造了条件使学科、学术带头人和师资人员的眼界开阔,知识广博,提高学院的知名度。刘怀恒教授等人提交的《无限域单元及其在岩土力学及工程中的应用》等四篇论文和徐凤银及其导师龙荣生教授提交的《矿井断裂构造定量预报初步研究》论文分别被第六届国际岩石力学数值方法会议和第十四届世界采矿大会所选中,为学院扩大了影响,赢得了荣誉。

(1)1988～1998年间,学院有目的、有计划地选派十余批75位教授学者赴波兰、俄罗斯、日本、美国、荷兰等国进行学术交流、科研合作。

1992年9月,院长赵文杰教授、李世文教授、常心坦教授、葛岭梅教授及蒲白矿务局邱华敦高级工程师应邀赴美国密执安技术大学进行"通风安全与火灾防治"讲学及学术交流。

1992年9月11日,由院党委副书记杨恒青、杜玉枝教授、刘怀恒教授及甘肃煤炭厅武有才四人组成的赴日访问团,在鸟取大学、神户大学、东京大学进行了考察,与鸟取大学就建立校际关系进行洽谈,达成了一致意见。

1994年4月,院党委书记徐子善、常心坦教授、徐精彩副教授及煤炭部科教司刘志军同志赴美国密执安技术大学、密苏里罗拉大学进行了讲学和学术交流。

1995年8月,应俄罗斯全俄煤矿藏地质勘探科学研究院院长贝克多洛夫博士的邀请,学院石呈龙等三位教授赴俄讲学并磋商双方合作开发以煤为原料制造超级复合肥料事宜。

1995年10月25日,应日本鸟取大学工学部部长道上正规教授的邀请,学院常心坦教授、葛岭

梅教授、徐精彩副教授、周安宁博士四位同志赴日讲学,并协商互派留学生事宜。

1995年11月,应美国弗吉尼亚理工学院与州立大学托布兹教授的邀请,学院采矿系李新东教授、吴绍情教授及攀枝花矿务局高工郭宝山、刘培德四位同志赴美进行学术交流。

1996年10月,学院基础部马中骥教授作为中国代表团成员赴英国参加国际标准技术委员会ISO/TCIO会议。

以上出访人员几乎全部为教师与科研人员。学者教授出国学术交流开阔了眼界,捕捉到了国际上的现代科学研究信息,与国外同行和国外单位建立了合作研究关系,为学院新兴科研群体的形成和发展提供了条件,促进了学院教学科研的发展。

(2)与此同时,许多国际专家、教授也曾来学院参观访问、讲学、作专题报告等。据不完全统计,1988～1998年间有100余名外籍专家、学者对学院进行过访问。

1989年12月,苏联专家、图拉工学院院长索可罗夫教授,采机系主任布列涅尔教授应学院赵文杰院长的邀请,来院进行讲学、访问和学术交流。

1990年2月,日本石炭技术研究所主任町田和美博士与学院采矿系王廷武教授就矿山爆破方面的问题探讨了双方合作的可能性。

1992年4月,波兰克拉科夫矿冶学院贝克副院长一行四人应邀来院讲学。

1994年5月,美国西弗吉尼亚大学采矿系教授罗毅博士夫妇来院讲学,并就有关科研问题与学院的教授们进行了交流。

1994年10月,俄罗斯全俄煤矿藏地质勘探科学研究院副院长G.B.斯米尔洛夫博士来院讲学,洽谈双方科教、经贸合作项目。

1995年5月,美国密苏里罗拉大学采矿系主任威尔逊教授、田正仁副教授来院进行学术交流和科技合作。

1996年6月,荷兰国际航测及地学学院教授冯·亨德伦博士来院作"地理信息系统的回顾与展望"及"怎样获得国际合作项目"的讲座。

1996年12月,澳大利亚南威尔士大学我院校友岳文龙博士应邀来院进行学术交流。

三、重视外专、外教工作

聘请外专、外教来华进行科研学术交流和技术合作是高校国际合作的重要内容。1988～1998年,学院解放思想,转变观念,利用地处古城西安的优势,博采众长,广开渠道,聘请了近200多位高水平的外专、外教来院讲学、合作科研、合作人才培养。据不完全统计,1988～1997年,来学院的外专、外教共做了以下工作:

(1)共举办学术讲座、专题讨论会80余场(次);

(2)承担授课任务6 000多课时,完成研究生、青年教工的英语教学任务;

(3)培养大专外语学生60余人,研究生200余人;

(4)培训中青年教师700多人(次),其中许多人通过国家考试和托福考试出国深造;

(5)建立和开展中外合作科研项目12项;

(6)对陕西煤炭工业及我院的教学科研、实验室建设提出了许多可行性建议,促进了学院新兴学科的发展;

(7)促进厂、矿、校三方的联系,使学院的科研成果尽快转变为经济效益。

实践证明,外专、外教来学院交流,不仅加强了学科和实验室建设,而且推动了人才的培养。

四、建立校际关系,对相互交流、人才培养起到积极作用

改革开放不仅向高等院校提出了国际合作的要求,而且提供了国际合作的可能性。高等学校

的教学科研水平只有在国际合作交流中才能得到准确的评价,才能较快地提高。随着外事活动的深入开展,学院根据自身的优势和特点,先后有选择地同波兰、俄罗斯、日本、美国、荷兰五国八所院校建立了校际科教交流合作关系。

(1)1991年6~7月,院党委书记徐子善等五人组成的代表团访问了苏联图拉工学院,与该院院长索科洛夫教授共同签署了两校教学科研合作协议。

(2)1992年3月,波兰克拉科夫·斯塔西茨矿冶学院副院长斯塔尼斯瓦·米特考夫斯基教授来院参观访问,并与副院长李世文教授共同签订《中国西安矿业学院与波兰克拉科夫·斯塔西茨矿冶学院教学与科研合作协议》。

(3)1993年5月,学院成功地举办了"计算机方法在岩石力学及工程中的应用"国际学术讨论会;陕西省副省长姜信真、西安市委书记兼人大常委会主任程安东出席会议并致贺词;会议收入论文214篇(国外作者55篇),与会国外学者27位,国内学者154位。

(4)1993年6月,学院与日本鸟取大学建立了校际科教合作关系,1995年10月双方签署了互派留学生协议。

(5)1988~1998年,由校际关系院校推荐在国外发表科技论文30余篇;国外友人赠送学院书刊等约合5 000美元,为学院科研工作提供了大量珍贵的资料。

第六章　学科建设

学科建设是学院深化教育教学改革的龙头,重点学科建设是学科建设的关键,是学院办学水平和科研水平的集中体现,是培养高质量人才和出高水平成果的载体,同时,也反映着学院在教育界的亮点和知名度。因此,学院以重点学科建设入手,不断加大学科建设工作力度,调整学科布局,优化学科结构,学科发展迅速,取得了较大成绩。

第一节　学科建设的启动

学院于 1994 年 5 月启动学科建设工作,成立了学科建设领导小组和学科建设办公室。确定了学科建设的指导思想,即以采矿工程、矿山建设工程、矿山机械工程、电力传动及自动化、地质与勘探和安全技术及工程等传统学科为主体,通过对其更新、改造、重组或增设新的研究方向,使之形成新的优势,并通过进一步拓宽学科范围,优化学科结构,建立学科间相互支撑、配套、交叉合作的关系,从而带动一般学科的发展,使学院整体建设上档次、上水平。同时,在多学科协调发展的过程中,新建和充实一批对国民经济建设至关重要的新兴学科、边缘学科和交叉学科。制定了学院学科建设的总目标,即在 4～5 年内建设两个部级重点学科,一个国家级或省部级重点实验室;获得一个博士点、两个硕士点,建立一支较高水平、结构合理的学术队伍;获得一批国内外先进或领先水平的科研成果,培养出 5～6 名国内外同类学科知名年轻专家,使学院在教学质量、科学研究和管理等方面处于同类院校前列,其中部分学科达到或接近国内先进水平或煤炭部领先水平。1994 年年底,赵文杰院长代表院党委、院行政在院教育工作会议上向全院教职员工提出了 20 世纪末实现"112A"目标的工作任务,即建成一个博士学位授予点、一个国家级实验室,两个部级重点学科,新增两个硕士学位授予点,纵横向科研的立项数、经费数、获奖数比 1994 年翻两番,教学工作全面达到普通高校 A 级水平。"112A"目标包含着学院学科建设的重要内容。

在学科建设指导思想的指导下,围绕学科建设的总目标,学院采取了一系列有效措施。为实现"112A"目标,学院评审通过了 4 个院级重点学科、5 个准硕士点、11 名学科带头人和 35 名学术带头人,同时下发了《西安矿业学院关于鼓励、扶持学科建设的有关规定》、《西安矿业学院学科带头人和学术带头人工作条例》、《西安矿业学院关于建设发展基金筹集和使用办法》、《西安矿业学院评选重点学科的条件》、《西安矿业学院确立准硕士点的原则与条件》、《西安矿业学院学科建设立项管理办法》、《西安矿业学院学科检查与评估工作条例》(含评估指标体系)等文件,并制定了引进人才的一系列优惠政策和办法,学院每年拿出 60 万元用于学科建设工作,同时,确定了学科研究方向、学术梯队、人才培养、科学研究、论文著作及学术活动、校内外联合、教学科研设施等七个项目的建设内容,并制定规划,进行立项管理。从此,学院学科建设工作进入了有内涵、有措施、有计划、有制约的良性发展轨道,呈现出可喜的发展势头。

第二节　学科内涵建设

一、学科结构和布局

学院各学科在了解本学科国内外发展动态的基础上,瞄准方向,通过调整和优化,开拓富有生命力的学术领域,形成了设置比较合理、有明显特色和优势、有发展潜力的学科群体,并对个别学科的研究方向进行了改造。从 1995 年起,针对学科的结构和布局不合理状态,学院下决心调整学科专业,撤销了"矿山工程力学"和"煤田、油气地质与勘探"两个硕士点,同时,新增了"矿物加工工程""岩土工程""水文地质与工程地质""计算机应用""通信与电子系统"五个硕士点。另外,对传统学科进行更新、改造、重组或增设新的研究方向,使它们形成新的优势,并通过进一步拓宽学科范围,优化学科结构,建立学科间相互支撑、配套、交叉合作的关系,带动了一般学科发展。将采矿工程向岩土工程、安全工程方向拓宽,将岩土工程向地质工程方向拓宽,将安全工程向全院相关学科拓宽。经拓宽改造后的研究方向,既有明显的行业特色和优势,又能适应社会发展需要。这些学科已形成了全新的优势,不少研究方向已处于学科发展前沿。

二、学术队伍

学院各学科按照研究方向组建了一支素质和水平较高、业务本领比较过硬、结构比较合理的学术队伍,同时也注意到学术梯队的建设,创造条件,培养出一批中青年学术带头人。采矿工程学科为保障中青年学术带头人的发展,采取了相应的组织措施:① 在各学术方向上,凡中青年教师已具备学术带头人条件的就确定为学术带头人,并负责学术梯队的具体工作,老教师担当协助和指导;② 中青年学术带头人优先指导研究生,没有课题的不得指导研究生;③ 主要学术著作必须有青年学术带头人参加,并在某一方面达到较高学术水平。这些措施的运用,对建立相对稳定的学术队伍起到了重要作用。

三、科学研究水平

科学研究水平、成果和经费状况是学科建设评估的重要指标。学院各学科均制定了详细的科研规划,具体列出了各个时期计划争取的科研项目和经费以及准备申请获奖的项目,并立项管理。学院动员全体学科队伍成员,大力开展科学研究活动,科研气氛日益浓厚。1994～1998 年,各学科除完成教学任务外,还在科学研究工作中取得了一批科技成果。共完成科研课题 336 项,其中 17 项达到国际先进水平或国际水平,110 项为国内先进或首创,480 项成果被采用和转让,直接经济效益达 24 614 万元。获国家级奖励 4 项,获省部级奖励 54 项,发表论文 3 432 篇,出版专著 88 部。

四、教学科研实验设施

先进的教学、科研、实验设备,对提高办学水平和培养质量起着极其重要的作用。学院花费一定的财力和人力,进行了教学、科研、实验设施的建设,逐步改善了条件,形成了科学、严格的管理制度,基本满足了教学科研工作的需要。几年来,学院通信工程系先后与邮电部、电子部所属的十多家大型通信企业、研究所达成联合建立实验室、联合培养人才和联合进行科研的协议,极大地推动了通信专业发展。从 1995 年至 1998 年,通信实验室的设备总金额由 1994 年的 20 万元增加到 400多万元,实验室由 4 个增加到 15 个。由于学院在实验研究方面所具有的优势,煤炭工业部质量管理研究培训中心、煤炭部通信专业人才培训基地和煤炭工业部卫星网络维修中心建立在西安矿院,使得学院成为我国质量管理及矿山通信专业人才培养和科研工作的基地。

第三节 学科学术带头人与学科群体建设思路

一、学科与学术带头人

学科建设的重要任务之一就是要造就一批学科和学术带头人。这批人是学院建设和发展的顶梁柱,其学术水平的高低、数量的多少、知名度的大小,是学院学术地位、实力和水平的反映,对学院的发展起着决定性作用。学院要求老一代学科、学术带头人不但要充分发挥自己的作用,为学院学科建设做贡献,而且要教育和带领好年轻一代的学术骨干。学院在学科带头人和学术带头人应履行的职责中明确指出:学科带头人要协助系领导按研究方向组建结构合理的学术梯队,有计划地培养学术骨干,不断提高攻坚能力,形成具有较高水平的教学科研队伍。同时,创造条件,有重点地培养年轻的学科和学术带头人,使他们尽快脱颖而出,成为本学科、专业的专家教授或学术权威,并在国内外同类学科中具有一定知名度,能够在不太长的时间内,接替将要退休的学科或学术带头人,担当起本学科的重任。学院在对年轻一代学术骨干培养的问题上,要求他们认清当前形势,从长远发展考虑,坚定为教学、科研工作献身的正确方向,并虚心向上一代带头人学习,刻苦钻研,不断进取,在实践中锻炼提高自己。同时又说服和动员老一代学科、学术带头人,为年轻一代铺路搭桥,做出积极贡献。例如,适时地把中青年学术骨干推荐或带到国内外参加学术会议并介绍他们的工作成果,帮助他们找课题,推荐发表学术论文和在学术团体中任职,增加同行之间的了解,加强广泛的学术联系,扩大他们的影响,担当起本学科建设的重任。1978年5月,院第一届学术委员会成立。由王学文任主任、侯运广任副主任,王永义、刘听成、杜玉枝、何新义、阎润、董金、赵国藻、廖启徽、张居仁、张钵、赵文杰、杨卜安、文振冀、秦愉庆等14人为委员。1980年12月,学院第二届学术委员会成立。由王学文、侯运广、杜玉枝、刘听成、王廷武、肖继彦、廖启徽、董金、赵国藻、黄作华、何新义、张钵、韩大中、杨卜安、薛问西、杨治泰、孟宪高、王永义、李久昌等19人组成。王学文任主任,侯运广任副主任。

二、学科群体建设

只有群体的联合,才能完成高级别的大型项目,只有完成了高级别的大型项目,才能获得高级别的奖励和在高级别的刊物上发表论文,才能加速进入本学科的前沿,吸引生产企业的重视,增进学术交流,扩大影响和知名度,增强自我发展能力,晋升高一级职称或职务,获得数量较大的科研经费,使学院的整体建设和学科建设迅速发展,使个人的工作、生活条件得到较大改善。学院要求各学科梯队成员联合起来,发挥综合优势和群体作用。鼓励学科梯队成员,把自己融合在集体中,加强学科间的学习和联合,进行学科间的交叉渗透,充分发挥综合优势,共同申报科研项目,联合攻克重大科研攻关课题,使自己在联合攻关中成长,同时加速本学科的发展。1998年学院学科的群体力量已明显增强。

三、校内外联系

学院在进行学科自身建设的同时,大力加强对外宣传工作,建立各种联系。一方面,通过到有关单位调研、学习或请知名专家、教授、领导来学校讲学、座谈,向他们学习、咨询,取长补短,以改进学院学科建设工作;另一方面,利用一切机会将学院的基本情况、重要成果、学科特色和优势介绍到校外,扩大影响,使社会各界对西安矿院有深入了解,并能积极寻求与学院建立良好的合作关系。

学院先后派出有关人员到国内50多个单位调研学习,与全国100多所高校和40多个科研院所建立了关系,并邀请了50多位专家、教授、领导来学校讲学或指导工作。同时聘请了30多名兼

职教授、20 名客座研究员进行长期合作。所有这些联系与合作对学院各学科的建设起到了极为重要的作用,同时对学院的长远建设与发展也将起到重要作用。

四、建立监督、检查、激励、竞争机制和考核奖惩制度,把学科建设的各项任务落到实处

在学科建设中,机制和制度的建立是十分重要的,有了好的机制和政策,学科建设才能不断稳步向前发展。学院建立了监督、检查、鼓励、竞争机制和考核奖惩制度,从制度上严格管理,使各学科队伍有压力;同时又实行优惠的政策,创造出宽松和谐的环境,从各方面关心学科队伍成员的成长、生活及各种福利待遇,使他们心情舒畅地工作。有效的激励和竞争机制,使学科队伍成员在肩负着使命中愉快地成长。学院在对各学科梯队及学科论证报告严格审查的前提下,要求他们把自己制定的规划和任务落到实处,并采取了相应措施,以保障规划和任务的实现。为了保证学科队伍的质量和学科建设的迅速发展,学院明确规定:讲师不搞科研不能晋升副教授,副教授不搞科研不能获得硕士生导师资格,不指导硕士生,不能晋升教授。目前,学院各学科形成了梯队成员公平竞争、优胜劣汰的新局面,学术梯队成为有较强内聚力的学术集体。

第四节　学科建设成就

通过优化结构和学科调整及以上措施的实施,学院学科建设取得了重大阶段性的成果:截止到 1998 年,学院硕士点达到 15 个,涉及 11 个一级学科,3 个学科门类。经国家教委批准各学科获得了免试保送本科生和硕士生的推荐录取权。经国务院学位委员会批准,学院获得了在职人员以研究生毕业同等学力申请硕士学位的授予权。学校在 1995～1998 年三年内获得了 9 个硕士点、4 个省部级重点学科、1 个国家级先进实验室,超额完成了学校学科建设目标。在 1996 年前四批硕士点国家评估中,学院所有学科被确定为 A 级学科。

从 1997 年起,学院申请博士学位授权点。经过不懈努力,于 1998 年 6 月经国家学科评议组和国务院学位委员会评审通过,批准学院为博士学位授予单位,安全技术及工程学科同时获得了博士学位授予权。这是学院建设 40 年来学科建设的重大成就,标志着学院办学水平上了一个新的台阶。

第七章 师资队伍建设

办学之道,教师为本。师资队伍建设是关系学院发展的重大战略任务。1988~1998年期间,学院按照"建设一支适应现代化建设事业需要的、面向21世纪的、人员精干、素质优良、结构合理、相对稳定的师资队伍"的目标,在师资队伍建设方面积极开动脑筋,不断创造条件,采用了切实可行的措施,尤其是着重加强了中、青年教师队伍建设。

1988年年初,学院教职工总数为1 198人。其中教师441人:教授16人,占教师总数的3.6%;副教授99人,占教师总数的22.4%;讲师152人,占教师总数的34.5%;助教174人,占教师总数的39.5%。博士生1人,硕士生41人。截至1998年7月,学院教职工总数为1 183人。其中教师467人:教授48人,占教师总数的10.3%;副教授114人,占教师总数的24.4%;讲师186人,占教师总数的39.8%;助教102人,占教师总数的21.8%。博士生13人,硕士生153人。1988~1998年期间,学院的教职工人数没有增加,教师总数变化不大,但教师的素质水平和职称结构大大提高,师资队伍的整体结构日趋合理,办学效益明显提高。

第一节 加强思想教育 提高教师理论水平

(一)把政治上坚持标准摆在师资建设的首位

加强教师的政治思想教育是师资建设的关键。高等学校的教师肩负着教书育人的崇高职责,对学生起言传身教的作用,尤其是青年教师。因此,必须从政治思想教育入手提高教师自身素质。1988年,学校根据国家教委下发的《关于高等学校青年教师参加社会实践的意见》,制定了《关于青年教师、干部参加社会实践(见习)的规定》,明确指出,安排青年教师、干部下基层进行社会实践锻炼是一项具有战略意义的重要工作,是师资队伍和干部队伍建设的重要内容。要求青年教师、干部了解社会、接触工农,树立为社会主义建设和煤炭教育事业服务的坚定信心,提高实际工作能力,坚定不移地走理论联系实际、知识分子与人民群众相结合的道路。参加实践锻炼的范围和期限是:凡进入大学前未参加过社会实际工作或生产劳动锻炼的大学毕业的青年教师以及具有中专以上学历的青年干部,锻炼的期限不少于一年,原则上要求一次完成;同时,制定了《西安矿院青年教职工下矿锻炼管理办法》和《关于青年教职工参加社会实践锻炼的几点意见》。从1989年开始,通过规划管理、制订计划、合理安排、严格考核等几项措施,先后在河北邢台、山西晋城、四川达竹、陕西韩城桑树坪等矿区安排青年教职工社会实践,总数达200多人。此项工作到1993年暂告一段落。1992年,陕西省高教局对学院的青年教师干部参加社会实践锻炼工作给予了充分肯定,并以文件和经验材料的形式下发全省各高等院校借鉴。为对青年教师进行社会主义和爱国主义教育,学院1996年组织35岁以下的青年教师参观了《红岩魂》展览;1998年组织新进校的教师去延安接受革命传统教育。

(二)精心组织学习教育理论,为青年教师打下从教的坚实基础

学校新进青年教师中大多数来自理工科类院校,他们虽然具有良好的专业基础理论,但普遍缺乏教育理论知识。针对这种情况,学院决定对毕业后未进行过岗位培训的青年教师进行岗前培训,培训结束后考核,其成绩存入本人档案。1997年6月,学院邀请陕西师范大学著名教授为青年教

师讲授了教育心理学、大学教学论、教师职业道德及高等教育学等课程。经过系统学习,青年教师对大学教育规律和教育对象大学生的特点、教师的职业道德以及教师工作规范有了较系统的了解和认识,从而增强了他们履行自己岗位职责的主观能动性。

第二节　强化业务水平　培养优秀人才

(一)把好教学关,培养出高质量的优秀人才

每新引进一名教师,学院首先进行试讲,试讲合格后,方可考虑分配或调入。同时,对新入校的青年教师要求各系部制订出培养计划,在老教师的指导下取得助教资格后,方能上讲台。学校不但要求教务、教学部门把好教学关,同时,要求全院所有处级干部每人每学期必须听课5次,以监督和检查教师的教学质量和效果。为培养跨世纪的优秀人才,学院在深入调研的基础上,制订了跨世纪人才培养提高计划,提出了"精选、严育、重用、厚待"的方针,按照"分期分批,根据需要,逐步安排"的原则,从1994年开始,分三个阶段实施。学院针对各专业学科的实际,有计划、分期分批在国内高等院校定向在职委托培养了一批青年教师。学院主动与武汉测绘科技大学、辽宁工程技术大学合作,进行联合培养;还与中国矿业大学、西北工业大学、西安交通大学联合指导博士生。为了保证培养目标的实现,在经选拔的青年教师前往国内或国外大学攻读在职学位或进修前,学院始终坚持签订协议书,明确学院和派出人员各自的权益和应承担的责任与义务,要求每位在外学习的青年教师定期向学校汇报工作和学习进展情况,以便学院能够及时地了解他们在外地的学习动态,并提供帮助和指导。在之后的几年内,学院每年花费20万元,鼓励青年教师攻读在职博士和在职硕士。截至1998年年底,已毕业的博士13人,尚未毕业的在读博士35人;教师中具有博士学历者(含在读)已由1988年的1人增加到1998年的48人,具有硕士学位的人数也由1988年的41人发展到现在的153人。

(二)把好外语关,提高教师的外语水平

外语水平是衡量一个教师素质的重要指标。熟练掌握一门外国语是新时期对青年教师的要求,也是进行学术交流的客观需要。1988年以后,学院在有计划地选派青年教师集中培训的同时,在院内积极创造条件,聘请外籍教师举办各种形式、类别的外语培训班。截至1998年年底,已有约100余人(次)接受了外语提高班的培训,约占教师总数的30%。经过培训学习,青年教师的外语水平大大提高,增强了他们进行学术研究的信心,从而使学院青年教师学习外语的风气日益浓厚,保证了出国人员的质量。

第三节　引进优秀人才　充实师资队伍

20世纪80年代后期,学院的师资队伍仍存在青黄不接、后继乏人的问题,主要表现在:① 教师队伍的结构不合理。高级职称教师年龄老化,教授的年龄在56岁以上、副教授的年龄在51岁以上的占总数的94%;35岁以下的教师比例占全院教师的51.1%;36～45岁的教师比例低,只占全院教师的6.9%。② 青年教师队伍不稳定,有一部分青年教师处于"特区热""出国热""三资企业热"的潮流中,主要原因是学院属事业单位,工资低、住房困难。1988～1998年期间,中青年教师流失有近百名。

因此,在"八五"期间就把引进优秀人才当作大事来抓。学院在深入调研的基础上,针对教师数量不足等问题,采用了"内稳"和"外引"、培养与引进并举的原则,改革过去封闭式"近亲繁殖"的做法,确立了开放的观点。"八五"期间学院制定了《引进优秀人才暂行办法》,目的是吸引知名度高、学术造诣深的优秀专家和学有成就的留学回国人员、博士后、博士生、硕士生来学院工作。在人才

引进方面采取以下措施:① 优先考虑重点学科、准重点学科、准硕士点及新上学科;② 在引进的同时,制定了骨干教师的选拔、培养办法,校内津贴评选办法等相应措施,正确处理好引进人才和稳定内部人才的关系;③ 充分考虑学院现状,尽可能为引进的优秀人才创造良好的工作环境和生活条件;④ 通过多种渠道宣传引进人才的优惠政策,在人才招聘会及有关期刊上发布广告;⑤ 动员全院教职工全方位地搜集人才信息,并对提供人才信息者予以奖励;⑥ 广泛与兄弟院校联系,搜集毕业生信息,并到外省各高等院校,参加毕业生分配招聘会,学院最早加入了西北地区高等院校人才交流协作会,并多次与省人才交流中心联系,参加西安人才市场举办的人才招聘会 20 多次。学院还在引进人才方面,正确处理了以下几个关系:① 正确处理了引进人才的质量和数量的关系;② 正确处理了引进人才急需与不急需的关系;③ 正确处理了人才"引得进"与"留得住"的关系;④ 正确处理了人才引进与内部挖潜的关系,从而使引进人才和"内稳"人才均心情舒畅地在各自的岗位上发挥着自己的聪明才智。由于政策得力,方法得当,1989～1998 年,学院共补充教师 224人,其中博士生 1 人,硕士生 89 人,高级职称 9 人,中级职称 33 人,这些教师大部分已成为教学一线的骨干力量。学院的教师队伍年龄结构趋于合理,30 岁以下青年教师数由原来的 42％降至27％,中年教师数由原来的 13％上升为 55％,老年教师数由原来的 46％降至 19％。

第四节 完善规章制度 增强竞争意识

学院的师资队伍建设紧紧围绕学科建设进行,不仅在数量上而且在质量上都有着严格要求。学院完善了关于师资队伍建设方面的制度和管理办法,即《西安矿业学院关于报考硕、博士的暂行规定》《西安矿业学院教师职务评审条例实施细则》《教师工作考核办法》《教师教学工作量计算办法》等,从管理的角度,使师资队伍建设更加科学化、规范化,为优秀教师的脱颖而出奠定良好的基础。

(一)教师系列专业技术职务的正常评聘,调动了教师教书育人的积极性

1988 年以前,教师专业技术职务评聘的时断时续及评聘过程中实施细则的不完善,挫伤了一部分教师工作的积极性。1991 年后,教师专业技术职务评聘逐步走向正常化,评聘过程的规范化及其实施细则的不断完善,使广大教师明确了方向,学术气氛不断增强,教书育人蔚然成风。1988～1998 年,学院共评聘教师系列专业技术职务 8 次,参评教师达 500 多人(次),93 名教师晋升为教授,165 名教师晋升为副教授,211 名教师晋升为讲师。

(二)树立楷模,用榜样的力量激励教师在本职岗位为学院做出更大贡献

学院采用青年教师讲课比赛、举办各项教学改革、学术科研活动评比等办法,激励教师勤奋工作,使优秀的教师脱颖而出。1990 年,学院评选出杜玉枝、陈月华、田艾平、张文生 4 位同志为部级优秀教师。1991 年,常晋才、张奇、李永和、李政平 4 位同志被中国统配煤矿总公司命名为优秀青年知识分子。之后学院坚持每年度评出 10 名优秀青年知识分子的制度。1993 年,青年教师雒昆利同志获全国优秀教师称号;1995 年青年教师徐精彩同志被授予"全国教育系统劳动模范"称号,同年被评为陕西省优秀教师;1995 年,青年教师雒昆利、徐精彩被授予跨世纪部级拔尖人才。另外,从 1991 年开始,学院根据上级有关文件精神,进行了选拔有突出贡献专家工作,截止到 1997年,学院选拔出 32 位同志为国家有突出贡献专家,享受政府特殊津贴,为教师树立了榜样。

(三)加强青年骨干教师的培养,使他们成为学科或学术带头人

为鼓励青年教师,学院设立了青年科研基金,资助有独立从事科研能力的青年教师主持科研活动。为加强青年教师骨干的培养,学院从各方面资助他们攻读博士和硕士学位。同时,学院加强政策的导向工作,在教师职务评聘工作中,把重点转移到中青年骨干教师,尤其注意从 35 岁以下青年教师中评聘高级职务。在青年教师中,已有 3 名破格晋升为教授,5 名破格晋升为副教授。学院还

为优秀的青年教师创造出国进修的机会,在国内派他们到重点院校做访问学者。在这些措施的激励下,涌现出一大批优秀青年骨干教师,他们大多已成为各学科或学术的带头人,发挥着巨大的作用。

(四)完善教师考核制度,增强竞争意识

学院在 1993 年制定并施行《教师考核标准》《资格考核》等规定,每学年对教师考核一次,评出优秀、良好、称职、不称职的档次,作为教师聘用、晋职的依据。学院在完善教师工作考核办法的基础上,1995 年还制定试行了《教师教学工作量计算办法》和《职称量化评审条例实施细则》,通过量化打分,使教师工作量有了较明确的比较,从而鼓励了先进,鞭策了后进。学院在教师的考核中,引入了竞争机制,实行公开、合理、平等的竞争,使真正优秀的教师显现出来;学院采取了教学评估、处级干部听课、教学检查、最后公开述职等方法,使一些教学态度不认真、教学效果不佳的教师彻底改变了面貌,增强了教师的竞争意识。

第五节　加强校园文明建设　树立教书育人风尚

学院在抓精神文明和校园文明建设的同时,始终坚持把教师的教书育人工作作为精神文明建设和校园文明建设的重要内容来抓。学院党委大力提倡、积极鼓励全院教职工教书育人、管理育人和服务育人,通过各级组织把此项工作落实到每位教师的实际工作中。1991 年,学院经过认真评比,认为:基础部高等数学教研室、电气工程系自控及供电教研室、测量工程系矿山测量教研室在开展教书育人工作方面做了大量的工作,取得了一定成绩,推荐参加陕西省高等学校教书育人先进集体评选活动。此后,学院为了进一步搞好教书育人工作,制定了《教书育人工作条例》,要求各系(部)直至教研室切实抓好教书育人工作,把教书与育人有机地结合起来。1997 年,在学院校园文明建设工作中,把教师的教书育人作为师德建设来抓。学院制定了《教师文明守则》《教师言行规范》等,编写了《再读哥德巴赫猜想》一书,要求教师在平时的教学工作中从自己的语言和行为规范上严格要求自己,给学生做出榜样;同时,还要求教师在教书育人的活动中,大胆创新,做出新的成绩。通过全院师生员工的努力,1998 年学院被评为省级文明校园。在此项活动中,学院涌现出了一大批教书育人先进个人和先进集体。

第六节　提高教师待遇　稳定师资队伍

提高教师的地位,创造良好的工作与生活环境,方便教学科研,减少教师的后顾之忧,使他们能集中时间和精力,一心一意地投入教书育人和学术研究活动,是建设师资队伍、提高办学水平过程中一项牵涉面广而又十分重要的工作。

"八五"期间,教师的流失比较严重,其主要原因是教师的地位低、待遇差,工作条件和环境不尽如人意。针对这一问题,学院关注教师的地位、待遇和工作生活条件,采用"用感情吸引住人、用事业和条件留住人"的原则,做好师资队伍的稳定工作。在地位上,学院一直把教师视为学校的主体、学院的主人,定期召开教代会,让教师充分发表自己的意见,参与学院教育教学等方面的重要改革。在职称系列的转岗问题上,学院规定,非教师系列转入教师系列必须通过一定程序严格评审与批准。在教师的调动方面,学院原则上不允许教师调出,尤其是青年骨干教师。在教师的待遇问题上,学院千方百计想尽一切办法为教师提高待遇,制定了《西安矿业学院教师课时津贴发放办法》,教师的课时津贴标准和超课时费不断有所提高;在住房问题上,政策的导向倾斜于教师;在解决夫妻两地分居问题上,学院想尽一切办法,优先解决青年骨干教师的夫妻两地分居问题。1988～1998年,学院解决青年教师夫妻两地分居 28 人(次),并妥善安排了工作。在提高培养教师,鼓励教师攻

读在职博士、在职硕士的问题上,学院每月给在职培养的博士生补助 100 元、硕士生补助 50 元,减免其 1/3 的教学工作量。另外学院对教职工的子女入托问题解决得比较彻底,子女的就业问题也得到了妥善的安排,尤其是教授子女。

截至 1997 年年底,学院教师职称结构的平均年龄为:教授 54.7 岁,副教授 44.8 岁,讲师 35.4 岁。1987～1997 年教师职称结构变化和主要学历变化情况见表 2-7-1。

表 2-7-1 **1987～1997 年教师职称结构变化和主要学历变化情况统计表**

年份	专任教师数	教授	副教授	讲师	助教	博士	硕士
1997	467	48	114	186	102	13	153
1996	439	40	118	161	97	6	121
1995	429	44	119	186	80	3	124
1994	437	35	112	168	111	3	112
1993	432	28	109	185	102	3	136
1992	417	29	105	167	116	3	105
1991	444	16	87	202	139	6	114
1990	446	16	89	156	185	5	82
1989	469	16	95	170	188	4	83
1988	441	16	99	152	174	2	79
1987	439	11	74	156	177	1	41

截至 1998 年,学院师资队伍基本上可以称得上是一支较能适应学院事业发展、面向 21 世纪、人员较为精干、素质较为优良、结构比较合理、相对比较稳定的队伍。

第八章 党的建设和思想政治工作

学校的发展和建设的根本保证,在于加强和改善党的领导,搞好党政班子和各级组织的自身建设。

第一节 党的建设

一、召开学院第六次党代会

1992年7月11日至12日,院党委遵照党章规定,适时召开了西安矿业学院第六次党代会。参加会议的正式代表有136人。会议审议了党委书记徐子善同志代表上届党委作的《加强党的领导,抓住契机,深化改革,为实现学院"八五"发展规划而奋斗》的报告。院党委对院第五届党代会四年来,已基本实现《1990～1991年发展规划纲要》提出的目标所做的工作进行了总结,制定了《1990～1995年发展规划》(简称"八五规划")。"八五"期间的学院办学指导思想是:以邓小平同志南方谈话精神为指导,认清形势,坚持方向,稳定规模,突出重点,办出特色。"八五"期间学院的基本任务是:把学院建设成为学科、专业、课程结构合理,师资队伍素质优良,教育质量和办学效益明显提高,科研水平上一个台阶,办学条件和生活条件进一步改善,适应社会主义现代化事业发展和煤炭发展战略西移需要的煤炭院校,使学院成为在西部煤炭现代化建设中具有重要地位、在国内煤炭系统中有一定影响和声誉的教育中心和科研中心。在院第六届党代会上,纪委书记何德福同志代表上届纪委作了《从严治党,严肃执纪,为进一步搞好学院党风和廉政建设而奋斗》的报告,院长赵文杰同志代表院党委作了《关于学院深化改革的初步设想》的报告;民主选举产生由徐子善、杨恒青、赵文杰、何德福、徐木彬、生成德、姜良成等七位同志组成的第六届党委会,徐子善同志任书记,杨恒青同志任副书记;产生了由何德福、邱成凯、姚世廉、郑书信、崔峰等五同志组成的第三届纪律检查委员会,何德福同志任书记、邱成凯同志任副书记。院第六次党代会号召:全院党的组织,广大党员、干部和师生员工,进一步解放思想,深化改革,敢冒风险、埋头苦干、真抓实干,以奋力攀登学校建设发展的新台阶的优异成绩,迎接中国共产党第十四次全国代表大会的召开。

1992年10月举行的中国共产党第十四次全国代表大会,开创了我国建设有中国特色社会主义现代化事业的新局面,明确了我国经济体制改革的目标是建立社会主义市场经济体制,确立了邓小平同志建设有中国特色社会主义理论在全党的指导地位,决定把教育摆在优先发展的战略位置上,提出了"科教兴国"的战略方针。

在新的形势下,校党委带领广大党员、干部和师生员工,坚决贯彻党的十四大精神,认真学习《邓小平文选》一、二、三卷及《邓小平建设有中国特色社会主义理论纲要》《中国教育改革和发展纲要》《中共中央关于进一步加强和改进学校德育工作的若干意见》《爱国主义教育实施纲要》等,努力用邓小平建设有中国特色社会主义理论指导学院各项工作,明确社会主义市场经济条件下学院的办学指导思想,探索社会主义市场经济条件下学院建设和发展的新路子。

院党委从学院得以生存和发展的责任感出发,决心走加速校内改革,发展内涵,提高办学效益和教育质量,进行从管理体制、教育内容到教育方法的一系列深入细致的改革的道路。在1994年

3月15日召开的第二届教职工代表大会第二次会议上,审议通过了院长赵文杰代表院党政提出的《综合改革方案》,确定了学院改革的原则是:必须有利于为以经济建设为中心的社会主义事业服务;有利于调动师生员工的积极性;有利于提高教育质量和办学效益,培养德、智、体全面发展的社会主义事业的建设者和接班人。改革的范围涉及办学规模、办学水平、学科建设、师资队伍建设、管理体制、产学研一体的办学模式、校办产业、科技开发、人事分配、住房劳保制度等方面。

为加强学院与煤炭企事业单位及社会各界的联系,建立"双向参与"的运行机制,培养更多更好的高级工程技术人才,学院于1994年5月18日成立了"工程教育指导委员会",到会的有来自15个省(区)45个企事业单位的代表57人,本着"团结一致,真诚合作,优势互补,共同发展"的精神,切磋、探讨,规划未来,抓住机遇,不断拓宽渠道、扩展内容,为使双方都获得最好效益而努力工作。

根据1994年全国教育工作会议精神,为更好地贯彻落实《中国教育改革和发展纲要》的要求,院党委于1994年11月28日至30日举行了学院规模空前的涉及思想政治教育、教学科研、校办产业、科技开展、发展体育等领域加大改革力度的教育工作会议。赵文杰院长代表党委和行政在会上做了题为《为不断提高教育质量,认真总结过去,仔细规划未来,扎实地做好现有各项工作》的报告,强调要把学院办成适应大型、特大型矿区高产高效综合机械化采矿和矿物综合开发与利用为特色的煤炭高等院校;提出了到20世纪末学院要完成以学科建设为核心内容的几个大工程,即达到"112A"目标。"112A"目标就是在20世纪末学院建成一个博士点,一个国家级实验室,两个部级重点学科,新增两个硕士点,纵横向科研的立项数、经费数、获奖数比1994年翻两番,教学工作达到普通高校A级水平。"112A"目标为统一全院思想、振奋上下精神、深化教育改革、推动学院进步和发展起到了积极作用。

1994年3月28日,院党委召开了思想政治工作会议。全体院党政领导,从事专、兼职思想政治工作的党务、学工、工会、共青团等部门的干部140余人参加。会议讨论通过了党委书记徐子善同志作的题为《加强和改进思想政治工作,为学院的改革和发展做出新贡献》的报告;讨论通过了院党委制定的《关于加强学院政工队伍建设的若干意见》和《学院学生辅导员条例》等文件。参加政工会议的同志进一步树立德育首位和全方位育人的思想,站在历史的高度,以战略的眼光,认清学院思想政治工作面临的形势和任务,增强脚踏实地搞好思想政治工作的自觉性和责任感,从而为学院加强思想政治工作、加大改进工作的力度、积极推进德育教学的改革,努力把学院德育工作提高到一个新水平,提供了思想上、组织上的保证。政工会议后,院党委着重进行了以邓小平建设有中国特色社会主义理论为中心内容的德育教学改革和思想政治工作新路子的探索,狠抓了马列主义理论课和思想品德课(简称"两课")发挥德育工作主渠道、主阵地的功能,并将"两课"作为学院重点学科加以建设;在教职工和学生中开展多渠道,多形式的"三育人"及爱国主义、集体主义和社会主义的思想教育活动,大力加强校风、教风、学风及校园文化建设活动,努力营造重视德育工作的浓郁氛围。1994年10月18日至20日学院承办了《全国煤炭高校思想政治教育研究会一九九四年年会》,进一步促进了学院的德育和思想政治工作的开展。

二、各级领导班子建设

自党的十一届三中全会以来,学院始终坚持实行党委领导下的院长负责制,坚决贯彻执行《高等学校党委工作条例》。院党委按照党对领导干部革命化、年轻化、知识化、专业化的要求,在煤炭部党组、陕西省煤炭厅党组、陕西省委教工委的领导和关怀下,经过1989年、1994年、1995年的领导班子考察和其间的部分调整充实,到1997年10月形成了由王斗虎(任党委书记)、徐子善(任院长)、杨恒青(任党委副书记兼副院长兼工会主席)、赛云秀(任党委副书记兼纪委书记)、常心坦(任副院长)、宁仲良(任副院长)、张森丰(任副院长)等7人组成的党政领导班子。这7位同志均为本科以上学历(其中获博士学位1名、硕士学位2名),都具有高级技术职称(其中教授4名、副教授1

名,高级政工师 1 名、高级工程师 1 名),都是中共党员,平均年龄为 48.6 岁(其中两名在 40 岁以下)。

院党委始终重视领导班子的建设。从 1988 年开始,一直坚持以党政领导成员为主,有院党务部门主要负责人参加的中心学习组,每双周周二下午半天的学习日制度。院中心学习组认真学习党的十一届三中全会以来的路线、方针、政策,学习马克思主义、毛泽东思想,尤其是邓小平建设有中国特色社会主义理论,学习中央、省委、教工委下发的文件。学习中能坚持理论与实际相结合的学风,联系国际、国内、学院及个人思想实际,领会精神实质,畅所欲言,谈认识,说体会,有时还展开讨论,争论问题;在提高理论水平和思想觉悟,在解放思想和转变观念,在指导工作和增强个人素质方面学有收获,学有成效,较好地在政治上、思想上同党中央保持一致。学院党政领导班子切实贯彻民主集中制的原则,实行集体领导与个人分工负责相结合的民主程序,建立了系统的规范化、制度化的工作制度,如《党委会工作条例》《党政班子成员分工责任细则》《领导班子工作作风和工作方法的十项规定》《党政领导班子议事规则》《党政领导班子每周碰头会制度》《党政领导联系群众制度》《听取院咨询委员会咨询制度》《党政领导接待日制度》《书记院长信箱》《党政领导干部保持清正廉洁的几项规定》等。院党政领导班子还着力搞好廉政建设,坚持过好双重组织生活,自觉接受党组织的监督。院领导班子成员能按时参加所在党支部的生活会,同时坚持每年两次领导班子民主生活会。在民主生活会上能较好地开展批评与自我批评,对班子内部存在的问题和出现的苗头,能严肃提出意见,自觉地总结经验教训,民主生活会的有关情况报上级党组织接受监督。院党政领导班子成员都对办好学院表现出较强的事业心和责任感,把全部精力和时间都投入到学院的领导和管理上。在对待个人利益问题上能严格要求自己,不搞特殊化,从总的看是廉洁奉公的,是能经受得起考验的。

院党委十分重视院、处两级干部的选拔和培养工作,为领导干部的接续创造重要条件。为了提高后备干部和现职领导干部的理论素质及工作水平,自 1989 年以来,先后向中央党校、国家行政干部学院、煤炭部干部培训中心、省高校干部培训中心等单位派送了院级干部 5 名、处级干部 9 名进行脱产培训,取得了良好效果。院党委按照省委组织部下达给学院选派干部充任科技副县长的任务,先后选派 12 名处、科级干部到省内有关地、市、县挂职锻炼进行科技扶贫工作,受到省委表扬。院党委还利用学院党校定期对党员干部进行内部轮训,基本做到每年举办一期处级、一期科级干部培训班,加强对中青年党政干部的培养选拔工作,基本达到干部队伍后继有人的良好状况。

院党委认真贯彻执行省委教工委颁发的《高等学校党总支委员会工作条例》及《党支部工作条例》,搞好党总支、党支部的建设。党总支基本上都建立在系、部,机关职能部门根据工作性质不同分别组建党总支。党总支在系、部、处单位充分发挥政治核心作用。教学一线的单位以教研室、学生按系、机关则按相关部门组建基层党支部。截止到 1998 年 7 月,学院共有党总支 17 个,党支部65 个。院党委还专门组织党总支书记、党支部书记学习班,以培养和提高他们的政治素质和工作能力。多年来,党的基层组织重视思想建设和组织建设,坚持"三会一课"制度,开展"创先争优"活动,积极慎重地发展党员等,党的组织是有战斗力的,在群众中有着较好形象。基础部第一党支部、图书馆党支部、采矿系学生党支部先后被评为陕西省先进基层党组织,受到省委的表彰。院党委还十分重视做好入党积极分子培养、教育、考察工作,规定凡未经学院党校培训或培训考核不及格的积极分子不能发展入党。1988~1998 年,先后举办了 7 期教工入党积极分子和 16 期学生入党积极分子培训班。按照坚持标准、保证质量、改善结构、慎重发展的方针,及时吸收党员,不断增加党的新鲜血液。

院党委遵照《党章》和《党内生活若干准则》(简称准则)的精神和"从严治党"的要求,狠抓党风党纪工作,努力搞好党风廉政建设。院党委领导、院党的纪检委员会全面履行保护、惩处、监督、教育的职能,开展党纪党风教育,强化监督检查,加强纪律制度建设,尤其是新时期党风廉政建设。自

1994年纪委和监察处合署工作以来,在党内深入开展以《党章》及《准则》为主要内容的党性党纪教育,以正确的世界观、人生观、价值观为主题的全心全意为人民服务、当人民公仆的宗旨教育,以反腐倡廉为主要特点的党风教育,不断提高党员和党员干部遵纪守法的觉悟。重点加强院和系、部、处两级党员干部的廉政建设,搞好领导干部的廉政自律工作。从1995年3月1日起,对中层以上干部实行全过程监督制度,即任用中层干部前参与对拟提干部在廉政、勤政方面的考核,且作为提拔干部的一个必要程序;与初任中层干部进行廉政、勤政党风党纪谈话,针对所在单位的特点及本人存在的不足提出明确要求;中层干部轮岗、调任工作时,都要进行离任经济审计。同时给每一位中层干部发一张党风廉政卡和一本廉政建设考核书,通过每年两次廉洁自律民主生活会,对检查总结评议情况予以监督。1994年起给各党总支、党委职能部门下发了《党风责任通知书》《纪检建议通知书》《来信来访反映通知书》(简称"三书"),从组织上抓党风廉政建设的层层落实。院纪委、监察处多年来,对学院的招生、毕业生分配、招工招干、职称评定、住房分配、重大工程项目投标、经济合同签订、大宗物资采购等工作积极参与,并制定《重申严格执行招生工作纪律的有关规定》《大宗物资采购的有关规定》《公款招待用餐有关规定》《加强监督执行公费医疗制度的有关规定》《清理登记移动电话的通知》等文件,认真纠正院内公务活动中的不正之风,进行专项治理和监督,保证了各项工作的顺利进行。为促进各级干部尽职尽责,院纪委、监督处还对某些有经济活动的部门进行经济活动规范、经济合同签订、经济效能等方面的监察工作。查处违纪案件是端正党风、惩治腐败现象的一项重要内容,也是纪检、监察的中心工作,查处的案件重点是违反政治纪律的案件,经济领域的案件,以权谋私的案件,官僚主义、失职、渎职的案件,道德败坏、腐化堕落的案件。1988～1998年,共查办案件28起,受党内和行政处分的共14人,其中开除党籍2人,留党察看处分1人,党内严重警告处分5人,党内警告处分3人;行政降职处分2人,院内通报批评1人。通过深入的党风党纪和反腐倡廉的建设工作,学院的党风状况是比较好的,广大党员干部是比较好的。

三、开展创建文明校园工作

1995年,根据省教委、教工委的安排,校党委在全院开展了"创佳评差",创建文明校园和文明单位的精神文明建设的活动。1996年4月,在总结"创佳评差"经验教训的基础上,又根据省教委、教工委下发的《陕西高校创建文明校园检查评比标准》,在全院开展声势浩大的创建文明校园的活动,提出一年达到省校园文明建设基本标准,两年进入全省高校校园文明先进行列。

学校成立了以党委书记、院长徐子善为组长的创建文明校园领导小组;成立了以党委副书记兼副院长杨恒青任总指挥,副书记赛云秀、副院长张森丰为副总指挥的创建文明校园指挥部,下设办公室,按领导小组的部署,具体指挥全院的创建工作。以各系部、处(室)为单位,组建了由党总支(含直属党支部)书记任组长,行政负责人、部门工会主席、团总支书记等为主要成员的领导小组。考虑到学生工作的特点,还专门成立了由学工部(处)、团委、思想品德教研室负责人和各系主管学生工作的党总支书记(或副书记)组成的学生系统创建文明校园工作组,强化了基层党政对创建文明活动的领导及具体任务的落实,形成了全院各级党、政、工、团组织齐抓创建的格局。为使创建文明校园活动广泛、扎实地开展,院党委分别召开了全院教职工和学生的创建文明校园动员大会,进行了全面动员、宣传,组织全院师生认真学习省教委文件,学习创建文明校园的指标体系,并将文明校园评比标准的每一分落实到具体单位和个人,让人人都明确本部门校园文明建设的具体任务,把每项任务和措施都扎扎实实落实到具体的工作和每个人。全院师生员工以高度的责任感和主人翁精神投入到文明校园建设之中。由于加强了领导,分级负责,责任到人,人人参与,实施扎实,经过一年的努力,取得了创建文明校园建设第一阶段的胜利,基本达到了《关于创建文明校园的指标》,得到了省教委的好评。

在创建文明校园活动进程中,院党委按照省委教工委《关于在党员中开展建设有中国特色社会主义理论和党章学习活动的实施意见》的要求,于1996年3月至8月精心组织了"双学活动"。学院在职的教职工党员和学生党员有815人参加学习,占党员总数的98.3%。通过学习、对照检查、测试,每个党员都递交了个人总结。经评议,合格党员为811人,对4名不合格党员按自行脱党进行了处理。通过"双学活动",全院党员加深了对邓小平建设有中国特色社会主义理论的理解和认识,提高了政治素质,更加坚定了走建设有中国特色社会主义道路的信念,坚定了共产主义信念;通过"双学活动",广大党员干部对全心全意为人民服务的宗旨有了新的认识;广大党员还通过对照《党章》自查和民主评议,对自己的言行进行了认真剖析,肯定成绩,找出差距,明确如何做一名新时期的合格党员,增强了党性观念和组织纪律性;通过"双学活动",基层党组织尤其是党支部的战斗堡垒作用和党员的模范带头作用明显增强,学院"双学活动"顺利通过了省委教工委的验收。学院"双学活动"的经验还在全国煤炭高校思想政治教育研究会1996年年会上做了专门介绍,受到了与会同志的赞扬。

院党委于1997年4月21日至22日召开了思想政治工作会议。参加会议的有院、系(部)、处党政负责人,专兼职思想政治工作干部,离退休老干部代表,民主党派代表,科级以上干部,基层党支部书记等近200人。会议上院党委书记徐子善同志做了题为《以创建文明校园为突破口,全面推进学院的精神文明建设和思想政治工作》的主题报告。讨论通过了《关于贯彻落实中国普通高等学校德育大纲的实施细则》《教职工"三育人"工作条例》《关于进一步加强和改进学院思想政治工作的意见》等文件。正式成立了以党委书记徐子善为理事长,副书记兼副院长杨恒青、副书记赛云秀、副院长宁仲良为副理事长,院党务职能部门和各系(部、处)党总支书记等32人为理事的院思想政治教育研究会第一届理事会。这次政工会议对于学院在新时期加强和改进思想政治工作,建立全方位德育格局,形成全员德育意识,增强德育整体效应起到了推动作用,使学院的思想政治工作更好地适应社会主义市场经济和高等教育改革与发展的新形势,使学院的各项工作上了一个新的台阶。在这次政工会议上,院党委根据省委教工委及省教委下达的《陕西省高等学校文明校园检查评比标准(修订稿)》的新精神和新要求,重点对创建文明校园的工作进行了部署,进行了再动员、再安排,党委书记、院长徐子善同志代表学院党政领导就文明校建的总体任务与各党总支、各系(部)处主要负责人举行了隆重的任务书签字仪式,使我院创建文明校园建设进入实施的阶段。

院政工会议后,一个以育人为宗旨,以思想建设为重点,以道德建设为核心,以爱国主义、集体主义、社会主义及职业道德、社会公德五项教育为中心,以环境和校园文化建设为切入点,以治理难点、热点问题为着力点,切实把学院办成社会主义精神文明示范区的群众性的创建文明校园活动掀起了高潮。学院创建文明校园指挥部按照省委教工委《文明校园检查评比标准》500分的新的指标体系,向各领导小组分别下达具体任务;各创建领导小组制定了任务的落实细则,并分别向班级、教研室、科室下达任务指标,各班级、各单位又将任务具体落实到人。从院、系(部)处领导到广大干部、学生、教职工,从党的组织、团的组织、各民主党派到各级群众组织,从在职的师生员工到离退休教职工和广大家属,以及院工商进修学院、职业学校、子中的学生,全员参与,人人行动。学院制定了《大学生文明守则》《教师文明守则》《干部文明守则》《职工文明守则》《家庭文明守则》等,发动个个争做文明人;学院印发了《文明班级》《文明教室》《文明宿舍》《文明食堂》《文明教研室》《文明实验室》《文明科室》《文明部处》《文明家庭》的创建标准,党、政、工、团齐抓争创文明单位。学院按总体任务的实施、完成顺序,科学地划分为许多小阶段,对每个阶段都做出详尽安排、布置,基层组织具体实施,并经常进行监督、检查、指导、评比、汇报、总结。在整个活动中学院设立了学生文明督查岗、科室文明建设督查组、教学质量督导组(由离退休教授组成)、教学秩序巡查组(由教务处教学管理干部及系部管理干部组成)、学生晚自习巡查组(由院党政部门科以上干部组成)等,加强日常的监督和检查。院领导小组还组织分片检查、突击检查累计达59次,各领导小组组织的全面自查累计达391次;学生以系为单位,教职工以党总支为单位,举行了"创建文明校园情况汇报会",教职工

有 695 人参加,学生有 1 743 人参加。文明校园创建活动开展得扎实深入,取得了显著的成效。经过两年的努力,全院形成讲政治,坚定方向和信念;讲文明、讲道德、遵守纪律;讲奉献,关心集体的浓厚学风、教风和校风;形成干净优美的室外环境,健康高雅的学习环境,整洁文明的生活环境,向上优良的育人环境;教职工和家属的文明素质普遍提高,好人好事层出不穷,推动和促进了学院各项工作的全面进步。1997 年 11 月,学院圆满、顺利地通过了省委教工委的验收,1998 年 4 月分别被省委、省政府和省教工委、教委授予"文明校园"称号。

四、召开学院第七次党代会

学院党委在"八五"期间,坚持党的"一个中心,两个基本点"的基本路线,坚持社会主义办学方向,贯彻党的教育方针,努力探索社会主义市场经济下加强党的建设和思想政治工作的新路子和新方法,以教学为中心,积极、慎重地进行了教学、科研、行政管理等多方面的改革,基本上完成了院第六次党代会提出的工作目标和"八五规划"。

为总结过去,展望未来,院党委于 1996 年 12 月 11 日至 12 日召开了第七次党代会,参加会议的正式代表 148 名。会议审议通过了党委书记徐子善同志代表上届党委作的《加强党的领导,迎接机遇与挑战,为学院"九五"和下个世纪初的建设和发展而奋斗》的工作报告。纪委书记何德福同志代表上届纪委作了《提高认识,狠抓落实,为学院纪检工作上新台阶而努力》的报告,副院长常心坦代表院行政作了《把握大局、再接再厉,同心同德,振奋精神,为把学院建成优秀理工大学而奋斗》的工作报告。经过民主选举产生了由徐子善、杨恒青、赛云秀、常心坦、宁仲良、张森丰、姜良成、牛迈程、王忠义等九人组成,徐子善同志任书记,杨恒青、赛云秀两同志任副书记的第七届党委会;产生了由赛云秀、车文敏、崔峰、任周荣、沙保胜等五人组成,赛云秀同志任书记、车文敏同志任副书记的第四届纪律检查委员会。在院第七次党代会上,院党委制定"九五"和下个世纪初学院建设和发展规划。拟定今后 15 年的基本指导思想是"坚持方向,深化改革,充实内涵,优化结构,保证质量,提高效益,抓住机遇,办出特色"。其奋斗目标是:进一步学习建设有中国特色社会主义理论,继续坚持社会主义办学方向,全面贯彻党的教育方针,加强党的建设,促进社会主义精神文明建设。加强学科建设和科学研究,提高整体办学水平。深化教育改革,适度发展办学规模,适时调整专业结构,建立更为合理的专业群,加强课程建设和实验室建设,全面提高教育质量。加强教师队伍和干部队伍建设,提高整体素质。以提高管理水平和办学效益为重点,进一步深化管理工作改革,使管理工作逐步走向规范化。大力发展校办产业,增强经济实力。力争到 20 世纪末使我院教育质量、科研水平、办学效益、综合实力居同类院校先进水平,为逐步把西安矿业学院建成适应社会及煤炭工业发展需要的理工科大学而努力奋斗。通过努力,"九五"末到 2010 年实现下列具体指标:党的建设得到加强,党委对学院各项工作的领导更有成效。办学规模本、专科在校生达 4 000 人,研究生达到 170 人;到 2010 年本、专科在校生达到 5 000 人,研究生达到 300 人。建成部级重点学科 2 个,力争新建博士点 1 个,新建硕士点 2 个;到 2010 年力争博士点达到 4 个,硕士点达到 20 个。建成国家重点实验室 1 个,省、部级重点实验室 2 个;到 2010 年争取建成国家重点实验室 2 个,省、部级重点实验室 4 个。纵横向科研经费达到 800 万元。增加实验设备投入,实验设备总值达到 2 000 万元。师生比达到 1∶8,教职工与学生比达到 1∶4,教授、副教授、讲师、助教比达到 1∶3∶4∶2,教授达到 56 人,副教授达到 168 人。主要公共基础课建成优秀课程,课程建设费在目前基础上每年增加 20%,建成全部必修课试题库。英语四级通过率高于陕西省和全国一般院校平均通过率水平,使用优秀教材率达到 50%,课前教材到手率达到 100%,图书、情报资料经费年增加 20 万元。加快后勤管理工作社会化进程,"九五"期间校产完成经营总收入 5 000 万元。学院"九五"期间和 21 世纪初的建设和发展的指导思想和思路是科学的、可行的,目标是明确而具体的,反映了广大党员和全院师生员工为把学院各项工作搞上去,以崭新的面貌跨入 21 世纪的共同愿望。院第七届党代会号召全院党员、干部和师生员工,在新一届党委领导下,团结一致,坚持党的基本路线,继续学习建设有中国特色社会主义理论,切实加强党的建设,加强社会主义精神文明建设,进一步转变观念,抓住煤炭建设战略西移的大好机遇,尽快发展自己,把学院的建设和发展推向新的水平。

1997年9月12日至17日,具有划时代历史意义的党的第十五次全国代表大会胜利召开,为全党和全国人民在世纪之交的关键时期,高举邓小平理论伟大旗帜,全面推进建设有中国特色的社会主义的伟大事业,把持续、快速、健康发展的社会主义现代化中国带入21世纪指明了方向,展现了宏伟蓝图。

院党委认真学习贯彻党的十五大精神,坚持用邓小平理论武装广大师生员工,坚持物质文明与精神文明两手抓的方针,坚持深入地持久进行爱国主义、集体主义、社会主义的教育和艰苦奋斗、勤俭办校的教育,加强思想道德和文化建设;始终不渝地把提高办学质量、效益、水平,提高师生员工素质和学院文明程度作为一切工作的出发点和归宿,继续推进学院的各项事业发展,为实现学院"九五"和2010年发展和建设规划,把一个规模效益比较高,结构体制更加合理,人才培养质量、办学水平更高,符合中国特色和学院发展实际的西安矿院带入21世纪而奋斗。1998年3月20日召开的院第三次教代会、第六次职代会上,院长徐子善同志代表党委作了《抓住机遇,加快发展,把一个特色鲜明、效益显著、水平较高的西安矿业学院带进21世纪》的报告。报告总结了1995～1997年的工作成绩、经验和教训,进一步部署20世纪末学院发展和建设的工作。为了提高办学效益,院党委研究,对"九五"计划的部分指标做了修改,提出"九五"计划后三年目标的主要指标归结为:到2000年本、专科生达到5 000人,成人高等教育在籍学生达2 000人,新增3个硕士授予点,争取获得1个博士授予点,科研经费规模达1 000万元,校办产业收入累计上缴1 000万元,教职工平均收入以1 000元/年的速度增长,到2000年人均收入达到1万元,人均住房面积达到8平方米/人,师生比达到1:10,教职工与学生比达到1:5。这是一个相互关联、相互依存的指标体系,是一个积极的、可行的,但要经过艰苦努力才能达到的奋斗目标。为实现这一个奋斗目标,学院党政领导班子成员立下军令状,并为完成这一奋斗目标划分了每个领导成员应负的责任及其奖惩措施,以党委文件下发实施,表明了院领导的决心和信心。

为加快学院改革的步伐,提出以教学改革为核心,以人事分配制度改革为突破口,转换内部运行机制,提高办学效益和办学水平,改善教职工的生活待遇的人事改革方案和分配制度改革方案,提交到1998年6月22日至29日召开的院第三届教代会上讨论审议。教代会上院长徐子善同志代表院党委做了《关于人事分配制度改革》的报告。《院人事分配制度改革方案》提出了在确保教学、科研一线的基础上精简机构,压缩人员,优化结构,提高办事效率,把不履行党政管理职能的单位剥离出来,实行归口管理,建立统一管理新机制;各类人员编制确定坚持总量控制,贯彻精简高效、满负荷工作的原则,有效配置人力资源,增强办学活力,保证教学、科研编制,扩大自筹工资和企业编制,宏观上实行统一管理;严格实行"三定一聘"(定编、定岗、定责、聘任),积极推行教师、干部聘任制,工人全员合同制,实行公平竞争、择优上岗、优胜劣汰的用人机制。通过深化改革,建立一支思想素质好、学术水平高、结构合理的师资队伍;建立一支熟悉高等教育规律,精干高效、廉洁奉公的管理干部队伍;建立一支整体素质好、服务质量高、特别能战斗的后勤队伍。教代会讨论通过了修改后的《管理体制改革方案》《人事制度改革方案》《聘任制实施办法》《院内津贴分配办法》《关于待岗人员转岗分流的有关规定》《处级干部轮岗交流实施办法》《处级干部职务聘任实施办法》等,以上文件教代会后以党委名义颁布实施。院党委按照《管理体制改革方案》和《处级干部职务聘任实施办法》,使院内的机构建制、处级干部的聘任等工作顺利完成。经过改革后的各级管理机构正常运转,经过聘任的各系、部、处的中层干部到位到岗工作。院党委、院行政带领全院师生员工,抓住机遇,把握大局,精诚团结,同心同德,励精图治,苦练内功,克服前进中的困难,勇往直前,以新的面貌、新的姿态、新的胜利迎接新世纪的到来。

第二节　统战、离退工作

一、不断开创新时期统战工作的新局面

改革开放和社会主义现代化建设的新时期,面对学校的统一战线工作中出现的范围扩大、对象增多、涉及面宽、工作领域加深的新情况和新问题,校党委认真贯彻党的各项统战方针政策,团结民主党派和党外知识分子,使学校的统战工作迈出了较大步伐。

(一)认识统一,机构完善,制度健全,措施得力

自1986年学校决定统战工作从党委宣传部分离出来,由党委统战部负责全校统战工作以来,学校党委始终把统战工作作为党的重要工作,无论怎样进行校机构的调整和精简,始终坚持设立统战工作专门机构,并由一名党委书记(或副书记)主管。为使广大党员干部认识新时期统战工作的重要性,校党委曾多次举办科以上党员干部参加的统战工作培训及讲座;决定各党总支委员会设立分管统战工作的委员,形成全党做统战工作的局面。学校的统战工作坚持围绕一个中心、抓住两个重点、建立六项制度来开展工作。围绕一个中心,就是围绕学校教学科研这个中心开展统战工作。由于学校统战成员大多数是工作在教学、科研第一线的教师,做好他们的工作,对提高学校教学质量和办学水平,稳定教师队伍都有举足轻重的作用。抓好两个重点,一是抓好各民主党派自身建设,特别是民主党派的组织建设和思想建设,发挥民主党派的职能作用;二是抓好党外代表人士的工作,特别是重点做好学校各级人大代表、各级政协委员、各民主党派负责人、侨联负责人、校学科带头人和重要业务骨干的工作,发挥他们的带头作用,并通过他们带动和团结全校的统战成员。建立健全了六项制度:① 党委加强对统战工作领导的制度;② 学校同民主党派、无党派人士联系的制度;③ 党外人士代表参加学校有关会议、传达文件的制度;④ 党外后备干部队伍建设和推荐、选拔、安排、使用的制度;⑤ 支持民主党派、侨联为学校的发展和国家经济建设及祖国统一服务的制度;⑥ 为民主党派、侨联提供必要的工作条件及对兼任民主党派、侨联领导职务和人大、政协等社会工作职务的教师实行减免教学工作量的制度。学校认真贯彻党的统战政策,不断完善和健全同民主党派、无党派人士的民主协商制度,每年均召开两次民主协商座谈会,对学校重大问题决策、群众关心的热点问题进行民主协商,征求意见,接受监督,充分发挥民主党派和无党派人士参与民主管理、民主监督的参政议政作用。作为负责学校统战工作的干部,也能以高度的责任感、强烈的事业心、踏实细致的工作作风,当好民主党派、侨联组织的参谋,协助开展有关活动,与统战成员交朋友,及时解决统战成员的问题和困难,得到统战成员的欢迎和好评,受到了上级组织的多次肯定和表彰。1997年,学校被省委教工委、教委评为陕西省高等学校统战工作先进集体。

(二)民主党派建设、侨联工作上了新台阶

"文化大革命"前,学校只有两个民主党派共6名成员。党的十一届三中全会以后,随着党的统战政策的落实,民主党派在学校得到了较快的发展,在校党委统战部的积极组织、协助、指导下加强了民主党派的组织建设。自1988年以来,在原建立的中国民主同盟(简称民盟)西安矿院支部、九三学社西安矿院支社的基础上,1995年建立了中国致公党西安矿院支部,1996年建立了中国国民党革命委员会(简称民革)西安矿院支部。截止到1998年,学校已有民革、民盟、民进、九三学社、致公党等五个民主党派,成员66人,他们基本上是学校从事教学、科研、管理工作的中、高级知识分子。随着国家的对外开放政策的实行,侨务工作也被提到学校的议事日程上来,学校归侨、侨眷、侨属增加了与国外的来往、交流,侨务工作日益活跃,学校多次被评为陕西省、西安市侨务工作先进单位。1996年,学校归侨联合会在校党委统战部的协助下,较好地完成了侨情普查等工作任务,学校被评为"雁塔区侨情普查先进单位"。学校重视对台工作和台湾同胞、港澳同胞、海外侨胞(简称三

胞)的接待工作,将其作为推行"一国两制"实现祖国和平统一大业的大事来抓,积极为全校"三胞"同亲属取得联系牵线搭桥;接待了来学校探亲的台胞25人(次),澳港同胞和海外侨胞8人(次)。在接待中,学校为他们提供了方便,热情回答他们提出的问题,增进了了解,建立了友谊,为宣传与推进"一国两制"的和平统一国策做了积极有效的工作。

（三）大胆任用推荐民主人士走上各级领导岗位

学校对统战成员在政治上充分信任,对符合干部条件的大胆任用提拔,长期以来与党外民主人士同舟共济、同心同德建设学校。在学校的干部队伍中,党外人士占有相当的比例。1988～1998年,党外民主人士有院级干部1人,处级干部7人、科级干部19人。此外,还有省政协委员3人,市政协委员1人,省青年联合会委员3人,区人大代表2人,市侨联副主席、常委2人;省监察厅特邀监察员1人;市"形象工程"顾问1人。他们都在各自的工作岗位上尽职尽责地工作,发挥了党外干部特有的作用。

二、离退休工作

1988～1998年间,一大批建校前后五六十年代进入高等教育战线上的干部、教师、职工陆续退离岗位。截至1998年,学校已有离退休职工373人,其中离休人员58人,享受局级待遇21人,享受县处级待遇70人;退休人员315人;具有高级职称的147人,党员160名。做好离退休人员的工作,是关系到学校的稳定,落实党的干部政策的重要工作。学校党政非常重视做好离退休工作,从思想认识、组织管理、工作安排、活动开展等方面,为离退休老干部、老教师、老职工老有所养、老有所学、老有所为、老有所乐创造良好条件。

（一）加强对离退休工作的领导和管理,把离退休工作列入学校工作的议事日程

学校自1986年把离退休工作从党委组织部分离出来单独成立离退休老干部处后,为加强领导,1989年更名为离退休职工管理处(简称离退处),确定为处级建制,由党委书记(或副书记)主管,党务工作由院党委直接领导。院党委把离退休工作作为全院性年度工作之一予以安排,在多次会议上特别是中层干部会上强调各部门要支持离退处工作,关心离退休的老同志。院党政领导坚持每年召开两次离退休职工代表座谈会,通报学院发展、班子建设、教学科研、后勤基建等方面的情况,征求老同志的意见和建议,充分发挥老同志的参谋作用;学院的重要会议、重大政治活动,如党代会、教代会、政工会等,都邀请离退休职工代表参加;老同志的重大节日以及离退休处开展的重要活动,院领导都亲自参加,向广大离退休职工表示慰问,并听取他们的意见和要求。

对离退休老同志,学院做到政治上关心,生活上照顾,落实政治待遇和生活待遇。党中央和省上的重要文件,由学校集中统一进行传达,需要学习贯彻的文件,由离退处组织认真学习传达,并坚持了老干部的阅文制度。为加强离退休职工的党组织建设工作,院党委决定建立离退休党总支,党总支下设三个党支部。离退休基层党组织多年来一直坚持每月一次党的组织生活会,离休干部每半月一次、退休职工每月一次的学习制度;坚持常年做好老同志的思想政治工作,经常了解老同志的思想动态和思想反映,发现问题及时研究解决,引导老同志发挥积极作用。学院还十分重视老干部、老教师、老职工生活待遇的落实,提出再困难也不能让老同志受难。在学院经费较紧张的情况下,离退休人员的经费单列划拨,如数得到保证,从未拖欠,每年还从院领导经费和其他经费中给予适当的补贴,使老同志晚年生活幸福愉快。

（二）全心全意做好离退休管理服务工作,把离退休职工管理处办成"老干部、老教师、老职工之家"

由于离退休职工的迅速增加,离退休工作量增大,工作任务繁重,需要不断提高离退休管理工作水平,提高离退休工作服务质量。学院通过干部人事安排,将一些政治思想觉悟较高,工作

勤恳努力、任劳任怨、年富力强的干部,选派到离退处工作。多年来,离退处工作人员端正工作态度,不断提高自身政治素质和业务素质,工作得力,管理水平不断提高,服务热心周到,为老同志办了不少实事、好事。把关心老同志的生活,开展各种有益于老年人身心健康的活动作为经常化制度来抓。如建立了离退休人员的基本情况卡;每年给老同志检查身体,备有老同志医疗档案,设兼职保健大夫,举办老年健身及保健知识讲座;开展送温暖活动,经与后勤部门协调,采取由离退休办公室直接填写派工单,解决老同志住宅的水电暖维修问题;坚持组织家访,发现生活上的问题及时解决,调解老同志的家庭矛盾;每年组织庆贺老年节、春节联欢会、游艺会、春季老年人运动会、春游活动,每天开放阅览室、游艺室、健身房;先后多次组织赴成都、汉中、三峡、葛洲坝等地游览,参观卫星测控中心、高新开发区等;成立老年书画协会、老年合唱队、老年门球队、气功协会等,常年坚持开展活动,并参加省、市、区、煤炭系统及院内的比赛,多次获得竞赛奖、组织奖、风格奖;坚持给70岁以上老同志生日祝寿和看望在医院治疗的老同志制度,筹办料理老同志的丧事等。大大丰富了离退休老同志的文化、体育、精神生活,促进离退休职工的身心健康,使老同志处在一个温馨、良好、和谐的人际环境和生活环境之中,愉快幸福地欢度晚年,受到老同志的好评和赞扬。

由于工作成绩显著,自1995年以来(截至1998年)学院连续被评为西安市离退休管理服务工作先进集体,离退休职工管理处工作人员中3人次被评为西安市离退休管理服务工作先进个人,1人在1995年被陕西省委、省政府授予陕西省老干部工作先进个人的称号。多年来离退休老同志参与了学院的各项活动,表现了老同志热爱学院、发展学院的本色。尤其是在1994年开展的希望工程活动中,充分表现了老同志关心下一代成长的高度政治责任感。在对商南县太吉河希望小学的贫困学生进行“1+1”助学活动中,7位老同志每年救助10位学生每年120元。离休老干部车学春同志一人就包学救助3名贫困学生,1997年还一次捐资1万元,作为奖励品学兼优学生和优秀教师的基金。车学春同志被评为陕西省煤炭系统关心下一代先进个人,被院党委授予“关心下一代模范”荣誉称号。积极发挥老同志的余热,大力兴办老年经济实体。离退休人员中拥有各方面的人才,学院注意充分调动老同志的积极性,让他们继续为学院的建设和发展发挥作用。学院于1988年就组建了以离退休老干部、老教师为主体的院咨询委员会,聘请他们做学院党政领导的咨询参谋,献计献策,进行党风廉政监督;1996年组建了以退休老教授为主体的教学督导组,定期对现职教师的教学情况、质量予以检查、评估、指导;学院家属委员会主要由离退休的老干部、老职工组成,管理院家属区的各项工作。目前已有近百名离退休老同志在院内外各条战线上继续发挥作用,有的在院咨询委员会当咨询员,有的在院教学督导组做督导员,有的在院纪委做兼职纪检员,有的在成教学院任教,有的返聘回原单位给学生上课,有的继续承担有关的科研课题,有的在校外联合办学、办企业,搞科技开发,有的参加离退休服务工作等。

学院非常重视发挥离退休人才优势,把他们组织起来,进行教学培训和科技开发。1990～1995年,学院先后为神府矿区等举办培训班培养技术人才400余名,收到一定的社会效益和经济效益。学院于1995年制定了《离退人员科技服务管理办法》,确定了一系列倾斜政策。1996年5月,成立了“陕西省老教授协会西安矿院分会”,组建了以杜玉枝为理事长,邓宝、马中骥、韩华、吕宏太为副理事长,王树仁、王世熙、韩庆达等11人为理事的理事会,按分会活动章程开展有关活动。1996年6月,成立了旨在进行科学研究、产品开发、技术咨询、技术推广、成果转让、工程设计、中介服务、信息服务、人才培训等项业务,由9位教授组成,李世文任所长,唐祖章、刘怀恒、陈志学为副所长的西安矿业学院新技术研究所。以上组织及举措为发挥老同志的技术专长提供了必要的条件和基础。

第三节 工会、共青团工作

一、工会工作

(一)院党委、院行政加强对院工会的领导,一直由一名副书记或副院长分管工会工作,并兼任院工会主席

各系、部、处都成立了部门工会委员会,下设工会小组,形成系统的管理体制和健全的组织机构。注意充分发挥院各级工会组织在学院各项工作中的民主管理作用,积极支持院工会维护教职工的合法权益;坚持定期举行工会会员代表会和教职工代表会(简称工代会、教代会)的制度;大力支持院工会开展"三育人"活动及生活福利、群众性的文体活动,使院工会为稳定学院局势、促进教育改革、活跃校园文化教学环境、提高教学质量做了大量的工作。

(二)围绕学院中心工作,配合党政有关部门,对教职工进行思想教育,开展"三育人"活动,发挥工会的教育职能

院首届教代会制定了《教书育人、为人师表工作条例》,对教书育人提出规范性要求;院工会及各部门工会与教务处、人事处、党委宣传部配合,曾多次开展以教书育人为中心的经验交流会、教学观摩及讲课比赛活动;支持推广基础部、测量系、图书馆、采矿系、建工系等单位开展师生共建文明活动;评选出省教育工会高校教书育人先进个人8名受到表彰和奖励。1990年8月,在全国妇联、中央电视台等单位组织的首届"全国美好家庭"评选活动中,我校吕宏太、苏芝兰之家被评为"全国美好家庭"(全国仅有65户,陕西省2户)。有关媒体还介绍了他们的感人事迹。工会坚持每月最后一周的周三下午为工会小组的学习日制度,组织工会会员学习党的路线、方针和政策,学习《教育法》《教师法》《工会法》等,进行群众性的政治思想教育活动。针对学院青年教职工占教职工一半以上的情况,院工会把对青年教职工的教育作为工会组织开展政治思想教育的重点。为了解青年教职工的思想状况,1990年院工会以基础部工会的全体青年教职工和其他部门工会部分的青年教职工为对象,以青年教职工关心的热点问题为内容,采取问卷调查、召开座谈会的方式,整理出学院青年教职工思想动向及解决问题的对策的调查报告,为学院做青年教职工的思想政治工作提供了依据,并在省教工委召开的青年教职工思想政治工作研讨会上进行了交流。院工会出面组织了青年教职工赴延安革命圣地参观访问,进行革命传统教育;各部门工会经常举行迎接新教工茶话会、新老教师座谈会、老教工对新教工的"传、帮、带"等活动,关心青年教职工的进步成长。

(三)坚持和健全教代会制度,促进学院的民主管理

学院坚持定期召开教代会、工代会。自1988年4月召开首届教代会和第四次工代会以后,于1992年12月召开第二届教代会、第五届工代会,1998年3月召开了第三届教代会、第六届工代会。此外还坚持每年召开一次教代会。学院每届举行的"双代会"(即教代会、工代会)和每年一次的教代会,学院党政领导都要向会议做工作报告;学院的建设和发展的重大决策、改革措施、群众关心的问题,诸如学院"八五""九五"规划、重大机构调整、重要改革方案、重大政策、人事劳动制度、医疗福利制度、财务管理制度、新建家属宿舍楼分房条例等都提交会议让代表进行讨论、审议;群众反映的热点问题及迫切需要解决的问题,院领导和有关部门负责人在会上作情况的通报,提出解决问题的措施,给代表予以答复。教代会上代表对学院的工作发表意见,提出建议,充分行使民主监督、管理学院的权利,发挥广大教职工积极参政议政的主人翁作用。凡在教代会上审议通过的有关决定和政策及实施措施,会后学院以文件形式下发实行;凡暂不能通过的,会后进行进一步的征求意见、修改,较好地维护了教代会的威信。学院还充分发挥院工会在学院各项工作中的民主监督作用,教代会下设的民主管理监督委员会,分为"财务监督组""行政管理监督组""校产管理监督组"及"提案落

实监督组",对学院有关工作进行民主监督。教代会后院工会经常适时召开党政工联席会议,对教职工反映强烈的问题进行讨论和妥善处理,取得较好效果,如对11号、12号、15号、16号、17号楼的分配问题和建筑规格、质量问题等,通过联席会议,沟通了情况,听取了反映,及时圆满地解决了问题。教工住房、子女就业、工资调整、人事调动等涉及教职工切身利益的事,学院工会都积极参与。1991年煤炭总公司给学院下达的20名招干指标,院工会作为招干领导小组主要成员,就招干工作广泛听取群众意见,并将招干工作程序透明、公开,体现了群众民主参与管理的作用,使招干工作顺利完成,受到广大教职工的好评。对于部分教职工工资调整、职称评定、住房分配、人事调动中的问题,学院工会都在广泛听取群众意见的基础上按照文件精神,协同有关职能部门得到合理解决。

(四)按照"建设教职工之家"的目标,搞好基层工会组织建设,提高群体素质

(1)学院工会委员会在教代会上换届选举产生,组织机构健全,制度完善,活动经常。学院工会下属19个部门工会、65个工会小组,在职会员1 160余人。院工会认真贯彻全国总工会和省教育工会的文件精神,深入开展"建设教职工之家"(简称"建家")活动。在"建家"活动中,在搞好院工会自身建设的基础上,下大力气抓好部门工会和工会小组的建设。按照"建家"标准逐一进行督促、检查和验收。对一些部门工会班子不健全的,通过与各党总支联系,进行了调整、充实,对一些部门工会开展工作不太活跃的,院工会认真做好部门工会干部的思想工作,并予以指导、协助,调动其主动性和积极性。1991年11月,省教育工会对学院工会"建家"活动进行了验收,授予"合格教职工之家"的称号。由于学院工会工作成绩优异,在1995年和1997年两次荣获"省教育工会先进基层工会"的称号。1998年6月顺利通过省教育工会的检查评估。

(2)成立"女教职工委员会",积极开展女工工作。为充分发挥女教职工在教学、科研、管理、服务及"三育人"中的作用,引导女教职工树立自尊、自信、自力、自强的意识,维护女教职工的权益,根据省教育工会的指示精神,经过精心组织、民主协商,在召开的院首届三次教代会上民主选举产生了学院女教职工委员会,并于1991年三八妇女节举行了成立大会,通过了《女教职工委员会条例》和《倡议书》。女教职工委员会成立后,几年来积极组织女教职工学习《妇女权益保障法》,用法律维护妇女的合法权益;每年三八妇女节举行庆祝活动;经常开展有益于女教职工身心健康的丰富多彩的文体活动,举办妇幼卫生、服装裁剪、健身美容、计划生育等讲座,努力提高女教职工的素质;定期给女教职工进行妇科检查,发放卫生保健用品,维护女教职工的特殊权益。

(五)关心群众生活,办好教职工福利,开展群众性的文体活动,促进精神文明建设

关心群众生活,丰富教职工文化精神生活是工会组织的又一重要任务。学院工会及部门工会的专兼职干部和积极分子本着为教职工服务的精神,任劳任怨,无私奉献,为教职工办好事办实事,付出了辛勤劳动,把党的温暖送到教职工身边,得到教职工的好评。

(1)改革教职工疗养制度。本着少花钱、多办事、让教职工多受益的原则,学院工会于1994年对原来定点定人常年固定轮流疗养的制度进行了改革,形成了利用暑假短期集中较多人员组团进行疗养的制度。1994～1998年,共组织300余人在暑假期间到四川、桂林、贵阳、三峡、张家界、苏州、杭州等地短期疗养,既游览了祖国大好河山,又接受了爱国主义教育,这项改革措施受到省教育工会的肯定,并推广到全省兄弟院校。

(2)关心群众生活,办好教职工福利。对教职工生活中出现困难的人员,院工会坚持做到"五必访"(即生、老、病、婚、丧之事必访)送温暖活动。对教职工生活中发生特殊困难的,工会给予及时经济资助和慰问,1988～1998年,经院工会及部门工会向特殊困难教职工发放困难补助达12.50万元。为办好教职工福利,院工会福利委员会每年都要召开专门会议研究,根据广大教职工的实际需要,每年从福利费中拨出专款下发较为实用的物品,并逐年有所改善和提高。

(3)大力开展群众性的文体活动,促进精神文明建设。搞好教职工的文体活动是陶冶教职工

的情操、振奋教职工的精神、加强学院精神文明建设的重要内容,也是工会工作的重要方面。院工会及部门工会多年来坚持开展经常性的文体活动,举行全院的冬练长跑及篮球、排球、羽毛球、乒乓球、棋类、拔河比赛,还组队参加全国煤炭职工、省高校系统职工的比赛,尤其是学院教职工乒乓球队,曾多次获得男女团体前三名、男女单打前三名的好成绩。经常举行重大节日的庆祝联欢娱乐活动,每年有春游、金秋游园等活动,举办教职工文艺汇演,健美操、交谊舞培训班,书画展览等,大大丰富了教职工生活,增进了友谊,增强了凝聚力。在学院开展的创建文明校园活动中,院工会在全院教职工中开展树师德、塑师魂、立师表的职业道德建设及家庭美德建设,为学院精神文明建设做出了贡献。

二、共青团工作

(一)学院党委、行政历来非常重视共青团、学生会组织和工作,一直由一名党委副书记或副院长分管

院党委每年制订的工作计划,都要对共青团、学生会工作予以安排。共青团、学生会召开的团代会、学代会,学院党政领导从会议的内容、任务、班子的人选、组成,工作的实施等方面予以指导,听取汇报,提出意见。共青团、学生会组织的重大活动,学院党政领导都前往参加。学院党政对共青团、学生会组织,从组织机构、工作体系、活动经费、场所上都予以关心、支持。为加强学生思想教育与学生管理,协调共青团与学生工作的关系,自1989年院党委任命院团委书记兼任党委学生工作部副部长及任命团委书记兼任院学生会秘书长以来,形成团委书记身兼两职的制度。学院在经费较为紧张的情况下,专列划拨团委、学生会活动经费,并从基建资金中拨出541万元,于1995年修建了2552平方米的大学生活动中心。共青团、学生会组织在开展工作和活动遇到的困难和矛盾,学院党政及时出面,协同有关部门尽力予以解决。在学院党政的领导、关怀、支持下,学院共青团、学生会的组织发展健康,工作活跃,成绩显著。

(二)配合党的中心工作,独立自主地开展适合团员、青年学生特点的教育和管理活动

院团委、学生会组织自觉接受院党委、院行政的领导,做到党有号召,共青团、学生会就有行动。如在1996～1997年学院开展的创建文明校园的社会主义精神文明建设活动中,院团委、学生会积极响应党委号召,发动组织团员、青年学生投入创建活动。按照学院的统一安排,承担创建文明校园主力军和突击队的任务。院团委、学生会组建了大学生文明行为监察队,负责对日常生活中大学生不文明行为的纠正,充分发挥在学生中自我教育、自我管理、自我服务的作用。以系团总支、学生会分会为单位,组织各团支部和班级,组成仪仗队,坚持每天升国旗活动,对学生进行爱国主义教育。院团委、院学生会还在团员青年学生中坚持开展以学习为中心,以三好为目标的创三好班级、先进团支部及三好学生、优秀团员、优秀学生干部的活动,坚持每年五四青年节进行表彰先进团支部、优秀团员,"一二·九"表彰三好班集体、三好学生、优秀学生干部活动,团结带领广大团员青年学生加强政治思想道德修养,奋发向上,刻苦学习科学文化知识,成为合格的德智体全面发展的社会主义建设者和接班人。

(三)抓好学生社团组织,大力、广泛地开展有益于团员青年学生身心健康的第二课堂活动

院团委、学生会在以主要组织学生完成学习任务的基础上,致力于校园文化建设。按照学院《学生社团管理条例》认真抓好学生社团活动,学生社团的活动亦丰富多彩。院团委、学生会为了支持学生社团的活动,曾多次邀请著名作家和诗人如陈忠实、路遥、邢小利、远村等来为同学开文学讲座,并聘请他们为记者团文学社顾问。邀请国内著名科学家、学者向大学生作科技专题讲座。文学社多年来坚持自筹经费,出版社刊《小草》,并坚持每年一次的"秋之声"全院诗歌朗诵会。院团委、学生会自1995年起,坚持每年办一次大学生辩论赛,以系为代表队参赛。1997年,学院组成代表队参加省团委组织的大学生辩论赛,取得了进入前八名的好成绩。

第四节 学生思想政治教育工作

高等院校是培养社会主义现代化建设人才的重要基地,积极认真地做好学生的教育和管理工作是造就"四有"新人的重要保证和有效途径,也是衡量一个学校办学水平高低的重要标志。1988~1998 年,院党委在学生中大力开展爱国主义、社会主义、集体主义的教育活动,以道德建设为核心,以树立正确的世界观、人生观、价值观为目标,将教育和管理工作紧密结合起来开展学生工作,从而保证了学院的整体稳定和正常教学秩序,提高了学生的政治思想觉悟和道德素质,为国家培养了一大批"有理想、有道德、有纪律、有文化"的合格人才。

一、社会主义教育

1989 年,国际共产主义运动出现了重大挫折,东欧一些社会主义国家发生剧变,苏联解体。这一重大变化引起了广大学生的思考。从 1990 年上半年开始,院党委按照上级的部署在全院学生中开展了"正确认识东欧剧变"的形势教育。由党委副书记、党委宣传部部长、马列教研室主任各负责一个专题,逐系分场宣讲,然后,各系组织学生展开讨论。通过宣讲和讨论使广大学生明确苏东演变的性质及国际共产主义运动出现曲折是历史发展进程中的正常现象,明确了中国共产党在国际共产主义运动中的作用和地位,增加了建设有中国特色社会主义的信心。随后又在学生中开展了邓小平建设有中国特色社会主义理论的学习和教育活动;组织学习江泽民同志纪念建国 40 周年讲话;系统地学习和宣讲中宣部编写的社会主义若干问题 19 条;学习了江泽民同志建党 70 周年讲话。1992 年,邓小平南方谈话发表后,特别是 1997 年党的十五大确定邓小平理论为全党的指导思想,院党委积极组织学生认真学习《邓小平文选》一、二、三卷,使广大学生逐步用邓小平理论武装头脑。一个在广大学生中把邓小平理论进教材、进课堂、进头脑的学习邓小平理论的热潮正在形成。

二、爱国主义教育

爱国主义是千百年来积淀下来的对自己祖国的一种深厚感情,是我们国家生存和发展的精神支柱,是社会主义现代化建设的巨大推动力量。学院始终将爱国主义教育作为学生的思想教育工作的中心内容。

(一)"两课"教育

为加强"两课"教育,学院于 1997 年将承担马克思主义理论课的教学单位——社会科学部改建制为社会科学系,将思想品德教研室一直作为系级教学单位设置,由党政双重领导,以党委领导为主。学院积极贯彻上级有关"两课"改革的要求,严格遵循《高校德育大纲》的指导思想和基本原则,按照教育部的要求将马克思主义理论课和思想品德课作为学生必修课纳入学院整体教学计划,保证必要学时,列入课表予以安排。"两课"教学的内容坚持以邓小平理论为指导,把邓小平理论融于课堂教育之内,渗透到课程体系之中。在"两课"教学过程中,不断加强教学法改革,品德课在教学中结合讲课组织课堂讨论、课堂演讲、课堂辩论等灵活多样的形式;社科系实行教考分离法,马克思主义理论课建立起了试题库。"两课"重视教材建设,社科系按教学大纲要求,自己编印了《中华人民共和国史》,思想品德教研室参与并主编煤炭高校思想品德课统编教材《大学生思想道德修养》《法律基础》等。形势教育课是"两课"教学的组成部分和有益补充。学院根据国际、国内形势的变化适时地安排教学内容,使广大学生及时了解世界形势的变化以及党和国家对一系列重大问题的原则和立场,从而增加了大学生的历史责任感。

(二)大学生社会实践活动

学院坚持每年暑假组织学生开展形式多样的社会实践活动,使广大学生了解在中国共产党的

领导下,中华人民共和国成立 40 多年来社会主义建设取得的巨大成就,增强了建设社会主义祖国、创造美好生活的信心,加深了他们对党的路线、方针和政策的理解以及对党的、祖国的热爱之情。

（三）进行爱国主义教育

学院每年在"元旦""五一""五四""七一""国庆""一二·九"等重要节日以及其他重大活动期间开展丰富多彩的爱国主义教育活动。尤其是在 1997 年,学院利用香港回归祖国的时机,开展了一系列富有成效的宣传教育活动,组织全院学生参观了"迎回归展览";请西安市侨联主席陈纪萱先生和学院秦愉庆教授做了《香港百年,迎回归》报告;举办迎回归书画展和书法摄影展;举办"庆七一迎回归"文艺演出;6 月 30 日晚,学院设置大屏幕电视和 15 台电视机供全院学生观看香港回归主权交接仪式实况,同学们激动不已,起到了明显的教育作用。

三、制定制度、强化管理,促进校风好转

（一）制定和完善了一系列管理制度

学院制定了《校纪管理条例》,几经试行和修改,对进一步改进学风、规范学生行为、制止违法乱纪事件起到了十分重要的作用;《德、智、体综合测评条例》的制定和执行,实现了学生综合素质测评和管理的制度化、标准化,极大地促进了学生全面发展;《辅导员工作条例》对激励、监督、评价学生政治辅导员的工作起到了积极作用;《奖、贷学金管理办法》和《公寓管理办法》使奖学金的评定、贷学金的发放、公寓管理等全部实现制度化。这些规章制度的建立健全基本使学生管理工作走上了科学化、规范化、标准化、制度化轨道。

（二）各系、各科室在学生管理方面都逐步建立健全了有关制度

例如《勤工助学条例》《食堂就餐制度》《早操制度》《公寓管理制度》《学生社团管理条例》《入党积极分子培养制度》等。在创建文明校园过程中,学院还制定修改了一系列学生管理的制度、标准和办法,实践证明都是行之有效的。

四、开展科技文化活动,提高综合素质,推进校园文化建设

（一）提高学生的科技学术水平

在 1996 年 11 月和 1997 年 4 月召开的学院第十一次学代会和第九次团代会上,院团委、学生会进一步明确了校园文化建设的目标是"以科技文化活动为突破口,以提高综合素质为目标,不断拓宽校园文化建设的内涵"。1996 年 11 月,学院成立了以副院长常心坦为组长、院党委副书记赛云秀为副组长的学院第一届大学生科技学术报告会筹备领导小组,院团委、学工部、教务处、科研处、研究生处等部门积极组织,于 1997 年 5 月举办了第一届大学生科技学术报告会。大会共收到 64 件作品,经过预审、初评两阶段,确定了 18 件作品参加终审决赛,经过参赛选手的激烈答辩,最终产生一等奖 2 名、二等奖 5 名、三等奖 11 名,同时还评选了 5 个先进集体,在全院学生中掀起了学科技、用科技的热潮。在参加第五次"挑战杯"全国大学生课外科学技术作品比赛决赛中,学院参赛的 3 件作品全部获奖,研究生文虎的作品"采煤工作面注氮防灭火参数研究"获三等奖,资管系采矿 93-1 班学生张浩西等三人的"大柳塔煤矿高产高效工作面特大型立体相似模拟实验设计与研究"和建工系工民建 94-2 班郭小华的作品"钢纤混凝土黏弹塑性异向损伤有限元分析"分别获鼓励奖,学院以总分 80 分的成绩获全国第 58 名,在陕西高校中名列第 3 位,学院还被竞赛组委会授予"特别进步奖"荣誉称号。

（二）开展丰富多彩的课外活动

为充分利用双休日,一些全院性大型文体活动安排在跨假日举行,如"冠军杯"足球赛、"三好杯"篮球赛等传统体育竞赛都已成为时间跨度长、参与面广的群众性活动。在全面开展学生文艺活动中,学院积极组织学生参加陕西省"校园之春"文化艺术节,取得了较好的成绩,如 1997 年共参加

了健美操、舞蹈、校园歌手比赛和大学生辩论赛,取得了健美操和辩论赛两项单项优秀奖。

为全面推动大学生素质发展计划,学院坚持每年举行"五四"科技文化周、"一二·九"汇演、每周升旗仪式、诗歌朗诵会、金秋书画展、大学生辩论赛、单科知识竞赛等活动,这些传统校园文化活动既有鲜明主题,又蕴含着丰富的文化知识,对提高大学生的综合素质起到积极的作用。

(三)学生社团建设

为加强管理,院团委制定了《学生社团管理条例》,对学院的学生社团重新进行了登记,整顿和解散了一些组织涣散、影响范围小、长期不开展活动的社团,重点扶持了一批宗旨明确、影响力大、有利于广大学生健康成长的社团。学院现有国旗队、科技协会、计算机协会、文学社、书画社、广播台、裁判协会、爱心会、柔道协会、记者团、伙食管理委员会、图书馆管理委员会等二十几个社团,他们从不同方面积极配合学校开展各种有益的校园文化活动。如每周一定期举行的升国旗仪式已成为学院爱国主义教育的一项重要内容;文学社举办的每年一届的"秋之声"诗歌朗诵会和不定期举办的文学讲座已成为文学爱好者学习和施展才华的舞台;书画社举办的"金秋书画展"、裁判协会举办的各种裁判培训班及各类体育比赛都深受同学们的喜爱和欢迎;"爱心会"三年来开展了扶贫助学等大量献爱心工作,得到了校内外各界的支持和好评,被共青团陕西省委评为"优秀学生社团";伙食管理委员会长期参与学生食堂的管理,为学校的后勤管理提出了一系列可行性意见和建议;图书馆管理委员会自 1997 年成立以来积极参与图书馆的管理工作,为共同创造一个良好的学习环境做出不懈的努力。

五、开展社会实践活动

社会实践活动是学院对学生进行教育管理的一个重要方面。学院积极贯彻上级有关部门的安排,坚持集中与分散相结合,组织全院学生开展了以实践为契机,以学习锻炼为目的,以科技文化服务为主题,以经济文化相对落后地区为重点的社会实践活动。深入基层,因地制宜地开展大学生社会实践活动,取得了丰硕的成果。据统计,10 年来,利用假期参加各种形式的实践活动的学生达 2 万多人次,院团委集中组织 10 次 20 多个社会实践小分队,参与人数超过 1 000 人次。

1995 年,学院组织学生深入陕北神府矿区进行挂职锻炼,开辟了社会实践的新途径。在这期间,同学们利用所学知识为企业提出了许多合理化建议,帮助企业进行了技术改造,为企业创造经济效益十几万元。1994~1997 年,学院连续四年组织学生深入秦岭山区的陕西省商南县开展科技文化服务活动,为当地群众的脱贫致富做出一定贡献。1995 年学院赴商南志愿者扫盲与科技服务队被团中央、全国学联和团省委、省学联分别评为"先进志愿者扫盲与科技服务队"。1995 年、1997 年学院两度被中共中央宣传部、原国家教委、团中央、全国学联评为"社会实践先进集体",院团委也多次被中共陕西省委宣传部、省教委、团省委、省学联评为"社会实践先进集体"。

1994 年,大学生在社会实践过程中发现陕西省商南县太吉河镇原丹南小学校舍岌岌可危,教学条件非常艰苦。回校后在全院师生中举行了募捐活动,为原丹南小学一次性捐款 28 000 多元,帮助小学盖起了一座两层教学楼,同时 50 个团支部承担了 50 名贫困儿童上学的全部费用。1995 年,该校竣工后,当地政府将丹南小学改名为太吉河希望小学,并将小学作为学院大学生社会实践基地。同年 11 月,院党委副书记兼副院长杨恒青同志赴商南参加了学校的竣工典礼,并为新校名和"西安矿业学院大学生社会实践基地"揭幕;1996 年 12 月,院党委副书记赛云秀又冒雪亲赴小学进行了考察,将上万元捐款和学习用品送到了学校,《中国煤炭报》对此进行了报道。

六、坚持标准,保证质量,积极慎重地做好学生党员发展工作

学院十分重视学生的党建工作,院党委每年都要召开专题会议研究部署学生的党建工作,制定学生党建规划。1988 年发展学生党员 45 人,占本年度学生总数的 2%,1997 年发展学生党员 245

人,占本年度学生总数的 7％,1997 年比 1988 年增加了 5 个百分点。学院学生党建工作始终位于陕西省高校的前列。

（一）举办学生党校

学院 1986 年就成立了"西安矿业学院党校",一直坚持把党校纳入学校思想教育网络中、高层次教育体系,有计划、分层次、系统地对广大学生党员和入党积极分子进行共产主义理想、党的历史使命和党的基本知识教育。学院坚持每年举办一期学习班,截至 1998 年,共举办党校 16 期,培训学员 5 000 多人(次)。培训过程中,学员由各系党总支择优选送。每期结业,要求每个学员撰写一份结业论文,对自己的学习情况进行详细的总结,考核合格后颁发结业证书。在学院集中举办业余党校的同时,各系也举办了不同形式的党课学习小组。如机械系学生党支部、地质系学生党支部针对本系学生入党积极分子多,培养教育任务重的特点,系上坚持举办业余党课学习班,由学生党员讲课,用自己入党的亲身体会对入党积极分子进行教育。课后,耐心回答同学提出的问题,并同入党积极分子经常谈心。这种党员和入党积极分子共同学习的方法,不但提高了入党积极分子的思想认识和政治理论水平,而且对党员也是一种再教育过程,取得了显著的效果。

（二）保证党员的质量

学生党员的一个重要特点是在校时间短,要求进步的人数多,发展以后即将毕业。针对这一特点,院党委要求学生的党建工作必须坚持"加强培养,积极慎重,保证质量"的原则。要求各学生党支部根据党员的标准和条件,成熟一个,发展一个,不搞突击发展。学院特别重视从低年级中开始培养入党积极分子,学工系统各工作部门及各系都立足于早发现、早动手、早培养,积极配合学院做好党建工作。学工部根据新生档案和材料,收集在中学阶段表现好的优秀学生、优秀团干,经过一定阶段的培养教育,将一些思想觉悟高、成熟快的学生列入发展计划;各级团组织也将向党组织推荐优秀团员作为培养发展对象的工作作为一项重要工作制度来抓。对于递交了入党申请书的同学,各党总支尽早动手,发函外调,严格政审,同时党支部指定联系人进行帮助、培养和教育。对于一些重点培养对象,邀请他们参加党的组织活动,从而进一步提高他们对党的认识。吸收之前,要求他们结合自己的实际情况就党的性质、指导思想、宗旨、纪律、作风等问题进行一次全面系统的总结,切实保证新党员的质量。

（三）做好党员的思想教育

学生党员队伍中预备党员较多,入党时间较短,如不加强教育,就可能出现组织上入党思想上未必入党的情况。针对这种情况,院党委要求每一个预备党员要定期向党组织递交思想汇报,在预备期内,党支部每半年对新党员进行一次中期鉴定,对于不能严格要求自己的预备党员及时进行批评教育,帮助他们寻找原因,克服缺点,及时改正。

七、为贫困学生创造有利条件,帮助他们顺利完成学业

勤工助学活动是贯彻教育与生产劳动相结合,培养德、智、体全面发展人才有益且有效的形式和方法之一,也是学院学生管理教育工作的一个重要方面。为了加强勤工助学的管理,为了进一步培养学生的劳动观念、勤俭作风、敬业精神和竞争参与意识,为学生提供培养智力、技能、理论与实际相结合的实践场所,保证勤工助学活动的健康发展,1994 年 12 月,学院成立了勤学指导委员会,统一协调管理学生的勤工助学活动。委员会主任由主管学生工作的副书记兼任,委员由教务处、总务处、校产办、基建处、财务处、研究生处、科研处、学工处、团委等部门负责人组成。委员会下设勤工助学办公室,配备专职人员两名,行政关系隶属学生工作处,其主要职能是负责联系院内外勤工助学项目,定时向学生公布用人信息。组织、管理勤工助学活动,协调、解决勤工助学活动中发现的问题;发放勤工助学补贴,积极为勤工助学筹措经费;建立勤工助学实体,提供长期固定的勤工助学岗位。

　　勤工助学办公室根据工作需要,每年招聘一定数量的学生作为勤工助学办公室的兼职人员,并且相应成立了对内管理部、对外联络部、人才开发部和资源开发部,为勤工助学岗位的开发发挥了一定作用,这些部门的分工与合作,使勤工助学工作有较快发展。为了加强勤工助学工作,使勤工助学活动进一步走向规范化轨道,勤工助学办公室在勤工助学委员会的指导下,结合学院的实际情况,确立了"结合实际,积极探索,注重实效;公开招聘,择优录用,按劳计酬;以学为主,锻炼能力,勤工助学;广开门路,科学管理,合理实用"的原则,同时制定并完善了《大学生勤工助学条例(试行)》《勤工助学经费管理办法(试行)》等7个规章制度。

　　1995~1998年间,勤工助学办公室立足院内,开发了众多的岗位,如为管理好新建的大学生活动中心(包括打扫卫生、值勤和管理)开辟了22个岗位;在校园文明建设中,校园管理科提供了浇花、种草、种花等岗位;鼓励学生与房产中心、公寓开展共建活动等。正是这些岗位的成功开发,帮助一部分困难学生顺利完成了大学学业。向社会输出一批有能力的贫困生。勤工助学办的人才开发部、对外联络部共同努力联合开发了大量社会岗位,把适应能力强的同学尽量安排在这些岗位上。这些同学在各自的岗位上都发挥了应有的作用,得到了一致好评,为学院赢得了良好的声誉,如与环球节能公司、华能化工公司(中外合资)、西安金属工艺厂进行科技产品的宣传、推广等。社会岗位的开发,为同学们提供了一个提前适应社会、认识社会的机会,还为同学们提供了学以致用、丰富知识的场所,为今后走向社会更好地工作奠定了坚实的基础。据统计,参加勤工助学的人数达3 857人次,占3年院内学生总数的39%。

八、加强硬件投入,提高服务质量,加强公寓管理

　　学生公寓是学生除了上课、上自习及课外活动以外的主要活动场所,是学生的一块"自由天地",学生中大量的思想问题和行为过失往往发生在宿舍之中,从这个意义上讲,加强学生公寓管理是做好学生教育管理工作的重要保证。

　　(一)加强硬件投入是公寓管理工作的基础

　　学院投入了大量物力、财力加强学生公寓的基础设施建设。1996年学院自筹基金投资修建了4号学生公寓,不仅使每个公寓的住宿学生从8人减少到了7人甚至6人,而且为学习生活需要,学院于1992年为每个公寓配置了小书架、壁橱、脸盆架等学习、生活用品。1996年,学院又对学生1号、2号、3号公寓进行了彻底维修,将木窗全部更换为铝合金窗,并为西晒宿舍安装了防晒棚。为给学生创造一个良好的生活环境,学院坚持每年在新生入校前对公寓进行一次粉刷。

　　(二)加强公寓日常管理工作

　　(1)组织机构上,学院于1989年成立了由主管学生的领导牵头,学工处、团委、教务处、总务处、保卫处、院办等部门负责人参与的跨系统、跨部门的学生公寓综合管理领导小组。各系成立了由系主管学生工作的负责人、辅导员、学生会干部等组成的公寓管理小组,具体组织、指导、检查、监督宿舍管理工作。同时院学生会等一些学生自我管理组织也参与公寓的管理,定期对公寓进行检查、监督。

　　(2)加强公寓管理制度化建设。公寓管理部门结合学院学生的实际情况制定了《西安矿业学院公寓管理条例》《学生公寓家具、物品管理办法》等14个详尽的管理制度,内容包括从进校到离校,涉及学生生活的各方面,基本使公寓管理的各个环节实现了有章可循,有据可依。引入激励机制是学院学生公寓管理的一个重要特点。学生公寓管理部门除了按有关规定直接测评,还与学籍管理、校纪管理、评优、奖学金等紧密结合,对于在学生公寓表现突出的学生推荐给学生所在系(部)给予奖励或在评优过程优先考虑;对于违纪者,建议所在系(部)予以适当的校纪处分,这一举措有力地强化了公寓管理。

　　(3)为学生提供热情周到的服务。学院公寓管理尽可能地急同学所急,想同学所想,扎扎实实

地工作,千方百计地为同学提供一个较舒适、干净、方便的学习、生活环境。例如,有的厕所设计不合理,又难以及时改造,管理部门要求卫生工每天多打扫几遍。楼道卫生每天坚持"两扫两拖",保证楼内清洁卫生,这样也使同学们逐渐理解和尊重了工人的劳动成果,养成了注意保持的好习惯。学院还在公寓设立了生活服务室,配备了洗衣机、甩干机、电熨斗、熨衣板、煎药炉等设备,为同学们的日常生活提供方便的服务。学院不断加强公寓管理人员的职业道德教育,开展"我为同学送温暖"活动,使广大学生对公寓有"家"的感觉。为了使广大同学能及时了解外界信息,学院先后为各公寓配备了电视机,每天下午 6:30～7:30 为同学放新闻联播节目,周六、周日晚上播放其他节目,大大丰富了同学们的业余文化生活。

学院在公寓管理中还重视调动学生的参与积极性,充分发挥学生的自我管理、自我服务、自我教育作用。学院发动广大学生在学生公寓开展各种有益的义务劳动,让他们亲身体验劳动的辛苦,使他们懂得了尊重别人的劳动成果,增强了同学们与公寓管理人员之间的交流,起到了显著的教育效果,多次受到上级有关部门的奖励和兄弟院校的赞扬。例如,在 1995 年陕西省教委、陕西省教育工会组织的"五一"劳动竞赛评比中,学院公寓科获省"先进科室"称号。

九、做好毕业生就业工作

做好毕业生就业工作是学院学生管理教育的一个重要环节,学院始终坚持"统筹安排,合理使用,加强重点,兼顾一般,面向基层,加强生产第一线"的就业原则,加强毕业生管理教育工作,使每一个毕业生愉快地走上工作岗位。

（一）认真细致、有针对性地做好毕业生思想教育

学院针对毕业生中存在的问题,重点抓了两个方面的工作。一是抓毕业生的形势教育和就业政策教育,使毕业生全面、客观地认识我国改革开放以来经济建设取得的成就,了解国家对高校毕业生的有关政策和规定。加强就业指导教育,使毕业生学会自我推荐,正确选择适合自己的工作岗位。二是抓行业思想教育,使大部分毕业生到基层去,到条件相对艰苦的地方去。学院针对一部分毕业生存在的思想脱离实际,留恋大城市,不愿在煤炭系统工作的思想,请一些在煤炭基层单位做出了突出成绩的校友回校给毕业生讲自己的奋斗历程,组织观看一些有教育意义的录像,使他们进一步提高认识,澄清思想,结合自己的实际填报就业志愿,自觉服从安排。

（二）努力贯彻国家就业政策

学院的毕业生管理干部努力掌握国家有关毕业生就业的政策、法规,并结合本校实际情况,每年都制订出符合学院实际的毕业生分配计划和实施方案。随着招生并轨的推行,如何在新旧两种体制共存的条件下做好毕业生就业工作是毕业生管理工作的一个重大课题。面对这一形势,学院结合行业特点,提出了坚持计划的严肃性与人才市场的灵活性相结合的工作方针,坚持在保证煤炭行业需求的基础上,积极组织各种形式的供需见面活动,鼓励"双向选择",将毕业生推向市场,让同学们在市场竞争中学会生存。另外,为保证国家计划的顺利完成和控制毕业生的流向以及出系统的比例,更好地贯彻择优分配原则,学院实行综合测评,成绩高的优先就业的制度。对出系统就业的除此之外按综合测评成绩择优推荐外,还实行有偿分配,收取一定数量的培养费,从而大大减少了煤炭系统的人才外流,同时也为学院创造了经济效益。

十、创建文明校园,强化学生教育管理工作

学院组织全院学生认真学习了江泽民同志关于爱国主义教育的讲话,举办了三场《邓小平与香港回归》报告会,参加人数合计 6 000 多人次;组织学生观看了电影《离开雷锋的日子》;设置大屏幕投影和 15 台电视机,组织学生及时收看香港回归交接仪式;举办了两期学生业余党校,培训学员592 人。学院利用团日活动、班级活动在学生中广泛开展学习邓小平理论及进行"三个主义"(即社

会主义、集体主义、爱国主义)、"三观"(即人生观、道德观、价值观)的教育活动,并充分利用校报、板报、广播、《学生工作通讯》等宣传媒体使"三个主义""三观"教育(简称"两个教育")融合于全院同学的日常生活之中。学院在学生中成立了校园文明督查队,设立监督岗;组织学生利用劳动教育课和节假日参加公益劳动,学生自己动手美化校园。为深化"两个教育",学院编印了统一的学习资料,对全院学生进行了综合测试,并于1997年10月在大学生活动中心进行了知识竞赛,收到了明显的教育效果。通过努力,校园内的不文明现象得到有效遏制,助人为乐、我为人人、人人为我的良好风气已蔚然成风。

在创建文明校园过程中,学院从1996年4月至1997年年底,对学生教室、宿舍突击检查8次,每次检查都由主管学生工作的院领导带队,全体学生工作干部积极参与。对于检查中发现的问题,现场解决,坚决处理,这期间共通报批评126人(次),处分违纪学生37人。同时,还在橱窗和《学生工作通讯》专辑中设立曝光台,对一些不文明行为进行公开曝光,从而为学生的学习、生活创造了一个文明、健康的环境,也为1997年年底学院顺利通过省"文明校园"验收奠定了良好的基础。

十一、学生工作队伍建设

培养和造就一支思想觉悟高、理论水平强、业务素质精的学生工作干部队伍是学生管理教育的一个重要方面。学院在党委的领导下,不断加强学生工作干部队伍建设,已经形成了一支专、兼职,老、中、青相结合的政工干部队伍。学院共有专职学生工作干部38人,其中院领导1名、党委学生工作部6名、院团委3名、各系28名。学院学工工作干部的政治思想素质、业务素质都比较强,特别是在学生多,学生工作干部编制少,学生工作担子重、报酬低的情况下,仍能任劳任怨、不计得失、默默奉献,认真细致地做好每一个学生的教育和管理工作,为学院稳定和发展做出巨大贡献。

第九章　后勤保障工作和基本建设

后勤工作、财务管理、基建工作是学校发展和建设的重要保障。1988～1998年这十年中,学院始终坚持"三服务、两育人"的宗旨,不断深化后勤、财务管理改革,加快基建进程,后勤、财务、基建工作取得了可喜进步。

一、后勤保障工作

自1988年,特别是"八五"以来,是学校后勤工作快速发展的重要时期,尤其邓小平同志南方谈话之后,后勤部门加大改革力度,逐步向实现服务社会化迈进,在建设规模、保障供给能力、效益等方面都有了较大进展。

（一）精减人员,强化素质

总务处人员减少了1/4,减少临时用工1/2;1998年总务处具有高级职称28人,中级职称22人,初级17人;高级技工69人,中级技工15人。后勤职工上下齐心,共同努力,积极工作,为学校的建设做出较大成绩。1988～1998年共完成1 100余万元事业经费的任务,完成大量改造维修工作。其中,建成东院200立方米蓄水池和水泵房;建成南院800立方米蓄水池和水泵房;更换家属楼、图书馆、学生食堂暖气片5.2万平方米;更换修剪草坪1 500平方米;修剪绿篱4 800平方米,铺设路面3 900平方米;完成教学区自来水扩容工程及第二学生食堂改造工程;此外还利用创收经费,为学校增添了3台汽车,投入15万元装修了多功能餐厅和调剂食堂,自筹176万元建造了1 270平方米的总务接待中心等,较大程度地改善了学校的教学、工作及生活条件。

（二）后勤服务社会化改革

1988～1998年是总务管理改革的十年,总务工作千头万绪,哪一件做不好都会影响学校的整体工作。为适应形势发展,必须逐步完成由计划经济体制向市场经济体制的转变,最终实现后勤服务社会化。

（1）1988～1990年,由伙食单项责任承包制发展到总务处事业经费大承包制。1988年,为了适应形势发展,推行伙食单项责任承包制,实行"总务处事业经费大承包"的改革方案。具体做法是:层层落实经费承包责任制,处与各科室签订承包合同书,采取经费包干、超支不补、节约留用的办法,把大承包的方案落到实处。经过两年实践,总务经费大承包显示了有利于学校稳定与发展的一面,但也暴露了管理体制上的一些问题。1990年,在经费大承包的基础上,总务处重新修订改革方案为"总务经费目标管理",使后勤管理与服务上了一个台阶。主要体现在:提高了后勤职工做好"三服务"的自觉性,由被动服务逐渐转向主动服务;减少了学校的经费投入,实现了少花钱、多办事、办好事的目的。但是,在计划经济体制上,后勤服务仍然是福利供给型的,如何把后勤推向社会化,当时还只是设想和探索。

（2）1992～1994年,从管理模式上寻找突破口,迈出走向社会化服务的第一步。1992年,经过充分的调查研究,认识到高校后勤的出路是走向社会化服务。总务处党政领导召开各级干部会议,展开充分的讨论和论证。在统一认识的基础上,先从管理模式上找到突破口,推行了"一体两制"的内部管理模式,即总务处整体对院经费包干,对内部推行两种管理体制,一是单纯的管理服务型,二是有偿服务经营型。

压缩编制,调整机构,实行经营型与服务型分离;有偿服务与部分福利服务分离。把原11个行政科室压缩调整为"一办八中心",除处办公室为单纯管理服务型外,其他中心均为经济实体。各中心对内实行有偿服务,对外实行经营服务。通过独立核算、自负盈亏、节约留用的办法,为学校节约了经费。

在运行机制上,大胆进行人事制度改革,实行"三定一聘",即定编、定岗、定责,全员实行聘任(用)制。在原有50个岗位的基础上,根据需要重新设立32个岗位,同时将原来的200余人压缩定编为176人。采用公平竞争、择优上岗、双向选择的办法签订了干部、工人聘任(用)合同书。重新上岗的干部和工人思想认识上有了提高和转变,增强了危机感、责任感,也使得工作作风、工作效率有了明显提高。

在分配制度方面也进行了相应的改革。为了充分调动广大干部、群众的积极性,体现多劳多得的分配原则,打破了以往的平均主义分配办法,实行了业绩津贴制度。发放津贴时采取"死分活值"办法,按岗位、劳动强度以及工作责任的不同分成九个档次,并向服务一线以及较脏较累的岗位倾斜;对于有特殊贡献的单位和个人设立专项奖,充分体现奖勤罚懒的原则。

(3)1994~1998年,全面推动"小机关、多实体、大服务"的管理模式,继续深化后勤管理改革,迈向社会化服务的第三阶段。

高校后勤服务工作实现社会化服务是改革的方向。但是,在高校经费严重不足的情况下要实现这一目标有很多困难,只能分步实施,逐步实现。由于经费的制约,工作经常处在有多少钱办多少事的状况下,多显被动。

当全国高校后勤普遍推广"小机关、多实体、大服务"的管理模式时,学校总务改革也进行了尝试。首先制定出改革方案,重新修订、完善各项规章制度及各岗位的目标责任,在进一步精简机构、缩编人员的基础上,推行"小机关、多实体、大服务"的管理模式,在后勤深化改革的道路上迈出了一大步。

具体做法:根据《总务处整体改革方案》,重新按照企业化管理的办法划小核算单位,组建经济实体,实行独立核算、自收自支的新的运行机制。为实现减员增效的目的,又从人事制度上开始,重新进行了科学的定编、定岗、定责。在聘任(用)问题上,每年对职工进行一次综合考核,民主评议。采取合格称职者上岗,不称职者解聘的原则,分流了部分下岗人员,减少50%临时工,工作效率、经济效益明显提高。

(三)医疗、住房改革

(1)根据卫生部、财政部1989年138号文件精神,学院从1989年10月起试行医疗费用本人少量挂钩的改革办法,经一年试行并广泛征求意见,进一步完善制订出《西安矿业学院公费医疗改革修改草案》,取得了一定的效果,但医疗费超支问题仍很突出,每年仍在百万元以上。为做到"有病必须医治,费用必须控制",1997年对《西安矿业学院公费医疗改革修改草案》作了修订。

为了配合医疗制度的改革,学院原医务所也发展成为校医院。原医务所仅有一名副主任医师,两名主治医师,设备简陋,一般的病就需转外就医,致使医疗费用逐年超支,学校不堪重负。经数年筹备,于1996年6月经雁塔区卫生局评审,院医务所晋升为校医院。1998年,医院拥有4名副主任医师,6名主治医师,2名主管护师及15名具有初级职称的医护队伍,设20张病床,医疗设施较齐全,对于常见、疑难、急诊基本可达95%的治愈率。

(2)学校十分重视教职工住房建设。1988年建校30周年时,学校共有套房390套,远远不能满足教职工的住房需求,学校决定加快建设步伐,1989年同时竣工11号、14号家属楼共计120套。但只靠国家投资难以解决根本问题。1991年,结合外地房改经验,学校草拟了住房改革方案,得到了广大教职工的响应和支持,也属全省高校首例,带动了省高校住房制度改革。1992年成立了房改办,1993年建立了住房公积金制度,并将原有400套旧房以标准价出售给广大教职工,回收大量

资金为集资建房打下了良好的基础。之后几年中,靠多方筹措资金(国家、集体、个人),陆续建起了15号、16号、17号、12号楼共259套,使人均住房面积由原来的不足3平方米提高到6.26平方米。1998年年底,5号及17号的一个单元共计98套投入使用,使人均住房面积达7.12平方米。

二、财务工作

(1)建立了一支政治素质高、业务素质过硬的财会人员队伍。1988～1998年期间,学校财会人员队伍的结构发生了很大变化。大、中专以上的人数比例由1988年的37%上升到1998年的65%,中级以上职称人数的比例由1988年的8%上升到1998年的42%;党员人数的比例也由8%提高到30%;平均年龄33岁,基本上是一支革命化、知识化、年轻化的财会队伍,多次受到上级表彰和奖励。

(2)自筹经费能力进一步加强,学校的综合经济实力得到充实,基本缓解了国家教育经费投入不足的困难。同时,对校办产业给予了一定的经济扶持,增强了校产的活力,产生了一定的经济效益,1988～1998年间共自筹经费以弥补教育经费1 957万元,自筹基本建设经费410万元,投入校办产业270万元。

(3)加强财务计划管理,建立健全内部财务管理运行机制。加强财务处内控制度建设,20世纪90年代初财务处就实行了内部稽核制度,建立健全了内部岗位责任制、工作人员轮岗制、内部考核和内部奖惩等一系列内部控制制度,确保了学校资金的安全。

学校财务处1989年获得中国统配煤矿总公司颁发的《会计工作达标单位》证书,成为首批达标单位;1993～1997年,被煤炭工业部评为教育事业费决算、基建财务决算先进单位;1993～1997年,被陕西省教育工会评为工会财务决算先进单位。

三、基本建设

1988～1998年,学校基本建设工程接连不断,基建工作一直是学院建设的重要方面。在煤炭部投资逐年减少的情况下,为保证学校正常发展,校内自筹基建资金累计超过1 000万元。这期间共完成基建投资5 136万元,建筑面积58 500平方米,其中教学及公共用户24 600平方米,教职工住宅33 900平方米,完成基建重大项目162项之多,极大地改善了办学条件和广大教职工的居住条件,学院的校舍、校貌状况良好,见表2-9-1。

表 2-9-1　　　　　　　　　　1988～1998年完成基建项目情况

建筑名称	建筑面积/平方米	备注
教学主楼	12 973	
矿压实验楼	2 700	
报告厅	2 552	
4号学生公寓	4 667	
北院大门	130	
南院锅炉房扩建	186	
北院锅炉房、浴室	1 180	
变电所	163	
小计:	24 551	
11号住宅	3 745	60套
12号住宅	6 757	84套

续表 2-9-1

建筑名称	建筑面积/平方米	备注
14 号住宅	3 340	60 套
15 号住宅	3 660	56 套
16 号住宅	4 024	63 套
17 号住宅	3 393	56 套
5 号住宅	6 800	84 套
17 号住宅 4 单元	1 800	14 套
小计	33 519	477 套

第三篇

抢抓机遇　建设知名大学

第一章　顺应时代潮流　谱写新篇章

1998年9月1日起,学校按照国家教育体制改革的整体部署,划转为"中央与地方共建、以地方管理为主"的院校,不再隶属原煤炭工业部。之后,学校紧紧抓住"科教兴国""优先发展教育""西部大开发""高校扩招"等新的历史发展机遇,注重内涵,强化特色,在十年的时间内取得了快速发展。学校招生规模不断扩大,学科建设不断加强,专业数量不断增加,教学质量和科研水平稳步提高,师资队伍建设趋于合理,基础设施建设成绩显著,教育、教学和管理体制改革不断深化,取得了一系列令人瞩目的成就。学校快速改变了单学科性的工科院校办学格局,顺利地向多学科协调发展的、在国内有广泛影响的教学研究型大学迈进。

第一节　正确判断形势　实现规划目标

一、科学判断形势,适时修订规划

1. "九五"计划及2010年长远规划

1996年12月中旬,学校召开的第七次党代表大会依据原煤炭工业部制定的《煤炭工业教育"九五"计划和2010年发展规划纲要》和学校的实际情况,审议并通过了《西安矿业学院"九五"计划及2010年长远规划》,确立了学校"九五"和2010年奋斗目标。

学校"九五"期间发展的总目标是:使学校综合实力与水平达到一般院校的先进水平。主要指标是:按照普通高等工科院校办学水平评价体系要求,教学质量在主要指标上达到优秀标准;本、专科在校生达到4 500人,研究生在校生达到170人,成人教育在籍生达到2 000人(含短期培训500人);结合煤炭工业特点,完成一批达到国内先进水平的项目,科研经费达到2 000万元以上;力争获得博士学位授予权,新建硕士点3个,建成省部级重点学科5个;师生比达到1∶8,教职工与学生比达到1∶4,教师中博士学位比例达到16%,硕士学位比例达到60%;校办产业上缴学校总额1 000万元;进一步改善办学条件和职工生活条件,校内津贴逐年增长;档案管理1997年达到省部级标准,2000年达到国家标准。

2010年发展的主要目标是:在校本、专科生达到5 000人,硕士和博士生达到300人;硕士点20个,博士点4个;建成省部级重点学科6个,省部级重点实验室4个,国家重点实验室2个,办学质量达到全国重点大学的水平,把西安矿业学院建成适应社会及煤炭建设发展需要的理工大学。

2. "十五"计划到2010年的奋斗目标

在顺利完成"九五"计划的主要指标的基础上,学校依照中共中央、国务院颁布的《面向21世纪教育事业振兴行动计划》和《关于深化教育改革全面推进素质教育的决定》,结合全国高等教育的改革和发展进入新的高潮及学校的实际情况,制定出《西安科技学院"十五"教育事业发展计划》,并由2001年5月29日至30日召开的第八次党代表大会审议、通过。

"十五"计划提出的"十五"期间乃至到2010年学校发展的总目标是:立足西部,面向全国,抓住机遇,协调发展,把我院建设成为在国内有广泛影响的特色鲜明的多科性大学。主要指标是:办学规模稳步发展,本科在校生达到11 000人,研究生在校生达到1 000人,高职生达到1 000人,成人

教育学生达到 2 000 人;本科教育综合水平按照教育部《普通高等学校本科教学工作随机性水平评估方案》的评价体系达到优秀标准,研究生教育综合水平在国家博士、硕士学位授予单位研究生培养工作评估中达到优秀标准;学术水平和科研实力明显增强,科研经费到款累计超过 8 000 万元,科技成果产业化效益显著;博士点增至 7 个,硕士点增至 28 个,本科专业增至 36 个,省部级及国家重点实验室取得新的突破;生员比、生师比分别控制在 7∶1 和 14∶1,师资队伍结构合理,办学效益和教职工生活水平明显提高。

总的构想分两步走:第一步(2001～2005 年),坚持社会主义办学方向,进一步深化改革,转换机制,优化结构,充实内涵,扩大规模,保证质量,加强管理,提高效益;进一步增强人才培养、科学研究和社会服务能力,使学校规模有较大发展,水平有显著提高,条件有明显改善,使学校成为以理工为主的、在国内有广泛影响的多科性大学。第二步(2006～2010 年),以全面提高教育质量和办学水平为重点,集中力量使学校在人才培养、科学研究和社会服务等方面迈上新台阶,全面实现学校发展目标。

3. 2004～2018 年教育事业发展规划

2004 年 5 月 19 日,学校召开第四届教代会第四次会议,审议并原则通过《西安科技大学 2004～2018 年教育事业发展规划》,提出今后 15 年的奋斗目标:到建校 60 周年时,把学校建设成为多科性协调发展的、在国内有广泛影响的教学研究型大学。

4.“十一五”规划

2006 年 4 月 29 日,学校召开第四届教代会第六次会议,审议通过并经 5 月 26 日学校党委会批准了《西安科技大学“十一五”教育事业发展规划》,提出学校新的办学指导思想、办学理念与发展思路、发展定位与规划目标。

指导思想:高举邓小平理论和“三个代表”重要思想伟大旗帜,全面贯彻党的教育方针,以培养应用型高级专门人才为中心任务,坚持以科学发展观统领全局,坚持规模、质量、结构、效益相协调的发展原则,以人为本,深化改革,加强管理,提高质量,努力把学校建设成为多科性协调发展的在国内有广泛影响的教学研究型大学。

办学理念与发展思路:坚持以人为本,质量立校;坚持统筹兼顾,和谐发展;坚持产学研合作,开放式办学。

发展定位:

目标定位:把学校建设成为多科性协调发展的、在国内有广泛影响的教学研究型大学。

类型定位:教学研究型普通高等学校。

层次定位:学校以本科教育为主体,积极发展研究生教育和留学生教育。

学科定位:继续保持鲜明的地矿及其相关学科特色,大力建设工程技术优势学科,逐步形成工、理、管为主要学科,工、理、管、文、法、经等学科协调发展的格局。

服务面向:在继续服务煤炭工业的同时,立足陕西,服务西部,面向全国。

人才类型:培养适应社会经济建设与发展需要、富有创新潜能、具备团队精神的应用型高级专门人才。

主要规划目标:

办学规模:研究生 3 000 人,本科生 18 000 人,高职生 3 000 人,成人教育学生 6 000 人。

学科建设:在学术方向、基地建设、队伍建设等方面取得重大进展,形成相互交叉融合、具有鲜明特色的学科体系结构,部分学科达到国内一流水平。力争国家、省级重点学科点有所增加,博士后流动站增至 3 个,一级学科博士学位授权点增至 3 个,二级学科博士学位授权点增至 12 个,一级学科硕士学位授权点增至 15 个,二级学科硕士学位授权点增至 75 个。本科专业增至 55 个,省级名牌专业增至 6 个。

教育质量:在国家博、硕士学位授予单位研究生培养工作评估中,研究生教育综合水平达到优秀;按照《普通高等学校本科教学工作水平评估方案》评价体系,本科教育综合水平达到优秀;按照《普通高校函授教育评估基本准则》,成人教育综合水平达到优秀。毕业生充分就业,就业率和就业质量达到同类院校较高水平。

科技创新:科研经费总额达到3亿元;省部级以上获奖成果50项,被国际权威检索收录的论文总数超过600篇,获准专利50项;培养1～2个在国内具有较大影响的科技创新团队,国家级项目数稳步增加;新建2～3个省部级重点实验室或研究中心;建成1～2个省级研发与成果转化基地,使学校拥有自主知识产权的、具有一定规模的高科技企业达到3～5个,力争1～2个进入资本市场,科技产业总产值达到3亿元。

人才队伍:实现"两院"院士"零"的突破,造就在国内著名、国际上有影响的学术、学科带头人5人左右,在国内本专业具有较大影响的学术、学科带头人50人左右,使骨干教师达到500人左右。生师比16∶1左右,教师队伍中具有研究生学历的人员达到75%以上。

办学条件:基本完成临潼校区的扩建和基建任务,初步完成雁塔校区的改造。学校基础设施建设达到和部分超过国家合格标准。

教职工生活:教职工人均居住面积达到10平方米,教职工住房成套率达到90%以上;教职工收入达到陕西同类院校的较高水平。

校园文化:"励志图存、自强不息、争创一流"的校园精神进一步发扬光大,形成富有个性特色的校园文化,力争成为省内校园文化建设的先进典型。

管理改革:党委领导下的校长负责制得到更好贯彻,现代大学的治理结构更加完善;形成层次清晰、权责明确、科学规范的校、院两级管理体制;资源配置科学,利用率高;各项改革进一步深化,工作运行机制更加科学;各级管理人员的服务意识进一步增强,工作质量和效率进一步提高;学校数字化和信息化建设取得新进展,管理手段更加先进。

党的建设:党的思想理论建设明显加强,党的作风建设、基层组织建设、制度建设成效显著;党组织的战斗堡垒作用和党员的先锋模范作用得到充分发挥;各级领导班子团结务实,开拓创新,清正廉洁,治校能力明显提高,成为带领师生员工不断前进的坚强领导集体;构建具有浓郁大学文化氛围的和谐校园。

二、团结拼搏苦干,顺利完成规划

1. 紧紧抓住发展机遇,办学规模快速扩大

随着国家高等教育的快速发展和"扩招"政策的实施,1998～2004年学校招生规模逐年扩大,2005年以后招生规模趋于稳定。年招生人数提前达到规划目标的要求。

1998年本、专科招生总人数1 184名,其中本科生1 083名,专科生101名。研究生招生55名。从这一年开始,学校开展在职人员以研究生毕业同等学力申请硕士学位教育,参加学习和申请学位的人员有300余名。

1999年本、专科招生总人数2 470名,其中本科生2 401名,专科生69名。从这一年开始,学校开始招收博士生。研究生招生80人,其中博士生6名,硕士生74名。

2000年本、专科招生总人数2 510名,在校本、专科生达到7 000余名。成教生招生1 288名。研究生招生125名,其中博士生5名,硕士生120名。

2001年本、专科招生总人数2 705名。在校各类学生折合本科生当量生规模达到10 707名,首次突破万名。在校本科生达到8 541名,专科生416名,成教生招生2 170名。研究生招生227名,其中博士生9名,硕士生170名。这一年,学校开始招收工程硕士,招收了48名工程硕士生。

2002年本、专科招生总人数3 090名,其中本科生2 670名,专科生420名。研究生招生309

名,其中博士生 16 名,硕士生 237 名,工程硕士生 56 名。

2003 年本、专科招生总人数 3 780 名,其中本科生 3 100 名,专科生 680 名。研究生招生 439 名,其中博士生 23 名,硕士生 355 名,工程硕士生 61 名。

2004 年本、专科招生总人数 4 059 名,其中本科生 3 552 名,专科生 507 名。研究生招生 545 名,其中博士生 28 名,硕士生 438 名,工程硕士生 79 名。

2005 年本、专科招生总人数 4 462 名,其中本科生 3 682 名,专科生 780 名。研究生招生 609 名,其中博士生 28 名,硕士生 519 名,工程硕士生 62 名。

2006 年本、专科招生总人数 4 699 名,其中本科生 3 953 名,专科生 746 名。研究生招生 666 名,其中博士生 30 名,硕士生 572 名,工程硕士生 64 名。

2007 年本、专科招生总人数 4 345 名,其中本科生 3 903 名,专科生 442 名。研究生招生 768 名,其中博士生 32 名,硕士生 634 名,工程硕士生 102 名。

2. 办学层次不断扩展,专业数量不断增加

学校十分重视学科建设,不断提升办学层次,不断拓展专业设置。目前在学术方向、基地建设、队伍建设等方面取得较大进展,形成相互交叉融合、具有鲜明特色的学科体系结构,部分学科达到国内一流水平。

1998 年 6 月,国务院学位委员会审议、批准学校为博士授予单位,"安全技术及工程"为学校第一个博士学位授予学科。

2000 年,在全国第八批博士、硕士点申报工作中,矿业工程一级学科获博士学位授予权,实现了一级学科博士授予权的突破。同时,该一级学科还涵盖了 3 个博士学位授权二级学科。

2001 年,学校"安全技术及工程"学科被评为国家高等学校重点学科。2007 年,"安全技术及工程"学科顺利通过国家重点学科的评审。

2003 年,根据人事部和全国博士后管委会联合发出的《关于新设 434 个博士后科研流动站的通知》(国人部发〔2003〕38 号)文件精神,学校矿业工程一级学科被批准设立博士后科研流动站,开展博士后研究工作。

经过近几年的发展,学校现拥有国家高等学校重点学科 1 个,省级重点学科 10 个。

至 2007 年,学校拥有 1 个一级学科博士学位授权点,9 个二级学科博士学位授权点,52 个硕士学位授权点,49 个本科专业。

3. 基本建设成绩显著,办学条件明显改善

1998～2008 年,学校紧紧抓住新的战略发展机遇,通过多种渠道筹集资金,加快基本建设的速度,加大基本建设的力度,在新建临潼校区的同时,加快老校区的改造与建设,形成了一定规模、设备配套、功能齐全、布局合理的校园建筑格局,为教学、科研工作创造了良好的条件,使广大师生员工的工作、学习和生活、居住条件得到较好的保障。

(1)雁塔老校区教学区建设

1998 年,学校完成档案室、4 号学生公寓、2 号学生公寓加层、南院配电室的改造和建设。1999 年,学校先后完成机械楼加层,9 号楼(矿压楼)续建,3 号、4 号楼中断连廊,5 号学生公寓楼(基础部楼)续建,南院学生宿舍、北院研究生公寓、南院南大门的改造和建设。2000 年,学校完成南院教学楼建设。2003 年,学校完成北院室内篮球场、北院临时用房的改造和建设。2005 年,学校完成南院食堂建设。

2003～2005 年,学校利用日元贷款建设了北院综合教学楼。该楼地下 1 层,地上 16 层,较好地解决了学校雁塔校区办公及部分科研用房。

2007 年 9 月,学校完成北院食宿大楼建设。该楼建筑面积 32 444.30 平方米,高 12 层,分雁翔苑餐厅和 5 号、6 号学生公寓,可容纳 3 700 多名学生住宿、近 2 000 名学生同时就餐。新投入使用

的学生公寓配有电梯、投币洗衣机和消防自动喷淋系统等,环境优美、设施齐全;宿舍宽敞明亮,配有电话、网络接口。新建成的雁翔苑餐厅,配备了先进设施,餐厅内环境优雅整洁,菜品花样繁多,雁塔校区学生就餐及生活环境得到了极大的改善。

(2) 南院及东院家属区建设

1998 年建成 5 号住宅楼一栋,建筑面积 6 723.668 平方米,解决职工成套住房 84 户;2000 年进行筒子楼改造,建成 6 号、7 号、8 号住宅楼三栋,建筑面积 25 130.11 平方米,解决职工成套住房 280 户;2001 年分配天豪住房,建筑面积 20 386.72 平方米,解决职工成套住房 136 户;2006 年建成 18 号、19 号住宅楼两栋,建筑面积 20 386.72 平方米,解决职工成套住房 128 户。

(3) 老校区周边房地产开发

2005 年,学校成立房地产中心,加大了周边房地产的开发力度,先后开发了南院交流中心、北院科技大厦、北院研发中心等项目。2004 年 11 月 24 日,与陕西雁星商务有限公司签订了"合作建设西安科技大学交流中心"合同书。该项目位于学校南院南大门东侧大雁塔什字西北角,项目建筑占地约为 1 700 平方米,建筑面积约为 9 200 平方米。2005 年 12 月 21 日,与百脑汇(西安)实业有限公司签订了"合作建设西安科技大学科技大厦"合同书。该项目是学校与台湾蓝天集团采用 BOT 模式共同开发建设的,地上 13 层,地下 2 层,总建筑面积为 63 351 平方米。2006 年 1 月 16 日,与西安赛格商贸有限公司签订了"合作建设西安科技大学研发中心"合同书。该项目占地 1 800 平方米,总建筑面积为 12 084 平方米。2007 年 8 月完成了学校东院住宅楼的项目报建工作,一、二期总建筑面积为 33 844 平方米,总户数为 424 户,此外还计划进行南院实验楼的开发和南院综合楼的改造项目。

4. 校园网络建设初具规模,基本形成信息化平台

学校计算机校园网始建于 1999 年,最早通过 64 K DDN 方式接入互联网,初期建设了西安科技学院主页、FTP 及邮件系统。2001 年正式成立了学校网络中心,开始了大规模的网络建设,至今学校已投入 1 000 余万元(其中教育部西部大学校园网建设国债项目投入 600 万元),完成了校园网的一、二、三期建设内容,建成了具有先进性、可靠性及实用性的校园计算机网络平台,为学校的教学、科研、办公等提供了有效的网络保障。

主要建设的项目有:① 光纤宽带(100 M)双向分别接入中国教育科研网(CERNET)和中国公众信息网(Chinanet),使学校校园网高速接入因特网。② 建设了临潼校区与校本部的光纤千兆网络通道,为新老校区之间异地教学、办公、管理、信息资源共享及后期的网络教学打下了基础。③ 建设网络中心、图书馆、行政楼、临潼校区四个网络主节点,选用 CISCO 公司最高端 65XX 系列三层交换机,主节点之间采用光模块千兆环形结构,构建网络千兆骨干,同时网络未来可平滑升级到 10 G 或更高。④ 各楼宇之间采用光缆互连,实现全校光纤到楼,百兆到桌面,目前已布信息点达 6 000 多个,布线产品选用国际著名品牌布线系统,已全部覆盖雁塔校区的教学、科研、办公、家属区、学生宿舍,大部分覆盖了临潼校区的教学、科研、办公等信息点。⑤ 建设了学校的 Web 站点、E-mail、DNS、视频服务器、数字化图书馆检索服务等,服务器均采用国际著名品牌,包括 SUN、IBM、HP、INTER 等中高端服务器。同时 Web 服务器、E-mail 服务器为双机热备工作模式,并挂接 2 T 的磁盘存储阵列。⑥ 选用了业界最佳的安全系列产品,包括 NetScreen 防火墙、Norton 网络版防杀病毒系统、NetEye-IDS(入侵检测系统),并配置 APC 公司的大容量不间断电源。⑦ 建设完成学校的一卡通项目。⑧ 建设了教务管理信息系统、研究生管理信息系统、人事管理信息系统、科研管理信息系统、国资管理信息系统等信息系统建设。

西科新闻网建设:西科新闻网由学校宣传部建设和管理。2001 年 10 月 1 日,西科新闻网正式开通运行。2002 年 5 月 8 日,西科新闻网全面升级。2007 年 11 月 6 日,西科新闻网又进行了全新改版。新版西科大新闻网在办好《视频点播》《图片新闻》《媒体西科》《校园文化》《教育论坛》《名著

导读》等原有栏目的基础上,把《新闻快报》拆分成《校内要闻》和《院部动态》等两个栏目,并增设了"信息公告"栏目,为学校各院(系、部)及职能部门展示自我提供了更为方便、快捷的平台。新版新闻网以蓝色为基调,强化了头条新闻、焦点新闻的显现,页面布局匀称醒目,沉稳大气,清新活泼。

图书馆网络建设:进入20世纪90年代以来,图书馆的自动化、网络化建设取得了重要进展,逐步建立起比较先进、完备的信息基础设施。2000年,图书馆全面更新了图书馆管理系统,使用"汇文文献信息服务系统",实现了图书馆管理的全面计算机化。现在,馆内的业务工作如采购、编目、期刊、流通等均在"汇文"系统管理下进行;图书馆可以通过网络提供馆藏中、外文图书目录、期刊目录和多媒体电子文献目录的公共查询;建立了光盘网络查询系统,通过校园网为全校师生提供网上24小时的图书目录、电子文献、馆际互借、参考咨询、征订文献、新书刊报道等信息的查阅、检索和链接服务。在校本部和临潼校区分别建成电子文献阅览室,300多台微机投入CERNET、因特网查询、国内外联机数据库和光盘数据库检索。后来,又逐步配备了比较丰富的电子化资源和虚拟资源,初步形成了一个以信息服务为中心的全方位、多层次、开放式、高效率的文献信息服务体系,成为教学科研的重要支柱。

各管理单位、各教学单位网络建设:随着学校网络建设的不断推进,各管理单位及教学单位先后建成各自单位的页面,向外展示各自单位的基本情况及工作动态。

第二节 创办临潼校区 创新办学模式

1999年9月,学校抓住我国高等教育大发展的历史机遇,在多方充分论证、调研的基础上,经报省发改委、省教育厅批准,2000年在临潼区斜口和骊山镇辖区建设新校区。9年来,学校共完成临潼新校区基建投资近6亿元,新增建筑面积约25万平方米,极大地改善了办学条件。

一、临潼新校区建设基本情况

1. 新校区规划

学校采取一次性规划1 600余亩,分期征地的方式建设临潼校区。新校园概念规划以"现代化、网络化、园林化、生态化"为设计原则,把人文思想、学校的历史积淀与校园环境融合为一体,体现人文校园的概念。校园规划按照教学区、学生生活区、运动休闲区、行政办公区、校办产业区五个模块进行分布,通过生态绿化带、南北功能轴、东西联系轴、中央共享设施轴将各区域连接成有机整体。

2. 新校区建设

临潼新校区一、二期建设项目经陕西省发改委陕计社会〔2001〕237号、陕计社会〔2002〕84号文件批准立项,经陕西省教育厅陕教计〔2000〕35号、陕教发〔2000〕40号文件批准建设,经西安市建设局临潼分局临建发〔2000〕18号、临建复函〔2002〕19号批准规划定点,2000年完成了一期征地工作。

2001年2月奠基仪式过后,开始了单体及路网等配套设施工程的建设。为了保证新校区建设的顺利进行,经学校研究决定,成立了临潼校区建设指挥部。由于校区建设刚刚起步,各种生活设施还是一片空白,建设指挥部人员克服各种生活上的困难,吃住在工地,不畏严寒酷暑,坚持工作。

2001年9月,1号、2号学生公寓,第一学生食堂,综合楼,第二学生俱乐部等共计36 000平方米的建筑拔地而起,一期道路、管网、水泵房等生活配套设施也在开学前完成,使3 000余名新生顺利报到、入住,揭开了学校发展史上新的一页。

在度过确保新生按时入学的短暂喜悦之后,建设指挥部全体人员又马不停蹄地开始了更为繁重的新校区建设工作。2001年下半年,图书馆,实验楼,一期锅炉房,3号、4号、5号学生公寓,教师

公寓等建筑又破土动工,共计62 883平方米。其中锅炉房在当年采暖期前投入使用,其余建筑物在2002年年底前相继竣工投入使用。3号、4号、5号学生公寓和教师公寓的及时竣工,为2002级新生的入住及改善教师休息条件提供了坚实保证。值得一提的是,按照高标准、现代化、数字化理念规划设计的总面积16 000余平方米的图书馆,在不到一年半的时间顺利建成,并获得"长安杯"优质工程奖。

随着教学重心向临潼校区的转移,为创造更好的办学硬件条件,解决教室短缺问题,2002年,4-1号、4-2号、4-3号教学楼又相继开工。2003年4-1号、4-2号教学楼竣工,2004年4-3号教学楼投入使用,新增教学用房4万余平方米。

在完善办学条件的同时,学校狠抓校园环境建设,原校园内的三里河为一条臭水沟,经过清淤、拓宽改造和绿化,被建设成为一条小桥流水、柳树成荫的风景带。中心广场依山就势,错落有致;罗马柱、喷泉、假山、人工湖等点缀其中,使得校园风貌焕然一新。

2003年,新校区建设逐步走上轨道,学校经研究决定撤销校区建设指挥部,由基建处负责工程建设。同年5月,6～7号学生公寓开工,共计17 207平方米。基建处全体同志放弃暑假及休息时间,战高温、斗酷暑,仅用5个月的时间,赶在03级新生入学前保质保量按时完工。

2004年是临潼新校区建设的又一个值得纪念的一年。随着办学规模的不断扩大,二期工程相继开工。2004～2007年,8号、9号学生公寓,第二学生食堂,浴室,游泳池,二期道路,管网,综合文体馆,10～13号学生公寓,第二教师公寓,行政楼,第二学生食堂续建,各种球类场地,塑胶田径场,二期锅炉房,泵房,水池等工程相继落成。

3. 各级领导多次亲临临潼校区指导工作

2001年7月24日,西安市委书记崔林涛、副书记孙青云一行视察了临潼校区工地,对学校创办临潼校区给予大力支持。

2001年7月30日,教育部副部长张保庆一行视察了正在建设中的临潼校区,并挥毫写下"为建设特色鲜明的科技大学而奋斗"的题词。

2001年11月23日,中共陕西省委副书记袁纯清、陕西省副省长陈宗兴、西安市市长冯煦初等领导视察临潼校区,并为标准化学生食堂揭牌。

2001年12月7日,参加第三次全国高校后勤社会化改革工作会议的部分代表参观了临潼校区,对学校建设临潼校区的速度和后勤社会化改革工作表示赞赏。

在新校区建设过程中,校领导给予了高度的重视和极大的支持。为了确保重点工程按期完成,校领导经常与基建处同志一道,吃住在工地,加班加点。工地上,时常能见到校领导检查、指导工作的身影,校领导的身先士卒,极大地鼓舞了基建处的全体同志及施工单位,参与建设的各方积极发扬吃苦耐劳的精神,主动放弃双休日和寒暑假,常年奋战在工程一线,按照学校的部署,确保每个工程合格、按时交工。

4. 三期建设展望

2008年是我国举办奥运之年,适逢学校五十华诞,学校临潼校区三期建设已经拉开序幕,通过了陕西省的定点预审工作。目前,三期征地工作正在进行,临潼校区建设又将迈上一个新的台阶。

二、临潼校区的管理模式经历了几个发展阶段

1. 第一阶段:1999年9月～2000年7月,学校在煤炭部临潼疗养院成立临潼校区

1999年7月,学校下发了《西安科技学院关于临潼校区办学管理模式等有关情况的通报》,决定成立西安科技学院临潼校区管委会,全面负责校区的教学管理、质量监控、学生管理、后勤服务以及日常行政管理工作,并协调处理与院本部各职能部门、教学单位和临潼煤疗的协作关系。委员会暂设主任兼直属党支部书记一名、副主任两名。学校有17名教工到临潼校区工作,同时聘用部分

煤疗职工进行协助管理。1999年9月,入住校区新生近1 000人。校区管委会在校党委、校行政的正确领导下,校区职工常驻临潼,以校区为家,忘我地工作,确保了临潼校区学生的管理、教学和后勤保障等工作的顺利开展。

2. 第二阶段:从2001～2003年,新校区投入使用后的管理创新

2001年,新校区建设实现了当年征地、当年建设、当年入住学生2 400余人的快速发展。

学校为适应学校长远发展目标,在新校区管理模式上,遵循教育、教学规律,经过对原来的运行模式不断地总结,在新校区管理模式上进行了调整。2002年6月,学校下发了西科党发〔2002〕19号文件《关于印发西安科技学院临潼校区管理模式的原则意见的通知》,提出了西安科技学院临潼校区管理模式的原则意见。明确规定:校区管理按照"统一领导、明确职责、条块结合、以条为主"的基本要求,划清各职能处室,二级院、系(部)和管委会的权、责范围。规定指出:在学校的统一领导下,充分发挥各单位和校区的积极性,同心协力,共同办好临潼校区。设立校区管理委员会,管委会下设校区办公室。有关职能部门按照要求在校区设立副处级派出机构,其他职能部门及教学单位按工作需要在校区设立办公室。管委会党总支书记由校党委副书记兼任,管委会主任由副校长兼任,设校区管委会副书记和副主任常驻校区。校区管委会负责校区的教学工作、质量监控、学生管理、安全保卫和后勤服务等各项管理工作,以及协调、督办、对外联络等工作。有关职能部门在校区派出了工作机构,实现了过程管理与目标管理相结合。设校区办公室、校区学生工作办公室、校区教学工作办公室、校区总务工作办公室、校区保卫工作办公室、校区分团委和校区图书馆等七个副处级管理单位。

3. 第三阶段:从2003～2006年,在校区的管理上,充分发挥临潼校区和各二级单位的积极性和主动性

2003年,临潼校区的建设已经初具规模,校区学生人数已经达到近万人的规模,学校适时调整了管理模式。按照西科党发〔2002〕19号文件精神,学校下发了西科办发〔2003〕9号文件《关于印发西安科技大学进一步加强临潼校区管理工作的若干规定(试行)的通知》,明确了各单位是临潼校区相应工作的第一责任单位,临潼校区管理机构是校党政驻临潼校区的派出机关,是临潼校区环境建设、氛围建设、学风建设、校风建设等软件建设的第一责任单位。文件指出:随着临潼校区办学规模的扩大,相关部门的工作重心应向临潼校区转移,要求和鼓励各职能部门负责人在临潼校区安排正常上班,各二级教学单位应保持其领导班子成员党政至少各一人在校区上班,宣传、工会等有关部门应在临潼校区办公室派专干。同时加强临潼校区领导班子对临潼校区工作的统一协调、指导和管理。在考核方面,加强对校区所有工作人员的工作考评和考核,在经费管理上,实行财务双卡制,保证校区各项工作的顺利开展。

校区管委会按照学校的统一安排,狠抓制度建设,建立健全了一整套管理制度。校区管委会对各项制度进行了整理,编写了《西安科技大学临潼校区管理制度汇编》,使校区的各项管理工作更加制度化、规范化和科学化。从校区党政联席会议制度到校区例会,从教学过程暂行规定到学生教育管理,从校园文化建设到校区安全稳定,从总务工作到后勤保障等各项制度,有力地保证了校区教学、学习和生活秩序的正常进行。

4. 第四阶段:学校管理主体向临潼校区转移,临潼校区管委会撤销

2005年10月10日,学校下发西科发〔2005〕114号文件《关于我校管理主体向临潼校区搬迁的通知》。文件指出,学校管理主体向临潼校区搬迁,是我校拓展办学空间、改善办学条件、提高办学效益、创办知名大学的重要举措,关系到学校改革、发展和稳定的大局。要求校内单位和部门主要负责人必须在临潼校区上班,在雁塔校区设综合科室。在管理模式上,不设校区管委会,党办、校办在雁塔校区设立综合办公室,从而完成了学校管理主体向临潼校区的转移。

2005年12月,为了适应学校管理主体向临潼校区转移的新形势,学校党委下发了西科党发

〔2005〕63号文件《关于临潼校区机构撤销的通知》,决定撤销临潼校区党总支、临潼校区党政管理机构。文件指出:临潼校区管理机构在学校发展过程中发挥了重要的作用,做出了积极的贡献。至此,临潼校区管理机构完成了它的历史使命。

第三节　适应快速发展　两次顺利更名

一、西安矿业学院更名为西安科技学院

为了准确反映学校隶属关系、办学方向及现实特点,更好地适应社会经济发展的需要,促进学校持续健康发展,学校于1999年2月8日向陕西省教委提出将"西安矿业学院"更名为"西安工业科技学院"的请示(西矿字〔1999〕第006号)。随后,陕西省教委向陕西省政府、陕西省人民政府向中华人民共和国教育部提出更名申请。

1999年6月9日,中华人民共和国教育部向陕西省人民政府发出《关于西安矿业学院更名为西安科技学院的通知》(教发〔1999〕68号)。1999年6月21日,陕西省人民政府向省教委发出《关于同意西安矿业学院更名为西安科技学院的批复》(陕政函〔1999〕121号)。

1999年7月6日上午,学校隆重举行了西安科技学院揭牌庆典大会。院党委书记王斗虎主持仪式,陕西省教委副主任胡致本宣读了教育部、省政府的批复,王斗虎宣读了陕西省省长程安东的贺词,原煤炭部科教司司长金学林宣读了国家煤炭工业局的贺信。中共陕西省委常委、省纪委书记李焕政,省委常委、政法委书记孙安华,省人大常委会副主任刘揆楚,副省长陈宗兴为西安科技学院新校牌揭牌。省委常委、政法委书记孙安华发表重要讲话,代表中共陕西省委和陕西省人民政府向学校全体师生员工表示祝贺和慰问。学院院长徐子善发表了题为《抓住机遇,开拓进取,为把我院办成一所特色鲜明知名度较高的大学而努力奋斗》的讲话。西安市副市长张道宏等领导参加了庆典大会。

二、西安科技大学隆重挂牌

学校经过长期建设和发展,已基本完成由较强的专业性向多科性、综合性的过渡,决定从2001年开始启动"西安科技学院"更名为"西安科技大学"申报工作,更好地适应和满足陕西省经济建设和社会发展、为西部大开发培养高层次人才的需要。2001年9月5日,陕西省高校设置专家组做出了《关于西安科技学院更名为"西安科技大学"的考察报告》。2001年12月,陕西省教育厅做出了《关于西安科技学院更名为西安科技大学的论证报告》。2002年2月7日,陕西省人民政府向教育部发出《陕西省人民政府关于申请西安科技学院更名为西安科技大学的函》(陕政函〔2002〕22号)。

2002年10月27日至28日,国家高校设置评议委员会专家组专家李进才、周万钧、何长法、徐文龙、韩筠来校指导工作。陕西省政府副省长陈宗兴,全国政协委员、原煤炭部副部长、中国煤炭工业协会会长、中国能源研究会理事长、中国工程院院士范维唐,陕西省政府副秘书长薛汉军,西安市副市长杨广信,陕西省教育厅厅长胡致本,学校党政领导王斗虎、常心坦、常俊华、刘德安、赛云秀、韩江水、卢建军及职能部门主要负责人参加汇报会。专家组成员还审核了相关申报材料及规划图,视察了学校的国家重点学科实验室及其他实验室,参观了临潼校区图书馆、地质博物馆、标准化学生餐厅和公寓。

2003年4月16日,中华人民共和国教育部致函陕西省人民政府,根据《高等教育法》和《普通高等学校设置暂行条例》的有关规定和全国高等学校设置评议委员会的评议结果,发出《教育部关于同意西安科技学院更名为西安科技大学的通知》(教发函〔2003〕128号)。

2003年5月18日上午,西安科技大学揭牌庆典在临潼校区隆重举行。中共陕西省委书记李建国、陕西省省长贾治邦发来贺信。校党委书记王斗虎介绍了前来祝贺的领导及嘉宾,陕西省人民政府副秘书长薛汉军主持揭牌仪式。陕西省副省长朱静芝宣读更名批文,全国政协常委、原陕西省省长程安东和中共陕西省委副书记张保庆为西安科技大学揭了牌。中共陕西省委副书记张保庆发表重要讲话,代表中共陕西省委和陕西省人民政府向学校全体师生员工表示祝贺和慰问,希望学校向西部地区一流大学迈进。校长常心坦、校友代表沈浩、西安交通大学校长徐通模分别致辞。前来祝贺的省市领导和嘉宾还有:中共陕西省委常委、省委教育工委书记郭永平,陕西省人大常委会副主任刘遵义,陕西省政协副主席陈宗兴,中国科学院张国伟院士,中国工程院王任享院士、关杰院士、黄先祥院士、姚穆院士,陕西省人事厅厅长陈存根,陕西省教育厅厅长胡致本,西安市副市长张道宏,西北工业大学校长姜澄宇,西北大学校长孙勇,国家高校设置评议委员会委员李钟善等。整个揭牌庆典洋溢着庄严、热烈、隆重、祥和的气氛。此外,学校还举办了系列庆典活动。5月15日,大学生艺术作品展开展。5月16日,举行了更名纪念柱落成仪式。5月17日,举行了纪念学校更名邮品首发式。5月18日下午,分别举行了教职工书画展和揭牌文艺演出。中央及省市媒体对学校的更名进行了集中报道。

三、院系机构适时调整

1998年时,学校有采矿工程系、机械工程系、建筑工程系、地质系、计算机系、通信工程系、自动化系、管理系、测量工程系、材料工程系等10个系,基础部、体育部、研究生部等三个部,成人教育学院等两个学院。随着发展的需要,学校的院系机构不断处于扩充、发展、调整之中。

1998年7月,学校宣布由社会科学系、德育教研室和资源管理与工程系质量管理、企业管理教研室合并组建管理系。

1999年,学校宣布原地质系更名为地质与环境工程系。

2000年5月,学校宣布在基础部外语教研室的基础上成立外国语言文学系。

2001年9月20日,学校宣布在原采矿系的基础上成立能源科学与工程系。

2001年11月,学校宣布原社会科学系和德育教研室从管理系分出,组建新的社会科学系。

2002年6月28日,学校宣布在原机械系的基础上成立机械工程学院。

2002年6月28日,学校宣布在原管理系的基础上成立管理学院。

2002年6月29日,学校宣布在原通信系的基础上成立通信与信息工程学院。

2002年6月29日,学校宣布在原电控系的基础上成立电气与控制工程学院。

2002年9月21日,学校宣布在原建工系的基础上成立建筑与土木工程学院。

2003年1月,学校宣布在原新材料系化学工程专业的基础上成立化学与化工系。

2003年6月,学校宣布成立电子信息学院。

2004年5月,学校宣布将建筑与土木工程学院的艺术设计专业和机械工程学院的工业设计专业合并成立艺术系。

2008年6月1日,学校宣布在原社会科学系、基础部、测量工程系、地质与环境工程系、计算机系、材料科学与工程系、化学与化工系、外国语言文学系、艺术系的基础上成立人文与社会科学学院、理学院、测绘科学与技术学院、地质与环境学院、计算机科学与技术学院、材料科学与工程学院、化学与化工学院、外国语学院和艺术学院。

经过十年的适度调整、发展,学校拥有17个学院、1个部等18个二级教学单位。分别为:能源学院、管理学院、机械工程学院、建筑与土木工程学院、通信与信息工程学院、电气与控制工程学院、人文与社会科学学院、理学院、测绘科学与技术学院、地质与环境学院、计算机科学与技术学院、材料科学与工程学院、化学与化工学院、外国语学院、艺术学院、电子信息学院、继续教育学院、体

育部。

2006年,学校依照教育部设置独立学院的条件,联合社会力量,以新机制、新模式创办了全日制本科独立学院——西安科技大学高新学院(教育部批准文件为教发函〔2006〕79号)。

第四节 迎接本科评估 提高教学质量

一、严格自评,严格管理

2001年5月17日至18日,学校召开了本科教学工作会议。党委书记王斗虎做了题为《提高认识,严格管理,全面提高教学质量》的讲话。院长常心坦做了题为《丢掉幻想,自尊自强》的讲话。副院长韩江水做了题为《认清形势,真抓实干,保证质量》的讲话。教务处处长杨更社对"系(部)本科教学工作评价方案"进行了说明。会议针对国家实施"扩招"政策、学校办学规模急剧扩大、教学质量出现的新情况和新问题,依据教育部4号文件和教学工作会议精神,经过讨论,制定了《西安科技学院系(部)本科教学工作评价方案》《关于加强本科教学工作提高,教学质量的实施意见》等一系列文件。会议宣布成立了学校"本科教学质量评价领导小组"和"本科教学质量评价专家组",率先在全省高校中开展本科教学质量的随机和计划评价工作。

自评专家组的主要任务是:依照教育部教高司函〔2002〕152号文件、《普通高等学校本科教学工作水平评估方案(试行)》指标体系、指标内涵说明及其他有关教学评估文件精神的要求,结合学校迎评促建工作的目标和进程实际情况,分阶段对评估办、各工作组、各院(系)、部)的材料准备、自评及整改工作进行指导、帮助、检查和督促,模拟教育部评估专家组独立开展自评工作;分期分阶段对在校生进行专业和素质教育等方面的测试和检查;深入各二级单位和职能部门开展检查(包括听课和实践环节)、督促与指导;对学校自评报告、自评结果及支撑材料、整改报告提出审查意见;尤其是对学校的特色项目及佐证材料进行审定。及时了解和分析迎评促建工作进程中存在或出现的问题,并提出整改建议。

2001年10月18日至2002年1月8日,教务处协同学校本科教学质量评价专家组成员赵文杰、冯楼台、石平五、李玉琨、邓宝、杜其仁、毛开友、刘少亭、路庆忠、王志英、褚维盘等11人,对全校14个系(部)本科教学工作进行了预评和指导。2002年1月18日,学校召开了本科教学评价研讨会。学校领导王斗虎、常心坦、刘德安、赛云秀、韩江水、卢建军,专家组负责人赵文杰、冯楼台及有关部门负责人对学校本科教学工作评价情况进行了研讨,针对学校本科教学工作现状,要求本科教学工作要着重内涵建设,强化教学环节检查,转变教风学风,努力提高教学质量。

2003年12月10日,学校对自评专家组进行了调整,组长为赵文杰,成员有石平五、毛开友、田小泉、刘少亭、张福林、褚维盘、夏玉成、李侃社。

自2001年10月至2004年11月的三年时间里,自评专家组按照"以评促改、以评促建、以评促管、评建结合、重在建设"的原则,通过对各院、系、部、处、室的多次实地考察,审核原始资料和实物,组织各类人员座谈,随机听课,问卷调查,个别走访等方式做了大量扎实细致的工作,肯定了许多为本科教学尽职尽责、主动服务的范例,但也发现了不少存在的问题。自评专家组分别于2002年1月8日、2002年4月20日、2002年9月27日写出阶段小结向校党委和行政做了书面汇报。依照迎评促建领导小组的工作部署,自评专家组于2004年4月25日至4月29日进驻临潼校区,仿照教育部专家组的考察程序和内容,对学校本科教学工作进行了为期五天的模拟评估。4月30日,完成了"自评专家组评估考察报告",内容包括办学指导思想、师资队伍、教学条件及利用、教学建设与改革、教学管理、学风、教学效果、存在的主要问题及建议等,并在学校召开的中层以上干部和副教授以上教师参加的大会上进行了宣读。

自评专家组活跃在学校教学改革及学校迎接教育部对学校本科教学水平进行评估的关键时期,对学校本科教学质量的稳定和提高、教学管理水平的规范和提升起到了很大的促进作用。

二、全员动员,积极迎评

学校在 2002 年校内本科教学评估的基础上,于 2003 年 9 月 10 日召开了全校迎接教育部本科教学工作水平评估动员大会,标志着学校迎评工作的全面展开。

2003 年 9 月 10 日下午,学校在主楼报告厅隆重召开本科教学工作水平评估动员大会。全体党政领导、中层干部、教授、科级干部代表、师生代表、教学督导组成员、评估专家组成员、离退休人员代表等参加会议。校长常心坦说,教学工作水平评估是国家对高校教学工作正式的权威性、科学性评估,是对高校办学水平和办学能力的全面检查。我们要坚持"以评促改、以评促建、评建结合、重在建设"的原则,努力实现评估目标:更新教育观念,规范教学管理,促进教学改革,提高教学质量,培养合格人才,力争优秀。副校长韩江水就评估有关情况做了说明,对迎评促建工作进行了部署。学校迎评促建工作分六个阶段:第一阶段(2003 年 9 月至 10 月),深入学习,广泛宣传,全面动员,落实各项建设工作的规划与启动;第二阶段(2003 年 11 月至 2004 年 1 月),资料收集整理;第三阶段(2004 年 1 月至 5 月),全员参与,深入自查,自评自建;第四阶段(2004 年 6 月至 7 月),全校整改,全面复查;第五阶段,迎接教育部专家组进校评估考察验收;第六阶段,落实上报教育部整改报告中的整改方案,为评估后的复查做准备。党委书记王斗虎最后强调要提高认识,作风扎实,切切实实做好迎评促建工作。

学校本科教学工作水平评估动员大会召开后,学校各部门、各院(系、部)"迎评促建"工作全面启动。学校专门成立了评建工作领导小组和评建工作指挥部,下设评建办公室,并设自评专家组、教学管理组、条件保障组、学生工作组、材料组、环境建设组、网络建设组、宣传组、巡察组九个工作组。各学院(系、部)、处、室相应成立了本单位、本部门评建工作领导小组,依照《西安科技大学本科教学水平评估支撑材料目录及建设任务分解表》的详细要求,明确任务,分工到人,层层落实。

三、借评估东风,促内涵建设

学校各职能处室及各工作小组团结协作,组织得力,使迎评各项工作计划得以顺利实施。

在评建准备工作过程中,评建办公室对评估工作进行分阶段总体部署,协调各工作组按计划开展工作,对工作组工作进行详细的分工与协调,联络各工作组与指挥部、专家组的信息,联络、协调并安排校自评专家组自评、教育厅专家组预评、教育部评估考察工作的具体落实。自评专家组在学校评建各个阶段对评估办、各工作组、各院(系、部)的材料准备、自评及整改工作进行指导、检查、审查,开展自评工作,及时了解和分析评建工作进程,并提出整改建议,协助评建指挥部解决评建中疑难问题。材料组的同志为了写好自评报告和特色报告,积极收集各种资料,多次召开各类专家会议征求意见,八易其稿,终于完成了这些重要材料的撰写任务。教学管理组完成了教学建设与改革、教学管理、学风中的教师风范、教学效果中的学生基本理论与基本技能、毕业论文或毕业设计、体育多项指标材料的收集、整理,形成相关部分的自评报告,汇总整理学生基本信息数据库,完善学校教学制度建设、教学建设规划、教学改革与教育创新项目的实施,并汇编、印刷、装订相关文件,制订整改方案并组织实施。条件保障组起草了办学指导思想、师资队伍、教学条件与利用等指标的材料收集和整理、分析,形成了部分自评报告;完成了学校年度报表,为评建指标体系提供材料支撑,建立了教师基本信息数据库、学校资源数据库,制订并实施了相关的整改方案。学生工作组调查了用人单位对学校教学工作情况及毕业生质量评估调查,形成了评建中所需的基础材料和相关部分的自评报告。同时,学生工作组积极配合学校评建各项准备工作的展开,全面抓学风建设,开展了一系列活动。通过宣传动员、学习讨论、学习指导和加强制度管理及检查督促等途径,促使广大学生强

化学风意识,明确学习目标,端正学习态度,增强学习动力,自觉践行"团结、勤奋、求实、创新"的优良校风,勤奋学习,努力成才,并结合素质教育,开展了一系列丰富多彩的校园文化活动,有针对性地开展各种学术活动,取得了良好的效果。环境建设组在时间紧、任务重的条件下,投入了大量的人力与财力,有针对性有重点地进行了投资建设,完成了校园环境建设及绿化、美化任务,较大地改善了校园的环境,并做好了迎接专家组的优美环境营造工作。网络建设组完成了校园网软、硬件建设,及时、准确地上载和更新各类信息,使基本数据库在网上正常运行,专家组办公网络环境建设到位。宣传组和宣传部认真策划,精心部署,建成"奋进中的西安科技大学"大型展览,并在校报、校园电视、新闻网等媒体开办了宣传专栏,编印了评建宣传手册,开通了评建网站,及时向校内外发布相关动态,并编印《简报》近60期,在全校形成"人人重视评估、人人参与评估、人人接受评估、人人为了评估"的良好氛围。工会举办了评建知识竞赛,离退休人员及民主党派人士通过各种形式积极为评建建言献策。巡查组检查评建各工作机构,各院(系、部)处的工作进度,工作任务落实、人员精力投入情况,并开展了各种形式的专项检查工作,有力地推动了整体评建工作的进度。

四、上下齐心,效果显著,本科教学被评为优秀等级

2004年12月11日至17日,教育部评估专家组进驻学校,对学校的本科教学工作水平进行评估考察。

12月13日上午,学校本科教学工作水平评估汇报大会在临潼校区第一会议室隆重举行。汇报会分为欢迎仪式和学校总体汇报两个阶段进行。欢迎仪式由校党委副书记常俊华主持。参加汇报会的有陕西省副省长朱静芝,教育部评估中心副主任李志宏,专家组组长、武汉理工大学副校长严新平,副组长、重庆科技学院党委书记、院长唐一科,专家组成员:青岛理工大学校长仪垂杰、兰州大学副校长郑晓静、中北大学副校长韩焱、西南科技大学副校长李众立、广东省教育厅高教处处长胡振敏、青岛科技大学校长助理李庆领、北京大学原教务处处长杨承运、中国矿业大学原教务处处长邢永昌、合肥工业大学原教务处处长周煦、中国矿业大学信息与电气工程学院院长王崇林、燕山大学评估办主任韩宗奇、专家组秘书北京航空航天大学高教所副所长李汉邦、中国地质大学(北京)评估办副主任段翔,省委副秘书长赛云秀,省政府副秘书长薛汉军,省教育厅厅长胡致本,省教育厅高教处处长曾平,学校党委书记王斗虎、校长常心坦,党委副书记常俊华、刘德安,副校长韩江水、卢建军、杨更社、马宏伟,工会主席宁仲良,全校中层以上干部、教师代表和学生代表300余人。在欢迎仪式和汇报会上,陕西省副省长朱静芝代表陕西省人民政府对各位专家来陕检查指导工作表示热烈欢迎,校党委书记王斗虎致辞,校长常心坦分别从"秉承传统,励精图治,竭力办人民满意的大学""遵循规律,深化改革,本科教学工作成效明显""存在的主要问题和对策"三个部分就本科教学工作水平总体情况向专家组做了详细汇报。教育部专家组组长、武汉理工大学副校长严新平教授讲了话。汇报会结束后,教育部评估专家依照教育部本科教学工作水平评估指标体系对学校的本科教学工作水平进行了详细的考察评估。

12月17日,教育部评估专家组举行了意见反馈大会。教育部评估专家组认为:在校党委、行政的领导下,西安科技大学各级组织和广大师生员工发扬了"励志图存、自强不息"的胡杨精神,团结一致,通力合作,奋力拼搏,扎实工作,形成了"校兴我荣、校衰我耻、爱我西科、爱我校园、团结协作、无私奉献、不怕困难"的评建精神,进一步明确办学指导思想,转变教育教学观念,理清教学改革的思路,切实做到"以评促建、以评促改、以评促管",以高度的责任感和使命感圆满完成了各项任务,取得了理想的成绩。

2005年4月,教育部下发了教高函〔2005〕13号文件,公布了2004年本科教学评估的等级名单。学校在2004年本科教学评估中荣获优秀等级。这标志着学校本科教学工作跨入全国优秀高校行列。本科教学评估优秀成绩的取得,既是对全体师生员工的鼓励和鞭策,更是学校快速、健康

发展的见证。

五、质量意识深入人心,本科教学工作取得长足进步

在高等教育大发展的今天,高教质量问题受到了政府和社会前所未有的高度关注。作为高等教育工作者都要严守质量观,把高教质量作为教育教学工作的根本任务来抓。使用系统完善、指标科学的评估体系,以及措施得力的评估方法,大力推动了学校更新教育观念、明确办学思路,加大了教学投入、加强教学建设,深化了教育教学改革,严格教学管理,保障和提高了人才培养质量。

通过评建,学校在以下五方面取得了成效:① 在骨干教师及干部范围内,对评建的目的和评估指标体系的内涵有了深入的了解,为今后的教学工作奠定了思想基础,教学中心地位得到了加强。② 明确了教学管理和质量监控思路并形成了基本的理论框架。③ 发现了问题,找到了差距,明确了方向,评建工作有序开展。④ 在很大程度上吸引了广大教师对教学工作的注意力,并增强了广大教师对教学工作的责任感。⑤ 有效地促进了学校和二级教学单位的制度建设,规范了管理,有利于全面促进教学质量和办学水平的提高。

通过评建,目前学校正在实现三个转变:① 从原来以工为主的大学向多科性大学目标转变,突破原有学科和专业布局,形成新的格局。② 突破教学型大学的定位,加强学科建设,扩大研究生教育,提升本科教育水平,向教学研究型大学转变。③ 突破原有的地方工科院校的参照系,加入全国高校的竞争。顺利通过了教育部本科教学工作评估专家组为期一周的考察评估,经受了国家级权威性的考核与检验,得到了专家组的充分肯定和高度评价。

概括起来有七条:

一是学校适时地依据地方经济和行业发展实际需要调整发展思路,学校定位准确,办学思路清晰,办学理念符合高等教育的发展规律和社会经济发展的需求。学校领导班子团结务实、开拓进取,始终坚持以人才培养为根本,按照"三个对接、三个走出"的培养模式,强化"以人为本、质量立校"的办学理念,确立了本科教学工作的中心地位。

二是学校审时度势,抢抓机遇,积极地推动了学校教育的发展,全体师生员工发扬"励志图存、自强不息"的胡杨精神,进行了学校发展史上艰苦而辉煌的二次创业,使学校的办学条件发生了巨大变化。

三是学校注重教学建设和改革,构建了由教学目标与计划、教学实施系统、教学检查与评价系统、信息反馈与调控系统等组成的教学质量监控体系,建立了自我约束、自我发展的机制,促进了学校质量管理的规范化、制度化、科学化,保证了教学质量稳步提高,学生基本理论和基本技能普遍较好。

四是学校根据陕西及西部地区社会经济发展需要,培养适应社会需求和符合时代特征的应用型人才,为西部地区培养了大批留得住、用得上的人才。毕业生以吃苦耐劳、勇于牺牲、奉献精神强、工作踏实敬业、为人诚实、善于团结合作等特点,赢得了社会的欢迎和好评。

五是学校十分重视德育工作,不断拓宽素质教育途径,有效地提高了学生人文素质和身心素质,培育了团结、勤奋、求实、创新的校风,形成了良好的学风与校园文化氛围,促进了学生德、智、体等方面全面发展,师生具有积极向上的精神风貌。

六是学校把师资队伍建设作为战略重点,牢固树立"教师为本、人才第一"的观念。十分重视师资队伍整体学历层次的提高和中青年教师培养工作,注重用好现有人才、培养关键人才、引进急需人才、储备未来人才,促进了教师业务水平和教学质量的提高。

七是办学特色鲜明。学校秉承"百折不挠、艰苦创业、拼搏奉献和矢志西部"的优良传统,形成了"励志图存、自强不息"的胡杨精神,这个精神是学校精神的形象化标志,象征了西科人在前进的道路上坚忍不拔、不断超越、团结奋斗和全面创新的精神风貌。

　　虽然学校评建工作取得了较好成绩,但仍存在着许多不足和问题。例如,在教育教学改革方面我校的高级别成果与学校的地位不相适应,需要进一步提升凝练教育理念,加大改革力度,解决教学的问题。在管理方面,需要进一步理顺校内各种关系、优化资源配置。对照评估指标,在硬指标方面,新办专业存在四个"不足"、四个"不高",即教学基本设施不足,图书总量和投入经费比例不足,生均教学仪器设备值不足、师资总量教师不足;教师高学历比例不高,具有主讲教师资格者比例不高,教师参与科研者比例不高,教授上课比例不高。在软指标方面,存在一个"突出"、两个"偏低"、三个"偏少",即新专业教学条件和教学特色等问题突出;设计型与综合型实验比例偏低,英语四、六级水平考试和考研通过率偏低;双语教学课程偏少,多媒体教学课程偏少,自编教材和优秀教材偏少。针对这些存在的问题,学校把 2005 年定为教学水平评估工作重点整改年,依照"巩固、深化、提高、发展"的原则,分动员部署、制订整改方案,方案实施、检查阶段,方案达标、验收完善以及接受教育部专家组回访等四个阶段实施。

第二章　学科建设

第一节　学科建设概况

一、学科专业基础与现状

学校现拥有 1 个国家重点学科,10 个陕西省重点学科,1 个一级学科博士学位授权点,9 个二级学科博士学位授权点,52 个硕士学位授权点。学校具备在职人员以同等学力申请硕士学位授予权、工程硕士授予权和高等学校教师在职攻读硕士学位授予权。学校博士学位授权点涵盖工学和法学两大学科门类,包括矿业工程、土木工程、地质资源与地质工程、马克思主义理论等 4 个一级学科,学校硕士授权点覆盖工学、理学、法学、管理学和经济学五个学科门类,其中:工学学科有 14 个一级学科中的 40 个二级学科授权点,理学学科有 2 个一级学科中的 2 个二级学科授权点,法学学科有 1 个一级学科中的 6 个二级学科授权点,管理学学科有 2 个一级学科中的 3 个二级学科授权点,经济学学科有 1 个一级学科中的 1 个二级学科授权点。

学校目前有本科专业 49 个,涵盖了工、理、管、文、法等五个学科门类,其中,工学 30 个专业,涉及地矿类、材料类、机械类、仪器仪表类、电气信息类、土建类、测绘类、环境与安全类、化工与制药类、工程力学类等 10 个专业门类;理学 7 个专业,涉及数学类、化学类、地理科学类、电子信息科学类等 4 个专业门类;管理学 6 个专业,涉及管理科学与工程类和工商管理类 2 个专业门类;文学 5 个专业,涉及外国语言文学类、中国语言文学类和艺术类 3 个专业门类;法学 2 个专业,涉及法学类和政治学类 2 个专业门类,共计 21 个门类。

二、重点学科发展过程

(1) 1999 年,学校采矿工程、安全技术及工程、岩土工程、控制理论与控制工程等四个学科成为陕西省重点学科,2000 年矿物加工工程成为陕西省重点学科,2002 年矿山机电工程、矿山环境工程及矿业信息工程等学科成为陕西省重点学科,2003 年地质工程学科成为陕西省重点学科,2006 年思想政治教育学科被增列为陕西省重点学科。

(2) 根据教育部教研函〔2001〕1 号文件通知,学校"安全技术及工程"博士点参加了全国高等学校国家级重点学科的申报评选,2002 年学校"安全技术及工程"被批准为国家重点学科,2007 年该学科通过国家评估。

第二节　博、硕士学科点建设历程

1978 年开始,学校与其他院校联合培养硕士学位研究生,1984 年学校正式成为硕士学位授权单位,获得硕士学位授权点 5 个,分别为:采矿工程、煤田地质与勘探、结构工程、控制理论与控制工程、机械设计及理论学科,拉开了学校高层次学科建设的序幕。

1987～1993 年,学校连续三次申报新增硕士点 3 个,分别为:矿山工程力学、大地测量学与测

量工程、安全技术及工程学科。1996年学校新增硕士点3个,分别为通信与信息系统、计算机应用技术和矿物加工工程学科,调整学科点两个,分别为矿山工程力学和煤田地质与勘探。

1998年起,学校在学科点建设、重点学科建设等方面快速发展。1998年在全国第七批博、硕士点申报中,学校获准为博士授权单位,安全技术及工程学科成为学校第一个也是西部唯一的博士学位授权点。新增硕士点4个,分别为:马克思主义理论与思想政治教育、机械制造及其自动化、电力电子与电力传动、企业管理。

1999年,安全技术及工程、采矿工程、岩土工程和控制理论与控制工程等四个学科成为受陕西省财政经费支持的陕西省重点学科。

2000年,在全国第八批博、硕士点申报中,矿业工程一级学科获得博士点授权,涵盖采矿工程、安全技术及工程、矿物加工工程3个二级学科。同时,新增五个硕士学位授权点,分别为:应用数学、固体力学、材料学、检测技术与自动化装置、防灾减灾工程及防护工程学科。

2001年,学校被陕西省学位委员会授予高等学校重点学科建设先进单位。

2002年,学校安全技术及工程学科获得国家高等学校重点学科;同年,学校在矿业工程一级学科博士点下自主设置了3个二级学科博士点,分别为:矿山机电工程、矿山环境工程和矿业信息工程学科。

2003年,在全国第九批博、硕士点申报过程中,学校共获得2个二级学科博士点,分别为地质工程和岩土工程;9个硕士点,分别为机械电子工程、矿产普查与勘探、桥梁与隧道工程、信号与信息处理、管理科学与工程、电力系统及其自动化、应用化学、环境工程、地图制图与地理信息工程等学科。

2006年,在全国第十批博、硕士点申报过程中,学校博、硕士点申报取得跨越式发展,申报获准数量基本上相当于前九次申报的总和。学校思想政治教育学科获得博士学位授权,实现了博士点在法学领域零的突破;矿业工程、马克思主义理论、机械工程、材料科学与工程、信息与通信工程、土木工程、测绘科学与技术、环境科学与工程、管理科学与工程等9个一级学科获得硕士学位授权;产业经济学、地图学与地理信息系统、工程力学、测试计量技术及仪器、电路与系统、微电子学与固体电子学、模式识别与智能系统、计算机软件与理论、化学工艺、地球探测与信息技术、技术经济及管理等11个二级学科获得硕士学位授权,实现了硕士点在经济学领域零的突破。同时,学校马克思主义理论与思想政治教育、机械制造及其自动化、机械设计及理论、电力电子与电力传动、通信与信息系统、控制理论与控制工程、计算机应用技术、结构工程、大地测量学与测量工程等9个硕士学位授权点顺利通过国家评估,并取得良好成绩。

2007年,"安全技术及工程"学科通过国家重点学科评估验收。

2008年,受陕西省财政资助,学科发展由规模扩张转向大力加强重点学科、积极发展博士点学科、稳步发展硕士点学科、优化调整学科结构和加强学科内涵建设的轨道上来。

西安科技大学博士学位授权一级学科、二级学科分别见表3-2-1和表3-2-2;硕士学位授权一级学科、二级学科分别见表3-2-3和表3-2-4。

表3-2-1 西安科技大学博士学位授权一级学科一览表

学科代码	名　　称	批准时间/年
0819	矿业工程	2000

表3-2-2 西安科技大学博士学位授权二级学科一览表

一级学科		二级学科		批准时间/年
学科代码	名　　称	学科代码	名　　称	
0305	马克思主义理论	030505	思想政治教育	2006

续表 3-2-2

一级学科		二级学科		批准时间/年
学科代码	名　称	学科代码	名　称	
0819	矿业工程	081901	采矿工程	2000
		081902	安全技术及工程	1998
		081903	矿物加工工程	2000
		081920	矿山机电工程	2002
		081921	矿山环境工程	2002
		081922	矿业信息工程	2002
0814	土木工程	081401	岩土工程	2003
0818	地质资源与地质工程	081803	地质工程	2003

表 3-2-3　　　　　　　　　西安科技大学硕士学位授权一级学科一览表

学科代码	名　称	批准时间/年
0819	矿业工程	2006
0305	马克思主义理论	2006
0802	机械工程	2006
0805	材料科学与工程	2006
0810	信息与通信工程	2006
0814	土木工程	2006
0816	测绘科学与技术	2006
0830	环境科学与工程	2006
1201	管理科学与工程	2006

表 3-2-4　　　　　　　　　西安科技大学硕士学位授权二级学科一览表

一级学科		二级学科		批准时间/年
学科代码	名称	学科代码	名称	
0202	应用经济学	020205	产业经济学	2006
0305	马克思主义理论	030501	马克思主义基本原理	1998
		030502	马克思主义发展史	2006(一级学科带)
		030503	马克思主义中国化研究	2006(一级学科带)
		030504	国外马克思主义研究	2006(一级学科带)
		030505	思想政治教育	1998
		030506	中国近代史基本问题研究	2008
0701	数学	070104	应用数学	2000
0705	地理学	070503	地图学与地理信息系统	2006
0801	力学	080102	固体力学	2000
		080104	工程力学	2006
0802	机械工程	080201	机械制造及其自动化	1998
		080202	机械电子工程	2003
		080203	机械设计及理论	1984
		080204	车辆工程	2006(一级学科带)

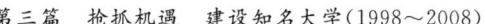

续表 3-2-4

一级学科		二级学科		批准时间/年
学科代码	名称	学科代码	名称	
0804	仪器科学与技术	080402	测试计量技术及仪器	2006
0805	材料科学与工程	080501	材料物理与化学	2006(一级学科带)
		080502	材料学	2000
		080503	材料加工工程	2006(一级学科带)
0808	电气工程	080804	电力电子与电力传动	1998
		080802	电力系统及其自动化	2003
0809	电子科学与技术	080902	电路与系统	2006
		080903	微电子学与固体电子学	2006
0810	信息与通信工程	081001	通信与信息系统	1996
		081002	信号与信息处理	2003
0811	控制科学与工程	081101	控制理论与控制工程	1984
		081102	检测技术与自动化装置	2000
		081104	模式识别与智能系统	2006
0812	计算机科学与技术	081202	计算机软件与理论	2006
		081203	计算机应用技术	1996
0814	土木工程	081401	岩土工程	1996
		081402	结构工程	1984
		081403	市政工程	2006(一级学科带)
		081404	供热、供燃气、通风及空调工程	2006(一级学科带)
		081405	防灾减灾工程及防护工程	2000
		081406	桥梁与隧道工程	2003
0816	测绘科学与技术	081601	大地测量学与测量工程	1990
		081602	摄影测量与遥感	2006(一级学科带)
		081603	地图制图学与地理信息工程	2003
0817	化学工程与技术	081702	化学工艺	2006
		081704	应用化学	2003
0818	地质资源与地质工程	081802	地球探测与信息技术	2006
		081803	地质工程	1984
		081801	矿产普查与勘探	2003
0819	矿业工程	081901	采矿工程	1984
		081902	安全技术及工程	1993
		081903	矿物加工工程	1996
0830	环境科学与工程	083001	环境科学	2006(一级学科带)
		083002	环境工程	2003
1201	管理科学与工程	120100	管理科学与工程	2003
1202	工商管理(管理学)	120202	企业管理	1998
		120204	技术经济及管理	2006

第三节　学科建设规划与发展目标

1998年,在学校各有关部门及院系通力合作、不懈努力下,学校取得了博士学位授权。这是学校当时学科建设的最高成就,标志着学校进入了具有博士学位授权院校之列,也标志着学校在学科门类和培养人才层次方面的巨大突破,为独立办大学创造了重要条件。

2000年,为了贯彻落实全国第三次教育工作会议精神,适应国家经济建设、社会发展和科技进步的需要,加快学校整体发展,进一步提高学科建设水平,加快推进教育教学改革,根据国务院学位委员会、教育部〔1999〕32号文件精神和学校学科建设现状,遵循统筹规划、优化结构、合理布局和鼓励发展新兴学科、交叉学科和高新技术学科的原则,在校领导和各系、部的重视与支持下,根据专家组对学科基础和学科建设能力的客观分析,经学科带头人讨论,制定了2000～2004年拟建设增列的博士学位授权一级学科、二级学科及硕士点建设规划。

2001年,学校制定了西安科技学院学科建设"十五"规划,规划根据国家经济建设中西部大开发对人才培养的需求及学院当时的学科基础和整体布局,学院要在继续保持工学门类学科优势的同时,努力建设理学、管理、法学、人文社科门类的学位授权学科,改变非工学科相对薄弱的状况,使学科结构逐渐趋于合理。具体目标包括:建设4个校级重点学科,使校级重点实验室达到8个;增加3个省级重点学科,使学校省级重点学科达到7个。争取1个国家级重点学科,实现学校国家级重点学科零的突破;将"矿业工程一级学科"和"电气信息学科"两个学科群实验室建成能代表学校办学水平的实验基地和学术活动基地;拟增省级重点实验室2个,使学校省级重点实验室达到4个;争取国家级重点实验室1个,实现学校国家级重点实验室零的突破;争取本科授权点11个,学科门类2个,使学校本科专业达到36个,学科门类达到6个;争取硕士授权点10个,使学校硕士授权点达到30个;争取博士学位授权一级学科1个、博士授权点4个,使博士学位授权一级学科达到2个、博士授权点达到7个;增加学科创新园区的基础建设投入,园区工作面积增加到1 500平方米,专用仪器、设备投入200万元;引进和培育15个省部级优秀拔尖人才,使学校省部级拔尖人才达到27人;积极落实"西安科技学院教学科研奖励和优秀拔尖人才政策",采取积极措施培育和组织高层次教学科研成果,使教学科研成果奖励力度达到200万/年;发表论著2 800篇(部),其中SCI、EI、ISTP三大检索收录300篇。

2004年,为了保证学校全面、协调、可持续发展,根据国家《2003～2007年教育振兴行动计划》和《西安科技大学2004～2018年教育事业发展规划》,学校制定了《2004～2018西安科技大学学科专业建设规划》。《学科专业建设规划》分析了学科专业现状,明确了学科专业建设的指导思想和学科专业布局,提出了学科建设的总体目标是:按照建设教学研究型大学的要求,以工科为基础,以理科、管理、文科为前导,以能源、信息、材料、化工学科为龙头,建立一个结构合理、重点突出、特色鲜明的学科体系。在未来15年建设期,使部分学科进入西部领先行列,优势学科进入国内先进水平,国家重点学科迈上国内领先台阶。建设一批适应21世纪高新技术发展的主干学科,发展一批区域经济建设需要的应用学科,建设发展一批基础学科和人文学科。到2018年建校60周年之际,争取实现国家重点学科从国内领先到国际先进的转变,省级重点学科从西部领先到国内先进的转变,传统学科向体现21世纪高新技术主干学科的转变,实现以工为主的学科结构向具有广泛影响的、特色鲜明的、教学研究型多科性大学的全面转变。

对2004～2018年的发展目标提出三步走的具体计划。第一阶段(2004～2008年),一级学科博士学位授权点由1个增至3个,二级学科博士学位授权点增至12个,二级学科硕士学位授权点增至45个;省级重点学科增至12个,省级重点实验室或工程中心增至4个,国家工程研究中心实现零的突破;博士后科研流动站增至3个;实现两院院士"零"的突破。第二阶段(2009～2013年),

在前一阶段建设基础上，实现各级各类重点学科（研究中心）新的突破，使反映学校实力和水平的高级别实验室建设取得明显成效，在博、硕士点申报方面取得规模性扩张和结构优化，学科内涵建设再上新台阶，大师级人才队伍建设初建成效。争取国家级项目、国家级奖及其他成果在量上有新的增长。第三阶段（2014～2018 年），实现各级各类重点学科（研究中心）新的规模性扩张、学科（专业）的结构优化和适度规模增加，构建起高水平学科研究的基础平台和教学研究型大学的良好骨架。建设与学校发展水平相称的大学科技产业园、研究院和研究生院。使学校的人才队伍建设能够适应学校定位的转变，营造汇聚一流人才的良好氛围，打造出能在西部产生一定影响的师资队伍和大师级人才群。

2006 年，根据学校中长期学科（专业）建设发展规划和"十一五"教育事业发展规划要求，结合学校学科（专业）实际，制定"十一五"学科建设发展规划。规划的具体目标是：拟增本科专业 10 个，本科专业总数增至 55 个左右，涵盖学科门类增至 7 个，专业门类增至 27 个左右；依托传统优势，加快专业改造，根据市场需求建设 6 个特色专业和 8 个在省内具有明显优势的名牌专业。一级学科博士学位授权点增至 3 个，二级学科博士学位授权点增至 12 个，一级学科硕士学位授权点增至 15 个，硕士学位授权点增至 75 个；省级重点学科增至 12 个，博士后科研流动站增至 3 个，实现国家重点学科新的突破。新建本科专业达到学校专业评估良好及其以上标准，其他专业达到学校专业评估优秀标准；本科教育按照《普通高等学校本科教学工作水平评估方案》的评估体系综合水平达到优秀；研究生教育在国家博、硕士学位授权学科专业研究生培养工作评估中综合水平达到优秀；博、硕士学科专业在国务院学位委员会组织的定期评估中取得良好及其以上成绩。建成 100 门校级本科专业和 80 门研究生学科（专业）精品课程，10 门以上陕西省精品课程；评审校级教学成果 70 项，校级本科教改项目 100 项和研究生教改项目 10 项，争取省级教学成果和教改项目分别突破 10 项；主编校级优秀本科和研究生教材 20 部，研究生校内讲义 50 部，省级优秀教材 6 部，全校实践教学教材全面更新。力争实现国家级教改项目和教学成果奖零的突破。实现全校教学科研仪器设备总值超过 1.5 亿元，实验仪器设备利用率达 95％以上，实验室开放率达 80％以上，建成 4 个省级实验教学示范中心。力争实现国家工程研究中心零的突破，省级重点实验室或工程中心增至 4 个，新建 2～3 个省部级重点实验室或研究中心，博、硕士学科实验平台整体推进，学科群实验中心逐步完善。国家级项目数量进一步增加，科研经费总额达到 3 亿元，省部级及以上科技成果奖 50 项，获得专利 80 项，SCI、EI、ISTP、SSCI 及 AHCI 等检索收录论文 600 篇，出版专著 100 部。

第四节　学科建设管理与激励政策

一、学科建设管理体系

学校学科建设实行校、院（系、部）二级管理，形成纵向行政流畅通、横向学术流活跃的学科建设组织架构。校学科建设领导小组是全校学科建设工作的领导机构。学科建设领导小组组长由校长担任，副组长由分管副校长担任，成员由有关校领导、校学术委员会部分成员及有关职能部门负责人组成。学科建设办公室是全校学科建设管理职能部门，负责学科建设的日常管理工作，受校学科建设领导小组领导。院（系、部）是学科建设的主体和建设责任单位。院（系、部）学科专业委员会负责本单位学科建设任务的落实与实施。院（系、部）学科专业委员会主任由其行政一把手担任，是本单位学科建设第一责任人，对学校学科建设领导小组负责。院（系、部）学科专业委员会成员由本单位学科带头人、学科负责人及学术骨干等人员组成。

二、学科建设管理职责

学科建设领导小组的主要职责是：根据学校发展目标，对涉及学科规划建设的重要问题进行审

议;根据学校中长期教育事业发展规划和学科建设规划,审议阶段性学科建设计划;根据学科内在发展规律对学科设置、建设、调整、融合等方面重大问题和学科建设经费投入方案进行审议;审定与学科建设有关的章程、制度,为实现学科建设总体目标提供制度保证;据高等教育发展变化和经济建设的需要,对学科建设的前瞻性问题进行讨论,为学校提供决策支持;负责学科带头人的审批工作。

学科建设办公室的主要职责是:组织制定与落实学校学科建设政策体系;组织制定学校学科专业发展规划;组织专家审查并论证学科建设项目的立项申报、督办、检查与验收。

学校有关职能部门要将学科建设列入本部门的重要工作,为学科建设工作顺利实施提供保证和便利条件。

院(系、部)学科专业委员会的主要职责是:负责本单位学科(专业)建设总体工作;制定和落实本单位学科(专业)发展规划;统筹单位内各种资源,对学科建设中的教学、科研和社会服务工作进行指导;提名推荐和考核学科带头人,督促、检查学科(专业)建设项目计划的实施情况,确保建设项目的顺利完成和目标实现。

学科带头人(学科负责人)职责:负责本学科规划和建设工作,负责本学科年度工作计划的制订和工作任务落实,促使本学科综合实力不断提升;了解相关学科国内外发展状况,跟踪最新学术动态,拓展特色学科方向和新的研究方向;构建本学科学术梯队,培养高层次人才,培养和指导研究生,建设一支具有创新能力和国际竞争力的学术梯队;负责本学科建设经费的使用,提出本学科建设项目的立项,组织实施与完成本学科建设项目,并接受所在院(系、部)的监督与审核;结合本学科前沿领域的进展,讲授本学科核心课程及前沿领域讲座,领导本学科领域内的课程内容改革和教材建设;组织本学科科学研究工作,积极开展国内外学术交流,推动先进文化和科学技术的发展,开展科研成果转化和高新技术产业化,为经济建设和社会发展服务。

三、学科建设激励政策

学校为了激励教师多出成果,出高质量成果,于1999年出台了《西安矿业学院关于教学科研和优秀拔尖人才有关政策》(西矿字〔1999〕第001号文件)。

2001年,对1999年1号文件进行了修订,制定了《西安科技学院教学科研奖励和优秀拔尖人才政策》(西科字〔2001〕第001号)。2003年,学校又补充出台了《西安科技大学关于优秀教学科研成果奖励资助的补充规定》(西科学科函〔2003〕1号),对2001年1号文件进行了完善。

2005年,配合学校津贴分配制度改革,对1号文件进行了重要修改,出台了《西安科技大学教学科研重大成果奖励政策及实施办法》和《西安科技大学二级教学单位科研成果奖励政策及实施办法》。

2008年年初,为了进一步加强学科带头人队伍建设和内涵建设,出台了《西安科技大学学科建设管理条例》和《西安科技大学学科带头人管理条例》(西科学科发〔2008〕1号)等文件,强化了学校学科整体实力建设。

第五节 学科建设的标志性成果——国家重点学科建设

2002年,学校安全技术及工程学科成为国家重点学科。安全技术及工程学科源于1938年西迁的北洋大学等高校的采矿冶金系,历经国立西北工学院矿冶系、西安交通大学采矿系、西安矿业学院、西安科技学院,1957年在全国最早设立了矿山通风与安全、机电安全本科专业;1979年开始矿山通风安全方向的研究生培养,1998年获得博士学位授予权;2000年本学科所在的一级学科获得西部第一个矿业工程博士学位授予权;2002年本学科被批准为国家重点学科,一直是国家西部

地区安全工程高等教育和科学研究的重要基地。

该学科由安全工程系、矿山应用技术研究所、采动损害与荒漠化研究所、矿山机电安全研究所和"西部矿井开采及灾害防治"教育部重点实验室组成。长期以煤矿为主战场,针对西部矿藏地质条件复杂、安全技术相对落后、人才缺乏等不利因素,开展了大量高水平、多层次的创新性研究工作,形成了安全工程理论与计算机方法、矿井火灾及爆炸事故防治理论与技术、围岩灾害安全监测及控制工程、矿山设备安全运行理论及方法等四个相对稳定且特色与优势明显的研究方向。

学科学术团队由55人组成,教授29人,副教授15人,讲师11人。其中,博士生导师17人。具有博士学位者29人,占52.7％;45岁以下教师40人,占72.7％。学科队伍中有国务院学位委员会学科评议组成员、"长江学者奖励计划"特聘教授、国家杰出青年基金获得者、国家新世纪百千万人才、国务院政府津贴获得者、教育部新世纪优秀人才等11人。

该学科"十五"期间完成国家杰出青年基金、国家"十五"科技攻关、国家自然科学基金西部重大研究计划及面上项目等国家级项目23项,省部级项目28项,企业委托科研项目160余项。纵向科研经费1 100余万元,横向科研经费3 500余万元。学校独立完成的"煤层自燃火灾预测及防灭火新技术的研究与应用"获国家科技进步二等奖,另有22项成果获省部级科技进步奖。主要成果在全国63个矿区推广应用,为企业创造经济效益近40亿元,并在俄罗斯、印度、澳大利亚等国煤矿得到应用。获得省部级教学(材)成果奖6项;发表学术论文567篇,SCI收录9篇,EI收录112篇;出版著作15部;获国家实用新型专利7项;2006年获国家发明专利2项。

该学科经过"十五"期间的建设,新增"西部矿井开采及灾害防治"教育部重点实验室、国家矿山应急救援技术西安研究中心、矿业工程一级学科博士后科研流动站,形成了煤炭自燃火灾防治、矿井瓦斯治理、围岩灾变控制等三个科学研究与实验基地,建设总经费8 869.8万元。新增实验室面积1 500平方米,新增仪器设备总值2 750余万元。与陕西煤业化工集团、煤炭科学研究总院西安分院联合组建了"安全技术研究中心",在西部率先获得国家一级安全生产技术培训机构资质和安全评价机构资质。

2007年10月,为了进一步加强我校国家重点学科建设工作,根据教育部要求结合自身实际,学校制订了《西安科技大学国家重点学科两年建设方案(2008～2009)》和《西安科技大学国家重点学科中长期建设与发展规划(2007～2010)》。

规划指出:要在坚持"以人为本",在"发展特色,加强学科基础建设,全面提高学科水平"的基本思路下,逐步形成"特色鲜明、优势明显"的学科建设局面,着力建设、创新发展,短期内实现安全技术及工程学科整体学术水平在国内外具有广泛影响,达到国际先进、国内领先的目标。

提出了安全技术及工程国家重点学科的建设总目标为:继续发挥本学科在国家一流安全学科学术群体中的骨干作用,巩固其国家西部地区安全科研及教育领域的领先地位。进一步凝练并深化学科方向,培养国内外知名的学术带头人,强化学术团队,建设西部最强的安全学科博士后、博士、硕士、工程硕士等高级人才培养基地,承担国家重要的科研项目,完善并加强教学科研基础条件建设,取得一批有矿山安全学科与工程技术鲜明特色的高水平成果。到2010年,学科总体水平达到或接近国际先进水平。

规划明确了安全技术及工程学科近期的主要任务是:

(1)进一步凝练、稳定和发展五个特色研究方向,争取在相关领域取得重大突破,确保在矿山火灾防治、矿井通风安全理论与技术的研究处于国际领先地位,在矿井瓦斯防治、围岩灾害控制、矿山应急救援和安全系统工程等领域的研究处于国内领先地位。

(2)积极引进和培养4～6名院士、"长江学者"特聘教授、国家杰出青年基金获得者、国家新世纪百千万人才、教育部新世纪优秀人才、省部级有突出贡献专家和省级以上教学名师。加强学术团队建设,重点培育20名左右中青年学术骨干,并选派4～6名学术骨干到国外知名大学或科研机构

开展学术交流与科研合作。本学科团队中 80％以上具有博士学位。

（3）追踪国际科技发展趋势，瞄准学科前沿，争取承担 25～35 项国家级重大重点项目、省部级重点项目以及国际合作项目，发表 200 篇以上高水平学术论文，出版 15～20 部学术专著和教材，获得 5～10 项国家级、省部级科研奖励。

（4）每年招收培养 45～50 名硕士研究生、15～20 名博士研究生、15～20 名工程硕士研究生，引进 1～2 名博士后到本学科进行科研工作，力争获得 1～3 篇全国或陕西省优秀博士学位论文。

（5）进一步完善西部矿井开采及灾害防治教育部重点实验室，积极申报国家级重点实验室；充实国家矿山应急救援技术西安研究中心和西部煤矿安全教育部工程研究中心的建设内涵，理顺教学科研基础平台管理体制和运行机制，推进产、学、研一体化建设和科技成果转化，支撑本学科快速、高水平发展。

为保证我校"安全技术及工程"重点学科建设任务的顺利完成，采取了以下五个方面的措施：

1. 学术团队建设

（1）学术带头人引进与培养

① 以优越的科研条件招贤纳士，吸引一批在本学科学术造诣高、有一定国际影响或国内公认的大师级人才。

② 定期选派中青年学术带头人或青年学术骨干到国外相关知名大学、研究机构或企业学习、交流和访问研究。

③ 在现有稳定科研团队中，重点培养和资助研究方向稳定、研究成果突出、有发展潜力和科研组织领导能力较强的青年学术骨干，促使学术骨干脱颖而出。

（2）学术团队建设

① 以学术带头人为核心，加强创新团队建设，逐步发展形成矿山火灾防治、矿井通风与瓦斯防治、矿山应急救援、围岩灾害监测与控制和安全系统工程五个强有力的、稳定的学术团队，从而形成年龄、知识、能力结构合理的科研群体。

② 营造宽松、和谐的学术氛围，调动学术团队科研人员积极性，制定措施，政策支持，做到事业留人、待遇留人、感情留人、环境留人。

③ 重视科研团队里中青年学术骨干的培养，鼓励青年教师在职攻读博士学位或出国进修。

2. 人才培养

① 本学科依托矿业工程一级学科博士学位授权点、博士后科研流动站、陕西省安全工程名牌专业和特色专业、国家安全生产技术培训一级资质机构，以人才培养质量为核心，大力推进博士研究生等高层次安全技术人才培养和安全管理人员的多层次培训，充分发挥本学科西部安全高层次人才培养基地的作用，挖掘发展潜力，发挥科研优势，努力构筑具有自身特色的高水平育人平台。

② 完善保证人才培养质量的规章制度和培养方案，充分发挥政策导向作用，营造有利于高层次人才脱颖而出的学科政策环境。

③ 积极开展教育部重点实验室、教育部工程研究中心、国家矿山应急救援西安研究中心等科研平台内涵建设，整合并优化优势资源，多渠道筹措资金，加大支持力度，为博士、硕士等高层次优秀人才的培养创造良好的科研环境和基础条件。

④ 加强科研团队建设，凝聚相关学科人才，吸纳博士研究生参加相关研究方向学术梯队活动，为人才培养构建结构合理，精干高效，富有开拓、创新能力的博士生导师团队和良好的育人环境。

⑤ 积极开展国内外校际学术交流，以及与国内外科研院所和企业的广泛合作，充分利用校内外各种资源与优势。

⑥ 重视并做好博士、硕士研究生思想政治教育和党建工作，把培养德才兼备的高素质创新型人才作为研究生教育的根本目标，教学贴近西部需求，培养在西部地区留得住、用得上的高层次安

全技术及工程人才。

⑦ 积极开展教育教学改革和研究,营造创新型人才培养环境,提高教育教学质量,力争获省部级以上优秀教学成果奖励。

⑧ 注重博士研究生创新能力、科研能力、外语水平等综合素质的培养,提高学位论文质量和学术水平,积极申报全国和陕西省优秀博士学位论文。

3. 科学研究

① 本学科立足西部,面向全国,围绕我国矿山安全领域亟须解决的重大基础理论和关键技术难题,以矿山火灾防治、矿井通风与瓦斯防治、围岩灾害监测与控制、矿山设备安全与救援和安全系统工程为主攻方向,开展系统深入的科学研究和工程实践。

② 以本学科的特色和优势为基础,不断追踪国内外科技发展趋势,瞄准学科前沿,积极组织策划、申报国家级重大、重点项目和国际重大合作项目。

③ 针对本质安全型现代化矿山对安全技术的现实需求和重大研究课题,采取专项研究、技术集成、技术跟踪、定向服务、联合攻关、委托研发等方式,与现场技术人员密切合作,为保证煤矿在其自身技术队伍严重不足的条件下又好又快的发展做出贡献。

④ 针对西部矿山安全生产的需求,大力推进科技成果转化,将科学研究及技术服务水平推向新的高度。

4. 学术交流

① 加强国内外学术交流,选派本学科骨干教学、科研人员到国内外知名大学、研究机构或企业学习、访问研究和学术交流。

② 在科学研究、人才培养等方面,广泛开展国内外合作。与国内外知名大学或研究机构联合,共同对本学科领域相关科学技术和重大工程问题进行攻关,并联合培养博士、硕士研究生。

③ 利用教育部重点实验室、博士后科研流动站等平台,广泛吸纳国内外相关领域学者和优秀博士后到本学科进行科研与交流。

④ 积极承办或协办国内学术会议和国际学术会议。

⑤ 学科内部或科研团队定期组织学术交流与讨论。

⑥ 邀请国内外相关领域专家到我校访问、交流和举办专题讲座。

5. 教学科研基础条件建设

本学科的教学科研基地以西部矿井开采及灾害防治教育部重点实验室、西部煤矿安全教育部工程研究中心和国家矿山应急救援技术西安研究中心等平台为依托,深入开展整合、充实和内涵建设。

(1) 西部矿井开采及灾害防治教育部重点实验室

根据本学科西部矿井开采及灾害防治教育部重点实验室(以下简称教育部重点实验室)情况,在现有实验条件的基础上,学校拟投入实验室专项建设资金,用于建设和完善已有的矿山防灭火、瓦斯防治、矿井安全模拟巷道、围岩灾害控制、瓦斯控爆实验室、矿山救援等特色实验室,新建矿山安全系统工程实验室、矿山安全数值模拟等实验室。在确保顺利通过教育部重点实验室评估的基础上,积极申请建设"国家重点实验室"。

① 矿山防灭火实验室

新购绝热氧化测试系统、热导率测定仪、物理吸附仪、核磁共振波谱仪等高精尖实验仪器和设备,主要用于煤自燃特性参数及自燃理论的基础研究。新建防灭火材料性能测试实验系统,主要用于以实验模拟胶体泥浆等多种流体在管道中的流动特性、胶凝特性及其灭火性能,可开展胶体材料自由射流及中型火灾灭火实验。

② 瓦斯控爆实验室

新建矿井瓦斯爆炸及控爆实验系统,主要用于气体爆炸特性参数的影响因素及其规律、瓦斯爆炸化学热力学和反应动力学、瓦斯爆炸控爆理论以及瓦斯爆炸的控制技术的实验研究。

③ 矿井安全生产模拟实验巷道实验室

完善煤矿安全生产模拟实验巷道系统,主要用于矿井通风系统、井巷火灾以及监测、监控、救援、通信等安全技术、系统装备实验研究和教学。

④ 矿井安全数值模拟实验平台

新建矿井安全数值实验室,拟购进科学计算服务器、AutoReaGas软件、RFPA3D软件、火灾数值模拟工作站等,主要用于煤氧化自燃微观过程数值模拟、矿山动力灾害力学过程数值模拟、瓦斯爆炸与控制过程数值模拟、矿井通风网络数值模拟、矿井灾害重现及仿真技术(虚拟现实)数值模拟等。

⑤ 围岩灾害控制实验平台

新购分布式光纤应变分析仪和四通道光纤光栅网络解调仪,围绕"大比例可加载三维实验模型系统""固-液-气三相模拟实验系统""可变角块体模拟架"改造建成的立体与平面相似材料模拟实验系统,构建物理模拟实验平台,发展多相交叉测试与监测系统,以提高试验测试水平和精度为目标,进行围岩灾变控制理论和技术研究。

⑥ 矿山救援实验室

完善井下可视化通信实验系统,新购集成电路测试系统、频谱分析仪、干扰模拟仪等,主要用于井下救援通信与环境参数监测系统的实验测试与研究。

⑦ 瓦斯治理实验室

在瓦斯特征参数测试实验室基础上,进一步完善瓦斯综合治理实验平台,新购瓦斯爆炸实验演示系统,自制瓦斯抽采系统实验台和煤与瓦斯突出演示装置。主要用于瓦斯防治与利用技术的科研与教学。

⑧ 安全系统工程实验室

新建安全系统工程实验室,拟购进科学计算服务器、虚拟视景仿真系统、图形工作站、生理检测工作站、人机工程测试系统等,通过人-机-环相互关系的研究为系统中的人创造最佳的作业条件和环境,使人的作业安全可靠、减少失误、减少疲劳,从而提高作业效率,保证系统的安全,同时安全人机工程也为事故的系统分析、事故的预防以及安全决策提供理论依据。

上述所有实验室均可对外开放,广泛吸纳国内外科研人才和访问学者,并定期举行学术交流,提高实验室研究水平和知名度;部分实验室可向本科生开放,支撑本科教学,以培养学生的创新精神,提高学生的实践能力。

(2)国家矿山应急救援技术西安研究中心

国家矿山应急救援技术西安研究中心(以下简称国家救援技术中心),主要以研究和开发矿山救援技术及成果产业化为基础,承担矿山重大灾害成因、灾害预警、灾区监测与通信、救灾决策支持、救灾保障等技术研究,以及矿山事故鉴定及灾后评估等,支撑本学科的发展。将进一步完善和建设国家矿山救援技术研究中心管理体制和运行机制,设置专职科研人员和工作人员。

(3)西部煤矿安全教育部工程研究中心

西部煤矿安全教育部工程研究中心(以下简称教育部工程研究中心)立足西部,面向全国,把国内外具有市场前景的煤矿安全技术研究成果进行后续工程化研究开发和系统集成,形成具有西部和行业特色的研发基地和中试基地,支撑我校安全技术及工程国家重点学科的发展。

建设科研成果转化中试和试生产基地,包括改扩建成果转化场地,建立束管火灾监测预警系统、胶体防灭火材料、注胶设备性能检测系统、矿山安全生产模拟系统实验平台、矿山救援技术装备检测系统,建立矿山灾害救援多源信息监控检测系统、瓦斯控爆材料制备和控爆材料性能实验系

统,新建深部开采围岩动力灾害微震动活动性监测与预警系统。

建设工程中心研发基地,包括研发及办公环境、实验室改造(土建与装修)、人才培养与队伍等。

(4)专业文献资料和信息网络建设

注重国内外相关文献资料的收集与整理,建立重点学科专业资料室和阅览室;充分利用网络资源,依托校园网,建立本学科网站,实现资源共享,为本学科的教学与科研提供丰富的文献信息资源。

第六节　学科内涵建设

一、校学术委员会建设

2000年12月,学校第四届学术委员会成立。常心坦任主任,石平五、刘健、张奇、赛云秀、韩江水任副主任,委员有:王芝银、王勉华、巨天乙、马宏伟、宁仲良、卢建军、田小泉、伍永平、李云鹏、周安宁、徐精彩、张金锁、郭卫、杨更社、龚尚福及梁明等16人。

2005年3月,学校成立了第五届学术委员会。常心坦任主任,马宏伟、徐精彩、刘健任副主任,委员有:王勉华、王晓刚、卢建军、伍永平、孙红湘、张金锁、李明、李占利、李国民、杜美利、杨更社、韩江水、谷拴成、周安宁、夏玉成、郭卫及梁明等17人。2006年10月,学校根据近年人员变动情况,对第五届学术委员会成员进行了调整。确定苏三庆为学术委员会主任,常心坦、卢建军、张金锁、刘健为副主任,马宏伟、王勉华、王晓刚、伍永平、孙红湘、李明、李占利、李国民、李树刚、杜美利、杨更社、韩江水、谷拴成、周安宁、侯恩科、夏玉成、郭卫、梁明等18人为委员。

二、学科带头人队伍建设

1998年学校出台了《西安科技学院学科带头人及学科专业委员会工作条例》(西矿字〔1998〕第131号)。1999年1月,学院下发了《关于确定学院学科带头人、学科专业委员会及准博士点、准硕士点的通知》(西矿字〔1999〕第009号)。批准常心坦、侯忠杰、王芝银、张奇、王勉华、侯媛彬、宁仲良、郭卫、雒昆利、梁明、卢建军、龚尚福、周安宁、张金锁、徐木彬、李云鹏等11人为校学科带头人。后于1999年9月,增补夏玉成、张福林、王晓刚3人为学科带头人。具体名单见表3-2-5。

表3-2-5　　　　　　　　　　　第三届学科带头人(学科负责人)名单

序号	单位	学科名称	学科点层次	申报人	聘任岗位
1	材料工程系	材料学	硕士点	王晓刚	学科带头人
2	材料工程系	应用化学	硕士点	杜美利	学科带头人
3	材料工程系	矿物加工工程	博士点	周安宁	学科带头人
4	测量工程系	大地测量学与测量工程	硕士点	梁　明	学科带头人
5	测量工程系	地图制图学与地理信息工程	硕士点	张耀民	学科负责人
6	地质与环境工程系	地质工程	博士点	夏玉成	学科带头人
7	地质与环境工程系	矿产普查与勘探	硕士点	侯恩科	学科带头人
8	地质与环境工程系	环境工程	硕士点	赵晓光	学科带头人
9	电气与控制工程学院	电力电子与电力传动	硕士点	王勉华	学科带头人
10	电气与控制工程学院	控制理论与控制工程	硕士点	侯媛彬	学科带头人
11	电气与控制工程学院	检测技术与自动化装置	硕士点	马宪民	学科带头人

序号	单位	学科名称	学科点层次	申报人	聘任岗位
12	电气与控制工程学院	电力系统及自动化	硕士点	付周兴	学科带头人
13	管理学院	企业管理	硕士点	张金锁	学科带头人
14	管理学院	管理科学与工程	硕士点	李红霞	学科带头人
15	机械工程学院	机械制造及其自动化	硕士点	郭 卫	学科带头人
16	机械工程学院	机械电子工程	硕士点	马宏伟	学科带头人
17	机械工程学院	机械设计及理论	硕士点	薛 河	学科带头人
18	机械工程学院	工业设计	本科专业	李建华(女)	学科带头人
19	基础课部	应用数学	硕士点	褚维盘	学科带头人
20	基础课部	固体力学	硕士点	李 明	学科带头人
21	基础课部	微电子学与固体电子学	准硕士点	王亚民	学科负责人
22	计算机系	计算机应用技术	硕士点	龚尚福	学科带头人
23	计算机系	计算机软件与理论	准硕士点	李占利	学科带头人
24	计算机系	信息与计算科学	本科专业	张群会	学科带头人
25	建筑与土木工程学院	桥梁与隧道工程	硕士点	王晓利	学科带头人
26	建筑与土木工程学院	土木工程学科		张 奇	学科专家
27	建筑与土木工程学院	土木工程学科		王芝银	学科专家
28	建筑与土木工程学院	建筑学	本科专业	邸 芃	学科负责人
29	建筑与土木工程学院	岩土工程	博士点	杨更社	学科带头人
30	建筑与土木工程学院	结构工程	硕士点	郭秉山	学科带头人
31	建筑与土木工程学院	防灾减灾工程及防护工程	硕士点	任建喜	学科带头人
32	能源学院	安全技术及工程	国家重点学科	常心坦	学科带头人
33	能源学院	安全技术及工程	博士点	徐精彩	学科带头人
34	能源学院	岩层控制重点实验室	省级重点实验室	伍永平	学科带头人
35	能源学院	采矿工程	博士点	石平五(兼)	学科带头人
36	能源学院、材料工程系	矿业工程	一级学科博士点	石平五	学科带头人
37	社会科学系	马克思主义理论与思想政治教育	硕士点	田小泉	学科带头人
38	社会科学系	两课教育(公共课)	本科专业	袁金群	学科带头人
39	通信与信息工程学院	通信与信息系统	硕士点	卢建军	学科带头人
40	通信与信息工程学院	信号与信息处理	硕士点	王安义	学科带头人
41	通信与信息工程学院	电子科学与技术	本科专业	李国民	学科带头人
42	通信与信息工程学院	电类(电气、控制、通信)学科		刘 健	学科专家
43	外国语言与文学系	英语	本科专业	杨 瑛	学科负责人
44	外国语言与文学系	公共外语(公共课)	本科专业	师新民	学科负责人

　　2008年年初,学校进行了第三届学科带头人考核和第四届学科带头人的聘任工作。共聘任了新一届学科带头人46名,学科负责人14名。为加快学科建设的发展注入了新的活力。具体见表3-2-6～表3-2-9。

表 3-2-6 第四届学科带头人(学科负责人)名单
重点学科及博士点学科带头人(召集人)

一级学科		二级学科		岗位数	姓名
学科代码	名 称	学科代码	名 称		
0305	马克思主义理论	030505	思想政治教育	1	赖雄麟
0819		矿业工程		兼	伍永平
0819	矿业工程	081901	采矿工程	1	伍永平
		081902	安全技术及工程	2	邓军(国家重点学科) 李树刚(博士点)
		081903	矿物加工工程	1	周安宁
		081920	矿山机电工程	1	马宏伟
		081921	矿山环境工程	1	赵晓光
		081922	矿业信息工程	1	廖桂生(外聘)
0814	土木工程	081401	岩土工程	1	杨更社
0818	地质资源与地质工程	081803	地质工程	1	夏玉成

表 3-2-7 硕士点一级学科召集人

一级学科		岗位数	姓 名
学科代码	名 称		
0305	马克思主义理论	兼	袁金群(副教授)
0802	机械工程	兼	郭卫
0805	材料科学与工程	兼	王晓刚
0810	信息与通信工程	兼	卢建军
0814	土木工程	兼	谷拴成
0816	测绘科学与技术	兼	姚顽强(副教授)
0830	环境科学与工程	兼	雷阿林(外聘)
1201	管理科学与工程	兼	李红霞

表 3-2-8 硕士点学科带头人(学科负责人)

一级学科		二级学科		岗位数	姓 名
学科代码	学科名称	学科代码	学科名称		
0202	应用经济学	020205	产业经济学	1	孙红湘
0305	马克思主义理论	030501	马克思主义基本原理	1	袁金群(副教授)
		030502	马克思主义发展史	1	李金勇(副教授)
		030503	马克思主义中国化研究	1	李 东(副教授)
		030504	国外马克思主义研究	1	暂 缺
		030505	思想政治教育	兼	赖雄麟
0701	数学	070104	应用数学	1	丁正生
0705	地理学	070503	地图学与地理信息系统	1	陈晓宁
0801	力学	080102	固体力学	1	杨治林
		080104	工程力学	1	李 明

一级学科		二级学科		岗位数	姓 名
学科代码	学科名称	学科代码	学科名称		
0802	机械工程	080201	机械制造及其自动化	1	郭 卫
		080202	机械电子工程	1	马宏伟
		080203	机械设计及理论	1	任中全
		080204	车辆工程	1	柴光远
0804	仪器科学与技术	080402	测试计量技术及仪器	1	郝迎吉
0805	材料科学与工程	080501	材料物理与化学	1	李晓池
		080502	材料学	1	王晓刚
		080503	材料加工工程	1	马 勤(外聘)
0808	电气工程	080804	电力电子与电力传动	1	王勉华
		080802	电力系统及其自动化	1	付周兴
0809	电子科学与技术	080902	电路与系统	1	刘 健
		080903	微电子学与固体电子学	1	刘树林
0810	信息与通信工程	081001	通信与信息系统	1	卢建军
		081002	信号与信息处理	1	张敏瑞
0811	控制科学与工程	081101	控制理论与控制工程(省重点学科)	1	侯媛彬
		081102	检测技术与自动化装置	1	马宪民
		081104	模式识别与智能系统	1	汪 梅
0812	计算机科学与技术	081202	计算机软件与理论	1	李占利
		081203	计算机应用技术	1	龚尚福
0814	土木工程	081401	岩土工程	兼	杨更社
		081402	结构工程	1	郭秉山
		081403	市政工程	1	谷拴成
		081404	供热、供燃气、通风及空调工程	1	姬长发
		081405	防灾减灾工程及防护工程	1	任建喜
		081406	桥梁与隧道工程	1	戴 俊
0816	测绘科学与技术	081601	大地测量学与测量工程	1	姚顽强(副教授)
		081602	摄影测量与遥感	1	张春森(副教授)
		081603	地图制图学与地理信息工程	1	杨永崇(副教授)
0817	化学工程与技术	081702	化学工艺	1	贺拥军(副教授)
		081704	应用化学	1	杜美利
0818	地质资源与地质工程	081802	地球探测与信息技术	1	程建远(外聘)
		081803	地质工程	兼	夏玉成
		081801	矿产普查与勘探	1	侯恩科
0819	矿业工程	081901	采矿工程	兼	伍永平
		081902	安全技术及工程	兼	李树刚
		081903	矿物加工工程	兼	周安宁
0830	环境科学与工程	083001	环境科学	1	雷阿林
		083002	环境工程	兼	赵晓光

一级学科		二级学科		岗位数	姓　名
学科代码	学科名称	学科代码	学科名称		
1201	管理科学与工程	120100	管理科学与工程	1	李红霞
1202	工商管理(管理学)	120202	企业管理	1	张金锁
		120204	技术经济及管理	1	李永清

表 3-2-9　　　　　　　　　　培育硕士点学科负责人名单

学科专业名称	岗位数	姓　名
高等教育学	1	韩江水
英　语	1	师新民
体　育	1	孙青山
建筑学	1	邸　芃
化　学	1	李侃社
物　理	1	王亚民
设计艺术学	1	陆楣(外聘)

注:一级学科设立学科召集人,由其二级学科中的一位学科带头人(学科负责人)兼任;硕士点学科带头人(学科负责人)名单中职称副教授者为学科负责人,其余均为学科带头人。

三、拔尖人才队伍建设

1999～2005 年,配合学校教学科研成果奖励政策(1 号文)的实施,根据《西安科技学院优秀拔尖人才评选实施办法》(西矿字〔1999〕第 016 号),先后有 170 人被评为校优秀拔尖人才,并对拔尖人才进行两年一次的跟踪考核,该项工作对加强学校学科队伍建设水平起到了重要推动作用。

四、团队建设工程

2003 年,学校启动了学科带头人团队建设工程。建设工程主要是在国家重点学科、省级重点学科和校级重点学科的层次上立项建设,旨在加快优势学科和特色学科的发展,建成一批代表学校特色和水平的带头示范学科和具有显示度的标志性成果,通过团队建设工程使重点学科集成和融合优势力量,培养优秀群体,形成创新团队。确定常心坦、徐精彩、刘健、周安宁、王晓刚、石平五、杨更社、伍永平等 8 个团队为首批建设对象。团队建设为学校重点学科内涵建设做出了一定贡献。

五、院士工程

院士工程是学校实施人才队伍建设的重点组成部分。学校坚持内部培养与外部聘任相结合的方法,充实学校高端人才队伍群体。2000 年学校启动了院士队伍建设工程。

2003 年 6 月,徐精彩教授被聘为国务院学位委员会学科评议组(地质矿业、石油类)成员。2005 年,徐精彩教授成为中国工程院院士有效候选人。目前,学校拥有双聘院士 8 人,他们是:范维唐、钱鸣高、陈清如、王任享、沈绪榜、何继善、张铁岗及宋振骐。

六、兼职教授队伍建设

学校除拥有本校优秀的教师队伍外,还拥有一支高水平的兼职教授队伍,他们来自科研院所、工矿企业,都是各个学科领域的专家。目前学校拥有兼职教授队伍 84 人,他们是:沈绪榜、陈清如、

何继善、王仁享、钱鸣高、范维唐、J. van Genderen、徐水师、谭克龙、张随安、王文科、杜建国、赵林章、惠建基、李宁、仵彦卿、宋老虎、范录勋、郑茂全、季凌云、姜建国、刘泉海、刘雨棣、王代华、苏力、董张卓、魏贤勇、李宝庆、郑守淇、陈拓、耿加怀、张炜、傅明星、Adels Majcherczyk、龚健雅、经天亮、张博增、董治宝、格雷森、张文江、王俭、崔洪明、伊茂森、吕镇、程俊、何一卫、牛志文、杜工会、高建炯、李耀辉、南清安、王增强、钟东虎、王安、李金柱、兰新哲、张铁岗、李瑞林、李庆明、李本现、石智军、虎维岳、董书宁、李金柱、刘炯天、陆榈、楠元一臣、王毅、饶明、张宏、张小川、朱志伟、徐政和、李健、宋振骐、卢黎歌、丁三青、郭海蛟、苏力、郑茂全、李来新、胡弘、沈祥荣、陈绪林。他们在学术交流、联合培养研究生方面起到了重要作用。

七、学科平台建设

近年来,学校利用重点学科建设经费、中央与地方共建经费、日元贷款、学校自筹及学科自身投入等形式先后投资重点学科的博、硕士点学科建设经费近 5 000 万元,有力地加强了学校博、硕士点学科的平台建设基础,基本满足和保证了学科发展、人才培养和出高质量学术成果的需要和服务社会的需要。先后建成了矿业与地测学科群实验中心和电信与机械学科群实验中心,"西部矿井开采及灾害防治"教育部重点实验室,"西部煤矿安全"教育部工程研究中心,国家矿山应急救援(西安)研究中心和其他相关学科的研究平台,这些平台正在为相关学科的进一步发展发挥着重要作用。

八、学术成果建设

在学校激励政策的引导和广大教师的共同努力下,学校学术成果的数量与质量连年再创新高。形成了包括国家科技进步二等奖"煤层自燃火灾预测与防灭火新技术的研究与应用"在内的一批重要学术成果。2007 年学校教师在核心以上刊物发表论文 529 篇,学术论文中有 151 篇为 SCI、EI和 ISTP 等三大检索收录,获得省级以上纵向科研项目 71 项,获得厅局级以上各类教学科研奖 18项,获得专利 17 项。

九、学术交流

学校重视学术氛围的营造,鼓励教师进行校内外、国内外学术交流的同时,连年举办年度学术大会。2001 年,学校举办了西安科技学院第一届学术大会。之后,2002 年、2004 年、2005 年、2006年、2007 年分别举办了校学术大会。其中,2005 年召开了以人文社会科学为主题的学术大会,2006年召开了以机电与信息工程为主题的学术大会,2007 年召开了以矿业与地测为主题的学术大会。各学科在不同时期、不同领域经常开展各种形式的学术活动。2005 年主办了"几何不变量及其工程应用国际研讨会"等国内外学术会议。学校先后与美国、澳大利亚、德国、俄罗斯等国的 30 余所高校建立了良好的合作与交流关系。学术大会的召开和学术活动的广泛开展极大地活跃了学术气氛,对学科建设的进一步发展起到了巨大的推动作用。

第三章 本(专)科教学工作

第一节 教学理念的发展与更新

1998 年以来,在市场经济及高等教育大众化的新形势下,学校围绕培养德、智、体等方面全面发展的社会主义事业建设者和接班人的根本任务,主动适应经济、社会和高等教育的发展,勇于探索实践,认真总结提高,形成了特色鲜明、科学合理的本科教学思路。在这一发展更新历程中,1999年召开的学校第三次教育工作会议、2001 年召开的校本科教学工作会议、2004 年进行的本科教学工作水平评估和 2007 年召开的校本科教学工作会议,都发挥了重要的作用。

一、1999 年学校第三次教育工作会议

(一)校第三次教育工作会议召开的历史背景

(1) 1998 年是学校发展历史上具有重要意义的一年。这一年是学校建校 40 周年,为煤炭事业培养高级科技人才 40 年,同时也是学校结束隶属煤炭系统 40 年,划归地方管理的年份。

(2) 自 1993 年 2 月中央颁布《中国教育改革和发展纲要》后,中央又对教育改革和素质教育做出了一系列的重要指示。1999 年 6 月全国召开了第三次教育工作会议,随后颁布了《中共中央国务院关于深化教育改革全面推进素质教育的决定》,这一决定为高等教育的发展指出了改革前进的方向,素质教育成为时代对高等教育的要求。

(3) 改革开放带来的国民经济的大发展,中央西部大开发的战略决策,特别是高等教育的快速发展为我校提供了千载难逢的机遇,能否抓住这次机遇,事关学校的发展前途和命运。

在这样的历史背景和条件下,学校在全校范围内开展了教育思想和教育观念的大讨论,并于1999 年 12 月召开了以"深化教育改革,全面推进素质教育,促进学校的全面发展"为主题的第三次教育工作会议,会议讨论并通过了《西安科技学院大学生素质教育实施细则》《西安科技学院学科建设与发展规划》《西安科技学院教学改革草案》。这三个文件的形成,在此后相当长的一段时间内,对学校的建设和发展发挥了重要的作用。

(二)明确了教学改革的指导思想与目标

在《西安科技学院教学改革草案》中,学校明确提出了"全面贯彻党的教育方针,以育人为宗旨,以培养学生的创新精神和实践能力为重点,以更新思想观念、拓宽专业口径、改革教学内容和方法为中心,不断提高教育质量"的教学改革指导思想;和"以本科教育为主,大力发展研究生教育,适度发展成人教育和高等职业教育,争取留学生教育。到 2005 年,本科生达 1.2 万人,硕士生达 600人,博士生达 30 人。以教育部高等院校本科教学工作评价体系为指导,使我院各项指标达到教学工作优秀院校标准,经过十年的发展,使我院综合实力和办学水平跻身于省属高校前列"的教学改革总目标。

(三)提出了更新观念,推动教学改革向纵深发展的要求与措施

(1) 从专业教育向综合素质教育、通识教育转变。

(2) 从封闭学校教育模式向开放的产、学、研相结合一体化教育模式转变。

(3) 从标准化培养模式向个性化、选择性培养模式转变;

(4) 从维持性学习向创新性学习转变。

(5) 从重知识传授向能力培养转变。

(6) 从注重规模向规模、质量、结构、效益协调发展转变。

二、2001 年学校本科教学工作会议

2001 年 5 月,在国家实施"扩招"政策、学校办学规模急剧扩大、教学质量出现新情况下,学校及时召开了本科教学工作会议。会后依据教育部〔2001〕4 号文件《关于加强高等学校本科教学工作,提高教学质量的若干意见》和教学工作会议精神,学校制定了《西安科技学院系(部)本科教学工作评价方案》《关于加强本科教学工作提高教学质量的实施意见》等一系列文件。成立了学校"本科教学质量评价领导小组"和"本科教学质量评价专家组",在全校开展了本科教学质量的随机和计划评价工作。

学校在全省高校中率先开展的对系(部)本科教学水平评价工作,不仅及时地规范了学校的教学行为,保证了教学质量的稳定,而且作为一个教学改革研究项目,获得了省优秀教学成果奖励。

三、2004 年本科教学工作水平评估

2004 年的本科教学工作水平评估是推动学校本科教学工作全面发展的重要契机。在以评促改、以评促建的过程中,学校对本科教学思路的发展也进行了全面系统的总结归纳。

在世纪之交,学校为适应精英教育向大众教育的转变,围绕在新形势下"培养什么样的人"和"怎样培养人"这两个根本问题,展开了教育思想大讨论,召开了教育工作会议和教学工作会,形成了在全校各项工作中必须坚持"一个中心",确立"六种观念"和"一个建设重点"的共识:

"一个中心":始终把培养高素质的应用型高级专门人才作为学校各项工作的中心任务。

"六种观念":本科教学工作的基础地位观;质量立校、特色兴校、人才强校的科学发展观;三育并重、德育为先、全面发展的人才质量观;以学生为主体,全员育人、全面育人的教育服务观;以人为本,遵循现代大学制度的人本管理观;"产、学、研"相结合的开放办学观。

"一个建设重点":始终把教学内容改革与课程体系建设作为教学工作的重点。

在此基础上,进一步明确了本科教学工作的基本思路:主动适应高等教育面临的新形势,转变教育思想,更新教育观念,形成适应区域经济建设和社会发展需要的专业体系、人才培养模式和教学运行机制;构建应用型创新人才培养体系,深化教学内容、方法和教学手段改革;进一步完善教学质量监控体系;充分发挥学生的学习主动性,注重培养学生创新精神、创新意识和实践能力,努力提高学生的综合素质;进一步改善和优化教学的条件;加强基础和基层工作,使人才培养质量、教学管理水平、教学改革与建设等方面居于我国同类高校前列。

四、2007 年本科教学工作会议

2007 年 12 月,在全国高等教育认真落实科学发展观,全面实施从跨越式发展向内涵发展、特色发展、和谐发展转变,从注重规模向稳定规模、优化结构、提高质量转变的形势下,学校召开了以"实施质量工程,全面提高本科教育教学质量"为主题的本科教学工作会议。

会议在认真总结自 2003 年以来学校办学经验和存在问题的基础上,明确了今后一段时期学校教学工作的总体思路:在党的十七大精神指引下,全面贯彻党的教育方针,以科学发展观为指导,认真落实教育部〔2007〕1 号、2 号文件精神,按照学校"十一五"规划的目标要求,深入实施质量工程,准确定位,凸显特色,走内涵发展道路,进一步加大教学投入,强化教学管理,深化教学改革,全面提高本科教育教学质量。

这次会议提出的教育教学总体思路和主要任务的贯彻实施,对提高教育教学质量、科学和谐发展产生了重要的作用。

第二节　教学改革与研究

一、教学改革研究立项与成果

(一) 教学改革研究立项

以立项为方式,对教学改革项目进行管理和资助在我国开始于1996年。1996年6月10日,国家教委以教高〔1996〕14号文件《关于批准〈面向21世纪高等工程教育教学内容和课程体系改革计划〉第一批立项项目的通知》,批准全国高校第一批立项项目41项。从此,在全国开始启动了此项工作,我校教学改革立项工作开始于1997年。

1. 校级教学改革研究项目

1997年12月,经学院评委会审定,对与煤炭院校合作研究项目6项(表3-3-1)、院重点项目7项进行立项,拨专项研究经费给予支持,合计投入6.5万元。

表 3-3-1　　　　　　　与其他煤炭院校合作的"高等教育科学研究'九五'计划"项目表

项目名称	所在系部	项目负责人
采矿类专业人才培养方案及教学内容和课程体系改革的研究与实践	资源开发与管理工程系	伍永平　张金锁
机械类专业人才培养方案及教学内容和课程体系改革的研究与实践	机械工程系	郭　卫　马胜利
信息与通信类专业人才培养方案及教学内容和课程体系改革的研究与实践	通信工程系	刘少亭　韦　力
地质类专业人才培养方案及教学内容和课程体系改革的研究与实践	地质系	侯恩科
力学系列课程教学内容和课程体系改革的研究与实践	基础部	陈光寅
社会主义现代化建设过程中高校德育工作特点与规律的研究	院办	杨恒青

1999年6月,学校印发了《关于加强我院教学研究项目立项和管理的通知》,明确了"我院教学改革项目的立项和管理,日常工作由教务处负责"的管理机制,对项目管理办法和经费使用等也做出规定。

1999年12月,学校在《教学改革草案》中提出:"通过面向21世纪课程体系和教学内容改革省级项目和院内重点项目的研究,带动全院性教改工作,对于立项的教改项目,学院采取滚动式进行管理,并采取得力的奖惩措施,保障课题按时完成,取得成果。"从此以后,我校的教改立项工作就形成了"两年一度"进行教学改革研究项目立项的管理模式,尤其加大了教学改革、课程建设和教材建设的立项及经费支持力度,推动了教学改革与研究深入、持续地进行。

2000年,学校评审设立"大学生创新精神、实践能力培养方案的实践与研究(赛云秀主持)"和"采矿工程本科生专业技能培养的教学实践(侯忠杰主持)"等校级教改项目35项,合计投入11.8万元。

2002年,学校评审设立"二级学院的管理模式及运行机制的研究与实践(常心坦主持)"和"西安科技学院本科教学工作评价研究与实践(杨更社主持)"等校级教改项目52项,合计投入16.7万元。

2004年,学校研究决定,校级教改分为重点项目和一般项目两类分别立项资助,其中重点项目有"高等教育创新模式的研究与实践(韩江水主持)"等10项,一般项目有"培养学生工程制作能力的研究(龚尚福主持)"等25项,合计投入9万元。

2006年,学校根据高等教育发展的新形势和教学过程中出现的新情况,基于学科专业数增幅较大、学生规模扩大,将教学研究的重点放在提高教学质量方面,广泛开展教育教学改革与研究。重点项目立项资助"教授治学的理论与实践问题研究"(夏玉成主持)和"学分制管理模式研究与实践"(杨更社主持)等10项;一般项目立项资助"地矿类硕士研究生生源质量评价研究"(柴敬主持)等40项,合计投入29.2万元。

2. 省级教学改革研究项目

1999～2007年,学校进行了20项省级教改项目的研究,其中学校主持的14项,参与5项,高职1项。具体见表3-3-2。

表 3-3-2　　　　　西安科技大学 1999～2007 年省级教改项目一览表

项目时间	项目名称	项目等级	项目负责人
1999 年	环境与安全类课程体系和教学内容改革与实践	省级	常心坦
1999 年	地矿系各专业课程体系及教学内容改革研究与实践	省级	雒昆利
2002 年	高等院校异地办学、新校区管理模式研究与实践	省级	韩江水
2002 年	双语教学中教学规律的研究及教学方法的改革	省级	马宪民
2005 年	高校内部教育资源优化配置的研究与实践	省级(重点)	韩江水
2005 年	普通高校机电类专业科技创新和实践能力培养的研究与实践	省级(重点)	李 曼
2005 年	地方工科院校管理类专业实践教学体系的研究与实践	省级(一般)	张金锁
2005 年	大学生职业生涯设计与专家测评	省级(一般)	刘德安
2005 年	地方工科高校院(系)教学质量监控与保障系统研究与实践	省级(一般)	郭 卫
2007 年	基于创新教育理念的高校多校区实验室管理体制改革研究与实践	省级(重点)	杨更社
2007 年	三维一体复合教学结构的研究与实践	省级(重点)	龙熙华
2007 年	大学数学课程优质教学资源建设与共享	省级(一般)	王雪峰
2007 年	安全、采矿工程特色专业实践教学资源整合与优化研究	省级(一般)	李树刚
2007 年	空间信息采集与应用类专业综合素质培养模式的改革研究	省级(一般)	刘长星

3. 国家级教改研究项目

2007年,由丁正生教授主持的"数学建模思想融入概率统计课程教学的研究与实践"教改课题,获教育部批准为全国理工教育数学基础课程教学改革与实践项目。这是学校首次主持开展的国家级教学改革研究项目,具有突破性的意义。

2008年,学校又获得"十一五"国家级课题"我国高校应用型人才培养模式研究"项目课题7项,其中重点项目3项,一般项目4项,获得的资助项目数为陕西高校第一。具体见表3-3-3。

表 3-3-3　　2008 年学校获得"十一五"国家级课题"我国高校应用型人才培养模式研究"项目表

项目名称	种类	项目负责人
工科类专业应用型人才培养概率统计课程教学内容改革与教学资源建设	重点	丁正生
电子信息类专业应用型人才培养方案和教材改革的探索与实践	重点	张敏瑞
地方高校土木工程专业校企合作共建特色实习基地的改革实践研究	重点	任建喜
电子信息类专业应用型人才培养模式研究	一般	吴延海
校企联合培养应用型人才标准和培养模式的研究	一般	侯媛彬
高等学校信息资源优化整合与教学网络平台研究与建设	一般	龚尚福
理工科专业英语建设方向与人才培养模式	一般	方 红

（二）优秀教学成果评选

1. 校级优秀教学成果的评选与表彰

1988年国家教委设立优秀教学成果奖后,煤炭部和陕西省也相继开展了优秀教学成果评选活动。我校从1989年4月评选表彰第一届优秀教学成果奖至2007年,已经进行了9届评选表彰活动,对进一步调动广大教师、管理干部开展高等教育研究活动的积极性,发挥他们的创造性,深化改革,努力探索,推动教学质量的提高发挥了重要的作用。

1999年6月,学校进行了第六届优秀教学成果评比表彰活动,评出优秀教学成果奖29项,其中一等奖5项,二等奖9项,三等奖15项。具体见表3-3-4。

表3-3-4　　　　　　　　　西安矿业学院第六届优秀教学成果奖项目名单

一等奖(5项)			
序号	成果名称	申报单位	获奖者
1	在教改中教书育人,加强学生能力培养	基础部	丁正生　谢建平　雷敏茹　褚维盘　赵贤淑
2	通过目标管理,全面提高大学生综合素质的举措与实践	机械系	周　斌　马胜利　赵晓强
3	西安矿业学院教师职称量化评审办法的探索与实践	教务处	常心坦　韩江水　赵　明
4	化工—材料复合型人才培养方案及教学内容体系的研究	材料系	李侃社　周安宁
5	校企合作,产学研结合的办学模式实践	通信系	卢建军　郑华萍　李国民

二等奖(9项)			
序号	成果名称	申报单位	获奖者
1	地质系专业调整与建设的探索与实践	地质系	巨天乙　王贵荣　杨梅忠　夏玉成　雒昆利
2	机械设备测控技术校内实习基地的研究与建设	机械系	郝迎吉　马胜利　王振义　李　曼　史晓娟
3	勤工俭学科技小组促进实验教学	采矿系	柴　敬　伍永平　苏普正　石平五　李　毅
4	实施"双推"工作量化管理,提高自动化专业学生的综合素质	自动化系	陈俊杰　付周兴
5	开展师生文明共建活动,培养学生素质及创新能力	建工系	赵来顺　邹仁华　石　磊　奚家米
6	计算机辅助教材管理的研究与应用	教务处	董立红　倪立宏　付高明
7	图书馆文献书目数据库建设	图书馆	王廷满　胡发泉　姜渭洪　何秋文　刘丽娜
8	对研究生开设智能控制课程,以科研促教学方法的探讨	自动化系	侯媛彬　马宪民
9	信息论与物理教学	基础部	海彦合　潘文玲　常　琳

三等奖(15项)			
序号	成果名称	申报单位	获奖者
1	面向21世纪的采矿工程学科	采矿系	贠东风　石平五　张恩强
2	工程测量专业毕业实习与设计之改革实践	测量系	孟鲁闽　梁　明　师　云
3	谈高校体育教研室的管理	体育部	廖诗方
4	电子检索系统的研究与建设	图书馆	王廷满　胡发泉　王　琛　李惠芳　陈　泉
5	电路实验室规模化、规范化、综合化建设	自动化系	雷俊科　杨世兴　黄梦涛　康少华
6	以评估为动力,搞好实验室建设	材料系	李自立　闫兰英　邵水源
7	电测实验方法手段改革与实践	基础部	张天军　李云鹏　席延勃
8	专业课教师的实践活动和基础教育对专业教学的影响(原报两个成果合成一个成果参评)	自动化系	王再英　杨世兴

续表 3-3-4

序号	成果名称	申报单位	获奖者
9	"通信原理"课程体系改革	通信系	李白萍
10	计算机课程硬件原理一条龙教学法探索	计算机系	计算机应用教研室
11	改革高校传统体育教学模式,适应新世纪对高校体育教学的呼唤	体育部	孙青山　陈　黎
12	理论联系实际,增强哲学课教育说服力的思考与实践	管理系	田小泉
13	非计算机专业程序设计语言实例法教学法研究与应用	采矿系	来兴平　冯爱玲　许满贵
14	面向21世纪,进行教学内容和方法改革的实践	建工系	郭秉山　闫月梅　陈清安　贾明彦
15	理论力学课程多媒体教学系统	基础部	郭志勇　李云鹏　杨治林　张天军　王国旗

从 2000 年 9 月起,学校组织了"第七届优秀教学成果奖"的申报、评审工作。评出优秀教学成果奖一等奖 5 个,二等奖 8 个。具体见表 3-3-5。

表 3-3-5　　　　　　西安科技学院第七届优秀教学成果奖项目名单

序号	成果名称	获奖等级	成果完成单位	成果主要完成人
1	大学生素质教育及能力培养的实践方法研究	一等奖	建工系	石　磊　王芝银　奚家米　王专兵　杨更社
2	非力学专业力学课程教改研究与实践	一等奖	基础部	李云鹏　韩江水　郭志勇　张天军　杨治林
3	土木工程专业人才培养方案及教学内容和课程体系改革研究	一等奖	建工系	张福林　杨更社　陈新军　郭秉山　赵来顺
4	地质类专业改造拓宽和材料类专业建设的探索与实践	一等奖	材料系	王晓刚　郑华萍　李晓池　樊怀仁　侯恩科
5	测绘工程专业人才培养方案及教学内容和课程体系改革研究	一等奖	测量系	梁　明　孟鲁闽　史经俭　师　云
6	建立以科研实践为主导的研究生培养体系	二等奖	采矿系	徐精彩　常心坦　王小文　李树刚
7	大学生人文素质教育的研究与实践	二等奖	社科系	赖雄麟　冯爱玲　叶　江　吕宏艳　程卫星
8	物理教学系列软件	二等奖	基础部	廖少俊
9	计算机文化基础教学方法改革与实践	二等奖	计算机系	龚尚福　李军民　董立红　马宪民　田　红
10	综合光电特性测试仪的研制	二等奖	基础部	李　勇　王瑞平　舒　秦
11	系实验中心综合改革与实践	二等奖	化工系	李自立　邵水源　陈　杰　闫兰英　樊晓萍
12	创新与发展使电子技术实验现代化	二等奖	通信系	赵宝魁　罗小莹　韩建设
13	结合科研生产实际,搞好地质实践教学	二等奖	地环系	侯恩科　王贵荣　樊怀仁　巨天乙

2004 年 2 月,学校做出了表彰"第八届优秀教学成果"的决定,其中一等奖 5 项,二等奖 12 项。具体见表 3-3-6。

表 3-3-6　　　　　　　　　西安科技大学第八届优秀教学成果奖项目名单

序号	成果名称	成果完成单位	成果完成人	获奖等级
1	大学生综合素质培养目标体系的研究与实践	校办管理学院	刘德安　陈　华　张金锁　孙再罗　戴　悦	一等奖
2	西安科技大学系(部)本科教学评价研究与实践	校办教务处	韩江水　杨更社　赵文杰　冯爱玲　孙艳红　等	一等奖
3	安全工程专业课程体系及教学内容改革和实践	校办能源学院	常心坦　李树刚　张俭让　徐精彩　程文东　等	一等奖
4	地矿类各专业课程体系及教学内容改革研究与实践	测量系等	梁　明　黄庆享　杨梅忠　史经俭　贠东风	一等奖
5	硕士研究生培养过程管理改革与实践	研究生部	马宏伟　柴　敬　党天虎　杨善虎　杨婉华	一等奖
6	如何发挥教学督导组在教学建设中的作用	教学督导组	教学督导组、教务处、离退处、老教授协会	二等奖
7	计算机文化基础教学研究与实践	计算机系	龚尚福　韩江水　李军民　张小艳　冯爱玲　等	二等奖
8	工科数学系列课程教学内容与课程体系改革的研究与实践	基础部	丁正生　褚维盘　赵贤淑　王雪峰　廖登洪	二等奖
9	甩图板工程研究与实践	基础部	李　勇　韩江水　谢　泳　蔚朝闻　黄　翔	二等奖
10	积极开展思想政治教育　全方位促进学风建设	材料系等	程卫星　郑华萍　刘德安　赖雄麟　冯爱玲	二等奖
11	提高物理教学质量的辅助手段的研究与实践	基础部	王瑞平　董立红　舒　秦　常　琳　闫小乐	二等奖
12	化工类专业实验实践教学的综合改革	化工系	周安宁　闫兰英　邵水源　樊晓萍　陈　杰	二等奖
13	理论力学课程多媒体教学手段改革与实践	基础部	郭志勇　韩江水　李　明	二等奖
14	以"三进"工作为中心,全面深化两课改革	社科系	袁金群　田小泉　王建平　郭建民　李金勇　等	二等奖
15	工业设计专业建设	机械学院	李建华　池宁骏　耶虹菲　赵俊芬　赵立彬	二等奖
16	会计模拟实践教学环节改革研究	管理学院	刘福民　王新红　王　岚　方　华　王　媛	二等奖
17	在高校开展跆拳道运动的作用	体育部	孙青山　宋敏勇　马　珺	二等奖

2007 年 9 月,学校做出了《关于表彰第九届优秀教学成果奖的决定》,受表彰的教学成果 21 项,其中特等奖 2 项,一等奖 5 项,二等奖 14 项。具体见表 3-3-7。

表 3-3-7 　　　　　　　　西安科技大学第九届优秀教学成果奖项目名单

成果名称	主要完成人	主要完成单位	获奖等级
依托国家重点学科的安全工程专业建设与实践	李树刚　许满贵　张俭让　罗振敏　邓　军	能源学院	特等奖
双语教学中教学规律的研究及教学方法的改革	马宪民　张敏瑞　汪　梅　戴　俊　王　枫	电控学院	特等奖
基于 TQM 原理的毕业设计(论文)质量管理研究与实践	杨更社　王贵荣　张金锁　赵　明　孙艳红	校长办公室	一等奖
工科化学实验教学内容体系的优化整合	李侃社　李天良　蔡会武　刘向荣　贺拥军	化工系	一等奖
数控技术课程实践性教学环节改革与创新	魏　娟　马宏伟　于　洋　杜功儒　张旭辉	机械学院	一等奖
以学风建设为切入点,拓展高校思想政治教育工作的研究与实践	张立杰　奚家米　代革联　李腾龙　李建明	党委办公室	一等奖
新形势下教书育人工作的研究与实践	郑华萍　李国民　李白萍　汪　仁　刘训明	通信学院	一等奖
英语专业课程设置研究与特色方向建设	张燕清　方　红　魏　羽　孙艳红　邢杨青	外语系	二等奖
工程制图基础课程教学改革研究与实践	支剑锋　李　勇　尉朝闻　谢　泳　冯爱玲	基础部	二等奖
合理配置资源,实现英语课堂教学师生互动	师新民　李雅玲　张小涓　姚克勤　时　健	外语系	二等奖
高校异地办学,新校区管理问题研究与实践	韩江水　冯爱玲　石　磊　支剑锋　董立红	校长办公室	二等奖
学生第二课堂学科竞赛对教学改革的推动作用的探索与实践	王贵荣　赵　明　周　斌	教务处	二等奖
概率统计课程教学改革与建模实践	丁正生　马继丰　廖登洪　赵高长　乔宝明	基础部	二等奖
通信工程专业主干课程标准试卷库建设的探索与实践	李白萍　吴冬梅　殷晓虎　董　敏　姚　军	通信学院	二等奖
"测绘仪器操作对抗赛"的作用与效应	刘长星　史经俭　姚顽强　杨永崇　胡荣明	测量系	二等奖
工科学生科学与工程计算能力培养模式的研究与实践	龙熙华　李占利　张卫国　靳玉萍　武晓宏	计算机系	二等奖
土木工程专业本科毕业设计质量监控体系实践研究	谷拴成　任建喜　邹仁华　郅　彬　文艳芳	建工学院	二等奖
西安科技大学学生体质健康现状及体育教学改革对策研究	张　欢　马　珺　陈　黎　孙青山　马红霞	体育部	二等奖
校企合作,共建大学生创新平台	侯媛彬　张旭东　肖大为　赵心恬　杨良煜	电控学院	二等奖
双语教学与专业外语协调发展的探索与实践	张敏瑞　张　红　李白萍　柏　均　王书朋	通信学院	二等奖
单片机原理教学研究与实践	柴　钰　刘晓荣　黄梦涛　杨良煜	电控学院	二等奖

2. 省级优秀教学成果的评选与表彰

1999~2007 年学校先后 5 次参加陕西省高校优秀教学成果评审活动。其中 1 个项目获省教学成果特等奖,5 个项目获省级教学成果一等奖,17 个项目获省优秀教学成果二等奖。由李树刚教授牵头的"依托国家重点学科的安全工程专业建设与实践"在 2007 年获陕西省优秀教学成果特等奖,是学校在教改成果方面获得的最高奖项。具体见表 3-3-8。

表 3-3-8 　　　　西安科技大学获陕西省高校优秀教学成果奖项目一览表(1999~2007)

获奖时间	成果名称	主要完成人	获奖等级
1999 年	西安矿业学院教师职称量化评审办法的探索与实践	常心坦　韩江水　赵　明	省一等奖
1999 年	通过目标化管理,全面提高大学生综合素质的举措与实践	周　斌　马胜利　赛云秀　赵晓强	省二等奖

续表 3-3-8

获奖时间	成果名称	主要完成人					获奖等级
1999 年	在教改中教书育人,加强学生能力培养	丁正生	褚维盘	赵贤淑	谢建平	雷敏茹	省二等奖
1999 年	校企合作,产学研结合的办学模式实践	徐子善	卢建军	李国民	郑华萍	韩晓冰	省二等奖
1999 年	化工—材料复合型人才培养方案及教学内容体系的研究	李侃社	周安宁	葛岭梅			省二等奖
2001 年	测绘工程专业人才培养方案及教学内容和课程体系改革研究	梁　明	孟鲁闽	史经俭	师　云		省一等奖
2001 年	大学生素质教育及能力培养的实践方法研究	石　磊	王芝银	奚家米	王专兵	杨更社	省二等奖
2001 年	土木工程专业人才培养方案及教学内容和课程体系改革研究	张福林	杨更社	陈新年	郭秉山	赵来顺	省二等奖
2001 年	非力学专业力学课程教改研究与实践	李云鹏	韩江水	郭志勇	张天军	杨治林	省二等奖
2001 年	地质类专业改造拓宽和材料类专业建设的探索与实践	王晓刚	郑华萍	李晓池	樊怀仁	侯恩科	省二等奖
2003 年	大学生综合素质培养目标体系的研究与实践	刘德安	陈　华	张金锁	孙再罗	戴　悦	省一等奖
2003 年	西安科技大学系(部)本科教学评价研究与实践	韩江水	杨更社	赵文杰	冯爱玲	孙艳红	省二等奖
2003 年	安全工程专业课程体系及教学内容改革和实践	常心坦	李树刚	张俭让	徐精彩	程文东	省二等奖
2003 年	地矿类各专业课程体系及教学内容改革研究与实践	梁　明	黄庆享	杨梅忠	史经俭	负东风	省二等奖
2005 年	基于戴明循环的教学质量监控体系研究与实践	韩江水	张金锁	王贵荣	孙艳红	王天平	省一等奖
2005 年	计算机文化基础课教学研究与实践	龚尚福	李军民	张小艳	冯爱玲	朱　宇	省二等奖
2005 年	加强机电综合实验教学,注重学生创新能力培养	李　曼	马宏伟	曹现刚	王振义	汪卫兵	省二等奖
2005 年	大学生数学建模的研究与实践	丁正生	冯卫兵	赵高长	王雪峰	乔宝明	省二等奖
2007 年	依托国家重点学科的安全工程专业建设与实践	李树刚	许满贵	张俭让	罗振敏	邓　军	省特等奖
2007 年	双语教学中教学规律的研究及教学方法的改革	马宪民	张敏瑞	汪　梅	戴　俊	王　枫	省一等奖
2007 年	基于 TQM 原理的毕业设计(论文)质量管理研究与实践	杨更社	王贵荣	张金锁	赵　明	孙艳红	省二等奖
2007 年	数控技术课程实践性教学环节改革与创新	魏　娟	马宏伟	于　洋	杜功儒	张旭辉	省二等奖
2007 年	以学风建设为切入点,拓展高校思想政治教育工作的研究与实践	张立杰	奚家米	代革联	李腾龙	李建明	省二等奖

二、人才培养方案的制订与修订

本科人才培养方案是学校实现本科人才培养目标和基本规格的总体设计蓝图,是学校教育思想和教学理念的集中体现,对人才培养有着重要的作用。为了提高人才培养质量,学校紧跟高等教育发展形势和创新型人才培养的需要进行了不断的改革和探索。

在 1999 年校第三次教育工作会上即做出了"加强素质教育,深化教学改革,构建新型合格人才培养模式"的改革方案,提出按"厚基础、宽口径、强能力、高素质"的要求构建新型人才培养模式:

(1) 全院打通公共课;按工、管、理、文、法统一安排基础课;按二级专业门类设置专业基础课。

(2) 加强基础课和主干专业课在培养计划中的地位。

(3) 专业基础课中设置跨学科综合性课程;选修课中设置自然科学、人文社会科学的课程。

(4) 优化教学活动,激发学生求知欲;优化教学过程,帮助学生形成对事物活动思考、提取、归纳、综合的能力;优化实践性环节,使学生养成勤于动手和实践的习惯;优化专业课,形成课程特色。

(5) 规范教学内容,规范教学进度;规范实习、实验、设计等实践性教学环节;规范考试命题及

考试过程；

(6) 经典内容与现代内容相结合；科学与技术相结合；知识体系与方法体系相结合；专业教育与素质提高相结合；实验教学的设计性、综合性和应用性相结合；发展民族文化与吸收历史文化精粹相结合。

在 1999 年、2004 年和 2007 年先后三次遵循教育规律，按照德、智、体、美等方面全面发展，理论和实践相结合，知识、能力、素质协调发展，因材施教等原则，对人才培养方案适时进行全面修订，形成了具有我校特色鲜明的本科人才培养方案。

(1) 1999 版人才培养方案

1999 年，根据培养适应 21 世纪社会经济发展需要的"厚基础、宽口径、强能力、高素质"复合型人才的目标，学校全面修订了本科人才培养方案。修订后的人才培养方案具有以下特点：

① 推行模块式教学。课程分为 5 大模块：公共课模块、基础课模块、专业基础课模块、专业课模块以及实践性环节、综合教育体系和创新精神培养模块。各模块占总学时的比例分别为 22％、25％、27％、8％和 18％，保证了基础教育、实践教学、综合教育、创新教育的学时。全校打通公共课，并按照学科门类打通基础课，设置相对统一的基础课平台课程。专业基础课按照专业大类设置平台课程，专业课程按专业方向以课程组的形式设置。

② 重视素质教育。压缩专业课，增加人文社科类课程，建立符合全面推进素质教育要求的课程体系和人才培养模式。

③ 加强实践教学。根据应用型人才的培养要求，构建了由实验、课程设计、实习、毕业设计（论文）以及丰富多彩的第二课堂的综合实践教学体系。

④ 优化课程体系。根据人才培养目标要求，吸收"面向 21 世纪教学内容和课程体系改革"的系列研究成果，更新教学内容，改造和重组部分课程，加强了课程间的有机联系，保证教学计划的整体优化。

(2) 2004 版人才培养方案

为了适时反映时代特征，体现现代教育思想观念，吸收教学改革的最新成果，更好地满足培养适应社会主义市场经济发展和现代化建设需要，"厚基础、宽口径、重实践、强能力、高素质"，具有一定创新精神和实践能力的应用型高级专门人才的培养目标要求，结合 1999 版人才培养方案执行过程中所发现的问题，从 2003 年开始，组织力量对本科人才培养方案再次进行修订，经过一年多的努力，形成了具有以下特点的 2004 版人才培养方案（见本科专业培养方案知识体系表）。

① 依据人才培养目标和 21 世纪对人才知识结构、能力结构、素质结构的要求，按人文社会科学、自然科学基础、体育、外语、计算机与信息技术、经济管理、工程技术基础以及专业基础、专业方向等知识体系，构建相应的课程体系。设立集中实践教学和综合教育等基本技能与素质训练体系，将学生思想道德素质、文化素质、专业素质和身体心理素质的培养融入教学过程，形成知识、能力、素质"三位一体"协调发展的人才培养方案。

② 更新、整合、精简教学内容，按人文社科类、数学类、物理类、化学类、经济管理类、计算机类、电工电子类设置普通教育系列课程。通过对专业基础课和专业课的优化整合，进一步减少专业教育理论教学的时数，将理论教学的时数控制在 2 600 左右。

③ 将实践教学完全纳入人才培养方案中，使课堂教学与实践教学、课内教学与课外教学有机结合。每学年安排 6 周时间，集中用于实践教学，使实践教学总学分达 55 学分。同时进一步明确了对综合性、设计性实验环节的要求。

④ 重视学生个性发展与全面发展、素质教育与专业教育的结合。必修课学分与选修课学分比例达 2：1 左右，基本理论课程学分占理论教学学分的 90％左右。每个专业设置不同专业方向，供学生根据自身特点与人才市场需求进行选择。

⑤ 注重素质教育课内与课外的结合,将丰富多彩的第二课堂纳入培养方案。继续实行有关课外附加学分的规定,鼓励学生积极参加各种课外科技文化活动,形成完整的综合教育体系。

(3) 2007版人才培养方案

从2006年起,基于学分制的改革,学校再度全面修订了人才培养方案。在这次人才培养方案修订中,学校坚持"以邓小平理论和'三个代表'重要思想为指导,全面体现'教育要面向现代化,面向世界,面向未来'的时代精神,坚定不移地贯彻党的教育方针。转变教育思想,更新教育观念,积极推进教学内容和课程体系改革。夯实专业基础,拓宽专业口径,加强科学精神和人文精神培养,努力提高学生的应用技能和实践创新能力,以就业为导向,培养适应21世纪社会经济发展需要的、具有一定创新精神和研发能力的应用型高级专门人才"为指导思想。形成了体现以下原则和特点的2007版人才培养方案。

① 加强基础教育,增强培养人才的适应性。人才培养方案的知识体系分为普通教育、专业教育和综合教育三部分,普通教育主要包括人文社会科学、自然科学基础、经济管理、外国语言、体育、计算机与信息技术及相应的集中实践训练等,约80学分,其中主干课程3~6门,50学分左右;综合教育包括思想教育、科技活动、文体活动和其他,约8学分。全校尽量打通综合教育层次和普通教育层次,以加强学生的自然科学基础、人文社会科学基础、专业理论基础和基本技能训练,培养基础扎实、适应性强的人才。

② 拓宽专业口径,满足经济社会发展需求,体现办学特色和优势。按照教育部的主导思想,结合我校具体情况,专业教育层面(包括工程技术基础、专业基础、专业方向、集中实践训练,约100学分)设置主干课程16门左右,40学分,其中主要专业课设置2~4门,并按工程对象或满足经济发展的某一特殊需要,设置体现我校专业特色的课程组,发挥我校的优势,办出特色。

③ 坚持知识、能力、素质协调发展,加强学生综合素质的培养与提高。按照德、智、体全面发展的原则和融传授知识、培养能力、提高素质为一体的教学要求,将素质教育和能力培养贯穿于人才培养的全过程。发挥我校工、理、管、文、法五大学科门类并存的学科优势,大胆探索和实施创新教育,构建理工融合、文理交叉,以工科为背景向非工科专业渗透的、德智体有机结合的培养体系,使学生的思想道德素质、文化素质、专业素质、身体心理素质得到提高。

④ 加强实践教学,注重创新精神和实践能力培养,全面提高应用技能。首先要保证集中实践教学环节的时间,第1~7(五年制为1~8学期)学期每学期16周理论教学之后,设定3周实践教学时间,第8(五年制为9、10学期)学期为毕业实习和毕业设计,鼓励部分专业探索"3+1"模式;其次要积极探索实践教学的改革,坚持理论联系实践,加强理论教学和实践教学的交叉、融合。集中实践训练应达40学分左右,同时,专业基础课、专业课须开出综合性、设计性实验项目,以提高学生的综合实验能力;积极开展丰富多彩的第二课堂活动,鼓励学生积极参加社会实践、教师科研或创新活动,以加强学生动手能力、科学思维能力、创新精神的培养,提高学生提出问题、分析问题和解决问题的能力。

⑤ 更新教学内容,整合课程结构,优化教学计划。根据专业培养目标及要求,构建融会贯通、紧密结合、有机联系的课程体系。课程体系设置既要符合课程间的逻辑关系,又要适应高科技的知识基础和结构,将教学内容和课程体系改革、教学方法和教学手段改革等方面取得的系列研究成果和经验应用到人才培养方案中去,进一步更新教学内容,进行课程的重组和整合,努力形成符合时代要求的、科学合理的课程体系和教学内容,避免"重复设课",杜绝"因人设课"和"因无人不设课"的现象。

⑥ 加强计算机、英语教学,重视综合应用能力的培养。遵照教育部对非计算机专业计算机教学的指导意见,完善"三层次教学"(计算机文化、计算机技术和计算机应用)的课程体系,所有专业应保证计算机教育四(五)年不断线。在目标设置上,要求理工科专业学生达到第三层次,管理类专

业至少达到第二层次,文法类专业至少达到第一层次。学生的课内上机时数(包括各类实习和设计的上机时数),理工科类专业不低于200学时,其他类专业不低于150学时,所有专业课外上机均不得低于100学时。加强学生英语听、说、读、写综合能力训练,并集中安排一周的英语翻译与写作训练,以提高学生的英语实践能力。另外,各专业的专业基础课或专业课中应有一定比例的课程进行双语教学。

⑦ 因材施教,努力营造有利于学生创新能力培养的教育环境。学校将进一步完善学分制,适当扩大选修课的数量,增强学生选课学习的自由度,激发学生学习的积极性、主动性和创造性。在课程设置、教学环节设计等方面,注重共性与个性、统一性与多样性相结合,培育多层次、多形式、个性化的育人环境,为学生个性发展创造条件。允许学生跨校、跨专业选修部分课程,使学生既熟悉本专业的基础知识,也了解相近专业的基础知识;实行主辅修制,学生在学好主修专业的同时,鼓励辅修一门专业,积极培养学科交叉、适应能力强的创新型人才。

⑧ 充分利用符合现代教育思想的教学技术和手段,不断提高授课实效,增大单位课时信息量。树立以学生为主体的观念,改革传统教学模式、方法及手段,推行启发式、讨论式、研究式、案例式等教学方法,提高课堂教学的效率和质量。

学校的人才培养方案在教学实践中得到了很好的贯彻执行。2003年9月,学校制定印发了《西安科技大学人才培养方案修订(制定)与实施办法》,使学校人才培养方案的修订工作进一步规范和科学,并对人才培养方案的贯彻实施做出了严格的规定,明了了变更、调整计划的审批程序,从制度上保证了培养方案的贯彻落实。

三、教学内容与课程体系的改革

教学内容和课程建设是高等院校教学工作中一项非常重要的基础建设,对于全面提高人才培养质量具有重要的作用和意义。1998年以来,学校积极转变教育思想观念,加大投入,大力推动课程体系和教学内容的改革,精心打造精品课程,努力构建与培养知识、能力、素质协调发展的高级应用型专门人才的目标相适应的教学内容和课程体系。

(一)转变思想观念、加强计划管理,稳步推进课程体系建设

1999年12月,学校制定了《西安科技学院教学改革草案》,针对人才培养模式的变革,提出了"优化课程体系,改革教学内容"的9条改革内容和措施。

(1)重新确定课程系列,包括公共基础课系列、专业基础课系列、专业课系列、实践类课程系列、综合素质系列。

(2)加强文理渗透、工管交叉,强化通识教育,理工专业要加强人文社科方面的教育;文、管、法类专业要加强自然科学知识教育;拓宽专业面,奠定通识教育基础。

(3)加强教师技能训练,强化实践性教学环节,坚持外语、计算机教学四年不断线,对学生实行等级证书管理。

(4)对教学计划中设置的第一、二模块课程,在广泛调研的基础上,进行课程整合和内容更新。

(5)精选专业课程,各专业按少而精的原则,设置2～4门专业主干课,并按专业特色设置2～3门特色课程;加强课程体系优化和课程内容整合工作,鼓励相关专业互选,增强各专业间的通融性。

(6)开设综合素质教育课程,文、管、法类专业学生至少要选两门自然科学或工程技能系列课程;理、工类专业学生至少要选修两门人文社科系列课程;同时开设文学、艺术、心理、体育系列公共课程供各专业学生选修。

(7)在确立知识点的基础上,把每门课程的教学内容作为课程体系中的一部分进行整体优化。

(8)鼓励教师将自己的科研成果融入课程内容,将最新学科发展动态介绍给学生,以扩大学生视野,提高学习的主动性。

(9)加强课程建设,每年按规划完成院级优秀课程建设,争创省级重点课程,各系部也要投入资金建设系部级优秀课程。

在2000年9月学校提出的《全面提高本科教学质量实施意见》中,要求各教学单位组织教师,通过参加国家"面向21世纪课程体系教学内容改革"课题研讨等,广泛收集最新的教改成果、研究动态,为我所用。通过开展新一轮教育观念、教育思想大讨论和课程体系教学内容改革的研讨,真正将各方面已取得的研究成果固化到教学大纲中,并进一步完善各专业培养计划。

在学校本科教育"十五"发展规划中,提出了"加强对面向21世纪课程体系、教学内容和教学方法改革的深入研究,争取25～30项省级优秀教学成果奖,力争在国家级优秀教学成果奖上有所突破"的发展目标。

在教学内容、课程建设改革的实践中,学校课程建设的思路也得到了提高和完善。2003年9月,学校印发了《关于加强课程建设的有关规定》,明确地提出了"全面贯彻党的教育方针,更新教育思想和教育观念,遵循人才成长规律,合理构建学科知识体系,积极吸取国内外教育教学改革的最新成果,结合学科发展动态,更新教学内容,优化课程体系。根据社会发展需要,设置课程方向;以单门课程建设带动系列课程和课程群建设,以精品课程建设带动一般课程建设,形成与培养知识、能力、素质协调发展的高级应用型专门人才之目标相适应的教学内容和课程体系"的总体建设思路。

随着教学改革的深入,2003年学校结合教育部教育改革与质量工程,制定了《西安科技大学2003～2007年教学质量和教学改革工程行动纲要》,将"倡导创新,打造精品,推进教学内容和课程体系改革"作为重要任务之一,强调了精品课程建设在质量工程中的重要地位,相应制定了院(系、部)建设课程→校建设课程→校级精品课程的三级建设模式。确立了到2007年"建设100门校级精品课程,争取10～15门陕西省精品课程,2～3门国家级精品课程,形成教学质量高、具有辐射作用和学校特色的示范优质课程群"的行动目标。

(二)以教改立项为主要方式,确保教学内容和课程体系改革持续、深入进行

学校开展两年一度的教学改革项目立项工作,一贯将教学内容和课程体系改革作为重点资助的项目。1999年3月26日和2000年1月13日,学校课程建设委员会专家组两次召开会议,对1996年年初作为学校第一批课程专项建设的高等数学、大学物理、大学英语三门主要基础课,依据《西安科技学院课程建设评价指标体系》进行了验收。其中高等数学、大学物理两门课程被确立为学校优秀课程,大学英语被确定为合格课程。同时,批准计算机文化基础、工程数学1、工程制图、化学系列课程、马克思主义哲学、物理实验六门课程作为学校第二批立项院级重点建设课程。

2001年6月,学校公布了由学校资助建设的工程力学、安全学原理等23门第三批校级建设课程名单。同时,强调了要从"师资队伍、教学条件、教学效果"三个方面扎实开展建设工作。

2003年6月,学校公布了第四批校级课程建设项目,有数学分析、高等代数等54门。

2003年9月,学校制定了《2003～2007年教学质量和教学改革工程行动纲要》,提出了加强课程建设,并首次提出了加强精品课程建设的行动目标,以精品课程建设带动整个课程建设工作。至2007年,学校已立项建设校级精品课程76门。2003年12月,在对前期重点建设课程验收的基础上,评选确定21门校级精品课程,具体见表3-3-9。

表3-3-9   **西安科技大学2003年度精品课程一览表**

序号	院(系、部)	课程名称	负责人
0301	基础部	工程力学(省级)	韩江水
0302	基础部	概率论与数理统计	丁正生
0303	基础部	工程制图系列课程	李 勇

序号	院(系、部)	课程名称	负责人
0304	基础部	高等数学	褚维盘
0305	管理学院	管理学	张金锁
0306	能源学院	安全经济学	田水承
0307	能源学院	岩石力学	侯忠杰
0308	能源学院	矿山压力与岩层控制	石平五
0309	建工学院	混凝土基本原理	郭秉山
0310	机械学院	机械制造技术基础	郭 卫
0311	电控学院	现代控制理论	侯媛彬
0312	通信学院	通信原理	李白萍
0313	计算机系	汇编语言	龚尚福
0314	计算机系	运筹学	李占利
0315	地环系	构造地质学	夏玉成
0316	测量系	测量学	梁 明
0317	材料系	材料物理	王晓刚
0318	化工系	有机化学	蔡会武
0319	化工系	普通化学	李侃社
0320	外语系	英语阅读	师新民
0321	社科系	马克思主义哲学原理	田小泉

　　随着 2004 年迎接教育部本科教学水平评估工作的深入开展,有力地促进了教学内容、课程建设的发展。2004 年 7 月,学校确定大学物理等 33 门课程为校级精品课程,按校级教学改革项目立项,并给予一定的经费支持,具体见表 3-3-10。

表 3-3-10　　　　　　　　西安科技大学 2004 年度精品课程一览表

序号	院(系、部)	课程名称	负责人
0401	基础部	大学物理系列课程	王亚民
0402	基础部	线性代数	丁正生
0403	管理学院	经济学	李红霞
0404	能源学院	采动损害学	余学义
0405	能源学院	系统工程	索永录
0406	能源学院	安全学原理	李树刚
0407	能源学院	建筑环境学	姬长发
0408	能源学院	传热学	徐炳坤
0409	能源学院	爆破工程	王小林
0410	机械学院	机械设计基础	韩 敏
0411	机械学院	测试技术与信息处理	李 曼
0412	机械学院	液压与气压传动	周新建
0413	电控学院	自控原理	王勉华
0414	电控学院	单片机原理及应用	柴 钰

序号	院(系、部)	课程名称	负责人
0415	通信学院	信号与线性系统分析	吴延海
0416	通信学院	数字信号处理	张敏瑞
0417	通信学院	模拟电子技术	樊锡德
0418	计算机系	数值分析	龙熙华
0419	计算机系	计算机文化基础	龚尚福
0420	地环系	工程岩土学	王贵荣
0421	地环系	环境检测学	郑　重
0422	地环系	基础地质学	王　英
0423	地环系	环境生态学	赵晓光
0424	测量系	控制测量学	孟鲁闽
0425	测量系	测量平差基础	史经俭
0426	材料系	金属材料学	杜双明
0427	化工系	无机与分析化学	李侃社
0428	化工系	化工原理	郭晓滨
0429	化工系	物理化学	刘向荣
0430	化工系	煤化工系列课程	李健伟
0431	社科系	马克思主义政治经济学	孙红湘
0432	艺术系	环境艺术设计	满　浩
0433	体育部	大学体育	陈　黎

2007 年 3 月,学校确定数控技术等 22 门课程为 2006 年度校级精品课程,予以资助建设,具体见表 3-3-11。

表 3-3-11　　　　　　　　西安科技大学 2006 年度精品课程一览表

课程编号	课程名称	课程负责人	负责单位
0601	数控技术	马宏伟	机械工程学院
0602	工程地质学分析原理	王念秦	地质与环境工程系
0603	矿山安全技术	张俭让	能源学院
0604	DSP 技术及应用	吴延海	通信与信息工程学院
0605	常微分方程	乔宝明	基础部
0606	羽毛球	马　珺	体育部
0607	高分子物理	李会录	材料科学与工程系
0608	数字电子技术	程红丽	通信与信息工程学院
0609	数据库原理及应用	罗晓霞	计算机系
0610	信息论基础	张　红	通信与信息工程学院
0611	土力学	任建喜	建筑与土木工程学院
0612	高级英语	姚克勤	外国语言文学系
0613	离散数学	赵高长	基础部
0614	材料化学	邓军平	材料科学与工程系

续表 3-3-11

序号	院（系、部）	课程名称	负责人
0615	机械原理	韩 敏	机械工程学院
0616	材料科学基础	杜双明	材料科学与工程系
0617	煤地质学	王 英	地质与环境工程系
0618	遥感技术	陈晓宁	测量工程系
0619	基础英语	魏 羽	外国语言文学系
0620	翻译理论与实践	张燕清	外国语言文学系
0621	设计素描	杨惠珺	艺术系
0622	科技英语翻译	魏 羽	外国语言文学系

（三）课程建设的组织体系与评审制度

学校构建了校院（系、部）两级课程建设组织机构。1998 年，学校修订了《西安科技学院关于加强课程建设的有关规定》，在院（校）设立课程建设委员会专家组，各系、部均建立了由教学院（系、部）主任领导下，由各教研室主任或学科带头人组成的系级课程建设委员会，负责制定系级课程建设规划，每批一般确定 2～3 门专业技术基础课进行建设，系级重点建设课程经费由各系筹措，也可以通过申报各级教改项目，获准立项后进行资助建设。2003 年 9 月，学校印发了《西安科技大学关于加强课程建设的有关规定》，进一步明确了二级建设的组织机构及主要职责。

（1）校级课程建设工作在主管教学工作的副校长领导下，由教学指导委员会负责课程建设规划、课程建设立项、验收以及精品课程评审工作，教务处教学研究科负责具体管理工作，各院（系、部）组织实施。

（2）院（系、部）课程建设工作，由院系（主任）负责立项、验收工作，由教学指导分委员会负责实施。

学校建立了严格的评审制度和课程评审指标体系。所有立项建设的课程都必须由校专家组和教学指导委员会依据课程建设验收评比指标体系，从师资队伍、教学条件、教学实施过程和效果等进行检查和验收评比，以推动课程建设进程，提高课程建设质量。对评比为优秀的课程，分别授予"优秀课程"或"精品课程"称号，并对其主讲教师在职称评审、评优等方面给予倾斜。

（四）省级精品课程建设

2003 年教育部在全国启动高等学校教学质量与教学改革工程精品课程建设工作。2003 年 11 月，陕西省教育厅首次组织了全省高校精品课程的评审工作，全省共评出 54 门省级精品课程。我校工程力学经省专家组评审委员会评审通过，成为我校第一门省级精品课程，至 2007 年我校共有 8 门省级精品课程，具体见表 3-3-12。

表 3-3-12 　　　　　　　　　　西安科技大学省级精品课程一览表

院（系、部）	课程名称	课程负责人	批准时间
基础部	工程力学	韩江水	2003.11
基础部	概率论与数理统计	丁正生	2004.07
化工系	有机化学	李侃社	2005.07
计算机系	汇编语言程序设计	龚尚福	2005.07
材料系	材料物理	王晓刚	2005.07
计算机系	数据结构	龚尚福	2006.07
能源学院	开采损害学	余学义	2006.07
能源学院	安全学原理	李树刚	2007.07

四、教材建设与教材管理

1998 年后,知识和高等教育的飞速发展给学校的教材建设提出了新的要求。一方面是世界科学技术突飞猛进,知识创新和更新的速度前所未有;知识在经济建设中发挥着越来越重要的作用;劳动者的素质成为今后国际竞争的决定因素。另一方面是国内高等教育快速发展,围绕如何培养和造就我国 21 世纪一代新人,中央和国务院做出了《关于深化教育改革全面推进素质教育的决定》,召开了第三次全国教育工作会议,教育部也下发了《关于深化教育改革,培养 21 世纪需要的高素质人才的意见》等文件,开始全面实施素质教育。

教材是体现教学内容和教学方法的知识载体,是进行教学的基本工具,也是深化教育改革、全面推进素质教育、培养创新人才的重要保证。面临新的形势和要求,学校的教材建设也必须有一个与之相适应的快速发展。1998 年 12 月,学校第三次教育工作会上通过的《教学改革方案》提出了加强教材建设和管理的五项改革措施:

(1)根据新型合格人才培养的需要,制定教材建设规划,加强系列课程教材立项研究。

(2)增加教材建设基金,加强教材立项和自编教材管理。扶持教师主编、参编省部级重点教材,力争出精品。在近两年内,重点资助实践性教材的编写工作,力争完成各项专业实验、实习、设计等配套辅助教材的编写,并不断完善。

(3)建立教材样本展示室,经常性对照、分析,确定适合我院教学的优秀统编教材。

(4)每年投入相应经费,保证电子教案、CAI 课件的编写制作、开发等计划的实施。

(5)加强教材信息的采集和使用效果反馈工作。

学校成立了教材建设指导委员会,各院(系、部)也相应成立了教材建设的二级组织,建立了校、院(系、部)两级管理制度,确保了教材建设规划的落实。

学校将教材建设列入了学校"九五"和"十五"教育事业发展规划。在"十五"规划中提出了"争取 30～40 部省部级统编规划教材,3～5 部国家级统编规划教材,50 部院级规划教材;力争在国家级优秀课程建设上有所突破"的建设目标,并根据实际情况细化为两年一滚动规划,以便于及时调整选题方向,适应社会对人才需要的变化。

设立了教材建设专项基金,资助教材出版,凡是入选学校规划的教材,均给予经济支持,并对教材编写人员进行奖励。2000 年,资助出版教材《岩层控制学》(石平五主编)、《采矿损害及其环境治理》(余学义主编)等 6 部,再版教材 3 部,内部讲义 14 篇,实践性环节讲义 29 项。

2002 年,学校资助出版教材《灾害学》(李树刚主编)、《地学信息数字化技术概论》(夏玉成主编)等 3 部,内部讲义 12 篇,实践性环节讲义 20 项,CAI 课件 22 项。

2004 年,学校资助正式出版教材《现代信息网》(刘少亭主编)、《计算机网络应用教程》(龚尚福主编)等 8 部,校内讲义 14 篇,多媒体课件重点项目 7 项,一般项目 15 项,实践教学讲义 28 项。

2006 年,学校资助正式出版教材《结构及弹性力学有限单元法》(刘怀恒主编)、《安全控制理论与技术》(李树刚主编)、《岩土工程勘察》(王贵荣主编)等 10 部,校内讲义 20 篇,实践教学讲义 47 项,多媒体课件重点项目 5 项,一般项目 8 项。

针对优势学科,学校有重点地指导特色教材编写。在教材建设基金资助的选题中,有一半以上为我校优势专业的教材。为采矿工程、安全工程等专业出版了《矿山压力及岩层控制》《现代安全经济理论与实务》《通风安全学》《安全经济学》《灾害学》《安全监测监控技术》等主干课程系列教材。

学校教材建设卓有成效。2000 年以来,学校教师共参与编写正式出版教材 143 部,教材建设基金资助正式出版教材 30 部,校内讲义 60 篇,实践性教学环节讲义(指导书)124 项,多媒体课件 57 项。

由田水承教授参与编写并担任副主编的教材《安全工程学》于 2002 年获全国普通高校优秀教

材二等奖。由易维锴和我校侯媛彬教授合编的教材《智能控制技术》被清华大学列入精品课程参考书。由侯媛彬教授主编的《系统辨识及其 MATLAB 仿真》教材,2004 年由科学出版社出版,并被西安交通大学、西安建筑科技大学等学校选作教材使用。

由李树刚等 9 位教师分别主编的 9 部教材,2007 年被列为教育部"十一五"国家规划教材,具体见表 3-3-13。

表 3-3-13　　　　　　　　　　西安科技大学国家级"十一五"规划教材

序号	教材名称	作者	出版社
1	现代控制理论基础	侯媛彬	北京大学出版社
2	高频电子技术	董 敏	北京师范大学出版社
3	通信与电子信息科技英语(修订版)	张敏瑞	北京邮电大学出版社
4	移动通信与终端设备	孙龙杰	电子工业出版社
5	爆破工程	戴 俊	机械工业出版社
6	过程控制系统与仪表	王再英	机械工业出版社
7	开采损害学	余学义	煤炭工业出版社
8	灾害学	李树刚	煤炭工业出版社
9	微机原理与接口技术	龚尚福	西安电子科技大学出版社

2005 年 10 月,学校开展优秀教材评选活动,评选出了校优秀教材 11 项,一等奖 4 项,二等奖 7 项,具体见表 3-3-14。

表 3-3-14　　　　　　　　　2005 年度西安科技大学优秀教材评选结果一览表

序号	教材名称	获奖等级	主 编	所属单位
1	现代信息网	一等奖	刘少亭	通信学院
2	地质学信息数字化技术概论	一等奖	夏玉成	地环系
3	理论力学多媒体教学系统(CAI)	一等奖	郭志勇	基础部
4	工程制图	一等奖	李 勇	基础部
5	工程制图解题指导(CAI)	二等奖	谢 泳	基础部
6	计算机文化基础	二等奖	龚尚福	计算机系
7	机械原理(CAI)	二等奖	韩 敏	机械学院
8	数值分析	二等奖	龙熙华	计算机系
9	企业战略管理	二等奖	李红霞	管理学院
10	电子商务原理及应用	二等奖	龚尚福	计算机系
11	现代机械设计理论与方法	二等奖	任仲全	机械学院

其中,刘少亭教授主编的《现代信息网》、夏玉成教授主编的《地质学信息数字化技术概论》获 2005 年陕西省普通高等学校优秀教材二等奖。

2007 年,学校再次开展优秀教材评选活动,评出一等奖 4 项,二等奖 6 项,具体见表 3-3-15。

表 3-3-15 **2007 年度西安科技大学优秀教材评选结果一览表**

序号	教材名称	获奖等级	主 编	所属单位
1	微机原理与接口技术	一等奖	龚尚福	计算机系
2	开采损害学	一等奖	余学义	能源学院
3	通信与电子信息科技英语	一等奖	张敏瑞	通信学院
4	建筑阴影与透视多媒体课件及元素库	一等奖	谢 泳	基础部
5	微型计算机汇编语言程序设计	二等奖	龚尚福	计算机系
6	通信原理与技术	二等奖	李白萍	通信学院
7	现代企业管理导论(修订版)	二等奖	李永清	管理学院
8	通信原理常见题型解析及模拟题(第3版)	二等奖	李白萍	通信学院
9	电子信息类专业英语	二等奖	李白萍	通信学院
10	新视野大学英语预备导学精练预备 1	二等奖	师新民	外语系

其中,龚尚福教授编写的《微机原理与接口技术》和余学义教授编写的《开采损害学》获得了 2007 年陕西省普通高等学校优秀教材二等奖。

在教材选用上,学校先后制定了《教材建设及管理办法》《教材工作条例》《教材供应管理办法》等文件,提出了具体的选用标准和程序。教材选用由教研室负责,经院(系、部)教学院长审核,报教材科审定,由教材科依据《教材选用评价指标体系》组织对选用教材进行抽样评价。严把选用教材的质量关,学校明确规定,公共基础课、专业基础课及各专业的主干课程必须选用获省部级以上奖励或公认水平较高的教材,并注意积极选用高水平的新教材,以保证教学内容的更新,紧跟知识发展的前沿。完善的制度规定和审批程序,对实施人才培养方案,提高教学质量发挥了重要的作用。

学校积极参加行业高等学校的教材建设活动。2005 年 7 月,李树刚、牟国栋、郭卫、王生全、梁明、谷拴成、周安宁、王勉华、李白萍、张金锁、袁金群等同志,被中国煤炭教育协会聘为“高等学校(矿业)教材编审委员会委员”。

五、教学方法与教学手段的改革

1998 年 12 月,学校为全面推动素质教育,培养 21 世纪需要的高质量人才,制定了《西安科技学院教学改革草案》,将教学方法、教学手段的改革作为重要改革内容之一,对今后几年学校教学方法和手段的改革进行了规划,明确了改革的内容和途径,具有重要的指导意义。

(1) 加强教学研究,吸收科学的认识论、方法论和心理学的研究成果,用于指导教学。

(2) 在教学中树立教师为主导,学生为主体的观念;改单向传授知识的课堂教学模式为双向或多向交流式,改注入式教学方式为启发式、讨论式、实例式、研究式教学模式,将课堂讲授与讨论、学生自学有机结合起来;正确处理教与学的关系,充分调动学生学习的积极性,鼓励学生个性发展。

(3) 理论教学要重点突出,加强“三基”内涵,注重理论与实践相结合,适时更新,调整教学内容;通过教师的创造性劳动使学生获取更多的知识点,了解科学发展前沿知识。

(4) 实践性教学要加强对学生基本技能的培养,增强学生的实践能力,培养学生的创新意识,提高学生的综合素质。

(5) 根据学生个性不同和专业不同,实行分层次教学,做到因材施教。

(6) 加大现代教育技术开发和应用的投资力度,力争在 5 年建成 6 个多媒体教室、5 个多功能教室、8 个语音室、1 个音乐教室、4 个电化教室。

(7) 要求具有博士、硕士学历的教师,并鼓励全体教师根据课程需要,广泛使用多媒体教学手段。

学校将教学方法和教学手段的改革,作为全面提高本科教学质量的重要措施之一,对已在教学过程中实施的教学方法和教学手段改革及时进行研究分析和跟踪调查。对那些对学生素质、能力培养和知识掌握效果明显,确有推广价值的改革成果,通过立项给予资助支持,进行专题研究,增进改革的深度和广度,增强改革的针对性和实效性。教学方法和教学手段改革立项在学校整个教学改革立项中占有相当的比例。

学校坚持常年开展高等教育(教学法)研究活动,要求各教学院系"每学期坚持每两周搞一次活动,做到学期初有安排,每次活动后有总结,通过高等教育研究活动有力地推动各院系部、教研室的各项教学改革工作"。1999年1月,学校组织了我校第二届高等教育(教学法)研究活动评优工作。经各单位推荐上报材料和学校专家组评审,计算机系和计算机基础教研室、水工教研室、物理教研室、采矿学科被评为1999年度校高等教育(教学法)研究活动优秀单位,给予表彰和奖励。

1999年后,随着高等教育的快速发展和高等教育的扩招,学校的规模和教学工作量也大幅度增加,大量的青年教师走上讲台。为了提高青年教师的授课水平,促进青年教师教学基本功的提高,从2000年9月起,学校在广大青年教师中开展了"四个一工程",即"一口普通话,一笔好板书,一份好教案,年均一篇教学心得体会或教改论文"达标评比活动。并将"四个一工程"评比结果与老教师指导青年教师的指导情况相结合,对"四个一工程"先进个人和优秀指导教师分别给予表彰和奖励。

2002年12月,我校第一届青年教师"四个一工程"达标评比活动结束。经过历时近一个学期四个阶段的比赛,综合考虑授课质量(占60%)、教案撰写(占25%)、教学改革论文层次(15%)等项,12名青年教师进入决赛。最终经讲课比赛评出:张淑云获一等奖,张亚婷、徐笑谦、班丽瑛获二等奖,周筱嫒、董宁、杨战社、邱晓霞、邵小强、吕靖烨获三等奖,有10名教师获鼓励奖。

依据青年教师"四个一工程"达标评比活动的规定,2005年12月,学校聘请专家组对进入决赛的20名青年教师进行评比,吕靖烨获一等奖,刘颖、靳玉萍、孟彩萍、蒋宝峰、闫红梅、唐丽云、贾澎涛获二等奖,祁美荣、郅彬、张天军、王守华、王华、时健、程爱华、张京兆、李锦、朱莉、邱继生、陈越平获三等奖。

积极开展青年教师讲课比赛活动,通过竞赛评比活动达到互相学习、共同提高的目的。2000年,学校进行了第六届青年教师讲课比赛,比赛分系部选拔、专家听课、分组比赛三个阶段。最后以集中比赛为主,参照系部推荐意见和专家听课评分,加权计算总分,评出:张天军、付燕、魏娟、郭莉获一等奖,冀汶莉、张慧梅、李学文、曹萍、杨战社、王曼获、于洁、王莉敏、柯昕获二等奖。

2001年3月,学校印发了《西安科技学院青年教师教学工作讲评及讲课比赛办法》,规定每年11月份期中教学检查期间,开展青年教师教学工作讲评和讲课比赛。

2006年,学校再次开展青年教师讲课比赛活动,学校对获奖的青年教师分别给予了表彰奖励,并号召"全校青年教师向他们学习,刻苦钻研,不断加强师德培养,努力改进教学方法和教学方式,形成比、学、赶、帮、超的良好局面,进一步提高教学水平,为促进我校教育教学质量的提高而努力"。

西安科技大学2006年度青年教师讲课比赛获奖名单:

一等奖:侯晨涛、席东、杨战社

二等奖:龚云、陈方方、杨华平、袁子淳、潘小玉、周澜、唐伟、贺文海、高腾

三等奖:熊光红、文艳芳、邱月、杨帆、刘佳、郭强、邵小平、柯昕、孙庆兰、李怡、李焱、廖华、任顺英、朱周华、殷晓虎、张小红、崔海文、桑亚群

优秀:汪晓芹、侯春友、史翔、赵兵朝、郝改红、霍舟、米春娟、赵立杉、蒋媛、邹绍辉、刘晓佩、李立红、赵建文、王建、李娟

青年教师讲课比赛活动健康规范地开展,对鼓励青年教师更好地研究教学方法和技巧,提高教学质量和水平发挥了积极和重要的作用。

2000年9月,学校授权"教学督导组"进行评价性听课,对学生反映意见较大的教师,由教学督导组成员听课后填写听课评价书,移交教学主管部门进行处理。各院(系、部)教研室也通过积极开

展老教师指导青年教师、观摩教学、聘请教学经验丰富的老教师举办"如何上好一堂课"等专题讲座和学习班等活动,充分发挥老教师的传、帮、带作用,帮助青年教师尽快站稳讲台,并掌握受学生欢迎的教学方法。

经过几年的研究与实践,教师在教学活动中逐渐改变了"灌输式"和过分偏重讲授的教学方法,普遍采用了启发式、讨论式、研究式等教学方法。在课堂讲授的同时,以多种形式和方法,引导学生思考问题、提出问题,使课堂生动活泼。例如,高等数学、大学英语采取分级教学法,现代控制理论课程采取"反馈式及串珍珠"教学法,管理类、"两课"采取案例教学法均收到良好的效果。同时,学校也涌现出一批教学态度认真、教学方法灵活、深受学生欢迎的优秀教师,其中褚维盘、韩江水、龚尚福三位教师先后被评为陕西省教学名师;由韩江水教授牵头的工程力学、由龚尚福教授牵头的计算机与信息科学两个教学团队,被评为首届"陕西省普通高校教学团队"。

随着科学技术的进步,学校把推进教学手段现代化作为教学改革的重要内容之一,积极采取各种措施大力促进计算机技术、多媒体技术、网络技术等现代化教育技术的应用。采取教改立项方式进行 CAI 课件研制和开发。通过自行研制开发和购买多媒体课件,使必修课应用多媒体授课的课时占到必修课总课时的 15.18％。2002 年、2004 年、2006 年,学校先后三次立项资助研制开发 CAI 课件、多媒体课件共 57 项。

2007 年,刘哲老师制作的《中国近代史纲要》获教育部"全国第七届多媒体课件大赛"二等奖,《毛泽东思想、邓小平理论和"三个代表"重要思想概论》获优秀奖。

为贯彻落实《教育部关于加强高等学校本科教学工作,提高教学质量的若干意见》,学校于2002 年 1 月印发了《关于开展研究生、本科生课程双语教学的通知》,对在本科生中开展双语教学的模式、要求,以及双语教学教师的培训、管理、资助提出了具体的实施意见。部分教师积极申请开设双语教学课程,经院(系、部)及学校严格把关,2001～2004 年有 19 门课程采用双语教学,主要分布在管理、电气信息类专业。

为进一步推动双语教学,学校提出了"广泛渗透、重点建设"改革思路。从 2003 年开始,要求教师撰写教案时,对于专业术语要用英语描述,有条件的教师应撰写英语教案;授课过程中,专业术语用英语书写,以逐步渗透的方式,不断提高教师和学生的英文水平,为在高年级开设双语教学奠定了基础。同时,学校在教改立项中,对双语教学项目给予倾斜。2002 年,马宪民老师主持的"双语教学中教学规律的研究及教学方法的改革"项目,获得陕西省"21 世纪初高等教育教学改革工程研究项目"资助;2004 年,张敏瑞、刘金瑄两位老师主持的"双语教学与专业外语协调教学方法探索"和"机械制图双语教学研究与实践"获得学校重点资助。

2004 年 10 月,美国密苏里罗拉大学远程网络课堂在我校临潼校区开通,每周一由美国教师在网上授课,每周二至周五中美师生在网上面对面交流。

为了进一步调动教师开展双语教学的积极性,学校还采取相应的激励措施,如双语授课的教学工作量为一般教学授课的 1.5～2 倍;分批选派汪梅、王枫等 22 名教师赴国外培训。学校将进一步为双语教学创造更好的条件,力争在 3～5 年内,使信息技术、法律等适于开展双语教学、双语授课课程达 8％～10％,其他专业达 3％～5％。

第三节　教学管理与质量监控

一、教学管理组织机构

如图 3-3-1 所示,学校的本、专科教学工作实行校、院(系、部)两级管理。在学校党委和行政的集体领导下设主管教学工作副校长 1 人。设教务处为业务管理职能部门。

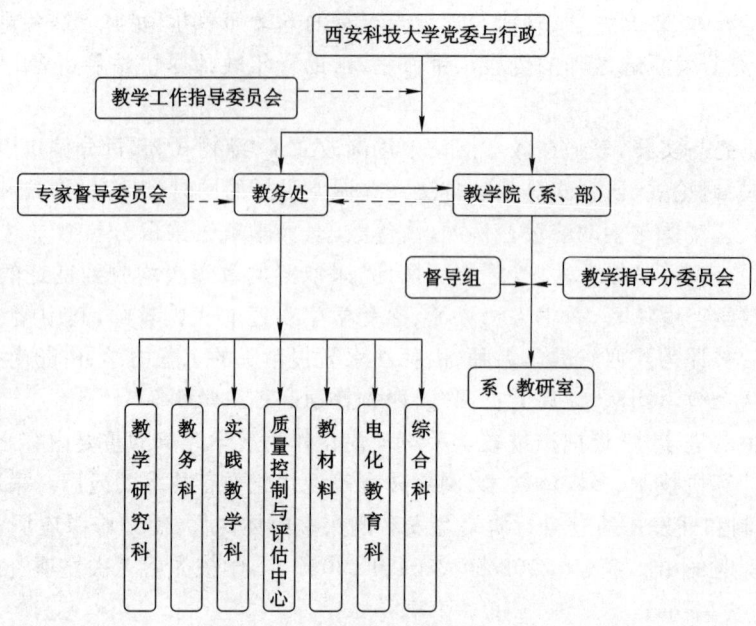

图 3-3-1　教学组织管理机构一览图

2002 年 2 月,学校成立西安科技学院第一届教学工作指导委员会。常心坦任主任,韩江水、赛云秀、刘德安任副主任。

2004 年 2 月,学校对教学工作指导委员会的人员进行了调整,常心坦任主任,韩江水、杨更社、刘德安任副主任。

2006 年 10 月,由于工作和人员变动的原因,学校对校教学工作指导委员会进行调整。苏三庆任主任,张立杰、韩江水、杨更社、马宏伟任副主任。

教学工作指导委员会的职责是:负责审定学校教学工作规划、教学改革方案、专业设置和发展规划等,负责审核教学改革研究项目与验收、课程建设立项与验收、优秀教学成果奖评审结果,负责全面指导、管理教学工作。

教务处质量控制与评估中心:负责全校教学质量监控工作的布置、信息收集、处理、检查和反馈等。

教学督导专家组:负责教学质量的监督和检查,及时发现并敦促解决教学运行过程中存在的质量问题,指导青年教师不断改进教学方法,提高教学技能,确保教学质量。

自评专家组:实施对院(系、部)教学工作评估。

院(系、部)教学指导委员会:负责本单位教学相关事务及教学质量监控工作。

教学信息员:负责采集、汇总教师教学相关信息。

学校设有能源学院、建筑与土木工程学院、电气与控制工程学院、通信与信息工程学院、机械工程学院、管理学院、人文与社会科学学院、理学院、测绘科学与技术学院、地质与环境学院、计算机科学与技术学院、材料科学与工程学院、化学与化工学院、外国语学院和艺术学院等 15 个学院以及继续教育学院、"学、研、产"合作模式的电子信息学院、体育部。

各院(系、部)都设有分管教学工作的副院长(副主任)和教学秘书(教务员),与学校教学工作指导委员会相应,各单位均成立了教学指导分委员会。

2007 年,学校制定了《西安科技大学教学二级管理实施办法》《西安科技大学(系、部)本科教学工作考核暂行办法》,按照政策到位、人员到位、条件到位的原则,为二级教学单位配备了教务员和必要的工作条件,使教学二级管理迈出了实质性的步伐(详细见教学组织管理机构一览图)。

教研室是学校在各教学院(系、部)按学科或课程设置的进行教学及科学研究的基层业务单位，处于学校教学和科研的第一线，在教学组织与管理、开展科研活动、编写教学资料、师资培养等方面起着十分重要的作用。

2008年4月，学校安全技术及工程国家级重点学科学术带头人李树刚教授继续被聘为教育部高等学校安全工程教学指导委员会委员。国家级第一类特色专业建设点、陕西省名牌专业——测绘工程专业学术带头人刘长星教授被聘为教育部高等学校测绘学科教学指导委员会委员，任期为2008～2010年。

二、教学管理与制度建设

1. 本科教育是学校的基础，教学工作是学校的中心工作

学校根据国家教育方针、政策的调整和学校实际，加强教学管理，每年有针对性、有重点地解决一些影响学校健康发展和教学质量的问题。

1999年，召开了学校教育工作会议，制定了《西安科技学院学科建设发展规划》《西安科技学院大学生素质教育实施细则》《西安科技学院教学改革草案》，完成1999年版人才培养方案的修订工作，并继续在全校范围内开展教育教学思想大讨论，动员全校教师积极投身于教育教学改革，开始全面实施素质教育。

2000年，全面推行素质教育，并制定了《西安科技学院实验室管理体制改革方案(试行)》，以进一步强化实践教学。

2001年，召开了学校教学工作会议，制定了《西安科技学院系(部)本科教学工作评价方案(试行)》，开展了对各系(部)本科教学工作评价。

2002年，召开了学校教学工作会议，总结系(部)本科教学评价工作，针对学校扩招后出现的问题，进一步加大了实验室硬件条件建设和改善的力度；为加强基层教学组织的作用，制定了《西安科技学院教研室工作条例》。

2003～2004年，为迎接教育部本科教学工作水平评估，对本科教学工作进行全面深入系统地回顾、自评和材料整理，找差距、补不足、以评促改、以评促建、以评促管，并进一步加强了教学基本条件建设。

2006年6月，学校制定了《西安科技大学"十一五"教育事业发展规划》，进一步明确了"学校以本科教育为主体"的重要地位，规划了本科教育发展蓝图。

2007年12月，学校召开了以"实施质量工程，全面提高本科教育质量"为主题的本科教学工作会议，讨论并通过了《西安科技大学本科教学质量与教学改革工程实施意见》等一系列教学管理文件，在全校正式启动了本科教学质量工程。

2. 加强教学管理，强化质量意识

学校始终坚持以培养人才为中心，牢固树立质量立校的观念，把质量和水平作为学校立足社会和发展壮大的根本。以改革求发展，以管理求效益，不断促进和加强本科教学工作，提高教学质量，保证了学校人才培养目标的实现。

早在1986年，学校就做出了《加强本科教育，提高本科教学质量》的决定，确立了质量立校的发展思路。

20世纪90年代，学校在制定"八五"和"九五"发展规划时，都将提高教育教学质量作为学校发展的首要任务，坚持"规模、质量、结构、效益"协调发展。

1999年，面对高等教育快速发展的形势，学校积极响应中央号召进行了较大规模的扩招。为保证教学质量，同年12月，学校召开了第三次教育工作会议，审定了《西安科技学院大学生素质教育实施细则》《西安科技学院教学改革草案》等文件，出台了全面推进素质教育、提高教学质量的具

体措施。

2000年,学校制定了《西安科技学院全面提高本科教学质量实施意见》《西安科技学院干部听课和巡视教学秩序的有关规定》等规章制度,明确党政一把手是教学质量的第一责任人,必须经常深入教学一线调查研究,抓好教学质量。各二级教学单位也必须成立教学指导、督导小组,切实加强对教学工作的质量监控。

2000年,学校在本科教育"十五"发展计划中,提出了"树立质量是学校生存根本保证的意识",要求"十五"期间,学校在本科教育发展中要正确处理规模、质量和效益的关系。要完成由注重规模扩大向注重质量、提高效益的转变,以实现学校可持续发展的目标。

2001年5月,学校成立了西安科技学院本科教学质量评价领导小组(组长:常心坦;成员:赛云秀、刘德安、韩江水、王民生、杨更社、马宏伟、姜良成、张爱明、沈月娟)和西安科技学院本科教学质量评价专家组(组长:赵文杰;副组长:冯楼台;成员:石平五、李玉琨、邓宝、杜其仁、毛开友、刘少亭、路庆忠、王志英、褚维盘),以教育部《普通高等学校本科教学工作随机性水平评估方案》的评价体系和《西安科技学院系(部)本科教学质量评估体系》为纲要,本着"以评促建,以评促改,评建结合,重在建设"的方针,通过两次检查各系部自评报告,召开师生座谈会,开展实验室等专项检查,进行高等数学常识测试、问卷等工作,对学院的本科教学质量进行了随机和计划的评价,确保了学校本科教学质量的提高。

2001年,为了贯彻落实教育部〔2001〕4号文件精神,学校制定了《关于加强本科教学工作提高教学质量的实施意见》及《西安科技学院教学事故认定和处理办法》等文件,明确在职称评定中实行"教学质量一票否决制",进一步强化了教师的质量意识。

2003年,面对高等教育改革发展的新形势、新任务,为了贯彻教育部提出的《高等学校教学质量和教学改革工程》,学校制定了2003～2007年《西安科技大学教学质量和教学改革工程行动纲要》,提出了学校"本科教学工作达到优秀水平,规模、结构、质量、效益协调发展"的行动目标。同时印发了《教学工作规程》《教学质量评价办法》等6个文件,强调和突出了"质量"在教学、在人才培养和各项工作中的地位,提出了2003～2007年实施教学质量和教学改革工程的主要任务和保障措施。这项工作的启动和开展,标志着学校教学工作由以应对扩招后大规模增加的教学工作量、保证教学正常进行为主要任务,开始转向以全面提高教学质量、进一步提高人才培养质量为主要任务。

2006年6月,在《西安科技大学"十一五"教育事业发展规划》中,学校进一步强调"大力实施质量立校、特色兴校、人才强校的发展战略",要"以内涵建设为主导,以提高质量为主线,以学科建设带动全面发展"。明确提出了"本科教育按照《普通高等学校本科教学工作水平评估方案》的评价体系,综合水平达到优秀;毕业生的德、智、体等综合素质符合社会发展需要;毕业生充分就业,使我校毕业生的就业率和就业质量达到同类院校较高水平"的目标。

2007年9月,学校学分制改革试点工作稳步启动。学校制定了《西安科技大学关于实施学分制工作安排的意见》《西安科技大学本科生学分制暂行规定》《西安科技大学学分制学籍管理实施细则》等相关配套管理文件,并对教务信息管理系统进行了升级改造。

2007年12月,本科教学质量工程在全校正式启动,并获得陕西省高等教育教学改革与教学质量工程专项经费94.4万元。

3.建立健全管理制度,规范完善管理程序

1998年以来,学校狠抓教学管理的科学化、制度化和规范化建设,先后制定或修订了涉及教学运行、教学基本建设、教学质量管理及教学改革与研究等七大类教学管理规章制度。这些既遵循现代教育教学规律,又符合我校实际的教学管理规章制度,使我校教学工作有章可循、有据可依,保证了教学秩序的持续稳定和教学质量的提高。

从1998年起,教务处开始对学校所有的教学管理规章制度进行重新修订,并新出台了一系列

教学管理文件。在 2001 年 7 月将《西安科技学院教学文件汇编》刊印成册。文件汇编分五部分,收编校内管理文件 53 个。

2004 年,学校又一次全面修订教学管理文件,制(修)订了七大类 60 个教学管理规章制度,印制了《西安科技大学教学管理文件汇编》。

2005～2008 年,学校根据新的教育形势和教学要求,进一步修订、完善了 30 多个规章制度。

经过数年的努力和建设,学校的教学文件进一步健全,教学管理的制度化建设迈出了新的步伐。在教学管理和教学实践中,这些规章制度得到了自觉有效的贯彻执行,对规范教学过程、稳定教学秩序、提高教学质量起到了良好的作用。

4. 教学管理队伍及教学研究成果

学校建成一支专兼职结合、相对稳定的教学管理队伍,现有教学管理人员 60 余人。其中教务处 24 人,设处级干部 3 名,科级干部 7 名;各院(系、部)都设有分管教学工作的副院长(副主任)和教学秘书。

学校重视教学管理人员的培训提高工作。1998 年,学校制定了《西安矿业学院举办管理干部研究生课程进修班总体方案》,部分管理人员参加了现代教育技术培训班的学习。学校多次举办和召开院(系、部)教学管理人员培训班、研讨会,从日常教学规范管理、教务管理、现代管理技术手段的运用和树立管理育人、服务育人意识等方面加强培训,更新教学管理人员的思想观念,提高教学管理人员的管理素质和业务能力,使教学管理队伍的素质和管理水平有了较大提高。

目前,学校教学管理人员中,75％以上具有教学工作经历,41％以上获得博士、硕士学位,25％以上为学科或学术带头人。1998 年以来,教学管理人员获得省(部)级以上表彰奖励 10 余人次,分别被授予"优秀教务处长""先进工作者""优秀教师""有突出贡献的中青年专家""陕西省普通高校优秀教务工作者"等称号。2001～2004 年,教务处被评为"陕西省高等学校优秀教务处"和陕西省教育系统"创佳评差"先进集体。2006 年,教务处被评为校"创佳评差"工作文明处室、陕西省高校精神文明建设最佳单位。

教务处每年组织开展"四评"(学生评教、管理评教、教师评教、教师评学)活动,围绕提高教学质量的主题召开各类型座谈会,并为老教授教学督导组配备联络员,及时收集和反馈教学信息,将以人为本、服务师生的意识具体落实在各项教学改革措施的实施之中。

教务处利用学校电视台、教务处网页、宣传栏等形式,及时公布学校教学信息,使全校师生及时、准确地了解和掌握学校动态。同时,教务处在各项工作中,始终贯彻服务育人的思想,并将加强自身建设、提高服务质量作为工作重点,真正将服务意识落到实处。

学校通过教改立项赞助、教学成果奖励等措施,激励教学管理人员积极开展教学管理及其改革研究,提倡以研究促改革、以研究促管理,鼓励开拓性、创造性地开展工作。

2000 年以来,教学管理人员主持或参与了 71 项各级教学研究项目,公开发表教学研究论文 171 篇;获得省级以上教学成果奖 9 项,校级教学成果奖 15 项。其中,"大学生综合素质培养目标体系的研究与实践"等 2 项成果获陕西省一等奖,"西安科技学院系(部)本科教学评价体系的研究与实践"等 7 项成果获陕西省二等奖。

三、教学质量标准与监控体系

(一)教学质量监控体系

教学质量管理是一项复杂的系统工程,涵盖学校工作的方方面面。1998 年以来,学校经过多年的探索与实践,基于戴明循环(PDCA 循环),构建了由目标与计划系统(Plan)、教学实施系统(Do)、教学检查与评价系统(Check)、信息反馈与调控系统(Act)等组成的教学质量监控体系,形成了自我约束、自我发展的机制,使教学质量稳步提高。具体体系如图 3-3-2 所示。

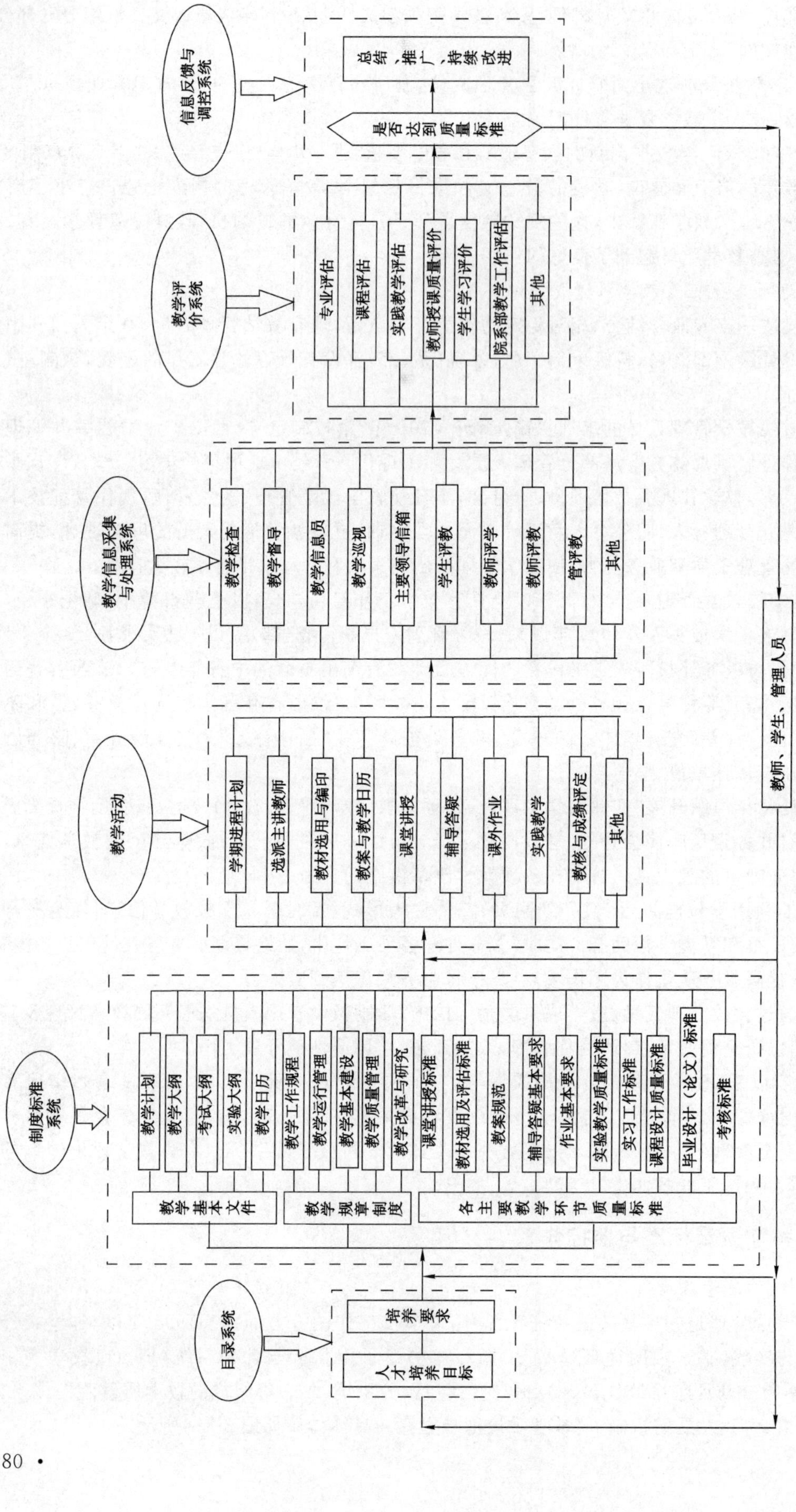

图 3-3-2 西安科技大学教学质量监控体系示意图

目录系统

人才培养目标

培养要求

制度标准系统

教学基本文件
- 教学计划
- 教学大纲
- 考试大纲
- 实验大纲
- 教学日历

教学规章制度
- 教学工作规程
- 教学运行管理
- 教学基本建设
- 教学质量管理
- 教学改革与研究

各主要教学环节质量标准
- 课堂讲授标准
- 教材选用及评估标准
- 教案规范
- 辅导答疑基本要求
- 作业基本要求
- 实验教学质量标准
- 实习工作标准
- 课程设计质量标准
- 毕业设计（论文）标准
- 考核标准

教学活动
- 学期进程计划
- 选派主讲教师
- 教材选用与编印
- 教案与教学日历
- 课堂讲授
- 辅导答疑
- 课外作业
- 实践教学
- 考核与成绩评定
- 其他

教学信息采集与处理系统
- 教学检查
- 教学督导
- 教学信息员
- 教学领导巡视
- 主要领导信箱
- 学生评教
- 教师评学
- 教师评教
- 管评教
- 其他

教学评价系统
- 专业评估
- 课程评估
- 实践教学评估
- 教师授课质量评价
- 学生学习评价
- 院系部教学工作评估
- 其他

信息反馈与调整系统

是否达到质量标准

总结、推广、持续改进

教师、学生、管理人员

（二）教学质量标准

教学工作目标和计划是教学质量活动按步骤顺利开展的指南，制度和质量标准建设则是保证教学稳定运行的行为准则和协同、协调各方工作的基础，也是教学质量评价的依据。学校先后修订了人才培养方案，完善了教学大纲，制定了《西安科技学院关于提高本科教学质量的实施意见》《西安科技大学教学工作规程》《毕业设计（论文）质量标准》等七大类教学管理文件及主要教学环节质量标准，涉及教学运行、教学基本建设、教学质量管理及教学改革与研究等方面。这些既遵循现代教育教学规律，又符合实际的教学基本文件和管理规章制度，使学校教学工作有章可循、有据可依，保证了教学秩序的持续稳定和教学质量的提高。

（三）教学质量监控体系的实践与应用

遵循戴明循环理论，学校教学质量管理形成了目标与计划→教学运行→检查与评价→反馈与整改→制订新的目标与计划的闭合回路，学校教学质量处于螺旋式上升过程中，保障了教学质量管理的规范性、科学性、计划性，将监控工作融入日常工作之中，使监控工作成为各相关单位的自觉行为。

1. 形成了人才培养新体系

自1999年开始，学校依据质量监控与评价过程专家和各相关部门意见与建议，先后三次组织修订人才培养方案，推动了人才培养新体系的建立。现已形成了以加强基础教育、增强适应性、拓宽专业口径、柔化专业方向为特点的理论教学体系；形成了以重视实践能力培养为特点的"三链一环节"实践教学体系；形成了以重视共性提高与个性发展、素质教育课内与课外相结合为特点的综合素质教育体系。

2. 周密组织教学活动，确保正常教学秩序

教学活动主要包括依据人才培养方案编制学期教学进程计划、下达教学任务、选派主讲教师、编排课表、教材选用与编写、课堂讲授、实习实验、辅导答疑、考核与成绩评定、学籍管理等。人才培养方案是一个科学的、完整的教学内容及课程体系，是组织教学过程、安排教学任务的根本依据，执行并实施培养方案应是严肃、有效、一丝不苟的。我校制定了教学工作规程和工作流程，从学期进程计划的制订，到落实教学任务、课堂讲授、实验实习、考核等各个教学环节均给以明确规范，保证了教学秩序稳定、有序、规范进行。

3. 积极开展教学检查，推行阶段性目标管理

基于戴明循环理论，我校于开学初重点检查教学准备情况，即教学条件完好情况和教师备课情况，同时，结合上一学期教学工作总结，制定本学期教学工作目标和计划并逐步实施。期中主要检查教学运行状态及工作目标和计划的执行情况，分常规检查和专项检查。专项检查主要针对半个学期教学运行过程中发现的问题、遗留问题和学校学期教学工作重点所进行的检查。期末主要检查考试命题、考试组织、考场秩序、考试巡视和成绩评定等方面的工作。周而复始，一年一个新台阶，教学质量处于螺旋式上升的过程之中。

4. 加强毕业设计（论文）管理工作

学校一贯重视毕业设计（论文）的过程管理和质量管理，先后制定了《关于毕业设计（论文）工作的若干规定》《毕业设计（论文）管理规范》等文件。这些规定和标准对做毕业设计（论文）的学生和指导教师资格认定、选题、开题、日常指导、中期检查、论文撰写、评阅和答辩以及成绩记载等全过程的质量管理提供了依据。

为了加强对毕业设计（论文）教学环节的过程管理，实行三阶段检查制度。第一阶段检查学生选课和开题情况，一般在每年的3月份进行；第二阶段为期中检查，重点检查学生做的情况、指导教师指导情况、各院（系、部）管理情况；第三阶段重点检查论文完成情况及答辩、成绩评定、总结等环节。

为了保证毕业设计(论文)的质量,各院(系、部)在正式答辩前1个月组织学生进行预答辩,以便及时发现问题,对学生进行重点指导。

在每届毕业设计(论文)完成后,均进行校、院(系、部)两级评比验收。学校组织专家评选出2个优秀院(系、部),同时,从各院(系、部)评选出的优秀论文中再评选出2%的论文汇编进校优秀毕业设计(论文)集。

5. 教学督导工作扎实深入,效果显著

1992年,学校成立了由7名长期从事教学和教学管理的老专家、老教授组成教学督导组,目前成员11人。他们深入课堂、实验室等教学场所,督促、检查教学工作;评议教案,抽检试卷,检查教材,深入实践教学主要环节检查评议毕业设计、生产实习报告;帮助教师改进教学方法,提高教学质量;引导学生努力学习,主动与教务部门沟通,反馈各类信息。教学督导组每学期均根据上一学期督导工作中发现的主要问题和学校工作安排,制订工作计划,并有重点、有目的地开展督导工作。

教学督导组自成立以来,积极深入教学一线各主要环节,以听课和检查为主要工作形式做了大量工作。1998~2008年期间,据不完全统计,进行听课2 254人次;检查教案2 100余份;检查教材520本(2005年);抽测试卷2 287份;检查评议毕业设计和生产实习报告数千份;完成教学研究课题1项,并于2004年获校第八届教学成果二等奖;发表有关论文4篇;刊印《教学督导简报》计16期。此外,还参加了青年教师讲课比赛评审、教育教改研究、与系部建立联系等大量工作,受到多方面的高度评价。

6. 领导干部听课和教学巡视

根据《西安科技学院领导干部听课和巡视教学制度》,学校各级领导干部均能不定期深入教室、实验室、图书馆等场所,进行听课或随机巡视,及时掌握教学状态及教学基本设施状况。同时,学校还组织了专项听课工作,如教学主任听课、教务处管理人员听课等,以期全方位、多渠道掌握教学动态,发现存在的问题,并及时采取措施予以解决。2006年修订了《西安科技大学干部听课制度》,扩展了干部听课形式和范围,增强了操作性。

7. 积极开展"四评"、本科教学工作水平评估和专业评估工作

2001年,为了贯彻落实教高〔2001〕4号文件,学校制定了《西安科技学院系(部)本科教学工作评价方案(试行)》,修订了《西安科技学院毕业设计(论文)工作的若干规定》《西安科技大学关于加强课程建设的有关规定》等文件,积极开展学生评教、管理评教、教师评教、教师评学活动,形成了毕业设计(论文)评价、教师教学质量评价、课程评估、专业评估、学生工作评估、院(系、部)本科教学工作水平评估等一系列自我评价制度,并有计划、有步骤地开展工作。

2003年9月至2004年12月期间,为迎接教育部本科教学水平评估,学校按照"以评促改、以评促建、以评促管、评建结合、重在建设"的原则,全面动员,投入巨大的人力、物力,在全校认真进行"迎评促建"工作,取得了本科教学水平评估"优秀"的好成绩。

2007年10月,教育部专家组对学校英语专业本科教学工作进行了评估,并给予了较高评价。认为学校及英语专业学科定位准确,办学特色鲜明;管理体系完善,监控措施得力;教师爱岗敬业,学生勤奋努力;教学基础设施好,专业发展潜力大。这次评估是学校第一个本科专业教学评估,在历时一年的评建工作中,外语系、教务处及相关部门坚持高标准、严要求,认真进行评估准备,有力地促进了学校本科英语教学水平的提高。同年12月,递交了评估整改方案,进一步开展整改建设工作。

这些工作对准确把握教学形势,客观评价教学质量和教学效果,进一步调动广大教师和学生教与学的积极性,确保教学质量稳步提高起到了积极的作用。

8. 建立多渠道教学信息系统,确保监控的时效性

通过设立教学信息员、督导组联络员、教务E-mail信箱、主管领导E-mail信箱等,保证教学信

息的获取和及时反馈。经汇总后的信息会及时反馈给院(系、部)相关领导和任课教师,以促使教师不断发扬成绩,改进不足。

学校在质量监控过程中,注重以人为本,加强引导,充分发挥教师、学生的主动性,促进师生增强提高教学质量的责任感、使命感。使"质量立校"意识不断得到强化,教学行为、教学管理进一步规范,基础建设和基层建设得到加强,关注教学、研究教学的良好风气日渐浓厚,涌现出了一批教学效果好、师德修养高的优秀教师。学风、考风好转,教育教学质量稳步提高。

第四节 专 业 建 设

一、专业建设的思路、规划和措施

20 世纪 90 年代末期,西安科技大学的专业建设面临着新的形势和任务。面对重要的历史发展机遇和巨大的挑战,1998 年,学校在开展教育思想和教育观念大讨论的基础上,于 1999 年 12 月召开了学校第三次教育工作会议,通过了《教学改革草案》,对加强专业建设、优化专业结构进行了规划和部署。

1999 年 12 月,经教代会审议通过,学校制定了《2000～2005 年西安科技学院学科建设与发展规划》,明确提出了学科建设与发展的总体思路和学科建设的发展目标:

(1)规划在"十五"期间,学校将面临高等教育高速发展的形势,学院的规模将有急剧的扩大;学院划转后,学科专业覆盖面也将有突破性的发展,逐渐形成以工为主,理、工、管、文、法合理交叉、协调发展的格局。

(2)规划"十五"期间,学校逐步申报新办矿物加工工程、给水排水工程、装备与控制工程、应用化学、材料化学、数学与应用数学、工程力学、应用物理、政治学与行政学、财务管理 10 个本科专业,使学院本科专业增至 32～35 个。对新上的本科专业每年投入 20 万元,连续四年给予经费支持。进一步理顺专业归属,择机设立二级学院,实行院系并存的管理格局。

2003 年 4 月,学校在更名为"西安科技大学"后,在学校的建设和发展方面提出了更高的起点和标准。提出了"到建校 60 周年(2018 年)把我校建设成为多学科协调发展的在国内有广泛影响的教学研究型大学"的发展目标。为实现这一发展目标,建成与发展目标相应、数量适宜、结构合理、优势互补的专业体系,学校制定了《西安科技大学学科专业建设规划》和《西安科技大学 2003～2006 年专业设置及调整规划》。

(1)提出了我校专业设置和调整的指导思想"适应国家和陕西经济建设、科技进步和社会发展的需要;遵循教育规律,正确处理需要与可能、数量与质量、近期与长远、局部与整体、特殊与一般的关系;有利于提高学校教育质量和办学效益,形成合理的专业结构和布局;有利于学校办出特色;有利于学校学科专业、教育层次和布局结构优化与教育资源合理配置。"

(2)提出了学校本科专业发展规划:每年拟增设 1～2 个本科专业,到 2010 年设置本科专业 46～48 个。其中,工学 25～26 个专业,增加 6～7 个,在校生 9 600 人,占 60%;理学 9 个专业,增加 4 个,在校生 2 600 人,占 16.25%;管理学 8 个专业,增加 2 个,在校生 1 920 人,占 12%;文学 4 个专业,增加 1 个,在校生 1 160 人,占 7.25%;法学 2 个专业,在校生 480 人,占 3%;经济学 1 个专业,增加 1 个,在校生 240 人,占 1.5%;力争设置教育学类,农学类专业各 1～2 个,所占比例不大于 3%;专业分布达到八大学科门类 30 个专业门类,形成多学科协调发展的办学格局。

(3)制定了实施本科专业规划的主要措施:

① 每年 3 月份组织教学指导委员会开展下一年度拟增设专业的论证工作,对于确定增设的专业按教学研究课题立项,拨出专款,用于专业筹建。

② 对于开办新专业的院、系(部),增加人员机动编制,积极引进新教师,建立一定比例的储备教师队伍,用于现有教师进修,更新知识结构。

③ 新上专业,在开始招生后,4～5 年内每年投入 20 万元,用于教学内涵建设。

④ 合理规划院、系(部)设置,理顺专业归属。

⑤ 对于涉及多学科的专业,经校学术委员会批准后,允许相关院、系(部)按不同的培养方向和特色招生。

2004 年,学校迎接教育部本科教学水平评估,对"近三年专业发展情况"总结时,对专业建设思路有了新的表述。

专业建设的思路是:贯彻党的教育方针,遵循教育发展的规律,按照"改老、扶新、扬优、支重"和促进"理工融合,文理交叉"的原则,深化教育教学改革,大力推进素质教育,加强主干,突出特色,积极发展理、管、文、法等学科专业,培养适应社会、经济、科学技术发展需要的高级应用型人才。

专业建设思路新的表述,体现了当时学校在专业建设上的体会和总结,是学校专业建设思想的发展和提升,对学校的专业建设具有重要的指导意义。

2006 年 6 月,学校规划在"十一五"期间,"拟增本科专业 10 个,本科专业总数增至 55 个左右,涵盖学科门类增至 7 个,专业门类增至 27 个左右;依托传统优势,加快专业改造,根据市场需求建设 6 个特色专业、8 个省内具有明显优势的名牌专业。"

2007 年 12 月,学校召开本科教学工作会议。在专业建设方面,提出"将按市场需求和办学特色两大导向开展专业建设"。强调加大对优势特色专业的支持力度,开展特色专业与课程建设、教材建设、实验室建设、教学团队建设相结合的一体化建设。

2007 年,学校本科专业建设取得突破,特色专业建设步入国家级行列。采矿工程、安全工程、测绘工程专业获教育部、财政部批准,分别为 2007 年第一批、第二批高等学校特色专业建设点。测绘工程、安全工程专业获批为陕西省特色专业建设点。

二、专业调整、改造与拓宽

(一)申办新专业

1998 年以来,学校在专业建设上以申办新专业为主要手段,通过创办新专业,对部分老专业进行改造与拓宽,进而达到对全校专业布局进行调整的目的,依据学校专业发展规划和专业设置办法,在充分调研和论证的基础上新办本科专业 30 个,分布于工学、理学、管理学、文学、法学等 5 个学科门类,具体见表 3-3-16。

表 3-3-16　　　　　　　　　　1998～2008 年新办专业一览表

序号	专业名称	代码	审批文号	招生时间	学科门类
1	建筑学	080701			工学
2	工业设计(文学)	080303	教高函〔1992〕2 号	1999 年 9 月	文学
3	地理信息系统	070703			理学
4	艺术设计	050408			文学
5	信息与计算科学	070102	陕教高〔1999〕111 号	2000 年 9 月	理学
6	英语	050201			文学
7	政治学与行政学	030401	陕教高〔2000〕87 号		法学

续表 3-3-16

序号	专业名称	代码	审批文号	招生时间	学科门类
8	旅游管理	110206	教高函〔2001〕3 号	2001 年 9 月	管理学
9	电子信息科学与技术	071201		2001 年 9 月	理学
10	数学与应用数学	070101	陕教高〔2001〕100 号		理学
11	信息管理与信息系统	110102		2002 年 9 月	管理学
12	工业工程（工学）	110103			工学
13	应用化学	070302			理学
14	工程管理	110104	陕教高〔2002〕114 号		管理学
15	工程力学	081701		2003 年 9 月	工学
16	法学	030101	陕教高〔2003〕17 号		法学
17	微电子学	071202	陕教高〔2003〕66 号	2004 年 9 月	理学
18	软件工程	080611W	教高〔2004〕15 号	2004 年 9 月	工学
19	电子商务	110209W	教高〔2004〕15 号	2004 年 9 月	管理学
20	汉语言文学	050101	陕教高〔2004〕55 号	2005 年 9 月	文学
21	网络工程	080613W	陕教高〔2005〕17 号	2005 年 9 月	工学
22	给水排水工程	080705	陕教高〔2005〕46 号	2006 年 9 月	工学
23	资源勘查工程	080105	陕教高〔2005〕46 号	2006 年 9 月	工学
24	高分子材料与工程	080204	陕教高〔2005〕46 号	2006 年 9 月	工学
25	矿物加工工程	080103	陕教高〔2005〕46 号	2006 年 9 月	工学
26	车辆工程	080306W	陕教高〔2005〕46 号	2006 年 9 月	工学
27	资源环境与城乡规划管理	070702	教高〔2007〕4 号	2007 年 9 月	理学
28	动画	050418	教高〔2007〕4 号	2007 年 9 月	文学
29	机械电子工程	080307W	教高〔2008〕2 号	2008 年 9 月	工学
30	城市规划	080702	教高〔2008〕2 号	2008 年 9 月	工学

　　30 个新办专业大多数具有较好的学科基础,而且是陕西乃至整个西部地区高校中布点较少,但社会和经济发展对人才需求较大的专业。申办新专业有力地促进了学校本科专业的建设和发展,使我校形成了多学科办学的格局,专业布局和服务领域更加符合学校的定位,也为提高学生综合素质和创新精神创造了更加有利的条件。

　　(二)现有专业布局与结构

　　学校现有本科专业 49 个,涵盖工、理、管、文、法等 5 大学科门类,涉及 20 个专业门类;形成了以工为主,工、理、管、文、法互为依托,优势互补的学科专业群,专业覆盖面有了进一步的拓宽,服务面向由单一的煤炭行业扩展到西部地区乃至全国;学校办学资源得到充分利用,专业布局更加合理。

　　安全工程、采矿工程、土木工程、测绘工程、自动化、机械设计制造及其自动化、电气工程及其自动化、材料科学与工程、化学工程与工艺、地质工程等本科专业分别有国家、省、校重点学科相匹配,成为我校的优势专业。90％以上的专业有硕士学位授权学科支撑。其中,安全工程、采矿工程、土木工程、地质工程等专业还有博士学位授权学科相依托,形成我校的特色专业。通信工程、电子信息工程、计算机科学与技术等专业有较强的实力。采矿工程、地质工程为国家管理专业。测绘工程、安全工程、采矿工程、地质工程、自动化等 5 个专业被评为陕西省名牌专业。采矿工程、安全工

程、测绘工程专业为国家特色专业,测绘工程、安全工程专业为陕西省特色专业。

西安科技大学专业沿革见表3-3-17。

表 3-3-17　　　　　　　　　　西安科技大学专业沿革一览表

序号	招生年度	设置专业	专业代码	学科门类	二级学科
1	1958 年	采矿工程	080101	工学	地矿类
2		地质工程	080106Y	工学	地矿类
3		土木工程	080703	工学	土建类
4	1959 年	机械设计制造及其自动化	080301	工学	机械类
5		自动化	080602	工学	电气信息类
6	1978 年	测绘工程	080901	工学	测绘类
7	1984 年	安全工程	081002	工学	环境与安全类
8	1987 年	通信工程	080604Y	工学	电气信息类
9	1989 年	环境工程	081001	工学	环境与安全类
10		计算机科学与技术	080605	工学	电气信息类
11	1994 年	材料科学与工程	080205Y	工学	材料类
12	1995 年	测控技术与仪器	080401	工学	仪器仪表类
13		化学工程与工艺	081101	工学	化工与制药类
14	1996 年	建筑环境与设备工程	080704	工学	土建类
15		电子信息工程	080603	工学	电气信息类
16		会计学	110203	管理学	工商管理类
17	1997 年	工商管理	110201	管理学	工商管理类
18	1997 年	电气工程及其自动化	080601	工学	电气信息类
19	1998 年	电子科学与技术	080606	工学	电气信息类
20		建筑学	080701	工学	土建类
21	1999 年	工业设计	080303	文学	艺术类
22		地理信息系统	070703	理学	地理科学类
23		艺术设计	050408	文学	艺术类
24	2000 年	信息与计算科学	070102	理学	数学类
25		英语	050201	文学	外国语言文学类
26		政治学与行政学	030401	法学	政治学类
27	2001 年	旅游管理	110206	管理学	工商管理类
28		电子信息科学与技术	071201	理学	电子信息科学类
29		数学与应用数学	070101	理学	数学类
30		信息管理与信息系统	110102	管理学	管理科学与工程类
31	2002 年	工程管理	110104	管理学	管理科学与工程类
32		工业工程	110103	工学	机械类
33		应用化学	070302	理学	化学类
34	2003 年	工程力学	081701	工学	工程力学类
35		法学	030101	法学	法学类

续表 3-3-17

序号	招生年度	设置专业	专业代码	学科门类	二级学科
36		微电子学	071202	理学	电子信息科学类
37	2004 年	电子商务(文、理)	110209W	工学	电气信息类
				管理学	工商管理类
38		软件工程	080611W	工学	电气信息类
39	2005 年	汉语言文学	050101	文学	中国语言文学类
40		网络工程	080613W	工学	电气信息类
41		给水排水工程	080705	工学	土建类
42		资源勘查工程	080105	工学	地矿类
43	2006 年	高分子材料与工程	080204	工学	材料类
44		矿物加工工程	080103	工学	地矿类
45		车辆工程	080306W	工学	机械类
46	2007 年	资源环境与城乡规划管理	070702	理学	地理科学类
47		动画	050418	文学	艺术类
48	2008 年	机械电子工程	080307 W	工学	机械类
49	2008 年	城市规划	080702	工学	土建类

(三)第二学士学位授予权的专业

2007 年经教高〔2007〕3 号文批准,学校安全工程、工程管理专业为第二学士学位授予专业,具体见表 3-3-18。

表 3-3-18　　　　　　　　　第二学士学位授予权的专业

学校名称	专业代码	专业名称	修业年限	学位授予门类
西安科技大学	081002	安全工程	二年	工学
	110104	工程管理	二年	管理学

(四)专科专业的设置

1999 年以后,学校主动适应高等教育快速发展和国家经济建设对中等技术人员的需求,对学校的专科(高职)专业进行调整和改造,至 2008 年共设有计算机网络等 10 个专业,具体见表 3-3-19。

表 3-3-19　　　　　　　　　西安科技大学高职专业一览表

序号	专业代码	专业名称	审批时间	招生时间
1	590102	计算机网络技术		1987 年
2	590210	微电子技术		2003 年
3	590301	通信技术		1985 年
4	620106	金融保险	2003 年 6 月	2004 年
5	620405	电子商务(文、理)		2001 年
6	620505	物流管理	2003 年 6 月	2003 年
7	660102	应用英语	2003 年 6 月	2004 年
8	590203	电子测量技术与仪器	2005 年 12 月	2006 年
9	580201	机电一体化技术	2005 年 12 月	2006 年
10	560501	建筑工程管理	2005 年 12 月	2006 年

第五节 实验室建设

一、实验室的设置和布局

1999 年学校建有各类实验室 38 个,使用房屋面积 12 165 平方米;开出实验 246 个,开出实验时数为 1 762 小时,开出实验人时数合计为 196 618;承担科研课题 26 项,3 527 小时;拥有实验技术人员 76 名,其中高级工程师、高级实验师 10 名,工程师、实验师 31 名,其他技术人员 31 名,工人 4 名。

1999 年以后,随着学校扩招,临潼新校区建设,学校更名为大学,迎接教育部本科教学工作水平评估等工作和活动的开展,有力地促进了实验室的建设。2004 年 11 月,为进一步优化实验资源配置,规范实验室管理,不断提高实验教学质量,学校根据学科分布和专业设置情况,对原有实验室进行了重新调整和整合。新调整后的实验室原则上按三级设置:设立实验中心 26 个、实验室 130 个、实验室下设不同功能室。这次调整经过各院系的广泛调研论证,对进一步加强实验室的管理、充分利用现有实验资源、加强对学生基本技能的训练和创新精神的培养、满足人才培养对实验教学的要求发挥了重要的作用。

二、实验室管理与制度建设

1999 年 3 月,学校成立了"西安矿业学院实验室建设指导委员会",负责审议实验室建设规划、监督经费分配及使用,对实验室建设提出指导性意见。之后,根据学校人事变动适时调整实验室建设指导委员会,由主管校长担任主任,相关校领导、职能处室负责人及教务处负责人担任副主任,实践教学科长任办公室主任。

1999 年 12 月,学校在《教学改革草案》中提出了加强实验室建设的七条改革措施:

(1) 改革实验室管理体制。以学科门类、专业门类组建教学实验中心;完善实验室管理机制,实行开放式管理,实验室要面向本(专)科生、研究生和科研服务,提高设备的利用率和实验效率,将实验室办成教师进行科研活动、培养学生创新能力的基地。

(2) 学院要多渠道筹措资金,统筹规划,合理安排,避免重复投资和无效使用,加大实验室建设力度。

(3) 鼓励教师、实验技术人员进行实验课程及实验方法的改革,加强综合性、创造性实验,减少按单门课程设置的实验和演示性实验。

(4) 实验室仅设少量技术人员,实验课教学任务由教师和技术人员负责,鼓励教师课外指导学生的创新实验或研究性实验,积极参与实验室的建设。

(5) 完善实验室考核办法,实行岗位津贴和实验课时费双轨制,充分调动教师、实验技术人员的积极性。

(6) 制定研究生和高年级本科生参与实验课程指导和实验室建设的管理办法,提高实验效率,增强学生实验、实践能力。

(7) 增加教学实验设备投入,力争达到生均 5 000 元设备费要求。

2000 年,学校在"十五"发展规划中,提出了"加快实验室的投资力度和建设速度,理顺各实验室的关系。进一步深化实验室管理体制改革,提高实验室利用率和建设水平。加强实验教学和实验教学管理,建立实验室管理和实验教学综合评价体系,每年对实验室教学工作进行评价。启动面向学生开放的实验工程,尽可能减少演示性实验,增加创造能力培养的实验基地"的工作任务。

2000 年 1 月,学校成立了西安科技学院实验室管理体制改革领导小组,由常心坦担任组长、韩

江水任常务副组长,在学校开展了以管理体制改革为核心的实验教学改革。2000 年 9 月,制定了《西安科技学院实验室管理体制改革方案》,方案出台后,明确了实验室的管理和运行方式。

(1)全院实验工作由教学副院长主管,日常业务归口教务处,实行院系二级实验室管理体制,建立基础课教学实验中心和以重点学科为主体的重点开放实验中心两类院级实验室,成立以学科(专业)类别为主体的系级专业实验室。

(2)成立两个中心:教学实验中心、重点开放实验中心,属系级独立教学实验单位,设岗位,套级别。

(3)教学实验中心运行经费由财务处按照教学单位的拨款办法划拨。

(4)以学科类别或专业类别建立系级实验中心或系级实验室,设实验中心或实验室主任一名。由一名系(副)主任主管,重点为本、专科生专业课学习和研究生实践服务。

(5)以省部级重点学科和学院重点发展学科(含博士学位授权点和硕士学位授权点)为主,成立重点开放实验中心,作为硕士研究生、博士研究生和教师科研基地,为争创国家级重点开放实验中心服务。

(6)教务处负责全院实验室建设计划、发展规划的编制,教学实验设备的采购及实验室的业务日常管理等工作。

(7)教务处逐步将实验教学任务切块下达各实验中心(室)。

同时还制定了《建立公共基础课实验中心,提高实验教学质量》《实验室工作人员量化管理条例》《实验教学工作量计算办法》等几个配套文件。这次改革及配套文件的实施对推动实验室体制由单一型或以课程、专业设置的模式向以学科共享型设置转变,建立院系(中心)两级管理体制,合理配置和有效使用资源,提高实验室的活力和效率,提高实验室教学水平具有重要的意义和作用。

在不断深化实验教学改革、理顺管理体制、规范管理行为的基础上,2003 年 12 月,学校又印发了《西安科技大学实验教学管理暂行办法》《西安科技大学实验室工作条例》《西安科技大学实验室开放原则意见》。2004 年,补充、完善了《西安科技大学教学用材料低值易耗品管理办法》《西安科技大学实验技术队伍建设与管理暂行规定》《西安科技大学实验室先进集体和先进个人评选条例》《西安科技大学计算机房及学生私有计算机管理规定》等规章制度。

2004 年年初,随着临潼新校区建设的陆续完工,将本科教学的主阵地向临潼转移的条件日渐成熟。3 月,学校开始调整全校实验室总体布局规划,以满足大部分本科学生在临潼校区上课的需要。

2004 年 11 月,规划调整工作基本结束。通过调整和搬迁,绝大多数实验室搬进了新的实验楼,使用面积大幅增加,实验环境焕然一新,为进一步优化实验资源配置,规范实验室管理,不断提高实验教学质量奠定了良好的基础。

2004 年,教务处组织编写、修订了 1999 版和 2004 版本科实验(实习)大纲、本科实验(实习)项目一览。

2005 年后,学校又陆续制定和修订了《西安科技大学实验室有毒物品管理办法》《西安科技大学三废(废气、废液、废渣)处理暂行规定》《西安科技大学仪器设备使用管理条例》等 9 个管理制度,使学校实验室的管理和运作更加科学规范。

三、实验室配置与利用

1999 年以后,西部大开发和高等教育大发展给学校带来了前所未有的机遇和挑战,学校进行了较大规模的扩招。但扩招在推动学校教育事业发展的同时,也使学校办学基础条件和规模之间的矛盾更加突出。学校十分清楚地认识到这一问题,在“十五”发展规划中,及时地提出了“加大对实验室建设和图书馆资料的投资力度,每年投入 800 万～1 000 万元用于本科教学、实验室建设和

图书馆资料的购置。使生均教学实验设备值超过 5 000 元"的建设措施。

经过努力,学校圆满完成了"十五"规划实验室建设目标,实际投入金额大于计划投入金额。至 2005 年年底,学校先后投入 5 000 多万元用于实验室建设,加强了公共基础课和专业基础课实验室的投资力度,建成了一批类型齐全、结构合理、配置和功能相对完善的实验室。还先后建成了机电一体化综合实验室、电子电工训练中心、数学建模训练室及多个计算机房等,满足了不同专业实践教学的需要。此外,学校还建成了一批学科群实验中心和省部级重点实验室,在满足教师科研和研究生培养的同时,也为本科生进行实验、实习和参加科研创新活动创造了条件。

2004 年以后,学校通过自筹、争取财政部中地共建高校实验室建设专项资金等方式,先后投资 4 300 多万元用于实验室建设,使教学科研仪器设备大量增加,有效地改善了教学实验条件。截至 2008 年,学校有实验中心(室)36 个,实验室房屋使用面积 23 857 平方米,仪器设备 13 669 台(件),总价值为 11 882.88 万元。其中精密贵重仪器 5 台(件),总价值 381.5 万元。生均实验仪器设备值超过 5 000 元,百名学生拥有计算机数量超过 10 台,新办专业实验室基本能够满足实验教学的需要。实验开出率、有综合性或设计性实验课程所占比例等均有较大幅度提高。学科优势特色实验室和实验教学示范中心得到了重点建设和扶持。

2007 年,承担教学实验项目 823 项,11 488 小时,人时数合计 4 449 789 小时,承担科研服务项目 29 项,发表论文 87 篇。

学校还拥有 8 000 多块地质标本。这些地质标本在学校几十年的办学过程中,一直在为地矿类专业学生培养发挥着不可替代的重要作用。2004 年,经西安正衡资产评估有限责任公司对其中 2 831 块展示标本估价,其总价值为 1 609.53 万元。

在实验室建设中,学校根据实验课程、实验项目和实验内容制订实验室建设计划,确定实验设备清单,并按相关系列实验课程群优化实验设备配置,从而使实验室建设具有较强的针对性。为提高实验设备的利用率,对全校公用或多个专业公用的实验设备优先购置,集中管理和使用。为配合实验教学改革的需要,特别强调综合性、设计性实验的开设,将其作为实验设备购置和实验室验收的重要依据。

目前,学校教学科研仪器设备完好率达 90% 以上,主要基础课及专业基础课实验室仪器设备利用率达 80% 以上。教学科研仪器设备能够满足各专业不同实践教学环节的需要和因材施教的实践教学要求。

四、实验教学示范中心建设

2005 年,学校电工电子实训中心被评为陕西省实验教学示范中心;2006 年,化学实验中心被评为陕西省实验教学示范中心;2007 年,机械工程实验中心被评为陕西省实验教学示范中心。

五、实验人员队伍的结构与培养

实验技术队伍是学校进行教学和科研工作的基本力量之一,拥有一支专业能力强、素质高、相对稳定、结构合理的实验队伍是提高我校教学和科研水平的重要条件。近年来,学校在提高新进人员学历要求的同时,采取多种措施鼓励在职人员进行培训、进修,提高实验队伍学历水平,特别是提高实验教师的水平。2008 年实验室在编人员达到 155 人,副高职称以上 25 人,中级职称 31 人,其他人员 46 人,兼职人员 53 人。

为充分调动实验室工作人员的积极性,充分肯定其为实验室建设、实验教学及管理等工作做出的成绩,学校分别在 2003、2005、2007 年开展了实验室先进集体、先进个人评比表彰活动,对评选出的 12 个先进集体和 46 名先进个人予以表彰奖励,较好地推动了我校实验教学工作的全面提高。

第六节 实践教学与学生能力的培养

一、实践教学改革

1999年12月,学校在第三次教育工作会议通过的《教学改革草案》中提出了加强实践教学工作的六条改革措施:

(1) 严格执行实习、毕业设计管理制度,研究制定质量评价方案和实习、设计的质量保障措施。

(2) 加大院内实习基地建设力度,提高实习经费利用率。

(3) 走校企合作之路,鼓励学生结合现场实习工作进行实习、设计,增强学生解决实际问题的能力。

(4) 采取有效措施,促进教师结合科研课题指导学生实习、设计工作,培养学生的创新意识和能力。

(5) 在各系的监控下,允许学生自己找实习单位,完成实习任务,培养学生的创业精神。

(6) 逐步加大实习经费投入,制定合理、统筹使用方法,确保实习质量。

在2000年制定"十五"发展规划中,学校提出了"深化教学改革,努力探索培养学生创新能力和创新精神,提高学生综合素质的新路子,在教学安排和教学管理上,制定措施鼓励学生参与教学改革实践和参加各项科技活动。处理好素质教育和专门教育的关系,加强对教学手段、教学方法、教学内容和课程体系的改革和研究,特别是加强外语、计算机及实践性教学环节,充分利用现代化多媒体教学手段,提高课堂容量和授课质量"的任务。

学校以人才培养目标为基本出发点,先后修订了1999、2004和2007年版教学计划,制定出了《西安科技大学实习管理办法》《实习经费管理办法》《西安科技大学实验室开放原则意见》等一系列管理文件。经过近十年的改革与实践,现已形成了由实验、课程设计、上机实习、认识实习、生产实习、专业技能培训、毕业设计(论文)等主要教学环节组成,在纵向上相互贯通、横向上相互关联,为学生实践能力培养提供有力支持的实践教学体系和管理体系。同时,学校还建立了校内实习基地5个,校外实习基地84个,实习、实训室130个,为实践教学提供了有力保障。

2006年6月,学校在《西安科技大学"十一五"教育事业发展规划》中要求大幅增加实践教学经费,尽快改变实践教学经费不足的状况,加强教学改革、教材建设和实践教学,切实提高大学生的实践能力。

二、实践教学体系的构建

(一)不断更新实践教学内容,设置科学合理的实践教学体系

学校一贯重视实践教学体系的构建和实践教学内容的更新,围绕社会经济发展对人才的需要,不断更新实践教学内容,建立了一套符合培养目标要求、与相关课程相匹配、设置科学合理的实践教学体系,为提高学生综合素质、培养学生创新精神与实践能力发挥了重要作用。

学校根据实践教学体系和实践教学内容改革的成果,构建了由实验、实习、设计等主要实践教学环节组成,在纵向上相互贯通、在横向上相互关联的实践教学体系。以理工类专业为例,实践教学体系主要分为以下四个层次,如图3-3-3所示。

第一层次是配合课程教学,以培养学生实验、设计能力为主要目的的课程实验(实习)、课程设计、上机实习等,穿插在第1～7学期的理论教学之中分散进行。

第二层次是在学生系统学完相关专业基础或专业课程后,以培养学生理论联系实际和实践动手能力为主要目的的认识实习、生产实习以及专业技能实训,分别安排在第4～7学期集中进行。

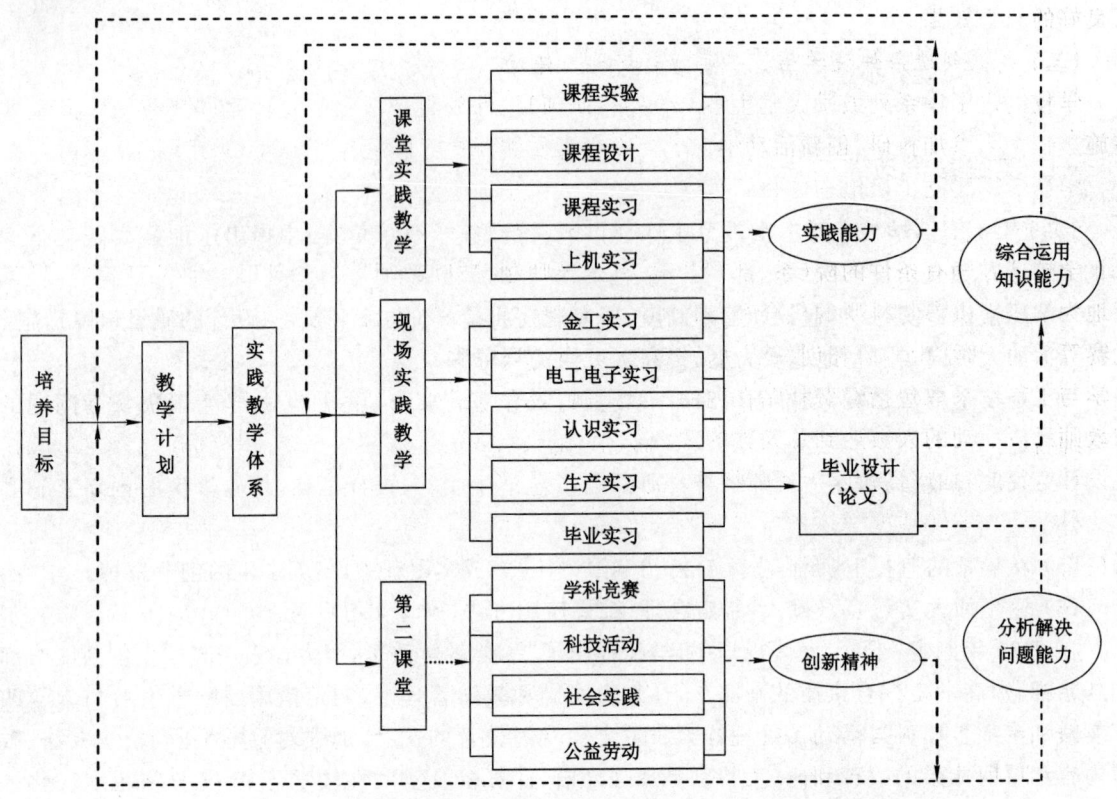

图 3-3-3　西安科技大学理工类专业实践教学体系示意图

第三层次是综合运用大学所学的专业基础理论与专业基本技能,以培养学生综合运用知识能力和分析解决实际问题能力为主要目的的毕业实习、毕业设计(论文),集中安排在第8学期进行。

第四层次是以培养学生创新精神、强化学生实践动手能力为主要目的的课外科技活动、学科竞赛、社会实践,分散安排在第1～7学期进行。

在人才培养方案修订过程中,学校以人才培养目标为基本出发点,充分考虑了实践教学体系不同层次与理论教学的相关性、协调性,并适时对实践教学内容精心更新、重组和整合,压缩了部分验证性实验,增设了综合性、设计性实验。同时,新编或修订了实验、实习指导书,使实践教学的目的和要求更加明确和具体。

1999版教学计划不仅明确了实践教学的总体培养目标,而且以第五模块的形式将这一目标分解到实践教学各环节。2004版教学计划,为进一步从时间上保证实践教学总目标的实现,每学年集中安排6周实践,专门进行综合性和实践性实验、课程设计、实习、社会实践以及参加科研活动,更加方便了实践教学的组织与开展。

(二)加大投入,加强管理,确保实践教学质量

2000年以来,学校加大了对实验室建设的投资力度,先后投入5 000多万元,根据实验教学大纲规定的实验项目,补充实验仪器设备。同时,完善了实践教学管理制度,建立了相对完善的实践教学各环节的质量标准和管理、考核办法,为提高实践教学质量创造了良好的软、硬件环境。从2001年起,基础课实验做到了单人单组,全校实验开出率保持在较高水平。

地质与环境工程系、测量工程系、能源学院、建筑与土木工程学院等院(系)的部分专业,现场实习是最重要的实践教学环节,野外、矿山(井)就是这些专业的"天然实验室"。学校在时间、经费、师资等方面优先保证满足这些专业的实习需要,使学生能经常到野外、矿井、施工现场实习,既增强了对书本知识的感性认识,加深了对课堂所学知识的理解,又受到野外及现场工作的基本训练,取得

了良好的教学效果。

（三）积极创造条件使学生较早参加科研创新活动

学校制定了一系列鼓励大学生参与教师科研项目、课外科技活动以及社会调查与实践的政策措施。把学生参加科研、创新活动纳入学生综合素质测评指标体系,建立了相应的奖励机制。

学校先后建立了机电一体化综合实验室、电工电子训练中心、数学建模训练室以及多个计算机房,同时依托相关学科的专业实验室,为大学生参加课外科技活动创造条件。

学校还鼓励有条件的院(系、部)实行本科生导师制,鼓励教师带领本科生参加科研活动,尽可能地为学生提供参与科研的机会和条件。能源学院定期举办"创新论坛•博导科技报告会"、科技竞赛等活动,为学生科研和创新活动营造积极健康的环境和氛围,学生参与率达到60%左右;材料科学与工程系采取包括经费补贴在内的鼓励措施,吸引本科生进入特种材料等实验室,使本科生参与教师科研活动的人数达到总人数的25%以上;电气与控制学院每年举办单片机竞赛和凌阳单片机设计竞赛,参加培训的学生逐年增加。

科学合理的实践教学体系与丰富活跃的科研创新活动使学生的实践动手能力大大加强,创新精神得到培养。学校已成功举办校级"挑战杯"大学生课外学术科技作品竞赛4届,作品数从第一届的30多件增加到第四届的213件。

（四）加强综合性、设计性实验

学校根据学科和专业特点,不断改造传统实验项目,减少部分验证性实验,增设了综合性、设计性实验。目前,学校有综合性、设计性实验的课程占有实验课程总数的比例达到70%以上。

部分院(系、部)在综合性、设计性实验方面进行了大胆的改革和实践。机械工程学院在综合计算机控制技术、机电一体化技术、测试技术、PLC控制技术、数控技术的基础上,为本科生开设了"机电一体化综合实验",其中包括8个机电综合实验项目。这些实验项目的开设,不仅为学生提供了一个综合运用所学知识的平台,而且激发了学生学习的兴趣和积极性。

学校2004版人才培养方案要求,凡是有实验的课程必须开出1～2个综合性或设计性实验;在实验室建设方案论证和验收中,将把综合性、设计性实验条件作为重要考察内容。通过以上措施,综合性、设计性实验课程的比例逐年提高。

三、实习、实训的时间及效果

学校一贯重视实习、实训工作,形成了相对完善的实习、实训体系。实习分为认识实习、生产实习和毕业实习及与课程匹配的课程实习。实训分为全校各专业公选的金工实习、电工实习、电子实习以及英语翻译写作、计算机应用、数学建模等训练以及与不同专业对应的其他实训。根据教学与计划安排,认识实习1～2周,生产实习4～6周,毕业实习4周。其他实习、实训因专业不同而时间不等。总体上实践教学在教学计划中所占比例达到20%～25%,实习和实训约占实践教学的2/3。这些实习和实训环节被固化在教学计划中,从而使实习和实训得到保证。

为进一步加强学生的实践能力,不少院系鼓励学生利用寒暑假参加教师科研工作。能源学院每个假期都有学生在教师指导下参加科研项目的现场调研、观测或实验工作;地质与环境工程系每年都有学生跟随教师去野外或矿山,从事地质填图、工程勘察、实地观测等实际工作,使学生在教学计划之外增加了实习和实训的机会。

在实习实训的组织实施中,学校建立了严格的实习、实训管理制度,制定了《西安科技大学实践教学安全管理办法》《西安科技大学实习管理办法》等规章制度,详细规定了实习的组织安排、目的和任务、考察以及经费使用等方面的要求,从而使实习和实训工作有章可循。与此同时,教务处于2008年还下发了《关于切实加强实习工作管理,确保实习质量稳步提高的通知》,提出了9条要求,并出台了相关质量监控措施。实习和实训均有指导书,而且能够及时进行修订,从而使实习和实训

的工作目的和任务明确、要求具体,能指导学生顺利完成实习、实训任务。实习和实训经费有保证,制定有科学合理的实习经费使用管理办法。实习前有经费预算,实习后由实习学生代表和带队老师签字,并经院(系、部)领导审核,确保了实习经费的有效使用。在实习工作结束后,都要进行认真的总结,并按照"听汇报、查资料、做调查、看结果"的办法对实习进行验收和评价,确保了实习效果。

扎实的实习和实训,促进了理论教学的升华,完善了应用型高级专门人才的培养环节,锻炼了学生理论联系实际及解决实际问题的能力,取得了良好的效果。用人单位反馈意见表明,我校毕业生动手能力较强,富有实干精神,能够很快胜任业务工作,多数学生在毕业后能独当一面,在较短时间内即成为技术、管理骨干或项目负责人。

四、加强实验室管理改革,为实践教学提供有力支持

(一)实验室(含实习和实训室)开放时间和开放方式

为方便学生从事各类实践和创新活动,根据实验室的不同类别,制定了多种形式的实验室开放办法。

计算中心、物理实验室、化学实验室、图书馆电子阅览室以及工程训练中心和各院(系、部)计算机房,对学生全天开放;专业基础实验室、专业实验室、地质博物馆正常工作日开放,并根据学生课外预约情况在节假日开放。有些实验室,如电气与控制工程学院单片机实验室,还坚持暑假对学生开放,暑假参加实验学生人数逐年增加,2004年增加到120余人。

学生可单独或几人一组自由选择开放实验室及其实验项目,免费使用实验室仪器设备,并有值班老师予以指导。

(二)实验室(含实习和实训室)开放范围、覆盖面和开放效果

各实验室建立了开放制度并积极采取措施,不断扩大实验室开放的覆盖面。全校公共基础实验室面对全校学生开放;专业基础实验室和专业实验室面对本专业学生开放;准备参加课外科技活动和各类竞赛的学生,可根据需要进入任何一个开放实验室。

为了进一步做好实验室开放工作,学校制定了《西安科技大学实验室开放原则意见》。通过充实实验人员、完善有关政策措施,进一步扩大实验室开放的范围和覆盖面。尽可能对学生开放科研实验室,鼓励教师进实验室加强对学生的辅导,使开放实验室在培养学生动手能力和创新精神方面发挥了更加显著的作用。

五、建立校内外实习基地

根据各学科和各专业实践教学的不同要求,依托企事业单位、科研机构及其捐赠设备,建立了校内实习基地5个、校外实习基地84个。这些实习基地有较完善的设备、稳定的教师队伍和辅助人员。校外部分实习基地所在单位与学校有长期的合作关系。每个实习基地都有明确的实践教学目的和实践内容,编写有实习指导书。学校还进一步规范了对实习教学的管理,建立了完善的管理制度和质量标准,不定期地对实习基地进行评估,以保证实践教学任务的圆满完成。

六、校内金工实习基地

西安科技大学机电厂的前身是西安矿业学院实习工厂,1958年,经陕西省煤炭工业管理局同意,将陕西省煤炭工业管理局煤矿配件厂的资产及部分人员划拨给西安矿业学院,同时为了加强金工教学实习的指导教师队伍,从陕西省煤炭工业专科学校实习工厂调来部分人员,在西安市新城区东一路117号陕西省煤炭工业管理局煤矿配件厂的基础上组建了西安矿业学院实习工厂。1988年,由于学校的发展需要,从东一路117号整体搬迁到现厂址西安市西影路41号,基本建设及教学资产得到了很大的改善。1999年,随学校更名为西安科技学院机电厂。2001年,更名为西安科技

大学机电厂。机电厂是西安科技大学全资校办企业,是西安科技大学金工实习教学、科研、生产基地。

机电厂主要职能是"金工实习教学、科研试制、生产经营"。全厂占地面积8 850平方米,其中教学实习使用面积5 200平方米。有职工80人,从事金工教学指导的人员为36名(高级职称5名,中级职称3名,技师3名,取得教育部金工实习指导教师上岗证6名,高级工19名)。实习基地常规实习工种9个(车工、铣工、刨工、磨工、钳工、铸造、锻造、焊接和热处理);观摩实习工种2个(电控设计及控制器装配、非金属材料深加工);设有4个教学实习车间及临潼校区金工实训中心(冷加工车间、热加工车间、电气车间、非金属材料深加工车间)和8个管理科室(厂办公室、总工程师办公室、教学科、供销科、生产科、财务科、技术科、检验科),有各种实习设备110台套。机电厂作为学校金工实习基地,以培养本、专科应用型人才为目的,结合产品生产,重在培训学生的动手能力。1995～1996年,在全国高校金工实习评估验收中取得了陕西省第三名,省二类院校第一名。2004年,在教育部本科院校教学评估中得到了专家组的一致好评。

机电厂坚决贯彻党的教育方针,始终坚持实习育人的思想,严格按照西安科技大学金工课程教学大纲的要求组织实习教学,金工实习是学校教学环节中重要的组成部分,是各类专业学生了解机械加工生产过程、培养实践动手能力的实践性教学环节。学生在实习中了解了机械加工的一般过程、金属加工的主要工艺方法,独立完成教学零件各种加工方法的操作,学习相关金属工艺基础知识,使学生了解所有设备结构、原理及工艺量具的使用方法。培养学生的劳动观念,理论联系实际的工作作风,经营管理及经济观念。促使学生养成勤于思考、勇于实践的良好作风,热爱劳动、遵守纪律和理论联系实际的好习惯。结合教学内容,鼓励并着重培养学生的工程意识、产品意识、质量意识、创新意识和创新能力,提高其工程素质,拓宽专业视野,增强就业竞争力。

机电厂金工实习基地经过多年的建设,已形成了金工软、硬件的完善配套,有一套先进的教学理念和管理体系。现年接待金工实习学生涵盖我校45个本、专科专业,4 600多名(包括单考单招及独立学院)学生的金工实习的教学工作。

机电厂作为西安科技大学科研试制的基地,先后完成了原煤炭部耙斗机的研制及试生产;与西安电缆厂联合研制生产同步光缆校对机;与西安工艺厂联合研制全自动喷塑环形生产线;与西安煤矿设计研究院联合研制JC煤矿斜井巷道乘人器;与采矿系联合研制DX系列底卸式吊桶;与电控学院联合研制全自动仓储设备堆垛机;与机械学院联合研制煤矿除尘清洗两用机和防爆内燃机车;与化工系联合攻关非金属矿物超细粉碎及物料表面改性等深加工技术项目,完成了学校各单位承担的科研的试制任务,为社会及学校做出了很大的贡献。

机电厂利用自己的技术资源,通过对早期引进开发产品的改进、改型,产品在市场上知名度不断提高。自主先后完成了JD系列调度绞车、JT系列带式制动矿用提升绞车的批量生产,研制开发生产JTK系列矿用提升绞车、BJY系列煤矿固定抱索器架空乘人装置、JTB系列防爆提升绞车、2JPB系列矿用耙矿绞车,RFL系列矿用热风炉、KHT型提升绞车后备综合保护仪;开发生产非金属矿物材料深加工产品。其中,RFL系列矿用热风炉通过陕西省煤炭安全监察局及陕西省煤炭工业局组织的联合鉴定,JD系列调度绞车、JT系列提升绞车连续多次被国家质量检测中心认定为"合格产品",排名位居全国之首。现有的六类11种产品均取得了国家煤安办颁发的"煤安标志"证书。RFL系列热风炉、非金属矿物材料深加工产品在同行业中有较高声誉。目前各类产品已远销西北五省区及内蒙古、四川、河南、山西、北京等地。

机电厂作为教育部授予的"合格企业"和陕西省教育委员会授予的"先进单位",不断发扬西科大励志图存、自强不息的胡杨精神,积极加强标准化和正规化建设,取得了良好的信誉。国家质量总局授予机电厂"全国质量信誉稳定单位";全国质量协会授予"质量信得过单位";西安市工商局雁塔分局授予"免检企业";西安市工商局授予"重合同、守信誉单位"。这些荣誉和产品经营取得的

良好成绩有力地保证了金工教学实习,为学校的整体建设和发展做出贡献。

第七节　第二课堂(学科竞赛)活动

学校重视第二课堂活动,每年投入资金资助大学生课外科技和学科竞赛活动。"十五"以来,学校大学生学科竞赛活动开展得非常活跃,已形成参赛种类多、人员多、水平高、成绩好的特点。

学校在组织校级学科竞赛活动的同时,还多次组织学生参加陕西省及全国大学生课外科技活动、数学建模、电子设计竞赛的赛前训练,参赛学生在省级及全国大学生科技竞赛中连年取得好成绩,获得各种奖项 539 项(人)。

2003 年,在第八届全国"挑战杯"大学生课外学术科技作品竞赛中,机械学院 1999 级学生王华玲等完成的"基于虚拟仪器技术的多种机械量测试系统"科技作品荣获全国一等奖。

数学建模竞赛是学校开展时间长、范围广并具有较高竞赛水平的项目。"十五"期间,获国家一等奖 2 项、二等奖 1 项。2004 年以后又连续取得好成绩。2005 年获国家级二等奖 1 项,2006 年获国家级一等奖 1 项、二等奖 3 项,2007 年获国家级二等奖 1 项。多次获得省级奖励和优秀组织奖,获奖等级和数量位居陕西省高校前列。

2007 年,学校的学科竞赛活动再创佳绩。在"挑战杯"大学生课外学术科技作品竞赛和创业计划竞赛中获得国家级奖励 8 项,在全国建筑设计竞赛中获得全国唯一金奖,在全国大学生电子设计竞赛中获得二等奖 1 项。

学校在学科竞赛国家级获奖数量取得较大突破的同时,还获得了多项省级奖(见表 3-3-20)。这些学科竞赛活动,强化了学生实践能力的培养,激发了大学生的创新热情,使学科竞赛和课外科技活动成为学生实践能力、创新精神培养的有效途径,也展示了学校的教学科研水平,为学校争得了荣誉。

表 3-3-20　　　　"十五"以来学校省级及省级以上各类学科竞赛获奖一览表

竞赛项目	国家级					省级		
	特等	一等	二等	三等	优秀	一等	二等	三等
全国大学生英语竞赛	4 人	40 人	103 人	211 人				
全国大学生数学建模竞赛		3 项	5 项			8 项	19 项	29 项
全国大学生英语写作大赛						1 人	1 人	1 人
CCTV 杯大学生英语演讲赛				1 人		1 人	1 人	
全国大学生电子设计竞赛			1				6 项	14 项
陕西省高等数学竞赛						8 人	47 人	153 人
挑战杯全国大学生课外学术科技竞赛				3		1	6	3
全国大学生建筑设计大赛	1(金奖)			1				
全国大学生周培源力学竞赛						2	4	10

第八节　体育教学与体育活动

1999 年以来,学校的体育教学工作进入了改革和快速发展的时期。学校坚持以"全面实施素质教育,培养德才兼备、身心健康的优秀大学生"作为体育教学的重要工作任务,依据教育部《学校体育工作条例》制定并实施了《西安科技大学体育工作条例》。在"十五""十一五"等重大规划和建

设中,始终把体育工作列为重要内容,重点强调体育课程建设,以教学改革与实验为中心,加大体育基础设施的投入力度。广大体育教师坚持在教学科研第一线,严把教书育人质量关,积极投入教学改革,勇于探索和实践,出色地完成了体育教学工作任务。2001年后,临潼校区体育场相继完工,多种体育器材、设施陆续到位,体育教学条件达到了前所未有的、根本性的改观。体育部以学校"更名"和"评估"为契机,制定了体育部五年发展规划、体育课程教学规划,编印了《体育部文件汇编》,成立了学生体质健康检测室。师资队伍不断扩大,质量不断提高,在教学、群体、运动训练等方面进行了积极的改革与创新。通过采用选项教学、分级教学、教考分离、教案上墙、教练员竞争上岗、办体育文化节、开体育学术会等有效的改革措施,推动了学校体育事业的发展进步。

一、体育教学组织结构

1958年建校初学校就设立了体育教研室,先后隶属于教务处及基础部。1996年更名为体育部,升格为系(部)级教学单位,隶属教学副校长直接领导。1998年成立了校体育运动委员会,形成了由校体育运动委员会—体育部—学生会体育部组成的体育组织结构。

西安科技大学体育工作机构如图3-3-4所示。

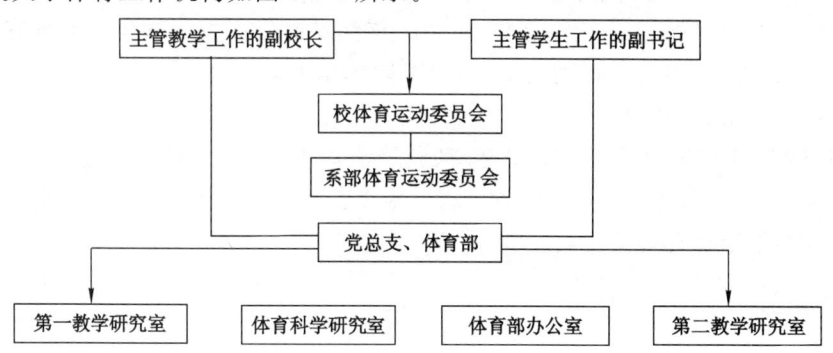

图3-3-4 西安科技大学体育工作机构示意图

二、体育教学特色

1998年体育部经过调查研究,对教学大纲进行了修改,在传统体育教学的基础上增设了专项提高课,并提出选项教学的模式。即一年级为体育基础课,采用行政班级男女分班教学;二年级为专项提高班,采用选项教学,男女合班上课。我校是在全省高校中率先提出并实施选项教学的,这一教学模式深受学生欢迎。

现学校本科生体育教学分必修课和选修课,一、二年级为必修课,二、三年级为选修课。必修课采用网上选项、分级教学的模式。开设有篮球、排球、足球、乒乓球、羽毛球、垒球、健美操、有氧舞蹈、健美、武术套路、武术散打、跆拳道、体育舞蹈、体育保健等项目。选修课开设篮球、足球、乒乓球、羽毛球、健美操、体育舞蹈、营养与健康等项目。

体育课考核采用专项技术统考与课内体育素质考核、体育基础知识等考试相结合的考评办法。

经过多年的教学实践,学校的体育教学已形成自身的特色:课程教学理念——以人为本、健康第一;课程教学任务——掌握技能、增强体质;课程教学目标——全面发展,适应社会。

三、大学生体质健康标准合格率

学校积极推进"国家体育锻炼标准"和"大学生体育合格标准",坚持实行学生早操制度,各系部坚持组织和协助,使学生养成良好的锻炼习惯,促进了学生身体素质的提高,大学生体育合格标准合格率逐年提高。

四、群众性体育活动

学校群众性体育活动制度完善,每年都安排竞赛计划,开展文体竞赛活动。2002年前每年举办一次大型运动会,从2003年起,学校对运动会进行了大胆的改革与尝试,走出了金牌效应的误区,由注重竞技变为注重健康,改传统的田径运动会为体育文化节。

五、竞技体育

学校常年坚持训练的代表队有田径队、足球队、篮球队、排球队、乒乓球队、跆拳道队、健美操队和游泳队等九支队伍。教练员采用竞争上岗,运动队训练有计划、有总结,并取得了优异的成绩。

2000年获全国跆拳道锦标赛男子84公斤级第三名,2004年获全国大学生跆拳道比赛3金、1银、1铜、1个第五名的优异成绩;1998年卫冕全国煤炭系统高校大学生足球赛冠军,2000年获省高校大学生足球赛第三名,2003年获陕西省"飞利浦"大学生足球赛第三名;1998年获省高校大学生篮球赛女子第二名,2001年获省高校大学生篮球赛男子第四名;2000年获省高校大学生健美操第三名;2000～2002年分别获省高校大学生田径赛男子标枪冠、亚军,男子400米冠军,女子跳高亚军,男子跳高第三名,女子跳远第三名;2001～2002年获陕西省高校大学生乒乓球赛男子单打冠、亚军,男子双打两次亚军,混合双打两次第三,女子团体第四名;2005年获陕西高校乒乓球男子团体第三名,男双第二、五名,男单第三名;2002、2004年分别获陕西省高校大学生游泳比赛5金、10银、6铜、3个第四名、1项破纪录奖。2003年,荣获陕西省教育厅颁发的全省高校参赛先进单位奖。2006年,获陕西省高校大学生啦啦操比赛第一名,并代表陕西高校参加全国大学生比赛。2007年,卫冕陕西省大学生啦啦操比赛第一名。

六、特色运动

1. 跆拳道运动

学校自1996年开展跆拳道运动,1998年成立跆拳道俱乐部,是陕西省高校唯一一所具有高水平跆拳道运动队的学校。1999年11月,陕西电视台专题报道了我校跆拳道运动的开展情况。2000年1月,韩国龙仁大学跆拳道队来校表演与交流,省市体委领导、10余所高校体育部主任应邀前来观看,陕西多家媒体进行了宣传报道,极大地推动了我校跆拳道运动的发展,掀起了跆拳道运动的热潮。2004年6月,我校跆拳道队首次参加全国大学生跆拳道比赛,以3金、1银、1铜、1个第五名,荣获金牌总数第一、团体总分第二的优异成绩,为学校争得了荣誉。2005年,在天津理工大学成立了全国高校大学生跆拳道协会,学校当选为副主席单位,韩江水副校长当选为副主席,孙青山当选为理事。学校在本届全国高校大学生比赛中获得2银、3个第五、女子团体第六和精神文明奖的好成绩。2006年,学校跆拳道俱乐部被陕西省竞技运动管理中心指定为"陕西省后备人才培训基地"。2006～2007年,跆拳道队在全国、省级比赛中再次获得多项优异成绩。2007年9月,陕西省跆拳道协会成立,孙青山当选为副主席,学校跆拳道俱乐部被授予"特殊贡献奖"。

2. 健美操运动

学校健美操队成立于1998年,曾多次参加省级、市级和区级各类大型活动的表演和巡回演出,其表演也是学校大型文艺表演及庆典活动的特色节目。2006～2007年,连续两年荣获陕西省大学生啦啦操赛冠军。2007年11月,分别荣获北京奥运会体育展示现场表演啦啦操选拔陕西赛区一等奖和全国万人健美操大众锻炼标准比赛陕西赛区大学组一等奖,并取得2008年3月在北京举办的北京奥运会啦啦操全国总决赛的资格。2007年12月,健美操队获得在广州体育学院举办的2007年中国全明星啦啦队锦标赛暨2008年世界啦啦队锦标赛选拔赛技巧啦啦队二等奖。2008年4月,被陕西电视台邀请参与全国"迎奥运、讲文明、树新风"礼仪知识电视赛陕西省选拔赛的开场

及结束的啦啦操表演,被陕西卫视电视台直播。

七、体育教学研究

学校体育教师十分注重体育科学研究,每年召开一次体育科研报告会,以体育科研带动和促进体育教学与训练。1998～2008 年,体育部共发表论文 175 篇,其中重要期刊 10 篇,核心期刊 23 篇;出版教材 11 本;科研立项 6 项,其中省级项目 1 项,校级 5 项。有 8 人次获得校级优秀论文奖,获省级鉴定一份。

第九节　招 生 工 作

一、本、专科招生人数显著增加

1998 年以后,学校本、专科招生规模不断扩大。特别是随着国家高等教育改革、建设的快速发展和"扩招"政策的贯彻实施,从 1999 年起学校的本、专科招生人数急剧增加。从 1998 年的年招生 1 184 人发展到 2007 年的年招生 4 345 人,历时 10 年,年招生人数增加近 4 倍,具体见表 3-3-21。

表 3-3-21　　　　　　　　　　1998～2007 年本、专科招生情况统计表

年份	招生专业数(本/专)	招生省份数	招生数(本/专)	陕西招生人数	陕西招生比例	备注
1998	25(22/3)	21	1 184(1 083/101)	320	27%	共建
1999	24(21/3)	21	2 470(2 401/69)	1 790	71%	共建
2000	25(本)	22	2 510	1 175	50%	共建
2001	31(28/3)	23	2 705(2 505/200)	1 279	47%	共建
2002	36(33/3)	26	3 090(2 670/420)	1 267	43%	共建
2003	40(35/5)	26	3 780(3 100/680)	1 806	47%	共建
2004	44(38/6)	27	4 059(3 552/507)	1 714	47%	共建
2005	45(39/6)	28	4 462(3 682/780)	1 930	52%	共建
2006	56(45/11)	29	4 699(3 953/746)	2 206	56%	共建
2007	53(47/6)	30	4 345(3 903/442)	2 290	58%	共建

二、新生质量稳步提升

1998 年以来,由于学校取得了临潼新校区迅速建成、"更名"成功、本科教学水平评估优秀等一批成果,学校的社会声誉和办学水平显著提高,在广大考生中具有良好的口碑和极大的吸引力,使学校的生源质量在稳定的基础上逐年有所提高。

1. 新生录取分数线逐年提升

1998 年以前,我校是煤炭高等院校,属艰苦行业办学,一般专业高考的录取分数相对不高。1998 年国家实施高等教育体制改革,学校划归陕西省,实行中央地方"共建"以后,学校主动适应市场经济对高等教育的需求,扩大办学规模、更新改造专业、努力提高教学质量,在社会上赢得了良好的声誉,报考我校的新生逐年增多,从 2001 年学校结束了招生中有降分录取现象的历史后,新生录取分数线一直在逐年提高,具体见表 3-3-22。

表 3-3-22   2001～2007 年新生平均录取分数线(本科)

年份	普通本科平均录取分数线		我校平均录取分数线		我校超出分值
2001	理工类	464.7	理工类	510.0	45.3
	文史类	477.8	文史类	505.4	27.6
2002	理工类	457.1	理工类	500.1	43.0
	文史类	471.7	文史类	496.8	25.1
2003	理工类	413.4	理工类	455.6	42.2
	文史类	462.7	文史类	496.7	34.0
2004	理工类	482.0	理工类	529.4	47.4
	文史类	507.2	文史类	539.5	32.3
2005	理工类	484.2	理工类	547.1	62.9
	文史类	491.4	文史类	542.3	50.9
2006	理工类	495.7	理工类	548.4	52.7
	文史类	501.7	文史类	536.4	34.7
2007	理工类	496.6	理工类	547	50.4
	文史类	509.6	文史类	548.7	39.1

注:2004 年以前根据我校在考分具有可比性的北京、河北、山西、浙江、安徽、江西、湖北、四川、重庆、贵州、云南、陕西、甘肃、青海、宁夏、新疆等 17 个省、市、自治区招生情况统计整理(2005 年以后除海南、广西壮族自治区使用标准分,其余省总分使用原始分)。

2. 第一志愿报考率稳中有升

1999 年以来,第一志愿报考我校的考生人数在总体稳定的基础上逐年有所提升。2000 年、2001 年连续创当时历史最高水平。2001 年在全国生源第一志愿报考人数平均达 217.2％,较 2000 年提高 17 个百分点。2003 年在全国 26 个省、市、自治区全部是第一志愿录取,部分省份达到或超过重点分数线。

3. 参加一本重点院校招生批次的专业逐年增加

1998 年以后,学校在陕西省和全国参加一本重点院校本科批次招生的专业逐年增加。2000 年 2 月,根据学校社会地位逐步提高、不少热门专业生源充足的实际情况,学校提出了建筑学、电气工程及其自动化、自动化、电子信息工程、通信工程、计算机科学与技术、信息与计算科学、电子科学与技术等 8 个专业参加一本批次招生的申请。从 2005 年起,有 7 个省全部专业在一本招生,5 个省的部分专业在一本招生。

4. 外省生源比例进一步扩大

1998 年学校划转陕西省共建后,按照陕西省规定,学校在陕招生的比例不能低于 70％,给扩大跨省招生工作带来了巨大的困难。从 2000 年起,学校努力主动工作,多方采取措施,与外省 40 余所院校达成对等招生协议,最大限度地调整了跨省招生比例,使我校的生源结构、质量、报考情况大大改善。

1999 年跨省招生计划为 30％,2001 年实际跨省招生为 53％,提高 23 个百分点。2003 年本科实际跨省招生达 56％,2006、2007 年学校外省生源比例进一步扩大,生源地域结构日益合理。

5. 招生覆盖范围逐步扩大

20 世纪 90 年代,学校的招生范围长期在 15～20 个省、市、自治区之间。1998 年学校管理体制发生改变后,学校及时地调整了办学指导思想和发展思路,在继续服务煤炭工业的同时,立足陕西、服务西部、面向全国。学校 1999 年面向全国 21 个省、市、自治区招生,2001 年 23 个,2003 年 26

个,2006 年达到 29 个,几乎覆盖了全国。在扩大招生范围中,学校积极向东南沿海经济发展较快的地区、向基础教育较好的地区推进,争取在这些地区多招生、招好生,使新生在录取分数、身体素质、文体技能、经济状况等方面的综合素质得以提高。

三、招生组织机构的设定与运行

1. 招生组织机构

国家恢复高考制度后,学校的招生工作由教务处的专人负责,后成立了招生办公室,隶属于教务处,为科级单位。从 2000 年起,由教务处副处长兼任招办主任。2005 年 7 月,学校单独设立招生办公室,为处级单位编制。

2005 年 11 月,在新的形势和条件下,为了进一步加强和规范招生工作,学校成立了"西安科技大学招生委员会",由常心坦同志任主任,刘德安、韩江水、杨更社同志任副主任,王天平、柴敬同志任秘书。形成了由校招生委员会全面负责领导和制订相关计划、政策规定,研究处理重大问题,招办组织实施的工作模式。

2. 网上招生录取

2001 年以前,每逢高考招生时学校都要选派数十名有招生经验的干部、教师到全国各地进行现场招生。2001 年学校主动适应录取手段的现代化变革,投入经费,经过充分论证和设备选型,在西安同类院校中首家建成了较为先进的招生网络室,省招办及不少兄弟院校的招生人员来校参观,扩大了学校的影响。同时编制了学校《招生网上远程录取工作流程》《招生网络室录取工作人员守则》《招生网上远程录取工作制度》等工作制度。2001 年学校开始对北京、云南、陕西等省市进行网上招生,实行网上招生的人数达到招生总人数的 50%。从此,开始了我校招生手段改革的历史,并逐步实现了招生工作的计算机辅助管理和办公自动化。

学校的招生工作,严格执行国家的招生政策和招生计划,坚持"公平、公开、公正"和择优录取的原则,抢抓机遇,完善办法,加强管理,采取多种措施,努力提高新生质量。1998～2007 年,学校共录取本科学生 29 305 名,专科学生 3 431 名,为学校的建设和发展提供了生源的保障。

第十节　图书馆建设和发展

1999～2008 年,学校向图书馆累计投入各种经费 6 000 余万元,使图书馆得到了快速的发展。目前图书馆有馆舍面积 23 700 平方米,馆藏资源有图书 174 万册(种),其中印刷型文献 119 万多册,电子文献 55 万多册,阅览座位 2 600 多个,自动化设备 400 多台(套)。年借书量达到 38 万多册,年阅览人数 200 多万人次。图书馆已经成为一个文献丰富、环境优美、管理先进、服务一流的现代化图书馆。

一、建成了一个新图书馆

图书馆原来馆舍面积只有 7 200 平方米,远远不能满足学校飞速发展的需要。2002 年,学校投资 3 000 余万元,在临潼新校区建设了一座新图书馆。新馆面积 16 500 平方米,共分四层,位于学校的中轴线上,成为学校的标志性建筑之一。新馆根据"统一载荷、统一层高、统一柱网"的三统一原则,采用大跨度、大开间的结构,内部采用玻璃隔墙,构成一个宽敞明亮的学习环境。

图书馆的同志发扬艰苦奋斗的精神,冒着酷暑,利用一个暑假的时间,完成了新馆的书架等设备安装、网络连接、图书搬运、文献标引上架等大量工作,2002 年 9 月新馆正式开放为教师和学生服务。

二、自动化建设达到新的高度

1999 年以来,学校为图书馆投入自动化建设经费共 620 多万元。2000 年,投入 50 万元,购买

了 60 套计算机,30 套多媒体设备,建立了一个电子阅览室。2001 年,投入 52 万元,购买了一台高档服务器,购买了南京大学开发的汇文《LibSys 2000》图书馆管理系统,使图书馆实现了从采访、编目、流通、阅览和电子资源管理的全面自动化。在临潼校区新图书馆建成后,两个图书馆实现了网上远程连接,共享一个文献资源平台。同时在新馆中建成了门禁系统、视频监控系统、红外报警系统、轻音乐播放系统,使图书馆的自动化水平达到了一个新的高度。2006 年,又投入 50 万元,购买了两台机架式服务器,建立了 8 TB 的 SUN 结构的光纤网络存储系统,为图书馆的数字化发展奠定了基础。

三、文献建设有了突飞猛进的发展

从 1999 年起,学校逐步加大了对文献经费的投入,共投入文献经费 2 050 多万元。购进新书 45 万多册,电子文献 55 万多册,大型数据库 15 个,特别是购买了 Elsevier 外文全文数据库,有力地保障了博、硕士研究生教育和科研工作对外文文献的需求。年进新书从 1998 年的 6 000 多册,发展到最高时达到 8 万余册,现在平均每年进新书 5 万多册。图书馆还挖掘潜力,自主开发了 3 个数据库。

四、加强改革与创新,开拓信息服务的新局面

图书馆以改革创新的精神,认真探索临潼校区新图书馆建设、管理和运行服务的路子,在实践中创出了具有自身特色的馆藏结构、服务和人员管理模式。

1. 馆藏结构

在新图书馆设计建设时坚持"三统一"原则,为新图书馆实行了藏、借、阅一体化的管理模式打下了良好的基础,即在大的空间里,一边设置书架,一边设置阅览区。读者既可以在此阅览,也可以把书借走。同时,图书馆实行统一借还书的办法,读者在阅览之后,离馆时办理借书手续即可。

2. 服务模式

根据"读者至上,服务第一"的原则,在先进的监控系统的支持下,图书馆大胆改革,率先在全省实行"一站式管理"的服务模式,即读者进入门禁之后,不需要存放书包,也不需要再办理其他任何手续,可以在图书馆内任何地方阅览和学习。这种服务模式实行后,在全省引起巨大反响,一时成为省内外兄弟学校图书馆争相参观学习的热点。

3. 人力资源管理模式

临潼校区新图书馆建成后,图书馆面积从原来的 7 200 平方米猛增到 23 700 平方米,两个图书馆相距 30 多千米,规模的扩大和两地办馆给管理和业务的开展带来较大困难,原有的工作人员远远不能满足工作的需要。为了更好地为读者服务,又不给学校造成编制上的困难,图书馆勇于改革,提出了"正式编制＋临时编制＋学生勤工俭学"相结合的人力资源管理模式,在不大量增加正式职工编制的情况下,周密计划,合理调配,圆满地完成了两个图书馆的文献建设和信息服务工作。

4. 不断创新,提升服务水平

2007 年,图书馆启动了业务创新活动,以业务创新为动力,从具体工作岗位出发,组织进行了一系列富有成效的活动与研究工作,取得了明显成效,对建立图书馆多方位、多层次的文献服务体系及提高文献资源建设质量和服务质量起到了重要促进作用。加强了内部职工业务培训、提高工作人员业务素质、调整业务岗位、延长开放时间、积极探索新的服务方式等工作,使文献资源效益、服务水平和质量不断提升。

图书馆多次受到学校的表彰和读者的好评,在 2003 年陕西省高等学校图书馆评估中,我校图书馆位列普通高校组第一名。在 2005 年被陕西省教育厅评为"陕西省高等学校先进图书馆"。

第四章　学位与研究生教育

学校学位与研究生教育始于国家恢复研究生教育的 1978 年,在 30 年的研究生教育实践中走出了一条不断探索和不断壮大的发展道路。不仅为西部经济建设、矿业发展做出了贡献,而且使学校成为西部高校研究生教育重要的组成部分。在建设多学科协调发展的国内有广泛影响的教学研究型大学的进程中,建立起了与学校发展相适应的研究生教育体系,为学校发展目标的实现发挥了积极的作用。

1998~2008 年,研究生教育层次、授权学科和招生规模发展迅速。1998 年,学校成为全国第八批获得博士学位授权的单位,首个二级学科博士点为安全技术及工程;2000 年获得矿业工程一级学科博士学位授予权,二级学科博士点增至 3 个(采矿工程、安全技术及工程、矿物加工工程),二级学科硕士点增至 20 个;2002 年安全技术及工程学科被批准为国家重点学科;2003 年岩土工程和地质工程二级学科获得博士学位授予权,同时在矿业工程一级学科下自主增设 3 个二级学科博士点(矿山机电工程、矿山环境工程、矿业信息工程)并招生,博士点增至 8 个,硕士点增至 29 个;2003 年,增补国务院学位委员会地矿油学科评议组成员 1 名;2006 年思想政治教育二级学科获得博士学位授予权,博士点增至 9 个,硕士点增至 51 个,2008 年硕士点增至 52 个。博士学位授权学科涉及工学和法学两个门类。2001 年获得工程硕士专业学位授予权,至 2008 年有 11 个工程硕士授权领域,6 个高校教师在职攻读硕士学位授权点。

在这一发展进程中,累计招收博士生 211 名,硕士生 3 779 名,工程硕士生 485 名。毕业博士生 30 名,硕士研究生 2 026 名,工程硕士 159 名。获陕西省级优秀博士论文 4 篇。

第一节　学位与研究生教育基本思路和目标

"十五"期间学校研究生教育发展的基本思路是:积极开拓,建立机制,完善模式,构筑体系。总体发展目标是:到 2005 年,全日制在校博、硕士研究生人数达到 1 000 人。"十一五"期间学校研究生教育发展的基本思路是:以科学发展观为指导,积极开拓,建立机制,完善模式,注重创新。总体发展目标是:到 2010 年,在校研究生数达到 3 000 人,在校研究生数与本科生数之比达到 1:7。全面提高研究生教育水平,培养具有创新能力的高层次人才,到"十一五"末使学校研究生办学水平处于同类院校前列。

2001 年,学校召开研究生教育工作会议,回顾了学位与研究生教育的发展历史。赛云秀副院长代表学校做了题为"积极探索,锐意创新,努力提高研究生培养质量"的研究生教育工作报告,客观分析了学校学位与研究生教育发展中存在的主要问题。校党委书记王斗虎做了"大力发展研究生教育事业,努力提高办学水平"的报告,院长常心坦做了"以创新思维和敬业精神,提高研究生教育的质量"的报告。会议讨论了提交大会的 7 个文件,指出学位与研究生教育应着重解决好三方面问题:一是坚持社会主义方向,坚持注重素质教育,努力培养符合社会主义需要的建设者和接班人;二是大力发展研究生教育,但同时要保证不断提高培养质量;三是通过深化改革,建立良好的运行机制、完善的培养模式,建立健全多规格、多层次的研究生教育体系。

2004 年在校研究生规模超过千人,2005 年在校博士研究生超过百名,2005 年研究生毕业人数

超过千人,实现了学校"十五"规划中全日制在校博、硕士研究生规模目标。

2005年12月,学校研究生教育工作会议在教育部制定"中国学位与研究生教育发展规划战略研究总报告(2005～2020年)"之际召开。杨更社副校长代表学校做了题为"继往开来,注重创新,努力开创研究生教育工作的新局面"的研究生教育工作报告,明确提出了由研究生教育规模向研究生教育质量转变的发展任务,确立了以进一步提高质量和创新教育为核心,出台《西安科技大学关于加强导师队伍建设的若干意见》等三个管理文件。在总结学位与研究生教育"十五"发展的同时,为"十一五"研究生教育做出规划。会上,校党委书记王斗虎做了"统一思想,认清形势,坚持发展,提高质量"的报告,校长常心坦做了"树立科学发展观,提高研究生教育质量"的报告。本次研究生教育工作会选出优秀论文50余篇,汇编成《传承、发展、创新,2005西安科技大学研究生教育论文集》,由西北工业大学出版社出版发行。2007年在校研究生规模超过2 000人。

经过十年的发展,学校研究生教育已从最初单一的硕士研究生培养,发展成为具有博士、硕士、工程硕士、高校教师在职攻读硕士学位、在职人员以同等学力申请硕士学位等多种类的研究生培养体系。学位与研究生教育得到了持续、健康、快速发展,办学规模不断扩大,管理水平不断提高,研究生培养质量稳中有升。

第二节　研究生招生工作

一、硕士研究生招生规模

硕士研究生教育规模快速扩大。从1999年到2008年,招生规模从74人发展到663人。全日制硕士研究生是研究生教育的主体,2008年其人数占研究生总数的81.4%,各年度的硕士研究生招生情况见表3-4-1。

表 3-4-1　　　　　　　　　1999～2008年硕士研究生招生情况

年度	1999	2000	2001	2002	2003	2004	2005	2006	2007	2008
硕士生	74	120	170	237	355	438	519	572	634	663

这十年是学校硕士研究生快速发展阶段,2000～2003年硕士招生增幅分别为62.1%、41.6%、39.4%、49.8%,2004～2007年硕士招生规模增幅略放慢,增长分别为23.4%、18.5%、9.4%、10.8%、4.6%。

1996～2004年,学校在研究生招生报名时使用机读卡替代人工录入来采集考生信息。自2005年起,研究生招生报名采用网上报名的办法,网上报名后在规定的时间到指定地点现场照相、确认报名信息。确认后的报名信息为有效信息。为了配合网上报名,编制了《西安科技大学硕士研究生网上报名演练方案(2005)》《2005年研究生招生考试问答》等宣传材料。

2007年以前,学校自命题科目按照不同研究方向为单位设置。2005年的自命题科目达到了108门,2007年自命题科目设置不再按研究方向设置,而以二级学科为单位设置,本年度自命题科目为79门。2008年的自命题科目以一级学科为单位设置,专业基础课总数不能超过3门,个别专业可按二级学科设置,本年度自命题科目为46门(第三单元3门,第四单元43门)。

自2005年的研究生招生考试起,研究生部和每位命题教师每年都签订《西安科技大学研究生入学考试试卷命题协议书》。为了防止意外事件发生,研究生部制定了《西安科技大学研究生入学考试自命试题应急预案》。

2002年以前,学校的硕士研究生入学考试初试科目为5门,即政治理论课、外国语(英语或德

语）、基础课、专业基础课和专业课。从 2003 年起，初试科目改为 4 门，即政治理论（不再分文、理两种试卷）、外国语（英语）、基础课和专业基础课。将专业课的内容调整到复试中进行。

2002 年外国语初试中增加听力部分，不计入成绩，2003 年外国语听力计入总分。2005 年外国语听力在初试中取消，在复试中加强了外国语听力测试，在复试中公共部分的听力由研究生部统一命题、统一组织测试。专业部分的听力由各学科专业命题、组织测试。

2004 年学校按照教育部和省招办的要求，建立了装备监控系统的试题保密室。

自 2005 年起，在每次研究生招生考试前，研究生部与各监考人员均签订《硕士研究生招生考试监考人员岗位责任书》，并采用手机屏蔽仪。

研究生部不断完善各项考务制度，制定了《西安科技大学硕士研究生招生考试偶发事件处理办法》《西安科技大学研究生入学考试工作程序》等规章制度。

研究生部按照教育部、省招办的有关政策和学校的实际情况制定出了《西安科技大学硕士研究生入学考试复试细则》《西安科技大学硕士研究生录取办法》等制度，每个专业每个年度根据这些规章制度制定出本专业的复试细则和录取办法，并公示。学校的研究生招生做到了规范实施和"公平、公开、公正"。复试中实行差额复试，坚持德、智、体全面衡量，择优录取和宁缺毋滥的原则。

二、博士研究生招生

学校自 1999 年开始招收博士研究生，至 2008 年累计招收博士研究生 211 名。2003 年开展了优秀硕士研究生推荐免试为博士研究生的工作，为此研究生部制定了《西安科技大学硕士生提前攻读博士生实施办法》，学校各年度博士生招生见表 3-4-2。

表 3-4-2 　　　　　　　　　　　1999～2008 年博士生招生情况

年度	1999	2000	2001	2002	2003	2004	2005	2006	2007	2008
招生规模	6	5	9	16	23	28	28	30	32	34

学校的博士生招生考试形式为初试和复试相结合，初试由研究生部统一组织，命题前与每位命题人员签订《西安科技大学博士研究生入学考试试卷命题协议书》。在复试前，研究生部按照上级有关文件精神，并结合学校实际情况制定《西安科技大学博士研究生招生复试录取实施办法》，每个专业根据此办法制定出本专业的复试细则和复试安排，并公示。严格按照以上办法和安排进行复试，在复试的合格人选中由各导师最终确定录取。

三、在职人员攻读硕士学位招生

学校的在职人员攻读硕士学位招生主要有工程硕士、高等学校教师在职攻读硕士学位两种类别。

1. 工程硕士招生

2001 年开始招收工程硕士生，学校采取组织报名、资格审查考试等办法选拔工程硕士生，累计招生 472 人。学校各年度工程硕士招生见表 3-4-3。

表 3-4-3 　　　　　　　　　　学校工程硕士招生情况

年度	2001	2002	2003	2004	2005	2006	2007
招生规模	48	56	61	79	62	64	102

学校的工程硕士招生分为初试、复试两个阶段。2001 年、2002 年的初试科目为英语和数学，

2003 年以后的初试科目为"GCT"考试(包括语言、数学、逻辑、英语)。GCT 成绩达到入学资格的考生方可进入复试,复试中严格审查考生的毕业证、学位证、身份证等原件,按《西安科技大学工程硕士研究生招生复试录取实施办法》执行,复试内容包括专业综合考试、业务素质及能力测试和外语测试。复试成绩合格,且资格审查通过者录取为学校工程硕士生。学校工程硕士的生源多来自西部,更多来自西部煤炭行业。学校依托西部煤炭企业,发展工程硕士教育,为企业培养能解决本单位生产实际问题的高层次技术人才。经过积极宣传和沟通,神华宁夏煤业集团、靖远煤业集团、四川煤业集团、陕西煤业化工集团等企业以集团公司下发文件,鼓励技术人员积极报考学校工程硕士。被学校录取的考生工作业绩突出,多数人是所在单位的骨干力量。

2. 高等学校教师在职攻读硕士学位招生

学校于 2002 年开始招收高等学校教师在职攻读硕士学位生,招生工作与工程硕士招生同步进行。入学考试分为初试、复试两个阶段,初试中试题既有全国统一的考试科目,又有学校自主命题的专业基础课和专业课。初试通过者方可进入复试,复试的资格审查和具体实施办法同工程硕士。2007 年思想政治教育学科首次开始招生,录取合格考生 10 名。

3. 研究生课程进修班招生

1998 年开始举办研究生课程进修班,截至 2008 年 6 月,参加学习的人员达到 360 余人。1998 年在西安和银川举办研究生课程进修班 3 个,招生 83 名。1999 年在校内、铜川、淮北分别举办了研究生课程进修班 3 个。为了保证生源质量,在 1999 年的招生工作中增加了入学考试。2000 年在校内举办青年教师研究生课程进修班 1 个。2001 年举办核工业地质局研究生课程进修班 1 个。2003 年举办了陕西省煤田地质局研究生课程进修班。在研究生课程进修班招生时,严格执行陕西省学位办和国家有关规定,对报名参加学习的学员进行审核,保证了生源质量。

第三节　研究生教学工作

研究生培养始终坚持育人为本、质量第一的方针,在教学、学位论文等方面采取了一系列积极有效的措施。学校研究生的培养质量稳步提高。

一、研究生培养方案修订

1999 年对学校 15 个硕士点的研究生培养方案进行了修订,同时制定出《安全技术及工程博士研究生培养方案(试行)》。在硕士研究生培养方案修订中,坚持了跟踪学科前沿、拓宽培养口径、加强基础教学的原则。按一级学科设课,每个二级学科只设学位课,选修课由各学科提出,研究生部汇总,专家优化组合,全校统一设置。在新的培养方案中,要求研究生在学习期间必须积极参加学术活动和科学研究,听 8 次学术报告,撰写学术论文;积极参加教学实践,从事助教工作;积极参加社会科技实践活动,理论联系实际,为社会服务。要求每门课程设置前导课程 1～3 门,建立起课程之间的联系。

根据博士、硕士点的增加以及根据学科发展的需要,2001 年上半年第七次对培养方案进行了全面修订,主要是增补新增学科培养方案,全校开设硕士研究生课程 299 门。制定了《西安科技学院博士研究生培养方案》,方案涵盖 1 个门类、1 个一级学科、3 个二级学科。

2004 年第八次修订研究生培养方案,研究生部组织全校各学科重新制定和修订了硕士、工程硕士、博士各类研究生培养方案,硕士研究生开设课程 422 门,博士研究生开设课程 59 门,工程硕士开设课程 160 门,《博士研究生培养方案》《硕士研究生培养方案》《硕士研究生课程内容简介》《工程硕士研究生培养方案》印刷成册,突出学校的特色。在继承 1999 年培养方案的基础上,修订中将研究生课程按性质分为全校性公共学位课、学院学位课和学院选修课三级管理,明确了学校与院系

对课程的责任。在硕士研究生的培养目标上,进一步体现了由学术型为主的培养模式向学术型、应用型、复合型等多类型、多规格的培养模式转变,以应用型、复合型人才培养为主,以专业技能为目标。在创新能力上,要求各学科增设以提高实验技能与创新能力为目的的实验课程。

根据国家经济发展的需要,借鉴国内外高校硕士研究生培养的经验和做法,学校在培养机制方面积极探索,不断推进学制改革。2004 年在修订培养方案中,经过认真分析和研讨,学校从 2004 年起试行两年半学制,允许部分优秀研究生提前毕业并获得学位。将硕士研究生在校必须修满的学分由 33～35 学分调整为 28～32 学分,稳步推进一年两次授予学位工作。

2007 年第九次修订研究生培养方案,在 2004 版培养方案的基础上,将硕士研究生培养方案分为《研究生培养方案(理学、工学)》和《研究生培养方案(经济学、法学、管理学)》,第一次按门类分册。1999 年制定了《工学博士研究生培养方案》,2007 年制定了《法学博士研究生培养方案》。

二、建立完善规章制度

制定了《西安科技学院研究生课程管理条例》《西安科技学院研究生课程考核规定》《西安科技大学研究生教学质量评价方案》《西安科技大学研究生课程优秀教案评选办法》《西安科技大学研究生精品课程建设实施办法》《西安科技大学研究生教材建设实施办法》等规章制度。

先后编写了《西安科技学院研究生手册》《西安科技学院研究生导师工作手册》《西安科技学院博士研究生培养方案》《西安科技学院硕士研究生培养方案》《西安科技学院硕士研究生课程目录及内容简介》《西安科技学院同等学力人员申请硕士学位工作手册》《西安科技学院工程硕士研究生培养工作手册》等,形成了对研究生教育各个层次、各个环节的有效管理,保证了研究生教育规范、有序地进行。

三、研究生教学改革

1. 开展优秀教案的评选

为了加强研究生的课程教学,提高研究生的教学质量,2001～2004 年学校开展了硕士研究生课程教案的评选工作,共评选出优秀硕士研究生课程教案 59 本。

2. 开展学生评课活动

2001 年根据《西安科技学院研究生教学质量评价方案》(包括有 4 个一级指标和 12 个二级指标的研究生教学质量评价体系),每学期分别向教师和学生发放问卷调查表,组织一年级研究生进行教学质量评价活动。对每门硕士研究生课程和任课教师就课程内容、教学方式、教学效果、教材、工作态度等方面进行评价。

(1) 评价采取不记名的方法。

(2) 采用学生给其授课教师和课程打分方法,评价公式如下:

$$Z = 0.3 \times A + 0.25 \times B + 0.15 \times C + 0.3 \times D$$

式中,Z 代表总分值;A、B、C、D 分别代表课程内容、教学方式及教学效果、教材及参考资料、工作态度的指标值。各指标值为百分制,学生量化出 A、B、C、D 各值后,对其采用上式加权求和,得出最终评价结果 Z,结果仍采用百分制。

(3) 对 5 人以下的课程或参评人数小于 60% 的课程,学生评价结果仅供参考。

根据评价结果,每学期在期中教学检查中公布优秀研究生课程和任课教师名单,予以表扬。

3. 研究生精品课程建设

根据《西安科技大学研究生精品课程建设实施办法》,开展了学校研究生精品课程的立项建设工作。通过教师自由申报、学科审核、院系部推荐和学校专家组评审,2006～2007 年度评选校级研究生精品课程 9 门,具体见表 3-4-4。

表 3-4-4 研究生精品课程建设一览表

序号	课程编号	课程名称	所在单位	课程负责人	立项年度
1	7310008	安全工程学	能源学院	张俭让、邓 军	2006
2	7305001	现代通信理论	通信学院	李白萍	2006
3	6301005	泛函分析	基础课部	刘叶玲	2006
4	7316002	材料结构与性能	材料系	杜慧玲	2006
5	6306003	数值分析	计算机系	龙熙华	2006
6	6301025	振动理论	基础部	李 明	2007
7	6306022	最优化方法	计算机系	李占利	2007
8	7308001	高等应用测量	测量系	史经俭	2007
9	8210028	安全控制理论与技术	能源学院	李树刚	2007

4. 研究生教材建设

根据《西安科技大学研究生教材建设实施办法》，开展了学校研究生教材的立项建设工作。通过教师自由申报、学科审核、院系部推荐和学校专家组评审，2006～2007 年度评选研究生教材 4 部。具体情况见表 3-4-5。

表 3-4-5 研究生教材建设一览表

序号	教材编号	教材名称	所在单位	教材负责人	立项年度
1	JC06001	安全管理学	能源学院	田水承	2006
2	JC06002	面源污染原理与防控	地环系	赵晓光	2006
3	JC07001	工程弹性力学	基础部	杨治林	2007
4	JC07002	数据挖掘原理、算法及应用	计算机系	李爱国	2007

5. 开展研究生双语教学

为了提高研究生课程教学的水平和外语应用能力，促进研究生教育的国际化，2002 年学校制定了《西安科技学院研究生双语教学的有关规定》，同年开展了研究生双语教学工作，截至 2007 年共有 16 门课程开展双语教学。具体的开展情况见表 3-4-6。

表 3-4-6 研究生双语课程建设一览表

序号	任课教师	课程名称	课程编号	院系	学时	评阅时间
1	汪 梅	电路网络理论	S04001	电控学院	54	2002
2	王再英	现代控制理论	S04002	电控学院	54	2002
3	马宪民	人工智能与专家系统	S04002	电控学院	54	2002
4	马宪民	计算机网络	S06010	电控学院	54	2002
5	戴 俊	爆炸动力学	S07017	建工学院	54	2004
6	周安宁	煤结构与新材料	S11009	化工系	36	2002
7	杜惠玲	材料结构与性能	S11012	材料系	36	2002
8	黄庆享	矿山现代应用力学	S10010	能源学院	54	2002
9	余学义	特殊开采与地表沉陷	S10005	能源学院	54	2002
10	张金锁	经济学(Ⅱ)	S12002	管理学院	54	2002

序号	任课教师	课程名称	课程编号	院系	学时	评阅时间
11	尚 梅	项目管理	7212019	管理学院	36	2005
12	李红霞	现代管理学	S12001	管理学院	54	2002
13	付 燕	面向对象技术	7306004	计算机系	54	2004
14	汪 梅	模式识别技术	8204018	电控学院	36	2006
15	赵 京	发展经济学	8202022	社 科 系	36	2007
16	张春森	当代摄影测量与遥感	7208025	测 量 系	36	2007

6. 教学质量监控体系

建立健全课程教学质量监控体系,通过教学检查(包括检查教案、专家评审教案、听课、填写教学效果调查表等)、教考分离等措施,研究生的教学质量逐步提高。研究生部针对课程设置、教师的教学态度、学习环境等方面的问题在学生中进行问卷调查,同时坚持每学期进行期中教学检查。

四、研究生培养条件建设

1. 研究生信息管理系统

学校充分利用现代化的管理手段促使研究生教育管理工作信息化。2003 年建立了研究生部网站;2007 年建立了研究生信息管理系统,并对网页改版。该系统设置了信息系统管理员、研究生导师、任课教师、学生(博士生、硕士生、工程硕士生等)多种角色,实现了管理员网上办公、研究生网上选课、网上查询课程成绩、任课教师网上录入课程成绩、导师网上确认研究生培养计划等一系列程序。

2. 研究生培养基地建设

学校十分重视国际国内研究生培养基地建设。2006 年,与波兰克拉科夫矿冶大学、中原油田建立博士生联合培养基地,开展联合培养研究生工作;与国家测绘局大地测量数据处理中心成立"大地测量学与测量工程研究生联合培养基地"。

3. 添置教学设施

2002 年,学校投入 20 万元为各院系部配备了研究生多媒体教室;2008 年,筹集经费 30 万元为院系添置多媒体教学设备,满足研究生教学和科研的需要。2004 级、2005 级、2006 级的研究生第一学年在临潼校区学习生活,设临潼校区研究生教育办公室,形成研究生两校区分布,在临潼校区建设多媒体教学设施 4 套。

4. 改善科研条件

用日元贷款项目组建地矿、机电两个学科群实验中心,用重点学科、重点实验建设和导师的科学研究,为研究生高层次的实验和从事创新性的研究提供了条件。通过本科教学工作水平评估,实验室和图书资料建设有了新的进展,图书馆购置外文期刊数据库 3 个、全文数据期刊库 3 个以及学位论文库 2 个。

五、重视博士研究生培养

学校先后制定了《博士生导师遴选办法》《矿业工程一级学科博士研究生教育工作指导委员会章程》《加强博士生导师队伍建设的若干意见》等规章制度,建立健全了博士研究生培养体系。

博士生课程设置紧密结合行业特色和学科实际,实行学分制,额定 18～20 学分,其中学位课12 学分,包括公共课 5 学分和基础理论课与专业课 7 学分;非学位课 4～6 学分和学术活动 2 学分。博士生培养注重基础,强化理论,不断优化组合课程设置。

学校 2003 年开始有博士毕业生,累计毕业博士生 18 人。毕业生平均毕业年限为 4.5 年,目前最长年限为 6.5 年,最短年限为 3 年,毕业生在校时间与国内各高校博士生的学习年限持平。

截至 2008 年 6 月,已获学位的 30 名博士研究生(表 3-4-7)在校期间共发表学术论文 312 篇,其中 SCI 收录 4 篇,EI 收录 60 篇,ISTP 收录 22 篇;出版学术专著 8 部。获得省部级科技进步奖 4 项,实用新型专利 6 项。学校博士生发表论文总量和人均量均处于国内较高水平。4 人获得陕西省优秀博士学位论文奖(表 3-4-8),1 人获得孙越崎青年科技奖,毕业后 6 人获得国家自然科学基金项目资助,2 人获得"教育部新世纪优秀人才"计划支持,1 人获得煤矿安全技术专家会诊突出贡献奖等荣誉。

表 3-4-7　　　　　　　　　　　　西安科技大学博士毕业生基本信息

序号	论文题目	作者	学科专业	完成时间
1	岩体变形与破坏光纤传感测试基础研究	柴　敬	安全技术及工程	2003.06
2	大倾角煤层开采 R-S-F 系统动力学控制基础研究	伍永平	安全技术及工程	2003.06
3	煤自燃过程的实验及数值模拟研究	文　虎	安全技术及工程	2003.06
4	构造环境对煤矿区采动损害的控制机理研究	夏玉成	安全技术及工程	2003.06
5	煤低温氧化化学动力学研究与自燃过程的动态模拟	李建伟	安全技术及工程	2004.06
6	综放开采坚硬顶煤预先爆破弱化技术基础研究	索永录	安全技术及工程	2004.06
7	基于概率统计的通风巷道瓦斯积聚危险性分析研究	魏引尚	安全技术及工程	2005.03
8	基于粗糙集的故障诊断和容错控制理论和方法研究	高　赞	安全技术及工程	2005.06
9	超细煤粉体的光催化氧化反应性及动力学研究	杨志远	矿业工程	2006.06
10	基于小波和神经网络的电缆故障诊断方法研究	汪　梅	安全技术及工程	2007.07
11	燃煤烟气中 NO_x 光催化治理研究	薛韩玲	安全技术及工程	2006.06
12	硫氮耦合掺杂 TiO_2 柱撑 MMT 催化剂制备与应用研究	于占江	矿业工程	2007.03
13	煤-大豆蛋白复合材料的制备和性能研究	汪广恒	矿业工程	2007.03
14	煤矿动态综合安全评价模式及应用研究	许满贵	安全技术及工程	2007.03
15	基于核算法的故障智能诊断理论及方法研究	杜京义	安全技术及工程	2007.03
16	本质安全开关变换器基础理论及关键技术研究	刘树林	安全技术及工程	2007.07
17	地震信号去噪与波场分离方法研究	刘保童	安全技术及工程	2006.03
18	基于指标气体的煤自燃程度判定技术基础研究	王振平	矿业工程	2007.03
19	测井高分辨率层序地层分析	李新虎	矿业工程	2008.03
20	富钾岩石植物营养组分活化机理与应用研究	端木合顺	矿业工程	2008.03
21	榆林神府矿区长壁间歇式推进保水开采技术基础研究	张　杰	矿业工程	2008.03
22	基于标杆管理的高校竞争力研究	张玉岩	矿业工程	2008.03
23	井间地震波场数值模拟及波场特征研究	李桂花	地质工程	2008.07
24	配电网抗灾变性分析及大面积断电快速恢复	徐精求	安全技术及工程	2008.07
25	急斜煤层大段高安全开采围岩控制基础研究	邵小平	安全技术及工程	2008.07
26	岩体变形光纤光栅传感检测的理论与方法研究	魏世明	安全技术及工程	2008.07
27	基于安全分区的通风瓦斯风险控制研究	王　俭	矿业工程	2008.07
28	复杂产品系统创新能力研究	刘延松	矿业工程	2008.07
29	煤层气吸附解吸机理研究	马东民	矿业工程	2008.07
30	秦岭典型矿山泥石流发育规律及环境效应研究	薛喜成	矿业工程	2008.07

表 3-4-8　　　　　　　　2005~2008 年陕西省优秀博士学位论文

序号	培养单位	作者姓名	指导教师	论文题目
2005049	西安科技大学	文　虎	葛岭梅	煤自燃过程的实验及数值模拟研究
2006030	西安科技大学	柴　敬	常心坦	岩体变形与破坏光纤传感测试基础研究
2007036	西安科技大学	李建伟	葛岭梅	煤低温氧化学动力学研究与自燃过程的动态模拟
2008032	西安科技大学	杨志远	周安宁	超细煤粉体的光催化氧化反应性及动力学研究

　　学校依托国家重点学科、重点实验室等优质资源,先后整合并建立了地矿学科群实验中心、机电学科群实验中心、安全技术研究中心、学科创新园区和大学研究院等高层次人才培养平台。同时通过对外合作,增加博士生学术交流机会,为博士生提供更广阔的发展空间。

　　学校根据博士学科主要分布在地矿油等艰苦行业这一特点,一方面注重在学术道德规范、治学态度等方面的严格教育,注重品德修养,端正学术态度,严谨学术作风;另一方面,深入开展扎根基层、艰苦奋斗的思想教育,培养学生"励志图存、自强不息"的胡杨精神。从 2007 年开始,学校将全日制脱产博士生的助学金提高到每人每月 600 元,导师还提供不少于 300 元的科研补助,有力地促进了博士教育质量的提高。

　　2007 年 12 月,根据国务院学位委员会、教育部、人事部关于开展全国博士质量调查工作的通知,学校完成《西安科技大学博士质量调查报告》。

第四节　学位授予工作

一、学位授予体系不断完善

　　学校先后制定了《西安科技学院关于研究生学位论文开题报告的规定》《西安科技学院博士生申请学位论文答辩的规定》《西安科技学院硕士生申请学位论文答辩的规定》《西安科技学院研究生学位论文规范》《西安科技学院研究生优秀学位论文评选办法》等文件,从论文开题到论文答辩,进行了一系列监控,学位论文的质量明显提高。

　　从 1999 年开始,学校执行新的学位论文规范和学位论文答辩申请制度。2001 年启用新修订的学位申请材料格式,完善了学位申请的程序。要求学位论文一定要建立在科学计算和实验研究的基础之上。要求研究生必须以科学、求实的态度,钻研和创新的精神从事论文研究工作,确保论文选题的正确性、科学性。鼓励研究生,特别是博士生选择具有一定风险性的学科前沿领域的课题或对国家经济建设、科技进步和社会发展具有重要意义的课题。要求研究生必须在答辩前公开发表一定数量的学术论文或取得其他相应成果。2007 年修订研究生中期考核规定。

二、学位授予

　　学校以前全日制硕士研究生学制为 3 年,2004 年开始试行硕士研究生教育 2.5~3 年学制,稳步推进一年两次学位授予工作。2005 年 3 月,学校有 11 名硕士研究生首次在春季被授予硕士学位。学校每年在 3、6 月份的最后一个星期召开校学位委员会,审核学位申请和授予学位。

　　2007 年 3 月,校学位委员会全面修订研究生培养方案,对 2007 级研究生执行 2.5 年学制,制定了新增专业研究生培养方案,出台文件 7 部。全日制及非全日制研究生学位授予情况见表 3-4-9 和表 3-4-10。

表 3-4-9 全日制研究生学位授予情况

年份	硕士学位							博士学位
	工学	法学	管理学	理学	同等学力	高校教师	工程硕士	工学
1998	28							
1999	37							
2000	30							
2001	55							
2002	73	1						
2003	106	9	3		8			4
2004	143	14	10		4			2
2005	198	21	17	5	2		24	2
2006	284	28	24	11	8	1	41	3
2007	343	36	33	12	3	4	50	7
2008	407	35	48	15	0	0	44	12
合计	1 704	144	135	43	25	5	159	30

表 3-4-10 非全日制研究生学位授予情况

年份	工程硕士	高校教师在职攻硕士学位	同等学力申请硕士学位
2003	0	0	8
2004	0	0	4
2005	24	0	2
2006	41	1	8
2007	50	4	3
2008	44	0	0
合计	159	5	25

三、双盲送审

为提高学位论文质量,学校推进学位论文盲审。2003 年规范了学位论文双盲送审制度,硕士学术论文采用抽签的方式确定 30% 的论文双盲送审,论文的抽取按学科、按比例,由学生本人抽签决定。博士学位论文全部采用双盲送审。

四、预答辩制和学位论文答辩

学校 1999 年修订了学位论文撰写规范,要求导师对学位论文格式严格审查,通过后方可进行印刷、装订,使得论文的格式更加规范,质量进一步提高。2001 年实行学位论文预答辩和成果验收制度。答辩前必须进行预答辩,以学科为单位组成预答辩小组,对论文的内容、工作量以及撰写格式进行审查,对试验结果和所开发的软、硬件进行验收。2004 年制定了《关于做好研究生学位授予等工作的规定》,进一步规范学位论文答辩。

五、优秀学位论文评选

2001 年改革优秀硕士论文评选制度,制定《西安科技学院优秀硕士学位论文评选办法》,优秀

学位论文的评选更科学、更公正。历年优秀学位论文名单见表3-4-11。

表 3-4-11　　　　　　　　　　　　　历年优秀学位论文名单

序号	学位	姓名	学科专业	论文题目	指导教师	年度
1	博士	文 虎	安全技术及工程	煤自燃过程的实验及数值模拟研究	葛岭梅	2004
2	博士	伍永平	安全技术及工程	大倾角煤层开采"R-S-F"系统动力学控制基础研究	石平五	2004
3	硕士	刘 颖	马克思主义理论与思想政治教育	制度创新与科技园区发展	孙红湘	2004
4	硕士	张继清	马克思主义理论与思想政治教育	生产力概念的重构——生态力导论	田小泉	2004
5	硕士	邵钢锤	通信与信息系统	混沌在数字图像水印算法中的应用研究	张敏瑞	2004
6	硕士	唐李真	计算机应用技术	模糊智能系统开发环境的设计与实现	杨君锐	2004
7	硕士	魏世明	采矿工程	相似模拟实验中的光纤光栅传感测试研究	柴 敏	2004
8	硕士	杨学存	检测技术与自动化装置	超声波静力水准仪的研制	侯媛彬	2005
9	硕士	赵群礼	计算机应用技术	关联规则数据挖掘方法的研究与实现	杨君锐	2005
10	硕士	赵兵朝	采矿工程	开采损害预计评价系统	余学义	2005
11	硕士	吴教锟	采矿工程	巨厚湿陷性黄土覆盖层下条带开采参数研究	余学义	2005
12	硕士	陈 杰	采矿工程	多热源合成 SiC 传热传质规律的数值模拟及实验研究	王晓刚	2005
13	博士	杨志远	矿业工程	超细煤粉体的光催化氧化反应性及动力学研究	周安宁	2006
14	硕士	朱艳伟	应用数学	基于主成分分析的支持向量机划分地震相	刘叶玲	2006
15	硕士	侯海云	固体力学	滚动轴承和滑动轴承联合作用下不对中转子——轴承系统的动力特性研究	李 明	2006
16	硕士	李浴江	材料学	无 Sb 和 Pb-ZnO 压敏电阻器制备与性能研究	牟国栋	2006
17	硕士	钟久明	电力电子与电力传动	Buck-boost 变换器的本安特性分析及优化设计	刘树林	2006
18	硕士	李红岩	控制理论与控制工程	精准农业田间变量施肥控制系统研究	侯媛彬	2006
19	硕士	黄兴荣	检测技术与自动化装置	基于 3S 技术的农田地块检测更新系统的研究	汪 梅	2006
20	硕士	白红梅	地质工程	地质构造对采煤沉陷的控制作用研究	夏玉成	2006
21	博士	杜京义	安全技术及工程	基于核算法的故障智能诊断理论及方法研究	侯媛彬	2007
22	博士	刘树林	安全技术及工程	本质安全开关变换器基础理论及关键技术研究	刘 健	2007
23	硕士	梅国栋	安全技术及工程	基于测氢法探测煤层自燃火源位置的研究与应用	文 虎	2007

续表 3-4-11

序号	学位	姓名	学科专业	论文题目	指导教师	年度
24	硕士	孙秀英	计算机应用技术	面向 RP 的 VRML 模型、浏览与分层研究	李占利	2007
25	硕士	王 莉	安全技术及工程	基于 RS-ANN 的煤矿瓦斯危险源评价及预警研究	田水承	2007
26	硕士	韦正范	岩土工程	自旋锚杆的研究分析与应用	惠兴田	2007
27	博士	魏世明	安全技术及工程	岩体变形光纤光栅传感检测的理论与方法研究	柴 敬	2008
28	硕士	杨小刚	机械电子工程	矿用智能瓦斯传感器及其实验装置研制	马宏伟	2008
29	硕士	程 辉	控制理论与控制工程	自行车控制机理与平衡问题研究	高 赟	2008
30	硕士	罗胜华	计算机应用技术	树随风动的计算机模拟研究	李占利	2008
31	硕士	靳继红	计算机应用技术	虚拟牙齿矫正中牙龈变形的计算机模型方法研究	李占利	2008
32	硕士	负建明	地图制图学与地图信息工程	基于 GIS 的海量多源存档影像数据系统的研究与实践	杨永崇	2008
33	硕士	姜 楠	地图制图学与地图信息工程	摄影测量计算机视觉在工业测量中的关键技术	张春森	2008
34	硕士	王永娟	应用化学	神府煤生物转化高效菌株的优选研究	周安宁	2008
35	硕士	刘 瑾	材料学	铋基焦绿石陶瓷微结构及介电弛豫特性研究	杜慧玲	2008
36	硕士	李 莹	材料学	铋层状铁电材料组成设计与性能优化	杜慧玲	2008
37	硕士	李荣伟	地质工程	白音华三号露天煤矿首采区非工作帮边坡稳定性研究	侯恩科	2008
38	硕士	杨 波	安全技术及工程	基于投入产出模型的煤矿安全投资决策分析	田水承	2008
39	硕士	张 伟	安全技术及工程	综放面采空区瓦斯渗流规律及其数值模拟研究	李树刚	2008

六、校学位委员会

2000 年 12 月,学校第五届校学位委员会成立。主任为常心坦;副主任为石平五、刘健、张奇、赛云秀、韩江水;委员为王芝银、王勉华、巨天乙、马宏伟、宁仲良、卢建军、田小泉、伍永平、李云鹏、周安宁、徐精彩、张金锁、郭卫、杨更社、龚尚福、梁明;秘书为沈月娟,负责日常工作;马宏伟负责博、硕士学位的相关工作,杨更社负责学士学位相关工作。

2005 年 3 月,学校成立了第六届校学位委员会。主席为常心坦;副主席为韩江水、杨更社;委员为王晓刚、韦力、伍永平、李国民、李树刚、李勇、师新民、张金锁、谷拴成、周安宁、侯恩科、郭卫、柴敬、袁金群、梁明、龚尚福;秘书为柴敬,负责博、硕士学位的相关工作;张金锁(兼)负责学士学位的相关工作。

2006 年 10 月,学校成立了第六届校学位委员会。主席为苏三庆;副主席为张立杰、韩江水、杨更社、马宏伟;委员为姜良成、侯恩科、李树刚、王晓刚、韦力、李国民、伍永平、李勇、师新民、张金锁、谷拴成、周安宁、樊怀仁、郭卫、柴敬、袁金群、姚顽强、龚尚福、朱旭凤、索永录、屈钧利;秘书为李树刚(兼)、柴敬(兼)。

2008 年 3 月,学校对第六届学位委员会成员进行了变动。委员变动为周斌、侯恩科、李树刚、王晓刚、王勉华、李国民、伍永平、李勇、师新民、李朋林、谷拴成、周安宁、赵晓光、郭卫、柴敬、袁金群、姚顽强、龚尚福、朱旭凤、索永录、屈钧利,其他未变。

第五节　研究生学生工作

1998～2008 年,学校为国家科技、教育、经济、国防建设和各项事业的发展输送了 2 056 名合格的高层次专门人才。

在研究生教育的过程中,学校营造了良好的学术氛围,注重研究生个性的发展。提倡"个人理学、亲师亲友、自由学习"的发展理念、追求目标,充分发挥了研究生个体的能动性。

一、开展研究生社会实践活动

1999～2001 年,利用暑期三次组织了研究生的社会科技实践活动,赴宁夏、铜川矿区以科技服务的形式,深入生产实践。举办 2001 届、2004 届毕业生学术作品展,共制作展板 100 余块。

二、开展与临潼校区的学风共建活动

2003 年 12 月,临潼校区管委会与研究生部在临潼校区举办学风共建活动启动仪式,54 名硕士研究生和 18 名博士研究生参加了活动,与本科一年级学生开展交流、互动活动。

三、举办研究生演讲比赛活动

学校从 1997 年开始举办研究生英语演讲比赛,至 2008 年已成功举办七届。优秀选手代表学校参加两年一届的陕西省(非英语专业)研究生英语演讲比赛。1998 级聂文杰同学参加了陕西省非英语专业研究生英语演讲比赛并获优胜奖,2001 级计算机应用技术专业硕士研究生孙艺珍、2006 级马克思主义理论与思想政治教育专业硕士研究生杨力等获得三等奖的好成绩。

四、学生课外文体活动丰富多彩

2004 级研究生首次组队,参加学校新生男子足球赛,获得第一名的好成绩。2004 年、2005 年研究生合唱团分别参加学校"一二·九"大合唱和"纪念抗日战争胜利 60 周年大合唱比赛"比赛,获得第一名的好成绩。2006 年 12 月 27 日,研究生部主办、研究生会承办的"舞动新春,师生情浓"2007 新春师生联谊晚会成功举行。从策划、编排、导演、主持全部由研究生承担,晚会 22 个节目 19 个由研究生演出。这是学校研究生第一次独立成功举办的一次大型晚会。2007 年 12 月 28 日,举办了"唱响新春、情满西科"2008 新春师生联谊晚会暨研究生卡拉 OK 大赛。

五、开展研究生学术活动

1999 年研究生程洪获得陕西省"挑战杯"比赛一等奖,并代表陕西省参加全国"挑战杯"比赛。2005 年组织的国际交流学术报告 4 次,有美国匹兹堡州立大学、美国哥伦比亚大学、美国 Adobe 公司和波兰克拉科夫矿冶大学的学者、教授来校交流。

2008 年 6 月,研究生部创办"胡杨林大讲堂",定期举办学术报告或专题讲座。聘请校内外专

家学者,登坛畅谈科技前沿问题。2008 年 9 月,举办了首届博士论坛。

六、做好研究生就业工作

学校培养出的研究生毕业分配顺利,1998～2004 年,就业率一直保持在 100％,2005 年为 99％,2006 年为 99.4％,2007 年为 98.0％。

七、加强学生教育管理

针对研究生的思想、行为特点和实际,坚持把解决思想问题与解决实际问题有机结合起来,对个别因心理障碍、经济困难、情感危机面临困境的学生,通过个别谈话或与导师一道做耐心细致的思想工作,想方设法帮助他们解决实际困难。研究生人数多,管理人员相对缺乏,采取分层次管理的办法,即重点抓"两头"(即优秀学生和相对落后学生)、鼓励"先进"、鞭策"后进",以"先进"带动"落后",对于大多数具备完全学习能力和自我约束能力的研究生,倡导其"个人理学"。

为了规范管理,制定了《西安矿业学院研究生手册》,并根据实际情况于 1998 年、2001 年、2003年、2007 年分别做了修改和完善。

八、研究生党建工作

不断完善基层党组织的机构建设。

为了切实加强对研究生党员的教育管理,基本做到了在研究生班级建立党支部,通过民主选举产生支部委员会。

推进研究生党员发展工作。2006 年 12 月,首次承办了学校第 28 期党校研究生分校,共有 120名入党积极分子参加了培训。2007 年 12 月,承办了学校教工及研究生入党积极分子培训班,共培训学员 260 余名。1998～2008 年,共有研究生入党积极分子 1 200 余名参加学校党校的培训,先后发展党员 800 余名。

第六节 非全日制研究生教育工作

非全日制研究生教育是为了适应国家经济建设、社会发展对应用型、复合型高层次人才的需要而开展的教育形式。学校遵循体现特色、扩大规模、探索规律的方针,不断推动专业学位教育不断发展。

一、在职人员以研究生毕业同等学力申请硕士学位

从 1998 年起,学校开展在职人员以研究生毕业同等学力申请硕士学位教育工作,以举办研究生课程进修班的方式来开展,参加学习和申请学位的人员达到 360 余人。对于修满学校规定的学分,参加国家组织的外语和学科综合考试者,达到毕业要求,论文答辩通过的在职人员均可以研究生毕业同等学力申请硕士学位。举办研究生课程进修班的指导思想是:立足陕西,面向中西部,为西部大开发培养更多的高层次人才。同时为大部分在西部工作的校友创造了一个继续深造的机会。

二、工程硕士专业学位

工程硕士是与工学硕士同一层次不同特色的专业学位。学校 2001 年获得工程硕士专业学位授予权。在国家工程硕士专业学位教育指导委员会文件的指导下,2004 年学校开展了工程硕士生培养质量评估工作,完成各领域的自评报告和学校的整体评估报告。

1. 工程硕士授权领域不断增加

截至2008年,学校共有11个工程硕士专业学位授予权领域。各年度新增工程硕士领域专业见表3-4-12。

表3-4-12　　　　　　　　　　　　工程硕士领域的发展

年度	工程硕士领域
2001	矿业工程、机械工程、建筑与土木工程
2002	电气工程、测绘工程
2003	地质工程
2004	电子与通信工程、计算机技术
2005	工业工程
2006	控制工程、安全工程

2. 学习方式

采用半脱产或部分时间集中学习等,以进校不离岗方式学习。外地单位(地区)录取人数超过15人,可设教学点,已在甘肃靖远矿业集团、山东兖州矿业集团、宁夏、新疆等地设立工程硕士教学点。积极与企业联合培养工程硕士,建立了宁夏煤业集团、陕西测绘局等工程硕士培养基地。

3. 学位授予

工程硕士生开题以后,在完成学位论文中期检查报告之前,要求完成0.8万~1万字的学科前沿读书报告。

工程硕士生结合本单位生产实际、工程技术或工程管理等关键问题进行课题研究并完成论文,论文全部盲审。工程硕士生修完规定的学分,成绩合格,论文答辩通过,授予工程硕士学位。共有159名工程硕士获得硕士学位。

在国家工程硕士专业学位教育指导委员会的指导下,2004年学校开展了工程硕士生培养质量评估工作,完成各领域的自评报告和学校的整体评估报告。

2006年机械工程领域、通信工程领域参加了全国工程硕士的自评估工作,2007年矿业工程领域、建筑与土木工程领域参加了全国工程硕士的自评估工作。

三、高等学校教师在职攻读硕士学位

2002年开展了具有较高教学水平的高等院校教师以及高职、高专、新升格院校教师在职攻读硕士学位的研究生教育。截至2007年,有采矿工程、安全技术及工程、矿物加工工程、岩土工程、地质工程、思想政治教育6个高等学校教师在职攻读硕士学位授权点。截至2007年6月,4人获得硕士学位。

2006年积极开展申报MBA专业学位授权工作。

第七节　导师队伍建设

学校注重加强导师队伍建设,建立了一支学术水平高、敬业精神强、作风严谨,老中青相结合的、年富力强的研究生导师队伍。

为了加强导师队伍的管理,明确导师的职责,2001年编写了《研究生导师工作手册》;2005年出台了《西安科技大学关于加强导师队伍建设的若干意见》;2005年首次评选优秀研究生指导教师,授予郭卫、龚尚福、余学义、赵晓光、赖雄麟、张敏瑞等6位同志"优秀研究生导师"荣誉称号。2006

年10月召开新增硕士研究生指导教师培训会(2004～2006年遴选的教师);2007年开展了第二次评选优秀研究生指导教师评选活动,授予李占利、余学义、周斌、黄庆享、王晓刚、周安宁、郝迎吉等7位同志"优秀研究生导师"荣誉称号。坚持两年一度的导师考核工作。

从1998年起,学校先后开展了7次博士生导师的遴选工作,建立了一支学术水平高、作风严谨、年富力强的博士生导师队伍。1998年下半年,制定了博士生导师遴选实施办法,并遴选通过了3位教授为博士生导师,保证了首届博士生招生工作的顺利进行。导师遴选制度不断完善,建立健全了有效的导师考核、评优和激励机制,在强调博士生指导教师应具有适合于博士学位论文研究的高水平研究方向和科研项目的同时,严格执行国家出台的导师遴选政策,做到博士生导师由博士学位获得者担任。截至2008年,共有在岗博士生导师49名,其中外聘11名。具有博士学位的导师占89.3%,其中本校培养的博士占14.3%。优秀知识分子的杰出代表 徐精彩 教授就是这支导师队伍的优秀博导,体现了学校"励志图存,自强不息"的胡杨精神。博士生导师名单及各学院硕士指导教师人数统计见表3-4-13。

表3-4-13　　　　　　　　　　　　博士生导师名册

序号	姓　名	学科专业	院系	遴选时间	备注
1	常心坦	矿业工程	能源学院	1998.11	
2	石平五	矿业工程	能源学院	1998.11	已退
3	葛岭梅	矿业工程	化学与化工系	1998.11	已退
4	朱光明	地质工程	地质与环境工程系	1998.11	外聘
5	王文科	地质工程	地质与环境工程系	1999.12	外聘
6	王芝银	岩土工程	建筑与土木工程学院	1999.12	调离
7	侯媛彬	安全技术及工程	电控学院	1999.12	
8	侯忠杰	矿业工程	能源学院	1999.12	
9	徐精彩	安全技术及工程	能源学院	1999.12	已故
10	苏三庆	岩土工程	建筑与工程学院	2000.2	
11	杨更社	岩土工程	建筑与土木工程学院	2002.2	
12	余学义	矿业工程	能源学院	2002.2	
13	李树刚	矿业工程	能源学院	2002.2	
14	周安宁	矿物加工工程	化学与化工系	2002.2	
15	刘　健	安全技术及工程	电控学院	2002.2	
16	黄庆享	矿业工程	能源学院	2002.12	
17	王晓刚	矿物加工工程	化学与化工系	2002.12	
18	张金锁	矿业工程	能源学院	2002.12	
19	马宏伟	安全技术及工程	机械学院	2002.12	
20	薛　河	安全技术及工程	机械学院	2002.12	
21	谷拴成	岩土工程	建筑与土木工程学院	2004.1	
22	侯恩科	地质工程	地质与环境工程系	2004.1	
23	夏玉成	地质工程	地质与环境工程系	2004.1	
24	柴　敬	矿业工程	能源学院	2004.1	
25	伍永平	矿业工程	能源学院	2004.1	
26	田水承	矿业工程	能源学院	2004.1	

序号	姓　名	学科专业	院系	遴选时间	备注
27	张　炜	矿业工程	能源学院	2004.1	外聘
28	刘铁民	安全技术及工程	能源学院	2004.1	外聘
29	马宪民	安全技术及工程	电气与控制工程学院	2004.1	
30	李　明	安全技术及工程	基础部	2004.1	
31	任建喜	岩土工程	建筑与土木工程学院	2006.2	
32	赵晓光	地质工程	地质与环境工程系	2006.2	
33	索永录	矿业工程	能源学院	2006.2	
34	邓广哲	矿业工程	能源学院	2006.2	
35	邓　军	矿业工程	能源学院	2006.2	
36	王　安	矿业工程	能源学院	2006.2	外聘
37	赖雄麟	思想政治教育	社会科学系	2007.3	
38	来兴平	矿业工程	能源学院	2008.3	
39	刘树林	矿业工程	电气与控制工程学院	2008.3	
40	李红霞	矿业工程	管理学院	2008.3	
41	李侃社	矿业工程	化学与化工系	2008.3	
42	杜美利	矿业工程	化学与化工系	2008.3	
43	李　健	矿业工程	能源学院	2008.3	外聘
44	戴　俊	岩土工程	建筑与土木工程学院	2008.3	
45	赛云秀	岩土工程	建筑与土木工程学院	2008.3	外聘
46	董书宁	岩土工程	建筑与土木工程学院	2008.3	外聘
47	石智军	岩土工程	建筑与土木工程学院	2008.3	外聘
48	虎维岳	岩土工程	建筑与土木工程学院	2008.3	外聘
49	卢黎歌	思想政治教育	社会科学系	2008.3	外聘

　　1998 年以来,先后遴选硕士研究生导师 310 余名(表 3-4-14),聘请兼职硕士生导师 50 余名,聘请工程硕士校外导师 90 余名。

表 3-4-14　　　　　　　　　各学院硕士指导教师人数统计表

序号	学院	硕士导师数	序号	学院	硕士导师数
1	人文与社会科学学院	19	8	计算机科学与技术学院	27
2	理学院	20	9	建筑与土木工程学院	19
3	机械工程学院	26	10	测绘科学与技术学院	17
4	材料科学与工程学院	16	11	地质与环境学院	29
5	化学与化工学院	16	12	能源学院	33
6	电气与控制工程学院	39	13	管理学院	27
7	通信与信息工程学院	23		合计	311

第八节　学位与研究生教育研究

学校积极开展研究生教育研究,探索新形势下的研究生教育改革。2001年研究生部承担的学校教改项目"硕士研究生培养过程改革与实践"2003年获学校优秀教学成果一等奖。2001年承担学校教改项目"研究生双语教学实践",制定出了《西安科技大学双语教学管理规定》。2002年开展"研究生导师教书育人的方法与途径研究"思想教育项目,2004年获学校思想政治教育研究课题二等奖。2004年承担"研究生思想政治教育中的'自然人'观点探索"项目。2006年承担"地矿类硕士研究生生源质量评价研究"学校教改项目。

积极参与、承办陕西省及全国煤炭高校的学位与研究生教育教学研究相关工作。2001年参加陕西省研究生培养质量调研,2006年参加陕西省研究生创新教育调研。1999年承办了在延安举办的陕西省硕士研究生录取工作总结会。承担了2006年、2007年的第四期陕西省《学位与研究生教育》期刊的编辑工作。2007年召开了全国煤炭高校学位与研究生教育工作研讨会,全国煤炭行业11所高校62位代表参加了会议,副校长马宏伟代表学校出席大会。大会以提高研究生创新能力和培养质量为主题进行了深入的研讨。

第九节　研究生教育管理

研究生教育管理形成了学校统一领导,研究生部全面管理、院系部负责、学科实施的研究生教育集中管理体制。

1998年研究生部下设招生办、培养科、学位办、部办公室、毕业分配办公室。2003年起,研究生部下设办公室、培养科、学位办、招生办、团总支(学生科)5个科室。

随着研究生教育规模的扩大,2008年3月研究生实行二级管理,改革研究生教育管理体系。研究生部代表学校全面实施研究生教育和培养工作,学工部(学生处)、团委代表学校全面实施研究生教育和管理工作,各学院(系、部)具体负责本单位研究生培养和管理工作。研究生部下设招生办、培养科、学位办、综合办4个科室。

2004～2007年连续三年2004级、2005级、2006级的研究生第一学年在临潼校区学习生活,设临潼校区研究生教育办公室,形成研究生两校区分布。

2008年是学校学位与研究生教育30周年,博士生教育10周年,学校以"质量年"为主题开展系列的纪念活动。

1999年、2000年研究生招生工作目标管理量化考核中,被陕西省考试管理中心评为优秀等级;2000年学校被陕西省考试管理中心评为"全国硕士研究生招生统一考试规范化考点";2001年被陕西省教育厅评为"创佳评差"最佳单位;历年来一直是"陕西省考试管理中心优秀等级和规范化考点"。2002年研究生部被评为陕西省研究生教育先进单位。2006年研究生部成为陕西省学位与研究生教育杂志的编委单位,2007年研究生部被评为陕西省研究生创新教育先进单位。

2002年党天虎同志被评为陕西省招生先进个人和全国招生先进个人。2002年马宏伟、沈月娟、柴敬、郭卫和王勉华同志被评为陕西省研究生教育先进工作者。

第五章 成人继续教育

2005年,根据学校发展需要,将成人教育学院更名为西安科技大学继续教育学院,学院定位为属于学校统一领导下的事业单位,管理学校成人各类学历教育、各类培训及普通高等教育单考单招生的管理工作。其主要职能为:负责单考单招生的教学管理与教学组织、学籍管理,教学质量的监控及学生管理工作;负责学校各类成人高等学历教育(脱产、函授)教育工作;代表学校负责各类培训的对外联络、协议签订及对内政策协调工作;负责成人高等学历证书、各类培训证书的管理与发放;统筹协调各院系开展各类继续教育和培训工作。随着职能的扩展,经校党委研究决定,在原直属党支部的基础上组建了继续教育学院党总支,行政领导也调整为一正两副,学院下属科室由过去两个科室增设为四个科室,分别为院综合办公室、教学教务科、培训科、学生管理科。学院对各个科室的工作做了进一步的调整,明确、细化了各类岗位职责。继续教育学院有管理人员15人,院级管理人员4人,科级管理人员4人,全部人员均有大专以上文化程度,他们绝大多数在继续教育岗位上工作多年,熟悉成人教育的方针、政策、法规,均具有一定的业务水平和管理能力。

第一节 成人教育的办学理念

我校成人高等教育始终坚持为经济建设和社会发展服务的宗旨,突出为成人学习服务的方向,始终把握为在职从业人员提供学习机会为导向,在招生领域突破过去单一的煤炭行业,努力延伸,开拓市场,拓宽到电力系统、金融、石化等领域,形成本科、专科、专升本、业余、脱产、岗位培训、大学后继续教育等多规格、多层次、多元化的办学体系。尤其自1998年以来逐步形成了成人教育以机制求活力,实行目标管理,从办学方向、办学规模、办学层次、专业设置、管理体制入手,全方位开拓办学思路。以市场需求定计划,以规模质量求发展,以特色铸品牌,不断提高办学层次、质量,努力拓宽办学领域。初步走出了面向社会,依托企业,校企结合,学校与企业、地方政府联合的办学之路。确立了自己的办学机制,奠定了继续教育的发展基础,通过联合办学拓宽办学渠道的办学理念,受到社会各界的好评,取得了良好的社会信誉,扩大了西安科技大学成人教育在西北、西南乃至全国的知名度和影响力。

第二节 学历教育

继续教育学院管理的高等学历教育主要由面向煤炭企业的单独考试、单独招生的普通高等教育和成人高等函授教育、脱产教育组成。

单考单招是国家为培养煤炭行业紧缺人才的一种特殊政策,根据中国煤炭工业协会、国家煤矿安全监察局及教育部文件精神,从煤炭企业优秀青年和少量社会三校生中实行单独考试、单独招生,招生专业主要由四年制本科采矿工程、机械设计制造及其自动化、地质工程、土木工程、安全工程和三年制专科机电一体化技术组成,学生来源于煤炭企业,招生时签订定向培养就业协议,毕业后全部回到煤炭企业,真正做到从煤炭企业来、到煤炭企业去,为企业培养了用得上、留得住的人才,2006级单考单招5个本科专业共113人,2007级单考单招5个本科专业1个专科专业共

236 人。

成人高等学历教育主要面向煤炭、电力及其他行业的在职人员招生,有脱产和函授两种学习形式,招生专业由 12 个专升本专业、15 个本科专业、13 个专科专业组成,每年面向陕西、甘肃、宁夏、青海、新疆、内蒙古、四川、河南等省区招生,学生可就近在这些省的我校 21 个函授站点学习,近年来成人高等学历教育得到长足发展,西北西南各矿区到处都有我校函授学员身影,占领了市场,扩大了影响。2006 年录取各类成人高等学历教育学生 2 382 人,2007 年学校录取 2 835 人,截至 2008 年在校脱产生 415 人,函授生 7 739 人,总计 8 154 人。

第三节　非学历教育

非学历教育主要由各类岗位培训和大学生后继续教育组成。学院从 1980 年至 2008 年,各类岗位培训 4 000 余人次。先后为神东公司培训采煤机操作手 400 余人,他们中多数成为企业的技术骨干和基层负责人,为采煤大县神木县煤炭系统培养的 200 余名工程技术人员,已成为地方煤矿的生产技术骨干,与宁煤集团建立了培训协议,两年十期为该集团培养机电、采掘、安全、地测等工程技术人员近 500 人。近年来,学校开展的"安全"一级资职培训培养学员 2 000 余人;职业经理人培训培养学员 300 余人。

2007 年全国煤炭行业"653"工程领导小组批准《关于成立陕西省煤炭行业"653"工程领导小组》,继续教育学院院长郝巨才为该小组成员,并批准西安科技大学为全国"653"工程施教机构。学院积极启动了"653"工程培训,第一批为陕西煤化工集团培训 43 名学员,均由非煤类专业本科生转煤炭专业学习,培训期为一年半;为中煤南梁矿业公司 70 余名管理人员开设一期煤矿采掘、机电安全技术培训;为产煤大县府谷县煤炭工业局培养采煤专业专科工程技术人员 96 人,学制二年半,2008 年为该县培养煤矿技术人员 80 人。其他各类安全培训也在不断开展。

第四节　函授站建设及函授站评估

学校曾先后在陕西、甘肃、宁夏、青海、新疆、内蒙古、四川、河南、云南、贵州、山西、安徽等省区设立了 30 多个函授站点。西安科技大学由原来煤炭部管理调整为中央与地方共建、以地方管理为主后,学院随即对所属函授站进行了整合。截至 2008 年,主要将函授教育的重点建立在陕西、甘肃、宁夏、青海、新疆、四川和内蒙古七个省区,有函授站点 21 个,在校本、专科函授生 8 154 人。在陕西的函授站分别是韩城矿务局函授站、澄合矿务局函授站、铜川矿务局函授站、蒲白矿务局函授站、陕西农电技校函授站、榆林供电局函授站、神华神东函授站、汉中函授站、渭南函授站、铜川工程技术学院函授站、西安工程技术学院函授站,外省的函授站分别是新疆函授站、青海函授站、宁夏煤校函授站、宁夏工业职业技术学院函授站、甘肃煤校函授站、兰州资源学院函授站、靖远矿务局函授站、内蒙古准能函授站、四川芙蓉函授站、四川广能函授站等。

函授站建设历来是学院工作的重点,定期对函授站点进行教学检查,坚持每年召开函授站工作会议,加强对函授站工作人员的培养和管理,评选先进优秀活动,充分发挥函授站在招生、教学管理等方面的积极性和主动性,保证函授教育各项工作的顺利开展。

根据陕教高〔2006〕25 号《陕西省教育厅关于进行成人高等教育函授评估工作的通知》文件精神,我校于 2006 年 6 月 7 日到 6 月 8 日在西安召开函授站评估动员会议,安排各函授站评估事宜,成立了以郝巨才院长为组长的迎评工作领导小组,全面统筹各项评估工作。召开了各函授站负责人和教学管理人员会议,举办评估工作培训班,就评估细则进行了专门认真的研讨,要求各函授站从迎评工作的动员、指标的细化、任务的分解、资料的准备,自评、整改、上报材料等工作各个环节均

落实到人,从 8 个一级指标、34 个二级指标等方面进行了认真自评自查。同时总结各站在成人教育教学改革、建设管理和发展成果、经验及特色,坚持实事求是的工作态度,找出存在的主要问题,研究解决对策,制订整改的方案和措施,力争将评估工作与函授站的建设、改革、发展融为一体,以实现"以评促建、以评促改、以评促管、评建结合、重在建设"的评估工作目的。2006 年 8 月,省教育厅专家组对我校省内的 6 个函授站进行评估,反馈意见是各站手续齐备,机构设置合理,教学基础设施完备,教学管理严格,充分发挥了主办学校专业优势,以与煤炭相关专业为主流,大力培养煤炭及其相关的中高级专业人才和管理人才,为煤炭行业发展培养了大批人才。6 个站全部合格,其中3 个站进入了优秀评选列。我院新疆函授站、宁夏煤校函授站、宁夏工业职业技术学院函授站、甘肃煤校函授站、兰州资源学院函授站、靖远矿务局函授站、内蒙古准能函授站也已通过当地教育主管部门的合格评估,其中,宁夏煤校函授站两次被评为优秀函授站。

第五节　专业发展

单考单招目前有采矿工程、机械设计制造及其自动化、地质工程、土木工程、安全工程等 5 个本科专业和机电一体化技术 1 个专科专业,本科四年制,专科三年制。根据中国煤炭工业协会、国家煤矿安全监察局及教育部要求,单招所属专业要面向煤炭,体现煤炭特色,使培养的学生能为煤炭行业更好地服务。学院在主管校长亲自指导下,积极组织相关院系专家,对单考单招各专业教学计划进行了认真修订,恢复了原矿院采矿工程等 5 个专业教学计划,突出了为煤炭行业服务的特点,受到了各方面好评。

成人高等学历教育从 1980 年恢复办学时的 3 个本科专业、3 个专科专业发展到 2008 年的 12个专升本、15 个本科专业、13 个专科专业。成人高等教育所开专业是按照上级教育主管部门文件要求,必须是在普通高等学校已经开设的专业基础上申报的,经教育厅专家组评审、正式批复的专业,12 个专升本专业是采矿工程、机械电子工程、机械设计制造及其自动化、通信工程、计算机科学与技术、会计学、工商管理、土木工程、测绘工程、电气工程及其自动化、地质工程、旅游管理。15 个本科专业是采矿工程、机械电子工程、机械设计制造及其自动化、通信工程、电子信息工程、计算机科学与技术、会计学、工商管理、土木工程、环境工程、电气工程及其自动化、工业设计、勘查技术与工程、英语、化学工程与工艺。13 个专科专业有计算机信息管理、工商企业管理、煤矿开采技术、机电一体化技术、建筑工程技术、文秘、会计电算化、安全工程、电气自动化技术、影视表演艺术、旅游管理、计算机及应用、矿物加工技术。这些专业都可以脱产或函授学习。学院所属专业基本上满足了社会考生的需求。

第六节　校企合作

根据市场需求,多年来,学院进一步调整了办学方向,在保证成人教育质量的同时,加强校企协作,开展联合办学,主动深入生产一线,服务于企业,先后为神华神东公司、四川芙蓉煤业集团、陕煤化集团、青海西部矿业集团、甘肃窑街煤业集团、鲁能德源能源公司、榆林市榆树湾煤矿、新疆地矿局、府谷县煤炭工业局、神木县煤炭工业局等特大型现代化煤炭企业和产煤大县签订了培养协议,先后为上述单位培养或正在培养 500 余名脱产采矿、机电专科生和 40 名大学后转煤炭专业学习学生。继续教育学院从恢复招生以来,已培养毕业生 6 000 人,毕业生的绝大部分成为所在单位生产技术骨干,其中有 20 人担任了矿务局、公司副局长(经理)以上职务,有 100 余人担任了矿处级领导干部。"文化大革命"中毕业生中煤能源集团公司总经理经天亮被选为第十一届全国政协委员,函授 85 级毕业生沈浩同志担任了陕西第一大企业陕西延长石油集团董事长,并当选为党的第十七大

代表出席了十七大。根据煤炭行业发展对人才的大量需求,煤炭行业协会、教育部批准学校开始招收面向煤炭行业单独考试招生政策,继续教育学院及时深入西北、河南、山西等地煤炭企业进行调查,签订培养协议,先后与中煤公司、陕煤化集团、河南焦煤集团、平顶山煤矿机械厂、榆林市杨伙盘煤矿签订了培养协议,为上述企业招收培养煤炭企业优秀青年200余名,同时还面向社会招收了50余名三校生学员。通过单招生工作的开展,学院进一步与煤炭企业加强了联系,稳定地建立了良好的合作培养人才基础。扩大了影响,提高了知名度。

第七节 制度与专业建设

学校成人教育多年来坚持严格要求,严格管理,坚持以质量谋发展,通过不断总结,制订了一套比较完整的教学计划、教学大纲等教学文件,建立了一套完整的教学管理文件和管理制度,形成了良好的教风和学风。1996年学院参加了煤炭工业部函授评估,取得良好成绩;2003年参加了省教育厅函授站评估(在陕6个站),取得了好评。通过评估,进一步明确了办学指导思想,加强了院站的内涵建设,促进了学院的健康发展。目前学院已建立了两个计算机房和多媒体教室,各函授站点也在不断更新教学设施,靖远矿务局函授站、内蒙古准能函授站新建机房多媒体等现代化教学设施,函授站点已接近或正在向标准化函授站迈进。

多年来,为保证教学质量,给企业培养适用型合格人才,继续教育学院采取了一系列措施,在总结过去教育工作的基础上,一是对15个本科脱产、函授教学计划进行了论证修订,突出了实践教学环节,培养应用型人才的特色受到企业的好评;二是加强了教学环节的过程管理;三是完善了各类教学管理、学生管理的规章制度;四是重视了对学生全面的素质培养;五是建立了适合成教的教师聘用办法,充分发挥学校离退休教师的积极性,确保教学质量的稳步提高;六是为提高办学质量,初步出台了继续教育学院"质量工程"实施办法,明确办学指导思想,提出了目标要求及保证措施,逐步形成自己的办学特色。

学院严格加强教学组织,实行规范化管理,建立配套的成人教育管理制度,做到了每个专业有计划,每门课程有大纲。在日常教学管理过程中,有据可依、严格治教,严格按照企业需求的教学计划开设课程,严格按照大纲要求授课,依据函授学生的特点组织面授和辅导。学院始终坚持在函授生中狠抓自学、面授、实践、考试和毕业设计等五个重要环节,始终坚持由学院统一命题、统一制卷、统一派人送卷巡考、统一阅卷登分的"四统一"考试制度,统一来校做毕业设计,严把教学的各个环节,受到了社会各界的好评。

第六章 科学技术与科学研究

第一节 科技发展的指导思想与目标

一、指导思想与目标

1997年,学校制订了"九五"计划及2010年长远规划。规划指出:科研实力和学术水平进一步提高,初步形成一支较为稳定的研究队伍,结合煤炭工业的特色,完成一批有影响的、达到国内先进水平的科研项目。加强学术研究,在重点学科建设的基础上,使学校在采矿工程、安全工程、岩石工程、矿山机械工程、矿山电气与通信工程、矿物加工工程领域形成自己的学术特色,出版一批达到学科前沿的学术专著。"九五"末,建成省(部)重点实验室2个,力争建设国家重点实验室1个;科研项目经费以24%的速度逐年递增,到2000年达1 000万元以上。

2001年,学校制订了"十五"教育及发展计划,对科技的发展规划为:争取1～2个学科或研究方向处于国内优势地位。高水平论文、高层次科研成果显著增加,到"十五"末,全院共发表高水平论著超过2 800篇(部),其中被三大检索工具收录的论文超过300篇,以学院为主获国家级科研成果奖达1～2项,省(部)级科研成果奖25～30项。科研经费总规模达1.5亿元。创办2～3个学院拥有自主知识产权的高科技企业,科技产业公司产值达到1.5亿元。

"十一五"期间,学校科技发展的指导思想是高举邓小平理论和"三个代表"重要思想伟大旗帜,以科学发展观为指导,紧紧围绕《国家中长期科学和技术发展纲要》《陕西省中长期科学和技术发展纲要(2000～2006年)》《陕西省"十一五"科学技术发展规划(2006～2010年)》《西安科技大学"十一五"教育事业发展规划》,坚持"自主创新,重点跨越,支撑发展,引领未来"的工作方针,进一步突出特色,创新机制,发展内涵,通过科技创新为提高教育教学质量服务,为创新人才培养服务,为地方经济社会发展服务。

学校"十一五"科技发展的总目标是:形成一支人数较多、水平较高的科技人才队伍,取得一批高级别科技成果,为学校实现教学研究型大学的目标奠定坚实基础。具体规划指标是:"十一五"期间,科研总额达到3亿元;争取国家级奖励有新突破,省(部)级获奖成果50项,累计被国际权威检索收录的论文总数超过600篇,申请专利80项;培养1～2个在国内具有较大影响的科技创新团队,国家级项目数稳步增加;新建3～5个省(部)级重点实验室或研究中心;建成1～2个省级研发与成果转化基地。使学校拥有自主知识产权的、具有一定规模的高科技企业达到3～5个,力争1～2个进入资本市场,科技产业总产值达到3亿元。

二、科技大会

学校2006年12月召开了西安科技大学科学技术大会,校长苏三庆做了"增强创新意识、壮大科技实力,努力开创我校科技工作新局面"的工作报告。大会总结了学校"十五"科技工作的成绩和经验,安排部署了学校"十一五"科技工作,审议通过了学校"十一五"科技发展规划,出台了12个科技管理规章制度,表彰奖励了能源学院、地质与环境工程系、机械工程学院等3个2004～2006年度

科技工作先进集体以及李树刚等 19 名 2004～2006 年度科研工作先进个人(具体见表 3-6-1),启动了学校首批青年教师培育项目 60 项。

表 3-6-1　　　　　　　西安科技大学 2004～2006 年度科研工作先进个人

获奖人员姓名	所在单位	获奖人员姓名	所在单位
李树刚	能源学院	周安宁	化学工程系
来兴平	能源学院	邓 军	能源学院
柴 敬	能源学院	贺拥军	化学工程系
王晓刚	材料工程系	文 虎	能源学院
赵晓光	地质与环境工程系	马东民	地质与环境工程系
余学义	能源学院	黄庆享	能源学院
刘 健	通信工程学院	韩晓冰	通信工程学院
李侃社	化学工程系	郝迎吉	机械学院
秋兴国	计算机工程系	谷拴成	建筑工程学院
韦 力	电气控制工程学院		

第二节　科学技术管理研究机构

一、科技处

2000 年,学校将科研处更名为科技处,科技处负责学校的科学研究、对外科技开发与合作、学术交流、国际科技合作、科技成果、科研经费、科研物资、科研机构、科研队伍、科研保密、科技信息的收集整理和分析、知识产权保护等方面管理。2006 年以前,科技处设项目管理科和科技开发科两个科室。2007 年,根据学校科技事业发展需求,将原来的科室职能进行了调整,并增设了成果管理科。

为调动学校教职工开展科研工作的积极性,规范科研管理,促进科技创新。科技处起草了《纵向科研项目管理办法》《横向科研项目管理办法》《博士学位获得者科研启动费管理办法》《技术合同管理办法》《知识产权管理办法》《重大科研任务申报办法》《学会(协会)及协办刊物管理办法》《科研经费管理办法》《科研工作差旅补助标准及借款、报销审批办法》《科研先进集体和先进个人评选办法》等 12 个科研管理文件。通过相关职能部门主要负责人和各学院、系(部)主管科研的院长(主任)讨论修改。2006 年 12 月 19 日,学校校长办公会讨论通过了这些管理文件,并下发全校。

二、研究院

为适应国家科技与教育发展,优化资源配置,探索学校科研与教学良性互动体系建设,确保实现"教学研究"的目标定位,2004 年 7 月 6 日,学校决定以学校学科建设和科研发展为基础,以传统优势学科、特色学科和新兴交叉学科为突破口,以点带面,点面结合,成立竞争、开放、流动、共享机制的西安科技大学研究院(西科发〔2004〕76 号)。在试运行阶段,由常心坦校长兼任研究院院长。2005 年 9 月 30 日,学校下发西科发〔2005〕108 号文件(《关于我校研究院转入正常运行的通知》),明确研究院转入运行阶段,并任命卢建军副校长兼任研究院院长,邓军、宋柏为研究院副院长。研究院进入运行阶段后,先后有矿山应用研究所、安全技术研究所、矿山信息技术研究所、地质与环境工程研究所等 9 个研究所进驻研究院。

三、高教所

2003年12月9日,校党委会研究决定,聘任夏玉成为高等教育研究所常务副所长(正处)。

2005年,高教研究所更名为高教研究与评估中心。同年7月,田水承同志被聘任为高等教育研究与评估中心副主任。

2006年1月13日,学校成立期刊中心,《高等教育研究》划归期刊中心。

2006年7月4日,西安科技大学党政联席会议研究决定,学校成立发展规划处,同时,将原高教研究与评估中心改为高教研究所,与发展规划处合署办公;原高教研究与评估中心承担的评估职能分别由教务处、研究生部和继续教育学院负责。

四、期刊中心

学校期刊中心成立于2005年11月,中心下设一个办公室和三个编辑部,即《西安科技大学学报(自然科学版)》编辑部、《技术与创新管理》编辑部以及《西安科技大学学报(社会科学版)》和《西安科技大学高教研究》编辑部。

《西安科技大学学报(自然科学版)》[原《西安矿业学院学报》(1981～1999)、《西安科技学院学报》(2000～2003)]1981年9月创刊,季刊,每季末出版。1999年获陕西省优秀学报二等奖,2000年获首届"中国学术期刊(光盘版)检索与评价数据规范"评优优秀奖,2004年获教育部科技司全国高校科技期刊"优秀编辑出版质量奖",2005年获中国自然科学学报研究会"高校科技期刊先进集体",2006年获首届中国高校特色科技期刊。连续多次入选中文核心期刊要目总览(矿业工程类)。美国《化学文摘》检索刊源,中国科技论文统计源期刊,《中国期刊网》及《中国学术期刊(光盘版)》全文收录期刊,万方数据资源系统数字化期刊群上网期刊,中国学术期刊综合评价数据来源期刊,中国科技期刊精品数据库收录期刊。

《技术与创新管理》原名《情报-科研-学报》(1985～1993),《科技 人才 市场》(1993～2003),2003年改为现刊名。该刊物以宣传高校贯彻执行国家教育、科技、产业方针政策为己任,报道高校科技改革与发展,高层次人才培养,高新科技成果推广与转化以及科技产业发展的成就和科研管理工作为主要内容的管理型、综合性科技类双月刊,逢单月20日出版。中文科技期刊数据库来源期刊,中国学术期刊综合评价数据来源期刊,中文社会科学引文索引扩展版来源期刊,中国学术期刊光盘版入编期刊,万方数据数字化期刊群期刊,中国核心期刊(遴选)数据库期刊。

2001年,学校向陕西省新闻出版局申办《西安科技大学学报(社会科学版)》,2002年正式创刊,属内部刊物,半年刊。截至2007年年底累计出版5年10期。

《西安科技大学高教研究》(原《西安矿业学院高教研究》)创刊于1985年,主要用于全国高校之间学术交流。

第三节　科研项目与成果

一、纵向科研项目

学校由西安矿业学院更名为西安科技学院,到更名为西安科技大学,由煤炭部部属高等学校划归省属高校,纵向科研项目发展较快,科研经费由原来的每年几十万元提高到每年的几百万元;由原来单一的获准煤炭部部属项目,扩大为国家、教育部、省、市、厅、局不同的级别,多种类型的纵向科研计划项目。

1998年,学校共承担煤炭部科研项目7项,经费64万元。

1999 年,学校共获准各类纵向科研项目 31 项,总经费 224 万元。其中,国家自然科学基金面上项目 2 项,国家"九五"科技攻关 1 项,教育部留学回国基金 2 项,陕西省科技计划项目 6 项,陕西省教育厅科技计划项目 18 项。国家自然科学基金涉及冶金矿业学科,其项目分别为徐精彩教授的"综放面自然危险区域及发火区预测理论研究"、张奇教授的"直眼掏槽爆破槽内二相流运动模型及实验研究"。

2000 年,共承担各类纵向科研项目 35 项,总经费 277 万元。其中,国家自然科学基金面上项目 2 项,国家"九五"科技攻关 1 项,教育部重点项目 1 项,陕西省科技计划项目 4 项,陕西省教育厅科技计划项目 20 项,西安市成果转化工程 2 项,西安市科技计划项目 1 项。国家自然科学基金涉及冶金矿业学科、力学学科,其项目分别是侯忠杰教授的"浅埋煤层组合关键层失稳与溃沙灾害机理研究"、杨更社教授的"冻融环境下软岩细观损伤扩展机理的实验和理论研究"。

2001 年,共承担各类纵向科研项目 49 项,总经费 358 万元。其中,国家杰出青年科学基金 1 项,国家自然科学基金面上项目 4 项,国家高新技术产业化示范工程 1 项,教育部重点项目 3 项,霍英东教育基金 1 项,陕西省科技计划项目 11 项,陕西省教育厅科技计划项目 24 项,西安市科技计划项目 3 项等。徐精彩教授为学校首次获得国家杰出青年科学基金"采矿安全与环境"项目;国家自然科学基金项目分别是常心坦教授的"基于 Internet 网络计算的矿井安全可靠性定量评价研究"、王晓刚教授的"多热源工业合成 SIC 新技术节能提质优化理论与应用"、邓军教授的"煤层自然灾害发生过程的非稳态动力学研究"、黄庆享教授的"浅埋煤层顶板沙土层载荷传递与关键层动态结构理论"。

2002 年,共承担各类纵向科研项目 40 项,总经费 278.4 万元。其中,国家自然科学基金面上项目 3 项,国家科技创新项目 1 项,教育部重点项目 1 项,省级科技计划项目 11 项,陕西省教育厅科技计划项目 22 项。国家自然科学基金项目除涉及冶金矿业学科、力学学科外,新增化学工程学科。国家自然科学基金项目分别是石平五教授的"急斜水平分段综采放顶高产高效关键技术基础研究"、任建喜教授的"寒区裂隙岩石卸载损伤演化细观机理 CT 实时实验研究"、周安宁教授的"超细煤粉体的光氧化降解机理及其动力学研究"。

2003 年,共承担各类纵向科研项目 42 项,总经费 245 万元。其中,国家自然科学基金面上项目 3 项,教育部社会公益项目 2 项,博士后基金 1 项,省级科技计划项目 12 项,陕西省教育厅科技计划项目 21 项,西安市科技计划项目 4 项等。国家自然科学基金项目新增地学学科,其项目分别是伍永平教授的"大倾角煤层开采'R-S-F'系统动力学控制基础研究"、柴敬教授的"基于宏弯损耗的相似材料模型光纤检测基础研究"、杨更社教授的"西部寒区软岩冻融损伤机理及与应力的耦合分析"。

2004 年,共承担各类纵向科研项目 47 项,总经费 300.7 万元。其中,国家自然科学基金面上项目 5 项,国家重点基础研究发展计划("973"计划)子课题 2 项,教育部博士点基金 1 项,教育部重点项目 1 项,地矿部地质调查 1 项,重点实验室开放基金 2 项,陕西省科技计划项目 12 项,陕西省教育厅科技计划项目 20 项等。国家自然科学基金项目涉及学科增加为冶金矿业、力学、地学、管理科学 4 个学科,其项目分别为葛岭梅教授的"煤大分子计算机组装与分子动力学模拟研究"、夏玉成教授的"地质构造对煤矿区地表环境灾害的控制机理研究"、来兴平教授的"西部煤矿大采空区煤岩失稳及衍生灾害'S-AE-O'定量化预测基础研究"、徐精彩教授的"矿井瓦斯爆炸控制技术基础研究"、张金锁教授的"基于期权的西部煤炭资源开采权估价理论与方法研究"。

2005 年,共承担各类纵向科研项目 37 项,总经费 584 万元。其中,国家自然科学基金面上项目 6 项,国家重点基础研究发展计划("973"计划)子课题 1 项,教育部新世纪人才支持计划 2 项,教育部博士点基金 1 项,国家煤层气示范工程 2 项,陕西省科技计划项目 7 项,陕西省教育厅科技计划项目 14 项,西安市科技计划项目 2 项等。国家自然科学基金项目涉及冶金矿业、地学、无机非金

属材料 3 个学科,其项目分别是余学义教授的"厚松散层浅埋煤层条件下保水开采基础研究"、侯恩科教授的"基于剖面的三维拓扑地质建模研究"、黄庆享教授的"浅埋煤层地表隔水层的采动隔水性研究"、李树刚教授的"基于采动裂隙场变化的煤与甲烷共采基础理论"、索永录教授的"综放开采坚硬顶煤预先爆破弱化理论基础研究"、贺拥军副教授的"基于纳米粒子稳定乳液的复合纳米结构的合成及机理研究"。

2006 年,共承担各类纵向科研项目 50 项,总经费 460 万元。其中,国家自然科学基金面上项目 4 项,中国高技术研究发展计划("863"计划)1 项,国家重点基础研究发展计划("973"计划)子课题 1 项,教育部新世纪人才支持计划 2 项,信息产业发展基金 1 项,教育部重点项目 1 项,陕西省科技计划 14 项,陕西省教育厅科技计划项目 17 项,西安市科技计划项目 3 项等。国家自然科学基金项目涉及冶金矿业、化工、管理等 3 个学科,其项目分别是马宏伟教授的"煤矿救援机器人自主导航与智能控制基础研究"、邓军教授的"煤自燃过程微观动力学基础研究"、周安宁教授的"煤的光氧化与生物转化耦合作用机理及应用研究"、李红霞教授的"煤矿资金安全投资溢出规律与基于食物期权的安全投资决策量化模型研究"。2006 年,学校首次承担中国高技术研究发展计划("863"计划)项目,该项目为卢建军教授主持的"数字化瓦斯远程监控系统研究"。2006 年,学校共批准培育基金 60 项。

2007 年,共承担各类纵向科研项目 58 项,总经费 778.5 万元。其中,国家自然科学基金面上项目 4 项,中国高技术研究发展计划("863"计划)1 项,国家科技支撑计划专题任务 2 项,国家标准计划项目 1 项,教育部重点项目 1 项,陕西省科技计划项目 14 项,陕西省重大科技创新项目专项资金计划 1 项,陕西省"13115"科技创新工程重大科技专项 3 项,陕西省教育厅科技计划项目 19 项,西安市科技计划项目 5 项,榆林市重大科技计划 3 项等。国家自然科学基金项目涉及冶金矿业、力学、地学、无机非金属材料 4 个学科,其项目分别是柴敬教授的"岩石变形的植入式光纤光栅多点检测方法"、文虎副教授的"煤层火灾复合胶体防灭火技术基础研究"、杜美利教授的"海相碳酸盐岩生烃有效性系统研究"、来兴平教授的"西北强震区煤矿采空区动力灾害预报基础研究"、杜慧玲副教授的"新型铋基焦绿石材料微结构与介电响应机制研究"。2007 年,学校首次承担了国家油气专项子课题和科技部国际科技合作项目,其分别是侯恩科教授承担的"柴北缘山前带构造特征及其对油气成藏的控制",总经费 98 万元;邓军教授承担的"煤矿新型充填防灭火材料及装备研究",总经费 76 万元。学校王晓刚教授首次承担了陕西省重大科技创新项目专项资金计划"碳化硅微分和晶须新材料",总经费 50 万元。2007 年,学校共有 50 项培育基金立项。

2008 年 1～6 月间,学校共获批纵向科研项目 9 项,总经费 528 万元。其中,国家科技支撑计划 3 项,教育部高校博士点基金 1 项,榆林市重大科技计划 2 项。承担的国家科技支撑计划分别为陈晓坤教授的"矿井安全生产多源信息融合火灾预警系统的研究",经费 215 万元;材料工程学院王晓刚教授的"多热源内热试验炉工艺及装备的研究",总经费 268 万元。

二、横向科研项目

1998 年,学校与企业、政府等单位签订横向项目合作 37 项,合同金额 207.02 万元。1999 年,签订合同 44 项,合同金额 372.98 万元。2000 年,签订合同 54 项,合同金额 745.72 万元。2001年,签订合同 63 项,合同金额 435.24 万元。2002 年,签订合同 64 项,合同金额 640.53 万元。2003 年,签订合同 91 项,合同金额 516.04 万元。2004 年,签订合同 111 项,合同金额 1 092.23 万元。2005 年,签订合同 103 项,合同金额 1 342.8 万元。2006 年,签订合同 151 项,合同金额1 934.31 万元。2007 年签订合同 155 项,合同金额 2 731.3 万元。2008 年 1～6 月,学校签订合同65 项,合同金额 935 万元。

1998～2008 年 6 月,学校所签订技术合同中,地矿类科研项目 464 项,占 57.3%,合同金额

5 748.3万元,占63.4%,充分显示出学校在地矿学科领域内的科研主导优势,尤其在煤矿开采方法、矿井防灭火、煤矿灾害防治技术、瓦斯治理技术、地质工程等技术领域内优势明显。与此同时,科研工作在测绘工程、环境工程、机电工程、通信工程以及管理科学等领域内逐步发展壮大起来了。在服务地方政府与企业的过程中不断涌现出一批重大项目,索永录教授主持的"阜康市西沟煤焦有限公司一矿急倾斜特厚煤层开采方法研究"、邓军教授主持的"灵武矿区极易自燃煤层自然发火规律及监测预报技术研究"、来兴平教授主持的"急倾斜大段高综放工作面安全开采技术研究"、柴敬教授主持的"巷道掘进的快速支护技术及装备研究"、刘健教授主持的"电网调度自动化系统应用研究"等项目资金规模都迈上了百万级,为企业解决了生产中的重大技术问题,创造了良好的经济和社会效益。

三、主要科技成果

1998～2007年,学校共获得各级科技成果奖励135项。其中,获国家科学技术进步二等奖1项,获国家技术发明奖二等奖1项,获省部级科技成果奖70项,获西安市科学技术进步奖9项,获厅局级科学技术奖53项。

1998年,学校获得各级科技成果奖励10项。其中,获省部级奖励3项:二等奖1项,三等奖2项;厅局级奖7项:一等奖2项,二等奖4项,三等奖1项。徐精彩、葛岭梅、邓军、文虎、李树刚、郭兴明、李全等完成的"耐温高水胶体直接灭火技术"项目获煤炭工业部科学技术进步二等奖。石平五、余学义、柴敬、田家琦等完成的"小宝鼎煤矿山体建筑物下沉7363工作面开采"项目获四川省科学技术进步三等奖。刘其兴、赛云秀等完成的"柔性人工保护盘的研究"项目获煤炭工业部科学技术进步三等奖。

1999年,学校获得各级科技成果奖励15项。其中,获省部级奖4项:一等奖1项,二等奖1项,三等奖2项;获西安市科学技术进步奖3项:一等奖1项,三等奖1项,四等奖1项;获厅局级奖8项:一等奖1项,二等奖2项,三等奖5项。其中,伍永平、贠东风、石平五、柴敬等完成的"绿水洞煤矿大倾角煤层综采技术研究"科技成果,达到国际先进水平,获得四川省科学进步一等奖。刘健等完成的"开关电容变换及高效变换器设计理论"项目获国家机械工业局科技进步二等奖。程红丽参加完成的"单路交直流前置放大器及频标电路"项目获国防科工委科学技术三等奖。

2000年,学校获得各级科技成果奖励11项。其中,获省部级奖5项:特等奖1项,一等奖1项,三等奖3项;获厅局级奖6项:二等奖2项,三等奖4项。其中,张金锁、索永录、王小林等参加完成的"坚硬厚煤层综放开采关键技术研究"获国家煤炭工业局科学技术进步特等奖。徐精彩、葛岭梅、邓军、常心坦、田水承、魏引尚、李全等完成的"综采放顶煤工作面凝胶防灭火技术"获陕西省科学技术进步一等奖。卢建军、李国民、韩晓冰完成的"ISDN技术在煤炭专用网中的应用研究"项目获国家煤炭工业局科学技术进步三等奖。侯恩科、端木合顺、王贵荣等完成的"凤县三台山金矿矿山地质研究及矿床前景评价"项目获陕西省科学技术进步三等奖。程红丽参加完成的"摆动扫描红外地球敏感器厚膜电路(10个品种)"项目获国防科工委科学技术三等奖。

2001年,学校获得各级科技成果奖励12项。其中,获省部级奖8项:一等奖2项,二等奖3项,三等奖3项;获厅局级奖4项:一等奖3项,二等奖1项。其中,王晓刚、李晓池等完成的"多芯炉生产SIC新技术"获宁夏回族自治区科技进步一等奖,索永录等承担完成的"坚硬煤层大放高综采放顶煤开采技术研究"科技成果达到国际领先水平,填补了坚硬煤层大放高综采技术方面空白,获甘肃省科技进步一等奖。宋柏、王勉华、朱华完成的"智能型斜井跑车防护装置"项目获陕西省科学技术进步二等奖。伍永平、肖江、张森丰、来兴平等完成的"窑街矿区巷道综合支护技术研究"项目获甘肃省科学技术进步三等奖。黄庆享、石平五、侯忠杰、陈杰等完成的"神府矿区浅埋煤层顶板结构理论与支护对策研究"项目获陕西省科学技术进步三等奖。刘健主持完成的"线性开关电容

DC/DC 变换器理论及其单片集成的可行性"项目获陕西省科学技术进步二等奖。刘健主持完成的"城区配电自动化系统"项目获陕西省科学技术进步二等奖。程红丽参加完成的"军用高可靠性15 W 系列混合集成 DC/DC 及变换器"项目获国防科工委科学技术进步三等奖。

2002 年,学校获得各级科技成果奖励 10 项。其中,获省部级奖 2 项:一等奖 1 项,三等奖 1 项;获西安市科学技术进步奖 3 项:一等奖 1 项,二等奖 1 项,三等奖 1 项;获厅局级奖 5 项:二等奖 1 项、三等奖 1 项;获陕西煤炭工业十大科技成果奖 3 项。伍永平、王小林、邓广哲完成的"窑街三矿急倾斜(大倾角)坚硬煤层顶煤弱化及合理回采工艺研究"项目获甘肃省科学技术进步三等奖。

2003 年,学校获得各级科技成果奖励 17 项。其中,获国家科技进步二等奖 1 项;省部级奖 11 项:一等奖 3 项,二等奖 3 项,三等奖 5 项;获西安市科学技术进步奖二等奖 1 项;获厅局级奖 4 项:一等奖 1 项,三等奖 3 项。其中,徐精彩、邓军、文虎、葛岭梅、张辛亥、李树刚、李莉、常心坦、徐满贵等完成的"煤自燃火灾预测及防灭火新技术的研究与应用"科技成果达到国际水平,建造了我国第一个大型低温自然发火试验台,首次实现了发火期及相关参数的精确测定,提出了煤层自燃危险区域判定及发火期预测理论,开发出现场实际条件下煤层自燃危险区域判定和发火期预测技术,建立了胶体防灭火理论并提出了煤层自燃防控的新方法,开发出无机凝胶、高分子胶体、复合胶体等系列防灭火材料及与之配套的系列化防灭火设备,根据不同矿井自燃火灾特点,构建了多种胶体防灭火系统,首次实现了高瓦斯矿井大面积火区的开放式灭火,攻克了煤层高位自燃控制和高瓦斯矿井灭火等一系列关键技术。研究成果在全国 20 多个省(自治区)得到推广,并在俄罗斯、印度和澳大利亚等国成功应用,预测或扑灭了百余次煤层自然发火,为煤矿产业创经济效益 30 多亿元,该成果2003 年获国家科学技术进步二等奖。王生全、王晓刚、陈练武、樊怀仁、夏玉成、唐亦川等完成的"陕西韩城矿区瓦斯灾害的预测及防治措施研究"项目获陕西省科学技术奖三等奖。韦力、童军、叶新民、马宪民、陈文燕、袁兴等完成的"第五代中频电源的研制及推广"项目获陕西省科学技术三等奖。徐精彩、张辛亥、文虎参加完成的"高瓦斯矿井易自燃煤层综放面胶体防灭火技术研究"项目获山西省科学技术进步二等奖。任建喜参加完成的"三峡工程左 J1-5# 井坡段深层抗滑稳定有限元分析研究"项目获上海市科学技术进步二等奖。杜慧玲参加完成的"高性能低温烧结温度稳定性型BZN 基高频 MLCC 瓷料"项目获陕西省科学技术奖二等奖。李侃社参加完成的"磨盘形力化学反应器及其在高分子材料制备中的应用"项目获教育部发明一等奖。王晓刚、李晓池等完成的"多电源多热炉生产 SIC 新技术"项目获青海省科学技术进步三等奖。伍永平、肖江等完成的"东峡煤矿大倾角特厚易燃特厚煤层群倾斜分层'双大'开采方法研究"项目获甘肃省科学技术进步三等奖。黄庆享、李树刚参加完成的"岩层控制的关键层理论"项目获教育部自然科学奖一等奖。杜慧玲参加完成的"高性能低温烧结 BZN 基高频电介质陶瓷"项目获教育部自然科学奖一等奖。黄庆享参加完成的"TZL 预应力锚具应用试验研究"项目获陕西省科学技术奖三等奖。

2004 年,学校获得各级科技成果奖励 8 项。其中,获省部级奖 7 项:一等奖 1 项,二等奖 5 项,三等奖 1 项;获西安市科学技术进步奖一等奖 1 项。其中,邓广哲、杨更社等完成的"高瓦斯坚硬特厚煤层综采放顶煤水力致裂软化技术与应用研究"科技成果达到国际先进水平,获陕西省科技进步二等奖,成果推广应用于陕西、山东、宁夏、河南、辽宁、黑龙江等数个矿井综采工作面。黄庆享、惠心田等参加完成的"破碎带围岩大断面巷道复修支护技术研究"成果获四川省科学技术进步二等奖。赵晓光参加完成的"高原台塬过渡区(淳化)高产型林果粮发展研究"成果获陕西省科学技术奖二等奖。石平五、张嘉凡等完成的"近距急斜煤层水平分段轻型支架放顶煤开采技术"成果获新疆维吾尔自治区科技进步二等奖。

2005 年,学校获得各级科技成果奖励 15 项。其中,获省部级奖 11 项:特等奖 1 项,一等奖 2 项,二等奖 3 项,三等奖 4 项;获西安市科学技术进步奖二等奖 1 项;获厅局级奖 3 项:一等奖 1 项,二等奖 1 项,三等奖 1 项。文虎获 2005 年度孙越崎青年科技奖。程文东、贠东风等完成的"急倾斜

厚煤层长壁综放开采技术研究"成果获中国煤炭工业协会科学技术奖特等奖,获甘肃省科学进步一等奖。该项目填补了大倾角特厚易燃煤层长壁综放开采技术在煤矿应用的技术空白,达到国际领先水平,获7项国家专利,研究成果具有良好的经济社会效益和广阔的推广应用前景。郭卫、柴光远、任中全、杨善安完成的"矿运防爆柴油牵引车研制"成果获陕西省科学技术奖三等奖。李海宁参加完成的"前置式端头支架在急倾斜特厚松软综放工作面的开发与应用研究"成果获甘肃省科学技术进步奖三等奖。韦力、童军、韦巍、陈文燕、袁兴完成的"铝电解阳极钢爪在链全自动校直机研制开发"成果获宁夏回族自治区科学技术奖三等奖。马宏伟参加完成的"钎焊接头的超声成像无损检测技术研究与设备开发"成果获教育部科学技术进步二等奖。赵晓光参加完成的"缓坡耕地水土管理原理及配套技术研究"成果获陕西省科学技术奖二等奖。徐精彩、文虎等完成的"煤层火灾隐患识别及控制新技术研究"成果获山东省科学技术奖一等奖。余学义、石平五等完成的"滑坡区矿井工业广场下煤层控制开采技术研究"成果获四川省科学技术三等奖。来兴平参加完成的"宁夏灵新煤矿西天河下安全开采技术研究"成果获教育部科学技术进步二等奖。

2006年,学校获得各级科技成果奖励17项。其中,获国家技术发明二等奖1项;获省部级奖12项:一等奖2项,二等奖7项,三等奖3项;获厅局级奖4项:一等奖2项,三等奖2项。其中,李侃社参加完成的"固相力化学反应器及其在高分子材料制备和加工中的应用"科技成果获国家技术发明二等奖。侯恩科、樊怀仁等完成的"陕西凤县银母寺铅锌矿矿体定位技术研究"成果获陕西省科学技术二等奖。李海宁参加完成的"两柱单摆杆综采放顶煤液压支架及其适应性研究"成果获甘肃省科学技术进步奖二等奖。柴敬、戴俊等参加完成的"复杂地层条件下近1 200米竖井施工技术创新研究"成果获中国煤炭工业协会科学技术奖一等奖。文虎、徐精彩、陈晓坤、郑学召、吴建斌、邓军、金永飞、李文峰等完成的"矿山救援可视化指挥系统及装置"获安全生科技成果二等奖。陈晓坤、张辛亥、邓军、文虎等完成的"双鸭山煤层自燃规律及综合防治技术研究"成果获黑龙江省科学技术进步二等奖。惠心田等完成的"爆破锚杆卸压锚固注浆加固反拱底板技术施工工艺研究"成果获中国煤炭工业协会科学技术奖三等奖。苏三庆等完成的"基于形状记忆合金的土木工程结构振动控制理论研究"成果获陕西省科学技术奖二等奖。刘健主持完成的"配电网智能调度及大面积断电快速恢复系统"成果获陕西省科学技术奖一等奖。

2007年,学校获得各级科技成果奖励20项。其中,获省部级奖7项:二等奖4项,三等奖3项;获厅局级奖13项:一等奖2项,二等奖5项,三等奖6项。其中,韦力、刘健、童军、韦巍、陈文燕、袁兴等完成的"阳极钢爪全自动在链校直系统研制及推广"获陕西省科学技术奖二等奖。产品科技含量高,具有创新性,填补了国内电解铝行业空白,在国内外电解铝行业中得到应用。石平五、邵小平参加完成的"急倾斜煤层安全高效及决策支持系统"获新疆维吾尔自治区科学技术进步二等奖。柴敬、戴俊等完成的"复杂地层条件下近1 200米竖井施工技术创新研究"获第三届安全生产科技奖二等奖。文虎等完成的"矿井高效防火抑尘新材料开发"获第三届安全生科技成果奖二等奖。邓广哲、杨更社等完成的"高应力强膨胀性裂隙软岩支护及修复理论和方法研究"获云南省科学技术进步三等奖。张立杰参加完成的"煤矿开采引起的地表变形计算分析与环境评价系统及其工程应用"获甘肃省科学技术进步三等奖。

2008年1～6月,学校获得各级科技成果奖励8项。其中,获省部级奖5项:二等奖2项,三等奖3项;获厅局级奖3项:一等奖2项,二等奖1项。其中,邓军、张辛亥、马砺、陈晓坤、翟小伟、陈小军、文虎、金永飞、郑学召、吴建斌、罗振敏等完成的"新型胶体防灭火技术的研究与应用"获陕西省科学技术奖二等奖。张金锁、张玉岩、刘延松、冯套柱、肖宏伟等完成的"高等学校教育创新理论与陕西高等教育体制创新的实证研究"获陕西省科学技术奖二等奖。贺拥军、余向阳、李天良等完成的"纳米粒子对乳状液的稳定作用及在复合纳米结构结构中的应用研究"获陕西省科学技术奖三等奖。黄庆享等完成的"急倾斜松软围岩巷沿空留巷锚网支护研究"获四川省科学技术进步奖三等

奖。邓军等完成的"急倾斜煤层火区治理技术应用研究"获四川省科学技术进步奖三等奖。

四、专利

1998～2008年6月,学校教职工作为发明人的授权专利共66项,其中发明专利20项,实用新型46项。66项专利中,以学校为专利权人的授权专利共有25项,其中发明专利9项,实用新型16项。

第四节　科研基地建设与校企合作

一、科研基地建设

1998～2007年,学校高度重视科研基地建设。以学校矿业类传统院系和专业为依托,瞄准科研方向,整合科研力量,促进学科交叉,优化科研布局,积极申报和建设省(部)级重点实验室和工程研究中心,改善了科研环境和条件,增强了学校科研的综合实力,提高了科研的整体水平和创新能力,带动了学科发展,在科研基地建设方面,学校共有西部矿井开采及灾害防治教育部重点实验室、西部煤矿安全教育部工程研究中心、陕西省岩层控制重点实验室和原煤炭部采矿工程重点实验室共4个省部级科研基地,拥有国家矿山应急救援技术西安研究中心。

1998年,经陕西省教育厅批准,学校成立了陕西省岩层控制重点实验室并任命伍永平教授为实验室主任,石平五教授为学术委员会主任。该重点实验室有6个指定研究方向:沙漠戈壁覆盖层下浅埋煤层开采岩层控制研究、西部地区急倾斜和倾斜矿层开采的岩层控制研究、采动地表损害与范围来压的灾害防治技术、软岩巷道支护理论与技术、大断面巷(隧)道支护优化设计、"固-液-气"三相介质模拟技术。

2003年11月,经教育部批准(教育部科技函〔2003〕56号),依托学校引进省部共建"西部矿井开采及灾害防治教育部重点实验室建设"。2003年,学校确立该实验室主任为常心坦教授,副主任为伍永平教授,并成立了由常心坦教授牵头的建设领导小组。2007年2月,为加快实验室建设进度,根据学校人事变动,重新确立了以苏三庆校长牵头的实验室建设领导小组和由伍永平教授牵头的工作小组。2007年12月,由教育部组织专家对该重点实验室进行了验收并获得一致通过。教育部聘任伍永平教授为实验室主任,宋振骐教授为学术委员会主任。该重点实验室有4个主要研究方向:矿井开采围岩控制基础、矿区采动损害与环境灾变、矿井火及瓦斯灾害防治理论与技术、安全工程理论及数字化技术。

2007年1月,学校申报了"西部煤矿安全教育部工程研究中心",经教育部组织专家进行网络评审和学校组织专家对建设方案进行论证,2007年9月,教育部批准学校成立"西部煤矿安全教育部工程研究中心"。中心成立了以苏三庆校长牵头的建设领导小组和以伍永平教授牵头的工作小组。中心主任提名为邓军教授,技术委员会主任提名为常心坦教授,研究开发方向:煤火预警与控制、矿井通风与瓦斯灾害控制、围岩灾害预警与控制、应急救援监控。

二、校企合作

学校高度重视校企合作工作,以地矿专业技术领域为主,先后同甘肃、新疆、四川、河南、宁夏等地的煤矿企业建立了长期友好合作关系,涌现出一批以徐精彩教授为代表的长期活跃在企业生产第一线的科研专家和学者,为广泛开展校企科技合作打下了良好基础。

2004年年底,学校积极同刚组建的宁夏煤业集团有限责任公司接触,以人力资源培养和科学技术研究与攻关作为切入点,建立多领域的战略合作伙伴关系,奠定了学校开展新型校企战略合作

关系的基础。此后学校先后同银川市人民政府、榆林市人民政府、宁夏煤业集团、陕西煤业化工集团、兖州煤业集团、淄博矿业集团、西安煤矿机械厂、平顶山煤矿机械厂等地方政府和大型企业集团签订了战略合作协议,有效地促进了学校科技工作的全面发展。

2006年3月,学校与西安大唐电信有限责任公司联合组建了联合研究中心,主要开展矿山信息化及矿山救援技术与装备的研发工作。中心设在学校研究院,由学校提供科研用房,将大型企业的研究开发力量引入到学校,实现与学校智力资源的接轨,进行联合科研攻关,探索出一条校企合作的新路子。

2006年7月22日,学校与陕西煤业化工集团公司和中国煤炭科学研究总院西安分院联合组建了陕西煤业化工集团公司安全技术研究中心,省委常委郭永平、副省长吴登昌出席了揭牌仪式。中心建在学校,工作在学校开展,主要任务是在解决陕西省煤炭化工产业在发展、建设、生产和经营中的重大技术难题的同时,围绕煤炭和煤化工的开发、生产、加工、安全和可持续发展等方面的重点技术,瞄准世界先进水平,组织科技攻关,培养核心技术能力,从而形成一批具有自主知识产权的科研成果,以增强企业的市场竞争力。通过该中心的运行,摸索与总结出了一套全新的校企合作之路,正在向其他合作单位推广。

第五节　学会、协会工作

学会、协会是高水平学术交流活动的重要平台,学校一贯重视学会协会工作。近年来,学会、协会工作有了很大的发展。截至2008年,学校教职工参加各级各类学会、协会近260余人次,其中11人次出任副理事长,16人次出任主任(副主任)委员,17人次出任常务理事,有30余人次在中国煤炭学会、中国岩石力学与工程学会等重要学会、协会及其专业技术委员会中担任重要职务,并长期协办《煤炭学报》等重要学术杂志。

第六节　西科产业公司

学校校办产业起步较早,"八五"期间是学校校办产业发展的重要阶段。在此期间,校办产业的发展经历了雏形阶段和起步阶段,1992年成立了校办产业办公室,负责校办产业的全面管理工作。"八五"末,学校的校办企业的数量已发展到16家,专职产业职工达到78人,沿街门面房建设达到7 830平方米,整个"八五"期间,实现总销售收入达到2 670万元,总利润达到135万元,为未来校办产业的快速发展打下了一定的基础。

"九五"期间,校办产业发展的目标是:一理顺,二建立,三促进。学校对校办产业管理制度进行全面改革,建立相对独立的不同于教学、科研的校办产业管理体系,进行股份制改革工作,为校办产业集团化打基础。

"十五"期间是学校产业迅速发展的阶段。2001年7月,西安西科产业发展有限公司(以下简称西科产业公司)正式挂牌成立,西科产业公司以学校科技成果为依托,以技术服务、技术开发、技术咨询和科技成果转化为主,实行"自主经营、自负盈亏、自我约束、自我发展"的公司化运作与经营。公司成立时,注册资本为500万元,其中无形资产100万元,货币资金400万元(陕西高等学校科学技术服务中心50万元,学校350万元)。

公司按照有限责任公司要求建立构建了较为规范的法人管理结构(董事长、监事会和经理层),聘任了总经理和副总经理。公司建立较为规范的公司运营管理制度,包括《西安西科产业公司董事会会议制度》《西安西科产业公司经理层会议制度》《西安西科产业公司财务管理制度》《西安西科产业公司财务支出审批制度》《西安西科产业公司人力资源管理和薪酬制度》《西安西科产业公司市场运作与项目策划制度》《西安西科产业公司各部门及岗位职责》《西安西科产业公司年度目标制定、分解、考核和奖惩办法》《西安西科产业公司子公司管理办法》《西科产业公司模拟公司化研究所(研发中心、咨询中心等)管理办法》等。

依托学校,整合科技成果资源和科技人才资源,吸纳社会资金,按照"产权明晰、权责明确、事企分开、管理科学"的要求,组建有限责任的科技型经济实体。公司直接以货币资金参股或以学院科技成果的知识产权、无形资产入股,西科产业依托学校的资源优势先后组建成立了陕西西科博尔科技有限公司、西安西科邦佳电气有限公司、西安西科测控设备有限责任公司、西安西科安全技术有限公司、西安西科重工信控工程有限公司、陕西龙华机电技术发展有限责任公司、陕西索昂生物科技股份有限公司、西安科大科教有限公司、西安胜业文化传播广告有限公司、新疆西科矿业技术有限公司等参股公司。其中,博尔公司和邦佳公司的发展势头良好。学校的科技产业有了一定的规模。

2002年,总公司签订合同额448.11万元,参股公司签订项目合同额1 095万元。公司项目的承接与实施,有力地支持了学校本科、研究生教育,为一大批教师科研创新及学生实践提供了一个良好的平台,也有力地支持了学校相关学科的建设工作。

2002年,西科产业公司取得了国家国土资源厅颁发的"地质灾害防治工程乙级勘察证书"、"陕西省范围内的土地勘测许可证"及陕西省测绘局颁发的"乙级测绘资格证书",西安市城市规划局颁发的"工程测量、地图编制、形变监测许可证"。

"十五"后期,西科产业公司迅速成长。在此期间,着力于公司的内部管理、规章制度的完善,在对外宣传及参股公司的对外合作上,完成了公司的形象设计,并建立了公司的网页。西科产业根据学校的发展战略,几年来先后促成学校与银川市政府、聊城市政府、新疆维吾尔自治区等地方的合作意向,确立了学校与宁煤集团、兖煤集团、淄矿集团、陕煤集团的战略合作关系,签订科研项目20余项,总经费500余万元。

2003年西科产业公司参股企业总产值2 000万元。2004年、2005年西科产业参股企业基本情况分别见表3-6-2和表3-6-3。

表3-6-2　　　　　　　　　2004年西科产业公司参股企业基本情况

总产值/万元	研发投入经费/万元	研究生培养/人	专利/项	省、部奖励/项
4 000	402	120	5	4

表3-6-3　　　　　　　　　2005年西科产业公司参股企业基本情况

公司名称	产值/万元	研发投入经费/万元	研究生培养/人	省、部奖励、专利
西安森兰	2 410	200	50	
西科测控	2 100	150	4	
西科邦佳	1 100	106	10	
西科钻探所	600	20	15	
西科安全	83	20	23	
陕西博尔	80	25	10	
合　计	6 373	521	112	

2006年是学校"十一五"规划实施的头一年,也是科技产业发展至关重要的一年。2006年,学校科技产业销售收入为6 000万元。

为贯彻落实教育部召开的全国高校科技产业工作会议精神和教育部《关于积极发展、规范管理

高校科技产业的指导意见》，根据省教育厅改制工作具体安排意见，2006 年 3 月 29 日，成立了西安科技大学校办产业改革领导小组和工作小组。在校办改革领导小组和工作小组的领导和安排下，产业公司对全国及省内高校改制进行了调研，在 5 月份完成了调研报告并向领导小组做了专题汇报，起草并完成我校《科技产业改制方案》，制定《西安科技大学科技产业清产核资工作方案》《西安科技大学校办科技产业管理暂行条例》《西安科技大学科技企业管理实施细则》等一系列校办产业规范化的配套文件，对学校科技企业进行清产核资，建立健全学校经营性资产管理制度，完善内控机制。

2006 年，在保持我校科技产业良好的发展势头上，西科产业公司很好地完成了学校产业改革改制的相关工作，并向省教育厅报送了《西安科技大学校办企业改革方案》。2007 年，西科产业公司按照教育部对高校科技产业改革要求和"十一五"规划，运行情况良好。

第七节 房地产中心

房地产中心成立于 2005 年 7 月，主要工作为学校周边房地产开发与建设，沿街门面房的物业管理。按照房地产开发公司的主要业务范围，中心下设综合办公室、市场开发部、工程部、物业部。

一、多渠道集资，加强沿街房的开发建设

"十五"期间，学校已开发和拥有沿街门面房 8 400 余平方米，年平均上交学校 340 余万元，"十五"期间累计上交学校约 1 740 万元。对学校的产业发展起到了重要的资金积累和积极的推动作用。

2005 年房地产中心正式成立后，学校加大了周边房地产的开发力度，本着坚持房地产开发建设为学校发展提供一定经费支持的战略方针，以学校和社会相结合为指导思想，以为学校教学、科研、产业、教育培训服务为切入点，以追求效益最大化为目标，依托学校地缘优势和无形资产，积极借鉴兄弟院校房地产开发经验，先后开发了南院交流中心、北院科技大厦、北院研发中心等项目，此外还计划进行南院实验楼的开发和南院综合楼的改造项目。

2004 年 11 月 24 日，与陕西雁星商务有限公司签订了"合作建设西安科技大学交流中心"合同书，该项目位于学校南院南大门南侧大雁塔十字西北角，项目建筑占地约为 1 700 平方米，建筑面积为 8 300 平方米，该项目为大跨度框架结构，地下一层，地上四层商业楼。它的建成不但能够充分利用良好的地缘优势，增加学校的收入；同时由于特殊的地理位置，可以很好地向全国各地的游客宣传学校，提高学校的知名度，目前该项目已正式投入使用。

2005 年 12 月 21 日，与百脑汇(西安)实业有限公司签订了"合作建设西安科技大学科技大厦"合同书。该项目是学校与台湾蓝天集团采用 BOT 模式共同开发建设的。该项目设计建筑结构为大跨度全框架结构，为地上 13 层，地下 2 层，总建筑面积 63 351 平方米，其中地下第二层为停车场，建筑面积 4 228 平方米；地下第一层至地上四层为商场，建筑面积 20 191 平方米；地上五至十三层为写字间、科技产业园、科技产品孵化园、实验室、资料室等，建筑面积为 36 094 平方米。项目总投资 15 000 万元，2007 年 12 月底层商业用房正式投入使用。

2006 年 1 月 16 日，与西安赛格商贸有限公司签订了"合作建设西安科技大学研发中心"合同书。该项目是学校与西安赛格商贸有限公司联合开发，依托着赛格电脑城的市场氛围以及考虑到所处的地理环境，开发建设的一个集办公、停车为一体的研发中心。项目占地 1 800 平方米，总建筑面积为 12 084 平方米。待建成后，一方面可以缓解学校停车问题，另一方面也可为学校创造一定的经济收益。

2006 年 2 月 27 日，完成了《房地产开发中心三年发展规划》的编制工作，该规划的出台可加快

学校房地产开发建设的步伐,确定任务目标,理清工作思路,提高经济效益,发挥房地产开发对学校科研、教学、产业和教育培训工作的推动和改善教职工生活待遇的作用,走跨越式超常规发展的道路,为把学校建设成为多学科协调发展的、在国内外有广泛影响的教学研究型大学做出应有的贡献。

2006年7月5日,完成了科技大厦项目场地租户搬迁的搬迁工作,正式将场地移交投资开发商,保障了项目的按期顺利开工。

2007年8月,完成了学校东院住宅楼的项目报建工作,其中一期经济适用住房为五幢多层住宅,总建筑面积为17 285.50平方米,户数为160户;二期经济适用住房为一幢高层建筑和一幢多层建筑,总建筑面积16 558.5平方米,户数为264户;一、二期总建筑面积为33 844平方米,总户数为424户,建筑面积户均为79.8平方米。

2007年8月1日,完成了学校北院加油站的回收工作。该加油站为学校与西北精华石油化工分公司合作开发的,1998年8月1日投入使用,2007年7月31日学校收回使用权,方便了学校用车的加油问题,为学校创造了一定的经济效益。

2007年9月,完成了南院实验楼开发方案,正式对外招商。

2007年12月,完成了南院综合楼的回收和对外招商工作,与陕西永丰餐饮公司签订了出租合同,计划在2008年4月底前,使南院综合楼成为集餐饮、住宿为一体的西安科技大学宾馆。

截至2007年年底,我校周边开发基本形成了南院周边以餐饮、旅游、住宿为一体,北院周边以IT产业为主的市场格局,预计每年可为学校增加1 500万元的收益。

二、完善各种管理规章制度,提高效益

房地产中心在总结学校房地产开发的经验教训的基础上,制定了一系列管理办法和规章制度,并根据学校房地产开发出现的问题不断加以完善,加强了管理,提高了效益。

2005年7月21日,出台了《西安科技大学房地产开发中心领导分工的通知》。

2005年8月3日,出台了《西安科技大学房地产开发中心各部门职责范围的通知》。

2005年11月11日,出台了《西安科技大学沿街门面房开发管理暂行办法的通知》。

2005年11月11日,出台了《西安科技大学校办产业入驻南院综合楼管理办法》。

2005年12月1日,出台了《西安科技大学房地产开发中心财务管理暂行办法》。

房地产中心的积极工作是学校实现可持续发展,充分发挥学校良好的地缘优势和无形资产,给学校联系社会提供相应窗口的一个重要手段,对于促进学校的教学、科技、产业和教育培训与社会的合作,提高学校知名度和社会影响力起到了重要作用,同时缓解了学校资金不足,改善了学校办学条件,提高了教职工的生活待遇。

第七章　师资队伍建设

1998～2008年期间,学校始终把师资队伍建设放在优先发展的战略地位,牢固树立"质量立校、特色兴校、人才强校"的理念,坚持"用好现有人才,培养关键人才,引进急需人才,储备未来人才"的方针,"内稳"与"外引"并举,不断完善育才、引才、留才、用才的用人机制。学校十分强调中青年教师队伍建设,要求青年教师首先站稳讲台,鼓励并要求青年教师及早攻读博士、硕士学位,着力加强新办专业的青年骨干教师培养,积极开展讲课比赛、标兵评选等活动,采取多种方式提高教师的业务水平和师德修养;大力推动学科专业学术团队建设,积极构建有利于人才稳定与潜能发挥的政策环境与发展平台,促进高水平的教育教学队伍的形成和发展,夯实事业留人的基础;按照"相对稳定、合理流动、专兼结合、资源共享"的原则与"不求所有,但求所用"的观念,完善教师队伍管理模式和政策体系,使师资队伍的整体实力得到加强,形成了一支结构合理、发展趋势良好、适应学校事业发展和教学水平不断提升的师资队伍。

第一节　师资队伍发展状况与结构变化

1998～2008年期间,是学校建校以来办学规模和学科(专业)发展最快的时期,也是高级职称教师退休的高峰期。为保证师资队伍结构合理和素质优良,学校采取了一系列有效措施,通过精心选拔、积极培养、委以重任、加强引进、广泛交流、优化结构,初步形成了一支以国家级和省部级优秀人才、学科及学术带头人、博士生导师、教授为核心,副教授为骨干,高学历青年教师为后备力量,专职与兼职相结合,结构渐趋合理与优化的师资队伍。

一、1999年学校师资队伍状况

职称结构:学校有教职工1 078人,具有教师系列职称的472人,其中教授49人,副教授105人,讲师175人,助教108人,分别占教师总数的10.4%、22.3%、37.1%、22.9%,职称结构比为1:2.2:3.7:2.3。具有副教授以上职称教师占教师总数的32.7%。

学历结构:具有研究生学历的占教师总人数的35.2%,具有博士学位的占教师总人数的5.1%。

年龄结构:35岁以下教师占教师总人数的53.4%;45岁以上教师占教师总人数的14%。其中,教授平均年龄53岁,副教授平均年龄42岁。

截至1999年年底,有在校生5 787人,有教师472人,生师比11.8:1。

二、2004年学校师资队伍状况

学校有教职工1 590人,在编师资总数830人(占全校教职工总数的52.2%),其中有教授96人,副教授208人,正、副教授共计304人,占教师总数的36.7%;有博士、硕士450人,占教师总数的54.2%,有博士及在读博士177人,硕士及在读硕士470人,硕士以上学历的教师共计647人,占教师总数的78.0%;全校教师的平均年龄37岁,其中教授的平均年龄50.1岁,副教授的平均年龄41.2岁;有享受国务院政府特殊津贴专家和国家杰出青年基金获得者32人,省部级以上突出贡

献专家、劳动模范、先进工作者、优秀教师、跨世纪拔尖人才20人;陕西省"三五人才"和教学名师8人;校级优秀拔尖人才135人,优秀教师25人,学科(专业)带头人63人,博士生导师28人。

另外,学校还有一支由100多名专家教授组成的高水平的兼职教师队伍。其中,有两院院士1人,博士生导师12人,正高职36人,副高职56人。

专任教师和兼职教师折合总数为870.5人,折合在校生数13 958.4人,生师比16.0:1。

师资队伍职称和年龄结构、学历(学位)结构、学缘结构见表3-7-1～表3-7-3。

表 3-7-1　　　　　　　　　　　　　　师资队伍职称和年龄结构

项目	合计	占师资总数的比例/%	≤35 岁	36～45 岁	46～55 岁	56～65 岁
师资总数	830	100.0	437	284	71	38
教授	96	11.6	0	35	33	28
副教授	208	25.1	20	151	28	9
讲师	275	33.1	169	95	10	1
助教(含见习)	251	30.2	248	3	0	0

表 3-7-2　　　　　　　　　　　　　　师资队伍学历(学位)结构

项目	合计	占师资总数的比例/%	教授	副教授	讲师	助教(含见习)
师资总数	830	100.0	96	208	275	251
博士	63	7.6	32	24	7	0
硕士	387	46.6	17	101	149	120
本科	380	45.8	47	83	119	131
在读博士	114	13.7	5	48	56	5
在读硕士	83	10.0	0	1	24	58

表 3-7-3　　　　　　　　　　　　　　师资队伍学缘结构

项目	合计	本校毕业	非本校毕业		
			小计	国外及国内重点	国内一般
师资总数	830	204	626	297	329
比例/%	100.0	24.6	75.4		

三、2007 年学校师资队伍状况

截至2007 年10 月,学校有教职工1 785 人,专任教师1 006 人(占全校教职工总数的56.4%)。其中,有教授143 人,副教授260 人,占教师总数的40%;有博士及在读博士294 人,硕士及在读硕士620 人,硕士以上学历的教师共计701 人,占教师总数的70%;有享受国务院政府特殊津贴专家27 人,省部级以上突出贡献专家、劳动模范、先进工作者、优秀教师、跨世纪拔尖人才30 人,陕西省"三五人才"和教学名师10 人;校级优秀教师30 人,博士生导师38 人。

另外,学校还有一支由200 多名专家教授组成的高水平的兼职教师队伍。其中,有两院院士7人,博士生导师16 人,正高职75 人,副高职105 人。

专任教师职称和年龄结构、学历(学位)结构见表3-7-4 和表3-7-5。

表 3-7-4　　　　　　　　　　　专任教师职称和年龄结构

项目	合计	占师资总数的比例/%	≤35岁	36～45岁	46～55岁	56～65岁
专任教师总数	1 006	100.0	570	328	92	16
教授	130	12.9	0	66	60	4
副教授	230	22.9	17	188	25	0
讲师	455	45.3	364	72	7	12
助教(含见习)	191	18.9	189	2	0	0

表 3-7-5　　　　　　　　　　　专任教师学历(学位)结构

项目	合计	占专任教师总数的比例/%	教授	副教授	讲师	助教(含见习)
专任教师总数	1 006	100.0	130	230	455	191
博士	117	11.6	53	36	23	5
硕士	584	58.1	36	127	277	144
本科	305	30.3	41	67	155	42
在读博士	177	17.6	10	35	115	17
在读硕士	36	3.6	0	0	17	19

第二节　师资队伍的发展规划与制度建设

1999年以来,学校解放思想,审时度势,抢抓机遇,在国家高等教育由精英教育向大众教育转变的初始阶段,较快地实现了学校办学规模的扩张和学校层次的提高,学校人数大规模增加,学校更名得以实现,新校区建设逐步完善。学校的"二次创业"艰苦而辉煌,办学规模及办学硬件条件等发生了巨大的变化,取得了令人瞩目的成绩。

与此同时,扩招和办学规模的迅速扩大也使学校办学基本条件不足的矛盾更加突出。在师资队伍建设上存在着许多问题,如存在因教学工作量的增加,教师数量不足;因大量青年教师走上讲台,教学水平参差不齐;因专业更新改造较快,新上专业较多,更新现有教师的知识结构成为当务之急;因教师队伍快速扩充和部分历史原因,高水平的学科带头人紧缺,硕士以上学历人员比例偏低,职称结构不合理,布局不均衡及管理考核不够科学规范等问题突出。

在新的历史发展机遇和客观办学条件下,学校主动适应高等教育改革和发展的要求,深化改革,合理规划,加快师资队伍建设。依据全国教育会议和国务院、教育部《面向21世纪教育振兴行动计划》的精神,在1999年12月校第三次教学工作会议上通过的《教学改革草案》中,提出了建设一支高素质师资队伍的八条改革措施:

(1)采取内稳外引等措施,搞好教师队伍建设。

(2)改革以课程划分教师归属的教研室管理体制,将教师按学科组成不同的学科组。

(3)鼓励教师通过攻读第二学位、跨学科攻读高一层次学位、更新知识结构,改善师资结构的不平衡。

(4)实行教师职务聘任制和首席主讲教师制,制定严格、科学、规范的管理制度,开展教学质量评估,加强教师工作的考核,要求教授每年至少以其1/2的工作量,副教授至少以其2/3的工作量为本科生上课。

(5)实行教师竞争上岗,先从人文社科类课程开始试行教师挂牌上课,待时机成熟时进行推广。

（6）建立教师档案库，将教师在教学、科研方面取得的成绩进行计算机管理，将教师工作的量和质与其待遇挂钩。

（7）教师要努力提高自身素质，寓育人于教学之中；要加强青年教师的培养，实行岗前培训，发挥老教师传、帮、带作用，为青年教师配备导师。

（8）开展现代教育技术讲座，组织教学经验交流会，开展教学观摩等活动，提高教师的授课水平与艺术。

在本次校教学工作会议上，人事处提交的《关于新时期加强我院教师队伍建设的意见》，以交流材料的形式印发，对当前和"十五"时期，加强教师队伍建设的工作重点和政策措施做了充分和具体的阐述，引起与会代表的重视，也为今后学校"十五"规划的制定和师资管理工作奠定了基础。

2001年7月，学校制定了《西安科技学院师资队伍建设"十五"规划》，提出了"以全面提高师资队伍素质为中心，以实施'高层次创造性人才工程'、培养中青年学科带头人和骨干教师为重点，坚持依法治教、深化改革、调整结构、内涵发展的方针。严格编制管理，强化岗位聘任，合理配置资源，改善教师待遇，形成人员职务和待遇能高能低、能上能下的激励竞争机制，创造有利于优秀人才成长和发挥才干的良好环境，形成结构合理、素质优良、富有活力的教师队伍，全面提高学校的办学质量和整体水平"的师资队伍建设指导思想。

"十五"期间师资队伍建设的目标：生员比和生师比分别控制在8∶1和15∶1；教师编制人数超过学校事业编制教职工人数的50％。高级职称人数控制在全校专业技术人员总数的35％以内，其中教师高级职称人数占到学校高级职称总数的70％以上。师资队伍中具有硕士及以上学位和攻读硕士及以上学位的人员占到70％以上；教授平均年龄降到50岁以下，副教授平均年龄降到40岁以下。培养和引进省部级及以上拔尖人才10人左右。

"十五"期间师资队伍建设的工作重点和政策措施：

（1）强化编制管理的约束机制。

（2）调整师资队伍结构，优化教师资源配置。

（3）强化教师培训，提高师资队伍整体素质。

（4）实施"高层次创造性人才工程"，加强骨干教师队伍建设。

（5）加强教师考核，强化教师职务聘任，逐步破除专业技术职务终身制。

（6）规范教师在外兼职。

校教学工作会议通过的《教学改革草案》和《师资队伍建设"十五"规划》是学校在"十五"期间，深化教学改革，加强师资队伍建设，努力构建结构合理、素质优良、富有活力的教师队伍的改革措施和纲领性的文件。据此，学校又先后出台了《关于加强我院教师队伍建设的几项措施》《优秀教师评选暂行条例》《教师引进与聘任工作实施意见》《教师资格条例》《教师岗前培训》《老教师指导青年教师工作的暂行规定》《教师报考在职定向研究生的规定》等一批配套的政策规定文件，对学校实施跨越式发展时期加强师资队伍建设发挥了十分重要的作用。

2004年7月，学校在经历了扩大规模、新校区建设、学校更名等跨越式发展后，站在新的高度和起点上，认真地"总结过去，规划未来"，做出了《西安科技大学2004～2018年教育事业发展规划》，在师资队伍建设上，提出了到2010年发展的主要目标是："实现两院院士零的突破，造就在国内著名、国际上有影响的学术、学科带头人5人左右，在国内本专业具有较大影响的学术、学科带头人50人左右，使核心骨干教师达300人左右。生员比和生师比分别控制在9∶1和17∶1；教师队伍中具有研究生学历的人员达到70％。"

从学校《2004～2018年教育事业发展规划》和学校《"十五"发展规划》对师资建设的要求和标准上我们不难看出，这次规划体现了学校站在了"大学"的标准和起点之上，提出了前所未有的目标和要求，也体现了学校新思维、新思路和与时俱进、敢为人先的办学理念。同时，这次规划也提出了

坚持以人为本,建设一流人才队伍的措施和任务。

2004年12月,学校接受了教育部本科教学水平评估专家组的实地考察和评估,评估结果为"优秀"等级。在长达一年多的"迎评促建"过程中,学校始终把师资队伍建设作为评估的重要内容,进行重点建设和评价。评估有力地促进了师资队伍建设,但通过全面、系统地回顾、总结和分析,也找出了学校师资队伍建设存在的困难和亟待解决的问题。

一是学校虽有一批代表相关学科领域较高层次的专家教授,但中青年拔尖人才明显不足,尤其缺乏大师级人才。

二是由于"文化大革命"前毕业的老教师相继退休,"文化大革命"中毕业的教师基本"断层",形成了46岁以上的教师不足,而35岁以下的教师逐年增加的局面。优化教师年龄结构和加强青年教师培养提高的任务非常艰巨。

三是在专业拓宽、改造、争取较快实现"多学科协调发展"的过程中,部分学科(专业)发展不平衡,个别新学科(专业)教师队伍相对薄弱。

四是我校所处的特殊地理、教育环境,客观上加大了争取国内外优秀人才的难度。

五是在教师队伍的思想政治素质、职业道德观念、业务素质及资源配置、聘任管理上也存在需要解决的差距和问题。

面对高等教育新的发展需要和学校师资队伍中存在的问题,2006年6月学校在全面完成"十五"规划的基础上制定了《西安科技大学"十一五"人才队伍建设规划》,提出了到2010年师资队伍建设的目标:建设一支结构优化、素质优良、师德高尚、富有活力、严谨笃学的教师队伍。实现两院院士零的突破,造就在国内著名、国际上有影响的学术、学科带头人5人左右,在国内本专业具有较大影响的学术学科带头人50人左右,使骨干教师达500人左右,并有一定规模的高水平人才资源储备。生师比控制在16∶1左右;教师队伍中具有研究生学历的人员达到75%以上;学缘结构进一步改善。

《"十一五"人才队伍建设规划》是学校在实现跨越式发展后,结合师资队伍建设的实际情况,按照科学发展观和"质量立校、特色兴校、人才强校"的战略发展思路提出来的纲领性文件,对进一步优化师资队伍结构、提高师资队伍素质、推动学校教学水平的提高具有重要的作用。

第三节 以青年教师为重点 全面加强教师队伍建设

"十五"时期是学校办学规模和学科专业发展的"高峰"时期,同时也是老教师退休,大量青年教师补充到教师队伍,实现新老换代的时期。如何把这些青年教师尽快地培养成能担任教学、科研重任,顺利实现新老教师交替,成了学校师资队伍建设的中心任务之一。

学校对教师队伍尤其是青年教师的现状有着清醒的认识和有力的培养措施。2000年6月,为造就一支能适应21世纪高等教育发展需要、具有较高思想政治素质和业务水平、具有较强教学科研能力和运用现代教育技术能力的教师队伍,学校制定了《关于加强我院教师队伍建设的几项措施》。

2001年7月,学校在师资队伍建设"十五"规划中明确指出"为适应学院招生规模和新专业急剧扩大而引进大量青年教师,影响到师资队伍结构及教学水平和质量,今后几年加强青年教师培养是我院师资队伍建设最急迫的任务之一"。并提出了"十五"期间师资队伍建设要"以全面提高师资队伍素质为核心,以培养中青年学科带头人和骨干教师为重点"。在确定教师编制时要考虑优秀中青年教师业务进修和在职培养。明确规定,学校每年投入100万元作为教师培训的专项费用,以5年为一个周期对中青年及骨干教师分别进行新教师岗前培训、教师专业知识更新与拓宽及教育教学能力培训、骨干教师攻读学位培训,并把参加培训同教师资格认定、职务晋升等挂钩,培训不合格

者,新教师不得认定教师资格,其他教师不得晋升、聘任专业技术职务。在实施"高层次创造性人才工程"中,鼓励支持中青年教师充分利用国家设立的"高等学校优秀青年教师教学和科研奖励基金""国家杰出青年科学基金""跨世纪优秀人才培养计划"等专项基金计划,开展教学科研攻关,促进我校年轻骨干教师和学科带头人的成长。此后,学校又先后出台了十几个配套补充文件,将师资队伍建设作为学校的一项根本性工作,列入议程,加大投入,保证政策措施的贯彻落实,使学校师资队伍的状况得到了明显的改善。

一、教师聘任与考核

1998年10月起,学校实行"校内人事制度改革"。学校制定了《西安矿业学院教学及实验技术人员聘任工作实施办法》和《西安矿业学院教师职务评审及聘任实施办法细则》,并首次编印了《西安矿业学院各系部教师编制方案及教师职务编制方案》等文件,在教师中实行岗位聘任制。

1998年,学校有教师及教学岗位上的工程系列人员共421人,第一阶段聘任上岗413人,落聘及缓聘8人,占约2%。实验技术人员92人,聘任75人,分流8人,落聘9人。分流和落聘人员占总数的18.5%。经过人事制度改革,实行全员聘任后,学校师生比为1∶9.7,教职工学生比为1∶4.5。

1999年学校制定了《西安科技学院教师工作考核办法》及其附件《西安科技学院教师年度考核表》。并于年底下发了《关于我校1999年度教师考核工作的安排意见》。从此,开始了我校对教师一年一度并与岗位津贴、岗位聘任等挂钩的年终考核工作。每年通过个人填写年终考核表、教研室集体评议、院(系部)和学校层层审查的程序进行教师考核工作,并将履行岗位责任情况纳入教师职称量化的考核体系。

二、教师资格认定

2001年10月,学校根据教育部和陕西省教育厅的有关文件精神,在全校首次进行教师资格认定工作。学校成立了教师资格认定工作领导小组,组长为韩江水;成员为杨更社、马宏伟、张爱明,负责全院教师资格制度实施的统筹、规划和协调。成立了"教师资格专家审查委员会",主任为赛云秀;成员为石平五、刘少亭、褚维盘、王志英、杨更社、马宏伟、张爱明,负责审查申请人教育教学能力的实际情况。

学校制定了《西安科技学院教师资格条例实施细则》和《西安科技学院首次教师资格认定工作中有关问题安排意见》。

2004年2月,学校印发了《西安科技大学教师资格教育教学能力测试标准及办法》,安排部署了对全校教师资格申请人员教育教学能力的测试工作。

2007年4月,由于人事变动,学校对教师资格认定工作的机构人员进行了调整。教师资格认定工作领导小组,组长为杨更社;成员为李树刚、柴敬、侯恩科、石磊。小组在人事处设办公室,由石磊兼主任。

教师资格专家审查委员会,主任为杨更社;成员为伍永平、侯媛彬、郭卫、褚维盘、孙红湘、李树刚、柴敬、侯恩科、石磊。

从2001年实施教师资格认定制度以来,全校共有851名在职教师申请认定高等学校教师资格,最终通过认定779人,其中首次认定307人,2004年认定183人,2005年认定109人,2006年认定106人,2007年认定74人。截至2008年,学校专任教师中获得高等学校教师资格的人数已占专任教师总数的90%以上,对学校教师人事制度改革、吸引优秀人才、优化及稳定教师队伍等发挥了重要作用。

三、教师岗前培训工作

西安科技大学的教师岗前培训工作开始于1997年6月,并举办了第一期青年教师岗前培训班。1998年为了进一步贯彻落实《中华人民共和国教师法》,确保新补充到我校的教师能够更好地履行教师岗位的职责,学校根据陕人事厅〔1997〕6号《高等学校教师岗前培训暂行细则》和陕教师发〔1998〕23号《陕西省高等学校教师岗前培训实施意见》的文件精神,制定了《西安矿业学院教师岗前培训办法》,并于1998年12月至1999年4月举办了学校第二期青年教师岗前培训班。聘请徐木彬、赖雄麟、叶江三位担任培训教师,对140名青年教师进行了三门课程计110学时的课程讲授培训,并统一参加了陕西省教育厅组织的"全省青年教师岗前培训结业考试",其中125人取得了"岗前培训合格证书"。

2000年4月,学校制定了《西安科技学院关于教师岗前培训的暂行规定》,进一步规范了青年教师的岗前培训工作,明确规定青年教师岗前培训班每年举办一期,开设"高等教育学""高等教育心理学""教师职业道德与教育法则"等课程,以授课为主,总学时不低于110学时。凡是1994年1月后补充到教师队伍从事教学工作的人员都必须参加培训,并取得全省统一考试的合格证书;岗前培训作为教师资格认定和职务聘任的依据之一,凡没有经过岗前培训的教师一律不得认定教师资格和晋升高一级职务。

2006年学校制定了《西安科技大学青年教师岗前培训课堂考勤量化打分办法》,岗前培训实行任课教师随堂考勤制度,进一步加强了对青年教师岗前培训的管理和考核。从1997年实施岗前培训制度以来,学校共举办了10期青年教师岗前培训班,培训青年教师900余人次,全校绝大多数教师参加过岗前培训并取得了岗前培训合格证书和教师资格证书。岗前培训使广大教师改进了教学方法,提高了教育教学水平,加强了师德师风建设。

四、建立"导师"制,加强青年教师的培养与提高

老教师指导青年教师是我校的优良传统,此项工作开展由来已久,已成为学校加强师资队伍建设的一项日常工作。尤其是扩招以后,随着补充到教学岗位的青年教师数量的急剧增长,坚持并完善导师制度,充分发挥老教师的传帮带作用,帮助广大青年教师站稳讲台,尽快过好教学科研关,对稳定和提高教学质量具有十分重要的现实意义。为此,学校分别下发了西科字〔2000〕85号《关于加强我院教师队伍建设的几项措施》和西科字〔2003〕12号《关于老教师指导青年教师工作的暂行规定》,使老教师培养指导青年教师的工作形成了制度,有了专门的规范。

从2000年起,学校组建了以"优秀教师"为核心的传帮带导师队伍,对新教师进行一对一的传帮带培养工作,培养一般以1～2年为期。培养教师均由各院系选拔推荐出来的具有副高以上职称、丰富教学经验、较高教学科研水平,且作风正派、品行端正、治学严谨的教师担任。

对青年教师的一帮一培养由学校作为任务下达,由各院系、教研室负责组织实施并督促、检查、考评。指导教师对青年教师教学科研水平的提高全面负责,帮助他们制订个人提高计划,落实培养措施。对青年教师在教书育人、教案编写、课堂板书、讲课方式、教学法研究、实验室建设思路、科研方法与程序等方面进行具体指导,定期检查并在年终写出考核评语。

学校鼓励并要求广大中老年教师担任青年教师的指导老师,发扬伯乐和甘为人梯的精神,为青年教师成长铺路搭桥。对完成任务的指导教师每年每人按20个标准学时计入工作量。

2005～2006年学校对老教师指导青年教师工作进行了全面的检查,成立了以毛开友、褚维盘、史正有、夏玉成等6位教学经验丰富、教学科研水平较高、治学严谨的老教师和人事处、教务处相关人员组成的检查小组,对15个院(系、部)的71名青年教师的指导工作进行了全面检查。

从2000年实施老教师指导青年教师制度以来,学校充分发挥中、老年教师的传帮带作用,对

400多名青年教师进行"一对一"的悉心指导,对帮助广大青年教师尽快成长方面具有积极的意义,具体见表3-7-6。

表 3-7-6　　　　　　　　　　　西安科技大学老教师指导青年教师简表

年度	指导青年教师人数
2000～2002	45
2001～2003	43
2002～2003	68
2003～2004	54
2004～2005	83
2005～2006	69
2006～2007	38
2007～2008	21

五、加大培养力度,优化学历结构

1998年以来,学校以全面提高师资队伍素质为中心,在精心选拔、积极引进的同时,采取多种措施,以中青年学科带头人和骨干教师为培养重点,加大培养的力度,努力提高教师的学位、学历层次,不断优化教师队伍学历学位结构,取得了显著的成效。

1999年6月,学校制定了《西安矿业学院关于教师报考在职定向研究生的规定》,鼓励35岁或40岁以下的中青年教师报考本人现从事的学科专业或学校发展急需的相近学科专业的硕士研究生、博士研究生。学校制定了减免工作量、支付培养费用、发放生活补助费等多项措施,激励中青年教师努力提高层次,以改善学校高学历教师的比重,满足教学、科研、学科建设对高层次人才的需要。

学校在"十五"师资队伍建设规划中提出,到2005年,"师资队伍具有硕士及以上学位和攻读硕士及以上学位的人员占70％以上"。要求"32岁以下具有本科学历的教师须在3年内考取研究生"。

2006年6月,学校《"十一五"人才队伍建设规划》对教师的学历结构提出进一步的要求,"教师中具有研究生学历的比例达到75％以上,其中具有博士学位的教师达到20％以上,重点建设学科具有博士学位的教师比例达到30％以上"。并从培养、引进两方面入手,制定了提高教师学历层次的措施,在政策导向和经费保障上均给予倾斜支持。

2007年1月,在新的形势和条件下,学校重新修订和印发了《西安科技大学关于教师报考在职定向研究生的规定》,继续支持鼓励中青年教师攻读高一级学历、学位,努力提升教师队伍的整体素质。

六、更新专业知识,加强教育教学能力培养

学校高度重视教师专业知识的更新、拓宽及教育教学能力的培养与提高,以跟上社会科技发展水平和学校学科专业发展的步伐,在"十五"师资队伍建设规划中也将其列为对教师培训的三大内容之一。学校每年均安排新建专业和拓宽改造老专业的教师,进行有计划的培训,时间一般为2年,使他们有针对性地更新或拓宽知识,以满足新建专业和老专业拓宽改造对教师教学科研能力的需要。

对于其他各专业的教师,学校则通过鼓励选派他们参加短期学习班、研究生同等学力班、学术

讲座、国内外学术会议、做国内外访问学者等形式进行培训。在进行专业培训的同时,学校还对教师进行了外语、计算机和现代教育技术等方面的培训,提高了教师的素质和国际学术交流的能力。

从1998年到2007年年底,学校每年投入大量资金用于教师的各种培训,年均培训50～60人次,通过业务培训更新了教师的专业知识,培养与提高了教师的教育教学能力,使受培训者在教学能力、科研能力、创新精神等方面有了显著提高。

七、鼓励拔尖人才脱颖而出

学校坚持"人才强校,人才第一"的理念,在着力提高师资队伍水平的同时,重视拔尖人才的引进与培养,强调"大师"及"拔尖"人才在学校教学、科研等方面的重要意义及作用。努力创造有利于优秀人才成长和发挥才干的良好环境,鼓励拔尖人才脱颖而出。

"十五"期间,学校实施"高层次创造人才工程",加强骨干教师队伍建设,提出"培养和引进省部级以上拔尖人才10人左右"。从2000年起,学校投入大量经费,认真贯彻实行西安科技学院〔2000〕第129号《院内津贴分配》和〔2001〕第001号《教学科研奖励和优秀拔尖人才政策》的规定,对优秀教师、拔尖人才发放工作津贴,并按其年度成果、业绩发放资助费。一系列鼓励政策的实施,极大地激发了广大教师的创新积极性,在核心期刊及以上刊物上发表的高水平文章有了较大突破,在国家级、省部级项目上的申报和获奖有了新的突破。一批教学和科研骨干脱颖而出,为学校的发展奠定了良好的人才基础。

八、优秀人才引进与教师特聘工作

1999年以来,在学校办学规模不断扩大,办学层次有所提高,学科、专业等建设取得新进展的情况下,加大引进优秀拔尖人才已成为优化师资队伍结构,提高师资队伍水平,适应学校教育事业发展需要的迫切任务。在人才引进和使用上,学校始终坚持培养和引进并重的原则和"不求我有,但为我用"的用人思路,引进和聘用了一大批优秀人才,为学校的教育、教学事业做出了重大贡献。

1. 师资引进工作

1999年为了吸引高知名度、学术造诣深的优秀专家和学有成就的留学归国人员、博士后、博士来学校工作,学校制定了《西安矿业学院引进优秀人才暂行办法》,对引进人员的安家费、住房、工作条件、科研启动费等制定了优惠的政策,并积极创造条件,逐项做好落实工作。

在《2004～2018年教育事业发展规划》和《2005～2010年师资队伍建设规划》中,学校继续坚持"内稳、外引,培养与引进并举"的原则,重视引进学科带头人和学术骨干及其他高层次优秀人才,并在生活、工作条件等方面为他们创造施展才华的良好条件。

学校以两院院士,50岁以下博导、正教授、有突出成就的留学归国人员及副高人员,博士及博士后人员,新专业及薄弱专业急需的硕士及副高职以上人员为引进重点对象,以推动学科和教师团队的发展。

以每年从各大学、科研院所选拔引进70～80名博士、硕士来校任教为措施,充实教师队伍,提高教师学历层次,并逐步淘汰和辞退不称职的教师,促进教师队伍质量的提高。

从1999年以来,学校投入1 000多万元,从高等院校、科研院所引进教师529人。其中,教授(研究员)7人,副教授(高工或副研究员)22人,博士26人,硕士308人。他们中多人曾在原单位任所长、室主任、系主任职务。引进的人才很快成为学校教学、科研骨干,不少被评为校级以上拔尖人才、学科带头人、优秀教师,他们在学校建设发展中发挥了重要作用。

随着学校教育事业的快速发展,社会声誉的逐步提高和社会人才供给关系的变化,2007年1月,学校依据《"十一五"人才队伍建设规划》修订、印发了《西安科技大学人才引进办法》,规定"按照学校发展总体规划,人才引进必须以学科专业建设、师资队伍建设的需要为依据,优先考虑重点学

科、博士点、拟申报的博士点、硕士点所需的高层次人才。人才引进要坚持标准,全面考核,严格程序,确保质量,特别要注重对人才的成果考核和发展潜力的考察。学校对引进的人才实行一定程度的政策倾斜,积极创造良好的工作、生活条件"。

新制定的人才引进办法,在新的形势和条件下,适应学校的发展和社会人才供给的变化,相应提高了引进人才的标准,加大了优惠政策的力度,规范了人才引进的办法、程序、考核等管理工作,对学校进一步吸引人才、用好人才、稳定人才,提高师资队伍水平,促进学科专业建设具有积极的意义和作用。

2. 师资特聘工作

人才引进是一个系统工程,具有形式和内容的多样性。学校始终坚持"相对稳定、合理流动、专兼结合、资源共享"的原则和"不求所有,但求所用"的观念,在充分调动校内教师潜能,积极引进优秀人才的同时,还以特聘形式广纳社会贤能来校工作,以完成特定的教学、科研任务。

在国家实施招生制度改革、实行高校"扩招"政策以后,学校的规模快速发展,教学工作量大幅增加,学校原有的教师一时难以完全满足教学任务的需求,从本校退休教师中和校外聘用合格教师来校任教是当时客观现实的需要。为了规范这一工作,2002年6月,学校制定了《西安科技学院教师引进与聘用工作实施意见》,文件中明确指出学院教师队伍由专职教师和兼职教师两部分人员组成。"十五"期间,学校将建成以专职教师为主体,兼职教师为重要组成部分的高水平的教师队伍。学校和各二级院系均成立了聘用管理机构,根据教师总量和工作任务给各单位下达了聘任兼职教师的数量目标,明确了各业务主管处室和二级院系分工负责的管理办法。

到2007年年底,学校聘请了200多位师德高尚、学术造诣深、工程实践经验丰富的专家、教授,建立了一支高水平的兼职教师队伍,他们在教学中展示了不同的学术流派,渗透了新颖的学术观点,显现了迥异的讲授风格,为学校的教学注入了生机和活力。

九、教师系列职称评审工作

1996年,学校在总结了多年教师职称评审工作经验的基础上,印发了《西安矿业学院教师职称量化评审办法》,开始在教师职称评审中实行量化管理。在职称评审中,该办法从教学工作、科研工作、教学科研成果及奖励等方面进行量化计分,较为科学、准确地评审和反映出了申报人的水平和状况,使评审工作更加合理、规范,充分发挥了职称评审工作的导向和激励作用。1996～2008年,经量化评审,学校破格晋升教授、副教授14人。

由常心坦教授、韩江水教授主持的"西安矿业学院教师职称量化评审办法的探索与实践"教改项目获得了1999年陕西省高校优秀教学成果一等奖,多所院校前来调研,影响较大。

2003～2007年,学校给898名教师评定、晋升了职称,其中晋升教授60名,副教授116名,讲师383名,助教339名。

从2007年起,为了配合二级管理,学校将中级、初级职称评审放在学科组进行。同时为了突出学科组的作用,将副高职称也基本上放在了学科组进行,以使评审的结果更加合理、公正,为二级管理奠定了良好的基础。

十、普通话的培训和测试工作

学校重视教师普通话水平的提高及使用,以保证授课的质量和效果。在培养青年教师的"四个一工程"(一口普通话、一笔好板书、一份好教案、年均一篇教学心得或教改论文)达标评选中,将一口普通话列为重要内容之一。2003年3月,经陕西省教育厅陕教基〔2003〕35号文件批准,在陕西省四所大学中成立"普通话水平培训测试工作站",我校为其中之一。工作站设在人事处,现有吕晓军、吕勤勇、吴霄、廉武卫等7名省级测试员。学校印发了《西安科技大学普通话水平培训测试实施

办法》《西安科技大学普通话水平培训测试工作站普通话水平测试规程(试行)》等一系列政策规定，并已连续进行了4期普通话水平培训测试工作(表3-3-7)。"工作站"的成立从根本上解决了我校申请认定教师资格人员的普通话水平培训测试问题。2003年以来，工作站根据统一的标准和要求，开展了大量的工作。

表 3-7-7　　　　　　　　　　　　　2004～2007年普通话测试情况

年度	测试人数/人	一级乙等/人	二级甲等/人	二级乙等/人
2004	187	41	68	78
2005	108	23	49	36
2006	76	24	27	25
2007	47	16	19	12

根据需要，学校人事处利用节假日适时开展了面向全校学生的普通话测试活动，受到了欢迎和好评。

第八章　对外合作与交流

第一节　建立关系与中外互访工作

1998年,学校在巩固原有的国际校际合作关系基础上,续签了与日本鸟取大学的合作协议,与澳大利亚中吉普斯兰理工学院、乌克兰阿廖尔大学先后签署了建立校际合作关系备忘录。

院长徐子善率团访问澳大利亚中吉普斯兰理工学院和莫那什大学,副校长常心坦率团出访美国密苏里罗拉大学、美国密西根技术大学。

美国密西根技术大学、密苏里罗拉大学,荷兰国际航测仪及地球科学学院,俄罗斯莫斯科大学、图拉技术学院,澳大利亚南澳大学、中吉普斯兰理工学院,日本鸟取大学以及我国台湾品质协会的专家和代表团应邀来学校进行学术交流与合作。

1999年,院长徐子善率团访问荷兰国际航测仪及地球科学学院,续签了学校与荷兰国际航测及地球科学学院的校际合作协议,两校的合作进入新阶段。党委副书记赛云秀率团访问美国密苏里罗拉大学,确定了两校教学科研合作细则。

俄罗斯图拉技术学院的专家代表团,美国密西根技术大学、密苏里罗拉大学、杨百翰大学,日本鸟取大学、京都大学、九州大学和荷兰国际航测仪及地球科学学院的专家和学者来学校举办学术讲座,报告会10余场次。约4 000名师生出席报告会并参与了交流讨论,同时,外国学者还赠送学校一批教学科研资料。

2000年,荷兰教育、文化和科学大臣赫尔曼先生访问中国,会见和宴请了常心坦院长,表示支持荷兰国际航测仪及地球科学学院与学校的合作,希望两校合作进一步扩大,为两国的建设和发展做更大的贡献。学校邀请荷兰国际航测仪及地球科学学院两个代表团先后来校访问,签署了学术交流合作细则,开展了科技项目的研究和交流。荷兰学者举办学术讲座4场,2 000多名师生出席了讲座。

法国歌德大学与学校外语系在西安合作举办"德语教学研究讨论会",国内外百余名德语教学专家出席了会议。澳大利亚教学协会、美国钢铁公司、洛克费尔公司等国外机构分别派代表访问学校,寻求合作。

学校还与美国世界经济文化交流协会、特鲁伊州立大学签署了协议,合作开展"1+2+1中美人才培训项目"。

2001年,4批国外院校及教育机构10余人访问学校。学校邀请和接待了澳大利亚莫那什大学、中吉普斯兰理工学院,马来西亚王子学院,美国亚拉巴马大学、北卡罗莱那州立大学,波兰克拉科夫矿业大学,美国驻华大使馆等10余个代表团,并与他们就展开各种交流与合作进行了广泛的探讨。

2002年,学校邀请和接待了美国大学代表团,10余位美国大学校长和校级领导来学校访问交流。访问中,卢建军副院长代表学校与美国的匹兹堡大学、新墨西哥州立大学、威廉·姆佩恩大学等4所大学的校长签署了协议,建立了正式的校际合作关系;双方同意在平等、互利、共同发展的基础上,合作开展教育、科研和人才培养的交流合作项目。

2002 年 4 月,澳大利亚中吉普斯兰理工学院院长柏迪教授访问学校,双方校领导在合作交流几年后签署协议,两校正式建立了校际合作关系。同年,澳大利亚莫那什大学,美国密苏里罗拉大学、北卡罗莱那州立大学等派团访问学校,双方在相关领域开展了交流与合作。

2003 年,由于"非典"的影响,计划来访的外国团体、学者取消了计划和行程。为了争取主动,常心坦校长率团赴美国 4 所大学进行考察;下半年,党委书记王斗虎等校领导率有关职能部门 10 余人赴港澳 5 所大学调研。

2004 年,学校与美国匹兹堡大学、北卡罗莱那彭布罗克大学,加拿大温哥华理工学院、道哥拉斯学院等 4 所大学建立了合作关系。学校延长了与日本鸟取大学的校际关系。

学校邀请了美国密苏里罗拉大学、匹兹堡州立大学、北达科他州立大学,英国 BBC 代表团,加拿大加成荣誉教育集团代表团等 15 个代表团 60 余位外国学者到校交流。举办各类学术报告会 10 余场次,6 000 余名师生出席了讲座。

2005 年,为了促进中美两国大学间的交流与合作,探索中美大学学历学分互认的可能性,实现中外教育接轨,学校与中国国际交流协会联合在西安成功举办了"第二届中美大学学历学分互认国际研讨会"。30 余位美国大学校长、国际部主任,50 余位中国大学校级领导出席了会议;中外领导和专家就中美两国大学之间的交流与合作及中美大学间的学历学分互认问题进行了广泛的探讨和交流,签署了 20 余份科教合作协议,这是学校历史上举办的第二次大型国际会议。

学校组织了 8 位院系领导和业务骨干由王斗虎书记带队赴美国哈佛大学、麻省工学院、北卡罗莱那州立大学等著名大学调研和学术交流,两周时间走访了 5 所美国大学。

2006 年,学校与美国北亚利桑那大学、加利福尼亚州立大学,韩国易学汉语学会、德溪学院等 5 所大学或教育机构建立了正式的校际合作关系。与日本鸟取大学续延了校际合作协议。

同年 11 月,苏三庆校长率领"教育部 1+2+1 中美人才培养项目大学校长代表团"赴美调研,访问了 9 所大学和教育机构,接受了当地电台、电视台的采访,签署了合作协议。10 月份,卢建军副校长代表学校出席了中国职工对外交流中心的"创新——中美教育合作研讨会"并做了大会主题发言。

2007 年,学校发展了新的合作关系。美国邵尔大学校长、波兰理工大学校长、美国东华盛顿大学校长分别率代表团访问学校。同时学校与美国东新墨西哥大学、波兰理工大学建立了校际关系,双方在教学、科研和人员培养等领域开展合作。2007 年第四季度,学校与日本鸟取大学联合在学校召开"中日双边电子电气信息工程学术讨论会"。来自双方学校的 70 余名学者和专家汇聚一堂,就电子、电气和工程信息领域的技术问题和取得的成果进行了广泛交流和研究。会议收到论文 27 篇,大会交流 17 篇,涉及通信工程、图像处理、电子控制与机器人、工业应用、计算机科学等五个方面。会议促进了双方的友谊,加强了中、日高校之间的合作与交流。至此,学校与 23 所境外友好院校和教育机构建立了稳定的关系。

第二节　合作项目与外聘工作

1998 年,在对外交流合作的基础上,学校聘请国外客座教授 2 名,开展了 4 项国际合作项目:① 新型岩石掘进机的研制;② 掘进机设备配件研制;③ 煤矸石的加工;④ 煤炭生产系统图形符号及流程图国际标准研究。

1999 年,学校的国际合作项目研究取得重大进展。国家外专局重点资助的学校与俄罗斯国立图拉技术大学合作研制的"新型岩石掘进机研制"项目,通过了有关部门的技术性能评估,投入样品生产。"煤炭生产系统图形符号及流程图国际标准研究"取得令人满意的进展,该标准符号被国际标准化组织所接受,拟作为国际煤炭生产的标准符号。

2001年,学校根据自己的特点与教学的需要,在外事经费非常紧张的情况下保证重点,先后聘请长短期外国文教专家近20位。外国专家在学校举办学术讲座10余场,6 000多名师生出席了讲座与学术讨论。语言专家为187名硕士研究生、13名博士研究生讲授了英语课。国外友人、专家赠送学校一批有研究价值的图书、资料、计算机软件等资料。

学校2001年与国外开展合作研究项目4项,其中3项已完成或取得了阶段性成果;学校与俄罗斯国立拉图技术大学合作开发的"新型岩石掘进机"的研制工作通过技术鉴定,产品投放国内外市场,供不应求。

2003年,学校借助更名的良好契机,利用现代媒介宣传学校,动员组织教授专家积极申报国家专家局自主引智项目,并将学校有关科研项目登载在教育部网站上,将学校希望与国外合作的项目登载在学校的网上。南非金山大学、澳大利亚的教授看到网上学校的项目先后来学校交流,寻找合作项目。同时,学校与奥地利格拉兹工业大学的合作项目"HCI环境中氢氧化钠微粒对水汽的吸性研究"完成实验4次(12个月),取得了重要的研究数据,合作研究取得阶段性成果。

为结合学校教学评估,2004年6月份,学校特邀请美国北达科他州立大学机械系主任张博曾教授给学校的二级院系领导做关于美国本科教育评估的专场报告,张教授全面介绍了美国本科教学评估,并就学校教学评估中应该注意的问题提出了一些难得的建议和意见。同时,双方就本科教学评估中的问题和对策进行了讨论。

学校关心外籍专家和外籍教师,改善他们的生活工作条件和设备,提高待遇。利用网络、国际关系等渠道联络外籍专家人选,专家的质量和水平明显提高;聘请的专家平均年龄47岁,基本为硕士学位,具有丰富的英语教学经验和教授非英语国家学生的经验。为促进外籍专家的教学工作,学校对外教进行学期教学水平评估,评估的结果作为学校下年度续聘的参考。

2004年,学校获悉国家外国专家局引进国外智力办公室征集国际合作项目的消息,积极组织教师申报,全省共批准国际合作资助项目4项,学校占其中2项,徐精彩与奥地利、宁仲良与俄罗斯的合作项目得到国家外国专家局的资助。

2005年,学校根据教学科研发展的需要,聘请了7人次长期外籍专家担任博士、硕士研究生和外语本科生的专业英语课,双语教师和优秀学生的英语培训课程,同时邀请了50余位短期外国专家来校进行学术交流,举办各类学术报告会20场次,5 000余名师生出席了讲座、座谈和交流。

学校能源学院组织参与教育部"春晖计划"和引智项目,与国外联合申报合作研究项目2项。学校能源学院与奥地利仪器制造与机械加工和燃料技术研究院的合作项目以及和德国的合作项目"中国北方煤田火灾防治项目"经过研究人员潜心研究和实验,取得阶段性成果。有关成果论文在国内外重要刊物发表。

2006年,随着学校国际交流与合作的加强,外聘的外籍专家教师和外籍专家人数明显增加,质量明显提高。2006年来学校任教和交流的专家达到70余人,基本为博士和教授,其中不乏国外知名教授和学者。2006年,学校和各学院聘请的国外客座教授人数比上年增加了5%。

2007年,学校邀请接待的国外学者、专家比2006年增加30%,达到近百人。聘请外籍客座教授7人。应邀来访的外籍人员的职别、级别和学术水平明显高于往年。

第三节　联合培养与留学进修工作

2000年,学校国际交流工作的重心逐步以外事接待为主转移到开展实质性的学术合作与交流。2000年年初,学校与教育部中国教育交流协会、中教国际交流中心,美国世界经济文化交流协会以及美国特鲁伊大学等机构合作开展本科生的联合培养"1+2+1中美人才培养计划项目"。联合培养项目可使学校的优秀学生在校期间有机会获得赴美国留学,在4年本科的学习中获得中美

本科双学位,成为社会急需的国际化复合型人才。

经过学校和美国几所大学近一年的不懈努力和工作,2001年8月,学校首批14名在读优秀本科生赴美国大学学习。

2002年,学校积极开展本科生联合培养项目,学生踊跃参加,经过严格挑选,20名学生入围,但是由于美国大使馆对所有"1+2+1"中美人才培养计划学生拒签,学生们未能按计划赴美留学,学校与美国大学之间学生合作培养计划遇到前所未有的困难。

2004年,考虑到前两年学校与美国大学联合培养项目遇到的困难,学校采取了新的措施: ① 通过问卷的形式,了解学生及家长对联合培养项目的态度和意见。学校发出问卷4 000多份,基本全部收回,家长和学生对此项目表示感兴趣。② 联系除美国以外的其他国家院校,确保学生的签证有灵活的选择。学校联系了一所加拿大的代理机构和一所英国大学作为"1+2+1"项目的替补院校。

2005年,中美大学学生合作培养项目——中美双学位项目取得突破性进展。在过去几年学生被拒签的基础上,学校分析了项目面临的困境和原因,做了大量的挽救工作,经过努力,当年近50名学生申报项目,经严格审核,录取了14名优秀学生,通过英语培训,13名学生取得美国签证,另一名改派加拿大公立大学学习。

2006年,随着学校在国际教育领域知名度提高,愈来愈多的国外大学乐意录取学校的学生,同意接受学校的学分转移和交换,学校的学生和毕业生出国留学的渠道越来越宽广。到2006年底,国外与学校开展学生合作培养,接受学分转移和交换的国外大学增加到9所。当年学校通过国际交流中心出国留学、进修人数达到23人。

2006年,学校逐步将国际交流的重心转移到教学科研一线——二级教学单位。在国际交流中心的联络和协作下,外语系教师出国3人(次),计算机系、通信系和化工系教师出国进修3人(次)。

在做好中美人才培养项目的同时,学校利用自己的国际教育资源,探索开展中外合作培养工作。学校与英国赫德斯菲尔大学、蒂赛德大学,澳大利亚维多利亚大学多次联系、商讨、交流,探讨合作办学事宜,3所大学与学校达成合作培养本科生和研究生的正式协议。学校选送一名硕士生和两名本科生赴英国赫德斯菲尔大学攻读博士和硕士学位,其中两名拿到该学校奖学金,另一名在校级年度考试中名列第一,为此英国大学向学校发贺电表示祝贺,并表示愿意与学校开展"2+2"形式的合作办学。

开展学生的中外联合培养,中外学校课程衔接和中美大学共同教学计划的制订是至关重要的。2007年,学校在与美国各大学合作制定共同的本科教学计划方面进行了探索和实践,学校翻译制订出西安科技大学7门四学年的课程培养方案。经过中外大学教务部门、学科部门和有关学术、学衔委员会认可,已成为双方共同教学课程。

2007年,学校还举办了首届国际学生中国历史文化研修班,来自美国大学的15名师生参加了研修班的学习。

2007年,学校的中外联合培养取得较大的进展,中美人才培养项目12名学生完成国外学业返回学校。同时,学校与英国赫德斯菲尔大学和蒂赛德大学开展学生交流项目双方互认学分和实现了学分转移,至此学校与美国和英国的11所大学开展了学生联合培养项目。

第四节 外事、外专与外教工作

学校的国际交流工作一直围绕着为学校的教学科研服务而进行,为学校的发展、走向国际化服务。随着国际交流和合作的增加,2002年学校对外事机构进行了调整,将外事办公室由院长办公室剥离,在外事办公室的基础上成立学校国际交流中心,负责学校的对外交流和合作工作。国际交

流中心由主管院长直接领导,处级建制,编制 5 人。

国际交流中心按照国家的法律法令和外事政策制定和完善了学校的外事规章制度和办事程序,对所属人员进行了短期业务培训,进行了详细的分工,确立了岗位职责,建立了岗位责任制,从制度上保障了学校的国际交流与合作工作的法规化、制度化。

2003 年,学校国际交流中心的精力主要集中在应付突发事件上。上半年,"非典"流行,对常住学校的外专、外教影响较大,有些专家提出提前终止合同的想法。学校的涉外人员采取了有效的对策,进行了及时的安排。多次去外专、外教的住处访问,宣传国家防疫政策,劝说他们尽量少外出甚至不要外出,还把国际交流中心领导和主管人员的手机号码和电话号码告诉他们,使他们的思想和情绪得到稳定,保证了教学工作正常进行。

10 月份,西北大学日本留学生下流表演引起了学生的义愤,社会上一些别有用心的人乘机制造混乱,有人冲击校园,殴打外国人。这些行为对学校的外专、外教的思想有所影响。为稳定外专外教的思想和情绪,学校的涉外人员主动与他们接触,进行思想交流,说明事实真相,并组织有关人员对外专、外教的住宅环境进行了全面安全检查。

为了防止和妥善处理突发事件,学校制定了《西安科技大学涉外突发事件处理办法》等 13 种外事规定和制度,明确了学校各个部门的责任和学校处理突发事件的程序,列举了各个负责人的联络方法和手机号码,从制度程序上保证了对突发事件的防止和处理。

同年,学校对外籍专家的聘请、管理分工、经费的使用等工作制定了详细的规定,并以文件形式下发全校,保证了学校的涉外工作实现法规化、制度化。

2004 年,教育部对学校本科教学水平评估,国际交流与合作始终围绕这一核心展开工作。对外交流重实际,讲效益,坚持"发展才是硬道理"。学校在做好短期专家工作的同时,注重常住外籍语言专家的聘请和管理。学校听取在任外籍专家对学校有关教学和发展的意见和建议,大力改善外籍教师公寓的条件和设备,提高他们的待遇。

为扩大中美两国大学的教学交流,提高学校本科生的英语水平,学校和美国密苏里罗拉大学通过网络开展远程英语试教学,时间由 2004 年 10 月初到 11 月底。

为配合国家英语教学重点由阅读向听说转变,学校举办了首届外籍专家英语听说提高班,受到学生的广泛欢迎,开班后不断有学生参加,参加的人数超过了预定的计划指标。

2004 年 4 月,学校开始建立自己的英文网页,国际交流中心利用业余时间和暑假,经过半年的工作,10 月初在陕西省专家组进校前,英文网页与师生们见面,在制作英语网页的同时,对学校本科生的课程设置、课程描述、教学大纲进行了翻译和印刷,总计 1 950 门课,印刷 120 页。

2005 年,学校重点关注常住外专、外教的安全问题,为外籍专家购买了意外伤害保险,办理了校内就医卡;同时,加强了专家的健康检查。学校重视专家住所和人身财产安全防范,定期就生活安全等问题与外专、外教进行交流与沟通,通报西安地区的治安状况。国际交流中心与保卫处、后勤公司等部门联合不定期检查专家住所的水、气、电安全状况,确保了常住专家人身及财产的安全。

2006 年 10 月,学校国际交流中心代表学校参加了教育部 2006 年教育年会和教育论坛,并在会上做了特邀发言,介绍了西安科技大学国际合作项目的开展情况和 2007 年美国大学生夏季来学校历史文化培训的计划安排。同年,学校开展了领导干部英语培训、优秀学生英语培训,同时筹划开办院系翻译人员培训班,解决各院系外事接待中翻译短缺的问题。

2007 年,学校召开了年度国际交流工作会议、留学生回国人员座谈会、外国专家会议等一系列会议。会议强调学校坚持国际化方向的决心和学校国际化的重要性,公布了有关资助政策,通报了学校的国际交流资源和信息,为做好学校下一阶段国际交流与合作工作奠定了良好的基础。

第五节　校友会工作

一、组织机构

2002年4月,学校成立了西安科技学院校友联络总会办公室。该办公室挂靠院长办公室。

2005年7月,学校决定将西安科技大学校友联络总会与校长办公室脱钩,成为独立编制的处级单位。

二、宗旨与职责

校友联络总会的宗旨:在认真执行党和政府各项方针政策的前提下,在校党委、行政的领导下,加强国内外校友与母校、校友之间的联系,增进友谊,互通信息,加强科技合作,促进教育、科技、文化、经济等多方面的联系。发扬西安科技大学的优良传统,发挥广大校友的人才优势,促进学校的改革与发展。

校友联络总会办公室的职责:认真做好联络、接待和服务工作。校友会的工作始终贯穿一个"情"字,即母校情、师生情、校友情,同时还要体现"服务"两个字。

三、内涵建设

学校校友联络总会办公室成立以来,先后整理收集了校友的各类信息,建立了校友信息数据库,编辑了校友通讯录。协助各地校友成立了西安科技大学各地校友分会,耐心地做好校友的各类咨询服务(包括子女上学、业务联系等),建立并更新了西安科技大学校友联络总会办公室的网站,完善了学校与校友之间互相交流的平台。完成了《西安科技大学校友联络总会章程(草案)》的起草;完善了校内二级单位校友联系工作制度及岗位职责,各单位均确定1名联络员;编辑出版了西安科技大学校友联络总会办公室的刊物《西科大风采》。

四、组织和联络工作

校友联络总会办公室成立以来,参与了学校的各类重大活动。在学校更名大学的挂牌、本科教学水平评估、学校五十周年校庆筹备工作中,多次联系校领导访问各地校友,并及时向校领导及各个部门提供校友信息。在学校的支持下,由校友联络总会办公室牵头,与校工会、学工部共同发起了西安科技大学校友资助贫困学生基金,并制定了募集和发放办法,目前已募集捐款近9万元。近两年,校友联络总会办公室人员多次联系并陪同校领导及部分二级单位领导赴全国各地回访广大校友,建立了近30个校友分会。每年组织、协调毕业校友返校聚会20多次。2008年5月12日,四川汶川发生8.0级强烈地震后,校长苏三庆代表学校立即向四川校友发出慰问信,校友联络总会办公室也多次与四川灾区骨干校友电话联系,询问灾情,并在学校网上发出慰问信。

第九章 党的建设和思想政治工作

1998～2008年,全校共产党员和师生员工,在上级党组织和校党委的领导下,认真贯彻党的十五大、十六大和十七大精神和党的教育方针,紧紧抓住国家实施科教兴国和人才强国的战略机遇,坚持以育人为中心,深化教育教学改革,精心组织开展博士单位申报与博士点建设、国家重点学科申报与建设、国家重点实验室申报与建设、新校区建设、本科教学工作水平评估和二次学校更名等工作,积极探索建立现代大学管理体系,坚定不移地加强党的建设,大力加强和改进思想政治工作,大力弘扬"胡杨"精神和优良校风学风,着力推进学校科学发展、和谐发展。

第一节 党的思想建设

以理想信念为重点,切实加强思想理论建设。全校共产党员和师生员工始终坚持用马克思主义中国化最新成果武装头脑,不断巩固马克思主义在学校意识形态领域的指导地位,坚持社会主义办学方向,坚决贯彻落实党的教育方针;始终坚持围绕学校改革发展稳定大局,围绕人才培养、科学研究、服务社会,围绕揭批"法轮功"的斗争,围绕国际上出现的几次重大事件等方面切实加强党的思想建设和思想政治工作,使党的建设与学校教育事业发展紧密结合、协调推进。

1998年,校党委紧紧抓住国家高等教育管理体制改革和快速发展的机遇,围绕培养社会主义事业建设者和接班人这一根本任务,迅速在全校共产党员和师生员工中开展了教育思想和教育观念大讨论,为学校适应管理体制改革、促进跨越式发展和更好地为西部大开发服务奠定了坚实的思想基础。1999年12月,学校成功地召开了"第三次教育工作会议",明确了学校教育教学改革的指导思想与目标,出台了一系列教育教学法规性文件,为学校建设与发展指明了方向。

2000年9月至12月,我校校级领导班子、领导干部成功地进行了集中"三讲"教育,全面完成了"三讲"教育的各项任务,使校级班子成员和全体处级领导干部接受了一次马克思主义、毛泽东思想特别是邓小平理论的再教育,思想认识有了明显的提高;增强了贯彻执行党的路线、方针、政策的自觉性,政治上有了新的进步;受到了一次党的群众路线和群众观点的再教育,宗旨意识有所增强,工作作风进一步转变;经受了一次党内生活的严格锻炼,党性原则和政治意识、大局意识、责任意识、忧患意识明显增强;发展思路、工作思路更加清晰,密切了党群、干群关系,增强了改革、创新的意识,为学校加快改革发展步伐、推动整体工作上水平奠定了坚实的基础。

2005年5月至12月,我校各级党组织和2 292名党员认真参加了陕西省第二批保持共产党员先进性教育活动,强化思想认识、宣传发动、组织学习、把握关键、整改措施等"五个到位",确保了先进性教育活动有序开展;坚持把学习教育、加强领导、督导检查和高标准严要求等"四个贯穿始终",确保了学习教育活动取得实效;充分发挥领导干部的带头示范作用、思想工作的引导作用、严格制度的保证作用等"三个作用",确保了学习教育活动不流于形式,使"广大党员的素质得到了进一步提高,全校各基层党组织的凝聚力、战斗力得到了进一步增强,各级党组织和广大党员服务人民群众的宗旨观念有了进一步增强,学校各项工作得到了进一步促进"。在先进性教育活动中,学校广泛深入开展了向优秀共产党员徐精彩同志学习活动。学校组成了徐精彩先进事迹报告团,建成了徐精彩先进事迹展览馆。校内先后有14 000余人听取了事迹报告,有近20 000人参观了先进事迹

展览,各级党组织结合实际开展了各具特色的主题实践活动。宣传部郭连江和陕西日报记者共同撰写的《知识报国一生精彩》长篇通讯被评为(全国)第二批先进性教育优秀新闻作品。中共陕西省委、教育部党组、学校党委分别做出"向徐精彩同志学习"的决定。中央电视台、新华社、人民日报、光明日报、中国广播电台、经济日报、中国青年报、中国教育报、中国煤炭报、陕西日报、西安晚报等媒体连续报道徐精彩先进事迹和我校学习活动80余篇。11月8日,在中共中央政治局常委、国家副主席曾庆红主持召开的陕西省党政领导干部座谈会上,我校作为全省教育系统的代表,在会上专题汇报了先进性教育活动的开展情况。

2006年,以贯彻落实中央《关于加强党员经常性教育的意见》等四个先进性长效机制文件为契机,坚持开展保持共产党员先进性的经常性工作,坚持把先进性教育活动中创造的有效做法和成功经验固化为规章制度,以推行基层党组织和党员推行承诺制为重点,教育引导基层党组织和广大党员认真实践"三个代表"重要思想和全心全意为人民服务的根本宗旨,进一步密切党同人民群众的血肉联系,不断提高党员队伍的整体素质和办学能力。2006年11月至2007年6月,校党委在电控学院党委、能源学院党委、机关党委、总务党总支、后勤公司党总支等5个基层党组织进行承诺制试点,为全校推广进行了实践探索和经验积累。在总结试点单位经验的基础上,2007年10月16日校党委会研究通过了《西安科技大学全面推行基层党组织和党员承诺制实施方案》,决定从2007年11月起在全校全面推行基层党组织和党员承诺制。

2007年11月,校党委印发了《关于学习贯彻党的十七大精神的通知》,在全校迅速掀起学习贯彻十七大精神和落实科学发展观的新高潮。通过深入扎实地学习,广大党员干部、师生员工提高了对中国特色社会主义理论体系特别是科学发展观的历史地位和重大意义的认识,增强了广大党员和干部实践"三个代表"重要思想、贯彻落实科学发展观的自觉性和坚定性,增强政治意识、大局意识、责任意识和做好工作的积极性和主动性,有力地促进了学校又好又快发展。

第二节　党的组织建设

以造就高素质党员、干部队伍为重点,切实加强党的组织建设。校党委始终坚持抓基层、打基础,重视在优秀青年知识分子和中青年学术骨干中发展党员,充分发挥基层党组织的战斗堡垒作用和党员的先锋模范作用;始终坚持围绕中心、服务大局、拓宽领域,充分发挥党的政治优势和组织优势,不断增强党组织的凝聚力和战斗力,为学校长期保持快速发展和稳定和谐提供了坚强的组织保障。

校党委始终以改革的精神,推进规模、质量、结构、效益协调发展。1998年,学校在陕西省率先进行了一次大规模人事制度改革,有17名处级干部、29名科级干部未被聘任,有40余名处级干部进行了轮岗交流,有6名博士被选拔到处级干部岗位,有50名一般人员落聘下岗;同年又在全校推行教学科研、管理保障、后勤服务和校办产业"四条线"独立核算的财务管理办法。2000年,学校进行分配制度改革,进一步加大分配向教学科研一线人员倾斜、向优秀人才倾斜、向骨干人员倾斜的力度,拉开分配差距,创造了有利于人才成长和发挥才干的良好环境;同年又按照产权明晰、校企分离、自主经营的原则,对校办企业进行了改制,成立了后勤公司和西科产业公司,科技产业化、后勤社会化改革迈出了实质性步伐。2002年,学校进行了校院两级管理体制改革,组建了能源科学与工程学院、管理学院等6个学院,构建了临潼校区管理模式;2005年,学校开始将办学重心向临潼校区转移;2008年,进一步深化了校内管理体制改革,将研究生教育、本科教育重心向院(系、部)转移,成立了地质与环境学院、外语学院、艺术学院等9个学院,进一步增强了办学活力。同时学校党委根据改革发展需要和党建工作实际,合理设置、调整基层党组织,按期进行换届选举,注意选配好总支书记和党支部书记。截至2008年6月底,我校共有28个分党委(党总支、直属党支部)、178

个党支部。

校党委始终把党总支、党支部建设作为党建工作的重点来抓,采取切实有效的措施,深入、持久、扎实地推进基层党组织建设。1999年4月,学校开始在全校基层党组织建设实行目标管理,先后制定了《西安矿业学院党总支建设目标管理方案(试行)》《西安矿业学院党支部建设目标管理方案(试行)》《西安科技学院基层党组织目标管理考核方案(试行)》《中共西安科技大学委员会关于进一步加强教职工党支部的若干意见》等一系列规章制度,不断规范党内工作制度、严格党内生活,初步构建了责任明确、领导有力、运转有序、保障到位的工作机制,基层党组织的战斗力、凝聚力和创造力不断增强。校党委十分重视党内激励、关怀、帮扶机制建设,始终坚持每年正月初一、"七一"等重大节日走访慰问中华人民共和国成立前入党的老党员、老红军和离退休老领导,坚持关心和爱护基层干部和生活困难的党员、干部,对生活困难的党员、干部落实帮扶措施。校党委始终坚持每年"七一"通过开展丰富多彩的纪念活动,激励广大党员干部回顾党的光辉历程、牢记党的光荣历史、发扬党的优良传统,增强了共产党员的光荣感、责任感和使命感,促进了学校的建设与发展。

校党委始终遵循"坚持标准,保证质量,改善结构,慎重发展"的方针,着眼于保持党的先进性,坚持不懈地做好党员发展工作,切实加强党员队伍建设,特别重视在优秀青年知识分子和中青年学术骨干中发展党员,通过党校等各种渠道加大对入党积极分子的培养力度。1998年至2008年6月底,全校共发展党员8 776名,递交入党申请书的学生平均占全校学生总数的76.8%。广泛开展了党内的创先争优活动,涌现出一批先进基层党组织、优秀共产党员和优秀党务工作者(表3-9-1)。特别是优秀共产党员、我校校长助理徐精彩教授遇车祸不幸因公殉职后,校党委、陕西省委、教育部党组分别做出决定,号召全校、全省、全国广大教师和教育工作者向徐精彩同志学习,中央电视台、中央人民广播电台、人民日报等媒体也报道了徐精彩教授的先进事迹,在全国引起了强烈反响。2008年"5·12"四川汶川大地震发生后,我校各基层党组织充分发挥党的战斗堡垒作用,广大党员发挥先锋模范作用,积极捐款、献血、志愿服务、交纳抗震救灾"特殊党费",不断奉献真情,用自己的实际行动支援抗震救灾工作,截至6月1日,我校4 298名共产党员共交纳"特殊党费"35.818 7万元。

表3-9-1　　　　　　1998~2007年表彰先进基层组织和党员情况一览表

序号	年度	先进分党委(党总支)	先进党支部	优秀党务工作者	优秀共产党员	备注
1	1998~2000	5	18		103	
2	2000~2001	5	10	12	93	
3	2001~2003	6	20	27	97	
4	2003~2005	5	23	27	134	
5	2005~2007	4	23	31	167	

校党委始终坚持党管干部原则,坚持民主、公开、竞争、择优,不断深化改革干部选拔任用、教育管理、考核评价机制,不断完善干部管理制度,不断加强干部教育培训,初步构建了较为科学的干部工作体系,基本建成了一支结构合理、素质较高的干部队伍。校党委从1998年起,建立健全了《西安矿业学院领导干部培训、培养制度》《西安矿业学院科级干部考核办法(试行)》《西安科技大学后备干部选拔及管理工作办法》《西安科技大学处级领导干部选拔任用及管理条例》《西安科技大学处级领导干部考核办法》《西安科技大学处级领导班子考核办法》《关于不胜任现职领导干部的认定标准与调整办法》等一系列规章制度,有效地促进了干部队伍建设。学校从1999年起,在全省率先推行校院二级领导干部在教代会述职、接受教职工代表评议制度,经过个人总结述职、群众代表评议、听取群众意见、考核领导小组提出初步意见、党委集体研究审定等程序形成考核结果,并及时公布,

促使干部队伍始终充满生机与活力。学校 1998 年、2002 年先后两次进行了处级领导大规模轮岗交流。2007 年,学校开始试行新任处级领导干部主管领导任前个别谈话、纪委党风廉政个别谈话、党委书记集体谈话的三级谈话制度。2008 年起,校党委决定在机关党委、科研产业党总支、总务党总支、后勤集团党总支、图书馆党总支、离退党总支等 6 个分党委(党总支)党员领导干部和组织部、人事处、离退处全体党员干部中,利用 3 年时间开展"讲党性、重品行、做表率,树党员领导干部新形象"活动。截至 2008 年 6 月底,学校共有处级干部 140 名,平均年龄 45 岁,其中 45 岁以下的干部89 名,占总数的 63.6%;具有硕士以上学位或研究生学历的 65 名,占总数的 46.4%;具有副高以上专业技术职务的 100 名,占总数的 71.4%。

校党委重视发挥党校在学习、研究、宣传党的基本理论和方针政策的主阵地作用,成立了党校校务委员会,建立了固定的教师队伍,不断完善党校培训机制,不断改善党校办学条件,不断深化党校教学改革,建立了以学校党校为主导、由"班级党课学习小组—院系党校—学校党校"共同构成的结构完整、分工合理的入党积极分子培训体系,建立了院系党校培训科级以下干部—学校党校培训处级及其后备干部的培训体系,建立了分层次、分类别、分专业、重实效的教学内容体系,从体制、机制上保证了党校培训工作有计划地有效实施。1998~2008 年,校党委党校共举办入党积极分子培训班 15 期,培训学员 1.2 万余名;举办干部培训班 5 期,培训干部 600 余人次,使入党积极分子和各级干部在理论素质、思想品德、业务能力、知识水平等方面都有明显提高。

第三节　领导班子建设

校党委紧紧围绕办人民满意大学的目标,坚持把建设高素质领导班子作为党建工作的关键,按照培养"社会主义政治家、教育家"的要求,着力提高领导干部思想政治素质和办学治校能力,逐步建成了一个团结协作、勤奋务实、开拓进取、廉洁自律的领导集体,逐步完善了"党委领导,校长负责,专家治学,民主管理"的现代大学管理结构,为学校的改革、发展、稳定提供了坚强的保证。

2001 年 5 月 29 日至 30 日,学校召开了"中国共产党西安科技学院第八次代表大会",157 名党员代表、14 名特邀代表、3 名列席代表出席了会议。大会审议通过王斗虎同志代表第七届党委所做的工作报告,审议通过刘德安同志代表第四届纪委所做的工作报告,审议通过《西安科技学院"十五"教育事业发展计划》;选举产生了中共西安科技学院第八届委员会和第五届纪律检查委员会。第八届党委由(以姓氏笔画为序)马宏伟、王斗虎、王忠义、宁仲良、卢建军、刘德安、张立杰、姜良成、常心坦、韩江水、赛云秀等 11 人组成,第四届纪委由(以姓氏笔画为序)车文敏、王民生、刘德安、沙宝胜、张爱明等 5 人组成。校党委第八届第一次全委会选举王斗虎同志为党委书记、刘德安同志为党委副书记,校纪委第四届第一次全委会选举刘德安同志为纪委书记、车文敏同志为纪委副书记。

学校始终坚持党委领导下的校长负责制,按照"四个一"(即一个明确的奋斗目标,一种有效的运行机制,一套科学管理制度和一个过硬的领导班子)的工作思路,不断完善党委、行政的议事决策制度,不断完善党委统一领导、党政分工合作、协调配合的工作机制,不断提高校级领导班子驾驭学校改革发展能力。2001 年 5 月,在学校第八次党代会提出了"立足西部,面向全国,抓住机遇,协调发展","把我院建设成为在国内有广泛影响的特色鲜明的多学科性大学"的目标;2003 年 4 月,学校制定了《西安科技大学 2004~2018 年教育事业发展规划》,提出"到 2018 年建校 60 周年时,将学校建设成为规模适度、质量优良、结构合理、效益显著、具有显著优势和鲜明特色、在国内有广泛影响的教学研究型大学";2006 年 5 月,学校制定了《西安科技大学"十一五"教育事业发展规划》,进一步明确提出"要把学校建成多学科协调发展的、在国内有广泛影响的教学研究型大学"的奋斗目标,逐步确立了"质量立校,特色兴校,人才强校"的发展战略。2007 年 1 月,学校确立了"一手抓发展,一手抓和谐"的治校方略。根据中共陕西省委教育工委、陕西省教育厅陕教工干〔2007〕96 号文

件精神,学校从 2007 年 8 月起开始实行年度目标责任考核工作。

校党委始终坚持中心组学习制度,把思想建设放在首位,通过强化政治理论学习和业务学习,提高校、院二级班子成员认识问题、解决问题的能力,努力建设学习型、创新型的班子。1998~2008年,校党委充分发挥理论学习的示范带动作用,坚持用党的基本路线、基本理论和方针政策武装党委一班人的头脑,坚持中心组学习制度化、规范化、经常化,采取集中学习和自学相结合、学习与交流讨论相结合、学习原著和领会中央文件精神相结合,使领导班子成员的政治理论水平和解决实际问题的能力明显提高,为促进学校的建设和发展提供了强有力的思想保证。仅从 2000 年以来,中心组集中理论学习 81 次。2006 年 3 月,校党委又重新修订下发了《西安科技大学两级中心组学习制度》,对学习目的、学习内容、学习方法、检查考核都做了具体规定。并于 2002 年、2005 年、2007年先后在领导干部队伍中,率先掀起向郭秀明、徐精彩和郭孝义学习的活动,带头讲学习、讲正气、讲团结。

校党委始终认真贯彻民主集中制,充分发挥集体领导作用。1998~2008 年,校党委坚持以民主集中制为主的一系列民主议事、科学决策的规则和制度,从制度上强化了班子成员间的团结协作精神,提升了班子民主决策、科学决策的能力和水平;坚持集体领导、民主集中、个别酝酿、会议决策的原则,坚持集体领导和个人分工负责制度,对涉及群众切身利益的重大问题、重要干部任免、重要项目的安排、大额资金的使用等重大决策,都按照程序集体讨论决定,通过召开教职工代表大会和各种座谈会,广泛听取有关人士的意见,集中大家的智慧,做到民主决策、科学决策。在处理复杂问题时,能充分发挥班子成员的智慧,调动各成员工作的积极性,及时交流情况,及时交换意见,尽心谋事,倾力干事,尽可能减少工作失误和偏差。校党委从 1998 年起,建立健全了《西安科技大学党政领导班子议事规则》《西安科技大学院（系）党政联席会议制度》《中共西安科技大学委员会会议制度》《西安矿业学院教职工代表大会暂行条例》《西安科技学院校务公开实施办法（试行）》《西安科技大学教职工代表大会提案工作实施办法》等一系列制度,有效保证了决策的正确性和可行性,保证了班子整体合力的发挥,保证了学校的快速发展。2001 年,党委书记王斗虎同志被陕西省教育工委授予"全心全意依靠教职工办学优秀党政领导干部"称号。2006 年,校党委被陕西省委授予"全省先进基层党组织"称号。

第四节　党风廉政建设和作风建设

以保持党同人民群众的血肉联系、完善惩治和预防腐败体系为重点,切实加强作风建设。校党委始终坚持全心全意为人民服务,坚持群众路线,真诚倾听群众呼声,真情关心群众疾苦,真心为群众办实事;坚持标本兼治、综合治理、惩防并举、注重预防的方针,扎实推进惩治和预防腐败体系建设。深入开展党风党纪教育,促使领导干部模范遵守党纪国法,继承优良传统,弘扬新风正气,以优良的党风促作风带校风。

校党委始终把抓干部队伍的作风建设促进了严谨、高效工作作风的形成作为增强全校凝聚力、战斗力的一项重要工作,努力造就一支政治坚定、纪律严明、素质较高、作风优良、能打硬仗、奋发有为的干部队伍,有力地保证了学校各项工作任务的圆满完成。1998 年以来,学校先后制定了《西安矿业学院关于公款接待用餐的规定》《西安矿业学院关于加强设备及物资采购管理监督的规定》《西安科技学院移动电话管理办法》《西安科技学院关于改进工作作风、提高工作效率的有关规定》《西安科技学院中层以上党员领导干部民主生活会制度》《西安科技大学校、处级领导干部回避制度》《西安科技大学关于开展行风评议工作的实施意见》《关于加强我校干部队伍作风建设的意见》等一系列作风建设制度,完善了干部作风建设责任制,设立了作风建设监督电话和网上意见箱,建立了干部作风测评制度,切实把作风建设作为领导班子建设、干部考察考核、干部教育培训和干部监督

工作的重要内容,初步构建了干部作风建设长效机制。1998～2008 年,学校招待费、通信费得到有效控制,领导干部工作作风逐步好转,领导干部从政行为逐步规范,为促进学校改革、建设、发展、稳定营造了良好环境和氛围。

校党委始终坚持党要管党、从严治党的方针,高度重视和切实加强对党风廉政建设和反腐败斗争的领导,把这项工作作为党建工作和整体工作的重要方面,及时研究,认真部署,严格检查,狠抓落实,务求实效。1998 年学校干部人事制度改革以后,校纪委就制定了《中层以上领导干部廉洁自律监督的规定和办法》,建立了《领导干部廉政考核书》《中层以上领导干部党风廉政责任书》《领导干部廉政档案卡》《新上任干部谈话制度》等,不断加强领导干部廉洁自律工作;1998～2008 年,校纪委先后与中层领导干部谈话 290 余人次,建立廉政档案 292 份,为规范领导干部的从政行为起到了积极的作用。校纪委积极协助党委开好廉洁自律民主生活会,始终坚持一年两次廉洁自律民主生活会制度,每次民主生活会都能结合当时形势,提出重点、明确内容、认真部署,每次民主生活会前都广泛征求群众意见并梳理后反馈给领导班子及班子成员,每次民主生活会都做到了会前精心准备、会上自查自纠、会后认真整改,通过批评与自我批评增加了理解、达成了共识、促进了工作、增进了友谊;1998～2008 年,各级党组织共召开廉洁自律民主生活会 20 次,全校共有 2 800 多人次处级以上领导干部参加了会议。校纪委坚持"事实清楚、证据确凿、定性准确、处理恰当、程序合法、手续完备"的方针,重视群众来信来访,认真查处违纪违法案件,做到了有案必查、执纪必严。1998～2008 年,共受理群众来信 100 余件,年均接待来访者 40 余人次,查处违纪违法案件 55 起(其中经济问题 29 起,失职渎职 3 起,已落实 54 起),处级领导干部受党纪处分 1 人、受政纪处分 10 人、通报批评 3 人,其他人员受政纪处分 3 人。共挽回经济损失 100 余万元。

校党委在教育引导党员干部严格遵守党的政治、组织、财经等纪律的同时,加大执法监察力度,拓宽执法监察范围,以保证党的路线、方针、政策和上级教育部门工作部署在学校的贯彻执行,保证政令畅通和工作效率、效益的不断提高,保证各项工作的顺利开展。1998 年以来,学校先后制定了《关于加强在经济活动中收取回扣管理的规定》《西安科技学院仪器设备管理办法》《西安科技大学设备及物资采购管理监督检查办法(试行)》《西安科技大学基本建设工程监督检查办法(试行)》等制度,加强设备及物资采购、工程招(投)标、施工队伍全面考察等过程监督,保证了质量,维护了学校利益;从 1998 年至 2007 年年底,纪委、监察处仅对学校设备及物资采购过程监督就达 350 余起、价值共计 5 000 余万元;从 2007 年 7 月临潼校区开工建设以来,对临潼校区建设过程中的施工队伍考察、"三材"采购以及校区建设的总图设计、工程监理、现场勘测、土方工程、施工单位招(投)标等实施了全程监督。同时紧紧围绕教职工关心的热点问题,开展专项治理工作,加大了对 6 号、7号、8 号、18 号、19 号及东院 1 号、2 号、3 号、4 号、5 号十栋新楼以及二次腾空房源的住户资格审查和分房过程监督检查,加大对学校招生、职称评审、新生入学收费、干部选拔任用等工作的监督检查。

第五节　党的宣传工作

一、教职工思想政治工作和文明校园建设工作

在校党委的领导下,党委宣传部坚持以邓小平理论和"三个代表"重要思想为指导,全面落实科学发展观,紧紧围绕党中央的路线方针政策和学校的中心工作,广泛深入地开展宣传思想工作。坚持"以科学的理论武装人,以正确的舆论引导人,以高尚的精神塑造人,以优秀的作品鼓舞人",促进了学校的精神文明建设。党委宣传部坚持政治理论学习常抓不懈,不断提高广大师生员工的政治理论素质。积极开展思想政治教育研究,探索新时期加强和改进思想政治工作的方法和途径,开展

思想政治工作进网络工作,形成思想政治工作的浓厚氛围,促进学校的思想政治工作。党委宣传部按照上级和学校的工作重点,分学期制定政治理论学习安排,明确重点,提出要求。安排部署了"三讲"教育回头看、公民道德建设实施纲要,"三个代表"重要思想、科学发展观、全面建设小康社会、构建和谐社会、十六大和十七大精神等学习活动。2000年9月5日至6日,召开了学校思想政治工作会议,制定下发了《关于加强和改进思想政治工作的实施意见》等相关文件,校领导与各单位负责人签订了《思想政治工作和精神文明建设任务书》。2002年和2004年分别召开了校思想政治教育研究会年会。2004年修改下发《西安科技大学思想政治教育研究会章程》。2002年年底启动2003~2004年党建与思想政治工作研究立项课题39项,其中一等奖5项,二等奖11项,三等奖16项。汇编成西安科技大学思想政治教育研究成果汇编《理论 实践 创新》。2004年年底启动2004~2006党建与思想政治工作研究立项课题47项。

党委宣传部按照省委教育工委、省教育厅关于宣传思想工作和精神文明建设的总体要求,以开展"创佳评差"活动为载体,扎扎实实地深入开展精神文明建设、思想道德建设和校园文明建设活动,为学校的教育改革、发展、稳定营造良好氛围。1998年3月,学校分别被陕西省委、省政府、省教育工委、省教委授予"文明校园"称号。党委在1999年制定《西安科技大学"文明校园"建设工作条例》。2006年11月,学校又重新修订下发《西安科技大学"文明校园"建设工作条例》。1999年党委宣传部被评为全省高校宣传思想工作先进集体,2002年、2006年党委宣传部荣获陕西省教育系统最佳单位。2001年以来,学校研究生部等13个单位荣获陕西省教育系统最佳单位,能源学院等21个院系被评为文明院系,党委宣传部等21处室被评为文明处室,后勤公司动力部IC卡售电窗口等28个被评为文明窗口,侯媛彬等70个家庭被评为五好家庭。

二、校园媒体建设

1.《西安科技大学报》

《西安科技大学报》是校党委的机关报,是校党委、校行政联系广大师生员工的桥梁和纽带,是全校师生精神生活的一块文化园地,也是上级部门了解学校教学、科研和学生生活的一个窗口。校报担负着宣传党的路线、方针和政策,报道学校教学、科研和管理的重任,在统一师生员工思想认识及加强各部门之间横向联系等方面起了重要作用。1984年9月20日,经陕西省新闻出版局批准,《西安矿院报》复刊,属陕西省内部资料(陕西省内部报刊准印证:第257号:SX11—0094),由校党委主管、宣传部主办,四开四版,不定期出版。1999年5月30日,经国家新闻出版署批准,校报从142期起,开始使用国内统一刊号:CN61—0804/(G)。1999年7月6日,更名为《西安科技学院报》。2003年5月26日,更名为《西安科技大学报》。自1984年9月20日复刊以来,已经经历了24个不平凡的春秋,苏芝兰、徐木彬、牛迈程、卫晓君、吕宏艳先后担任校报的总编辑。从1984年9月至2008年6月一共出版了262期。1998年以来,牛迈程、卫晓君、郭连江、殷屈娟、李亚斌、王刚、张振中、李波等同志获得中国高校新闻奖、陕西新闻奖、陕西高校新闻奖等奖励40余项。此外,还从校报及学校有关刊物的数千篇文章中选出200多篇作品,编辑出版了大学校园新闻文学作品选《如歌岁月》。

2.西科大新闻网

西科大新闻网是由党委宣传部新闻中心负责建设维护开发的融新闻信息、思想政治教育、校园文化传播为一体的综合性网站,是建立在校报、电视、图文快讯基础上的立体新闻平台。自2001年10月1日正式开通运行以来,西科大新闻网坚持以更快、更全、更准的新闻资讯覆盖我校最新发展动态,视点触及学校工作的方方面面,迈出了我校思想政治教育进网络的第一步。新闻网开通以来历经三次大型改版,先后见证并报道了学校更名庆典、本科教学评估取得优秀等级等学校重大历史事件,为学校树立了良好的网络形象,同时也为广大师生和校友提供了权威、及时、准确、详细的信

息报道,是网民了解学校的重要窗口。曾率先在陕西高校新闻网中对学校春季运动会进行网络直播,引起新华网、光明日报、中国教育报、陕西日报、西安晚报、三秦都市报等媒体的广泛关注。新华网、中国教育在线等媒体在首页与西科大新闻网做了链接。先后有20多所高校的同仁前来交流学习。新闻网还与由陕西省委教育工委、省教育厅主办,全省77所高校参与共建的公益性、综合性大学生门户网站——"陕西大学生在线"网站积极合作共建了"雁影骊声"频道,通过交流摄影技艺、传播摄影美学、解读经典作品等形式,用光影艺术来启迪师生心灵、熏陶师生情操。

3. 校园电视新闻

1996年3月8日,校园电视新闻正式开播,至2008年已编辑播出300多期。电视新闻每周制作一期,播放两次,并上传至网络供网民在线观看。此外,还不定期推出访谈节目和其他相关专题节目。校园电视新闻在展示学校教学科研成果、宣传学校改革发展新貌等方面发挥了重要的作用,为学校跨越式发展营造良好的舆论氛围,受到了全校师生员工的普遍关注。

第六节　党的统战工作

学校的统战工作始终坚持以马列主义、毛泽东思想、邓小平理论和"三个代表"重要思想为指导,全面落实科学发展观,认真贯彻党的统战方针政策,紧紧围绕学校的中心工作,广泛团结党外人士,调动一切积极因素,凝聚力量,努力构建和谐校园,为学校的改革、发展、稳定营造良好的环境。

校党委始终把统战工作列为党委工作的重要议事日程。党委由一名书记(或副书记)分管统战工作,对统战工作中随时出现的问题及时研究解决。制定了《关于进一步加强我校统战工作的实施意见》《关于建立校党委委员联系党外人士制度的通知》《关于校领导联系基层单位和党外人士的通知》等一系列文件,明确每位校领导和党委委员联系党外人士的具体名单,并提出联系的目的和要求,建立了自上而下的统战工作网络,各级党政领导都亲自抓统战工作,各分党委、党总支和党支部都设立了统战委员,形成了全党做统战工作的良好氛围,有效地保障了我校统战工作的顺利开展。

校党委始终十分重视党外人士的培养、使用和作用发挥,积极主动地推荐和任用党外干部,对各级党外干部在政治上一视同仁,工作上积极支持,生活上热情关心,充分发挥了他们的作用。每年春节前,校党委都举行全校各民主党派成员、归侨、侨眷、港澳台属、各级人大代表、各级政协委员和无党派人士参加的"各界人士新春联谊会";多次组织党外人士外出参观考察;学校在办公用房十分紧张的情况下,想方设法为民主党派解决了50多平方米的办公活动用房并进行了装修,为民主党派会议室购买了新的会议桌椅;对兼任民主党派领导职务或人大、政协等社会工作的教师实行减免教学工作制度;对担任省市人大代表、省市政协委员、民主党派基层组织主委以上职务者发放电话补贴;对民主党派主委(副主委)、侨联主席(副主席)发放一定的工作补贴等,有效地调动了广大统战对象的积极性和工作热情。截至2007年年底,我校有17名党外人士担任学校处级领导职务、占处级干部总数的12%,1人当选为省政协委员,1人当选市政协委员,1人当选区人大代表,3人当选区政协委员,1人被聘任为省监察厅特邀监察员,1人当选为陕西省知识界协会副会长,2人当选市侨联委员、副主席等,这些同志都在各自的工作岗位上发挥了积极的作用。

学校极重视民主党派的建设与发展,并为其参政议政提供足够的活动空间,并帮助他们发展组织、解决工作中的困难和问题,使各民主党派和侨联基层组织有了新的发展。每年都要不定期召开各种形式的情况通报会、座谈会和征求意见会。截至2008年,学校有5个民主党派的基层组织:中国国民党革命委员会(简称民革)西安科技大学支部,中国民主同盟(简称民盟)西安科技大学支部,中国民主促进会(简称民进)西安科技大学支部,中国致公党(简称致公党)西安科技大学支部,九三学社西安科技大学支社。有民主党派成员98人(其中,民革11人、民盟37人、民进6人、致公党6人、九三学社38人);有归侨,侨眷,侨属,港、澳、台同胞眷属50多人;有少数民族教职工40多人;

新移民眷属 70 多人;留学回国人员 30 多人;党外高、中级知识分子 280 多人。在这些统战成员中,具有高级职称的 133 人,具有博士学位的 18 人,具有硕士学位的 61 人。这些同志绝大多数分布在教学科研的第一线,他们中间有不少人是教学科研的骨干力量,也有不少人是学科带头人、拔尖人才、学术骨干,在学校的教学、科研、管理等方面发挥着重要作用,取得了显著成绩。2003 年,学校被评为陕西省侨联工作先进单位。2006 年,邓志春同志被评为陕西省统战工作先进工作者。2008年,学校报送的《充分发挥党外人士作用,努力做好新时期统战工作》的材料,作为全省高校统战工作会议经验材料印发交流。

第七节 老干部工作

校党委十分重视老干部工作,始终将此项工作摆在学校的重要位置。校党政主要领导亲自过问老干部工作,分管领导加强工作指导。全面落实了老干部的政治生活待遇,加强了党支部的建设,进一步加强和改进老同志的思想政治建设等,并制定了《西安科技大学落实老干部政治、生活待遇的规定》《关于进一步加强和改进离退休干部党支部建设工作的意见》等文件,有力地推动了新形势下老干部工作。

学校认真贯彻落实老干部的重要文件阅文制度、重大情况通报制度、重大决策征询老干部意见制度、重大活动请老干部参加制度、重大节日走访慰问老干部制度等五项制度。结合学校实际,建立健全每月召开大会制度、每月一次组织生活制度、开会学习请假制度、活动队制度、看望制度等12 项制度。认真组织老干部学习邓小平理论、"三个代表"重要思想和科学发展观,组织收听学习"三个代表"的录音报告,观看邓小平理论的辅导报告,收看十七大开幕式及辅导报告、党风廉政建设录像片等。学校每年都把老干部工作列入全年学校的工作重点,并要求各单位、各部门积极配合离退处做好工作,不断强化对离退休工作的认识,努力营造了良好的离退休工作的氛围。

学校在资金短缺的情况下,不断加大资金投入,加强老同志活动中心建设,落实好"经济发展成果共享"的政策,从改建老同志活动中心以来,逐年以校内各单位资助的方式添置了所需的设备和器材,包括学习娱乐用的录放设备、卡拉 OK 音响设备,建有阅览室、健身室、棋牌室、台球室、乒乓球室、书画室等活动场所,可供老同志活动,大大地改善了老同志学习、生活、娱乐的条件。在已组建的合唱团、门球队、健美操队、台球队、书画协会、麻将协会等六个团队常年活动中,坚持开展思想工作,坚持经常性解决困难及问题,使之健康发展。每年老年节,校领导节前都要登门看望 80 岁以上的老人,并隆重举行庆祝老年节招待会等系列活动。根据老年人特点,积极开展老年运动会、书画展等活动。对长期生病不能出门的老同志,每逢节日,学校都组织人员赴家中看望,鼓励老同志与疾病做斗争,早日康复。每年春节都坚持发放一定数量的春节慰问品。

学校十分重视发挥离退休教职工的作用,鼓励他们"老有所为",积极组织他们为学校发展做贡献。1996 年 6 月以来,先后筹划协调组织了陕西省老教授协会西安科技大学分会,成立了西安科技大学教学督导专家组,协调组建了以老教授为主的新技术研究所。2001 年,离退休老同志自愿捐款 1 700 余元,购买防暑降温的物品,派十几位代表冒着酷暑赴临潼校区建设工地慰问建设者;2002～2007 年,先后三次组织 600 人次参观访问临潼校区,关心支持校区建设;新技术研究所自成立以来,积极从事科研咨询活动,为经济建设服务,已完成的项目经费累计近 100 万元;特别是老教授教学督导组自成立以来,一直活跃在教学第一线,为提高人才培养质量和办学水平不懈地工作着。2004 年,党岷江同志被省委、省政府评为"老干部工作先进个人"。离退处分别于 1999 年、2005 年被省教育工委、省教育厅评为"全省教育系统老干部工作先进集体"。

第八节 群众团体工作

校党委始终坚持党的群众路线,充分发挥工会、共青团和学生会作用,重视调动师生员工的主动性、积极性和创造性,关心师生的发展和成长,全心全意依靠师生员工办学。

一、工会工作

校党委一贯重视加强对工会的领导,重视发挥好工会的桥梁和纽带作用。由一名副书记分管工会工作,一名副校级干部任专职工会主席,各院、系、部、处组成分工会委员会,下设工会小组,形成了系统的管理体制和健全的组织机构。坚持定期召开工会会员代表会和教职工代表会(简称工代会、教代会)的制度,注重发挥各级工会组织在学校建设改革发展中的民主管理职能,大力开展师德建设、"三育人"活动、教职工福利活动及群众性的文体活动,促进学校稳定,推进教学改革,活跃校园文化,提高教育质量。

学校坚持定期召开教代会、工代会制度,重视发挥教代会代表民主监督、民主管理和参政议政的作用。1998年3月,召开了第三届教代会、第六届工代会。2001年12月,召开了第四届教代会、第七届工代会。2001年,学校制定了《西安科技学院校务公开实施办法》。坚持在教代会上民主评议干部制度,坚持在每年的教代会上通报人事、财务、基建、科技产业等情况制度,坚持校教职工代表参与职称评定、基建招投标等事项过程监督制度,学校每届"双代会"(即工代会、教代会)和每年一次的教代会,学校都要向会议报告工作,积极与教职工代表协商解决学校改革建设发展的重大事项和事关教职工切身利益的主要问题,教代会审议学校发展规划以及重要改革方案、重大决策、人事分配制度、医疗改革制度等。充分发挥工会在活跃教职员工文化生活和关心教师生活方面的作用,大力实施健康工程,增强教职工的身体素质。坚持每年举办教职工男女乒乓球赛、羽毛球赛、排球赛、跳绳赛和教职工登骊山、冬季全民健身等系列活动。同时坚持开展帮困扶贫送温暖活动,每当教职工在生活上有困难,家中有急事难事时,工会组织总是及时出现在他们面前,急教职工之急,想教职工所想,始终把党的温暖送到教职工身边。2004年,学校被省教育工委授予民主管理先进单位。2006年5月,学校通过了省教委、教育厅、教育工会对校务公开的评估验收。

学校大力推动师德建设和以"八荣八耻"为主要内容的社会主义荣辱观教育,大力弘扬人民教师爱岗敬业、教书育人的先进事迹和高尚师德。从2000年到2002年,先后有8位教师被评为"三育人"先进个人。2002年4月,常心坦同志被陕西省委、省政府评为"陕西省先进工作者"。2004年,学校共表彰了9名"师德先进个人"。其中,徐精彩同志被评为"全国师德先进个人"和"陕西省师德标兵"。2005年,侯恩科、李曼同志被评为"陕西省优秀青年教师",李白萍同志被评为"全国教育工会先进工作者"。2006年,在全校评出了14名"师德先进个人",4个分工会被评为"师德建设先进集体"。其中,侯媛彬、龚尚福同志被陕西省教育工会授予"陕西省师德标兵"称号,机械学院、外语系2个分工会被授予"陕西省师德建设先进集体"。2007年4月,王晓刚同志被陕西省委、省政府评为"陕西省先进工作者"。2007年9月,能源学院被人事部、煤炭工业协会评为"全国煤炭工业先进集体"等。

校工会积极加强自身建设,不断提高工作水平。始终把加强干部的思想建设和作风建设摆在工会自身建设的首要位置,结合工作实际把学习理论同研究工作结合起来,坚持举办工会干部培训班,采取集中培训学习等活动方式每年对工会干部进行培训,不断提高工会干部的思想素质和业务素质。

二、共青团工作

校党委高度重视共青团工作,按照中央和省委的要求,以党建带团建,加大对共青团工作的指导力度。1998～2008年,我校共青团工作在校党委和团省委的领导下,努力实践"三个代表"重要思想,认真落实科学发展观,紧紧围绕贯彻落实中央16号文件等一系列中央重大决策精神和学校中心工作,努力开创共青团思想建设、组织建设、作风建设的新局面,在加大大学生思想道德教育,丰富学生校园文化生活等各个方面都取得了长足发展。

共青团作为青年学生中的群众组织,在调动广大青年学生的积极性,发挥他们的聪明才智和特长方面有着不可替代的作用。为了进一步做好青年工作,我校共青团共成立了56个社团,为活跃我校的校园文化做出了贡献。

共青团始终把培养大学生的综合素质作为全部工作的重点来抓。紧紧围绕培养大学生的创新精神和创新实践能力这一主题,每年举办一系列科技竞赛活动。1998年以来,先后成功举办了我校第一、二、三、四届大学生创业计划竞赛和第三、四、五、六届大学生课外学术科技作品竞赛,并选拔、组织优秀作品参加了陕西省第一、二、三、四届"挑战杯"大学生创业计划竞赛和第三、四、五、六届"挑战杯"大学生课外学术科技作品竞赛以及第四、五、六届"挑战杯"中国大学生创业计划竞赛和第七、八、九、十届"挑战杯"全国大学生课外学术科技作品竞赛,在竞赛中均取得了优异的成绩。在省级"挑战杯"竞赛中连续7年荣获优秀组织奖,并在第五、六届"挑战杯"中国大学生创业计划竞赛和第九届"挑战杯"全国大学生课外学术科技作品竞赛中均荣获高校优秀组织奖。

我校共青团重视提高大学生的社会实践能力,每年的"三下乡"暑期社会实践活动中都按照团中央和团省委的要求,认真组织,精心安排,力求使社会实践活动真正达到使学生受教育、长才干的目的,近年来,"三下乡"社会实践活动取得了丰硕成果。在2001年、2002年、2003年、2004年、2005年、2007年连续被中宣部、中央文明办、教育部、团中央授予暑期文化、科技、卫生"三下乡"社会实践活动先进单位。2000～2007年连续8年被省委宣传部、省教育厅、团省委授予暑期文化科技卫生"三下乡"社会实践活动先进单位。

在校团委的指导下,校学生会以干部队伍建设为着力点,不断加强自身建设,进一步完善学生会干部的选拔、培养和输送工作机制,做到活动有计划、有总结,做好活动档案的归档工作,通过举办业余团校及各种理论学习班,提高了学生干部的思想道德修养、政治理论水平和工作业务能力,在工作、学习和生活中发挥了先锋模范作用,在大学生自我教育、自我管理和自我服务方面发挥了重要的作用,在学生中树起了"团结、务实、高效、创新"的良好形象,成为党联系青年学生的重要桥梁和纽带。2007年4月,我校学生会当选为陕西省学生联合会第八次代表大会主席团单位。

校学生会与各院(系)学生会联合开展全校晚自习检查活动;校学生会成立了大学生宿舍民主管理委员会和伙食民主管理委员会;以校团委校园文明督察队为主要载体,坚持校园文明督察活动,重点检查公共活动场所不文明行为及校园安全,杜绝了校园内公共场合不文明现象发生,得到了全校师生的大力支持。

第九节 安全稳定工作

1998～2008年是我校快速发展的关键时期。校党委高度重视学校的安全稳定,始终按照中央、省委的有关要求,从维护社会稳定的大局出发,把维护安全稳定作为学校全局工作的重中之重,以高度的政治责任感和敏锐性,正确处理改革发展和稳定的关系,更好地协调各方面的利益,调动各方面的积极因素,切实做好各方面工作,确保了学校的稳定和谐。

建章立制,加强管理,加强技防,全力保卫学校财产和师生员工人身安全。学校认真贯彻执行

《高等学校内部保卫工作规定》《高等学校校园秩序管理若干规定》《关于深化学校治安综合治理工作意见》《陕西省学校安全教育及管理暂行规定(试行)》等文件中有关安全稳定的规定,结合学校实际制定了《西安科技大学校园治安综合治理条例》《西安科技大学防汛工作实施方案(预案)》等规章制度,建立健全了维护学校稳定安全工作校领导联系单位责任制,加大对保卫工作投入,加强保卫队伍建设,提高保卫队伍服务水平,保障了学校安全。2002年起,保卫部门开展了校内"110"接警服务,切实做到了为师生员工排忧解难,据统计"110"已为师生员工上门服务230余次。2006年12月,为临潼校区配置了一辆校园专用巡逻车。2007～2008年,学校分别拨款50万元和35万元,在临潼校区和雁塔校区正式成立了"110视频监控报警中心",使校区大门、行政楼、学生公寓等28处重点部位完全纳入保卫部门重点监控之下。

学生的安全是保证学校稳定的前提。保卫部门时刻注意可能引发学生群体不安定的各种因素,及时开展工作教育引导学生,培养学生的安全意识。我校一方面贯彻公安部、教育部《关于加强校园治安管理,严厉打击侵害学生人身和财产安全违法犯罪活动的紧急通知》精神,加强校园周边的防范,加强校园巡逻,防止晚归学生受到不法侵害;另一方面,针对学生安全预防意识较差,以学生中出现的不法侵害案件和非正常死亡现象作为案例,有针对性地加强了对学生安全意识的教育,并把学生的安全法制教育作为一项经常性工作常抓不懈。在入学教育的同时,开展安全和法制方面的教育,从心理安全、人身安全、财产安全等多个方面向同学们讲述预防知识,提高防范意识。并通过发放安全防范须知宣传单、致同学们的公开信等,做到了"预防为主,防范在先",建立起了人防技防并举的防范网络体系。

经过不懈努力,学校的治安秩序得到明显改善,已形成浓郁的安全氛围,维护了学校的稳定和谐,确保了学校正常的教学、科研和工作秩序。

第十章　学生思想政治教育工作

第一节　针对学生思想实际　开展学生思想政治教育工作

学生思想教育是整个大学教育的重要组成部分，对把学生培养成为合格的社会主义事业的建设者和接班人起着重要的保证作用。在科学技术迅速发展、社会主义市场经济体制逐步建立的情况下，为了指导学生在观念、知识、能力、心理素质等方面尽快适应新的要求，学校进一步增强学生思想教育工作的时代感、针对性和实效性，在思想教育工作的内容、形式、方法等方面进行了许多有益的探索和创新，并取得了较好的效果。

一、加强"两课"建设，充分发挥思想政治理论课的主渠道和主阵地作用

在科学技术迅速发展，社会主义市场经济体制逐步建立的情况下，如何适应新形势，增强"两课"教学的时代感、针对性和实效性尤为重要。校党委十分重视"两课"建设，专门成立了"两课"领导小组，由校党委书记担任组长，定期研究"两课"建设工作。学校还在 2005 年制定下发了《西安科技大学关于加强和改进大学生思想政治理论课教学工作的实施方案》，对加强和改进大学生思想政治理论课的指导思想、总体要求、具体措施都做了具体规定。在学校"两课"领导小组的直接领导下，学校不断加大"两课"学科建设力度，于 2003 年投资 10 多万元建立了设备较为先进的"两课"教学资料室。

根据实际情况，学校注重改革"两课"教学内容，实施邓小平理论、"三个代表"重要思想"进课堂、进教材、进学生头脑"的"三进"工作，同时把《公民道德建设实施纲要》的内容融合在"大学生思想道德修养"等课程中。教学内容的改革和更新，增强了思想政治理论课教学的针对性和实效性，提高了学生的学习兴趣，增强了学生辨别是非的能力。

在教学方法上，学校教学单位和任课教师经常在学生中开展调查研究，了解学生的实际，教师带着问题讲课，学生带着问题听课，收到了较好的效果。学校还从实际出发不断改进教学方法，逐步形成了以实践教学环节为主体的教学方式。形成了读（读原著）、听（听讲座）、看（看录像）、写（写心得）、走（社会调查）相结合的教学模式，对提高学生的思想素质发挥了重要作用。

二、开展形势政策教育

形势与政策课被列为每个学生的必修课，根据教学的需要和学生的特点，采取灵活多样的教学方式，做到系统讲授和形势报告专题讲座相结合、请进来与走出去相结合、正面教育与自我教育相结合的方法，积极探索新形势下开展形势与政策教育的新方式和新途径。

（1）围绕国际、国内时事热点及大学生就业等热点问题，组织专题讲座。先后由我校社科系老师以及西北工业大学博士生导师张艳宁、红凤工程形象大使班理、陕西省社科院经济研究所所长张宝通、陕西省委党校副校长王安琦、西北大学长江学者舒德干、北京林业大学博士生导师冯仲科、西北大学教授岳钰、陕西省化工学会理事长贺永德、珠峰高程测量队副总指挥陈永军、长安布衣投资有限公司董事长张伟民、原新华社驻联合国分社社长钱文荣等多位专家教授做了题为《学习、就业

与人生观漫谈》《国内外 MTO、MTP 技术发展概况》《贫困铸就坚强》《关于人学研究的几个问题》《西部大开发与陕西大发展》《05 珠峰高程测量技术方案及其组织实施》《关于社会主义新农村建设》《大学毕业生以怎样的心态走向社会》《近代教育设计现状》《从朝核问题看中美之间的博弈》等专题报告。社科系开设形势与政策课部分专题讲座题目见表 3-10-1。

表 3-10-1　　　　　　　　　　社科系开设形势与政策课部分专题讲座题目

开设学期	讲座
05～06 第 1 学期	纪念中国人民抗日战争暨世界反法西斯战争胜利 60 周年
05～06 第 1 学期	当前我国的经济形势和任务
05～06 第 1 学期	当前国际形势和我们的方针
05～06 第 1 学期	充分认识保持共产党员先进性教育的重要性和必要性
05～06 第 2 学期	纪念长征胜利 70 周年
05～06 第 2 学期	我国的经济形势和 2006 年经济工作的任务
05～06 第 2 学期	两岸关系发展中的主要问题
05～06 第 2 学期	我国和谐社会建设的若干问题
05～06 第 2 学期	当前国际形势和我们的方针
05～06 第 2 学期	树立和践行社会主义荣辱观
05～06 第 2 学期	发展两岸关系,促进祖国统一
05～06 第 2 学期	国际政治中的几个重要问题
05～06 第 2 学期	世界经济形势与我国的外贸环境
05～06 第 2 学期	树立科学发展观,构建和谐社会
05～06 第 2 学期	关于科学发展观的若干问题
05～06 第 2 学期	我国社会主义新农村建设问题
05～06 第 2 学期	我国现代化与人口、资源、环境问题
05～06 第 2 学期	社会主义核心价值体系问题
05～06 第 2 学期	当前世界经济发展中的主要问题

（2）认真贯彻中央 16 号文件,学习先进人物的事迹。学校根据中央 16 号文件精神并制定了相关配套文件。先后组织学生聆听了校内先进典型,优秀共产党员徐精彩教授事迹报告会,参观了徐精彩教授事迹展览,学习了北京大学孟二冬教授的先进事迹。组织学生观看《任长霞》《新中国从这里走来》《神舟六号发射工程》等影片和录像,学生深受感动,进一步明确了肩上的责任,立志要以先进人物为榜样,在校好好读书,工作后成为合格的社会主义事业的建设者和接班人。

（3）以抗日战争胜利、长征胜利、建党、建军、建团、"一二·九"运动、香港回归等纪念活动为契机,积极开展党史、军史、革命史和国情教育。组织了革命歌曲大合唱比赛、党团史知识竞赛、演讲比赛、征文等活动;组织学生参观临潼博物馆、骊山兵谏亭、兵马俑、八路军办事处、张学良纪念馆等爱国主义教育基地。通过一系列活动引导学生进一步了解中国共产党领导中国人民进行艰苦卓绝斗争的丰功伟绩,深入学习革命先烈的英勇无畏和无私奉献精神,在广大学生中唱响共产党好、人民解放军好、中国特色社会主义好的主旋律,弘扬以爱国主义和改革创新为核心的民族精神教育,践行社会主义荣辱观,弘扬社会主义新风尚。

三、实施素质教育,促进学生的健康成长和全面发展

学校在 2001 年制定了《西安科技学院大学生素质教育实施细则》,对政治思想素质、文化、体

育、美育、劳动等方面提出了具体要求。

根据素质教育的内涵要求,学校把渗透人文精神、艺术修养与拓宽学生的知识面作为开展素质教育的重点,以第二课堂、文体活动为主要载体;培养大学生的能力,陶冶大学生的情操,完善大学生的人格,充分发挥人文素质对学生专业学习及专业素质提高的渗透作用,营造良好的校园文化氛围。

在提高人文素质方面,学校还经常邀请校内外知名专家、教授举办专题学术报告。先后请陈忠实、邢小利、刘宽忍、王向荣等来校做文学或艺术欣赏报告。还举办了博士生导师系列报告会,指导学生的学习、科技活动。现在已形成了以提高学生思想道德素质、人文素质和艺术修养为中心的各类学术讲座为补充的系列讲座体系,构成了与人文课程交相辉映的素质教育格局,对学生的成才和健康成长发挥了较好的作用。还编辑出版了《百部名著导读》,精心选出了中外文化名著、文学名著,并写有"导读与点评"和"内容简介",为大学生阅读提供了有益的导读与释疑,引发广大大学生阅读经典名著的兴趣,对大学生实现精神境界的提升起到了积极的促进作用。

为了进一步加强爱国主义、集体主义、社会主义教育,帮助大学生树立正确的世界观、人生观、价值观,全面推进和深化素质教育,学校还在2000年制定了《西安科技学院优秀影视欣赏活动实施办法》,决定以第二课堂的形式在全校大学生中开展优秀影视欣赏活动。要求各班级每年至少集体组织参加两次,并在政治学习等时间开展专题讨论,此项活动作为三好班集体的评选条件。优秀影视欣赏活动每学期开展10次,每两周一次。先后播放了《五十双眼睛》《地道战》《林海雪原》《居里夫人》等多部优秀影视作品,场场爆满,达到了在娱乐中教育学生的目的。与此同时,还开展了优秀影视作品观后感征文活动,并向获奖作者颁发奖品和荣誉证书。《西安日报》还对此项活动进行了报道。

在实施素质教育中,学校还注重开展心理健康教育,不断提高大学生的心理素质。学校于1999年成立了心理咨询室,坚持一年两次的大学生心理健康教育宣传工作。平时,学校心理咨询室的老师能加强与各院(系、部)辅导员的交流和沟通,及时预防和缓解学生的心理问题和心理压力,平均每年接待来访学生300人左右。学校还邀请教育部哲学社会科学重大课题首席专家、西南交通大学心理研究与咨询中心主任宁维卫教授为我校全体学生工作干部做了心理健康教育知识辅导报告,为学生做了题为《开掘心智的金殿》的心理健康与成才报告。还依托陕西海尔森培训学校对我校学生工作干部进行有关知识的培训。2007年4月,学校还成立了以党委副书记为组长,以学工部负责人为副组长,以各院(系、部)主管学生工作的副书记、心理咨询室老师和部分辅导员为成员的西安科技大学大学生心理健康教育及干预工作小组,已经开展了调研工作。

四、思想教育和解决实际问题相结合,加强对家庭经济困难学生的资助工作

随着学校招生规模的扩大,家庭经济困难学生数量逐年增高,为了做好对家庭经济困难学生的资助工作,学校在总结以往工作经验的基础上,建立了以国家助学贷款为主渠道,以其他资助形式相补充的助学系统。2006年,累计资助家庭经济困难学生4 030人次,占学校家庭经济困难学生总数的90%,资助金额总计为583万元。

为了更好地开展资助家庭经济困难学生工作,学校为在校家庭经济困难学生建立了档案,规范了家庭经济困难学生管理,同时积极与银行联系国家助学贷款。2002～2008年,为我校家庭经济困难学生发放了1 551.71万元的国家助学贷款。

每到寒冬来临之际,学校还对家庭经济困难的学生开展"寒冬送温暖"活动,2003～2006年,为贫困大学生发放困难补助费46.35万元,为18名学生减免学费24 750元;协助中国扶贫基金会新长城办公室为家庭经济困难学生发放资助款;配合教育厅为学校21名获"陕西福彩公益金"的家庭经济困难学生资助6.5万元;协助教育厅对学校49名家庭经济困难学生发放陕西移动通信公司"爱心100行动"助学金117 492元。

学校于 1999 年制定了《西安科技学院学生勤工助学工作条例》,大力开展勤工助学工作。通过在各院(系、部)调查、摸底、推荐的基础上,积极与后勤公司、图书馆等部门联系,几年来共开发勤工助学岗位共 322 个,年均临时用工 105 个,共发放勤工助学款 31.1 万元。

五、教育和管理相结合,实行大学生综合素质测评及奖励制度

学校于 2001 年制定了《西安科技学院大学生综合素质测评及奖励办法》,办法包括大学生综合素质测评细则和表扬奖励学生实施细则两部分。

大学生综合素质测评细则的内容包括德育素质、智育素质、体育素质等。德育素质包括精神文明、实践活动、校园文化活动;智育素质包括文化课成绩、外语水平、计算机水平、学科竞赛、科技论文;体育素质包括早操、各类体育竞赛活动等,具体见表 3-10-2。

表 3-10-2　　　　　西安科技学院大学生素质测评分值计算明细表(　　　　学年)

系　　　　专业　　　　姓名　　　　班级　　　　学号

项目			获奖等级或活动内容		学分值设置	学分	绩点	学分绩	备注
智育素质	文化课成绩		必修课、选修课学分绩之和						
	外语计算机等级证书		获得外语国家等级证书	6 级	3 学分	5			
				4 级	2 学分	5			
			获得计算机国家等级证书	1 级	0.5 学分	5			
				2 级	1 学分	5			
				3 级	2 学分	5			
				4 级	3 学分	5			
	学科竞赛		国家级	优秀奖以上	1~4 学分	5			
			省市级	优秀奖以上	0.5~3 学分	5			
			院级	优秀奖以上	0.5~1 学分	5			
			系级		0.1~0.5 学分	5			
	科技论文		重要期刊	每篇	4 学分	5			
			核心期刊	每篇	3 学分	5			
			一般期刊	每篇	1 学分	5			
	科研活动		科学研究活动		优秀 1 学分	5			
			导师课题研究	论文或成果	良好 0.5 学分	5			
					一般 0.2 学分	5			
德育素质	精神文明表彰	集体	系级以上(含系级)		0.1~2 学分	5			
		个人							
	实践活动		社会调查、科技服务、劳动锻炼等活动	总结或服务单位鉴定	优秀 0.5 学分	5			
					良好 0.2 学分	5			
					一般 0.05 学分	5			
			组织院级各类文体活动	组织者	0.1~0.5 学分	5			
			组织系级各类文体活动	组织者	0.1~0.3 学分	5			
			班级干部	1 年	0.1~1 学分	5			
	校园文化活动(演讲辩论、歌咏文艺汇演、书法比赛等)		国家级	优秀奖以上	1.5~4 学分	5			
			省市级	优秀奖以上	0.8~3 学分	5			
			院级	优秀奖以上	0.2~1 学分	5			
			系级	优秀奖以上	0.1~0.5 学分	5			
			院文工团训练	每年	0.1~1 学分	5			
			通讯、征文	每篇	0.1~1 学分	5			

项目		获奖等级或活动内容		学分值设置	学分	绩点	学分绩	备注
体育素质	体育运动或体育竞赛	裁判员培训与实践	每年	0.1~0.5		5		
		校运动队队员训练	每年	0.1~1		5		
		国家级	1~8	1~3		5		
		省市级	1~8	0.8~2		5		
		院级	1~6	0.5~1		5		
			参加	0.2		5		
		系级		0.05~0.3		5		
		早操	全勤	2		5		
其他	扣减分		通报批评	0.1~2		5		
			警告	4		5		
			严重警告	6		5		
			记过	8		5		
			留校察看	10		5		
合计								
计算方法:学分绩×绩点								

　　表扬奖励学生实施细则的内容有表扬和奖励的方式,"三好学生""三好优秀生""三好学生标兵""优秀学生干部""优秀毕业生""先进集体"的评选条件和评选办法等。值得一提的是,在表扬奖励学生实施细则中还设立了单项奖,其中包括精神文明奖、学习单项奖、科技创新奖、文化活动优秀奖、社会活动积极分子、体育优秀奖、文艺表演优秀奖、突出贡献奖、自强不息奖 9 项。

　　通过大学生综合素质测评及奖励办法的实施,把对大学生培养的多种素质要求,以目标形式表达出来,规范了学生素质的评价标准和评优评奖标准,对培养和造就专业素质好、综合能力强、文化素质高的新一代大学生具有重要的导向和激励作用。

第二节　加强学生工作队伍建设

　　遵照中共中央组织部、宣传部、国家教委联合下发的《关于新形势下加强和改进高等学校党的建设和思想政治工作的若干意见》的精神,校党委在认真调查研究和分析的基础上,决定对学生工作体制和队伍建设进行改革。

　　改革的指导思想是:努力建设一支政治业务素质较高、有一定的工作能力和水平的、相对稳定的、精干的从事学生思想政治教育和管理的专兼职结合的学生工作队伍,为了适应学校的改革和发展,以及学生数量、类别、管理办法、招生分配制度的变化所带来的学生工作智能转变和拓展的需要,以便进一步提高工作效率,使学生思想政治教育和管理工作不断加强。

　　学生工作队伍的组成如下:

　　院(系、部)学生工作队伍由专职分党委党总支副书记、分团委(团总支)书记、辅导员组成。学生工作人员以院(系、部)为单位,按实际学生数定编。

　　学校还在 2000 年 9 月重新修订、下发了《西安科技学院学生辅导员工作条例》,共 6 章 38 条,对辅导员的工作性质和要求、辅导员的岗位职责、工作量、考核办法等都做了具体规定。

　　辅导员是学校思想政治工作队伍的重要组成部分。他们既是政工干部,担负着对学生进行思想政治教育的重要任务,又是思想品德课教师,承担一定的教学任务。辅导员必须坚持四项基本原则,

忠诚党的教育事业,掌握一定的马列主义基础理论、社会科学知识和心理学知识,并能用于分析和解决实际问题;具有本科以上学历或相应的知识水平,具有一定的社会工作和组织管理能力;工作积极认真,作风正派,并具有创新、开拓精神,能创造性地开展学生思想教育工作。辅导员要热爱学生工作,加强学习,严格要求自己,做学生的表率,言传身教,注重调查研究,改进工作方法,不断提高思想觉悟和理论水平,要在形势与政策课、思想品德课等教学任务中完成一定的课时,选定自己研究的学科,通过自学、进修、听课等方法,努力提高学科水平,积极参与教学研究活动,参加教师系列职称评定。要求辅导员经常深入学生,掌握学生思想动态,解决学生实际问题。熟悉学生的基本情况,及时了解每个学生的思想、学习、生活、工作情况。要经常找学生谈心,做深入细致的思想工作。在工作中要不断总结和研讨,每学年写一篇工作总结、学生思想政治工作的调查报告或论文。

为了进一步加强学生思想政治教育及管理工作,为学生成才提供锻炼和实践条件,学校还于2000年制定了《西安科技学院兼职年级班主任工作条例》,对兼职班主任的条件、职责、聘任程序、考评与奖励都做了具体规定。

学校更名为西安科技大学后,根据中共中央、国务院《关于进一步加强和改进大学生思想政治教育的意见》文件精神,结合学校工作的实际,制定了《西安科技大学班主任工作条例(试行)》,对班主任的任职条件、职责、考核及津贴标准都做了具体规定。

1998年以后,党委陆续在本校选了一批优秀毕业生做学生辅导员,还从外校招聘了一批文科毕业的本科毕业生和研究生来校当辅导员,在招聘中严把入口关。自2006年开始,要求新引进的辅导员具有硕士以上学历。在自荐报名的基础上,严格按面试—考察—答辩—录用等程序进行。改变了过去辅导员全部是工科毕业生的单一局面,初步形成了一支专兼结合、以专职为主的学生思想政治工作队伍。为了提高他们的素质,使他们更好地适应工作,还采取了各种培训、组织经验交流会、机关干部下基层锻炼、评选优秀辅导员等措施,使学生工作队伍在知识结构、学历层次、综合素质等方面适应了新形势的要求,成为学校教师和管理干部的重要来源。

为了加强学工干部和学生的联系,提高管理工作的有效性,给学生提供社会工作锻炼的机会,学校还在2000年做出了聘任学生工作部部长助理的决定。实践证明,这样做架起了学工部直接和学生联系与沟通的桥梁,既培养了学生的组织领导能力,又是对学生工作干部的一种补充。

第三节　制定和实施学生工作考核评估办法

为了进一步完善校、院(系)部两级管理体制,增进院(系、部)间的工作交流,提高学生教育及管理工作的整体水平,促进学生工作不断向制度化、规范化和科学化迈进,全面提升学生的综合素质,学校还制定了《西安科技大学学生工作考核评估办法》。评估办法有七方面的内容:

(一)考核评估的基本原则

院(系、部)学生工作考核坚持定性与定量相结合、过程与结果相结合、长远目标与近期效果相结合、评比与促进相结合的原则。

(二)考核评估的主要内容及指标体系

考核评估分为定性考核和定量考核两部分。定性考核包括学校党建与思想政治工作,纪律教育与学生管理工作、班级建设与学生活动、基本工作与创新性工作;定量考核包括学生党建工作、学风建设工作、日常基本工作。

(三)考核评估工作的组织领导

考核评估工作在校党政的领导下进行。由学工部、组织部、教务处、团委等部门的主要负责人及各院(系、部)主管学生工作的副书记组成考核评估小组,负责考核评估工作。考核评估工作小组下设办公室,办公室设在学工部,负责考核的具体工作。

（四）考核评估的办法与步骤

（1）考核评估组采取听汇报、看有关材料、问有关情况的办法进行考核评估。

（2）各院(系、部)根据评估指标体系进行自评,写出自评报告和给出自评分。

（3）各院(系、部)在自评的基础上,提供书面自评报告和有关材料,材料内容必须是真实可靠的原始材料。

（4）考评工作组听取汇报、查阅资料、查证核实,依据考核评估指标体系认真打出分值。

（5）考核评估办公室汇总考核结果,上报专管校领导。

（五）考核评估分值计算

$$总分值＝定性考核分值＋定量考核分值＋附加分$$

（六）考核时间范围

学生工作的考核评估以年度为单位,在每年的12月份进行。

（七）奖励条件与办法

按考核评估的总分值顺序,奖励分值较高的前三名,授予"西安科技大学学生工作先进单位"称号,并奖励现金1 000元。学生工作考核的具体内容见表3-10-3和表3-10-4。

表3-10-3　　　　　西安科技大学院(系、部)学生工作考核表(定性部分)

被评估单位(盖章)：　　　　　　　评估时间：　　　　　　　　年　　月　　日

评估项目		分值	基本要求	评分标准	得分	备注
学生党建与思想政治工作(15分)	党支部建设	2	按照"一年级有党员,二年级有党小组,高年级有党支部"的学生党建工作格局,加强对入党积极分子的培养	组织健全,积极培养,每学期有三次以上活动且效果明显得2分;达不到要求的扣0.5～2分		
	党员发展	2	坚持党员发展标准,入党材料、手续全,党员分布合理、质量好	在保证质量的前提下,入党材料、手续全,党员分布合理的得2分;达不到要求的扣0.5～2分		
	党员先进性	3	党建工作制度健全,能够抓好党员的再教育和培养,充分发挥党员在校风、学风建设中的模范带头作用	有落实措施,且表率作用明显的得2～3分;措施不太得力,且效果欠佳的得0～2分		
	思想政治教育	8	结合学生的思想实际和国内外政治经济形势,通过学习、讨论、举办报告会等形式,积极开展主题性教育活动(心理健康教育、文明道德教育、理想信念教育、爱国爱校教育、政策形势教育、人文素质教育等),不断提高学生的整体素质	积极开展形式多样的教育活动,有计划、有落实、有记录,教育效果好,典型事例突出的得5～8分;一般的得2～5分;差的得0～2分		
纪律教育与学生管理工作(18分)	校纪校规教育	4	定期进行各种形式的校纪校规教育(安全教育、考风考纪教育、纪律整顿等)	教育活动有计划、有措施、有落实,无聚众扰乱校园秩序行为,教育效果好的得3～4分;一般的得1～3分;差的得0～1分		
	学生日常管理	4	有制度、有检查、有落实,学生自觉遵守和维护校园秩序	制度健全,措施得力,检查有记录,且无违纪行为的得3～4分;一般的得1～3分;差的得0～1分		
	优秀评选	2	严格执行学校评优的有关规定	严格标准,认真选拔,优秀学生及优秀集体的表率作用好的得1～2分;一般的得0～1分		
	就业指导工作	4	积极主动开展毕业生就业教育、指导、服务工作	就业教育、指导课、专题报告会、信息发布及长期与用人单位建立良好的信息反馈,好的得2～4分;一般的得0～2分		

续表 3-10-3

评估项目		分值	基本要求	评分标准	得分	备注
纪律教育与学生管理工作（18分）	助困工作	4	做好贫困生的帮困工作，积极开展勤工助学活动和助学贷款工作，准确发放各种补助	掌握学生经济状况，认真研究勤工助学工作，积极采取有效措施帮助贫困生，效果好的得2～4分；一般的得0～2分		
班级建设与学生活动（7分）	班级建设	3	对班级工作(含宿舍建设)有制度、有措施、有落实、有评比	班团组织建设及宿舍建设有制度措施、有落实，班级活动有记录，班风(舍风)整体好的得2～3分；一般的得1～2分；差的得0～1分		
	文体活动	4	积极开展形式多样且有利于学生身心健康的文艺、体育、科技活动	支持、指导、组织学生积极开展各类课外活动，学生参与面广，效果好的得2～4分；一般的得0～2分		
基本工作与创新性工作（10分）	队伍建设	2	对辅导员工作有要求、有考核，队伍精神面貌好，责任心强	有制度、有计划、有落实、有总结、日志翔实，总体效果较好的得1.5～2分；时抓时管，效果一般的得0.5～1.5分；放任自流的得0～0.5分		
	基本工作与汇报交流	2	重大事项向主管领导汇报，积极参加例会和工作交流，并能配合相关部门及其他院(系、部)的工作	重大事项做到经常汇报，工作例会按时出席，交流配合好的得1～2分；一般的得0～1分		
	宣传报道	1	随本单位学生工作进程，充分利用现有宣传工具积极营造舆论氛围，并加强宣传报道，扩大对外影响和交流	利用校园网、宣传板等宣传工具及时报道本单位的学生工作开展情况，总体效果好的得0.5～1分；一般的得0～0.5分		
	工作创新	5	在完成学校交给的任务以外，能够结合本单位的学生特色，主动开展具有鲜明特色的活动	工作有特色、有创新、有利于学生素质的提高，值得在校内推广应用的得3～5分；一般的得0～3分		

表 3-10-4　　　　**西安科技大学院(系、部)学生工作考核表(定量部分)**

被评估单位(盖章)：　　　　　　　　评估时间：　　　　　　　　年　　月　　日

评估项目		分值	基本要求	评分标准	得分	备注
学生党建工作（5分）	院(系、部)党校	3	院(系、部)每学年至少举办一期党校初级班，每学年参加培训人数不少于全院(系、部)人数的10%，课时不少于8学时	学校学院结业后一周内将教学计划、考勤、总结及时报送学工部，资料翔实，达到学校要求的得3分，一项未达到要求的扣1分，未举办党校的不得分		
	学校党校	2	圆满完成党校学习任务	结业率、优秀率均达到同期平均水平的得2分，只有一项达到的得1.5分，两项均未达到平均水平的得1分，未参加的不得分		
纪律教育与学生管理工作（18分）	安全稳定工作	6	定期进行各种形式的安全教育，严格管理	没有发生任何安全事故的得6分；发生安全事故且为直接责任的扣6分，间接责任的扣3分		
	考风考纪	4	加强考风考纪教育，严格管理	无考试作弊的得4分；考试作弊比例(当年作弊人数占总人数的比率)最高的扣4分，第二名扣3分，第三名扣2分，第四名及以后均扣1分		
	学生违纪处理	4	学生违纪处理公正、及时，而且能及时报主管部门备案(不含学籍处理)	对学生违纪处理公正及时的得2分，学生违纪处分都能报学生处案的得2分，无违纪的得4分，记过(含记过)以上处分一人次扣0.1分(不含受学籍处理的学生)		

续表 3-10-4

评估项目		分值	基本要求	评分标准	得分	备注
纪律教育与学生管理工作(18分)	就业工作	4	就业教育指导工作开展好,就业率高,违纪率低	年终就业率≥95%得3分,≥90%得2.5分,≥85%得2分,≥80%得1.5分,≥75%得1分,≥70%得0.5分,低于79%不得分;违纪率低的1～3名得1分,4～10名得0.6分,其他得0.3分		
学风建设工作(15分)	学科竞赛活动	6	积极组织、鼓励学生参加各类学科竞赛活动	学年内组织学科竞赛一次得0.5分,最高可得2分;积极组织学生参与校级及以上学科竞赛得0.5分,获团体奖得1分(名次奖每次0.5分,组织奖每次0.1分);学生个人获奖励加分:省级及以上科技竞赛中获等次将每项加0.8分,省级及以上单位竞赛获等次将每人加0.1分(最高加2.5分)		
	考研率	2	鼓励支持学生报考研究生	考研录取率位于前三名的得2分;考研录取率位于4～10名的得1.5分,其他的得1分(以四年级学生为基数)		
	留级、退学率	4	做好学生学习的帮教工作	留级、退学率从低到高依次得4分、3.8分、3.6分、3.4分、$[4-(n-1)\times0.2]$分……n为名次)		
	学位授予率	3	加强学生的校风、学风建设,提高学位授予率	学位授予率从高到低依次得3分、2.9分、2.8分、2.7分、$[3-(n-1)\times0.1]$分……(n为名次)		
基本工作(12分)	队伍建设	2	按学校要求配备辅导员	4～8个自然班配一名辅导员得2分,超过一个自然班扣0.5分,少一个自然班扣0.5分		
	工作研究论文	3	积极开展学生工作科学研究,组织所属人员撰写论文	$\dfrac{\text{正式发表有关学生工作的文章(第一作者)}}{\text{本单位学生工作干部人数}}\times3$分(最高得3分,当年7月份以后参加工作的辅导员不计)		
	工作计划(总结)	2	院(系、部)有学期工作计划和学期工作总结,工作目标明确,能按时上交	计划、总结每份得0.5分		
	学生工组报表	3	按时上交有关报表	按时上交工作报表的得3分;缺或迟交1分报表扣0.3分(扣完为止)		
	宣传报道	2	积极利用各类宣传工具,报道本系学生工作	在学工通讯、校报、新闻网及以上报刊发表反映学生工作的稿件一篇得0.3分,在省市报刊上刊登的稿件每篇得1分(最多得2分)		
附加分	奖励		获奖及学生工作检查	在全国范围内评选的各类荣誉称号,获得表彰:集体加5分,个人加2分;学工部日常检查违纪率高的前三个院(系、部)分别扣0.5分、1分、1.5分		

第十一章　人事制度改革

　　人事制度改革是学校内部制度改革的重要内容,它的改革成功与否直接关系到教师队伍、干部队伍和职工队伍的建设,具有十分重要的意义。

第一节　人事制度改革的起步

一、精简机构、紧缩编制,提高工作效率

　　学校研究和实施校内人事管理体制改革起始于20世纪80年代末90年代初。为了保证教学、科研和各项工作的需要,遵照中央关于精简机构、紧缩编制,提高工作效率的指示精神,学校人事管理体制改革从机构设置和人员编制开始。根据中煤总教字〔1989〕第602号《关于稳定机构和人员编制的通知》精神,按照国家教委教计字〔1985〕090号《全国普通高等学校人员编制的试行办法》,结合学校实际情况,1989年向中国统配煤矿总公司教育局提出了《西安矿业学院机构设置和人员编制方案》,具体见表3-11-1。

表 3-11-1　　　　　　　　　西安矿业学院机构设置和人员编制方案　　　　　　　　　单位:人

方案	近期规模	合计	教师	实验技术和图书资料人员	政工人员	行政人员	工勤人员
第一方案	2 580	777	343	143	50	112	129
第二方案	2 580	908	398	167	60	131	152
第三方案	2 580	854	375	159	56	123	141

　　由于学校分南、北、东三院,且南、北两院均有学生,三院相距较远,有些设施各院都有,无形中需增加不少工勤人员。考虑到学校的实际情况,学校认为第二方案接近实际,取了较高的编制数。按第二方案,1987年教职工和学生的比例标准核编是规模2 000人时教职工和学生的比例为1：2.8,其中教师和学生比例为1：6.5;规模是3 000人时教职工和学生的比例为1：3.0,其中教师和学生比例为1：6.6。

　　根据有关文件精神,贯彻精简、优化、高效、满负荷工作的原则,必须对那些与教学、科研无直接关系又无明显经济效益的单位,采用压缩、合并或转换职能等方式予以调整,分流出人员充实校办产业。1993年学校制定了《西安矿业学院教职工人员编制管理办法》,对招待所、劳动服务公司(含印刷厂)、教材印刷室、职校、工商学院及各科技开发公司等经济实体实行产业人员编制管理。对这些单位采取全部承包工资、补贴、资金,并上交部分利润的管理形式,并与每个单位签订合同,明确各单位承担的经济指标。经过分流人员充实校办产业和采取压缩合并或转换职能等方式进行调整,按1993年新生入学后3 000名学生规模确定定编总控制数,校本部教职工和学生比例为1：3.4,其中专任教师与学生比例为1：7.6。教职工人员编制较以前有一定的改善,师生比有所提高。

二、改革初期的综合考核工作

　　1993年制定的《西安矿业学院教职工综合考核总则》《西安矿业学院各类人员考核办法》《西安

矿业学院专业技术人员考核量化标准》和1996年制定的《西安矿业学院教职工年度考核暂行办法》等文件,都是围绕压缩编制、提高师生比例、提高工作效率进行的人事管理制度的改革。考核工作在定编、定员、定责和对各类人员实行聘任的基础上进行,考核指数体现全面、重点突出、科学、简明、操作性强,考核过程充分体现客观公正、民主公开、实事求是、注重实绩的原则。考核内容主要包括德、能、勤、绩四个方面,以德为首,重点考核工作实际。

德:主要考核政治、思想表现和职业道德表现;

能:主要考核业务技术水平和工作能力,知识更新;

勤:主要考核工作态度和勤奋敬业的表现及遵守劳动纪律的情况;

绩:主要考核履行职责情况,完成工作的数量、质量、成果及成效。

考核等级分为优秀、合格、不合格三个等级。考核结果成绩突出,总分在90分以上为优秀,但一般不超过教职工总数的10%;考核结果总分在60～89分之间为合格;总分在59分以下为不合格。教职工年度考核结果为合格以上者,按照有关规定晋升工资档次和发给奖金;连续三年考核被确定为合格以上等级的,具有晋升职务和职称资格;连续两年被确定为优秀等级的,具有优先晋升职务和职称资格。年度考核被确定为不合格等级的:当年考核被确定为不合格等级的,不发年终奖金,并予以批评教育;连续两年考核不合格的,根据不同情况,予以降职、调整工作、低聘或解聘,不服从组织安排及安排后年度考核仍不合格的,予以辞退。

西矿字〔1996〕第022号《西安矿业学院1994年度和1995年度职工考核工作总结》中提到:① 学院1994年采取系列考核的办法,共分教师、党政、科研、实验、图书、卫生、子中、幼儿园、工人等八大系列。考核的人员共计1 158人,其中干部870人,工人288人;优秀等级中,干部211人,工人69人;合格等级中,干部654人,工人216人;不合格等级中,干部5人,工人3人。没有参加考核8人。优秀率约24%,合格约75%,不合格约1%。② 1995年参加考核人员1 150人,其中干部866人,工人284人;优秀等级中,干部216人,工人71人;合格等级中,干部650人,工人213人。优秀率约25%,合格率约75%。

1994年和1995年度的考核结果直接和年综合奖挂钩,起到了调动教职员工的积极性、激励先进、鞭策后进的作用。从两年的考核情况看,也存在一些问题和不足:如考核中定性的成分多,定量的成分少,由于一些人际关系的因素,有些单位的考核结果不够公平。另外,同一单位和部门的人,从事的工作性质和业务不同,考核的可比性差,考核体系的科学性不够,等等。

第二节　深化人事制度改革

1998～2005年,学校加大了人事管理制度改革的力度。1998年,制定了《西安矿业学院聘任制实施办法》;1999年,制定了《西安矿业学院教职工编制管理办法》;2000年,制定了《西安科技学院后勤社会化改革有关人事政策的规定》;2003年,制定了《西安科技大学员工招聘工作实施办法(试行)》;2004年,制定了《西安科技大学编制管理暂行办法》;2005年,制定了《西安科技大学岗位聘任和校内津贴制度实施办法》等。这一系列人事管理体制改革文件的制定与实施,推进了学校人事制度改革工作。

一、定编、定岗、定责

学校深化人事制度改革,其核心是"三定一聘一考核"。"三定"是定编、定岗、定责,"一聘"是实行聘任制,"一考核"是建立考核评估制度。

(一)定编

1999年制定的《西安矿业学院教职工编制管理办法》主要内容有:

1．编制管理的原则和目标

编制管理坚持"调整结构、按需设岗、精干队伍、建立机制、保证需要、减员增效"的原则。通过编制工作达到以下目标：

（1）使教职工队伍的年龄结构、职称结构、学历结构趋于合理，保证各方面工作的需要，特别是保证教学、科研工作和重点学科、新增专业建设的需要。2000年，学院基本教育规模编制目标达到师生比1∶10，教职工与学生比1∶5，实验室人员与学生比1∶55。通过进一步改革争取早日达到师生1∶14，教职工学生比1∶(5.5~6)；教师中硕士以上学历人员比例达45%，副高职以上人员达到30%以上，其中中青年正教授占教授总数的比例达到50%以上。

（2）理顺关系，减少层次，科学合理设置、调整院内业务和管理结构。

（3）推行人员编制与任务、工资、奖金挂钩，建立编制管理自我约束机制。

2．编制管理的范围

学校教职工总编制分为基本教育规模编制、附属单位编制、工资自筹人员编制和流动编制四部分。

（1）基本教育规模编制包括教师编制，教育教学辅助人员编制，专职党务、行政管理、行政事务、行政后勤服务人员编制。

（2）附属单位编制是指学校实行经济核算管理，将逐步社会化或部分社会化的生活后勤服务单位编制和学院中承担公益性社会服务的单位的人员编制。

（3）工资自筹人员编制是学校不支付工资的人员编制。

（4）流动编制包括：

① 出国未归人员，借调、扶贫、支教、停薪留职、劳务输出人员，长期病假人员以及在人才交流中心尚无工作的编余或落聘人员。

② 缺编单位临时聘用的工作人员或兼职人员。

③ 留作学院统一掌握，用于人才引进的编制。

学校对新建专业，根据其任务和发展规模给予一定暂编数；对暂不招生的保留专业，给予少量保留编制；对于省部级以上重点学科、重点实验室、博士点给予少量补贴编制。为了科学合理地确定学校各类人员编制，强化编制管理的约束机制，按照宏观控制、计划调节、稳定规模、优化结构、提高效益的方针，根据教育部有关文件精神，结合我校实际，2004年学校又制定了《西安科技大学编制管理暂行办法》。

3．机构设置

学校内设机构包括党政管理机构和教学科研组织机构。

（1）学校党政管理机构：学校党政管理机构不搞上下完全对应，职能相近的管理机构实行合署或合并办公。根据学校规模和管理跨度，按照学校党委组织部下达的相关办法确定党政管理机构数。

（2）教学科研组织机构：以学科（专业）建设为核心，进行教育资源重组，构建新的校、院、系办学模式，以一级学科或规模较大的专业建系，以学科门类或基础相近的系组建学院。实行校、院、系三级建制，两级管理体制。学校是一级办学管理实体，学院是学校领导下的二级办学管理实体；系、所是学院领导下的教学科研基础组织。学院设立的学院办公室（行政办公室与总支办公室合并）是学院的具体办事机构。

4．编制标准

（1）基本教育规模编制标准

学校基本教育规模编制标准的主要指标是员生比，辅助指标是师生比。学校确定的员生比应为1∶10，师生比应为1∶16。

学校基本教育规模编制的具体核定,以学校当量学生数为基本参数,以员生比作为限制条件,用下式表示:

$$基本教育规模人员编制总数 = 当量学生数/10$$

学校各类学生计算为当量生的折算权重分别是:本科、专科生为 1;硕士研究生为 1.5;博士研究生为 2;留学生为 3;预科生、进修生、成人脱产班学生、夜大(业余)生为 0.3;函授生为 0.1。

教师编制办法核定:

$$教师总编制 = 专任教师数 + 外聘教师数$$

专任教师数超过基本教育规模人员总数的 50%,并且逐年提高。外聘教师数不超过专任教师总数的 1/4。

$$教师总编制 = 总量学生数/16$$

教学辅助人员总编制:按师生比 1：65,或专任教师编制和专职科研编制之和的 25% 确定,其中实验技术人员与情报图书资料人员编制比为 3：1。

管理人员编制:不超过全校事业编制教职工人数的 18%。

(2)专职科研编制标准

以实际承担的科研项目级别、数量及经费为主要参数进行核定,计算公式为:

$$A = \sum (M_1 \times R_1 + M_2 \times R_2 + M_3 \times R_3) + N$$

式中 A——专职科研编制数;

M_1——承担国家级项目数;

M_2——承担省部级项目数;

M_3——承担厅局级或横向项目数;

R_1,R_2,R_3——科研项目类别的影响因子,其中:$R_1 = 3$,$R_2 = 1.5$,$R_3 = 0.5$;

N——为调整因子。

根据项目经费多少,适当增加编制。

(3)附属单位编制标准

学校内部实行独立经济核算管理的生活后勤服务单位,逐步从学校中规范剥离,实现高校后勤社会化。在完全实现社会化前,随着学校正式职工自然减员、核拨人员经费的逐年递减,人员编制相应核减;完全实现后勤社会化后,原则上不再纳入学校事业编制。

学校内部实行企业化或半企业化管理的单位及其他单位编制,根据上级主管部门要求并结合学校的实际,由学校核定。

学校所属承担公益性社会服务的附属单位的编制,根据国家有关主管部门和地方政府颁布的编制核准,结合学校具体情况核定。

(4)学校流动人员编制

学校流动人员编制占固定编制人数的 15% 左右。学校强化编制管理的约束机制,控制非教学人员的增长,使教职工总数维持在较低水平,2003 年全校有教职工 1 507 人,学生 12 682 人,员生比由 1：7 增加到 1：8.4,党政管理人员维持到 265 人,占全校教职工总数的 17.6%,其中校机关行政管理 193 人,占全校教职工总数的 12.8%;校内经济独立核算单位人数及来聘人员数达到 272 人,占全校教职工总数的 18.1%。

2005 年,全校教职工 1 674 人,学生 15 363 人,员生比 1：9.1,专任教师 848 人,师生比 1：18.1,党政管理人员 282 人,占全校教职工总数的 16.8%。

经过实施定编,学校的机构设置趋于合理,同时也优化了人员结构,人才资源配置也趋于合理,突出了教师主体地位,逐步提高了员生比和师生比,也大幅度提高了教师占教职工的比例。通过编制手段,建立了有利于科学发展的组织形式,扶持了学科新的生长点,加快了学科建设和发展。

（二）定岗

2005 年岗位的设置数量为 1 600 个聘任岗位,其中 250 个岗位用于引进优秀人才和补充毕业生,实际下达岗位数总数 1 350 个。学校当年正式职工 1 610 人,下达岗位数占职工数的 83.9%。

学校将聘任岗位分为 A 类岗、B 类岗、C 类岗三大类 16 个级别(参见津贴标准等级和确定岗位津贴系数表)。

（1）A 类岗位

A 类 1～7 级,岗位总数为 160 个,占学校实际下达岗位总数的 12%。学校从正处级以上职务和二级单位推荐的具有正高级职称、个别业绩突出的副高级职称人员中聘任 A 类岗位人员。A 类岗按照工作职责和任务目标不同,分为教师岗、管理岗、其他专业技术岗三类岗位。由校人事处、相关职能处与院(系、部)结合,分别提出设岗方案。

（2）B 类、C 类岗位

B 类 8～12 级和 C 类 13～16 级岗位由二级单位聘任。其中,B 类岗位数 650 个,占学校实际下达岗位数的 48%,二级单位从具有副高级职称、副处级职务和讲师、正科级人员及部分非教师中级职称人员中聘任 B 类岗位人员。B 类和 C 类岗可设置为教学科研综合岗、管理岗和其他专业技术岗,也可根据实际情况设置各类专职岗位。教学科研综合岗、管理岗、其他专业技术岗均按照相关文件提出设岗方案。

A 类教师岗位按照师资队伍建设规划要求的高级职务结构比例,考虑各院(系、部)的发展需要和师资队伍现状等情况,重点设置教授和个别业绩突出的副教授岗位控制数。A 类教师岗设 2～7 级。岗位职责是受聘人员必须全面履行岗位职责,积极承担教学基础建设等工作,完成聘期任务,并承担本单位安排的各类任务。

（三）定责

管理岗位设置主要包括校级干部、校机关党政管理部门的干部,各院、系、部、馆、中心、所等教学单位及教学辅助单位的专职党政管理干部,群众组中的干部。岗位设置类别(即 A 类岗位、B 类岗位和 C 类岗位)中,A 类岗位在全校正处级及其以上现职领导干部中设置,B 类岗位在全校副处级干部中和科级干部中设置,C 类岗位在副科级及其以下干部中设置。

管理 A 类岗位职责:① 对学校的全面工作,某一方面的工作负全面的领导责任,并保证所分管工作任务的全面完成;② 对本单位的工作负全面领导责任,紧密围绕学校发展目标和中心工作,确保学校下达的教学、科研、管理等各项任务的完成,确保学校改革、发展、稳定的大局;③ 理论联系实际、深入调查研究,积极发表自己在管理方面的研究论文,推进学校和本单位、本部门工作不断出新成果、上新台阶。

管理 B 岗位职责是:① 全力协助本部门主要负责人工作;② 按照本单位主管负责人授权,能独当一面地负责部门全面或某方面的工作;③ 尽职尽责地履行学校和部门赋予的管理职权,高质量、高水平地完成工作任务;④ 科级干部能够全面负责本科的工作。

管理 C 岗位的职责:圆满完成本职范围内的日常管理工作,具有良好的职业道德,不断改进工作作风,提高服务质量和管理水平。

学校对院(系、部)B 类和 C 类岗位设置工作制定了指导意见。院(系、部)B 类岗位 8～12 级,C 类岗位 13～16 级。B 类岗位主要为 A 类岗位配备的骨干梯队中以及未设立 A 类岗位的学科、专业、重要课程、实验室、专业技术和管理系列设置。该类上岗条件和岗位职责:教师每年为本科生授课,主讲过 1 门专业课或专业基础课;年教学工作量 260 学时以上(不包括指导研究生的工作量),教学效果良好;指导或协助指导过新教师、进修人员或硕士研究生,具有指导硕士研究生的能力,公开发表学术论文 2 篇,其中在核心期刊上发表论文 1 篇(独作或第一作者);完成 1 万元纵向或 3 万元横向科研项目;编写出版教材或专著 3 万字以上(含 3 万字,可累计)。以科研为主的教师科研拨

款 30 万元；年完成基本教学工作量 60％以上，未达到基本教学工作量者，可以用相应的科研工作量（论文、教材、专著、科研经费）充抵达到基本教学工作量。对 B 类副教授和 B 类讲师上岗条件也做了具体的规定。

二、实施全员岗位聘任制

实行聘任制，是学校人事制度改革的重要内容之一。学校从 1998 年开始相继出台了各类人员聘任制度实施办法，将聘任制扩展到各类人员。1998 年，制定了《西安矿业学院聘任制实施办法》和《西安矿业学院教学和实验技术人员聘任暂行办法》；2003 年，制定了《西安科技大学员工招聘工作实施办法》和《西安科技大学工人技师聘任工作实施办法》；2005 年，制定了《西安科技大学岗位聘任和校内津贴制实施办法》《西安科技大学 A 类教师岗位设置及人员聘任实施细则》《西安科技大学管理岗位设置及人员聘任实施细则》《西安科技大学其他专业技术岗位设置及人员聘任实施细则》《关于院（系、部）B 类、C 类岗位设置及聘任工作的实施细则》等文件，并将聘任制扩展到学校的各类人员。根据公开、平等、竞争的原则，广大干部、教师和其他各类人员均需择优聘任上岗，真正将聘任制作为一种选人用人制度，体现了既有竞争，又有约束；无论受聘、缓聘、半聘、不聘、辞聘、解聘、拒聘都做出了明确规定，并与待遇挂钩。

1998 年制定的《西安矿业学院聘任实施办法》中的聘任原则是：

（1）在聘任工作中，充分体现公正合理、公平竞争的原则，打破部门界线。

（2）依据各岗位职责的要求，坚持按需择优聘用、任人唯贤的原则，反对任人唯亲，杜绝聘任中的不正之风。

（3）用人单位和应聘人在公开平等的基础上，双方可协商聘用中的有关事宜，当达成聘任协议后，双方均应遵守聘任协议。

（4）贯彻满负荷工作量的原则，可实行一人多岗。

受聘人员条件：

（1）爱国、爱党、爱校、爱岗、遵纪守法、忠于职守。

（2）具备履行相应岗位职责的实际能力和业务知识，胜任工作。

（3）处级干部聘任测验称职率大于 60％。

（4）身体健康，能坚持正常工作。

（5）年度考核称职。

聘期：处级干部聘期一般为 3 年；科级干部聘期一般为 2～3 年；教师、干部聘期一般为 2～3 年；工勤人员合同期为 1～2 年。

2003 年，学校配套下发了《西安科技大学员工招聘工作实施办法（试行）》等文件，学校是从新聘非教学人员中开始实行这一制度，然后扩展到全员招聘。

2005 年制定的《西安科技大学岗位聘任和校内津贴制实施办法》中的聘任原则是：按需设岗、公开招聘、平等竞争、择优聘任、严格考核、合约管理；在聘任过程中，坚持工作满负荷，不因人设岗。

聘任程序是：学校科（含科级）以上管理岗位聘任按《西安科技大学党政管理岗位设置及人员聘任实施细则》规定程序进行。

A 类岗位的聘任：学校根据各二级单位的发展需要和目前人员队伍结构状况等因素，提出各单位定编岗位控制数和实际岗位数，经学校设岗聘任领导小组批准后下达到各单位。由个人申请，应聘者提交近三年工作业绩、聘期工作目标，并表明对履行岗位职责的承诺和完成工作目标计划，填写"西安科技大学应聘岗位申请书"，所有材料交本单位设岗聘任工作小组；各单位负责组织公布个人申请材料，进行公示，在公示的同时，单位组织评议推荐，确定候选人名单，经异议期后将申报材料报学校设岗聘任工作小组；校设岗聘任工作小组初审后，将竞聘不同岗位人员的材料整理归类,提交校设岗聘任领导小组评议,最后上报校岗位聘任委员会批准,校岗位聘任委员会确定受聘人员名单。受聘人员根据岗位类型分别与学校签订聘任合同书,由校长签发。受聘人员由所在单位负责管理,并接受本单位和学校的两级考核。

B类、C类岗位:由学校公布方案,其中包括岗位、聘任条件、岗位职责、任期工作目标等。由个人申请,应聘者交近三年工作业绩、聘期工作目标,并表明对履行岗位职责的承诺和完成工作目标的计划,填写"西安科技大学应聘岗位申请书",所有材料交本单位设岗聘任工作小组;经本单位设岗聘任工作小组审核,二级单位岗位聘任委员会在充分听取群众意见的基础上,确定各级岗位人员名单;在本单位范围内公布各级岗位人员推荐名单,经过一周的异议期后,提交学校设岗聘任工作领导小组审核,最后上报学校设岗聘任领导小组审核批准,由校长授权二级单位聘任,签发聘任合同书。

三、健全考核评估制度

根据各类人员的工作性质及岗位职责要求,为了进一步深化人事制度改革,使职称晋升、聘任及奖惩与考核工作结合起来,最大限度地调动和发挥职工工作的积极性和创造性,确保学校各项工作任务顺利完成,1999年制定并实施了《西安矿业学院职工考核办法》《西安科技学院教师年度考核办法》和2001年出台的《西安科技学院关于教学科研人员管理考核的补充规定》以及2005年制定的《西安科技大学岗位聘任和校内津贴制度实施办法》中都具体规定了有关考核评估的办法以及考核标准、考核程序、奖惩办法、考核纪律等内容。这些制度成为学校对各类人员考评的依据。

四、做好编余人员和富余人员的管理与安置

实施了全员岗位聘任制度,学校所有人员按聘任合同上岗,逐步将"单位人"变为"社会人",新聘员工的人事关系不进入学校,促进了人才的合理流动。各类人员的年龄结构、知识结构和人员素质趋于合理,充满活力。对于各单位的编余人员、落岗人员、待聘人员,学校在人事制度改革初级阶段就制定了相应文件并成立了西安矿业学院人才交流中心。

1998年出台的《西安矿业学院待聘人员转岗分流的有关规定(试行)》中规定:

(1)人才交流工作是人事调配工作的基础,是就业上岗双向选择的一项全新的人事制度改革,学校人才交流中心是由人事处兼的兼有服务和管理职能的人员分流安置的管理机构,其主要责任在于提供就业信息,组织协调,促进人才的合理流动,并处理人才交流及就业上岗中的各项具体问题。

(2)分流人员的管理及安置,转岗分流的形式:① 待聘人员是学校正式职工的一部分,院人才交流中心本着热情接待、疏通渠道、积极安置、促进交流、人尽其才的原则,做好管理工作;② 人才交流中心对待聘人员实行待聘合同管理,各部门移交待聘人员须在实施人事制度改革及聘任制后进行,移交前须经系、部、处(室)会议研究确定,各单位主管人事工作的领导找本人谈话,做好认真细致的思想工作,并填写"待聘人员登记表"上报人事处审定。

(3)待聘人员应创造条件积极主动在校内外联系新工作单位,人才交流中心除对待聘人员进行严格管理和岗位培训外,及时为待聘人员推荐新的工作岗位。

校人才交流中心积极开展工作,包括为富余人员发掘空余岗位,妥善安排富余人员的工作,在工作、生活等各方面关心富余人员。学校也创造了多种形式安排富余人员,做到扬长分流、各尽其能、各安其位。同时,也鼓励富余人员自找出路,走自己创业之路。

第三节 分配制度改革

分配制度改革是推进人事制度改革的动力和杠杆。深化校内管理体制改革,充分发挥津贴分配的导向作用,理顺分配关系,形成与岗位聘任制相适应的动态的津贴分配制度,不断提高教职工

待遇,充分调动广大教职工积极性,增强办学活力,提高教学质量、科研水平和办学效益,贯彻"按劳分配、效率优先、兼顾公平",重实绩、重贡献,建立向高层次人才和重点岗位倾斜的分配激励机制,搞活学校内部分配。

一、学校首次实施校内津贴分配

根据上级有关政策精神,参照部分学校校内津贴实施意见,结合学校实际,1994年学校首次制定了校内岗位津贴发放的暂行办法。之前,学校基本实行的是季度综合奖,如1984年制定的《西安矿业学院综合奖发放办法(试行)》和《西安矿业学院1994年第三、第四季度综合奖金发放办法(试行)》。同时,学校对发放综合奖的标准和办法每年根据情况进行适度调整。

1994年,校内岗位、职务津贴发放办法规定:学校对津贴实行总额控制、宏观管理、分块切割,按照教学和管理两大分类大致分配如下:

(1)系、部(室)、图书馆和总务处,按照人头和学校平均数将津贴总额划归各单位自己掌握,自行设立标准和档次,自己分配,但教师必须与教学工作量挂钩,不得平均分配。

(2)机关党政管理人员和工勤人员,一律按岗位和职务统一发放,工人按技术等级分配。职务津贴分配标准见表3-11-2和表3-11-3。

表 3-11-2　　　　　　　　　　党政机关人员职务津贴分值标准

职务	正院	副院	正处	副处	正科	副科	科员	办事员	见习人员
津贴分	19	17	15	13	11	9	7	5	3

表 3-11-3　　　　　　　　　　工勤人员职务津贴分值标准

技术等级	技师	高级工	中级工	初级工	学徒工
津贴分	10	7	6	5	3

注:1994年每个津贴分值为5元。

发放办法:根据实际按月发放,不随工资发。自主分配津贴的单位,每月要将本部门(每人)的津贴分配情况及时报人事处劳资科备案。

1996年,学校又制定了《西安矿业学院课时津贴发放暂行办法》,现设的课时津贴分额定课时津贴和超课时津贴两类:① 额定课时津贴是教师每年完成额定的220学时以内教学工作量所发给的课时津贴;② 超课时津贴是教师每年完成额定的220学时教学任务,超额完成的教学工作量所发给的课时津贴;③ 已享受岗位津贴的干部(含双肩挑干部、实验人员、辅导员和其他具有技术职称的人员)的课时费,按同级专任教师课时费的60%发。上述人员的工作量(含减免工作量),每年最多按160学时计算,超过部分不再发课时津贴。课时津贴发放的办法:额定课时津贴按学期发,超课时津贴按自然年度发,具体标准见表3-11-4。

表 3-11-4　　　　　　　　　西安矿业学院1996年课时津贴发放标准

职务	课时津贴					超课津贴
	正高	副高	讲师	助教	未定	各级教师
标准/(元/课时)	6.5	6	5.5	5.5	5	10

校内津贴的实施,是在定编、定岗、定责和聘任的基础上,通过对每个人德、能、勤、绩等方面的综合考核,按实际工作的数量、质量和贡献以及所负责任的大小拉开差距,体现了按劳分配的原则,调动广大教职工的工作积极性。

二、1998 年及以后校内津贴分配的三次重要改革

（一）第一次津贴分配办法

在几年实践的基础上，学校于 1998 年制定了《西安矿业学院院内津贴分配办法》。

1. 津贴构成

校内津贴由两部分构成：

（1）校内现执行教师为课时津贴，其余人员为岗位津贴。

（2）学校给每个职工年收入平均增额中的一部分。

2. 校内津贴发放范围

由校事业费负担工资的在岗人员，自收自支单位可以参照本办法执行。

3. 校内津贴分配按两块管理

教师依据担任的工作量以课时津贴的形式发放；管理、非教师专业技术及工勤人员以岗位津贴形式发放。

（1）管理、非教师专业技术及工勤人员分配方法具体见表 3-11-5 和表 3-11-6。

表 3-11-5　　　　　　　　　　管理、工勤人员津贴标准　　　　　　　　　　单位：元/月

职务	正院	副院	正处	副处	正科	副科	一般人员	技师	高级工	中级工	初级工	见习人员
标准	350	280	220	180	140	120	100	120	100	80	70	60

注：全年按 10 个月发放，对于艰苦工作岗位，津贴标准可执行高一档。

表 3-11-6　　　　　　　　　　非教师专业技术人员津贴标准　　　　　　　　　　单位：元/月

职务	高级职称	中级职称	初级职称	技术员	见习人员
津贴标准	150	120	100	80	60

注：全年按 10 个月发放。

（2）教师分配办法具体见表 3-11-7。

表 3-11-7　　　　　　　　　　课时津贴标准　　　　　　　　　　单位：元/时

职务	教授	副教授	讲师	初级职称	见习	超工作量
课时津贴标准	10	8.5	7	6	5	14

① 教学工作量定额为 240 学时。

② 本标准加权平均值为 7.39 元/时，增加额 1.60 元/时。为了体现向教学一线倾斜的原则，采取增加额 2 元/时。增加部分由财务处按加权平均课时费（2 元/时）增额乘以各单位总工作量划拨，各单位可参照本标准发放。

③ 党政管理人员的课时津贴，其标准按同类人员标准的 50% 计，其他人员（含辅导员）按课时津贴标准的 60% 计。

④ 系（部）领导可选走教师或走行政，但需事先将书面申请报人事处和教务处备案。

⑤ 工作量核定由教务处负责。

（二）第二次津贴分配办法

2000 年，学校为进一步深化院内管理体制改革，充分发挥津贴分配的导向、激励作用，形成与岗位聘任制相适应的动态的津贴分配制度，调动广大教职工工作的积极性，增强办学活力，提高教学质量、科研水平和办学效益，根据上级有关文件精神，参照兄弟院校的做法，并结合学校的实际，

制定出台了《西安科技学院院内津贴分配方案》(西科字〔2000〕第129号)文件,规定了校内津贴分配方案。

1. 指导思想与分配原则

(1) 坚持按劳分配、优劳优酬的原则,在教职工总体收入水平普遍提高的前提下,在增量中拉开差距,不搞平均分配。

(2) 坚持向教学科研一线人员倾斜,向优秀拔尖人才倾斜,向骨干人员倾斜。

(3) 在院内津贴构成中,逐步减少固定部分,加大活的部分,对每一类人员的津贴浮动留有较大空间。

(4) 津贴标准依据各类人员的工作数量、质量、水平、责任、成果等指标确定。津贴的发放与考核聘任相结合。

2. 校内津贴分类

校内教职工的津贴分为工作津贴、专项津贴和奖励津贴三种类型。

(1) 工作津贴

工作津贴是根据教职工的工作质量、数量和水平核发的一种津贴。对教学科研人员为课时费,对其他人员为工作劳动补贴。

(2) 专项津贴

专项津贴是根据工作需要,运用政策导向,对于在教学、科研、管理等方面评聘的带头人、优秀拔尖人才、优秀骨干人员及担负职务人员设立的一种津贴。

(3) 奖励津贴

奖励津贴是对在教学、科研、管理等方面做出贡献或业绩突出人员设立的一种津贴。该类津贴包括业绩奖励津贴和年度考核奖励津贴两种类型。

3. 各类津贴的发放标准及办法

(1) 工作津贴

校内工作津贴分为13档17个等级,并按教学科研和非教学科研两类工作岗位分别测算与确定。各类人员的津贴标准一般从初始级开始计发。

(2) 教学科研人员工作津贴

教学科研人员的工作津贴(表3-11-8)按照下式计算:

$$工作津贴 = 课时数 \times 每课时标准课时费 \times 系数$$

按照教育部规定的高校师生比1:14测算工作量,学校教师年人均工作量应为332学时。由于学校目前师生比已达到1:14,实际工作量1999年人均322学时,2000年人均360学时,因此332学时可作为我院教学科研人员工作津贴的测算点。考虑到各系部、各专业工作量不平衡等因素,学校将测算点下移至260学时。

表3-11-8 教学科研人员工作津贴测算分配方案

职务	等级	系数	工作津贴/(元/月)	
			下移测算点课时津贴	人均课时津贴
教授	X			
	Y			
	Z	3.5		
	A	3.0		
	B	2.7	562	717

职务	等级	系数	工作津贴/(元/月)	
			下移测算点课时津贴	人均课时津贴
副教授	B	2.7		
	C	2.4		
	D	2.2	458	584
讲师	D	2.2		
	E	2.0		
	F	1.8	374	478
助教	G	1.6		
	I	1.3	270	345
见习	J	1.1	229	292

2000 年,教学科研人员工作津贴按照测算点课时数 260 学时、每课时标准课时费 8 元乘以不同职称相应系数进行测算,即教授 21.6 元/学时,副教授 17.6 元/学时,讲师 14.4 元/学时,助教 10.4 元/学时。

(3)非教学科研人员工作津贴

非教学科研人员工作津贴(表 3-11-9)按照低于同档教学科研人员下移测算点工作津贴 2 个等级(低于 20%左右)进行测算。2000 年,非教学科研人员工作津贴按人均每月 208 元乘以相应系数进行计算。

表 3-11-9　　　　　　　　　非教学科研人员工作津贴测算分配方案

职务	等级	系数	工作津贴/(元/月)
书记、院长	X		
	Y		
	Z	3.5	728
副书记、副院长	Z	3.5	
	A	3.0	
	B	2.7	562
正高、正处、院助	B	2.7	
	C	2.4	
	D	2.2	458
副高、副处	D	2.2	
	E	2.0	
	F	1.8	374
中级、正科、技师	F	1.8	
	G	1.6	
	H	1.4	
初级、高级工、副科(副科起始级为 J 级)	H	1.4	
	I	1.3	
	J	1.1	
	K	1.0	208

续表 3-11-9

职务	等级	系数	工作津贴/(元/月)
员级、技术员、中级工、本科见习	I	1.3	
	J	1.1	
	K	1.0	
	M	0.9	187
其他见习、初级工	N	0.7	146

(4) 专项津贴

① 教学、科研人员专项津贴

学校设立 160 个享受专项津贴的岗位,占教学科研人员总数的 1/3,分为 7 个层次。其中,前六个层次人员通过上级机关或学院选拔评审获得相应称号或岗位(博士毕业自动入选院级拔尖人才,两年后进行评审;教授符合任职条件、履行岗位职责者入选院级拔尖人才),第七个层次"教学、科研(实验)骨干"岗位由学院按某种比例分配到各系部,通过各系部评选确定相应人员。获得各层次称号或岗位者,享受相应专项津贴。

A——院士·国家级优秀人才

学院根据本人要求及其规划,提供一切工作条件和生活待遇。

B——博士点带头人　　　　　　　　　　　1 000 元/月

C——省部级重点学科带头人及相当人员　　600 元/月

D——博士生导师　　　　　　　　　　　　400 元/月

E——省部级拔尖人才、硕士点带头人及相当人员　300 元/月

F——校级拔尖人才　　　　　　　　　　　200 元/月

G——校教学、科研(实验)骨干　　　　　100 元/月

教学科研人员上述称号重复时,专项津贴就高不就低,不重复享受。专项津贴按月发放,全年计发 10 个月。

② 领导职务专项津贴

学校现有的行政领导岗位数占非教学科研人员总数的 27%。该类岗位通过组织考核任命或公开招聘等形式确定,并享受相应的专项津贴。

A——书记、校长　　　　　　　　　　　　1 000 元/月

B——副书记、副校长　　　　　　　　　　600 元/月

C——校长助理　　　　　　　　　　　　　350 元/月

D——正处　　　　　　　　　　　　　　　260 元/月

E——副处　　　　　　　　　　　　　　　150 元/月

F——正科　　　　　　　　　　　　　　　80 元/月

G——副科　　　　　　　　　　　　　　　50 元/月

上述领导职务重复时,专项津贴就高不就低,不重复享受。该项津贴按月发放,全年计发 10 个月。

(5) 奖励津贴

学校奖励或资助在教学、科研、管理等方面做出突出成绩或贡献的人员,教学、科研业绩奖励办法及标准按院 1999 年 1 号文件《关于教学科研奖励和优秀拔尖人才有关政策的实施办法》精神及其修订办法执行;管理工作业绩奖励津贴总额按照人均低于教学科研人员同类津贴的一定比例进行测算与切块,并根据本人的实际工作成果、业绩拉开档次予以分配。教职工年度考核按照《西安科技学院教职工年度考核办法》和《西安科技学院处级班子及处级干部年度考核办法》执行,年终奖

金标准根据学校办学效益及经费收支情况确定。

（6）综合奖励津贴

2001年，学校补充制定了《西安科技学院关于教职工综合奖励津贴的实施意见》，对综合奖励津贴分为切块奖励津贴和统筹奖励津贴两种类型。切块奖励津贴是由学院宏观控制、各单位具体负责管理的一种津贴，用于奖励本单位教职工在日常教学、科研、管理工作中做出的综合成绩。该类津贴由人事处按照单位教职工人数、职称、职务、工作量及学生数等情况计算切块下拨到各单位，由各单位对教职工进行奖励。统筹奖励津贴是由学院根据当年全院其他各类津贴发放情况和教职工工作业绩等情况，划拨部分经费集中掌握直接予以奖励的一种津贴。其中，对于系、部单位及个人的奖励，集中在符合"1号文件"奖励范围的人员中和教学、科研、管理工作质量较高的单位中；对院党政管理单位的奖励，集中在工作任务繁重、工作业绩突出的单位中。

综合奖励津贴的发放办法及标准：

① 切块奖励津贴

a. 该类津贴由学校计算切块下拨到单位：

（a）按教学科研人员切块：

有学生的教学单位：

$$M = A \times [0.4 \times Z + 0.3 \times \sum Z_i F_i + 0.2G + 0.1X]$$

无学生或在校生不到四个年级的教学单位：

$$M = A \times [0.5 \times Z + 0.3 \sum Z_i F_i + 0.2G]$$

式中　　M——各单位津贴总额，万元；

　　　　A——津贴单位标准额度（万元），由学院根据当年可使用经费情况确定；

　　　　Z——单位教学科研人员总数；

　　　　Z_i——单位每一种职务人员总数（博士后计入教授人数；博士计入副教授人数；硕士计入讲师人数）；

　　　　F_i——每一种职务对应的起始档工作津贴系数（博士后与教授相同；博士与副教授相同；硕士与讲师相同）；

　　　　G——教学科研工作量系数，$G=$系部总教学、科研工作量/280，系部总教学、科研工作量中不含减免工作量，各系部教学工作量由教务处和研究生部认定，科研工作量由科技处认定；

　　　　X——在校学生系数，$X=$系部当量学生数/20。

（b）按教辅及党政管理人员切块：

按照低于全院教学科研人员切块人均津贴5％进行切块。

b. 该类奖励津贴切块下拨到各单位后，由各单位党政领导班子根据学院对各类人员考核的基本要求或标准，结合被考核人的实际，制定考核实施细则，并提出各类人员奖励津贴的具体发放标准和办法，经本单位职工代表会议讨论通过，报请学院批准后实施。学院对各单位津贴切块的办法及切块公式不得作为各单位职工个人津贴分配的依据。

c. 切块奖励津贴每学期期末发放一次，其中上半年发放全年奖励津贴的40％。

② 统筹奖励津贴

a. 学院根据当年全院各类津贴发放情况及教职工工作质量、业绩情况确定统筹奖励津贴总额。

b. 属"1号文件"范畴的奖励，其奖励办法、奖励标准及管理模式维持不变；不属"1号文件"范畴的，其考核、奖励办法及奖励金额由相关职能部门及院考核聘任领导小组负责另行制定实施细

则;对党政管理单位的考核、奖励办法及津贴发放标准由院组织部、人事处及院考核聘任领导小组负责另行制定实施细则。

c. 统筹奖励津贴每年年终发放一次。

根据校内津贴的实行情况,2003 年学校还提出了《西安科技大学关于 2003 年校内津贴分配工作的原则意见》,以完善校内津贴分配制度改革,也为以后的校内津贴分配制度改革提供了实践经验。

(三)第三次津贴分配制度改革

2005 年 5 月,学校在定编、定岗、定责以及实行聘任和考核的基础上,理顺校内各类人员国家档案工资外的各项收入分配关系,逐步提高、完善实行国家工资与校内津贴双轨运行制度,调整利益分配和奖与罚的导向,使分配制度逐步趋向合理,切实起到稳定教学、推动科研、不断提高职工待遇、充分发挥校内津贴的激励作用,调动广大教职工积极性的作用。制定了新的《西安科技大学岗位聘任和校津贴制度的实施办法》及九个附件:

①《西安科技大学 A 类教师岗位设置及人员聘任实施细则》;

②《西安科技大学管理岗位设置及人员聘任实施细则》;

③《西安科技大学其他专业技术岗位设置及人员聘任实施细则》;

④《关于院(系、部)B 类、C 类岗位设置及聘任工作的指导意见》;

⑤《西安科技大学教学科研重大成果奖励政策及实施办法》;

⑥《西安科技大学教学工作量补贴办法》;

⑦《西安科技大学指导研究生工作补贴实施办法》;

⑧《西安科技大学应聘岗位申请书》;

⑨《西安科技大学岗位聘任合同书》。

这一新的岗位津贴制度的实施办法对岗位津贴标准等级和岗位津贴系数都做了比较明确的规定,具体见表 3-11-10。

表 3-11-10   **岗位津贴标准等级和岗位津贴系数**

岗位类型	岗位级别	系数系列	党政管理	其他专业技术	教师
A 类岗	1	6.0	正校级	正高级	教授
	2	5.0	副校级		
	3	4.5			
	4	4.0			
	5	3.5	正处级		
	6	3.2			
	7	2.9			
B 类岗	8	2.6	副处级	副高级	副教授
	9	2.4			
	10	2.2			
	11	1.9	正科级	中级技师	讲师
	12	1.7			
C 类岗	13	1.5	副科级	初级以下	初级
	14	1.3			
	15	1.1	科员		
	16	0.9			
见习	17	0.5 0.7	本科 0.7,专科及以下 0.5		

此外,对岗位津贴的管理和岗位津贴的发放也做了细致的规定。

三、实行重大成果奖励与工作量补贴制度

学校在实行岗位津贴制度的同时,实行年终一次性重大成果奖励和工作量补贴制度。这是建立健全各类人员的岗位责任制、制定科学的考核制度与相应的奖惩制度,以及改革人事管理制度的重要内容。2005年制定的《西安科技大学岗位聘任和校内津贴制度实施办法》中还明确规定了重大成果奖励、工作量补贴和临潼校区补贴的政策。

（一）重大成果奖励

学校参照《西安科技学院教学科研奖励和优秀拔尖人才政策及其实施办法》(西科字〔2001〕1号)和《西安科技学院关于提高本科教学质量的实施意见及具体实施办法》(西科党字〔2002〕1号)中对个人的奖励办法,2005年重新修订《西安科技大学教学科研重大成果奖励政策实施办法》。新的奖励办法中规定:

1. 教学科研重大成果奖励的范围

(1) 教学科研奖

① 国家级奖;

② 省部级奖;

③ 国家发明专利。

(2) 承担科研项目奖励

① 由我校牵头承担的"攀登计划"项目、"863"项目、"973"项目、国家科技攻关项目、重大国防项目等一级或二级子课题可支配的经费在50万元以上的项目负责人;

② 国家杰出青年基金获得者;

③ 国家自然科学基金和社会科学基金项目负责人;

④ 国家科技部重点项目负责人;

⑤ 国家级教学研究与改革项目负责人;

⑥ 省部级教学、科研项目负责人。

(3) 论文奖励

① 在 Nature、Science 上发表的论文;

② 获国家优秀博士学位论文(指导教师);

③ 被 SCI、SSCI、EI、AHCI、ISTP 检索收录的论文。

2. 成果奖励计分标准(表3-11-11～表3-11-13)

表 3-11-11　　　　　　　　　　纵向项目第一负责人奖励计分

项目级别(每项)	分值	项目级别(每项)	分值
攀登计划项目	80	省级教学科研项目	10
"863"、"973"(一、二级子课题)	80	国家杰出青年基金	100
国家科技攻关项目(一、二级子课题)	80	国家自然(社会)科学基金重大项目	100
重大国防项目(一、二级子课题)	80	国家自然(社会)科学基金重点或面上项目	50
国家级教学研究与改革项目	50	国家科技部重点项目	30

表 3-11-12 教学科研获奖奖励计分

成果名称及级别	计分	成果名称及级别	计分
国家级特等奖	4 000	省部级特等奖	400
国家级一等奖	2 000	省部级一等奖	300
国家级二等奖	1 000	省部级二等奖	200
省部级三等奖	100	国家发明专利	100

表 3-11-13 多人完成的成果计分分配方式

完成总人数	完成人排序	计分比例	完成总人数	完成人排序	计分比例
两人	一	65%	五人及五人以上	一	50%
	二	35%		二	25%
三人	一	60%		三	12%
	二	28%		四	8%
	三	12%		五	5%
四人	一	55%		第五人以后均按 5%计	
	二	25%			
	三	12%			
	四	8%			

(1) 教学科研重大成果奖励金额每分 100 元,经学校学科建设领导小组决定可予相应调整;多人完成成果中个人所得分值根据排名按比例计算。同一项目获多项奖励时,按最高获奖级别奖励。

(2) 由多家单位共同完成并申报奖励的项目,我校为第一完成单位时,按获奖等级奖励计分的100%计算;我校为第二完成单位时,按获奖等级奖励计分的 70%计算;我校为第三完成单位时,按获奖等级奖励计分的 50%计算;个人分配值按我校参加人员单独排序计算。以个人名义参加的非我校单位项目按个人排名得分的 1/4 计算。

(3) 申报人在申报成果奖励时应严格核对,若个人出现单项成果重复申报,停发当年教学科研重大成果奖励。

(4) 我校发表论文作者所属单位应署名为西安科技大学,以其他单位名义发表的论文按个人排名得分的 1/4 计分;对于同时按 SCI、SSCI、AHCI、EI、ISTP 等收录的论文,按检索最高档次的分值计算,不累计。

(二)工作量补贴

学校将基本工作量之内的工作津贴纳入岗位津贴之中,对超过基本工作量部分进行补贴。对党政管理及部分教辅人员超过基本工作量部分发放工作量补贴,人均补贴按授课专任教师人均课时补贴的 35%计算核定。对教学工作量补贴和指导研究生工作量补贴制定详细的办法,其主要补贴办法是:

1. 教学工作量补贴

根据学校教学工作总量及对不同职称教师教学、科研工作的不同要求,确定基本教学工作量分别为:教授、副教授 260 课时/年,讲师 280 课时/年,助教原则上不定基本工作量,各院(系、部)可根据实际情况,给助教安排助课、授课等教学任务,具体见表 3-11-14。

工作量核算办法:每学期由教务处、研究生部协同各部(系、部)根据《西安科技大学教学工作量计算及课时酬金发放办法实施细则》核算教学工作量。

表 3-11-14   教学工作量补贴

年教学工作量/课时	教授	副教授	讲师	助教
260＜教授、副教≤520 250＜讲师≤560 160＜助教≤320	31.6 元/课时	27.6 元/课时	24.4 元/课时	20.4 元/课时
教授、副教授＞520 讲师＞560 助教＞320	不计补贴			

工作量补贴:年基本工作量之内,不发放课时补贴。超过部分按表 3-11-14 的标准发放课时补贴(助教年超过 160 课时发放课时补贴)。

2. 研究生工作补贴

根据相关津贴制度实施办法,指导研究生工作量和教学工作量分离,实行指导研究生工作补贴制。

(1)补贴标准

指导 1 名博士研究生补贴 4 000 元,教授指导 1 名硕士研究生补贴 3 000 元,副教授指导 1 名硕士研究生补贴 2 400 元。

指导研究生工作的补贴按照研究生三年学制核算。指导 1 名一年级硕士研究生的教授(副教授)补贴 600 元(400 元),指导 1 名二、三年级硕士研究生的教授(副教授)补贴各为 1 200 元(1 000 元)。指导 1 名一年级博士研究生的补贴 1 000 元,指导 1 名二、三年级博士研究生的补贴各为 1 500 元。

研究生提前毕业指导研究生补贴不减少,因故推迟的指导研究生补贴不增加。研究生指导教师自行解决。

(2)补贴管理

学校根据研究生部对研究生导师的考核,在履行研究生导师职责的条件下,由院(系、部)核定,研究生部审核,报学校财务处统一发放。

(3)补贴发放

根据导师履行指导教师职责情况、指导研究生的学生数,指导研究生工作的补贴分学期或年度发放。

(4)联合指导研究生

学校发给指导小组的指导研究生补贴,建卡后由组长掌握。使用时经研究生部审核后用于小组开展的各种活动。

兼职指导教师不发补贴。

(三)临潼校区补贴

学校对临潼校区工作的教职工发放适当补贴。补贴办法:学校根据各二级单位在临潼校区工作的实际情况,核拨各单位补贴总额,由各单位对本单位在临潼校区工作的人员进行补贴分配和考核。

1. 二级教学单位临潼校区补贴核算办法

二级教学单位临潼校区补贴按该单位在临潼校区当年教学计划课时(包括实验课时)、学生人数核定。

(1)每个计划课时核拨 8 元。

(2)每 120 名学生每天核拨 8 元,每学年按 10 个月,每月按 22 天核拨。

按上述核算办法,学校在每学期末核拨补贴至二级教学单位。

2. 职能部门及图书馆临潼校区补贴核算办法

(1) 职能部门及图书馆临潼校区补贴按照核定的工作人数和实际工作状况进行补贴。

(2) 每人每个工作日核拨 6 元,每学年按 10 个月计,每月按 22 天核拨。

(3) 每年年初,由人事处核定职能部门及图书馆在临潼校区工作人数,按照核定人数进行补贴划拨。由职能部门及图书馆按照学校要求进行考勤,结合本部门实际工作进行考核。

3. 临潼校区值班补贴办法

(1) 凡学校统一安排的职能部门在临潼校区的值班,补贴从学校划拨的职能部门及图书馆临潼校区补贴中支出。

(2) 二级教学单位值班补贴从学校核拨的二级教学单位临潼校区补贴中支出。

4. 经济独立核算单位临潼校区补贴办法

凡校内经济独立核算的单位,临潼校区补贴由本单位经费支出,发放办法参照上述办法制定。

津贴制度实施办法改革使各类人员的津贴普遍有所增长。2004 年,全校实际发放各类津贴 2 724.26 万元。2005 年,新的岗位聘任和津贴制度实施办法实施后,全校发放各类津贴约 3 363.80 万元,增加 639.54 万元,增幅达 23.5%。教师人均津贴 2.38 万元,其他非教师人员人均津贴 1.69 万元;新的岗位聘任和津贴制度实施办法充分体现了向教学一线倾斜、向优秀拔尖人才倾斜的政策导向,2004 年教学第一线人员人均津贴高出非教学人员 36%,2005 年教学一线人员人均津贴高出非教学人员 39%。教职工收入差距适中,提高了教职工待遇,充分调动了广大教职工的积极性,增强了办学活力。

第十二章　后勤保障工作和基本建设

第一节　后勤管理改革

一、后勤社会化改革

西安科技大学后勤社会化改革工作在 20 世纪 90 年代改革的基础上，进一步贯彻落实上级关于后勤社会化的改革精神，不断探索新的管理运作模式，坚持"内凝素质求生存、外拓市场求发展、现代化管理求效益"的经营理念，坚持"三服务，两育人"的服务宗旨，积极拓展外部市场，为学校的改革发展和稳定提供了有效的后勤保障。

学校总务处是主管全校后勤工作的行政职能部门。下设处办公室、物业管理科、房产科、工程管理、临潼校区总务办，编制 18 人。另外，总务处代管校医院和计生办。校爱国卫生运动委员会、绿化委员会办公室设在总务处。总务处代表学校与后勤集团等服务实体建立契约合同关系，监督、指导全校后勤服务保障工作。负责全校基础设施的规划与建设；推进学校后勤社会化改革进程；为学校各项事业的发展和广大师生员工提供后勤服务保障。学校总务处先后制定了《西安科技大学总务处职责范围》《西安科技大学后勤社会化改革实施方案》《西安科技大学后勤社会化改革有关人事政策及规定》《西安科技大学后勤转制后固定资产管理办法》等文件，为后勤社会化改革奠定了良好的基础。

2000 年 7 月，校内后勤服务以行业为单位，成建制地从学校行政管理系统中分离出来，坚持"规范分离、公司化运作"，将总务处按甲乙方管理模式分为小机关管理型总务处与大服务经营型后勤公司，成立"西安科技学院后勤产业有限责任公司"，同时成立董事会、监事会，2007 年年初，公司更名为"西安科技大学后勤产业集团"。公司主要从事学生公寓、学生食堂、校园物业、动力供应、商贸车队的管理和服务，集团共有正式职工 110 人，外聘员工 700 余人，为全校雁塔校区 4 000 余名、临潼校区 16 000 余名学生及 2 000 余名教职工的工作、学习和生活提供后勤服务。按照学校的总体发展规划，集团进一步完善体制结构，扩大经营规模，参与市场竞争，实现所属各单位的自主经营、自负盈亏、自我发展、自我约束的管理机制。为了保证新、老两个校区各项工作的正常进行，后勤集团在两校区分别设立相应日常管理机构，实行"条块管理，以块为主"的模式，明确管理中的责、权、利，利用资源优势，拓展校内外服务市场，增强集团创新能力和市场竞争力，为后勤长远发展奠定了坚实的基础。

后勤集团在以为教学科研服务、为师生员工服务为工作重点，努力做好各项后勤服务工作的同时，不断拓展服务新领域，开拓校内外市场和新型后勤产业，通过内引外联求得更多的社会效益和经济效益。加强资本运作，多元参与投资新型领域，增强企业自我积累和自我发展的能力，在改革中不断发展壮大。

2001 年，集团创办全股本运行的校用家具厂，积极开发新产品，提高市场占有率，增强企业竞争能力，生产的各类学生宿舍用床及桌椅、教室课桌椅、办公用家具等产品已被省内外十几所高校广泛采用，以信誉和质量赢得了好评，取得了较好的经济效益和社会效益。同年 9 月，注册了具有

独立法人资格的"西安西科大后勤服务有限责任公司",业务范围以物业管理、家具生产销售、会议接待、水电设备安装等为主;2004年,后勤集团投资70余万元,筹建临潼校区"骊绣苑"餐厅并投入使用,餐厅共设1 280余个座位,基本解决了校区学生的就餐;2005年,西安西科大后勤服务有限责任公司承接学校独立社区天豪小区的社会化物业管理,并于7月取得了西安市三级物业管理资质;2005年年初,集团采取银行委托贷款的方式,筹集1 674余万元资金建设并运营管理临潼校区总面积18 000余平方米的10～13号四栋学生公寓,工程自3月18日开工建设,仅用了60天实现了主体工程的封顶,于9月初全部竣工,顺利迎接新生入住,四栋公寓共入住学生2 600余人;2005年,为缓解学校重点向临潼校区转移后班车少、运行困难的情况,集团自筹资金50多万元购买一辆大客车参与到学校运行工作中;2006年年初,后勤集团投资建设与运营管理32 444.30平方米的雁塔校区食宿大楼工程,2006年3月食宿大楼工程主体施工,工程进展顺利,取得了市级"文明工地"的称号,2006年11月28日顺利完成主体工程,2007年8月底工程全面竣工,并于9月5日新学期开学时确保了新生顺利入住,新建成的食宿大楼高12层,分雁翔苑餐厅和5号、6号学生公寓,可容纳3 700多名学生住宿、近2 000名学生同时就餐;2005年临潼校区通过西安市建委"园林化单位"的验收,2007年被西安市市容园林局授予"园林式单位"称号,同年被陕西省教育厅评为"园林式"绿化单位;后勤集团注重加强食品卫生知识培训和岗位练兵活动,举办了两届厨艺大赛;2006年10月27日,在由中国高校伙食专业委员会主办、华中科技大学承办的中国高校首届烹饪技术大赛中,后勤集团饮食中心荣获一金、一铜和团体第三名的好成绩;2007年省教育厅授予临潼校区1～13号学生公寓和学生餐厅"标准化公寓"和"标准化食堂"称号。

2001年,临潼校区被指定为第三次全国高校后勤社会化改革工作会议参观点,《光明日报》、《中国教育报》、中国教育电视台、《陕西日报》、陕西电视台、《三秦都市报》、《陕西政协报》、西安电视台、《陕西科技报》、《煤炭教育信息》等媒体报道了我校后勤社会化改革取得突破的经验;2005年12月4日,在中国高等教育学会后勤管理分会成立20周年庆祝大会暨高校后勤改革发展论坛上,西安科技大学荣获"全国高等院校后勤工作先进集体"称号;制作的后勤改革成果展板参加了大会成果展览,并收录在《一路辉煌,一路歌》图集中,选送的两篇后勤研究论文《高校后勤社会化服务与管理之我见》和《高校后勤社会化改革应处理好的五个关系》选录在《中国高校后勤改革发展文集》中;2007年5月,在由《西安日报》及《三秦都市报》等多家报社联合主办的《恢复高考三十年》专题报道中,我校后勤改革被《三秦都市报》以《高校后勤改革的一朵奇葩》为题进行整版报道。

经过8年的改革,我校后勤产业表现出过去从未有过的活力,初步解决了高等教育规模因学生公寓和食堂建设的严重滞后而难以扩大办学规模的瓶颈问题。高校后勤社会化改革提高了后勤服务质量,增强了学校后勤实体的经济实力,加快了后勤产业化进程。

二、改善教职工工作和生活环境

(一)住房条件改善

1992年以前,高校的教职工住房和地方政府直管公房一样,采取的是低租金、福利性的住房政策,它是与我国当时经济体制相适应的,随着经济体制的改革深化,从1992年开始,实行住房公积金制度的房改运作。传统的实物性福利性分房已停止,在高校推行住房制度改革,实现住房的社会化和商业化是房产管理改革的目标。根据国家有关房改政策及住房制度改革,结合我校住房的实际情况,加大了教职工住房的建筑,使我校教职工住房得到了明显的改善。

1998年建成5号住宅楼1栋,建筑面积6 723.668平方米,解决职工成套住房84户,2000年进行筒子楼改造,建成6、7、8号住宅楼3栋,建筑面积25 130.11平方米,解决职工成套住房280户,2001年分配天豪住房,建筑面积20 386.72平方米,解决职工成套住房136户,2006年建成18、19号住宅楼2栋,建筑面积20 386.72平方米,解决职工成套住房128户,全校已经建成职工住宅

楼(不包括天豪)19栋建筑面积达 103 696.87 平方米,建成成套住房 1 285 套,包括天豪建筑面积 124 083.59 平方米,成套住房 1 421 套。

(二)校园环境治理

学校校园环境治理、绿化工作经过不断努力,取得了一定成绩,改善了教职工的办公生活条件。在临潼校区的建设过程中,学校十分重视校园绿化的建设工作,加大对新校区绿化的规划设计建设。绿化设计、施工都是高标准严要求;学校用于绿化、美化、硬化等建设投资 1 500 多万元。其中,用于绿化建设直接投资 450 万元,每年新建绿地 2 万余平方米左右。现有绿地面积 12 万平方米,绿地率达 32.7%,绿化覆盖率达 48.5%,植物品种达 200 多种;建成 12 个绿化景点,设有河道、亭、廊、水景、雕塑、石桌、石凳等设施,景点优美,各具特色,并将丰富的人文内涵融入其中,使人感受到一种浓厚的文化氛围。截至 2008 年已完成 4 条道路绿化,5 片较大面积的休闲绿地。

第二节　基本建设

近十年,学校的基本建设工作得到了迅速发展。学校雁塔和临潼两个校区占地总面积 1 600 余亩,校舍建筑总面积 62 万平方米。1998~2008 年共完成基建投资近 7 亿元,新增建筑面积 446 731 平方米,相当于前 40 年总建筑面积的 4.5 倍。其中,新增办公用房 8 750 平方米,教学用房 114 695 平方米,后勤及辅助用房 323 286 平方米,新增体育运动场地 55 000 平方米,极大地改善了办学条件和广大教职工的居住条件。1998~2007 年基建竣工项目见表 3-12-1。

表 3-12-1　　　　　　　　　　　　　　1998~2007 年基建竣工项目

序号	项目名称	开工时间	竣工时间	建筑面积/平方米	工程投资/万元
1	12 号住宅楼	1996 年	1998 年	6 755.13	563
2	档案室	1997 年	1998 年	647.00	32
3	4 号学生公寓	1996 年	1998 年	4 667.00	376
4	2 号学生公寓	1998 年	1998 年	1 014.00	94
5	南院配电室	1997 年	1998 年	1 118.00	252
6	17 号住宅楼加单元	1998 年	1998 年	1 916.59	159
7	5 号住宅楼	1997 年	1999 年	6 971.19	534
8	机械楼加层	1999 年	1999 年	648.00	63
9	9 号楼（矿压楼）续建	1999 年	1999 年	3 741.00	260
10	5 号学生公寓（基础部楼）续建	1999 年	1999 年	3 617.00	296
11	3 号、4 号楼中段连廊	1999 年	1999 年	2 524.00	185
12	7 号住宅楼	1997 年	2000 年	9 831.60	996
13	8 号住宅楼	1998 年	2000 年	12 300.00	1 336
14	6 号住宅楼	1998 年	2000 年	8 128.71	676
15	18 号、9 号住宅楼	2005 年	2007 年	20 799.00	2 200
16	南院教学楼	2000 年	2000 年	3 206.00	243
17	南院学生生宿舍	2000 年	2000 年	1 610.00	134
18	北院临时用房	2003 年	2003 年	885.00	78
19	北院研究生公寓	2000 年	2000 年	900.00	68
20	北院实验楼	2003 年	2005 年	17 500.00	2 880

序号	项目名称	开工时间	竣工时间	建筑面积/平方米	工程投资/万元
21	临潼校区图书馆	2001 年	2002 年	16 029.00	3 830
22	临潼校区实验楼	2001 年	2003 年	17 847.50	3 082
23	临潼校区临时教学楼	2001 年	2001 年	7 533.00	1 200
24	临潼校区4－1教学楼	2002 年	2003 年	13 600.00	2 062
25	临潼校区4－2教学楼	2002 年	2003 年	10 500.00	1 774
26	临潼校区4－3教学楼	2002 年	2004 年	17 950.00	2 544
27	临潼校区大学生超市	2002 年	2002 年	2 961.33	295
28	临潼校区1号学生公寓	2001 年	2001 年	8 767.00	889
29	临潼校区2号学生公寓	2001 年	2001 年	10 646.00	1 132
30	临潼校区3号学生公寓	2001 年	2002 年	7 076.00	571
31	临潼校区4号学生公寓	2001 年	2002 年	7 767.00	580
32	临潼校区5号学生公寓	2001 年	2002 年	8 695.57	782
33	临潼校区6号学生公寓	2003 年	2003 年	8 707.00	758
34	临潼校区7号学生公寓	2003 年	2003 年	8 500.00	740
35	临潼校区8号学生公寓	2004 年	2004 年	13 429.27	1 010
36	临潼校区9号学生公寓	2004 年	2004 年	12 083.23	1 136
37	临潼校区10号学生公寓	2005 年	2005 年	4 500.00	375
38	临潼校区11号学生公寓	2005 年	2005 年	4 500.00	375
39	临潼校区12号学生公寓	2005 年	2005 年	4 750.00	396
40	临潼校区13号学生公寓	2005 年	2005 年	4 750.00	397
41	临潼校区第一食堂	2001 年	2001 年	8 479.00	2 165
42	临潼校区第二食堂	2003 年	2005 年	2 981.72	297
43	临潼校区第二食堂二期建设	2005 年	2006 年	5 000.00	1081
44	临潼校区浴室	2003 年	2005 年	2 861.30	415
45	临潼校区综合文体馆及看台	2004 年	2006 年	15 000.00	2 200
46	临潼校区办公楼	2004 年	2006 年	8 750.00	1 200
47	临潼校区游泳池及更衣室	2004 年	2005 年	1 500.00	700
48	临潼校区临教师公寓	2001 年	2002 年	5 072.00	565
49	临潼校区临时公寓	2004 年	2004 年	3 270.00	251
50	临潼校区天然气锅炉及安装工程	2004 年	2005 年		150
51	临潼校区自备井	2001 年	2001 年		30
52	临潼校区自来水工程	2001 年	2002 年		78
53	临潼校区温泉工程	2001 年	2002 年		38
54	临潼校区天然气工程	2001 年	2002 年		316
55	临潼校区三里河桥	2001 年	2002 年		168
56	临潼校区校门外道路	2001 年	2002 年		51
57	临潼校区831庭院	2001 年	2003 年		169
58	临潼校区自来水工程	2004 年	2004 年		35
59	临潼校区输配电工程	2001 年	2004 年		485

续表 3-12-1

序号	项目名称	开工时间	竣工时间	建筑面积/平方米	工程投资/万元
60	临潼校区一期围墙	2001 年	2004 年		60
61	临潼校区一期运动场	2001 年	2004 年		400
62	临潼校区三里河治理	2002 年	2004 年		623
63	北院科技大厦	2005 年	2007 年	61 300.00	14 000
64	北院食宿大楼	2005 年	2007 年	31 117.00	4 400
65	二期锅炉房、水池	2007 年	2007 年	680.00	110
66	二期道路管网	2004 年	2007 年		2000
67	塑胶田径场	2006 年	2007 年	20 000	600

学校以"现代化、网络化、园林化、生态化"的建设理念,大力加强校园文化建设和基本建设,创造了良好的育人环境。

学校雁塔校区位于雁塔路中段 58 号,占地近 299 亩,建筑面积 12 万平方米,能满足扩招前 3 000 名左右的学生规模。1999 年学校扩招后,在校学生达到 7 000 人,生均占地面积仅有 28 平方米。在此情况下,我校不得不在临潼煤炭疗养院租用校舍办学 2 年。在多方充分论证、调研的基础上,经报省发改委、省教育厅批准,2000 年在临潼区斜口和骊山镇辖区建设新校区。

学校采取一次性规划 1 600 余亩、分期征地的方式建设临潼校区。临潼新校区一、二期建设项目经陕西省发改委陕计社会〔2001〕237 号、陕计社会〔2002〕84 号文件批准立项,经陕西省教育厅陕教计〔2000〕35 号、陕教发〔2000〕40 号文件批准建设,经西安市建设局临潼分局临建发〔2000〕18 号、临建复函〔2002〕19 号批准规划定点,于 2001 年正式开工。在省、市、区政府的亲切关心和大力支持下,经过 7 年的建设,临潼新校区已具规模。截至 2007 年年底,一、二期征地共计 854 亩(含河道 42 亩),累计投入建设资金近 6 亿元(含征地款),完成建筑面积 24.4 万平方米。其中,行政用房 8 750 平方米,教学及实验用房 10 万平方米,学生公寓、食堂及其他服务用房 13.5 万平方米。现已能满足 12 000 名学生的生活、学习要求。

临潼新校区建设始于 2000 年,并于当年完成了一期征地工作。2001 年开始了单体及路网等配套设施工程的建设。到 2001 年 9 月,先后完成了 1 号、2 号学生公寓、第一学生食堂、综合楼、第二学生俱乐部等单体共计 36 000 平方米及一期环道路、管网、水泵房等生活配套设施,保证了临潼新校区首批学生顺利报到。2001 年下半年,图书馆、实验楼、一期锅炉房、3～5 号学生公寓、教师公寓等建筑又破土动工,共计 62 883 平方米。其中,锅炉房在当年采暖期前投入使用,其余于 2002 年竣工投入使用。2002 年,4-1、4-2、4-3 教学楼与大学生超市又相继开工,共计 45 011 平方米,并于当年疏通、清理了三里河道,美化了校园环境。2003 年,6～7 号学生公寓开工,共计 17 207 平方米,并于同年 10 月投入使用。随着办学规模的不断扩大,2004 年二期工程动工。综合文体馆、8 号和 9 号学生公寓、第二学生食堂、浴室、游泳池、二期道路、管网等工程开工,其中 8 号和 9 号学生公寓、第二学生食堂、浴室于当年投入使用。2005 年,10～13 号学生公寓、第二教师公寓、行政楼、第二学生食堂续建等工程相继开工,共计 3 225 平方米。2006 年,塑胶田径场开工建设,2007 年年初投入使用。2007 年,在继续完善二期路网建设的同时,二期锅炉房、泵房、水池等工程相继完工。2008 年,学校启动二级学院教学楼、实训中心等项目建设,并开始三期工程的前期准备工作。

秉承科学发展观的建设理念,临潼校区从一片石榴地发展成占地近千亩、可容纳学生 1 万余人的崭新校园,为我校的可持续发展夯实了基础。

经过十年的建设,学校已经形成一定规模、设备配套、功能齐全、布局合理的校园建筑格局,为教学、科研工作创造了良好的条件,使广大师生员工的工作、学习和生活、居住条件得到较好的

保障。

回顾这十年的基本建设工作,有以下几个特点:一是领导重视。学校基本建设能有长足的发展,主要在于历届校党委和行政领导都十分关心学校基本建设工作。对学校的长远建设规划,特别是我校临潼校区建设规划、基建年度计划甚至单项工程建设都认真研究并给予指导,使学校基本建设顺利进行。二是规划设计、计划安排指导思想明确。学校基本建设总体规划认真贯彻了国家制定的基本建设方针和政策,根据《普通高等学校规划面积的规定》,结合我校的特点,尽量做到节约用地、节省投资、满足功能要求,使建筑群体简洁、明快、大方,在安排基建计划过程中,首先保证教学用房,使基本建设服务于教学工作,把有限的资金投入到最急需的基建项目上。在建筑布局规划中,按照统一规划、远近结合、逐步发展的原则,分期、分批设计施工,为继续发展创造条件。在总体规划中坚持以教学区布局为中心,向四周辐射,功能分区明确。同时考虑一定数量的绿化用地及树木园,相对集中布局在教学区周围,减少噪声、美化环境,给师生以安静的学习工作环境。对临潼三里河进行的改造,让学生置身于林木花草之中,有益于师生员工的身心健康。三是团结一致,克服困难,艰苦创业。临潼校区建设一切从零开始,2001年基本建设遇到的主要困难是当年设计、年初施工、9月份交付使用。为此,临潼校区指挥部的全体同志放弃节假日,奋战在工地第一线,从架线开始,铺设临时道路、搭帐篷,一点一滴克服困难。四是注意加强工程质量管理。落实了施工管理人员岗位责任制,对在建工程进行不定期和定期的质量检查,发现问题及时解决,帮助施工单位完善各种形式的管理措施,从而促进了各施工单位在施工管理和施工质量上的竞争,既保证了工程进度,又提高了工程质量。为了降低工程造价、加快进度、保证质量,基建处积极推行基建改革,实行招标、投标及单项工程承包等办法,加强工程后期的决算和审计工作,有效地降低了工程造价,提高了工程质量。

第三节　财务管理改革

学校的财务管理是学校内部管理的重要组成部分,十年来,随着学校的发展,财务工作经历了大的改革,为维持学校的正常运转和快速发展奠定了基础。

一、财务组织内部变革

1998年,为适应新的形势,学校财务处在原科室的基础上成立了会计服务中心、计划管理中心和资金结算中心;2000年,设立国有资产管理中心,后划归国有资产处;2001年,设立临潼校区财务科和企业财务管理科;2002年,设立收费办公室。并先后于1990年、1994年和2005年将后勤保障(总务处)、住房基金(房改办)、基本建设(基建处)和横向科研(科技处)等经费并入财务处统一核算与管理,承担着全校财政补助、教育事业、科研事业、基本建设和其他收入经费的核算与管理。设有计划管理科、会计核算服务中心、临潼校区综合财务科、收费办公室、基建财务科和企业财务科等6个科室。

二、财务管理与制度改革

加强财务计划管理,建立健全内部财务管理运行机制。按照党政班子的议事规则,坚持"一支笔"审批,重大财经事项由党政联席会议审定,增强了财务管理的宏观控制能力,确保了学校资金的安全。

深化财务管理改革,提高办学效益。1998年起推行"四条线"财务管理办法,在学校内部模拟法人运作,将校内单位划分为教学科研、管理保障、后勤服务和校办产业四条线进行核算。教学科研线划拨经费的方式是按定编定岗人员的基本工资、完成的课时工作量、在册学生人数及其他专项

补贴为收入来源,每年核定的经费实行超支不补,结余留用;管理保障线实行事业财务管理,以学校管理部门的基本保障以及发展项目为核算对象,超支不补;后勤服务线模拟企业财务管理,以提供的劳务和服务项目为核算对象,按照学校内部收费标准向服务对象收费,进行成本核算,自负盈亏;校办产业线实行企业化财务管理,以产品经营项目为核算对象,进行全成本核算,自负盈亏。"四条线"财务管理通过划小核算单位,模拟法人运转,在校内引入市场竞争机制等手段,达到了增收节支、提高办学效益的目的。

三、财务管理职能根本性转变

1998年,实行中央与地方共建以来,随着学校办学规模的日益扩大,经费来源呈现出多样性,财务管理工作重心发生了由"管财"到"理财"再到"生财"的转变,除了积极争取财政拨款之外,还要积极寻求并挖掘其他资金的筹措途径,拓展融资渠道,加大融资力度,基本形成了以政府拨款为主,财、税、费、产、社、基、科、贷并举筹措教育经费的新机制,确保了学校第二校区建设和学科发展的资金需求。

1998～1999年,学校财务处被陕西省教育工会授予"工会财务决算先进单位";1999年获陕西省教育厅"省高校经费使用效益考核评估二等奖";2002年被陕西省教育厅评为"省高校会计基础工作规范化管理优秀单位";2003年被陕西省财政厅评为"陕西省财会工作先进集体";2003年、2005年、2006年被陕西省教育厅评为"教育经费决算工作先进单位";2005年被中共陕西省教育工委和陕西省教育厅授予"全省教育系统精神文明建设最佳单位"称号。

第四节　审　计　工　作

学校审计处始建于1987年,初期设为审计室;1989年改为处级建制,设立审计处。有专职审计人员4人,具有高级职称2人,中级职称1人,初级职称1人。

审计处成立20多年来,始终坚持"以事实为根据,以法律为准绳,客观公正,实事求是和一审二帮三促进"的原则,坚持重点审计与常规审计相结合,先后完成了财务收支审计、经济责任审计、经济效益审计、专项审计调查和工程预决算等多项审计任务。

一、做好多年来行之有效的日常审计工作

切实加强对学校财务及下属二级核算单位的会计凭证、原始单据、报表、账簿等的审核力度,做到了及时发现问题及时纠正,把一些违规和可能造成的损失尽量消除在萌芽状态,确保了学校财务管理工作健康有序地运转。

二、开展财务收支审计

对教育事业、基本建设、科研经费以及学校二级财务机构各项资金的筹集、管理和使用的真实性、合法性、合规性和效益性进行审计监督。

三、经济责任审计工作

按照《西安科技大学中层领导干部经济责任审计实施办法》的规定,对校内调动、离任、轮岗的中层领导干部,按照经济责任审计程序,考核其责任人在任职期内经济管理、资产管理、债权债务、经济效益以及遵守财经法规等情况进行任期经济责任审计,通过审计,肯定了成绩,澄清了问题,明确了责任,进一步强化了领导干部的责任感,促进了学校的管理水平,为学校干部任用提供了依据。

四、做好基建、修缮工程预决算审计

根据西科审发〔2003〕2号文件的规定,对我校及其下属单位的基本建设项目和单项造价在2万元以上(含2万元)的土建、安装和装修等各类修缮工程的预决算进行审核。促进了其加强工程管理,降低工程成本,保证合理有效地使用建设资金,提高了基建、维修资金的使用效益,维护了学校合法权益,有效地规范了工程项目的管理。

五、进一步健全和完善审计工作制度

认真落实《审计法》及《教育系统内部审计工作规定》,按照《陕西省教育系统内部审计工作规定》的要求,继续加强学校审计工作的法制化、制度化、规范化建设,严格审计程序,健全和完善各项审计制度,规范各种审计表格、文书和审计行为,防范审计风险,促进审计工作及各个环节走向规范化、制度化。

六、从本单位实际出发

积极配合上级部门和学校其他部门开展工作。随着学校教育事业的迅速发展,加强内部管理、强化内部监督机制尤为重要。按照省教育纪工委要求,审计处积极执行省教育纪工委项目协调计划,指派审计人员及时参加其组织的外审工作,完成上级部门对学校的各项审计任务。参与学校物资、设备采购、招投标及相关工作,充分发挥了事前、事中、事后审计的监督作用,维护了学校的经济利益。

审计处的工作为学校的发展做出了一定的贡献,也得到了上级主管部门和各级领导的充分肯定,连续六次获"煤炭部审计工作竞赛评比一等奖",一次获"煤炭部审计工作竞赛评比三等奖",一次获"全国煤炭审计工作先进集体",三次获"陕西省教育系统审计工作先进集体"。

第五节　国资工作

学校国有资产处成立于2002年1月,是对原教务处实验管理科、总务处行政设备科和财务处资产管理科的职能进行整合的基础上成立的。秉承了原有的工作职能,同时,又根据学校事业发展的需求,学校赋予了国资处一些新的职能,通过人员的调整组建了国有资产处。

国有资产处有工作人员7名,下设国资处综合科(采购中心和办公室)及资产管理科。我校国资处的主要职能是:建立健全我校国有资产管理的有关规定和办法;建立与完善我校固定资产的账簿、卡片与管理体系(固定资产的报增、报损、报废、转移等,以及固定资产的统计报表和报告的编制与报送);负责组织(牵头单位)教学与行政仪器设备采购的招标与采购工作;为学校各级部门提供固定资产的信息与资料,为校领导提供盘活资产和资源优化配置的建议方案;对学校所管理的国有资产的使用、处置等实施有效监控。

从1998年以来,我校经过近十年的努力,随着招生人数大幅度增加,国有资产总量有了很大的增长,学校的办学环境得到根本性的改善,办学实力大幅度提升。

截至2008年6月底,学校固定资产总值为84 128万元,比1998年的8 775万元增长了8.6倍。其中,土地与建筑物63 941万元,增长了11.4倍;专用设备14 456万元,增长了4.5倍;一般设备5 928万元,增长了7.4倍;图书1 533万元,增长了4.9倍。在固定资产价值大幅增加的同时,固定资产的品质也有了很大的提升。截至2008年,学校的贵重仪器设备总值已达到5 030万元,固定资产数量的大幅增加和品质的大幅提升为提高办学质量奠定了良好的物质基础。

第六节 附属中学

西安科技大学附属中学原名西安矿业学院职工子弟中学,1999年6月改为西安科技学院子弟中学,2003年4月改为西安科技大学子弟中学,2008年6月改为现名。有初中三个年级6个教学班,学生约400人,教职工21人。

附属中学创建于1980年4月,同年秋季招收初一年级2个班学生。校长兼书记赵纪功,固定教职工4人,教师均从大学各系部聘请。校址设在南院操场的大专部筒子楼里。建校初期条件简陋,经费不足,师资匮乏。

1983年9月,学校有了第一届初中毕业生,同年开办了高中班。相继分配、调入了语文、数学、英语、物理、体育教师,人力资源方面基本满足了教学需要。

1992年,通过全校教职工的努力,学校顺利通过国家普及九年制义务教育验收工作,按照国家有关规定同年改为初级中学,停办高中。

1997年,学校领导班子下决心改变学校教学设备陈旧、教学环境脏乱差及教学质量较低的状况,狠抓学校各项建设。当时子弟中学没有一台能用的电脑,学校动员教职工集资建校,白手起家建立了拥有34台电脑的计算机教室;当时学校房产及设备都是20世纪50年代的,已破旧不堪,学校领导带领大家自修桌凳门窗,更新电路、暖气及上下水管道,驱鼠灭蝇,使子弟中学教学环境有了翻天覆地的变化。

2002年,在大学领导的支持帮助下,附属中学从狭小破旧的筒子楼搬到了宽敞明亮的新教学楼上,扩建了计算机房、理化生实验室、图书室,增添了电脑、实验设备和图书,建成了听音室、多媒体教室,这些辅助设施的配置均达到了国家Ⅰ级Ⅰ类学校标准。同年还为教师办公室配备了电脑,满足了教师现代化教学的需求。学校固定资产较过去翻了几番,保证了教育教学的顺利进行。

教学质量是学校生存的保证。稳定教学秩序、提高教学质量是学校的中心工作。学校班子吸取因教学质量差、学校曾濒临停办的教训,十分注重建设一支优秀的教师队伍。领导班子大胆开拓,创新改革,对教师政治上信任、生活上关心、工作上放手,充分发挥他们的积极性。功夫不负有心人,几年来,学校培养了一支忠于党的教育事业、责任心强、教学水平高、乐于奉献、爱岗敬业的教师队伍。学校教育教学工作进入了良性发展的轨道。

1997年以来,学校连年超额完成政府下达的义务教育教学质量指标;历届学生的毕业率达100%;考入重点高中的学生比率高达94%,实现了历史性的飞跃。1999～2007年,在省市教委组织的毕业升学统考中,学校在全市普通中学和重点中学中,统考平均成绩和单科成绩始终名列前茅。其中,2002年在我市11万多名考生中,附属中学学生分别获得西安市的第三名、第十一名、第二十三名的好成绩。2003年起,西安市中学教育进入新课程改革实验阶段,附属中学深化内部管理,大胆改革创新,保持良好的发展势头,教育教学质量稳步提高。在全国中学生学科竞赛中,学校参赛成绩显著,连年取得优异成绩,其中语文竞赛获一等奖4人、二等奖16人、三等奖23人;数学竞赛获二等奖2人、三等奖5人;英语竞赛奖一等奖1人、二等奖3人、三等奖4人;物理竞赛获一等奖11人、二等奖2人、三等奖16人;化学竞赛获一等奖6人、二等奖2人、三等奖14人;科普竞赛奖一等奖2人、二等奖3人、三等奖3人。

附属中学一贯面向全体学生,推进素质教育,优化育人环境,注重社会效益。1992年以来,学校坚持每学年都进行为期一个月的创建优秀班级和为期一个月的文明礼貌月活动,中学生志愿者活动也开展多年,这些特色教育活动有力地推动了良好校风、学风的建立,普遍提高了学生的素质,具有良好的社会影响,多次受到大学领导的嘉奖和社会的广泛赞誉。2002～2007年连续六年获得西安科技大学"创佳评差文明单位"和"治安综合治理先进集体",2005年获得"陕西省精神文明建

设最佳单位"。闻名全国的优秀中学生李欢在我校就读三年,她身残志坚、品学兼优,曾受到江泽民、李鹏、李克强等中央领导同志的亲切接见,中央电视台及全国各大新闻媒体跟踪报道多年。

第七节　劳动服务公司

劳动服务公司是在学校和雁塔区劳动就业局的双重领导下,负责管理集体职工和待业青年的学校一个部门。

1977年前,学校劳动服务公司的前身是管理待业青年的机构——"待业青年办公室"。1979年经院党委、西安市雁塔区劳动就业局批准正式成立,原名西安矿业学院劳动服务公司。

劳动服务公司成立后,一方面负责全院待业青年的待业登记、待业转移、就业培训、招工、招干、升学、参军、转业的推荐、教育和管理以及待业青年的婚姻登记、计划生育的管理工作;另一方面,在政府、学校和社会各界的大力扶持下,自筹部分资金开办集体所有制的商店、餐馆和印刷厂,发展集体经济,解决待业青年的就业问题。开办初期先后招收了校内15名待业青年为劳司集体职工,在以后的几年里又招了5名待业青年为劳动服务公司集体职工。

1983年,由于学校征后村的地扩大北院建设和征观音庙村的地建设校办工厂,又将后村和征观音庙村17名农转非人员招为劳动服务公司的集体职工,他们自带股金每人约1万元,增强了劳动服务公司的经济实力。在大家的共同努力下劳司发展较快,先后有15名集体职工调入劳动服务公司,解决了我校教职工配偶和他们的亲属两地分居的困难,也为稳定学校教学秩序做出了努力。

2004年4月以前,劳动服务公司有晨钟、五金、春晓三个商店和一个招待所,自营面积约400平方米;管理小寨东路沿街26间门面房约340平方米。

劳动服务公司是集体所有制性质的、生产自救型的劳服企业。劳动服务公司各项管理制度健全,与各经营网点签订了经济管理责任合同书,实行独立核算、自负盈亏、经费全部自收自支(包括工资、医疗、养老保险、失业保险)。

劳动服务公司在1996年和1998年被西安市雁塔区劳动就业局评为"就业服务工作先进集体""财务工作先进集体""统计工作先进集体"。

第四篇

强化内涵
建设高水平教学研究型大学

第一章 顶层设计

第一节 战略管理

一、做好宏观战略部署,全面推进学校发展建设

(一)教育事业发展规划

1. 学校"十二五"规划

学校围绕《国家中长期教育改革和发展规划纲要(2010～2020年)》《国家中长期科学和技术发展规划纲要(2006～2020年)》和《国家中长期人才发展规划纲要(2010～2020年)》的要求,制定出《西安科技大学"十二五"教育事业发展规划》,于2011年6月29日正式发布。

规划明确提出了学校"十二五"期间发展的总体目标:要把学校建设成为特色鲜明的高水平教学研究型大学。同时从办学规模、学科建设、人才培养、人才队伍、科技创新、对外交流与合作、办学及职工生活条件、校园文化、党的建设、管理改革等10个方面提出了具体的目标。主要量化目标有:到2015年,研究生4 000人(包括非全日制1 000人),本、专科生20 000人,成人学历教育学生10 000人;形成具有鲜明特色的学科结构,部分学科达到国内一流水平,增加1个国家重点学科、5个省级重点学科(一级学科);更新教育理念,深化教学改革,优化专业结构,加大特色专业和专业群建设,不断提高教学质量,在新一轮本科教学水平评估中取得优异成绩;力争实现国家优秀博士学位论文零的突破,省级优秀博士学位论文达到5篇;专任教师占教职工总数的比例达到60%以上,新增博士后科研流动站2个,储备一支能支撑学校可持续发展的后备人才队伍;科研经费有效到款额达到3.6亿元以上,国家级项目数量稳步增加,力争实现国家重点实验室或工程研究中心零的突破,新建省部级重点实验室或研究中心5个,力争国家科技成果奖1～3项,省部级及以上获奖成果100项;教职工年收入增长率保持在10%,工作、生活条件进一步改善。

规划设置了5项重点工作、8项保障措施,用以确保规划目标的实现,具体内容见表4-1-1。

为更好推动学校"十二五"教育事业发展规划的落实,学校同时制定了《学科(专业)建设规划》《人才队伍建设规划》《科技发展规划》《校园建设规划》等4个专项规划,分别提出了各自的具体发展目标和工作举措,用以支撑学校教育事业发展目标的实现。

与此同时,学校还要求各二级教学单位编制自己的发展规划,相关的党群行政部门和直属单位编制保障措施,从而形成了层层支撑的规划体系,即西安科技大学发展规划分为学校层面和二级单位层面,学校层面由"教育事业规划"和"专项规划"组成,二级单位层面规划由"学院(部)规划"和"职能部门保障措施"组成。"教育事业规划"从战略高度和宏观层面对学校教育事业发展进行总体设计;"专项规划"对教育事业规划确定的目标、任务进行专项设计,对教育事业规划形成有力支撑;"学院(部)规划"是对各学院(部)事业发展进行的系统设计,既要对学校层面规划形成支撑,又要有学院的特色;"职能部门保障措施"既要对学校层面规划形成保障,也要对学院综合规划形成支持,以保证学校规划发展目标的顺利实现。

表 4-1-1	重点工作及保障措施
重点工作(5项)	1. 深化校内管理体制与机制改革 2. 进一步充实和优化师资队伍 3. 强化特色,提高质量,提升科技创新和社会服务水平 4. 明显改善师生员工的工作、学习、生活条件 5. 多渠道筹集办学经费
保障措施(8项)	6项工程: 1. 坚持"人才强校",实施"高水平师资队伍建设工程" 2. 坚持"质量立校",实施"教育教学改革与教学质量提升工程" 3. 坚持"特色兴校",实施"学科结构优化和科技创新工程" 4. 坚持"开放办学",实施"产学研合作工程" 5. 坚持"和谐发展",实施"校园民生工程" 6. 坚持"科学发展",实施"校内管理体制与机制改革工程" 2个体系: 1. 拓宽融资渠道,构建学校发展的资金保障体系 2. 加强党的建设,完善学校发展的思想政治保障体系

2. 学校"十三五"规划

在顺利完成"十二五"教育事业发展规划目标的基础上,学校紧密结合新时期国家经济社会发展的新常态、高等教育发展的新趋势、煤炭行业发展的新变化、区域经济发展的新走向以及学校办学实际,于 2014 年 11 月开始着手编制《西安科技大学"十三五"教育事业发展规划》。先后经过校内总结、校外调研、研讨论证、意见征集等环节,于 2016 年 5 月中旬形成《西安科技大学"十三五"教育事业发展规划(草案)》,并经 2016 年 5 月 28 日召开的第六届教代会第五次会议审议通过;6 月 14 日学校召开 2016 年第十一次党委会,审议通过《西安科技大学"十三五"教育事业发展规划》,并于 6 月 24 日正式发布。

学校"十三五"教育事业发展规划中明确提出"争取进入陕西省一流大学行列,全面建成特色鲜明的高水平教学研究型大学"的总体目标,并从办学规模等 11 个方面提出了具体目标。

主要量化目标有:办学规模稳定,学生结构合理,培养层次完整,到 2020 年,研究生规模达 4 300 人(含非全日制 1 000 人),本科生规模 18 000～19 000 人,成人学历教育学生 10 000 人,留学生 30 人;学科规模适度扩大,增加 3 个一级博士授权学科,4 个一级硕士授权学科;学科建设质量稳步提高,"一流学科"建设成效显著,力争 4 个以上学科进入陕西省"一流学科"建设行列,国际权威检索论文总数超过 2 500 篇(其中 SCI 论文超过 500 篇),力争实现计入 ESI 统计的 SCI、SSCI 检索论文有新突破;人才培养中心地位更加明确,资源建设水平不断提高,专业总数控制在 60 个左右,力争 10 个以上专业进入全省或行业一流行列,3 个以上专业进入全国领先行列,获批 2 个国家级实验教学示范中心或虚拟仿真实验教学中心,3 个省级实验教学示范中心;专业学位授权点(领域)增至 22 个,研究生教材、讲义、案例、精品课程、"互联网+"课程的建设力度进一步加大;人才队伍结构明显改善,整体水平显著提高,优秀人才引培力度加大,高层次领军人才取得新突破,努力实现学校院士零的突破;实现入选"长江学者"特聘教授 2 人;科研攻关能力持续增强,科技创新水平显著提高,科研经费规模保持稳定,纵向科研经费所占比例年增长 5%,实现科研有效到款总额达到 4.5 亿元。

为实现以上目标,"十三五"规划制定了"一流学科建设工程""卓越人才培养工程""人才强校工程""科技创新与技术转化工程""保障能力提升工程""深化管理体制与运行机制改革工程",并提出了 26 项计划(见表 4-1-2),用以推动学校重点部位和关键环节的工作。同时还从"政治保障""制度保障""投入保障"三个方面提出了相应的保障措施。

表 4-1-2　　　　　　　　　　　　　　**六大工程及 26 项计划**

六大工程	26 项计划
一流学科建设工程	1. 学科高峰计划 2. 学科动态调整计划
卓越人才培养工程	3. 招生选拔制度改革计划 4. 一流专业建设计划 5. 数字化教育教学资源建设计划 6. 本科课堂教学水平提升计划 7. 实践教学平台提升计划 8. 研究生学术贡献率提升计划 9. 继续教育质量提升计划 10. 大学生就业创业促进计划 11. 人才培养国际合作拓展计划
人才强校工程	12. 领军人才 1221 计划 13. 高水平团队建设计划 14. 教师能力提升 1333 计划
科技创新与技术转化工程	15. 科技创新体系分层建设计划 16. 科技服务能力提升计划 17. 科研评价与激励机制改革计划
保障能力提升工程	18. 办学空间拓展计划 19. 基本办学条件提升计划 20. 民生改善计划 21. 大学精神提振计划 22. 大学文化重点项目建设计划 23. 校园形象风貌提升计划
深化管理体制与运行机制改革工程	24. 优化办学资源配置计划 25. 深化人事与分配制度改革计划 26. 校院二级管理推进计划

"十三五"期间继续延续了"十二五"规划编制的做法,在编制教育事业发展规划的同时,也着手编制专项规划。为更好支撑学校教育事业规划目标的实现,专项规划由"十二五"时期的 4 个,拓展为"十三五"时期的 7 个,分别为《本科教育教学与专业建设发展规划》《学科建设与研究生教育发展规划》《人才队伍建设规划》《科学研究发展规划》《校园建设规划》《大学文化建设规划》《信息化建设规划》。同时 18 个教学单位也编制并发布了《学院(部)发展规划》,16 个党群、行政部门及直属单位编制了《党群、行政部门及直属单位保障措施》,形成了层层支撑、全面保障的规划体系。

(二)综合改革

2016 年 3 月,为深入贯彻落实深化高等教育综合改革的要求,学校成立深化综合改革领导小组,副校长惠朝阳牵头,校办、发展规划处具体负责《西安科技大学关于深化教育综合改革的实施意见》编制工作。经过会议研讨、校内外调研、召开专家意见咨询会、暑期工作研讨会等环节,对综合改革方案文本进行反复修改、完善,最终于 2016 年 11 月 3 日,提交深化综合改革领导小组审议,并经校长办公会审议通过后于 2016 年 12 月 6 日正式发布。

《西安科技大学关于深化教育综合改革的实施意见》包含"指导思想""总体目标""基本原则""改革任务""保障措施"5 个模块。其中"改革任务"包含"深化教育教学改革,全面提高人才培养质量""深化学科专业建设改革""提升学科核心竞争力""深化科技管理机制改革""提升科研创新和服务能力""深化干部人事制度改革,激发人才队伍活力""深化资源获取与配置模式改革,激发办学活

力""深化开放办学机制改革,提升开放办学水平""深化治理体系和管理体制改革,完善现代大学制度"等7个方面,共设置具体任务25项。

（三）第十次党代会战略目标

2016年12月16日,中国共产党西安科技大学第十次代表大会第一次全体代表会议暨大会开幕式在学校雁塔校区主楼报告厅隆重召开。来自全校的196名代表参加大会,共商学校发展和党的建设大计。省委高教工委书记董小龙,省委组织部宣教干部处处长陈乃霞,省委高教工委组织部副部长许文学,学校部分老领导、省市政协代表、各民主党派负责人及列席人员等嘉宾应邀参加开幕式。杨更社同志致开幕词。大会秘书长李明同志主持大会。

会上,时任校党委书记刘德安同志代表中共西安科技大学第九届委员会作了题为《深化改革,砥砺前行,为建设国内一流的特色鲜明的高水平教学研究型大学而努力奋斗》的工作报告,回顾总结了第九次党代会以来学校建设所取得的成就,客观分析了学校发展过程中存在的一些亟待解决的问题,明确提出了建设国内一流的特色鲜明的高水平教学研究型大学的"三步走"发展战略。

第一步:在"十三五"末,学校教育综合改革取得重大突破,办学实力和水平实现显著提升,安全科学与工程学科进入国家"一流学科"建设计划行列,矿业工程、地质资源与地质工程等学科进入全国一流学科培育行列,到2020年全面建成特色鲜明的高水平教学研究型大学。

第二步:在建校70周年时,2个学科进入国家"一流学科"建设计划行列,进入全国一流学科培育行列的数量进一步增加,力争实现1个学科进入全球ESI学科排名前1%,到2028年建成国内一流的特色鲜明的高水平教学研究型大学。

第三步:在建校80周年时,力争实现1个学科进入世界一流学科行列,到2038年建成国际有影响、国内一流的特色鲜明的高水平教学研究型大学。

（四）追赶超越

为落实习近平总书记来陕视察的重要讲话精神,促进学校教育事业不断取得追赶超越新成果,根据《中共陕西省委关于进一步落实追赶超越要求的通知》部署,按照《中共陕西省委高教工委转发中共陕西省委关于进一步落实追赶超越要求的通知》要求,不断推进学校教育事业改革发展和争先进位,2016年11月22日,经学校党委会审议通过,学校印发了《西安科技大学实现追赶超越要求的实施方案》。方案中明确提出了追赶超越的目标:省内高校以西北大学为标杆,行业高校以中国矿业大学为标杆,全面学习他们在人才培养、科学研究、社会服务和文化建设中的经验做法,增强追赶超越的方向性;省内高校以西安理工大学、西安建筑科技大学为追赶超越的目标,行业高校以山东科技大学、河南理工大学为追赶超越的目标,对标他们在人才培养、科学研究、社会服务和文化建设中某些方面的优势,积极借鉴先进的办学经验,努力实现整体发展或某些领域的追赶超越,准确定位追赶超越目标。

2016年12月14日,学校发布《关于成立推进落实追赶超越工作领导小组的通知》,决定成立推进落实追赶超越工作机构,分为领导小组和工作小组。其中领导小组负责对推进落实追赶超越工作进行统一领导和部署,研究和决策工作推进过程中的重大问题;工作小组负责统筹协调处理推进落实追赶超越各项具体工作,指导、推动、督促相关改革政策和措施的贯彻落实。

（五）双一流建设

为贯彻落实教育部、财政部、国家发展改革委《统筹推进世界一流大学和一流学科建设实施办法(暂行)》(教研〔2017〕2号)和省委办公厅、省政府办公厅《关于建设"一流大学、一流学科、一流学院、一流专业"的实施意见》(陕办发〔2016〕33号),按照陕西省学位委员会办公室《关于进一步完善一流大学和一流学科建设方案的通知》(陕学位办〔2017〕22号)要求,2017年7月16日,学校召开专题会议,安排部署"一流大学、一流学科"建设方案的编制工作。2017年7月28日,学校召开专家论证会,邀请来自西安交通大学、西北工业大学、陕西师范大学和长安大学等高校的7位专家,对建设方案进行了评审论证。专家围绕建设目标、建设基础、建设内容、预期成效和组织保障等内容进行论证,并对各"双一流"建设与发展提出了具体意见与建议,学校根据专家意见修改完善后于7月31日报送陕西省教育厅,并于9月21日面向全校正式发布。

《西安科技大学"一流大学、一流学科"建设方案》包括学校层面的"一流大学、一流学科"建设方案和12个拟建一流学科的建设方案。其中学校层面建设方案包括"指导思想""建设目标""建设基础""建设内容""预期成效"及"保障措施"等6个方面;拟建一流学科的建设方案包括"口径范围""建设目标""建设基础""建设内容"及"预期成效"等5个方面。

（六）五新战略

2017年8月,为深入贯彻落实陕西省第十三次党代会提出的"培育新动能、构筑新高地、激发新活力、共建新生活、彰显新形象"的战略任务,结合学校改革发展实际,紧密围绕"三步走"战略目标、"十三五"发展规划目标、"深化教育综合改革实施意见"的改革目标以及"追赶超越"目标要求,学校编制了《西安科技大学贯彻落实"五新"战略任务实施方案》,包括"指导思想""组织领导""目标任务""工作要求"等4个方面。

二、目标管理与过程管理有机结合,强化战略部署的执行效果

为使各类战略规划目标任务的切实落地,学校推行目标管理与过程管理有机结合的工作方式。

（一）发展规划及深化教育综合改革任务的分解与考核

在"十二五""十三五"规划执行过程中,学校采取了将目标任务横向分解到部门、纵向分解到年度的方式。每年年初下达当年的目标任务,于年中进行执行情况监测,于年末进行当年任务完成情况的统计、评价。经过5年工作实践的验证,这一工作方式使工作责任主体明确、年度任务清晰,对推动发展目标的实现起到了积极的作用。

同时,学校还充分结合基本校情比较分析的结果和国家相应政策调整,对年度任务目标进行科学、合理的添加或调整,确保了学校各项工作都能适应发展、与时俱进。

深化教育综合改革任务的推行参照发展规划目标任务落实的工作方式,将改革任务横向分解到部门、纵向分解到年度,较好推动了改革任务的落实。

（二）部门年度专项任务设置

为解决学校发展过程中的重点、难点问题,学校自2014年起结合每年工作中需突破的关键环节,面向相关部门设置年度专项任务。截至2017年,共设置专项任务83项,涉及14个责任部门。同时学校参照发展规划目标任务落实的工作方式,对专项任务于年中进行中期执行情况检查,于年末进行完成情况考核,有效推动了学校重点、难点问题的解决。

三、做好宏观战略研究,科学研判发展形势

（一）高教研究

1. 西安科技大学高等教育研究项目

2008年10月,学校设立西安科技大学高等教育研究基金,每年划拨一定额度的资金,委托高教研究所组织开展西安科技大学高等教育研究项目的申报、立项、研究过程检查及结题情况验收等管理工作,同时出台了《西安科技大学高等教育研究项目管理办法》。西安科技大学高等教育研究项目设置的目的是鼓励广大教职员工针对学校发展中面临的重点和难点问题进行深入研究,寻找解决途径,推动学校健康发展。自2008年11月设立第一批项目以来,截至2018年1月,共立项154项,涵盖战略规划的制定、校院二级管理、学校办学特色、资源优化配置、青年教师队伍建设、创新创业人才培养等学校办学的宏观管理层面,但不涉及教学方法和课程建设等内容。

2015年6月,高教研究所根据工作实际情况,对《西安科技大学高等教育研究项目管理办法》

进行了修订,明确了项目管理流程,细化了资金使用要求。

2. 高教兼职研究员队伍建设

2005年10月,学校采取个人自愿报名、部门推荐、学校专家组评审的方式聘任了25名高教兼职研究员,并形成了管理办法。此后,根据管理办法的规定,高教研究所又分别于2008年1月、2011年1月、2017年6月对研究员队伍进行了第二届、第三届、第四届的换届聘任,先后又吸纳了近50位同志投身到学校的高教研究工作中来。

第一届高教兼职研究员名单(以姓氏笔画排序):

卫晓君、马宪民、王廷满、王卓文、石磊、龙熙华、史经俭、冯爱玲、师新民、孙青山、李勇、李白萍、李红霞、李侃社、杨建业、邹仁华、赵晓光、姜渭洪、袁金群、柴敬、郭卫、龚尚福、程文东、赖雄麟、褚维盘

第二届高教兼职研究员名单(以姓氏笔画排序):

卫晓君、马宪民、王廷满、王卓文、王贵荣、石磊、龙熙华、史经俭、冯爱玲、师新民、孙青山、孙艳红、李勇、李白萍、李红霞、李侃社、杨建业、邹仁华、周斌、赵晓光、姜渭洪、袁金群、柴敬、郭卫、龚尚福、程文东、赖雄麟、褚维盘、戴俊

第三届高教兼职研究员名单(以姓氏笔画排序):

王莉、王生全、王卓文、王贵荣、石磊、史经俭、师新民、孙青山、李勇、李白萍、李红霞、杨建业、张涛、张铭钟、周斌、赵晓强、寇发荣、程文东、戴俊

第四届高教兼职研究员名单(以姓氏笔画排序):

王莉、王新平、冯爱玲、成连华、师新民、朱旭风、孙颜红、杜美利、李勇、李白萍、李红霞、李金勇、杨建业、张剑、张涛、张铭钟、罗红伟、周安宁、袁金群、夏玉成、奚家米、郭长立、黄庆享、龚尚福、寇发荣、韩江水、戴俊

(二)数据统计与校情分析

1. 数据信息统计

2006年起,按照教育部安排,学校于每年的11月份向教育部报送高等院校基本办学数据,包含大学信息、学生信息、教师信息、办学条件等几个方面,共计81张表,近700个数据点;2010年起,学校于每年的上半年向中国煤炭教育协会报送煤炭高校基本办学数据统计;2014年起,学校于每年的10月份向教育部报送高等院校教育教学基本状态数据,包含学校基本信息、基本条件、教师信息、学科专业、人才培养、学生信息、教学管理与质量监控等几个方面,涉及数据信息4万余条。

2. 校情比较分析

2011年,为更好地认清自身发展状况,查找优势与不足,学校开始着手编写校情比较分析报告。报告编写紧密结合数据信息统计工作,选取陕西省内同类型兄弟院校和煤炭行业兄弟院校作为比照对象,从大学排行情况、基本办学条件、学科专业建设、师资队伍建设、人才培养、科学研究、社会服务、发展规划等几个方面进行数据比较分析。校情比较分析的目的在于横向比较出我校与兄弟院校的差距,也纵向观测出学校发展走势。目前已经完成了2011、2013、2015、2017共4个版本的报告编写工作。

第二节 办学指导思想与办学定位

一、坚持传承与发展,明确办学指导思想

"十二五""十三五"期间,学校在"十一五"规划中确定的办学指导思想的基础上,不断补充完善,在传承与发展中制定出具有鲜明时代特征的办学指导思想。

（一）"十二五"期间办学指导思想

2011年6月,学校发布《西安科技大学"十二五"教育事业发展规划》,在"十一五"规划的基础上,进一步完善了学校办学指导思想。

办学指导思想为:高举中国特色社会主义伟大旗帜,以邓小平理论和"三个代表"重要思想为指导,深入落实科学发展观,全面贯彻党的教育方针,办人民满意的大学;以人才培养为根本,大力提升科技创新和社会服务能力;稳定办学规模,提高教育质量,优化学科结构,增强办学效益;坚持质量立校、特色兴校、人才强校,坚持开放办学、和谐发展、科学发展,以改革创新为动力,以突破瓶颈为重点,夯实发展基础,提升学校实力,为把学校建设成为特色鲜明的高水平教学研究型大学而努力奋斗。

（二）"十三五"期间办学指导思想

2016年6月24日,学校发布了《西安科技大学"十三五"教育事业发展规划》,规划中结合新时期国民经济社会发展领域、高等教育领域出现的新思想、新形势,对办学指导思想进行了进一步的完善。

办学指导思想为:高举中国特色社会主义伟大旗帜,全面贯彻党的十八大和十八届三中、四中、五中全会精神,以马克思列宁主义、毛泽东思想、邓小平理论、"三个代表"重要思想、科学发展观为指导,深入学习贯彻习近平总书记系列重要讲话精神,主动适应经济社会和高等教育发展新形势,坚持立德树人,办人民满意的大学;以创新、协调、绿色、开放、共享发展理念为引领,以特色发展、内涵建设为主线,以提高人才培养质量为核心,坚持"强化内涵、优化结构、彰显特色、打造品牌、全面提升办学水平"的发展思路,实施"质量立校、特色兴校、人才强校、开放办学"的发展战略,全面深化改革,推进依法治校,锐意创新、攻坚克难、开拓奋进,为争取进入陕西省一流大学行列、全面建成特色鲜明的高水平教学研究型大学砥砺前行。

二、紧密结合发展形势,明确学校办学定位

学校"十二五""十三五"教育事业发展规划中,均从"目标定位""层次定位""学科定位""服务面向""人才类型"等5个方面,阐述了学校的办学定位。

（一）"十二五"期间办学定位

（1）目标定位:特色鲜明的高水平教学研究型大学。

（2）层次定位:以本科教育为主体,积极发展研究生教育。

（3）学科定位:强化地矿及其相关学科特色,保持工程技术学科优势,形成多学科协调发展的学科专业结构。

（4）服务面向:立足西部,面向全国,服务地矿相关行业及地方经济与社会发展。

（5）人才类型:应用型高级专门人才和创新型人才。

（二）"十三五"期间办学定位

（1）目标定位:特色鲜明的高水平教学研究型大学。

（2）层次定位:以本科生教育为基础,积极发展研究生教育,开拓留学生教育,构建以本科和研究生教育为主体的多层次人才培养体系。

（3）学科定位:强化地矿与安全及其相关学科特色,突出工程技术学科优势,积极发展基础学科和哲学社会科学学科,鼓励发展新兴交叉学科,形成多学科协调发展的学科专业结构。

（4）服务面向:立足西部,面向全国,服务地矿相关行业及地方经济与社会发展。

（5）人才类型:培养具有"基础厚实、作风朴实、工作扎实、为人诚实、勇于创新"特点的应用型高级专门人才和创新型人才。

第三节　大　学　章　程

　　为认真贯彻落实《中华人民共和国高等教育法》、《高等学校章程制定暂行办法》(教育部令第31号)和《中共陕西省委、陕西省人民政府关于贯彻〈国家中长期教育改革和发展规划纲要(2010～2020年)〉的实施意见》精神,进一步加强学校以章程为核心的制度建设,加快依法治校进程,促进科学发展,根据陕西省教育厅《关于做好省属高等学校章程制定工作的通知》(陕教政〔2012〕5号)精神,学校于2012年初启动了章程制定前期准备工作。2012年6月,学校成立了由党委书记、校长担任组长的章程制定领导小组,由相关校领导担任组长的章程制定工作组,正式启动章程制定工作。2013年1月,章程制定工作组起草完成章程文本初稿。在广泛求意见建议的基础上,章程制定工作领导小组和工作组对章程文本进行了反复修改,数易其稿,先后通过教代会讨论、校长办公会审议和校党委会审定,2013年6月形成《西安科技大学章程(核准稿)》,报送陕西省教育厅核准。2014年9月18日,陕西省教育厅印发《关于核准〈西安科技大学章程〉的通知》,正式予以核准。

　　在章程制定工作中,学校坚持贯彻群众路线,按照民主公开的原则,广泛征求师生员工、校友等不同层面的意见建议,通过召开座谈会、电子邮件、网上意见征集等方式,开展章程意见征求工作,先后召开了管理人员、教师、学生、离退休人员和党外人士、校友等5个层面的座谈会,征集意见建议430余条。五届七次教代会对章程进行了专门讨论和审议。章程充分反映了学校举办者、管理者以及广大师生的要求与意愿。

　　正式核准的《西安科技大学章程》分为序言,总则,举办者与学校,教育形式和学科门类,学校管理体制,教职工,学生及学员,董事会、教育基金会、校友会,资产、经费与财务,校徽、校旗、校歌、校庆日,附则,共十一章、一百一十六条、10 900余字。学校章程坚持以中国特色社会主义理论体系为指导,以宪法、法律法规为依据,坚持社会主义办学方向,遵循高等教育规律,反映学校办学理念,阐明学校未来改革发展思路,明晰了学校内部治理结构,突出了师生主体地位。学校章程结构严整,层次清晰,用语准确、简洁、规范,条文内容明确、具体,具备可操作性。章程的核准,标志着学校章程制定工作的全面完成,对于推进现代大学制度建设、推动学校教育事业深化改革、提高教育质量、促进内涵式发展具有重要意义。

　　《西安科技大学章程》具体内容见附录部分。

第二章　管理体制

第一节　隶属关系及共建关系

西安科技大学隶属关系和管理体制几经变迁。1958年西安矿业学院成立时隶属陕西省直接领导,凡属教学方针、干部任免由陕西省委决定,有关行政及业务由省人委负责。1959年,陕西省委、省人委调整陕西高等学校管理体制,西安矿业学院由陕西省高教局和省煤炭工业管理局领导。1965年5月起,改由煤炭工业部直接领导。1979年1月,西安矿业学院由煤炭工业部和陕西省双重领导,以部管理为主。1998年8月,国务院决定将学校划转陕西省,实行"中央与地方共建,以地方管理为主",不再隶属原煤炭工业部。1999年更名为西安科技学院,2003年更名为西安科技大学。2014年9月4日,陕西省政府和国家安全生产监督管理总局在西安签署共建西安科技大学协议,西安科技大学成为省部共建大学。

学校是省部共建高校、教育部卓越工程师教育培养计划实施高校(获批时间:2011年9月)、国家建设高水平大学公派研究生项目实施高校(获批时间:2011年12月)、国家特色重点学科项目实施高校(获批时间:2010年5月)、国家中西部高校基础能力建设工程实施高校(获批时间:2012年)、陕西省高水平大学建设高校(获批时间:2011年)。

第二节　党委领导下的校长负责制

1990年,中共中央发布《中共中央关于加强高等学校党的建设的通知》,明确指出高等学校实行党委领导下的校长负责制。1996年,中共中央印发《中国共产党普通高等学校基层组织工作条例》。1998年《中华人民共和国高等教育法》颁布。2013年中共陕西省委组织部、省委教育工委、省教育厅党组印发《陕西省属高等学校实行党委领导下的校长负责制的若干意见》。2014年中共中央办公厅印发《关于坚持和完善普通高等学校党委领导下的校长负责制的实施意见》。2016年中共中央、国务院颁发《关于加强和改进新形势下高校思想政治工作的意见》,对此又做出明确规定。2017年4月14日,学校党委会会议审议通过了《西安科技大学关于坚持和完善党委领导下的校长负责制的实施办法》(以下简称《实施办法》)。《实施办法》规定,校党委是学校的领导核心,履行党章等规定的各项职责,把握学校发展方向,决定学校重大问题,监督重大决议执行,支持校长依法独立负责地行使职权,保证以人才培养为中心的各项任务完成;校长是学校的法定代表人,在学校党委领导下,贯彻党的教育方针,组织实施学校党委有关决议,行使高等教育法等规定的各项职权,全面负责教学、科研、行政管理工作。该《实施办法》还对党委的主要职责、校长的主要职责、议事决策制度、协调运行机制、组织保障等方面做出了明确规定。

第三节 党群组织机构设置

一、党群组织机构设置基本情况

2009年11月5日,学校党委印发《关于调整部分职能部门、基层党组织机构设置的通知》(西科党发〔2009〕58号),对部分职能部门、基层党组织机构设置作如下调整:武装部与学生工作部、学生工作处合署;撤销科研产业党总支、图书馆党总支、总务处党总支、附属中学直属党支部、后勤集团党总支、机电厂直属党支部建制;党委办公室(校长办公室)、纪委(监察处)、组织部、宣传部、统战部、学生工作部(武装部、学生工作处)、工会、团委、教务处、研究生学院、科技处、发展规划处(高教研究所)、学科建设办公室、人事处、财务处、审计处、实验室与设备管理处、保卫处、基建处的党员由机关党委管理;成立直属单位党委,图书馆、附属中学、西科产业公司、房地产开发中心、校友联络总会办公室、国际交流中心、期刊中心、网络中心的党员由直属单位党委管理;成立后勤党委,资产与后勤管理处所属党员及流动党员由后勤党委管理。

2017年7月21日,学校党委印发《关于成立中共西安科技大学职业技术教育学院总支委员会的通知》(西科党发〔2017〕36号),决定成立中共西安科技大学职业技术教育学院总支委员会。

截至2018年4月,学校党群组织有:党委办公室,党委组织部、党校,党委宣传部,党委统战部,党委学工部,党委武装部,工会,团委,机关党委,后勤党总支,离退休党委,直属单位党总支,能源学院党委,安全科学与工程学院党委,建筑与土木工程学院党委,机械工程学院党委,电气与控制工程学院党委,通信与信息工程学院党委,计算机科学与技术学院党委,地质与环境学院党委,测绘科学与技术学院党委,材料科学与工程学院党委,化学与化工学院党委,管理学院党委,艺术学院党委,马克思主义学院党总支,理学院党委,人文与外国语学院党委,继续教育学院党总支,职业技术教育学院党总支,体育部党总支,高新学院党委。

二、党委办公室、校长办公室

学校党委办公室、校长办公室为合署办公,是学校党委、行政的综合办事机构。设有秘书科、行政科、信息科,挂靠单位有档案馆,2014年6月增设机要科。主要围绕学校中心工作,发挥领导的参谋助手、决策的督促检查、部门的综合协调作用,发挥着承上启下、协调左右、联系内外的枢纽作用,即参与政务、办理事务、搞好服务,服务领导、服务部门、服务基层。具体承担文秘、信息、协调、督查、调研、档案、重要活动组织、通信服务、校领导公务用车调度和综合事务管理及领导交办的其他工作。其主要职责是:

负责学校重大活动的组织协调及党委、行政日常事务性工作;负责党委会会议、书记办公会、校长办公会议及其他学校综合性会议、专题会议的组织协调工作;负责学校党政文件、文稿处理工作;根据学校党委、行政要求,负责组织开展调查研究,为党政领导决策和指导工作提供依据;负责检查监督学校工作部署、会议决定事项和学校领导批示的贯彻落实情况和工作开展情况;负责学校对外联络和接待工作;负责校务信息的收集、公开、报送工作;负责学校机要和印信管理工作;负责学校信访、来访工作;负责学校年鉴、大事记的编制工作;负责公务车辆管理及驾驶员安全教育工作;负责维护、管理办公自动化系统、迎新系统,办公室、信息公开、党建公开等网站;负责学校档案管理工作;负责学校稳定办、保密办的日常工作;负责学校法律咨询服务协调管理工作;完成校领导交办的其他工作。

第四节　行政管理机构设置

2009年11月6日,学校党委印发《西安科技大学职能部门、直属单位机构改革和处级干部聘任实施方案》(西科党发〔2009〕55号),对部分职能部门、直属单位机构进行改革:招生办公室挂靠在教务处;国资处和总务处合并成立资产与后勤管理处,资产与后勤管理处和后勤集团合署,成立物资设备采购与招标领导小组,领导小组办公室设在资产与后勤管理处,负责处理日常事务;西科产业公司和房地产开发中心合署;研究生部更名为研究生学院,实验管理处更名为实验室与设备管理处;机电厂的金工实训与生产经营分离,金工实训归实验室与设备管理处管理,经营业务归入西科产业公司;成立网络中心,属学校直属单位。

2012年3月22日,校党委会议研究,决定档案馆调整为副处级行政职能部门,挂靠党委办公室、校长办公室。

2012年9月5日,校党委会研究,决定成立西安科技大学研究生院,撤销研究生学院,属学校行政职能部门,为处级建制。

2014年10月17日,校党委会研究,决定成立西安科技大学省部共建工作办公室,为学校行政职能部门,属正处级建制,与党委办公室、校长办公室合署办公。

2018年4月,学校行政管理部门有:校长办公室(省部共建办公室、档案馆)、监察处、教务处(招生办)、研究生院、学生处、科技处(研究院)、实验室与设备管理处(工程训练中心)、学科建设办公室、发展规划处(高教研究所)、人事处、高层次人才工作办公室、财务处、审计处、基建处、资产与后勤管理处(后勤集团)、保卫处、离退处。

直属单位有:教师教学发展中心、图书馆、国际交流与合作处(港澳台事务办公室)、期刊中心、附属中学、资产管理公司对外联络与合作处(校董事会办公室、校友联络总会办公室、捐资助学办公室)、信息网络中心、征地办公室。

第五节　学术领导机构

一、校学术委员会

2009～2014年,根据《中华人民共和国高等教育法》、《高等学校学术委员会规程》和《西安科技大学章程》等有关规定,结合学校实际,修订了《西安科技大学学术委员会章程》(西科党发〔2014〕44号)。

2009年6月22日,经学校研究决定调整第五届学术委员会(共23人)。主任:苏三庆;副主任:常心坦、马宏伟、张金锁、刘健;委员(按姓氏笔画为序):王勉华、王晓刚、伍永平、孙红湘、杜美利、李明、李占利、李国民、李树刚、杨更社、谷拴成、周安宁、侯恩科、夏玉成、柴敬、郭卫、梁明、韩江水。

2013年11月28日,经学校研究决定,调整第五届学术委员会(共21人)。主任:杨更社;副主任:常心坦、马宏伟、张金锁;委员(按姓氏笔画为序):王晓刚、付周兴、伍永平、孙红湘、杜美利、李明、李占利、李国民、李树刚、谷拴成、张传伟、周安宁、侯恩科、夏玉成、柴敬、梁明、韩江水。

2014年12月24日,学校研究决定,组成第六届学术委员会(共35人)。名誉主任委员:蔡美峰;常务副主任委员:杨更社;副主任委员:马宏伟、张金锁、伍永平、邓军;秘书长:柴敬;委员(按姓氏笔画为序):王生全、王念秦、王贵荣、王晓刚、史经俭、付周兴、师新民、杜美利、李勇、李永清、李国民、李金勇、李朋林、杨惠珺、来兴平、汪梅、张传伟、陈黎、周安宁、秋兴国、侯恩科、黄庆享、曹萍、赖

雄麟、薛河、戴俊。

2015年6月3日，学校研究，决定增补李树刚为我校第六届学术委员会委员、副主任委员。免除张金锁第六届学术委员会委员职务。

2017年4月6日，校学术委员会全体会议审议通过，并经学校研究决定，调整第六届学术委员会（共35人）。名誉主任委员：蔡美峰；常务副主任委员：杨更社；副主任委员：马宏伟、李树刚、伍永平、邓军；秘书长：柴敬；委员（按姓氏笔画为序）：王生全、王念秦、王晓刚、史经俭、付周兴、师新民、杜美利、李勇、李永清、李国民、李金勇、李朋林、杨惠珺、来兴平、汪梅、张传伟、陈黎、周安宁、秋兴国、侯恩科、奚家米、黄庆享、曹萍、赖雄麟、薛河、戴俊。

二、校学位评定委员会

2008年3月31日，经学校研究决定，调整第六届学位评定委员会组成人员。主席：苏三庆；副主席：张立杰、韩江水、杨更社、马宏伟；委员：周斌、侯恩科、李树刚、王晓刚、王勉华、李国民、伍永平、李勇、师新民、李朋林、谷拴成、周安宁、赵晓光、郭卫、柴敬、袁金群、姚顽强、龚尚福、朱旭风、索永录、屈钧利；秘书：李树刚（兼）、柴敬（兼）。

2009年12月14日，经学校研究决定，调整第六届学位评定委员会组成人员。主席：苏三庆；副主席：张立杰、韩江水、杨更社、马宏伟；委员：李树刚、杜美利、周斌、侯恩科、伍永平、谷拴成、赵晓光、姚顽强、郭卫、王勉华、李国民、龚尚福、王晓刚、周安宁、李勇、李朋林、袁金群、师新民、朱旭风、杨梅忠、索永录、屈钧利；秘书：李树刚（兼）、杜美利（兼）。

2011年1月18日，经学校研究决定，调整第六届学位评定委员会组成人员。主席：苏三庆；副主席：张立杰、韩江水、杨更社、马宏伟；委员：王贵荣、杜美利、周斌、侯恩科、伍永平、谷拴成、赵晓光、姚顽强、郭卫、王勉华、李国民、龚尚福、王晓刚、周安宁、李勇、李朋林、袁金群、师新民、朱旭风、杨梅忠、索永录、屈钧利；秘书王贵荣（兼）、杜美利（兼）。

2011年6月15日，经学校研究决定，增补柴敬同志为第六届学位评定委员会委员。2012年11月28日，经学校研究决定，调整第六届学位委员会组成人员。主席：苏三庆；副主席：张立杰、韩江水、杨更社、马宏伟；委员：王贵荣、杜美利、周斌、侯恩科、柴敬、伍永平、谷拴成、郭卫、付周兴、李国民、龚尚福、赵晓光、姚顽强、王晓刚、周安宁、李朋林、朱旭风、师新民、袁金群、李勇、杨梅忠、索永录、屈钧利；秘书：王贵荣（兼）、杜美利（兼）。

2013年5月28日，经学校研究决定，调整第六届学位评定委员会组成人员。主席：苏三庆；副主席：张立杰、韩江水、杨更社、马宏伟；委员：王贵荣、杜美利、周斌、侯恩科、柴敬、伍永平、谷拴成、郭卫、付周兴、李国民、李占利、赵晓光、姚顽强、王晓刚、周安宁、李朋林、朱旭风、师新民、袁金群、李勇、杨梅忠、索永录、屈钧利；秘书：王贵荣（兼）、杜美利（兼）。

2013年11月29日，经学校研究决定，调整第六届学位评定委员会组成人员。主席：杨更社；副主席：张立杰、韩江水、马宏伟、李树刚；委员：王贵荣、杜美利、周斌、侯恩科、柴敬、伍永平、谷拴成、张传伟、付周兴、李国民、李占利、赵晓光、姚顽强、王晓刚、周安宁、李朋林、朱旭风、师新民、袁金群、李勇、杨梅忠、索永录、屈钧利；秘书：王贵荣（兼）、杜美利（兼）。

2014年5月26日，经学校研究决定，调整第六届学位评定委员会组成人员。主席：杨更社；副主席：张立杰、韩江水、马宏伟、李树刚；委员：王贵荣、侯恩科、程卫星、来兴平、柴敬、伍永平、戴俊、张传伟、付周兴、李白萍、李占利、王生全、姚顽强、杜慧玲、杜美利、李朋林、朱旭风、师新民、袁金群、李明、杨梅忠、索永录、屈钧利；秘书：王贵荣（兼）、侯恩科（兼）。

2015年6月16日，经学校研究决定，成立西安科技大学第七届学位评定委员会。主席：杨更社；副主席：刘子实、韩江水、马宏伟、李树刚；委员：王贵荣、侯恩科、程卫星、来兴平、柴敬、伍永平、戴俊、张传伟、付周兴、李国民、李占利、王生全、姚顽强、王晓刚、杜美利、李朋林、杨惠珺、师新民、李

金勇、李勇、杨梅忠、邓军、乔宝明、李永清;秘书:王贵荣(兼)、侯恩科(兼)。

2015年12月22日,经学校研究,决定调整第七届学位评定委员会组成人员。主席:杨更社;副主席:樊建武、韩江水、马宏伟、李树刚;委员:王贵荣、侯恩科、程卫星、来兴平、柴敬、伍永平、戴俊、张传伟、付周兴、李国民、李占利、王生全、姚顽强、王晓刚、杜美利、李朋林、杨惠珺、师新民、李金勇、李勇、杨梅忠、邓军、乔宝明、李永清;秘书:王贵荣(兼)、侯恩科(兼)。

2016年12月23日,经学校研究,决定调整第七届学位评定委员会组成人员。主席:杨更社;副主席:樊建武、马宏伟、李树刚、王贵荣;委员:奚家米、侯恩科、程卫星、来兴平、柴敬、伍永平、邓军、戴俊、张传伟、付周兴、李国民、李占利、王生全、姚顽强、王晓刚、杜美利、李朋林、杨惠珺、师新民、李金勇、李勇、代革联、李永清、乔宝明;秘书:奚家米(兼)、侯恩科(兼)。

2018年1月16日,经学校研究,决定调整第七届学位评定委员会组成人员。主席:蒋林;副主席:樊建武、李树刚、王贵荣;委员:奚家米、程卫星、来兴平、柴敬、伍永平、邓军、戴俊、张传伟、付周兴、李国民、李占利、王生全、姚顽强、王晓刚、杜美利、李朋林、杨惠珺、师新民、李金勇、李明、代革联、马宏伟、李永清、乔宝明;秘书:侯恩科(兼)、奚家米(兼)。

第六节　校级委员会、领导小组及临时机构

一、校级委员会

(一)治安综合治理委员会

2017年3月9日,经学校党委会研究决定,调整我校治安综合治理委员会。主任:刘德安;副主任:杨更社、樊建武、张威虎、惠朝阳。委员会下设办公室,负责日常事务。办公室设在保卫处,赵亚军同志兼任办公室主任。

(二)老龄工作委员会及关心下一代工作委员会

2017年1月3日,经学校党委会研究决定,调整我校老龄工作委员会、关心下一代工作委员会组成人员。主任:李明;副主任:周斌、程卫星、陈吉兰、李腾龙;委员会下设办公室,负责日常工作。办公室设在离退处,李腾龙同志兼任办公室主任。

(三)国有资产管理委员会

2016年12月14日,经学校研究决定,调整国有资产管理委员会成员。主任:杨更社;副主任:张威虎、惠朝阳、王贵荣、黄英维;委员会下设办公室,负责国有资产管理日常工作。办公室主任:张威虎;副主任:王政军。

(四)发展规划委员会

2017年1月16日,经学校党委会研究决定,调整发展规划委员会成员。主任:刘德安、杨更社;副主任:李明、樊建武、刘子实、马宏伟、张威虎、李树刚、惠朝阳、王贵荣、黄英维;发展规划委员会下设办公室,办公室设在发展规划处,负责具体日常工作。

(五)校史(志)编纂工作委员会

2017年4月21日,经学校研究决定,调整校史(志)编纂工作委员会成员。主任:杨更社;副主任:李明、樊建武、惠朝阳。委员会下设校史(志)编纂办公室。办公室主任由樊建武同志兼任,副主任由陈春林、曹雪梅、张新平、朱旭风同志兼任,朱旭风负责日常工作。

(六)文献信息工作委员会

2017年4月20日,经学校研究决定,调整文献信息工作委员会组成人员。

主任:王贵荣;副主任:赵晓光。

（七）保密委员会

2009年12月27日,经学校研究决定,调整保密委员会组成人员。

主任:刘德安;副主任:苏三庆、张立杰、甘安生、樊建武。

2014年5月4日,经学校研究决定,调整保密委员会组成人员。

主任:刘德安;副主任:杨更社、张立杰、甘安生、刘子实、陈春林。

2018年3月30日,经学校研究决定,调整保密委员会组成人员。

主任:周孝德;副主任:蒋林、李明、樊建武、胡巍、李树刚、惠朝阳、陈春林。

（八）教学委员会

2018年1月15日,经学校研究决定,调整第八届教学委员会组成人员。

主任:蒋林;副主任:樊建武、李树刚、王贵荣;秘书:奚家米(兼)、侯恩科(兼)、代革联(兼)。

（九）档案工作委员会

2017年9月26日,经学校研究决定,调整档案工作委员会组成人员。主任:杨更社;副主任:惠朝阳。档案工作委员会下设办公室,负责日常事务。办公室设在党委办公室、校长办公室,办公室主任由张志鹏同志兼任。

（十）科学技术委员会

2015年11月25日,经校科学技术委员会全体会议选举产生,并经校学术委员会审定,校长办公会通过,公布第一届科学技术委员会组成人员名单。

主任委员:马宏伟;副主任委员:来兴平、邓军。

委员(按姓氏笔画为序):王念秦、叶江、叶万军、池宁骏、汤伏全、杜慧玲、李占利、李红霞、汪梅、张欢、张传伟、张仲华、周安宁、赵京、柴敬、郭卫、姬长发、黄庆享、曹萍、韩晓冰、樊广明、薛喜成;科学技术委员会设立秘书处,负责日常事务。秘书处设在科技处,秘书长由来兴平同志兼任。

（十一）经营性资产管理委员会

2015年6月12日,经学校研究决定,调整西安科技大学经营性资产管理委员会组成人员。

主任:杨更社;副主任:张威虎、李树刚、黄英维。经营性资产管理委员会下设办公室,负责经营性资产管理日常工作,主任:李树刚;副主任:樊广明。

（十二）人事和劳动争议调解委员会

2010年1月5日,经学校研究决定,调整人事和劳动争议调解委员会组成人员。

组长:杨更社;成员:樊建武、张爱明、樊怀仁、石磊、陈华、杜勇、和牟。

（十三）财经工作委员会

2014年5月26日,经学校研究决定,调整财经工作委员会成员。

主任:杨更社;副主任:黄英维;委员:陈春林、王学礼、卫晓君、石磊、周斌、孙逸辉、赵晓强、王政军、孟鲁闽。财经工作委员会下设办公室,办公室设在财务处,负责处理日常工作。办公室主任由财务处处长孙逸辉兼任。

二、校级领导小组

（一）职称改革领导小组

2010年3月11日,2011年7月13日,2013年11月27日,2016年10月15日,经学校研究决定,调整我校职称改革领导小组成员。

（二）学科建设领导小组

2011年5月6日,2014年5月19日,2017年5月10日,经学校研究决定,调整学科建设领导小组成员。

（三）研究生奖助学金评定工作领导小组

2012年6月19日,经学校研究决定,成立我校研究生奖学金评定工作领导小组。2013年1月19日,2013年11月27日,2014年5月14日,2014年12月30日,2016年6月7日,经学校研究决定,调整研究生奖助学金评定工作领导小组成员。

（四）节能减排工作领导小组

2011年10月11日,2016年6月30日,经学校研究决定,调整节能减排工作领导小组成员。

（五）教育信息化工作领导小组

2012年10月22日,经学校研究决定,成立西安科技大学教育信息化工作领导小组。2013年11月27日,2014年5月26日,2015年3月19日,2016年4月21日,2017年3月2日,经学校研究决定,调整教育信息化工作领导小组成员。

（六）大学生征兵工作领导小组

2009年7月7日,经学校研究决定,成立大学生新兵征集及入伍预征工作领导小组。2012年6月6日,2014年5月6日,2016年7月15日,经学校研究决定,调整大学生新兵征集及入伍预征工作领导小组成员。

（七）爱国卫生运动委员会领导小组

2010年3月17日,2012年3月23日,2014年5月19日,2016年12月5日,经学校研究决定,调整我校（社区）爱国卫生运动委员会领导小组成员。

（八）住房分配工作领导小组

2008年5月19日,2010年1月12日,2010年8月30日,2012年7月14日,2014年5月4日,2015年5月2日,2015年12月25日,2017年6月7日,经学校研究决定,调整我校住房分配领导小组成员。

（九）党代会筹备工作领导小组

2010年7月12日,经学校党委会研究决定,调整我校第九次党代会筹备工作领导小组成员。

2016年1月17日,经学校党委会研究决定,成立我校第十次党员代表大会筹备工作领导小组。2016年9月20日,经学校党委会研究决定,调整中国共产党西安科技大学第十次代表大会筹备工作领导小组成员。

（十）"陕西省第七届工业工程改善创意竞赛"筹备工作领导小组

2016年5月20日,经学校研究决定,成立我校"陕西省第七届工业工程改善创意竞赛"筹备工作领导小组。

（十一）60周年校庆筹备工作领导小组

2016年9月13日,经学校研究决定,成立60周年校庆筹备工作领导小组。

（十二）雁塔区人民代表大会代表选举工作西安科技大学选区领导小组

2011年10月27日,经学校党委会研究决定,成立雁塔区人民代表大会代表选举工作西安科技大学选区领导小组。

2016年10月27日,经学校党委会研究决定,成立雁塔区第十七届人民代表大会代表选举工作西安科技大学选区领导小组。

（十三）陕西省"福思特杯"大学生会计应用技能竞赛筹备工作领导小组

2016年11月28日,经学校研究决定,成立陕西省"福思特杯"大学生会计应用技能竞赛筹备工作领导小组。

（十四）推进落实追赶超越工作领导小组

2016年12月14日,经学校研究决定,成立推进落实追赶超越工作领导小组。

（十五）普法宣传教育领导小组

2009 年 12 月 11 日,经学校党委会研究决定,调整学校"五五"普法宣传教育领导小组成员。

2011 年 11 月 15 日,经学校研究决定,成立西安科技大学"六五"普法宣传教育领导小组。

2016 年 12 月 30 日,经学校研究决定,成立西安科技大学"七五"普法宣传教育领导小组。

（十六）学校领导班子和领导人员年度目标责任考核工作领导小组

2011 年 3 月 3 日,经学校党委会研究决定,成立学校领导班子和领导干部 2010 年度目标责任考核工作领导小组。

2012 年 2 月 28 日,经学校党委会研究决定,成立学校领导班子和领导干部 2011 年度目标责任考核工作领导小组。

2013 年 3 月 7 日,经学校党委会研究决定,成立学校领导班子和领导干部 2012 年度目标责任考核工作领导小组。

2014 年 3 月 14 日,经学校党委会研究决定,成立学校领导班子和领导干部 2013 年度目标责任考核和综合研判工作领导小组。

2015 年 3 月 26 日,经学校党委会研究决定,成立学校领导班子和领导干部 2014 年度目标责任考核和综合研判工作领导小组。

2016 年 3 月 22 日,经学校党委会研究决定,成立学校领导班子和领导干部 2015 年度目标责任考核暨综合研判工作领导小组。

2017 年 3 月 16 日,经学校研究决定,成立学校领导班子和领导人员 2016 年度目标责任考核暨综合研判工作领导小组。

（十七）统一战线工作领导小组

2017 年 3 月 10 日,经学校党委会研究决定,成立中共西安科技大学委员会统一战线工作领导小组。

（十八）研究生招生工作领导小组及工作小组

2017 年 3 月 20 日,经学校研究决定,成立研究生招生工作领导小组及工作小组。

（十九）文化建设领导小组

2017 年 3 月 3 日,经学校研究决定,成立文化建设领导小组。

（二十）"四个一流"建设领导小组

2017 年 5 月 24 日,经学校研究决定,成立"四个一流"建设领导小组。

（二十一）第三届中国"互联网＋"大学生创新创业大赛陕西赛区训练营（第二期）筹备工作领导小组

2017 年 6 月 5 日,经学校研究决定,成立第三届中国"互联网＋"大学生创新创业大赛陕西赛区训练营（第二期）筹备工作领导小组。

（二十二）科技成果转化工作领导小组

2017 年 6 月 16 日,经学校研究决定,成立西安科技大学科技成果转化工作领导小组。

（二十三）深化综合改革领导小组

2017 年 4 月 19 日,经学校研究决定,成立深化综合改革领导小组。2017 年 4 月 19 日,经学校党委会研究,建立完善深化综合改革领导小组。

（二十四）内部控制工作领导小组

2016 年 11 月 7 日,经学校研究决定,成立内部控制工作领导小组。

（二十五）创建国家卫生文明城市领导小组

2008 年 6 月 6 日,经学校研究决定,调整我校创建国家卫生文明城市领导小组成员。

（二十六）党代会筹备领导小组

2008 年 11 月 20 日,经学校党委会研究决定,成立党代会筹备领导小组。

（二十七）陕西省硅镁产业节能与多联产工程技术研究中心建设领导小组和工作小组

2008 年 11 月 26 日,经学校研究决定,成立陕西省硅镁产业节能与多联产工程技术研究中心建设领导小组和工作小组。

（二十八）思想政治理论课领导小组

2008 年 11 月 27 日,经学校党委会研究决定,调整思想政治理论课领导小组成员。2009 年 6 月 18 日,2009 年 7 月 9 日,2009 年 11 月 27 日,2011 年 12 月 2 日,经学校党委会研究决定,调整思想政治理论课领导小组成员。

（二十九）家庭经济困难学生资助工作领导小组

2009 年 3 月 9 日,经学校研究决定,调整家庭经济困难学生资助工作领导小组成员。

（三十）卫生防病工作小组

2009 年 4 月 10 日,经学校研究决定,成立卫生防病工作小组。

（三十一）校区建设征地工作领导小组

2008 年 5 月 14 日,经学校研究决定,调整西安科技大学新校区建设领导小组成员。2015 年 2 月 3 日,2015 年 5 月 21 日,经学校研究决定,调整临潼校区三期征地领导小组成员。

（三十二）公费医疗领导小组

2008 年 5 月 19 日,2010 年 1 月 11 日,2011 年 11 月 15 日,2014 年 9 月 24 日,2015 年 1 月 14 日,经学校研究决定,调整我校公费医疗领导小组成员。

（三十三）深入学习实践科学发展观活动领导小组

2009 年 6 月 17 日,经学校党委会研究决定,调整深入学习实践科学发展观活动领导小组及办公室成员。

（三十四）防止和处置突发事件领导小组

2009 年 6 月 23 日,2009 年 11 月 24 日,2010 年 9 月 20 日,经学校研究决定,调整防止和处置突发事件领导小组成员。

（三十五）工程项目招标领导小组

2009 年 2 月 25 日,经学校研究决定,成立工程项目招标领导小组。2010 年 3 月 10 日,2014 年 4 月 28 日,2015 年 9 月 18 日,经学校研究决定,调整工程项目招标领导小组成员。

（三十六）防控甲型 H1N1 流感工作领导小组

2009 年 9 月 4 日,经学校研究决定,调整防控甲型 H1N1 流感工作领导小组成员。

（三十七）通风安全大会申办工作领导小组

2009 年 9 月 15 日,经学校研究决定,成立第十届国际通风安全大会申办工作领导小组。

2014 年 7 月 13 日,经学校研究决定,成立第十一届世界采矿通风大会(IMVC)申办工作领导小组。

（三十八）学生体质健康标准测试领导小组

2009 年 9 月 23 日,经学校研究决定,调整学生体质健康标准测试领导小组成员。

（三十九）治理"小金库"工作领导小组

2009 年 6 月 25 日,经学校党委会研究决定,成立治理"小金库"工作领导小组。

（四十）土木工程专业评建工作领导小组

2009 年 11 月 12 日,经学校研究决定,成立土木工程专业评建工作领导小组。

（四十一）校计算机校园网络安全领导小组

2009 年 12 月 4 日,2013 年 12 月 6 日,2014 年 5 月 22 日,经学校研究决定,成立校计算机校园网络安全领导小组并分别调整成员。

（四十二）稳定安全工作领导小组

2009年12月11日,经学校党委会研究决定,调整我校稳定安全工作领导小组成员。

（四十三）人才队伍建设领导小组

2011年11月16日,经学校研究决定,成立我校人才队伍建设领导小组和工作小组。

（四十四）精神文明（文明校园）建设领导小组

2009年12月14日,2015年4月16日,经学校党委会研究决定,调整我校精神文明（文明校园）建设领导小组成员。

（四十五）网络宣传教育领导小组

2009年12月14日,经学校党委会研究决定,调整我校网络宣传教育领导小组成员。

（四十六）国家安全小组

2009年12月25日,经学校研究决定,调整我校国家安全小组成员。

（四十七）师德建设工作领导小组

2009年12月28日,2013年11月27日,经学校研究决定,调整我校师德建设工作领导小组成员。

（四十八）劳动用工管理工作小组

2010年1月5日,2013年11月27日,经学校研究决定,调整我校劳动用工管理工作小组成员。

（四十九）岗位设置管理实施工作领导小组

2010年1月18日,2010年11月22日,2013年11月27日,经学校研究决定,调整我校岗位设置管理实施工作领导小组和工作小组成员。

（五十）工程训练中心筹建领导小组

2010年4月22日,经学校研究决定,成立工程训练中心筹建领导小组和工作小组。

（五十一）环境综合治理工作领导小组

2010年4月26日,经学校研究决定,成立我校环境综合治理工作领导小组。2012年3月26日,2014年5月7日,2015年4月21日,经学校研究决定,调整我校环境综合治理工作领导小组成员。

（五十二）物资设备采购与招标领导小组

2010年4月29日,2014年5月6日,2015年1月23日,经学校研究决定,调整我校物资设备采购与招标领导小组成员。

（五十三）传染病防控工作领导小组

2010年5月12日,经学校研究决定,成立我校传染病防控工作领导小组。2014年9月24日,2015年1月22日,2015年12月14日,经学校研究决定,调整传染病防控工作领导小组成员。

（五十四）语言文字工作领导小组

2010年9月13日,经学校研究决定,成立我校语言文字工作领导小组。2013年11月27日,经学校研究决定,调整语言文字工作领导小组成员。

（五十五）"卓越工程师教育培养计划"实施工作领导小组

2010年7月19日,经学校研究决定,成立我校"卓越工程师教育培养计划"实施工作领导小组和工作小组。

（五十六）审计工作领导小组

2010年9月30日,经学校研究决定,成立审计工作领导小组。

（五十七）"涉日事件"应急处置领导小组

2010年10月16日,经学校研究决定,成立"涉日事件"应急处置领导小组。

（五十八）信息公开工作领导小组

2011年1月4日,经学校研究决定,成立我校信息公开工作领导小组。2013年11月28日,经学校研究决定,调整信息公开工作领导小组成员。

（五十九）校区布局调整领导小组

2011年3月30日,经学校研究决定,成立校区布局调整领导小组和工作小组。

（六十）旧房拆迁与安置领导小组

2011年3月29日,经学校研究决定,成立旧房拆迁与安置领导小组和工作小组。2012年8月27日,经学校研究决定,调整旧房拆迁与安置领导小组和工作小组成员。

（六十一）政府采购领导小组

2010年12月29日,经学校研究决定,成立我校政府采购领导小组。

2015年6月9日,经学校研究决定,调整我校政府采购工作领导小组成员。

（六十二）党风廉政建设责任制领导小组

2011年11月25日,2013年12月27日,2014年6月23日,经学校党委会研究决定,调整我校党风廉政建设责任制领导小组成员。

（六十三）呆账清理领导小组

2011年11月15日,经学校研究决定,成立呆账清理领导小组。

（六十四）公共艺术教育评估工作领导小组

2012年6月12日,经学校研究决定,成立我校公共艺术教育评估工作领导小组。

（六十五）中西部高校基础能力建设工程领导小组

2012年6月13日,经学校研究决定,成立我校中西部高校基础能力建设工程领导小组和工作小组。2016年3月9日,经学校研究决定,调整我校中西部高校基础能力建设工程领导小组和工作小组成员。

（六十六）安全工程专业认证工作领导小组

2012年12月21日,经学校研究决定,成立安全工程专业认证工作领导小组。

（六十七）硕士研究生招生考试工作领导小组和突发事件应急处置领导小组

2012年12月28日,经学校研究决定,成立2013年硕士研究生招生考试工作领导小组和突发事件应急处置领导小组。

（六十八）大学生科技竞赛、创新创业工作领导小组

2013年1月22日,经学校研究决定,成立大学生科技竞赛、创新创业工作领导小组和工作小组。

（六十九）测绘工程专业认证工作领导小组

2013年3月3日,经学校研究决定,成立测绘工程专业认证工作领导小组。2016年3月16日,经学校研究决定,成立我校测绘工程专业工程教育认证工作领导小组。

（七十）深入开展党的群众路线教育实践活动领导小组

2013年9月12日,经学校党委会研究决定,成立深入开展党的群众路线教育实践活动领导小组及办公室。

（七十一）教师资格认定工作领导小组

2013年12月18日,经学校党委会研究决定,调整教师资格认定工作领导小组和教师资格专家审查委员会成员。

（七十二）青年教师思想政治工作领导小组

2014年1月12日,经学校党委会研究决定,成立青年教师思想政治工作领导小组。

（七十三）校园网络建设和管理工作领导小组

2014年1月10日,经学校研究决定,成立校园网络建设和管理工作领导小组。

（七十四）化学工程与工艺专业工程教育认证工作领导小组

2014年2月25日,经学校研究决定,成立化学工程与工艺专业工程教育认证工作领导小组。

（七十五）统一战线开展坚持和发展中国特色社会主义学习实践活动领导小组

2014年5月14日,经学校党委会研究决定,成立统一战线开展坚持和发展中国特色社会主义学习实践活动领导小组。

（七十六）新闻发布工作领导小组

2014年7月2日,经学校党委会研究决定,成立西安科技大学新闻发布工作领导小组。

（七十七）本科招生工作领导小组

2014年7月3日,经学校研究决定,成立本科招生工作领导小组及工作小组。

（七十八）"小金库"专项治理工作领导小组

2014年9月9日,经学校研究决定,成立"小金库"专项治理工作领导小组。

（七十九）少数民族学生教育管理服务工作领导小组

2014年9月18日,经学校研究决定,成立少数民族学生教育管理服务工作领导小组。

（八十）土木工程专业评估工作领导小组

2014年11月20日,经学校研究决定,成立我校土木工程专业评估工作领导小组。

（八十一）绩效工资改革领导小组

2014年9月10日,经学校研究决定,调整我校绩效工资改革领导小组成员。

（八十二）采矿工程、地质工程专业工程教育认证工作领导小组

2014年12月18日,经学校研究决定,成立我校采矿工程、地质工程专业工程教育认证工作领导小组。

（八十三）我校"第四届全国大学生工程训练综合能力竞赛陕西赛区竞赛"筹备工作领导小组

2015年3月14日,经学校研究决定,成立我校"第四届全国大学生工程训练综合能力竞赛陕西赛区竞赛"筹备工作领导小组。

（八十四）学位授权点自我评估工作领导小组

2015年4月30日,经学校研究决定,成立西安科技大学学位授权点自我评估工作领导小组。

（八十五）公用房分配工作领导小组

2015年4月30日,经学校研究决定,成立公用房分配工作领导小组。

2015年10月13日,经学校研究决定,调整公用房分配工作领导小组成员。

（八十六）省委专项巡视反馈意见整改工作领导小组

2015年4月30日,经学校研究决定,成立省委专项巡视反馈意见整改工作领导小组。

（八十七）纪念抗战胜利70周年期间网络安全保障领导小组

2015年4月30日,经学校党委会研究决定,成立纪念抗战胜利70周年期间网络安全保障领导小组。

（八十八）学风建设领导小组

2015年10月10日,经学校研究决定,成立西安科技大学学风建设领导小组。

（八十九）机械设计制造及其自动化专业工程教育认证工作领导小组

2016年4月21日,经学校研究决定,成立我校机械设计制造及其自动化专业工程教育认证工作领导小组。

(九十)"两学一做"学习教育工作领导小组

2016年4月29日,经学校党委会研究决定,成立"两学一做"学习教育工作领导小组。

(九十一)资源整合工作领导小组

2016年5月13日,经学校研究决定,成立西安科技大学与陕西省理工学校资源整合工作领导小组。

(九十二)校务公开领导小组

2010年9月14日,2016年7月13日,经学校研究决定,调整校务公开领导小组成员。

第七节 院(系)设置

2000年5月24日,学校决定,以基础部外语教研室为基础,成立"外国语言文学系"(简称"外语系")。2000年6月5日学校班子会议研究,同意地质系更名为"地质与环境工程系"。

2000年11月14日,经院党委研究决定,以管理系的德育、哲学、经济学、革命史4个教研室为基础,成立社会科学系。

2001年5月22日,经学校研究决定,同意采矿工程系更名为"能源科学与工程系"。

2002年6月27日,学校决定,在原机械工程系的基础上组建成立机械工程学院;在原管理系的基础上组建成立管理学院;在原通信工程系的基础上组建成立通信与信息工程学院;在原自动化系的基础上组建成立电气与控制工程学院。同时,撤销原机械工程、管理系、通信工程系、自动化系建制。

2002年9月9日,学校决定,在原能源科学与工程系的基础上组建成立能源学院;在原建筑工程系的基础上组建成立建筑与土木工程学院。同时,撤销原能源科学与工程系、建筑工程系建制。

2003年1月19日,根据学校发展的需要,经研究决定在原材料工程系的基础上组建材料科学与工程系和化学与化工系。

2003年9月17日,学校印发《关于组建"电子信息学院"的通知》(西科发〔2003〕52号),电子信息学院成立。

2004年5月18日,学校决定,由建筑与土木工程学院的艺术设计专业和机械工程学院的工业设计专业合并组建艺术系。

2008年5月6日,学校印发《关于成立人文学院等9个学院的通知》(西科发〔2008〕34号),决定:在原社会科学系基础上组建成立人文与社会科学学院,简称人文学院;在原基础部基础上组建成立理学院;在原测量工程系基础上组建成立测绘科学与技术学院,简称测绘学院;在原地质与环境工程系基础上组建成立地质与环境学院,简称地环学院;在原计算机科学与技术系基础上组建成立计算机科学与技术学院,简称计算机学院;在原材料科学与工程系基础上组建成立材料科学与工程学院,简称材料学院;在原化学与化工系基础上组建成立化学与化工学院,简称化工学院;在原外国语言文学系基础上组建成立外国语学院,简称外语学院;在原艺术系基础上组建成立艺术学院。同时,撤销社会科学系、基础部、测量工程系、地质与环境工程系、计算机科学与技术系、材料科学与工程系、化学与化工系、外国语言文学系、艺术系建制。

2010年10月21日,学校印发《关于撤销电子信息学院的通知》,决定撤销电子信息学院建制。

2011年3月3日,校党委会议研究,决定单独设置学校思想政治理论课教学科研部(以下简称思政部),组建人文与外国语学院。

2015年12月10日,校党委会研究,决定将国际交流中心更名为国际交流与合作处(港澳台事务办公室),将思想政治理论课教学科研部更名为马克思主义学院,

2016年3月31日,校党委会研究,决定成立安全科学与工程学院,同时报请国家安全生产监

督管理总局批准,成立安全监管监察学院(西安)(简称安监学院),与安全科学与工程学院合署办公,实行"一套人马、两块牌子"的运行模式。

2017年6月26日,校党委会研究,决定成立西安科技大学职业技术教育学院。

截至2018年4月,学校教学机构有:能源学院、安全科学与工程学院、建筑与土木工程学院、机械工程学院、电气与控制工程学院、通信与信息工程学院、计算机科学与技术学院、地质与环境学院、测绘科学与技术学院、材料科学与工程学院、化学与化工学院、管理学院、艺术学院、马克思主义学院、理学院、人文与外国语学院、继续教育学院、职业技术教育学院、体育部、高新学院(独立学院)。

第八节　教代会(工代会)

学校坚持定期召开工会会员代表大会和教职工代表大会(简称工代会、教代会)的制度,代表和组织教职工依法行使民主权利,注重发挥各级工会组织在学校建设、改革、发展中的民主管理和民主监督职能,全面提升学校科学治校、民主治校、依法治校的工作水平,促进学校教育事业健康发展。学校2008～2017年教代会(工代会)情况见表4-2-1。

表4-2-1　　　　　西安科技大学2008～2017年教代会(工代会)情况一览表

时间	主题	主要内容
2009年5月	第四届教代会第九次会议	审议通过西安科技大学岗位聘任和校内津贴制度实施方法
2009年12月	第五届教代会第一次会议暨第八次工代会	1. 换届选举
		2. 听取校长工作报告、《教代会提案工作报告》、《西安科技大学章程》编制说明等
2010年10月	第五届教代会第二次会议	审议通过了《西安科技大学"十二五"教育事业发展规划》
2010年12月	第五届教代会第三次会议	民主评议干部
2011年12月	第五届教代会第四次会议	民主评议干部
2012年7月	第五届教代会第五次会议	听取审议了校长工作报告,讨论通过了《西安科技大学绩效工资实施办法》
2013年1月	第五届教代会第六次会议	民主评议干部
2013年5月	第五届教代会第七次会议	会议听取《西安科技大学章程》编制说明,讨论通过了《西安科技大学五届七次教代会》决议
2014年1月	第五届教代会第八次会议	民主评议干部
2014年12月	第六届教代会暨第九次工代会预备会	1. 报告大会筹备工作情况
		2. 通过代表资格审查情况报告
		3. 通过大会主席团建议名单
		4. 通过大会秘书长名单
		5. 通过会议议程报告
		6. 通过第九届工会委员会暨经费审查委员会选举办法
		7. 通过第九届工会委员会候选人及经费审查委员会委员候选人名单
		8. 通过第九届工会委员会暨经费审查委员会选举总监票人、监票人、计票人名单
		9. 听取和通过大会提案工作报告

续表 4-2-1

时间	主题	主要内容
2014 年 12 月	第六届教代会第一次会议暨第九次工代会	1. 省委高教工委常务副书记董小龙、省教育工会主席张敏分别致辞
		2. 听取校长工作报告
		3. 校党委副书记、工会主席张立杰作第八届工会委员会工作报告
		4. 总会计师黄英维就绩效工资实施办法(草案)进行说明
		5. 财务处长孙逸辉作第八届工会委员会财务工作报告
		6. 第八届工会经费审查委员会委员樊广明作第八届工会委员会经费审查报告
		7. 分组讨论
		8. 主席团会议
		9. 小组代表发言
		10. 大会选举产生第九届工会委员会
		11. 会议通过绩效工资实施办法(草案)、第八届工会委员会工作报告、第八届工会委员会经费审查报告、第八届工会委员会财务工作报告
		12. 宣读第六届教代会暨第九次工代会倡议书
		13. 校党委书记刘德安讲话
2015 年 1 月	第六届教代会第二次会议	1. 通过增补第六届教代会代表资格审查报告;(张威虎)
		2. 通过增补教代会主席团成员报告;(张威虎)
		3. 处级领导干部民主评议
2016 年 1 月	第六届教代会第三次会议	1. 听取了 2015 年校长工作报告、学术委员会工作报告、财务工作报告、产业经营及周边开发工作报告、六届一次教代会提案办理工作报告
		2. 审议通过了《西安科技大学教职工代表大会实施办法》《西安科技大学雁塔校区南院 4 号、9 号楼拆迁安置工作实施办法》《西安科技大学教职工住房分配与管理办法》
		3. 对党政职能部门、直属单位负责人及 2015 年新提拔任用的处级干部进行了民主评议
2016 年 5 月	第六届教代会第四次会议	审议通过了《西安科技大学与陕西省理工学校资源整合建议报告》
2016 年 5 月	第六届教代会第五次会议	审议通过了《西安科技大学"十三五"教育事业发展规划》
2017 年 1 月	第六届教代会第六次会议	1. 通过增补教代会主席团成员报告(王贵荣)
		2. 干部考核评议工作(述职)
		3. 党委副书记李明通报第六届教代会第五次会议代表意见建议答复落实情况
		4. 副校长张威虎通报南院车库相关情况
2018 年 4 月	第六届教代会第七次会议	1. 听取和通过增补代表资格审查报告(周孝德、蒋林、胡巍)
		2. 听取和通过增补主席团成员报告(周孝德、蒋林、胡巍)
		3. 听取校长工作报告、财务工作报告、学术委员会工作报告
		4. 审议通过了绩效工资实施办法(修订稿)
		5. 表彰 2017 年度考核优秀单位(部门)
		6. 党委书记周孝德讲话

第三章 学科建设

第一节 概 况

2008～2018 年期间,学科建设是学校深化教育教学改革的龙头,重点学科建设是学科建设的关键,是学校办学水平和科研水平的集中体现,是培养高质量人才和出高水平成果的载体,是学校在教育界的亮点和知名度的反映。学校从重点学科建设入手,不断加大学科建设工作力度,调整学科布局,优化学科结构。

2018 年 3 月,学校拥有安全科学与技术国家重点学科,安全科学与工程、矿业工程、地质资源与地质工程、土木工程、机械工程、控制科学与工程、马克思主义理论、管理科学与工程等 8 个陕西省优势特色(重点)学科(一级);有博士学位授权一级学科 5 个、博士学位授权二级学科 32 个,硕士学位授权一级学科 19 个、硕士学位授权二级学科 86 个;有 1 个工商管理硕士(MBA)专业学位授权点和 1 个会计硕士(MPAcc)专业学位授权点,工程硕士学位授权领域 18 个。学校博士学位授权点涵盖工学和法学两大学科门类,其中工学中拥有安全科学与工程、矿业工程、地质资源与地质工程、土木工程、机械工程等 5 个博士授权一级学科,法学拥有思想政治教育 1 个二级学科;学校硕士授权点覆盖工学、理学、法学、管理学和经济学 5 个学科门类,其中工学中拥有机械工程、材料科学与工程、电气工程、电子科学与技术、信息与通信工程、控制科学与工程、计算机科学与技术、土木工程、测绘科学与技术、化学工程与技术、地质资源与地质工程、矿业工程、环境科学与工程、软件工程、安全科学与工程等 15 个硕士授权一级学科,管理学中拥有管理科学与工程、工商管理 2 个硕士授权一级学科,理学中拥有地理学 1 个硕士授权一级学科,法学中拥有马克思主义理论 1 个硕士授权一级学科。

2018 年 3 月,学校有本科专业 56 个,涵盖了工、理、管、文、法、艺等 6 个学科门类,其中,工学 35 个专业,涉及安全科学与工程类、材料类、测绘类、地质类、电气类、电子信息类、公安技术类、化工与制药类、环境科学与工程类、机械类、计算机类、建筑类、矿业类、力学类、土木类、仪器类、自动化类等 17 个专业类;理学 5 个专业,涉及数学类、化学类、地理科学类等 3 个专业类;管理学 8 个专业,涉及工商管理类、旅游管理类、管理科学与工程类、工业工程类、电子商务类、物流管理与工程类等 6 个专业类;文学 2 个专业,涉及外国语言文学类和中国语言文学类 2 个专业类;法学 2 个专业,涉及法学类和政治学类 2 个专业类,艺术学 4 个专业,涉及设计学类和戏剧与影视学类 2 个专业类,共计 32 个专业类。

第二节 学科建设规划与发展目标

一、学科建设"十二五"规划与发展目标

2011 年,学校颁布了《西安科技大学"十二五"教育事业发展规划》和《西安科技大学"十二五"学科(专业)建设规划》。"十二五"期间学科(专业)建设的总体目标是:学科(专业)结构布局日趋合理,内涵建设不断加强,学科点数量适度增加,研究生规模不断扩大;学科队伍数量和水平不断提

高,科技创新能力明显增强,地矿及其相关学科特色得到强化。"十二五"末,学科整体水平处于国内同类高校的先进水平,部分学科达到国内一流水平。

"十二五"期间学科(专业)建设具体目标是:(1)学科(专业)规模及层次,新增博士后科研流动站2个,一级学科博士学位授权点4～6个,一级学科硕士学位授权点11～15个;新增国家重点学科1个,省重点学科(一级学科)5个,校重点学科6个。全日制专业硕士学位授权点和工程硕士学位领域增至20个,高校教师在职人员攻读硕士学位授权点增至10个。新增本科专业5～6个,国家特色专业建设点4个,省级特色专业建设点8个,校级特色专业建设点12个。(2)科学研究,国家级项目数稳步增长,国家杰出青年基金、国家自然科学基金重点项目、国家社科基金项目实现新突破。科研经费合同总额达到6亿元,科研经费有效到款额达到3.6亿元以上。力争获得国家科技成果奖1～3项,省部级以上成果获奖100项,SCI、EI、ISTP、SSCI、AHCI收录论文数超过800篇,出版专著100部,专利300项。科技产业总产值达4亿元。(3)学科(专业)队伍建设,培养与引进国内著名、国际上有一定影响的德才兼备的国家杰出青年基金获得者、长江学者特聘教授、三秦学者特聘教授等学科领军人物,力争"两院"院士零的突破。力争新增国家级科研创新团队1个,省部级科研创新团队3个(其中教育部1个),校级科研创新团队17个;新增国家级教学名师1～2人,省级教学名师5人,校级教学名师15人;新增国家级教学团队1～2个,省级教学团队6个,校级教学团队10个;每年培养与引进博士学位者60人,使教师中具有博士学位者达到40%。硕士生导师达到400人,博士生导师达到65人。(4)学科(专业)平台建设,建设高水平的学科(专业)平台,新增国家级创新人才培养模式实验区2个,省级创新人才培养模式实验区4个,校级人才培养创新实验区6个;省级重点实验室或工程研究中心5个,力争实现国家重点实验室或工程研究中心零的突破;建成10个校外联合培养基地。(5)人才培养,力争实现国家优秀博士论文零的突破,获得省级优秀博士学位论文5篇,评选出校级优秀博士论文10篇。"十二五"末各类在校研究生达到4 000人,本专科学生达到20 000人。(6)教学成果建设,获得国家教改立项10项、省级教改立项20～30项,评选校级教改项目150项;获得国家教学成果奖1～2项、省级教学成果奖15～20项,评选出校级教学成果奖90项;新增国家级精品课程3～5门、省级精品课程15门,校级100门精品课程得到进一步更新、完善。力争实现国家级双语教学示范课程零的突破,新增省级双语教学示范课程4门,建成校级双语教学示范课程24门。出版统编教材130部,对现有实验(习)指导书全部进行修订,主编研究生讲义50部。实现国家优秀教材奖零的突破,新增省级优秀教材奖4部,评选校级优秀教材24部。(7)学术交流,主办大型国际会议1次,合作承办国际会议5次,主办全国学术会议10次。选派青年骨干教师到国外著名大学和研究机构学习、交流100人次,选送教师到国内名校进修交流200人次。聘请海外学者、学生来访交流500人次。中外合作培养人数达到300人。(8)学科(专业)评估,认真做好重点学科评估、研究生教育评估、新增一级学科博硕士点的校内评估等工作。认真做好本科专业评估,争取完成5～7个专业的评估或行业认证。

二、学科建设"十三五"规划与发展目标

2016年,学校颁布了《西安科技大学"十三五"教育事业发展规划》和《西安科技大学"十三五"专项发展规划》。西安科技大学"十三五"专项发展规划包括:学科建设与研究生教育发展规划、专业建设与本科教育教学发展规划、人才队伍建设规划、科技发展规划、校园建设规划、大学文化建设规划和信息化建设规划等7个专项发展规划。

"十三五"期间,学校学科建设的总体目标是:主动适应"四个全面"战略布局,围绕"丝绸之路经济带""关中一天水经济区"建设需求,按照建设"特色鲜明的高水平教学研究型大学"的总要求,到"十三五"末,形成结构合理、优势突出、特色鲜明的学科体系。坚持"分类指导、分层建设、突出重点"的原则,大力提升传统优势学科在国内的先进地位,大力增强特色支撑学科的整体实力和学术

水平,大力加强基础学科,大力培育新兴与交叉学科领域,鼓励发展哲学社会科学学科,进一步优化学科专业布局,深度整合学科资源要素,构建以工科为主体,工理深度交融,多学科互相支撑、协调发展的学科体系,为提升我国能源资源产业技术水平、推动西部区域经济特别是陕西省经济社会又好又快发展做出新的更大贡献。

"十三五"期间,学校学科建设的具体目标与任务是:深入推进学科内涵建设,适度控制学科(专业)数量,获准国家级"一流学科"1个和陕西省"一流学科"4个;增加1个省级优势特色(重点)学科;增加3个一级博士授权学科、4个一级硕士授权学科。组织8个以上一级学科参与第四轮全国学科评估,1个学科进入国内排名前20%,2个学科进入国内排名前40%,5个学科进入国内排名前60%。组织所有学位授权点参加国家学位点合格评估。加强团队建设,使学科团队结构更加合理,青年学科骨干学术水平不断提升;继续实施"院士工程",积极培育和申报两院院士、国务院学科评议组成员,聘任"双聘院士"2人,推动高层次人才队伍建设。推动学术成果建设,被国际权威检索论文总数超过2500篇(其中SCI论文超过500篇),力争实现计入ESI统计的SCI、SSCI检索论文有新突破;出版专著100部。促进国际国内学术交流,筹备并主办承办好2018年"第11届世界矿山通风大会"大型国际会议2场次,主办承办一般国际会议6场次,举办全国会议或协办国际会议12场次,举办高水平学术报告300场次。

第三节 博、硕士学科点建设

2008年,学校获得1个二级学科硕士点,即中国近现代史基本问题研究学科。受陕西省财政资助的安全技术及工程、采矿工程、岩土工程和控制理论与控制工程等4个学科通过陕西省学位委员会评估验收。

2009年,获批地质资源与地质工程博士后流动站。

2011年3月,国家公布了第十一批博硕士点申报结果,学校土木工程、地质资源与地质工程、机械工程等3个一级学科获得博士学位授权,地理学、电气工程、电子科学与技术、控制科学与工程、计算机科学与技术、化学工程与技术、地质资源与地质工程、工商管理等8个一级学科获得硕士学位授权。同年8月,国家学科目录调整,学校新增安全科学与工程为一级博士学科授权,新增软件工程和安全科学与工程为一级硕士授权。其中机械工程一级学科为破格获批,是陕西省3个破格一级学科博士学位授权之一。

2011年,按照国务院学位委员会和教育部关于二级学科自主设置的文件精神,学校开展了博士硕士二级学科自主设置工作,自主设置了博士硕士二级学科矿业经济与管理、矿业信息工程、地学信息工程、矿山环境工程、矿山机电工程和机械工程材料等共6个。同时,原自主设置二级学科自动合并或撤销。

2012年,学校积极推进二级学科自主设置,设置了安全管理工程、矿山岩体力学与工程博士硕士二级学科,以及建筑与城市绿色环境硕士二级学科。同年,学校获准增设的安全科学与工程和新设的机械工程、土木工程博士后科研流动站,使我校博士后科研流动站总数达到了5个,涵盖了学校所有一级学科博士点。

2014年,学校积极推进二级学科自主设置,设置了矿山灾害力学、安全信息系统及工程博士硕士二级学科。同年,获批马克思主义理论博士后科研流动站。

2015年,通过学院自主申报、学校论证审核,工业设计成为学校自主设置的二级硕士学科,使学校研究生教育覆盖到了除人外学院以外的所有具有本科生教育的学院(部)。2016年,学校开展二级学科自主设置,设置了马克思主义与国家治理硕士二级学科。

2018年1月,国务院学位委员会办公室公示了2017年新增学位授权审核结果,学校10个博

士硕士学位授权点在公示名单之列,其中有测绘科学与技术、马克思主义理论等2个博士学位授权一级学科,有力学、化学、数学、仪器科学与技术、物理学和设计学等6个硕士学位授权一级学科,有翻译硕士和应用统计硕士2个专业学位。

学校博士硕士学科统计发展及具体情况,详见表4-3-1~表4-3-5。

表4-3-1 西安科技大学博士学位授权一级学科(7个)

学科代码	名称	获批时间	所属学院
0819	矿业工程	2000年	能源学院
0814	土木工程	2011年	建工学院
0818	地质资源与地质工程	2011年	地环学院
0802	机械工程	2011年	机械学院
0837	安全科学与工程	2011年8月调整	能源学院
0305	马克思主义理论	2018年3月22日	马克思学院
0816	测绘科学与技术	2018年3月22日	测绘学院

表4-3-2 西安科技大学博士学位授权二级学科(40个)

一级学科		二级学科			
学科代码	名称	学科代码	名称	获批时间	所属学院
0305	马克思主义理论	030505	思想政治教育	2006年	马克思学院
		030501	马克思主义基本原理	2018年3月22日	马克思学院
		030502	马克思主义发展史	2018年3月22日	马克思学院
		030503	马克思主义中国化研究	2018年3月22日	马克思学院
		030504	国外马克思主义研究	2018年3月22日	马克思学院
		030506	中国近现代史基本问题研究	2018年3月22日	马克思学院
0802	机械工程	080201	机械制造及其自动化	2011年	机械学院
		080202	机械电子工程	2011年	机械学院
		080203	机械设计及理论	2011年	机械学院
		080204	车辆工程	2011年	机械学院
		0802Z1	矿山机电工程	2011年	电控学院
		0802Z2	机械工程材料	2011年	材料学院
0814	土木工程	081401	岩土工程	2003年	建工学院
		081402	结构工程	2011年	建工学院
		081403	市政工程	2011年	建工学院
		081404	供热、供燃气、通风及空调工程	2011年	能源学院
		081405	防灾减灾工程及防护工程	2011年	建工学院
		081406	桥梁与隧道工程	2011年	建工学院
0818	地质资源与地质工程	081801	矿产普查与勘探	2011年	地环学院
		081802	地球探测与信息技术	2011年	地环学院
		081803	地质工程	2003年	地环学院
		0818Z1	地学信息工程	2011年	测绘学院
		0818Z2	矿山环境工程	2011年	地环学院

一级学科		二级学科			
学科代码	名称	学科代码	名称	获批时间	所属学院
0819	矿业工程	081901	采矿工程	2000 年	能源学院
		081902	矿物加工工程	2000 年	化工学院
		081903	矿山安全与灾害防治	2011 年	能源学院
		081904	矿业经济与管理	2011 年	管理学院
		081905	矿产资源开发和利用	2011 年	能源学院
		0819Z2	矿业信息工程	2011 年	通信学院
		0819Z3	矿山岩体力学与工程	2012 年	能源学院
0837	安全科学与工程	083701	安全科学	2011 年	安全学院
		083702	安全技术	2011 年	安全学院
		083703	安全系统工程	2011 年	安全学院
		083704	安全与应急管理	2011 年	安全学院
		083705	职业安全健康	2011 年	安全学院
		0837Z2	矿山灾害力学	2014 年	理学院
		0837Z3	安全信息系统及工程	2014 年	计算机学院
0816	测绘科学与技术	081601	大地测量学与测量工程	2018 年 3 月 22 日	测绘学院
		081602	摄影测量与遥感	2018 年 3 月 22 日	测绘学院
		081603	地图制图学与地理信息工程	2018 年 3 月 22 日	测绘学院

表 4-3-3 　　　　　　　　　西安科技大学硕士学位授权一级学科(25 个)

学科代码	名称	获批时间	所属学院
0819	矿业工程	2006 年	能源学院
0305	马克思主义理论	2006 年	思政部
0802	机械工程	2006 年	机械学院
0805	材料科学与工程	2006 年	材料学院
0810	信息与通信工程	2006 年	通信学院
0814	土木工程	2006 年	建工学院
0816	测绘科学与技术	2006 年	测绘学院
0830	环境科学与工程	2006 年	地环学院
1201	管理科学与工程	2006 年	管理学院
0705	地理学	2011 年	测绘学院
0808	电气工程	2011 年	电控学院
0809	电子科学与技术	2011 年	通信学院
0811	控制科学与工程	2011 年	电控学院
0812	计算机科学与技术	2011 年	计算机学院
0817	化学工程与技术	2011 年	化工学院
0818	地质资源与地质工程	2011 年	地环学院
1202	工商管理	2011 年	管理学院
0835	软件工程	2011 年调整	计算机学院

学科代码	名称	获批时间	所属学院
0837	安全科学与工程	2011 年调整	能源学院
0701	数学	2018 年	理学院
0702	物理学	2018 年	理学院
0703	化学	2018 年	化工学院
0801	力学	2018 年	理学院
0804	仪器科学与技术	2018 年	机械学院
1305	设计学	2018 年	艺术学院

表 4-3-4　　　　　　　**西安科技大学硕士学位授权二级学科(107 个)**

一级学科		二级学科			
学科代码	名称	学科代码	名称	获批时间	所属学院
0202	应用经济学	020205	产业经济学	2006 年	管理学院
0305	马克思主义理论	030501	马克思主义基本原理	1998 年	马克思学院
		030502	马克思主义发展史	2006 年	马克思学院
		030503	马克思主义中国化研究	2006 年	马克思学院
		030504	国外马克思主义研究	2006 年	马克思学院
		030505	思想政治教育	1998 年	马克思学院
		030506	中国近现代史基本问题研究	2008 年	马克思学院
		0305Z1	马克思主义与国家治理	2016 年	人外学院
0701	数学	070104	应用数学	2000 年	理学院
		070101	基础数学	2018 年	理学院
		070102	计算数学	2018 年	理学院
		070103	概率论与数理统计	2018 年	理学院
		070105	运筹学与控制论	2018 年	理学院
0705	地理学	070503	地图学与地理信息系统	2006 年	测绘学院
		070501	自然地理学	2011 年	测绘学院
		070502	人文地理学	2011 年	测绘学院
0801	力学	080102	固体力学	2000 年	理学院
		080104	工程力学	2006 年	理学院
		080101	一般力学与力学基础	2018 年	理学院
		080103	流体力学	2018 年	理学院
0802	机械工程	080201	机械制造及其自动化	1998 年	机械学院
		080202	机械电子工程	2003 年	机械学院
		080203	机械设计及理论	1984 年	机械学院
		080204	车辆工程	2006 年	机械学院
		0802Z1	矿山机电工程	2011 年	电控学院
		0802Z2	机械工程材料	2011 年	材料学院
		0802Z3	工业设计	2015 年	艺术学院

一级学科		二级学科			
学科代码	名称	学科代码	名称	获批时间	所属学院
0804	仪器科学与技术	080402	测试计量技术及仪器	2006 年	机械学院
		080401	精密仪器及机械	2018 年	机械学院
0805	材料科学与工程	080501	材料物理与化学	2006 年	材料学院
		080502	材料学	2000 年	材料学院
		080503	材料加工工程	2006 年	材料学院
0808	电气工程	080804	电力电子与电力传动	1998 年	电控学院
		080802	电力系统及其自动化	2003 年	电控学院
		080801	电机与电器	2011 年	电控学院
		080803	高电压与绝缘技术	2011 年	电控学院
		080805	电工理论与新技术	2011 年	电控学院
0809	电子科学与技术	080902	电路与系统	2006 年	通信学院
		080903	微电子学与固体电子学	2006 年	电控学院
		080901	物理电子学	2011 年	理学院
		080904	电磁场与微波技术	2011 年	通信学院
0810	信息与通信工程	081001	通信与信息系统	1996 年	通信学院
		081002	信号与信息处理	2003 年	通信学院
0811	控制科学与工程	081101	控制理论与控制工程	1984 年	电控学院
		081102	检测技术与自动化装置	2000 年	电控学院
		081104	模式识别与智能系统	2006 年	电控学院
		081103	系统工程	2011 年	电控学院
		081105	导航、制导与控制	2011 年	计算机学院
0812	计算机科学与技术	081201	计算机系统结构	2011 年	计算机学院
		081202	计算机软件与理论	2006 年	计算机学院
		081203	计算机应用技术	1996 年	计算机学院
0814	土木工程	081401	岩土工程	1996 年	建工学院
		081402	结构工程	1984 年	建工学院
		081403	市政工程	2006 年	建工学院
		081404	供热、供燃气、通风及空调工程	2006 年	能源学院
		081405	防灾减灾工程及防护工程	2000 年	建工学院
		081406	桥梁与隧道工程	2003 年	建工学院
		0814Z1	建筑与城市绿色环境	2012 年	建工学院
0816	测绘科学与技术	081601	大地测量学与测量工程	1990 年	测绘学院
		081602	摄影测量与遥感	2006 年	测绘学院
		081603	地图制图学与地理信息工程	2003 年	测绘学院
0817	化学工程与技术	081702	化学工艺	2006 年	化工学院
		081704	应用化学	2003 年	化工学院
		081701	化学工程	2011 年	化工学院
		081703	生物化工	2011 年	化工学院
		081705	工业催化	2011 年	化工学院

续表 4-3-4

一级学科		二级学科			
学科代码	名称	学科代码	名称	获批时间	所属学院
0818	地质资源与地质工程	081802	地球探测与信息技术	2006 年	地环学院
		081803	地质工程	1984 年	地环学院
		081801	矿产普查与勘探	2003 年	地环学院
		0818Z1	地学信息工程	2011 年	测绘学院
		0818Z2	矿山环境工程	2011 年	地环学院
0819	矿业工程	081901	采矿工程	1984 年	能源学院
		081902	矿物加工工程	1996 年	化工学院
		081903	矿山安全与灾害防治	2011 年	能源学院
		081904	矿业经济与管理	2011 年	管理学院
		081905	矿产资源开发和利用	2011 年	能源学院
		0819Z2	矿业信息工程	2011 年	通信学院
		0819Z3	矿山岩体力学与工程	2012 年	能源学院
0830	环境科学与工程	083001	环境科学	2006 年	地环学院
		083002	环境工程	2003 年	地环学院
1201	管理科学与工程	120100	管理科学与工程	2003 年	管理学院
1202	工商管理（管理学）	120202	企业管理	1998 年	管理学院
		120204	技术经济及管理	2006 年	管理学院
		120201	会计学	2011 年	管理学院
		120203	旅游管理	2011 年	管理学院
0835	软件工程	083500	软件工程	2011 年	计算机学院
0837	安全科学与工程	083701	安全科学	2011 年	安全学院
		083702	安全技术	2011 年	安全学院
		083703	安全系统工程	2011 年	安全学院
		083704	安全与应急管理	2011 年	安全学院
		083705	职业安全健康	2011 年	安全学院
		0837Z2	矿山灾害力学	2014 年	理学院
		0837Z3	安全信息系统及工程	2014 年	计算机学院
0702	物理学	070201	理论物理	2018 年	理学院
		070202	粒子物理与原子核物理	2018 年	理学院
		070203	原子与分子物理	2018 年	理学院
		070204	等离子体物理	2018 年	理学院
		070205	凝聚态物理	2018 年	理学院
		070206	声学	2018 年	理学院
		070207	光学	2018 年	理学院
		070208	无线电物理	2018 年	理学院

一级学科		二级学科			
学科代码	名称	学科代码	名称	获批时间	所属学院
0703	化学	070301	无机化学	2018 年	化工学院
		070302	分析化学	2018 年	化工学院
		070303	有机化学	2018 年	化工学院
		070304	物理化学(含化学物理)	2018 年	化工学院
		070305	高分子化学与物理	2018 年	化工学院
1305	设计学	130500	设计学	2018 年	艺术学院

表 4-3-5　　　　　　　　　　西安科技大学自主设置二级学科目录(13 个)

一级学科		二级学科		学科层次	所属学院	批准时间
学科代码	名称	学代码	名称			
0802	机械工程	0802Z1	矿山机电工程	博硕士	电控学院	2011 年
		0802Z2	机械工程材料	博硕士	材料学院	2011 年
		0802Z3	工业设计	硕士	艺术学院	2015 年
0814	土木工程	0814Z1	建筑与城市绿色环境	硕士	建工学院	2012 年
0818	地质资源与地质工程	0818Z1	地学信息工程	博硕士	测绘学院	2011 年
		0818Z2	矿山环境工程	博硕士	地环学院	2011 年
0819	矿业工程	0819Z1	矿业经济与管理	博硕士	管理学院	2011 年
		0819Z2	矿业信息工程	博硕士	通信学院	2011 年
		0819Z3	矿山岩体力学与工程	博硕士	能源学院	2012 年
0837	安全科学与工程	0837Z1	安全管理工程(安全与应急管理)	博硕士	能源学院	2012 年
		0837Z2	矿山灾害力学	博硕士	理学院	2014 年
		0837Z3	安全信息系统及工程	博硕士	计算机学院	2014 年
0305	马克思主义理论	0305Z1	马克思主义与国家治理	硕士	人外学院	2016 年

第四节　重点学科建设

一、国家重点学科

安全技术及工程学科 2002 年成为国家重点学科,是国内历史最长的安全学科之一,是西部地区唯一的安全类国家级重点学科。以安全技术及工程国家重点学科为主要依托的安全科学与工程学科,具有硕士、博士学位授予权和博士后科研流动站,是陕西省重点学科、优势学科(A 型)。

本学科包括煤火科学与防控技术、矿井通风与瓦斯灾害防治、矿山设备安全与救援技术、安全管理与安全系统工程、气体与粉尘爆炸控制等 5 个特色与优势明显的研究方向。拥有西部矿井开采及灾害防治教育部重点实验室、国家救援技术西安研究中心、西部煤矿安全教育部工程研究中心、国家安全生产培训一级培训机构资质、陕西省煤矿灾害防治及应急救援工程技术研究中心,是我国西部煤矿安全领域最为重要的人才培养和科研基地。

2018 年 3 月,本学科有研究人员 92 人,其中教授 36 人、博士生导师 11 人、副教授及高工 26

人,拥有国家级教学团队 1 个、教育部创新团队 1 个和陕西省重点科技创新团队 1 个,先后与美国、德国、澳大利亚、日本等国家高校和科研院所建立了良好的人才培养与科技合作关系。

2008～2017 年,主要承担或完成了国家级、省部级项目 90 余项、企业委托科研项目 200 余项;先后获国家科技进步;二等奖 2 项,国家教学成果二等奖 1 项,省部级科技进步一、二等奖 20 余项;出版著作教材 32 部,获国家专利 50 余项。主要成果在全国 100 多个矿区推广应用,为企业创造了近百亿元的经济效益,并在俄罗斯、印度、澳大利亚、孟加拉国等国成功应用。

二、省部级重点学科

从 2011 年开始,陕西省按照一级学科建设与考核省级重点学科。2014 年,根据陕西省教育厅《关于下达 2014～2018 年度陕西省普通高等学校优势学科建设项目的通知》(陕教位〔2014〕3 号)精神,学校安全科学与工程等 6 个学科获得陕西省普通高等学校优势学科建设项目立项建设。其中,安全科学与工程为优势学科(A 型),地质资源与地质工程、矿业工程为优势学科(B 型),土木工程、马克思主义理论、控制科学与工程为特色学科;同年,依据上级政策,将机械工程、管理科学与工程纳入陕西省普通高等学校特色学科建设范围,使学校省级优势学科建设范围进一步扩大,达到 8 个一级学科。

1. 安全科学与工程

同上。

2. 矿业工程

矿业工程学科源于 1938 年 7 月组建的国立西北工学院矿冶系,1984 年获得硕士学位授予权,1998 年被批准为陕西省重点学科,2000 年成为西部第一个获得矿业工程一级学科博士授予权。2004 年设立博士后科研流动站,2008 年被确定为陕西省国家重点学科培育学科。该学科是西部唯一的针对煤炭类的矿业工程一级学科博士学位授权点。

本学科包括采矿工程、矿物加工工程、矿山安全与灾害防治、矿产资源开发和利用等 4 个学科方向,在复杂难采煤层开采、绿色矿区建设、动力灾害防治、煤的清洁利用方面特色优势明显。拥有西部矿井开采及灾害防治教育部重点实验室、陕西省岩层控制重点实验室、采矿工程国家级实验教学示范中心等重要硬件平台,初步形成了比较系统的科学研究实验平台和良好的高水平人才培养环境。

本学科 2018 年有研究人员 71 人,其中博士生导师 13 人,国务院学科评议组成员 1 人、教育部"长江学者奖励计划"特聘教授 1 人、新世纪"百千万人才"工程国家级人选 2 人、国家级突出贡献中青年专家 2 人,陕西省"三秦学者"特聘教授 1 人,获得国务院政府特殊津贴 3 人,全国优秀教师 1 人,教育部新世纪优秀人才支持计划 2 人,煤炭系统专业拔尖人才 1 人,陕西省"三五人才"1 人,陕西省青年科技新星 2 人,陕西省青年"百人计划"3 人,西安科技大学胡杨学者 7 人,胡杨教学名师 1 人。

2013～2017 年期间,主持并承担国家自然科学基金、973 计划项目、国家重大科技专项、国家科技支撑计划子课题等国家级科研项目 30 余项,陕西省自然科学基金、陕西省教育厅科学研究计划等省部级科研项目 20 余项,各类纵向科研项目共计 100 余项,总科研经费逾 2 000 万元;各类横向科研项目共计 500 余项,总科研经费余 6 000 万元;公开发表各类学术论文 400 余篇,获得专利授权 100 余项。

3. 地质资源与地质工程

地质资源与地质工程学科源于 1938 年成立的国立西北工学院矿冶工程学系地质教研组,1957年并入西安交通大学成立地质系,设立矿产地质勘探专业。1958 年西安交通大学地质系和采矿系分出成立独立的西安矿业学院。1984 年获硕士学位授予权,2003 年获地质工程学科博士学位授予权,2011 年获地质资源与地质工程一级学科博士学位授予权。2003 年获批"陕西省重点学科",2008 年被确定为"陕西省国家重点学科培育学科"。

本学科包括地质工程、矿产普查与勘探、地球探测与信息技术、矿山环境工程(自主设置)4个二级学科。在成煤理论与煤炭地质综合勘查关键技术、煤矿开采地质条件评价与预测、煤井水害防治理论与技术、煤矿区生态环境保护、岩土体稳定与地质灾害防治等领域形成了特色鲜明的、相对稳定的研究方向。

本学科以教育部重点实验室和陕西省重点实验室为支撑,整合资源,建立了以矿产资源开发为基础的"岩矿鉴定""地质灾害防治""采煤沉陷相似材料模拟""地球物理勘探"等主干实验室(研究)中心。

本学科2018年3月有博士生导师8名,教授20名,副教授27名。2008～2017年期间,共承担科研课题632项,其中国家级科研课题34项,省部级科研课题45项,厅局级课题33项,横向课题520项,科研经费逾9 891.30万元。国家及省部级各类奖项39项,其中国家级奖3项、省部级特等奖4项、省部级一等奖9项、省部级二等奖13项、省部级三等奖10项。共获得各类专利310项,其中发明专利95项、实用新型专利212项、外观设计3项,软件著作权登记11项。发表核心期刊论文总数644篇,其中SCI收录50篇、EI收录168篇。

4. 土木工程

土木工程学科源于1959年开始招生的五年制矿井建设专业。经过近60年的发展,学科拥有了土木工程一级学科博士学位授予权,并设有学科博士后流动站。

本学科包括岩土工程、结构工程、市政工程、防灾减灾工程与防护工程、桥梁与隧道工程5个二级学科,在岩石力学计算机方法、岩石爆破理论与技术、结构抗震设计与计算、地下工程设计理论与实验技术、岩土工程灾害预测与防治等领域特色明显。

本学科2018年3月有教授(博导)10人,副教授及高工40人,三秦学者特聘教授1人,教育部新世纪优秀人才1人;本学科还先后派出10余名骨干教师到美国、日本、德国等国家进行访问研究。拥有地下结构实验室、岩土力学实验室等10余个专业实验室,其中岩土工程实验教学示范中心为陕西省实验教学示范中心。2008年至今,本学科获得省部级以上科研奖励20余项,发表学术论文600余篇,其中被EI、SCI、ISTP检索收录200余篇,出版专著及教材52部,申请专利30余项。

5. 机械工程

机械工程学科源于1958年开办的矿山机电专业,2002年依托矿业工程学科自主设置矿山机电工程博士点,2011年获得机械工程一级学科博士学位授予权,2012年设立博士后科研流动站,是陕西省重点学科。

本学科下设机械制造及其自动化、机械电子工程、机械设计及理论和车辆工程4个二级学科方向,拥有陕西省煤矿机电工程技术研究中心和陕西省机械工程教学实验示范中心等科研与教学平台。

截至2018年3月,本学科拥有教授21名,副教授21名,高工7人,其中博士生导师9名,硕士生导师48人,入选陕西省"百人计划"特聘教授3人,陕西省教学名师2人。

2008～2017年,承担国家自然科学基金、国家科技部专项、国防科工委专项、陕西省科技攻关项目、国际合作项目、教育部博士点基金等国家级、省部级项目100余项,企业委托项目200余项,累计科研经费达6 000万元以上,取得了一批具有自主知识产权的创新性成果,先后获省部级科技进步一等奖2项,省部级科技进步二、三等奖10余项,发明专利30余项,出版学术著作和教材20多部,发表学术论文700多篇,被SCI、EI收录200余次。近年来先后与英国布鲁奈尔大学、利物浦约翰摩尔大学、澳大利亚斯威本科技大学、日本东北大学开展了学术交流和科研合作。

6. 控制科学与工程

控制科学与工程学科源于1958年从西安交通大学分离出来的矿山机电专业,1979年开始招收硕士研究生,1999年获批陕西省重点学科,2011年获批控制科学与工程一级硕士学位授权点,是陕西省重点学科。

本学科包括控制理论与控制工程、检测技术与自动化装置、模式识别与智能系统、系统工程、导

航制导与控制、脑机接口与人工智能 6 个学科方向。拥有一支学术水平高、创新能力强的教学科研团队,研究人员年富力强,具有扎实的理论基础和丰富的实践经验。

截至 2018 年 3 月,本学科学术梯队有教授 12 人、副教授及高工 15 人,具有博士学位的教师 25 人,博士生导师 3 名。陕西省"百人计划"特聘教授 1 人,陕西省优秀教师 1 人。近五年培养本科生约 1 350 名、硕士研究生 500 余名,矿山机电工程方向博士生 20 余人。

2008～2017 年,该学科承担了国家自然科学基金、国家科技部专项、国防科工委专项以及企业委托重大科研项目 10 余项,获得了一批省部级科技进步奖以及国家专利,在国内外期刊及国际会议上发表学术论文 200 多篇,被 SCI/EI 等检索收录 150 余篇;获得发明专利 50 余项;在科学出版社等出版专著/教材 15 余部。在工矿控制领域产生了重要的影响。近年来先后与英国帝国理工学院、美国韦恩大学、日本九州工业大学开展了学术交流和科研合作。

7. 马克思主义理论

马克思主义理论学科以 1958 年建校时设立的马列主义教研室和 1984 年设立的思想道德修养教研室为基础,依托学校办学特色和优势,不断发展壮大。1998 年获得马克思主义理论与思想政治教育学科硕士学位授予权,2006 年获得思想政治教育学科博士学位授予权。2006 年获批陕西省重点学科,后调整为陕西省优势特色学科。2014 年 9 月获批马克思主义理论博士后科研流动站。

本学科包括马克思主义基本原理、马克思主义发展史、马克思主义中国化研究、国外马克思主义研究、思想政治教育、中国近现代史基本问题研究 6 个学科方向。现有教授(研究员)12 人,副教授(高工)24 人,设学科资料室 1 个,专业信息检索中心 1 个,思想政治教育研究所 1 个。

2008～2017 年,承担国家级课题 3 项,省部级课题 40 余项,发表学术论文 400 余篇,出版专著和教材 20 部。获省级哲学社会科学奖 8 项,省级教学优秀成果一等奖 2 项,省级优秀教学成果二等奖 2 项。

8. 管理科学与工程

管理科学与工程学科创建于 1965 年,1984 年挂靠采矿工程学科招收"煤炭企业质量管理"和"矿业系统工程"方向的硕士研究生,2003 年,获批硕士学位授权,2011 年获评陕西省重点学科。

本学科 2018 年 3 月有研究人员 44 人,其中博士生导师 3 人,享受政府三秦人才津贴学者 2 人,陕西省青年科技新星 2 人。2008～2017 年,本学科获得国家自然科学基金项目 8 项,国家社会科学基金项目 3 项,国家软科学项目 1 项,省部级科研项目 22 项,获得省部级科技进步奖 8 项,发表高水平学术论文 200 余篇,被三大检索系统收录 46 篇;出版专著 16 部,教材 34 部;获得各级科研成果奖 20 余项,其中省部级二等奖 4 项,三等奖 7 项。

第五节　学科建设管理与激励政策

一、学科建设管理体系

2008 年,学校出台了《西安科技大学学科建设管理条例》和《西安科技大学学科带头人管理条例》(西科学科发〔2008〕1 号)文件,2015 年学校对这两个基本文件进行了修订,并新颁布了《西安科技大学学科建设管理办法(修订)》(西科办发〔2015〕104 号)和《西安科技大学学科及学科带头人管理实施细则(修订)》(西科办发〔2015〕105 号)。以上两个学科建设基本文件对学校学科建设管理体制进行明确规定。学校学科建设实行校、院(系、部)二级管理,形成纵向行政流畅通、横向学术流活跃的学科建设组织架构。

校学科建设领导小组是全校学科建设工作的领导机构。学科建设领导小组组长由校长担任,副组长由分管副校长担任,成员由有关校领导、校学术委员会部分成员及有关职能部门负责人组成;校学科建设领导小组设办公室,办公室设在学科建设办公室。学科建设办公室是全校学科建设管理职能部门,负责学科建设的日常管理工作,受学校学科建设领导小组领导。

学院(部)是学科建设的主体和责任单位;学院(部)院长(主任)是本单位学科建设第一责任人,对学校学科建设领导小组负责。学院(部)教授委员会负责本单位学科建设的指导、督促和检查。各学科的建设工作由学科带头人具体负责实施,学科带头人向本学科及学院(部)负责;并定期向学院(部)教授委员会汇报学科建设工作的进展情况,接受其指导、检查和监督。

二、学科建设管理职责

根据 2015 年修订新颁布的《西安科技大学学科建设管理办法(修订)》(西科办发〔2015〕104号)和《西安科技大学学科及学科带头人管理实施细则(修订)》(西科办发〔2015〕105 号)。

学科带头人(学科负责人)岗位职责是:(1) 负责本学科规划和建设工作,负责本学科年度工作计划制定和工作任务的落实,推进本学科综合实力不断提升。(2) 把握本学科国内外发展动态,跟踪学科前沿,凝练学科研究方向,确保研究方向相对稳定且特色鲜明。(3) 负责学科团队建设,引进和培养高层次人才,建设一支学术水平高、创新能力强、协作精神好的学术梯队。(4) 负责学科建设项目的规划、申报与组织实施,按需支配学科建设经费,并接受所在学院(部)的监督与审核。(5) 组织本学科研究生教育工作,积极开展教育教学改革与创新,提高人才培养质量。带头结合本学科前沿领域进展情况,讲授本学科核心课程并举办年度前沿领域讲座(或论坛)。(6) 组织本学科科学研究工作,积极开展国内外学术交流,推动科学技术和先进文化的发展,开展科研成果转化和高新技术产业化,为经济建设和社会发展服务。(7) 定期向学院(部)教授委员会汇报学科建设工作进展情况。

三、学科建设激励政策

2008 年初,学校出台了《西安科技大学学科建设管理条例》和《西安科技大学学科带头人管理条例》(西科学科发〔2008〕1 号)等文件。

2009 年,将《西安科技大学教学科研重大成果奖励政策》及《西安科技大学二级教学单位教学科研成果奖励政策》修订为《西安科技大学学术成果奖励政策》。该成果奖励适用于在学术方面为西安科技大学做出贡献的所有教职工,属于个人的成果奖励兑现,学校依照各学院(部)学术成果建设情况,给学院(部)一定比例的奖励。

2013 年,修订并颁布《西安科技大学学术成果奖励办法(修订)》(西科办发〔2013〕11 号),重点加大对高质量学术论文与著作、高层次科学研究项目、高水平研究成果的奖励力度,以进一步促进重大学术成果的积累。

2016 年,颁布《西安科技大学学术成果奖励办法(修订)》(西科办发〔2016〕20 号)。新修订的奖励办法着重提高了获奖、鉴定、项目、高层次论文奖励计分;增加了标准(国家、地方、行业)奖励,增加 ESI 高索引论文奖励。降低专著、软件著作权登记、外观设计专利等成果奖励计分;进一步明确和规范外文发表论文奖励。

学校还出台了系列学科建设的规范性文件。2014 年颁布《西安科技大学校拨学科建设专项经费使用与管理办法》(西科办发〔2014〕11 号)、《西安科技大学学术讲座管理办法》(西科办发〔2014〕9 号)、《西安科技大学学术会议管理办法》(西科办发〔2014〕9 号)、《西安科技大学双聘院士、兼职教授、客座教授聘任管理办法》(西科办发〔2014〕10 号)。2017 年颁布《西安科技大学学术不端行为查处细则》(西科办发〔2017〕37 号)等相关制度。

四、学术成果奖励

2008 年奖励论文 581 篇(检索 154 篇),著作 42 本,纵向项目 68 项,获奖 27 项,专利 15 项,鉴

定 18 项。教学科研奖励二级单位资助总金额为 266.86 万元,其中个人成果奖励金额为 54.81 万元,人均获得奖励 3363 元。

2009 年有 435 人获得奖励,奖励论文 602 篇(检索 182 篇)、著作 66 部、纵向项目 58 项、获奖 31 项、专利 23 项和鉴定 11。教学科研奖励二级单位资助总金额为 574.21 万元,其中个人成果奖励金额为 192.92 万元,人均获得奖励 4 435 元。

2010 年有 457 人获得奖励,奖励论文 831 篇(检索 305 篇)、著作 78 部,纵向科研立项项目 57 项、获奖 14 项、专利 50 项和鉴定项目 7 项。教学科研奖励二级单位资助总金额为 510.99 万元,其中个人成果奖励金额为 172.93 万元,人均获得奖励 3 784 元。

2011 年有 567 人获得奖励,奖励论文 1055 篇(检索 499 篇)、著作 104 部,纵向科研立项项目 87 项、获奖 16 项、专利 75 项和鉴定项目 10 项。教学科研奖励二级单位资助总金额为 874.60 万元,其中个人成果奖励金额为 293.56 万元,人均获得奖励 5 177 元。

2012 年有 602 人获得奖励,奖励论文 869 篇(检索 373 篇)、著作 90 部,纵向科研立项项目 90 项、获奖 29 项、专利 130 项和鉴定项目 24 项。教学科研奖励二级单位资助总金额为 979.72 万元,其中个人成果奖励金额为 349.02 万元,人均获得奖励 5 797 元。

2013 年有 661 人的 1 402 项学术成果得到认定,其中论文 838 篇(其中 SCI 收录 51 篇、期刊 EI 收录 63 篇、会议 EI 收录 179 篇、CPCI-S 收录 12 篇、人大复印报刊资料 3 篇、重要期刊 44 篇、国内核心 408 篇、国外期刊 128 篇、国际会议 187 篇、CSSCI 刊源期刊 21 篇,影响因子大于 1 的 78 篇),著作教材 83 部(其中专著 22 部、规划立项教材 9 部、编著 9 部、译著 3 部、自编教材 40 部),纵向科研教学立项项目 156 项,获奖 30 项,专利 266 项(其中发明专利 25 项、实用新型专利 192 项、外观设计专利 1 项、软件著作权登记 48 项),项目鉴定 29 项。个人成果奖励金额共计 5 318 925.07 元,人均获得奖励 8 047 元。

2014 年有 755 人的 2 220 项学术成果得到认定,其中论文 1 326 篇(其中期刊论文 905 篇、会议论文 421 篇,期刊 SCI 收录 83 篇、期刊 EI 收录 140 篇、会议 EI 收录 258 篇、CPCI-S 收录 7 篇、CPCI-SSH 收录 6 篇、人大复印报刊资料 2 篇,CSSCI 刊源期刊 20 篇、国内重要期刊 66 篇、国内核心期刊 635 篇、国外期刊 163 篇),著作教材 116 部(其中国家规划教材 1 部、规划立项教材 14 部、专著 24 部、编著 26 部、译著 4 部、自编教材 47 部),纵向科研教学立项项目 189 项,获奖 38 项,专利 409 项(其中发明专利 63 项、实用新型专利 342 项、外观设计专利 4 项),软件著作权登记 127 项,鉴定 15 项。个人成果奖励金额共计 8 215 806 元,人均获得奖励 10 882 元。

2015 年有 800 人的 2 722 项学术成果得到认定,其中论文 1 285 篇(其中期刊论文 955 篇、会议论文 330 篇,期刊 SCI 收录 100 篇、期刊 EI 收录 158 篇、会议 EI 收录 152 篇、CPCI-S 收录 19 篇、CPCI-SSH 收录 4 篇、人大复印报刊资料 1 篇,CSSCI 刊源期刊 19 篇、国内重要期刊 117 篇、国内核心期刊 607 篇、国外期刊 174 篇),著作教材共计 100 部(其中国家级规划教材 2 部、专著 47 部、规划立项教材 6 部、编著 13 部、译著 2 部、自编教材 30 部),纵向科研教学立项项目 237 项,获奖 30 项,专利共计 725 项(其中发明专利 95 项、实用新型 624 项、外观设计 6 项),软件著作权登记 326 项,鉴定 19 项。个人成果奖励金额共计 10 001 640 元,人均获得奖励 12 502 元。

2016 年有 817 人的 2 549 项学术成果得到认定,其中论文 1 225 篇(其中期刊论文 907 篇、会议论文 318 篇,期刊 SCI 收录 123 篇,期刊 EI 收录 131 篇、会议 EI 收录 170 篇、CPCI-S 收录 41 篇、CPCI-SSH 收录 10 篇、人大复印报刊资料 2 篇、CSSCI 刊源期刊 28 篇、国内重要期刊 79 篇、国内核心期刊 553 篇、国外核心期刊 120 篇,国外一般期刊 69 篇,国外其他期刊 25 篇),著作教材 78 部(其中国家级规划教材 1 部、重要著作 26 部、一般著作 19 部、规划立项教材 16 部、编著 9 部、译著 7 部),纵向科研教学立项项目 191 项,获奖 48 项,专利共计 735 项(其中发明专利 141 项、实用新型 590 项、外观设计 4 项),软件著作权登记 247 项,鉴定 24 项,标准规范 1 项。个人成果奖励金

额共计 13 603 414 元,人均获得奖励 16 650 元。

2017 年有 943 人的 2 666 项学术成果得到认定,其中论文 1 442 篇(其中期刊论文 1 120 篇、会议论文 322 篇,ESI 高被引论文 8 篇,期刊 SCI 收录 171 篇,期刊 EI 收录 138 篇,会议 EI 收录 151 篇、CPCI-S 收录 36 篇、CPCI-SSH 收录 11 篇、人大复印报刊资料 4 篇,CSSCI 刊源期刊 33 篇、国内重要期刊 80 篇、国内核心期刊 666 篇、国外核心期刊 176 篇,国外一般期刊 50 篇,国外其他期刊 67 篇),著作教材 74 部(其中国家级规划教材 1 部、重要著作 21 部、一般著作 20 部、规划立项教材 20 部、编著 7 部、译著 5 部),纵向科研教学立项项目 222 项,获奖 34 项,专利共计 707 项(其中发明专利 238 项、实用新型 419 项、外观设计 50 项),软件著作权登记 164 项,鉴定 23 项。个人成果奖励金额共计 16 207 231 元。

第六节　学科内涵建设

一、学术委员会及教授委员会

2009 年 6 月,学校对第五届学术委员会进行调整。2013 年 11 月,因人员变动,学校对第五届学术委员会进行调整。2014 年 12 月,学校成立第六届学术委员会。2017 年 5 月,因人员变动,学校对第六届学术委员会进行调整。

学校 2014 年修订《西安科技大学学术委员会章程》(西科办发〔2014〕44 号),完成第六届学术委员会换届工作。2015 年,制定了《西安科技大学学位评定委员会规程》《西安科技大学教学委员会规程》和《西安科技大学科学技术委员会规程》;完成了第七届学位评定委员、第八届教学委员会换届工作,组建了首届科学技术委员会;制定了《西安科技大学学院(部)教授委员会规程》(西科办发〔2015〕43 号),组建了各学院(部)教授委员会。

二、学科带头人

2008 年 1 月,学校进行了第三届学科带头人考核和第四届学科带头人的聘任工作,共聘任了新一届学科带头人 46 人,学科负责人 14 人,名单详见表 4-3-6～表 4-3-9。

表 4-3-6　　　　　　　　　　　重点学科及博士点学科带头人(召集人)

一级学科		二级学科		岗位数	姓名
学科代码	名　称	学科代码	名　称		
0305	马克思主义理论	030505	思想政治教育	1	赖雄麟
0819	矿业工程			兼	伍永平
0819	矿业工程	081901	采矿工程	1	伍永平
		081902	安全技术及工程	2	邓　军(国家重点学科) 李树刚(博士点)
		081903	矿物加工工程	1	周安宁
		081920	矿山机电工程	1	马宏伟
		081921	矿山环境工程	1	赵晓光
		081922	矿业信息工程		廖桂生(外聘)
0814	土木工程	081401	岩土工程	1	杨更社
0818	地质资源与地质工程	081803	地质工程	1	夏玉成

表 4-3-7　　　　　　　　　　　　硕士点一级学科召集人

一级学科		岗位数	姓名
学科代码	名称		
0305	马克思主义理论	兼	袁金群
0802	机械工程	兼	郭 卫
0805	材料科学与工程	兼	王晓刚
0810	信息与通信工程	兼	卢建军
0814	土木工程	兼	谷拴成
0816	测绘科学与技术	兼	姚顽强
0830	环境科学与工程	兼	雷阿林(外聘)
1201	管理科学与工程	兼	李红霞

表 4-3-8　　　　　　　　　　　硕士点学科带头人(学科负责人)

一级学科		二级学科		岗位数	姓名
学科代码	名　称	学科代码	名　称		
0202	应用经济学	020205	产业经济学	1	孙红湘
0305	马克思主义理论	030501	马克思主义基本原理	1	袁金群
		030502	马克思主义发展史	1	李金勇
		030503	马克思主义中国化研究	1	李 东
		030504	国外马克思主义研究	1	—
		030505	思想政治教育	兼	赖雄麟
0701	数学	070104	应用数学	1	丁正生
0705	地理学	070503	地图学与地理信息系统	1	杨永崇
0801	力学	080102	固体力学	1	杨治林
		080104	工程力学	1	李 明
0802	机械工程	080201	机械制造及其自动化	1	郭 卫
		080202	机械电子工程	1	马宏伟
		080203	机械设计及理论	1	任中全
		080204	车辆工程	1	柴光远
0804	仪器科学与技术	080402	测试计量技术及仪器	1	郝迎吉
0805	材料科学与工程	080501	材料物理与化学	1	李晓池
		080502	材料学	1	王晓刚
		080503	材料加工工程	1	马 勤(外聘)
0808	电气工程	080804	电力电子与电力传动	1	王勉华
		080802	电力系统及其自动化	1	付周兴
0809	电子科学与技术	080902	电路与系统	1	刘 健
		080903	微电子学与固体电子学	1	刘树林
0810	信息与通讯工程	081001	通信与信息系统	1	卢建军
		081002	信号与信息处理	1	张敏瑞

一级学科		二级学科		岗位数	姓名
学科代码	名　称	学科代码	名　称		
0811	控制科学与工程	081101	控制理论与控制工程(省重点学科)	1	侯媛彬
		081102	检测技术与自动化装置	1	马宪民
		081104	模式识别与智能系统	1	汪梅
0812	计算机科学与技术	081202	计算机软件与理论	1	李占利
		081203	计算机应用技术	1	龚尚福
0814	土木工程	081401	岩土工程	兼	杨更社
		081402	结构工程	1	郭秉山
		081403	市政工程	1	谷拴成
		081404	供热、供燃气、通风及空调工程	1	姬长发
		081405	防灾减灾工程及防护工程	1	任建喜
		081406	桥梁与隧道工程	1	戴俊
0816	测绘科学与技术	081601	大地测量学与测量工程	1	姚顽强
		081602	摄影测量与遥感	1	张春森
		081603	地图制图学与地理信息工程	1	陈晓宁
0817	化学工程与技术	081702	化学工艺	1	贺拥军
		081704	应用化学	1	杜美利
0818	地质资源与地质工程	081802	地球探测与信息技术	1	程建远(外聘)
		081803	地质工程	兼	夏玉成
		081801	矿产普查与勘探	1	侯恩科
0819	矿业工程	081901	采矿工程	兼	伍永平
		081902	安全技术及工程	兼	李树刚
		081903	矿物加工工程	兼	周安宁
0830	环境科学与工程	083001	环境科学	1	雷阿林
		083002	环境工程	兼	赵晓光
1201	管理科学与工程	120100	管理科学与工程	1	李红霞
1202	工商管理(管理学)	120202	企业管理	1	张金锁
		120204	技术经济及管理	1	李永清

表 4-3-9　　　　　　　　　　　**培育硕士点学科负责人名单**

学科专业名称	岗位数	姓　名
高等教育学	1	韩江水
英语	1	师新民
体育	1	孙青山
建筑学	1	邸芃
化学	1	李侃社
物理	1	王亚民
设计艺术学	1	陆楣(外聘)

2012年,学校进行了第四届学科带头人考核和第五届学科带头人的聘任工作,并于6月隆重召开了第五届学科带头人聘任大会,共聘任了新一届学科带头人(学科负责人)79人,名单详见表4-3-10。

表4-3-10　　　　　　　　西安科技大学第五届学科带头人(负责人)名单

一级学科		二级学科		学科层次	姓名	岗位名称
学科代码	名称	学科代码	名称			
0202	应用经济学	020205	产业经济学	硕士	李朋林	带头人
0305	马克思主义理论	030501	马克思主义基本原理	硕士	李金勇	带头人
		030502	马克思主义发展史	硕士	袁金群	负责人兼一级学科召集人
		030503	马克思主义中国化研究	硕士	孙红湘	带头人
		030505	思想政治教育	博士、硕士	张立杰	负责人
		030506	中国近现代史基本问题研究	硕士	周静	带头人
0701	数学	070104	应用数学	硕士	乔宝明	带头人
0705	地理学	070501	自然地理学	硕士	陈秋计	负责人
		070502	人文地理学	硕士	郭力宇	负责人
		070503	地图学与地理信息系统	硕士	史经俭	带头人兼一级学科召集人
0801	力学	080102	固体力学	硕士	张慧梅	带头人
		080104	工程力学	硕士	李明	带头人
0802	机械工程	080201	机械制造及其自动化	博士、硕士	杨来侠	带头人
		080202	机械电子工程	博士、硕士	马宏伟	带头人
		080203	机械设计及理论	博士、硕士	薛河	带头人
		080204	车辆工程	博士、硕士	郭卫	带头人兼一级学科召集人
		0802Z1	矿山机电工程	博士、硕士	刘树林	带头人
		0802Z2	机械工程材料	博士、硕士	王晓刚	带头人
0804	仪器科学与技术	080402	测试计量技术及仪器	硕士	郝迎吉	带头人
0805	材料科学与工程	080501	材料物理与化学	硕士	杨建业	带头人
		080502	材料学	硕士	杜慧玲	带头人兼一级学科召集人
		080503	材料加工工程	硕士	孙万昌	负责人
0808	电气工程	080801	电机与电器	硕士	高赟	带头人
		080802	电力系统及其自动化	硕士	付周兴	带头人兼一级学科召集人
		080803	高电压与绝缘技术	硕士	商立群	带头人
		080804	电力电子与电力传动	硕士	童军	带头人
		080805	电工理论与新技术	硕士	杜京义	带头人

一级学科		二级学科		学科层次	姓名	岗位名称
学科代码	名 称	学科代码	名 称			
0809	电子科学与技术	080901	物理电子学	硕士	炎正馨	带头人
		080902	电路与系统	硕士	李文峰	带头人 兼一级学科 召集人
		080903	微电子学与固体电子学	硕士	刘树林	带头人
		080904	电磁场与微波技术	硕士	韩晓冰	带头人
0810	信息与通信工程	081001	通信与信息系统	硕士	李国民	带头人 兼一级学科 召集人
		081002	信号与信息处理	硕士	张释如	带头人
0811	控制科学与工程	081101	控制理论与控制工程	硕士	汪 梅	带头人 兼一级学科 召集人
		081102	检测技术与自动化装置	硕士	郭秀才	带头人
		081103	系统工程	硕士	王再英	带头人
		081104	模式识别与智能系统	硕士	黄梦涛	带头人
		081105	导航、制导与控制	硕士	李爱国	带头人
0812	计算机科学与技术	081203	计算机应用技术	硕士	秋兴国	带头人 兼一级学科 召集人
0814	土木工程	081401	岩土工程	博士、硕士	杨更社	带头人
		081402	结构工程	博士、硕士	苏三庆	带头人
		081403	市政工程	博士、硕士	谷拴成	带头人 兼一级学科 召集人
		081404	供热、供燃气、通风及空调工程	硕士	姬长发	带头人
		081405	防灾减灾工程及防护工程	博士、硕士	任建喜	带头人
		081406	桥梁与隧道工程	博士、硕士	戴 俊	带头人
0816	测绘科学与技术	081601	大地测量学与测量工程	硕士	孟鲁闽	带头人 兼一级学科 召集人
		081602	摄影测量与遥感	硕士	陈晓宁	带头人
		081603	地图制图学与地理信息工程	硕士	杨永崇	带头人
0817	化学工程与技术	081701	化学工程	硕士	杨志远	带头人
		081702	化学工艺	硕士	贺拥军	带头人 兼一级学科 召集人
		081703	生物化工	硕士	刘向荣	带头人
		081704	应用化学	硕士	杜美利	带头人
		081705	工业催化	硕士	蔡会武	带头人

一级学科		二级学科		学科层次	姓名	岗位名称
学科代码	名 称	学科代码	名 称			
0818	地质资源与地质工程			博士、硕士 一级学科	王双明	一级学科 召集人(外聘)
0818	地质资源与地质工程	081801	矿产普查与勘探	博士、硕士	侯恩科	带头人
		081802	地球探测与信息技术	博士、硕士	程建远	带头人(外聘)
		081803	地质工程	博士、硕士	王念秦	带头人
		0818Z1	地学信息工程	博士、硕士	李崇贵	负责人
		0818Z2	矿山环境工程	博士、硕士	赵晓光	带头人
0819	矿业工程	081901	采矿工程	博士、硕士	伍永平	带头人 兼一级学科 召集人
		081902	矿物加工工程	博士、硕士	周安宁	带头人
		0819Z1	矿业经济与管理	博士、硕士	张金锁	带头人
		0819Z2	矿业信息工程	博士、硕士	王安义	负责人
0830	环境科学与工程	083001	环境科学	硕士	刘转年	带头人
		083002	环境工程	硕士	赵晓光	带头人 兼一级学科 召集人
0835	软件工程			硕士	李占利	带头人
0837	安全科学与工程		煤火科学与防控技术	博士、硕士	邓 军	带头人 兼一级学科 召集人
			矿井通风与瓦斯灾害控制	博士、硕士	李树刚	带头人
			围岩灾害监测与控制	博士、硕士	来兴平	带头人
			矿山设备安全与救援技术	博士、硕士	文 虎	带头人
			安全管理与安全系统工程	博士、硕士	田水承	带头人
1201	管理科学与工程			硕士	张金锁	带头人
1202	工商管理	120201	会计学	硕士	王新红	带头人
		120202	企业管理	硕士	李红霞	带头人 兼一级学科 召集人
		120203	旅游管理	硕士	宋咏梅	负责人
		120204	技术经济及管理	硕士	李永清	带头人
0403	体育学			培育	孙青山	负责人
050201	英语语言文学			培育	师新民	负责人
0504	艺术学			培育	朱旭风	负责人
0702	物理学			培育	张 涛	负责人
0703	化 学			培育	李侃社	负责人
0813	建筑学			培育	邸 芃	负责人

2015年7月,学校进行了第六届学科带头人聘任工作,聘任李朋林等86位同志为学校第六届学科带头人(负责人),聘期3年(2015年7月1日至2018年6月30日),名单详见表4-3-11。

表 4-3-11　　　　　　　西安科技大学第六届学科带头人(负责人)名单

一级学科		二级学科		学科层次	姓名	岗位名称	负责单位
学科代码	名　称	学科代码	名　称				
0202	应用经济学	020205	产业经济学	硕士	李朋林	带头人	管理学院
0305	马克思主义理论	030501	马克思主义基本原理	硕士	李金勇	带头人	思政部
		030502	马克思主义发展史	硕士	高振岗	负责人	思政部
		030503	马克思主义中国化研究	硕士	孙红湘	带头人	思政部
		030504	国外马克思主义研究	硕士	赵　京	带头人	思政部
		030505	思想政治教育	博士 硕士	张立杰	带头人 兼一级学科召集人	思政部
		030506	中国近现代史基本问题研究	硕士	周　静	带头人	思政部
0701	数学	070104	应用数学	硕士	乔宝明	带头人	理学院
0705	地理学	070501	自然地理学	硕士	陈秋计	负责人	测绘学院
		070502	人文地理学	硕士	郭力宇	负责人	测绘学院
		070503	地图学与地理信息系统	硕士	胡荣明	带头人 兼一级学科召集人	测绘学院
0801	力学	080102	固体力学	硕士	张慧梅	带头人	理学院
		080104	工程力学	硕士	李　明	带头人 兼一级学科召集人	理学院
0802	机械工程	080201	机械制造及其自动化	博士 硕士	郭　卫	带头人	机械学院
		080202	机械电子工程	博士 硕士	马宏伟	带头人	机械学院
		080203	机械设计及理论	博士 硕士	薛　河	带头人	机械学院
		080204	车辆工程	博士 硕士	张传伟	负责人 兼一级学科召集人	机械学院
		0802Z1	矿山机电工程	博士 硕士	刘树林	带头人	电控学院
		0802Z2	机械工程材料	博士 硕士	杜慧玲	带头人	材料学院
		0802Z3	工业设计	硕士	池宁骏	负责人	艺术学院
0804	仪器科学与技术	080402	测试计量技术及仪器	硕士	张旭辉	带头人	机械学院
0805	材料科学与工程	080501	材料物理与化学	硕士	李会录	负责人	材料学院
		080502	材料学	硕士	刘向春	带头人	材料学院
		080503	材料加工工程	硕士	杜双明	带头人 兼一级学科召集人	材料学院

一级学科		二级学科		学科层次	姓名	岗位名称	负责单位
学科代码	名　称	学科代码	名　称				
0808	电气工程	080801	电机与电器	硕士	周奇勋	负责人	电控学院
		080802	电力系统及其自动化	硕士	王清亮	负责人	电控学院
		080803	高电压与绝缘技术	硕士	赵建文	负责人	电控学院
		080804	电力电子与电力传动	硕士	童　军	带头人 兼一级学科召集人	电控学院
		080805	电工理论与新技术	硕士	杜京义	带头人	电控学院
0809	电子科学与技术	080901	物理电子学	硕士	张　涛	带头人	理学院
		080902	电路与系统	硕士	李文峰	带头人 兼一级学科召集人	通信学院
		080903	微电子学与固体电子学	硕士	岳改丽	负责人	电控学院
		080904	电磁场与微波技术	硕士	韩晓冰	带头人	通信学院
0810	信息与通信工程	081001	通信与信息系统	硕士	李国民	带头人 兼一级学科召集人	通信学院
		081002	信号与信息处理	硕士	张释如	带头人	通信学院
0811	控制科学与工程	081101	控制理论与控制工程	硕士	汪　梅	带头人 兼一级学科召集人	电控学院
		081102	检测技术与自动化装置	硕士	郭秀才	带头人	电控学院
		081103	系统工程	硕士	柴　钰	带头人	电控学院
		081104	模式识别与智能系统	硕士	黄梦涛	带头人	电控学院
		081105	导航、制导与控制	硕士	李爱国	带头人	计算机学院
0812	计算机科学与技术	081201	计算机软件与理论	硕士	厍向阳	带头人	计算机学院
		081202	计算机系统结构	硕士	薛弘晔	带头人	计算机学院
		081203	计算机应用技术	硕士	秋兴国	带头人 兼一级学科召集人	计算机学院
0814	土木工程	081401	岩土工程	博士 硕士	杨更社	带头人 兼一级学科召集人	建工学院
		081402	结构工程	博士 硕士	曹　萍	负责人	建工学院
		081403	市政工程	博士 硕士	谷拴成	带头人	建工学院
		081404	供热、供燃气、通风及空调工程	硕士	姬长发	带头人	能源学院
		081405	防灾减灾工程及防护工程	博士 硕士	任建喜	带头人	建工学院
		081406	桥梁与隧道工程	博士 硕士	戴　俊	带头人	建工学院
		0814Z1	建筑与城市绿色环境	硕士	李雪平	负责人	建工学院

一级学科		二级学科		学科层次	姓名	岗位名称	负责单位
学科代码	名　称	学科代码	名　称				
0816	测绘科学与技术	081601	大地测量学与测量工程	硕士	史经俭	带头人兼一级学科召集人	测绘学院
		081602	摄影测量与遥感	硕士	张春森	带头人	测绘学院
		081603	地图制图学与地理信息工程	硕士	杨永崇	带头人	测绘学院
0817	化学工程与技术	081701	化学工程	硕士	杨志远	带头人	化工学院
		081702	化学工艺	硕士	贺拥军	带头人兼一级学科召集人	化工学院
		081703	生物化工	硕士	刘向荣	带头人	化工学院
		081704	应用化学	硕士	杜美利	带头人	化工学院
		081705	工业催化	硕士	蔡会武	带头人	化工学院
0818			地质资源与地质工程	博士硕士	王双明	带头人	地环学院
0818	地质资源与地质工程	081801	矿产普查与勘探	博士硕士	侯恩科	带头人	地环学院
		081802	地球探测与信息技术	博士硕士	李新虎	负责人	地环学院
		081803	地质工程	博士硕士	王念秦	带头人兼一级学科召集人	地环学院
		0818Z1	地学信息工程	博士硕士	汤伏全	负责人	测绘学院
		0818Z2	矿山环境工程	博士硕士	赵晓光	带头人	地环学院
0819	矿业工程	081901	采矿工程	博士硕士	伍永平	带头人兼一级学科召集人	能源学院
		081902	矿物加工工程	博士硕士	周安宁	带头人	化工学院
		081903	矿山安全与灾害防治	博士硕士	来兴平	带头人	能源学院
		081904	矿业经济与管理	博士硕士	李红霞	带头人	管理学院
		081905	矿产资源开发和利用	博士硕士	柴　敬	带头人	能源学院
		0819Z2	矿业信息工程	博士硕士	王安义	负责人	通信学院
		0819Z3	矿山岩体力学与工程	博士硕士	黄庆享	带头人	能源学院
0830	环境科学与工程	083001	环境科学	硕士	党小虎	带头人	地环学院
		083002	环境工程	硕士	刘转年	带头人兼一级学科召集人	地环学院

一级学科		二级学科		学科层次	姓名	岗位名称	负责单位
学科代码	名　称	学科代码	名　称				
0835		软件工程		硕士	付燕	带头人	计算机学院
0837	安全科学与工程	083701	安全科学	博士硕士	邓军	带头人兼一级学科召集人	能源学院
		083702	安全技术	博士硕士	李树刚	带头人	能源学院
		083703	安全系统工程	博士硕士	文虎	带头人	能源学院
		083704	安全与应急管理	博士硕士	田水承	带头人	能源学院
		083705	职业安全健康	博士硕士	陈晓坤	带头人	能源学院
		0837Z2	矿山灾害力学	博士硕士	张天军	带头人	理学院
		0837Z3	安全信息系统及工程	博士硕士	李占利	带头人	计算机学院
1201		管理科学与工程		硕士	王新平	带头人	管理学院
1202	工商管理	120201	会计学	硕士	王新红	带头人兼一级学科召集人	管理学院
		120202	企业管理	硕士	杨利红	带头人	管理学院
		120203	旅游管理	硕士	宋咏梅	负责人	管理学院
		120204	技术经济及管理	硕士	尚梅	带头人	管理学院

三、学科拔尖人才队伍建设

2012年,在陕西省学位办组织开展的陕西省高校重点学科及其学术技术带头人认定工作中,学校有45人获得陕西省高校重点学科及其学术技术带头人认定。按照陕西省开展的国家及省级重点学科学术技术带头人等申报三秦人才津贴有关工作的要求,学校推荐国家重点学科和省级重点学科学术技术带头人李树刚、周安宁、柴敬、苏三庆、杨更社、谷拴成、黄庆享、任建喜、来兴平、夏玉成、侯恩科、余学义、马宏伟、郭卫、薛河、杨来侠、侯媛彬、张金锁、赖雄麟和张立杰等20人及新世纪百千万人才工程国家级人选邓军申报三秦人才津贴并获得批准。

2013年,学校获批三秦人才津贴人员为:李树刚、柴敬、周安宁、苏三庆、杨更社、任建喜、夏玉成、侯恩科、马宏伟、郭卫、薛河、杨来侠、侯媛彬、张金锁、赖雄麟、张立杰等16人。

2014年,学校获批三秦人才津贴人员为:李树刚、柴敬、周安宁、谷拴成、黄庆享、余学义、侯恩科、马宏伟、郭卫、薛河、杨来侠、侯媛彬、张金锁、赖雄麟、张立杰等15人。

2015年,学校获批三秦人才津贴人员为:田水承、陈晓坤、马宏伟、王念秦、王新平、代俊、任建喜、李金勇、杨更社、汪梅、周安宁、侯恩科、柴敬、郭卫、赖雄麟、薛河等16人。

四、兼职教授、客座教授

学校在拥有本校优秀的教师队伍的基础上,还拥有一支高水平的兼职教授队伍,他们来自科研院所、工矿企业，都是各个学科领域的专家。2018年3月学校有兼职教授、客座教授：J. van Genderen、程安东、徐水师、谭克龙、李宁、仵彦卿、范录勋、耿加怀、魏贤勇、赵林章、惠建基、龚健雅、李宝庆、郑守淇、陈拓、王文科、杜建国、张炜、傅明星、Tadels Majcherczyk、董张卓、季凌云、姜建国、刘泉海、刘雨棣、王代华、经天亮、张博增、董治宝、格雷森、张文江、王俭、崔洪明、伊茂森、吕镇、程俊、何一卫、牛志文、杜功会、高建炯、李耀辉、南清安、王增强、钟东虎、王安、兰新哲、牛建国、李瑞林、李庆明、李本现、石智军、虎维岳、董书宁、李金柱、刘炯天、陆楣、楠元一臣、王毅、饶明、张宏、张小川、朱志伟、徐政和、李健、卢黎歌、丁三青、郭海蛟、苏力、郑茂全、宋老虎、李来新、郑建民、沈祥荣、陈绪林、胡弘、裴平星、崔滨洲、林会喜、张遂安、任福耀、寇子明、章金钊、赵廷钊、谢俊文、俞昶兴、周西杰、刘鹏、华炜、安和人、吴嘉林、王双明、卢建军、朱圣春、孙巍、彭长清、李增元、王小平、李永树、魏效农、樊志斌、黄晔、曹保新、叶庆春、王郭社、任廷祥、刘笑萍、刘良云、余山、肖平新、邓一明、黄文江、赵力彬、王纪华、李长和、白永明、叶东生、陈有梅、文怀军、庞卫东、刘沛林、吴甲春、王克全、谢广元、王振亚、李彬、白宏、薛永武、周洪文、任兴乾、燕建龙、余亚军、特瑞·巴克斯特、孙科、常文礼、印万忠、李成刚、陈贞学、蓝博·茹丝、郭建斌、周建东、党智敏、刘生忠、孙升林、王佟、陈盛坤、陈治中、张广明、张恒、周详、郑茂全、王泽聚、郭乐安、杨柳、王荣国、陈利、林灶生、王志刚、杨润全、杨小毅、蔡美峰、管晓宏、胡建祥、张伏虎、余隋怀、杨豪中、张群、任忠胜、靳德武、刘其声、王新、冯西会、周会高、陈文渊、朱文浩、王军平、闫爱军、徐启铭、苗小利、张新利、陈禹、王振福、郑静、段中会、王苏健、张廷峰、王新维、余道洋、甘斌、高红心、连玉庆、秦宽、许有田、张周平、范京道、张登福、陆强、常江、严登华、王庆、朱长勇、张杰、王彬、David Hui、李敏、武强、田昊、郭佐宁、张建安、王增华、孙子其、陈钢、武勇、梁俊、裴丽萍、林华泰、田正仁、陆慧敏、陈朝阳、李刚、曹振、王岩、胡穗延、邹哲强、吕鹏飞、霍振龙、金继明、姜卫平、姚宜斌、李俊平、葛宇宁，共232人。

五、学科评估

2008年，受陕西省财政资助的安全技术及工程、采矿工程、岩土工程和控制理论与控制工程等4个学科通过陕西省学位委员会评估验收。

2010年，国家重点学科安全技术及工程通过2年加强建设期的评估。保留资格。

2012年3月，根据第三轮全国学科评估安排，学校组织马克思主义理论、力学、机械工程、材料科学与工程、信息与通信工程、控制科学与工程、土木工程、测绘科学与技术、化学工程与技术、地质资源与地质工程、管理科学与工程、安全科学与工程、矿业工程等13个一级学科进行校内评估。同年6月，安全科学与工程、矿业工程、地质资源与地质工程等3个一级博士学科，信息与通信工程、控制科学与工程和测绘科学与技术等3个一级硕士学科，参加第三轮全国学科评估。2013年年初，第三轮全国学科评估结果发布，学校参评的6个一级学科在评估中的位次百分位分别是：安全科学与工程28.6%（23家单位参评，位列第6名）、矿业工程56.2%（19家单位参评，位列第9名）、地质资源与地质工程80%（21家单位参评，位列第17名）、控制科学与工程65.1%（83家单位参评，位列第54名）、测绘科学与技术77.8%（18家单位参评，位列第14名）、信息与通信工程75.7%（74家单位参评，位列第56名）。

根据国务院学位委员会、教育部发布的《关于印发〈学位授权点合格评估办法〉的通知》（学位〔2014〕4号）、《关于开展学位授权点合格评估工作的通知》（学位〔2014〕16号）和《关于开展2014年学位授权点专项评估工作的通知》（学位〔2014〕17号），2015年3月学校印发《西安科技大学学位授权点自我评估工作方案》（西科办发〔2015〕14号）和《关于成立西安科技大学学位授权点自我评估工作领导小组的通知》（西科办发〔2015〕23号），明确学校合格评估时间安排与工作流程及领导和机构。学校为期6年的合格评估工作全面展开，2018年学校自我评估，2019年20%的学位点将接

受教育部抽评。

2016年3月,教育部下发《国务院学位委员会关于下达2014年学位授权点专项评估结果及处理意见的通知》(学位〔2016〕5号),公布了2014年学位授权点专项评估结果及处理意见。学校参评的工商管理硕士专业学位(MBA)和机械工程一级博士学位授权点均顺利通过此次专项评估,评估结果为"合格"。

根据教育部学位与研究生教育发展中心《全国第四轮评估邀请函》(学位中心〔2016〕42号)、《国务院教育督导委员会办公室关于开展专业学位水平评估试点工作的通知》(国教督办函〔2016〕16号)和《教育部学位中心关于实施专业学位水平评估试点工作通知》(学位中心〔2016〕28号)文件精神,2016年5月学校下发《西安科技大学第四轮学科水平评估工作方案》(西科办发〔2016〕26号),学校第四轮学科评估工作全面启动。6月20日,学校按照学科门类绑定原则,共提交了安全科学与工程、矿业工程、地质资源与地质工程、环境科学与工程、土木工程、机械工程、电气工程、控制科学与工程、材料科学与工程、信息与通信工程、电子科学与技术、化学工程与技术、计算机科学与技术、软件工程、测绘科学与技术、管理科学与工程、工商管理、马克思主义理论等18个学科和工商管理(MBA)1个专业学位评估材料。2017年12月28日,教育部学位中心发布全国第四轮学科水平结果,学校安全科学与工程学科进入A类(5%~10%),9个学科上榜,其中,土木工程和马克思主义理论2个学科进入B类(30%~40%),矿业工程、地质资源与地质工程、机械工程、测绘科学与技术4个学科进入C+(40%~50%),管理科学与工程、信息与通信工程进入C-(60%~70%)。学校成为省属高校中唯一一所有学科进入A类层次的的工科高校,煤炭高校进入第一层类的三所高校之一,也成为全国38所非"双一流"高校进入此次评估A类学科的大学。

六、学科项目建设

学校利用国家特色学科建设经费、省重点学科建设经费、中央与地方共建经费、高水平大学建设项目经费、日元贷款、学校自筹及学科自身投入等形式先后投资重点学科的博硕士点学科建设经费近15 000万元,有力加强了学校博硕士点学科的平台建设基础。先后建成了矿业与地测学科群实验中心和电信与机械学科群实验中心,"西部矿井开采及灾害防治"教育部重点实验室,"西部煤矿安全"教育部工程研究中心,国家矿山应急救援(西安)研究中心和其他相关学科的研究平台。

学科建设实行项目管理。学科项目是学科建设的基本单元,建设项目实施以学术团队为基础。2018年,学校共有上级政府部门支持的学科建设项目6大类,另外还设有博士硕士学科点建设项目,以及2017年实施的学科高峰计划项目。

1. 国家特色重点学科项目

"安全技术及工程国家重点特色学科建设项目"为2010年申报获批的《中央财政支持地方高校发展专项资金2010~2012年项目建设规划》专项,此项目建设期为2010~2012年,每年支持建设经费为450万,该项目建设期已结束。新一轮《中央财政支持地方高校发展专项资金2013~2015年项目建设规划》"安全技术及工程国家重点特色学科建设项目"申报成功,获批资金900万。

2. 中央财政支持地方高校省级重点学科建设项目

"中央财政支持地方高校省级重点学科建设项目"为2010年申报获批的《中央财政支持地方高校发展专项资金2010~2012年项目建设规划》专项项目,此项目建设期为2010~2012年,共有6个学科平台项目获得资助,资助总额为1 400万元,详见表4-3-12。

表 4-3-12   学校中央支持地方高校省级重点学科建设项目统计表(2010～2012 年)

序号	项目名称	项目类别	实施单位	项目负责人	建设经费/万元			管理部门
					2011 年	2012 年	合计	
1	煤与瓦斯安全共采集成实验室	中央支持地方高校重点学科建设	能源学院	李树刚	150		150	学科办
2	煤及矿物清洁加工实验平台	中央支持地方高校重点学科建设	化工学院	周安宁	350		350	学科办
3	思想政治教育信息资料库与检索中心	中央支持地方高校重点学科建设	思政部	赖雄麟	100		100	学科办
4	岩土体工程地质特性测试实验室	中央支持地方高校重点学科建设	地环学院	唐亦川		300	300	学科办
5	岩土冻融物理力学实验室	中央支持地方高校重点学科建设	建工学院	杨更社		300	300	学科办
6	安全人因工程实验室	中央支持地方高校重点学科建设	能源学院	田水承		200	200	学科办

新一轮《中央财政支持地方高校发展专项资金 2013～2015 年项目建设规划》"省级重点学科建设项目"此项目建设期为 2013～2015 年,共有 8 个学科平台项目获得资助,资助总额为 1 900 万元,详见表 4-3-13。

表 4-3-13   学校中央支持地方高校省级重点学科建设项目统计表(2013～2015 年)

序号	项目名称	项目类别	实施单位	项目负责人	建设经费/万元				管理部门
					2013 年	2014 年	2015 年	合计	
1	矿山开采围岩控制创新实验平台	中央支持地方高校重点学科建设	能源学院	伍永平	200			200	学科办
2	煤矿开采沉陷区治理及环境恢复实验室	中央支持地方高校重点学科建设	地环学院	赵晓光	300			300	学科办
3	矿物功能材料分析与应用研究平台	中央支持地方高校重点学科建设	化工学院	熊善新	200			200	学科办
4	煤矿动力学实验室	中央支持地方高校重点学科建设	建工学院	戴 俊		200		200	学科办
5	煤矿机电设备智能化学科平台	中央支持地方高校重点学科建设	机械学院	郭 卫		300		300	学科办
6	煤矿机械机电液综合实验平台	中央支持地方高校重点学科建设	机械学院	郭 卫		400		400	学科办
7	地质灾害隐患探测及信息处理实验室	发展专项	地环学院	侯恩科			300	300	学科办
8	矿井深部岩体力学与支护实验室	发展专项	建工学院	任建喜			300	300	学科办

3. 陕西省优势(重点)学科项目

2008 年陕西省学位委员会对学校受资助的安全技术及工程、采矿工程、岩土工程、控制理论与

控制工程4个学科进行评估验收,4个学科项目均获得通过。

2008年学校安全技术及工程、采矿工程、矿物加工工程、地质工程、岩土工程、思想政治教育、控制理论与控制工程等7个省重点学科获得陕西省重点学科专项建设项目资助,详见表4-3-14。(2011年陕西省按照重点学科的一级学科点进行支持建设与考核)2014年,根据陕西省教育厅《关于下达2014～2018年度陕西省普通高等学校优势学科建设项目的通知》(陕教位〔2014〕3号)精神,学校安全科学与工程等6个学科获得陕西省普通高等学校优势学科建设项目立项建设。同年,应用上级政策,将我校机械工程、管理科学与工程纳入陕西省普通高等学校特色学科建设范围。

表 4-3-14　　　　　　　　　　　学校陕西省级重点学科建设项目统计表

序号	项目名称	项目类别	实施单位	项目负责人	建设期	建设经费/万元		管理部门
						年度经费	经费合计	
1	安全科学与工程省重点学科专项建设项目	省重点学科	能源学院	邓军	2008～2012年	200	1000	学科办
2	矿业工程省重点学科专项建设项目(采矿工程)	省重点学科	能源学院	伍永平	2008～2012年	100	500	学科办
3	矿业工程省重点学科专项建设项目(矿物加工工程)	省重点学科	化工学院	周安宁	2008～2012年	100	500	学科办
4	地质资源与地质工程省重点学科专项建设项目	省重点学科	地环学院	王念秦	2008～2012年	90	450	学科办
5	土木工程省重点学科专项建设项目	省重点学科	建工学院	杨更社	2008～2012年	45	225	学科办
6	马克思主义理论省重点学科专项建设项目	省重点学科	思政部	张立杰	2008～2012年	20	100	学科办
7	控制科学与工程省重点学科专项建设项目	省重点学科	电控学院	汪梅	2008～2012年	35	175	学科办

2013年起,陕西省重点学科资助进入第二个建设周期,每年拨款额度根据当年省财政情况划拨,具体见表4-3-15。

表 4-3-15　　　　　　　　　　2013～2016年省级重点学科建设项目统计表

序号	项目名称	项目类别	实施单位	项目负责人	建设期	经费合计/万元	管理部门
1	安全科学与工程省重点学科专项建设项目	优势学科(A型)	能源学院	邓 军	2013～2016年	674	学科办
2	矿业工程省重点学科专项建设项目(采矿工程)	优势学科(B型)	能源学院	伍永平	2013～2016年	330.5	学科办
3	矿业工程省重点学科专项建设项目(矿物加工工程)	优势学科(B型)	化工学院	周安宁	2013～2016年	330.5	学科办
4	地质资源与地质工程省重点学科专项建设项目	优势学科(B型)	地环学院	王念秦	2013～2016年	293	学科办
5	土木工程省重点学科专项建设项目	特色学科	建工学院	杨更社	2013～2016年	157	学科办

序号	项目名称	项目类别	实施单位	项目负责人	建设期	经费合计/万元	管理部门
6	马克思主义理论省重点学科专项建设项目	特色学科	思政部	张立杰	2013～2016 年	73	学科办
7	控制科学与工程省重点学科专项建设项目	特色学科	电控学院	汪 梅	2013～2016 年	120	学科办
8	机械工程省重点学科专项建设项目	特色学科	机械学院	张传伟	2015～2016 年	55	学科办
9	管理科学与工程省重点学科专项建设项目	特色学科	管理学院	王新平	2015～2016 年	36	学科办

4. 陕西省哲学社会科学特色学科建设项目

2009 年省教育厅决定实施普通高校哲学社会科学特色学科建设计划重点学科专项资金建设项目,学校获得 2 个建设项目。项目经过 3 年建设,第一个建设周期已满。2012 年 10 月陕西省教育厅对 2 个建设项目进行建设期考核验收,学校的"区域能源开发利用战略与能源企业安全管理"项目考核为优秀,"陕西地方高校学生职业生涯规划教育体系研究"项目考核为良好。项目具体情况详见表 4-3-16 和表 4-3-17。

表 4-3-16　　　　　学校陕西省哲学社会科学特色学科建设项目统计表

序号	项目名称	项目类别	实施单位	项目负责人	建设期	建设经费/万元		管理部门
						年度经费	经费合计	
1	地方高校学生创业教育体系研究	省哲学社会科学特色学科建设	思政部	赖雄麟	2010～2012 年	12.5	37.5	学科办
2	区域能源开发利用战略与能源企业安全管理	省哲学社会科学特色学科建设	管理学院	张金锁	2010～2012 年	12.5	37.5	学科办

2013 年开始,省高校哲学社会科学特色学科建设计划重点学科专项资金建设项目实施进入第二个建设周期,每年拨款 12.5 万元,此项目拨款到 2016 年,具体情况如下:

表 4-3-17　　　　　学校陕西省哲学社会科学特色学科建设项目统计表

序号	项目名称	项目类别	实施单位	项目负责人	建设期	建设经费/万元		管理部门
						年度经费	经费合计	
1	地方高校学生创业教育体系研究	省哲学社会科学特色学科建设	思政部	赖雄麟	2013～2016 年	12.5	50	学科办
2	区域能源开发利用战略与能源企业安全管理	省哲学社会科学特色学科建设	管理学院	张金锁	2013～2016 年	12.5	50	学科办

5. 陕西省高水平大学建设项目

2011 年学校进入了陕西省高水平大学实施高校,获得建设资金 1.5 亿元。按照学校安排,学科建设办公室负责《西安科技大学 2011～2015 年陕西省高水平大学建设专项资金项目建设规划》

中 7 500 万元人民币建设经费的项目申报及部分项目建设的管理工作以及项目申报。按照建设规划,2018 年已有 15 个项目建设经费已拨付。2011~2012 年项目详见表 4-3-18。2013~2015 年项目详见表 4-3-19。

表 4-3-18　　　　学校陕西省高水平大学建设项目统计表(2011~2012 年)

序号	项目名称	项目类别	实施单位	项目负责人	建设经费/万元			管理部门
					2011 年	2012 年	合计	
1-1	安全行为与身心健康测试研究中心	高水平大学建设	学工部	周　斌	18	18	36	实管处
1-2	安全行为与身心健康测试研究中心	高水平大学建设	能源学院	田水承	32	32	64	实管处
2	矿业经济与管理实验(实践)平台	高水平大学建设	管理学院	李红霞	70	80	150	研究生院
3-1	理学学科基础实验平台	高水平大学建设	理学院	李　明	35	35	70	研究生院
3-2	理学学科基础实验平台	高水平大学建设	理学院	张　涛	45	45	90	研究生院
4	计算机网络与信息安全技术实验室	高水平大学建设	计算机学院	龚尚福	90	60	150	研究生院
5	材料科学与工程学科基础实验平台	高水平大学建设	材料学院	朱　明	100	100	200	研究生院
6	地质工程学科高层次人才培养实验平台	高水平大学建设	地环学院	王念秦	100	100	200	研究生院
7	电气控制类研究生高级电气控制技术实验创新平台	高水平大学建设	电控学院	刘树林	100	100	200	研究生院
8	机械工程学科高层次应用型创新人才培养实验平台	高水平大学建设	机械学院	张传伟	130	120	250	研究生院
9	精密工程与工业测量实验室	高水平大学建设	测绘学院	姚顽强	150	150	300	研究生院
10	矿山信息技术与救援通信研究平台	高水平大学建设	通信学院	李国民	180	170	350	研究生院
11	煤矿机器人技术实验室	高水平大学建设	机械学院	马宏伟		100	100	实管处
12	能源经济与管理研究中心	高水平大学建设	管理学院	李朋林		50	50	学科办
13	功能分子设计与合成研究生创新能力培养平台	高水平大学建设	化工学院	李侃社		60	60	研究生院
14	矿业与安全类高层次研究型人才培养平台	高水平大学建设	能源学院	黄庆享		100	100	研究生院
15	岩石类材料动力学实验室	高水平大学建设	建工学院	戴　俊		80	80	研究生院

表 4-3-19　　　　　　学校陕西省高水平大学建设项目统计表(2013～2015 年)

序号	项目名称	项目类别	实施单位	项目负责人	建设经费/万元				管理部门
					2013 年	2014 年	2015 年	合计	
1	矿区环境监测及健康诊断平台	高水平大学建设	地环学院	赵晓光	70	50		120	学科建设办公室
2	煤矿电力拖动与控制实验室	高水平大学建设	电控学院	高赟	100	50		150	实验室与设备管理处
3	矿山岩体智能监控创新实验平台	高水平大学建设	能源学院	柴敬	140	50		190	学科建设办公室
4	在役重要工程结构安全性评价与寿命预测实验平台	高水平大学建设	机械学院	薛河	140	50		190	学科建设办公室
5	煤炭行业卓越人才培养基础建设	高水平大学建设	教务处	王贵荣	150	50		200	教务处
6	社会调查与统计分析实验研究中心	高水平大学建设	思政部	赖雄麟	50	50		100	研究生院
7	煤矿自动化工作面综采装备实验平台	高水平大学建设	机械学院	郭卫		230		230	学科建设办公室
8	能源材料实验室	高水平大学建设	材料学院	王晓刚		200		200	实验室与设备管理处
9	西部矿井露天开采实验室	高水平大学建设	能源学院	伍永平		200		200	学科建设办公室
10	深部岩体力学实验室	高水平大学建设	建工学院	任建喜		200		200	学科建设办公室
11	地质灾害隐患探测及信息处理实验室	高水平大学建设	地环学院	侯恩科		120		120	学科建设办公室
12	新能源变换技术及其应用研究平台	高水平大学建设	电控学院	刘树林			82	82	学科建设办公室
13	煤矿机器人技术实验室	高水平大学建设	机械学院	马宏伟	90			90	实管处
14	能源经济与管理研究中心	高水平大学建设	管理学院	李朋林	50			50	学科办
15	功能分子设计与合成研究生创新能力培养平台	高水平大学建设	化工学院	李侃社	90			90	研究生院
16	矿业与安全类高层次研究型人才培养平台	高水平大学建设	能源学院	黄庆享	150			150	研究生院
17	岩石类材料动力学实验室	高水平大学建设	建工学院	戴俊	120			120	研究生院
18	煤化工多联产新技术科研创新平台	高水平大学建设	化工学院	周安宁			82	82	实管处
19	矿业博物馆	高水平大学建设	实管处	尚长春			438	438	实管处
20	现代分析测试中心－物质结构分析室	高水平大学建设	实管处	尚长春			164	164	实管处

6. 日元贷款项目

根据日元贷款"陕西人才培养"项目的计划,2002年,经陕西省教育厅批准,学校从日本协力银行贷款实施本项目,利用本次日元贷款300万美元,中方配套资金为人民币2 090.34万元。项目主要用于教学科研土建项目、教学科研设备购置项目和人才培养项目三个方面。此项目2010年7月结束,项目绩效评价结果为优秀,2010年9月日元贷款后评估工作完成。2011年3月,日本协力机构对学校日元贷款工作的事后进行了评价工作。此项项目进入还息阶段。

7. 校拨博硕士学科点建设项目

根据2008年颁布的《西安科技大学学科带头人管理条例》(西科学科发〔2008〕1号)文件有关规定,学校根据各学科的学科建设项目立项情况按如下额度核拨:国家重点学科30万元/年,培育国家重点学科20万元/年(培育期内),博士点和省重点学科12万元/年,培育博士点10万元/年(培育期内),硕士点3万元/年,培育硕士点2万元/年(培育期内)。以上建设经费不重复累计,取最高限核拨。从2008年起,学校依照拨付标准,已下拨建设经费5年共计1 408万元,其中2008年(半年)124万元,2009年248万元,2010年278万元,2011年278万元,2012年480万元。2013年全年拨付480万元,2014年拨付480万元。2015年7月学校进行了第六届学科带头人聘任,学科点数量有所增加,并且制定了新的《西安科技大学学科及学科带头人管理实施细则(修订)》,文件规定:学校博硕士点学科建设经费按照二级学科分年度核拨,博士点和省优势学科15万元/年,硕士点5万元/年,同一学科不重复累计,取最高限。2015年拨付学科点建设经费617.5万元,2016年拨付学科点建设经费755万元,2017年拨付学科点建设经费760万元。

七、一流大学和一流学科建设

为了贯彻落实国务院关于印发《统筹推进世界一流大学和一流学科建设总体方案》的通知(国发〔2015〕64号),教育部、财政部、国家发展改革委关于印发《统筹推进世界一流大学和一流学科建设实施办法(暂行)》的通知(教研〔2017〕2号),中共陕西省委办公厅、陕西省人民政府办公厅印发《关于建设"一流大学、一流学科、一流学院、一流专业"的实施意见》的通知(陕办发〔2016〕33号),陕西省教育厅印发《关于建设"一流大学、一流学科,一流学院、一流专业"的实施方案》的通知(陕教〔2017〕171号),学校成立了领导小组(《关于成立"四个一流"建设领导小组的通知》(西科党发〔2017〕26号)),先后制定了《西安科技大学"一流大学、一流学科"建设方案》(西科党发〔2017〕37号)、《西安科技大学学科高峰计划实施方案》(西科办发〔2017〕36号),发布了2017年高峰计划项目申报通知(《关于做好西安科技大学2017年学科高峰计划项目申报工作的通知》(西科办发〔2017〕35号))。经过学科申报、学院初评、2017年6月28日的专家评审和3天校内公示,学校最终对27项项目进行立项资助。

西安科技大学学科高峰计划实施方案是以国家和陕西省"双一流"建设的出发点,立足"建设国内一流特色鲜明的高水平教学研究型大学"的落脚点,以安全科学与工程学科为龙头的突破点,建设若干一流学科的着力点,形成了西安科技大学"四点四层"高峰计划实施方案,按照高峰、高岗、高原和培育的四个层次进行学科建设,破解学校在"双一流"建设中面临的高等教育发展"新趋势"、煤炭行业发展"新变化"、区域经济发展"新走向"的机遇与难题。高峰计划以项目形式推进,引入竞争,实现建设目标与资源投入、建设任务、绩效考核相结合,引导各学科开展自身的优化和调整,提升学科实力和水平。

2017年学科高峰计划立项项目见表4-3-20。

表 4-3-20 西安科技大学 2017 年学科高峰计划立项项目

序号	项目编号	项目名称	项目类别	项目建设期	项目负责人	学院	经费/万元	大类
1	2017GGPT01	多功能可变角大比例"支架－围岩"系统物理模拟与仿真实验平台	学科平台类	2017.07～2019.07	伍永平	能源学院	300	高峰、高岗
2	2017GFPT02	深部采动煤体变形破裂与瓦斯解吸－渗流多场耦合一体化试验平台建设	学科平台类	2017.07～2018.07	李树刚	安全学院	295	高峰、高岗
3	2017GFPT03	火灾物证鉴定实验室建设	学科平台类	2017.07～2018.07	邓 军	安全学院	300	高峰、高岗
4	2017GGPT04	煤炭地质与矿山环境保护实验室煤田地质构造物理模拟实验平台	学科平台类	2017.07～2018.07	侯恩科	地环学院	300	高峰、高岗
5	2017GGPT05	煤层气储层工程实验平台建设	学科平台类	2017.07～2019.07	王双明	地环学院	220	高峰、高岗
6	2017GFJL06	安全科学学术交流高峰建设	学术交流类	2017.07～2019.07	陈晓坤	安全学院	35	高峰、高岗
7	2017GGTD07	矿物加工工程学科方向一流学科梯队培育与建设	学科梯队类	2017.07～2018.12	周安宁	化工学院	35	高峰、高岗
8	2017GGPT08	矿区环境生态修复研究	学科平台类	2017.07～2018.12	赵晓光	地环学院	150	高峰、高岗
9	2017GYCG01	西部生态脆弱区岩土力学理论与实践研究	成果建设类	2017.07～2019.07	杨更社	建工学院	49	高原
10	2017GYPT02	土木工程灾害检测技术实验室平台建设	学科平台类	2017.07～2019.07	任建喜	建工学院	190	高原
11	2017GYPT03	机械臂智能与人机手臂协同创新实验室	学科平台类	2017.07～2018.07	马宏伟	机械学院	180	高原
12	2017GYPT04	智能网联汽车实验室	学科平台类	2017.07～2018.07	张传伟	机械学院	125	高原
13	2017GYPT05	马克思主义理论学科创新平台	学科平台类	2017.07～2019.07	李金勇	马克思学院	80	高原
14	2017GYPT06	智慧云物流科研平台实验室	学科平台类	2017.07～2019.07	黄梦涛	电控学院	140	高原
15	2017GYJL07	马克思主义理论学科学术交流	学术交流类	2017.07～2018.12	樊建武	马克思学院	35	高原
16	2017GYPT08	新常态下能源大数据研究与应用	学科平台类	2017.07～2018.12	王新平	管理学院	65	高原
17	2017GYPT09	能源资源低碳化开发利用研究中心	学科平台类	2017.07～2019.07	李朋林	管理学院	35	高原
18	2017PYPT01	微观在线测定技术平台建设	学科平台类	2017.07～2018.12	杜美利	化工学院	50	培育

序号	项目编号	项目名称	项目类别	项目建设期	项目负责人	学院	经费/万元	大类
19	2017PYPT02	新型矿用电机设计与控制技术研究平台建设	学科平台类	2017.07~2019.07	周奇勋	电控学院	60	培育
20	2017PYPT03	高速转子系统振动与控制实验室	学科平台类	2017.07~2018.07	李　明	理学院	70	培育
21	2017PYPT04	矿山工程材料服役安全及可靠性实验室平台建设	学科平台类	2017.07~2018.12	杜双明	材料学院	60	培育
22	2017PYPT05	智能感知与精密测量实验室	学科平台类	2017.07~2018.07	张旭辉	机械学院	50	培育
23	2017PYPT06	多源数据处理软硬件建设及其在安全监测中的应用系统建立	学科平台类	2017.07~2019.07	史经俭	测绘学院	50	培育
24	2017PYCG07	煤炭企业转型发展的相关问题研究	成果建设类	2017.07~2018.12	王新红	管理学院	30	培育
25	2017PYPT08	大数据深度学习平台建设	学科平台类	2017.07~2018.07	秋兴国	计算机学院	60	培育
26	2017PYPT09	西部矿区生态环境遥感综合实验基础建设	学科平台类	2017.07~2019.07	胡荣明	测绘学院	60	培育
27	2017PYPT10	"马克思主义与国家治理"学科平台建设	学科平台类	2017.07~2019.07	李　东	人外学院	20	培育

八、学术交流

1. 举办国际国内高层次学术会议

2008 年 9 月,由学校主办,国家自然科学基金委员会工程与材料科学部等 9 个单位协办的"2008 采矿、安全与环境保护国际会议"在西安召开。会议主题为"现代采矿工程、矿业安全技术及工程及矿山环境保护"。

2008 年 9 月,由学校承办的"2008 西部能源资源开发利用战略学术研讨会"在西安召开。会议主题为"西部能源与可持续发展,绿色能源与区域经济"。

2009 年 10 月,由中国林学会主办,学校测绘学院和中国林学会计算机应用分会承办的"全国数字化森林资源调查新技术交流暨学术研讨会"在西安召开。会议主题为"3S 技术在数字化森林资源监测领域的应用"。

2009 年 12 月,由学校与日本关东学院大学、日本财团法人劳动科学研究所共同主办的"中日安全管理理论与实践学术研讨会"在西安召开。

2011 年 3 月,由学校与美国马里兰大学西北太平洋国家实验室、中国国家发改委能源研究所、清华大学合作主办的"第四届亚太地区能源模型研究国际研讨会"在西安召开。

2011 年 10 月,由学校与美国密苏里科技大学联合主办的"第二届采矿、安全与环境保护国际学术会议"在西安召开。会议主题为"煤矿安全和环境保护,涉及通风、火灾、爆炸、环境监控和保护、安全管理和职业健康与安全"。

2011 年 9 月,由中国腐蚀与防护学会高温专业委员会主办、学校承办的"第八届中国腐蚀与防

护学会高温专业委员会首次会议暨高温腐蚀与防护学术会议"在西安召开。

2011年10月,由学校和长安大学共同承办的"第23届全国高校安全工程专业学术年会暨第5届全国安全工程领域工程硕士研究生教育研讨会"在西安召开。

2012年10月,由学校、陕西科技大学、复旦大学联合举办的"第8届国际新型材料及其制备会议暨第22届国际精细化学和功能高分子会议"在西安召开。会议主题为国际新材料、精细化学品和功能高分子研究。

2012年11月,由教育部学位管理与研究生教育司、国务院学位委员会办公室主办,学校承办的"2012年西部矿业安全全国博士生学术论坛"在学校举行。

2012年11月,由学校和西安MBA学会、中国全球MBA发展论坛促进会共同主办的"中国MBA发展论坛第四届主席峰会"在西安举行。

2013年10月,由《采矿与安全工程学报》编辑部主办、煤炭资源与安全开采国家重点实验室协办、西安科技大学能源学院承办的"2013科学采矿论坛暨第十七届矿压理论与实践研讨会"在西安召开。

2014年11月,第三届国际岩石力学青年学者论坛在西安举行。该论坛由国际岩石力学学会教育委员会主办、西安科技大学和中国岩石力学与工程学会教育工作委员会承办。

2014年8月,第十届世界矿山通风大会在南非举行,学校成功申办2018年第十一届世界矿山通风大会。世界矿山通风大会是当前矿山通风领域涉及范围最广、与会专家学者最多的国际学术盛会之一,是世界各国矿山通风专家学者进行新技术、新观念、新成果交流的重要平台。这次成功申办凸显了国际矿山通风学术界对学校相关学术水平的肯定,更是学校进一步强化学科专业特色、提升学科建设水平、增进国际交流与合作、开阔学术视野的良好契机。

2015年11月,第三届采矿、安全与环境保护国际学术会议在西安举行。本次会议由西安科技大学主办,澳大利亚昆士兰大学及新南威尔士大学、美国北亚利桑那大学、中煤科工集团西安研究院有限公司、陕西省地质调查院、国土资源部煤炭资源勘查与利用重点实验室、陕西省煤田地质局、陕西煤业化工技术研究院有限责任公司等单位协办。

2015年4月,第二届海峡两岸工业安全学术论坛在学校举行,来自海峡两岸的多位生产安全领域的多位专家和青年博士在会上做了学术报告和交流。会议主题:工业安全生产、民用火灾建筑安全、防灭火工艺计算机仿真等。

2015年10月,由西安科技大学、陕西省煤炭学会联合主办的"2015中国西部能源清洁高效利用会议"(2015WCECCHEU)在西安召开。会议围绕能源清洁转化及利用中相关科学和技术领域的重大基础、应用和前沿问题以及高级专业人才培养模式等方面取得的新成果和新进展进行了学术交流,举办了25场主题报告。

2016年7月,由学校主办的"第三届(IS3C2016)智慧控制与智能电气国际会议在西安唐隆国际酒店举行。大会主题涉及计算机、通信、电气、可再生能源、系统与控制以及数字信号处理等。

2016年11月,由国家安全生产应急救援指挥中心主办,西安科技大学承办的矿山救援技术装备研讨会在我校雁塔校区举行。与会人员就国家、区域矿山应急救援队装备配备等问题进行了研讨。

2016年11月,第一届先进材料前沿学术会议在西安举行。本次会议由《材料导报》杂志社主办,学校和陕西科技大学共同承办,西安交通大学等8所高校协办。会议以"创新引领材料科技未来、实践助力材料产业升级"为主题,聚焦高性能金属材料、储能与动力电池材料、生物医用材料、生态环境材料、先进陶瓷材料、高分子材料、土木工程材料、交叉学科等先进材料热门领域

2016年9月,第四届行为安全与安全管理国际会议暨第二届安全管理理论与实践国际会议在西安举行。本届会议由中国职业安全健康协会行为安全专业委员会、西安科技大学、公共安全科学

技术学会主办,西安科技大学承办,长安大学等单位协办,会议主题为"促进安全交流、凝聚安全共识、创新安全管理"。

2016年9月,由全国煤炭高校体协主办、西安科技大学承办的全国煤炭系统高校体育论坛暨第三届科报会在西安举办。会议主题为"学校体育科学研究、教育教学与大学生体质健康关怀"。

2016年9月,由公共安全科学技术学会和西安科技大学联合主办、安全学院承办的"公共安全科学技术学会学科建设专业工作委员会启动暨工作研讨会"在学校召开。

2016年7月,西部地区外语教育研究会2016年年会暨第十二届学术研讨会在西安科技大学举行。

2016年10月,由消防工程专业教学指导委员会主办、西安科技大学及陕西省公安消防总队承办的"2016年消防工程专业教学指导委员会年会暨消防科学学术交流会"在西安召开。

2016年9月,第十八届中国科协年会第十分会场煤炭清洁高效利用学术论坛在陕西西安召开。论坛由中国煤炭学会承办,陕西省煤炭学会、陕西煤业化工集团、西安科技大学、中国煤炭科工集团西安研究院联办。会议主题为煤炭提质加工、煤炭清洁高效转化、超低排放燃煤发电、碳捕集与封存、煤炭伴生资源开发利用以及散煤清洁燃烧等。

2016年12月,中国质量西部论坛暨"陕西丝路质量研究院"首届学术研讨会在古城西安隆重召开。本次研讨会由陕西省质量技术监督局、西安市质量技术监督局主办,西安科技大学、西安市质量协会、陕西丝路质量研究院承办。

2017年5月,由中国MBA联盟主办、学校管理学院承办的"2017追赶超越筑梦西安"高峰论坛暨中国MBA西北联盟主席峰会在西安禹龙国际酒店举行。以"大西安,大发展,大MBA"为主题联合西北6省27所高校共同探讨MBA筑梦西安大计。

2017年8月,第六届智能检测与控制国际会议在学校举行。会议就产品智能制造、机电一体化系统等涉及的检测与控制问题进行了广泛的学术交流。

2.举办高水平学术报告

学校重视举办高水平学术报告,邀请国内外著名专家、学者来校开展高水平学术讲座。据统计,2008年举办学术讲座53场,2009年举办学术讲座40场,2010年举办学术讲座55场,2011年举办学术讲座31场,2012年举办学术讲座70场,2013年举办学术讲座50场,2014年举办学术讲座103场,2015年举办学术讲座87场,2016年举办学术讲座85场,2017年举办学术讲座92场。

第四章　本(专)科教学工作

第一节　教育理念的发展与更新

2008~2018 年期间,在全国高等教育全面实施从跨越式发展向内涵发展、特色发展、和谐发展转变,从注重规模向稳定规模、优化结构、提高质量转变的形势下,学校主动适应科技、社会和高等教育的发展,经过不断探索实践,形成了特色鲜明的本科教学思路。其中 2009 年、2011 年、2014 年和 2016 年召开的校本科教学工作会议对学校的本科教学工作进行了总结和部署。

一、2009 年本科教学工作会议

2009 年 12 月,学校召开了以"加强教学内涵建设、提高教育教学质量"为主题的教学工作会议。会议总结回顾了 2007~2009 年期间的质量工程建设的成果和经验,分析了存在的问题和不足,指出了下一步学校实施"质量工程"工作思路,将《西安科技大学本科教学质量与教学改革工程实施意见》作为指导学校本科教学质量与教学改革工程的纲领性文件,深入贯彻落实文件精神,认真谋划,扎实工作,全面推进"质量工程"建设。

会议对本科教学工作任务做了具体安排:切实加强对"质量工程"实施工作的领导;树立"大教育""大教学"的理念,形成人人关心和支持教学工作的良好氛围;夯实基础,点面结合,重点突破,发挥优势,凸显特色;完善制度,加大投入,为"质量工程"实施提供制度保障和经费支持;发挥"质量工程"的示范作用,努力促进教学质量稳步提高。

二、2011 年本科教学工作会议

2011 年 10 月,学校召开本科教学工作会议,总结回顾了"十一五"期间的教学工作成果,明确了学校"十二五"本科教学工作的总体思路和主要任务。

为实现"十二五"目标,学校重点做了以下几方面工作:① 巩固教学工作的中心地位,不断更新教育观念;② 以"卓越计划"实施为契机,创新人才培养模式;③ 以"本科教学工程"建设为动力,加强教学内涵建设;④ 优化专业结构,强化专业特色;⑤ 加强教风学风建设,为提高教学质量奠定基础;⑥ 加强教师队伍建设,提高教师教学水平;⑦ 强化教学管理,加大教学质量监控力度;⑧ 进一步加大教学经费投入,为提高教学质量提供经费保障;⑨ 精心部署,积极迎接新一轮本科教学评估。

会议出台了《西安科技大学关于进一步加强本科教学工作的若干意见》《西安科技大学本科人才培养改革方案》《西安科技大学"卓越工程师教育培养计划"(本科层次)实施办法》等纲领性文件。

三、2014 年本科教学工作会议

2014 年 5 月,学校召开了 2014 年本科教学工作会议,总结了"十二五"以来的本科教学工作,并对巡视诊断工作和本科教学审核评估工作进行安排部署。

会议对工作任务做了具体安排:学校将深入学习贯彻落实《教育部关于全面提高高等教育质量

的若干意见》、陕西省委省政府办公厅《关于深化改革推进高等教育内涵式发展的意见(2014～2020年)》以及全国、全省全面提高高等教育质量工作会议精神,以加强教学内涵建设为主线,以深化教育教学改革为动力,以迎接巡视诊断和本科教学工作审核评估为契机,不断加强内涵建设,强化办学特色,全面提高人才培养质量,努力开创学校本科教学工作新局面。

四、2016 年本科教学工作会议

2016 年 7 月,学校召开 2016 年本科教学工作会议,回顾总结"十二五"本科教学工作,分析研判本科教学面临的形势,安排部署"十三五"本科教学工作,对深化本科教育教学综合改革和 2017 年本科教学工作审核评估评建工作进行动员部署。

"十三五"期间,学校本科教学的主要任务是围绕建设特色鲜明的高水平教学研究型大学的奋斗目标,通过实施本科教育教学综合改革,力求在影响本科教学质量的关键领域和薄弱环节上取得突破,使学校的专业结构得到优化,办学特色得到凸显,内涵建设得到加强,教师队伍整体水平得到提高,教风学风得到好转,大学生综合素质、实践能力、创新创业能力得到提升,促进教学水平和教学质量不断提高,人才培养的社会适应性不断增强。

会议通过了《西安科技大学关于深化本科教育教学综合改革的实施意见》《西安科技大学 2016版本科人才培养方案修订原则意见》《西安科技大学深化本科生创新创业教育改革工作实施方案》《西安科技大学本科教学工作审核评估评建工作方案》等 8 个文件(方案)。

第二节　招　生　工　作

一、招生规模与类型

2008 年,学校招生类型主要有普通本科、高职、艺术类、国防生、少数民族预科、煤炭企业对口单招等几个类型。学校先后于 2012 年停止了专科招生,2014 年停止了国防生招生、艺术类校考,2015 年停止了专升本招生和煤炭企业对口单招;2013 增加了国家(地方)专项和"卓越工程师教育培养计划",2014 年开展中外合作办学招生及内地新疆高中班等新的招生类型,2016 年实施大类招生和本硕连读招生。学校不断探索中外合作联合培养新模式,探索招生制度改革和高层次人才培养模式,生源类型更加多元化。2008～2017 年本专科招生规模及在陕比例统计见表 4-4-1。

表 4-4-1　　　　　　　　　2008～2017 年本专科招生规模及在陕比例统计

年份	招生总量	在陕招生人数	在陕招生比例
2008 年	5 152	3 186	0.62
2009 年	5 096	3 181	0.62
2010 年	5 159	3 289	0.64
2011 年	5 461	3 945	0.72
2012 年	5 239	3 681	0.70
2013 年	5 140	3 550	0.69
2014 年	5 194	3 554	0.68
2015 年	4 966	3 548	0.71
2016 年	4 842	3 378	0.70
2017 年	4 770	3 340	0.70

2008年,学校有本科招生专业48个,为适应调整行业和社会需求变化,先后增加物流管理、土木工程中外合作办学等多个专业。2017年,学校有本科招生专业56个,其中理工类专业44个,文史类专业7个,文理兼收专业1个,艺术类专业4个,形成了以工科为主体,理、工、文、管、法、经、艺均有招生的格局。

二、生源质量

(1)一志愿报考率不断提高。2008~2017年,安全工程、机械设计制造及其自动化、电器工程及其自动化、通信工程等多个专业一志愿报考率超过100%,部分专业一志愿报考率甚至超过300%。

(2)一本录取比例显著提高。2008年,学校在6个省份全部一本招生,7个省份部分一本招生。2017年,一本招生省份已达21个,其中全部一本招生省份14个,部分一本招生省份7个。2008年一本招生数量仅占招生总规模的12%,2017年一本招生规模已经占招生总规模的94%。

(3)录取分数显著提高。学校在多个省份的录取分数稳步上升,多个二本招生省份的录取最低分超过一本线,一本招生省份呈稳步上升态势,2014~2016年,多个省份的理工类录取最低分超过一本线45分。2015~2017年,在陕文理科均实现了3年连续增长。

(4)高分考生数量大幅度增加。2008~2013年,理工类超过一本线45分、文史类超过一本线30分的高分考生,一直维持在50人以内,2014~2017年分别为60人、170人、346人、512人,连续4年增长。

三、招生组织建设

根据教育部要求,学校成立了由校长任主任的本科招生委员会,全面领导本科招生工作,成立本科招生工作领导小组和工作小组,加强本科招生工作的领导监督。加强制度建设,修订和印发了《西安科技大学本科招生工作管理办法》,对本科招生工作的机构、内容、规范、纪律等做了详细规定;制定了《西安科技大学优秀新生奖学金管理办法》,吸引高分考生报考;制定了《预留计划使用管理办法》等规范本科招生录取工作的制度文件。

第三节 专业建设
(含课程教材建设、教学团队及教学名师)

一、专业发展的思路、规划和措施

(1)为全面贯彻落实《国家中长期教育改革和发展规划纲要(2010~2020)》,根据学校2004~2018年教育事业发展规划,学校制定了《西安科技大"十二五"学教育事业建设规划》以及与此相配套的《西安科技大学"十二五"学科(专业)建设规划》,提出了"优化专业结构,强化专业特色"的学科专业发展思路。

2012年2月,采矿工程、安全工程、地质工程被批准为教育部"卓越工程师教育培养计划"实施专业。2013年10月,机械设计制造及其自动化、土木工程、测绘工程、化学工程与工艺4个专业被批准为教育部"卓越工程师教育培养计划"实施专业。

2012年,教育部开始实施"专业综合改革试点"项目。2013年采矿工程、安全工程2个专业点被批准地方高校第一批本科专业综合改革试点项目。2012~2013年建设省级"专业综合改革试点"项目6个。

(2)学校制定了《西安科技大"十三五"专项发展规划》以及与此相配套的《西安科技大学"十三

五"专业建设与本科教育教学发展规划》,提出了"控数量、调结构、强特色、提水平"的专业发展总体要求。

2010年5月～2018年3月,采矿工程、安全工程、机械设计制造及其自动化等7个专业通过中国工程教育专业认证(评估),专业内涵建设得到加强。

2014年,学校与澳大利亚联合开展中外合作办学项目2个,分别与塔斯马尼亚大学合作举办土木工程专业本科教育项目及与麦考瑞大学合作举办电气工程及其自动化专业本科教育项目。2016年,计算机科学与技术、机械电子工程、地质工程、动画等13个专业按照计算机类、机械类、地质类、艺术类开展大类招生改革试点,打通学科大类内专业基础课,增强专业适应性。

2017年,学校14个本科专业获陕西省"一流专业",其中建设专业6个,培育专业8个。

二、专业增设与调整改造

(一)新专业增设

2008年1月～2018年3月,依据学校专业发展规划和《专业设置办法》在调研和论证的基础上新办本科专业10个,详见表4-4-2。

表4-4-2　　　　　　　　　　　2008～2018年新增本科专业一览表

序号	专业名称	代码	审批文号	招生时间	学科门类
1	机械电子工程	080204	教高〔2008〕2号	2008年9月	工学
2	城市规划	082802	教高〔2008〕2号	2008年9月	工学
3	无机非金属材料工程	080406	教高〔2008〕10号	2009年9月	工学
4	消防工程	083102K		2009年9月	工学
5	物联网工程	080905	教高〔2012〕2号	2012年9月	工学
6	能源化学工程	081304T		2012年9月	工学
7	遥感科学与技术	081202	教高〔2013〕4号	2013年9月	工学
8	物流管理	120601	教高〔2014〕1号	2014年9月	管理学
9	城市地下空间工程	081005T	教高函〔2018〕4号	2018年9月	工学
10	地下水科学与工程	081404T	教高函〔2018〕4号	2018年9月	工学

10个新办专业大多数具有较好的学科基础,而且是陕西乃至整个西部地区高校中布点较少,但社会和经济发展对人才需求较大的专业。

(二)现有专业布局与结构

2012年,学校根据《普通高等学校本科专业目录(2012年)》,对现有本科专业进行了整理。整理后学校现有本科专业58个,涵盖工、理、管、文、法、艺等六大学科门类,涉及32个专业门类;形成了以工为主,工、理、管、文、法、艺互为依托,优势互补的学科专业群,专业覆盖面有了进一步的拓宽,服务面向扩展到西部地区乃至全国。学校学科专业布局与专业沿革分别见表4-4-3和表4-4-4。

安全工程、采矿工程、土木工程、测绘工程、自动化、机械设计制造及其自动化、电气工程及其自动化、材料科学与工程、化学工程与工艺、地质工程等本科专业分别有国家、省、校重点学科相匹配,成为学校的优势专业。90%以上的专业有硕士学位授权学科支撑。其中,安全工程、采矿工程、土木工程、地质工程、机械设计制造及其自动化、机械电子工程、矿物加工工程等专业还有博士学位授权学科相依托,形成学校的特色专业。通信工程、电子信息工程、计算机科学与技术等专业有较强的实力。采矿工程、地质工程为国家管理专业。

表 4-4-3　　　　　　　　　西安科技大学学科专业布局

学科	专业门类数	专业数	比例
法学	2	2	3.45%
工学	17	37	63.8%
管理学	6	8	13.79%
理学	3	5	8.62%
文学	2	2	3.45%
艺术学	2	4	6.89%
总计	32	58	100%

表 4-4-4　　　　　　　　　西安科技大学专业沿革一览表

序号	招生年度	现设置专业	专业代码	学科门类	专业门类
1	1958 年	采矿工程	081501	工学	矿业类
2		地质工程	081401	工学	地质类
3		土木工程	081001	工学	土木类
4	1959 年	机械设计制造及其自动化	080202	工学	机械类
5		自动化	080801	工学	自动化类
6	1978 年	测绘工程	081201	工学	测绘类
7	1984 年	安全工程	082901	工学	安全科学与工程类
8	1987 年	通信工程	080703	工学	电子信息类
9	1989 年	环境工程	082502	工学	环境科学与工程类
10		计算机科学与技术	080901	工学	计算机类
11	1994 年	材料科学与工程	080401	工学	材料类
12	1995 年	测控技术与仪器	080301	工学	仪器类
13		化学工程与工艺	081301	工学	化工与制药类
14	1996 年	建筑环境与能源应用工程	081002	工学	土木类
15		电子信息工程	080701	工学	电子信息类
16		会计学	120203K	管理学	工商管理类
17	1997 年	工商管理	120201K	管理学	工商管理类
18	1997 年	电气工程及其自动化	080601	工学	电气类
19	1998 年	电子科学与技术	080702	工学	电子信息类
20	1999 年	建筑学	082801	工学	建筑类
21		产品设计	130504	艺术学	设计学类
22		地理信息科学	070504	理学	地理科学类
23	2000 年	视觉传达设计	130502	艺术学	设计学类
24		环境设计	130503	艺术学	设计学类
25		信息与计算科学	070102	理学	数学类
26		英语	050201	文学	外国语言文学类
27		政治学与行政学	030201	法学	政治学类
28	2001 年	旅游管理	120901K	管理学	旅游管理类
29		电子信息科学与技术	080714T	工学	电子信息类

序号	招生年度	现设置专业	专业代码	学科门类	专业门类
30	2002 年	数学与应用数学	070101	理学	数学类
31		信息管理与信息系统	120102	管理学	管理科学与工程类
32		工程管理	120103	管理学	管理科学与工程类
33		工业工程	120701	管理学	工业工程类
34		应用化学	070302	理学	化学类
35	2003 年	工程力学	080102	工学	力学类
36		法学	030101K	法学	法学类
37	2004 年	微电子科学与工程	080704	工学	电子信息类
38		电子商务	120801	管理学	电子商务类
39		软件工程	080902	工学	计算机类
40	2005 年	汉语言文学	050101	文学	中国语言文学类
41		网络工程	080903	工学	计算机类
42	2006 年	给排水科学与工程	081003	工学	土木类
43		资源勘查工程	081403	工学	地质类
44		高分子材料与工程	080407	工学	材料类
45		矿物加工工程	081503	工学	矿业类
46		车辆工程	080207	工学	机械类
47	2007 年	动画	130310	艺术学	戏剧与影视学类
48		自然地理与资源环境	070502	理学	地理科学类
49	2008 年	机械电子工程	080204	工学	机械类
50		城乡规划	082802	工学	建筑类
51	2009 年	无机非金属材料工程	080406	工学	材料类
52		消防工程	083102K	工学	公安技术类
53	2012 年	物联网工程	080905	工学	计算机类
54		能源化学工程	081304T	工学	化工与制药类
55	2013 年	遥感科学与技术	081202	工学	测绘类
56	2014 年	物流管理	120601	管理学	物流管理与工程类
57	2018 年	城市地下空间工程	081005T	工学	建筑类
58		地下水科学与工程	081404T	工学	地质类

（三）专科(高职)专业

2008 年,学校设有计算机网络等 10 个高职专业(表 4-4-5)。2010 年重点发展本科专业,停止了专科招生。

表 4-4-5 　　　　　　　　　　　　西安科技大学高职专业一览表

序号	专业代码	专业名称	审批时间	招生时间
1	590102	计算机网络技术		1987 年
2	590210	微电子技术		2003 年
3	590301	通信技术		1985 年

序号	专业代码	专业名称	审批时间	招生时间
4	620106	金融保险	2003 年 6 月	2004 年
5	620405	电子商务（文、理）		2001 年
6	620505	物流管理	2003 年 6 月	2003 年
7	660102	应用英语	2003 年 6 月	2004 年
8	590203	电子测量技术与仪器	2005 年 12 月	2006 年
9	580201	机电一体化技术	2005 年 12 月	2006 年
10	560501	建筑工程管理	2005 年 12 月	2006 年

（四）第二学士学位授予权的专业

2007 年经教高〔2007〕3 号文批准,学校安全工程、工程管理专业为第二学士学位授予专业(表4-4-6)。

表 4-4-6 第二学士学位授予专业

学校名称	专业代码	专业名称	修业年限	学位授予门类
西安科技大学	081002	安全工程	二年	工学
	110104	工程管理	二年	管理学

（五）优势特色专业建设

2008 年,地质工程专业获批为国家级特色专业建设点。

2009 年,土木工程、自动化专业获批为国家级特色专业建设点。

2010 年,机械设计制造及其自动化、化学工程与工艺专业获批为国家级特色专业建设点。

2010 年,地理信息系统专业获批为陕西省特色专业建设点。

2011 年,资源勘查工程、通信工程被评为陕西省特色专业建设点。

2012 年,采矿工程、安全工程、地质工程等 3 个专业被评为省级"专业综合改革试点"项目。

2013 年,采矿工程、安全工程 2 个专业被评为国家"专业综合改革试点"项目。同年,测绘工程、土木工程、化学工程与工艺等 3 个专业被评为省级"专业综合改革试点"项目。

2014 年,地质工程专业被评为国家"专业综合改革试点"项目。同年,机械设计制造及其自动化、自动化、电子信息工程等 3 个专业被评为省级"专业综合改革试点"项目。

2017 年,学校 14 个本科专业被评为陕西省"一流专业"建设项目,其中建设专业 6 个,培育专业 8 个。

三、课程建设

（一）课程建设的历史沿革

教学内容和课程建设是高等院校教学工作中一项非常重要的基本建设。2011 年 6 月,学校制定了《西安科技大学"十二五"教育事业发展规划》,提出精品课程建设要以专业建设(尤其是优势特色专业建设)为主线,体现课程、教材、团队、教学成果一体化建设的思路;确立了"十二五"期间"精品课程"建设任务:拟建成国家级精品课程 3～5 门,省级精品课程 15 门,校级精品课程 65 门。

2011 年 12 月学校印发了《西安科技大学关于进一步加强本科教学工作的若干意见》,指出要继续实施"百门精品课程建设工程",加大了对精品课程的经费投入,重点建设 100 门以上受益面广、对教学质量有重大影响的核心课程,要求每个专业必须建成 2～3 门精品课程。同年,学校积极

贯彻落实《教育部关于国家精品开放课程建设的实施意见》(教高〔2011〕8号)文件精神,启动了校级精品视频公开课程或资源共享课程的建设工作。

2016年7月,学校制定了《西安科技大学"十三五"专业建设与本科教育教学发展规划》,明确规定了"十三五"期间调整课程设置、优化课程体系的任务:新增校级课程体系改革试点项目5个;在现有省级精品资源共享课建设基础上积极争取建设国家级精品资源共享课程1门,进一步更新、完善校级精品课程(精品资源共享课程)50门,建设慕课(MOOC)、私播课(SPOC)等网络课程5门。

2016年12月学校印发了《西安科技大学"十三五"课程建设规划》,规划了建设目标:完成主干课程、课程负责人及主讲教师"三三配制";自建和引进包含创新创业教育、基础理论教育、传统文化教育、核心专业教育等在内的大规模在线开放课程(MOOCs/SPOCs)30门;力争建成和上线校级精品开放课程50门、微课程50门;建设双语课程10门。力争获得省级及以上在线开放课程立项10项;获得省级及以上微课教学比赛奖励10～15项。

(二)课程建设

1.校级精品课程建设

2009年6月,学校确定"岩土工程测试技术"等14门课程为2009年度校级精品课程。

2010年12月,学校确定"管理系统工程"等10门课程为2010年度校级精品课程。

2011年7月,学校确定"矿山建设工程"等8门课程为2011年度校级精品课程。

2012年11月,学校确定"煤矿开采学"等20门课程为2012年度校级精品课程。

2013年11月,确定"地质学基础"等20门课程为2013年度校级精品课程。

2014年6月,确定"工程经济学"等9门课程为2014年度校级精品资源共享课程,同时升级改造"矿业系统工程"等23门已有校级精品课程,共立项精品资源共享课程32门。

2015年11月,确定"建筑防火性能化设计"等25门课程为2015年度校级精品资源共享课程,同时升级改造"GIS原理"等15门已有校级精品课程,共立项精品资源共享课程40门。

2.国家级、省级精品课程建设

2004年,学校国家级精品课程实现零的突破,"概率论与数理统计"经教育部批准为国家级精品课程。截至2012年,学校有1门国家级精品课程、24门省级精品课程,详见表4-4-7。

表4-4-7　　　　　　　西安科技大学国家级、省级精品课程一览表

学院	课程名称	课程负责人	批准时间
理学院	概率论与数理统计(国家级)	丁正生	2004年
理学院	工程力学	韩江水	2003年
材料学院	材料物理	王晓刚	2005年
化工学院	有机化学	李侃社	2005年
计算机学院	汇编语言程序设计	龚尚福	2005年
计算机学院	数据结构	龚尚福	2006年
能源学院	开采损害学	余学义	2006年
能源学院	安全学原理	李树刚	2007年
能源学院	安全经济学	田水承	2008年
机械学院	数控技术	马宏伟	2008年
建工学院	爆破工程	戴俊	2009年
能源学院	矿山压力与岩层控制	黄庆享	2009年

学院	课程名称	课程负责人	批准时间
化工学院	碳一化工	周安宁	2009 年
通信学院	微机应用系统设计	吴延海	2010 年
建工学院	岩土工程测试技术	任建喜	2010 年
地环学院	工程地质学	王贵荣	2011 年
机械学院	测试技术与信息处理	李曼	2011 年
能源学院	通风工程	姬长发	2011 年
计算机学院	微机原理与接口技术	龚尚福	2011 年
地环学院	工程岩土学	王贵荣	2012 年
建工学院	矿山建设工程	惠兴田	2012 年
地环学院	矿井地质学	薛喜成	2012 年
测绘学院	摄影测量	张春森	2012 年
建工学院	地下工程施工技术	任建喜	2012 年
测绘学院	矿山测量学	姚顽强	2012 年

3. 国家级、省级精品资源共享课程

2012 年,教育部实施"本科教学工程"项目建设,原精品课程项目更改为精品资源共享课程项目。2012 年省级精品课程列入精品资源共享课建设行列。2013 年,"概率论与数理统计"成为学校第一门国家级精品资源共享课程。经过努力,学校在 2012～2015 年期间共建设省级精品资源共享课程 62 门,详见表 4-4-8。

表 4-4-8　　　　　　　　西安科技大学省级精品资源共享课程一览表

学院(部)	课程名称	课程负责人	批准时间
能源学院	安全学原理	李树刚	2012 年
建工学院	爆破工程	戴俊	2012 年
地环学院	工程岩土学	王贵荣	2012 年
建工学院	矿山建设工程	惠兴田	2012 年
地环学院	矿井地质学	薛喜成	2012 年
测绘学院	摄影测量	张春森	2012 年
建工学院	地下工程施工技术	任建喜	2012 年
测绘学院	矿山测量学	姚顽强	2012 年
计算机学院	C 语言程序设计	张卫国	2013 年
材料学院	材料科学基础	杜双明	2013 年
建工学院	城市规划原理	邸芃	2013 年
电控学院	电力电子技术	蔡文皓	2013 年
电控学院	电力系统分析	商立群	2013 年
机械学院	机械设计基础	韩敏	2013 年
机械学院	机械制造技术基础	郭卫	2013 年
计算机学院	计算机组成原理	龚尚福	2013 年
能源学院	矿山岩石力学	邓广哲	2013 年

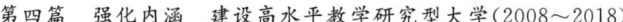

学院(部)	课程名称	课程负责人	批准时间
化工学院	矿物学	王水利	2013 年
地环学院	煤田地质学	马东民	2013 年
建工学院	岩石力学	任建喜	2013 年
化工学院	有机合成化学	蔡会武	2013 年
电控学院	自动控制原理	王勉华	2013 年
建工学院	岩土工程测试技术	任建喜	2013 年
能源学院	矿业系统工程	高晓旭	2014 年
能源学院	矿山压力与岩层控制	黄庆享	2014 年
能源学院	通风工程	姬长发	2014 年
能源学院	工程经济学	李龙清	2014 年
安全学院	安全经济学	田水承	2014 年
地环学院	岩土工程勘察	王贵荣	2014 年
机械学院	矿山设备电气控制	张旭辉	2014 年
电控学院	电路	高赟	2014 年
安全学院	安全法规	许满贵	2014 年
计算机学院	数值分析	龙熙华	2014 年
建工学院	建筑初步	倪茜	2014 年
机械学院	数控技术	马宏伟	2014 年
能源学院	开采损害学	余学义	2014 年
地环学院	工程地质学	王贵荣	2014 年
安全学院	矿山安全技术	张俭让	2014 年
安全学院	灾害学	成连华	2015 年
安全学院	矿井瓦斯防治技术	李树刚	2015 年
材料学院	材料工程基础	陈杰	2015 年
材料学院	材料物理性能	杜慧玲	2015 年
测绘学院	误差理论与测量平差基础	史经俭	2015 年
地环学院	工程地质分析基础	王念秦	2015 年
电控学院	电气控制技术	杜京义	2015 年
电控学院	供电技术	付周兴	2015 年
化工学院	物理化学	刘向荣	2015 年
化工学院	有机化学	蔡会武	2015 年
计算机学院	数据结构与算法设计	张小艳	2015 年
能源学院	采矿学	张恩强	2015 年
计算机学院	微机原理与接口技术	龚尚福	2015 年
建工学院	矿山特种结构设计	任建喜	2015 年
理学院	大学物理	炎正馨	2015 年
理学院	大学物理实验	郭长立	2015 年
人外学院	高级英语	姚克勤	2015 年
人外学院	英语阅读	师新民	2015 年

学院(部)	课程名称	课程负责人	批准时间
思政部	马克思主义基本原理概论	李金勇	2015 年
体育部	篮球	马珺	2015 年
通信学院	数字信号处理	张释如	2015 年
通信学院	通信原理	李白萍	2015 年
通信学院	微机应用系统设计	吴延海	2015 年
通信学院	现代交换技术	李国民	2015 年

4．双语教学示范课程

2008 年,陕西省教育厅组织了省级双语教学示范课程评审工作,学校"计算机网络"(马宪民)、"工程制图"(刘金瑄)被确定为省级双语教学示范课程。2008～2015 年,学校共有 28 门课程获双语教学示范课程资助,其中 2 门课程获"陕西省双语教学示范课程"资助,"岩石力学"等 26 门课程获学校重点资助。

5．慕课(MOOC)建设

学校采取引进与自建相结合的方式,为学生提供优质在线开放课程资源。2014 年,学校投入100 余万元建设网络教学平台。2015 年 4 月,学校印发了《关于开展慕课(MOOC)课程建设申报工作的通知》,正式启动学校慕课(MOOC)课程建设工作。2015～2016 年,学校共立项培育校级慕课(MOOC)课程 18 门。2016 年,"安全学原理""误差理论与测量平差"2 门课程获批陕西省高校在线开放课程建设项目。

(三)课程建设的组织体系与评审制度

1．课程建设组织体系

学校构建了校院(部)两级课程建设组织机构。2016 年 12 月,学校出台了《西安科技大学课程建设管理办法(修订)》,对课程建设的申报范围与申报条件、立项、课程建设与经费管理等进行了明确的要求。

2．课程建设评审制度

学校建立了严格的评审制度和课程评审指标体系。所有立项建设的课程都必须由校专家组和教学指导委员会依据课程建设验收评比指标体系,从师资队伍、教学条件、教学实施过程和效果等进行检查和验收评比,以推动课程建设进程,提高课程建设质量。对评比为优秀的课程,分别授予优秀课程或精品课程称号,并对其主讲教师在职称评审、评优等方面给予倾斜。

四、教材建设与教材管理

(一)教材管理与措施

2010 年,学校成立西安科技大学第七届教材建设委员会,主要职责为制定学校教材建设规划目标和工作计划,并监督二级学院实施。

学校制定了《西安科技学院教材工作条例》《西安科技学院教材建设管理规定》《西安科技学院教材供应管理办法》等文件。该文件规范了教材选用的具体标准和程序,由教研室负责,经院(系、部)教学院长审核,报教材科审定,由教材科依据《教材选用评价指标体系》组织对选用教材进行抽样评价,严把选用教材的质量关。学校明确规定,公共基础课、专业基础课及各专业的主干课程必须选用获省部级以上奖励或公认水平较高的教材,并注意积极选用高水平的新教材,以保证教学内容的更新。

2016 年,学校重新制定了《西安科技大学教材工作管理办法》(西科办发〔2016〕106 号)文件,分

别从教材组织领导、教材建设、教材选用与征订、教材研究与评价、优秀教材评选等方面进行了规范与要求。要优先选用国家(省、部)级规划教材、获奖教材、行业公认高水平教材,并规范教材选用流程:由主讲教师提出建议、系(教研室)集体讨论和研究,学院(部)教授委员会研究同意后,报教务处审定。2018年,本科生选用教材70％以上为规划、获奖或最新出版教材。

（二）教材建设与成果

1．规划教材

（1）国家级规划教材。

2012年田水承教授主编的《安全管理学》教材入选"十二五"国家级规划教材。

（2）煤炭协会"十二五""十三五"规划教材。

2010年底,中国煤炭教育协会组织评审了高等教育(矿业)"十二五"规划教材评选,学校共有《煤矿开采学》等49部教材作为主编单位入选该项规划教材。

表 4-4-9　　　　　　　　高等教育(矿业)"十二五"规划教材目录

序号	教材名称	主编	主编单位
1	煤矿开采学	张恩强	西安科技大学
2	矿山岩石力学	邓广哲	西安科技大学
3	矿山技术经济学	李龙清	西安科技大学
4	井巷工程(修订)	张恩强	西安科技大学
5	安全监测与监控	李树刚	西安科技大学
6	安全法学	许满贵	西安科技大学
7	矿井灾害防治	张俭让	西安科技大学
8	矿井火灾防治	邓军	西安科技大学
9	数学地质与计算机应用	薛喜成	西安科技大学
10	煤层气排采控制原理	马东明	西安科技大学
11	工程地质分析基础	王念秦	西安科技大学
12	WebGIS 开发与实践	马庆勋	西安科技大学
13	移动 GIS 软件开发应用	李崇贵	西安科技大学
14	土地整理学	陈秋计	西安科技大学
15	数字测绘技术与应用	刘长星	西安科技大学
16	测量平差基础	史经俭	西安科技大学
17	矿物加工电气设备及自动化	贺虎成	西安科技大学
18	炭素材料	赵世永	西安科技大学
19	普通化学	蔡会武	西安科技大学
20	碳一化学	周安宁	西安科技大学
21	岩石力学	任建喜	西安科技大学
22	建筑力学	屈钧利	西安科技大学
23	矿山特种结构设计	任建喜	西安科技大学
24	现代汽车概论	寇发荣	西安科技大学
25	煤矿固定机械及运输设备	何万库	西安科技大学
26	煤矿机械及其控制	任中全	西安科技大学
27	矿用车辆结构与设计	寇发荣	西安科技大学

序号	教材名称	主编	主编单位
28	材料成型原理	杜双明	西安科技大学
29	电子材料性能及其应用	刘向春	西安科技大学
30	热处理原理及工艺	朱明	西安科技大学
31	自动控制原理	王勉华	西安科技大学
32	微波与卫星通信	李白萍	西安科技大学
33	最优化技术及应用	李占利	西安科技大学
34	市场营销学	李红霞	西安科技大学
35	会计学	王新红	西安科技大学
36	财政学	吕靖烨	西安科技大学
37	金融学	李朋林	西安科技大学
38	基建与施工会计	杨利红	西安科技大学
39	简明现代管理学教程	李永清	西安科技大学
40	标准化与计量管理	王新平	西安科技大学
41	电子商务安全管理	张金锁	西安科技大学
42	大学物理实验	郭长立	西安科技大学
43	工程制图习题与解答	谢泳	西安科技大学
44	基础力学实验	张天军	西安科技大学
45	复变函数与积分变换	冯卫兵	西安科技大学
46	理工科大学生翻译与写作实践	张小涓	西安科技大学
47	英汉互译理论与实践	张燕清	西安科技大学
48	大学英语选修课教材之《英文佳片有约》	师新民	西安科技大学
49	工业设计专业英语	冯玘	西安科技大学

2016年5月,中国煤炭教育协会组织评审了煤炭高等教育"十三五"规划教材评选,其中学校共有涉及安全学科等13个学科的80部教材作为主编单位入选,详见表4-4-10。

表 4-4-10　　　　　　　　　　煤炭高等教育"十三五"规划教材目录

序号	教材名称	主编	学科专业
1	矿井瓦斯治理	李树刚	安全学科
2	安全工程实验教程与测试新技术	李树刚	安全学科
3	安全经济学	田水承	安全学科
4	安全控制理论与技术	李树刚	安全学科
5	煤矿事故应急救援	文虎	安全学科
6	职业危害防治	许满贵	安全学科
7	矿井火灾	邓军	安全学科
8	安全法规	许满贵	安全学科
9	井巷工程	张恩强	采矿工程
10	采矿CAD绘图基础及应用	赵兵朝	采矿工程
11	采矿系统工程	贠东风	采矿工程

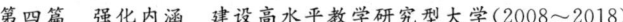

序号	教材名称	主编	学科专业
12	凿岩爆破工程	孙伟博	采矿工程
13	非煤固体矿床地下开采	刘浪	采矿工程
14	矿山数值模拟	解盘石	采矿工程
15	矿山技术经济学	李龙清	采矿工程
16	矿山岩石力学	邓广哲	采矿工程
17	《遥感原理与应用》实习实训教程	陈晓宁	测绘学科
18	测量平差	史经俭	测绘学科
19	地理信息系统原理与应用	邱春霞	测绘学科
20	工程测量学	胡荣明	测绘学科
21	摄影测量学	张春森	测绘学科
22	数字摄影测量生产实习教程	张春森	测绘学科
23	测量程序设计	陈宪冬	测绘学科
24	GIS 在土地资源管理中的应用案例	崔晓临	测绘学科
25	网络 GIS 基础开发与实践	马庆勋	测绘学科
26	材料工程基础	陈杰	材料学科
27	热处理设备	张菊梅	材料学科
28	无机材料科学与工程基础实验	陈杰	材料学科
29	矿井地质学	薛喜成	地质学科
30	矿山地质学	孙学阳	地质学科
31	岩土工程勘察与评价	王贵荣	地质学科
32	会计手工模拟课程设计	杨利红	管理学科
33	会计综合模拟实训教程	王新红	管理学科
34	系统工程思想、方法论及建模	王新平	管理学科
35	审计学	王岚	管理学科
36	建设项目评估	史玉芳	管理学科
37	地下水资源环境与污染控制	荆秀艳	环境学科
38	水污染控制工程	程爱华	环境学科
39	环保设备基础	刘转年	环境学科
40	环境工程专业英语	田华	环境学科
41	清洁生产与循环经济	杨帆	环境学科
42	物理性污染控制	金大瑞	环境学科
43	煤矿区土地复垦导论	宋世杰	环境学科
44	清洁生产与理论	杨帆	环境学科
45	工程经济学	凤亚红	建筑学科
46	混凝土结构设计原理	张淑云	建筑学科
47	建筑力学	屈钧利	建筑学科
48	金属切削原理刀具与机床	张传伟	机械学科
49	机械制造工艺学	郭卫	机械学科
50	机械工程材料	尚可超	机械学科

序号	教材名称	主编	学科专业
51	材料成型工艺	尚可超	机械学科
52	机电一体系统设计	张旭辉	机械学科
53	矿山车辆结构与设计	寇发荣	机械学科
54	AutoCAD 绘图基础与实训指导	谢泳	机械学科
55	冲压工艺及模具设计	牛立斌	机械学科
56	画法几何与机械制图	陈渊	机械学科
57	机械故障诊断技术	曹现刚	机械学科
58	现代汽车概论	寇发荣	机械学科
59	流体力学与液压传动	周新建	机械学科
60	矿山设备电气控制	张旭辉	机械学科
61	网络管理	冯健	计算机学科
62	面向对象技术	高晔	计算机学科
63	数字逻辑	牟琦	计算机学科
64	高等矿物加工学	李振	矿物加工学科
65	单片机原理与接口技术	曹现刚	信息与电气学科
66	电力电子技术	贺虎成	信息与电气学科
67	光纤通信技术与网络	毛昕蓉	信息与电气学科
68	信息与通信工程专业英语	张红	信息与电气学科
69	组态软件技术及其应用	黄梦涛	信息与电气学科
70	大学物理	王亚民	综合学科
71	大学物理实验	张欣	综合学科
72	高等代数与解析几何	赵高长	综合学科
73	工科大学物理同步学习指导	郝丽梅	综合学科
74	离散数学	张卫国	综合学科
75	新编旅游英语	于立新	综合学科
76	产品设计	赵立杉	综合学科
77	复变函数与积分变换	冯卫兵	综合学科
78	运筹学教程	乔宝明	综合学科
79	计算机辅助产品设计 SolidWorks 教程	池宁骏	综合学科
80	大学生创业教育基础	史龚龙	综合学科

同时,经煤炭教育协会审议,学校李树刚教授当选煤炭教育"十三五"规划教材建设委员会副主任,李朋林教授当选管理学科教材编审委员会主任,李占利、张释如、赵兵朝、刘转年、周安宁、戴俊、朱明、李树刚、王新平、师新民、胡荣明、孙学阳等 12 位教授(副教授)分别当选各学科教材编审委员会副主任。

(3)校级规划教材。

2008 年学校立项规划教材《多媒体技术及应用》(龚尚福主编)、《地下工程施工技术》(任建喜主编)、《安全科学原理》(李树刚主编)、《工程地质学》(王贵荣主编)等 10 部,校内讲义 20 部,实践教学讲义 20 部,多媒体课件重点项目 5 部,一般项目 5 部。

2010年学校立项规划教材《煤矿开采学》(张恩强主编)、《煤矿固定机械及运输设备》(何万库主编)、《安全监测监控技术》(李树刚主编)等20部,校内讲义28部。

2012年学校立项规划教材《安全科学原理(修订)》(李树刚主编)、《矿井开采设计》(李龙清主编)、《特殊凿井》(任建喜主编)等20部,校内讲义30部,实验(实习、设计指导书)28部。

2014年学校立项规划教材《物理化学》(刘向荣主编)、《矿井瓦斯防治与利用》(李树刚主编)等19部,校内讲义34部,实验(实习、设计指导书)22部。

2016年学校立项规划教材《概率论与数理统计数字课程》(丁正生主编)、《能源型小城镇规划》(邱继生主编)等7部,校内讲义25部,实验(实习、设计指导书)40部。

2.优秀教材获奖

(1)省级优秀教材。

2009～2016年,学校5次参加陕西省优秀教材奖评选,评出各级优秀教材11项,详见表4-4-11。

表4-4-11　　　　　　2009～2016年学校获得陕西省优秀教材奖一览表

年份	教材名称	作者	出版社	获奖等级
2009	爆破工程	戴俊	机械工业出版社	二等奖
2009	过程控制系统与仪表	王再英	机械工业出版社	二等奖
2011	灾害学	李树刚	煤炭工业出版社	一等奖
2011	数控技术	马宏伟	电子工业出版社	二等奖
2013	安全管理学	田水承	机械工业出版社	一等奖
2013	机械制造装备设计	马宏伟	电子工业出版社	二等奖
2013	安全监测与监控	李树刚	中国矿业大学出版社	二等奖
2015	岩土工程测试技术	任建喜	武汉理工大学出版社	一等奖
2015	隧道工程	戴俊	机械工业出版社	二等奖
2016	工程制图 ENGINEERING DRAWING(英汉对照)	刘金瑄、Terry E. Baxter(美)	西北工业大学出版社	一等奖
2016	微机原理与接口技术	牟琦	清华大学出版社	二等奖

(2)煤炭高等教育优秀教材。

2010年,学校参加煤炭教育协会举办的"第一届全国煤炭高等教育优秀教材"评选,共有21部获得奖项,其中戴俊教授主编的《爆破工程》等8部教材获一等奖,侯媛彬教授主编的《现代控制理论基础》等13部教材获二等奖。获奖情况详见表4-4-12。

表4-4-12　　　　　　第一届全国煤炭高等教育优秀教材获奖情况统计表

序号	教材名称	主编姓名	出版单位	获奖等级
1	爆破工程	戴俊	机械工业出版社	一等奖
2	灾害学	李树刚	煤炭工业出版社	一等奖
3	开采损害学	余学义	煤炭工业出版社	一等奖
4	过程控制系统与仪表	王再英	机械工业出版社	一等奖
5	微机原理与接口技术	龚尚福	西电科大出版社	一等奖
6	工程力学	韩江水	中国矿业大学出版社	一等奖
7	安全管理学	田水承	机械工业出版社	一等奖

序号	教材名称	主编姓名	出版单位	获奖等级
8	工程经济学(修订版)	李龙清	西安出版社	一等奖
9	现代控制理论基础	侯媛彬	北京大学出版社	二等奖
10	通信与电子信息科技英语(修订版)	张敏瑞	北京邮电大学出版社	二等奖
11	高频电子线路	董 敏	北京师范大学出版社	二等奖
12	工程力学	张天军	中国矿业大学出版社	二等奖
13	大学体育与健康教程	孙青山、马 珺	中国矿业大学出版社	二等奖
14	岩土工程勘察	王贵荣	西北工业大学出版社	二等奖
15	无机材料科学与工程基础实验	陈 杰	西北工业大学出版社	二等奖
16	现代信息网技术与应用	赵 谦	西安电子科技大学出版社	二等奖
17	数据通信技术教程	吴延海	北京大学出版社	二等奖
18	工程估价与造价管理	尚 梅	化学工业出版社	二等奖
19	电力系统自动化	付周兴	中国电力出版社	二等奖
20	微波与卫星通信	李白萍	西安电子科技大学出版社	二等奖
21	大学物理实验	郭长立	陕西科学技术出版社	二等奖

2016 年,学校参加煤炭教育协会举办的"第二届全国煤炭行业优秀教材"评选,共计 16 部教材获奖,其中《安全科学原理(第 2 版)》(李树刚主编)获得特等奖,《安全经济学》(田水承主编)等 5 部教材获一等奖,《工程测量学》(胡荣明主编)等 4 部教材获二等奖,《材料热处理原理及工艺》(朱明主编)等 6 部教材获优秀奖。获奖情况详见表 4-4-13。

表 4-4-13　　　　第二届全国煤炭行业优秀教材特等、一等、二等奖情况统计表

序号	教材名称	作者	学院	获奖等级
1	安全科学原理(第 2 版)	李树刚	安全学院	特等奖
2	安全经济学	田水承	安全学院	一等奖
3	简明现代管理学教程	李永清	管理学院	一等奖
4	C/C++程序设计	龚尚福	计算机学院	一等奖
5	矿山特种结构设计	任建喜	建工学院	一等奖
6	市场营销学	李红霞	管理学院	一等奖
7	安全法规	许满贵	安全学院	二等奖
8	工程测量学	胡荣明	测绘学院	二等奖
9	管理系统工程:方法论及建模	王新平	管理学院	二等奖
10	工程制图	李 勇	理学院	二等奖

(3)校级优秀教材。

2009 年学校开展校级优秀教材评选活动,评出校级优秀教材 24 项(其中:《过程控制系统与仪表》(王再英主编)等 5 部教材获一等奖,《环境生态学》(赵晓光主编)等 19 部教材获二等奖)。

2011 年学校开展校级优秀教材评选活动,评出校级优秀教材 31 项(其中:《微机原理与接口技术》(龚尚福主编)等 6 部教材获一等奖,《安全监测监控技术》(李树刚主编)等 25 部教材获二等奖)。

2013 年学校开展校级优秀教材评选活动,评出校级优秀教材 15 项(其中:《安全管理学》(田水承主编)等 6 部教材获一等奖,《数字通信原理》(李白萍主编)等 9 部教材获二等奖)。

2015年学校开展校级优秀教材评选活动,评出校级优秀教材11项(其中:《隧道工程》(戴俊主编)等5部教材获一等奖,《通信系统中MATLAB基础与仿真应用》(赵谦主编)等6部教材获二等奖)。

2016年学校开展校级优秀教材评选活动,评出校级优秀教材12项(其中:《工程制图 ENGINEERING DRAWING》(刘金瑄等主编)等4部教材获一等奖,《工程测量学》(胡荣明主编)等8部教材获二等奖)。

五、教学团队建设

为深入贯彻落实为全面落实教育部2007年1号和2号文件精神,学校于2007年12月印发了《西安科技大学本科教学质量与教学改革工程实施意见》,提出教学团队建设内容,择优遴选15个左右以学科或专业为基础、教学质量高、结构合理、具有团结协作精神的教学团队进行重点建设,力争在教学内容更新、教学方法改革、教学资源开发等方面取得突破性进展,通过教学经验的交流,带动教学改革和教学法研究工作的整体推进,促进教师队伍整体水平的快速提高。

2008年,安全技术及工程教学团队获国家级教学团队,实现了学校国家教学团队"零"的突破。2008年1月～2018年3月,学校有省级教学名师15名(表4-4-14),校级教学名师40名,建设国家级教学团队1个,省级教学团队27个(表4-4-15),校级教学团队31个,形成了国家、省级、校级三级教学团队体系。

表 4-4-14   西安科技大学省级教学名师一览表

序号	姓名	级别	年份
1	褚维盘	省级	2003 年
2	韩江水	省级	2006 年
3	龚尚福	省级	2007 年
4	龙熙华	省级	2008 年
5	丁正生	省级	2009 年
6	夏玉成	省级	2009 年
7	李树刚	省级	2010 年
8	张金锁	省级	2011 年
9	郭 卫	省级	2011 年
10	李 曼	省级	2014 年
11	任建喜	省级	2014 年
12	李占利	省级	2015 年
13	刘向荣	省级	2015 年
14	李红霞	省级	2016 年
15	王贵荣	省级	2016 年

表 4-4-15   西安科技大学省级教学团队一览表

序号	团队名称	级别	年份
1	安全技术及工程教学团队	国家	2008 年
2	工程力学专业建设教学团队	省级	2007 年
3	计算机与信息科学教学团队	省级	2007 年
4	工科化学教学团队	省级	2008 年

序号	团队名称	级别	年份
5	材料科学与工程专业教学团队	省级	2009 年
6	械设计制造及其自动化专业教学团队	省级	2009 年
7	采矿工程专业教学团队	省级	2010 年
8	岩土工程教学团队	省级	2010 年
9	地质工程专业教学团队	省级	2011 年
10	煤化工特色方向系列课程建设教学团队	省级	2011 年
11	自动化专业教学团队	省级	2012 年
12	测绘工程专业教学团队	省级	2012 年
13	通信工程系列课程教学团队	省级	2013 年
14	工科数学教学团队	省级	2013 年
15	算法与程序设计系列课程教学团队	省级	2013 年
16	机械电子工程专业教学团队	省级	2014 年
17	隧道及地下工程课程群教学团队	省级	2014 年
18	物理化学课程教学团队	省级	2014 年
19	工程制图双语教学团队	省级	2014 年
20	测控专业核心课程与创新实践教学团队	省级	2015 年
21	电工基础教学团队	省级	2015 年
22	管理类专业系统工程课程群教学团队	省级	2015 年
23	大学物理教学团队	省级	2015 年
24	建筑环境与能源应用工程专业教学团队	省级	2015 年
25	英语实践教学团队	省级	2015 年
26	马克思主义理论教学团队	省级	2015 年
27	多媒体信号处理课程群团队	省级	2015 年
28	信号处理系列课程教学团队	省级	2015 年

第四节 教学管理与质量监控

一、教学管理组织机构

学校教学工作由校长统筹负责,分管教学的副校长负责日常工作,并通过协调各个职能部门,统一调动学校各种资源为教学服务,统一管理教学工作进程及信息反馈工作,实现各项教学管理目标。

学校设立教学委员会,对学校教学改革与发展的决策提供咨询及专家论证意见,就学校教学工作全局向校长及校长办公会议提出建议,就全校教学工作的重大决策进行质询、审议、监督,协助校领导及有关业务部门制定学校教学工作规划。

本科教学实行校院(部)二级管理。教务处是学校本科教育教学的业务主管机构,代表学校行使教学管理职能,为学校发展教育事业、深化教学改革和加强教学管理提供决策依据;在教学实施过程中,发挥组织协调及监督作用;为各学院(部)组织教学和在教学第一线的师生做好服务工作,

以保证教学工作的稳定、高效运行。学院(部)是学校办学的基层载体,承担一线的教学任务,院长是学院教学质量的第一责任人。学院设教学副院长、教务员等教学管理岗位,教学副院长对学院的教学质量负有直接领导责任,贯彻落实学校的办学指导思想,执行学校对教学工作的统一部署,保证和稳定教学秩序,研究本单位各专业的教学规律,负责本单位常规教学管理,处理日常教学行政工作。教研室(系)作为基层教学组织,由教研室(系)主任主持全面工作,负责落实和完成各项具体教学任务。

本科教学督导组在分管教学副校长的领导下参与学校教学管理工作,对学校教学秩序和教学质量状况进行调查研究和检查督促,为学校提供教学反馈信息和建议,发挥督教、督学、督管作用。

二、教学管理制度建设

学校在教学工作规程及政策方面,制定了《西安科技大学卓越工程师教育培养计划(本科层次)实施办法》《西安科技大学关于深化本科教育教学综合改革的实施意见》《西安科技大学深化本科生创新创业教育改革工作实施方案》,修订了《西安科技大学教学工作规程》《西安科技大学教学成果奖评选办法》,印发了《西安科技大学教学委员会规程》《西安科技大学本科专业人才通用标准》。

学校在教学建设与教学改革方面制定了《西安科技大学实验设备研制管理办法》《西安科技大学实验室安全管理办法》《西安科技大学实验室废弃物管理办法》《西安科技大学实验室危险化学品安全管理办法》《西安科技大学实验室工作条例》《西安科技大学实验室开放共享仪器设备维修基金管理办法》《西安科技大学实验室开放管理办法》《西安科技大学本科实习教学基地建设及使用管理办法》《西安科技大学本科实习经费报销管理办法》《西安科技大学课程建设管理办法》《西安科技大学教材工作管理办法》《西安科技大学教育教学改革与研究项目管理办法》。

学校在教学运行管理方面出台了《西安科技大学2016版本科专业人才培养方案修订原则意见》,制定了《西安科技大学课程教学大纲编制与管理规定》《西安科技大学本硕连读生学籍管理办法》《西安科技大学本科生学籍管理规定》《西安科技大学本科生转专业实施办法》,修订了《西安科技大学学士学位授予工作实施办法》《西安科技大学学生选课管理办法》。

学校在实践教学及第二课堂方面制定了《西安科技大学大学生科技竞赛、创新创业工作管理办法》《西安科技大学本科实习工作管理办法》《西安科技大学本科毕业设计(论文)工作管理办法》《西安科技大学本科课程设计工作管理办法》《西安科技大学本科生第二课堂教育学分考核认定办法》。

学校在教学质量监控与评价方面制定了《西安科技大学教学督导组工作条例》《西安科技大学本科教学环节标准》,修订了《西安科技大学教学事故认定和处理办法》《西安科技大学学院(部)本科教学工作年度考核办法》。

三、教学质量保障体系

(一)教学质量保障体系结构

学校结合自身办学实际,不断调整人才培养方案、改革人才培养模式、改进教学质量保障体系。2016年,在原有质量保障体系的基础上,增加了教学条件质量标准系统,完善了教学环节标准,丰富了监控内容、监控方式、质量评价方式以及持续改进途径等,完善了基于戴明循环(PDCA)理念的质量保障体系。

质量保障体系由7个子系统构成,见图4-4-1。教学质量目标系统属于戴明循环的目标计划(P),教学条件质量标准系统、教学环节质量标准系统属于戴明循环运行(D)所依据的标准,教学质量监控系统、教学质量评价系统属于戴明循环的检查评价(C),信息反馈与持续改进系统属于戴明循环的整改落实(A)。各系统之间相互关联,从制定目标与计划→标准与运行→检查与评价→反馈与整改→制定新目标与计划,构成一个完整的闭合循环体系,体系中的每一个系统均可以构成自

 西安科技大学校史(1958~2018)

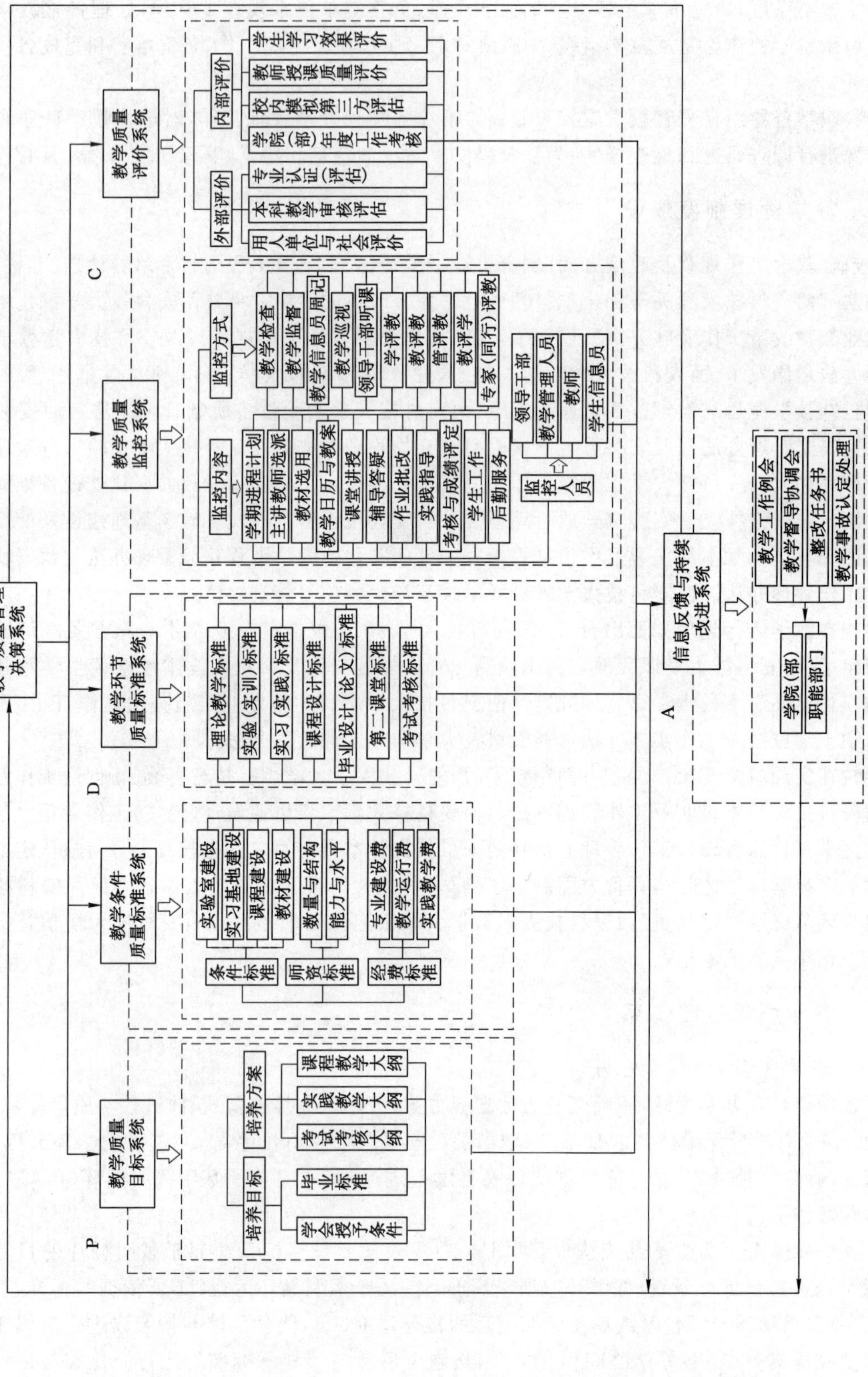

图4-4-1 西安科技大学教学质量监控体系示意图

己的 PDCA 循环,形成了本科教学质量保障模式。整个教学过程就是按照这一闭合体系往复循环、螺旋式上升的过程,循环过程中将 PDCA 理念贯穿于教学的每一环节,从而实现教学质量的持续提升。

(二)教学质量监控体系的实践与应用

1. 加强日常教学检查力度

学校执行教学三检查及专项检查制度,通过组织开学初的教学检查确保各项准备工作满足正常开课要求;通过组织期中教学检查及时发现并解决教学运行中的问题;通过组织期末考试的巡查有力保障考试的正常进行;通过组织检查教学计划变更、调停课及补课情况、新进教师授课情况、专业认证工作开展等专项工作,加强对教学过程的监控。

2. 深入推进教学督导工作

学校聘请 10 名长期从事教学和教学管理的老专家、老教授担任教学督导专家组成员。他们深入课堂、实验室等教学场所检查教学工作,评议教案、抽检试卷、检查教材;深入实践教学主要环节检查毕业设计(论文)、生产实习报告;帮助教师改进教学方法,提高教学质量。2008～2017 年期间,听课 6 000 余人次,检查教案 300 余份,抽测试卷 1 200 余份,检查评议毕业设计(论文)和生产实习报告数千份,刊印《教学督导简报》9 期。此外,他们还参加了青年教师讲课比赛评审、教育教改研究等大量工作。

3. 加强毕业设计(论文)工作管理

学校重视毕业设计(论文)的过程管理和质量管理,2016 年修订了《西安科技大学本科毕业设计(论文)工作管理办法》和《西安科技大学本科毕业设计(论文)工作验收评价指标体系》。对毕业设计(论文)选题的基本原则与基本程序、毕业设计(论文)指导教师的资格与职责、对学生的要求、毕业设计(论文)的组织与管理、毕业设计(论文)工作检查、毕业设计(论文)评阅、答辩及成绩评定进行了规定,为毕业设计(论文)全过程的质量管理提供了依据。学校实行预答辩制度,在正式答辩前 1 个月组织学生进行预答辩,以便及时发现问题,对学生进行重点指导。同时,实行毕业设计(论文)验收评比制度,每年评选 3 个优秀学院(部)。每年通过"中国知网论文检测系统"在毕业答辩前对本科生毕业设计(论文)文字重复率进行网络抽查,对检测不合格的毕业设计(论文)要求限期修改,复检合格后方能参加答辩,否则不予毕业。该措施对学生毕业设计(论文)抄袭现象起到了约束的作用。

4. 发挥教学信息员队伍作用

2014 年设专人负责教学信息员工作,负责信息员的招聘、培训、换届,教学周记表的收集、统计、信息反馈与处理。学校完善了学生教学信息员制度,成立了教学信息员的学生组织,给予合格的学生教学信息员颁发聘书、选修课学分、纪念品等,激发了学生教学信息员的积极性。学生每周向教务处提交教学周记表或者在教学信息员 QQ 群向教务处反馈日常教学运行中关于教学设备损坏、教师违反教学纪律等问题,学校教务部门协调各相关部门给予及时解决,保证了教学秩序的正常运行。近 3 年信息员数量保持在 200 名左右,累计交表 8 000 余份。

5. 完善管理人员听课制度

学校修订了《西安科技大学听课制度》,要求领导干部和教学管理人员深入教学一线进行听课、巡查,及时掌握教学一线信息。听课人员需要填写《西安科技大学听课表》或《西安科技大学巡视表》,并于每月初返回教务处,听课、巡视情况纳入单位年终考核指标体系。

6. 做好学院(部)本科教学工作年度考核

按照《西安科技大学学院(部)本科教学工作年度考核办法》,每年度开展学院(部)本科教学工作年度考核工作,督促二级教学单位在教学建设、教学改革方面发挥主体作用。考核体系包括任课教师、教学建设、教学改革与研究、教学运行管理、教学效果 5 个一级指标(20 个二级指标,45 个观测点)和 1 个附加项。

第五节　本科教学评估

一、专业认证(评估)

学校坚持"以评促建、以评促改、以评促管、评建结合、重在建设"方针,不断加强专业内涵建设,积极开展专业认证(评估)工作,学校专业认证情况见表 4-4-16。

表 4-4-16　　　　　　　　　专业认证情况一览表

专业名称	认证委员会	结果	专家进校时间	有效期
安全工程	中国工程教育认证协会安全工程专业认证委员会	通过认证	2013 年 6 月 24 日～26 日	3 年
化学工程与工艺	中国工程教育认证协会化学工程与工艺专业认证委员会	通过认证	2014 年 11 月 3 日～5 日	3 年
土木工程	住建部高等教育评估委员会	通过认证	2015 年 5 月 27 日～28 日	6 年
采矿工程	中国工程教育认证协会采矿工程专业认证委员会	通过认证	2015 年 6 月 2 日～4 日	3 年
地质工程	中国工程教育认证协会地质工程专业认证委员会	通过认证	2015 年 10 月 26 日～29 日	3 年
机械设计制造及其自动化	中国工程教育认证协会机械设计制造及其自动化专业认证委员会	通过认证	2016 年 9 月 25 日～28 日	3 年
测绘工程	中国工程教育认证协会测绘工程专业认证委员会	通过认证	2016 年 10 月 25 日～27 日	6 年

二、审核评估

2016 年 9 月～2018 年 3 月,学校制定了本科教学工作审核评估工作方案,明确了任务分工,全面动员,广泛宣传,积极整改,在全校认真进行"迎评促建"工作。2017 年 5 月 7 日～11 日,本科教学审核评估专家组对学校本科教学进行了审核评估。

专家组认为学校办学目标定位准确,培养目标明确;人才培养中心地位牢固,对本科教学工作高度重视;师资队伍建设力度较大,教师发展势态良好;教育教学改革深入,人才培养质量不断提高;注重学生全面发展,学生综合能力不断提高;教学管理规范,质量保障体系运行有效;以"胡杨"精神为引领,办学特色鲜明。

第六节　教学改革与研究

一、教学改革研究立项与成果

(一)教学改革研究立项

1. 校级教学改革研究项目

2008 年,学校贯彻落实《关于实施高等学校本科教学质量与教学改革工程的意见》(教高〔2007〕1 号)和《关于进一步深化本科教学改革全面提高教学质量的若干意见》(教高〔2007〕2 号)精

神,切实深化教育教学改革,评审设立了重点项目"摄影测量与遥感课程校企资源共享教学模式的探索与实践"等10项;一般项目"实习质量保障与监控体系研究"等40项,合计投入30万元。

2010年,学校评审设立了重点项目"基于工程素质与创新能力培养的采矿工程专业人才培养体系构建与实践"等22项;一般项目"阳光体育背景下大学生体质健康标准测试管理模式研究与实践"等40项;并首次立项青年教师教改专项"汉语思维在英语高年级写作中的迁移情况调查及其课堂解决方案"等30项,合计投入48万元。

2012年,学校重点项目立项资助"地方高校教学质量现状调查及影响因素数学分析"等11项;一般项目立项资助"新媒体技术条件下高校思想政治理论课教学改革的探索与实践"等49项;青年教师教改专项立项资助"PBL教学模式下学生成绩评价方式方法研究"等30项,合计投入41.5万元。

2014年,学校评审设立了重点项目"以电子设计竞赛为契机,推动大学生课外电子科技活动开展"等12项;一般项目"高校科学与工程计算能力创新培养模式研究"等70项;青年教师教改专项"《材料力学性能》教学中前沿知识的柔性引入"等32项,合计投入56.6万元。

2016年,学校评审设立了重点项目"基于行业特色双能力培养的安全专业实践教学体系优化与实施"等11项;一般项目"采矿工程专业教学方法改革——基于新型'人—机—环境协同教学模式'"等71项;青年教师教改专项"虚拟仿真技术在采矿学课程教学中的应用探讨"等35项,合计投入57万元。

2.省级教学改革研究项目

2009~2015年,学校进行了25项省级教改项目的研究,其中重点项目10项,一般项目15项,详见表4-4-17。

表4-4-17　　　　　　　　西安科技大学2009~2015年省级教改项目一览表

项目时间	项目名称	项目等级	主要负责人
2009年	煤矿主体专业人才培养模式与教学改革的研究与实践	省级(重点)	杨更社
2009年	学分制下实用信息技术改造线性代数课程研究与实践	省级(重点)	杨秀妮
2009年	地方高校办学特色培育研究与实践	省级(重点)	韩江水
2009年	基于CEPA框架的陕西高校教学共同体构建研究	省级(一般)	张铭钟
2009年	基于煤矿机电特色的实用型创新人才培养体系探索与实践	省级(一般)	郭　卫
2011年	影响陕西地方高校教学质量的因素分析及对策研究	省级(重点攻关)	杨更社
2011年	基于TRIZ的西部工科院校大学生创新创业教育模式的优化分析与实践	省级(重点)	刘德安
2011年	基于行为科学的陕西省大学生突发事件应急能力、应急教育与应急管理研究	省级(重点)	李红霞
2011年	旨在加强地方高校自我管控的数据信息平台开发与应用	省级(一般)	韩江水
2011年	基于CDIO的电子信息类应用型人才培养模式研究与实践	省级(一般)	吴延海
2011年	基于研究生创新能力培养的地矿特色校园文化建设	省级(一般)	杜美利
2011年	工科材料类专业五段式实践教学模式研究与应用	省级(一般)	王晓刚
2013年	基于校院二级管理的"教授治学"内涵及实现路径研究	省级(重点)	韩江水
2013年	地方工科院校大学生实践创新能力提升的研究与实践	省级(重点)	奚家米
2013年	"卓越工程师培养"视阈下教师队伍建设与教师发展问题研究	省级(一般)	石　磊
2013年	安全管理交叉学科复合型人才培养课程体系研究与实践	省级(一般)	李红霞
2013年	基于多源驱动模式的计算机类课程实验教学体系优化	省级(一般)	李占利

续表 4-4-17

项目时间	项目名称	项目等级	主要负责人
2013 年	地方高校土木工程专业校外实习基地共建共享研究与实践	省级(一般)	任建喜
2015 年	面向西部矿山需求的地质类专业人才培养模式改革与实践	省级(重点)	王贵荣
2015 年	基于校情分析的高校规划制定及落实策略的研究与实践	省级(重点)	韩江水
2015 年	煤化工领域大学生科学思维和创新能力的集成式培养模式研究与实践	省级(一般)	刘向荣
2015 年	高校科学与工程计算能力创新培养模式研究	省级(一般)	张小艳
2015 年	基于行业特色的工程应用型自动化专业人才知识结构与培养模式研究—以煤炭行业为例	省级(一般)	王再英
2015 年	基于 PCTP 的电子商务创新型人才培养模式改革与实践	省级(一般)	李 琰
2015 年	移动互联网条件下信息论课程体系整体优化研究与实践	省级(一般)	张 红

3.国家级教学改革研究项目

2008 年,由杨更社教授主持的《科学思维、科学方法在高等学校教学创新中的探索与实践》获科技部、教育部联合支持的重点教学改革与研究项目。同年,学校又获得"十一五"国家级课题"我国高校应用型人才培养模式研究"项目课题 7 项,其中重点项目 3 项,一般项目 4 项,详见表 4-4-18。

表 4-4-18　　　　2008 年获得"十一五"国家级课题"我国高校应用型人才培养模式研究"项目表

项目名称	种类	项目负责人
工科类专业应用型人才培养概率统计课程教学内容改革与教学资源建设	重点	丁正生
电子信息类专业应用型人才培养方案和教材改革的探索与实践	重点	张敏锐
地方高校土木工程专业校企合作共建特色实习基地的改革实践研究	重点	任建喜
电子信息类专业应用型人才培养模式研究	一般	吴延海
校企联合培养应用型人才标准和培养模式的研究	一般	侯媛彬
高等学校信息资源优化整合与教学网络平台研究与建设	一般	龚尚福
理工科专业英语建设方向与人才培养模式	一般	方 红

2009~2018 年,学校获得国家级教育改革与研究项目 12 项,详见表 4-4-19。

表 4-4-19　　　　　　2009~2018 年学校获得国家级教学改革与研究项目表

项目名称	立项时间	项目负责人
地方本科院校办学理念研究	2009 年	苏三庆
地方本科院校办学特色研究	2009 年	韩江水
用 MATLAB 和建模实践改造工科线性代数课程	2009 年	杨秀妮
三维动画流程课程	2009 年	孙大路
大学生科技创新活动内容研究及效果评估	2009 年	李文峰
计算机基础核心课程实施方案研制	2010 年	龚尚福
创新方法在数学基础课程中的应用现状调研与分析	2010 年	丁正生
数学建模思想和方法融入大学数学主干课程的范例汇集	2011 年	丁正生

续表 4-4-19

项目名称	立项时间	项目负责人
计算机硬件基础精品资源共享课建设	2012 年	龚尚福
多媒体网络环境下的大英新型教学模式探究	2013 年	高婕
面向新经济的安全工程专业人才培养体系探索与实践	2018 年	李树刚
面向煤炭开采转型升级与未来发展的采矿工程专业改造路径探索	2018 年	伍永平

(二)优秀教学成果评选

1. 校级优秀教学成果的评选与表彰

2009 年 9 月,学校做出了《关于公布第十届优秀教学成果的通知》,表彰教学成果 40 项,其中 6 项成果被评为特等奖、13 项成果被评为一等奖、21 项成果被评为二等奖。

2011 年 7 月,学校做出了《关于公布第十一届教学成果奖评审结果的通知》,表彰教学成果 41 项,其中 6 项成果被评为特等奖、10 项成果被评为一等奖、25 项成果被评为二等奖。

2013 年 12 月 25 日,学校下发《关于公布第十二届校级教学成果奖评审结果的通知》,评选出校级教学成果奖 41 项,其中特等奖 9 项、一等奖 15 项、二等奖 17 项。

2015 年 10 月 13 日,学校下发《关于公布第十三届校级教学成果奖评审结果的通知》,评选出校级教学成果奖 38 项,其中特等奖 9 项、一等奖 11 项、二等奖 18 项。

2. 省级优秀教学成果的评选与表彰

2008~2017 年,学校先后 4 次参加陕西省高校优秀教学成果评审活动。2011 年由杨更社教授牵头的"基于工程应用能力培养的土木工程专业人才培养体系构建与实践"、2013 年由苏三庆教授牵头的"煤矿主体专业人才培养模式与教学改革的探索与实践"以及 2015 年王贵荣教授牵头的"以需求为导向的面向西部矿山地质类专业综合改革与实践"共 3 项成果获陕西省优秀教学成果特等奖。

3. 国家级优秀教学成果的评选与表彰

2009 年,由李树刚教授牵头的"依托国家重点学科的安全工程专业建设与实践"项目获得第六届国家教学成果二等奖,学校在国家级教学成果获奖上实现了零突破。

2014 年,由杨更社教授牵头的"煤炭主体专业人才培养模式与教学改革的探索与实践"项目获得第七届国家教学成果二等奖。成果以现代煤矿绿色开采和清洁利用对专业技术人才的要求为导向,以培养"素质高、能力强、留得住、干得好"的煤矿主体专业人才为目标,以调整专业设置、优化课程体系、推进培养模式改革为突破口,探索了煤矿主体专业人才培养的新模式、新途径。

二、人才培养方案的修(制)订

(一)2013 版本科人才培养方案

学校于 2012 年 3 月印发的《西安科技大学本科人才培养改革方案》,明确了本科人才培养改革的基本思路、人才培养方案修订的原则,在更新观念、广泛调研、充分吸纳和借鉴兄弟院校人才培养方案修订成功经验的基础上,启动了以"整合课程内容、优化课程设置,加强实践教学、强化能力培养"为主要内容的新一轮本科人才培养方案的修订工作。本次本科人才培养方案修订,以地方经济和行业发展对人才知识、能力、素质的要求为导向,以增强人才培养的适应性为目标,在保证主干课程基本学时、基本教学环节的基础上,进一步整合课程内容,优化课程体系,适当压缩理论课学时,增加实践教学环节学时,着力加强大学生综合素质、实践能力、创新创业能力的培养与提高,构建了由理论教学、实践教学、第二课堂三部分组成的本科人才培养体系结构;同时以"卓越计划"实施为契机,创新人才培养模式,积极探索学校与行业企业联合培养人才的新机制。这次本科人才培养方案修订工作历时近 2 年之久,通过召开培训会、研讨会、推进会,以及采取学院自审、学校邀请高校和企业专家审查等措施,保证了 2013 版本科人才培养方案的质量。

（二）2016 版本科人才培养方案

2016 年,学校启动了新一轮本科专业人才培养方案修订工作,遵循教育教学与人才成长规律,认真落实国家和陕西省高等教育政策,坚持面向国家发展战略需求、面向产业转型升级要求,以地方经济和行业发展对人才知识、能力、素质的要求为导向,以培养应用型创新人才为目标,以提高人才培养质量、增强人才培养适应性为核心,以深化人才培养模式改革为重点,基于 OBE 教育理念整体优化课程体系和教学内容。坚持以学生为中心的人才培养观,着力加强学生社会责任感、实践能力、创新思维与创新创业能力培养。2016 版本科人才培养方案修订,是对 2013 版培养方案的进一步完善、优化和升华。本次修订进一步更新教育教学观念,紧跟地方经济和行业发展需求,创新人才培养模式,加大优质教育教学资源的引入,按照国际专业认证标准整体优化课程体系和教学内容,着力加强学生综合素质、实践能力、创新创业能力,进一步增强人才培养的适应性。

同时,以教育部实施的"质量工程"为契机,积极引导学院(部)在课程体系、教学内容、实践环节等方面开展人才培养模式的综合改革,探索教学理念、培养模式和管理机制的全方位创新,获批国家级人才培养模式创新实验区 1 个,省级人才培养模式创新实验区 15 个,校级人才培养模式创新实验区 14 个。

表 4-4-20　　　　　　　　西安科技大学省级人才培养模式创新实验区一览表

序号	创新实验区名称	级别	时间
1	应用型安全技术及工程人才培养模式创新实验区	国家级	2009 年
2	应用型土木工程专业人才培养模式创新实验区	省级	2009 年
3	地质工程专业"产学研"培养模式创新实验区	省级	2009 年
4	应用型采矿工程人才培养模式创新实验区	省级	2011 年
5	基于煤矿机电特色的机械类工程应用型人才培养模式创新实验区	省级	2012 年
6	西部能源化工类人才培养模式创新实验区	省级	2012 年
7	基于 CDIO 的电子信息类人才培养模式创新实验区	省级	2013 年
8	材料类专业"五段式"培养模式创新实验区	省级	2013 年
9	自动化专业双目标应用型人才培养模式创新实验区	省级	2014 年
10	工程力学专业实用创新型人才培养模式创新实验区	省级	2014 年
11	测控技术与仪器专业导师制人才培养模式创新实验区	省级	2014 年
12	基于 KAP—CDIO 理念的应用型计算机专业人才培养模式创新实验区	省级	2015 年
13	"产—学—研—用"合作平台下的电子商务人才培养模式创新实验区	省级	2015 年
14	以工程应用能力和创新能力培养为目标的机械工程复合型人才培养模式创新实验区	省级	2015 年
15	微电子实践创新型人才培养创新实验区	省级	2015 年

三、教学方法与教学手段的改革

学校坚持常年开展高等教育(教学法)研究活动,要求各教学院系"每学期坚持每两周搞一次活动,做到学期初有安排,每次活动后有总结,通过高等教育研究活动有力地推动各院系部、教研室的各项教学改革工作。

在 2008 年学校青年教师讲课比赛活动中,学校对 30 名获奖的青年教师给予了表彰奖励。

学校举办了西安科技大学 2010 年度青年教师讲课比赛,并将"说课"环节纳入现场比赛。本次比赛共有 30 名青年教师获奖。

2012 年学校开展青年教师讲课比赛活动,对 31 名获奖的青年教师分别给予了表彰奖励。

2014 年,学校举办了西安科技大学 2014 年度青年教师讲课比赛,本次比赛共有 30 名青年教师获奖。

2016 年,学校举办了青年教师讲课比赛。经各学院(部)遴选和学校决赛,共有 30 名青年教师获得表彰奖励。

青年教师讲课比赛活动健康规范的开展,对鼓励青年教师更好地研究教学方法和技巧,提高教学质量和水平发挥了积极和重要的作用。

教育部全国高校教师网络培训中心于 2012 年 12 月启动了首届全国高校微课教学比赛。建工学院胡恬老师作品《中国古典园林要素及技法解析》在此次比赛中取得优异成绩,荣获全国高校微课比赛理工组二等奖。在 2015 年陕西省首届微课比赛中,2 名教师获得三等奖,3 名教师获得优秀奖;2017 年第二届陕西省微课比赛中,3 名教师获得三等奖,1 名教师获得优秀奖。

学校开展"教学方法与教学手段改革"专题立项申报工作,2016 年 12 月开展了"教学方法与教学手段改革"专题立项工作,共立项"BOPPPS 教学法在采矿工程专业课中的应用"(王燕主持)等 101 项校级教学方法与手段改革项目。

学校授权"教学督导组"进行评价性听课,对学生反映意见较大的教师,由教学督导组成员听课后填写听课评价书,移交教学主管部门进行处理。各院(系、部)教研室也通过积极开展老教师指导青年教师,观摩教学,聘请教学经验丰富的老教师举办"如何上好一堂课"等专题讲座和学习班等活动,充分发挥老教师的传、帮、带作用,帮助青年教师尽快站稳讲台,并掌握受学生欢迎的教学方法。

学校通过开展"教学方法与教学手段改革"使教师在教学活动中逐渐改变了"灌输式"和过分偏重讲授的教学方法,普遍采用了启发式、讨论式、研究式等教学方法。教师在课堂讲授的同时,以多种形式和方法,引导学生思考问题、提出问题,使课堂生动活泼。例如:高等数学、大学英语采取分级教学法,现代控制理论课程采取"反馈式及串珍珠"教学法,管理类、"两课"采取案例教学法,均收到良好的效果。

学校于 2002 年 1 月印发了《关于开展研究生、本科生课程双语教学的通知》,对在本科生中开展双语教学的模式、要求,以及双语教学教师的培训、管理、资助提出了具体的实施意见。

2008～2015 年,学校共有 28 门课程获双语教学示范课程资助,其中 2 门课程获"陕西省双语教学示范课程"资助、26 门课程获学校重点资助。

四、现代教育技术应用

学校把推进教学手段现代化作为教学改革的重要内容之一,积极促进计算机技术、多媒体技术、网络技术等现代教育技术的应用。

学校积极组织教师参加国家及省级多媒体课件比赛,取得了优异成绩。2008～2018 年 4 月,教师参加多媒体课件比赛获奖情况见表 4-4-21～表 4-4-33。

表 4-4-21　　　　　　　　学校参加"第八届全国多媒体课件大赛"获奖情况

序号	课件名称	课件负责人	获奖时间	获奖等级	获奖类别
1	机械设计基础	韩 敏,等	2008 年	二等奖	国家级
2	马克思主义基本原理	刘 哲,等	2008 年	三等奖	国家级
3	电工学多媒体课件及元素库	黄向慧,等	2008 年	优秀奖	国家级

序号	课件名称	课件负责人	获奖时间	获奖等级	获奖类别
4	凌阳单片机	侯媛彬,等	2008 年	优秀奖	国家级
5	艺术概论	常 艳	2008 年	优秀奖	国家级
6	思想道德修养与法律基础	刘 哲	2008 年	优秀奖	国家级
7	营养与健康	米春娟	2008 年	优秀奖	国家级
西安科技大学荣获"第八届全国多媒体课件大赛"单位组织奖					

表 4-4-22　　　　　　　　　学校参加"第九届全国多媒体课件大赛"获奖情况

序号	课件名称	课件负责人	获奖时间	获奖等级	获奖类别
1	数据结构	张小燕,等	2009 年	三等奖	国家级
2	机械设计	杨善安,等	2009 年	三等奖	国家级
3	工程制图（双语）	李 勇,等	2009 年	三等奖	国家级
4	计算机在化学与化工中的应用	李建伟	2009 年	三等奖	国家级
5	长征——永远的丰碑	刘 哲	2009 年	优秀奖	国家级
6	机械制图习题与解答	胡元哲,等	2009 年	优秀奖	国家级
7	书籍装帧	孙英丽	2009 年	优秀奖	国家级
8	流体输配管网	王 美	2009 年	优秀奖	国家级
9	web 程序设计	张建华	2009 年	优秀奖	国家级
10	计算机辅助设计——PainterIX	田 晓	2009 年	优秀奖	国家级
西安科技大学荣获"第九届全国多媒体课件大赛"单位组织奖,乌功相同志获评先进工作者					

表 4-4-23　　　　　　　　学校参加"第十三届全国多媒体教育软件大奖赛"获奖情况

课件名称	课件负责人	获奖时间	获奖等级	获奖类别
长征——不朽的史诗	刘 哲,等	2009 年	三等奖	国家级

表 4-4-24　　　　　　　　　学校参加"第十届全国多媒体课件大赛"获奖情况

序号	课件名称	课件负责人	获奖时间	获奖等级	获奖类别
1	工程光学	陈 伟,等	2010 年	三等奖	国家级
2	数据库原理及应用	朱 莉	2010 年	三等奖	国家级
3	思想道德修养与法律基础	刘 哲,等	2010 年	三等奖	国家级
4	工程流体力学	张 进	2010 年	优秀奖	国家级
5	建筑工程施工技术	文艳芳	2010 年	优秀奖	国家级
6	建筑阴影和透视习题解答	谢 泳,等	2010 年	优秀奖	国家级
7	精度设计与技术测量	闫向彤	2010 年	优秀奖	国家级
8	建筑画表现技法	吴 博	2010 年	优秀奖	国家级
9	世界平面设计史	常 艳	2010 年	优秀奖	国家级
10	旅游学概论	李 晖	2010 年	优秀奖	国家级
西安科技大学荣获"第十届全国多媒体课件大赛"单位组织奖,乌功相获评先进工作者					

表 4-4-25　　　　　　　　学校参加"第十四届全国多媒体教育软件大奖赛"获奖情况

课件名称	课件负责人	获奖时间	获奖等级	获奖类别
思想道德修养与法律基础	刘　哲,等	2010 年	二等奖	国家级

表 4-4-26　　　　　　　　学校参加"第十一届全国多媒体课件大赛"获奖情况

序号	课件名称	课件负责人	获奖时间	获奖等级	获奖类别
1	毛泽东思想和中国特色社会主义理论体系概论	刘哲等	2011 年	二等奖	国家级
2	现代交换技术	姚军等	2011 年	二等奖	国家级
3	大学计算机基础 CAI	朱　莉	2011 年	优秀奖	国家级
4	工程光学	陈伟等	2011 年	优秀奖	国家级
5	民俗学	郭萌等	2011 年	优秀奖	国家级
6	安全管理学	林海飞等	2011 年	优秀奖	省级
7	桥梁抗震	张　玥	2011 年	优秀奖	省级
西安科技大学荣获"第十一届全国多媒体课件大赛"省级优秀组织奖					

表 4-4-27　　　　　　　　学校参加"第十五届全国多媒体教育软件大奖赛"获奖情况

课件名称	课件负责人	获奖时间	获奖等级	获奖类别
毛泽东思想和中国特色社会主义理论体系概论	刘　哲,等	2011 年	三等奖	国家级

表 4-4-28　　　　　　　　学校参加"第十二届全国多媒体课件大赛"获奖情况

序号	课件名称	课件负责人	获奖类别	获奖等级	获奖时间
1	中国近现代史纲要	刘　哲,等	国家级	二等奖	2012 年
2	招贴设计	孙英丽	国家级	三等奖	2012 年
3	管理学	杨利红,等	国家级	三等奖	2012 年
4	工程力学	锁要红,等	国家级	优秀奖	2012 年
5	消费者权益保护法	舒　真	国家级	优秀奖	2012 年
6	我国周边安全环境	齐　垚	国家级	优秀奖	2012 年
7	系统工程	王新平	国家级	优秀奖	2012 年
8	平面构成	池宁骏	国家级	优秀奖	2012 年
9	产品设计	赵立杉	国家级	优秀奖	2012 年
10	建筑构造	罗　琳	国家级	优秀奖	2012 年
西安科技大学荣获"第十二届全国多媒体课件大赛"优秀单位组织奖,乌功相同志获评先进工作者					

表 4-4-29　　　　　　　　学校参加"第十三届全国多媒体课件大赛"获奖情况

序号	课件名称	课件负责人	获奖类别	获奖等级	获奖时间
1	银行会计	杨利红,等	国家级	三等奖	2013 年
2	碳一化工概论	章结兵	国家级	优秀奖	2013 年
3	中国近现代史之长征	刘哲,等	国家级	优秀奖	2013 年
4	概率论与数理统计	武　瑛	省级	三等奖	2013 年
西安科技大学荣获"第十三届全国多媒体课件大赛"陕西赛区优秀组织单位奖,乌功相同志获评优秀组织个人					

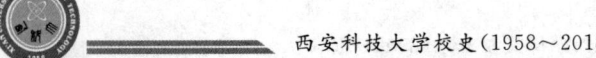

表 4-4-30　　　　　　学校参加"第十七届全国教育教学信息化大奖赛"获奖情况

作品名称	课件负责人	获奖类别	获奖等级	获奖时间
中国近现代史纲要	刘　哲	国家级	三等奖	2013 年

表 4-4-31　　　　　　学校参加教育部"首届全国高校微课教学比赛"获奖情况

作品名称	课件负责人	获奖类别	获奖等级	获奖时间
中国古典园林要素及技法解析	胡　恬	国家级	二等奖	2013 年

表 4-4-32　　　　　　学校参加"第十四届全国多媒体课件大赛"获奖情况

序号	课件名称	课件负责人	获奖时间	获奖等级	获奖类别
1	毛泽东思想和中国特色社会主义理论体系概论	刘　哲,等	2014 年	三等奖	国家级
2	汽车试验及测试技术	田海波	2014 年	三等奖	国家级
3	运动规律	李　嵩	2014 年	三等奖	国家级
学校荣获"第十四届全国多媒体课件大赛"优秀单位组织奖,乌功相同志获评先进工作者					

表 4-4-33　　　　　　学校参加"第十五届全国多媒体课件大赛"获奖情况

序号	课件名称	课件负责人	获奖时间	获奖等级	获奖类别
1	现代电视技术	薛颖轶,等	2015 年	二等奖	国家级
2	会计实训教程	王新红,等	2015 年	三等奖	国家级
3	思想道德修养与法律基础	刘　哲,等	2015 年	三等奖	国家级
4	网络支付的安全解决方法	袁晓芳	2015 年	优秀奖	国家级
5	平面构成	蒋　嫒	2015 年	优秀奖	国家级
6	基建会计	杨利红等	2015 年	优秀奖	国家级

2008～2017 年学校先后举办了 10 届校级多媒体课件大赛,共评出一等奖 12 项、二等奖 32 项、三等奖 47 项、优秀奖 35 项。

第七节　实　践　教　学

一、实践教学改革

学校在 2009 年 12 月召开的本科教学工作会议上以建设"质量工程"项目为背景,提出了"重视实践教学环节,强调实习、实训、实验、课程设计及毕业设计(论文)在学生能力培养方面的重要性,结合第二课堂学科竞赛,培养学生分析问题、解决问题的能力以及实际动手操作的能力"。

2011 年 10 月,学校在本科教学工作会议上通过的《关于进一步加强本科教学工作的若干意见》中要求"整合实验资源,推进共享使用。推进实验教学的改革与创新。加强实习实践基地建设。加强大学生科技创新活动,提高学生实践创新能力"。同年,学校在《西安科技大学"十二五"教育事业发展规划》中要求"加强实践教学,确保实验室开放率和实验开出率分别达到 90％和 95％,有综合性、设计性实验课程的比率达到 90％,建设实验选修课 60 门次。进一步加强大学生校外实习基

地和大学生校外就业(培训)基地建设"。

学校在 2014 年本科教学工作会议上提出要以"本科教学工程"实施为契机,推进培养方案、课程教材、教学团队、教学方法、实验室及实习基地一体化建设与改革,切实加强实践教学和学生创新创业能力培养,激发学生学习兴趣,培养创新精神和实践能力。

学校在 2016 年召开的本科教学工作会议上通过了《西安科技大学关于深化本科教育教学综合改革的实施意见》,该意见明确指出"要深化实践教学改革,以强化学生实践能力、创新创业能力为导向,构建实践教学新体系,适量减少验证性实验项目,增加综合性、设计性和创新性实验项目。制定实践教学质量标准,加强实践教学质量监控。加快煤炭主体专业综合实验实训中心建设,创建布局合理、设备先进、功能完善、综合性较强的煤炭特色实验平台。

学校以人才培养目标为基本出发点,先后于 2007 年、2013 年、2017 年修订了人才培养方案,制定了《西安科技大学本科实习工作管理办法》《西安科技大学本科课程设计管理办法》《西安科技大学实验室开放管理办法》《西安科技大学实验室开放共享仪器设备维修基金管理办法》《西安科技大学本科毕业设计(论文)工作管理办法》《西安科技大学实验设备研制管理办法》《西安科技大学本科实习教学基地建设及使用管理办法》等一系列实践教学管理文件。经过近十年的改革与实践,形成了由认识实习、生产实习、实验、课程设计、上机实习、专业技能培训、毕业实习、毕业设计(论文)等主要实践教学环节组成,在纵向上相互贯通,横向上相互关联,为学生实践能力培养提供有力支持的实践教学体系和管理体系。

二、实践教学体系的构建

学校建立了以培养学生基本实践能力、综合实践能力、实践创新能力(三能力)为目标,由依次递进的基础实践、综合实践、实践创新三个培养层次(三层次)和相对独立又相互关联的实验教学、实训教学、实习实践、创新训练四个教学模块(四模块)组成的一体化实践教学体系,见图 4-4-2。

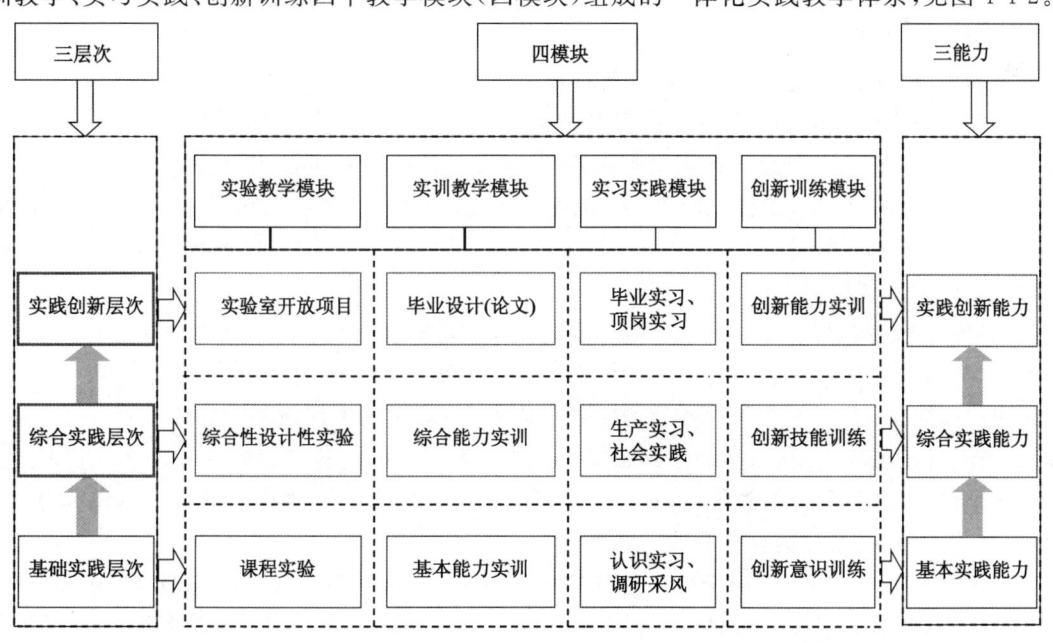

图 4-4-2　"三层次、四模块、三能力"实践教学体系

"三层次、四模块、三能力"实践教学体系的特点是从本科人才培养目标出发,全方位设计实践教学的整体结构,保证了各环节相互衔接、协调统一,既相对独立又与理论教学互相渗透,体现了整体性与系统性;同时又从各教学环节的内容上体现出教学目标递进式的层次关系,符合人才培养的

规律和要求。该体系实现了校内与校外、理论教学与实践教学、第一课堂与第二课堂的有机结合，并贯穿于人才培养全过程。

三、实验教学与实验室开放情况

(一)实验教学

本科实验教学实行学校、学院(部)、实验中心三级管理体制。2010年学校出台了《西安科技大学关于进一步深化实验室管理与改革的若干意见》《西安科技大学实验室安全管理办法》《西安科技大学实验设备研制管理办法》，2014年出台了《西安科技大学实验教学管理办法》，2016年出台了《西安科技大学实验室工作条例》《西安科技大学实验室开放管理办法》《西安科技大学实验室开放共享仪器设备维修基金管理办法》等文件，规范实验教学管理工作。学校对实验指导书进行了全面修订，实验教学的内容得到充实和优化。根据新版人才培养方案组织修订了2016版《西安科技大学本科实验教学大纲》，要求综合性、设计性、创新性实验课占实验课总数的90%以上，实验开出率达到教学大纲规定的100%。年均开设全校性公共实验选修课51门次，年均选修学生2 077人次。

学校鼓励和支持广大教师将科研成果转化为实验教学内容，将先进的教学理念和教学手段引入实验课，强化对学生创新能力的培养。资助教师自研实验仪器设备，鼓励教师编写、出版与专业人才培养目标相适应的实验教材。

学校不断加强实验教学示范中心建设，2017年，有国家级采矿工程实验教学示范中心、国家级矿山建设工程虚拟仿真实验教学中心和14个省级实验教学示范中心。各级实验教学示范中心紧扣人才培养目标，创新实验室管理机制，探索实验教学改革方向，开展实验教学研究，共享优质实验教学资源，以高水平实验教学支撑高质量人才培养工作。除投入实验教学示范中心建设经费外，学校还制定了《西安科技大学实验教学示范中心培育经费管理办法》，鼓励实验教师发表论文、申请专利，不断加强实验教学示范中心内涵建设，积极发挥实验教学示范中心的引领、辐射和带动作用。

(二)实验室开放

学校制定有《西安科技大学实验室开放管理办法》《西安科技大学大型仪器设备开放共享管理办法》《西安科技大学实验室开放共享维修基金管理办法》等实验室开放相关制度。

2010年，学校整合部分公用的大型精密仪器，组建了现代分析测试中心，面向全校及社会开放相关检测分析工作。同年，学校在原机电厂的基础上，吸收电工电子实验教学中心以及部分矿山实训平台设备，成立了工程训练中心，承担全校金工及电工电子实训工作，同时服务全校科技创新实验班学生及相关竞赛培训工作。

2012年，学校筹建煤矿主体专业实验实训中心，计划整合安全、采矿、矿建、煤层气、矿山机电等专业实验室，作为学校大学生创新实训基地的组成部分，该中心已于2017年竣工验收。

2016年，实验室除了承担课内实验教学任务以外，还对大学生创新创业训练计划项目、第二课堂科技竞赛、科技创新实验班、实验公共选修课开放。对参与的实验室划拨专项基金用于实验室仪器设备的维护维修，对参与的教师给予一定教学工作量补助，参与的学生可获得第二课堂学分，提高了教、学、管三方面参与实验室开放的积极性。

2017年，学校又启动了面向全校学生的实验室开放项目，共申请并结题项目49项，参与学生达850人次，项目的实施进一步促进了实验室开放。

四、实习(实训)、毕业设计(论文)的落实及效果

(一)实习(实训)

学校制定了《西安科技大学本科实习工作管理办法》《西安科技大学本科课程设计工作管理办法》《西安科技大学本科实习教学基地建设及使用管理办法》《西安科技大学本科实习经费报销管理

办法(试行)》等一系列实践教学管理文件,从制度上保证了实习(实训)教学效果。

学校通过督导检查的方式对各类实习(实训)教学环节进行监控。凡采取校外集中实习方式进行的实习,指导教师必须制定详细的实习安排和计划,经学院审核通过后方可进行。实习期间指导教师全面负责实习教学过程的指导和管理,实习结束后由指导教师进行实习总结,并将实习期间出现的问题及时反馈学院,并由学院提出改进意见。

2018年3月,学校拥有国家级工程实践教育中心1个、国家级大学生校外实践教育基地1个、省级大学生校外实践教育基地4个、校级大学生校外实践教育基地16个。学校根据各学科和各专业实践教学的不同要求,依托企事业单位、科研机构建立了校内实习基地12个、校外实习基地221个。确保每个专业建成2~3个以上相对稳定的实习基地,为学生创造了良好的实习(实训)教学环境。

学校设有实习专项经费以保证实习教学的开展。理工类学生生均实习经费不低于1 400元/生(4学年),艺术类学生生均实习经费不低于2 000元/生(4学年);每年为"卓越计划"试点专业划拨专项实习经费100余万元。学校严格执行实习经费的使用及报销管理制度,确保实习经费专款专用,足额用于实习教学。

（二）毕业设计(论文)

学校于2016年修订了《西安科技大学本科毕业设计(论文)工作管理办法》《西安科技大学本科毕业设计(论文)工作验收评价指标体系》等毕业设计(论文)管理文件,建立了毕业设计(论文)开题报告制度、中期检查制度、质量标准及评价体系。

学校严格执行毕业设计(论文)指导教师资格审查制度,要求必须具有讲师及以上职称或硕士以上学位的教师担任毕业设计(论文)指导教师。指导教师在毕业设计(论文)开题前要向学生公布选题,学生可根据个人能力和兴趣按"双向选择"的原则自主选择题目及指导教师。教务部门每年联合校督导专家组对毕业设计(论文)的开题、中期指导、毕业答辩等环节进行专项检查,要求指导教师每周至少进行2次面对面指导,监控学生毕业设计(论文)进度和质量。学院按照学校总体要求,通过实行开题答辩、中期答辩、辅导记录等措施,进一步加强毕业设计(论文)管理。

学校每年通过"中国知网论文检测系统"在毕业答辩前对本科生毕业设计(论文)文字重复率进行网络抽查,对检测不合格的毕业设计(论文)要求限期修改并复检合格后方能参加答辩,否则不予毕业,该措施对学生毕业设计(论文)抄袭现象起到了约束的作用。

学校毕业设计(论文)工作结束后,教务部门组织校内专家对各学院毕业设计(论文)工作进行验收评比。通过此项工作,对毕业设计(论文)完成质量和学院毕业设计(论文)管理工作等进行综合评价,发现问题,总结经验,不断提高毕业设计(论文)质量。

2008~2017年,本科生毕业设计(论文)在陕西省土建专业和自动化专业优秀毕业设计评比活动中共获得特等奖10项、一等奖33项、二等奖53项、三等奖20项、优秀奖74项。

第八节 第二课堂活动及学科竞赛

一、第二课堂育人体系建设与保障措施

（一）第二课堂育人体系建设

学校将第二课堂作为学生能力培养、素质拓展、潜能激发和人格塑造的重要载体,建立了思想道德、创新创业、综合素质、社会实践四个模块的第二课堂育人体系,将第二课堂教育融入人才培养方案。第二课堂育人体系各模块的具体培养目标及内涵如下:

思想道德模块通过开展思想道德教育,使大学生树立正确的世界观、人生观和价值观,具有坚定的理想信念,形成勤于学习、善于创造、甘于奉献的良好道德品质和文明行为。

创新创业模块通过开展创新创业教育活动,使大学生拥有严谨的科学精神和高尚的学术品质,具有创新创业的意识、精神和能力,能够掌握并熟练运用所学专业知识和技能开展学术研究和科技发明活动,成为具有创业基本素质的创新型人才。

综合素质模块是通过文体比赛、体质测试、文艺作品、技能训练等活动,使大学生具有较高的文化素养和浓厚的人文情怀,具有自强不息、务实协作、开拓创新的精神,提高学生综合素质和社会竞争力。

社会实践模块通过参加社会实践教育活动,使大学生把理论与实践紧密结合起来,树立正确的竞争进取意识和劳动价值观念,具有较强的吃苦耐劳精神和社会适应能力,具备较强的社会责任感、团结协作意识和无私奉献精神。

(二)第二课堂育人体系保障措施

学校通过建立机构、完善制度、设立专项经费等措施保障第二课堂的顺利实施。2013年成立了以主管教学副校长为组长,各相关职能处室负责人为成员的第二课堂活动领导小组,同年出台了《西安科技大学大学生科技竞赛、创新创业工作管理办法(试行)》,2016年出台了《西安科技大学本科生第二课堂教育学分考核认定办法》等文件,规范了第二课堂管理。通过设置第二课堂最低学分(要求学生在校期间必须获得第二课堂10学分方准予毕业),加大获奖项目的奖励力度等措施,提高了学生、教师参与第二课堂的积极性。学校每年设专项经费380余万元用于学生创新创业、科技竞赛、社会实践、社团活动。

二、学科竞赛及育人效果

学校建立了以相关职能部门牵头管理、相关二级学院(部)负责实施,竞赛专家组指导培训为主要方式的"校级、省级、国家级"三级学科竞赛组织模式。每年组织学生参加"挑战杯"全国课外学术科技作品及"创青春"大学生创业大赛、全国大学生数学建模竞赛、全国大学生电子设计竞赛、中国"互联网+"大学生创新创业大赛、全国大学生机械创新设计大赛等60余项学科竞赛活动,竞赛项目覆盖全部本科专业。2008～2017年期间,学科竞赛活动的辐射面和学生受益面不断扩大,形成了竞赛项目不断增多、参与学生逐年增长、竞赛成绩稳步提高的良好局面。学生在省级及以上重点学科竞赛活动中共获得国际级奖项23项、国家级奖项1 185项、省级奖项2 527项,部分奖项见表4-4-34。

表 4-4-34　　　　2008～2017年学校本科生参加省级及以上重点学科竞赛获奖一览表

竞赛名称	获奖级别	获奖年份									
		2008年	2009年	2010年	2011年	2012年	2013年	2014年	2015年	2016年	2017年
美国大学生数学建模竞赛(获奖数为队数,每队3人)	国际一等奖					1	2				1
	国际二等奖						2	2			5
	国际三等奖							2		6	
全国大学生数学建模竞赛(获奖数为队数,每队3人)	全国一等奖							1	1		
	全国二等奖		3	1		1	1	1	2	1	1
	陕西省一等奖	1		1	5	4	4	4	5	12	20
	陕西省二等奖	5	8	10	6	14	14	20	32	33	34
全国大学生电子设计竞赛(获奖数为队数,每队3人)	全国二等奖		2		1			4		2	
	全国三等奖			1							
	陕西省一等奖		3		2		5		4		4
	陕西省二等奖		2		9		1		4		7
	陕西省三等奖		3		13		6		7		6

竞赛名称	获奖级别	获奖年份									
		2008 年	2009 年	2010 年	2011 年	2012 年	2013 年	2014 年	2015 年	2016 年	2017 年
陕西省大学生电子设计竞赛(获奖数为队数,每队 3 人)	陕西省一等奖			2		1				3	
	陕西省二等奖	1		1		5		5		4	
	陕西省三等奖	8		6		6		9		10	
全国周培源大学生力学竞赛(获奖数为单人)	全国三等奖				3		1		2		1
	全国优秀奖		5		10		2		7		1
陕西省大学生高等数学竞赛(获奖数为单人)	陕西省特等奖								12		19
	陕西省一等奖	3		76		20			49		59
	陕西省二等奖	35		132		54			136		119
	陕西省三等奖	66		168		92					
全国大学生数学竞赛(获奖数为单人)	全国三等奖				1		1				
	陕西省一等奖				12		18	22	12	36	28
	陕西省二等奖				19		27	33	18	54	42
	陕西省三等奖				32		44	55	31	93	70
陕西省大学生化学实验邀请赛(获奖数为单人)	陕西省二等奖		2		1				1		1
	陕西省三等奖		4		2		3		2		2
全国大学生地理信息系统(GIS)应用技能大赛	全国一等奖						1				
	全国二等奖			1		1			1		
	全国三等奖			1		1					
	全国优秀奖										1
全国大学生"西门子杯"中国智能制造挑战赛(原全国大学生控制仿真挑战赛)	全国二等奖			1				1	1	1	
	全国三等奖	1		1							
	西部赛区特等奖										2
	西部赛区一等奖								1	2	1
	西部赛区二等奖							2	2	1	1
	西部赛区优胜奖									2	
德国红点设计概念奖	国际奖	1				1					
全国大学生机械创新设计大赛(获奖数为队数,每队 5 人)	全国二等奖									3	
	陕西省一等奖	1						2		8	
	陕西省二等奖			2		3		3		8	
	陕西省三等奖					7		3		2	
全国大学生英语竞赛(获奖数为单人)	全国特等奖				1			1	2	1	2
	全国一等奖	7	7	11	12	14	9	11	11	10	8
	全国二等奖	23	27	50	35	32	24	30	30	28	11
	全国三等奖	42	53	89	64	66	45	59	63	56	19
"挑战杯"大学生课外学术科技作品竞赛	全国二等奖										1
	全国三等奖			1			1				
	陕西省特等奖			1			1		1		1
	陕西省一等奖			1		1		2	6		2
	陕西省二等奖			6		5		8	8		3
	陕西省三等奖			4		8		7	5		8

西安科技大学校史(1958～2018)

续表 4-4-34

竞赛名称	获奖级别	获奖年份									
		2008年	2009年	2010年	2011年	2012年	2013年	2014年	2015年	2016年	2017年
"挑战杯/创青春"大学生创业大赛	全国铜奖	1		1		1		1			
	陕西省金奖	1		1		1		1		1	
	陕西省银奖	3		4		4		8		8	
	陕西省铜奖	7		2		9		7		3	
全国大学生结构设计竞赛	全国二等奖								1		
	全国三等奖			1	1					1	
	全国优秀奖					1	1	1			
中国教育机器人大赛暨RoboCup公开赛	全国特等奖						1			2	2
	全国一等奖				3	3	3	7	4	8	6
	全国二等奖				1	4	4	1	9	14	10
	全国三等奖			2							1
	陕西省二等奖							2			
"知识产权杯"全国大学生工业设计大赛(陕西省大学生工业设计大赛)	全国三等奖							1			
	全国优秀奖							1		6	
	全国入围奖							2			
	陕西省一等奖	4	2			1		1	11	3	1
	陕西省二等奖	7	1		3	5		2	4		6
	陕西省三等奖	10	2		5	8		3	13	6	9
	陕西省优秀奖	21	1		3	1			9	9	14
全国大学生工程训练综合能力竞赛	全国二等奖						1		1		
	全国三等奖						1		1		
	陕西省特等奖						5		5		1
	陕西省一等奖						1		2		4
	陕西省二等奖								1		3
	陕西省三等奖								2		
陕西省工业工程改善创意竞赛	陕西省一等奖						2	1		4	
	陕西省二等奖						1	1	1	1	3
	陕西省三等奖						2	1	4		2
中国"互联网+"大学生创新创业大赛	全国铜奖										1
	陕西省金奖								6		1
	陕西省银奖								10	3	5
	陕西省铜奖								10	7	7
全国高校大学生金相大赛	全国一等奖										1
	全国二等奖								1	1	2
	全国三等奖								3	2	
全国高等学校采矿工程专业学生实践作品大赛	全国一等奖								1		3
	全国二等奖								1		4
	全国三等奖								2		13
全国高等学校安全科学与工程类专业大学生实践与创新作品大赛	全国一等奖										1
	全国二等奖									1	2
	全国三等奖									2	3

第五章 学位与研究生教育

第一节 学位与研究生教育概况

一、学位与研究生教育发展历程

2009年,学校被教育部批准为全国第八批新增工商管理硕士(MBA)专业学位研究生培养单位,获得工商管理硕士(MBA)专业学位授予权。学校成立"西安科技大学MBA教育管理中心"。

2011年,学校入选国家建设高水平大学公派研究生项目实施高校。

2012年,学校成立了研究生院,成为陕西省第11所研究生院。

2014年,学校获得会计硕士(MPAcc)专业学位授予权。

2018年,学校获得应用统计硕士、翻译硕士专业学位授予权。

二、学位与研究生教育授权学科

学校学位与研究生教育授权学科覆盖工学、理学、管理学、法学、经济学、艺术学等六大学科门类。截至2018年4月,学校共有一级学科博士学位授权点7个、二级学科博士学位授权点40个;一级学科硕士学位授权点25个、二级学科硕士学位授权点107个;专业学位授权点22个。学术学位授权点基本情况详见第三章学科建设部分的有关内容,专业学位授权点基本情况详见表4-5-1。

表 4-5-1 　　　　　　　　　　　专业学位授权点一览表

序号	专业类别		专业(领域)		获批时间	招生时间
	代码	名称	代码	名称		
1	0852	工程	085201	机械工程	2001年	2001年
2	0852	工程	085203	仪器仪表工程	2010年	2010年
3	0852	工程	085204	材料工程	2010年	2010年
4	0852	工程	085207	电气工程	2002年	2002年
5	0852	工程	085208	电子与通信工程	2004年	2004年
6	0852	工程	085210	控制工程	2006年	2006年
7	0852	工程	085211	计算机技术	2004年	2004年
8	0852	工程	085212	软件工程	2010年	2010年
9	0852	工程	085213	建筑与土木工程	2001年	2001年
10	0852	工程	085215	测绘工程	2002年	2002年
11	0852	工程	085216	化学工程	2010年	2010年
12	0852	工程	085217	地质工程	2004年	2004年
13	0852	工程	085218	矿业工程	2001年	2001年

序号	专业类别		专业（领域）		获批时间	招生时间
	代码	名称	代码	名称		
14	0852	工程	085224	安全工程	2006 年	2006 年
15	0852	工程	085229	环境工程	2010 年	2011 年
16	0852	工程	085234	车辆工程	2014 年	2015 年
17	0852	工程	085236	工业工程	2005 年	2005 年
18	0852	工程	085239	项目管理	2010 年	2010 年
19	1251	工商管理	125100	工商管理硕士（MBA）	2009 年	2010 年
20	1253	会计	125300	会计硕士（MPAcc）	2014 年	2015 年
21	0252	应用统计		应用统计硕士	2018 年	
22	0551	翻译		翻译硕士	2018 年	

三、学位与研究生教育管理机构与获奖

2008 年，研究生教育管理体系改革，实行研究生校、院二级管理。研究生部代表学校全面实施研究生教育和培养工作，学工部（学生处）、团委代表学校全面实施研究生教育和管理工作，各学院（部）具体负责本单位研究生培养和管理工作。研究生部下设招生办公室、培养科、学位办公室、综合办公室 4 个科室，有工作人员 8 名，其中主任 1 名，副主任 2 名。各学院（部）设立主管研究生教育的院长（主任）及 1~2 名研究生教务员负责研究生教育管理工作。

2008 年，学校获陕评西省研究生创新教育先进单位。

2009 年研究生部更名为研究生学院，下设招生办公室、学位办公室、培养办公室及质量与信息管理办公室等 4 个科室，有工作人员 8 名，其中院长 1 名，副院长 1 名。

2012 年，西安科技大学研究生院成立。下设招生办公室、学位办公室、培养办公室、质量监督与控制办公室、综合管理办公室等 5 个科室，有工作人员 11 名，其中院长（由主管副校长兼任）1 名，常务副院长 1 名，副院长 2 名。

2012 年，学校被评为陕西省学位与研究生教育信息工作先进单位，李成峰同志被评为陕西省学位与研究生教育信息工作先进工作者。

2014、2016 年，学校分别获陕西省首届、第二届研究生创新成果展暨创新成果洽谈会优秀组织奖，肖阳和郭凡同志被评为第二届研究生创新成果展暨创新成果洽谈会优秀组织先进个人。

2015 年，学校获第一届全国研究生移动终端应用设计创新大赛优秀组织奖。

2015、2016、2017 年，学校分别获第十、十一、十二届中国研究生电子设计竞赛西北赛区优秀组织奖。肖阳同志被评为第十一届中国研究生电子设计竞赛西北赛区优秀工作者。

2017 年，研究生院开展研究生培养模式改革与培养机制创新专项研究，项目成果《行业特色大学研究生"1431"培养体系构建与实践》获陕西省 2017 年高等教育教学成果特等奖。

第二节　学位与研究生教育基本思路和目标

"十一五"期间学校研究生教育发展的基本思路是：积极开拓，建立机制，完善模式，注重创新。总体发展目标是：到 2010 年，在校研究生数达到 3 000 人，在校研究生数与本科生数之比达到 1∶7。全面提高研究生教育水平，培养具有创新能力的高层次人才，到"十一五"末使学校研究生办学水平处于同类院校前列。

　　"十二五"期间学校研究生教育发展的基本思路是:坚持"积极开拓,创新机制,优化结构,充实内涵"的工作方针,以全面提高研究生培养质量为核心,进一步解放思想,深化改革,加强管理,彰显特色,全面提升研究生教育整体水平,促进学校学位与研究生教育工作全面、协调、可持续发展。总体发展目标是:到"十二五"末,全日制在校博、硕士研究生人数达到 3 000 人,非全日制达到 1 000 人,形成学科门类和培养类型协调发展,规模与学校办学定位相适应,特色鲜明、层次结构合理,质量保障与监控举措科学规范、充满生机和活力的学位与研究生教育体系,培养质量稳步提高,社会声誉明显提升,使学校学位与研究生教育水平处于同类院校前列。

　　"十三五"期间学校研究生教育发展的基本思路是:全面贯彻党的教育方针,把立德树人作为研究生教育的根本任务,以提高研究生培养质量为主线,围绕国家和区域经济发展的重大战略需求和学校自身发展需要,坚持分层建设、重点突破,合理布局、协调发展,突出特色、错位发展的原则,重点做好学术交流、成果建设、队伍建设、条件保障、招生选拔制度、创新人才培养模式、质量评价体系、激励机制等工作,为建设特色鲜明的高水平教学研究型大学提供有力支撑。总体发展目标是到 2020 年全日制博士研究生规模达到 300 人,硕士研究生 3 000 人,非全日制硕士 1 000 人,留学生 30 人。通过推进研究生教育综合改革计划,增强研究生教育的整体实力和核心竞争力;通过深化研究生培养模式改革,形成特色鲜明的学术学位和专业学位研究生培养模式;通过完善研究生教育质量保证和监督体系,提高研究生培养质量。

第三节　研究生招生工作

一、规章制度

　　(1) 学校 2008 年 8 月修订了《西安科技大学研究生新生复查工作的规定》。

　　(2) 2010 年 12 月,制定了《西安科技大学关于博士研究生招生工作若干规定》。

　　(3) 2012 年 4 月,修订了《西安科技大学硕士研究生招生复试及录取实施办法》;5 月,修订了《西安科技大学博士研究生招生复试及录取实施办法》《西安科技大学关于博士研究生招生工作若干规定》;7 月,修订了《西安科技大学关于硕士研究生硕博连读攻读博士学位实施办法》;9 月,修订了《西安科技大学推荐优秀应届本科毕业生免试攻读硕士学位研究生复试及录取办法》;12 月,修订了《西安科技大学非全日制工程硕士研究生复试及录取实施办法》,建成了研究生招生考试标准化考场,被评为"国家教育考试标准化考点",实现网上视频监控录像系统和无线电信号屏蔽系统全覆盖,并与陕西省考试管理中心网上巡考系统互联互通。

　　(4) 2014 年,完成了研究生教育收费改革;出台了《西安科技大学硕士研究生优秀新生奖学金评选办法》。

　　(5) 2015 年,对博士研究生招生复试制度进行了改革;印发了《西安科技大学推荐与接收优秀应届本科毕业生免试攻读硕士学位研究生实施办法》。

　　(6) 2016 年,首次开展了博士研究生申请—审核制招生试点工作,录取申请审核制 8 人;首次招收"退役大学生士兵"专项计划 2 名。

　　(7) 2017 年,国家统筹全日制、非全日制硕士研究生招生,将在职工程硕士考试并入全国硕士研究生招生统一考试,学校共招收 2017 级非全日制硕士研究生 286 名。

　　(8) 2018 年,学校开始招收高校思想政治工作骨干在职攻读博士研究生。

二、招生规模

(一)博士研究生招生情况

2008～2017年,累计招收博士研究生434名。学校各年度博士研究生招生情况具体见表4-5-2。

表 4-5-2　　　　　　　　　　　**2008～2017年博士研究生招生情况**

年份	2008 年	2009 年	2010 年	2011 年	2012 年
招生数	34	37	39	42	41
年份	2013 年	2014 年	2015 年	2016 年	2017 年
招生数	42	43	45	51	60

(二)硕士研究生招生情况

1. 全日制硕士研究生招生情况

(1) 全日制学术型硕士研究生招生情况。

2008～2017年,累计招收全日制学术型硕士研究生6 265名,学校各年度全日制学术型硕士研究生各年度招生情况见表4-5-3。

表 4-5-3　　　　　　　　　　　**2008～2017年硕士研究生招生情况**

年份	2008 年	2009 年	2010 年	2011 年	2012 年
招生数	663	725	796	800	834
年份	2013 年	2014 年	2015 年	2016 年	2017 年
招生数	478	494	491	487	497

(2) 全日制专业学位硕士研究生招生情况。

学校的全日制专业学位硕士研究生招生包括全日制工程硕士研究生、工商管理硕士(MBA)研究生(2016级及以前)、全日制会计硕士(MPAcc)专业学位三种类别。

按照教育部《关于做好2009年全日制专业学位硕士研究生招生工作的通知》(教学司〔2009〕2号)文件要求,2009年学校开始招收全日制工程硕士研究生,首次招生30名。

2010年学校开始招收工商管理硕士研究生(MBA),首次招生117名。2010～2016年,工商管理硕士研究生通过全国硕士研究生统一招生考试,纳入全日制专业学位招生人数进行统计。

2015年学校开始招收会计硕士(MPAcc)专业学位研究生,首次招收全日制84名。全日制专业学位硕士研究生各年度招生情况见表4-5-4。

表 4-5-4　　　　　　　　　　　**2009～2017年全日制专业学位硕士研究生招生情况**

年份	招生类别及招生数		
	全日制工程硕士	工商管理硕士(MBA)	全日制会计硕士(MPAcc)
2009 年	30	—	—
2010 年	191	117	—
2011 年	247	124	—
2012 年	337	151	—
2013 年	425	53	—
2014 年	290	84	—

续表 4-5-4

年份	招生类别及招生数		
	全日制工程硕士	工商管理硕士(MBA)	全日制会计硕士(MPAcc)
2015 年	288	37	84
2016 年	334	37	61
2017 年	424	按非全日制招生	61
合计	2566 年	603	206

2. 非全日制硕士研究生招生情况

(1) 高等学校教师在职攻读硕士学位研究生招生情况。

2008~2009 年,高等学校教师在职攻读硕士学位研究生招生人数分别为 12 人、20 人。2010年国家停止此类招生。

(2) 非全日制工程硕士研究生招生情况。

学校从 2001 年开始招收非全日制工程硕士研究生,于每年 10 月参加在职人员攻读硕士专业学位全国联考,次年 3~4 月入学。2016 年,国家停止此类招生。2008~2015 年共招收在职工程硕士 1 983 人,具体招生情况见表 4-5-5。

表 4-5-5　　　　　　2008~2015 年在职工程硕士招生情况

年份	2008 年	2009 年	2010 年	2011 年	2012 年	2013 年	2014 年	2015 年
招生数	102	108	202	269	365	365	286	286

(3) 非全日制硕士研究生(统考类)招生情况。

2017 年,国家统筹全日制和非全日制硕士研究生招生,将非全日制纳入全国硕士研究生统一招生考试,学校首次招收统考类非全日制硕士研究生 286 名。除工商管理只招收非全日制硕士研究生外,其他各学科专业均招收了全日制、非全日制两种学习方式的硕士研究生。

三、优秀新生奖励

2014 年,学校开始实施优秀新生奖学金评选政策。硕士研究生优秀新生奖学金分为推荐免试硕士研究生奖学金(以下简称推免奖学金)和参加全国硕士研究生招生考试硕士研究生新生奖学金(以下简称招考奖学金)两种类型。推免奖学金一次性奖励 5 000 元/生,并按照《西安科技大学推荐与接收优秀应届本科毕业生免试攻读硕士学位研究生实施办法》(2015 年出台)享受其他奖励;招考奖学金分为一等奖学金和二等奖学金两个等级,一等奖学金名额占参评人数的 3%,奖金8 000 元/人;二等奖学金占参评人数的 7%,奖金 5 000 元/人。各年度优秀新生奖学金获奖情况具体见表 4-5-6。

表 4-5-6　　　　　　2014~2017 年优秀新生奖学金获奖情况统计表

年份	推免奖学金		招考奖学金				合计	
	人数	一次性奖励金额/万元	一等奖人数	奖金/万元	二等奖人数	奖金/万元	人数	奖金/万元
2014 年	—	—	19	15.2	43	21.5	62	36.7
2015 年	42	21	23	18.4	54	27	119	66.4
2016 年	79	39.5	24	19.2	57	28.5	160	87.2
2017 年	115	57.5	33	26.4	75	37.5	223	121.4

第四节　研究生培养及学位授予

一、研究生培养

（一）规章制度

（1）2008年12月，对《西安科技大学关于研究生申请试读的暂行规定》进行了修订。

（2）2009年，制定了《关于研究生参加"胡杨林大讲堂"学术活动的有关规定》《西安科技大学关于加强博士研究生培养工作的若干意见》《西安科技大学全日制工程硕士研究生培养工作规定》《西安科技大学博士学位授权一级学科内自主设置学科、专业研究生培养管理办法》。

（3）2011年，制定了《西安科技大学工程硕士研究生课程学习及管理办法》。

（4）2013年，制定了《西安科技大学研究生奖学金评定办法（试行）》。

（5）2015年，制定了《西安科技大学研究生教学精品建设计划管理办法》《西安科技大学学位与研究生教育教学改革与研究项目管理办法》。

（6）2016年，制定了《西安科技大学研究生国际交流与合作管理暂行办法》《西安科技大学"研究生学术贡献率提升计划"实施方案》《西安科技大学研究生学术成果奖励办法（试行）》。

（二）培养方案

2011年8月，修订《非全日制工程硕士专业学位研究生培养方案》，完成《全日制专业学位研究生培养方案》制定。

2012年7月，完成了第11批新增硕士学科研究生培养方案和博士研究生培养方案的制定和修订工作。

2016年1月～7月，对学术型博士、学术型硕士、全日制专业学位硕士、非全日制专业学位硕士的研究生培养方案进行了全面修（制）订。

（三）研究生教学改革

1. 优秀教案、优秀讲义的评选

2007年，学校制定了《西安科技大学研究生课程优秀讲义评选办法（试行）》，对研究生课程优秀讲义进行评选，并对评选出的优秀讲义进行立项资助。截至2018年4月，共评选出研究生课程优秀讲义123部。

2. 研究生精品课程建设

根据《西安科技大学研究生精品课程建设实施办法》，开展了研究生精品课程的立项建设工作。通过教师自由申报、学科审核、学院（部）评审和学校专家组评审，2008～2018年共评选出校级研究生精品课程83门。

3. 研究生教材建设

根据《西安科技大学研究生教材建设实施办法》，开展了研究生教材的立项建设工作。通过教师自由申报、学科审核、院系部评审和学校专家组评审，2008～2018年共立项建设研究生教材65部。

4. 研究生双语教学

学校根据《西安科技学院研究生双语教学的有关规定》开展研究生双语教学工作。2008～2018年，共有21门课程开展双语教学。

5. 研究生教育综合改革试点项目建设工作

根据《陕西省教育厅关于开展学术学位和专业学位研究生教育综合改革试点工作的通知》，2014年学校开展了研究生教育综合改革试点项目的建设工作。经过学院申报，学校组织专家评

审,最终确定了 16 个校级研究生教育综合改革试点项目。10 个项目获批为省级研究生教育综合改革试点项目,详见表 4-5-7。

表 4-5-7 **2014 年陕西省教育综合改革试点项目建设一览表**

排名	试点学科名称	试点项目类型	项目负责人	学院(部)	资助等级	备注
1	安全工程	专业学位	邓 军	能源学院	一等	省级试点项目
2	矿业工程	专业学位	伍永平	能源学院	一等	省级试点项目
3	机械工程	专业学位	寇发荣	机械学院	一等	省级试点项目
4	电气工程	专业学位	杜京义	电控学院	二等	省级试点项目
5	建筑与土木工程	专业学位	任建喜	建工学院	二等	省级试点项目
6	地质工程	专业学位	唐胜利	地环学院	二等	省级试点项目
7	工业工程	专业学位	李红霞	管理学院	二等	省级试点项目
8	测绘工程	专业学位	汤伏全	测绘学院	二等	省级试点项目
9	马克思主义理论	学术学位	袁金群	思政部	三等	省级试点项目
10	数学	学术学位	张仲华	理学院	三等	省级试点项目

6. 学位与研究生教育教学改革与研究项目

根据《西安科技大学学位与研究生教育教学改革与研究项目管理办法》,经个人申报,学院(部)推荐,学校组织专家评审,2015～2018 年,学校共立项校级学位与研究生教育教学改革与研究项目 60 项,共中重点项目 13 项,一般项目 47 项。

7. 研究生案例库建设

按照《西安科技大学案例库建设项目评审规则》,2016 年开展了研究生案例库的建设工作,共评选校级研究生案例库建设 7 项。

8. 研究生慕课建设

根据《西安科技大学慕课(MOOCs)课程评审规则》,2016 年开展了研究生慕课建设工作,共评选校级研究生慕课建设 6 项。

9. 教学质量监控体系

建立健全课程教学质量监控体系,通过教学检查(包括检查教案、专家评审教案、听课、填写教学效果调查表等)、教考分离等措施,逐步提高研究生教学质量。研究生院针对课程设置、教师教学态度、学习环境等方面的问题在学生中进行问卷调查,并在每学期开展期中教学检查工作。

(四)研究生培养条件建设

1. 研究生信息管理系统

2016 年 7 月～2017 年 7 月,启动研究生信息化建设,招标建设了新的研究生信息管理系统。新系统是一套涵盖研究生招生、学籍、培养、学位、质量监控等各个流程的整体化、数字化信息平台。新系统能够实现研究生教育的全部信息化需求及实现数据共享,能够为研究生院各科室、各二级学院(部)研究生秘书、导师、考生、在校生之间构建一个统一的信息交互平台,各类人员可以网上协同工作。

2. 研究生培养基地建设

(1)实践基地建设情况。

截至 2018 年 4 月,学校与陕西煤业化工集团有限责任公司、神华宁夏煤业集团有限责任公司等企业共建有 63 家研究生培养(实践)基地。

(2)陕西省研究生联合培养示范工作站建设。

按照陕西省教育厅、陕西省学位委员会、陕西省发展和改革委员会、陕西省科技厅、陕西省工业和信息化厅、陕西省财政厅、陕西省人力资源和社会保障厅、陕西省国有资产监督管理委员会联合印发的《陕西省研究生联合培养示范工作站建设与管理办法》,陕西省学位办于2014年起开展了陕西省联合培养示范工作站评选工作。2014~2018年,学校共有4个研究生培养实践基地获批为陕西省研究生联合培养示范工作站,具体见表4-5-8。

表4-5-8　　　　　　学校获批的陕西省研究生联合培养示范工作站一览表

获批年份	工作站名称	设站单位名称	进站高校相关学科
2014年	机械工程研究生联合培养示范工作站	西安重工装备制造集团有限公司	机械工程
2014年	地质资源与地质工程研究生联合培养示范工作站	中煤科工集团西安研究院	地质资源与地质工程
2015年	矿业与安全研究生联合培养示范工作站	陕西煤业化工技术研究院有限责任公司	矿业工程、安全科学与工程
2017年	智慧矿山研究生联合培养示范工作站	中煤科工集团常州研究院有限公司/天地(常州)自动化股份有限公司	控制科学与工程、电气工程、机械工程

(3)全国工程专业学位研究生联合培养示范基地建设。

2017年9月,学校与西安重工装备制造集团有限公司的研究生联合培养实践基地荣获第三届"全国工程专业学位研究生联合培养示范基地",具体情况见表4-5-9。

表4-5-9　　　　　　全国工程专业学位研究生联合培养示范基地一览表

获批年度	联合培养基地名称	联合培养单位名称
2017年	矿山机电工程专业学位研究生联合培养示范基地	西安重工装备制造集团有限公司

3.研究生培养硬件条件建设

2012年,学校依托"陕西省高水平大学建设项目",加大研究生实验条件和基础科研平台的建设力度。2013年,学校对研究生教室多媒体进行了升级、补充、改进和完善,进一步改善导师工作和研究生学习条件,建成了导师工作室和研究生工作室。

(五)学术交流与成果奖励

1.胡杨林大讲堂

2008年,学校创办了研究生"胡杨林大讲堂",定期举办学术报告或专题讲座,主讲人由校内外知名教授、专家、学者、知名人士,博士生及优秀校友担任。2009~2017年,"胡杨林大讲堂"共举办214场学术报告,具体年份及举办场次见表4-5-10。

表4-5-10　　　　　　2009~2017年胡杨林大讲堂举办场次一览表

年份	举办场次	年份	举办场次
2009年	19	2014年	8
2010年	6	2015年	24
2011年	18	2016年	30
2012年	61	2017年	36
2013年	12		

2. 学术成果奖励

2016 年,学校制定出台了《西安科技大学研究生学术成果奖励办法(试行)》,对在学在籍的全日制博硕士研究生发表的高水平学术论文和高层次的科技成果奖以及发明专利给予奖励。

二、学位授予

(一)规章制度

(1) 2009 年 5 月,对《西安科技大学硕士研究生申请学位论文答辩的规定》进行了修订。

(2) 2010 年 8 月,对《西安科技大学研究生学位论文送审办法》《西安科技大学博士研究生申请学位论文答辩的规定》《西安科技大学研究生优秀学位论文评选办法》进行了修订。

(3) 2011 年 7 月,制定了《西安科技大学研究生学位论文涉密管理办法(试行)》。

(4) 2012 年 8 月,对《西安科技大学研究生学位论文规范》进行了修订。

(5) 2013 年,制定了《西安科技大学学位论文作假行为处理实施细则》《西安科技大学研究生学位论文相似度监测处理办法(试行)》。

(6) 2015 年 6 月,制定了《西安科技大学优秀博士学位论文培育计划项目管理办法》;12 月,制定了《西安科技大学优秀研究生学位论文评选及奖励办法》《西安科技大学博士、硕士学位论文抽检评议结果处理办法》。

(7) 2016 年 12 月,制定了《西安科技大学博士学位论文质量保障办法(试行)》。

(二)学位授予情况统计

1. 博士学位授予情况统计

2008～2017 年学校共授予 235 人博士学位,具体情况见表 4-5-11。

表 4-5-11 博士学位授予情况统计表

年份	2008 年	2009 年	2010 年	2011 年	2012 年	2013 年	2014 年	2015 年	2016 年	2017 年
人数	12	21	24	18	25	31	29	25	19	31

2. 全日制学术型研究生学位授予情况统计

2008～2017 年学校共授予 5 453 名全日制学术型硕士研究生硕士学位,具体情况见表 4-5-12。

表 4-5-12 1982～2017 年全日制学术型硕士研究生学位授予情况统计表

年份	2008 年	2009 年	2010 年	2011 年	2012 年	2013 年	2014 年	2015 年	2016 年	2017 年
人数	505	557	617	608	641	565	560	493	455	452

3. 全日制专业型硕士研究生学位授予情况统计

全日制专业型硕士研究生包括全日制工程硕士和工商管理硕士(MBA)(2016 级及以前)两种类别。2012 年,学校第一届全日制工程硕士共计 26 人通过学位论文答辩获得硕士学位。2013 年,第一届工商管理硕士研究生共计 102 人通过学位论文答辩获得硕士学位。

2012～2017 年全日制专业学校硕士研究生学位授予情况详见表 4-5-13。

表 4-5-13 2012～2017 年全日制专业学位硕士研究生学位授予情况统计表

年份	研究生类别及学位授予数	
	全日制工程硕士	工商管理硕士(MBA)
2012 年	26	—

续表 4-5-13

年份	研究生类别及学位授予数	
	全日制工程硕士	工商管理硕士（MBA）
2013 年	67	102
2014 年	119	163
2015 年	180	70
2016 年	293	75
2017 年	278	22
合计	963	432

4. 在职人员攻读硕士学位研究生学位授予情况

（1）在职工程硕士。

2008～2017 年，学校共授予 845 名在职工程硕士研究生硕士学位，具体情况见表 4-5-14。

表 4-5-14　　　　　　　　在职工程硕士研究生学位授予情况统计表

年份	2008 年	2009 年	2010 年	2011 年	2012 年	2013 年	2014 年	2015 年	2016 年	2017 年
人数	44	44	58	80	43	81	126	130	140	99

（2）高等学校教师在职攻读硕士学位研究生。

2008～2017 年，学校共授予 40 名高等学校教师在职攻读硕士学位研究生硕士学位。具体情况见表 4-5-15。

表 4-5-15　　　　高等学校教师在职攻读硕士学位研究生学位授予情况统计表

年份	2008 年	2009 年	2010 年	2011 年	2012 年	2013 年	2014～2017 年
人数	0	0	9	8	12	11	0

5. 同等学力人员硕士学位授予情况

2008～2017 年，学校共授予 1 名同等学力人员硕士学位，具体情况见表 4-5-16。

表 4-5-16　　　　　　　同等学力人员硕士学位授予情况统计表

年份	2008 年	2009 年	2010 年	2011～2017 年
人数	0	0	1	0

（三）优秀学位论文

1. 优秀博士、硕士学位论文评选情况

根据《西安科技大学研究生优秀学位论文评选办法》对博士、硕士优秀学位论文进行评选。校级优秀博士学位论文可以推荐参加陕西省优秀博士学位论文评选。2008～2017 年共评选出 10 篇省级优秀博士学位论文（表 4-5-17）、35 篇校级优秀博士学位论文（表 4-5-18），240 篇校级优秀硕士学位论文。

表 4-5-17 省级优秀博士学位论文名单

序号	博士生	导师	论文题目	年份
1	杨志远	周安宁	超细煤粉体的光催化氧化反应性及动力学研究	2008 年
2	刘树林	刘 健	本质安全开关变换器基础理论及关键技术研究	2009 年
3	魏世明	柴 敬	岩体变形光纤光栅传感监测的理论与方法研究	2010 年
4	邓念东	侯恩科	基于OO-Solid 数据模型的三维地质模型的构建与动态更新方法研究	2011 年
5	张志华	侯恩科	矿山巷道三维网络模型的构建及其路径分析方法研究	2012 年
6	解盘石	伍永平	大倾角煤层长壁开采覆岩结构及其稳定性研究	2013 年
7	董丁稳	李树刚	基于安全监控系统实测数据的瓦斯浓度预测预警研究	2014 年
8	宋世杰	赵晓光	基于关键地矿因子的开采沉陷分层传递统计方法研究	2015 年
9	赵凌燕	薛 河	核电焊接接头裂尖力学特征及环境致裂裂纹扩展速率研究	2016 年
10	王 凯	邓 军	陕北侏罗纪煤低温氧化反应性及动力学研究	2017 年

表 4-5-18 校级优秀博士学位论文名单

序号	博士生	导师	论文题目	年份
1	魏世明	柴 敬	岩体变形光纤光栅传感检测的理论与方法研究	2008 年
2	邓念东	侯恩科	基于OO-Solid 数据模型的三维地质模型构建与动态更新方法研究	2009 年
3	杨振宏	常心坦	生产事故免疫能力成熟度模型及评价技术研究	2009 年
4	王 华	葛岭梅	矿井多元可燃性气体爆炸特性实验及数值模拟研究	2009 年
5	张志华	侯恩科	矿山巷道三维网络模型的构建及其路径分析方法研究	2011 年
6	孙学阳	夏玉成	陕西铜川矿区采煤沉陷灾害预警基础研究	2011 年
7	张慧梅	杨更社	岩石冻融损伤力学特性及水热力耦合研究	2011 年
8	齐爱玲	马宏伟	采煤机铸钢件缺陷超声信号时频分析与智能分类研究	2011 年
9	魏 娟	马宏伟	煤矿救援机器人系统运载车关键技术研究	2011 年
10	王清亮	侯媛彬	补偿接地电网的暂态量选线保护研究	2011 年
11	董丁稳	李树刚 常心坦	基于安全监控系统实测数据的瓦斯浓度预测预警研究	2012 年
12	赵建文	侯媛彬	基于暂态过程特征的矿井电网漏电识别研究	2012 年
13	马 砺	邓 军	二氧化碳防治煤自燃机理及应用工艺研究	2012 年
14	解盘石	伍永平	大倾角煤层长壁开采覆岩结构及其稳定性研究	2013 年
15	肖 旸	李树刚 李 明	煤田火区煤岩体裂隙渗流的热－流－固多场耦合力学特性研究	2013 年
16	毛清华	马宏伟	煤矿钢丝绳芯输送带缺陷弱磁信号智能识别研究	2013 年
17	方秀荣	薛 河	浅小裂纹尖端力学场对核电关键结构材料SCC影响的研究	2013 年
18	董 明	马宏伟	煤矿机械轴类零件超声检测声场与缺陷回波特性研究	2013 年
19	王川伟	马宏伟	煤矿救援探测机器人避障越障机理及控制策略研究	2014 年
20	么秋香	杜美利	渭北高硫煤中有机硫赋存状态及热解迁移规律研究	2014 年
21	赵凌燕	薛 河	核电焊接接头裂尖力学特征及环境致裂裂纹扩展速率研究	2014 年
22	薛旭升	马宏伟	煤矿救援机器人无线通信系统与数据传输研究	2015 年
23	张丁丁	柴 敬	兖州矿区第四系厚松散层沉降特性研究	2015 年
24	王 凯	邓 军 常心坦	陕北侏罗纪煤低温氧化反应性及动力学研究	2015 年
25	崔 峰	来兴平	复杂环境下煤岩体耦合致裂基础与应用研究	2015 年
26	高丙丽	任建喜	地铁隧道施工对邻近地下管线的变形影响规律与控制技术	2015 年

序号	博士生	导师	论文题目	年份
27	单鹏飞	来兴平	急倾斜煤岩体强度劣化与动力灾害防治基础研究	2016 年
28	赵鹏翔	李树刚	基于能量效应的覆岩破断与瓦斯运移规律实验研究	2016 年
29	郭 军	文 虎	矿井热动力灾害救援安全性评价与动态预测	2016 年
30	田俊峰	杨更社	冻融环境下阳曲公路隧道高含水率黄土物理力学特性及应用研究	2017 年
31	袁 强	柴 敬	采动覆岩变形的分布式光纤检测与表征模拟试验研究	2017 年
32	邸鸿喜	李红霞	煤矿工人工作压力结构、传播规律及其对不安全行为的影响研究	2017 年
33	王 璟	李红霞	矿工安全心理资本与不安全行为的关系研究	2017 年
34	赵婧昱	邓 军 刘向荣	淮南煤氧化动力学过程及其微观结构演化特征研究	2017 年
35	双海清	李树刚 申世飞	缓倾斜煤层采动卸压瓦斯储运优势通道演化机理及应用	2017 年

2. 优秀博士学位论文培育计划

2016 年,学校建立了优秀博士学位论文培育机制,首次立项建设优秀博士学位论文培育计划项目 4 项,截至 2018 年 4 月,共立项建设 6 项。

第五节　专业学位工作

专业学位研究生教育是为了适应国家经济建设和社会发展对应用型、复合型高层次人才的需要而开展的教育形式。学校拥有工程硕士、工商管理硕士和会计硕士 3 个专业学位类别。

一、工程硕士专业学位

工程硕士专业学位是与工程领域任职资格相联系的专业性学位,培养应用型、复合式高层次工程技术和工程管理人才。具体要求为:拥护党的基本路线和方针政策,热爱祖国,遵纪守法,具有良好的职业道德和敬业精神,具有科学严谨和求真务实的学习态度和工作作风,身心健康;掌握所从事领域的基础理论、先进技术方法和手段,在领域的某一方向具有独立从事工程设计、工程实施、工程研究、工程开发、工程管理等能力;掌握一门外国语。

学校共有 18 个工程硕士专业学位授权领域。2008～2018 年新增工程硕士授权领域见表 4-5-19。

表 4-5-19　　　　　　　　　　2008～2018 年新增工程硕士授权领域

年份	工程硕士领域及代码	
2010 年	085203	仪器仪表工程
	085204	材料工程
	085216	化学工程
	085239	项目管理
	085212	软件工程
	085229	环境工程
2014 年	085234	车辆工程

(一)全日制工程硕士专业学位

根据 2009 年 9 月制定的《西安科技大学全日制工程硕士研究生培养工作规定》,学校全日制工程硕士研究生培养执行以下标准:

1. 培养方式

采用课程学习、实践教学和学位论文相结合的培养方式。

课程设置应体现厚基础理论、重实际应用、博前沿知识,着重突出专业实践类课程和工程实践类课程。采取理论学习与工程实践相结合的培养方式,鼓励到企业实习,采用集中实践和分段实践相结合的方式。在学期间,必须保证不少于半年的实践教学,应届本科毕业生的实践教学时间原则上不少于1年。

全日制工程硕士研究生的培养采取双导师制,由学校具有工程实践经验的研究生导师和企业的专家分别担任正导师和副导师。导师根据工程硕士研究生的培养计划指导学生的课程学习、论文选题、文献查阅、调研、工程实践、科学研究和学位论文撰写和答辩等。学位论文选题应来源于工程实际或具有明确的工程技术背景。

课程设置由学位课、必修课和选修课三部分组成。学位课须进行考试,采取笔试或笔试加口试的方式;选修课一般进行考查,可采取笔试或完成大作业、读书报告等形式进行;工程实践应在规定时间内完成,要求提供所在企业评语并撰写实践报告。

2. 学位授予

学位论文选题应来源于工程实际或具有明确的工程技术背景,可以是新技术、新工艺、新设备、新材料、新产品的研制与开发。论文的内容可以是:工程设计与研究、技术研究或技术改造方案研究、工程软件或应用软件开发、工程管理等。论文应具备一定的技术要求和工作量,体现作者综合运用科学理论、方法和技术手段解决工程技术问题的能力,并有一定的理论基础,具有先进性、实用性。

学位论文(设计)评阅人为2名,其中工矿企业或工程建设部门1名。这2名评阅人均应具有高级专业职称,且熟悉论文内容。

学位申请者完成培养方案中规定的所有环节,获得培养方案规定的学分,成绩合格,经分学位委员会同意,研究生院审核,校学位委员会主席批准后方可进行论文答辩。答辩委员会应由5～7名具有副教授及以上职称的专家组成,成员中应有来自工矿企业和工程建设部门的专家。

全日制工程硕士研究生按照培养方案的要求,修满规定学分,且成绩合格,通过学位论文答辩,经学校学位评定委员会审核批准后,授予工程硕士专业学位,同时获得硕士研究生毕业证书。

(二) 在职人员攻读工程硕士专业学位

学校从2001年开始招收在职人员攻读工程硕士专业学位硕士研究生,2016年,国家停止此类招生,于2017年统筹全日制和非全日制硕士研究生招生,将非全日制工程硕士研究生的招生纳入全国硕士研究生招生统一考试,以下均指统筹之前的非全日制工程硕士研究生。

1. 培养方式

在职人员攻读工程硕士专业学位全部采取委托培养方式,学校与被录取考生所在单位或被录取考生本人签订委托培养合同。

工程硕士研究生从入学到获得工程硕士学位的期限一般为3～5年,其中课程学习一般应在前2年内完成。以进校不离岗方式,采用半脱产或部分时间集中学习,攻读学位期间在学校本部学习的时间累计不得少于6个月。

工程硕士研究生的培养采取双导师制,由学校具有工程实践经验的研究生导师和学生所在单位的专家共同担任,学校的导师聘为正导师,学生所在单位的专家聘为副导师。

2. 学位授予

工程硕士研究生开题以后,在完成学位论文中期检查报告之前,要求完成0.8万～1万字的学科前沿读书报告。

工程硕士研究生结合本单位生产实际、工程技术或工程管理等关键问题进行课题研究并完成

论文,论文全部盲审。工程硕士生修完规定的学分,成绩合格,论文答辩通过,授予工程硕士专业学位。

二、工商管理硕士(MBA)

根据2016年9月制定的《西安科技大学工商管理硕士(MBA)专业学位培养工作规定》,学校工商管理硕士(MBA)专业学位研究生培养执行以下标准:

(一)培养方式

工商管理硕士(MBA)采取校内外导师联合培养,课堂教学、管理实践和学位论文相结合的培养方式。学习年限为2～3年。课程设置由学位课与非学位课两部分组成,其中非学位可分为专业必修课和专业选修课。实行在管理学院和学科领导下的导师负责制。学制为2.5～4年,因特殊情况需延长学习年限的,须提前向管理学院提出申请并由研究生院审批,但最多不超过5年。

学习方式可以选择脱产或半脱产。课程设置按照全国工商管理硕士(MBA)教育指导委员会的统一安排,课程学习时间为1.5～2年,专业课程分为核心课(必修)和选修课两部分,学生在学习阶段应至少修满45学分。

(二)学位授予

工商管理硕士的论文答辩由MBA分委会组织副高职称以上的5人组成答辩委员会负责进行,其中应有1名企业界人士参加。通过论文答辩并经MBA分委会及校学位委员会表决通过者,授予工商管理硕士专业学位。

三、会计硕士(MPAcc)

2014年,学校获得会计硕士(MPAcc)专业学位授予权,2015年招收了第一批会计硕士(MPAcc)专业学位研究生。该专业学位旨在培养热爱祖国,拥护中国共产党的领导,拥护社会主义制度,遵纪守法,品德良好,具有服务国家和人民的社会责任感,具有扎实的会计相关基础知识,具有较强发现问题、分析问题与解决问题的高素质、应用型、国际化会计专门人才。根据2016年9月制定的《西安科技大学会计硕士专业学位(MPAcc)研究生培养工作规定》,学校会计硕士专业学位(MPAcc)研究生培养执行以下标准:

(一)培养方式

MPAcc培养采取校内外导师联合培养,课堂教学、实践环节和学位论文相结合的培养方式,学习年限为3年,课程设置由学位课、非学位课及必修环节三部分组成;并要求本专业研究生在读期间须修满实践环节7学分。

(二)学位授予

会计硕士专业学位论文应在导师指导下通过学生自己的调查研究独立完成。通过阅读国内外有关文献资料及对现场的生产实际进行调查研究,最迟在第三学期确定学位论文题目,提出论文选题报告和工作计划,经导师同意,学院审定后开始转入论文工作阶段。选题应围绕本专业研究方向,选取对国民经济具有一定使用价值或者具有理论意义的课题。应体现出硕士生具有从事科学研究工作和独立担负专门技术工作的能力,对所研究方向的现状和最新成就比较熟悉,对所研究的题目有新的见解和内容,论文学术水平要求符合《西安科技大学学位授予工作细则》,并按要求组织论文评审和答辩。

MPAcc专业学位研究生修满规定学分,完成硕士论文并通过答辩者,经学校学位评定委员会审核,授予会计硕士专业学位证书和毕业证书。

第六节　导师队伍建设

一、导师队伍建设制度

(1) 学校 2009 年制定了《西安科技大学关于博士研究生副指导教师聘任实施办法》。

(2) 坚持两年一度的导师考核和新增导师培训工作。

(3) 2015 年 12 月,制定了《西安科技大学优秀研究生指导教师评选及奖励办法》。

(4) 2016 年 12 月,修订印发了《西安科技大学硕士研究生指导教师遴选办法(修订)》《西安科技大学博士研究生指导教师遴选办法(修订)》。

二、导师遴选情况

(一) 博士研究生导师遴选

学校根据《西安科技大学博士研究生指导教师遴选办法》,对博士研究生指导教师进行遴选。2008～2016 年,学校博士研究生指导教师遴选情况具体见表 4-5-20。

表 4-5-20　　　　　　　　　2008～2016 年博士研究生指导教师遴选情况

遴选年份	遴选人数	学科(专业)	导师名单
2008 年	13	矿业工程	来兴平　刘树林　李红霞　李侃社　杜美利　李　健(兼职)　廖桂生(兼职)
		岩土工程	戴　俊　赛云秀(兼职)　董书宁(兼职)　石智军(兼职)　虎维岳(兼职)
		思想政治教育	卢黎歌(兼职)
2010 年	9	思想政治教育	石　磊　郑华萍　李　刚(兼职)
		地质资源与地质工程	王双明(兼职)　徐凤银(兼职)
		矿物加工工程	杨建业　杜慧玲　邱介山(兼职)
		安全科学与工程	文　虎
2011 年	1	矿业工程	王　俭(兼职)
2012 年	8	矿物加工工程	刘向荣　杨志远
		地质工程	王念秦
		机械工程	郭　卫　杨来侠
		安全科学与工程	袁　亮(兼职)　何学秋(兼职)　申世飞(兼职)
2013 年	7	思想政治教育	张立杰
		安全科学与工程	张天军　陈晓坤
		矿物加工工程	贺拥军
		土木工程	张慧梅
		机械工程	李占利　董兆伟(兼职)
2015 年	2	矿山环境工程	刘转年
		矿物加工工程	刘生忠(兼职)
2016 年	6	思想政治教育	樊建武　谭虎娃(兼职)
		岩土工程	叶万军
		安全科学与工程	罗振敏
		机械工程	张显程(兼职)　王　彬(兼职)

遴选年份	遴选人数	学科（专业）	导师名单
2017 年	11	机械电子工程	张旭辉
		结构工程	邓友生
		采矿工程	张 杰
		矿物加工工程	张亚婷 屈孟男
		矿业经济与管理	姚 敏（兼职）
		安全技术	林海飞 范京道（兼职）
		机械制造及其自动化	刘电子（兼职） 王海贤（兼职）
		安全信息系统及工程	蒋巍川（兼职）

（二）硕士研究生导师遴选

学校根据《西安科技大学遴选硕士研究生指导教师实施办法》对硕士研究生指导教师进行遴选,遴选出的硕士研究生指导教师将列入下年度学校硕士研究生招生目录。2008~2018 年硕士研究生指导教师遴选具体情况见表 4-5-21。

表 4-5-21 　　　　　　 **2008~2018 年硕士研究生指导教师遴选情况**

遴选年份	遴选人数	学院（部）	导师名单
2008 年	25	理学院	炎正馨
		人文学院	刘予东（兼职）
		机械学院	张传伟 李国平（兼职）
		电控学院	岳改丽
		通信学院	姚 军 冀汶莉
		计算机学院	武晓宏 库向阳 岳国华 齐爱玲 刘南艳 张坤鳌
		地环学院	党小虎 李晓军
		化工学院	杨伏生 汪晓芹 曲建林
		能源学院	陈 柳 薛韩玲 张小艳 许满贵 肖 江 王振平（兼职） 谢俊文（兼职）
		管理学院	王新平 高雅翠
2009 年	24	人文学院	杜玉珍
		电控学院	王清亮 李卫斌（兼职） 施乐平（兼职）
		通信学院	王建新 蔺丽华 王 君（兼职） 杨照金（兼职） 韩 非（兼职）
		建工学院	张淑云 陈新年
		测绘学院	李崇贵 陈宪冬 师 芸 胡荣明 王小平（兼职） 李增元（兼职）
		地环学院	程爱华 侯晨涛 刘之的 李智学（兼职）
		材料学院	田玉仙
		能源学院	蔡周全 黄 河（兼职）

遴选年份	遴选人数	学院(部)	导师名单
2010 年	33	人文学院	高振岗
		理学院	冯卫兵　张　涛　班丽瑛　赵省贵
		机械学院	张旭辉
		电控学院	赵建文　黄　强(兼职)
		通信学院	王树奇　殷晓虎　夏靖波(兼职)
		计算机学院	田红鹏　董立红　贾澎涛
		建工学院	奚家米　徐拴海(兼职)
		测绘学院	陈秋计　朱庆伟　刘良云(兼职)
		地环学院	叶万军　张晓宏(兼职)　宁社教(兼职)　谢孟华(兼职)　邓一明(兼职)
		材料学院	邓军平
		化工学院	贺诗华　赵世永
		能源学院	罗振敏　金永飞　李庆军(兼职)
		管理学院	陈铁华　袁显平　汪　仁
2011 年	17	能源学院	高晓旭
		建工学院	倪　茜　师立德　唐丽云
		通信学院	毛昕蓉　武风波　侯　颖
		地环学院	邓念东
		计算机学院	杨晓强
		化工学院	申丽华
		材料学院	刘向春
		机械学院	寇发荣
		思政部	樊建武
		管理学院	文炳洲　宋咏梅　方　莹　朱春燕
2012 年	44	思政部	董　焱　罗清郁　张铭钟
		理学院	夏小刚　张仲华　解忧
		机械学院	宗学文　方秀荣　牛秦玉　贺文海　陈艳
		材料学院	樊子民　朱　明　孟　昭
		电控学院	刘　青　贺虎成
		通信学院	陈　伟　李旭红　李明明　王书朋　朱周华
		计算机学院	冯　健
		建工学院	郅　彬　李雪平
		测绘学院	马庆勋
		化工学院	张亚婷　李远刚　熊善新　周文英　屈孟男
		能源学院	姜　华　赵兵朝　邵小平　王红胜　张　杰　林海飞　杨守国　马　砺　吴奉亮
		管理学院	邹绍辉　王喜莲　李　玲　史玉芳　吕靖烨

遴选年份	遴选人数	学院(部)	导师名单
2013年	37	思政部	张少元
		理学院	周 彬 金 浩 郝丽梅
		机械学院	赵栓峰 闫向彤 陈 渊 唐 伟 汪卫兵
		材料学院	牛立斌 余竹焕
		电控学院	邵小强 杨 勇 王媛彬
		通信学院	刘 涛 唐善成 朱代先 赵 谦
		计算机学院	付立东 刘晓建
		建工学院	李金华 文艳芳 张 玥
		化工学院	汪广恒
		地环学院	孙学阳 田 华 张 蕾
		能源学院	王建国 王红刚 肖 旸 翟小伟 成连华
		管理学院	凤亚红 张 莹 李 琰 董红梅 郭 莉
2014年	33	思政部	郭 鹏 宋 超 何江新
		理学院	梁 飞 锁要红
		机械学院	尚万峰 钱卫香
		材料学院	陈 进 张菊梅
		电控学院	周奇勋 程 勇
		通信学院	田 丰 黄 健
		建工学院	邱继生 万 琼 任 翔
		测绘学院	龚 云 姜友谊 段虎荣
		地环学院	方世跃 赵 洲
		化工学院	赵顺省 何金梅 李 振
		能源学院	金洪伟 潘红宇 刘 超 张亚平
		管理学院	孙林辉 张红利
		艺术学院	孙英丽 卢小飞 池宁骏
2015年	34	马克思主义学院	赵雪萍 张海燕
		理学院	王豆豆 杨云锋 高晓艳
		机械学院	乔心州
		材料学院	杨庆浩 田爱芬 彭龙贵
		通信学院	王晓路 马 莉 康晓非
		计算机学院	张丽娜 马 天
		建工学院	高丙丽 于远祥 李海滨 申艳军 李亚娇
		测绘学院	原喜屯 吴雅睿
		地环学院	荆秀艳
		化工学院	陈福欣
		能源学院	徐 刚 张嬿妮 董国伟 刘纪坤 郑学召
		管理学院	袁晓芳 张根林 白芙蓉 窦红宾 张 伟 王思薇

续表 4-5-21

遴选年份	遴选人数	学院(部)	导师名单
2016 年	78	马克思主义学院	刘　颖　冯永财
		理学院	刘　明　苏　军　李百宏　李绍蓉　杨　帆　杨　静　肖　玲　宋雪丽 庞华锋　赵梦玲　黄耀光　杨富强　赵凌燕
		机械学院	田海波　张　武　毛清华　樊红卫　彭先龙　王昀睿　高　扬
		艺术学院	吴　勘
		电控学院	王　亮　王　湃　潘红光
		通信学院	张　渤　王　静　赵安新
		计算机学院	陈振华
		建工学院	刘　冬　肖前慧　柴生波　柴蓓蓓　李　昂　宋勇军　王　磊
		测绘学院	竞　霞　黄远程　娄　宁　史晓亮　刘　英　陈　鹏　杨梅焕
		地环学院	李　勤　汤小燕　宋世杰　樊婷婷　马建全　李焕同　刘　飞　魏少妮
		材料学院	强军锋　杜立飞　郑　斌　卢　海　刘　霄　刘　俊　常梦洁　易大伟
		化工学院	柳　娜　吴伯华　贺新福　杨再文　褚　佳
		能源学院	刘　浪　解盘石　崔　峰
		安全学院	张玉涛　肖　鹏　赵鹏翔　王秋红　任海峰　严　敏　刘长春　张　超 李　磊
		管理学院	王会战
2017 年	83	马克思主义学院	孙曼曼　乔　辉　张立进　任忠惠
		理学院	梁少辉　李自刚　程文杰　刘　伟　周高亮
		机械学院	葛红玉　钟　斌　夏　晶　董　明　文建平
		电控学院	惠阿丽　李红岩　赵永秀　高淑萍　高　瑜　马　莉　杨战社　张玉峰 刘宁庄　刘　宝　秦学斌
		通信学院	庞立华　贺　顺　郭　苹
		计算机学院	李洪安　罗香玉　龚星宇
		建工学院	刘　慧　苏培莉　胡梦玲　贾海梁　韩佳明　陈方方　秦立科　侯俊锋 李　强　马尤苏夫　王　娜　邓博团　刘群峰　张　岩　郑选荣　景宏君
		测绘学院	周自翔　向　洋　李朋飞　郭　斌
		地环学院	钟红利　冯娟萍　鲍　园　段　钊　尚　慧　唐　皓　毛正君　杜华栋 聂文杰
		材料学院	李　颖　段晓波
		化工学院	章结兵　陈治平　党永强　宫　铭　加晓丹　李　赛　蔡江涛
		能源学院	丁自伟　高喜才　吕文玉　马　力　王红伟
		安全学院	程方明　王彩萍　王　凯　丁　洋　张京兆　王　莉
		管理学院	闫晓霞　索瑞霞　史恭龙

三、新增导师培训

学校坚持开展两年一次的新增研究生导师培训工作,力求通过新增导师座谈会、邀请校内外知名专家作专题报告等方式使新增导师对研究生培养规律、相关政策和规章制度加深了解,更好地发

挥导师指导作用,提升指导能力。

四、优秀导师评选

2005 年起,学校开展优秀研究生指导教师的评选活动。2009 年进一步完善评选制度,制定了《西安科技大学优秀研究生指导教师评选办法》。

2008～2018 年 4 月,共开展评选活动 2 次,评选出 25 位优秀研究生指导教师,并授予其"优秀研究生导师"荣誉称号,具体名单见表 4-5-22。

表 4-5-22 优秀研究生导师名单

评选年份	人数	优秀研究生导师名单
2009 年	10	李 明 郭 卫 刘树林 李文峰 张春森 侯恩科 杜慧玲 周安宁 柴 敬 李树刚
2014 年	15	马宏伟 王新红 伍永平 李 明 杜美利 张春森 薛 河 王念秦 田水承 任建喜 张小艳 张天军 柴 敬 侯媛彬 黄庆享

第七节　学位与研究生教育教学研究

2008 年,创办了研究生"胡杨林大讲堂",设计了会徽等专用标识,举办了系列报告会;举办了"西安科技大学首届博士论坛";参加了国务院学位办主办的第六届全国工程硕士研究生教育工作研讨会、国务院学位办评估中心主办的第三届中国研究生教育学术论坛暨全国第七届学位与研究生教育评估学术会、煤炭高校协会主办的全国煤炭系统高校学位与研究生教育工作研讨会、陕西省学位办主办的陕西省第五届学位与研究生教育学术研讨会。

2009 年,主办了"2009 煤炭工业发展与高层次人才培养论坛"和"人生职业规划与企业家对话"活动。参加了陕西省教育厅、陕西省学位办主办的陕西省研究生创新教育工作会议、全国煤炭行业学位与研究生教育学会主办的全国煤炭系统高校学位与研究生教育工作研讨会、全国矿业工程领域工程硕士教育协作组主办的第四届全国矿业工程领域工程硕士培养工作研讨会、陕西省学位办主办的陕西省第六届学位与研究生教育学术研讨会。

2010 年,主办了第三届学位与研究生教育工作会议;参加了全国煤炭行业学位与研究生教育学会主办的全国煤炭系统高校学位与研究生教育工作研讨会、陕西省学位办主办的陕西省第六届学位与研究生教育学术研讨会、全国工程硕士教育指导委员会主办的第七届全国工程硕士研究生教育工作研讨会。

2011 年,主办了西安科技大学高层次应用型人才培养论坛、第二届煤炭工业发展与高层次人才培养论坛;参加了全国煤炭行业学位与研究生教育学会主办的全国煤炭系统高校学位与研究生教育工作研讨会、陕西省学位办主办的陕西省第八届学位与研究生教育学术研讨会、中国矿业大学主办的第五届全国矿业工程领域工程硕士教育工作研讨会。

2012 年,承办了西部矿业安全全国博士生学术论坛;参加了全国煤炭行业学位与研究生教育学会主办的全国煤炭系统高校学位与研究生教育工作研讨会、陕西省学位办主办的陕西省第八届学位与研究生教育学术研讨会、西安交通大学主办的第 26 届全国研究生院工科研究生教育工作研讨会。

2013 年,主办了第三届煤炭工业发展与高层次人才培养论坛;参加了教育部主办的全国研究生教育工作视频会议、陕西省学位与研究生教育学会主办的第十届陕西省学位与研究生教育创新研讨会、中国学位与研究生教育学会主办的中国学位与研究生教育学会第五次会员代表大会、陕西省教育厅、陕西省学位委员会主办的全省研究生教育工作会议。

2014年,召开了西安科技大学第四届学位与研究生教育工作会议;参加了煤炭高校学位与研究生教育学会主办的全国煤炭系统高校学位与研究生教育工作研讨会、中国学位与研究生教育学会评估委员会主办的全国第十学位与研究生教育评估学术会议。

2015年,参加了教育部学位管理与研究生教育司主办的学位与研究生教育发展有关问题的座谈会、全国建筑与土木工程领域教育协作组主办的全国建筑与土木工程领域工程硕士培养工作研讨会、陕西省学位与研究生教育学会主办的陕西省第十二届研究生创新、创业教育研讨会、全国电子与通信工程领域工程硕士培养教育协作组主办的第十届全国电子与通信工程领域工程专业学位研究生培养教育工作研讨会、全国地质工程领域教育协作组主办的全国地质工程领域工程硕士培养工作研讨会、教育部学位与研究生教育发展中心、中国学位与研究生教育学会主办的首届中国研究生教育国际论坛、中国学位与研究生教育学会工科工作委员会主办的2015年第八届全国工科研究生教育工作研讨会。

2016年,参加了陕西省学位与研究生教育学会及发展中心主办的陕西省学位与研究生教育学会2016年第一次全体会员大会、陕西省教育厅组织召开的第二届中国"互联网"大学生创新创业大赛陕西赛区推进会、中国煤炭教育协会高等教育分会主办的全国煤炭行业高等院校学位与研究生教育工作研讨会、中国学位与研究生教育学会主办的中国学位与研究生教育年会2016年会员代表大会暨学术研讨会和全国第十一届学位与研究生教育评估学术会议、陕西省教育厅组织召开的陕西省研究生联合培养示范工作站建设工作座谈会。

2017年,承办了由中国煤炭教育协会高等教育分会主办的煤炭高等院校学位与研究生教育工作研讨会;参加了陕西省学位与研究生教育学会、陕西省学位与研究生教育发展中心联合举办的学位与研究生质量保障研讨会、陕西省教育厅组织召开的全省高等教育学籍学历管理工作培训会议。

第六章　继续教育　职业培训　国防生培养

第一节　继续教育

学校继续教育工作主要由学校继续教育学院承担,其业务职能为成人学历教育、各类培训和面向煤矿系统单独考试单独招生的普通高等教育组成的综合性高等教育业务。2018年3月,继续教育学院设6个科室,分别为办公室、招生办公室、教学教务科、培训科、团总支和直属函授站,有管理人员18人,其中处级领导4人,科级6人。成人学历教育在籍学生12 155人,单考单招学生150人,每年组织各类培训平均1 500余人次,雁塔校区、临潼校区两地办学,2012年10月继续教育学院办公主体由雁塔校区南院迁至北院教学主楼,2017年11月由雁塔校区北院迁至雁塔校区西影路院办公。

一、办学理念

2009年以来,学校继续教育始终坚持为经济建设和社会发展服务的宗旨,始终把握为在职从业人员提供学习机会为导向,在招生领域突破过去单一的煤炭行业,努力延伸,开拓市场,拓宽到电力、金融、石化、汽车等领域,形成本科、专科、专升本、业余、脱产、岗位培训、大学后继续教育等多规格、多层次、多元化的教育培训体系。

经过近10年发展,已形成了成人学历教育和非学历培训教育并重,质量和效益兼顾,立足行业,面向社会的开放型、服务型、学习型的继续教育学院;已初步形成专业结构合理、行业特色鲜明,涵盖理、工、管、文、艺等学科门类,具有专升本、高起专、高起本、各类短期培训等办学层次,规模稳定、管理规范、结构合理、特色鲜明的现代化的继续教育学院。

二、成人学历教育

成人高等学历教育主要面向在职人员招生,截至目前成人招生有15个专升本、16个高起本、23个专科专业,每年面向陕西、甘肃、宁夏、青海、新疆、内蒙古、四川、河南、重庆、贵州、云南共11个省市区招生。近年来不断加大成人招生宣传力度,以煤炭企业为重点,加强同西北、西南等省区,以及特大型煤炭企业的联系,扩大招生范围,增加我校函授教育在外省市区的影响;建立和完善机动灵活、富有激励的招生运行机制,充分调动各方面积极性。目前已形成以陕西为中心、以煤炭企业为重点,辐射力强、影响面大的招生宣传和运行机制。成人招生范围不断扩大,每年成人招生稳定在4 000人左右,成人教育在籍学生稳定在13 000人左右,2009~2017年累计毕业学生3万余人。2009~2017年成人学历教育招生、毕业人数见表4-6-1。

2009~2017年,在原有的以服务煤炭行业为主体专业的基础上,为积极适应不断调整的社会产业结构,新增本、专科专业12个。

2009年申请并获批汽车检测与维修技术、模具设计与制造专业、数控技术、工程造价专业,2011年申请并获批无机非金属材料工程技术专业,2012年申请并获批矿物加工工程专业,2014年申请并获批土木工程专业,2015年申请并获批安全工程、城市轨道交通运营管理、煤炭深加工与利

表 4-6-1　　　　　　　　　**2009～2017 年成人学历教育招生、毕业人数一览**

年份	专业数量	招生人数	毕业人数
2009 年	17	5 707	1 078
2010 年	19	4 515	3 690
2011 年	23	6 005	2 097
2012 年	25	5 163	2 944
2013 年	30	4 576	4 890
2014 年	30	2 903	3 864
2015 年	33	3 453	5 027
2016 年	36	6 120	4 234
2017 年	45	9 644	6 017

用专业,2016 年申请并获批物业管理、电子商务专业。

2018 年,已形成以地矿类、矿加类、机电类和通用类 4 个学科 54 个本专科专业为主的专业群,形成了以地矿安全为特色,以工科为主体的成人学历教育专业体系。其中 2015 年机械电子工程获批"陕西省高等继续教育特色专业",2017 年采矿工程、地质工程获批"陕西省高等继续教育特色专业"。

继续教育学院不断加强函授站建设,加大对省内外各函授站的检查、监督力度,使各函授站在继续教育学院和设站单位的双重领导下得到了快速发展。不论是教学设施等硬件环境,还是教学管理等软件环境,均满足函授教学的需要,为学历教育的持续发展奠定了坚实的基础。2010～2011年,陕西省教育厅对学校成人高等教育在陕设立的 10 个函授站进行检查评估,全部合格。

在加强与煤炭企业联系的同时,重视同办学规范的技校开展联合办学,2010 年申请并获批重庆科能中等专业学校函授站,2014 年申请并获批贵州林东矿业集团有限责任公司函授站和渭南就业培训中心函授站,2017 年申请并获批云南昆明函授站。

学院分别于 2009 年在昆明、2011 年在杭州、2014 年在铜川、2016 年在重庆召开函授工作会议,学校分管继续教育的校领导出席会议并讲话。会议对函授站工作进行总结交流,对 40 个先进函授站、83 个先进函授教育工作者进行表彰。

成人学历教育重视内涵建设,积极参与学校和省级教改项目,2013 年获批陕西省高等继续教育教学改革研究项目"依托行业教育资源构建服务地方建设体系研究与实践"和"现代远程教育与成人继续教育融合发展研究",2015 年获批陕西省高等继续教育教学改革研究项目"基于多元问题模块的非学历继续教育模式研究与实践",2017 年获批陕西省高等继续教育教学改革研究项目"互联网背景下的地方特色高校继续教育信息化建设研究与实践"。2012 年,高教研究项目"又好又快发展继续教育研究与实践"获得学校第十一届教学成果二等奖。

成人学历教育加强制度建设,分别于 2014 年和 2016 年两次修订《西安科技大学继续教育管理制度汇编》和《西安科技大学成人高等教育函授教学计划》,2014 年修订《西安科技大学成人高等教育课程教学大纲》,2016 年制定《西安科技大学成人高等教育本科毕业生学士学位授予细则》,2016年修订《西安科技大学成人高等教育毕业设计指导书》。

三、单考单招普通高等教育

单考单招是国家培养煤炭行业紧缺人才的一项特殊政策,根据煤炭行业协会、国家煤炭安全监察局及教育部文件精神,从煤炭企业优秀青年和少量社会三校生中实行单独考试、单独招生,招生专业主要由四年制本科采矿工程、机械设计制造及其自动化、地质工程、土木工程、安全工程和三年

制专科机电一体化技术组成,学生来源于煤炭企业,招生时签订定向培养就业协议,毕业后全部回到煤炭企业,真正做到从煤炭企业来、到煤炭企业去,为煤炭企业培养了用得上、留得住的人才。本科四年制,专科三年制。2009～2017年单考单招招生、毕业人数见表4-6-2。

表 4-6-2　　　　　　　　　　　2009～2017年单考单招招生、毕业人数一览

年份	招生人数	毕业人数
2009 年	180	—
2010 年	195	60
2011 年	170	230
2012 年	142	236
2013 年	176	180
2014 年	150	184
2015 年	16	129
2016 年	—	148
2017 年	—	156
2018 年	—	150

四、非学历教育

继续教育学院的另一重大职能是统筹和协调学校非学历教育工作,主要开展非学历继续教育和专业技术人员继续教育。

(一)服务煤炭行业主战场

学院非学历继续教育以培训基地建设为依托,以地矿类专业技术人员培训为核心,凝练出了煤炭经济战略规划与管理研修、煤炭企业管理人员专题研修、煤炭行业专业技术人员技能培训、煤炭行业转岗及转专业培训、"技能＋学历"培训和特色大讲堂等多元化的培训模式,培训课程设计中注重以现场问题为引领,构建出了模块化、积木式、全方位的培训教学体系。学院通过"学员走进来,教师走出去"的方式,为煤炭行业各层级管理人员和专业技术人员提供多层次、专业化的培训。2009年以来,煤炭行业专业技术人员非学历继续教育情况见表4-6-3。

表 4-6-3　　　　　　　　　　　煤炭行业非学历继续教育一览表

年份	培训班名称	时间	人数	专业方向
2009 年	宁夏王洼煤矿地质、采矿、机电培训班	半年	61	煤矿主体专业
2009 年	窑街地质、采矿转专业培训班	1 年	114	煤矿主体专业
2010 年	新疆师资矿山机电培训班	1 年	39	矿山机电
2010 年	韩城矿务局通风与安全专业培训班	半年	26	通风与安全
2010 年	榆林杨伙盘煤矿综采培训班	1 年	42	煤矿综采
2010 年	陕西煤化集团物物资公司库管员培训	1 周	130	库管员培训
2010 年	陕西煤化集团人力资源班	3 期	96	人力资源统计
2011 年	甘肃靖远煤业集团综采培训班	半年	61	煤矿开采
2011 年	陕西府谷县郭家湾、沙沟岔、五一煤矿培训班	2 年	161	煤矿主体专业
2011 年	山西阳泉煤业集团培训班	2 年	62	煤矿主体专业
2012 年	府谷南梁煤矿讲座培训班	1 期	50	煤矿主体专业

续表 4-6-3

年份	培训班名称	时间	人数	专业方向
2012～2013 年	靖远煤业集团采矿工程培训班	1 期	70	采矿工程
2012～2013 年	陕北矿业矿山机电培训班	1 期	28	机电培训
2011～2012 年	靖远煤业机电一体化培训班	1 期	61	机电一体化
2012～2013 年	靖远煤业煤矿开采技术培训班	1 期	70	煤矿开采技术
2014～2015 年	靖远煤业集团转专业培训班	1 期	88	采矿工程
2014	乌海能源煤矿防治水培训班	1 期	32	煤矿防治水
2014～2015 年	中铝宁夏能源集团煤矿主体专业技术培训班	3 期	98	煤矿主体专业
2017 年	陕西省煤炭行业总工程师高级研修班	1 期	117	采矿工程
2017 年	宁夏银星煤业煤矿灾害防治培训	1 期	54	安全工程
2017 年	陕西省煤矿安全监管干部煤矿专业知识培训班	1 期	29	采矿工程
2015～2017 年	杨伙盘煤矿主体专业培训班	1 期	80	煤矿主体专业

(二)积极拓展新领域

2012 年以来,学院面对煤炭行业发展新常态,抓住煤炭主体专业技术培训不放松,多路径深挖煤炭行业培训潜力,以各类培训基地建设为依托,多渠道拓展领域,以标准化、专业化和品牌化思路打造西安科技大学非学历继续教育平台。学院非学历继续教育由传统的煤炭行业培训拓展至安全生产监管、国土资源管理、税务管理、职业高校教师能力提升和基层干部能力提升等多个领域,学校先后获批"全国煤炭行业教育培训基地"和"陕西省专业技术人员继续教育基地"。学院培训质量和服务受到培训单位和学员的肯定和好评,成为学院非学历继续教育持续发展的源动力。新领域非学历继续教育情况见表 4-6-4。

表 4-6-4　　　　　　　　　　新领域非学历继续教育一览表

培训领域	年份	培训班名称	期数	人数	专业方向
管理能力提升	2012～2013 年	陕西榆林国土资源局科级干部培训班	2 期	73	土地管理
	2013 年	神华准能科级干部研修班	2 期	74	管理
	2011～2013 年	陕煤中层干部(处级)研修班	8 期	308	管理
	2017 年	长治市国土资源系统干部能力提升专题培训班	1 期	96	土地管理
师资进修	2012 年	靖远煤业培训中心师资进修培训班	1 期	5	师资
	2016 年	梧州职业学院骨干教师教学能力提升培训	1 期	34	师资
税务管理	2015 年	陕西省地税系统煤炭行业税收管理培训班	1 期	60	税收管理
	2016 年	陕西地税 12366 热线坐席人员业务培训	2 期	24	税收业务
	2016 年	陕西地税网络与数据安全管理培训	1 期	50	税务
安全生产管理	2015～2017 年	秦龙电力股份有限公司安全培训	3 期	212	安全管理
	2016 年	冶金、焦化矿山企业负责人安全技术培训	1 期	90	安全管理
	2016～2017 年	甘肃安监干部安全技术培训班	3 期	103	安全管理
	2016～2017 年	神华准能安全生产管理培训	4 期	120	安全管理
	2016～2017 年	华亭煤业安全管理培训	2 期	204	安全管理
	2016 年	贵州仁怀安监矿安全监管培训	2 期	41	安全监管
	2017 年	巴彦淖尔市安监系统执法人员业务能力提升培训	1 期	67	安全监管
	2017 年	攀枝花市安监系统监管执法人员业务能力提升培训	3 期	90	安全工程

培训领域	年份	培训班名称	期数	人数	专业方向
地质测量	2016 年	数字化制图培训	1 期	25	测绘工程
	2016~2017 年	金川公司地质工程学历培训班	2 年	19	地质工程
特色产业扶贫	2017 年	特色产业扶贫专题培训	4 期	243	煤矿主体专业

根据陕西省人力资源与社会保障厅陕人社函〔2015〕925 号文件,西安科技大学被批准为省级专业技术人员继续教育基地。基地主要承担陕西省和西安市中、高级层次专业技术人才培训,涉及教育、工程、会计专业,同时充分利用西安科技大学自身资源优势,主动为各类企事业单位和专业技术人员提供继续教育服务。2015 年,继续教育学院获批中国煤炭工业协会全国煤炭行业首批教育培训基地。2016 年 7 月,基地承办了"落实营改增,推动陕西经济健康发展"高级研修班。截至2017 年 12 月份,继续教育学院共完成 1 448 人学历继续教育培训;2017 年,学院作为陕西省先进单位在全省继续教育基地会议上发言,介绍建设经验;2017 年,通过陕西省人社厅的复审评估,基地建设进入了快车道。专业技术人员继续教育培训情况见表 4-6-5。

表 4-6-5 专业技术人员继续教育一览表

年份	参加继续教育人数	结业人数
2016 年	780	776
2017 年	905	905

第二节 安全监管监察学院(西安)

一、学院概况

安全监管监察学院(西安)是 2016 年 10 月由国家安全生产监督管理总局批复(安监总厅人事函〔2016〕210 号),依托西安科技大学所建,2017 年 1 月 13 日正式揭牌,为全国 4 所安全监管监察干部学院之一。安全监管监察学院(西安)是国家安全监管总局为深入贯彻落实党中央、国务院关于安全生产工作的决策部署,落实党和国家领导人关于安全生产的一系列重要指示批示精神而成立的,主要围绕预防重特大事故及应急处置等深层次问题,对安全监管监察干部进行集中培训。

按照国家安全生产监督管理总局相关要求,安全监管监察学院(西安)实行专家委员会领导下的院长负责制,以校内二级学院形式,与安全科学与工程学院合署办公,设置办公室、课程研发部、培训教研部、发展管理部、对外联络部等部门,主要依托于安全科学与工程国家重点学科,以及矿业、土木、化工、地质等学科专业的优质教育培训资源。

安全监管监察学院(西安)坚持以改革创新为动力,深化教学培训研究,已构建教育培训、人才培养、科学研究、咨询服务四位一体、相互促进的安全培训体系;强化对外联络,已与美国、日本、德国、波兰、澳大利亚等十余个国家和地区的知名大学、科研机构和教育培训机构开展了广泛的交流合作。安全监管监察学院(西安)在安全监管监察干部培训过程中,全面贯彻党和国家对安全生产工作的要求,已建成以提升安全监管监察队伍的安全红线意识、安全发展理念和法治化、专业化水平为目标,具有鲜明特色的重点区域性安监干部培训和安全人才培养基地。

二、组织机构

学院委员会下设办公室、课程研发部、发展管理部、培训教研部对外联络部。

学院委员会成员组成情况见表4-6-6。

表 4-6-6　　　　　　　　　　　　学院委员会成员组成情况一览表

党委书记	杜　勇(2016.10～)
党委副书记	田　园(2016.10～)
院长	张铁岗(2016.10～)
执行院长	李树刚(2016.10～)
常务副院长	邓　军(2016.10～)
副院长	文　虎　罗振敏　林海飞(2016.10～)
行政副院长	曹　鸿(2016.10～)

三、师资队伍

截至2017年,学院现有授课教师95人,其中教授(研究员)39人,副教授(副研究员)25人,讲师31人,同时聘请了数十名安全生产界资深专家担任讲座教授。学院拥有1个国家级教学团队、1个教育部创新团队、1个陕西省重点科技创新团队。学院师资力量情况见表4-6-7、表4-6-8。

表 4-6-7　　　　　　　　　　　　学院师资组成结构情况一览表

年份	正高级	副高级	中级	总人数
2017 年	39	25	31	95

表 4-6-8　　　　　　　　　　　　学院师资力量情况一览表

师资力量	人数
中国工程院院士	1
国务院学位委员会学科评议组成员	2
教育部"长江学者"特聘教授	2
"百千万人才工程"国家级人选	4
国家突出贡献中青年专家	4
公共安全科学技术学科建设专业工作委员会主任委员	1
中国工程院院士有效候选人	1
中青年科技领军人才	1
全国先进工作者(劳模)	1
全国安全生产专家	2
教育部新世纪优秀人才	4
陕西省三秦学者特聘教授	2
陕西省青年百人计划	5
陕西省青年科技新星	3
陕西省教学名师	1
陕西省师德楷模	1
获得国务院政府特殊津贴	4
陕西省有突出贡献专家	4

四、承担培训任务概况

(一)承担国家集中调训任务

自学院成立至 2018 年 4 月,已完成国家安全生产监督管理总局 10 期全国安监干部集中调训任务中的前 8 期培训班,共培训学员 500 余人,详见表 4-6-9。

表 4-6-9　　　　　　　　　　承担国家集中调训班次一览表

序号	培训班名称	编号	日期	培训班人数
1	安全监管监察干部轮训"教员"培训班	J201710	2017.04.24～2017.04.29	56
2	安全监管监察干部轮训"教员"培训班	J201711	2017.05.18～2017.05.23	59
3	市县安全监管局局长安全生产专题研讨班	A201704	2017.06.05～2017.06.09	53
4	省市安全监管局领导班子成员(副职)安全生产专题研讨班	A201709	2017.07.03～2017.07.07	58
5	省市安全监管局领导班子成员(副职)安全生产专题研讨班	A201713	2017.07.10～2017.07.14	58
6	省市安全监管局领导班子成员(副职)安全生产专题研讨班	A201716	2017.07.24～2017.07.28	55
7	省市安全监管局领导班子成员(副职)安全生产专题研讨班	A201720	2017.08.14～2017.08.18	57
8	煤矿安全监察干部安全生产专题研讨班	M201708	2017.08.21～2017.08.25	60
9	煤矿安全监察干部安全生产专题研讨班	M201708	2017.09.11～2017.09.15	60
10	煤矿安全监察干部安全生产专题研讨班	M201708	2017.10.9～2017.10.13	60

(二)承担地方政府培训任务

自学院成立至 2018 年,已完成地方政府部门 4 期培训任务,培训学员 165 人,详见表 4-6-10。

表 4-6-10　　　　　　　　　　承担国家集中调训班次一览表

序号	培训班名称	编号	日期	培训班人数
1	2017 年宁夏煤矿安全监察局煤矿安全监察员业务培训班	NXMJ201701	2017.06.12～2017.06.16	30
2	2017 年宁夏煤矿安全监察局煤矿安全监察员业务培训班	NXMJ201702	2017.06.19～2017.06.23	30
3	河南郑州安监局安全生产专题培训班	ZZAJ201701	2017.06.05～2017.06.09	60
4	深圳市龙岗区安监系统业务骨干执法能力提升培训班	LGAJ201701	2017.08.28～2017.09.01	45

(三)培训学员地域分布

自学院成立至 2017 年末,培训学员涵盖全国 18 个省(自治区),培训学员 600 余人。

第三节　国防生培养

2005 年 4 月 11 日,学校与中国人民解放军原总后勤部签订了联合培养军队干部的协议。中

国人民解放军原总后勤部在学校设立后备军官选拔培训工作办公室,与学校共同管理国防生。2005～2013年,共计招收、选拔国防生868名;2008～2017年向部队输送十届毕业生796名。按照军队改革有关部署,从2017年起,不再定向招收、考核选拔国防生。

学校坚持以"强军目标"为引领,着眼军队发展建设需要,以"用得上、留得住、干得好"为培养标准,以提高国防生培养质量为中心,把培养军队建设急需的高素质人才作为重要任务,实施"铸魂、铸剑、铸形"三大工程,努力培养造就思想坚定、军政兼备、科学文化基础扎实的优秀国防生。2012年8月,学校被原总后勤部评为"地方大学生干部教育培养工作先进单位"。2015年9月,国防生模拟营被评为学校第五届"感动校园人物"。

一、招生选拔情况

2005～2013年,学校在24个专业共招收、在校选拔国防生868名,其中在校选拔92名,具体情况见表4-6-11、表4-6-12。

表 4-6-11   **2005～2013 年国防生招生情况一览表**

年份	专业	计划招生人数	实际招生合计
2005 年	应用化学	10	120
	机械设计制造及自动化	40	
	电子信息工程	40	
	电气工程及其自动化	30	
2006 年	应用化学	15	140
	机械设计制造及自动化	30	
	电子信息工程	50	
	电气工程及其自动化	35	
	法学	10	
2007 年	应用化学	15	100
	机械设计制造及自动化	25	
	电气工程及其自动化	20	
	电子信息工程	10	
	会计学	20	
	信息与计算机科学	10	
2008 年	电气工程及其自动化	19	68
	电子信息工程	19	
	机械设计制造及其自动化	15	
	应用化学	15	
2009 年	会计学	23	84
	机械设计制造及其自动化	25	
	通信工程	36	
2010 年	机械设计制造及其自动化	48	64
	通信工程	14	
	通信工程	2	

年份	专业	计划招生人数	实际招生合计
2011 年	车辆工程	20	90
	化学工程与工艺	10	
	会计学	35	
	机械设计制造及其自动化	20	
	土木工程	5	
2012 年	车辆工程	10	55
	会计学	10	
	机械设计制造及其自动化	10	
	土木工程	25	
2013 年	车辆工程	20	55
	化学工程与工艺	5	
	会计学	15	
	土木工程	15	
合计		776	776

表 4-6-12　　　　　　　　　　　2006~2013 年在校选拔国防生情况一览表

年份	专业	计划人数	实际选拔人数	合计
2006 年	信息与计算科学	2	2	22
	信息管理与信息系统	2	2	
	自动化	1	1	
	机械设计制造及其自动化	2	2	
	电气工程及其自动化	2	2	
	电子信息科学与技术	1	1	
	电子信息工程	2	2	
	通信工程	3	3	
	计算机科学与技术	2	2	
	材料学	1	1	
	材料科学与工程	2	1	
	计算机应用技术	2(研究生)	2(研究生)	
	环境工程	1(研究生)	1(研究生)	
2007 年	土木工程	2	2	5
	会计学	3	3	
2008 年	政治与行政学	1	1	9
	英语	1	1	
	会计学	4	2	
	机械设计制造及其自动化	4	4	
	测控技术与仪器	1	1	

续表 4-6-12

年份	专业	计划人数	实际选拔人数	合计
2009 年	政治与行政学	1	1	9
	会计学	2	2	
	机械设计制造及其自动化	2	2	
	电气工程及其自动化	1	1	
	网络工程	1	1	
	土木工程	1	1	
	信息管理与信息系统	1	1	
2010 年	会计学	2	2	8
	通信工程	4	4	
	网络工程	2	1	
	建筑学	2	1	
2011 年	机械设计制造及其自动化	12	12	14
	通信工程	4	2	
2012 年	会计学	1	1	11
	机械设计制造及其自动化	3	3	
	通信工程	2	2	
	土木工程	3	3	
	工业工程	2	2	
2013 年	会计学	3	2	14
	机械设计制造及其自动化	3	3	
	通信工程	2	2	
	土木工程	4	4	
	外语类	2	2	
	法学	3	1	
合计		102	92	92

此外,根据军队有关规定,国防生毕业考取学校的研究生后,必须先到部队工作 2 年,然后经组织批准可以返校读研。学校还承担了部分返校读研国防生干部二次入校的学历提高教育培训任务。

二、军政训练与日常教育管理

(一)军政训练

在国防生培养过程中,学校贯彻落实中央军委领导国防和军队建设重要论述精神,积极践行"听党指挥、能打胜仗、作风优良"的强军目标,深入开展争做"四有"新一代革命军人教育活动。学校以精品课为牵引、专业课为重点、公共课为基础,提高国防生的技能,培养驾驭高技术装备的新型军事人才。实行模拟营军事化管理,通过军政训练、文化熏陶和实践活动摔打磨练,锻造国防生坚忍不拔、敢打必胜的品质。主要训练内容包括:① 思想政治教育。学校通过主题、专题活动,提升国防生思想政治素质。② 军事理论教学。住校选培办将日常训练、集中训练、强化训练相结合,借助野外拉练、基地化训练、素质拓展、寒暑期部队见习、定期考核等途径,提高国防生的军事素质和心理素质。③ 军事训练。④ 见习实践。

（二）日常教育管理

（1）管理模式：学校对国防生实行准军事化管理，配备辅导员，制定《国防生辅导员职责》。2012年8月起实行国防生集中住宿，施行《国防生公寓公共卫生值日制度》《西安科技大学国防生内务管理规定》《国防生大队值班制度》《国防生营请销假制度》《请示报告制度》《例会制度》等规章制度，并对值班员、区队长、干事、班长、副班长的职责做了明确要求。

（2）调查活动：学校通过问卷调查，了解掌握国防生思想动态。问卷内容涉及入学动机、家庭条件、学习生活、心里状态、军阵训练、行政管理、入党、依托培养政策、毕业分配期望及对国防生培养模式的意见建议等。

（3）军事文化建设：学校通过"宿舍文化月"、举办文艺活动、主题讲座等，建设国防生大队形象墙、政治思想教育展区、国防生荣誉室等具有军旅特色的文化载体，帮助在校国防生提升文化修养，尽早接触军营环境，尽早适应军事化管理。

三、培养成果

学校毕业国防生秉承"励志图存、自强不息"的"胡杨"精神和"忠诚、博学、勇毅、奉献"的西科大国防生精神，连续十年实现了三个百分百：百分百服从分配、百分百按时报到、百分百部队接收的目标，没有一个被接收单位退回，他们积极投身国防和军队现代化建设，建功军旅、筑梦国防，受到了总部和用人单位的一致好评。

学校毕业国防生在部队表现突出。2007级国防生李进在执行进藏运输任务中，为了保护军队装备和群众生命安全英勇牺牲，被追认为烈士；2005级国防生郭明，2015年8月参加了天津滨海新区爆炸事故救援任务，荣立个人二等功；2005级国防生毛睿，被分配到某集团军特种作战旅，在全旅军事比武中获得"五项全能"干部组第一名，并两次赴国外参加特种培训；牧星女军官魏丹多次参加重大航天任务；王贺龙被选入航母训练基地任职；2006级国防生牟胜涛荣登总后唯一的"全军第二届军人监督员"；2004级国防生白冬随"远望号"一起21次执行海上测控任务，高标准完成测控保障任务；2007级国防生贺振光执行海军搜寻马航失联客机和亚丁湾护航等重大任务；国防生徐耀辉、李海彬等参加维和任务；吴雨奇等4人经选拔成为空军飞行员；王凯等6人参加了"纪念抗战胜利70周年阅兵"；有8人入选"卓越工程师"培养计划。据统计，仅直接分配到新疆、西藏、漠河、南沙的国防生就有93人，占已毕业分配国防生的11.7%，是后保部7个签约高校中分配到艰苦地区部队人数最多的院校。2008~2017年国防生分配入伍情况见表4-6-13。

表4-6-13　　　　　　　　　　　2008~2017年分配入伍情况一览表

年份	分配入伍	考取军校研究生入伍	合计
2008年	14		14
2009年	103	2	105
2010年	124	7	131
2011年	107	（政策规定不能考研）	107
2012年	70	（政策规定不能考研）	70
2013年	73	11	84
2014年	70	7	77
2015年	78	15	93
2016年	50	14	64
2017年	43	8	51
合计	732	64	796

第七章　科技工作与科技产业

第一节　概况及科技规划

2008～2018 年期间,学校紧紧抓住煤炭生产规模迅速扩大和煤炭企业重视科技创新的契机,积极开展科学研究和科技成果推广转化,在科学技术研究方面取得了显著成绩,科技经费显著增加,国家级项目数量明显增加,科技成果水平明显提高,科研基地建设成效显著,科技人才队伍水平不断提升,科技管理更加规范,科技支撑作用日益凸显,科技合作不断深入。

一、"十二五"科技发展规划指导思想

2011 年,学校在《西安科技大学"十二五"教育事业发展规划》的框架下,编制并下发了《西安科技大学"十二五"科技发展规划》。

以科学发展观统领科技工作全局,以满足国家重要科技需求为目标,以服务煤炭行业和区域经济发展为立足点,以科技平台建设为支撑,以科技队伍建设为抓手,以产学研合作为纽带,以体制机制创新为保障,凝练科研方向,促进学科交叉,巩固科研优势,拓展科研领域,深化国际合作,加强重大科技难题攻关和成果转化,不断提升科技创新能力,推动学校科技工作又好又快发展。

二、"十二五"科技发展规划发展目标

"十二五"期间,科技工作要瞄准行业和区域经济社会发展的关键科技问题,承担一批重大、重点项目,形成一批标志性科技成果,为建设特色鲜明的高水平教学研究型大学提供有力支撑。主要目标为:力争实现国家重点实验室或工程研究中心零的突破,新建省部级重点实验室或研究中心 5个;国家级项目数量稳步增加,"973"项目、"863"项目、国家自然科学基金重点项目、国家社会科学基金重点项目、国家杰出青年基金项目实现新突破;科研经费合同总额超过 6 亿元;获准专利超过300 项;力争国家科技成果奖 1～3 项,省部级及以上获奖成果 100 项;科技成果推广及转化 10 项;力争实现国家级科技创新团队零的突破,新增省部级科技创新团队 3 个(其中教育部创新团队 1个);新增产学研合作伙伴 30 家;学校控股科技型企业达到 3 个,科技产业总产值达到 4 亿元。

三、"十三五"科技发展规划指导思想

2016 年,学校在《西安科技大学"十三五"教育事业发展规划》的框架下,编制并下发了《西安科技大学"十三五"科技发展规划》,指导学校"十三五"科技工作。

以科学发展观和习近平总书记科技创新思想统领科技工作全局,以满足国家重要科技需求为目标,以服务煤炭行业和区域经济发展为立足点,以科技平台建设为支撑,以科技人才队伍建设和国家级项目为抓手,以产学研合作为纽带,按照"深化改革,创新机制,发挥优势,服务需求,强化内涵,增量提质"的指导方针,不断提升科技创新能力,推动我校科技工作内涵发展。

四、"十三五"科技发展规划发展目标

实现国家级科技创新团队零的突破,新增省部级科技创新团队5个,建设校级创新团队20个;实现国家重点实验室或工程研究中心零的突破,新建省部级重点实验室或研究中心4个;国家级项目数量达到280项,其中国家级重点项目等实现新突破并达到6项;科研经费到款达到4.5亿元,其中纵向科研经费年增长保持5%;授权发明专利达到200项;国家科技成果奖4项、省部级以上获奖成果120项;科技成果推广及转化30项,其中专利转让转化20项;国际合作研究项目6项;新增产学研合作伙伴35家,适时建立异地研究院。

第二节 科学技术管理研究机构平台

一、科技管理机构与科技管理办法

2000年学校将科研处更名为科技处。2007年,根据学校科技事业发展需求,将原来的科室职能进行了调整,并增设了成果管理科。2014年,为繁荣发展我校哲学社会科学研究工作,增强学校人文社会科学类项目、成果的申报组织力度和管理水平,学校在科技处设立了人文社会科学科,提供更为专业的社科类科研管理服务。

2006年,制定出台《西安科技大学纵向科研项目管理办法》《西安科技大学横向科研项目管理办法》《西安科技大学技术合同管理办法》《西安科技大学知识产权管理办法》《西安科技大学博士学位获得者科研启动费管理办法》《西安科技大学科研培育基金管理办法》《西安科技大学重点研究基地(实验室)建设与管理办法》《西安科技大学重大科研任务组织申报办法》《西安科技大学学会(协会)及协办刊物管理办法》《西安科技大学科研经费管理办法》《西安科技大学科研工作差旅补助标准及借款、报销审批办法》《西安科技大学科研先进集体和先进个人评选办法》12个科研管理文件。

2009年,科技处修订了《西安科技大学科研经费使用管理办法》,并于2009年6月3日印发,原《西安科技大学科研工作差旅费补助标准及借款、报销审批办法》(西科发〔2006〕172号)同时废止。

2012年,学校设立了"西安科技大学科技创新团队支持计划",并于2011年12月12日出台《西安科技大学科技创新团队建设与管理办法(试行)》(西科办发〔2011〕10号)。

2013年,学校制定出台了《西安科技大学科研外协与采购管理办法(试行)》(西科办发〔2013〕19号)。

2015年,根据中省相关政策,学校对科研经费管理办法进行了修订,出台了《西安科技大学科研经费使用管理暂行办法》(西科办发〔2015〕9号)。制定出台了《西安科技大学科技创新团队考核量化办法》(西科办发〔2015〕88号)。

2016年,学校制定出台了《西安科技大学纵向科研项目间接经费管理办法(试行)》(西科办发〔2016〕97号)。为规范我校科研评审费发放,《西安科技大学科研评审费发放办法》(西科办发〔2016〕86号)出台。

2017年,学校对科研经费使用管理办法进行了修订,出台了《西安科技大学科研经费管理办法(暂行)》(西科办发〔2017〕13号)。制定出台了《西安科技大学重大科研培育项目管理办法(试行)》(西科办发〔2017〕55号)、《西安科技大学科技成果转化管理办法(试行)》(西科办发〔2017〕56号)、《西安科技大学哲学社会科学繁荣项目管理办法》(西科办发〔2017〕99号)、《西安科技大学优秀青年科技基金项目管理办法(试行)》(西科办发〔2017〕100号)。

二、研究院

2004 年 7 月 6 日,学校决定成立西安科技大学研究院(西科发〔2004〕76 号)。2007 年 11 月 28 日,学校决定,将大学研究院调整为科技处下设单位,隶属科技处管理。2008 年 7 月 14 日学校下发《关于设立功能电子材料等 20 个研究所的通知》(西科发〔2008〕62 号),设立 20 个校级研究所,研究所是学校下属的专职研究机构,为非法人单位,所长无职级。学校委托科技处和所在学院(部)共同对研究所进行管理、业务指导,并由科技处负责对研究所的考核。学校研究所情况见表 4-7-1。

表 4-7-1 学校研究所一览表

序号	研究所名称	依托单位	所长
1	矿山压力研究所	能源学院	黄庆享
2	开采损害与环境保护研究所	能源学院	余学义
3	矿山应用技术研究所	能源学院	邓 军
4	安全管理与风险控制研究所	能源学院	田水承
5	道路工程灾害防治与检测应用技术研究所	地环学院	张志沛
6	成矿预测与地质灾害防治研究所	地环学院	侯恩科
7	矿山环境工程研究所	地环学院	赵晓光
8	钻探研究所	地环学院	唐胜利
9	地理空间信息工程研究所	测绘学院	姚顽强
10	机械电子工程研究所	机械学院	马宏伟
11	煤矿信息技术研究所	通信学院	卢建军
12	银河信息与自动化技术研究所	通信学院	刘 健
13	硅镁材料与节能技术研究所	材料学院	王晓刚
14	功能电子材料研究所	材料学院	杜慧玲
15	煤化工研究所	化工学院	周安宁
16	高分子研究所	化工学院	李侃社
17	可视化测控技术研究所	计算机学院	李占利
18	计算机应用技术研究所	计算机学院	李爱国
19	煤炭经济与管理研究所	管理学院	张金锁
20	思想政治教育研究所	人文学院	赖雄麟

三、期刊中心

期刊中心成立于 2005 年 11 月 29 日。2018 年 3 月,中心下设《西安科技大学学报(自然科学版)》编辑部、《技术与创新管理》编辑部、《西安科技大学学报(社会科学版)》编辑部、《西安科技大学高等教育研究》共 3 个编辑部和 1 个办公室,有专职编辑人员 13 人。

学校出版 5 种期刊,2 种公开发行,3 种内部期刊。《西安科技大学学报(自然科学版)》1981 年 9 月创刊,公开发行;《技术与创新管理》创刊于 1985 年,公开发行。《西安科技大学高等教育研究》创刊于 1985 年,陕西省内部期刊;《西安科技大学学报(社会科学版)》2002 年创刊,内部刊物;《陕西高校科研信息》不定期出刊,内部刊物。

《西安科技大学学报(自然科学版)》,2009 年从创刊之初的季刊变更为双月刊,逢单月末出版,同年对编委会进行了换届,成立了第四届学报编委会,由学校聘请校内外 54 位专家为顾问或编

委。2015年第五届编委会成立,邀请3位外籍编委。学报始终坚持以安全工程及地矿为特色、兼顾理工学科各门类的综合性自然科学学术期刊。面向全国矿业领域及相关学科的科技工作者,开展国内外学术交流,为繁荣我国煤炭科学事业培养人才,为社会主义经济建设服务的宗旨。主要刊载安全工程、矿业工程、地质工程、测量工程、材料工程、化学与化工、机械工程、电气工程、通信工程、计算机科学与工程、矿业经济、基础科学等专业领域内具有创新性的学术论文和科研成果。2008～2018年,学报先后获国家、省级奖励9余次。学报自然科学版入选2014版全国中文核心期刊要目总览,美国《化学文摘》、俄罗斯《文摘杂志》检索刊源,中国科技论文统计源期刊(科技核心),RCCSE中国核心学术期刊(A)《中国期刊网》《中国学术期刊(光盘版)》《知网》全文收录期刊,万方数据资源系统数字化期刊群上网期刊,中国学术期刊综合评价数据来源期刊,中国科技期刊精品数据库收录期刊,中国学术期刊文摘数据库(CSAD)收录期刊,中国科技论文在线全文收录期刊。

《技术与创新管理》创刊于1985年,公开发行,双月刊。该刊物以宣传贯彻执行国家教育、科技、产业方针政策为己任,报道高校科技改革与发展,高层次人才培养,高新科技成果推广与转化以及科技产业发展的成就和科研管理工作为主要内容的管理型、综合性科技类双月刊,逢双月20日出版。该刊是中文科技期刊数据库来源期刊,中国学术期刊综合评价数据来源期刊,中文社会科学引文索引扩展版来源期刊,中国学术期刊光盘版入编期刊,万方数据数字化期刊群期刊,中国核心期刊(遴选)数据库期刊,2017年入选中国学术期刊文摘数据库(CSAD)和中国社科院数据库,中国科技论文在线全文收录期刊。先后多次获国家及省期刊学会的奖励。

《西安科技大学学报(社会科学版)》,2002年7月创刊,内部发行,半年刊。创刊号有时任陕西省委书记李建国"与时俱进,求是创新,为繁荣人文社会科学而奋发努力"的题字。主要刊载校内外社会科学领域各学科专业的学术论文。截至2017年底,连续出版32期。该刊先后被中文科技期刊数据库、中国科技论文在线全文收录。2016年6月获陕西省高校学报研究会优秀期刊。

《西安科技大学高教研究》(原《西安矿业学院高等教育研究》)1985年7月创刊,半年刊,内部发行。该刊旨在推广高等教育新理论、新经验,为广大教育、科研工作者提供学术交流平台,推动教育事业发展。"以交流促创新,以创新促发展"为办刊宗旨。先后设有:专题论坛、专家论坛、教学改革与探索、教学研究与改革、思想政治工作等40余个栏目。截至2017年底,连续出版66期。该刊先后被中文科技期刊数据库、中国科技论文在线全文收录,2016年获评陕西省高校优秀社科期刊。

《陕西高校科研信息》2008年6月创刊,半年刊,内部发行,是由陕西省教育厅科技处、陕西高等学校科研管理协会主办,西安科技大学期刊中心承办的内部刊物。刊物由期刊中心《技术与创新管理》编辑部编辑出版。设有科研信息、科研成果、科技之星、基地建设及他山之石等栏目,刊物主要报道陕西高等教育科研发展的最新动态及科研成果,为省内高校师生的科研信息、科研成果、技术推广等提供学术交流平台。2008～2016年期刊中心刊物获奖统计情况见表4-7-2。

表4-7-2 　　　　　　　　　　2008～2016年期刊中心刊物获奖统计

序号	获奖期刊(或部门)	获奖名称	颁奖单位	时间
1	西安科技大学学报(自然科学版)	全国高校科技期刊优秀编辑质量奖	中国高校自然科学学报研究会	2009.10
2	西安科技大学学报(自然科学版)	第二届陕西省科技期刊特色奖	陕西省新闻出版局 陕西省科技期刊编辑学会	2012.11
3	西安科技大学学报(自然科学版)	第三届陕西省优秀科技期刊	陕西省科技期刊编辑学会	2014.12
4	西安科技大学学报(自然科学版)	中国科技论文在线优秀期刊一等奖	教育部科技发展中心	2015.12
6	西安科技大学学报(自然科学版)	陕西省高校精品期刊	陕西省高校学报研究会	2016.06
7	西安科技大学学报(自然科学版)	陕西省高校优秀期刊编辑部	陕西省高校学报研究会	2016.06

序号	获奖期刊(或部门)	获奖名称	颁奖单位	时间
8	西安科技大学学报(自然科学版)	中国高校优秀科技期刊	中国高校科技期刊研究会	2016.10
9	西安科技大学学报(自然科学版)	第一届全国煤炭优秀科技期刊二等奖	中国煤炭学会	2016.11
10	西安科技大学学报(自然科学版)	第四届陕西省优秀科技期刊	陕西省科技期刊编辑学会	2016.12
11	西安科技大学学报(自然科学版)	中国科技论文在线优秀期刊一等奖	教育部科技发展中心	2016.12
12	技术与创新管理	中国高校编辑出版质量优秀科技期刊	中国高校科技期刊研究会	2016.12
13	技术与创新管理	陕西省高校优秀期刊编辑部	陕西省高校学报研究会	2016.06
14	技术与创新管理	陕西省高校优秀期刊	陕西省高校学报研究会	2016.06
15	技术与创新管理	陕西省特色科技期刊	陕西科技期刊编辑学会	2014.12
15	技术与创新管理	陕西省特色科技期刊	陕西科技期刊编辑学会	2016.12
16	西安科技大学学报(社会科学版)	陕西省高校优秀期刊	陕西省高校学报研究会	2016.06

第三节　科研项目与经费

一、纵向科研项目

2008年度,学校共获准承担各类纵向科研项目127项,获批经费1520.8万元。其中获得国家自然科学基金7项,国家科技支撑计划及子课题5项,国家重点基础研究发展计划("973"计划)子项目1项,霍英东教育基金1项,陕西省"13115"科技创新工程重大科技专项1项,陕西省科技厅科技计划项目13项,陕西省教育厅科研项目21项,陕西省教育厅重点实验室项目3项,西安—应用材料创新基金项目1项,西安市科技计划项目2项,榆林市重大科技计划2项等。

2009年度,学校共获准承担各类纵向科研项目176项,获批经费1628万元。其中国家自然科学基金9项,国家社会科学基金1项,国家科技重大专项子课题1项,国家科技支撑计划子项目1项,国家重点基础研究发展计划("973"计划)子项目1项,教育部重点项目1项,教育部人文社科项目1项,高等学校博士学科点专项科研基金4项,陕西省科技计划项目18项,陕西省"13115"科技创新工程专项3项,陕西省重大科技创新项目专项资金计划1项,陕西省社会科学基金1项,陕西省教育厅科研项目51项,西安市科技计划项目2项。张金锁教授主持的国家社会科学基金重大项目子课题,是我校首获国家社科基金资助。

2010年度,学校共获准承担各类纵向科研项目245项,获批经费1732.4万元。其中国家自然科学基金14项,首次获得了国家自然科学基金科学仪器专项项目,国家社会科学基金1项,国家重大科技专项子课题3项,国家支撑计划子课题1项,国家重点基础研究发展计划("973"计划)子项目1项,教育部重点项目1项,教育部人文社科项目1项,高等学校博士学科点专项科研基金2项,陕西省科技计划项目19项,陕西省"13115"科技创新工程专项1项,陕西省社会科学基金2项,陕西省教育厅科研项目62项,西安市科技计划项目3项。王萍副教授主持的国家社科基金一般项目,是我校首次独立承担国家社科基金;我校首次获得全国教育科学"十一五"规划2010年度单位资助教育部规划课题1项,首次获得陕西省软科学研究计划重点项目1项。

2011年度,学校共获准承担各类纵向科研项目290项,批准经费2401.8万元。其中国家自然科学基金22项,国家重点基础研究发展计划("973"计划)前期研究专项1项,国家重大科技专项子

课题2项,教育部重点项目1项,教育部人文社科项目2项,教育部新世纪人才支持计划1项,高等学校博士学科点专项科研基金2项,陕西省科技计划项目31项,陕西省科技统筹创新工程项目4项,陕西省重大科技创新项目专项资金计划1项,陕西省社会科学基金2项,陕西省教育厅科研项目68项,西安市科技计划项目2项。邓军教授承担的"煤田火区形成演化过程及灭控理论与方法研究"是我校首次获得国家自然科学基金重点项目;邓军教授承担的"西部侏罗纪煤自然火灾动力学基础研究"为我校首次承担国家重点基础研究发展计划("973"计划)前期研究专项。

2012年,学校获准承担各类纵向科研项目282项,批准经费2 194.6万元。其中国家自然科学基金项目28项,国家社会科学基金项目1项,国家国际科技合作专项项目立项1项,教育部重点项目1项,教育部人文社科项目1项,教育部新世纪人才支持计划1项,高等学校博士学科点专项科研基金3项,陕西省科技计划项目24项,陕西省科技统筹创新工程项目1项,陕西省社会科学基金2项,陕西省教育厅科研项目61项,西安市科技计划项目11项。首次获得国家自然科学基金数学天元青年专项基金,首次获得陕西省社会科学基金重点项目。

2013年度,学校共获批各类纵向科研项目388项,批准经费3 154.4万元。其中,获批国家级项目共计34项,经费1918.2万元,获批国家自然科学基金重大仪器专项项目1项,煤炭联合基金重点项目1项,国家科技支撑计划重点项目1项,国家科技重大专项课题1项,国家级项目的总体质量大幅提升;获批省部级科研项目62项,经费805万元;获批厅局级项目97项,经费207.1万元;校级科研项目立项183项,经费183.6万元。

2014年度,学校共获批各类纵向科研项目384项,批准经费3 258.3万元,较上一年增加103.9万元。其中获批国家级项目共计42项,经费1790万元。获批国家级项目包括:"973计划"项目一级子课题1项,"973计划"前期研究专项1项,国家自然科学基金38项(其中面上项目6项、青年科学基金项目30项、数学天元青年基金项目1项、理论物理专款项目1项),国家社会科学基金2项(西部项目)。获批省部级科研项目57项,经费747.6万元;获批副省级项目10项,经费49万元;获批厅局级项目84项,经费345.7万元;校级科研项目立项191项,经费326万元。

2015年度,学校获批各类纵向科研项目324项,其中国家级项目41项,经费1 226.58万元。获批的国家级项目包括:"863"子课题1项、国家科技支撑计划子课题1项、国家社科基金(西部项目)1项、国家自然科学基金38项。全年纵向立项经费2 255.98万元,到款2 464.56万元。

2016年度,学校获批各类纵向科研项目384项,其中国家级项目49项,经费1 894.5万元。获批的国家级项目包括:国家自然科学基金项目44项目(其中重点项目1项、面上项目15项、青年科学基金24项、应急专项4项)、国家重点研发计划项目子课题3项、国家社科基金项目1项(西部项目)、国家社科基金艺术学项目1项。全年纵向立项经费2 909.2万元,到款2 702.2万元。

2017年度,学校获批各类纵向科研项目421项,其中国家级项目56项,经费2 438万元。具体包括:国家自然科学基金项目46项(其中重点项目1项、面上项目14项、青年科学基金31项)、转入国家自然科学基金项目2项,国家重点研发计划项目4项,2017年工信部绿色制造系统集成项目1项,国家社科基金项目3项(其中年度项目1项、西部项目1项、艺术学项目1项)。全年纵向立项经费3 986.5万元,到款3 269万元。

二、横向科研项目

2008～2017年期间,学校科研人员以服务陕西经济社会发展和西部地区煤炭企业安全生产为重点,不断创新合作模式、拓宽合作渠道、丰富合作内容,对企业和行业技术革新和科技进步发挥了积极的推动作用。同时,横向科研规模体量实现快速增长,为学校学科建设、人才培养等工作提供了科技支撑。2008～2017年横向科研情况见表4-7-3。

表 4-7-3　　　　　　　　　　　　　**2008~2017 年横向科研情况**

年份	签订横向科研项目数	科研经费/万元
2008 年	177	3 176
2009 年	277	6 153.9
2010 年	333	8 921.4
2011 年	381	9 078.2
2012 年	361	10 786
2013 年	476	11 750.6
2014 年	372	9 752.3
2015 年	379	8 396.2
2016 年	249	5 399.7
2017 年	333	7 499.9

第四节　科技成果及转化

2008 年,学校获得各级科技成果奖励 22 项,其中省部级奖 13 项:一等奖 1 项、二等奖 6 项、三等奖 6 项,厅局级奖 9 项:一等奖 3 项,二等奖 4 项、三等奖 2 项。全年完成科技成果鉴定达 20 项。实行专利申请资助政策,对发明专利申请资助 2 000 元(2010 年调整为 3 000 元),实用新型专利申请资助 1 000 元。

2009 年,学校获得各级科技成果奖励 40 项,其中省部级奖 24 项:一等奖 4 项、二等奖 11 项、三等奖 9 项;厅局级 16 项:一等奖 5 项,二等奖 6 项、三等奖 5 项。2009 年,学校完成科技成果鉴定 13 项;授权专利 24 项,其中发明专利 2 项、实用新型专利 22 项。

2010 年,学校获得各级科技成果奖励 33 项,其中国家级奖 2 项,省部级奖 15 项:一等奖 3 项、二等奖 4 项、三等奖 8 项;厅局级奖 16 项:特等奖 1 项,一等奖 3 项,二等奖 7 项、三等奖 5 项。2010 年,组织鉴定科技成果 13 项;授权专利 54 项,其中发明专利 5 项、实用新型 49 项,授权数量比 2009 年度增加了 30 项。

2011 年,学校获得各级科技成果奖励 20 项,其中国家级奖 1 项,省部级奖 11 项:一等奖 4 项、二等奖 3 项、三等奖 4 项;厅局级奖 8 项:二等奖 5 项、三等奖 3。2011 年,完成科技成果鉴定 13 项;授权专利 56 项,其中包括发明专利 9 项、实用新型专利 47 项。

2012 年,学校获得各级科技成果奖励 32 项,奖励数量和等级又创历史新高。其中国家级奖 1 项;省部级奖 27 项:特等奖 1 项、一等奖 5 项、二等奖 8 项、三等奖 13 项;获厅局级奖 4 项:一等奖 1 项、二等奖 2 项、三等奖 1 项。2012 年,全校完成科技成果鉴定 17 项;授权专利 95 项,其中发明专利 31 项、实用新型专利 61 项、外观设计专利 3 项;专利授权量比 2011 年增加了 39 项,发明专利增加 22 项;软件著作权登记 10 项。

2013 年,学校获得各级各类成果奖励 52 项,其中省部级奖 20 项:一等奖 3 项、二等奖 6 项、三等奖 11 项;厅局级奖 32 项:一等奖 5 项、二等奖 12 项、三等奖 15 项。2013 年,全校完成科技成果鉴定 43 项;授权专利 268 项,其中发明专利 35 项、实用新型专利 232 项、外观设计专利 1 项;专利授权量比 2012 年增加了 137 项;软件著作权登记 48 项。

2014 年,学校获得各级各类成果奖励 43 项,其中省部级奖 30 项:一等奖 3 项、二等奖 13 项、三等奖 14 项;厅局级奖 13 项:一等奖 3 项、二等奖 8 项、三等奖 2 项。全校完成科技成果鉴定 11 项;授权专利 236 项,其中发明专利 46 项、实用新型专利 189 项、外观设计专利 1 项;软件著作权登

记 114 项。

2015 年,学校获得各级各类成果奖励 65 项,其中省部级奖 42 项:一等奖 5 项、二等奖 11 项、三等奖 26 项;厅局级奖 23 项:一等奖 3 项、二等奖 13 项、三等奖 7 项。全校完成科技成果鉴定 18 项;授权专利 715 项,其中发明专利 88 项、实用新型专利 622 项、外观设计专利 5 项;软件著作权登记 368 项。

2016 年,学校获得各级各类成果奖励 50 项,其中省部级奖 25 项:一等奖 3 项、二等奖 8 项、三等奖 14 项;厅局级奖 25 项:一等奖 4 项、二等奖 12 项、三等奖 9 项。全校完成科技成果鉴定 29 项;授权专利 766 项,其中发明专利 142 项、实用新型专利 616 项、外观设计专利 8 项;软件著作权登记 276 项。

2017 年,学校获得各级各类成果奖励 59 项,其中省部级奖 29 项:一等奖 6 项、二等奖 15 项、三等奖 8 项;厅局级奖 30 项:一等奖 5 项、二等奖 9 项、三等奖 16 项。全校完成科技成果鉴定 14 项;授权专利 337 项,其中发明专利 144 项、实用新型专利 192 项、外观设计专利 1 项;软件著作权登记 105 项。

第五节　科研基地建设与校企合作

一、科研基地建设

2008 年月 10 月 28 日,经省教育厅批准,"西安科技大学能源经济与管理研究中心"获陕西(高校)哲学社会科学重点研究基地立项建设。中心由西安科技大学管理科学与工程学科带头人、副校长张金锁教授担任主任,管理学院院长李朋林教授担任副主任。2011 年 12 月 2 日,能源经济与管理研究中心顺利通过教育厅组织的验收予以正式挂牌。

2008 年 12 月 13 日,经省科技厅批准(陕科计发〔2008〕142 号),学校"陕西省硅镁产业节能与多联产工程技术研究中心"获批陕西省"13115 科技创新工程"工程技术研究中心,中心主任由王晓刚教授担任,主要开发研究方向有:硅材料制备新技术、新产品;镁及其他轻金属材料冶金新技术、新装备;硅镁材料节能与多联产技术;β-SiC 微粉和晶须新材料生产技术;硅镁新材料;硅镁材料研究中的关键基础理论;太阳能热利用关键新材料;煤转化人造石墨与炭材料。

2008 年 12 月 13 日,学校与中国煤炭地质总局航测遥感局共建的"陕西省地理空间信息工程技术研究中心"获批建设陕西省"13115 科技创新工程"工程技术研究中心。

2009 年 8 月 6 日,学校与西安煤矿机械有限公司共建的"陕西煤矿机电工程技术研究中心"获批建设陕西省"13115 科技创新工程"工程技术研究中心。

2010 年 5 月 31 日,经省科技厅批准(陕科计发〔2010〕56 号),学校"陕西省煤矿灾害防治及应急救援工程技术研究中心"获批陕西省"13115 科技创新工程"工程技术研究中心,中心主任由邓军教授担任,中心以煤矿安全技术需求为导向,形成了煤层火灾预警及防治、矿井通风与瓦斯灾害控制和煤矿重大灾害事故应急救援三个稳定且特色与优势明显的研究领域,形成具有西部和行业特色的研发基地、中试基地和高层次专业人才培养基地。

2011 年,依托学校建设的陕西(高校)哲学社会科学重点研究基地——能源经济与管理研究中心顺利通过建设工作验收,并正式挂牌;陕西省岩层控制重点实验室顺利通过评估,并获得优秀等级。

2012 年,学校参与共建,由陕西煤业化工集团主导建设的"国家能源煤炭分质清洁转化重点实验室"获批,使学校首次进入国家级科研基地建设单位行列。2012 年 8 月 31 日,在理事会成立会议和一届一次理事会议上,校长苏三庆当选为理事,周安宁教授当选为学术委员会委员。我校与陕

西省煤田地质局共建的"煤炭资源勘查与综合利用重点实验室"经国土资源部批准立项建设(国土资发〔2012〕83号),周安宁教授任学术委员会副主任。西部煤矿安全教育部工程研究中心顺利通过教育部验收。

2013年,学校积极推进协同创新建设,牵头建设的煤炭资源安全绿色高效开发协同创新中心,参与建设的中国循环经济工程技术协同创新中心(西安建筑科技大学牵头)和陕北能源化工产业发展协同创新中心(西北大学牵头),被认定为"陕西省2011协同创新中心",成为首批通过认定的陕西省2011协同创新中心。陕西硅镁产业节能与多联产工程技术研究中心通过科技厅组织的验收。

2014年,由机械工业勘察设计研究院牵头,学校联合申报的"特殊土工程性质与处理技术重点实验室"获批陕西省重点实验室。与陕西省煤层气开发利用有限公司联合申报"陕西省煤层气工程技术研究中心"获批。陕西省煤矿灾害防治及应急救援工程技术研究中心顺利通过省科技厅验收。

2015年,"陕西省煤矿灾害防治及应急救援工程技术研究中心"通过了省科技厅组织的评估,获优秀等级。"陕西省岩层控制重点实验室"通过了省科技厅组织的评估,评估结果为良好。与陕西煤业化工集团有限公司共建"煤炭绿色安全高效开采国家地方联合工程研究中心"。

2016年,学校获得中央财政支持陕西高校发展专项资金1 000万元,用于科研平台建设。"陕西省煤火灾害防治重点实验室"获陕西省科技厅批准立项建设;"热动力灾害防治联合国际联合研究中心"获批省科技厅2016年度陕西省国际科技合作基地;"煤火灾害防治工程研究中心"获批中国煤炭工业协会第二批煤炭行业工程研究中心。学校与陕西省煤田地质局联建的"国土资源部煤炭资源勘查与综合利用重点实验室"通过建设验收。学校与陕西煤业化工集团有限责任公司共同组建了"四主体一联合"校企合作共建新型研发平台——"煤炭科技创新基地"。完成了陕西省硅镁产业节能与多联产工程技术研究中心和陕西省煤矿灾害防治及应急救援工程技术研究中心的升级,获批省科技厅"四主体一联合"工程技术研究中心。

2017年,学校积极做好省级和国家级科研平台申报工作。获得中央财政支持陕西高校发展专项资金1 000万元,用于省部级科研平台建设。完成了"西部地区深部岩土力学重点实验室""陕西省煤矿机电设备智能检测与健康维护重点实验室""陕西省煤系矿产清洁加工与利用重点实验室"3个陕西省重点实验室的申报。学校启动了省部共建国家重点实验室申报工作,成立了"省部共建国家级重点实验室"筹建工作领导小组和工作小组。

2017年6月28日,学校牵头,与中煤科工集团西安研究院有限公司、中煤西安设计工程有限责任公司、陕西煤业化工集团有限责任公司、中煤航测遥感集团有限公司、陕西能源集团有限公司等5家单位,共同发起成立了"西部煤炭科技创新创业雁塔联盟",助力煤炭科技成果有效转化与落地。雁塔联盟的成立受到陕西电视台等7家新闻媒体关注和报道。

学校省部级科研基地情况见表4-7-4。

表4-7-4　　　　　　　　　学校省部级科研基地情况一览表

序号	名称	主管部门	批准建设时间	建设运行情况
1	陕西省岩层控制重点实验室	陕西省科技厅	1998年	运行期
2	国家煤炭工业采矿工程重点实验室	国家煤炭工业局	1998年	运行期
3	西部矿井开采及灾害防治教育部重点实验室	教育部	2003年	运行期
4	西部煤矿安全教育部工程研究中心	教育部	2007年	运行期
5	陕西(高校)哲学社会科学重点研究基地——能源经济与管理研究中心	陕西省教育厅	2008年	运行期
6	陕西省硅镁产业节能与多联产工程技术研究中心	陕西省科技厅	2008年	运行期

续表 4-7-4

序号	名称	主管部门	批准建设时间	建设运行情况
7	陕西省地理空间信息工程技术研究中心(联建中国煤炭地质总局航测遥感局)	陕西省科技厅	2008 年	运行期
8	陕西省煤矿机电工程技术研究中心(联建西安煤矿机械有限公司)	陕西省科技厅	2009 年	运行期
9	陕西省煤矿灾害防治及应急救援工程技术研究中心	陕西省科技厅	2010 年	运行期
10	煤炭资源勘查与综合利用重点实验室(联建陕西省煤田地质局)	国土资源部	2012 年	运行期
11	国家能源煤炭分质清洁转化重点实验室(联建陕西煤业化工集团公司)	国家发改委	2012 年	建设期
12	特殊土工程性质与处理技术重点实验室(联建机械工业勘察设计研究院)	陕西省科技厅	2014 年	建设期
13	煤炭绿色安全高效开采国家地方联合工程研究中心(联建陕西煤业化工集团公司)	国家发改委	2015 年	建设期
14	陕西省国际科技合作基地——热动力灾害防治国际联合研究中心	陕西省科技厅	2016 年	建设期
15	陕西省煤火灾害防治重点实验室	陕西省科技厅	2016 年	建设期
16	煤炭行业工程研究中心——煤火灾害防治工程研究中心	中国煤炭工业协会	2016 年	建设期

二、校企合作

2008 年,学校与神华新疆能源有限责任公司等 15 家大中型企业签订了战略合作协议。

2009 年,学校与中煤国际工程集团武汉设计研究院联合在校内设立了"支护技术研发中心",与陕西煤化工建设集团有限公司联合成立了"矿山建设工程联合研究中心"。

2010 年,学校与银川市人民政府等 3 个地方政府,与毕节学院、新疆大黄山豫新煤业有限责任公司等 3 家国内企业和高校确立合作关系。与南非地球科学研究院签订了合作协议。

2011 年,学校与陕西煤业化工集团等 7 家企业和地方政府建立合作关系。

2012 年,学校与中煤陕西榆林能源化工有限公司、中煤西安设计工程有限责任公司、渭南市人民政府等 9 家企业和地方政府签订校企合作协议。

2013 年,学校与中国煤炭地质总局等 10 家企业和地方政府签订合作协议。

2014 年,学校与陕西省地质调查院等 12 家企业和政府建立战略合作关系。

2015 年,学校与新疆煤炭工业管理局、郑州煤矿机械集团股份有限公司建立战略合作关系。

2016 年,学校与陕西能源集团有限公司、陕西建设机械股份有限公司建立战略合作关系。

2017 年,学校与盐城东方创意文化产业有限公司等单位签订了战略合作协议,新增校企战略合作单位 11 家。

2008 年以来学校战略(科技)合作伙伴情况见表 4-7-5。

表 4-7-5   2008 年以来学校战略(科技)合作伙伴简表

序号	单位名称	单位类别	合作类型	签约年份
1	华亭煤业集团有限责任公司	企业	战略合作	2008 年
2	常州联力科技有限公司	企业	科技合作	2008 年

序号	单位名称	单位类别	合作类型	签约年份
3	煤科院常州自动化研究院	科研院所	科技合作	2008 年
4	陕西斯达煤矿安全用品有限公司	企业	科技合作	2008 年
5	新疆维吾尔自治区煤田地质局	企业	战略合作	2008 年
6	神华新疆能源有限责任公司	企业	战略合作	2008 年
7	新疆焦煤(集团)有限责任公司	企业	战略合作	2008 年
8	新疆煤炭设计研究院有限责任公司	企业	科技合作	2008 年
9	中煤国际工程集团武汉设计研究院新疆分院	企业	科技合作	2008 年
10	兖矿新疆能化公司	企业	科技合作	2008 年
11	新疆煤炭工业安全技术培训中心	企业	科技合作	2008 年
12	新疆煤田灭火工程处	企业	科技合作	2008 年
13	陕西彬长矿业集团有限公司	企业	战略合作	2008 年
14	青海煤业集团有限责任公司	企业	战略合作	2008 年
15	四川煤炭产业集团有限公司	企业	战略合作	2008 年
16	中煤国际工程集团武汉设计研究院	科研院所	科技合作	2009 年
17	澄合煤业有限责任公司	企业	科技合作	2009 年
18	陕煤化建设集团公司	企业	科技合作	2009 年
19	重庆江通机械有限责任公司	企业	科技合作	2009 年
20	茌平县人民政府	地方政府	战略合作	2009 年
21	毕节学院	高校	战略合作	2010 年
22	银川市人民政府	地方政府	战略合作	2010 年
23	新疆阿克苏地区行署	地方政府	战略合作	2010 年
24	昌吉回族自治州人民政府	地方政府	战略合作	2010 年
25	新疆大黄山豫新煤业有限责任公司	企业	科技合作	2010 年
26	贵州六枝工矿有限责任公司	企业	战略合作	2010 年
27	南非地球科学研究院	科研院所	国际科技合作	2010 年
28	榆林高新区管委会	地方政府	战略合作	2011 年
29	窑街煤电集团有限公司	企业	战略合作	2011 年
30	陕西煤业化工集团有限公司	企业	战略合作	2011 年
31	兖矿集团有限公司	企业	战略合作	2011 年
32	陕西博瑞智通电子科技有限公司	企业	战略合作	2011 年
33	陕西坚瑞消防股份有限公司	企业	科技合作	2011 年
34	西安麟字半导体有限公司	企业	科技合作	2011 年
35	中煤陕西榆林能源化工有限公司	企业	战略合作	2012 年
36	中煤西安设计工程有限责任公司	企业	战略合作	2012 年
37	西安交大博通资讯股份有限公司	企业	科技合作	2012 年
38	西安承翔电子科技有限公司	企业	科技合作	2012 年
39	陕西南梁矿业有限公司	企业	战略合作	2012 年
40	陕西陕煤陕北矿业有限公司	企业	战略合作	2012 年
41	常州船用电缆有限责任公司	企业	科技合作	2012 年

序号	单位名称	单位类别	合作类型	签约年份
42	陕西中能煤田有限公司	企业	科技合作	2012年
43	渭南市政府	地方政府	战略合作	2012年
44	中国煤炭地质总局	企业	战略合作	2013年
45	咸阳科隆特种橡胶制品有限公司	企业	战略合作	2013年
46	宁夏天地西北煤机有限公司	企业	战略合作	2013年
47	中煤科工集团常州自动化研究院	企业	战略合作	2013年
48	重庆能源(贵州)煤电有限公司	企业	战略合作	2013年
49	旬阳县人民政府	地方政府	科技合作	2013年
50	麟游县人民政府	地方政府	战略合作	2013年
51	陕西高速集团	企业	战略合作	2013年
52	北京城建道桥建设集团有限公司	企业	战略合作	2013年
53	西安重工装备制造集团有限公司	企业	战略合作	2013年
54	陕西省地质调查院	企业	战略合作	2014年
55	神华乌海能源有限责任公司	企业	战略合作	2014年
56	中煤科工集团西安研究院有限公司	企业	战略合作	2014年
57	中煤科工集团重庆研究院有限公司	企业	战略合作	2014年
58	安康高新技术产业开发区管理委员会	政府	战略合作	2014年
59	神华神东煤炭集团有限责任公司	企业	战略合作	2014年
60	陕西省公安消防总队、陕西省消防协会	政府	战略合作	2014年
61	酒泉钢铁(集团)有限责任公司	企业	战略合作	2014年
62	陕西省煤田地质有限公司	企业	战略合作	2014年
63	陕西金融控股集团有限公司	企业	战略合作	2014年
64	陕西榆林能源集团有限公司	企业	战略合作	2014年
65	陕西汇森煤业开发有限责任公司	企业	战略合作	2014年
66	新疆煤炭工业管理局	政府	战略合作	2015年
67	郑州煤矿机械集团股份有限公司	企业	战略合作	2015年
68	陕西能源集团有限公司	企业	战略合作	2016年
69	陕西建设机械股份有限公司	企业	战略合作	2016年
70	西安科技大学—盐城东方创意文化产业有限公司	企业	战略合作	2017年
71	中煤航测遥感集团有限公司	企业	战略合作	2017年
72	广州数控设备有限公司	企业	战略合作	2017年
73	湖州市人民政府	地方政府	战略合作	2017年
74	湖州市长兴县人民政府	地方政府	战略合作	2017年
75	内蒙古康宁爆破有限责任公司	企业	战略合作	2017年
76	中煤科工集团太原研究院有限公司	企业	战略合作	2017年
77	浙江大东吴集团	企业	战略合作	2017年
78	浙江久立特材料科技股份有限公司	企业	战略合作	2017年
79	微宏动力系统(湖州)有限公司	企业	战略合作	2017年
80	浙江辛子精工机械股份有限公司	企业	战略合作	2017年

第六节 科技公司及产业

2008～2018年,科技公司及产业进入了规范化发展时期。2009年11月,学校机构进行了改革,西科产业公司和房地产开发中心合署办公。机电厂的金工实训与生产经营分离,金工实训归实验室与设备管理处管理,经营性资产纳入西科产业公司管理。科技公司及产业加强对参控股公司的管理,规范其经营行为,在管理体系和发展上逐步走上了正规。2011年,学校跨入"十二五"发展阶段,科技公司及产业充分发掘市场和周边有利信息,依托西安市市镇地铁的建设,逐个对学校沿街周边建设进行大体量的改建和重建。2016年,学校进入"十三五"发展时期,科技公司及产业进入了健康稳定发展的新阶段。

一、学校主要校办产业名称

一级企业,共4个,分别是:西科资产经营管理有限公司、西安西科产业发展有限责任公司、西安西科大后勤服务有限责任公司和西安科技大学机电厂。

二级企业,为西科产业公司代表学校参股、控股企业,共12个,分别是:陕西西科博尔科技有限公司、西安西科安全技术有限公司、新疆西科大矿业科技有限公司、西安西科邦佳电气有限公司、西安终南信息技术有限公司、陕西维德岩土工程有限公司、陕西西矿工程勘察设计有限公司、西安希格玛电气有限责任公司、西安西科钻探设备有限公司、西安西科孵化器有限公司、西安西科秦润环保科技有限责任公司和西安西科阳光电子有限公司。

学校教职工办理公司,共4个,分别是:西安西科测控设备有限责任公司、西安森兰科贸有限责任公司、陕西西科地质与环境工程有限责任公司和西安开拓工程技术有限责任公司。

二、重大事项及决策会议

2009年3月5日,学校在西科产业公司会议室,召集学校及陕西高等学校科学技术服务中心股东召开股东会议。会议讨论了选举公司新法人事宜和公司营业执照、组织机构代码证、税务登记证等相关证件变更法人事宜。由于公司原法人卢建军调离西安科技大学,会议选举张金锁为公司董事长及法定代表人,同意公司变更相关证件法人。

2010年5月8日,在西科产业公司办公楼会议室,由董事长张金锁同志召集召开2010年度公司第二次董事会。会议讨论了关于向陕西汉徽工程勘察设计有限公司和新疆西科大矿业科技有限公司进行投资入股的两个提案。

2010年6月19日,我校苏三庆校长、张金锁副校长、新疆煤矿安全监察局、新疆维吾尔自治区煤炭工业管理局纪检书记木沙·买买提同志,新疆地区部分校友30多人,出席了"新疆西科大矿业科技有限公司"揭牌仪式。

2010年7月5日,我校科技工作会在雁塔校区第二会议室召开,副校长张金锁主持会议,科技处、西科产业公司负责人,各学院分管科研工作的院长参加了会议。

2010年11月19日,我校与西安市碑林区政府签订科技创新合作协议。

2011年4月11日,在西科产业公司会议室,公司法定代表人张金锁召集学校及陕西高等学校科学技术服务中心股东召开股东会议,讨论同意公司经营范围变更为:地质灾害治理工程勘察、设计、评估;电力电子产品、化工机械、仪器仪表、通信设备器材(卫星地面接收器材除外)、水利技术、生物技术、环保技术、计算机技术及软件开发、新材料开发、生产、应用、销售、人员培训、技术咨询、服务、物业管理;建筑智能化工程;钻头、钻具及矿山机械产品的生产、销售。

2011年5月,西科产业公司与西安市碑林区生产力促进服务中心合作建设西安能源与环境技

术服务公共平台。

2012年9月6日,西科产业公司2012年董事会第一次会议在雁塔校区学科办会议室召开。校党委书记刘德安、校长苏三庆、副校长张金锁,西科产业公司董事会、监事会全体成员参加了会议。副校长张金锁主持会议。西科产业公司总经理张新平在会上就关于建议成立西安科技大学经营性资产管理委员会及资产经营公司的意见进行了说明。

2012年9月25日,陕西高校校办产业维稳暨资产公司年度考评会议在渭南师范学院陶然楼会议中心举行。教育厅张长保巡视员、生产教育处领导,渭南师范学院领导、陕西高校主管校办产业的领导、高校资产公司负责人及相关人员参加了会议,会议由陕西省教育厅生产教育处副处长李源主持。我校产业公司总经理张新平代表我校参加了会议,并领取了"陕西高校2011年度校办产业考评优秀单位"奖牌。我校按照陕西省教育厅文件(陕教产〔2012〕4号文件精神,按照省属高校资产公司考评标准,以108分的高分名列所有15个考评高校的第一名,受到了教育厅的高度评价和表彰。

三、获奖情况

2010年1月27日,西科产业公司核心企业终南公司总经理李文峰喜获2009年度西安高新区创业园发展中心创业者奖

2010年12月,根据陕西省教育厅《关于表彰"十一五"期间全省高校校办产业先进单位和先进个人的决定》(陕教产〔2010〕4号)文件,我校西科产业发展有限责任公司被评为"十一五"期间陕西高校校办产业先进单位,西科产业公司总经理张新平、财务科长韩冰被授予先进个人荣誉称号。

2012年7月,西科产业公司获得"2011年度省属高校资产经营公司考评工作先进单位"。2013年7月,西科产业公司获得"2012年度高校校办产业考评先进单位"。2014年7月,西科产业公司获得"2013年度高校校办产业考评先进单位"。2015年7月,资产管理公司获得"2014年度高校校办产业考评先进单位"。2016年7月,资产管理公司获得"2015年度高校校办产业考评先进单位"。

四、制度建设

科技公司及产业在原有制度的基础上,结合公司及产业运行的实际情况,不断对相关制度进行修定完善,2012年9月修定和制定的制度有:《西安西科产业发展有限责任公司董事会议事规则》《西安西科产业发展有限责任公司董事会工作程序》《西安西科产业发展有限责任公司组织机构、岗位职责、审批权限》《西安西科产业发展有限责任公司管理层激励与约束机制办法》《西安西科产业发展有限责任公司派出董事、监事管理办法》《西安西科产业发展有限责任公司总经理工作细则》《西安西科产业发展有限责任公司人力资源管理制度》《西安西科产业发展有限责任公司合同管理制度》《西安西科产业发展有限责任公司行政管理规范》《西安西科产业发展有限责任公司安全保卫须知》《西安西科产业发展有限责任公司管理责任风险承担制度》《西安西科产业发展有限责任公司财产清查制度》《西安西科产业发展有限责任公司财务管理制度》《西安西科产业发展有限责任公司薪资管理制度》《西安西科产业发展有限责任公司福利制度》《西安西科产业发展有限责任公司差旅费报销管理办法》《西安西科产业发展有限责任公司会计电算化档案管理制度》。

五、西科产业公司代表学校参、控股企业年产值

西科产业公司代表学校参、控股企业年产值见表4-7-6。

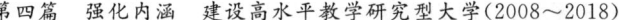

表 4-7-6　　　　　　　　　　　**西科产业公司代表学校参、控股企业年产值情况**

年份	产值/万元	年份	产值/万元
2008 年	6 000	2012 年	9 751
2009 年	6 080	2013 年	12 960
2010 年	7 000	2014 年	5 940.56
2011 年	11 379	2015 年	5 152.47

注:学校根据市场情况,调整了对产业公司的考核指标,不再考核企业产值。2016 年西科产业公司签订技术服务合同近 90 项,技术服务合同额达到 2 179 万元。

第八章　师资队伍建设

第一节　教师队伍建设规划及人才队伍建设政策

根据《国家中长期教育改革和发展规划纲要(2010～2020年)》《国家中长期人才发展规划纲要(2010～2020年)》、教育部《普通高等学校基本办学指标(试行)》等文件精神,学校分别于2011年6月和2016年6月制定了《西安科技大学"十二五"人才队伍建设发展规划》《西安科技大学"十三五"人才队伍建设发展规划》。

学校"十二五"教育事业发展规划明确要建设一支数量充足、素质优良、结构合理、学风严谨的教师队伍;建设一支政治坚定、作风过硬、德才兼备、廉洁奉公的管理队伍;建设一支专兼结合、业务熟练、技术过硬、热心服务的后勤保障队伍;储备一支能支撑学校可持续发展的后备人才队伍。

"十三五"期间学校首次提出了"提质增效"理念,要以提高人才队伍建设质量为关键,将师资队伍建设放到了学校发展的重要位置。学校还首次提出建立和完善高层次人才队伍建设机构,明确建设责任主体,将师资队伍中高层次人才队伍建设单独列。

2010年12月,学校召开了西安科技大学人才工作会议,印发了《关于进一步加强人才队伍建设的意见》(西科党发〔2011〕32号)等人才队伍建设文件。推进"人才强校"战略,坚持"内稳"与"外引"并举,加强师德师风建设,学校注重统筹教师队伍、管理干部队伍和后勤保障队伍协调发展。

2016年是"十三五"的开局之年,为贯彻落实中省《关于深化人才发展体制机制改革的意见》和中省"一流大学、一流学科"建设,学校召开第二次人才工作会议。会议提出将人才工作摆在更加突出的位置,将人才工作作为事关学校全局和长远发展的大事,纳入学校改革发展的总体布局。不断加强党委对人才工作的统一领导,强调各分党委、党总支、各单位、各部门主要领导是本单位人才工作"第一责任人"。

第二节　教师队伍基本情况

2018年4月,学校在职教工有2 279人,专任教师1 281人,教授、副教授614人,教师中具有博硕士研究生学历1 105人。2008～2018年,学校获批国务院学位委员会学科评议组成员2人,"长江学者"特聘教授2人,新世纪"百千万人才工程"国家级人选6人,国家"万人计划"科技领军人才2人,教育部高等学校教学指导委员会委员2人,教育部新世纪优秀人才支持计划4人,科技部"中青年科技创新领军人才"2人,陕西省"三五人才工程"人选3人,陕西省"三秦学者"特聘教授3人,陕西省"百人计划"入选者24人,陕西省青年科技新星11人,6人获得国务院政府特殊津贴。另外,学校还有300名外聘专家、教授组成的兼职教师队伍,其中双聘院士15人。

2018年4月,学校专任教师结构如下:

职称结构:教授208人,占教师总数的16.2%;副教授406人,占教师总数的31.7%;讲师644人,占教师总数的50.3%;助教及以下23人,占教师总数的1.8%。

学历结构:博士研究生702人,硕士研究生403人。

年龄结构:35 岁以下教师占教师总人数的 20.7%,36～55 岁教师占教师总人数的 73.5%。
2008～2018 年专任教师队伍情况见表 4-8-1～表 4-8-3。

表 4-8-1　　　　　　　　　　**2008～2018 年专任教师队伍职称结构一览表**

年份	专任教师总数	教授		副教授		讲师		助教及以下	
		人数	比例/%	人数	比例/%	人数	比例/%	人数	比例/%
2008	869	123	14.2	181	20.8	446	51.3	119	13.7
2009	900	139	15.4	198	22.0	468	52.0	95	10.6
2010	938	154	16.4	198	21.1	483	51.5	103	11.0
2011	972	167	17.2	222	22.8	536	55.1	47	4.9
2012	1 032	174	16.9	242	23.4	515	49.9	101	9.8
2013	1 096	187	17.1	263	24.0	544	49.6	102	9.3
2014	1 140	192	16.8	289	25.4	571	50.1	88	7.7
2015	1 185	195	16.5	315	26.6	589	49.7	86	7.2
2016	1 224	194	15.8	337	27.5	619	50.6	74	6.1
2017	1 277	212	16.6	406	31.8	643	50.4	16	1.2
2018	1 281	208	16.2	406	31.7	644	50.3	23	1.8

表 4-8-2　　　　　　　　　　**2008～2018 年专任教师队伍学历结构一览表**

年份	专任教师总数	博士		硕士		学士及其他		硕博比例	
		人数	比例/%	人数	比例/%	人数	比例/%	人数	比例/%
2008	869	127	14.6	519	59.7	223	25.7	646	74.3
2009	900	163	18.1	526	58.4	211	23.5	689	76.6
2010	938	211	22.5	496	52.9	231	24.6	707	75.4
2011	972	273	28.1	479	49.3	220	22.6	752	77.4
2012	1 032	349	33.8	466	45.2	217	21.0	815	79.0
2013	1 096	428	39.1	456	41.6	212	19.3	884	80.7
2014	1 140	490	43.0	443	38.9	207	18.1	933	81.8
2015	1 185	562	47.4	425	35.9	198	16.7	987	83.3
2016	1 224	623	50.9	412	33.7	189	15.4	1035	84.6
2017	1 277	695	54.4	405	31.7	177	13.9	1100	86.1
2018	1 281	702	54.8	403	31.5	176	13.7	1 105	86.3

表 4-8-3　　　　　　　　　　**2008～2018 年师资队伍年龄结构一览表**

年份	专任教师总数	35 岁以下		36～55 岁		56 岁以上	
		人数	比例/%	人数	比例/%	人数	比例/%
2008	869	501	57.6	357	41.1	11	1.3
2009	900	533	59.2	357	39.7	10	1.1
2010	938	458	48.8	466	49.7	14	1.5
2011	972	443	45.6	510	52.4	19	2.0
2012	1 032	443	42.9	560	54.3	29	2.8

年份	专任教师总数	35 岁以下		36～55 岁		56 岁以上	
		人数	比例/%	人数	比例/%	人数	比例/%
2013	1 096	432	39.4	627	57.2	37	3.4
2014	1 140	380	33.3	715	62.7	45	4.0
2015	1 185	348	29.4	785	66.2	52	4.4
2016	1 224	348	28.4	827	67.6	49	4.0
2017	1 277	336	26.3	885	69.3	56	4.4
2018	1 281	265	20.7	941	73.5	75	5.8

第三节　高层次人才队伍建设

依据学校人才队伍建设目标的总体要求，逐步实现"两个转变"，即从队伍数量的扩张向质量提高的转变，从注重个体发展向优先支持创新团队建设的转变，主要通过高层次人才引进和高层次人才培养两个方面积极做好学校"人才强校"工程。2017 年 1 月，学校印发《关于成立高层次人才工作办公室的通知》（西科党发〔2017〕4 号），高层次人才工作办公室负责学校高层次人才队伍建设工作。

一、高层次人才培养

学校在"十五"期间，实施"高层次创造型人才工程"；"十一五"期间，坚持培养与引进并举，优先培养和引进重点学科和有重要影响的学术创新团队急需的高层次人才，造就国内外知名的学科领军型拔尖人才；"十二五"期间，全面推进"人才强校战略"，重点培养造就一批高层次创新人才；"十三五"规划，提出分级推进、系统培养，围绕"领军人才 1221 计划"，切实打造人才"高峰"，实施校内"胡杨人才工程"（胡杨学者和胡杨名师工程）。2008 年 1 月～2018 年 4 月，学校共获得国家级人才或专家称号 28 项，省级人才或专家称号 144 项，遴选校内首届胡杨人才工程 32 人。

院士工程是学校实施人才队伍建设的重点组成部分。自院士队伍建设工程启动以来，学校坚持内部培养与外部聘任相结合的方法，充实高端人才队伍群体。2011 年，学校协助陕西省地质调查院王双明教授申报"2011 年中国工程院院士"，成功入选中国工程院院士有效候选人，并通过两轮评选。2013 年初，学校积极组织能源学院伍永平教授申报"2013 年中国工程院院士"，并成功进入中国工程院院士有效候选人。学校重视双聘院士的聘任工作，2008 年 1 月～2018 年 4 月，共聘任 7 名院士为学校双聘院士。2016 年 5 月，学校启动院士工作室工作，制定了《西安科技大学院士工作室建设方案》（西科办发〔2016〕30 号），2018 年共建设了 3 个院士工作室。

学校高层次人才培养情况详见表 4-8-4～表 4-8-7。

表 4-8-4　　　　　　　　　　获得省级以上人才称号人员统计表

序号	称号	姓名/获得时间	备注
1	院士	王双明/2017	国家级
2	国务院学位委员会学科评议组成员	李树刚/2008　李树刚/2011　伍永平/2015　李树刚/2015	国家级
3	"长江学者"特聘教授	邓　军/2015　来兴平/2016	国家级
4	"百千万工程"国家级人选	邓　军/2008　蒋　林/2009　李树刚/2013　文　虎/2014 黄庆享/2015　来兴平/2017	国家级

续表 4-8-4

序号	称号	姓名/获得时间	备注
5	国家"万人计划"科技领军人才	邓 军/2018 来兴平/2018	国家级
6	国家中青年科技创新领军人才	邓 军/2016 来兴平/2017	国家级
7	国家级突出贡献中青年专家	蒋 林/2009 李树刚/2013 文 虎/2014 黄庆享/2016 来兴平/2017	国家级
8	获得国务院特殊津贴专家	蒋 林/2009 邓 军/2011 李树刚/2014 伍永平/2017 文 虎/2017 黄庆享/2017	国家级
9	全国先进工作者	邓 军/2015	国家级
10	全国优秀教师	黄庆享/2014	国家级
11	全国教育系统及煤炭工业劳动模范、先进工作者	伍永平/2012	国家级
12	国家安全文化专家	田水承/2012	国家级
13	三秦学者特聘教授	邓 军/2010 伍永平/2011 黄宏伟/2017	省部级
14	陕西省突出贡献专家	文 虎/2009	省部级
15	陕西省三五人才人选	邓 军/2011 文 虎/2011	省部级
16	教育部新世纪优秀人才支持计划	蒋 林/2009 文 虎/2011 叶万军/2011 杜慧玲/2012	省部级
17	陕西省"百人计划"创新长期项目	党智敏/2017 王智刚/2017	
18	陕西省"百人计划"创新短期项目	邱介山/2011 罗 毅/2011 王振平/2011 卢 平/2011 张广明/2012 刘恩龙/2016 李文英/2016 张显程/2016 刘 驰/2016 王 彬/2017 吴世亮/2017 马立强/2017	省部级
19	陕西省"百人计划"青年项目	熊善新/2011 杨守国/2012 张玉涛/2014 金洪伟/2014 刘 浪/2016 董国伟/2016 秦红梅/2017 何江新/2017 郑 斌/2017 丁自伟/2017	省部级
20	陕西省先进工作者	邓 军/2012	省部级
21	陕西省师德先进个人	赵高长/2014 侯恩科/2010 王贵荣/2012 李占利/2012 史经俭/2016	省部级
22	陕西省师德楷模	邓 军/2013	省部级
23	陕西省教学名师	龙熙华/2008 丁正生/2009 夏玉成/2009 李树刚/2010 张金锁/2011 郭 卫/2011 蒋 林/2014 李 曼/2014 任建喜/2014 李占利/2015 刘向荣/2015 李红霞/2016 王贵荣/2016	省部级
27	陕西省优秀教师、优秀青年教师	周安宁/2009 李 曼/2014 汪 梅/2014 刘向荣/2014	省部级
28	陕西省五四奖章获得者	文 虎/2010	省部级
29	陕西省五一劳动奖章获得者	文 虎/2015	省部级
30	陕西省师德标兵	李树刚/2008	省部级
31	陕西高校人文社会科学青年英才支持计划	赵 京/2014 李红霞/2015 张铭钟/2015	省部级
32	陕西青年科技标兵	罗振敏 2017	省部级
33	陕西省青年科技新星	罗振敏/2010 邹绍辉/2011 叶万军/2012 金 浩/2013 屈孟男/2013 朱 明/2013 林海飞/2014 解盘石/2015 刘 超/2016 赵顺省/2016	省部级

续表 4-8-4

序号	称号	姓名/获得时间	备注
34	陕西省青年科技奖	来兴平/2008　马　砺/2013　翟小伟/2015　解盘石/2017 罗振敏/2017	省部级
35	陕西省中青年科技创新领军人才	蒋　林/2014　文　虎/2014　来兴平/2014　张旭辉/2016	省部级
36	教育部高等学校安全工程教学指导委员会委员	李树刚/2008	省部级
37	教育部学校教学指导委员会委员	刘长星/2008	省部级
38	中国煤炭工业技术专家委员会专家	常心坦/2008　杨更社/2008　马宏伟/2008　张金锁/2008 邓　军/2008　刘　健/2008　伍永平/2011　文　虎/2011 王念秦/2011　王晓利/2011　余学义/2011　张辛亥/2011 李树刚/2011　来兴平/2011　苏三庆/2011　陈晓坤/2011 周安宁/2011　侯恩科/2011　柴　敬/2011　梁明哲/2011 黄庆享/2011　黄梦涛/2011　韩江水/2011	省部级
39	享受陕西省三秦人才津贴	柴　敬/2013　谷栓成/2013　郭　卫/2013　侯恩科/2013 侯媛彬/2013　黄庆享/2013　来兴平/2013　赖雄麟/2013 李树刚/2013　卢　平/2013　罗　毅/2013　罗振敏/2013 马宏伟/2013　邱介山/2013　任建喜/2013　苏三庆/2013 王晓刚/2013　王振平/2013　夏玉成/2013　薛　河/2013 杨更社/2013　杨来侠/2013　叶万军/2013　余学义/2013 张金锁/2013　张立杰/2013　周安宁/2013　邹绍辉/2013 蒋　林/2014	省部级
40	孙越崎青年科技奖	金永飞 2011	省部级
41	霍英东教育基金会高校青年教师基金获得者	文　虎/2008	省部级
42	陕西省优秀留学回国人员	周安宁/2009	省部级
43	行业学术技术带头人	伍永平/2013	省部级

表 4-8-5　　　　　**校内首届"胡杨人才工程"入选人员情况表**

序号	姓名	胡杨人才工程项目	遴选时间
1	邓　军　伍永平　来兴平　徐启铭	一级胡杨学者	2017 年
2	文　虎　叶万军　李　明　罗振敏　侯恩科　柴　敬　黄庆享　薛　河	二级胡杨学者	2017 年
3	申艳军　刘　浪　肖　旸　何江新　邹绍辉　林海飞　金　浩　郑　斌 屈孟男　董国伟　解盘石　翟小伟	三级胡杨学者	2017 年
4	刘向荣　李红霞　李树刚	一级胡杨名师	2017 年
5	师新民　张亚婷　张铭钟　赵兵朝　寇发荣	二级胡杨名师	2017 年

表 4-8-6　　　　　**双聘院士基本情况统计**

序号	姓名	职务	职称	工作单位	专业方向	聘请时间	聘任单位
1	袁　亮	中科院院士	教授级高工	淮南矿业有限责任公司	采矿工程	2012 年	能源学院
2	蔡美峰	工程院院士	教授	北京科技大学	采矿工程	2014 年	能源学院
3	武　强	工程院院士	教授	中国矿业大学(北京)	矿井水害防治与水资源研究	2016 年	地环学院
4	龚健雅	中科院院士	教授	武汉大学	地理信息理论、遥感	2017 年	测绘学院

续表 4-8-6

序号	姓名	职务	职称	工作单位	专业方向	聘请时间	聘任单位
5	王国法	工程院院士	研究员	中国煤炭科工集团	煤炭开采技术与装备	2017 年	机械学院
6	杨小牛	工程院院士	研究员	中国电子科技集团公司第三十六研究所	通信信号处理与分析、软件无线电	2017 年	通信学院
7	何 琳	工程院院士	教授	海军工程大学	舰船噪声与振动控制	2018 年	理学院

表 4-8-7　　　　　　　　　　　建设院士工作室情况表

序号	所在学院	院士工作室名称	建设时间
1	能源学院	蔡美峰院士工作室	2017 年
2	安全学院	张铁岗院士工作室	2017 年
3	地环学院	武强院士工作室	2017 年

二、高层次人才引进

2008～2018 年,学校全面推进人才队伍建设各项举措,通过出台政策提高引进标准和待遇,科学制定进人计划、加大招聘宣传力度,人才工作呈现出人才队伍规模不断扩大、质量明显提升的良好发展态势。2008 年至今引进博士 455 人,其中获得省级以上人才称号 33 人,柔性引进 25 人。

2010 年,学校开始实施实质引进与柔性引进并举的人才引进政策;2016 年,印发了《西安科技大学高层次人才引进办法(试行)》;2017 年,印发了《关于成立高层次人才工作办公室的通知》,高层次人才工作办公室(正处级职能部门)正式成立,设主任 1 名、副主任 1 名(兼党委组织部副部长),下设人才引进科和人才发展科两个科室(各设科长 1 名),全面负责高层次人才引进、培养和服务工作。

2008～2018 年,学校建立覆盖海内外的人才招聘宣传体系,实时掌握国际人才市场的动态,积极挖掘引进高层次人才。与中国教育在线、中国留学网、Facebook(脸书)签订宣传合作协议,在 Science 期刊等媒介发布招聘信息,扩大学校在海内外的影响力。2017 年 3 月,副校长李树刚、人事处处长周斌代表学校,在美国参加了由省教育厅组织的海外高层次人才招聘活动,并先后在美国波士顿、纽约、华盛顿和旧金山举行了四场招聘会,现场与 14 名海外高层次人才签订引进协议、达成引进意向。2017 年 11 月,学校承办陕西省第二届"丝绸之路"青年学者论坛,充分借助青年学者论坛这个平台,吸引青年才俊来校工作,来自世界 16 个国家和地区的 91 名优秀青年学者参加了论坛,各学院签订意向协议的青年学者达 49 人(其中海外青年博士 31 人,国内青年博士 18 人)。

2009～2017 年接收各类人员情况见表 4-8-8。

表 4-8-8　　　　　　　　　　2009～2017 年接收各类人员情况表

年份	总数	博士	硕士
2009 年	82	25	57
2010 年	78	30	48
2011 年	74	30	44
2012 年	88	57	31
2013 年	92	64	28
2014 年	73	46	27
2015 年	79	53	26
2016 年	79	51	28
2017 年	105	82	23

三、博士后流动站建设

2008～2018 年,学校发挥博士后科研流动站的用人、择人和流动的机制效应,扩大在站博士后规模。重视企业博士后的培养,与相关企业建立长效合作机制。截至 2018 年 4 月,学校博士后科研流动站增至 6 个,覆盖所有一级学科博士点;拥有合作导师 57 人,招收博士后研究人员 135 人,已出站 54 人,在站博士后研究人员 81 人。各个流动站已经形成了稳定的、特色鲜明的研究方向,凝聚了一批由教授、博导和骨干教师组成的科研团队,取得了一批有重要影响的科研成果。

博士后科研流动站建设情况见表 4-8-9。

表 4-8-9　　　　　　　　博士后科研流动站建设情况统计

序号	名称	设立时间
1	矿业工程博士后科研流动站	2003 年
2	地质资源与地质工程博士后科研流动站	2009 年
3	机械工程博士后科研流动站	2012 年
4	土木工程博士后科研流动站	2012 年
5	安全工程博士后科研流动站	2012 年
6	马克思主义理论博士后科研流动站	2014 年

2008～2018 年,学校适时修订博士后管理办法,不断规范博士后管理工作,积极组织申请博士后科学基金和资助项目申报(表 4-8-10),科研成果喜人,博士后科研流动站成为了凝聚、培养青年人才的新平台。学校积极创新博士后培养模式,加强与企业工作站合作,与 9 家煤炭企业联合招收企业博士后,建立了促进博士后工作产学研结合的良好平台(表 4-8-11)。

表 4-8-10　　　　　　　博士后资助项目获批情况情况统计

等次	中国博士后资助项目		陕西省博士后资助项目	
	数量	资助金额/万元	数量	资助金额/万元
一等资助	7	56	4	20
二等资助	53	265	17	33
特别资助	3	—	1	10
配套资助	—	—	14	95.5
合计	63	321	36	158.5

表 4-8-11　　　　　　　设站企业工作站(创新基地)招收培养情况表

序号	设站单位	招收博士后人数		
		总计	出站人数	在站人数
1	金堆城钼业股份有限公司	1		1
2	煤炭科学研究总院西安分院	1		1
3	山西潞安矿业(集团)有限责任公司	1		1
4	陕西煤业化工集团有限责任公司	2	2	
5	四川省煤炭产业集团有限责任公司	3	2	1
6	西安煤矿机械有限公司	3	2	1

序号	设站单位	招收博士后人数		
		总计	出站人数	在站人数
7	中煤地航测遥感局有限公司博士后	1		1
8	中煤科工集团西安研究院有限公司	1	1	
9	陕西省煤田地质有限公司	1		1
合计		14	7	7

第四节　青年教师队伍建设

一、教师国内外访学研修

学校通过完善资助出国的选拔与管理措施,采取"走出去"与"请进来"相结合的办法,加大投入、拓宽渠道、扩大数量,鼓励和支持教师出国研修、合作科研和参与国际学术交流。学校利用国家留学基金委全额资助、"西部项目"、高等教学教学发研究项目和中美"1＋2＋1"校际合作等渠道,鼓励和支持教师参加国内外访学和进修等活动。在选派过程中增强选派人选的针对性和培养的有效性,重点或优先资助入选学校创新团队成员、学校优先或重点发展的学科方向的骨干人才。通过国内访问学者、课程进修、外语培训、实验培训等形式,选派青年教师到国内高校作访问研修、课程进修和培训交流。2008～2017 年教师国内外访学情况见表 4-8-12。

表 4-8-12　　　　　　　　　　2008～2017 年教师国内外访学一览表

年份	国外访学	国内访学
2008 年	4	1
2009 年	11	1
2010 年	5	1
2011 年	11	2
2012 年	7	4
2013 年	8	6
2014 年	21	6
2015 年	14	6
2016 年	16	3
2017 年	46	30

二、青年教师校内培养

2016 年 12 月,学校在召开第二次人才工作会议后,印发了《西安科技大学菁英人才工程实施办法》,加强校内青年教师的培养力度。2017 年,学校启动菁英人才工程的遴选工作,入选菁英人才工程 20 人,详见表 4-8-13。

表 4-8-13　　　　　首批校内高层次人才培养工程入选人员情况一览表

项目名称	聘任类型及层次	姓名
菁英人才工程	教学新秀	王　华　史晓楠　闫红梅　李　振　杨云锋 张建昌　赵兵朝　胡　恬　夏文海　程爱华
	科技新星	王红胜　申丽华　申艳军　李　昂　李　振 肖　旸　肖　玲　郑　斌　赵栓峰　翟小伟

三、青年教师入校教育和岗前培训

学校重视新教职工的入校教育及青年教师的岗前培训工作,通过专家讲座、名师报告、教学观摩、网络自学、参观地质博物馆等方式,从怎样当好一名大学教师、课堂教学发声技巧、教师职业道德规范、教学基本功与个性化教学、给新教师几点建议等方面加强对新进教师的教学能力培训。2008 年 1 月～2018 年 4 月,学校举办了 10 期青年教师岗前培训班。

青年教师岗前培训工作一部分由学校组织安排,另一部分由陕西省教育厅及陕西省高等学校师资培训中心统一组织新教师进行高校教师岗前培训,培训课程结束后,由陕西省高等学校师资培训中心统一组织课程考试,考试成绩及试讲成绩均合格后对符合条件者颁发教师资格证书。

2008～2017 年青年教师入校教育和岗前培训情况见表 4-8-14。

表 4-8-14　　　　2008～2017 年青年教师入校教育和岗前培训工作情况一览表

年份	参加培训人数	培训场次
2008 年	56	12
2009 年	78	13
2010 年	78	14
2011 年	74	12
2012 年	81	12
2013 年	92	12
2014 年	72	12
2015 年	72	15
2016 年	71	16
2017 年	65	14

四、老教师指导青年教师

学校积极发挥老教师的"传、帮、带"作用,帮助广大青年教师尽早过好教学科研关,站稳讲台。学校组建副高以上职称的具有丰富教学经验、教学科研水平高、作风正派、品行端正、治学严谨的老教师对青年教师进行一对一的培养。同时,学校鼓励硕士生导师、博士生导师担任青年教师的指导老师,发扬伯乐和甘为人梯的精神,为青年教师的成长铺路搭桥。2008～2018 年,老教师共指导青年教师 488 人。

老教师指导青年教师的主要任务,是对青年教师教学科研水平的提高全面负责,帮助他们制订个人提高计划,落实培养措施。老教师对青年教师在教书育人、教案编写、课堂板书、讲课方式、教学法研究、实验室建设思路、科研方法与程序、科研报告与论文写作以及自学提高等方面进行具体指导,并定期检查,年终写出考核评语。2008～2018 年老教师指导青年教师情况见表 4-8-15。

表 4-8-15 　　　　　2008～2018 年老教师指导青年教师情况一览表

学年	指导青年教师人数
2007～2008	21
2008～2009	29
2009～2010	35
2010～2011	43
2011～2012	36
2012～2013	62
2013～2014	73
2014～2015	46
2015～2016	52
2016～2017	42
2017～2018	49

五、教师的学历培养

遵照"按需培养、差异资助"原则,学校积极鼓励和支持青年教师在职攻读学位,提升学历,并重点资助教师到国内外著名高校、师从著名专家学者攻读博士学位。2011 年 11 月学校印发了《西安科技大学"青年教师培养计划"实施办法》对教师学历提升进行了明确的规定。2008～2017 年学校共计 155 人通过学历培养获得博士研究生学历,49 人获得硕士研究生学历,详见表 4-8-16。

表 4-8-16 　　　　　2008～2017 年教师获取、考取博士和硕士学位情况一览表

年度	在职培养博士毕业人数	在职培养硕士毕业人数	在职考取博士学位人数	在职考取硕士学位人数
2008 年	12	14	21	12
2009 年	21	11	14	10
2010 年	12	1	20	1
2011 年	19	6	23	2
2012 年	18	3	9	1
2013 年	22	2	14	2
2014 年	16	2	9	1
2015 年	13	8	4	1
2016 年	7	1	6	1
2017 年	15	1	4	1
合计	155	49	124	32

六、青年教师赴国有企业工程实践、挂职锻炼

2010 年,学校配合教育部"卓越工程师教育培养计划",提出要提高教师的实践创新能力,加强青年教师参加工程(社会)实践能力训练,提高教师队伍工程实践能力和设计创造能力的口号。同

年,学校启动"青年教师实践能力培养计划",每年安排35岁以下青年教师参加工程(社会)实践能力训练。

2010年,学校通过与煤炭相关企业联系洽谈,最终与霍州煤电集团签订了《高校青年教师煤炭企业挂职锻炼合作协议》。霍州煤电集团正式聘任能源学院青年教师王伟峰同志为吕梁山煤电公司方山店坪煤矿总工助理,聘期为半年,开启了学校青年教师赴实践现场,锻炼实践、丰富实践教学经验的帷幕。2011年学校共选派7人到山西霍州煤业集团挂职锻炼。2012年,在与霍州煤电集团合作的基础上,学校先后与兖州煤业集团、神木四门沟矿业有限公司签订了教师实践合作协议,并选派4人进行挂职锻炼。刘莉君和黄金星2名教师完成2011年挂职任务返校,并分获霍州煤电集团授予的"优秀挂职教师"和"模范挂职教师"称号。2013年学校又新增2个青年教师挂职锻炼合作单位。学校与华亭煤业集团有限责任公司、陕西斯达煤矿安全装备有限公司签订了教师实践合作协议,并选派张京兆等6人进行挂职锻炼。2014年,学校先后与陕西陕煤黄陵矿业有限公司、江苏省句容市签订了青年教师挂职协议,并选派2人进行挂职锻炼,另选派3人赴江苏省句容毅马五金制品有限公司参与项目研发。2015年学校选派1人前往江苏省句容市挂职科技副镇长,选派1人前往江苏宿迁市沭阳县经开区投资促进局挂职副局长。2016年学校共选派5人前往江苏省科技镇长团挂职,另有辛芳芳等青年教师赴宁煤集团信息技术中心、宝鸡市消防支队等单位进行挂职。2017年学校选派10人前往西安市勘察测绘院、江苏省徐州南普机电科技有限公司、中国科学院合肥物质科学研究院等单位挂职。2018年学校选派10人到中交第一公路勘查设计研究院、西安旅游设计研究院、陕西煤业股份有限公司等单位挂职。

2010～2018年教师赴企业挂职锻炼人数统计详见表4-8-17。

表4-8-17　　　　　　　　2010～2018历年教师赴企业挂职锻炼情况一览表

年份	挂职人数
2010年	1
2011年	7
2012年	5
2013年	7
2014年	7
2015年	3
2016年	9
2017年	10
2018年	10

第五节　制度与机制

一、科学制定人才队伍建设规划

学校分别于2011年6月、2016年6月制定了《西安科技大学"十二五"人才队伍建设发展规划》《西安科技大学"十三五"人才队伍建设发展规划》,提出了"提质增效、内涵发展;高端引领、骨干培养;重点建设、协调发展;尊重差异、科学评价"的建设思路,同时提出了"引智计划""胡杨学者人才工程""胡杨名师人才工程""菁英人才计划""育英人才计划""教师队伍国际化""退出机制"等一系列建设措施。

二、确保各项任务"落地生根"

通过系统分析、通盘考虑,学校及时制定并下发了《西安科技大学"十二五"人才队伍建设年度任务分解表》《西安科技大学"十三五"人才队伍建设年度任务分解表》《学院(部)"十三五"目标任务分解一览表》,对人才队伍进修培训任务,领军人才、中青年拔尖人才和青年人才等指标的建设目标,进行了分解,使阶段性目标更清晰,责任主体更明确,确保各项目标任务落实到位,有力助推了学校人才队伍质量的提升。

三、全力深化人才发展体制机制改革

(1)深化职称评审改革。2011 年 7 月根据《中华人民共和国教师法》《高等学校教师职务试行条例》《陕西省高等学校教师职务评审工作实施办法(试行)》等有关规定,学校印发了《〈西安科技大学教师职务评审工作实施办法(试行)〉、〈西安科技大学教师破格晋升副教授教授职务办法(试行)〉、〈西安科技大学教师申报高级职称业绩量化计分办法〉的通知》(西科人事发〔2011〕2 号)。2013 年 4 月学校印发了关于《西安科技大学教师职务评审工作实施办法(试行)》相关条例解释的通知(人事函〔2013〕31 号),2014 年 1 月学校印发了《关于教师职务评审办法相关条例补充解释的通知》(人事函〔2014〕5 号),2014 年 5 月学校对教师系列高级职称业绩量化计分办法,印发了《西安科技大学教师申报高级职称业绩量化计分办法(修订)》(西科办发〔2014〕7 号),对 2011 年学校印发的教师系列职务评审实施办法进行了补充与解释。2014 年 6 月学校印发《西安科技大学其他专业技术职务评审工作实施办法(试行)》的通知(西科发〔2014〕18 号),完善其他专业技术职务评审体系。

2016 年 7 月学校印发了《关于副教授及其以下教师职务评审有关工作的通知》(西科办发〔2016〕56 号),学校成立了 11 个学科评议组,将副教授及以下人员评审工作下放到 11 个学科评议组,推进学院(部)二级管理。2017 年学校进一步将将副教授评审工作全部下放至二级学院(部),成立 18 个学科评议组,副教授量化积分也由二级学院(部)负责,校院二级管理又向前迈进了一步。

(2)深化人才培养机制改革。按照"分类指导、分层推进、系统培养"的思路,学校制定印发了《胡杨人才工程实施办法》和《菁英人才工程实施办法》等 2 个文件,旨在发挥领军人才的"聚才育才"作用,"以才引才"的方式,努力培养一批高水平创新团队,带动青年教师快速成长,壮大学校高层次人才队伍规模,增强人才队伍可持续发展能力。目前,胡杨人才和菁英人才已聘任到位。

(3)深化人才引进体制机制改革。为了落实学校"十二五"人才队伍规划建设任务,学校印发了《关于进一步加强人才队伍建设的意见》的通知(西科党发〔2011〕32 号)。"十三五"期间,为了尽快补齐高层次人才紧缺这个短板,在继续加大人才培养力度的同时,学校出台了《西安科技大学高层次人才引进办法》,对人才引进的对象、待遇、保障和考核管理等方面制定了明确规定。靠实了各学院(部)院长(主任)的本单位高层次人才引进工作的第一责任人职责,优化了各职能处室分工协作的高层次人才引进工作机制,大幅度地提高了经费支持和资源投入。

(4)深化绩效工资改革。2009～2011 年聘期内学校出台文件《中共西安科技大学委员会西安科技大学关于印发〈西安科技大学岗位聘任和校内津贴制度实施办法(修订)〉的通知》(西科党发〔2009〕24 号)。学校在总结 2012～2014 年绩效工资改革经验的基础上,2014 年全面修订印发了《西安科技大学绩效工资实施办法(修订)》(西科党发〔2015〕1 号),完成了学校第三次岗位聘用的考核工作,全校教职工平均收入增加 1.5 万元。2016 年底,根据学校"十三五"规划和第十次党代会对教职工收入增长每年达 10%的要求,完成了绩效工资增长 10%的兑现工作,教职工收入显著提高。

学校人事人才各项制度文件详见表 4-8-18。

表 4-8-18 　　　　　　　　人事人才各项制度文件一览表

序号	文件	文号
学校规划类		
1	西安科技大学"十二五"人才队伍建设规划	西科党发〔2011〕31号
2	西安科技大学"十三五"人才队伍建设规划	西科党发〔2016〕21号
人事管理类		
3	关于印发《西安科技大学岗位设置管理实施办法(试行)》的通知	西科党发〔2010〕94号
4	关于印发《西安科技大学编制管理暂行办法》的通知	西科党办发〔2010〕5号
5	关于印发《西安科技大学岗位聘用办法(试行)》的通知	西科办发〔2012〕1号
6	关于印发《西安科技大学人事代理人员管理办法(试行)》的通知 关于印发《西安科技大学人事代理人员管理办法(试行)》的通知 关于印发《西安科技大学人事代理人员管理办法(试行)》的通知	西科办发〔2015〕84号
师资培养类		
7	关于印发《西安科技大学"青年教师培养计划"实施办法》的通知	西科办发〔2011〕8号
8	关于印发《西安科技大学教师职务评审工作实施办法(试行)》、《西安科技大学教师破格晋升副教授、教授职务办法(试行)》、《西安科技大学教师申报高级职称业绩量化计分办法》的通知	西科人事发〔2011〕2号
9	关于印发《西安科技大学优秀教师评选办法(修订)》的通知	西科办发〔2012〕5号
10	关于《西安科技大学教师职务评审工作实施办法(试行)》相关条例解释的通知	人事函〔2013〕31号
11	关于印发《西安科技大学其他专业技术职务评审工作实施办法(试行)》的通知	西科发〔2014〕18号
12	关于印发《西安科技大学教师申报高级职称业绩量化计分办法(修订)》的通知	西科办发〔2014〕7号
13	《关于副教授及其以下教师职务评审有关工作的通知》	西科办发〔2016〕56号
劳资绩效类		
14	关于印发西安科技大学《党群、行政部门和直属单位工作职责履行情况考核细则》等文件的通知	西科党办发〔2013〕17号
15	关于印发《西安科技大学绩效工资实施办法(修订)》的通知	西科党发〔2015〕1号
16	关于加强考勤管理的通知	校办秘发〔2015〕14号
17	关于印发《西安科技大学教职工考勤办法(试行)》的通知	西科办发〔2015〕64号
18	关于规范人事代理人员转正考核及管理的通知	人事函〔2015〕38号
高层次人才管理类		
19	中共西安科技大学委员会　西安科技大学关于印发《进一步加强人才队伍建设的实施意见》	西科党发〔2011〕32号
20	西安科技大学博士后经费管理办法(修订)	人事发〔2012〕50号
21	关于印发《西安科技大学博士后研究人员考核办法》(修订)的通知	西科人事办发〔2009〕29号
22	关于印发《西安科技大学推进教师队伍国际化实施办法》的通知	西科党办发〔2016〕41号
23	关于印发《西安科技大学菁英人才工程实施办法》的通知	西科党办发〔2016〕42号
24	关于印发《西安科技大学胡杨人才工程实施办法》的通知	西科党办发〔2016〕43号
25	关于印发《西安科技大学高层次人才引进办法(试行)》的通知	西科党办发〔2016〕45号
26	中共西安科技大学委员会　西安科技大学关于印发《进一步加强人才队伍建设的实施意见》	西科党发〔2016〕69号

第六节　师德师风建设

　　学校于 2005 年成立了师德建设领导小组,全面负责学校师德建设领导工作。学校先后印发了《西安科技学院关于加强"师德"建设的意见》(西科字〔2001〕62 号)、《西安科技大学关于进一步加强师德建设的实施意见》(西科发〔2005〕162 号)等制度。同时在教师职称评审、年底考核、聘期考核、优秀教师评选、教学名师评选等活动中实行"师德一票否决制",在教师岗前培训中对青年教师进行师德风教育,由校长、资深教授授课,提高了广大教师的思想道德素质和业务素质。

　　学校从 2001 年开始,校工会每两年举办一次青年教师师德演讲比赛,增强教师的责任感和使命感,加强师德教育,展示教师风采。比赛的参赛人数为 20 人左右,每个分工会出 1 名选手,评选出一、二、三等奖。活动充分反映学校教师热爱教育、勇于奉献的精神风貌,具有时代特征,充分体现学校教师道德思想与精神风尚。通过举办"师德演讲"等活动,促使师德教育不断深化。

　　2008～2017 年学校评选出校优秀教师 58 人,校师德先进个人 72 人,校师德先进集体 30 个;获批全国优秀教师 1 人,陕西省师德楷模 1 人,陕西省师德标兵 1 人,省级优秀教师 4 人,省级教学名师 12 人,省级师德先进个人 5 人,省级师德先进集体 5 个,详见表 4-8-19。

表 4-8-19　　　　　　　　　　2008～2017 年国家级、省级荣誉称号名单

荣誉称号	表彰年份	姓名(单位)
全国优秀教师	2014 年	黄庆享
陕西省师德楷模	2013 年	邓 军
陕西省师德标兵	2008 年	李树刚
陕西省优秀教师	2009 年	周安宁
陕西省优秀教师	2014 年	李 曼
陕西省优秀教师	2014 年	汪 梅
陕西省优秀教师	2014 年	刘向荣
陕西省高等学校教学名师	2008 年	龙熙华
陕西省高等学校教学名师	2009 年	丁正生
陕西省高等学校教学名师	2009 年	夏玉成
陕西省高等学校教学名师	2010 年	李树刚
陕西省高等学校教学名师	2011 年	张金锁
陕西省高等学校教学名师	2011 年	郭 卫
陕西省高等学校教学名师	2014 年	李 曼
陕西省高等学校教学名师	2014 年	任建喜
陕西省高等学校教学名师	2015 年	李占利
陕西省高等学校教学名师	2015 年	刘向荣
陕西省高等学校教学名师	2016 年	王贵荣
陕西省高等学校教学名师	2016 年	李红霞
陕西省师德先进个人	2010 年	侯恩科
陕西省师德先进个人	2012 年	李占利
陕西省师德先进个人	2012 年	王贵荣
陕西省师德先进个人	2014 年	赵高长

荣誉称号	表彰年份	姓名(单位)
陕西省师德先进个人	2016 年	史经俭
陕西省师德建设先进集体	2010 年	能源学院采矿工程系
陕西省师德建设先进集体	2012 年	理学院数学二系
陕西省师德建设先进集体	2012 年	能源学院安全工程系
陕西省师德建设先进集体	2014 年	材料科学与工程学院无机非金属材料工程系
陕西省师德建设先进集体	2016 年	机械工程学院机械电子系

第七节　教师培训与发展

一、教师教学发展中心概况

西安科技大学教师教学发展中心成立于 2012 年 7 月,属处级行政建制,现有主任 1 名(由分管教学的副校长兼任)、常务副主任 1 名(正处级,主持日常工作)和副主任 2 名(副处级,分别由人事处副处长和教务处处长兼任),下设综合办公室。此外,中心还聘请了由校内各级教学名师,省级师德楷模、师德标兵组成的教师教学指导专家委员会。

西安科技大学教师教学发展中心是面向校内全体教师及教学管理人员的教师教学工作咨询服务机构。中心以"更新教学观念,交流教学经验;提升教学能力,提高教学质量"为宗旨,为教师教学理念的更新、教学水平和教学能力的提升,提供一个学习、交流的平台,促进学校教学质量的不断提高。中心职责包括以下几个方面:

(1)开展教师教学能力培训。以提升教师教学能力为目标,加强教师教学基本功训练,根据不同教师群体特点组织开展教师培训,突出教学设计、教学方法的研究和实践,以及现代教育技术的学习和使用,探索适应学生身心特征和课程要求的有效教学模式,重点提升中青年教师教学能力。

(2)开展教师教学咨询服务。根据专业属性和教师个人特点,提供多样化的教学咨询、服务与指导,提供个性化的帮扶措施,为提高教师业务水平和教学能力提供全方位的咨询服务。

(3)提供教师教学资源支持。宣传学校的省级、校级教学名师和师德先进个人,展示优秀教案、优秀课件,推广优秀教学成果,搜集和发布教学法论文及教改经验,为提高教师业务水平和教学能力提供学习典范和借鉴。

(4)开展教师教学研讨交流。推进各学院(部)教学研讨制度建设,组织教学名师、教坛新秀开展教学专题研讨和咨询,组织教学观摩研讨活动。配合相关部门,开展教师教学发展专项研究,开展旨在促进教师教学发展的相关活动。

二、教师教学发展中心主要工作

2012 年,中心成立之初就出台了《西安科技大学教师教学能力发展促进条例(试行)》,明确了"各学院(部)是教师教学能力发展的责任主体;教务处和研究生院负责教师教学质量监控;人事处负责教师队伍建设;教师教学发展中心为教师教学能力发展提供培训、咨询等服务;其他相关部门为教师教学能力发展提供支持与条件保障"。以促进条例为基础,中心积极组织开展各类教师教学能力发展活动,截至 2017 年 12 月,组织了 231 场活动,共有来自全校各学院(部)的近 14 500 余人次教师参加了中心组织的各项活动。

（一）教师教学能力发展专题讲座

为拓展教师视野,帮助教师掌握高等教育学的相关知识,促进教师综合素质的提高,教师教学发展中心定期、不定期地邀请校内外教学名师和专家学者就教师教学、科研中的相关问题举办专题讲座,内容涵盖高等教育学理论、教育心理学、教学与科研相互关系、课件制作以及健康保健等方面。此外,教师教学发展中心还根据教育部全国高校教师网络培训中心的有关通知要求,组织教师收看网络培训计划网络公益讲座。

（二）专题研讨会

教师教学发展中心根据各学院(部)在教师教学能力发展方面的需求,有针对性地联合相关学院组织研讨会,就教学中的某一问题进行专门研讨。如与计算机学院、化工学院分别联合举办了"多媒体技术与教学效果""如何提高课堂教学效益"专题研讨会,与民盟西科大总支联合举办了"老教师指导青年教师"教学沙龙等活动。

（三）青年教师讲课比赛

为了进一步提高青年教师讲课水平,鼓励广大教师更好地研究教学方法,提高课堂教学质量,教师教学发展中心联合教务处每两年举办一次青年教师讲课比赛,将全校各学院(部)按学科分为三组,中心将各组的前两名集中进行培训,并择优推荐参加国家级、省级讲课比赛,取得了较好的名次。

（四）教学午餐会

为帮助教师在一个宽松、温暖的环境中探讨教学问题、交流教学经验,一起解决教学中遇到的问题和困惑,教师教学发展中心每月定期就教学中遇到的热点、难点问题组织开展教学午餐会。如:如何组织有效的课堂讨论、如何激发学生的学习动力和创造力、如何与学生进行有效的心理沟通等。在每次午餐会中,中心会邀请各级教学名师作为主持人,将问题抛砖引玉之后,教师与专家、教师与教师之间进行有效的沟通。

（五）经验交流会

教师教学发展中心在青年教师讲课比赛、微课比赛、课件设计大赛等活动结束后,多次举办经验交流会,邀请获奖教师就自己在教学中如何进行课件设计等心得与其他教师进行分享和交流,以达到共同提高教学水平的目的。

（六）教学专项培训

教师教学发展中心组织进校一个学期的新教师进行教学专项培训,帮助和引导他们树立先进的教育教学理念,改进教学方法与手段,提高媒介素养,创新高效课堂教学模式,更好地履行教师岗位职责。具体将教师按学科分为三组,分名师教学观摩、教师互评等环节;针对教师互评环节分数较低的教师,中心将组织集中培训、试讲。

（七）提供教师教学资源支持

（1）公布示范教案、示范课件。教师教学发展中心将各级各类比赛中的获奖教案和课件,经专家筛选后,公布在中心网站上供教师学习参考。

（2）组织编译美国专著《如何成为最优秀的大学教师》。2018年3月已完成7章的翻译工作,在《教师教学参考》和中心网站上连载16期。

（3）编辑印发《教师教学参考》。教师教学发展中心每月定期出版内部刊物《教师教学参考》,刊登中心组织的各项活动安排、专题讲座内容精选、教育教学理论与方法研究论文,展示各级教学名师的风采和青年教师在教学中的心得体会。截至目前,共编辑印发《教师教学参考》20期,每期200本,分别送至各二级教学单位、职能部门和教师教学发展指导专家委员会全体专家。

（八）教学咨询诊断

由于教师在教学中出现的问题因人而异,教师教学发展中心设立教学咨询诊断工作台,开展个

性化教学咨询诊断活动。教师可将自己需要咨询诊断的教学问题提交至中心,中心将根据教师提出的问题邀请相关专家与教师进行一对一的教学咨询诊断,并进行及时的跟踪与回访,受到了教师的好评。

三、教师教学发展中心特色

（一）全方位的教师教学能力发展机制

教师教学发展中心联合教务处、人事处等与教师教学有关的部门以及各学院(部)开展各类教师教学能力发展相关活动,形成了上下联动的全方位教师教学能力发展新机制。

（二）及时有效的信息反馈机制

教师教学发展中心向与会教师发放"教师教学发展中心反馈信息表",征求教师对各类活动的评价以及对工作的意见和建议。截至2018年3月,中心收到《反馈信息表》中,对中心组织讲座的满意率达99.9%以上。中心定期对教师提出的意见和建议进行反馈,以此为依据安排专题讲座和形式多样的其他活动。

（三）建立教师成长档案

教师教学发展中心设计制作了"西安科技大学教师教学能力发展记录单",发放到每位参加中心组织的培训活动的教师手中,用以记录教师参加教学能力培训的情况;截至2018年3月,已为全校1 178名教师(包括专任教师、学工教师、含双肩挑人员)建立了成长档案,记录其成长经历。

（四）教师教学发展指导专家委员会积极开展工作

教师教学发展指导专家委员会在每学期初和学期末定期召开全体会议。会上围绕对教师教学发展中心的认识、如何发挥教师教学发展指导专家委员会的作用、教师在教学科研中遇到的各类问题等展开讨论,并对教师教学发展中心的工作提出了许多建设性的意见和建议。

（五）开拓与广大教师联系的渠道

利用新型媒体及通讯手段,建立与广大教师的密切联系,为其提供信息渠道。除了中心的网页之外,还建立了中心QQ群(西科大教师发展群:300750545)、微信公众平台(微信号:xustcfd)以及微博(@西科大教师教学发展中心)。

第九章 教育交流与合作

2008～2018年,学校在开展国际科技交流与合作方面,采取"走出去、请进来"的方式,进行了大量有益的探索,在《中美人才培养计划》"1+2+1"项目、中外合作办学项目、学生出国(境)交流学习、国际联合研究基地建设、高层次国际会议、招收外国留学生、外国专家聘任等方面均有重大突破,学校国际合作与学术交流工作呈现出新局面。

第一节 各类合作项目

随着外事活动的深入开展,学校根据自身的优势和特点,先后与美国、英国、德国、波兰、俄罗斯、日本、荷兰、澳大利亚等20多个国家和地区的近60所高校、科研机构建立了稳定友好的合作关系。

学校鼓励科学研究国际协同,共同开展各类合作项目。依托学校现有国家重点学科和特色优势学科,创造条件建设国际合作联合实验室。学校煤矿防灭火、大倾角煤层安全高效开采等技术享誉国内外,在美国、俄罗斯、孟加拉国、乌兹别克斯坦等国采用,其中孟巴矿"火区启封"救援被誉为中孟成功合作的典型案例。学校赢得了2018年"世界矿山通风大会"在中国的首次主办权。

2011年,学校与美国马里兰大学西北太平洋国家实验室、国家发改委能源研究所、清华大学合作举办"第四届亚太地区能源模型研究"(AME)国际研讨会,美国、日本、韩国、印度、澳大利亚、加拿大、芬兰、奥地利、德国、西班牙、泰国、意大利、荷兰、挪威等国家和地区的70余位外国专家、学者及50余名中方学者、学生参加了研讨会,发表学术论文和研究报告80余篇。

2012年,学校成功主办了"第8届国际新型材料及其制备会议、第22届国际精细化学和功能高分子会议"等大型国际会议;接待短期国外留学生14名;聘请长期外国文教专家6人次;邀请外籍及境外人员293人次来校参加国际会议、合作研究和讲学和举办学术报告会。

2012～2016年,学校更加重视邀请海外专家学者来访交流工作,共邀请海外高校及合作机构的专家、学者来校交流完成737人次。

2016年9月,经陕西省科技厅批准,学校"热动力灾害防治国际联合研究中心"获陕西省国际科技合作基地认定。研究中心面向国际进行了安全学科领域的跨国合作学术研究、学术交流与管理咨询,分别与美国西弗吉尼亚大学矿业工程系、美国密苏里科技大学、德国弗莱贝格工业大学、挪威米切尔森研究院、澳大利亚联邦科学与工业研究院、波兰克拉科夫矿业大学等保持紧密的学术合作关系,开展联合项目十余项,是安全科学领域的国际合作研究与创新的平台。

2017年10月,学校申报"西安科技大学澳大利亚研究中心"获得教育部国际司备案同意,并获立项研究经费5万元,该中心成为学校首个国别与区域研究中心。

第二节 联合培养与留学进修工作

在教师国际化方面,"十二五"期间,学校出台了《西安科技大学"青年教师培养计划"实施办法》,通过加大投入、搭建平台,鼓励支持青年教师全面成长。共在职培养获得博士学位88人,选派

60 名教师通过国家公派、西部项目、《中美人才培养计划》"1＋2＋1"项目、高等教育教学法研修项目等途径出国(境)学习深造。

"十三五"期间,学校每年选派 30 余名教师赴海外合作高校研修。2017 年派遣 18 名教师赴美国参加了《中美人才培养计划》"1＋2＋1"教师培训项目、9 人参加西部人才项目。2017 年暑期选派马由苏夫、潘宏光、曹乐等 3 人赴澳大利亚短期培训;此外,学校积极推荐该专业骨干教师唐丽云赴加拿大阿尔伯塔大学,高丙丽等 4 名教师赴澳大利亚新南威尔士大学研修 1 年。2018 年安排建工学院副院长邱继生赴塔斯马尼亚大学研修 6 个月,使土木工程相关学科师资国际化水平逐年提高。

在人才培养方面,学校与美国、英国、澳大利亚、马来西亚等国家的 11 所高校合作开展了本硕双学位及交换生项目;鼓励和支持本科、研究生和博士生出国(境)交流学习,规范管理,加强资助,形成了以中外合作办学、双学位培养、学期交换生、短期游学 4 个类型的项目梯队。

2013 年起,学校启动了中外合作办学项目申报工作,当年与澳大利亚塔斯马尼亚大学合作开展本科教育的联合办学项目谈判工作取得重大进展,实现了双方领导的会面和谈判,启动推进了双方在"土木工程"本科教育的合作办学项目的落实和申报工作,双方领导签署了合作办学协议。

2014 年"西安科技大学与澳大利亚塔斯马尼亚大学合作举办土木工程专业本科教育项目"获批,实现当年招生,现招生 4 届学生,在读人数 251 人。2015 年 8 月,我校第二个中外合作办学项目"西安科技大学与澳大利亚麦考瑞大学合作举办电气工程及其自动化专业本科教育项目"获批,2016 年开始招生,现在读人数 105 人。截至 2018 年 4 月,我校中外合作办学项目学生总数达356 人。

2016 年 10 月,学校颁布了《西安科技大学本科生出国(境)交流学习管理办法》和《西安科技大学学生出国(境)交流学习资助办法》,资助 2017 年寒假及春季学期 33 人赴剑桥大学、马来亚大学、台湾勤益科技大学等高校交流学习,部分优秀本科生获得学校 2.6 万元的全额资助。

2017 年开展的交流项目:优秀大学生赴德研修项目(科隆建筑艺术)、优秀大学生赴德研修项目(科隆工科 4.0)、加拿大西三一大学研学项目、日本上智大学环境保护调研项目、马来西亚沙巴大学交换生项目、澳大利亚麦考瑞大学短期游学项目、澳大利亚塔斯马尼亚大学短期游学项目、立陶宛政府互换奖学金项目、大学生暑期赴美带薪实习项目、《中美人才培养计划》1＋2＋1 项目、《中美人才培养计划》YES 国际青年交流生项目、澳大利亚塔斯马尼亚大学 2＋2 学历项目、英国布鲁奈尔大学短期游学项目、英国利物浦约翰摩尔斯大学博士联合培养项目、波兰克拉科夫科技大学暑期科技夏令营等 25 个学位生、交换生、短期交流等。全年共资助总经费超 100 万元,选拔、资助派出 168 名各类学生出国(境)交流学习;截至 2018 年 3 月 29 日,2018 年寒假及春季交流人数总数为 57 人次,学生出国(境)交流学习的氛围逐渐活跃。

学校 2017 年筹建了国际教育学院,2018 年 3 月,完成了来自乌干达、巴基斯坦、孟加拉国、哈萨克斯坦、塔吉克斯坦、土耳其、苏丹、越南、伊朗、尼泊尔、加纳等 11 个国家 41 名学生的录取工作,其中语言预科生 19 人,本科生 4 人,硕士生 15 人,博士生 4 人,涉及汉语、汉语言文学、机械设计及理论、机械电子工程、计算机应用技术、电气工程、企业管理、旅游管理和安全信息系统及工程、化学工程等 9 个学科、专业,学历生占比 56.09％,初步建立了覆盖博士、硕士、学士、本科预科生的留学生培养体系。

第三节　外事、外专与外教工作

2008 年,学校借助建校 50 周年校庆时机,积极谋划、广交朋友,寻求发展,邀请和组织外国合作伙伴院校出席学校 50 周年庆典活动和集体协议签字活动,10 余所大学校长或副校长率团出席了学校的 50 年庆典,学校还举办了"采矿、安全和环境保护国际学术讨论会",相关美国大学合作在

地环学院、化工学院开展了气氛热烈的国际学术活动周。与美国、英国、波兰等国的 7 所大学和教育机构签署或续签了校际合作协议,建立了正式的、稳定的教学、科研、人员交流合作关系。2018 年 3 月,学校的国际合作伙伴院校、机构数量超过了 60 所。

2009 年,学校与国外签署国际合作协议和备忘录 8 份,开展中外合作项目 6 项,举办国际学术性会议 1 次,派出进修、留学师生 30 名,培训国外短期留学生 31 名,邀请英国赫德斯菲尔德大学校长代表团等 23 批次外国代表团、129 名外国学者来校交流。

2010 年 9 月,陕西省委副书记王侠等省领导专程赴南非出席学校与南非地球科学研究院科技项目合作签字仪式。

2010 年初,学校原校长常心坦被国际通风会议执行委员会选举为唯一的中国委员。

2010 年 6 月学校被教育部中国国际教育交流协会、美国大学与学院协会授予中美教育交流与合作工作创业奖,全国高校仅有 3 家获此殊荣。同时,授予张金锁副校长《中美人才培养计划》1+2 +1 项目优秀领导奖。

2011 年,学校与美国马里兰大学联合举办了"第四届亚太地区能源模型研究"国际研讨会,同时举办了"第二届采矿、安全与环境保护国际会议""2011 年数字信号处理与通讯工程国际会议"等 3 次大型高层次的国际学术会议,来自 15 个国家的 300 多名国内外专家应邀出席会议并发表论文。

2012 年,学校先后与 12 所国外大学签署合作协议,建立了以科教合作项目为基础的校际合作关系;派出 85 名师生出国、带薪实习、攻读学位、学术交流、考察学习和参加国际会议;学校与美国的蒙莫斯大学、马斯金格姆大学、加州州立大学等学校商定合作开展"中美 3+1+1 本硕连读项目",与德国海德堡应用科技大学合作开展机械学科的联合办学项目,同时申报 2013 年管理人员出国培训等项目。

2012 年,学校主办了"第 8 届国际新型材料及其制备会议暨第 22 届国际精细化学和功能高分子会议"等大型国际会议;来自 30 余个国家和地区的 220 名国外专家学者、70 多名国内专家,100 多名博硕士生出席了会议,会议发表学术论文 330 余篇。

2013 年,学校先后与 6 所国外大学签署合作协议,建立了以科教合作项目为基础的校际合作关系;派出了 87 名师生出国(境)留学、进修、培训、实习、参加国际会议和合作研究;受聘来校任教的长期外国文教专家 6 人/次,来校交流访问的短期外国专家和学者 28 批次、近百人,举办学术讲座 20 余场次,约 6 000 名师生参加了报告会。

2013 年,学校组织 20 名中层管理人员赴美国著名大学进行业务能力培训。

2014 年,学校与澳大利亚塔斯马尼亚大学的中澳合作办学项目"土木工程"获批,当年实现招生,该项目是我校首个中外合作办学项目。

2015 年学校与澳大利亚麦考瑞大学开展"电气工程及其自动化"本科教育的联合办学项目谈判工作和项目申报工作,8 月获教育部批准,于 2016 年启动招生工作。

2016 年 5 月 15 日,以"交流分享、合作共赢"为主题的 2016 年中国·马来西亚高等教育论坛在西安举行。副校长张威虎参加论坛并做主题发言。张威虎介绍了学校国际交流与合作开展情况,指出高校国际化办学是发展的必由之路,地方高校应抓住新时期高等教育对外开放的发展良机,在"一带一路"新合作理念指导下,积极探索国际化办学的新路径,进一步加强国际合作、提升办学水平。学校与马方马来亚大学、博特拉大学、沙巴大学、北方大学等各高校会谈合作,与马来西亚各大学的交流合作正式开始。

2017 年我校与 8 所海外高校及机构签署了相关协议文件,建立了更多合作关系,涉及马来西亚、哈萨克斯坦、英国、德国、波兰等国家。

2018 年 3 月 28 日~4 月 5 日,校长蒋林携校人事处高层次人才办公室主任赵涛赴美国、加拿

大招聘海外人才,3月28日于纽约启动了"西安科技大学北美校友会"成立仪式,该校友会是学校第一个海外校友会。

聘请外专、外教来华进行科研学术交流和技术合作是高校国际合作的重要内容。1988～1998年,学校聘请了近200位高水平的外专、外教来院讲学、合作科研、合作人才培养。

学校积极做好外专工作,每年聘请各学科领域的国际知名专家来校做学术交流、短期授课或科研合作。先后邀请了美国北亚利桑那大学 Terry 教授、明尼苏达州立大学贸海分校 Ruth 教授、英国利物浦约翰莫里斯大学张广明教授等来校学术交流6个月,指导、修改本学科教师与学生撰写的SCI论文;协助指导相关学科的博士后和博士研究所生;与世界接轨为主要目标指导本学科实验室建设;联合申报共建实验室以及陕西省百人计划等人才引智项目;积极促进两校教师和学生交流;增强本学科的科研能力和国际影响力。

2017年7月,学校安全学院邀请国际知名学者田正仁教授来校为本科生进行了4天共32学时英文短期集中授课。

2017年7月～2018年7月,学校聘请南非开普敦大学的知名教授 Alireza Baghai-Wadji 来校从事1年的教学和科研工作,是学校聘请的首个A类高端人才。ALI 教授曾受李克强总理接见,数学功底深厚,是微纳器件、声场、电磁场等仿真分析方面的国际学术权威,也是该领域为数不多的常春藤类国际专家。

学校引进各学科外国专家和语言外教来学校工作,不仅加强了各学科与世界前沿的紧密联系,增强了国际话语权,也对实验室建设、国际科技合作基地建设和国际联合科研项目申报都有强有力的促进作用,同时提升了博硕士人才培养质量,更好地营造了学校国际化办学氛围。

第四节　我国港澳台地区合作与交流

2016年,学校开启了香港科技大学短期访学、香港名企实习交流项目,2017～2018年先后派出77名学生赴香港科技大学交流学习;共有12名教师赴香港各高校参加国际会议、开展学术交流活动。

1998年,台湾地区质量协会的专家和代表团应邀来校进行学术交流与合作。2011年8月台湾地区的勤益科技大学来访,重启了学校与台湾地区高校的交流与合作。2012年～2018年4月,学校与台湾地区的勤益科技大学开展教师交换项目,共派出7名教师前往台湾地区。访问台湾地区高校团组8个,人数有32人,参加学术会议前往台湾地区的有10人。

2013年开展了学生台湾夏令营项目,2013～2014年共有39名电控学院研究生赴台湾地区的勤益科技大学参加夏令营活动,2015年6名安全学院研究生赴台湾地区的云林科技大学参加夏令营活动。

2015年,学校与台湾地区的云林科技大学签署了学术创意创新备忘录,学校安全学院与云林科技大学保持紧密的学术合作关系,开展各类安全领域的研究创新平台。学校电控学院与勤益科技大学也签署了学术创意创新备忘录,并在电控专业方向上与勤益科技大学不断开展合作。

2016年,学校正式启动台湾地区交换生项目。2016～2018年间,学校与台湾地区的勤益科技大学、云林科技大学、真理大学、中华大学、建国科技大学分别签署了交换生项目协议,共计前往台湾地区参加项目学生22名。2017年7月学校制定了针对台湾地区学生交流的文件《西安科技大学大学学生赴台交换交流管理办法》(西科办发〔2017〕69号),规范了学生赴台交换的课程与学分认定。

台湾地区相关合作高校也曾多次访问学校。2011年至2018年4月,共来访代表团4组,20人。2013年勤益科技大学林灿生教授,2017年杜景顺教授、云林科技大学的徐启明教授都来到学

校工作半年之久,为学校学生指导论文、联合申报共建实验室,积极促进两校的科研交流合作。2017年云林科技大学的2名博士生也来到学校做交流,与学校安全学院学生共同撰写论文、开展科研项目合作研究。

第五节 校友会 董事会 基金会

一、校友会

(一)组织机构的完善

2010年12月,学校成立对外联络与合作处、校董事会办公室和捐资助学办公室等3个机构,与校友联络总会办公室合署办公,主要负责校董事会、校友会和捐资助学的日常工作。

2017年9月,学校成立了能源学院等18个学院校友会,并聘任伍永平等36位同志为学院校友会组织机构负责人,至此,校院两级校友工作机制基本完成。

(二)校友会内部建设

学校校友联络总会办公室进一步加强校友内涵建设,多渠道收集校友信息,完善校友信息数据库,协助各地校友会组织换届,积极参加各地校友会年会及校友服务工作。2012年9月,学校校友会成为中国高等教育学会校友工作研究分会会员单位。2012年12月,学校当选陕西省高等教育学会校友工作研究会理事单位。为进一步加强学校及校友的宣传力度,开启了校友联络总会微信公众号,2014年11月,校友联络总会新版网站也开始运营,继续扩大西安科技大学校友联络总会办公室刊物《西科大风采》的发行量,设计了具有学校特色的校徽及炭雕纪念品。为了凝聚校友力量,促进学校及校友更好发展,2016年11月,开展了首届杰出校友评选工作,引起了广大师生校友的强烈反响。2017年5月,学校"溯源志远"纪念碑揭幕仪式在汉中城固古路坝村原国立西北工学院旧址举行,标志纪念校庆60周年"寻根"系列活动启动。校友会积极响应西安市委、市政府号召,组织校友参加首届西商大会及科技人才峰会,为西安的发展建设献计献策。

(三)组织和联络工作

校友联络总会办公室通过联系校友,进一步加强了校友对学校办学水平的促进作用。在学校本科教学水平评估、"十三五"规划、学生就业、学校六十周年校庆筹备工作中,多次联系校领导访问各地校友,配合专家做好校友单位组织接洽和反馈工作,并就相关意见(方案)在校友中广泛征集。为了做好校友返校服务工作,校友联络总会办公室与学校周边10家酒店签订协议,并协调相关部门对返校校友提供校史馆、地质博物馆的讲解及雁塔校区、临潼校区往返校车的接送服务,每年组织、协调毕业校友返校聚会50多次。

二、董事会

2008年9月,西安科技大学建校50周年之际,成立西安科技大学董事会,召开了西安科技大学董事会一届一次会议。

2011年5月21日,西安科技大学董事会一届二次会议在雁塔校区召开。

2014年3月22日,学校产学研合作高层论坛暨第二届董事会第一次会议在临潼校区隆重召开。

董事会是发达国家高校基本治理结构的重要组成部分。我国普通高等学校董事会的产生,是高等教育办学体制改革的重要成果之一。它是对大学办学重要事务进行咨询、审议、指导的机构,是校董会单位与学校建立和发展合作关系的桥梁,是促进学校与社会建立广泛联系与合作、筹措学校教育发展基金、支持学校建设和发展的一种组织形式。普通高等学校实行党委领导下的校长负

责制,董事会作为一种领导体制应与时俱进,探索新的运行机制,开拓新的合作渠道,把董事会建设成为决策咨询、指导评议、整合资源、促进交流的重要平台,为推动煤炭教育事业的发展贡献力量。

学校第一届董事会成立以来,董事会成员积极参加学校董事会工作,大力推进企业与学校的战略合作,努力架起学校与社会的桥梁,大力支持矿业博物馆和教育基金会的建设,并在学校"十二五"发展规划制定、大学章程的建设过程中发挥了非常重要的作用。2014年3月,学校召开第二届董事会第一次会议,强调以董事会换届为新的起点,继承传统,总结经验,深化改革,进一步发挥董事会决策咨询作用,促进学校教育事业全面发展;发挥董事会的桥梁纽带作用,不断密切与广大煤炭企事业单位的联系与合作,构筑合作交流新平台;发挥董事会募捐筹作用,为学校各项事业发展提供坚实物资基础;以利益共建为抓手,创新机制,抢抓机遇,持续推进董事会工作向前发展,以服务求支持,以贡献求发展,继续为国家经济社会发展和煤炭工业发展做出新的更大的贡献。会议对《西安科技大学董事会章程》修订情况也作了说明。

2014年7月16日,教育部颁布了《普通高等学校理事会规程(试行)》(教育部令第37号),高等学校使用董事会、校务委员会等名称建立的相关机构适用本规程。明确了高校董事会是为推进中国特色现代大学制度建设,健全高等学校内部治理结构,促进和规范高等学校理事会建设,增强高等学校与社会的联系、合作而设立的机构。高等学校应当结合实际,在以下事项上充分发挥理事会的作用:

① 密切社会联系,提升社会服务能力,与相关方面建立长效合作机制;

② 扩大决策民主,保障与学校改革发展相关的重大事项,在决策前,能够充分听取相关方面意见;

③ 争取社会支持,丰富社会参与和支持高校办学的方式与途径,探索、深化办学体制改革;

④ 完善监督机制,健全社会对学校办学与管理活动的监督、评价机制,提升社会责任意识。

依据规程及学校章程,对《西安科技大学董事会章程》进行了认真细致的对照修改,对董事会组织、职责及运行的具体规则,会议制度,议事规则,董事的权利义务、产生办法等,通过董事会章程予以规定。建立并完善董事会制度,明确董事会在学校治理结构中的作用、职能,增强董事会的代表性和权威性,健全与董事会成员之间的协商、合作机制;为董事会及其成员了解和参与学校相关事务提供条件保障和工作便利。

三、基金会

西安科技大学教育基金会是学校为加强与社会各界的合作交流,吸引国内外团体和个人对学校的资金支持,推动西安科技大学教育事业发展而设立的具有独立法人资格的非公募基金会,其宗旨是加强西安科技大学与国内外各界的联系和合作,致力于促进我国教育事业的发展,提高教育质量与学术水平。

基金会属公益性质的非营利组织,公益活动的业务范围如下:

① 资助学科建设,教学科研项目配套及设施建设;

② 设立奖学金、助学金以及优秀教师、科研人员奖励基金;

③ 资助教职员工、学生出版学术著作以及国内外知名学者来校讲学及任教;

④ 资助改善办学条件和有益于学生综合素质拓展的各项活动;

⑤ 加强国内外各界的联系与合作,资助国内外大学、企业、其他组织、政府间的公益性合作项目和学术交流;

⑥ 资助其他公益活动。

基金会的作用在于:继续保持高等教育国家投入为主体的同时大力拓展社会筹资渠道,吸引社会力量投资高等教育,保证高等教育的持续、稳定、快速发展。通过规范运作和管理,确保基金保值

增值,更好地服务于学校建设发展,服务于社会公益事业。

2013 年 7 月,西安科技大学教育基金会经陕西省民政厅批准成立,其登记管理机关是陕西省民政厅。原始基金数额为人民币 510 万元,来源于西安科技大学校友、社会相关企业和友好人士捐赠。

基金会成立至今,连续 3 年在陕西省民政厅组织的审计、年检工作中,结果均为合格(最高等级)。

2017 年 5 月 27 日,基金会获得公益性捐赠税前扣除资格,《陕西省财政厅等四部门关于印发 2015 年度 2016 年度符合公益性捐赠税前扣除资格社会团体名单的通知》(陕财税〔2017〕9 号)公布。

2017 年 7 月,基金会在陕西省民政厅组织的"省级社会组织等级评估"中获得 4A 等级。《陕西省民政厅关于 2016 年度省级社会组织等级评估结果的通知》(陕民函〔2017〕269 号)公布。

2017 年 8 月,基金会积极申请"慈善组织"认定,经陕西省民政厅审核已获批。

第十章　党的建设与思想政治工作

第一节　党　代　会

2010年11月29～30日,中国共产党西安科技大学第九次代表大会召开,203名党员代表出席会议。大会审议通过刘德安代表第八届党委所作的《开拓创新,克难攻坚,为建设特色鲜明的高水平教学研究型大学而努力奋斗》的工作报告,审议通过纪委书记李智军代表纪委所作的《深入推进党风廉政建设和反腐倡廉工作,为我校各项事业和谐健康发展提供有力保障》的工作报告。审定通过《西安科技大学"十二五"教育事业发展规划》;选举产生中共西安科技大学第九届委员会和第六届纪律检查委员会。第九届党委由(以姓氏笔画为序)马宏伟、甘安生、刘文刚、刘德安、苏三庆、李树刚、李智军、杨更社、张立杰、张金锁、周斌、韩江水、樊建武等13人组成,第五届纪委由(以姓氏笔画为序)王学礼、李智军、张爱明、樊广明、樊怀仁等5人组成。选举刘德安为党委书记,苏三庆、张立杰、甘安生为党委副书记,李智军为纪委书记、张爱明为纪委副书记。

2016年11月16日至17日,学校召开了中国共产党西安科技大学第十次代表大会,199名党员代表出席了会议。会议审议通过了刘德安同志代表中共西安科技大学第九届委员会向大会所作的题为《深化改革,砥砺前行,为建设国内一流的特色鲜明的高水平教学研究型大学而努力奋斗》的报告;刘子实同志代表中共西安科技大学第六届纪律检查委员会向大会所作的题为《聚焦主业,挺纪在前,为学校改革发展提供坚强纪律保证》的工作报告。第十届党委由(以姓氏笔画为序)刘子实、刘文刚、刘德安、李明、李树刚、杨更社、张威虎、陈春林、周斌、黄英维、惠朝阳、樊建武等12人组成,第六届纪委由(以姓氏笔画为序)卫晓君、王学礼、任建勋、刘子实、赵亚军、赵晓强、赵雪萍(女)等7人组成。刘德安同志当选为中共西安科技大学第十届委员会书记,杨更社、李明、樊建武同志当选为副书记。刘子实同志当选为中共西安科技大学第七届纪律检查委员会书记,王学礼同志当选为副书记。

第二节　党的组织建设

学校党委紧紧围绕立德树人根本任务,强化管党治党、从严治党的主体责任和主体意识,始终坚持"围绕中心抓党建、抓好党建促发展"的党建工作理念,以落实党建工作责任制、深化干部选任制度改革、从严管理监督干部、加强和改进党组织和党员队伍建设等工作为重点,进一步提升组织工作的科学化水平,为学校加快推进特色鲜明的高水平教学研究型大学建设提供坚强有力的组织保证。

学校党委坚持把方向、管大局、作决策、保落实,实施了"以一带四"的党建工作思路:即以党建带人才(人才培养和人才队伍建设)、以党建带研究(科学研究和调查研究)、以党建带服务(社会服务和管理服务)、以党建带文化(文化传承和文化创新),按照"系统设计、集成创新、点面结合、重点突破"工作原则,科学设定"主题工作年"活动载体,集聚优势资源,着力解决制约学校发展的重点难点和瓶颈问题,实现以重点突破带动全局。2008～2017年,学校党委先后开展了人才队伍建设年、

党建工作年、基层组织建设年、制度建设年、改革创新年、依法治校年、深化改革年、提升教育教学质量年等活动,通过定点定向用力,有力推动了高层次人才队伍、党建工作、深化改革等工作的开展。

学校党委坚持党要管党、全面从严治党,全面落实党建工作责任制,大力加强基层组织建设,以"一把手"履行好"第一责任人"责任为重点,制定实施了《西安科技大学向党委报告工作制度》,学校全体校领导、党委委员、党群部门负责人每年年末向学校党委报告中省及学校重大决策部署和工作任务完成情况;密切联系群众、改进工作作风情况;落实党风廉政建设责任制和"一岗双责"情况;存在问题和下一年工作设想;23个分党委、党总支书记向党委提交了书面报告。加强和改进作风建设,制定出台并严格执行《关于进一步改进工作作风、密切联系群众的若干意见》《校领导接待日制度(试行)》《关于提高行政效能、提升服务水平的若干规定》等规章制度,推动了教风、学风和工作作风的持续好转。深入贯彻落实省委高教工委精神,出台了学校《党组织书记抓基层党建述职评议考核工作实施方案》,开展了各分党委、党总支书记抓基层党建工作述职评议考核工作,24个分党委、党总支参加了现场述职评议,并接受了民主评议。探索实行了《西安科技大学党群部门工作交流研讨办法》,党群部门每月提交工作总结和工作计划进行交流研讨,了解党委委员、分党委、党群部门工作任务落实情况,查摆存在问题,改进工作不足,进一步提升了党建工作科学化水平。

学校党委深入贯彻落实党中央、陕西省委部署,深入开展先进性教育、学习实践科学发展观、创先争优、党的群众路线教育实践活动、"三严三实"专题教育和"两学一做"学习教育、党的十九大精神学习教育等全党教育活动。学校党委科学制定方案,精心指导督查,各项教育活动均顺利开展。在科学发展观活动中,收集师生意见建议437条(梳理为五大类70条),提出的四大方面40个具体整改项目,累计解决问题125个,为群众办实事好事78件,清理各类规章制度189项,省委教育工委组织测评满意率为97.13%。在创先争优活动中,学校党委对全校党支部进行了分类定级,推动了基层党组织和党员"五个好、五带头";在教育实践活动中,组织开展学习交流2次、大讨论3次,征集意见建议300余条,并对校级领导班子16项"四风"问题组织整改;在"三严三实"专题教育中,组织开展了3个专题6次集中研讨,组织召开了校级领导班子民主生活会,梳理出了问题清单,推动了"三严三实"见人见事见行动。在"两学一做"学习教育中,加强指导检查,推动了全校23个分党委、203个党支部党课教育全覆盖。通过系列活动,党员干部普遍受到了深刻的党性和作风教育。

学校党委坚持党管干部原则,贯彻新修订的《党政领导干部选拔任用条例》,着力打造"信念坚定、为民服务、勤政务实、敢于担当、清正廉洁"的领导班子和干部队伍建设。坚持推进干部制度改革,修订了《西安科技大学处级领导干部选拔任用及管理条例》,实行任用干部试用期制、公示制、考察预告、差额考察、干部票决制、满意度测评等办法,加强干部轮岗交流,注重年轻干部和后备干部培养,强化干部培训教育,形成有利于优秀人才脱颖而出的机制。2014年,学校开展了新一轮处级干部聘任轮岗,开展了现任处级干部满意度测评、干部人选的提名推荐、初步人选的组织考察、干部拟任方案测评和任职公示等工作,对34名原处级干部进行了交流轮岗,28名干部由于年龄、任职年限等问题转任非领导职务。2013年提拔任用正处级干部3人,副处级干部4人;2014年提拔任用正处级干部15人,副处级干部34人;2015年公开选拔正处级干部2人,副处级干部1人,交流任用处级干部6名;2016年提拔任用正处级干部3人,副处级干部14人,交流任用处级干部18名;2017年提拔任用6名副处级领导干部,交流任用处级领导干部5名。截至2017年12月,学校现有处级干部178人,平均年龄45.21岁,民主党派、无党派人士9人。其中,正处级干部71人,副处级干部107人。处级领导干部中40岁以下的47人,具有正高职称的43人,副高级职称的82人,博士研究生学历54人,硕士研究生学历66人。

学校党委新修订出台了《西安科技大学学院(部)考核办法》《西安科技大学党政职能部门及直属单位考核办法》《西安科技大学处级领导干部考核办法》等文件,制定出台了《西安科技大学处级

领导干部鼓励激励实施办法》《西安科技大学党政干部容错纠错实施办法》《西安科技大学推进处级领导干部能上能下实施办法》等制度,统筹开展年度考核、试用期考核、分类考核等,全面客观评价干部,合理运用考核结果。坚持从严管理干部,严格落实对领导干部进行提醒、函询和诚勉的实施细则,从严干部请销假管理,制定出台了《西安科技大学处级干部工作交接管理办法》《西安科技大学关于进一步严肃干部教育培训纪律的规定》《西安科技大学副处级以上干部、副高职称以上人员因私出国(境)管理暂行办法》《西安科技大学规范党员领导干部家庭婚丧嫁娶行为暂行规定》,相继开展干部选拔任用、干部配备自查、干部人事档案专项审核工作,规范清理领导干部在企业兼职(任职)、参加社会化培训工作,从严落实和完善干部述职述德述廉、个人事项报告、出国(境)审批备案制度。

学校党委不断规范基层党委按期换届制度,2015年9月印发了《关于做好基层党组织换届选举工作的通知》,经制定方案、确定人选、会议讨论、上报请示、召开大会、确定分工、党委审批等程序,于2015年11月30日顺利完成了207个党支部和22个分党委、党总支的换届选举工作,体育部党总支于2016年10月12日完成换届选举工作。不断夯实基层组织建设,制定了《西安科技大学党支部工作细则》《西安科技大学关于加强新形势下教工党支部建设的实施意见》等制度,优化基层党组织设置,坚持教师党支部建在学科上,管理党支部建在部门上,学生党支部建在专业或年级上,实现党的组织与业务单位无缝衔接,实现党的组织全覆盖。坚持举办党支部书记培训班,对党支部书记进行了3轮培训。扎实推进服务型党组织建设,开展党员承诺活动和党员志愿服务活动,广泛开展"五个好"基层党组织、党员"先锋岗"创建活动,推进教工党支部与学生党支部"结对共建"活动。推动落实党内政治生活制度化、常态化,落实好党支部"三会一课"制度,开展党内评优表彰和"党员示范岗"创评活动,建立健全发挥党员先锋模范作用长效机制。不断强化支部规范,增强支部活力。大力整顿软弱涣散基层党组织,通过举办教工党支部书记培训班、建立教职工党支部书记QQ群等途径,抓好支部书记这个关键。落实中组部确定的基层党建7项重点任务,制定了基层党建工作任务清单,精细精准抓好党组织关系集中排查和党费收缴自查自纠工作。截至2017年底,全校共有24个分党委、党总支,205个党支部,其中教工党支部114个、学生党支部91个。

学校党委贯彻落实"控制总量、优化结构、提高质量、发挥作用"的党员发展工作总要求,制定了《中共西安科技大学委员会发展党员工作实施细则》,按照《陕西省发展党员工作规程(试行)》,严格把好对入党积极分子和发展对象的教育培养关、条件关和发展过程的程序关,严格党员发展的程序和纪律,定期开展发展对象集中培训,落实发展党员年度计划,重视在优秀青年教师和高层次人才队伍中发展党员,对各分党委、党总支发展学生党员情况按季度通报,推动发展党员工作的日常化和规范化。在学生党员的教育中,以增强学生党员的理想信念、建立健全党员教育的长效机制为目标,积极创新学生党员的教育工作的形式和内容,注重提高学生党员的综合素质、创新能力和实践能力,制定了学生党员教育培养相关制度,建立了全面规划、统一组织、分层实施的党员教育培养体系。2008～2017年,共表彰校级先进基层党组织25个、先进党支部111个、优秀共产党员1 138人、优秀党务工作者150人,一大批先进模范的涌现较好地调动了广大党员立足岗位、发挥先锋模范作用的积极性。

学校党委坚持把"党校姓党"作为党校工作的根本原则,坚持以加强党的先进性建设为宗旨,以坚定理想信念为主题,以强化对党的忠诚为重点,做到党的重大理论成果、重大战略部署及时进课堂,党中央作出的决策迅速贯彻、关注的问题深入研究、交付的任务认真完成。发挥党校"智库"作用,结合学校党建热点难点,提出了有价值的党建报告。进一步理顺校、院两级党校的关系,建立了以学校党校为主导、由"班级党课学习小组—院系党校—学校党校"共同构成的结构完整、分工合理的入党积极分子培训体系,建立了院系党校培训科级以下干部—学校党校培训处级及其后备干部的培训体系,建立了分层次、分类别、分专业、重实效的教学内容体系。加强党校课程建设的规范

化、科学化,按专题组建"党校课程小组",打造党课品牌。坚持"走出去"和"请进来"相结合,通过网络培训、委托培训、专题培训等形式,开展处级领导干部、科级干部、党支部书记和党员发展对象教育活动。2008～2017年,举办各类培训班7期,选派84名干部赴中央党校、省委党校、国家行政学院、延安干部学院等学习培训,派出博士服务团、科技镇长、包村帮扶等各类人员20余人。2008～2017年,校党委党校共举办入党积极分子培训班15期,培训学员1.2万余名;举办党员发展培训对象培训班4期,培训学员2 000余名。

第三节　领导班子建设

校党委全面贯彻党的教育方针,始终不渝地坚持社会主义办学方向,围绕"培养什么样的人、怎么培养人"和"办什么样的大学、怎样办好大学"根本问题,以建设国内一流的特色鲜明的高水平教学研究型大学为目标,以人才培养为根本任务,以队伍建设为核心,以学科建设为龙头,按照培养"社会主义政治家、教育家"的要求,进一步完善了"党委领导,校长负责,专家治学,民主管理"的现代大学治理结构,不断提高政治能力和办学治校能力,形成了政治坚定、团结务实、开拓创新、勤政廉政的领导班子。

学校党委强化"把方向、管大局、作决策、保落实"领导核心作用发挥。2010年6月,学校制定了《西安科技大学"十二五"教育事业发展规划》,提出了建设"特色鲜明的高水平教学研究型大学"的奋斗目标,"以本科教育为主体,积极发展研究生教育"的层次定位,"强化地矿及其相关学科特色,保持工程技术学科优势,形成多学科协调发展的学科专业结构"的学科定位,"立足西部,面向全国,服务地矿相关行业及地方经济与社会发展"的服务面向。2016年7月,学校制定了《西安科技大学"十三五"教育事业发展规划》,提出了建设"特色鲜明的高水平教学研究型大学"的奋斗目标,"以本科生教育为基础,积极发展研究生教育,开拓留学生教育,构建以本科和研究生教育为主体的多层次人才培养体系"的层次定位,"强化地矿与安全及其相关学科特色,突出工程技术学科优势,积极发展基础学科和哲学社会科学学科,鼓励发展新兴交叉学科,形成多学科协调发展的学科专业结构"的学科定位,"立足西部,面向全国,服务地矿相关行业及地方经济与社会发展"的服务面向。

学校党委坚持和完善党委领导下的校长负责制,贯彻落实中办发〔2014〕55号文件精神,制定落实《西安科技大学坚持和完善党委领导下的校长负责制的实施细则》,修订完善《西安科技大学工作规则》《中共西安科技大学委员会会议制度》《西安科技大学校长办公会议事细则》《西安科技大学党政领导班子议事规则》《西安科技大学落实"三重一大"制度实施办法》。坚持民主集中制,认真执行"集体领导、民主集中、个别酝酿、会议决定"的原则,对涉及群众切身利益的重大问题、重要干部任免、重要项目的安排、大额资金的使用等重大决策,都按照程序集体讨论决定,通过召开教职工代表大会和各种座谈会,广泛听取有关人士的意见,不断提高学校民主决策的科学化水平。积极推进二级单位决策民主化、规范化,制定实施了《二级学院党政联席会制度》。

2014年3月,校党委又重新修订下发了《西安科技大学两级中心组学习制度》,对学习目的、学习内容、学习方法、检查考核都做了具体规定。通过学习,学校领导班子和党员干部的办学治教能力、思想政治工作能力和拒腐防变的能力都得到了提高。根据《关于对省属高校领导班子和领导干部进行2011年度目标责任考核工作有关事项的通知》,中共陕西省委组织部、中共陕西教育工委于2012年起对学校领导班子和领导干部进行了年度目标责任考核。2011年,学校党委荣获"陕西高等学校先进基层党组织"称号;2016年,学校党委荣获"全省先进基层党组织"称号;2017年4月,学校获"陕西省先进集体"荣誉称号。

第四节　纪委监察工作

一、校纪委、监察处成立及合并情况

2005年7月～2013年3月，张爱明任纪委副书记兼监察处处长；2006年11月～2009年5月，校党委副书记张立杰兼任纪委书记；2009年5月～2010年6月，校党委副书记甘安生兼任纪委书记；2010年7月～2010年10月，李智军任纪委书记。2010年11月，学校召开中国共产党西安科技大学第九次代表大会，选举产生了中国共产党西安科技大学第六届纪律检查委员会，第六届纪委委员由王学礼、李智军、张爱明、樊广明、樊怀仁5人组成，李智军任纪委书记，张爱明任纪委副书记；2013年7月～2013年12月，副校长李树刚分管纪委。2014年1月～2016年12月，刘子实任纪委书记；2013年4月～2016年12月，王学礼任纪委副书记。2016年12月，学校召开中国共产党西安科技大学第十次代表大会，选举产生了中国共产党西安科技大学第七届纪律检查委员会，第七届纪委委员由卫晓君、王学礼、任建勋、刘子实、赵亚军、赵晓强、赵雪萍7人组成，刘子实任纪委书记，王学礼任纪委副书记。

二、校纪委、监察处党风廉政建设工作

2008～2018年，在上级纪检机关和校党委的正确领导下，校纪委主动适应十八大以来全面从严治党的新形势、新任务、新要求，紧紧依靠学校各级党政组织、广大党员和师生员工，认真履行党章赋予的职责，聚焦主责主业，改进方式方法，严格监督执纪问责，积极协助校党委抓好党风廉政建设和反腐败工作。

校纪委制定印发了深化"三转"文件，强化监督、严格执纪、严肃问责。一是转职能。全面清理校纪委牵头或参与的议事协调机构，由原来的32个清理至9个。二是转方式。加强对重点领域、关键环节的监督，建设完成了纪检监察综合信息平台，实现了招标采购监督、廉政教育和干部任前廉政考试的信息化管理，组织全校351名科级及以上党员干部开展了在线廉政学习教育。三是转作风。打铁还需自身硬。校党委、行政高度重视，大力加强纪检监察干部队伍建设，充分保障工作力量及经费，校纪委不断完善内部管理制度，制定了《落实监督执纪工作规则实施办法》和以"四要十不准"为主要内容的纪检干部廉洁规定，严防"灯下黑"。

校纪委、监察处高度重视信访举报和案件查处工作，把纪律审查和查办案件作为党风廉政建设最直接、最有效、最具威慑力的手段。2008～2018年，受理信访举报共计170件，坚持依纪依规，流程控制，集体研究，严格按照中央纪委四类处置办法分类办理。涉及人数100人，给予党纪政纪处分32人，法院判刑5人，诫勉、提醒谈话40人次，收缴违纪违法金额11.4万元，为学校挽回经济损失512.4万元。坚持挺纪在前，抓早抓小，从苗头上发现隐患，从问题中查找对策，加大谈话函询力度，积极践行"四种形态"。纪律的警示威慑作用已经显现，形成了"不敢腐"的高压态势。

积极协助校党委不断扎牢制度"铁笼子"，提升制度的刚性约束力，强化对权力运行的制约监督，构建廉政风险防控的长效机制。校纪委协助校党委先后制定、修订了"三重一大"制度实施办法、加强重点部位和关键环节监督管理办法、廉政风险防控管理实施方案、处级领导班子和领导干部述责述廉办法等35项规章制度，全面落实党风廉政建设责任制，明确廉政风险点和风险等级，制定工作流程图，强化动态防控，开展廉政法规考试216人次，任前廉政谈话282人次，从制度上落实监督机制和责任，将权力运行关进制度的笼子里。科学有效的制度防控，促进了各项工作的规范化，领导干部主动接受监督的意识不断增强，依法依规治校的自觉性进一步提升。学校党风廉政建设和反腐败工作多次作为省属高校先进典型，被中省纪委推介报道，"不能腐"的体制机制正在逐步

健全。

校纪委连续开展了六届"廉政文化宣传月"系列活动,辐射带动全过程、多方位的廉政宣传教育工作,先后邀请上级组织领导和专家,为科级及以上干部举办廉政报告28场;组织处级以上干部赴陕甘边照金革命纪念馆、铜川崔家沟监狱等场所进行"一正一反"现场警示教育,共计700余人次;组织全校党员观看廉政教育纪录片25部,评选表彰了10个党风廉政建设先进集体和30名勤廉兼优先进个人,开通了"西科清风"廉政教育微信平台,编印了内部廉政刊物《正气》,为全校教职工编发、编印修订《西安科技大学廉洁守纪手册》。通过运用校内校外、线上线下、任前任中、课内课外等多种教育方式,全校教师廉洁从教、干部廉洁从政、职工廉洁从业、学生廉洁修身的自律意识明显提高,"不想腐"的廉洁文化氛围已初步形成。

加强执纪监督检查,抓住重大节日和关键时间节点,开展对中央八项规定精神的决策部署和监督检查,印发严肃纪律通知17份,累计压缩"三公经费"约233万元,办公用房约2 344平方米;对党的群众路线教育实践活动、"三严三实"专题教育、"两学一做"学习教育专项督查56次,参加各单位处级领导干部民主生活会46次;在全校师生中聘任47名党风廉政建设及行风监督员、18名二级学院兼职纪检员,强化对"三重一大"制度落实情况和工作作风的督查;加强对重点领域、关键环节及各类专项工作的督查。通过开展多种形式的监督检查,及时发现和纠正了存在的问题,有效预防和减少了腐败现象的发生。

校纪委、监察处共获得省级和校级奖励5项,荣获各类表彰奖励18人次。

第五节　党的思想政治工作

一、强化理论武装,巩固马克思主义指导地位

坚持深化理论武装,系统学习马克思主义理论特别是中国特色社会主义理论体系,学习和掌握马克思主义的立场、观点和方法,从根本上提高师生员工的思想理论水平和认识世界、改造世界的能力,不断巩固马克思主义在意识形态领域的指导地位,巩固团结奋斗的共同思想基础。

(一)党委理论中心组学习

学校党委理论中心组学习始终将政治理论学习作为核心内容,建立起一套责任明晰、纪律严明、组织规范的学习体系。出台《校院两级党委理论学习中心组制度》,做到年初有计划,年终有总结,学前配发学习材料,学中做好学习记录,每年把学习成果汇编成册,每年集中学习平均在12次以上,建立理论学习的长效机制。多年来,比较系统地学习了马克思主义哲学,中国特色社会主义理论,习近平总书记系列重要讲话精神,党的先进性教育、学习实践科学发展观、建设学习型党组织、党的群众路线教育实践活动、"两学一做"学习教育文献,党的十七届三、四、五、六中全会精神,党的十八届三、四、五、六中全会精神,党的十八大、十九大精神,《中国共产党普通高校基层组织工作条例》,《中共中央关于改进工作作风、密切联系群众的八项规定(试行)》,《关于加强和改进高校青年教师思想政治工作的若干意见》,党风廉政建设,社会主义核心价值观,《中国共产党巡视工作条例(试行)》,全国全省两会精神,全国高校思想政治工作会议精神,《中共中央、国务院关于实施科教规划纲要增强自主创新能力的决定》《国家中长期教育改革和发展规划纲要(2010～2020年)》,《国家中长期人才发展规划纲要》,高等教育改革和师德建设文件,全面推进依法治校实施纲要,《中华人民共和国保守国家秘密法》等。

加强制度建设,确保学习常态化。2013年5月,印发《关于进一步加强党委(党总支)中心组及教职工理论学习的通知》;2014年3月,印发《西安科技大学两级理论学习中心组学习制度》,文件就两级中心理论学习中心组的重要性、人员组成、学习内容、学习时间、方法和形式以及学习要求、

学习考核等做出明确规定,形成了全面覆盖校党委和各分党委(党总支)的中心组学习制度,推动了领导干部的理论武装工作。

(二)全校师生政治理论学习

坚持不懈抓好全员的政治理论学习,不断提高师生员工的政治理论素养,进一步增强师生员工学习贯彻党的路线方针政策的坚定性和自觉性。

2014年3月,修订《西安科技大学两级理论学习中心组学习制度》,文件就两级中心理论学习中心组的重要性、人员组成、学习内容、学习时间、方法和形式以及学习要求、学习考核等做出明确规定,进一步明确新形势理论学习的意义。

根据上级要求,结合学校实际,制订学年政治理论学习计划。遇有重大事项及时制订专项学习计划。学习计划中对每个阶段的学习内容、学习专题、学习进度、讨论题、参考文献等做出指导性安排。党委宣传部还发挥主渠道作用,不断强化服务与指导,配发学习材料;在电视、校报、广播、网络、橱窗开设专题专栏,在西科新闻网开设"学习贯彻党的十八届四中全会精神""做人民满意的好教师""西科大'三严三实'专题教育"、"砥砺奋进　继往开来　学习贯彻党的十九大精神"10余个等专栏;邀请校内外学者、专家举办专题讲座;播放声像辅导报告;组织书面答题;发布研究选题,开展理论研究,召开政研会进行交流,推介、表彰思想政治教育成果等。加强对学生政治学习的宏观指导,由职能部门结合学校的整体部署做出安排、组织实施并报备党委宣传部。

二、开展形势政策教育,丰富思想政治教育内涵

形势与政策教育是思想政治教育的主渠道、主阵地。2010年5月校党委印发《西安科技大学关于进一步加强和改进大学生思想政治教育的意见》;2011年校党委印发《西安科技大学关于进一步加强和规范形势报告会和哲学社会科学报告会、研讨会、讲座管理的办法》;学校建立了由党委统一领导,党委宣传部与马克思主义学院(思政部)牵头负责,教务处、人事处、党委学生工作部(学生处)、团委参与的教育教学领导体制和工作机制。党委宣传部、学生工作部、团委、各院系及时编制"形势与政策教育"计划和宣讲提纲,配发学习资料,组织开展形式多样的活动,定期检查落实情况。紧密结合国际国内时政和学生关注的热点难点问题,邀请一批知识专家学者来校为师生员工做报告,并刻制视频光盘下发至各党总支部、有关部门。坚持为师生举办时事讲座,推动党的十七大、十八大及全会、十九大精神进教材、进课堂、进学生头脑。成立党的专家宣讲团,为教学单位、行政部门做专题宣讲。

三、深化理论研究,推进思政教育学化

学校思想政治教育工作研究会积极探索新时期高校思想政治教育工作规律,扎实有效地开展形式多样的思想政治教育研究活动。

(一)健全工作机制,完善工作制度,政研工作有序开展

根据学校思想政治教育工作实际情况,出台了《西安科技大学思想政治教育研究会章程》《西安科技大学思想政治教育研究优秀成果评选办法》。研究会形成了主要领导负总责、分管领导具体抓、相关部门协调配合、党团组织齐抓共管的工作格局,每年定期召开会议,研讨部署工作,开展课题研究。

(二)以研究项目为抓手,积极开展热点难点问题研究,提高了学校思想政治教育研究水平和工作水平

2008～2018年,设立研究课题160余项,涵盖了大学生思想状况调查、社会主义核心价值体系教育、大学生心理健康教育、高校稳定、大学精神及校园文化、大学生就业创业教育、党外知识分子思想现状、青年教师师德师风建设、新媒体环境下高校网络文化建设、基层党组织建设等方面的内

容,先后出版了《精彩人生》《理论　实践　创新》《求实与创新》等研究成果汇编。

（三）思想政治教育研究会会议情况

2010年6月18日,召开了西安科技大学思想政治教育研究会会议,回顾总结了6年来研究会的工作,安排部署当前和今后一个时期的工作任务,通过了刘德安书记代表上届理事会做的《坚持以人为本　注重工作实效　努力开拓我校思想政治教育研究工作新局面》工作报告,通过了修改后的研究会章程,并选举产生了新一届研究会理事会。

2017年4月13日,召开了西安科技大学思想政治教育研究会2017年会议。会上刘德安通报了2015～2016年研究会课题评选结果。樊建武代表研究会上一届理事会做了工作报告。刘子实宣读了修订后的研究会章程(修改建议稿)和新一届理事会组成人员建议名单。会议表决通过了理事会工作报告、研究会章程和新一届理事会成员名单。李明当选新一届研究会理事会会长。

第六节　党的宣传工作

学校宣传文化工作以马克思列宁主义、毛泽东思想、邓小平理论、"三个代表"重要思想、科学发展观、习近平新时代中国特色社会主义思想为指导,坚持用马克思主义中国化最新成果武装人教育人,巩固马克思主义在意识形态领域的指导地位,着力把师生员工凝聚在共同理想的旗帜下,增强中国特色社会主义的道路自信、理论自信、制度自信和文化自信。为学校的改革发展稳定、为大学生的成长成才提供文化引领、思想保证、精神动力、舆论氛围和育人环境。

一、推进主题宣传,唱响时代主旋律

面临新形势、新任务,唱响主旋律,打好主动仗。认真贯彻执行上级部署,结合学校实际,扎实推进主题宣传教育。找准工作的着力点和切入点,特别是结合传统节庆日和重大事件、重要活动,精心组织开展一系列既有遵循性又具创新性的主题活动。

2008～2018年期间,开展的主要活动有:

加强理论宣传,确保舆论导向。深入学习贯彻党的十七届三中、四中、五中、六中全会,十八大和十八届三中、四中、五中、六中全会精神,贯彻落实习近平总书记系列重要讲话精神,紧紧围绕学校中心工作,充分发挥宣传思想工作的教育和引导作用,深入推进思想道德建设和校园文化建设,积极开展群众性精神文明创建活动,扎实推进"三严三实"专题教育和"两学一做"学习教育,为学校各项事业又好又快发展提供了良好的舆论氛围。

加强校园文化建设,营造良好文化氛围。紧紧围绕立德树人这一根本任务,充分发挥电视、校报、宣传栏、网络等媒体优势,加大对先进典型的宣传力度,增强新闻宣传工作的针对性、实效性和吸引力。把培育和践行社会主义核心价值观融入精神文明建设和宣传思想工作全过程,渗透在教育教学的各个方面。

2008年,编印下发《理论学习参考》9期,推荐15篇征文参加评选,征集参加陕西高校纪念改革开放30周年理论研讨会论文,完成校史展览馆装修布展、《学府华章》专题片制作、校庆画册制作、《精彩人生》出版、校报校庆专刊出版、校庆专题网页维护等重要宣传任务。《人民日报》2008年11月20日14版刊发了卫晓君、郭连江撰写的《不恋城市恋矿山》专题报道。10月21日～25日,我校"党的十七届三中全会精神宣讲组"驻石泉县10个村宣讲。

2009年,开展"学习实践科学发展观"主题宣传教育活动。成立学习实践活动宣传组,开展"科学发展大讨论""解放思想大讨论";开通专题网站,编辑《学习实践活动》简报,创新新形式。

2010年,积极推进学习型党组织建设,学校被评为全省理论学习先进单位;2010年被列为全省学习型党组织建设示范单位。重视思想道德建设,加强校园文化建设。举办了《红楼梦的"精"与

"神"》等多场学术讲座;开展了面向全校师生员工公开征集临潼校区 10 幢新建教学楼命名方案及附带 16 面文化墙的设计方案的活动;开展了群众性"创佳评差"精神文明创建活动。完成了《祈福玉树》《成长·青春纪》《玉树·一个多么美好的名字》《西科的树》等 6 部电视专题片的制作,开设了《身边》《影像西科》两档新的电视节目,创办了陕西高校首部校园青春励志电子杂志《成长·我的青春》。

2011 年,以纪念建党 90 周年为契机,把纪念建党 90 周年与建设学习型党组织、开展创先争优等各项工作紧密结合,广泛深入地开展了爱党爱国教育活动。通过纪念征文、知识竞赛、演讲比赛、红歌比赛、座谈会、参观学习及主题实践活动等,开展了丰富多彩的党史知识学习和教育活动。视频作品《矿井深处的青春之歌》获中宣部等六部委"伟大历程"网上作品大赛 DV 类银奖、教育部红色短视频大赛二等奖,红歌作品《打靶归来》、书画作品《清平乐·六盘山》获中宣部等六部委"伟大历程"网上作品大赛优秀奖。

2013 年,为深刻领会党的十八大精神,校党委宣传部、教务处和思想政治理论课教学科研部联合在全校本专科一、二、三年级学生中开展了"学习十八大精神"主题征文比赛活动。邀请省委宣讲团成员、省委党校副校长高锋作了学习十八大精神辅导报告会。举办庆祝西安科技大学更名 10 周年暨建校 55 周年征文活动。开通了"建校 55 周年暨更名 10 周年"专题网站。

2014 年,开展"党的群众路线教育实践活动"主题宣传教育活动。学习宣传贯彻党的十八届三中全会精神,开展"中国梦"系列宣传教育活动,深入开展培育和践行社会主义核心价值观教育,重视大学生思想政治教育,不断加强师德师风建设,开展寻找"张丽莉"式教职工评选活动。

2015 年,组织广大师生员工认真研读习近平总书记系列重要讲话,通过集中学习与自学相结合的方式,不断提高师生员工的政治理论水平。6 月 23 日组建西安科技大学新媒体中心,开通西安科技大学官方微信、微博。

2016 年,组织成立学习贯彻党的十八届六中全会精神宣讲团,深入学习宣传贯彻党的十八届六中全会精神,宣讲 20 余次,举办"迎国庆·庆祝长征胜利 80 周年"艺术展、纪念建党 95 周年"诵时代经典、唱红旗飘飘、做合格党员"诗歌朗诵比赛;获得陕西省委高教工委"厚德陕西、大美校园"主题征文活动优秀组织奖;11 月,开通西安科技大学官方今日头条号。

2017 年,深入学习党的十九大会议精神,共开展党委理论中心组学习 8 次。围绕喜迎十九大以及学习宣传贯彻十九大精神,开展学习宣传贯彻党的十九大精神主题作品征集活动,征集各类作品近 700 余件;汇总各分党委、党总支十九大学习宣传贯彻工作安排,全面掌握全校学习宣传贯彻十九大精神的总体情况。

2018 年,通过召开本年度思想政治工作会议,全面总结上一年度工作,安排部署本年度宣传及思想政治工作,并对主抓的精神文明建设工作进行了表彰,评选年度文明单位、文明处室、五好家庭等先进集体和个人。

二、围绕中心工作,形成良好舆论氛围

舆论宣传工作围绕学校本科教学评估,党的先进性教育、学习实践和科学发展观、党的群众路线教育实践活动,党的十八大、十九大及十八届三中、四中、五中、六中全会精神,全国、全省教育工作会议,纪念建党 90 周年,建校 50 周年校庆,党建工作,师德建设,招生就业,大学生创业创新,大学生目标教育,学校承办的各种大型活动以及各学院、部门开展的特色活动等,完成了一系列重要的宣传任务。

(一)学习宣传安排制度化

学校建立健全规章制度如下:2008 年印发《关于广泛开展学习宣传十七大精神系统教育活动的通知》《关于在全校深入开展党的十七大精神宣讲活动的通知》等,编印下发《理论学习参考》9

期。2010年印发了《关于认真组织做好我校2010年全校党员师生理论学习的安排》《关于认真学习贯彻胡锦涛总书记回信精神及温家宝总理重要讲话精神的通知》《关于进一步做好党委(党总支)中心组及教职工理论学习的通知》《关于认真学习中共中央〈关于在全党开展深入学习实践科学发展观活动的总结报告〉的通知》《关于认真学习贯彻党的十七届五中全会精神的通知》《关于学习〈中共教育部党组关于深入学习贯彻党的十七届五中全会精神落实"十二五"规划建议对教育工作提出的各项任务〉的通知》,制定了《西安科技大学2010年宣传思想工作要点》《西安科技大学党委中心组2010年学习安排》等文件。2011年制定了《中共西安科技大学委员会2011年宣传思想工作要点》《西安科技大学党委中心组2011年学习安排》《中共西安科技大学委员会关于认真学习贯彻十七届六中全会精神的通知》等文件,就全校的宣传思想工作、校党委中心组理论学习、十七届六中全会精神的学习进行了详细安排。制定了《西安科技大学党建工作年实施方案》。2013年配发了《七个怎么看》《十七届六中全会辅导读本》《〈中国共产党普通高等学校基层组织工作条例〉学习辅导读本》等学习资料。2014年制定了《中共西安科技大学委员会2014年宣传思想工作要点》。2015年制定了《中共西安科技大学委员会2015年宣传思想工作要点》《西安科技大学2015年政治理论学习安排》,配发了《习近平总书记系列讲话精神》《依法治国新征程》《当代陕西》(党建版)等学习资料和学习读本。组织校中心组成员、广大共产党员开展了党的十八届三中、四中、五中全会精神、习近平总书记系列讲话精神、党建工作、党风廉政建设、"三严三实"专题教育等10个专题的学习。2016年制定了《中共西安科技大学委员会2016年宣传思想工作要点》,制定了《西安科技大学2016年政治理论学习安排》,配发了《胡锦涛文选》《习近平总书记系列讲话精神读本》《两学一做学习教育简报》等学习资料和学习读本。组织校中心组成员、广大共产党员开展了党的十八届五中、六中全会精神,习近平总书记系列讲话精神,"两学一做"学习教育,党建工作、党风廉政建设、"三严三实"专题教育等9个专题的学习。2017年,制定了《中共西安科技大学委员会2017年宣传思想工作要点》《西安科技大学2017年政治理论学习安排》《中共西安科技大学委员会关于加强和改进新形势下思想政治工作的实施办法》《中共西安科技大学委员会关于落实意识形态工作责任制的实施细则》等相关文件,购置、整理、编发各类校党委中心组学习材料300余套。组织校中心组成员、广大共产党员积极学习习近平总书记系列重要讲话精神,学习十九大报告、省第十三次党代会等中省相关重要文件会议精神。2018年,制定了《中共西安科技大学委员会2018年宣传思想工作要点》《西安科技大学2018年政治理论学习安排》,配发了《梁家河》《共产党宣言》等学习资料和学习读本。组织校中心组成员、广大共产党员学习了关于党的群众路线教育实践活动文件精神及习近平总书记系列讲话精神。

(二)阵地建设

学校充分利用舆论宣传手段,建设好、管理好、运用好舆论宣传阵地,有条不紊、整齐规划、有理有据地做好舆论宣传工作,完成了一馆(校史馆)、一报(校报)、一台(有线电视台)、一网(新闻网)、一站(广播站)、一坛(讲座)、一窗(宣传橱窗)等平台的建设与维护。2016年,完成西科大新闻网改版升级及日常维护工作,重大事件、重要节日做到24小时值班,确保网络安全。全年编辑审核发布新闻稿件2 500余篇、新闻图片千余张。2017年,设计、开通、维护"两学一做"学习教育、学习贯彻十八届六中全会精神、学校第十次党代会、"砥砺奋进,继往开来——学习贯彻十九大精神"等专题网站,刊发各基层单位和部门动态500余条,上传上级文件精神500余条。

三、加强新闻宣传工作,营造良好舆论氛围

充分利用《西安科技大学报》、广播台、有线电视、新闻网、校报、橱窗以及新媒体平台,及时、准确、有效地报道学校改革发展的新进展新成就。据统计,2008～2017年底,共录制、播出《电视新闻》400期、2 400余条,编辑审核发布新闻稿件6 960余篇、新闻图片万余张,形成照片档案近1.8

T。设计、开通、维护"两学一做"学习教育、学习贯彻十八届六中全会精神、学校第十次党代会等专题网站。出版校报350期,280万余字,刊发照片800余张;完成"陕西高校新闻奖"相关材料整理并报送作品参评,其中70%的作品获陕西高校新闻奖;完成了校报数据统计、网报、年审工作。

2015年成立西安科技大学新媒体联盟。组建西安科技大学新媒体中心,负责学校微信、微博、头条号等新媒体平台建设。微信微博平台建设原创率88%,微信最高阅读量80 000+,粉丝45 000+。微博最高阅读量30万,话题互动量300万。今日头条发布文章共计126篇,获得推荐超248万次,阅读量突破21万,头条指数达560。新媒体运营传播指数位居陕西高校十强。

2016年,学校注重对外宣传,全年共接待各类媒体记者30余人次,陕西电视台、《陕西日报》、《中国煤炭报》、《华商报》、新华网、人民网、西部网、《西安晚报》、陕西教育网等媒体对我校报道近300次,扩大了学校的社会影响力。注重新媒体平台运营,新媒体平台(微信、微博)开通以来,"西安科技大学"微信公众平台关注数已达35 628人,全年共推送437篇;学校头条号自11月开通以来总阅读量为56 029;陕西大学生在线西安科技大学联络站累计发稿2 235篇,中国大学生在线共建频道累计发稿2 606篇,制作刊登中国大学生在线网络宣传专题2个。媒资管理系统、多通道自主播出系统、编单工作站、播控工作站等新设备相继投入运行,实现临潼校区与雁塔校区音视频资源共享及远程管理。

2017年,学校加强对内对外宣传,推进大学文化建设,进一步加强与陕西日报、新华网、西部网等各类校外媒体的合作,外媒报道学校新闻全年达200余篇次。完成了对3位我校校友、新晋院士、第六届全国道德模范白永皓,陕西好人候选人刘一骏等各类先进典型专题报道10余篇。制作《寻访梁家河——每个年轻人心中都有一处梁家河》等新闻专题9篇;西安科技大学微信平台编发推文450篇,微博1 934条,今日头条号发表文章109篇,综合传播指数822.3,位列全省高校第四。以校报、新闻网、电视台、微信微博为主要内容的融媒体平台发展水平进一步提升,信息联动机制进一步完善。

2008～2018年,校报出版了近160期。先后有郭连江、李亚斌、王刚、张振中、李波、宋振宇等多名同志获得陕西新闻奖、陕西高校新闻奖等奖励100余项。

2008～2018年,党委宣传部(新闻中心)招收、培养学生记者800余人。学生记者在广播台、电视台、校报等平台上跟随指导教师接受思想政治教育和业务技能培训,参与撰写、采集、编辑、播音等采访工作。

四、精神文明建设深入开展

学校积极开展"文明校园"创建工作,将"精神文明建设和宣传思想工作"纳入党政议事日程,在年度工作中予以安排和落实。每年召开精神文明建设与宣传思想工作会议,总结、部署工作。把精神文明建设、文化建设与培育良好的校风学风工作作风结合起来,统筹安排,全方位实施。学校通过开展文明学院、文明处室、文明窗口、文明班级、文明宿舍等创建活动,不断提高师生员工的思想觉悟,营造品位高雅、健康向上的育人氛围,精神文明建设工作扎实推进,富有成效。10年间,学校涌现出一批精神文明建设工作先进单位和先进个人。学校于2011年、2012年分别获评陕西省教育系统度精神文明建设和宣传思想工作先进集体。

五、校园文化建设扎实推进

校园文明建设是学校全面工作的重要组成部分,是学校综合实力的重要表现,与学校建设和发展息息相关。学校注重发挥文化的铸魂功能、育人功能、凝聚功能,积极开展"文明校园"创建工作,以校园文化建设为重点,坚持以创促文明、以创建促和谐,积极开展了群众性文明校园创建活动和丰富多彩的思想政治教育、校园文化活动。2008年以来,学校加强制度建设。2012年7月出台了

《西安科技大学关于加强和推进大学文化建设的实施意见》,提出了文化建设的指导思想、总体目标、主要任务和具体措施;通过举办"大学生新闻文化节"、诗歌朗诵比赛、校园文化建设优秀成果奖评选、思想政治教育研究项目立项等系列活动不断提升全校师生的文化素养,对学校人才培养和教学质量的提高起到了推动作用。学校获评省高校校园文化建设优秀成果奖情况详见表 4-10-1。

表 4-10-1　　　　　　　　陕西省高校校园文化建设优秀成果获奖情况

年份	题目	奖项
2010 年	普及志愿理念　弘扬志愿精神　努力构建特色化的大学生志愿服务体系	三等奖
2011 年	营造网络育人环境　培养学生全面成才	一等奖
2012 年	搭建网络平台,创新活动载体,全面提升大学生媒介素养	三等奖
2013 年	润物细无声,爱心满校园	二等奖
2014 年	博雅文化 引路青春——记西安科技大学"博雅系列文化工程"	二等奖
2015 年	以高校宿舍文化建设为载体　创新学生党建新途径	一等奖
2016 年	搭建传统文化新舞台　擎起人文精神大格局	二等奖

第七节　党的统战工作

2008～2018 年,学校统一战线把握大团结大联合的主题,紧紧围绕学校中心工作,在推动学校建设与地方经济社会发展、维护校园和谐稳定等方面进行了积极探索。

一、学校党委高度重视统战工作

学校党委坚持把统战工作作为党委必须做好的分内事、必须种好的责任田,加强对统战工作的领导。2017 年 3 月,成立了由党委书记任组长的学校统一战线工作领导小组,明确工作职责,构建了党委统一领导,统战部牵头协调,各有关部门及学院党委(总支)共同配合,校内各群团组织共同参与支持的"大统战"工作格局。学校党委把统战工作纳入重要议事日程,摆在重要位置,多次在党委会上对统战工作进行研究讨论,每年定期听取统战工作汇报,研究、解决统战工作中的重大问题,并在机构设置、干部选配、经费投入等方面给予大力支持。2018 年 3 月,学校统战部设部长 1 人、科级干部 2 人、一般工作人员 1 人,统战工作经费从最初的几千元增加到 10 万元,为党外人士提供了专门的活动场所。2015 年,学校提高了人大代表、政协委员,民主党派及团体负责人的工作补贴。

二、思想政治引领工作

凝聚思想共识,坚持经常性学习与重点学习相结合,认真组织民主党派、侨联和无党派代表人士深入学习党的历次重要会议及重要讲话精神,组织召开了纪念建党 90 周年、辛亥革命 100 周年等党外人士座谈会、统战理论专题辅导报告等,及时组织学习中央统战工作会议精神和《中国共产党统一战线工作条例(试行)》精神。扎实开展了坚持和发展中国特色社会主义学习实践活动,举办形势报告会、座谈会以及赴爱国主义教育基地参观学习等。

三、民主党派组织发展工作

支持和协助各民主党派加强思想建设、组织建设、作风建设、制度建设和领导班子建设,加强对民主党派基层组织换届工作的指导,健全民主党派组织发展计划、程序、报备等制度机制。

2011年3月,民革西安科技大学支部召开换届大会,选举产生了第四届支部委员会,乌功相任主委;2015年4月,民革西安科技大学支部召开换届选举暨成立二十周年纪念大会,选举产生第五届支部委员会,乌功相任主委。2010年12月,民盟西安科技大学支部召开会议,选举产生了新一届总支委员会委员,夏玉成任主委;2011年1月,经民盟陕西省委批准成立民盟西安科技大学总支部委员会;2015年12月,民盟西安科技大学总支召开换届大会,选举产生民盟西安科技大学新一届委员会,薛喜成任主委。2008年10月,民进西安科技大学支部召开换届会议,选举产生了第二届支委会,魏引尚任主委;2013年底,民进西安科技大学支部召开换届会议,选举产生了第三届支委会,魏引尚任主委。2008年6月,致公党西安科技大学支部召开换届会议,会议选举蔡文皓同志为主任委员。2017年6月,九三学社西安科技大学委员会成立大会暨换届选举会议召开,选举产生了第一届委员会,杜美利任主委。

截至2018年3月,学校有5个民主党派基层组织,分别是民革西安科技大学支部、民盟西安科技大学委员会、民进西安科技大学支部、致公党西安科技大学支部、九三学社西安科技大学委员会,民主党派成员136人。

四、党外代表人士工作

学校党委积极拓展渠道,扎实做好党外人士的学习培训工作。先后选派多名党外人士参加省上各级干部培训班。选派无党派代表人士张涛参加了中央统战部第一期高校青年党外知识分子理论研究班,分别在延安、焦裕禄干部学院、红旗渠干部学院、汉中社会主义学院及西南交通大学举办了五期党外人士骨干分子培训班,培训学员130余人次。

加大党外干部培养使用力度,选拔优秀的党外干部担任学校重要职能部门负责人。2018年3月,学校有党外校级领导干部1人,处级领导干部9人,占处级干部总数的5.8%,党外人士先后担任教务处、发展规划处、研究生院等职能处室和二级教学单位的主要负责人。党外人士中现有省政协委员2人,市政协委员1人,区人大代表1人,区政协委员1人,其中,省政协委员、民革党员李侃社于2013年到西咸新区泾河新城管委会挂职锻炼1年。

建立健全各级党政领导干部与民主党派基层组织、党外人士联谊交友制度,把联谊交友情况作为干部考核的重要依据。校党委委员、基层党组织党委委员每人至少联系2名党外人士,每年与联系对象至少开展2次谈心谈话,关心他们的工作和生活,听取他们对学校工作的意见建议。2014～2017年,每年全校70余名党员领导干部联系160余名党外人士代表,做到谈话有记录、意见有反馈。

五、党外人士建言献策、服务地方社会工作

学校统战工作积极搭建平台,充分凝聚高校统一战线成员的智力优势,动员他们主动为区域经济社会发展提供力量支持。一方面,动员他们积极广泛参与地方经济社会管理。每年学校省市区政协委员都提交提案10多个,涉及教育、文化、城市建设、经济、社会发展和生态保护等多方面内容,这些提案均被采纳。时任省政协常委、民革支部副主委李侃社在省政协十届四次会议上提交了6份提案,其中273号"机关事业单位开墙透绿,引领社会文明"、501号"加强校园及周边环境整治力度,促进校园安全稳定和谐"、438号"大力发展面对装备制造业的职业教育"等提案分别受到《陕西日报》和《各界导报》记者的采访并报道,时任省政协委员夏玉成关于煤炭欧佩克的提案被民盟省委提交到全国政协。民革党员撰写的《介绍从各民主党派中产生的国家领导人个人简历其政治身份不应称为"某某成员"》被全国政协采用,这是民革陕西省委会近年来被全国政协采用的第一份社情民意信息。李侃社被民革中央授予"学习践行社会主义核心价值体系先进个人"称号和"民革全国参政议政工作先进个人"荣誉称号。另一方面,根据统一战线成员的研究方向、服务意向和专业

特长,积极牵线搭桥,加强人才推介,扩大与地方政府、社会相关部门和企业等的合作交流,搭建党外人士实践锻炼、科技合作等智力服务平台。2014年至今,学校以统一战线成员为主体,与广东省深圳市、山西省朔州市、陕西省潼关县、江苏省句容市、江苏省沭阳县,江苏港峰科技集团、汉中机床厂等地方政府和企业开展了广泛的技术与人才交流,推进产学研合作。

六、留学人员工作

2014年5月,学校在陕西省高校中率先成立了留学归国人员联谊会。通过联谊会为广大留学归国人员搭建了管理、服务、参政议政、信息沟通、学术交流及人才引进6个平台,充分发挥留学归国人员的科技服务优势,为其发挥作用牵线搭桥。2014年,组织部分留学归国人员组成"教授专家团"赴江苏省句容考察交流,与相关企业签订合同4项,建立了1个学生实习实训基地及大学生创业园,促成了3名青年教师赴江苏省科技镇长团挂职锻炼。2015年,在省委高教工委牵头下,组织留学归国人员赴汉中部分企业考察交流,并在陕西理工学院开展了9场专题学术报告。2016年,组织留学归国人员赴深圳调研大学生创新创业情况,对创新班毕业生进行技术帮扶与指导。2017年,联谊会专家走进长武,为学校结对帮扶贫困县举办创新创业培训。联谊会发挥留学归国人员外联优势,为学校联系和引进海外高层次人才开辟新的渠道,引进了陕西省青年"百人计划"张玉涛博士等多名海外人才。

2015年5月,时任省委副书记胡和平同志来校调研统战工作,对学校统战工作取得的成绩给予肯定。2011～2012年,学校连续获评全省民族团结进步创建活动先进集体,2013年学校获评全省民族团结进步创建活动示范单位;2016年,学校党委统战部研究课题"陕西高校党外知识分子思想现状调研分析和有效发挥作用研究"获全省统战理论研究一等奖;2017年,学校党委统战部获评全省统战理论研究先进单位、全省统战工作实践创新优秀成果奖。

第八节　共青团工作

一、组织机构

2008年,共青团西安科技大学委员会下设青年工作部和科技实践部两个科室;2017年,下设15个分团委和2个团总支,指导校学生会、校研究生会及附属中学的共青团和少先队工作。

二、团代会

2009年5月,共青团西安科技大学委员会召开第十一次团员代表大会,代表210人,选举产生了第十一届委员会,委员23人,书记刘文刚,副书记贾哲,委员:刘文刚、贾哲、丁铂、丁潇、王建强、刘琳、杨忠明、李绥波、李婉丽、张志鹏、张金来、陈伟伯、周涛、魏颖、赵小明、贾斌、曹鸿、谭博、翟海刚、霍霖、代开文、陈霖、陆杰。

2017年5月,共青团西安科技学院委员会召开第十二次团员代表大会,代表176人,选举产生了第十二届委员会,委员23人,书记周涛,副书记李绥波,委员:丁自伟、马继刚、上官万成、万超、王辉、史长军、刘国阳、李卫鹏、李绥波、汪洋、吴映瞳(女)、张晶晶(女)、张微那(女)、林伟、周涛、周学刚、赵明、赵统堂、郭胜忠、郝卿(女)、徐屹凡、常瑜(女)、黄静欣。

三、主要工作

2008～2018年,学校共青团按照"凝聚青年、服务大局、当好桥梁、从严治团"的四维工作格局,以保持和增强政治性、先进性、群众性为目标,以丰富校园文化、增强学生素质为抓手,坚持改革创

新、强化自身建设,在思想引领、组织建设、校园文化、创新创业、社会实践与志愿服务等方面取得了一定成绩。

(一)思想政治教育

(1)开展主题教育,用共同理想感召青年。团组织紧密联系时代特点,以党的十八大、国庆60周年、红军长征胜利80周年、建团90周年、团的十七大以及党的群团工作会议和全国高校思想政治工作会议等重大历史事件和重要会议召开为契机,广泛开展"喜迎十八大,争创新业绩""与信仰对话""我的中国梦""四进四信"等形式多样的主题教育活动;充分利用主题团日、讲座、宣讲会等多种方式,构建了"团组织主导、学生骨干带动、基层支部落实、广大团员参与"的理论学习格局,掀起学习习近平总书记系列重要讲话精神和治国理政新理念新思想新战略的热潮;广泛开展"青春飞扬榴苑追梦""我与母校共奋进"等系列爱校荣校教育,弘扬"励志图存、自强不息"的学校精神,引导全校团员青年坚定理想信念。2008～2018年期间,全校各级团组织累计开展学习教育活动500余场次,先后有2个团支部、1名团书书被评为全国高校践行社会主义核心价值观"示范团支部"及"百佳团支书",1个项目入选全国"'四进四信'基层优秀项目"。

(2)发挥示范作用,用先进典型激励青年。开展"寻访大学生自强之星""五四表彰"等活动,挖掘先进典型,涌现出2010年陕西五四青年奖章获得者文虎,2017年全国煤炭行业五四青年奖章获得者马砺,2017年全国道德模范白永皓、中国大学生自强之星孝亲爱老白永皓,2018年陕西省大学生自强之星标兵陈新等一大批先进典型。"全国五一劳动奖章"获得者董刚、扎根新疆阿里地区献身国防事业的武警军官朱振华、陕西首批"高级职业农民"李伟等一批优秀毕业生回校参加"陕西省大学毕业生建功立业报告会"。2016年,学校被评为全国"寻访中国大学生自强之星"优秀组织奖。

(3)抢占网络新媒体阵地,用"红网工程"凝聚青年。2014年成立"胡杨青年"新媒体中心,构建覆盖全校团员青年的"两微两端"网络新媒体阵地,其中"西科共青团"、"西科学生会"和"'胡杨青年'志愿者"等微信平台都已成为校园新媒体品牌。2014～2018年,"西科共青团"微信平台发布专题内容1 417条,总阅读量逾226万。2016年发起的"我与团徽合个影"活动,被团中央官方微博、各省级团委官方微博、中青在线、西部网等媒体转载报道,累计浏览量逾20万人次。2016年12月,被团中央授牌"校园通讯社通讯站"。

(二)基层组织建设

(1)提升基层组织活力,持续强化"团日活动"主阵地建设,形成了"校团委规划—分团委(团总支)推动—辅导员、班主任指导—团学骨干具体设计和组织实施"的团日活动工作体系;坚持团员民主评议制度和推优入党制度;开展共青团"创先争优"活动,开展"五四红旗分团委(团支部)""优秀团干部标兵""优秀团员标兵"和"感动校园人物"等创先争优活动。2010～2017年,表彰先进集体2 620个,优秀个人18 482人次,3个团支部被评为"全国五四红旗团支部"和"全国百佳活力团支部",3个团支部分别被评为陕西省、全国煤炭行业"五四红旗团支部";3个团支部被授予陕西省高校共青团"百佳活力团支部"。

(2)完善"青马工程"培养体系,实施"青马工程",逐步构建了"'胡杨青年'大学生骨干培养学校"三级培训体系,十年共培训学员6 800余名,选拔34名优秀学生骨干参加全国、省大学生骨干培训,培养了"全国煤炭行业优秀共青团员亚男""陕西省优秀共青团员孙瑜"等一批优秀学员。

(3)加强队伍建设,推行校团委干部联系基层支部和团员青年制度,每人结合自身实际直接联系不少于1个团支部和150名团员青年,将解决团员青年思想问题与解决实际问题结合起来;围绕"抓学习、抓实效、抓创新",先后选派团干部120多人次参加了多种形式"请进来、走出去"的培训、交流、考察等理论学习和研究活动,2016～2017年获批全国学校共青团研究课题2项,国家科技部2017年度全国青少年和青少年工作重大研究课题1项。先后有9名同志被授予陕西省和全国煤炭行业"优秀共青团干部"荣誉称号,2名同志被授予"陕西高校赴县级团委挂职优秀干部"荣誉

称号。

（三）校园文化活动

（1）打造校园文化活动精品活动。积极发挥"大学生科技文化艺术节""纪念一二·九运动大合唱比赛""纪念'五四运动'文艺汇演""西科演说家"等活动的品牌效应，创新开展"一院一品"创建、创新创业报告会等特色鲜明的校园文化活动，形成了"两节两会一月"为统揽的学校校园文化活动体系。开展"学习精彩事迹、弘扬精彩精神""博雅系列文化工程""大学生科创沙龙""爱心公益站""大学生涯规划""优秀毕业生访谈""弘毅学堂"等学院特色文化活动，"弘扬徐精彩精神　引领大学生成长""博雅文化　引路青春——记西安科技大学'博雅系列文化工程'"等多项成果获得陕西省校园文化建设优秀成果奖。

（2）规范社团建设，打造特色社团活动。全校人文社会、学术科创、校园文化、体育健身等4类学生社团57个，社团成员近3 000人。2005年，制定了《西安科技大学学生社团管理条例》，2012年，制定了《西安科技大学学生社团二级管理办法》等社团管理制度。2008~2018年，定期开展"电子制作竞赛""金秋书画展""滑轮大赛""英语话剧大赛""沙盘模拟对抗赛""环道竞速与趣味运动""文化下乡"等校园文化活动100余场，参与人数超过1万人次。先后有多个社团被评为全国"百佳大学生理论学习社团"、全国"百佳体育公益社团"。国旗护卫队作为全国26所联盟高校之一，连续4年赴京参加全国高校升旗手交流展示活动，并获得"优秀升旗队""标兵护旗手"等多项奖项。

（四）能力素质建设

（1）聚焦创新创业教育，完善体制机制，提高学生"双创"能力。以创新创业竞赛为纽带，构建"意识培养—技能训练—能力实训—项目孵化"四位一体的创新创业教育体系。2016年，学校创新创业教育学院成立后，2年内立项资助扶持校内创业项目55项，资助金额近40万元；以"挑战杯"课外学术科技作品竞赛、"创青春"大学生创业大赛和大学生科技文化艺术节等"两赛一节"为主线，每年参与学生近万人。近五届"挑战杯"大学生课外学术科技作品竞赛校内选拔赛作品823件，参赛学生3 265人。近五届参加"创青春"大学生创业大赛校内选拔赛作品659件，参赛学生3 362人，获得全国、省级奖项147项。连续5年获得省赛"优胜杯"。2014年学校荣获"全省高校共青团大学生科技创新优秀单位"，2016~2017连续2年获"'微软创新杯'陕西高校大学生创新创业大赛优秀组织奖"等创新创业荣誉奖项。2016年，PDS创新设计团队被评选为全国大学生"小平科技创新团队"。

（2）丰富社会实践内容，拓展学生成长空间，增强学生实践能力。先后培育了"美丽家乡、魅力中国""追寻先烈足迹，传承红色基因""煤炭情，中国梦"等特色社会实践项目；与江浙一带优秀企业合作，开展了暑期创新创业实践活动，为学生创造了更多见习实习与挂职锻炼的机会。2008~2017年学校暑期"三下乡"社会实践共组建校级重点团队154支，参与社会实践活动学生人数5.6万人次，建立社会实践基地48个。1次被评为"全国大中专学生志愿者暑期'三下乡'社会实践活动优秀单位"，2次被评为"陕西省大中专学生志愿者暑期'三下乡'社会实践示范高校"，4次评为"优秀组织单位"、4次评为"先进单位"。获评全国优秀团队9支，省级标兵团队和优秀团队32支，全国及省级先进个人34人次。

（3）打造志愿服务品牌，弘扬志愿者精神，培养学生社会责任感。2017年，改组青年志愿者协会，成立"胡杨青年志愿者总队"，实行全团志愿者组织模式，结合学校周边环境特点，打造了"志在西科""授人以渔""越福助老"等优秀项目品牌，其中2014年"授人以渔——帮助残障人士融入社会正常生活"项目获"首届中国青年志愿服务项目大赛银奖""陕西省青年志愿者优秀项目""陕西高校最佳志愿服务项目"；"越福助老"项目2015年分别获"陕西省青少年公益项目金奖""'互联网＋大赛'陕西赛区银奖"，2016年获"'创青春'大学生创业大赛陕西省银奖"，并在2014和2015年2次获中国青少年发展基金资助；2017年项目"送你一个读书的地方"获"陕西高校最佳志愿服务项

目"。学校 2012 年获评"陕西省爱心助残志愿者先进单位"、2011 年世园会"优秀组织奖"等荣誉称号。

第九节 离退工作

离退处设有办公室和教职工活动中心两个科室。截至 2018 年 3 月,西安科技大学有离退休教职工 732 人。其中:离休干部 11 人,退休人员 721 人,享受地厅级待遇的 10 人,享受县处级待遇的 56 人;具有教授职称的 95 人,副教授职称的 61 人,其他副高以上职称的 85 人。

一、生活待遇和政治待遇保障

学校党委历来高度重视离退休工作。坚持校党政主要领导亲自过问,分管领导加强工作指导,离退处组织实施的工作模式。成立了老龄工作指导委员会,每年都把老干部工作列入学校工作的重点,不断加大资金投入,先后制定了《西安科技大学落实老干部政治、生活待遇的规定》《关于进一步加强和改进离退休干部党支部建设工作的意见》等文件。2003 年,第一次对文件进行修订整理,形成文件 17 个,并汇集上级有关文件编印了《西安科技大学离退休工作文件汇编》;2012～2013 年再次进行修订、完善,形成 35 个工作制度和规范。

离退休工作在继承以往优良传统的基础上,不断开拓创新,逐步形成了完整的工作体系,积累了一套完整的工作流程和"六有"工作方法。

离退处认真落实老同志的政治待遇和生活待遇,努力实现"六个老有"的工作目标。坚持做好阅文、重大情况通报、重大决策征询老干部意见、重大活动请老干部参加、重大节日走访慰问老干部等 5 项老干部工作制度的贯彻落实工作。坚持做好离退休人员情况通报会、活动社团组织管理、看望慰问、丧事处理等 12 项制度的贯彻落实工作。大力开展思想政治工作,引导广大老同志正确认识社会,正确认识改革开放,全力营造和谐稳定有利于学校改革发展的环境和氛围。

学校努力做好医疗、福利、住房等离退休教职工的民生保障工作。2003 年,学校修订医疗管理制度,对离退休老同志的医疗做出明确规定;坚持每年为老同志健康查体;定期举办"健康讲座",设立兼职保健医生,免除老同志挂号费。2013 年,顺利实施了退休老同志参加社会医疗保险,保障了老同志"老有所医"。学校将离退休老同志的住房列入学校的统一计划,按一定比例与在职教职工同时进行分配。

二、离退休党建工作

2014 年 4 月,学校设立离退休党委,截至 2018 年 3 月,共有离退休党员 332 人,下设 4 个支部:离休干部党支部、退休教工第一党支部、退休教工第二党支部、退休教工第三党支部。

离退休党委和党支部始终发挥着"政治核心"和"战斗堡垒"作用。努力加强离退休职工党的组织建设,全面落实老干部政策,按时进行党委和党支部的换届工作。建立了党委中心组和党员学习等制度,坚持每月一次党的组织生活,每学期组织党员外出参观学习 1 次。坚持开展深入细致的思想政治工作,支持离退休党员在"两个文明"建设中发挥作用。在分类指导的原则下,先后开展了"党的群众路线教育实践""三严三实专题教育""两学一做"学习教育。

三、文体活动及平台建设

2013 年 6 月,学校投资 180 余万元建设改造独栋楼 1 200 余平方米供办公和离退休人员活动使用。设有多功能活动室、排练室、棋牌室、台球室、健美操室、书画室、健身室、综合阅览室等;设有离退休人员党支部、老教协会等组织的专用办公室。2017 年,学校在东院家属区投资 100 余万元

改造修建了东院教职工活动室,配备了空调、影视设备、饮水机、书报箱等设备,为各活动室更新配备了多种活动器材。截至 2017 年底,设备总值约 43 万元,为离退休工作和老同志活动提供了优良的条件和环境。

离退处每年组织春季运动会和庆祝老年节系列文体活动;适时组织联欢会、茶话会、迎新会等活动。活动中心现有老年合唱团、老年书画协会、老年麻将协会、老年健美操队、老年台球队、老年乒乓球队、老年象棋队、老年围棋队、老年旗袍队、钢琴兴趣小组等 10 支离退休职工文体活动社团,常年开展活动,成为学校离退休职工文体活动的骨干。除坚持常年活动训练外,他们还在参加省、市、区等的比赛活动中多次获得表彰、奖励,在学校的重大活动中也展现了老同志的风采和精神面貌。

四、正能量发挥

学校重视发挥离退休人才的作用,制定了相关文件,努力为离退休教职工"老有所为"继续发挥作用搭建平台,学校目前有老教授协会、老科协、督导组、科技开发中心、关工委、老龄委和老年文体协会等社团组织 14 个,许多老同志在这些组织社团中发挥了重要的作用。

2009 年 10 月,离休党支部被评为全省教育系统"先进离退休干部党支部",受到陕西省教育工委表彰。

2010 年,离退处被评为"支持老教授协会工作先进单位",校老教授分会被评为"陕西省老教授协会工作先进单位",唐祖章、马中骥教授分别获得"陕西省老教授协会工作先进个人""陕西省老教授协会教育科技突出贡献者"等荣誉称号,受到陕西省老教授协会表彰。毛开友、褚维盘教授被推选为陕西省老教授协会第四届理事会理事。

2011 年,离退处被陕西省教育工委、教育厅评为"全省教育系统老干部工作先进集体"。

2012 年,西安科技大学教学督导专家组被评为"全省教育系统老干部发挥作用先进集体",石平伍教授被评为"全省教育系统老干部发挥作用先进个人",受到陕西省委教育工委、陕西省教育厅表彰;毛开友教授获评"老教授科技工作优秀奖",受到中国老教授协会表彰。

2013 年,西安科技大学老教授分会,被评为"陕西省老教授协会先进集体",受到陕西省老干部发挥作用指导中心和陕西省老教授协会的表彰;杜玉枝教授获评"陕西省老教授协会突出贡献奖"、唐祖章等 10 位老教授获评"陕西省老教授协会贡献奖"、毛开友教授被评为"全省老科协科技创新先进个人",受到陕西省老教授协会表彰。

2014 年,毛开友作为第一发明人,荣获"切楔振动式工作机构及其切楔振动式掘进机和采煤机"发明专利。2014 年,学校离退处被陕西省老教授协会授予"高校离退休处支持老教授协会工作先进集体"。原离退处处长王政军同志被陕西省老教授协会授予"高校离退处支持老教授协会工作先进个人"。学校离退休党委在以"践行党的群众路线,努力办好人民满意教育"为主题表彰先进评选中事迹突出,被中共陕西省委高等教育工作委员会评为"先进基层党组织"。

2015 年,学校离退休党委离休干部党支部被陕西省教育厅授予"全省教育系统离退休干部先进集体"荣誉称号;教学督导组组长褚维盘老教授被中共陕西省委组织部、中共陕西省委老干部工作局授予"全省离退休干部先进个人"荣誉称号;被陕西省教育厅授予"全省教育系统离退休干部先进个人"荣誉称号。

2016 年,学校离退处服务离退休人员工作团队被陕西省教育工会委员会评为"学雷锋先进集体"。

2017 年,学校离退处被评为"全省教育系统老干部工作先进集体";学校老教授协会获得"老教授协会先进集体"称号,离退处党委书记李腾龙同志获得"支持老教授协会工作先进个人"称号。

第十节　工会及其他群众团体工作

学校工会是在学校党委领导下的教职工自愿参加的群众组织,是党联系教职工群众的桥梁和纽带。

一、工会组织及会员

学校工会下设 21 个分工会:能源学院工会、安全学院工会、管理学院工会、机械学院工会、建工学院工会、通信学院工会、电控学院工会、测绘学院工会、计算机学院工会、人外学院工会、地环学院工会、艺术学院工会、化工学院工会、材料学院工会、理学院工会、体育部工会、继续教育学院工会、马克思主义学院工会、机关工会、资产与后勤工会、直属单位工会。截至 2018 年 3 月,有会员 2 500 余名。

二、学生社团及活动

2002 年,学校成立了社团联合会。2018 年 3 月,共有学生社团 50 个,社团成员 3 000 余人。制定了《西安科技大学学生社团管理条例》《西安科技大学学生社团二级管理办法》等社团管理制度,实现了社团活动的制度化、项目化、品牌化和精品化。社团每年开展校园文化活动 110 场,参与人数 15 000 人次。社团活动丰富了学生校园文化生活,提高了学生的协作精神和实践能力,已成为第二课堂的重要组成部分,入选全国"百佳体育公益社团""百佳大学生理论学习社团"各 1 个。

三、师德师风建设

校工会把立德树人作为根本任务,发动和组织教职工以主人翁的态度,积极投身于学校的教育教学改革和发展,不断加强师德师风建设。

2008 年,共表彰师德先进个人 14 人,4 个分工会被评为师德建设先进集体,李树刚同志被陕西省教育工会授予陕西省师德标兵称号。2010 年,全校评出 13 名师德先进个人,5 个分工会被评为师德建设先进集体,侯恩科同志被陕西省教育工会授予陕西省师德标兵称号。2015 年,能源学院邓军教授荣获"全国先进工作者"称号,文虎教授荣获"2015 年陕西省五一劳动奖章"称号,人外学院魏羽教授荣获"陕西省教育工会五一巾帼标兵"称号,工程训练中心被陕西省劳动竞赛委员会评为"陕西省劳动竞赛示范岗",机械学院分工会被陕西省教育工会评为"服务大局、服务基层、服务职工"先进集体。2016 年,机械工程学院机械电子系被评为陕西省师德建设先进集体,学校 3 名教师参加陕西省青年教师讲课获三等奖。2017 年,学校被中共陕西省委、陕西省人民政府授予"陕西省先进集体"荣誉称号。

四、教职工文体活动教工文体社团

校工会充分发挥工会在活跃教职工精神文化生活和关心教师生活方面的作用,大力实施身心健康工程,吸引更多的教职工参与进来,增强教职工的凝聚力、认同感和归属感。成立了摄影、书画、棋牌社团,开展了摄影、书画书法、棋牌等比赛丰富教职工精神文化生活活动;每年举办教职工乒乓球赛、羽毛球赛、教职工春季登山、教职工运动会、冬季全民健身等系列活动。在经费方面,支持各分工会和职工文体协会开展内容丰富、形式多样的文体活动。

在"教工之家"的建设管理工作中,发挥二级分工会、青工委、女工委的作用,为教职工提供良好的休闲娱乐活动场所,举办"三八"国际妇女节系列活动、教职工亲子创意烘焙活动、青年教职工子女庆六一联欢会等活动。

五、帮困扶贫送温暖活动

本着"全体职工普惠服务,困难职工重点帮扶,优秀团队搭建平台"的服务理念,长期开展"三服务一加强"活动,努力为教职工办实事、解难事、做好事。春节前、"三八"节、劳动节、护士节、记者节、教师节等分别对离退休校领导、老党员、离退休困难职工、女教职工、医务工作者、新闻工作者、优秀教师进行慰问;每年为30年教龄的教职工发放证书和慰问品;为有子女参加高考的教职工赠送高考填报志愿手册;为部分专家教授、离退休老专家、老领导赠阅《新保健》杂志;为新进青年教职工赠送书籍《做一名幸福的教师》。

六、自身建设及取得的成绩

校工会把加强干部的思想建设和作风建设摆在工会自身建设的首要位置,结合工作实际把学习理论同研究工作结合起来,坚持举办工会干部培训班,采取集中培训学习等活动方式每年对工会干部进行培训,不断提高工会干部的思想素质和业务素质。2010年12月,被陕西省教育工会评为"陕西省教育系统工会工作'创先争优'先进单位";2012年4月,被陕西省教育工会评为"模范职工之家";2013年2月,被陕西省教育工会授予"服务教职工活动先进集体"荣誉称号;在省教育工会2016年度重点工作目标任务考核中考核合格,被通报表扬,并获2016年度信息宣传工作三等奖。

第十一节　安全稳定工作

2008～2018年,学校党委始终把安全稳定工作列为党建工作的重要内容,纳入党委重要议事日程,与教学科研工作同研究、同部署、同考核,形成了党委统一领导的运行机制。

学校保卫处认真贯彻执行《高等学校内部保卫工作规定》《高等学校校园秩序管理若干规定》《高等学校消防安全管理规定》《普通高等学校学生安全教育及管理暂行规定》《陕西省委高教工委、教育厅关于进一步加强教育系统稳定安全工作的若干意见》《陕西省学校安全教育及管理暂行规定》等管理文件精神,结合学校实际制定了《西安科技大学校内交通安全管理办法》《西安科技大学消防安全管理实施细则》等规章制度,实现了安全稳定工作有规可依、有章可循。学校每年初与各二级单位签订《稳定安全责任书》《消防安全工作责任书》,将安全稳定工作任务层层分解、层层落实,严格执行安全稳定一票否决制度,把安全稳定工作与各单位评优、评奖挂钩,对发生安全稳定责任事故的单位和个人,在年终目标责任考评中一票否决,对造成严重后果的,追究其相应责任。

学校把维护学校政治稳定作为安全管理的头等大事。加强与地方政府和公安机关的信息沟通,通过密切合作,有效遏制敌对势力的渗透和骚扰。严格对外交流活动的审批审查制度,将各类涉外交流活动纳入监督管理范畴,杜绝国家机密及学术科研成果涉密事件发生。学校联合公安部门适时开展"崇尚科学反对邪教"警示教育活动,引导师生正确认识邪教组织及其危害,及时收缴校园出现的邪教宣传品,切断向学校渗透、联络渠道,避免了有害信息在校园内传播。学校重视宣传媒体和网络信息的安全管理,对学校的各类论坛、刊物、报纸、广播等媒体及校园网都建立严格管理制度,实行专人负责专人管理,及时发现、封堵、删除有害信息。加强了少数民族学生教育管理服务工作,成立少数民族学生教育管理服务工作领导小组,制定了《少数民族学生教育管理服务实施细则》,从学生思想政治教育、日常管理、后勤保障、精准帮扶和维稳管控等方面加强少数民族学生的教育管理服务,切实维护民族团结和校园安全稳定。

学校严格落实各类值班制度,实行校领导、处级干部和科级干部总值班,各学院领导干部分组值班,学工部、保卫处、资产与后勤管理处、图书馆独立值班的多体系值班系统。学校坚持把治安防控体系建设作为重点,不断加大"人防、物防、技防"投入。加强保卫队伍建设,提高安全服务水平。

增加技防投入,健全完善学校安防监控体系。2011年,学校在雁塔、临潼两校区学生公寓实行安全门禁管理。在主要路段、各楼宇及重点要害部位安装视频监控系统,全校安装各类监控摄像机600余台。2016年,投入50余万元在学校各大门口安装了智能门禁管理系统,在校内各主要路口设立了交通标志和限速设施。2017年,投资近200万元对临潼校区的视频监控系统优化升级改造。2008～2018年,学校先后更新、配备警用巡逻汽车1辆,警用巡逻电瓶车1辆,制式警用电动摩托车15辆,制式警务岗亭5座,单警装备18套,防暴钢叉8把。

学校建立完善各种工作预案,加强应急管理,制定并及时修订了《防止和处置突发事件工作预案》,从指导思想、实施原则、组织机构及职责工作、实施措施、应急要求、信息报送、后勤保障等方面对防止和处置突发事件工作做出了明确要求。相关责任部门结合自己的工作实际,制定了本部门的防止和处置突发事件工作预案,为力争做到对群体性事件早发现、早化解、早控制、早处置,努力维护学校及社会稳定大局提供了制度保障。加强对各预案应急工作队伍的培训与演练,完善各类事件的预警和快速反应机制,增强预案的实效性与可操作性。加强信访工作,及时化解各种矛盾,将矛盾消除化解在萌芽状态,有效避免事态扩大。加强校园信息员队伍建设,建立了畅通的信息传输渠道和报送机制,重大情况及时上报,全校上下信息贯通,有效地预防不稳定事件的发生。

学校开展安全宣传教育,增强师生安全防范意识。每年组织开展新生"法制教育第一课"。2015年,开设了"大学生日常安全知识"和"大学校园安全文化"两门安全主题选修课。2014年,开通了"西科安全之声"微信平台,结合校园安全动态,在师生中间广泛宣传校园安全知识。每年联系公安机关、国家安全机关组织各类校园安全宣传活动达10余次。重视节假日前安全教育检查。开展师生心理健康教育,减少因心理原因诱发的意外事故。2012～2018年,学校连续6年利用新生军训之际开展大型应急疏散演练活动,使师生学习掌握了有关地震、火灾等突发事件、事故紧急疏散、安全逃生等方面的安全知识,增强了应对突发事件的能力。

2008～2018年,学校无重大政治事件,无重大刑事案件,无重大灾害事故发生。2011年,学校被授予省级"平安校园"称号,被省综治办、公安厅授予"全省经济文化保卫系统省级平安单位"。学校保卫处被省委高教工委、省教育厅评为"全省教育系统2012年精神文明建设先进集体"。2011年,保卫处党支部被省委高教工委评为"陕西省高等学校先进基层党支部",2010年、2013年、2014年学校保卫处先后被西安市公安局评为"全市文化保卫系统先进集体"。2015年,学校保卫处被省委高教工委评为"全省教育系统"六五"普法先进单位"。2016年,保卫处被西安市公安局授予"全市文化保卫系统优秀保卫处"。2018年学校再次被评为省级"平安校园"。

第十一章　学生思想政治教育及管理服务工作

第一节　学生工作的体制及机制

一、学生工作理念、思路及模式

2008~2018 年,学校学生工作由校党委统一领导,校党委设立 1 名党委副书记分管全校学生工作,设立党委学生工作部(学生工作处),具体负责对各二级学院学生工作的指导。二级学院分党委各设立一名党委副书记分管本学院的学生工作,按照约 1∶200(师生比)设立学生思想政治辅导员,同时每个低年级(一、二年级)本科生班级设立班主任 1 名。因此,学校形成了校党委领导,党委学生工作部(学生工作处)主抓,各学院分党委和其他职能部门齐抓共管的学生工作体制,构建了学生思想政治教育、学风建设、学生指导与服务、队伍保障、考核评估等学生工作机制。

（一）工作理念

坚持立德树人,突出以人为本,全心全意为学生成长成才服务。

（二）工作思路

全面贯彻落实党的十九大精神和全国高校思想政治工作会议精神,紧紧围绕学校中心工作,坚持立德树人根本任务,积极培育和践行社会主义核心价值观,弘扬和传承"励志图存、自强不息"的学校精神,紧扣学风建设,突出就业导向,完善"五位一体"的学生指导服务体系,营造浓郁的文化育人氛围和安全稳定的校园环境,打造能力素质并重的学生工作队伍,夯实制度先行的工作基础,推动学生工作提升内涵、彰显特色、形成品牌、追赶超越,为促进学校人才培养质量全面提升、建成国内一流的特色鲜明的高水平教学研究型大学奠定坚实基础。

（三）工作模式

2016 年形成"12653"学生工作模式:"1"是指学生工作贯穿大学生思想政治教育一条主线;"2"是指以学风建设和学生指导服务工作为两个重点,推动工作深入开展;"6"是指重点实施"一日生活制度"和宿舍文化引领工程、班风建设引领工程、学生党建引领工程、校园文化引领工程、优秀典型引领工程等"五项学风建设引领工程";"5"是指紧抓学业帮扶、济困助学、心理援助、就业指导、事务服务等五位一体学生指导服务体系;"3"是指构建队伍保障体系、制度保障体系和安全稳定保障体系。

二、学生工作制度建设

学校党委高度重视学生工作制度建设,2008~2018 年制定出台了多项学生工作制度,形成了相对完善的学生工作制度体系,详见表 4-11-1。

三、学生工作考核评估

学校分别于 2010 年 8 月和 2015 年 11 月对《西安科技大学学生工作考核评估办法》进行了两次修订,从组织与领导、学生党建与思想政治教育、学风建设与日常管理、学生指导与服务、学生学业成果、队伍建设及附分等 7 个模块对学生工作进行考核。

表 4-11-1　　　　　　学工部、学生处、武装部工作制度(规定、办法)汇总表

序号	制度(规定)名称	文号
1	西安科技大学学生管理规定	西科办发〔2017〕83 号
2	西安科技大学学生申诉规定	西科办发〔2017〕84 号
3	西安科技大学学生违纪处分规定	西科办发〔2017〕85 号
4	西安科技大学关于进一步加强和改进大学生思想政治教育的意见	西科党发〔2010〕38 号
5	西安科技大学大学生安全教育及管理规定(试行)	西科字〔2001〕069 号
6	西安科技大学学生工作考核评估办法(修订稿)	西科办发〔2015〕85 号
7	西安科技大学关于学生外出旅游的若干规定(试行)	2001 年 3 月 26 日实施
8	西安科技大学学生一日生活制度(试行)	学工发〔2014〕6 号
9	西安科技大学关于进一步加强和改进学风建设的实施意见	西科党发〔2017〕7 号
10	西安科技大学关于严禁在校学生饮酒的规定	学工发〔2012〕9 号
11	西安科技大学辅导员工作条例(试行)	西科学办发〔2010〕3 号
12	西安科技大学关于加强辅导员队伍建设的意见	西科党办发〔2010〕8 号
13	西安科技大学专职辅导员行政职级晋升及聘任暂行办法	西科党发〔2011〕42 号
14	西安科技大学班主任工作条例(试行)	西科发〔2005〕161 号
15	关于进一步改进学生工作队伍工作作风的意见	学工发〔2013〕7 号)
16	西安科技大学大学生素质教育实施细则(试行)	西科字〔2001〕第 064 号
17	西安科技大学大学生综合素质测评及奖励办法(试行)	西科字〔2001〕第 068 号
18	西安科技大学国家奖学金实施办法(试行)	西科学发〔2007〕3 号
19	西安科技大学国家励志奖学金实施办法(试行)	西科学发〔2007〕3 号
20	西安科技大学国家助学金实施办法(试行)	西科学发〔2007〕3 号
21	西安科技大学学生奖学金管理办法	西科办发〔2017〕67 号
22	西安科技大学奖学金—优秀本科生奖学金实施办法(修订)	西科办发〔2017〕67 号
23	西安科技大学关于进一步加强家庭经济困难学生精准帮扶工作的实施意见	西科党办发〔2017〕39 号
24	西安科技大学校院两级领导干部联系帮扶家庭经济困难学生工作制度	西科党办发〔2017〕40 号
25	西安科技大学国家助学贷款管理实施办法(修订)	西科办发〔2016〕48 号
26	西安科技大学勤工助学管理办法(试行)	西科发〔2005〕118 号
27	西安科技大学校友资助贫困学生基金实施办法(修订)	西科教基发〔2017〕3 号
28	西安科技大学"晨露奖学金"西安科技大学实施办法(试行)	学工发〔2014〕6 号
29	西安科技大学学业精准帮扶活动助教管理办法(试行)	学工发〔2016〕7 号
30	西安科技大学学业指导精准帮扶评优实施办法(试行)	学工发〔2016〕8 号
31	西安科技大学家庭经济困难学生资助工作暂行办法(修订)	西科办发〔2017〕68 号
32	西安科技大学家庭经济困难学生认定工作办法(修订)	西科党办发〔2017〕55 号
33	西安科技大学大学生"自强之星"评选办法(修订)	学工发〔2017〕4 号
34	西安科技大学田正仁奖学金实施办法(试行)	学生发〔2011〕41 号
35	西安科技大学学生心理健康普查排查及跟踪制度	西科学〔2010〕11 号
36	西安科技大学学生心理健康教育四级工作网络制度	西科学〔2010〕12 号
37	西安科技大学就业协议书管理办法(试行)	学生函〔2016〕1 号
38	西安科技大学在校生应征入伍服义务兵役管理办法(修订)	西科办发〔2014〕1 号

2009～2018年学生工作先进单位名单见表4-11-2。

表 4-11-2　　　　　　　　　　**2009～2017年学生工作先进单位名单一览表**

年份	学生工作先进单位
2009 年	建筑与土木工程学院、机械工程学院、地质与环境学院、测绘科学与技术学院、人文与社会科学学院
2010 年	机械工程学院、电气与控制工程学院、测绘科学与技术学院、材料科学与技术学院、化学与化工学院
2011 年	建筑与土木工程学院、机械工程学院、电气与控制工程学院、测绘科学与技术学院、材料科学与技术学院
2012 年	能源学院、建筑与土木工程学院、机械工程学院、电气与控制工程学院、理学院
2013 年	建筑与土木工程学院、机械工程学院、电气与控制工程学院、管理学院、理学院
2014 年	能源学院、电气与控制工程学院、测绘科学与技术学院、材料科学与工程学院、理学院
2015 年	电气与控制工程学院、通信与信息工程学院、材料科学与工程学院
2016 年	机械工程学院、电气与控制工程学院、通信与信息工程学院、计算机科学与技术学院、材料科学与工程学院
2017 年	机械工程学院、通信与信息工程学院、计算机科学与技术学院、测绘科学与技术学院

第二节　学生思想政治教育工作

一、学生思想政治教育

学校坚持立德树人根本任务,紧扣人才培养总目标,逐步完善了以理想信念教育为核心,以社会主义核心价值观教育为引领,以网络思想政治教育为突破的多载体思想政治教育体系,突出主题,创新形式,通过课堂讲授、专题讨论、现场参观、主题实践等形式,充分发挥思想政治理论课的主渠道作用,积极将马克思主义中国化的最新理论成果运用到学生思想政治教育工作中,教育引导学生树立正确的世界观、人生观和价值观,坚定中国特色社会主义道路自信、理论自信、制度自信和文化自信。

(1)以理想信念教育为核心,深入进行树立正确的世界观、人生观和价值观教育。

学校坚持不懈地用马克思列宁主义、毛泽东思想、邓小平理论、"三个代表"重要思想、科学发展观和习近平新时代中国特色社会主义思想武装大学生头脑,引导学生深入学习习近平总书记系列重要讲话精神,深刻领会治国理政新理念、新思想、新战略。学校坚持加强"两课"建设,把加强思想政治理论学习作为提高大学生思想政治素质的重要渠道,深入开展了党的基本理论、基本路线、基本纲领和基本经验教育,开展了基本国情和形势政策教育,使大学生确立马克思主义坚定信念,确立在中国共产党领导下走中国特色社会主义道路、实现中华民族伟大复兴的共同理想和坚定信念。学校每学期印发《学生政治学习和团日活动安排意见》,明确学习内容,划定学习时间,指导学习方式,推动学生政治理论学习制度化、常态化、长效化。

2017年4月,学校启动大学生马克思主义自主学习行动计划,指导学生自主成立马克思主义新语读书社、马克思主义立人班等17个学习小组,开展读马列原著、学习总书记讲话等主题活动。2016年9月,开始举办"青春飞扬·榴苑追梦"新生系列报告会,校党委书记、校长等校领导带头为全体新生讲述校史、校风、校训和学校精神背后的故事,用先辈、校友的鲜活事例诠释校训"祖国利益高于一切"的真谛,以"胡杨"精神引导学生树立崇高理想、激发奉献情怀、砥砺价值追求。组织学习习近平总书记纪念建党95周年讲话精神、五四讲话精神、全国高校思想政治工作会议精神等,将习近平总书记系列重要讲话进教材、进课堂、进头脑。通过新生(研究生、本科生)入学教育、党员大会、学生干部会、班会、年级会、座谈会和主题活动等加强政治学习和实践。2008～2018年,平均每

年开展政治学习 2 000 余场次,学生参与率 100%。

(2) 以社会主义核心价值观为引领,深入开展爱国主义教育、民族精神教育、公民道德教育、诚信教育、法制教育。

学校坚持把社会主义核心价值观贯彻结合融入到教书育人全过程,引导学生准确理解和把握社会主义核心价值观的深刻内涵和实践要求。以抗日战争胜利、长征胜利、建党、建军、建团、"一二·九"运动、香港回归等纪念活动为契机,积极开展党史、军史、革命史和国情教育。组织革命歌曲大合唱比赛、党团史知识竞赛、演讲比赛、征文等活动;组织学生参观临潼博物馆、骊山兵谏亭、兵马俑、八路军办事处、张学良纪念馆等爱国主义教育基地。通过一系列活动引导学生进一步了解中国共产党领导中国人民进行艰苦卓绝斗争的丰功伟绩,深入学习革命先烈的英勇无畏和无私奉献精神,弘扬以爱国主义和改革创新为核心的民族精神教育,弘扬社会主义新风尚。学校党委坚持以《西安科技大学大学生道德规范》为纲要,通过开展系列诚信教育、感恩教育、职业道德教育、社交礼仪培训、关注留守儿童、关注孤寡老人和支边支教等活动,引导大学生自觉遵守爱国守法、明礼诚信、团结友善、勤俭自强、敬业奉献的基本道德规范。同时,组织全校学生上好法制教育第一课,2008～2018 年,平均每年开展法制教育主题班会 200 余场次,加强了学生法制观念,增强了法制意识。

(3) 以网络思想政治教育为突破,创新思想政治教育方式方法。

有效整合网络资源,充分利用网络新媒体新平台,以"西科辅导员""学子在西科""学工部网站"的两微一端平台为载体,开展"党校园地""我看思政会""热议'习言习语'"和"骊园考研榜""先进典型在身边"等学生喜闻乐见的学习园地专题栏目,突出人文关怀,提升时代感和亲和力,切实增强网络思想政治教育的针对性和实效性。

二、学生党校和学生党支部建设

学校党委高度重视学生党建工作,定期召开专题会议研究部署学生的党建工作,制定学生党建规划,全面加强入党积极分子培训、学生党组织建设和学生党员教育管理。

1. 举办学生党校

学校采用二级学院(部)初级党校和学校高级党校两级培训,其中初级党校由各二级学院(部)分党委、党总支组织实施,每年 1 期;学生高级党校由党委学工部具体组织实施,每年 2 期(每学期 1 期)。入党积极分子在学生高级党校要至少学习 28 学时,其中包含理论授课(10 学时)、观看优秀党员事迹影片、分组讨论、自学和主题实践等,并根据实际需要进行调整,如第 40 期专题学习十八大精神,第 41 期举办十八大专题报告,第 48 期学习十八届六中全会等时事政策、开展"两学一做"专题教育等。采用日常考勤、撰写结业论文、提交自学笔记、查看分组讨论记录和结业考试等方式进行严格考核。党委学工部制定了《西安科技大学党校学生学员管理办法(试行)》,从理论知识、模范带头作用、笔记论文和基本行为要求(附减分)等方面综合考察党校学员。2008～2018 年,共举办学生党校 19 期,培训研究生、本专科生入党积极分子近 2 万人。

2. 学生党组织建设

学校于 2010 年 11 月开展了"特色学生党支部"创建工作,每学年 1 次,要求全校本专科学生党支部 100% 参与创建(2012 年研究生党支部 100% 参与创建)。经过启动、中期汇报、学院初评和学校评选等形式,在二级学院初评、申报的基础上,根据支部建设情况、党员发展规范、日常民主生活和党员先锋模范作用发挥等实绩,经过专家评选出"特色学生党支部",促进了学生党支部战斗堡垒作用的发挥。创建过程中,学生党支部从思想政治建设、组织建设、作风建设和制度建设等方面扎实开展工作。

3. 学生党员教育管理

2012 年,在全校学生党员中开展了"戴党徽、亮身份、树形象"主题实践活动,要求全校学生党

员 100％参与,促进学生党员带头坚定信念,带头勤奋学习,带头全面发展,带头遵纪守法,带头弘扬正气。2017 年 11 月,学校印发《关于做好学生党员继续教育培训工作的通知》,明确了包含党校集中培训、党支部集中培训、主题教育实践、网络辅助学习等 4 个环节的继续教育实施办法,推动学生党员继续教育常态化制度化。

三、国防教育

2009 年 11 月,根据学校安排,武装部与学生工作部、学生工作处合署办公。武装部主要承担学校学生军事技能训练工作和军事理论教学任务,组织开展国防教育活动,负责大学生征兵工作、学校军烈属慰问等双拥工作。2010 年,学校被评为"陕西省普通高等学校毕业生预征工作先进集体"。2010 年、2013 年,学校两次被评为"陕西省普通高等学校军事技能训练先进单位"。2015 年、2016 年,学校两次被评为"雁塔区征兵工作先进单位"。

2008～2018 年,学校先后邀请中国人民解放军空军工程大学、陆军边海防学院(原西安陆军学院)、93942 部队、68306 部队承担学生的军事技能训练任务。学校成立军训旅(2012 年以前为军训团),各学院组成军训营,各营组建军训连,训练的基本单位为连,在校内开展军事技能训练,2008～2018 年累计约 4.5 万名学生参加军事技能训练。

学校依据《普通高等学校军事课教学大纲》(2006 年修订),将大学生军事技能训练、军事理论课纳入各专业人才培养计划,列为必修课,其中军事技能训练 2 学分,军事理论 1 学分。学校成立军事课教研室,挂靠在武装部,负责学生军事理论课程的教学工作。2008～2016 年,学校一直聘请中国人民解放军陆军边海防学院(原西安陆军学院)军训教研室的专任教师承担学校学生军事理论课程授课任务。2016 年 9 月起,学校军事理论课程全部由校内教师承担。

2009 年 7 月,学校成立了大学生新兵征集及入伍预征工作领导小组。2016 年 7 月,学校成立了大学生征兵工作站。2009 年 6 月,学校印发《西安科技大学在校学生(统招)入伍退役后复学管理办法》(西科办发〔2009〕6 号)。2014 年 2 月,学校印发《西安科技大学在校生应征入伍服义务兵役管理办法》(西科办发〔2014〕1 号)。学校坚持做好拥军优属工作,每年春节前夕都开展军烈属慰问活动。2008～2018 年,学校共慰问军烈属 321 人次。

第三节　学生日常管理与指导服务

一、学风建设

学校始终将学风建设作为一项基础工程常抓不懈,深入实施学风建设"五项引领工程",强化学生学习习惯养成,不断完善帮扶机制、预警机制等,学风建设的多梯次布局逐步形成,学风日渐端正浓厚。

1. 完善学风建设制度体系

2017 年 1 月,学校成立了校院两级学风建设领导小组,制定完善《西安科技大学关于进一步加强和改进学风建设的实施意见》《西安科技大学优秀本科生奖学金实施办法》和《西安科技大学学生违纪处分规定》等规章制度,将学风建设纳入年度学生工作考核,并赋予一定权重。

2. 深入开展学风建设专项活动

以标兵宿舍创建、优良班风创建、特色学生党支部评选、学生党员"佩戴党徽,亮党员身份,树先进形象"主题活动、"华清大讲堂"、"博雅讲坛"、"骊山讲坛"、"经纬论坛"、"地环讲堂"、大学生建功立业报告会、优秀学生评选、学习经验交流会和考风考纪教育等为载体,实施了宿舍文化、班风建设、学生党建、校园文化、优秀典型五大学风建设引领工程。2008～2018 年,学校每年组织评选学

生先进集体、学生先进个人和学习单项奖。

3. 强化日常教育和管理

2014年9月,学校出台了《学工系统值班情况说明》以及《西安科技大学学生一日生活制度(试行)》,对学生学习、生活的时间做出了详细规定,加强早操早读晚自习管理,帮助学生养成良好的学习习惯。2014～2016年,学校年均参与检查的学工干部4 000余人次,年均督查班级5 000余班次,涉及学生15万余人次,全校迟到人数由2014年最多时每天100余人次减至2016年日均10余人次,迟到现象明显好转。学校通过开展学习经验交流会、学习兴趣小组、学业精准帮扶等活动,充分发挥优秀学生"传、帮、带"作用;建立学生"文明督察队"等学生组织,积极参与学风建设、管理服务等方面督察工作;加强毕业生文明离校教育,开展"优秀毕业生"评选、"文明离校"等活动,积极引导毕业生为低年级学生树立良好榜样。

4. 严抓考风考纪

学校严抓考风考纪教育,通过诚信承诺书、诚信签名、诚信宣讲等方式加强诚信考试教育,教育学生恪守诚信,拒绝作弊。抓好监考人员教育和培训,提升监考教师的责任意识,从严监考。加大巡考工作力度,对考试中学生考试状态和监考人员工作情况进行监督检查。二级学院通过随机安排考场座位、配备考场手机袋等方式,强化考场管理。

二、学业帮扶

2014年,学校开始在本科生中开展"学涯规划"教育,进一步规范和完善大学生学业指导,引导学生在充分了解自身兴趣、爱好、个人性格特征及专业学习领域所需要的条件、技能等因素的基础上,将当前任务和长远学习、发展规划相结合,对自身的大学生涯制定合理规划和定位。"学涯规划"教育内容包括:"学涯规划"教育阶段、制定阶段、落实阶段、评价阶段。要求二级学院结合学院实际,组织本单位学科带头人、教授、专业教师等向学生介绍专业培养目标、教学计划安排以及重要教学环节的学习方法;重视新生入学教育,树立朋辈教育榜样,通过课外科技成果介绍、学科竞赛介绍,展现专业学科魅力,激发学生学习的积极性和主动性。

要求辅导员、班主任要全程参与"学业指导"活动,指导新生根据个人特点制定"学涯规划",并实施动态管理,定期对学生学涯规划的实施情况进行检查、督促和评价,帮助学生完成从"要求我怎样做"到"我自己要怎样做"的转变,引导学生对照设定的目标,做好自我检查,查找不足,引导学生完善学习方法,及时调整规划方案,提高学生自我管理和教育的能力。

2016年,学校启动了学业指导精准帮扶项目,通过组织学有余力的优秀学生(助教)利用课余时间对有学习辅导需求的学生(受助对象)提供一对一的学习指导帮扶。学业指导精准帮扶项目每学期开展1期,助教的工作报酬由学校勤工助学办公室按照勤工助学报酬发放标准统一支付。2016～2018年,学校已顺利开展4期学业指导精准帮扶项目,累计聘请助教753余人次,学业受助对象1 253人次,辅导课程1 138门次,受学业帮扶学生补考平均通过率70%。

三、济困助学

学校始终高度重视家庭经济困难学生的培养和教育,建立了以国家助学贷款为主渠道,以勤工助学、助学金为重要手段,以减免学费、困难补助、社会资助以及"绿色通道"为补充的多元化资助服务体系,夯实"奖、贷、助、勤、减、补"工作基础,帮助家庭经济困难学生顺利完成学业。

学校相继出台《西安科技大学国家奖学金实施办法(试行)》《西安科技大学国家助学金实施办法(试行)》《西安科技大学奖学金—优秀本科生奖学金实施办法》等奖助学金评选制度;出台《关于进一步加强家庭经济困难学生精准帮扶工作的实施意见》《校院两级领导干部联系帮扶家庭经济困难学生工作制度》等管理制度。2008～2018年,坚持每年开展"寒冬送温暖"御寒保暖衣赠送活动;

及时解决身患残疾等特殊困难学生的学习生活困难,充分给予困难学生人文关怀,构建全员全方位资助关爱体系,助力家庭经济困难学生安心完成学业。2008～2017 年,累计资助学生 278 988 人次,资助额约 46 377 万元。其中,累计发放校内优秀本科生奖学金 3 852.27 万元;发放奖助学金 20 134.6 万元;发放社会资助 488.21 万元;发放国家助学贷款累计 19 919.94 万元;累计年均开发勤工助学岗位约 450 个,发放勤工助学款 517.942 万元;发放临时困难补助 330.45 万元;累计 13 593 名家庭经济困难学生通过"绿色通道"入学;累计减免学费 43.98 万元,资助项目全面覆盖全校家庭经济困难学生。

四、心理援助

学校设立学生心理咨询中心,主要职能是根据中省相关文件组织开展大学生心理健康知识宣传、教育和心理咨询服务工作。2008～2018 年,学生心理咨询中心的面积由原来的两间咨询室增加至现在的 450 平方米,集心理咨询、情绪宣泄、音乐放松、心理测评及团体辅导等为一体。2008～2016 年,学校每年开展"大学生心理健康教育宣传月"活动。2016～2018 年,每年开展"大学生心理健康教育宣传季"活动。2009～2018 年,学校每年均开展新生心理普测,全面掌握新生心理状况,排查心理危机学生。2012～2018 年,学校每年均开设全校新生心理健康必修课及针对其他年级的 10 门类选修课,向学生广泛普及心理健康知识。2015 年,学校学生心理咨询中心被陕西省委高教工委授予"陕西省普通高校心理健康教育与咨询示范中心"。学校在陕西省委高教工委举办的各种评价评优活动中屡获佳绩,校园心理情景剧、主题班会、心理案例曾获三门类 4 个一等奖,在心理微课、团体辅导、心理优秀论文评比中分获二、三等奖。

五、事务服务

学校坚持"围绕学生、关照学生、服务学生"的教育管理服务理念,定期召开学生党员代表座谈会、新生家长代表座谈会、毕业生代表座谈会、少数民族学生代表座谈会、医保专题会等,征集学生对学校建设、发展的意见和建议。为保障校园安全稳定,学校相关部门组成安全隐患排查小组,定期排查校园、学生宿舍安全隐患;在重大节假日前下发学生安全稳定的相关文件,组织二级学院结合实际案例,通过主题班会、年级会、网络新媒体等形式对全体学生开展以防盗、防诈骗、防传销、防意外伤害等方面的安全教育和法纪教育,引导学生增强安全防范意识和自我保护能力。

六、学生就业指导

学校设立大学生就业指导服务中心,坚持就业工作"一把手工程",主要领导定期召开专门会议研究就业工作,构建了"任务分解、责任明确、分工合作、奖惩挂钩"的就业工作管理机制,形成了校级领导、职能部门、院(系)领导、院(系)就业工作人员、辅导员(班主任)以及专家、教师等参与的"全员化"就业指导服务工作体系。制定包含三方协议、违约、改派等相关内容的管理规定(暂行管理办法);制作推荐书、违约申请书、改派申请书等相关材料的模板;编印学生就业指导服务手册,更好地为学生提供便捷、优质的服务。逐步完善以就业指导课为主体,以就业见习、创新创业实训为支撑,以校园模拟招聘大赛、就业创业大讲堂、菁英来了等活动为辅助的就业指导服务体系,为毕业生提供一站式指导服务。学校将就业指导课作为必修课纳入各专业教学计划,编写了符合学生特点的《大学生职业·就业·创业指导教程》,每年开设 10 余门相关选修课程。鼓励就业工作人员参加就业指导师、职业指导师等方面的培训,提升工作业务能力。学校开通大学生就业指导服务中心官方微信,建设就业信息网站,增加网络协议管理、企业服务、就业率实时统计、数据分析等内容,进一步简化学生办事手续。学校毕业生就业率始终保持在 92% 以上,2013 年,学校被评为"陕西省高校毕业生就业工作先进集体"。2017 年,学校被评为"陕西高校示范性就业创业指导与服务机构"。

第四节　学生工作队伍建设

学校成立了由党委书记、校长任组长的学生思想政治教育工作领导小组,加强对学生工作队伍建设的领导,形成了学校主导、学生工作部门主抓、学院自主创新相结合的队伍建设模式。

学生工作队伍的组成如下:学院学生工作队伍由专职分党委、党总支副书记、分团委、团总支书记、辅导员组成。学生工作人员以学院为单位,按实际学生数定编。

面对新形势,学校优化政策、健全机制、创新载体,构建辅导员队伍发展政策制度、选聘配备、培养培训、管理考核、理论研究等五大体系,积极推进辅导员专业化、职业化发展,着力提升辅导员队伍职业能力。

一、政策保障

学校将辅导员队伍建设纳入"人才强校战略"和"人才梯队工程",纳入学校青年教师培养培训规划,与师资队伍建设和党政干部培养统筹规划实施。中央16号文件下发后,学校在陕西率先出台了《关于进一步加强和改进辅导员队伍建设的意见》《西安科技大学辅导员工作条例(试行)》《西安科技大学学生工作考核评估办法(修订稿)》《西安科技大学专职辅导员行政职级晋升暂行办法》等16个配套文件,加强新形势下的思想政治教育工作和辅导员队伍建设。2016年全国高校思想政治工作会议召开后,学校按照会议精神对思想政治教育工作和辅导员队伍建设相关文件进行修订。学校坚持学生工作会议、辅导员例会、团学组织工作例会三个层次的学生工作例会制度,定期研究辅导员队伍建设和学生工作中存在的问题。

二、选聘配备

2008～2018年,学校选聘的专职辅导员都为硕士研究生毕业,且多数人员具有相关学科专业背景,年龄结构、学缘结构、学历结构合理,整体素质较高。

学校始终坚持"专职为主、专兼结合"的原则选配辅导员。兼职辅导员由各二级学院在青年教师、在读研究生或学校党政管理人员中推荐、选拔,经二级学院党政联席会议研究决定聘任后,报学校辅导员队伍建设领导小组备案,按学期实行动态管理。按照学生人数和实际工作需要,每个班级都配备1名班主任。同时,作为对班主任制度的创新探索,部分学院试点了导师制,每5名学生配备1名专任教师作为兼职导师,指导他们的学业生活。

三、培养培训

分管校领导多次带领学工部负责人、部分二级学院党委副书记、辅导员赴中国矿业大学、中国海洋大学、青岛大学、山东大学等高校学习调研,还与第四军医大学、延安大学等省内高校开展了校际交流。学校先后选派张志鹏、贾斌、赵明、段绍斌、胡小平、王辉等6名辅导员参加陕西省团干部赴基层挂职锻炼,选派辅导员郝卿参加全国第十三期辅导员国内交流活动(赴中国高教学会辅导员工作研究会挂职锻炼半年),辅导员林伟、李墨音还由全国辅导员协会选派分别赴中国地质大学(武汉)和西南大学进行为期半年的挂职交流。学校先后邀请了时任教育部思政司司长冯刚、原辽宁省委高教工委副书记曲建武、广州大学少数民族学生工作办公室副主任李敏、复旦大学教授王岩以及省委高教工委学工部部长田民正和省内兄弟院校的学工部部长等专家名师为学校辅导员做专题讲座培训。2017年,学校以学工干部"马克思主义自主学习行动计划"为驱动,明确规定了辅导员"月学月考"的培训标准和"一读两讲三听"的自学要求,着力提升政策理论水平。

2013～2017年,学校连续5年举办辅导员职业能力大赛,覆盖全体辅导员,通过基础知识测

试、案例分析、主题演讲、谈心谈话等环节的比赛,以赛带练、以赛促训,强化辅导员工作技能、交流学习工作经验、彰显职业风采。学校积极探索职业能力大赛新模式,成立校级备赛团队,对照比赛项目设立若干项目组,由学工部分管副部长和部分学院党委副书记担任组长,在各学院选拔学生工作经验丰富、理论功底深厚的辅导员为组员,对参赛辅导员进行全方位专题培训。学校辅导员常瑜、马继刚先后获得全国高校辅导员职业能力大赛三等奖,张国强、李琳、闵斌、郝卿、吕叻加获得陕西省辅导员职业能力大赛二等奖,张剑获得陕西省辅导员职业能力大赛三等奖。

学校鼓励辅导员通过学习取得国家心理咨询师、职业指导师、创业指导师等资质证书。2018年3月,学校开始面向思想政治工作骨干招收在职博士研究生。

四、管理考核

学校明确辅导员双重身份,实现双向发展。辅导员队伍实行学校和学院双重领导,学工部具体负责,与组织部、人事处以及各学院共同做好辅导员选聘、职级晋升、职称评审、培养培训工作。辅导员管理考核以学院为主,学工部等相关部门共同负责。在职称评聘方面,辅导员可以按照教师系列助教、讲师、副教授、教授要求评聘思想政治教育学科专业技术职称。2007年,学校职称改革领导小组会议研究决定,学校辅导员的职称评审做到指标单列、序列单列和评审单列。辅导员评聘讲师职称年均通过率为75%～80%,高于其他系列。在职级晋升方面,2011年学校出台了《西安科技大学专职辅导员行政职级晋升暂行办法》,明确了科级、处级辅导员行政职级的评审,实现了行政职级和任职年限的"双对接",彻底打通了专职辅导员行政职级晋升的途径,有力稳定了辅导员队伍。2017年,学校按照陕西省委对党政干部的最新要求对辅导员职级晋升办法进行了修订,将激励鼓励、容错纠错、能上能下三项机制加入其中,进一步加强对辅导员的管理考核。

辅导员除享受学校岗位津贴外,平均每人每月发放带班津贴,年终为辅导员发放工作业绩奖励。辅导员岗位津贴约为每月每生3元,辅导员的整体收入高于同等资历的专任教师和管理岗位人员(比管理岗位高出10%～19.3%)。同时,学校为每名辅导员在学生公寓安排独立办公兼生活用房,开通网络。

学校加强对辅导员专项工作的检查与考核。组织开展"辅导员日志""辅导员讲义""优秀论文""优秀案例"等评选活动。注重树立先进典型,在全面考核的基础上,每年评选一次"优秀辅导员""十佳辅导员""优秀辅导员标兵",并推荐参评陕西普通高等学校十佳辅导员和优秀辅导员。2008～2018年,学校辅导员常瑜获得"陕西普通高等学校十佳辅导员",郝卿获得"陕西普通高等学校十佳辅导员提名奖",林伟、马继刚、杨建涛、万超获得"陕西普通高等学校优秀辅导员"。2013年、2015年,学校辅导员常瑜获得第五届、第七届"全国高校辅导员年度人物入围奖"。2017年,学校辅导员郝卿获得第九届"全国高校辅导员年度人物入围奖"。

五、职业能力

学校积极搭建学术实践平台,鼓励、支持辅导员结合大学生思想政治教育的工作实践和思想政治教育学科的发展开展研究,每2年开展1次思想政治教育课题立项。鼓励辅导员从事教学工作,逐步建立健全辅导员的上课制度,2016年,学校选聘一批优秀辅导员兼任思想政治课教师,承担军事理论课程教学。

学校在辅导员特色工作凝练和精品工作培育方面加大力度,每年开展1次辅导员工作研究课题和精品项目申报评选工作,对申报的项目邀请校外专家名师进行评审,对确定立项的项目给予资金支持。任建勋、王军妮、赵明、王建强、赵海霞、李婉丽主持的辅导员工作研究课题获得陕西省委高教工委立项。王辉、高朕栋、费秀水主持的辅导员工作精品项目获得陕西省委高教工委立项。

2013年,学校被授予"陕西高校辅导员队伍建设先进单位"荣誉称号。

第十二章　人事制度和分配制度改革

人事和分配制度改革是学校内部制度改革的重要内容,直接关系到教师队伍、干部队伍和职工队伍的建设。

第一节　概　　述

学校 2010 年制定了《西安科技大学编制管理暂行办法》、《西安科技大学首次岗位聘用办法》和《西安科技大学岗位设置管理实施办法(试行)》,首次实行聘用(任)制,将所有事业编制人员纳入岗位管理,迈出了学校人事制度改革的关键一步。2012 年,学校制定了《西安科技大学岗位聘用办法》。2014 年,根据省下发的《陕西省省属高校用人制度改革实施办法(试行)》(陕教规范〔2014〕19号),结合学校实际,出台了《西安科技大学人事代理人员管理办法(试行)》,在非教师系列开始实行人事代理制度,有效解除了编制管理束缚,学校人事工作得到新的发展。

以绩效工资改革为标志的人事分配制度改革是学校内部管理体制改革的核心。从 1998 年开始推行干部聘任制、轮岗制和任期制,到 2000 年校内津贴分配制度形成,再到 2005 年和 2009 年学校两度推行岗位聘任和校内津贴制度改革,标志着学校人事分配制度改革第一阶段已经完成。2012 年,学校全面实施了绩效工资改革和岗位设置管理、岗位聘用工作,建立了岗位绩效工资制度,从 2015 年开始又进一步完善了绩效薪酬体系与绩效评价机制。截至 2017 年底,实施完成《西安科技大学绩效考核实施办法》和《西安科技大学绩效工资实施办法》两轮绩效工资改革。2018 年,学校开始实施第三轮绩效工资改革。打破以往基础绩效和业绩绩效按照 7∶3 比例核拨的方式,明确"基础绩效标准是发放标准,业绩绩效标准是核算标准"的原则,使教职工业绩上的差距切实体现为收入分配上的差距。

第二节　人事制度改革

一、岗位设置和聘用

1. 岗位设置

学校通过科学合理的岗位设置,调整和控制各类人员比例,优化队伍结构,合理配置人力资源,提高人员素质,建设符合教学研究型大学要求的教职工队伍。

学校成立由校党委书记、校长任组长,全体校领导为成员的岗位设置管理实施工作领导小组和由其他单位相关领导为成员的工作小组。

根据岗位职能、工作任务和岗位性质,学校人员岗位分为三类:专业技术岗位(教师、其他专业技术),管理岗位,工勤技能岗位。按照国家、陕西省文件精神,结合学校实际情况,根据学校总体发展战略规划和学校事业发展需要,学校岗位设置的总体目标是:专业技术人员岗位不低于总量的80%,其中教师岗位不低于总量的 60%,其他专业技术岗位控制在总量的 20% 以内;管理岗位控制在总量的 16% 以内,其中,校党政机关占管理岗位的 40%,学院和其他基层单位占 60%;工勤技能

岗位控制在总量的 4% 左右。这个目标将根据学校现有岗位结构逐步过渡。

2007 年 12 月,完成学校岗位设置,岗位总数为 1 752,其中专业技术人员、管理人员及工勤技能人员比例分别为 80%、16% 和 4%。

2013 年 9 月,完成学校岗位设置,岗位总数为 1 940,其中专业技术人员、管理人员及工勤技能人员比例分别为 80%、16% 和 4%。

2015 年 9 月,完成学校岗位设置,岗位总数为 2 305,其中专业技术人员、管理人员及工勤技能人员比例分别为 80%、16% 和 4%。

2. 岗位聘用

2008 年 12 月聘任期满,学校根据签订的目标任务合同,组织了聘期考核,并根据完成任务情况进行了奖惩。

2009 年学校结合首轮聘任和聘期考核工作,对岗位聘任和校内津贴制度进行修订,并完成了第二聘期的岗位聘任工作。具体措施为:一线教学科研人员上岗条件与聘期考核更加宽松;扩大学术成果奖励范围,增加了奖励额度;提高一线教师和专业技术岗位人员可选聘岗位的等级;注重向其他一线工作人员倾斜。

2010 年 11 月,学校印发《西安科技大学岗位设置管理实施办法(试行)》,进行学校岗位聘用工作,并于 2011 年 1 月完成学校首次岗位聘用工作。

2012 年 7 月学校印发西安科技大学岗位聘用办法,组织进行第二次岗位聘用工作,在首次岗位聘用的基础上 2012 年 9 月完成岗位聘用工作。

2015 年 1 月学校对上一轮岗位聘用进行了聘期考核,在此基础上,完成了第三次岗位聘用工作。

二、人事代理制度

2004～2013 年 12 月,学校实行个别单位外聘形式的用人制度(即人事代理制度),期间的人事代理制度并不健全,主要集中表现在代理的形式采取个人人事代理,人事代理人员的待遇不完备。

2013 年 11 月,校长办公会会议研究决定,自 2014 年 1 月开始除专任教师外,其他人员均实行人事代理制度,并要求由人事处根据陕西省相关人事政策出台学校人事代理人员管理办法。

根据省教育厅 2014 年 12 月下发的《陕西省省属高校用人制度改革实施办法》文件精神,人事代理管理办法中已基本确定了人事代理的形式为单位代理;人事代理人员的待遇为同工同酬;人事代理人员职称评聘同在编人员;人事代理在住房分配上不享受福利分房,可分配宿舍床位;为人事代理人员缴纳“五险一金”。

根据《中华人民共和国劳动法》、《中华人民共和国劳动合同法》、人事部《关于深化高等学校人事制度改革的实施意见》(人发〔2000〕59 号)和《陕西省省属高校用人制度改革实施办法(试行)》(陕教规范〔2014〕19 号)等文件有关规定,结合学校实际,2014 年制定了《西安科技大学人事代理人员管理办法(试行)》。

三、职称改革

2011 年 7 月 15 日,根据《中华人民共和国教师法》、《高等学校教师职务试行条例》和《陕西省高等学校教师职务评审工作实施办法(试行)》等有关规定,学校印发了《〈西安科技大学教师职务评审工作实施办法(试行)〉、〈西安科技大学教师破格晋升副教授、教授职务办法(试行)〉、〈西安科技大学教师申报高级职称业绩量化计分办法〉的通知》(西科人事发〔2011〕2 号)。其中《西安科技大学教师职务评审工作实施办法(试行)》共分“总则”“基本条件”“助教任职条件”“讲师任职条件”“副

教授任职条件""教授任职条件""转评系列""评审""附则"等 9 章共 34 条;其中《西安科技大学教师破格晋升副教授、教授职务办法(试行)》共 7 条,主要从"破格晋升的基本条件""破格晋升的业绩、学术成果条件""晋升程序"等方面进行阐述;《西安科技大学教师申报高级职称业绩量化计分办法》共有"基本原则""计分范围""计分细则""说明"4 个部分。计分范围主要包含:教学工作、科研工作、论文及论著、表彰奖励专利、其他等 5 个方面。

2011 年和 2012 年,陕西省人力资源和社会保障厅、陕西省教育厅对职称改革有了新的要求,学校于 2013 年 4 月 14 日下发了《关于〈西安科技大学教师职务评审工作实施办法(试行)〉相关条例解释的通知》(人事函〔2013〕31 号)对西科人事发〔2011〕2 号文件进行补充说明,文件使用延续到2018 年。同时,为了进一步完善教师职务晋升评审体系,突出实绩导向,学校于 2014 年 5 月 30 日下发了《关于印发〈西安科技大学教师申报高级职称业绩量化计分办法(修订)〉的通知》(西科办发〔2014〕7 号)。

为加强其他专业技术队伍建设,2014 年 6 月 14 日学校下发了《关于印发〈西安科技大学其他专业技术职务评审工作实施办法(试行)〉的通知》(西科发〔2014〕18 号),完善其他专业技术职务评审体系。

2016 年学校启动了教师专业技术职务评审制度改革工作。改革工作分两步走:第一步,学校在结构比例宏观调控、动态管理的基础上将副教授评审权下放至二级学院(部)。第二步,根据中省相关改革精神进一步修订教师系列职务评审实施办法。2016 年 7 月,学校印发了《关于副教授及其以下教师职务评审有关工作的通知》(西科办发〔2016〕56 号),学校成立了 11 个学科评议组,将副教授及以下人员评审工作下放到 11 个学科评议组,副教授代表作送审也由二级学院(部)负责,推进学院(部)二级管理。2017 年学校进一步将副教授评审工作全部下放至二级学院(部),成立 18个学科评议组,副教授量化积分也由二级学院(部)负责。

第三节　分配制度改革

分配制度改革是推进人事制度改革的动力和杠杆。深化校内管理体制改革,充分发挥津贴分配的导向作用,理顺分配关系,形成与岗位聘任制相适应的动态的津贴分配制度,不断提高教职工待遇,充分调动广大教职工积极性,增强办学活力,提高教学质量、科研水平和办学效益,贯彻"按劳分配、效率优先、兼顾公平",重实绩,重贡献,建立向高层次人才和重点岗位倾斜的分配激励机制,搞活学校内部分配。

一、第一次分配制度改革

(一) 第一轮 2005～2008 年

2005 年,学校进行了首次分配制度改革,出台了《关于印发西安科技大学岗位聘任和校内津贴制度实施办法的通知》(西科党发〔2005〕14 号),原校内津贴制度同时废止。

(二) 第二轮 2009～2011 年

2009 年,在结合第一轮聘期岗位聘任及绩效工资制度实施中发现的问题,对相关制度进行了修订完善,出台了文件《中共西安科技大学委员会　西安科技大学关于印发〈西安科技大学岗位聘任和校内津贴制度实施办法(修订)〉的通知》(西科党发〔2009〕24 号),原《西安科技大学岗位聘任和校内津贴制度实施办法》(西科党发〔2005〕14 号)同时废止。

改革特点:强化岗位管理,淡化身份管理,全面落实目标管理制度,以转换机制为核心,逐步建立公开招聘、平等竞争、择优聘用的用人制度;充分体现以岗位绩效为核心的分配制度。

二、第二次分配制度改革

(一)第一轮 2012~2014 年

2012 年根据《陕西省事业单位实施绩效工资暂行意见》及相关政策,出台文件《中共西安科技大学委员会　西安科技大学关于印发〈西安科技大学绩效工资实施办法〉的通知》(西科党发〔2012〕24 号),原《西安科技大学岗位聘任和校内津贴制度实施办法(修订)》《西科党发〔2009〕24 号》同时废止。

改革特点:在国家实施岗位设置的背景下,与岗位设置并轨。明确强调岗位管理、两级管理、向教学科研一线和中青年教职工倾斜、目标管理、分类指导、分级管理 5 个基本原则。

(二)第二轮 2015~2017 年

2015 年在结合第一轮聘期岗位聘任及绩效工资制度实施中发现的问题,对相关制度进行了修订完善,出台文件《关于印发〈西安科技大学绩效工资实施办法(修订)〉的通知》(西科党发〔2015〕1 号),原《西安科技大学绩效工资实施办法》(西科党发〔2012〕24 号)同时废止。

改革特点:进一步强化岗位管理,强化岗位责任,向教学科研一线和优秀拔尖人才、中青年骨干教职工倾斜,强化目标管理和考核,突出分类指导,深化校院两级管理。

改革的主要成绩有:一是建立起了一个绩效考核分配指导体系;二是切实推进了分类指导;三是进一步推进校院二级管理;四是强化岗位目标责任制,严格绩效考核;五是努力提高教职工待遇。绩效工资制度的实施,激发了教职工的积极性,增强了学校凝聚力,进一步明确了岗位目标责任制,确保了学校各项发展目标的实现。

(三)第三轮 2018~2020 年

本轮绩效工资改革的指导思想:进一步强化岗位管理,淡化身份管理,落实目标责任制,建立以岗位绩效为核心的考核分配制度,充分调动广大教职工的工作积极性和创造性,有力推动学校各项事业更好更快发展。

改革的指导思想:一是强化岗位责任;二是坚持三个倾斜;三是加强目标考核;四是推进校院两级管理。

三、岗位津贴和绩效工资的管理

(一)第一次分配制度改革

首次分配制度改革中,第二轮 2009~2011 年岗位聘期岗位津贴的管理与发放。

1. 岗位津贴组成

津贴分基础津贴、业绩津贴两部分,分别按专业技术岗位(包括教师岗位和其他专业技术岗位)、管理岗位、工勤技能岗位核定发放。其中基础津贴约占岗位津贴总量的 60%,业绩津贴约占岗位津贴总量的 40%。基础津贴和业绩津贴系数所对应的单位津贴标准,学校将根据财务状况,每年核算一次。基础津贴系数见表 4-12-1。

2. 业绩津贴系数总量核定办法

结合各单位(部门)年度任务目标完成情况,核定各单位(部门)业绩津贴系数总量。

业绩津贴系数总量＝A 类岗位基础津贴系数总量＋B 类副教授岗位总数×B 类副教授基础津贴平均系数＋B 类讲师岗位总数×B 类讲师基础津贴平均系数＋C 类助教岗位总数×C 类助教基础津贴平均系数＋B 类、C 类其他专业技术岗位、管理岗位、工勤技能岗位基础津贴系数总量

3. 岗位津贴发放和管理

基础津贴根据岗位等级确定津贴系数和标准,由各单位(部门)对受聘人员日常考核后,每年按 12 个月逐月发放。业绩津贴由学校在年终核拨到各单位(部门),由各单位(部门)根据受聘者履行岗位职责、完成规定任务和分配任务情况,考核后发放。

表 4-12-1　　　　　　　　　　　　　　　基础津贴系数表

岗位类型	A 类							B 类					C 类				见习
岗位级别	1	2	3	4	5	6	7	8	9	10	11	12	13	14	15	16	17
系数 ╲ 系列	6.0	5.0	4.5	4.0	3.5	3.2	2.9	2.6	2.4	2.2	1.9	1.7	1.5	1.3	1.1	0.9	0.5 / 0.7
教师	教授							副教授		讲师			初级				本科 0.7,专科及以下 0.5
其他专业技术	正高级							副高级		中级			初级及以下				
管理	正校级	副校级			正处级			副处级		正科级		副科级		科级以下人员			
工勤技能												技师		高级工		中初级级工工	

（二）第二次分配制度改革

第二次分配制度改革中,根据《陕西省事业单位实施绩效工资暂行意见》及相关政策,制定了绩效工资实施办法。

1. 绩效工资组成

绩效工资由基础绩效、业绩绩效、奖励与补贴组成。

2. 绩效工资系数总量核定办法

2012~2014 年绩效工资标准见表 4-12-2~表 4-12-5。

表 4-12-2　　　　　　　　　　2012~2014 年专任教师岗位绩效工资标准　　　　　　　单位:万元/年

岗位类别	教授					副教授			讲师			助教	
	专业技术特聘岗位					五级	六级	七级	八级	九级	十级	十一级	十二级
	一级	二级	三级	四级									
				四 A	四 B								
基础绩效	按合同执行	5.88	5.04	4.2	3.85	3.5	3.29	3.08	2.73	2.52	2.31	1.96	1.75
业绩绩效		2.52	2.16	1.8	1.65	1.5	1.41	1.32	1.17	1.08	0.99	0.84	0.75
奖励与补贴	学术成果奖励、超课时补贴、指导研究生补贴、临潼校区补贴、学科带头人(负责人)补贴、教研室补贴等各类补贴和奖励												

注:院士、长江学者、国家"千人计划"、陕西省"三秦学者"、"百人计划"等特聘教授按聘任合同执行。

表 4-12-3　　　　　　　　　　2012~2014 年其他专业技术岗位绩效工资标准　　　　　　　单位:万元/年

岗位类别	正高		副高			中级			初级		
	四级		五级	六级	七级	八级	九级	十级	十一级	十二级	十三级
	四 A	四 B									
基础绩效	4.06	3.71	3.36	3.15	2.94	2.59	2.38	2.17	1.89	1.75	1.54
业绩绩效	1.74	1.59	1.44	1.35	1.26	1.11	1.02	0.93	0.81	0.75	0.66
奖励与补贴	学术成果奖励、超课时补贴、超工作量补贴、指导研究生补贴、临潼校区补贴、学科带头人(负责人)补贴等各类补贴和奖励										

说明:专业技术一级、二级、三级岗位由学校统筹管理。见习岗位绩效工资标准为:本科及以上人员基础绩效 1.4 万元/年,业绩绩效 0.6 万元/年;其他人员基础绩效 1.26 万元/年,业绩绩效 0.54 万元/年(管理岗位同)。

表 4-12-4　　　　　　　　　　　**2012～2014 年管理岗位绩效工资标准**　　　　　　　　单位:万元/年

岗位类别	正厅		副厅		正处		副处		正科		副科		科员		办事员
	三 A	三 B	四 A	四 B	五 A	五 B	六 A	六 B	七 A	七 B	八 A	八 B	九 A	九 B	十级
基础绩效	7	6.3	5.88	5.04	4.2	3.85	3.29	3.08	2.59	2.38	2.24	2.1	1.89	1.75	1.54
业绩绩效	3	2.7	2.52	2.16	1.8	1.65	1.41	1.32	1.11	1.02	0.96	0.9	0.81	0.75	0.66
奖励与补贴	学术成果奖励、超工作量补贴、临潼校区补贴等各类补贴和奖励														

表 4-12-5　　　　　　　　　　　**2012～2014 年工勤技能岗位绩效工资标准**　　　　　　　单位:万元/年

岗位类别	技师		高级工		中级工		初级工
	二 A	二 B	三 A	三 B	四 A	四 B	五级
基础绩效	2.52	2.31	1.96	1.82	1.68	1.54	1.4
业绩绩效	1.08	0.99	0.84	0.78	0.72	0.66	0.6
奖励与补贴	学术成果奖励、超工作量补贴、临潼校区补贴等各类补贴和奖励						

3.绩效工资发放和管理

基础绩效按教师岗位、其他专业技术岗位、管理岗位、工勤技能岗位的不同岗位等级核定个人标准,经各单位、各部门考核后按月发放,每年发放 10 个月。

业绩绩效按各单位、各部门岗位结构和数量核定业绩绩效总量,学校在年终依据各单位、各部门目标任务完成情况考核后,核拨到各单位、各部门,由各单位、各部门根据受聘人员履行岗位职责及完成目标任务情况,进行考核、分配。

奖励与补贴包括学术成果奖励、教学人员超课时补贴、党政管理人员超工作量补贴、指导研究生补贴、临潼校区补贴、学科带头人(负责人)津贴等学校核发的各类奖励和补贴等,由相关单位、部门核定发放。

(三)2015～2017 年绩效工资改革实施情况

2015～2017 年是学校绩效工资改革实施的第二轮。经过第一轮聘期的探索,学校已基本形成以强化岗位责任、向教学科研一线和中青年教职工倾斜、突出目标管理和考核、坚持分类指导、深化校院两级管理为基本原则,进一步转变观念,强化岗位管理,淡化身份管理,落实目标责任制,建立公开招聘、平等竞争、择优聘用的用人制度和以岗位绩效为核心的考核分配制度。

第二轮 2015～2017 年聘期,学校于每年年末,根据各学院(部)的教学、科研、学科建设、学生工作等目标任务的完成情况,对各党群、行政部门和直属单位职责履行、满意度测评的评议结果和目标任务完成情况分配业绩绩效,各学院(部)、各单位部门根据分配的业绩绩效总额,对所辖受聘人员考核后,进行个人业绩绩效分配。

1.绩效工资组成

绩效工资由基础绩效、业绩绩效、奖励与补贴组成。

2.绩效工资系数总量核定办法

2015～2017 年,专任教师和实验技术岗位绩效工资标准、各级岗位绩效工资标准见表 4-12-6～表 4-12-9。院士、长江学者、国家"千人计划"、陕西省"三秦学者"、"百人计划"等特聘教授绩效工资按聘任合同执行。

表 4-12-6　　　　　　　　2015～2017年专任教师岗位绩效工资标准

岗位类别	正高									副高			中级			初级	
	专业技术特聘岗位									五级	六级	七级	八级	九级	十级	十一级	十二级
	院士	长江学者	三秦学者	百人计划	二级	三级	四级										
							四A	四B									
基础绩效	按合同执行	20	20	按合同执行	8.82	7.56	6.3	5.81	5.46	5.18	4.9	4.34	4.06	3.78	3.36	3.15
业绩绩效					3.78	3.24	2.7	2.49	2.34	2.22	2.1	1.86	1.74	1.62	1.44	1.35
奖励与补贴	学术成果奖励、超课时补贴、指导研究生补贴、临潼校区补贴、学科带头人(负责人)补贴、教研室补贴等各类补贴和奖励																

表 4-12-7　　　　　　　2015～2017年其他专业技术岗位绩效工资标准　　　　　单位:万元/年

岗位类别	正高		副高		中级			初级		
	四级		六级	七级	八级	九级	十级	十一级	十二级	十三级
	四A	四B								
基础绩效	6.09	5.67	5.04	4.76	4.2	3.92	3.71	3.29	3.15	2.8
业绩绩效	2.61	2.43	2.16	2.04	1.8	1.68	1.59	1.41	1.35	1.2
奖励与补贴	学术成果奖励、超课时补贴、超工作量补贴、指导研究生补贴、临潼校区补贴、学科带头人(负责人)补贴等各类补贴和奖励									

表 4-12-8　　　　　　　　2015～2017年管理岗位绩效工资标准　　　　　单位:万元/年

岗位类别	正厅		副厅		正处		副处		正科		副科		科员		办事员
	三A	三B	四A	四B	五A	五B	六A	六B	七A	七B	八A	八B	九A	九B	十级
基础绩效	10.5	9.45	8.82	7.56	6.3	5.81	5.25	4.9	4.34	4.13	3.92	3.78	3.29	3.15	2.8
业绩绩效	4.5	4.05	3.78	3.24	2.7	2.49	2.25	2.1	1.86	1.77	1.68	1.62	1.41	1.35	1.2
奖励与补贴	学术成果奖励、超工作量补贴、临潼校区补贴等各类补贴和奖励														

表 4-12-9　　　　　　　　2015～2017年工勤技能岗位绩效工资标准　　　　　单位:万元/年

岗位类别	技师		高级工		中级工		初级工
	二A	二B	三A	三B	四A	四B	五级
基础绩效	3.92	3.64	3.36	3.22	3.01	2.73	2.52
业绩绩效	1.68	1.56	1.44	1.38	1.29	1.17	1.08
奖励与补贴	学术成果奖励、超工作量补贴、临潼校区补贴等各类补贴和奖励						

教师教学工作量定额与超工作量上限标准依据《西安科技大学绩效工资实施办法(修订)》中学院(部)类型划分及教学工作量定额标准,确定教师超工作量上限标准见表4-12-10。

3.绩效工资发放和管理

学校根据各单位、各部门专业技术、管理、工勤技能各级岗位受聘人员数量核定绩效工资总量,考核后核拨到各单位、各部门,由各单位、各部门对受聘人员考核后,按本办法及各单位、各部门绩效工资实施细则进行分配。

(四)2018～2020年绩效工资改革实施情况

1.绩效工资组成

绩效工资由基础绩效、业绩绩效和奖励绩效组成。基础绩效:指受聘到相应岗位上,正常履行

表 4-12-10 　　　　　　　　　　教师教学工作量定额与超工作量上限　　　　　　　　　　单位:课时

学院类型	职称	专任教师		实验技术人员	
		工作量定额	超工作量上限	工作量定额	超工作量上限
研究教学型	正高	180	460	80	200
	副高	200		90	
	中级	220		100	
	初级	220		100	
教学研究型	正高	240	520	120	280
	副高	260		130	
	中级	280		140	
	初级	280		140	
教学型	正高	300	760	160	360
	副高	320		170	
	中级	340		180	
	初级	340		180	
行政管理人员		无		75	

岗位职责,达到学校及各单位、各部门规定的基本要求,完成基本任务发放的绩效工资。业绩绩效:指受聘到相应岗位上,完成目标任务,按照实际工作业绩和贡献发放的绩效工资。奖励绩效:指受聘人员取得标志性成果或承担某专项工作或超额完成某项工作所发放的绩效工资。

2. 绩效工资标准

(1)基础绩效标准。基础绩效按照专任教师和实验室技术岗位、其他专业技术岗位、管理岗位、工勤技能岗位等不同岗位等级确定核发标准。相关标准见表 4-12-11～表 4-12-14。

表 4-12-11 　　　　　　2018～2020 年专任教师和实验技术岗位基础绩效标准　　　　　　单位:万元/年

岗位类别	正高								副高			中级			初级	
	专业技术特聘岗位								五级	六级	七级	八级	九级	十级	十一级	十二级
	院士	长江学者	三秦学者	百人计划	二级	三级	四级									
							四A	四B								
基础绩效	按合同执行				11.64	9.98	8.32	7.67	7.21	6.84	6.47	5.73	5.36	4.99	4.44	4.16

表 4-12-12 　　　　　　　　2018～2020 年其他专业技术岗位基础绩效标准　　　　　　　　单位:万元/年

岗位类别	正高		副高			中级			初级		员级
	四A级	四B级	五级	六级	七级	八级	九级	十级	十一级	十二级	十三级
基础绩效	8.04	7.48	—	6.65	6.28	5.54	5.17	4.9	4.34	4.16	3.7

表 4-12-13 　　　　　　　　　　2018～2020 年管理岗位基础绩效标准　　　　　　　　　　单位:万元/年

岗位类别	正厅		副厅		正处		副处		正科		副科		科员		办事员
	三A	三B	四A	四B	五A	五B	六A	六B	七A	七B	八A	八B	九A	九B	十级
基础绩效	13.86	12.47	11.64	9.98	8.32	7.67	6.93	6.47	5.73	5.45	5.17	4.99	4.34	4.16	3.7

表 4-12-14   **2018～2020 年工勤技能岗位基础绩效标准**   单位:万元/年

岗位类别	技师		高级工		中级工		初级工
	二 A	二 B	三 A	三 B	四 A	四 B	五级
基础绩效	5.17	4.8	4.44	4.25	3.97	3.6	3.33

(2)业绩绩效核拨标准。学校根据岗位设置数核算业绩绩效总量,各单位、各部门的业绩绩效由学校相关部门根据每年目标任务完成情况及实际完成工作量化考核后核拨。

(3)奖励绩效标准。主要包括:重大学术成果奖励、教学奖励、指导研究生津贴、临潼校区津贴、党政管理人员超工作量津贴、学校重大专项工作奖励、二级单位奖励、年度考核优秀奖励、其他津贴。

3.绩效工资分配

(1)基础绩效分配。基础绩效根据教职工正常履行岗位职责、完成各岗位基本任务及各单位、各部门考勤报送结果,每年按 12 个月逐月发放。

(2)业绩绩效分配。学校每年年底依据《西安科技大学绩效考核实施办法》对各单位、各部门进行考核,并依据考核结果进行业绩绩效分配;各单位、各部门依据本单位、本部门的绩效考核分配细则,对所辖受聘人员进行绩效量化考核,依据考核结果对业绩绩效进行二次分配,各项工作占比可参照学校标准执行。考核分配过程必须遵循按劳分配原则,充分体现出"多劳多得、优劳优酬"。

(3)奖励绩效分配。奖励绩效按实际产生情况分配。针对各单位、各部门的部分纳入该单位、该部门进行二次分配;针对个人的部分直接分配至个人。

第十三章 大学文化

大学文化是一所大学赖以生存和发展的重要根基,是彰显大学个性特征的重要标志,是体现学校教育力、创造力、凝聚力和引领力等核心竞争力的主要内容。学校各职能部门和各教学单位历来重视并有计划、有组织地推进大学文化建设,开展了大量的大学文化活动。

第一节 大学文化建设规划

2014年11月,学校开始编制《西安科技大学"十三五"教育事业发展规划》;2016年5月中旬,形成《西安科技大学"十三五"教育事业发展规划(草案)》;2016年5月28日,学校召开第六届教代会第五次会议审议通过;随后经学校召开党委会审议修订,《西安科技大学"十三五"教育事业发展规划》于6月24日正式发布。在学校"十三五"教育事业发展规划中,首次把大学文化建设列为学校专项规划。

一、总体目标

根据学校总体规划的发展阶段,今后5年内,力争在文化建设方面达到以下目标:广大师生理想信念更加坚定,培育和践行社会主义核心价值观蔚然成风;办学理念、校训、校风、校园精神入心入脑,使之成为师生员工普遍的价值追求和价值认同;各项规章制度进一步健全和完善,科学管理和依法治校的水平显著提升;学术氛围更加浓郁,学术品牌日益凸显,创新意识显著增强;校园文化活动载体进一步丰富,文化活动更加活跃,有广泛影响文化品牌日臻成熟;校园环境更优美、设施更完善、功能更齐全、特色更鲜明;学校文化创造力和文化软实力显著增强,文化交流活动更加频繁,社会美誉度和影响力进一步提升。

二、主要任务

构建大学文化建设新格局,全面提升学校文化软实力,推动和促进学校教育事业的可持续发展。

(1)讲好大学过去、现在的精彩故事,从寻根找魂入手,坚定师生员工的文化自信心。整理、出版一批校志(史)、杰出人物传记等文化丛书,通过校史及校情讲解团、校史展览馆等场馆展览及讲解、学校纪录片、舞台剧、微电影、微视频等载体,挖掘、提炼和培育学校的核心价值理念,构建具有自我特色的学校精神文化体系。

(2)弘扬大学精神,推进学校精神文化外化于形、固化于制、内化于心、动化于行,提升师生员工的归属感和责任心。通过梳理学校发展历史脉络,凝练学校精神,丰富校徽、校训、校歌内涵,完善校史校情宣讲机制,培育优良的校风、教风、学风及工作作风,使社会主义核心价值观深入到教学全过程,构筑师生员工的精神家园。

(3)打造文化精品,按照"有特色、入主流、出精品"的要求,通过学校文化精品建设来提升学校文化品质和扩大学校文化影响力。组织开展丰富多彩、格调高雅、具有学校特色的文化活动,实施一批原创性强、品牌性高的文化精品建设项目,构建学校文化品牌体系,提升学校的软实力和美

誉度。

（4）传递大学文化力量，以高度的文化自觉和自信，通过传承和创新，引领大学文化发展方向。推进与学校发展目标相适应的大学文化制度建设，将现代大学精神融入学校发展之中。鼓励和倡导多元文化融合，学习借鉴国内外大学优秀文化成果，将创新精神贯彻于文化建设全过程。开展优秀文化普及活动和各类文化交流项目，建立面向国际一流大学的优秀文化交流共享机制。

（5）加强学校亚文化建设，丰富大学文化建设体系。促进学院文化建设，使学院文化更具特色、更贴近广大师生。进一步加强学校各校区之间的文化交流活动，进一步加强学校工科与人文、艺术、社会科学学科的交融。

三、主要建设内容

1. 精神文化引领工程

强化价值引领；熔铸丰富西科校训校风；传承西科历史；繁荣哲学社会科学；实施学院文化打造计划。

2. 物质文化建设工程

加强文化景观建设；完善文化设施建设；强化传播体系建设；注重形象建设。

3. 制度文化规范工程

完善现代大学管理制度；完善民主管理机制；健全学校典仪制度；确保制度高效、执行有力。

4. 行为文化提升工程

营造浓郁学术氛围；进一步发挥教授治学作用；加强师德师风建设；丰富文化育人内涵；加强廉洁文化教育，进一步严明学术纪律；重视并组织好重大礼仪活动。

5. 品牌文化辐射工程

提升大学文化品位；强化对外交流与合作；进一步扩大知名学者、校友和优秀学生宣传；加强学校自然科学与人文、艺术及社会科学学科的交融，促进新老校区之间的交流；做好对外宣传和推介工作；推进实施学术文化繁荣计划。

第二节　学校精神　校风　校训

学校秉承百年矿业之传统，博采名校办学之灵气，救亡图存、艰苦创业、扎根西部、拼搏奉献、自强不息、开拓创新，成为西北地区唯一的矿业高等教育基地，形成了鲜明的办学特色，产生了较为广泛的社会影响。在百余年的办学历程和60年的独立办学实践中，学校通过不断积淀和传承，逐步形成了"励志图存，自强不息"的学校精神，"祖国利益高于一切"的校训和"团结、勤奋、求实、创新"的优良校风。

一、学校精神

2004年4月，《西安科技大学本科教学工作水平评估特色项目报告——秉承百年矿业之传统博采名校办学之灵气 砥砺西科人的"胡杨"精神》，首次提出学校精神为："励志图存，自强不息"的精神。该报告说：西安科技大学历经抗日战争、解放战争的烽火和建国后艰苦创业的磨炼，砥砺了"励志图存、自强不息"的精神。

该报告对2000年常心坦教授首次提出"胡杨"精神含义进行了新的扩展，认为："'胡杨'精神彰显的是'励志图存、自强不息'的学校精神，是西科人传承抗战时期的爱国奉献精神和中华人民共和国成立后自强不息、艰苦创业精神，在66年办学历史中逐步形成的。""胡杨"精神是矿业传统爱国奉献精神的凝聚和提炼。"胡杨"精神与"公诚勇毅""团结献身"一脉相承，是学校精神的形象化

标识。

2005 年,陕西省委、国家教育部党组、省教育工委、省教育厅、学校党委曾先后做出了关于开展向徐精彩同志学习活动的决定,中央、地方新闻媒体对他的感人事迹作了大量的报道。徐精彩教授是忠实实践"三个代表"重要思想的典范,是扎根西部、心系矿工、服务基层的科教工作者的一面旗帜。他以知识报国为己任,勇于创新、勇于实践,爱岗敬业、为人师表,洋溢着灿烂的精彩精神,是学校精神的人格化标识。

"励志图存,自强不息"的学校精神,内涵丰富。象征着西科人爱国奉献、团结奋进、扎根西部、持之以恒、吃苦耐劳、百折不挠、坚忍不拔、不断超越的意志品质,承载了西科人公诚勇毅、求真务实、顽强拼搏、科技创新的精神基因。"励志图存,自强不息"精神是学校最有价值的无形资源,也是学校不断实现跨越式发展的最宝贵的精神财富。

二、校风校训

1988 年 9 月印制的《西安矿业学院校史(1958～1988)》上记载,学校的校风为:勤奋、求实、团结、献身。

2001 年 2 月,学校确定校风为:团结、勤奋、求实、创新。确定校训为:祖国利益高于一切。

"团结、勤奋、求实、创新"的校风是学风、教风、作风的有机统一,是全体师生日常行为规范,是治学、治教、治校的努力方向。团结,就是同心同德、齐心协力,团结就是力量。全体师生员工要为办好学校自觉凝聚起来,为共同的目标而奋斗。勤奋,就是勤勉奋发、刻苦学习,努力工作,在教学、科研、工作、学习中不断追求,锲而不舍,勇攀高峰。求实,就是尊重科学、实事求是,理论联系实际,一切从实际出发,严谨治学、求真务实、讲求实效。创新,就是大胆探索,勇于创造,有理想、有抱负,在事业上不断有所创新、有所突破,有所前进。

"祖国利益高于一切"的校训含义为:全体师生员工要具有执着的爱国主义精神、强烈的荣辱感和高度的责任感。牢记自己是炎黄子孙,是中国人民的儿女,要有高度的民族自尊心和自豪感。作为立志献身祖国、造福人类的大学生,要以强烈的责任感服务社会、报效国家,为中华民族的伟大复兴,为社会主义祖国的富强、民主、文明而努力奋斗。

第三节　校徽　校旗　校歌　校庆日

一、校徽

西安科技大学校徽图案见本书封面。图形及内涵说明:整体构图为圆形徽标,底色绿色与白色相间,外环底色是深绿色,内圆底色是浅绿色;外环上方是西安科技大学英文大写,外环下方的1958 是西安科技大学建校时间;内圆上方是电子运行图标,电子运行图标中心是矿字和科字的声母 K 的变形,像大鹏展翅遨游在科海天空,下方秦篆体西科大字样是西安科技大学的简称。校徽含义:圆形是团结、圆满、梦想的象征,绿色是生机勃勃的象征,校名英文字母是对外开放的象征,电子运行图标和 K 的大鹏展翅是师生遨游科海的象征,秦篆是中国人及秦地长安、历史悠久的象征。整体象征含义:西安科技大学地处西北,办学历史源远流长,全校师生以励志图存、自强不息为精神,以祖国利益高于一切为校训,以团结、勤奋、求实、创新为校风,以培养德才兼备的现代科技人才、勇攀科技高峰、服务社会为己任,以实现伟大的中国梦为奋斗目标。

二、校旗

学校校旗为红色长方形旗帜,中央印有校名,左上角配以学校徽志。

三、校歌

学校校歌是《西安科技大学之歌》。2008 年学校举办 50 周年校庆前夕,首次确定了学校的校歌。2016 年 5 月,学校委托西安音乐学院对学校校歌《西安科技大学之歌》进行了修订。西安音乐学院作曲系和声乐教研室主任陈大明的作曲入选。随后,西安音乐学院组织著名歌唱家、声乐系主任陈勇和鲜于越歌教授及部分师生为学校录制了新版校歌。同年 7 月 8 日,学校举办校歌修订交接仪式,启用新校歌。新版校歌艺术感染力强,与学校的文化精神契合度高,十分贴近新时代的内涵要求,为学校发展营造了良好的文化氛围。

校歌具体内容见附录。

四、校庆日

按照学校章程,学校校庆日为 9 月 15 日。

第四节　文化设施建设

一、学校校史展览馆

1. 40 周年校史展览馆

1998 年,学校在雁塔校区机械楼二层的一间教室里举办了校史展览,后来随着学校办公用房调整而拆除。

2. 2004 年校史展览馆及 2008 年校史展览馆

2004 年,学校为了迎接教育部本科教学水平评估,在临潼校区图书馆一层东侧建成了西安科技大学展览馆,面积约 500 平方米。该馆较为全面地展示西安科技大学在党的领导下艰苦创业、勤俭办学、开拓创新取得的辉煌成就,展示了各级领导对西安科技大学建设、发展、改革事业做出的支持,展示了一代又一代西科人励志图存、自强不息的精神风貌。2008 年 9 月 15 日,学校在 2004 年展览馆的基础上,建成了西安科技大学校史馆。校史馆从光辉历程、建设成就、教学科研、和谐发展和再创辉煌等 5 个方面多角度全方位地展示了学校建校 50 年来的光辉历程。校史展览馆建成后,成为学校对外交流的重要场所和新生入校教育的重要课堂。

3. 2018 年校史展览馆

2018 年,学校在原校史展览馆的基础上,建成新校史馆。新馆位于临潼校区骊山校园煤矿主体专业综合实验实训中心三层,使用面积约 900 平方米。新校史馆内容分为:"序篇"和"追本溯源　薪火相传""艰苦创业　历久弥坚""立足行业　砥砺前行""聚焦内涵　创新发展""春华秋实　桃李芬芳""奋楫扬帆　争创一流"等 6 个篇章。展览主题是弘扬"励志图存　自强不息"的学校精神,简要追溯学校百余年办学历史,全面展现学校 60 年独立办学所取得的辉煌成就。新馆设计精美,典雅凝重,成为学校对外交流的重要场所和学生爱国、爱校教育的重要基地。

二、地质博物馆

2002 年 10 月,学校在临潼校区图书馆一层西侧,以原地质标本陈列室为基础,建成学校地质博物馆,免费对外开放。该馆前身是 1909 年成立的私立焦作工学院的地质标本室。展馆分古生物、矿物、岩石和矿产等 4 个展区,共展出各类标本 3 700 多块,其中最为珍贵的是我国目前保存最为完整的唯一一套第二次世界大战前从 38 个国家进口的系统矿物标本和由学校教授们在我国首次发现的弓笔石、梁山旧石器、圆头虫新属、古羊齿新种化石。该馆包含了关于地球历史科学、地球

物质科学和经济地质学的丰富的实物标本,反映了人类探索地球奥秘、利用地球资源、保护地球环境的美好愿望。该馆主要功能是满足校内教学实习和对外交流之需要。该馆建成以来,先后接待了数十个国家的地质学家及国外友人,也有大批大、中、小学生来地质博物馆实习和参观学习。2005 年 11 月,该馆被西安市临潼区科学技术协会公布为"青少年科技教育基地"。2018 年 8 月,学校在临潼校区煤矿主体专业综合实验实训中心二层建成新的地质博物馆。新馆展览面积 680 平方米,展览内容上有所增加。

三、徐精彩先进事迹展览馆

2005 年 6 月 14 日,徐精彩教授作为国家安全生产监督管理总局专家"会诊"组第八组副组长,前往甘肃窑街煤电有限责任公司"会诊"途中不幸遭遇车祸因公殉职。陕西省省委和国家教育部党组先后做出了关于开展向徐精彩同志学习活动的决定,中央、地方新闻媒体对他的感人事迹做了大量的报道。2005 年 10 月,学校在临潼校区图书馆东侧二层建成"徐精彩先进事迹展览馆"。展览馆分音像室和图片实物室。音像室播放专题片《知识分子的杰出典范——徐精彩》,专题片回顾了徐精彩同志的生平,讴歌了他的人生追求、崇高品质和精神境界,生动、真实地展现了徐精彩知识报国的奋斗历程。图片和实物展厅收集了徐精彩教授生前实物、相关证书等 200 余件,图片 270 多张和部分音像资料,陈列展板 49 块。图片展厅分为精彩人生、科海学人、灭火英雄、赤子情怀和精神永存 5 个板块,全面介绍了徐精彩教授的精彩人生。徐精彩教授是我省知识分子的杰出代表,是忠实实践"三个代表"重要思想的典范,是扎根西部、心系群众、服务基层的科教工作者的一面旗帜,是高等学校保持共产党员先进性教育活动的生动教材。该馆建成后,来自全省各高校及学校师生 10 万余人来此学习。2018 年,学校在临潼校区煤矿主体专业综合实验实训中心三层建成新的徐精彩先进事迹展览馆。新馆展览面积 162 平方米,展览内容上有所增加,展示了徐精彩原来的科技团队的发展与壮大历程。

四、文化广场及景观

(1)正德广场。位于学校临潼校区骊山校园大门内。"正德",语出《尚书》"正德厚生",意为在位者要自正其德,正己以治民,引申为修身先正其德。正德广场有石刻一座,上面刻有北洋大学校训——"实事求是",背后刻有"立德树人";广场东侧为习园,名称从焦作工学院校训"好学力行"演绎而来;广场西侧为榴园,是临潼校区骊山校园建设前的历史遗留树木,当时此处为石榴园。广场中心矗立有长方体井架造型的大型不锈钢雕塑,宽 1.78 米,长 2.68 米,高 19.58 米,寓意丰富,凸显了学校的矿业特色,与学校 1958 年建校及建校初期三系一部(采矿系、地质系、机电系、基础部)的史实相契合,象征着西科人弘扬传统、为国办学、团结奋进、昂扬向上的精神风貌。

(2)明德广场。建于 2000 年,呈 U 形形状,位于临潼校区骊山校园教学楼群中心,取名"明德",语出《大学》:"大学之道,在明明德,在亲民,在止于至善。""明德","明"为明放、彰显、提倡、推广、发扬、张扬之意,也包含正大光明、公正开明之意;"德"就是德行和德政、社会风尚。广场三面分别有 1 座半环形图书馆和 3 座教学楼及 1 座实验楼,广场内有国旗台及学校精神石刻、喷泉、8 个罗马柱、12 个石柱环、戏台等文化景观,周围有习园、雁园、彧园、砚池及假山,树木丛生、花草繁茂。站在广场上可仰望东南方的骊山烽火台,历史与现代元素交错相映成趣。这里是学校师生大型活动的主要场所。

(3)习园。位于正德广场东侧,其中小路交错,树木繁茂。原焦作工学院校训为"好学力行",为纪念学校与原焦作工学院的传承关系而得名。

(4)榴园。正德广场西侧为榴园,是临潼校区骊山校园建设前的历史遗留树木,当时此处为有千亩石榴园。

(5)雁园。位于明德广场西侧,内有胡杨林、银杏林、竹林、悬铃木、桂花、玫瑰花及建校50周年纪念建筑及石刻等。

(6)彧园。位于明德广场东侧。彧,基本字意指有文采,趣味高雅的,谈吐文雅的,有教养;还有茂盛的意思。

(7)砚池。位于彧园中。取名源于"笔墨纸砚",内有假山、亭子、池水及飞马铜雕,树木繁盛、假山隆起、瀑布飞流、池水荡漾、鱼翔浅底。

(8)三里河。沿用原有称谓。位于学校临潼校区骊山校园东侧边缘,由南至北蜿蜒1.5千米左右,常年有从骊山山谷涌出的溪水流过,河中荷花等数十种花草四季生机勃勃,假山相伴,小路曲折,鸟语花香,树木葱茏。

五、纪念柱、纪念碑、亭子、石刻

1. 更名"西安科技大学"纪念柱

学校由西安科技学院更名为西安科技大学纪念柱,2003年5月16日落成,位置在学校雁塔校区图书馆广场。更名纪念柱高4.5米,由花岗石雕琢而成,柱上雕刻字为"西安科技大学"。更名纪念柱是学校建校45周年来艰苦创业、持续发展的重要标志和发展里程碑,是学校全体师生继承优良传统、与时俱进、开创美好未来的向心之柱。

2. "溯源志远"纪念碑

"溯源志远"纪念碑,2017年5月18日落成,位置在汉中城固古路坝村原国立西北工学院旧址。"溯源志远"纪念碑重10.5吨,正面镌刻学校校徽及"溯源志远"四个鎏金大字,背面铭文共307字,尽述学校源出国立西北工学院的史实。树碑铭记既是纪念先辈功绩,也是彰显西科人传承薪火、不忘初心,不断推进学校发展的宏图大志。

3. 博知亭

博知亭2008年9月在临潼校区落成,高9.15米,正六角造型,每边长2米。亭名"博知亭",对联:"力极千钧鼎,学盛百代兴。"由学校老师、著名书法家王依仁题写。"博知",意为师者知识渊博,也包含学子经过学习和成长亦成为博知之士。高9.15米与学校建校日契合。博知亭的建立是77级力学师资班校友饮水思源,对母校春风化雨之恩的回报。该班人才辈出,涌现出何琳和魏悦广两位中国工程院院士。

4. 建校50周年标志性建筑

建校50周年标志性建筑,2008年9月14日落成,位置在临潼校区明志大道东侧雁园内。正面左侧为凹刻的"5"字造型,右侧与花岗岩主体成直角排列的"0"形不锈钢柱,组成"50"字样;背面左侧为学校发展沿革图,右侧上部分为凹刻的"3"字造型,下部分内嵌的钢化玻璃组成"0"字造型,组成"30"字样,分别寓意建校及本科教育50周年和研究生教育30周年。该建筑以花岗岩为主体材质,凸显了学校办学历史的厚重,玻璃与不锈钢等新材料的结合使用,则赋予整个建筑以时代气息。

5. 石刻

学校石刻较多,仅临潼校区骊山校园就有20多个,多为校友捐赠,隐伏于楼宇道路草木之中,突出了学校的矿业特色。稳重厚实的石头上镌刻内容分别为:实事求是,立德树人,励志图存、自强不息,春风化雨,授渔之恩,慎独,思源,笃学,尽精微致广大,笃诚,腾飞,学子春晖,感恩母校、管院长青,莘莘学子心、传承胡杨魂,天道酬勤,师德泽后、桃李争晖,树基唯坚、海人不倦,笃行,梅林,等等。

6. 其他

学校雁塔校区还有校友捐赠的大型煤块,临潼校区骊山校园内有校友捐赠的矿车、大型液压支

架、矿用绞车及飞马铜雕等标本、设备景观。

第五节 校 史 编 纂

一、第一次校史(1958～1988)编纂

1988 年,根据国家教育部"关于编写校史的通知"精神,决定编写《西安矿业学院校史》,历时一年多时间编成。当时由赵文杰院长主持,成立 4 人组成的校史编写组,负责资料收集、整理和撰写工作。由张国强主编,骆宾、郭建民、李金勇执笔。赵志强、徐木彬、苏芝兰、冉立功参与个别章节编写。谢国泰审定。赵文杰院长撰写了前言(代序),全书共分 5 章:概述、筹建和初创发展时期、十年动乱时期、拨乱反正与新的发展时期、历史的回顾与展望。附录部分:主要直属单位简介、图书馆、实习工厂、大事记。全书 4 万多字,对学校创办前的西北工学院时期和西安交通大学时期办学历史(1938—1958)进行了简要记述,对学校创办 30 年来的历史进行了较为详细的记述。

二、第二次校史(1988～1998)编纂

1998 年编写《西安矿业学院十年回顾(1988～1998)》。学院成立了编写委员会。主编:徐子善;副主编:徐木彬、吴升三、杨保华。参加各章节撰写的同志有:王廷满、冯爱玲、杨保华、赵权龙、樊建武、赖雄麟、吴升三、徐木彬。全书主要章节为:前言、十个部分章节、九个附录,对学校 1988 年9 月～1998 年 9 月期间十年的历史进行了较为详细的记述。

三、第三次校史(1958～2008)编纂

2007 年,学校决定编写《西安科技大学校史(1958～2008)》。历时一年多时间编撰而成。学校成立了《西安科技大学校史》编纂委员会和编写组。主编:杨更社;副主编:樊建武、梁延声;主审:赵文杰、王斗虎;执笔:骆宾、郭连江、刘训明、赵权龙、牛迈程、梁延声。全国政协常委、原陕西省省长程安东撰写了序言。全书分:序、概述、西安科技大学的起源、前身及建校基础、三篇 24 章及附录部分。对学校成立前的办学历史(1895～1958)进行了追根溯源,对学校 50 年来的办学历程进行了详细记述。全书 60 万字,由陕西人民出版社出版发行,书号:ISBN 978-7-224-08540-2。

四、第四次校史(1958～2018)编纂

2017 年,学校决定编写《西安科技大学校史(1958～2018)》。历时一年多时间编撰而成。学校成立了《西安科技大学校史》编纂委员会和编写组。对学校成立前的办学历史(1895～1958)进行了考证整理,对学校 2008～2018 年期间办学历程进行了详细记述,对 1958～2018 年期间各二级学院的办学历史进行了详细记述,并保留了 2008 年出版的《西安科技大学校史》的基本内容,编成学校办学 60 周年校史。全书 190 余万字。

第十四章　教学保障和基本建设

第一节　实验室建设

一、实验室设置与布局

（一）校区布局调整，本科实验室整体搬迁

2009年，在教务处原实践教学科的基础上，学校成立了实验管理处；同年11月，学校机构调整，将原国资处教学科研仪器资产管理部分功能划归实验管理处，成立实验室与设备管理处。

2015年，按照学校—学院—实验教学中心的三级管理体制，学校设立能源学院实验教学中心等18个实验教学中心，聘任李全等18人为本科实验教学中心主任。2016年，学校增设安全科学与工程学院实验教学中心，聘任王亚超担任安全科学与工程学院实验教学中心主任。学校本科实验教学中心增加至19个，详见表4-14-1。

表 4-14-1　　　　　　　　　　　学校本科教学实验中心基本信息

序号	所属单位	实验教学中心名称	主任	实验室名称
1	能源学院	能源学院实验教学中心	李 全	采矿工程实验室
				建筑环境与能源应用工程实验室
2	安全科学与工程学院	安全科学与工程学院实验教学中心	王亚超	安全工程实验室
				消防工程实验室
3	建筑与土木工程学院	建筑与土木工程学院实验教学中心	陈新年	建筑学实验室
				城乡规划实验室
				给排水科学与工程实验室
				土木工程实验室
				岩土工程实验室
4	机械工程学院	机械工程学院实验教学中心	王振义	机械设计制造及其自动化实验室
				矿山机械实验室
				测控技术实验室
				现代制造技术实验室
				工业工程实验室
				车辆工程实验室
				机械电子工程实验室

序号	所属单位	实验教学中心名称	主任	实验室名称
5	电气与控制工程学院	电气与控制工程学院实验教学中心	杨健翔	电路实验室
				单片机实验室
				自动化实验室
				测控技术与仪器实验室
				微电子科学与工程实验室
				电气工程及其自动化实验室
6	通信与信息工程学院	通信与信息工程学院实验教学中心	武风波	电子技术实验室
				通信工程实验室
				电子信息工程实验室
				电子科学与技术实验室
				电子信息科学与技术实验室
				物联网工程实验室
7	计算机科学与技术学院	计算机科学与技术学院实验教学中心	温乃宁	计算机科学与技术实验室
				信息与计算科学实验室
				网络工程实验室
				软件工程实验室
				计算机实训基地
8		计算机中心	黄旭	
9	地质与环境学院	地质与环境学院实验教学中心	聂文杰	基础地质实验室
				地质工程实验室
				资源勘查工程实验室
				环境工程实验室
				仪器分析室
10		地质博物馆	赵洲	
11	测绘科学与技术学院	测绘科学与技术学院实验教学中心	张咏	测绘工程实验室
				地理信息科学实验室
				遥感科学与技术实验室
				自然地理与资源环境实验室
12	化学与化工学院	化学与化工学院实验教学中心	陈创前	基础化学实验室
				化学工程与工艺实验室
				应用化学实验室
				矿物加工工程实验室
				能源化学工程实验室
				现代分析测试中心
13	材料科学与工程学院	材料科学与工程学院实验教学中心	陆树河	无机非金属材料工程实验室
				材料科学与工程实验室
				高分子材料与工程实验室
				材料设计与仿真实训室
				材料制备加工及性能测试室

序号	所属单位	实验教学中心名称	主任	实验室名称
14	理学院	理学院实验教学中心	赵高长	数学与应用数学计算室
				数学建模研究室
				工程图学实训室
				物理实验室
				力学实验室
15	管理学院	管理学院实训中心	史恭龙	工商管理实训室
				会计学实训室
				旅游管理实训室
				信息管理与信息系统实训室
				物流管理实训室
				工程管理实训室
				电子商务实训室
16	人文与外国语学院	人文与外国语学院实训中心	高捷	电子政务实训室
				模拟法庭实训室
				同声传译实训室
				语音实训室
17	艺术学院	艺术学院设计创作中心	冯青	环境设计工作室
				视觉传达设计工作室
				产品设计工作室
				动画创作室
				计算机实训室
18	体育部	体育教学与训练中心	马珺	体育科研与体测室
				体育场馆管理中心
19	实验室与设备管理处	工程训练中心	刘琳	综合业务部
				金工实训教学部
				电工电子实训教学部
				创新实训教学部

　　根据学校"十二五"规划目标和学校长远发展需要,结合学校资源,决定对雁塔、临潼两校区功能进行定位,临潼校区以本科生教育为主,形成学校的行政中心、本科教学中心和新的科研基地;雁塔校区以研究生教育和科学研究为主,形成高层次人才培养、科学研究、继续教育培训和对外服务基地。基于以上定位,学校出台了《西安科技大学校区布局调整实施方案》(西科办发〔2011〕5 号),决定将原雁塔校区本科实验室全部搬迁到临潼校区对应的学院楼内。从 2012 年 4 月到 8 月间,学校投入搬迁与实验室改造费 302.6 万元,有 14 个学院(部)、500 多名教师、实验技术人员参与了这项工作。经过布局调整,初步达到了科学合理、相对集中、资源共享、管理规范的目标。

　　(二)工程训练中心建设

　　2009 年,学校将原西安科技大学机电厂、金工实训中心、电工电子实训中心等相关资源进行整合,并在此基础上建设西安科技大学工程训练中心,于 2010 年投入使用。建成后的工程训练中心位于临潼校区 18# 教学楼,面积 9 700 平方米,拥有固定资产 2 339 余万元,仪器设备 1 788 台

(套)。中心下设金工部、电工电子部、创新部和综合部,主要承担金工实习、电工电子实训、创新教育等实习实训课程,拥有加工中心、机器人、激光内雕、物联网等现代教学设备。

工程训练中心 2012 年获批陕西省实验教学示范中心,2014 年获得"陕西省劳动竞赛示范岗"称号,2016 年获批陕西省众创空间孵化基地,并通过科技部备案成为国家级众创空间。

中心为西北地区高校工程训练研究会副理事长单位,"创客教育基地联盟"常务理事单位。

(三)发展专项、建设专项项目建设

为支持地方高校发展建设,自 2010 年起国家设立了中央财政支持地方高校发展专项、陕西省高水平大学建设专项,共立项 37 项,获批资金 10 584 万元,其中主要应用于本科实验室建设的项目 29 项,资金 9 044 万元,建成了煤矿安全工程实验室、虚拟现实技术实验室、现代矿山供电及安全实训、实践基地、地理空间信息技术综合实训、实践基地、煤矿机电类专业井下综合实训平台、煤化工多联产科研创新平台、煤矿开采及煤矿安全综合实验实训中心等一批实验实训基地、平台。

(四)专业认证

2010~2016 年,学校先后有土木、采矿、安全、测绘、化工、地质、机械等 7 个专业通过了全国工程教育专业认证,在专业认证申报和建设期间,为了达到认证水平和要求,学校累计投入实验室建设费 2 000 余万元用于实验室软硬件建设,新建、扩充、更新实验功能室 40 余个。

(五)中西部高校基础建设——煤矿主体专业实验实训中心

2012 年,学校入选中西部高校基础能力建设工程高校,一期工程获批煤炭主体专业综合实验实训中心大楼和图书馆二期大楼 2 个建设项目。其中煤炭主体专业综合实验实训中心大楼建设项目,总面积为 25 560 平方米,含主楼、辅楼,其中主楼为 6 层框架式结构(地下 1 层、地上 5 层),建筑面积约为 22 700 平方米,辅楼为矿山地下工程综合实验中心。

根据规划,煤炭主体专业综合实验实训中心一层为煤炭开采实训中心,包含煤矿开采、煤炭运输、矿山测量、矿井建设、矿山机电设备,煤矿灾害、地质结构等内容的设备实物(仿真模型)及实训场地,二层主要用于建设煤炭地质综合实训中心;在原地质博物馆整体搬迁的基础上,扩充地球科学(含天文学、地球物理)、古生物、煤田地质及其他能源地质等展区,增加矿物材料和矿物加工、洁净能源、绿色矿山、生态恢复等展区,含地质类综合实训区。辅楼建设矿山地下工程综合实验中心。

2017 年投入 3 780 万元用于煤炭主体专业综合实验实训中心实验室建设。

(六)本科实验室建设

学校不断加大对本科实验室建设的投入力度,2009~2017 年,共投入教育事业费 12 645 万元,新建物联网、多媒体技术、能源化工等新专业实验室或功能分室 56 个,扩展、更新、改造实验室 149 个,包含大学物理综合设计与创新实验教学平台、大学生工程实践开放创新基地等公共实验教学平台 19 个。

学校积极倡导和鼓励师生开展实验教学自研仪器设备开发,共有 300 多名师生申请项目,累计立项 161 项,累计投入资金 305 万元。

截至 2017 年底,全校教学科研仪器设备固定资产 31 009 台(套),资产原值 4.78 亿元。其中,单(台、套)价 10 万元及以上共 724 台(套),资产原值 2.56 亿元。2009~2017 年,新增教学科研仪器设备固定资产 22 565 台(套),资产原值 3.8 亿元。

(七)校企合作共建实验室

2015 年 7 月,电商巨头京东公司校园实训中心开始与学校合作,成立西科·京东电子商务应用与研究中心。该中心是京东校园实训中心在西北地区合作的第一所高校,对京东校企模式在中西部的发展起着重要作用。2015 年 10 月,西科大京东校园实训中心正式成立并顺利运营。目前中心配有 96 个客服坐席,可同时满足 96 位客服在线登陆,实时接入京东商城网上客服系统,针对网购业务中的各种复杂问题和售后服务、物流配送等进行咨询、沟通和处理。同时京东还为在实训

中心表现优秀的学生提供实习机会,每年至少2次选拔优秀学生到京东总部实习。

(八)大学生创新创业训练计划项目

学校大学生创新创业训练计划项目从2009年开始启动,每年资助一定数量学生进行项目研究,分国家级、省级、校级三个级别进行经费和平台上的资助,产生学生论文和专利多项。2009年大学生创新性实验计划项目立项18项;2010年立项28项;2011年立项50项;2012年大学生创新创业训练计划项目立项国家级68项,校级41项;2013年立项国家级24项,省级46项,校级42项;2014年立项国家级28项,省级28项;2015年立项国家级38项,省级31项,校级29项;2016年立项国家级45项,省级34项,校级88项;2017年国家级50项,省级34项,校级89项。2010年,学校出台了《西安科技大学大学生创新性实验计划项目管理办法》,2014年修订并出台了《西安科技大学大学生创新创业训练计划项目管理办法》。项目运行周期1～2年,每年五六月项目立项申报,11月中期审核,次年5月结题答辩。通过项目的实施,将科研项目和人才培养相结合,培养了学生的创新思维。

二、实验室管理与制度建设

2010年,学校出台了《西安科技大学大学生创新性实验计划项目管理办法》《西安科技大学关于进一步深化实验室管理与改革的若干意见》《西安科技大学实验设备研制管理办法》《西安科技大学实验室安全管理办法》等4项管理制度。2013年,学校出台了《工程训练中心管理制度》1项管理制度。2014年,学校出台了《西安科技大学实验室废弃物管理办法》《西安科技大学实验室危险化学品安全管理办法》《西安科技大学实验教学管理办法》《西安科技大学大学生创新创业训练计划项目管理办法》等4项管理制度。2016年,学校出台了《西安科技大学实验室工作条例》《西安科技大学大型仪器设备共享管理办法(试行)》《西安科技大学实验室开放管理办法》《西安科技大学实验室开放共享仪器设备维修基金管理办法》等4项管理制度。

三、实验教学示范中心建设

2013年,采矿工程实验教学中心被评为国家级实验教学示范中心;2016年,矿山建设工程虚拟仿真实验教学中心被评为国家级虚拟仿真实验教学中心。

2008年,岩土工程实验教学中心被评为省级实验教学示范中心;2009年,采矿工程实验教学中心被评为省级实验教学示范中心;2011年,矿物材料工程实验教学中心被评为省级实验教学示范中心;2012年,工程训练中心被评为省级实验教学示范中心;2013年,矿山工程力学实验教学示范中心、测绘地理信息实验教学中心被评为省级实验教学示范中心;2014年,电气与控制工程实验教学中心、地质与环境实验教学中心被评为省级实验教学示范中心;2015年,通信工程实验中心被评为省级实验教学示范中心;2016年,管理学院实验教学中心被评为省级实验教学示范中心,安全工程虚拟仿真实验教学中心被评为虚拟仿真实验教学中心;2017年,安全工程实验教学中心被评为省级实验教学示范中心,机械工程虚拟仿真实验教学中心被评为虚拟仿真实验教学中心。

四、实验人员队伍的荣誉评选

学校在2009～2015年开展了两年一次的实验室先进集体、先进工作者评比表彰活动,评选出了19个先进集体、58名先进工作者,予以表彰鼓励。

第二节　图书资料建设和发展

学校图书馆由雁塔校区图书馆和临潼校区图书馆组成。临潼校区图书馆二期建成于2017年,

全馆总面积 4.07 万平方米。2018 年 3 月,图书馆馆藏资源有印刷型文献 193 万册,电子文献 279 万册,中外文纸本期刊 1 645 种,电子版全文期刊 51 732 种,数据库 64 个。图书馆在岗职工 71 人、临时编制人员 30 人。下设办公室、采编部、信息咨询部、信息技术部、雁塔流通阅览部、临潼流通阅览部、期刊阅览部和学科服务部。

一、文献资源建设

学校 2008～2017 期间年共投入文献经费 5 890 万元。学校纸质文献量不断增加,2008～2017 年新增图书 74.66 万册,占总纸质文献馆藏的 38.66%,年均新增图书保持在 7.5 万册以上;中外文期刊品种和数量稳定发展,纸质期刊保持在 1 800 种左右;电子图书新增 200 万册,数据库新增 42 个,占数据库总量的 65.63%。

2008～2017 年文献资源经费投入及纸质文献馆藏量分别见图 4-14-1、图 4-14-2。

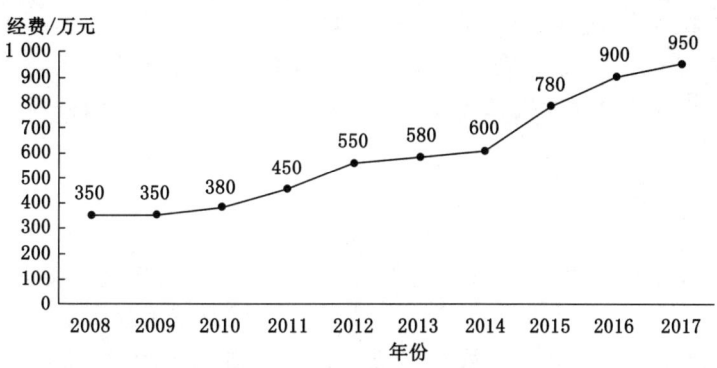

图 4-14-1 2008～2017 年文献资源建设经费投入情况

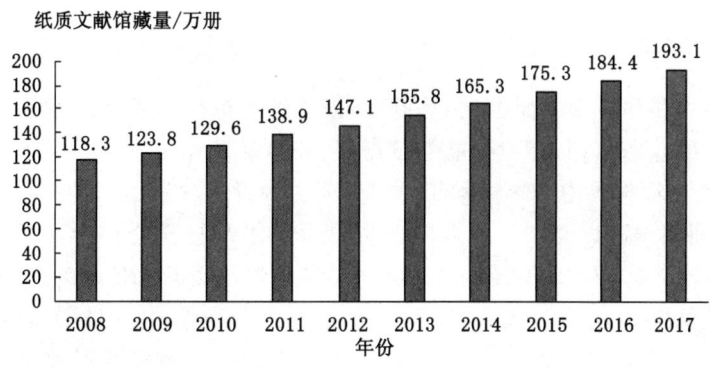

图 4-14-2 2008～2017 年图书馆纸质文献馆藏量

二、读者服务工作

图书馆设有 31 个宽敞的图书、报刊、电子、多媒体阅览室及 1 个智慧学习空间,有功能完备的学术报告厅 3 个、国际会议中心 1 个,阅览座位 5 726 个,电子阅览室计算机 450 台,自助借还设备 5 台。图书馆实行"一站式管理""无障碍借阅"服务方式,以 14 小时/天、98 小时/周开馆,寒暑假、法定节假日(春节除外)定期向读者开放,年均接待读者 300 万人次。图书馆构建了学科服务平台,建立网上学术导航、开辟即时在线咨询、举办师生信息检索技能培训,开展一对一上门服务、嵌入教师科研课题提供参考信息。实现了两校区图书馆图书的通借通还工作;搭建远程访问管理系统,保障校外读者的文献信息利用。增加读者借阅册数,将借书量由每人 5 册增加至 20 册,提高了图书流通数量与使用效率。每年利用 4 月 23 日——世界读书日,连续举办了十届读书节系列活动。2008～2017 年,完成信息检索课 1 万余课时,举办各类培训讲座 416 场次,课题查新 287 项,查收查引 3 020 项,文献传递 1 306 篇,在线解答读者咨询 5 000 余人次,回复留言 1 500 余条,电子资源访问量 2 460 万次。

三、自动化建设

图书馆 2007 年、2009 年先后更新了 245 台文献检索机,新购了 2 台网络服务器,1 套门禁管理系统,3 台图书检测仪,2 台电子显示大屏,购买了 8TB 的存储服务器。2012 年,又新增服务器 2 台、核心交换机 1 台、临潼馆门禁通道 1 个,更新图书检测设备 2 台,雁塔馆视频监控系统 1 套,应用交换机 3 台,实现了非书资料的集成化管理。2013 年,开通试用了移动图书馆业务,完成了汇文系统文献信息服务系统 5.0 版本升级及图书馆自动化系统的一卡通转换工作,实现一卡通借阅。同年,新增监控摄像机 3 台,更换 1 台,新增画面分割器 1 台、监控显示屏 2 台,维修了红外报警系统。2014～2017 年,图书馆更换 24 台交换机,核心交换机 1 台,服务器 1 台,存储扩容 60 T,添置了 5 台自助借还机、6 台自助查询机、2 台触摸屏阅报机、2 台电子书借阅机、7 台自助饮水机、1 套智能充消磁仪等设备。

四、读者服务环境

2014 年,图书馆调整了馆藏布局,在临潼校区三号教学楼一层建成了文学、语言文字借阅室,面积 600 余平方米,藏书 12.4 万册。2015 年,对临潼校区图书馆采暖设备进行了改造,更换了雁塔校区图书馆电梯,粉刷了图书馆部分墙面,增加了绿色植物,净化空气,美化学习阅览环境。2017 年,对临潼校区旧馆进行中央空调安装,图书馆二期建成并投入使用,新馆设有图书借阅区、朗读区、咖啡厅、智慧学习空间、研讨间、24 小时自修区等。

五、学术研究活动

通过修订《图书馆科研成果奖励办法》等制度,设立图书馆创新基金,每两年召开一次图书馆学术大会,开展经常性的业务培训、专业技能考核竞赛、外出参观学习和组织学术讲座等活动。承办了"2010 年陕西省图书情界中青年学术年会""陕西省中青年学者图书情报学国家级课题申报研讨会""智慧学习空间建设研讨会""2017 年陕西省科学技术情报学会年会暨第三届军民融合研讨会"等学术会议 6 场次。2008～2017 年,共派出职工参加学习交流 522 人次;组织馆内业务培训 67 场次;全馆性业务技能考核竞赛 3 次;聘请国内外专家学者来馆讲学 12 次。全馆职工发表论文400 余篇,获奖论文 30 余篇。出版著作 6 部,承担课题 50 项,获省级科研奖励 3 项。围绕工作研究问题,设立图书馆创新基金项目 21 项。

六、图书馆文化建设

2010 年,图书馆开始印刷发行内部刊物《图书馆通讯》,每半年定期发放到各学院及职能处室。发挥社会服务功能,对长安区、鄠邑区、临潼区、佛坪县、洋县图书馆进行了结对帮扶工作。2008 年被人民邮电出版社授予"优秀馆藏图书馆"称号,2013 年获馆藏"书香奖",被授予"卓越馆藏图书馆"称号。2009 年、2013 年被清华大学出版社授予"优秀馆藏图书馆"称号。2012 年,获"2006～2011 年度陕西省高校图书馆先进集体",获"2008～2011 年度陕西省图书馆学会先进集体"。2014 年,图书馆服务案例获首届全国高校图书馆服务创新案例大赛二等奖;荣获 2013～2014 年度 CALIS 联合目录建设突出贡献奖;被陕西省图书馆学会阅读推广委员会授予 2014 年度阅读推广工作先进单位。2015 年、2016 年、2017 年连续 3 年荣获年度 CALIS 联合目录中文数据库建设先进单

位。2016年图书馆服务案例获全国高校图书馆服务创新案例大赛三等奖。

第三节　信息化建设

2009年,学校将网络中心调整为校直属单位,2014年更名为信息网络中心。中心承担学校教育信息化和校园网的规划建设、运行管理等工作。

学校先后成立了"教育信息化工作领导小组""计算机网络安全领导小组",以及"信息化专家委员会""教育信息化建设标准工作委员会",统筹推进教育信息化工作。学校信息化建设以主干网建设为基础,以支撑教育综合改革为重点,以为学校教学、科研、管理创造良好的现代化网络信息服务环境为建设目标。按照"顶层设计、统筹管理、分步实施、合力推进"的发展原则,从人力、物力、财力等方面不断加大对信息化建设推动力度,信息化应用实现了快速发展。建设完成"教育信息化建设三年实施方案(2013～2015年)",编制学校"十三五教育信息化建设规划",实施了"中央财政支持地方高校发展:信息化专项""中西部高校基础能力建设工程:图书馆及教学信息化支撑平台项目""高水平大学建设:信息化专项"等信息化工程项目。

校园网实现了与中国教育科研网(1 G)、中国电信(500 M＋500 M)、中国移动1 G、中国联通1 G的光纤宽带高速接入,出口总带宽达到4 G,全网接入IPV6网络。校园网采用了先进的网络设备和三层全交换技术,实现了网络万兆骨干、千兆到楼。网络全面覆盖雁塔校区、临潼校区等,接入校内所有办公室、实验室、教室、学生宿舍及家庭用户。建设了2 000余个802.11 NAP的无线校园网,实现学校绝大部分区域无线网络覆盖,建设了基于开放架构的云管理平台,可提供100台以上虚拟服务计算资源和300 T以上的存储资源。2018年3月,学校校内敷设光缆80千米以上,校区间互联光缆近70千米,学校网络总信息点达到16 000个以上。建设了300多平方米电信级标准化数据机房。校园网在接入支撑能力、公共信息容量、安全运行管理等方面都位于省属高校前列,为全校2万多名师生的工作、学习和生活提供了便捷的条件。

学校建设了一站式信息服务门户、统一身份认证中心、数据交换中心等智慧校园平台。颁布了《信息化建设编码标准及规范》;实现了教务、科研、人事、学工、财务、一卡通等基础数据的交换与共享。信息化应用服务涵盖了教学、科研、招生、财务、资产、房产、餐饮、校友、OA、数字化图书馆、迎新离校、学术成果、期刊管理等大部分业务领域。已建成学校WEB站群系统、西科邮件系统、域名解析服务(DNS)、西科新闻网,平安校园视频监控网、能耗监管平台、一卡通系统等,信息化平台支撑全校各项工作有序开展。

学校引入300余门国内名家泰斗讲授的网络通识课程平台,4万余名学生选修了网络通识课程。建设了优质教学资源共享平台、在线教学、在线学习平台,整合了视频公开课、精品资源共享课、微课等优质教学资源,课程资源达到1 000门以上,总课时数达到3万课时。引入了近600门"爱课程"国家级精品资源共享课程资源,积极推进信息化教育教学改革。建设了1 300余个教学云桌面,面向全校教师信息化教学应用,大力推进信息技术与教育教学的深入融合。学校自建国家级精品资源共享课程1门,省级精品课程25门,省级精品资源共享课程62门。

学校在加强网络平台及信息资源建设同时,大力加强网络安全及网络管理建设,通过制定西安科技大学网络管理办法,学生宿舍、家属区网络管理条例,网页建设规范等制度,规范用户网络行为,建设了网络管理平台、流量控制平台、用户认证管理系统、防火墙、网络内容审计系统、网络舆情监控系统、网站及应用系统安全监控平台、漏洞扫描系统、智能DNS系统、入侵检测系统、防杀病毒系统、大容量不间断电源等网络管理及网络安全系统,建设了财务专网,实施了主页站群系统及招生网的安全等级保护测评,通过实名制接入、网络日志留存、在线网络异常监测、网络安全稳定监控等方式,保证网络的安全稳定运行。

第四节 基 本 建 设

2008～2018 年,学校教育教学条件和教职工住房条件得到了明显改善。截至 2018 年 4 月底,学校总建筑面积 93.61 万平方米(含陕西省理工学校)。其中,教学科研及辅助用房 34.84 万平方米;行政办公用房 3.88 万平方米,学生公寓及生活用房 27.73 万平方米,教工住宅 19.18 万平方米,其他用房 7.98 万平方米。绿化覆盖率达到 38.4%。

2008～2018 年,新增建筑面积 25.27 万平方米,其中新增行政办公及教学科研用房 12.19 万平方米,图书场馆 1.77 万平方米,学生公寓 3.59 万平方米,教工住宅 7.72 万平方米,另有在建住宅楼 6.57 万平方米,改善了学校的办学条件和教职工住房条件。

2008～2018 年学校主要基本建设项目详见表 4-14-2。

表 4-14-2   2008～2018 年主要基本建设项目统计表

序号	项目名称	项目地点	开工时间	竣工时间	建筑面积/平方米	工程投资/万元
1	21～25 号住宅楼	雁塔校区东院	2007 年	2009 年	15 896	2 816.73
2	临潼校区二期水泵房	临潼校区	2008 年	2012 年	—	109.70
3	临潼校区 3-A 阶梯教室	临潼校区	2009 年	2010 年	7 220	1 707.33
4	临潼校区 3-F 教学实验楼	临潼校区	2009 年	2010 年	8 754	1 709.30
5	临潼校区 3-G 教学实验楼	临潼校区	2009 年	2010 年	8 754	1 729.18
6	临潼校区 3-H 教学实验楼	临潼校区	2009 年	2010 年	10 454	1 954.14
7	临潼校区 3-I 教学实验楼	临潼校区	2009 年	2010 年	8 754	1 729.10
8	临潼校区 3-J 教学实验楼	临潼校区	2009 年	2010 年	9 582	1 821.23
9	临潼校区二期锅炉房天然气工程	临潼校区	2010 年	2010 年	—	222.73
10	临潼校区 3-B 教学实验楼	临潼校区	2010 年	2011 年	8 754	1 887.48
11	临潼校区 3-C 教学实验楼	临潼校区	2010 年	2011 年	10 454	1 997.46
12	临潼校区 3-D 教学实验楼	临潼校区	2010 年	2011 年	10 454	1 838.10
13	临潼校区 3-E 教学实验楼	临潼校区	2010 年	2011 年	8 754	1 720.47
14	临潼校区二期室外工程	临潼校区	2010 年	2012 年	—	847.52
15	北院临时实验楼	雁塔校区北院	2010 年	2010 年	1 950	346.29
16	26 号住宅楼	雁塔校区东院	2010 年	2012 年	15 409	3 196.66
17	27 号住宅楼	雁塔校区东院	2010 年	2012 年	25 974	6 431.28
18	26、27 号楼室外工程	雁塔校区东院	2010 年	2012 年	—	685.08
19	临潼校区 14～16 号学生公寓	临潼校区	2011 年	2011 年	35 871	5 966.49
20	临潼校区 14～16 号学生公寓室外工程	临潼校区	2011 年	2012 年	—	227.33
21	新 4 号住宅楼及地下停车库	雁塔校区南院	2015 年	2016 年	19 983	7 963.25 (未决算)
22	新 4 号住宅楼室外工程及附中操场	雁塔校区南院	2015 年	2016 年	—	345.41 (未决算)
23	图书馆及教学信息化支撑平台	临潼校区	2015 年	2017 年	17 659	5 150.65 (未决算)

续表 4-14-2

序号	项目名称	项目地点	开工时间	竣工时间	建筑面积/平方米	工程投资/万
24	煤矿主体专业综合实验实训中心(主、副楼)	临潼校区	2015 年	2017 年	27 976	8 001.55 (未决算)
25	图书馆及教学信息化支撑平台室外工程	临潼校区	2015 年	2017 年	—	181.10 (未决算)
26	煤矿主体专业综合实验实训中心(主、副楼)室外工程	临潼校区	2015 年	2017 年	—	540.89 (未决算)
27	28、29 号住宅楼及地下停车库	雁塔校区北院	2016 年	在建	65 750	9 118.00
28	28、29 号住宅楼室外工程	雁塔校区北院	2016 年	在建	—	129.43

注:包含 2008 年 1 月 1 日～2018 年 4 月 30 日期间开工、竣工的主要基建项目。

第五节　后勤管理

一、资产与后勤管理处体制改革

2009 年 11 月,学校将总务处、国有资产管理处合并成立资产与后勤管理处,资产与后勤管理处和后勤集团合署办公,实行"一套人马、两个牌子"的"大后勤"运行机制。2018 年 3 月,下设 7 个科室(综合办公室、人力资源与计划科、运行和质量管理科、招标采购科、房产管理科、资产管理科、西影路院后勤科)、9 个中心(临潼(雁塔)餐饮管理服务中心、动力一(二)中心、临潼(雁塔)物业管理服务中心、临潼(雁塔)公寓管理服务中心、接待运输服务中心),并代管校医院、社区,共计 18 个部门。职能范围涉及资产及房产管理、招标采购、公寓管理、物业管理、饮食管理、医疗防疫、班车运行、动力保障社区服务等全方位的后勤保障及服务功能。

二、主要工作

(一)房产资源和调配情况

房产管理科(2014 年 6 月从资产科划分出来)是主管全校房产资源的主要职能部门,根据主管业务,按照用途可分为三大类:公用房、教职工住宅、周转房及单身公寓。

1. 公用房

教学及办公用房的建设和调整。2007 年,学校引资联建北院赛格楼,于 2008 年竣工并投入使用,建筑面积 12 027 平方米;2008 年,临潼校区新建体育馆及加层,建筑面积 16 315 平方米,实现了将体育教学从室外向室内的转移;2011 年,临潼校区新建 9～18 号教学楼,建筑面积 91 934 平方米,同年学校颁发《西安科技大学公有房产管理办法》,并对全校公用房重新进行了布局调整,使得各学院教学、办公、实验、科研等用房相对集中,整合了教学资源。2015 年,学校在临潼校区开建图书馆二期和煤矿主体实验楼,于 2017 年竣工并投入使用;同年,学校在北院开建科技创新大厦,2018 年 4 月交付使用。2016 年,学校将原能源学院一分为二,新成立安全学院和能源学院,将两个学院的教学及办公用房重新进行了规划和调整,并将原有的制图教室迁至 15 号教学楼。各教学单位用房经过一系列调整、整合后,也趋于相对集中。

学生公寓建设及调整。雁塔校区:2011 年 9 月,本科生不再搬至雁塔校区北院,校本部正式成为了研究生院,所有研究生全部入住 5 号、6 号学生公寓;2012 年,学校将 1 号、2 号学生公寓作为教工公寓使用;2013 年,根据西安地铁施工规划建设和要求,学校先后拆除 1 号、2 号学生

公寓,并将居住的教职工全部搬至4号学生公寓,作为教工住宿使用;2014年根据规划建设,学校又将3号公寓出租作为门面房(大麦酒店)使用;2017年7月,根据新的研究生住宿方案,学校又将4号学生公寓收回,并重新粉刷改造作为研究生住宿使用。目前,校本部有学生公寓3栋,分别为4号、5号、6号公寓,建筑面积36 667.5平方米。临潼校区:2010年前,临潼校区有学生公寓13栋,分别为1～13号公寓楼建筑面积103 806平方米,2011年,随着校区规模的扩大和人数的增加,学校新建学生公寓3栋,分别为14～16号公寓楼,建筑面积35 781平方米,解决了学生住宿紧张问题。

2. 教职工住宅

2009年建成21、22、23、24、25号住宅楼5栋,建筑面积15 896.21平方米,解决职工成套住房140户;2013年建成26、27号高层住宅楼两栋,建筑面积39 325.54平方米,解决职工成套住房299户;2014年,学校在雁塔校区南院新建4号职工住宅楼,建成住房56套,建筑面积8 783平方米。2016年,学校在雁塔校区北院新建28、29号职工住宅楼;同时,学校计划拆除南院4号、9号楼并新建9号住宅楼,成立拆迁安置工作领导小组、工作小组和现场办公室,出台《西安科技大学南院4号、9号楼拆迁安置工作实施办法》,现已安置拆迁户64户。2017年7月,学校与原陕西省理工学校合并后,理工学校的全部资产划归学校统一分配和管理,其中含住宅楼2栋,住房201套。

截至2018年3月,学校共有教职工住宅33栋,共有住房2 728套,建筑面积264 878平方米;其中南院18栋1 211套、东院9栋569套、天豪小区2栋137套、理工校园2栋201套、北院2栋360套。

3. 周转房及单身公寓

学校将单身公寓(单间宿舍)作为青年职工的临时过渡用房,截至2018年3月,用于过渡用房的有南院6-1、6-2公寓,东院车库楼,北院2号、3号教工公寓,理工学校车库楼,可用房源163间。

2015年,学校积极落实响应省委主要领导"利用地方政府建设的保障性住房解决高校青年教师过渡性住房困难"的要求,先后向陕西省人民政府、西安市城乡建设厅、西安市房管局提出书面申请,并于2016年11月与西安市保障性住房管理中心签订协议,获批曲江龙邸公寓保障性住房394套,作为青年教职工临周转过渡住房。2017年,学校对394套住房进行了简单装修,配备了家具及家电,并于6月份进行了首批分配,截至2018年3月,已入住教职工70人,剩余可使用周转房324套,总建筑面积1.6万余平方米,作为后期学校引进人才使用。

(二)节能改造管理

2010年,学校对临潼校区中心广场路灯进行改造,安装了太阳能路灯。2011年,对临潼校区浴室进行节能改造,建成了太阳能辅助空气源热泵的节能环保浴室,每年节省学校洗浴补贴经费近30万元;2012年,学校对动力计量装置进行完善更换,顺利通过了陕西省公共机构节能办、省教育厅和省节能监察中心组织的陕西高校节能目标责任考核。2013年,学校加强校内资源的合理使用与调配,积极开展节能监管平台的申报和建设,完成污水处理站和中水管网建设。2014年,学校被评为陕西省第一批"节约型公共机构示范单位",受到国家发改委、财政部和国家机关事务管理局表彰,并获奖励20万元;临潼校区污水处理站建设工程11月通过临潼区环保部门验收,污水处理各项指标合格,已经投入使用。2015年,积极推进污水处理站中水回用管网的建设,并获批"西安科技大学中水管网建设项目",到位资金16万元,部分使用中水工作开展以来,节约用水12万吨,节约资金14.4万元。2016～2018年,继续按照节约型公共机构示范单位的要求,健全管理体系,合理减少运行过程中的资源损耗,提升水电供应保障水平和能力。

(三)餐饮就餐环境和管理

学校餐饮管理服务中心实行"条块管理、以块为主"的管理模式,分为临潼校区和雁塔校区;截至2018年3月,有职工360余名(临潼校区280余名、雁塔校区80余名),其中校内正式在编职工

12名(临潼校区10名,雁塔校区2名)。

中心设有办公室、食品卫生安全监督组、采购组、库房、维修组、食品安全快检室,榴馨苑一、二、三餐厅和民族餐厅,骊绣苑一、二、三餐厅,雁翔苑一、二、三餐厅和清真窗口,餐厅建筑面积21 538平方米(其中临潼校区16 491.7平方米,雁塔校区5 046.3平方米),可同时容纳5 900余人就餐,每个餐厅均配有较好的设施、素质较高的员工队伍、完善的管理机制和健全的管理制度,现有各类食品600余种,品种各具风味特色,可满足两校区23 000余名师生的就餐需求。

2009年8月,临潼校区引进专业化餐饮管理企业——陕西中快餐饮公司对榴馨苑食堂进行经营管理。2009年12月,资产与后勤管理处(后勤集团)餐饮管理服务中心采用"条块管理、以块为主"的管理模式,实行以"自主经营为主、委托经营为辅"的经营方式。2011年9月,因本专科生全部转到临潼校区上课,雁塔校区学生人数大幅减少,将雁塔校区雁翔苑一层餐厅暂时停业,仅保留二、三层餐厅正常营业。2015年7月,为了满足师生的就餐需求,雁翔苑一层餐厅重新启用,并引进了四川顺心餐饮投资管理有限公司对其进行经营管理。

(四)校园及家属院物业管理

物业管理服务中心,分为临潼校区、雁塔校区,负责做好室内外环境卫生、绿化管理、电梯维护、家属院治理、信件收发、通讯维护等工作。学校校园环境治理、绿化工作经过不断努力,取得了一定成绩,改善了教职工的办公生活条件。在临潼校区的建设过程中,学校十分重视校园绿化的建设工作,加大对新校区绿化的规划设计建设。绿化设计、施工都是高标准严要求;学校用于绿化、美化、硬化等建设投资1 500多万元。其中,用于绿化建设直接投资450万元,每年新建绿地2万余平方米。现有绿地面积12万平方米,绿地率达32.7%,绿化覆盖率达48.5%,植物品种达200多种;建成12个绿化景点,设有河道、亭、廊、水景、雕塑、石桌、石凳等设施,景点优美,各具特色,并将丰富的人文内涵融入其中,使人感受到一种浓厚的文化氛围。目前已完成4条道路绿化,5片较大面积的休闲绿地。截至2014年底,我校雁塔校区绿化面积达到43 904.56平方米,其中:北院19 465.82平方米,南院18 059.76平方米,东院6 378.98平方米。

(五)公寓管理

公寓管理服务中心主要负责两校区学生公寓、国际学生公寓的保洁、安全、基础设施设备的保养、维修以及临潼教师公寓的管理服务与接待等工作。中心制定并落实目标责任制,全体员工统一着装、挂牌上岗。

2013年,为配合西安市地铁建设工程,雁塔校区1#、2#学生公寓拆迁。由于学校布局调整后雁塔校区学生人数减少,4#学生公寓改为单身教工宿舍,3#学生公寓改建大麦酒店。2017年,随着我校研究生的扩招,将原4号学生公寓改造为博士楼;将原招待所改造为国际学生公寓,学校第一批留学生顺利入住。

公寓管理服务中心目前共住学生:博、硕士研究生2 942人(男生1 745人,女生1 197人);本科19 316人(其中:男生12 047人,女生7 269人);国际学生30余人。

(六)动力管理

动力中心具体负责两校区水电暖的供应及维修工作。中心设有办公室、回收班、电工维修班、配电室、水工维修班、水泵房、锅炉房,可满足全校师生的动力需求。

2010年,新装蒸汽锅炉调整供汽系统,对蒸汽回收技术进行专题改造,在骊绣苑餐厅一层西侧安装更换蒸汽计量设施,大幅度节约了蒸汽能源,为绿色校园做出贡献。2011年,为响应国家节能减排号召,降低学校水电费支出,保证两校区布局调整后师生员工的洗浴需求,浴室完成了临潼校区浴室节能和洗浴环境改造,加装了以太阳能为主、辅助空气源的热水系统,满足了学校师生的洗浴需求。2013年,临潼校区9～18号教学楼电计量监管系统投入使用,达到远程监控及统计二级学院用电使用情况。2015年,中水管网系统完工,临潼校区充分利用污水处理站的中水,为校区节水做出了贡献。2016年,临潼校区进行了电力增容工程,解决了图书馆二期、煤矿主体实验室、学生宿舍安装空调的用电需求。

(七)班车、小车队管理

接待运输服务中心主要负责两校区通勤班车、小车队的运行管理工作。2018年有正式工6人,外聘员工15人,中心主任1名。

通勤班车:2010年1月,根据学校安排,通勤班车业务由校长办公室转交于资产与后勤管理处接待运输服务中心管理。转交通勤班车共8辆,大轿车6辆,面包车2辆,后勤集团原有大轿车1辆,主要承担两校区教职工上下班通勤、学校大型会议、学生实习、毕业生接送站等的运输管理工作。2011年,学校主体搬迁至临潼校区,购买5辆通勤班车用于满足学校两校区办学的运输保障工作。2013年,通过政府采购招标,购买53座金龙客车和19座考斯特各一辆。2014年,按照相关政策,为做好我校逐年淘汰"黄标车"及老旧车的工作,确保通勤班车安全运行,购买2辆53座金龙客车。2015年,按照学校原计划更新车辆,由于陕西公用车采购政策变化,政府采购中心停止采购程序。为保证学校正常通勤要求,经过与其他高校调研,采取租赁车辆的方式来解决学校运输工作的需求,经招标,现长期租用陕西城际运输服务公司车辆。

小车队:2018年有车辆4辆,其中小车3辆,商务别克1辆,主要为全校教职工提供24小时服务,保证学校科研、教学、会议、培训等运输接送工作。

(八)医疗服务管理

南院社区服务站2010年完成了"一级医院"的等级验收,取得"一级医院"资质;2011~2012年,完成了全自动生化分析仪的购置、技术培训及验收工作,被评为省高校"2011~2012年度医院管理先进单位"。2013年,南院社区服务站被批准为陕西省基本医疗保险定点医疗机构,正式开通了学校职工社保、医保门诊刷卡系统。2014年,南院社区服务站通过达标验收,获得雁塔区卫生局10万元奖励。2015年,完成了陕西省定点医疗机构资格资质审核工作,并与西安市第九医院正式签订医联体协议。2016年,学校校医院预防接种门诊按上级卫生部门要求进行了全面升级改造,顺利通过上级卫生部门验收,并获20万元新生免费出血热疫苗。目前,分别在临潼、雁塔校区设有3个医疗点,总建筑面积2 203.95平方米,使用面积1984.14平方米;共有病床50张;拥有50千瓦的X光机3台,全自动生化分析仪1台,全自动血球分析仪2台,口腔综合治疗椅及十二导联心电图机、红外线乳腺诊断仪、妇科诊断治疗仪等医疗设备;设有内科、外科、妇科、中医科、口腔科、急诊科、全科医学、预防保健科、影像科、医学检验科、医保办等科室,为全校教职工提供医疗保健与卫生防疫服务。

(九)社区服务管理

西安科技大学社区按照大雁塔街道办事处要求,积极为社区居民提供计划生育服务、劳动保障、居民医保、民政事务、民事调解、法制宣传等工作。2010年获第二次全国经济普查二等奖。2011年,在南院2#楼西侧安装免费健身器材,并建立了南院社区阅览室;2012年,创建了雁塔区"便民示范社区",实行"一厅式"办公,建成了"居家养老服务站",被评为"雁塔区地震安全示范社区";2013年,积极推进"一居一品"和谐社区建设,被评为"省级和谐社区建设示范社区";2014年至今,多次组织居民文化体育活动20余次,先后获得"谁是球王"乒乓球争霸赛3个项目冠军、四星示范书屋授牌等荣誉,为学校社区和谐发展做出了应有的贡献。

(十)雁塔校区西影路院后勤科管理

2016年12月12日,学校与陕西省理工学校资源整合正式合并,2017年7月22日至25日完成人、财、物的交接。同时,资产与后勤管理处在雁塔校区理工校园成立了西影路院后勤科,设置职工8人,其中科长1人,科员7人。主要负责物业保洁、公寓管理、职工宿舍、水电暖、校区小型的维修和工程项目、校区绿化、食堂管理、办公固定电话、综合办公楼会议室、家属楼物业管理等相关工

作。雁塔校区理工校园占地 47 亩,涵盖有实训综合办公楼 1 栋、实习工厂 4 间、教学楼 3 栋、公寓宿舍楼 3 栋、食堂 2 个、家属楼 2 栋。

(十一)专项工程实施情况

2008 年起,学校每年利用寒暑假投入大量的专项资金,对两校区的基础设施进行维护和改造,累计 130 余项,涉及金额 8 500 万余元,包括宿舍家具、教室桌椅、食堂设备、电梯、水电暖设备的修缮工作、教师、学生公寓维修改造、餐厅设施设备改造、中水管网改造工程、校园、家属院综合治理工程、电力增容等,有效保障学校教学科研工作秩序正常。

三、获奖情况

2009 年,被临潼区骊山风景区水管处评为水资源管理工作先进单位,被西安市质量技术监督局评为安全节能锅炉房,被西安市节约用煤办公室评为节能培训先进单位。

2010 年,被西安市临潼区节水型社会建设领导小组评为节水型社会建设工作先进单位;2010～2012 年连续 3 年被西安市临潼区食品药品安全委员会评为"食品安全工作先进集体"。

2011 年,获得了"陕西省劳动竞赛暨服务育人先进集体""陕西省高校后勤系统先进集体""陕西省高校房产管理先进集体""陕西省后勤保障工作先进高等学校""全国高校节能先进学校""全国高校后勤社会化十年改革先进院校"等荣誉称号,我校被增补为全国高校节能联盟理事单位;被陕西高校后勤管理研究会评为"陕西高校学生公寓管理先进单位"。

2012 年,被中共西安科技大学委员会评为"精神文明建设文明窗口"、被评为"陕西省高校后勤系统先进集体"、陕西高校能源专业委员会副主任单位、"西安市节能培训先进单位"。

2013 年,被西安市公安局交通警察支队授予"2013 年全市文明交通示范单位";被陕西高校后勤管理研究会评为"陕西高校公寓管理先进单位"。

2014 年,被国家机关事务管理局、国家发展改革委、财政部授予"西安科技大学节约型公共机构示范单位"、被省教育厅评为"陕西省教育厅 2014 年度行政事业单位资产报表编报工作先进单位"。

2015 年,被西安市公安局交通警察支队授予"2015 年全市文明交通示范单位"。

2016 年,被陕西省教育厅评为"2016 年资产清查工作先进集体"。

2017 年,被中国教育后勤协会评为"2017 年教育后勤新科技应用领跑单位"、被陕西省高校房地产管理专业委员会评为"陕西省高校房地产管理先进集体"。

第六节　财　务　管　理

一、财务组织内部变革

2009 年 12 月,增设后勤财务科。2010 年 4 月,后勤财务移交校财务统一核算和管理。2011 年 8 月,根据学校安排,财务工作重心由雁塔校区搬迁至临潼校区,按照学校两校区功能定位,将科室和工作人员进行了重新划分。2013 年,学校成立校园一卡通管理中心,校园卡管理业务由资产与后勤管理处转移至财务处。2015 年,实行网上报账,雁塔校区设 1 名接单人员,其他工作人员全部集中在临潼校区办公。2017 年 8 月,原陕西省理工学校财务并入学校财务。

二、财务管理和制度建设

1. 财务管理

(1)财务信息化建设。2008 年,开通财务综合查询系统。2009 年和 2013 年,两次升级改版财务综合查询系统。2013年,完成财务处专用网络防杀病毒系统的建设工作。2016年,开通"西安科技大学财务处微信公众服务平台"。

2008年,开通了网上银行,引进了银行POS机。2012年,实现网上银行转账付款、工资网上银行代发;实现学生缴费方式改革,采取银行代扣学费、学生自助缴费与柜台缴费三种方式相结合,学生可24小时随时缴费。2013年起,全面实施无现金结算。

2012年,引进建设银行投资470万元,用于学校数字化校园及新一卡通系统建设,2015年开通了校园一卡通系统支付宝充值以及网上银行、手机银行充值服务。2015年,在陕西省属高校中率先实行网上报账,陆续开通了网上报销系统、薪酬申报发放系统、银校直连系统、短信平台系统等。

(2)贷款工作。2009年,以长期贷款置换原有的短期贷款近4亿元,有效降低了财务风险。2011年开始,在省委省政府统一安排和部署下,在省财政的支持下开始化解银行债务,于2012年8月完成化债任务,化解银行贷款8.47亿元,其中:动用财政拨款化债2.82亿元,统筹学校各类资金化债4.38亿元,用财政奖励资金化债1.27亿元。

(3)校院两级财务管理改革。2014年起,施行校院两级财务管理改革,增加经费投入,将运行经费全部划拨至二级学院支配使用。

2.制度建设

2009年,修订《西安科技大学差旅费管理办法》;2012年,制定了《西安科技大学财经委员会工作规则(试行)》;2013年,制定了《西安科技大学经济责任制》《西安科技大学暂付款管理办法》《西安科技大学财务票据管理办法》等文件;2014年,制定了《西安科技大学校院两级财务管理实施办法(试行)》及《西安科技大学经费审批规定》,修订了《西安科技大学财务管理办法》及《西安科技大学差旅费管理办法》;2015年,修订了《西安科技大学预算管理办法》《西安科技大学校院两级财务管理实施办法》,制定了《西安科技大学专项资金管理办法(试行)》《西安科技大学公务卡管理实施细则(试行)》《西安科技大学会议经费管理办法》;2016年,制定了《西安科技大学本科实习经费报销管理办法(试行)》《西安科技大学会计档案管理办法》;2017年,修订了《西安科技大学差旅费管理办法》,制定了《西安科技大学会议经费管理办法补充规定》。

三、获奖情况

陕西省教育厅2008年度、2011年度部门预算和部门决算工作先进单位;陕西省教育厅2013年度、2015年度部门决算工作先进单位;2013年省财政厅会计基础工作规范化考核优秀单位。

四、接受检查情况

2010年,接受陕西省审计厅组织实施的"2009年度预算执行及资产负债、财务收支和银行贷款、各类借款及其他债务情况"审计和"2007～2009年重点学科等三项工程专项资金的管理和使用情况"审计。

2011～2012年,开展会计基础工作规范化创建活动,接受陕西省教育厅、财政厅组织的考核验收。2013年,被陕西省财政厅授予"会计基础工作规范化考核优秀单位"称号。2014年,接受陕西省审计厅实施的科研经费专项审计调查。2016年,接受陕西省教育厅审计处实施的2015年度预算执行和财务收支审计。

五、2008～2017年财务收支情况

2008～2017年,学校的收入由财政拨款、科研经费、教育事业经费、附属单位缴款和其他收入等构成。自2011年起,陕西省财政对学校增加生均经费拨款,2011年生均拨款标准为9 000元/生,2012年增加至12 000元/生,增加的生均经费拨款优先用于归还学校的银行贷款。同时,省财政对于学

校自筹化债部分给予 50%的奖励,2011～2012 年学校共获取自筹化债奖励拨款 1.94 亿元。学校的支出主要由教育事业支出、科研支出、基建支出等构成。学校 2008～2017 年经费收支决算统计见表 4-14-3。

表 4-14-3　　　　　　　　　　**学校 2008～2017 年经费收支决算统计表**　　　　　　　单位:万元

年度	总收入	总支出
2008 年	33 207	28 924
2009 年	36 487	30 146
2010 年	43 200	34 825
2011 年	62 534	59 866
2012 年	88 317	84 699
2013 年	75 680	69 330
2014 年	85 254	75 419
2015 年	77 906	81 076
2016 年	86 719	81 060
2017 年	81 016	88 844

第七节　审 计 工 作

学校审计处是学校主管内部审计工作的职能部门,依照国家法律法规及学校的规章制度,独立行使内部审计职权,开展的主要工作有:财务审计工作,包含财务收支审计、经济责任审计、内部控制制度审计、经济效益审计、专项审计、审计调查;工程审计工作,包含工程预决算审计、基本建设工程全过程审计;学校领导交办的其他审计事项。2018 年,内设财务审计和工程审计 2 个科室,有专职审计人员 4 名。

一、财务审计工作

通过完成对财务收支审计、经济责任审计、内部控制制度审计、经济效益审计、科研经费审计以及经营性资产审计等多项审计工作,重点对教育事业、基本建设、科研经费以及学校二级财务机构各项资金的筹集、管理和使用的真实性、合法性、合规性和效益性进行审计监督。促进学校加强资金和财产物资的管理,提高经费使用效益,保障各项工作的顺利进行。加大审计力度,做到及时发现问题及时纠正,把一些违规和可能造成的损失尽量消除在萌芽状态,确保了学校财务管理工作健康有序地运转。

(1)财务收支审计工作。通过对学校的财务收支审计,摸清学校家底和财务管理的现状;全面、真实掌握学校资产使用、事业经费收支、负债规模、资金管理及运行效果等各方面情况。重点对教育事业、基本建设、科研经费以及学校二级财务机构各项资金的筹集、管理和使用的真实性、合法性、合规性和效益性进行审计监督。促进学校加强资金和财产物资的管理,提高经费使用效益,保障各项工作的顺利进行。

(2)经济责任审计工作。按照《西安科技大学中层领导干部经济责任审计实施办法》的规定,对校内调动、离任、轮岗的中层领导干部,按照经济责任审计程序,考核其责任人在任职期内经济管理、资产管理、债权债务、经济效益以及遵守财经法规等情况。通过任期经济责任审计,肯定成绩,澄清问题,明确责任,进一步强化领导干部的责任感,为学校干部任用提供依据。

(3) 内部控制制度审计工作。无论是拓展审计领域,发展教育审计事业,还是加强学校内部控制制度的建设,提高内部管理水平,开展内部控制审计已显得日益重要。内部控制审计侧重点在于对学校内部控制制度方面的监督和服务,通过对学校内部控制的健全性和有效性进行了解、测试和评价,充分发挥审计监督和服务职能。学校内部控制审计通过监督单位内部控制的健全性和有效性,为内部控制建设服务,为强化管理和科学决策服务,进而促进学校加强管理和提高办学效益。

(4) 经济效益审计工作。经济效益审计是指审计人员按照一定的标准,对被审计单位的经济活动的效益,进行审计评估,提出审计建议,促进被审计单位提高经济效益的一种活动。通过开展经济效益审计,可以提高资源利用率,避免经济损失;可以正确评价领导干部管理的业绩。

(5) 科研经费审计工作。科研经费是保证科研工作顺利实施的最基本条件之一,科研经费管理是科研管理工作的一个重要环节,科学、规范地使用有限的科研经费,提高科研经费的使用效益,直接影响着科研质量、科研水平和科研人员的积极性以及高校科研事业的发展。通过开展科研经费审计工作,可以强化审计监督,确保科研经费管理及使用更加合法、高效。

(6) 经营性资产审计工作。高校经营性资产审计是对高校经营性资产的真实性、合法性和效益性以及经营过程中存在的风险程度进行审查和评价。通过开展经营性资产审计,可以真正掌握经营性资产的运作和效益状况,实现学校财务管理的目标,确保学校资产的保值增值。

(7) 财务审计工作业绩。2008 年,共完成财务审计项目 11 项,其中财务收支审计 1 项,任期经济责任审计 10 项,共审计资金 9 381.72 万元。2009 年,共完成财务审计项目 6 项,其中财务收支审计 4 项,任期经济责任审计 2 项,共审计资金 1.32 亿元。2010 年,共完成财务审计项目 14 项,其中财务收支审计 3 项,任期经济责任审计 10 项,审计调查 1 项,共审计资金 2.11 亿元。2011 年,共完成财务审计项目 3 项,其中财务收支审计 1 项,任期经济责任审计 2 项,共审计资金 3 068.39 万元。2012 年,共完成财务收支审计 5 项,审计资金 6.7 亿元。2013 年,共完成财务收支审计 5 项,审计资金 7 604.69 万元。2014 年,完成财务收支审计 4 项,任期经济责任审计 28 项。2015 年,完成财务收支审计 1 项,任期经济责任审计 6 项。2016 年,完成财务收支审计 1 项,专项资金审计 1 项。2017 年,完成财务收支审计 4 项,专项资金审计 2 项,任期经济责任审计 2 项。

二、基建、修缮工程审计工作

根据西科办发〔2012〕19 号文件的规定,对学校及其下属单位单项造价在 2 万元以上(含 2 万元)的土建、管道、水电安装和装修等各类基本建设、修缮工程的预决算进行审核。审计工作中遵循事前审计、事中审计、事后审计相结合的原则,对学校各单位、各部门投资的大中型基建、修缮工程项目实施全过程跟踪审计监督。同时,根据重要性和成本效益原则,结合项目具体情况,对大中型基建、修缮工程项目分阶段分环节进行重点审计监督。通过基建、修缮工程预决算审计,促进相关部门加强工程管理,降低工程成本,提高建设资金的使用效益,维护学校合法权益,有效地规范工程项目的管理。

工程审计工作业绩:

2008 年,共完成工程审计项目 80 项,其中基建工程 20 项,修缮工程 51 项,委托社会审计项目 9 项,审计资金 5 651.35 万元,审减资金 296.76 万元,审减率 5.25%。

2009 年,共完成工程审计项目 39 项,其中基建工程 8 项,修缮工程 27 项,委托社会审计项目 4 项,审计资金 2 504.14 万元,审减资金 105.31 万元,审减率 4.21%。

2010 年,共完成工程审计项目 36 项,其中基建工程 7 项,修缮工程 24 项,委托社会审计项目 5 项,审计资金 1 446.53 万元,审减资金 190.69 万元,审减率 13.18%。

2011 年,共完成工程审计项目 59 项,其中基建工程 26 项,修缮工程 28 项,委托社会审计项目 5 项,审计资金 6 023.77 万元,审减资金 324.82 万元,审减率 5.39%。

2012年,共完成工程审计项目72项,其中基建工程13项,修缮工程48项,委托社会审计项目11项,审计资金1.04亿元,审减资金604.02万元,审减率5.79%。

2013年,共完成工程审计项目68项,其中基建工程13项,修缮工程48项,委托社会审计项目7项,审计资金6 548.52万元,审减资金326.31万元,审减率4.98%。

2014年,共完成基建、修缮工程决算审计项目37项,其中自审项目36项,委托社会审计项目1项。审计投资额1 377.47万元,审减投资103.58万元,在初审的基础上,审减率平均为7.52%。

2015年,共完成基建、修缮工程决算审计项目82项,其中自审项目65项,委托社会审计项目17项。审计投资额8 204.49万元,审减投资542.9万元,在初审的基础上,审减率平均为6.62%。

2016年,共完成基建、修缮工程审计项目89项,送审造价总额30 330.29万元,其中结算、预算审计金额6 845.64万元,审减额496.56万元,在初审的基础上,审减率平均为7.25%。

2017年,共完成基建、修缮工程审计项目141项,送审造价总额为39 327.90万元。其中结算、预算项目送审造价总额29 347.60万元,审减额1 236.68万元,在初审的基础上,审减率平均为4.20%。

三、不断完善审计制度,确保审计工作有章可循

审计处根据国家以及教育审计的有关规定、准则,结合学校实际情况,先后制定了《西安科技大学内部审计工作规定》《西安科技大学审计工作规程》《西安科技大学关于基本建设、修缮工程竣工决算审计的规定》《西安科技大学基建修缮项目审计实施办法》《西安科技大学审计处岗位责任制》和《西安科技大学审计有关参考用表(十二种)》等。同时还将国家、行业、部门和学校的有关法律、法规、制度汇编成《审计法规与制度汇编》。完成了《西安科技大学内部审计工作实施办法》《西安科技大学审计工作规程》《西安科技大学基本建设、修缮工程项目审计实施办法》等审计规章制度的修订工作,这些工作不仅保证审计工作有法可依、有章可循,也使得学校审计工作法制化、制度化、规范化。严格审计程序,健全和完善各项审计制度,规范各种审计表格和审计行为,防范审计风险,促进审计工作及各个环节走向规范化、制度化。

四、取得的成绩

内部审计工作在学校的建设与发展中做出了应有的贡献,也得到了上级主管部门和各级领导的充分肯定。曾连续6次获原煤炭部审计工作竞赛评比一等奖,一次获得全国煤炭审计工作先进集体,先后获得"2008～2012年度全省内部审计工作先进单位""2009年度陕西省教育系统审计工作先进集体""2012年度陕西省教育系统内审工作综合先进集体""2016～2017年度陕西省教育系统内部审计先进集体"称号等多项集体和个人荣誉。

第八节 资 产 管 理

2009年11月,学校国有资产归口资产与后勤管理处管理。整合了原国资处的工作职能。设有资产科和采购科,共有7名工作人员具体负责学校固定资产的管理和物资招标采购工作。通过管理科学化、精细化、信息化,达到"完善制度、优化资源、规范管理"的目标,为学校的发展提供物资保障。2014年7月,学校成立了国有资产管理委员会,进一步加强对学校国有资产的科学管理,规范国有资产管理行为,确保学校国有资产的安全和完整。国有资产管理工作取得了一定成效,在2016年开展的全国行政事业单位国有资产清查工作中获得了"资产清查先进集体"荣誉。学校同时积极推进政府采购工作,2015年5月,学校招标采购项目全部纳入政府采购范畴,学校招标采购工作基本做到了制度健全、信息公开、监督到位。

学校现有固定资产总值为 189 701 万元,比 2008 年的 84 128 万元增长了 2.25 倍,其中土地与建筑物 120 531 万元;专用设备 7 458 万元;一般设备 49 254 万元;图书 4 864 万元。固定资产的快速增加伴随着招标采购的数额也大幅增加,2008 年学校年物资采购额为 1 114 万元,到 2015 年年采购额快速增加到 14 457 万元,2017 年达到 15 976 万元。

第九节 附属中学

西安科技大学附属中学(简称西科大附中),位于风景秀丽的大雁塔旁。2018 年 3 月,学校有初中三个年级 7 个教学班,学生 360 多人,教职工 34 人,专职教师 25 人(其中外聘 4 人),教职工中高级职称 12 人,研究生学历 8 人。

一、学校机构及发展历程

2010 年 9 月,举行了附中建校 30 周年校庆和 30 年辉煌发展图片展,出版西安科技大学附属中学发展与建设图册。

2011 年,学校按国家Ⅰ级Ⅰ类学校标准要求配备了计算机、语音、音乐、美术、多媒体教室、物理、化学、生物实验室和仪器室,建有满足教师和学生需求的图书馆、阅览室、社团活动室、科技活动室、劳动技术室、学术报告室、共青团和少先队活动室,教室配置了最新型的多媒体教学设备,理化生实验室配置了一套全新设备,极大程度地满足了教师现代化教学的要求。教学用室由原来的 12 间扩大为现在的 20 间,保证了教育教学的顺利进行。

2011 年,通过了陕西省"316 工程"验收。2012 年,通过了"双高双普"教学评估验收。2014 年,与美国俄勒冈州雷尼尔学区、延安大学附属中学成为友好交流学校。2015 年,陕西省政府"316 工程"验收。

2015 年,讨论通过了《西安科技大学附属中学章程》,确定了新的校名:西安科技大学附属中学(英译名 The Affiliated High School of Xi'an University of Science and Technology)、校徽、校旗、校庆日。学校属性:隶属西安科技大学、属事业单位主办的全日制中学,在教育教学方面接受地方教育行政部门的管理与指导。2016 年,根据国家教育法和《西安科技大学附属中学章程》修改完善出版了《西安科技大学附属中学制度汇编》。

2016 年,通过了陕西省政府"创教育均衡发展"验收。

二、教育教学

2009 年,学校给每个教学班安装了电视,为每位教师配备了笔记本电脑。

2010 年,社会对教育优质资源的需求越来越大,周边的五大名校不断扩招,学校优质生源越来越匮乏,为了适应新环境下的办学要求,学校实施"质量立校、管理兴校、科研强校,文化润校,特色名校"战略,坚持"品牌、质量、服务"的意识,充分利用课堂教学,把实施素质教育、提高教育质量作为工作重点,向课堂 40 分钟要效率。从备课、上课、辅导、考试等各个常规环节入手,先后制定并完善了《教学工作常规要求细则》《教学常规检查制度》《教师备课制度》《"减负增效"工作要求》《教学质量分析制度》《"四清"教学常规要求》《校本教研检查制度》《教科研管理制度》等一系列管理规定,规范教师的教育教学行为,提出并推行"四清"(堂清、日清、周清、月清)教学模式。实验室及时更新实验设备,保证了教学的正常使用,确保演示、分组实验百分之百开出,鼓励教师开展学科特色实验教研活动,提高教学质量,使教学质量从无优质生源的低谷走了出来。

2012 年,参与西安市大学区建设工作。2012、2013 年学生毕业率到达了 100%,统考、中考得 A 率在雁塔区名列前茅,升入重点高中的学生比例大幅上升。2014 年,121 名同学的毕业率达到

了100％,有6人考入5大名校,8年级数学统考获得雁塔区第一名的好成绩。

2015年,103名同学的毕业率到达了100％,中考13名学生考入陕西省示范高中。2016年,113名同学全部合格毕业,13名同学考入西工大附中等五大名校就读,23名同学升入陕西省示范中学就读。2017年,8名同学考入西工大附中等五大名校就读,21名同学升入陕西省示范中学就读。

三、教师队伍

学校拥有一支具有良好政治业务素质,掌握现代教育技术、初中学科门类齐全的学科、结构合理、充满活力的教师队伍。截至2018年,有专任教师27人,本科学历达标率100％,研究生学历占45％,高级职称教师占65％。

2002～2009年,有8人获得市区"优秀教师"称号,60多人次教师获得中省市举办的学科竞赛一、二、三等奖。2010年,学校组织培训教师开设第二课堂,教授运动技能、礼仪、刺绣、书法等传统工艺课程,教师第二课堂开出率80％。

2010年,附中教师所带学生参加"中国青少年语文风采大赛",获团体金奖,学生获个人金奖,指导学生作品获雁塔区"春蕾杯"作文大赛一等奖,获得北京师达中学教师基本功大赛二等奖,"中国青少年语文风采大赛优秀指导教师"称号。

2011年,根据学科需求,调整设置了数学(理科)、语文(文科)、英语(综合)和理化生教研室,坚持以教促研,以研兴教,鼓励教师,从教育教学实际出发,及时掌握课改信息,确定教改实验和教学研究课题,大胆实践创新,2011～2017年有10余项科研教改课题结题,撰写教学论文50多篇。

2012年,学校利用西安市实行大学区的机遇,充分利用大学区的资源优势,参与大学区成员学校教学教改活动,共同评课,取长补短,提升教师的教学水准,举办各种有益师生身心健康的活动,师生具有积极向上正确的人生信念。

2013～2016年,引进211高校具有硕士研究生学历教师8人。

2013年,学校采用"请进来、走出去"的方式,有计划、全覆盖地安排教师培训工作,利用假期派教师赴名校学习,请专家来校讲座培训,不断提升教职工的整体素质。

2014年,学校强化教研活动,教研组每次活动要定时间、定地点,要有专题、有记录、有实效。通过推行教法研究、问题会诊、案例分析、实践反思、观摩讨论、中心发言等方式,促进教师在研究中反思,在研究中成长。

2015年,学校进一步加强青年教师的培养,特别注重对青年教师的校本培训,以课程改革为契机,对青年教师提出了"三年成型,六年成才,九年成名"的培养目标,实施"师徒结对"的培新工程,由经验丰富的老教师与青年教师师徒结对,双方通过听课、学习、交流等方式,促进新老教师共同提高。

2010～2016年,5名教师参加西安市优质课比赛获一等奖,16名教师参加雁塔区优质课比赛获一等奖,10人次获"雁塔区优秀教师"称号,附中教师指导学生在全国中学生学科竞赛中荣获国家级奖7人次,省级奖20多人次。

四、素质教育

学校认真贯彻教育为主、德育为先、立德树人的指导思想,按照"让每个学生在健康快乐中成长,让每个教师在和谐成功中发展"的办学理念,坚持面向全体学生,促进学生健康全面发展。

1. 举办特色活动　提升学生素质

学校每学期要组织一次为期一个月主题鲜明的文明礼貌月或创建优秀班集体等系列活动,从开展爱学习、爱劳动、爱祖国、文明礼仪教育、孝敬父母、关爱他人、遵守中学学生守则入手,以学会并牢记文明礼仪常识为基本要求，以养成理解、宽容、谦让、诚实的待人态度和庄重大方、热情友好、礼貌待人的文明行为举止为目标，提高中学生的核心素养。

2005 年，获评"陕西省教育系统精神文明建设最佳单位"。

2005 年，吴玮同学获得陕西省"三好学生"称号。

2009 年，获评"西安市传统体育项目学校"。

2. 丰富的社团活动课程，助力学生全面发展。

2010 年 9 月，学校举办附中 30 年辉煌发展图片展，出版西安科技大学附属中学发展与建设图册，举行庆祝西安科技大学附属中学 30 周年庆典大会和文艺演出等校庆系列活动，激发师生强烈的爱党、爱国、爱校的情感，文艺演出展现我校学生健康向上的良好精神风貌，扩大宣传，提升学校的知名度，凝聚人心，聚集力量，总结经验，集全校员工的智慧创造性地升华出了学校的教育理念：教育——为了人的幸福；办学思路——在继承中创新、在创新中发展、在发展中提升；办学理念——以人为本，全面发展；办学宗旨——为学生健康成长成才奠基；学校精神——立德学粹　健体博采；校训——厚德、启智、诚朴、奋进；校风——严谨、乐学、求实、创新；教风——诚笃、博学、善导、奉献；学风——诚朴、博采、善思、进取。

2010 年，获"雁塔区平安校园"称号。

2012 年，学校围绕"适应学生、成就教师、满意家长、奉献社会"的办学总目标，以"开发潜能、发展个性"为育人思路，在坚持开足开齐课程的同时，想方设法整合资源，优化课程配置，开发特色课程和特色活动，努力提升学生核心素养。通过精心布置、周密安排、科学谋划，先后开发了 6 门校本课程；成立了 14 个社团，在五一、十一组织开展全校诗朗诵、才艺大赛、文艺汇演等活动，为学生创造才艺展示平台，丰富校园文化生活。

3. 积极组织学生外出参观学习，助推研学旅行教学活动

2012 年，大学临潼地质博物馆附属中学学生教育基地挂牌。

2012 年，获得"陕西教育工会模范职工小家"称号。

2013 年，组织七年级同学参观了陕西省历史博物馆、秦俑馆和大学地质博物馆、图书馆，对全校师生史鉴教育、文明行为、中国梦、社会主义核心价值观等爱国主义教育，组织八、九年级学生赴陕西民俗博物馆进行研学旅行教育教学活动，了解陕西元素，助推陕西梦。

2013 年，获评雁塔区"规范教育收费示范学校"、西安科技大学党委"党风廉政建设先进单位"。

4. 国旗下宣誓，提高学生爱国情怀

2014 年，学校利用升旗仪式、主题班会、国旗下讲话、校园广播、校园标语、宣传橱窗，班级墙报等宣传形式学习宣传社会主义核心价值观，做到"24 字"上墙进楼、进教室、进办公室、进课堂、进头脑，让广大师生牢记社会主义核心价值观的内容，在全校开展"四个一"活动。即学校出一期宣传栏、挂一条宣传横幅、班级办一期黑板报、各班召开一次主题班队会。大力表彰我校在文明创建活动中的特色及好人好事，大张旗鼓表扬身边的好人好事，鼓励文明行为，树立典型人物，弘扬正能量。

2014 年，学校被中国关心下一代工作委员会、司法部、中央社会治安综合办公室评为"零犯罪学校"；张永和被评为中国关心下一代工作委员会、司法部、中央社会治安综合办公室"普法教育先进个人"、雁塔区政府"优秀校长"。

2015 年，在坚持每周一升国旗、国旗下演讲的同时，每周一入学的第一件事就是在班级教室悬挂国旗下宣誓，召开一题一会的主题班会，开展九一八不忘国耻等活动，每学期放映两部红色教育影片，从而激发学生的爱国爱集体的情怀。

5. 强化体育锻炼，增强学生体质

严格按《国家学生体质健康标准》落实体育课程设置和课时安排，认真上好每一节体育课，坚持

做好两操;激发学生潜能,拓展学生特长,培养学生自主创新意识,做好棒球课程、艺术课程等校本课程的开发和实验工作;积极开展文体活动,每年举办田径运动会、广播操比赛、跳绳比赛、乒乓球赛、篮球赛,坚持每天一小时阳光体育活动时间,利用课余时间开设了跆拳道、羽毛球、篮球、田径、棋艺等社团课,拓展学生的业余爱好。

6. 优化育人环境,助推学生健康成长

学校倡导"用发展的眼光看待学生,用宽厚的胸怀容纳学生,用高尚的品质影响学生,用渊博的知识塑造学生"的办学思想,丰富校园文化生活,增进学生身心健康,着力打造"和谐校园、文化校园、智慧校园、卓越校园、安全校园"。

2013 年,成立了家长学校,定期对学生家长进行培训教育。2014 年,积极开展"走进家庭、携手育人"大家访活动,举办"良好家庭教育对孩子成长的作用"系列讲座和家校交流等活动。

2014 年,团总支成立了"小燕子"志愿者爱心服务队,开展志愿者服务,上街进行文明礼貌宣传,为大学"空巢"老人提供爱心服务。

2015 年,优化育人环境,加大对基础设施建设的投入,引进先进的教学仪器和设备、更换了教室的固定桌椅、对天井地面整修,拓展学生活动空间。

2016 年,学校建立了安全监控室,新增了 37 个摄像头,实现了校园监控全覆盖、园监控无死角。

2009～2016 年,有 7 名同学获得西安市"优秀学生干部"称号,14 名同学获得西安市"三好学生"称号,3 个班级获得西安市"先进集体"荣誉称号;7 名同学获得雁塔区"优秀学生干部"称号,10 多名同学获得雁塔区"三好学生"称号,5 个班级获得"先进集体"称号。

2010～2016 年,连续 6 年被西安科技大学党委评为"先进党支部"。

2009～2014 年、2016 年,被西安科技大学评为"治安综合治理先进集体",3 次评为西安科技大学"师德先进集体";有 4 名班主任被评为西安市优秀班主任,有 16 人次获雁塔区、西安科技大学"先进工作者""优秀教师""师德先进个人""岗位教学能手""优秀班主任"称号。

2016 年,学校党支部被中共陕西省委高教工委评为"陕西高等学校先进基层党组织"。

西安科技大学附属中学成立以来,紧紧依托西安科技大学先进的教学理念、教育思想和文化底蕴,继承"科学严谨、务实求真、甘于奉献、追求卓越"的办学传统,经过几代人的艰苦创业、辛勤耕耘,学校现代化教学设施齐全,拥有一支爱岗敬业、业务素质强的师资队伍,学生整体素质高,在国家、省、市级的学科竞赛中屡创佳绩。在西安市历年的初中毕业升学会考中,学生的成绩名列前茅;形成了"规模小、管理严、质量优"的特色,成为雁塔及周边地区"学生向往、家长信赖、社会认可"的学校。

第十五章　人　　物

第一节　人物传记

人物传记中撰写的人物,主要包括去世的副厅级以上领导、在学术及行业有较大影响者、国家科技进步奖、全国优秀教师奖获得者。

1. 何能

何能(1905～1995),男,汉族,四川省珙县人,1927年3月参加工作,1929年3月加入中国共产党。1927年3月至1933年10月,历任国民党四川省党部宣传部干事、莫斯科东风大学军事训练班学员、莫斯科中共劳动大学学员、共青团中央宣传部与江苏省委宣传部秘书、共青团满洲省委宣传部部长,1933年10月至1939年9月在哈尔滨敌伪监狱拘囚,1939年9月至1941年8月在牡丹江、上海流落,1941年8月至1947年8月历任新四军政治部宣传部科长、苏中军区四分区敌工委员会秘书、苏中区党委华中区党校整风学员、新四军政治部锄奸部侦察科长、华东野战军一纵队政治部组织部长,1946年10月至1947年8月在山东峰县阻击战中被俘与逃归,1947年8月至1949年12月历任华东一纵队政治部、华东二十军政治部及华东第九兵团政治部民运部长和敌工部长,1950年1月至1950年11月任人民志愿军九兵团政治部秘书长,1951年12月至1953年2月任华东九兵团后方留守处政治委员,1953年2月至1958年7月解放军后方勤务学院科研部副部长,1958年7月至1979年4月任西安矿业学院党委副书记兼副院长。

2. 郝耀

郝耀(1918～?),原名郝耀俊,男,汉族,山西省汾阳人。1937年9月参加革命,1938年6月加入中国共产党。

1930年至1935年在本村上学,1935年至1937年在张家口钰牲煤栈当学徒。1937年6月参加抗日救国同盟会,曾在程子华领导的战地总动员委员会第一路游击队一纵队政治部工作团工作,1938年9月任汾阳县游击队中队长,保安游击一支队政治部工作团成员。1938年至1941年,任汾阳、阳兆县县委委员,清太、徐县县委常委兼民运武装部长、抗日救国清太徐县自卫队长。1941年至1944年7月,任晋绥日报社采供部主任,后赴晋绥党校学习。1943年冬任晋绥公安总局丰汇时商店副经理,1944年3月任晋绥边区行署工作科长兼兴新货栈经理、晋察冀办事处分队长。1949年1月至12月在西北驻京办事处工作,1950年1月至1953年2月,任西北物资分配局副局长、局长。1953年3月至1957年7月任西北煤炭管理局局长、党组书记,1957年8月至1962年任煤炭工业部西安管理局、陕西省煤炭管理局副局长,1962年12月至1965年8月任西安矿业学院院长、党委委员。1965年9月调中国煤炭科学研究院任副院长。1980年任煤炭部技术委员会常务副主任。1985年12月离休。离休后对煤炭工业发展战略、大型煤炭企业的深化改革、开采技术政策等一系列问题进行研究,先后在《中国煤矿经济研究》月刊上发表文章3篇,其中《关于加快发展煤炭工业的若干建议》获煤炭工业部技术进步荣誉奖,《关于能源政策》获国家科委、计委、经委共同颁发的重要贡献奖。

3. 卜吉甫

卜吉甫(1908~1997),男,汉族,陕西省延安人,1935年4月参加工作,1935年5月加入中国共产党。1935年4月至1939年7月历任延安县东区苏政府秘书、延安县苏政府秘书、延安县教育部部长、延安县政府科长,1939年8月至1940年6月参加边区政府行政训练班学习、参加赴绥德边政府考察团,1940年7月至1952年5月历任边区政府民政厅科员、延安县住一完小学校长、延安县政府秘书、延安县副县长、陕西省财政厅地财科科长、税政科科长,1952年6月至1958年12月任建设银行陕西省分行行长,1959年1月至1979年任西安矿业学院党委副书记。

4. 罗沛

罗沛(1923~1999),男,汉族,山西省隰县人,1938年5月参加工作,1938年5月加入中国共产党。1938年5月至1939年1月历任山西隰县一区动员委员会协助员、动员委员会党支部书记、青救会主席、青救会一区党工委书记。1939年2月至1940年1月在晋西南区党委一月班学习,历任隰县一、四区区委书记、晋西事变干部工作队支部书记,1940年2月至1945年8月任山西交城县委会组织、宣传部长、县委书记,1945年10月至1947年4月任山西隰县县委书记,1947年5月至1949年6月任山西大宁县县委书记,1949年6月至1950年5月任甘肃武都县地委委员、县委书记、县长,1950年7月至1950年8月任甘肃省监查委员会秘书、主任,1950年9月至1951年5月任甘肃省复原委员会秘书、主任,1951年5月至1952年8月任甘肃省工业厅矿业管理处处长,1952年9月至1953年9月任甘肃省矿业管理局局长,1953年10月至1954年5月任甘肃省工业厅副厅长、矿管局局长,1954年10月至1958年6月任西北煤炭管理局副局长、甘肃矿务局局长、局党委第一书记,1958年7月至1959年1月任甘肃省经济计划委员会副主任,兼任甘肃省煤炭管理局党组书记、局长,1959年2月至1962年7月任省委候补委员、甘肃省煤炭管理局党组书记、局长,1962年8月至1965年8月任西北煤炭管理局副局长、机关党委书记,1965年9月至1980年12月任西安矿业学院党委书记、院长,1981年1月至1983年任西安矿业学院党委书记。

5. 史德周

史德周(1905~?),男,汉族,江西省永新县人,1927年参加工作,1936年加入中国共产党。1929年至1952年3月历任江西永新县第三区通讯员兼邮差兼邮政局长、红十七师四十九团卫生队队员兼管理员、红二军模范师卫生部管理员兼副官、红二军供给处粮秣员、一二零师三五九旅七一七团供给处出纳兼股长、副主任、主任、一二零师三五九旅供给部副部长、西北野战军五师供给部部长、志愿军后勤司令部六分部副部长,1952年5月至1954年10月在西北党校文化班学习,1955年3月至1959年2月任总后方勤务部生产部西北军需生产管理局副局长,1959年3月至1967年任西安矿业学院副院长。

6. 李树荣

李树荣(1918~1987),男,汉族,山西省稷山县人,1937年8月参加工作,1942年4月加入中国共产党。1937年4月至1954年3月历任太岳纵队212旅54团参谋干事、太岳区高平县武委会政工部长、主任、绛南县武委会主任、新绛县委会宣部长、书记、山西省运城县地委组织部部长,1954年4月至1956年9月任燃料工业部煤田地质总局政治处副处长,1956年10月至1962年6月任新疆煤矿基建局煤炭工业局副局长,1962年7月至1964年9月任西北煤田地质局局长,1964年10月至1965年5月任西北煤炭管理局政治部主任,1965年6月至1970年12月任渭北煤炭工业公司经理,1971年1月至1972年12月任铜川矿务局革命委员会副主任,1973年1月至1977年10月任陕西省燃化局核心领导小组副组长,1977年11月至1979年5月任西安市化学工业局党组书记、局长,1979年4月至1981年任西安矿业学院党委副书记、院长。

7. 宋岐

宋岐(1922~2000),男,汉族,山东省掖县人,1940年4月参加工作,1939年7月加入中国共产

党。1940 年 12 月至 1955 年 12 月历任掖县青救会干事、延安留守兵团科员、延安军事工业局文书、行政秘书、山东省政府秘书处科员、山东建国大学学员、陕南行署秘书、农业科科长、南郑行署建设科科长、汉中地委秘书长、汉中专署副专员、第三机械工业部新疆 519 大队伊宁分队总支部书记,1955 年 12 月至 1966 年 6 月历任太原 182 大队副大队长、党委书记、山西省地质局副局长、内蒙古平庄矿务局党委副书记、煤炭部建安公司党委副书记,1969 年 4 月至 1978 年 7 月历任煤炭部建安公司革委副主任、建安公司党委副书记、河南太康五七干校学员,1978 年 7 月至 1983 年 12 月任西安矿业学院党委副书记、副院长。

8. 张毅

张毅(1921~2005),男,汉族,河北省行唐县人,1941 年 2 月参加工作,1941 年 7 月加入中国共产党。1941 年至 1942 年任行唐县文化合作社革命职员,1943 年至 1944 年在平山县四分区党校学习并任区组织委员,1945 年 8 月至 1945 年 12 月调东北行军任带队人,1946 年至 1949 年历任热河新惠县区委副书记、书记,1949 年 10 月至 1958 年 2 月历任辽西省委研究室研究员、辽西八道壕煤矿工会副主席、天津全总干校学员、东北煤矿工会工作组组长、中长铁路煤矿工会主席、东北煤矿工人速成中学副校长,1958 年 3 月至 1960 年 1 月在北京煤炭工业学院学习,1960 年 2 月至 1962 年 6 月任煤炭部人事司教育处副处长,1963 年 7 月至 1965 年 4 月任煤炭部政治部组织部副部长兼监委副书记,1965 年 5 月至 1969 年 7 月任煤炭部干部学校常委副校长,1969 年 2 月至 1971 年 2 月在黑龙江五七干校劳动,1971 年 2 月至 1975 年 9 月任咸阳十二号信箱党委书记,1975 年 10 月至 1979 年 3 月任西安煤矿仪表厂党委书记兼革委会书记,1979 年 4 月至 1983 年任西安矿业学院党委副书记。

9. 赵亚民

赵亚民(1926~2002),男,汉族,河北省安平县人,1944 年 3 月参加工作,1943 年 9 月加入中国共产党。1945 年 9 月至 1954 年 7 月历任冀中七分区译电员、冀中军区机要科译电员、团司令部机要科译电员、西北驻京办事处译电员、西北军政委员会机要处译电员、副科长,1954 年 8 月至 1958 年 7 月任铜川基建公司科长、部长,1958 年 7 月至 1959 年 1 月在西北局党校学习,1959 年 2 月至 1964 年 3 月任蒲白矿务局办公室主任、白水矿副矿长,1964 年 4 月至 1979 年任西安矿业学院办公室主任,1979 年至 1983 年任西安矿业学院副院长、党委副书记。

10. 肖继彦

肖继彦(1926~2016),男,汉族,河北省宁河人,中共党员。1946 年考入东北中正大学工学院电机工程系。1949 年经由组织选送到东北工学院电机系电机制造专业学习,1951 年毕业后分配到阜新高等职业学校,先后任教员、科主任、教导处副主任等职。1955 年调至西安煤矿学校任机电科主任、副校长。1962 年调至西安矿业学院工作,先后任机电系主任、副院长、院党委书记等职。1987 年 10 月离休。

11. 王学文

王学文(1930~1992),男,汉族,山东省招远人,1952 年参加工作,1956 年 6 月加入中国共产党,本科学历,1949 年 10 月至 1952 年 8 月在国立山东大学机械系就读。1952 年 9 月至 1958 年 3 月在抚顺煤矿学校任教师、科主任,1958 年 3 月至 1960 年 1 月任西安煤矿学校教务科长,1960 年 1 月至 1962 年 9 月任西安煤矿学校副校长,1962 年 9 月至 1980 年 2 月任西安矿业学院教师、处长,1980 年 2 月至 1983 年 6 月任西安矿业学院副院长,1983 年 6 月至 1987 年 7 月任西安矿业学院院长,1987 年 7 月至 1990 年 1 月任西安矿业学院党委书记。

12. 徐子善

徐子善(1940~2005),男,汉族,山东省牟平人,大学本科学历,教授职称,1964 年参加工作,1973 年 1 月加入中国共产党。1964 年 8 月至 1987 年 8 月历任西安矿业学院基础部力学组教师、

采矿系辅导员、学生党支部书记、采矿系党总支部委员、基础部教学科研秘书、采矿系党总支部副书记、副主任、教务处处长,1987年8月至1990年8月任西安矿业学院副院长,1990年9月至1997年任西安矿业学院党委书记,1995年至1999年任西安矿业学院院长,1999年至2000年任西安科技学院院长。

13. 侯运广

侯运广(1916~1984),1948年参加革命工作,1979年加入中国共产党。1934年7月就读于安徽宣城师范学院,1937年8月考入西北工学院,1941年8月毕业后留校任教。1943年1月,任四川綦江铁矿助理工程师,1944年1月任西康技艺专科学校矿冶科讲师,1946年8月任安徽建设厅技士,1946年12月任西北工学院讲师,1947年8月任安澜高级工业职校教员,1948年1月任西北工学院讲师,1948年8月任安徽无为县立中学教员。1950年1月任西北工学院采矿系副教授,1950年7月任焦作工学院采矿系副教授,1951年1月任西北工学院采矿系教授兼系主任。1957年8月任西安交通大学采矿系教授兼系主任,1958年9月任西安矿业学院采矿系教授兼系主任,1967年至1984年,任西安矿业学院教授。1984年8月病逝。侯运广先生是西安科技大学安全技术及工程学科的奠基人,于抗日战争末期在西北工学院创立了矿井通风与安全学科。侯运广先生也是西安矿业学院采矿系的创始人之一。

侯运广教授曾从事煤炭教育工作达40余年,专长煤矿开采,尤其对矿井通风学造诣较深,是我国矿山通风安全学科的奠基人之一,曾和关绍宗、汪泰葵等同志一起审编出版了符合我国煤矿生产实际的《矿井通风与安全》教材。在侯先生的倡导下,建立了全国煤炭高校通风年会制度,1974年首届通风安全年会在西安矿业学院召开。煤矿高校通风年会促进了教学经验交流,推动了安全科学发展,加强了院校间的联系,受到了广大安全教育和科研人员的欢迎。由于他在教育和学术上的卓越成就,被选为陕西省第三届、第五届、第六届人民代表大会代表,曾被聘任为煤炭工业部教育顾问团成员、煤炭高校教材编审委员会委员、中国煤炭学会理事、煤炭技术咨询委员会委员、陕西省高教局顾问小组成员、省煤炭厅科技顾问小组成员、陕西省煤炭学会常务理事、西安矿业学院学术委员会副主任、学位委员会副主席等职务。

14. 袁耀庭

袁耀庭(1917~1993),男,汉族,河南省获嘉县人,教授,我国著名的地质学家、地质教育家。1941年毕业于国立西北工学院矿冶工程系。曾先后在西北工学院、西北师范学院、西北大学、西安交通大学和西安矿业学院任教,相继被聘为助教、讲师、副教授,1950年升任教授。1957年任交通大学(西安)地质系主任。1958年调任西安矿业学院地质系第一任系主任。1965年12月调到煤炭科学研究总院西安研究所(院)工作,历任副所长、副院长兼学术委员会主任等职。曾先后担任中国地质学会第31届、32届理事兼中国地质学会、中国煤炭学会煤田地质专业委员会主任委员;陕西省政协第四届、第五届常委,陕西省科协第三届副主席,陕西地质学会第13、14届副理事长,陕西省煤炭学会常务理事;中国矿物岩石地球化学学会理事;陕西省矿物岩石地球化学学会理事长等职。他在内生矿床、大地构造和煤变质理论等领域多有建树,先后发表论文数十篇。对微晶岩成因的研究有独到见解,在地质学界有较大影响。

15. 谭宗尧

谭宗尧(1907~1987),男,汉族,辽宁省沈阳人,教授。1927年7月毕业于东北大学预科,1931年7月毕业于东北大学电工系,1949年8月至1950年7月任河北工学院电机系教授,1950年12月至1956年7月任西北工学院电机系教授,1956年8月至1957年7月任西安动力学院电力系教授,1957年8月至1958年8月任交通大学(西安)电机系教授,1958年9月任西安矿业学院机电系教授,长期从事电机类教学工作,1978年10月退休。

16. 徐精彩

徐精彩(1959～2005),男,汉族,浙江省武义县人,1983 年 3 月加入中国共产党。曾任西安科技大学校长助理、教授、博士生导师;国家重点学科安全技术及工程学科点学术带头人;中国矿业大学长江学者特聘教授。

徐精彩教授在煤炭安全学科领域做出了杰出的贡献,并被授予全国教育系统劳动模范、全国师德先进个人,入选"首批新世纪百千万人才工程"国家级人选,获得国务院政府特殊津贴,是国家杰出青年基金项目获得者,被推选为 2005 年中国工程院院士增选有效候选人。徐精彩是国务院学位委员会学科评议组成员,中国劳动保护科学技术学会理事,中国煤炭劳动保护学会灭火防治专业委员会副主任,中国煤炭劳动保护学会通风专业委员会副主任,中国煤炭学会青年工作委员会委员,西安纳米科技学会第一届理事会理事,学科群重点实验室主任,《煤炭学报》编委会委员。

2005 年 6 月 14 日,徐精彩作为国家安全生产监督管理总局重点监控国有煤矿企业专家"会诊"组第八组副组长,在执行国务院第 81 次常务会议决定中,根据国家安全生产监督管理总局工作安排,到甘肃省窑街煤电有限责任公司进行煤矿安全技术"会诊"工作途中,不幸遭遇车祸因公殉职,年仅 46 岁。

徐精彩同志生前开创的事业,是关系到我国煤矿安全的大事,是关系到千百万煤矿矿工安全和他们的家人、亲人乃至所有人的幸福安康的大事。为此,他艰苦卓绝地奉献了一生,探索了一生,奋斗了一生。他直接参与指挥了全国 18 个省、自治区 63 个矿区的 142 次灭火救灾工作,抢救了无数矿工兄弟的宝贵生命,从火灾中抢撤出价值 6.9 亿元的设备,创煤炭安全经济效益 49.7 亿元,为煤矿安全工作做出了重大贡献,在西部和全国煤矿享有崇高威望,被煤矿企业誉为"煤矿消防队长""名誉矿工"。

17. 何唐镛

何唐镛(1934～2004),男,汉族,1934 年生,湖北省汉川人,教授。1957 年东北工学院采矿系本科毕业。曾任西安矿业学院建井研究室主任。曾参加中国煤炭学会、中国岩石力学与工程学会。

何唐镛教授长期从事岩石力学与井巷支护的教学与研究,先后完成国家"七五"攻关分项目多项,在快硬水泥锚杆、扩大 KM84 型锚杆、软岩巷道支护研究等方面进行了卓有成效的研究,相关项目经鉴定达到国际先进水平,取得巨大的经济效益。长期深入生产实际,结合生产急需,累计节约资金数百万元以上。其中"快硬水泥卷锚杆"获 1985 年陕西省高校科研一等奖,"扩大 KM84 型锚杆"获 1986 年煤炭工业部第四次科技进步一等奖。1985 年被评为陕西省优秀教师、先进教育工作者,1985 年被授予全国煤炭工业劳动模范。获得国务院政府特殊津贴。

18. 李赤波

李赤波(1930～2003),男,汉族,湖南省望城人,教授。1954 年毕业于东北工学院建筑学专业。曾在苏南工业专科学校、西安冶金建筑工程学院任教。1962 年调入学校工作。1963 年评为讲师,1979 年评为副教授。1984 年调离学校到湘潭矿业学院任教。长期从事建材方面的教学和科研工作,1979 年遴选为西安矿业学院硕士研究生导师。出版专著 1 部,教材 3 部,发表学术论文 10 余篇。获得全国科学大会奖等省部级以上成果奖 8 项,省级先进科技工作者奖 1 项,通过部级鉴定 3 项。研制成功的"KR-P 型液体速凝剂"和"喷射水泥",填补了国家科研空白,解决了软岩支护方面的施工难题。较长时间从事"混凝土骨料的界面作用"的研究,取得的系列成果受到国内众多学者的注目,据此应用 425 号普通硅酸盐水泥、用普通工艺在国内外首次配制成功 1000 标号混凝土。

19. 刘建生

刘建生(1937～2011),男,汉族,陕西省西安人,教授,硕士生导师。1960 年 6 月毕业于哈尔滨工业大学机械系五年制本科铸造工艺与设备铸造专业,是我国最早从事质量管理研究、咨询的专家之一。1973 年 7 月调入西安矿业学院机电系任讲师,1985 年 1 月任质量管理工程教研室主任、煤

炭部质量管理研究咨询培训中心副主任。曾多次被评为学校"先进工作者",1984年被国家经委等六个单位联合授予"全国优秀质量管理工作者"荣誉称号,1985年3月被评为"全国煤炭系统优秀专业技术干部",1985年5月被评为"全国煤炭工业劳动模范",1987年4月当选为西安市雁塔区第十届人大代表,1988年5月当选为陕西省政协第六届委员会委员,1989年被评为陕西省科协首届"优秀科技工作者",2009年12月被评为全国推行全面质量管理30周年卓越推进者,在北京受到时任国务院副总理张德江的接见和颁奖。获得国务院政府特殊津贴。

刘建生教授从20世纪80年代开始就敏感地意识到质量管理学科的重要意义,在我国早期质量管理实践方面具有重要贡献;最早提出"质量效益型"企业的概念和相关实施措施,他在把国外先进的质量管理理论和经验介绍、引入中国,并加以变通,因而使之更加切合中国国情方面贡献突出。刘建生教授、刘源张院士、张公绪教授、杨文士教授等八位学者和专家被誉为中国质量管理界"八大泰斗"。

在《质量管理》(现为《中国质量》)、《福建质量》、《上海质量》、《世界标准化与质量管理》、《西部质量报》、《现场管理》等专业期刊上发表学术论文约120篇。历任中国质量协会理事、中国质量协会教育学术委员会委员、陕西省质量协会副理事长、西安市质量协会副理事长、国防科委质协顾问、上海质量管理科学研究院学术委员会委员、《中国质量》杂志编委,中国国家认证人员注册管理委员会(CNAB)验证审核员、高级审核员,中国质量认证中心(CQC)主任审核员。

20. 魏泽国

魏泽国(1933~1998),男,汉族,河北省保定人,教授,硕士生导师。1957年毕业于北京矿业学院矿山机电专业,主要研究方向为交流调速系统。曾任西安矿业学院电气工程研究室主任,全国电力电子学会会员,陕西电力电子学会理事,西安电力电子学会理事,西安自动化学会理事,全国自动化学会联络员,IEEE高级会员。

魏泽国教授长期从事交流调速系统的教学与研究工作,对可控硅串级调速系统进行了深入研究,并将理论成果与工程实践紧密结合,在铜川王石凹煤矿630 kW副立井提升中成功应用可控硅串级调速系统,提高了我国矿井提升的自动化水平,并成功解决了韩城桑树坪煤矿,600 kW斜井皮带钢丝绳双机串调牵引的技术难题。推导出了可控硅串级调速万能机械特性曲线方程及曲线族,证明了可控硅串级调速系统动力制动万能机械特性和最大转矩运行方式,极大地方便了工程应用。撰写了专著《可控硅串级调速的原理及应用》(冶金工业出版社),并参加慕尼黑国际图书展,获得了国际同行专家的好评。主编的教材《自动控制原理》(煤炭工业出版社)获煤炭工业优秀教材二等奖,双机串调牵引获陕西省科技成果二等奖。获得国务院政府特殊津贴。

21. 王世熙

王世熙(1932~2007),男,汉族,贵州省遵义人,教授,1953年加入中国共产党。1957年9月毕业于北京矿业学院地下开采专业。1957年9月至1958年9月,在交通大学(西安)采矿系任教。从1958年9月开始,在西安矿业学院采矿系任教,1993年退休。教学科研方面,先后讲授过"采煤概论""采煤学""矿山压力及其控制""巷道矿压与支护""矿压测试技术"等课程,作为课题主要负责人从事过"立式单架巷道支架试验台""立式多架多功能巷道支架试验台""巷道新型支架"的研制。1960年评为陕西省红旗手,1980年任中国能源研究会会员、中国科学技术协会会员、煤炭工业科技情报巷井地压分站副站长。1986年获省高校科研一等奖,1989年获陕西省优秀教学成果二等奖,1991年评为全国优秀教师,为获得国务院政府特殊津贴专家。

22. 陈志学

陈志学(1934~2013),男,汉族,上海市人,1982年12月加入中国共产党。曾任西安科技大学原采矿系采煤工程教研室主任、采矿系主任、科研处处长、教授、硕士生导师。

陈志学教授在采矿工程领域教学科研中做出了突出贡献,是获得国务院政府特殊津贴专家。

他曾兼任中国煤炭学会开采专业委员会委员、陕西煤炭学会理事、《西安矿业学院学报》主编等职，曾获优秀党员和优秀教师等荣誉。

陈志学教授长期从事水力采煤技术和矿井优化设计的研究，取得了丰硕成果。他与江苏煤炭研究所合作研制的250 MPa高压脉冲水射流发生器，获1978年全国科技大会奖，并设计建成了我国第一个高压脉冲水射流动态参数电测实验室。参加完成的河南新密矿务局米村煤矿改扩建项目获1983年煤炭工业部科技进步特等奖；参加完成的原煤炭部重点项目"中国采煤方法研究"获1992年能源部科技进步一等奖、1993年国家科技进步二等奖。作为主编或副主编编写了《采矿系统工程》(教材)及《中国采煤方法图集》《中国采煤方法》《陕西煤炭技术》和《波汉矿业词典》等著作，在《煤炭学报》《煤矿设计》等学术刊物发表学术论文数十篇。

23．方慎权

方慎权(1921～2010)，男，汉族，湖南省邵阳人，教授，硕士生导师。1946年就读中山大学工学院机械系本科毕业。1958年来我校就职于机电系采掘机械教研室，原采掘机械及金工教研室主任、系及院务委员、机电系学术委员会副主任、煤矿机械研究室主任，曾任中国煤炭学会陕西省煤炭学会理事及机电分会副主任，被陕西省高教局指定为煤矿采掘机械学科带头人，兼职湘潭矿业学院教师，多次被聘为煤矿机械新机型鉴定会委员。获得国务院政府特殊津贴。

方慎权教授从事煤矿机械教学与研究，主编与参编《采掘机械》《煤矿机械》等多部教材。主持陕西省煤炭局重点研究项目"桑树坪煤矿AM-50型掘进机灭尘装置的改进"，与煤炭科学研究院上海所合作"采煤机截齿的应力分析"项目，在我校校报上指导发表多篇煤矿机械类学术论文，在采煤机与掘进机等煤矿机械装备优化与改进等方面取得了成效。

24．曾仲节

曾仲节(1928～2012)，男，汉族，四川省丰都人，高工。1951年至1956年就读苏联莫斯科矿院矿井建筑系，本科毕业。1980年就职于西安矿业学院。参加陕西省煤矿学会，受聘于中国有色金属学会采矿学术委员会井巷工程组成员。获得国务院政府特殊津贴。

曾仲节高工长期从事矿井建设技术工作，具有多年煤矿企业矿井建设工程经验，1985年参与"斜井机械化配套作业线及施工新工艺系记录"获国家科学技术进步奖三等奖，1986年参与"XAX斜井人车安全信号装置"获陕西省高校科研三等奖，1988年参与煤炭工业出版社出版的《煤矿安全手册》第八章部分内容，在矿井建设、煤矿机械化建设方面取得了成效。

25．李启东

李启东(1920～2006)，男，汉族，河南省汲县人，教授，硕士生导师。1945年国立西北工学院矿冶系冶金专业本科毕业，1953年哈尔滨工业大学机械系热处理专业研究生肄业。曾任煤炭部教材编审委员会委员。获得国务院政府特殊津贴。

李启东教授长期从事煤矿机械材料教学与科研，对矿用高强度圆环链材料受力、失效等分析方法进行了研究，主持了"矿用高强度圆环链质量的研究"等项目，该项目取得的相关成果在当时达到国内先进水平，在联合企业对国外煤矿机械装备进行国产化改进方面取得一定成效，在矿用高强度圆环链质量研究方面发表多篇学术论文。

26．贺敦良

贺敦良(1930～2016)，男，汉族，陕西省长安人，教授，原通风安全教研室主任、采矿工程系学术委员。1955年毕业于东北工学院采矿系。1955年10月至1957年7月任西北工学院采矿系助教，1957年8月至1958年8月任西安交通大学采矿系助教，1958年9月起在西安矿业学院(西安科技大学)先后担任助教、讲师、副教授、教授。1993年获得国务院政府特殊津贴。1990年退休。先后担任陕西省煤炭学会开采分会委员，中国煤炭工业劳动保护科学技术学会理事，中国煤炭工业劳动保护科学技术学会防火专业委员会委员，煤炭工科高等学校采矿工程专业教材编审委员会委员。

先后被评为陕西省科技系统优秀党员、西安矿业学院优秀共产党员。

贺敦良教授长期从事煤矿通风安全教学与研究,在矿井通风、煤矿防灭火等方面取得了丰硕的研究成果。他是我国煤矿自然发火煤层防灭火阻化材料研发最早的倡导者之一。在我国首次开展"煤油共生矿安全开采技术"科学研究,成果被评为1982年陕西省科学技术研究成果一等奖。主编和参编了煤炭高等院校统编教材《矿井灾害处理与分析》《矿井通风与安全》等多部教材,翻译了教材《矿井通风工程》。贺敦良教授传承弘扬了西北工学院"公诚勇毅"校训精神,长期担任矿井通风与安全教研室主任,为人谦和,公道正派,治学严谨;在较为艰难的情况下,贺敦良教授负责筹建了西安矿业学院的矿井通风与安全专业(1984年招生,1985年获批),是西安矿业学院矿井通风与安全专业教研室第一位硕士生指导教师,是矿井通风与安全(本科)专业的主要奠基人和开拓者之一。

27. 曲星武

曲星武(1938～2008),男,汉族,河南省唐河县人,中共党员,原西安矿业学院地质系副主任、矿产研究所所长、副教授,享受政府特殊津贴专家。1963年毕业于北京矿业学院煤田地质系,长期从事教学与科研工作,主要研究方向为第四纪泥炭、沉积环境、煤变质等领域,先后在《煤田地质与勘探》《煤炭学报》《生态学杂志》《地质论评》《电子显微学报》《煤炭转化》等期刊发表了《从泥炭褐煤的沉积看成煤作用的几个问题》《煤的结构与变质因素的关系》《煤的 X 射线分析》《小龙潭煤系的压实作用与厚煤层的形成》《用锶钡比研究沉积环境的初步探讨》《煤的变质作用雏议》《初谈生态学在煤地质学中的应用》《成煤过程的生态问题探讨》等学术论文 20 余篇,主要著作有《中国煤田地质学》《中国大百科全书》"泥炭"章节,主持完成的煤炭部重点课题"煤的结构与变质因素的研究"获煤炭部科技进步三等奖。

28. 王廷武

王廷武(1927～2014),男,汉族,1927年生,辽宁省抚顺人,教授。1953年东北工学院采矿系本科毕业。曾任西安矿业学院采矿系井巷工程教研室主任、中国力学学会工程爆破专业委员会委员、煤炭学会爆破专业委员会委员、陕西省力学学会爆破专业学组主任、陕西省力学学会理事、县力学学会理事长、陕西省力学学会副理事长。

王廷武教授长期从事矿井深孔光面爆破、凿岩外破工程教学与研究,著有《工程爆破》。先后与山东省的北宿煤矿、广东省的梅田煤矿、河北省的陶二煤矿和河北省的万年风井进行现场实验,取得了良好的研究成果,提出了鉴别光面爆破的标准、深孔的不耦合装药方法、光面爆破时差等。率先在国内研究"立井光外"方面的课题,提出的"立井光外"达到的标准、设计参数和理论分析为施工规范的制定提供了依据。1978年获陕西省高教局科技奖、1979年获河北省高教局科技二等奖、1986年获陕西省科研三等奖。获得国务院政府特殊津贴。

29. 王树仁

王树仁(1929～2011),男,汉族,陕西省耀县人,副教授。1955年毕业于东北工学院采矿系,主攻地下开采方法。1955年9月至1957年7月在西北工学院采矿系任教,1957年9月至1958年7月在交通大学(西安)采矿系任教,1958年9月在西安矿业学院采矿系任教,1985年评为副教授,1990年退休。讲授过采煤学、采煤概论、采矿通论、开采方法、冲击地压等课程。主要从事煤矿设计和冲击地压的防治研究,深入国内主要煤矿 50 余处开展科研工作。编写的《开采方法》等教材,为全国煤矿矿院矿建专业通用教材,该书在 1992 年全国高等学校第二届优秀教材评审会上被评为优秀奖。1993年开始获得国务院政府特殊津贴。

30. 高振铎

高振铎(1932～1997),男,汉族,辽宁省沈阳人,副教授。1957年毕业于西安航空学院(西北工业大学)。1957年至1961年为北京211厂技术员,1961年至1964年在北京机电工业局所属厂及研究所担任技术员和研究所负责人。1964年8月调入西安矿业学院工作。1964年8月至1981年

11月期间,在学校零件教研室任讲师,教授过机械零件、高等数学等课程,兼任斜井机械化研究小组组长及煤炭综合利用研究室副主任。参加工作以来完成大小设计和科研项目及工艺装备近50项,1977年设计的"0.5耙斗装岩机"获得全国科技大会奖和陕西省科技大会奖。1985年8月退休。获得国务院政府特殊津贴。

31. 葛岭梅

葛岭梅(1938～2011),女,汉族,中共党员,陕西省富平人,教授,博士生导师,获得国务院政府特殊津贴。曾任西安科技大学化学教研室主任、新材料工程系主任、矿物加工工程学科带头人,西安纳米科技学会副理事长,"纳米科技"编委会副主任和"纳米科技"杂志副主编。西安科技大学化学与化工学院和矿产研究所及矿物加工工程硕士、博士学科和材料学学科的奠基人之一。教学工作中多次获校优秀教师、优秀共产党员、先进工作者奖励。1995年获西安市劳动模范及奖章,1997年获得国务院颁发的政府特殊津贴。注重科研,长期从事煤的化学结构与性能研究,率先开展了煤炭非能源利用转化工作。在煤炭低温自然发火相似模拟实验研究,煤炭低温氧化过程中活性基团结构的变化规律研究,以及煤炭自燃的导火机制和火灾防治的凝胶系列材料开发研究等方面取得了显著成果。在洁净煤技术、煤基高分子材料、煤炭自燃机理及煤矿火灾防治等诸多方面为西安科技大学创出了特色。主持并参与国家自然科学基金、"九五"科技攻关等国家级和省部级项目21项,企业合作科研项目50余项,获国家和省部级科技进步奖10项,国家专利4项,实用新型2项,出版专著3部,发表学术论文100余篇。

32. 许满贵

许满贵(1971～2017),教授,硕士生导师。主要从事煤矿煤层自燃预测预报技术研究、矿井瓦斯地质教学研究、矿井通风系统优化研究与实践、矿山应急救援与管理、煤矿安全生产标准化、矿井煤尘灾害防治、安全评价以及注册安全工程师、安全评价师的安全培训等方面的工作与研究。具有国家一级安全评价师和注册安全工程师证书。陕西省煤矿安全生产技术专家,西安市地质灾害应急救援专家。参加完成国家自然科学基金等国家级重点科研项目6项,主持完成省自然科学基金、省教育厅专项基金等省部级重点项目4项,企业联合项目20余项,主编和参编《生产经营单位安全技术与管理》《安全生产标准化教程》《安全法规》《灾害学》等教材、著作10部,发表论文50余篇,其中SCI、EI和ISTP收录近10篇。获国家级教学成果二等奖1项,国家科技进步二等奖1项,省部级奖励5项。

第二节 人物简介

人物简介中撰写的人物,主要包括:① 先后在学校任职的副厅级以上领导;② 已经退休的或调离的、在学术及行业有较大影响者,国家科技进步奖获得者,获得国务院政府特殊津贴专家,全国优秀教师奖获得者,博士生导师;③ 2017年12月在职的各学院教授及其他正高职称人员。

一、先后在学校任职的副厅级以上领导

1. 赵文杰

赵文杰,男,汉族,1935年1月生,辽宁省锦西市人,中共党员,教授。1954年至1958年就读于东北工学院采矿系,1958年9月分配到西安矿业学院任教。1960年任基础课部力学教研室副主任,1966年任教务科副科长,1972年为基础部负责人之一,1977年起任基础课部副主任、主任,1983年任西安矿业学院副院长,1987年任西安矿业学院院长。

长期从事本科及研究生的固体力学教学工作。曾参加国家"七五"煤炭行业攻关项目"液压支架优化设计"课题研究。主编并出版了《工程力学》和《工程应用力学手册》中的实验力学分册,发表

论文 10 余篇。被煤炭部聘为技术咨询委员会委员,煤炭教育协会常务理事。曾任西安市力学学会理事长。1959 年、1961 年被评为西安矿业学院先进工作者,自 1993 年起获得国务院政府特殊津贴。1995 年 12 月退休。

2. 王斗虎

王斗虎,男,汉族,1946 年 3 月生,山西省沁水县人,中共党员,高级工程师,硕士生导师。1970年 8 月毕业于北京矿业学院,分配到韩城矿务局工作,历任韩城矿务局机电安装工程队技术员、党支部书记、政治处主任、工程师;共青团韩城矿务局委员会书记、韩城矿务局象山矿党委书记。1985年任韩城矿务局党委副书记,1991 年任韩城矿务局党委书记。1997 年至 1999 年任西安矿业学院党委书记;1999 年至 2003 年任西安科技学院党委书记;2003 年至 2006 年任西安科技大学党委书记;2007 年至 2012 年任陕西省教育厅督导专员,西安培华学院党委书记。2006 年 12 月退休。

3. 常心坦

常心坦,男,汉族,1946 年 3 月生,湖南省湘阴人,中共党员,教授,工程力学博士学位,博士生导师,国家及陕西省突出贡献专家。2000 年至 2006 年任西安科技大学校长,曾任校学术委员会主任、校学位委员会主席、国家重点学科安全技术及工程学科带头人。1969 年毕业于西安矿业学院采矿系,其后在陕西蒲白矿务局白堤矿工作,任掘进队技术员和矿通风队技术员。1981 年以国家公派身份赴美国密歇根理工大学(*Michigan Technological University*)留学,获硕士、博士学位,期间作为主创人员完成了美国国家矿业局"矿井火灾通风动态模拟研究"项目,其成果"MFIRE(软件系统)"实现了矿井火灾条件下风网内通风参数的动态模拟预测,并在世界范围内得到了直至目前的成功推广与应用。常心坦教授于 1988 年回国,在西安矿业学院采矿系任教。1994 年至 2003 年期间任西安矿业学院、西安科技学院副院长,2003 年至 2006 年期间任西安科技大学校长。

常心坦教授坚持工作在管理、教学、科研一线,并在学科建设、校区建设、学位与研究生教育等方面取得了突出成绩。学术与工程研究主要集中于安全工程理论与计算机方法、复杂系统安全评价、安全预测预警及多学科应用集成等领域。多年来承担国家自然科学基金、教育部重点、省自然科学基金等项目 22 项,获国家科技进步奖 1 项,国家教学成果奖 1 项,省部级科研进步奖 2 项,省教学成果奖 2 项,被授予陕西省先进工作者称号。常心坦教授于 2016 年退休,并于 2017 年被其曾就读的美国学校授予"机械工程与工程力学研究院"研究员荣誉称号。

4. 常俊华

常俊华,男,汉族,1945 年 9 月出生,北京市人,中共党员,大学本科学历。1968 年 7 月毕业于北京理工大学。历任兵器部 9932 厂技术员、车间主任、副总、总工程师、副厂长、厂长,1990 年 7 月任青海省财经委技术改造处处长,1991 年 7 月任青海省国防科学技术工业办公室主任兼任党组书记,1992 年 9 月任青海省人民政府副秘书长,1995 年 8 月任青海省统计局局长兼任党组书记,1997年 3 月任西安统计学院党委副书记,1998 年 3 月任西安统计学院党委书记,2002 年 3 月至 2006 年3 月任西安科技大学党委副书记(正院级),2006 年 3 月退休。

5. 苏三庆

苏三庆,男,汉族,1961 年 4 月生,陕西省户县人,中共党员,二级教授,博士生导师,国务院学位委员会土木工程学科评议组成员、国家科技奖励评审专家、陕西省学位委员会委员。

1981 年 12 月毕业于西安冶金建筑学院建筑工程系工业与民用建筑专业,获工学学士学位,毕业后留校任教;1986 年 3 月毕业于西安冶金建筑学院结构工程专业,获工学硕士学位;1996 年 3 月任西安建筑科技大学建筑工程系副主任、结构工程研究所所长;1997 年 12 月任建工系主任,陕西省结构与抗震重点实验室主任;1999 年 6 月任西安建筑科技大学土木工程学院院长;1999 年 10 月任西安建筑科技大学校长助理;2000 年 6 月任陕西省榆林市人民政府副市长、市委委员;2005 年12 月任西安科技大学校长、党委副书记;2013 年 7 月任西安建筑科技大学校长、党委副书记;2016

年 4 月任西安建筑科技大学党委负责人、校长;2016 年 5 月任西安建筑科技大学党委书记、校长;2016 年 7 月任西安建筑科技大学党委书记。

长期从事钢筋混凝土结构抗震、工程结构抗震及其防灾减灾、结构安全诊断与加固等方面的科研与教学工作。主持或参与国家基金项目 5 项、省部级项目 10 余项;获省部级科技奖 5 项(其中一等奖 1 项)、国家教学成果二等奖 1 项、省级教学成果奖 3 项、发明专利 10 项,参编国家标准 1 部,出版著作(教材)6 部,获省部级优秀教材奖 2 项,发表学术论文 100 余篇,其中 30 余篇被 SCI、EI、ISTP 收录。

6. 刘德安

刘德安,男,汉族,1963 年 7 月生,陕西省高陵县人,中共党员,高级工程师,硕士生导师。1987 年 7 月毕业于西安矿业学院,留校在地质系从事学生思想政治辅导员工作,1989 年 3 月任测量工程系团总支部书记;1993 年 5 月调组织部任秘书;1995 年 7 月任西安矿业学院组织部副处级组织员;1996 年 7 月任西安矿业学院组织部副部长;1997 年 10 月任西安矿业学院党校常务副校长(正处);1998 年 7 月任西安矿业学院组织部部长兼党校常务副校长;2000 年 6 月任西安科技学院党委副书记、纪委书记,2006 年 11 月任西安科技大学党委书记;2017 年 8 月任西安理工大学党委书记。

长期从事高校党建与思想政治工作,先后主持完成省部级教改项目、省市级科研项目 13 项,先后获中国煤炭教育优秀成果特别奖、陕西省高等教育教学成果一等奖、陕西省高等教育学会高教科研成果特别奖等 6 项。主编《精彩人生——知识分子的杰出典范徐精彩》,出版专著《社会主义学专题研究》,在《中国高等教育》等 CSSCI 期刊、中文核心期刊发表论文 20 余篇。

7. 杨更社

杨更社,男,汉族,1962 年 7 月生,陕西省武功县人,中共党员,二级教授,工学博士,博士生导师。1987 年 7 月毕业于西安矿业学院矿山建设工程专业,获得硕士学位,毕业后留校任教。1995 年 11 月获西安理工大学岩土工程博士学位;1995 年 11 月至 1996 年 11 月在日本鸟取大学工学部进修学习;1997 年 3 月至 1999 年 4 月在同济大学岩土工程研究所从事博士后研究;1998 年 10 月任西安矿业学院建工系副主任;2000 年 9 月任西安科技学院教务处处长;2003 年 5 月任西安科技大学副校长;2013 年 9 月任西安科技大学校长、党委副书记;2017 年 12 月,任西安邮电大学党委书记。

主要从事岩土损伤力学特性及本构关系,岩土力学与工程的数值计算方法研究。在国内率先进行了岩体损伤力学特性的计算机层析识别(CT 识别)技术研究。先后负责国家自然科学基金、教育部优秀青年教师基金、中国博士后基金、煤炭科学基金等数十项科研项目。在国内最早将 CT 识别技术应用于岩土的损伤力学特性研究中,并将岩石的损伤变量同损伤 CT 数联系起来,对岩体细观损伤力学特性及不同应力状态和不同工程环境条件下的细观损伤扩展力学的特性进行了深入研究,探索了岩体细观损伤扩展机理、演化特征及细观结构的变化,建立了岩体细观损伤扩展规律及损伤本构关系,使岩石细观损伤力学从定性向定量技术发展。出版学术专著 5 部,获国家优秀教学成果二等奖 1 项,获省部级科技进步奖和优秀教学成果奖 8 项,在国内外学术刊物及国际会议上发表学术论文 100 余篇,其中有 60 余篇被 EI 收录。曾获"陕西青年科技奖"、"陕西省优秀留学回国人员"、中国岩石力学与工程学会"青年科技奖"和教育部"优秀骨干教师"等奖励及荣誉称号。

8. 周孝德

周孝德,男,汉族,1960 年 8 月出生,江西省玉山县人,中共党员,二级教授,工学博士,博士生导师。1982 年 7 月毕业于江西工学院土木系,1985 年 3 月获陕西机械学院水文水资源专业工学硕士学位,1989 年 9 月获水文水资源工学博士学位,1990 年 12 月评为副教授,1992 年 12 月晋升为教授,1995 年 5 月评为博士生导师。1996 年 6 月任西安理工大学研究生部副主任;1998 年 1 月任西安理工大学水利水电学院院长;1999 年 9 月任西安理工大学副校长;2002 年 10 月任西安理工大

学党委书记;2017年8月任西安科技大学党委书记。

多年来致力于水环境与生态水利领域内的教学和科研工作,在流域水环境承载力、大型水库水温水质模拟和山区洪水风险分析等研究方向上取得了系列创新成果。先后主持各类科研课题80余项,其中作为首席科学家主持题为"特殊地理条件下生态环境保护与灾害防治机理研究"的"973"计划项目,国家攻关项目和国家水专项子课题共6项,国家自然科学基金面上项目5项、重点项目1项,省部委项目及企业委托的横向课题60余项。发表学术论文100余篇,其中30余篇被SCI收录。出版学术著作5部,获省部级科技进步奖5项,已培养博士26余名、硕士80余名。

9. 蒋林

蒋林,男,汉族,1970年11月生,陕西省杨凌人,中共党员,二级教授,工学博士,硕士生导师,国务院政府特殊津贴专家,陕西省中青年科技创新领军人才,陕西省"教学名师"。1992年毕业于西安交通大学机械工程系,获学士学位,1996年12月在西安交通大学获工学博士学位后分配至西安邮电学院工作。1998年4月至2000年11月在西北工业大学航空微电子中心在职从事博士后研究。1999年7月担任西安邮电学院计算机系副主任。2001年6月至2003年7月在复旦大学专用集成电路与系统国家重点实验室在职从事博士后研究。2008年2月至2008年8月作为公派访问学者在美国加州大学河滨分校电子工程系进修。2009年11月担任西安邮电学院电子工程学院院长,2011年7月担任西安邮电学院研究生部主任、研究生院院长,2014年12月任西安邮电大学副校长,2017年12月任西安科技大学校长、党委副书记。

长期专注于专用集成电路设计和计算机体系结构方面的学术和科学研究工作,是国内集成电路设计领域有影响的中青年专家。先后主持国家"863"计划项目2项,国家自然基金面上项目2项,参与自然基金重点项目等国家级项目4项,主持省部级项目10余项,获得国家发明专利6项,集成电路布图保护2项,制定国家通信行业标准1项;发表学术论文60余篇;先后以第一完成人获得陕西省高等教育教学成果一等奖1次、陕西省科学技术二等奖1次、三等奖2次、中国通信学会科学技术三等奖1次,获得第五届陕西省青年科技奖,入选教育部新世纪优秀人才支持计划,成为陕西省首批重点科技创新团队带头人和"新世纪百千万人才工程"国家级人选。先后主讲"FPGA设计基础"等多门课程,指导硕士研究生数十名。

10. 何德福

何德福,男,汉族,1938年7月生,江苏省苏州市人,中共党员。1963年8月毕业于北京矿业学院采矿系,毕业后分配至西安矿业学院采矿系任教,曾任教研室主任、党支部书记。1983年6月任西安矿业学院党委副书记兼纪委书记;1990年9月任西安矿业学院专职纪委书记(副院级)。1999年1月退休。

11. 刘听成

刘听成,男,汉族,1931年6月生,江苏省常州市人,中共党员,教授。曾任西安矿业学院副院长,院学术委员会主任,兼任陕西省政府专家顾问。

1956年北京矿业学院采煤研究生毕业,较早从事我国煤矿井下顶板管理工作的研究。在西安矿业学院于20世纪60年代初首先开设"矿山压力及其控制"课程,并自编了相应教材,是"文化大革命"后1978年陕西省首批晋升的副教授之一。1981年开始培养了采矿工程专业第一位硕士研究生。1983年至1987年任职副院长期间,在建立研究生培养制度、科研项目管理、图书情报学报及国际学术交流等方面做了一些基础性工作。任职届满后仍回教研室担任教授工作直至退休。

长期从事教学和科研,在煤矿岩层控制的学术领域做了许多工作。多次参加煤炭部统编教材编写,单独和参与编写、审校、翻译的教材、专著和译著正式出版的共20余部,在国内外有关刊物上发表70余篇论文。在他的带领和推动下,建设了我校矿山压力研究所和重点实验室,并形成了优秀的学术梯队。他从事多年的无煤柱研究项目曾获国家科技进步三等奖。1992年获得国务院政

府特殊津贴奖励。1995年12月退休。

12. 王仁远

王仁远,男,1935年6月出生,四川省自贡人。中共党员,副教授。毕业于兰州大学。曾任西安矿业学院基础部副主任、副院长,自贡职业大学校长,四川省政协第六届委员,自贡市副市长兼市教委主任、市广播电视大学校长,四川省民政厅党组成员,厅直机关党委书记,正厅级巡视员。现任四川省慈善总会副会长兼秘书长。主要业绩:从事党政管理及高校教育教学管理工作多年,在西安矿业学院被评为优秀教师、先进工作者、优秀共产党员、陕西省优秀工会工作者,是自贡高等专科学校的主要创始人之一,被选任国家教委城市教育综合改革研究会副会长。1991年被国家爱卫会评为全国农村改水先进个人。组织并主持在自贡召开的中国盐业史首届国际学术讨论会。组织自贡恐龙化石首次出川赴珠海展出,出国参加1989年广岛海洋与岛屿博览会均担任团长。1995年率团赴美国、加拿大考察社会保障和慈善工作。参与创立四川省慈善总会。主编《今日自贡》《盐都·灯城·恐龙之乡》《中国盐业史国际学术讨论会论文集》和《民政群星耀巴蜀》,合作编著《自贡城市史》。

13. 李世文

李世文,男,汉族,1934年12月出生,广东省兴宁县人,中共党员,大学本科学历,教授,1951年10月至1952年10月任广东曲江县土地改革工作队组员、组长,1957年8月北京矿业学院本科毕业,1957年9月任西安交通大学采矿系教师,1958年11月至1959年10月在铜川三里洞煤矿锻炼,1959年11月任西安矿业学院教师,1970年12月任西安矿业学院教师、机电系副主任、主任,1986年1月任西安矿业学院教务处处长,1987年7月至1994年12月任西安矿业学院副院长。1995年12月退休。

14. 杨恒青

杨恒青,男,汉族,1941年8月出生,陕西省商县人,大学本科学历,教授。1958年8月至1960年7月为西安矿业学院机电系学员,1960年9月至1961年7月任北京矿业学院"电工师资培训班"学员,1961年8月至1962年2月任西安矿业学院电工教研室教员,1962年2月至1963年8月任西安矿业学院机电系学员,1963年8月至1977年5月任西安矿业学院机电系教员,1977年5月至1982年12月任基建工程兵42支队教导队技术员、工程师,1982年12月至1984年1月任西安矿业学院机电系讲师,1984年1月至1986年1月任西安矿业学院机电系党总支副书记,1986年1月至1987年12月任西安矿业学院电气工程系党总支书记,1987年12月至1989年4月任西安矿业学院科研处处长,1989年4月至2000年6月任西安矿业学院副书记兼副院长。2002年3月退休。

15. 宁仲良

宁仲良,男,汉族,1945年5月出生,重庆市开州人,中共党员,研究生学历,硕士,教授。1963年9月至1968年10月在西安矿业学院采矿工程系学习。1968年10月在重庆南桐矿务局鱼田堡煤矿参加工作,1978年1月至1980年7月在宝鸡供电局工作(期间在西安矿业学院机电系矿山机械回炉班学习),1980年9月至1983年7月在西安矿业学院机电系读研究生,1983年7月在阜新矿业学院获工学硕士学位,后留西安矿业学院工作。1985年7月至1985年9月参加煤炭部青年教师代表团访问波兰。1988年9月至1989年9月在苏联国立莫斯科矿业大学做访问学者,1994年9月至1994年11月在国家教育行政学院学习,1999年9月至2000年3月在乌克兰国立顿涅茨克工业大学做高级访问学者。

在校期间历任教师、教务处师资科科长、机械系副主任、院长助理。1994年10月至1999年7月任西安矿业学院副院长,1999年7月至2000年6月任西安科技学院副院长,2000年6月至2005年9月任西安科技大学工会主席,陕西省教育工会常委,2005年9月退休。

16. 张淼丰

张淼丰,男,汉族,1957年10月生,陕西省乾县人,中共党员,研究生学历,研究员。1975年3月至1978年9月在甘肃省酒泉县插队劳动。1978年9月至1982年7月在西安矿业学院采矿工程系学习。1982年7月留校任教,1991年11月任西安矿业学院院办副主任、南院学生工作领导小组组长、院长助理等职;1995年12月任西安矿业学院副院长;1996年12月任西安矿业学院党委委员、副校长;2000年6月任西安理工大学副校长;2004年10月任西安理工大学党委常委、副校长,2017年11月退休。

17. 赛云秀

赛云秀,男,回族,1963年5月生,甘肃省平凉市人,中共党员,二级教授,工学博士,博士生导师。1984年7月毕业于西安矿业学院矿山建设专业。历任西安矿业学院教师、教务处副处长、建筑工程系主任,1995年12月任西安矿业学院党委副书记,1996年12月起兼任纪委书记,2000年6月任西安科技学院副院长,2002年12月任中共陕西省委副秘书长,2005年7月任西安工业学院党委书记,2006年6月任西安工业大学党委书记,2015年11月任西安石油大学党委书记。2007年、2012年、2017年分别当选陕西省第十一次、第十二次、第十三次党代会代表。

长期从事土木工程施工管理研究、工程项目及项目管理的研究与教学工作,现任中国优选法统筹法与经济数学研究会项目管理研究委员会副会长。主持国家自然科学基金1项、省部级科研项目10余项,出版专著5部、教材2部,公开发表学术论文60余篇。曾获煤矿工业第16次科技进步三等奖,2009年获西安市科学技术二等奖,2010年获陕西省科学技术三等奖,2013年获陕西省人民政府教学成果特等奖。

赛云秀为我国最早一批研究项目管理的学者,在1996年参与编写完成了《建筑施工企业项目管理》一书。2011年完成《工程项目控制与协调研究》专著,该著作为"十一五"国家重点图书出版规划项目,获2013年陕西高校人文社会科学优秀成果二等奖。2012年完成《项目管理的发展与应用》和《项目管理》专著。近20年来为相关政府部门、地市(县区)、企事业单位、高校等机构开展了大量项目管理学术讲座,并为多家企业及有关地市进行咨询,具有较大的社会影响。2017年编著完成《陕西高新技术产业开发区发展启示录》一书,对探索陕西高新技术产业开发区的发展路径与创新模式选择具有重要的理论价值与现实意义。

18. 韩江水

韩江水,男,汉族,1956年3月生,河南省登封县人,中共党员,二级教授,硕士生导师。1974年参加工作,1982年毕业于西安矿业学院力学师资班,留校任教;1984年至1986年在西南交通大学固体力学助教班进修;1990年12月任西安矿业学院基础部副主任;1993年3月任西安矿业学院成人教育部副主任;1995年11月任西安矿业学院院长助理;1998年7月任西安矿业学院院长助理兼教务处处长;2000年6月至2016年3月任西安科技大学副校长。

长期从事"固体力学"和"岩土结构工程"的教学和研究工作,并注重高校教育研究工作,在高等教育管理、高校本科教学评估、大学生素质教育和创新教育、二级学院管理模式、教育资源优化配置、高校战略规划管理、办学特色等领域开展了深入的研究。担任领导职务的同时,坚持每年至少为本科生讲授一门课程,先后主讲了"理论力学"等7门课程,其中作为省教学团队负责人,主讲省级精品课程"工程力学",指导硕士研究生17名。主持教改项目10项,发表各类学术论文40余篇,出版教材8部。主持教学研究项目20余项,省级项目15项,其中公关项目1项,重点项目3项。获教学成果奖16项,其中省级8项,一等奖3项,二等奖4项,三等奖1项。2006年被评为陕西省教学名师。2017年10月退休。

19. 卢建军

卢建军,男,汉族,1962年7月生,山东省莒县人,中共党员,工学硕士,教授,硕士生导师,陕西

省第十三届委员会委员,党的十九大代表。1984 年 7 月毕业于北京邮电大学,毕业后分配至西安矿业学院任教;1994 年任西安矿业学院通信系副主任;1997 年 3 月任西安矿业学院通信系主任,系学科带头人;1999 年 6 月任西安科技学院院长助理兼通信工程系主任;2000 年 6 月任西安科技大学副校长兼通信工程学院院长,学科带头人;2009 年 1 月任西安邮电学院院长、党委副书记;2013 年 5 月任西安邮电大学党委书记、校长;2015 年 4 月任陕西省委科技工委书记;2015 年 5 月任陕西省委科技工委书记、省科技厅厅长;2017 年 5 月,当选为陕西省第十三届委员会委员;2018 年 3 月任陕西省发展和改革委员会主任。

长期从事高等教育教学、科研和管理工作,1985 年组织筹建了全国煤炭高校第一个通信工程专业,并于当年招生,现发展为近 3 000 名在校生,5 个本科专业,3 个硕士点。同年成立了全国煤炭通信专用人才培训基地,与国内近 20 个 IT 企业联合建立了专用通信网试验中心、煤炭卫星网西北大区维护中心。科研工作主要从事企业信息化发展战略与建设模式的研究以及企业专用综合信息网组网技术及业务应用,在企业通信与信息化建设中为 10 余个省近 30 个大型煤炭企业进行了咨询、规划、设计及组织实施等方面的技术工作,管理工作组织了后勤社会化改革工作,推进了科研与科技产业的管理改革,开创了与美、英近 20 所大学的本、硕学生的联合培养、教师培训、科研合作。主持完成了关于安全生产远程监测监控系统的国家"863"计划项目、信息产业部电子基金项目,先后主持纵、横向科研合作项目 40 余项,发表论文 60 余篇。编著有《现代信息网》《电子技术》等教材。曾获省级优秀教学成果奖、省煤炭科技进步奖,省部级科技进奖,并荣获陕西省"师德标兵"称号。

20. 马宏伟

马宏伟,男,汉族,1957 年 10 月生,陕西省兴平市人,中共党员,二级教授,博士生导师。1975 年 4 月参加工作,任民办教师;1984 年 7 月西安矿业学院机电系煤矿机械制造专业毕业后留校任教;1993 年 6 月获西安矿业学院矿山机械工程专业硕士学位;1998 年 6 月获西安交通大学焊接专业博士学位。1998 年 7 月任西安矿业学院教务处副处长;1998 年 10 月任西安矿业学院研究生部副主任(主持工作);1999 年 9 月任西安科技学院研究生部党总支书记、主任,同时兼任学科建设办公室主任;2003 年 5 月任西安科技大学副校长,期间于 2012 年 9 月兼任西安科技大学研究生院院长,2015 年 8 月兼任西安科技大学研究院院长。2017 年 11 月退休。

主要研究方向为智能检测与控制、机器人技术、煤矿机电设备及其智能化、现代无损检测与评价等。先后主持和参加以国家自然科学基金为代表的国家级、省部级科研项目 10 余项,主持和参加企业委托项目多项。获省部级科技进步奖 6 项,获省级优秀教学成果奖、精品课程以及优秀教材奖 6 项,获国家发明专利、实用新型专利 50 余项;在国内外学术期刊上发表学术论文 160 余篇,其中被 SCI、EI、ISTP 等收录 70 余篇;培养博硕士研究生 130 余名。

21. 张金锁

张金锁,男,汉族,1962 年 8 月生,陕西省凤翔县人,中共党员,教授,管理学博士,博士生导师。1984 年 7 月毕业于西安矿业学院采矿系,1987 年 7 月获西安矿业学院采矿系统工程方向硕士学位,毕业后留校任教;2001 年 6 月获西安交通大学管理学博士学位;1993 年 7 月任西安矿业学院采矿系副主任;1998 年任西安科技学院管理系主任;2003 年 7 月任西安科技大学教务处处长兼管理学院院长;2005 年 12 月任西安科技大学副校长、教务处处长、管理学院院长、西安科技大学现代管理研究咨询中心主任;2006 年 7 月任西安科技大学副校长、管理学院院长、西安科技大学现代管理研究咨询中心主任;2007 年 5 月任西安科技大学副校长、西安科技大学现代管理研究咨询中心及能源经济与管理中心主任;2014 年 12 月任延安大学校长、党委副书记。

主要从事能源经济与管理、管理系统工程、煤矿风险与应急管理、科技管理等方面的教学与研究工作。主持完成国家自然科学基金、国家社会科学基金及国家软科学等项目 6 项、省部级科研项

目9项;现主持国家社科基金重大项目1项。获部省级科技进步特等奖1项、一等奖2项、二等奖3项,省级优秀教学成果特等奖1项、一等奖3项、二等奖2项;在国内外期刊上发表相关学术论文100余篇,其中被 EI、SCI、SSCI 收录16篇,主编或参编著作5部。2011年获陕西普通高校教学名师称号。

22. 甘安生

甘安生,男,汉族,1954年6月生,江西省新余市人,中共党员,研究员,硕士生导师。1970年参加工作,1981年12月毕业于西安冶金建筑学院物理专业,留校任教;1984年9月至1986年1月在西北大学进修;1989年9月至1990年1月在南开大学进修;1993年3月任陕西省镇坪县副县长;1996年1月任西安建筑科技大学组织部副部长;1998年4月任西安建筑科技大学组织部部长;1998年6月任西安建筑科技大学党委常委、组织部长;1998年10月至12月在国家高级教育行政学院高校中青年干部培训班学习;1999年10月任西安建筑科技大学党委常委、组织部部长、人事处处长;2000年7月任西安建筑科技大学党委常委、校长助理、组织部部长、人事处处长;2001年4月任西安建筑科技大学党委常委、副校长、组织部部长、人事处处长;2003年9月任西安建筑科技大学党委常委、副校长;2009年6月至2014年10月任西安科技大学党委副书记。2014年12月退休。

23. 张立杰

张立杰,男,汉族,1966年8月生,甘肃省靖远县人,中共党员,教授,博士生导师。1985年9月至1986年7月在西安矿业学院采矿系上学;1986年7月至1989年6月在中国矿业大学社会科学系上学;1989年6月毕业分配到西安矿业学院采矿系任学生思想政治辅导员,曾任采矿系团总支书记;1996年9月任西安矿业学院团委副书记(主持工作);1997年4月任西安矿业学院团委书记;1998年7月任西安科技学院团委书记兼学工部副部长(2000年4月提任正处);2000年9月任西安科技学院党委组织部部长兼党校常务副校长;2006年6月任西安科技大学党委副书记;2009年1月获北京科技大学工学博士学位;2009年11月任西安科技大学党委副书记、工会主席;2015年10月任西安音乐学院党委副书记;2016年11月任西安音乐学院党委书记。

长期从事高校党的建设和思想政治教育工作。主持完成陕西省社科基金重点项目、陕西省软科学重点项目、陕西省社科联项目、省高教工委重点专项项目多项。先后获得陕西省哲学社会科学优秀成果三等奖、陕西省教学成果二等奖、甘肃省科学技术进步三等奖、河北省科学技术进步三等奖和陕西高校人文社会科学优秀成果二等奖等各级各类奖项。出版著作7部,在国内学术刊物上发表学术论文20余篇。

24. 李树刚

李树刚,男,汉族,1963年6月生,甘肃省会宁县人,中共党员,二级教授,工学博士,博士生导师,"百千万人才工程"国家级人选,国家有突出贡献中青年专家,获得国务院政府特殊津贴。1984年7月毕业于西安矿业学院采矿工程专业,留校任教;1989年6月获西安矿业学院采矿工程专业硕士学位。1989年6月至1991年2月,在宁夏回族自治区吴忠市挂职锻炼,任西安矿业学院吴忠型煤试验厂生产技术副厂长。1998年9月毕业于中国矿业大学采矿工程专业,获工学博士学位。1998年9月任西安科技学院学术委员会秘书(副处);2000年11月任西安科技学院教务处副处长;2003年10月任西安科技大学能源学院院长;2006年7月任西安科技大学教务处处长;2010年4月任西安科技大学副校长。

长期从事煤与瓦斯安全共采、采场矿山压力与岩层控制的教学与科研工作。创新了采动裂隙椭抛带理论,提出椭抛带瓦斯抽采技术,揭示出煤岩瓦斯非线性失稳机理,创立了基于采动裂隙椭抛带的煤与瓦斯安全共采理论与技术体系,成果在十余个矿区应用。主持国家自然科学基金重点项目、科学仪器专项、面上项目等国家级项目8项,省部级项目10余项,企业合作项目60余项,获

国家科技进步二等奖 1 项,国家级教学成果二等奖 2 项,省部级奖 20 余项。发表科技学术论文 400 余篇,被 SCI、EI、ISTP 等收录 70 余篇。获国家发明专利、实用新型专利 30 余项。出版《煤与甲烷共采学导论》等专著 5 部,主编《灾害学》《安全科学原理》等教材 11 部。

兼任国务院学位委员会安全科学与工程学科评议组成员,国家安全生产应急专家组成员,中国职业安全健康协会常务理事,教育部高等学校安全科学与工程类教学指导委员会委员。

25. 李智军

李智军,男,汉族,1968 年 4 月生,陕西省合阳县人,中共党员,工学博士,高级工程师。1992 年 7 月毕业于西安工业学院,留校在基础部制图教研室任教;1995 年 9 月任西安工业学院学生处干事、科长;2001 年 10 月任西安工业学院学生处副处长(学工部副部长);2003 年 12 月获南京理工大学计算机应用专业工程硕士学位;2006 年 4 月任西安工业大学党委办公室主任、校长办公室主任、外事办公室主任;2008 年 9 月任西安工业大学党委组织部长、党校副校长;2010 年 6 月任西安科技大学党委委员、纪委委员、纪委书记;2012 年 7 月获西安科技大学安全技术及工程专业工学博士学位;2013 年 7 任中共陕西省委高等教育工作委员会委员、统一战线工作部部长(副厅级);2017 年 3 月任中共陕西省委高等教育工作委员会副书记。

26. 刘子实

刘子实,男,汉族,1970 年 5 月生,河南省柘城县人,中共党员,副教授,管理学博士,硕士生导师。1993 年 7 月毕业于西安冶金建筑学院采矿工程专业,留校工作。1997 年 9 月任西安建筑科技大学党、校办秘书、秘书科科长;2001 年 7 月获得西安建筑科技大学哲学硕士学位;2003 年 9 月任西安建筑科技大学党、校办副主任、机关党委副书记、机关工会主席;2006 年 12 月任西安建筑科技大学发展规划处副处长、高教研究所副所长(主持工作);2007 年 10 月任西安建筑科技大学高教研究所所长、发展规划处处长;2008 年 7 月任西安建筑科技大学高教研究所所长、发展规划处处长、新校区建设工程指挥部办公室副主任兼策划部部长;2009 年 7 月任西安建筑科技大学党、校办主任、发展规划处处长、高教研究所所长;2010 年 7 月任西安建筑科技大学党、校办主任;2012 年 2 月任西安建筑科技大学党、校办主任兼机关党委书记;2013 年 12 月任西安科技大学纪委书记;2014 年 1 月获得西安建筑科技大学管理学博士;2017 年 12 月任西安体育学院党委副书记。

主要从事高教管理及思想政治教育研究。近年来,在 CSSCI 及核心期刊发表文章《大成之道:论科学教育与人文教育的融合》《论大学的战略规划与区域经济社会发展》等 20 余篇;主持完成中国高等教育学会、陕西省社科基金等项目 8 项。先后荣获中共陕西省委、陕西省人民政府党政领导干部优秀调研成果二等奖 1 次,中国高等教育学会优秀高等教育研究成果 2 次,陕西省高等学校思想政治教育研究成果二等奖 2 次。

27. 张威虎

张威虎,男,汉族,1961 年 5 月生,陕西省米脂县人,中共党员,教授,工学博士,硕士生导师。1982 年 7 月毕业于延安大学物理教育专业,留校任教。1985 年 7 月任延安大学物理系教学秘书(科级);1990 年 9 月参加大连理工大学研究生课程班学习;1994 年 5 月任延安大学教务处副处长、计算中心主任;1999 年 4 月任延安大学教务处副处长、实验中心主任;2001 年 1 月参加陕西师范大学物理学研究生课程班学习;2001 年 3 月任延安大学国有资产管理处处长、教务处副处长;2002 年 4 月任延安大学国资处处长、教务处副处长兼网络中心主任;2002 年 12 月任财务处长、网络中心主任;2004 年 5 月兼任延安大学西安创新学院院长;2006 年 5 月任延安大学副校长、党委委员;2010 年 6 月获得中国科学院工学博士学位;2015 年 1 月任西安科技大学副校长。

从事计算机应用、应用电子技术的教学与科研工作,发表论文 40 余篇,出版教材、论著 2 部。获陕西省优秀教学成果二等奖 1 项,陕西省教育厅和延安市科技成果奖 4 项。

28. 惠朝阳

惠朝阳,男,汉族,1967 年 12 月生,陕西省富平县人,中共党员,公共管理硕士。1986 年 7 月从陕西省蒲城师范学校毕业分配至省教委、省委教育工委、省教育厅工作;1988 年 6 月汉语言文学专科毕业,1992 年 6 月汉语言文学本科毕业;1998 年 8 月任省委教育工委宣传教育处副处长;2001年 1 月任省教育厅离退处副处长;2004 年 5 月任省委教育工委、省教育厅办公室副主任;2006 年 4月任共青团陕西省教育工委书记(正处)兼省委教育工委组织群工处副处长;2009 年 7 月获得公共管理硕士学位;2009 年 12 月任省委教育工委、省教育厅办公室主任;2013 年 8 月任省教育厅办公室主任;2015 年 6 月任西安科技大学副校长;2018 年 6 月任陕西工业职业技术学院党委书记。

29. 李明

李明,男,汉族,1960 年 7 月生,陕西省三原县人,中共党员,教授。1986 年 7 月毕业于哈尔滨科学技术大学技术物理专业,毕业后分配至西安石油学院任教。1993 年 3 月任西安石油学院基础课部党总支副书记;1998 年 6 月任西安石油学院基础课部党总支副书记、系副主任;2000 年 5 月任西安石油学院信息科学系党总支书记;2002 年 12 月任西安石油学院人事处处长;2009 年 1 月任渭南职业技术学院院长;2015 年 10 月任西安科技大学党委副书记。

30. 樊建武

樊建武,男,汉族,1972 年 10 月生,陕西省丹凤县人,中共党员,教授,法学博士,博士生导师。1995 年 6 月毕业于中国矿业大学思想政治教育专业,分配至西安矿业学院团委工作。1997 年 12月任西安矿业学院团委办公室秘书;1998 年 9 月任西安矿业学院成人教育学院综合科副科长、团总支书记;1999 年 12 月任西安科技学院成人教育学院教学科科长;2001 年 6 月任西安科技学院临潼校区办公室主任(副处待遇);2002 年 1 月任西安科技学院党、院办副主任、临潼校区办公室主任(副处);2003 年 6 月西安科技大学马克思主义理论与思想政治教育专业研究生毕业,获得法学硕士学位;2005 年 7 月任西安科技大学党委办公室、校长办公室副主任、临潼校区常务副主任兼临潼校区办公室主任(正处级);2005 年 12 月任西安科技大学党委办公室、校长办公室副主任(正处级);2007 年 11 月任西安科技大学党委办公室主任、校长办公室主任;2010 年 12 月任西安科技大学党委委员、党委办公室主任、校长办公室主任;2014 年 4 月任西安科技大学党委委员、党委宣传部部长;2014 年 6 月西安理工大学思想政治教育专业研究生毕业,获得法学博士学位;2015 年 10月任西安科技大学党委副书记。

主要从事高校党建、思想政治教育和中国德育思想史研究工作。曾承担省部级以上科学研究项目 10 余项,出版专著 1 部,在公开刊物发表论文 20 余篇。曾获陕西省哲学社会科学优秀成果二等奖 1 项、三等奖 1 项,西安市社会科学优秀成果三等奖 4 项,全国煤炭教育优秀研究成果二等奖1 项。

31. 王贵荣

王贵荣,男,汉族,1963 年 11 月生,陕西省耀县人,九三学社社员,教授,工学博士,硕士生导师,陕西省高等学校教学名师。1985 年 7 月毕业于陕西煤炭工业学校煤田地质与勘探专业,分配至西安矿业学院地质系岩矿实验室工作;1993 年 6 月获得西安矿业学院煤田、油气地质专业工学硕士学位;1994 年 3 月任西安矿业学院地质系主任助理、工程地质与水文地质教研室主任;2000 年4 月任西安科技学院地质与环境工程系副主任;2003 年 12 月任西安科技大学教务处副处长;2007年 5 月任西安科技大学教务处副处长(享受正处待遇);2009 年 4 月任西安科技大学实验室与设备管理处处长;2010 年 6 月获得西安科技大学矿业工程学科工学博士学位;2010 年 7 月任西安科技大学教务处处长、实验室与设备管理处处长;2011 年 4 月任西安科技大学教务处处长;兼任教育部高等学校地质类专业教学指导委员会委员(2013～2017),教育部评估中心高等学校本科教学审核评估专家;2016 年 11 月任西安科技大学副校长。

主要从事矿山地质灾害防治、矿产资源评价等方面的研究工作,先后参与完成国家自然科学基金项目3项,主持完成陕西省自然科学基金以及企业委托科研项目40余项,获省部级科技进步奖3项。在《地质论评》《煤田地质与勘探》《长安大学学报(自然科学版)》《岩石力学与工程学报》《工程地质学报》《西安科技大学学报》等学术期刊发表论文30余篇。主编《岩土工程勘察》《工程地质学》《地质实习教程》教材3部,参编专著2部。主持或参与完成省级、校级教学改革与研究项目10余项,获国家级教学成果二等奖1项,获陕西省教学成果特等奖2项、一等奖1项、二等奖3项。

32. 胡巍

胡巍,男,汉族,1974年1月生,陕西省西安人,中共党员。1996年7月毕业于西安陆军学院,任四十七集团军一三九师四一七团二营机枪连副连职排长;1997年12月任四十七集团军一三九师四一七团一营炮兵连政治指导员;1999年6月任四十七集团军一三九师四一七团政治处宣传股正连职干事;1999年12月任四十七集团军一三九师政治部组织科正连职干事;2000年3月任四十七集团军政治部干部处正连职干事;2000年12月任四十七集团军政治部干部处副营职干事;2003年12月任四十七集团军政治部干部处正营职干事;2006年2月任四十七集团军政治部干部处副处长;2009年1月任四十七集团军计划生育办公室正团职主任;2010年3月代理四十七集团军工兵团政治委员;2011年12月任四十七集团军政治部干部处处长;2013年2月任四十七集团军装甲第九旅政治委员;2017年12月任西安科技大学党委副书记。

33. 来兴平

来兴平,男,1971年生于宁夏,博士(后),二级教授,博士生导师,教育部"长江学者奖励计划"特聘教授,国际岩石力学学会教育委员会秘书长。现任西安科技大学科技处处长、陕西省重点科技创新团队带头人,兼任煤炭工业协会专家委员会委员,是中国岩石力学与工程学会青年科技奖银奖获得者,陕西省创新人才推进计划中青年科技创新领军人才,陕西省青年科技奖获得者,霍英东基金会第九届青年教师奖获得者。来兴平教授主要从事西部矿山动力灾害预报与科学采矿研究。先后完成国家自然科学基金重点项目、"973"计划课题、"973"前期专项等国家级项目6项,获省部级一等奖3项、二等奖6项、发明金奖1项;发表论文100余篇,SCI收录14篇,出版专著3部,获得发明专利5项。2018年7月任西安科技大学副校长。

34. 黄英维

黄英维,男,汉族,1967年7月生,重庆市大足县人,中共党员,高级会计师。1990年7月毕业于西安统计学院,同年留校工作。1995年1月至1997年1月任西安统计学院财务基建处预算会计科副科长、科长;1997年1月任西安统计学院财务基建处副处长;1998年12月任西安统计学院财务基建处处长;2002年3月任西安财经学院计划财务处处长;2011年6月任西安科技大学总会计师。

二、已经退休的或调离的、在学术及行业有较大影响者,国家科技进步奖获得者,获得国务院政府特殊津贴专家,全国优秀教师奖获得者,博士生导师

35. 吴绍倩

吴绍倩,女,汉族,1933年生,福建省仙游人,教授。1953年加入中国共产党,1955年东北工学院采矿系本科毕业。曾任西安矿业学院采矿系采煤教研室主任,矿山压力研究所所长,陕西省煤炭学会副秘书长,开采委员会主任,陕西省能源协会常务理事,中国煤炭学会委员,两次被选为中国煤炭学会开采委员会委员,全国自然科学名词审定委员会委员及中国煤炭学会煤炭科技名词审定委员会委员,煤炭部矿压情报中心站井巷地压分站站长。

吴绍倩教授自1960年起多年在讲授采煤专业主要课程"采煤方法"及其他专业的"采煤概论",指导各届采煤专业学生的各种实习和设计,是煤炭高校合作编写通用教材的主编之一。她重视教

书育人,受到多届学生的好评。为鼓励学生学好采煤专业,1984年倡议并带头捐资建立热爱采煤事业奖学金基金会。参加1972年煤炭部为修订《煤炭工业设计规范》进行的为期半年的全国主要矿区现场调研任务及最后的审定工作。1982年开始指导硕士研究生,并先后在煤矿井下顶板安全、煤矿生产集中化、回采巷道维护及支架、无煤柱开采、急斜煤层开采等领域开展研究工作。

自1972年起开始了长达20年的急斜煤层教学与研究,在徐州、淮南、新疆等急斜煤层矿区完成学生的各项教学环节。指导急斜煤层研究生,承担并完成煤炭科研基金项目中急斜煤层矿压显现规律的研究,此成果获陕西省科技进步二等奖。1977年参加煤炭部组织的专家组应邀赴广东考察急斜煤层开采,几乎跑遍广东的急斜煤层矿井,对改善广东急斜煤层开采进行总结和提出改善意见。以后在此基础上合作编写和出版了第一部反映我国急斜煤层开采的专著,后被评为陕西高校科研一等奖,此书还被煤炭工业出版社推荐参加国际书展。1987年参加由煤炭部组织的"采煤概论"电视教材系列片的编写和审定工作,1992年此教材获煤炭高校优秀教材一等奖。为推广无煤柱开采,在1978年至1986年这6年间先后在10余个矿区讲学和促进应用,并合作编写和出版《无煤柱开采》,此成果获国家科技进步三等奖。1988年开始承担煤炭部生产司委托的多功能巷道支架试验台建设项目,历时5年多完成后经国内专家鉴定委员会考察和观看现场试验,评定此项目在我国属首创,性能处于国际同类设备的领先水平。多年来发表论文数十篇,参与编写出版著作和译著8部。先后应陕西、甘肃、宁夏、河南、山东、山西、江西、广东、福建等煤炭部门邀请去作学术报告,深入现场第一线,在国内外下过的矿井达100多个,是我国有一定知名度的女采煤专家。1983年后先后被授予"西安市三八红旗手""陕西科技精英""陕西省优秀共产党员专家""全国能源工业劳动模范"等称号。1991年获得国务院政府特殊津贴。1992年后曾两次被选为西安市雁塔区人大代表。

36. 邓宝

邓宝,女,1931年生,陕西省长安区人,九三学社省委委员,陕西省政协四届连任委员。1956年毕业于北京地质学院,在学校从事高等院校教育工作38年,培养过六届硕士研究生,先后教授"地球发展史""古生物学""地层学原理""古生物学原理""地层学"等课程,具有丰富的教学经验和扎实的理论基础。曾任陕西省教授协会西安科技大学分会常务副会长。她从事古生物地层及有益矿产的系列研究工作,在秦岭首次发现世界划分海陆界线标准的古动物弓笔石,为我国中志留世地层划分填补了国内空白,同时研究其形态特征及亲缘关系和相关的有益矿产,如对硒的富集规律及其形成模式等,具有实用价值。该系列研究项目分别获煤炭部、陕西科委重大科技成果一等奖。她还在秦岭山阳首次发现欧洲早古生代植物群,并足迹遍布东、西秦岭各地,同时与欧洲古植物群进行对比还指出找矿方向,获煤炭科技奖。她的科研为经济发展服务,对寻找矿产和矿源层有重要意义,1981年、1985年、1988年先后应邀出席国际专业会议在英国、丹麦、瑞典、澳大利亚宣讲论文。成绩突出被评为陕西省三八红旗手,获得国务院政府特殊津贴。

37. 刘怀恒

刘怀恒,男,汉族,1933年生,河南省南阳人。1957年8月毕业于北京矿业学院(大学本科),毕业分配至西北工学院采矿系。1958年西安矿业学院成立即分至采矿系井巷工程教研室任教。后矿井建设专业由采矿系分出成立建筑工程系。即转入建工系任教至1993年12月退休。曾讲授过"井巷工程""矿山工程结构""矿山岩石力学"等课程。

1975年开始即专注于"岩石力学数值方法及工程应用"的研究与教学,是国内开展"有限元法在岩石力学及工程应用研究"最早的人员之一。由他负责完成"岩石力学问题非线性有限元分析程序"也是国内最早可用于工程研究和设计的软件之一,曾为多家设计单位和高校采纳和应用。

1979年评为副教授。1981年作为硕士研究生导师开始招收研究生。此后多年,以研究生教学和科研为主,直到退休。期间曾于1984年至1986年任学校教务处处长。1986年评为教授。1991

年至 1993 年任建工系主任。

由于在教学与科研方面的成果突出,曾于 1978 年获"全国科技大会奖(集体奖、锚喷支护材料与技术)",1979 年获陕西省科技成果二等奖,1989 年被评为"全国优秀教师",1992 年获得国务院政府特殊津贴。

38. 黄克兴

黄克兴,男,汉族,1931 年生,辽宁省海城人,教授。1953 年 8 月从东北地质学院毕业,1953 年 8 月至 1964 年 11 月在北京矿业学院任教。1964 年 11 月调入西安矿业学院地质系任教。1979 年评为副教授,1991 年评为教授。长期从事地质构造类教学工作,并从事构造控煤方面的研究,发表论文及著作 30 篇(部)。1978 年独立执笔完成的"地质力学在煤田预测中的应用"获得 1978 年首届全国科技大会三等奖。1983 年 7 月,作为主要参加人完成"全国煤田预测"集体项目,获得 1993 年煤炭部科技进步特等奖。作为第一执笔人编著的《中国煤田地质学》获得 1987 年煤炭部优秀教材一等奖、1988 年国家教委优秀教材特等奖。获得国务院政府特殊津贴。

39. 高桐

高桐,男,汉族,1933 年生,北京市房山县人,教授,硕士生导师。1957 年北京矿业学院建筑工程系本科毕业,曾任西安矿业学院采矿系井巷教研室主任,西安矿业学院图书馆馆长。

高桐教授长期从事岩石力学的教学与研究以及土力学的教学与研究。1978 年与魏泽国、李赤波共同获得全国科学大会科学进步奖。1990 年撰写的《三维锚杆单元的基本解法和边界元法分析》获得陕西省煤炭学会优秀论文一等奖,1993 年研发的"齿型膨胀塑料锚杆"获得国家实用新型专利。1992 年获得国务院政府特殊津贴。

40. 唐祖章

唐祖章,男,汉族,中共党员,1935 年生,四川省荣昌县人(现属重庆市),教授,硕士生导师。1957 年北京矿业学院采煤系本科毕业,分配到西北工学院采矿系。该校在西安成立西北工业大学民用部分专业合并入交通大学,在交通大学(西安部分)采矿系任教一年后,1958 年成立西安矿业学院,后转入西安矿业学院采矿系。曾任西安矿业学院采矿系主任,系党总支委员,院学术委员会委员。曾兼职中国煤炭学会第二届系统工程专业委员会副主任委员,中国现代设计法研究会广义优化专业学会副秘书长,煤炭部教材编审委员会委员。陕西省科技成果评奖专家组成员。退休后曾担任院教学督导专家组成员,西安矿业学院老教授协会常务副理事长,新技术研究所常务副所长。

唐祖章教授长期从事采矿工程的教学与研究。主编、参编教材和学术著作 4 部:《采矿系统优化与模拟》(中国矿业大学出版社,1989 年)、《矿井技术改进》(煤炭工业出版社,1990 年)、《陕西煤炭技术》(中国矿业大学出版社,1994 年)等;参加审校的图书和教材 3 部:《中国煤矿开拓系统图集》(中国矿业大学出版社,1992 年,该书曾获江苏省优秀图书一等奖)、《煤矿开采学》(中国矿业大学出版社,1993 年)、《开采方法》(煤炭工业出版社,1992 年,该书曾获煤炭部优秀教材一等奖,全国优秀教材奖);曾参加《中国煤炭工业百科全书》开采卷有关条文的编写工作。

唐祖章教授积极参加煤炭系统各项科研工作、学术会议,并在学术刊物上发表论文 14 篇。其中与张家彬教授合写的发表在《煤炭学报》1987 年 3 期上的文章《非工作贮备系统可靠性的计算机模拟》曾被日本《科学技术文献速报》第 31 卷第 5 号摘录。

参加煤矿系统生产科研单位科研工作 18 项,其中计算机仿真软件方面曾获得煤炭部通讯信息中心三等奖 2 项,《新密矿布局米村矿 3 个井技术改造》1983 年获煤炭部科技进步特等奖。与郝迎吉教授一起参加的"郑州矿区铁路调度系统研究和建设",获矿方好评,并获得了实用新型专利。1992 年获得国务院政府特殊津贴。

41. 陈月华

陈月华,女,汉族,1940 年生,福建省仙游人,副教授。1959 年响应祖国召唤,毅然离别亲人自印度尼西亚回国深造,当年考入北京矿业学院,1964 年毕业于北京矿业学院矿山测量专业,结业时被评为学校"优秀毕业生"。大学毕业时,先到陕西省铜川三矿劳动锻炼 1 年,劳动结束时被评为"劳动标兵",劳动锻炼结束后分配到西安矿业学院任教,1995 年因健康原因退休。在职期间,曾任矿测教研室主任,教研室曾被评为陕西省先进集体。

陈月华教师主要讲授"岩层与地表移动"课程,重点研究地下开采引起的岩层与地表移动规律。作为教师,她不忘初心,牢记使命,忠诚党的教育事业,坚持立德树人,认真教书,严格育人,以培养更多的德才兼备的祖国建设者。曾多次被评为矿院"优秀教师""先进工作者";1985 年被评为陕西省"优秀教师";1990 年被评为中国统配煤矿"优秀教师"(事迹登在 1990 年 9 月 8 日的《中国煤炭报》);1992 年获得国务院政府特殊津贴。

陈月华老师除从事教学工作外,还深入矿区与现场合作进行科研,既丰富充实教学内容,又启发学生要学以致用。主要合作科研成果"马村矿铁路下采煤试验""黄土地区抗变形农村住宅下采煤试验"获得陕西省煤炭工业科技大会科学技术进步一等奖。《论山体下采煤的地面保护》获陕西省煤炭学会优秀论文一等奖。1994 年 2 月和 6 月先后被陕西省侨联及全国侨联评为实现"八五"计划和十年规划做贡献的先进个人,并获得全国侨联颁发的"爱国奉献奖"奖章。曾是陕西省第八届人大代表;西安市第七届、八届侨联常委以及陕西省第三届侨联委员。

41. 石平五

石平五,男,汉族,1940 年生,河南省济源人,教授,博士生导师。曾任西安矿业学院采矿系主任,第三届学术委员会主任,西安科技大学学术(学位)学术委员会副主任。原矿业工程一级学科博士点带头人、采矿工程学科博士点带头人。现任陕西省煤炭学会副理事长,曾任中国岩石力学与工程学会理事、陕西省岩石力学与工程学会副理事长。1963 年西安矿业学院采矿系本科毕业。

石平五教授长期从事采矿工程、矿山压力与岩层控制教学与研究,普通高等教育"十五"国家级规划教材《矿山压力与岩层控制》主编之一。在急斜煤层安全高效开采、陕西省各类煤层开采方法、水体下安全开采、浅埋煤层矿山压力及控制方面进行了卓有成效的研究。相关项目经鉴定达到国际先进水平,取得巨大的经济效益。获国家科技进步二等奖一项,国家科技进步三等奖一项,省部级科技进步一等奖两项、二等奖三项、三等奖三项。1993 年起兼任陕西省重点实验室"岩层控制实验室"主任,以及"国家煤炭工业重点实验室"主任,创新性发展了"组合堆体模拟实验装置""固—液—气三相模拟实验架""急斜模拟实验架",使采矿工程实验达到国际先进水平。1993 年被陕西省人民政府授予陕西省优秀教师称号,获得国务院政府特殊津贴。陕西省第八届、第九届政协委员,西安市雁塔区第八届、第九届、第十届、第十一届、第十二届人民代表大会代表。

43. 何新义

何新义,男,汉族,1932 年 5 月生,四川省自贡市人,教授。1950 年中国矿业学院采矿系入读,1953 年中国矿业学院采矿系本科毕业;1956 年北京矿业学院矿山测量专业研究生毕业,留任北京矿业学院测量系助教。1957 年调入西安交通大学采矿系。1958 年转调西安矿业学院采矿系、地质系,从事测量学、矿山测量学、矿体几何学的教学工作,一生服务于祖国的煤炭高等教育事业,1993 年退休。

历任全国煤炭学会矿山测量专业学会多届学术委员。参与编写有《矿体几何学》教材;主编《矿体几何学习题》;参与编写《中国煤炭工业百科全书》"矿体几何"篇章。译著有《矿山测量学》《岩石力学基础》《岩层移动论文集》等教材、文献、资料。获得国务院政府特殊津贴。

44. 张文生

张文生,男,汉族,1931 年生,吉林省四平市人,教授,硕士生导师,1955 年毕业于东北工学院采

矿工程系。

张文生教授长期从事采矿工程方面的教学、科研、煤矿科技图书等的编著工作。教学方面：主讲"煤矿地下开采""采矿系统工程"（网络计划技术在煤矿中的应用、多目标决策等部分）、指导毕业论文设计以及有关教学改革等工作。科研方面：参加"采村矿井技术改造"项目的设计与研究、煤炭部生产司主持的"矿井技术改造"、煤炭科学基金项目的"煤矿矿井技术改造专家系统"等方面科研工作。主编或合编的教材、科技图书有：《开采方法》（主编）、《矿井技术改造》（合著）、《中国煤矿开拓系统图集》（副主编）、《中国煤矿开拓系统》（合著）、《陕西煤炭技术》（合著）等。

主要获奖：因"采村矿井技术改造"获煤炭部科技特等奖，获"全国优秀教材奖""江苏省优秀科技图书二等奖""全国优秀科技图书二等奖"等。此外，于1985年获"西安矿业学院优秀教师"称号，获得国务院政府特殊津贴。

45. 孟昭孝

孟昭孝，男，汉族，1937年生，河南省新安人，中共党员。1959年7月毕业于西北大学数学系，被统一分配到西安矿业学院任教。

曾任基础部秘书、数学教研室副主任、基础部主任。著作有《高等数学学习与提高》及与其他教师合编的教材等。参加了1项省级和3项局级均获奖的科研与教学研究方面的项目。曾获省高教系统先进个人称号。1992年晋升为教授，1997年5月退休。获得国务院政府特殊津贴。

46. 龙荣生

龙荣生，男，1936年生，四川省广安市人，教授。1957年北京地质学院地矿系本科毕业。曾任西安矿业学院地质系煤田教研室主任，系地质学科带头人，西安矿业学院学术（学位）委员会委员；曾任中国煤炭学会矿井地质专业委员会委员，煤炭部教材编审委员会地质组主任。

龙荣生教授长期从事矿井地质教学与研究。曾独立编写煤炭高校通用教材《矿井地质学》，获煤炭部教材二等奖；曾参与煤炭部、陕西省煤管局组织编写的《矿井地质规程》《矿井地质工作手册》《中国煤炭工业百科全书（地质·测量卷）》《陕西省煤炭科学技术》；并合著了《矿井地质构造预测》。曾参与四川南桐矿区、芙蓉矿区地质构造，煤与瓦斯突出规律研究，其中"芙蓉矿区杉木树矿地质构造规律及预测"获四川省科技进步奖三等奖，获得国务院政府特殊津贴。

47. 侯忠杰

侯忠杰，男，1941年生，陕西省铜川市人，教授，博士生导师，1974年加入中国共产党。曾任西安科技学院采矿系副主任、西安科技大学采矿工程学科带头人、矿山压力研究所所长、陕西省矿业学会理事、教育部高等学校地矿学科指导委员会委员。

侯忠杰教授主要致力于复杂条件下开采岩层控制及涌水溃沙灾变防治研究。20世纪八九十年代曾三次分别往苏联煤炭科学研究总院、荷兰德尔福特大学和美国西弗吉尼亚大学留学。留学期间，先后与世界知名教授学者合作进行了比利时伯仁根煤矿深井巷道围岩控制、法国波兰兹煤矿顶板大面积垮落和美国艾美尔德煤矿长壁工作面全长回收切顶预防研究。回国后，在其合作研究项目的技术基础上，结合我国神东等矿区浅埋煤层所出现的大面积陷落突水溃沙等一系列人员伤亡灾害，进行了创新性的研究。特别针对厚松散层薄基岩煤提出了组合关键层理论，并试验成功一种新的无灾害垮落安全开采方法，建立了完整的"支护—组合关键层结构—潜水运移"顶板控制、涌水溃沙及荒漠化防治理论体系，研究成果已应用于顶板与水沙灾变防治和矿区环境保护领域之中。

侯忠杰教授始终为本科生授课，坚持工作在教学第一线，并在研究生培养与学科建设方面取得优异成绩。先后承担国家自然科学基金、省部级科学基金及专项等项目9项和企业委托项目33项，在国内外重要刊物上发表论文60余篇，出版著作教材7部，获国家科技进步二等奖1次、省部级科技进步奖2次、国家优秀科技图书奖2次、省教委等科技进步奖多次。

48．侯媛彬

侯媛彬,女,1952年生,系西安科技大学的自动化硕士和西安交通大学的系统工程(Ⅰ)博士。曾任国家重点学科西安科技大学安全技术及工程博士点矿山设备安全运行理论及方法方向的学术带头人;校矿山机电工程博士点学科带头人。省重点学科"控制理论与控制工程"学科带头人,电气与控制工程学院学科主任。兼任中国自动化学会教育委员会委员、中国自动化学会电气专业委员会委员、陕西省自动化协会常务理事兼教育委员会主任。一直从事自动化及安全技术与工程方面的教学和研究工作。讲授过博士、硕士和本科各层面的专业课程10多门。在安全技术与工程、复杂系统的辨识建模、故障诊断、安全生产的监测监控及智能检测与信息融合方面进行了深入研究。特别是在一类非线性动态系统的建模及控制问题的研究方面,提出了神经网络用于非线性系统建模及解耦控制的理论和方法、提高神经网络抗干扰性的方法、基于模糊控制或改进遗传算法的神经网络、基于粗糙集的故障诊断与分类,并将其用于多变量系统的监测监控,保证了安全生产,得到了国内外同行专家的好评。在国内外公开发表学术论文110余篇,其中被EI和ISTP检索30余篇。出版专著、教材8部,承担省部级科研项目及横向项目10余项,获省级科技进步奖3项,科研、教学方面各类奖项10余项,2006年获评省级师德标兵。

49．褚维盘

褚维盘,男,汉族,1945年生,江西省高安人,民盟盟员,教授,理学硕士。曾任数学教研室主任,院教学工作指导委员会委员;获校优秀教师,教学科研型拔尖人才及首届"陕西省普通高校教学名师"称号。现聘为学校教学督导组专家组组长,督导组于2012年获"全省教育系统老干部发挥作用先进集体"称号,2015年褚维盘教授获省"离退休干部先进个人荣誉"称号。

褚维盘教授主要从事高等数学教学和应用数学研究工作。他一直在教学第一线,为本科生、研究生讲述过从高等数学到现代数学基础等十余门课程。主持过"高等数学课程建设"等4项教改项目,并获校优秀教学成果一等奖和省优秀教学成果二等奖。他组建的数学建模竞赛代表队,1992年获省一等奖。2000年成功申报了我校第一个理科——应用数学硕士点,被聘为第一任应用数学学科带头人。

褚维盘教授先后参加了原中煤总公司"液压支架空间力系优化设计及CAD"等一些项目的研究开发,1997年主持"新疆自治区地名信息管理系统研究",获得煤炭部计算机应用三等奖。1994年受国家科委派遣,作为项目负责人赴俄罗斯做全球定位系统(GPS)的专项科研考察。

褚维盘教授发表了《对我院博士生数学教学的探讨》等40多篇教学科研论文,主编和参编《高等数学指导与提高》等10多本教材、著作。褚维盘教授是民盟陕西省委员会第八届、第九届省委员;陕西省第八届、第九届省政协委员。多次被省教育厅聘为评审专家,连续15年任陕西省大学数学教学指导委员会委员和《高等数学研究》杂志常务编辑。

50．龙熙华

龙熙华,男,1951年生,祖籍湖南常德人,中共党员,教授,硕士生导师。1969年在陕西省黄陵县插队、工作。1973年入西北大学数学系学习,1986年在西安矿业学院获得硕士学位。1976年到西安矿业学院任教,曾任基础部计算数学教研室主任、计算机系副主任、计算机学院副院长。2008年被评为陕西省教学名师。长期在教学一线从事数学和计算机基础类课程的教学和相关科研工作。给本科生、研究生先后主讲过高等数学、工程数学、线性代数、数值分析、矩阵分析、计算机图形学和各类计算机语言等基础课程,其严谨的治学态度和具有个性的讲课风格深受学生好评。主持和参加了数值分析、运筹学两门精品课程建设和9项校级及省部级的教学改革和科研项目,主编(副主编)出版3部教材,公开发表论文20余篇,获得5项校级优秀教学成果奖和科技进步奖。龙熙华教授从30多年来,热爱教育事业,勤于传之道,精于授之业,善于解之惑,在教师岗位上取得了显著的成绩,多次获得学校优秀教师和优秀共产党员的称号。

51. 赵轶群

赵轶群,男,汉族,1943年生,上海人,博士,教授,博士生导师。1992年评为教授,为获得国务院政府特殊津贴专家,曾任学校计算机系系主任。主要研究方向为:办公自动化与智能决策。1996年调离学校到同济大学任教。

52. 王芝银

王芝银,女,汉族,1956年生,陕西省扶风人,博士,教授,博士生导师。1982年1月毕业于西安矿业学院固体力学专业,1984年底获岩土工程硕士学位,1997年首批入选陕西省跨世纪"三五人才"第一、二层次人选,1998年被评为"全国优秀教师",1998年在中国科学院地质所获地质学学科(专业)(工程地质与水文地质方向)理学博士学位。1999年遴选为西安科技学院岩土工程学科博士生导师;兼任中国《岩石力学与工程学报》和《岩土力学》编委,中国岩石力学与工程学会理事,中国岩石力学与工程学会岩体物理数学模拟专业委员会委员。2000年获得国务院政府特殊津贴,2000年被批准为国家实施的"百千万人才工程"中煤炭系统专业技术拔尖人才。2007年调离学校到中国石油大学(北京)任教。

一直从事岩土力学与工程方面的教学与研究工作。在岩体流变理论、位移反分析法、多场耦合理论及其数值模拟方法等方面进行了深入系统的研究,涉及地下工程、隧道工程、边坡工程、地下油气储库工程、管道穿越工程等工程设计与施工技术的应用研究;曾作为项目负责人或主要成员完成国家自然基金、省部级科学基金及横向科研课题30多项,获省部级科技进步二等奖1项、三等奖2项;在国内外重要学术期刊及会议上发表学术论文120余篇;撰写专著3部,参编著作和教材3部。

53. 雒昆利

雒昆利,女,1959年生。1978年就读西安矿业学院地质专业,毕业后继续攻读硕士研究生。1986年9月至1989年10月在原长春地质学院地球科学系地层古生物专业学习并获博士学位。1985年至2000年在学校地质系任教,1995年评为教授,为获得国务院政府特殊津贴专家。2000年调离学校到中国科学院地理科学与资源研究所工作。

主要从事地质环境与健康、矿产资源勘查与评价、地层古生物学以及生命元素的地质历史过程以及环境健康效应的研究。1993年获"全国优秀教师"称号和"陕西省优秀教师"称号;1995年度获中国科学技术发展基金会孙越崎优秀青年科技奖;1996年获首届陕西青年科技奖;1996年获两项陕西省教委科技进步三等奖(秦岭寒武系地层、生物群及含矿性的研究);1996年被选为煤炭工业部首批专业技术拔尖人才。1997年被选拔为煤炭工业部首批跨世纪学科带头人。全国地层委员会寒武系工作组委员,古地理学报编委,中国科学院地理科学与资源研究所研究员、博士生导师。1997年美国UMR大学地质系高访学者,1999年美国COLORADO寒武纪研究所高访学者,1998获地矿部科技进步三等奖一项(辽东的寒武系和含矿性的研究)。

三、2018年5月在职的院士、各学院教授及其他正高职称人员

54. 王双明院士——中国工程院院士

王双明,1977年毕业于西安矿业学院地质系煤田地质专业。1983年在武汉地质学院北京研究生部获煤田地质与勘探专业硕士学位。1983年至1992年历任陕西省煤田地质局(勘探公司)技术员,工程师,地质处副处长,科技处处长,副总工程师。1992年11月至1996年11月任陕西省煤田地质局总工程师(副厅级);1996年11月至2000年5月任陕西省煤田地质局副局长兼总工程师;2000年4月至2005年3月任陕西省煤田地质局局长(正厅级)。1995年评为教授级高级工程师。2005年3月至2007年3月任陕西省煤炭工业局(煤田地质局)局长;2007年3月至2010年8月任陕西省煤炭工业局局长;2010年8月至2015年7月,任陕西省国土资源厅党组成员、陕西省地质调查院院长(正厅级)兼党委副书记。中国地质学会第36、37届理事(1997年至2005年),中国煤

炭学会第四届、五届、六届理事,陕西省地质学会副理事长,陕西省人民政府陕北能源化工基地建设专家咨询组专家,国家煤炭工业技术委员会煤田地质专家委员会副主任委员。2009年兼任西安科技大学博士生导师。2017年当选中国工程院院士。

王双明院士主要从事煤炭资源勘查和矿区生态环境保护研究,在找煤、探煤、采煤区生态环境保护等领域取得了突破性成果。查明了鄂尔多斯盆地煤炭资源总体分布规律与资源总量,为部署规划煤炭工业战略西移、保障国家能源安全做出了突出贡献。建立了综合勘查技术体系并应用于大型勘查工程,将煤炭地质勘查引领到了高效高精度综合勘查新阶段。提出了生态脆弱矿区地质环境保护新技术,为我国煤矿区地质环境保护提供了地质技术支撑。先后获国家科技进步二等奖3项,省部级一等奖6项。曾获李四光地质科学奖,获得国务院政府特殊津贴,是国家有突出贡献专家。公开发表论文30余篇,出版专著4部,获各类专利6项。

能源学院

55. 伍永平

伍永平,男,1962年生于陕西汉中,二级教授,博士生导师,国务院学科评议组成员,2013年中国工程院院士有效候选人,全国煤炭工业先进工作者,陕西省“三秦学者”特聘岗位教授,教育部新世纪优秀人才,陕西省优秀博士论文指导教师。现任西安科技大学能源学院院长,教育部重点实验室、陕西省岩层控制重点实验室、陕西省煤炭资源安全绿色高效开发协同创新中心主任,兼任矿业工程一级博士点学科召集人,《西安科技大学学报》主编,《煤炭学报》《采矿与安全工程学报》编委。长期从事矿山压力与岩层控制方面的教学、科研工作,先后承担了国家自然科学基金重点项目、重大研究计划等项目60余项,获国家科技进步二等奖1项,省(部)级科技进步一等奖3项、二等奖6项,授权国家发明专利8项,发表论文150余篇,出版专著4部。

56. 黄庆享

黄庆享,男,1966年生于新疆沙湾县,二级教授,博士生导师,西安科技大学矿业工程博士后科研流动站站长,西安科技大学学术委员会委员,中国煤炭工业专业技术委员会委员。2004年入选教育部新世纪优秀人才,2005年国家公派美国西弗吉尼亚大学访问学者。主要从事采矿工程与岩层控制研究,是我国浅埋煤层岩层控制理论的创立者。先后主持国家自然科学基金项目5项,出版学术专著3部,发表论文100余篇。荣获省部级科学技术一等奖3项,国家科技进步二等奖1项。2014年被授予“全国优秀教师”荣誉称号,2015年入选“国家百千万人才工程”并被授予“有突出贡献中青年专家”荣誉称号。

57. 柴敬

柴敬,男,1964年生于宁夏,二级教授,博士生导师。现任西安科技大学学科建设办公室主任,兼任中国岩石力学与工程学会第七届理事会理事,陕西省岩土力学与工程学会常务理事,中国岩石力学与工程学会工程安全与防护分会常务理事,中国煤炭学会岩石力学与支护专业委员会第五届、第六届委员,中国煤炭工业协会第二届、第三届煤矿井工开采专家委员会委员,陕西省煤炭学会采矿专业委员会委员,西安专家咨询团特聘专家,陕西省学位与研究生教育学会委员。为本科生讲授矿山压力与岩层控制、岩石力学、矿业工程学科前沿,为博硕士研究生讲授实验岩石力学、高等矿业工程学等课程,已培养博士7名、硕士50余名。研究方向为矿山压力与岩层控制、巷道支护、实验岩石力学、光纤传感智能监测技术。发表论文100余篇,SCI、EI收录31篇,出版专著1部,其中在《煤炭学报》发表论文7篇。完成国家自然科学基金项目4项,获省部级奖5项,发明专利3项,实用新型专利8项。

58. 余学义

余学义,男,1955年生于陕西,波兰克拉科夫矿业大学博士,二级教授,博士生导师,采动损害及地面保护研究所所长;中国煤炭学会开采专业委员会、开采损害技术鉴定委员会委员,获得国务

院政府特殊津贴专家。长期从事采动损害及环境保护方面的教学科研工作。为采矿工程专业本科生讲授"采矿学""矿井开采设计"等6门课程,主持建设省级精品课程"开采损害学",重点研究西部矿区复杂条件下的"三下"开采与地面保护研究工作,先后主持完成国家自然科学基金、国家科技部重大研究项目,获省部级科技进步奖14项。主编教育部"十一五"规划教材《开采损害学》,副主编、参编教材及专著共9部。在国内外公开发表论文80余篇,其中SCI、EI、ISTP检索20篇。

59. 索永录

索永录,男,1960年生于陕西,博士,教授,博士生导师,陕西宝鸡人。1984年毕业于西安矿业学院采矿工程专业,1987年获得采矿工程专业硕士学位,2004年获得西安科技大学安全技术及工程专业博士学位。1987年7月起,一直在西安科技大学采矿工程系从事采矿工程方面的教学与研究工作。长期致力于采煤方法的研究,在厚煤层开采技术、工作面高产高效技术、巷道支护等方面开展了大量研究工作,比较系统地提出和研究了综放开采坚硬顶煤预先爆破弱化的基本理论与方法。先后负责完成国家自然科学基金、企业委托等科研项目30余项,其中获省部级科技进步特等奖1项,一等奖1项,二等奖1项,国家发明专利1项。出版专著1部,发表学术论文70余篇。

60. 邓广哲

邓广哲,男,1965年生于陕西,教授,博士生导师,主要研究方向是矿山岩石力学和岩层控制。日本九州大学高级访问学者,第七届霍英东优秀青年基金获得者,陕西省精品课程"矿山岩石力学"建设负责人。现任国家煤炭工业技术委员会委员,煤矿支护专业委员会委员,陕西省煤炭协会专家组专家,地下工程与空间专业委员会常务理事。长期从事矿山岩石力学方面的研究工作。研究方向为西部高地应力矿山裂隙岩体分析理论与水压致裂控制技术。完成了"低渗煤层压裂软化关键技术研究与应用""浅埋煤层采动区气水预爆卸压及综采支架选型""冲击灾害煤岩压裂软化新材料及装备"等重大科技项目以及水力压裂技术开发与推广项目等40余项,获国家专利12项,省部级奖励9项。出版学术专著3部,发表学术论文70余篇。

61. 姬长发

姬长发,男,1963年生于山西,教授,硕士生导师。建筑环境与能源应用工程系主任,供热、供燃气、通风及空调学科带头人,兼任陕西省制冷学会副理事长、西安市制冷学会常务理事、西安市热能与动力学会理事。日本鸟取大学及京都大学访问学者。主要从事制冷空调节能、室内环境控制、蓄冷空调技术、矿井降温等方面的科研工作,主持和参与国家支撑计划、国家自然科学基金、陕西省自然科学基金等科研项目20余项。主持教学改革与教学研究项目5项。主编国家"十一五"规划教材等3部。指导学生参加"挑战杯"创业计划、科技作品竞赛、西北区制冷空调大赛、省优秀毕业设计比赛,获省级一、二、三等奖多项。发表教改及科技论文近50篇,其中被SCI、EI收录10篇。

62. 李龙清

李龙清,男,1957年生于宁夏,教授,国家注册一级安全培训机构培训教师,九三学社社员。1982年1月毕业于西安矿业学院采矿系。主讲"煤矿开采学""矿井开采设计""工程项目技术经济评价"等本科、研究生课程。研究方向:矿井设计理论及方法优化、开采理论与新技术、工程项目技术经济评价。出版教材著作4部,2部获全国煤炭高等教育优秀教材一等奖和学校优秀著作奖。主编高等教育(矿业)"十三五"规划教材《矿山技术经济学》,主持省级精品资源共享课程"工程经济学"建设项目,参加国家自然科学基金项目4项,主持工作面矿压规律及支架参数研究、矿井通风智能设计CAD系统研究等横向科研项目30多项,其中获省部级科技进步奖二、三等奖3项。在核心期刊发表学术论文40余篇,多篇获省、厅级优秀论文二等奖和优秀奖。

63. 贠东风

贠东风,男,1962年生于陕西临潼,中共党员,教授,硕士生导师,中国煤炭教育协会"十三五"规划教材采矿组编委,国家安全生产一级培训师,曾任中国能源学会常务理事,因在大倾角煤层长

壁综采技术研究与应用方面的突出贡献,被四川华蓥山煤业公司绿水洞煤矿授予名誉矿工。主要研究方向为采矿系统工程、复杂煤层开采和巷道支护技术以及新能源技术。2006 年 7 月至 2007 年 1 月,受 JBIC 资助公派到日本九州大学做高级访问学者并考察了长壁综采太平洋下煤层的北海道钏路煤矿。2016 年 7 月,赴美国参加西弗吉尼亚大学举办的第 35 届国际采矿岩层控制会议(ICGCM)并作演讲,考察了马里昂(Marion)煤矿 430 m 超长综采面。近几年,应邀赴重庆、甘肃、新疆、四川等省区做多场大倾角煤层综长壁采技术专题报告,受到广泛欢迎。主持及参加课题 10 余项,获国家科技进步二等奖 1 项,省部级科技进步一等奖 3 项,省级教学成果奖二等奖 1 项,中国煤炭工业协会特等奖 1 项,获发明专利 1 项,实用新型专利 12 项。指导研究生 20 余名。出版著作及参编教材 6 部,发表论文 60 余篇。

64. 张恩强

张恩强,男,1957 年生于陕西,硕士、教授。1982 年 1 月、1989 年 6 月分别获得西安矿业学院采矿工程专业工学学士学位和硕士学位。1982 年 1 月留校任教,一直从事采矿工程专业教学与科研工作。主持和参与完成各类科研项目 20 余项,主持和参与完成教改项目 10 余项,主编和参编教材 6 部,在各类期刊发表教改和学术论文 30 余篇。获国家级教学成果奖二等奖 1 项,陕西省教学成果奖特等奖 1 项,陕西省科学技术奖二等奖 1 项,陕西省优秀教材二等奖 1 项,中国煤炭协会优秀教材一等奖 1 项,西安科技大学优秀教材一等奖 1 项,陕西省教育厅和西安科技大学其他奖 5 项。

65. 张杰

张杰,男,1978 年生于四川,博士,教授,硕士生导师。主讲"地下工程施工""采矿系统工程""环保概论""采煤概论"等课程。主要从事榆神府矿区浅埋煤层顶板、水沙灾害治理和保水开采基础技术研究、巷道围岩灾害控制与支护技术研究等方面的科研和教学工作。先后主持完成纵向、横向课题 30 余项,主持国家自然科学基金"浅埋煤层粘土层隔水性采动破坏及控制机理研究"、"区域隔水关键层采动破坏的突水致灾机理与防治研究"以及国家科技部基金,教育部博士学科点基金,陕西省"13115"科技创新工程重大科技专项基金,获省部及厅局级科技进步奖 5 项。发表相关论文 30 余篇,其中 15 篇被 EI 和 ISTP 收录,参与编写专著 1 部。

66. 赵兵朝

赵兵朝,1978 年生于山西晋城,博士,教授,硕士生导师,现任能源学院副院长,西安科技大学首届教学新秀、二级胡杨名师,主要从事采动损害与环境保护等方面的教学与科研工作,主要讲授"开采损害与防治""开采沉陷与控制""矿图及绘制""采煤概论"等课程。近年来主持与参与国家自然科学基金、国家科技部公益基金及教育部博士点基金等各类纵向科研项目 10 项、横向科研项目 20 余项,主持或参与教改项目 5 项,获省级教学成果奖培育项目 1 项。主编煤炭高等教育"十二五"规划教材 1 部,参编煤炭高等教育"十一五""十二五"规划教材各 1 部、获批主编中国煤炭高等教育"十三五"规划教材 1 部,发表有关采动损害与环境保护等方面的论文 30 余篇,其中 EI 检索 11 篇,出版专著 1 部,获省部级科技成果二等奖 1 项、三等奖 2 项,厅局级科技成果奖 10 项,获全国煤炭行业优秀教材三等奖 1 项,获中国煤炭教育协会教学成果特等奖 1 项、三等奖 1 项、校级教学成果特等奖 2 项,以第一发明人获发明专利 2 项、实用新型专利 2 项、软件著作权 2 项。指导学生的课外科技作品获国家级二等奖 1 项、三等奖 2 项、省级铜奖 1 项,指导完成国家级大学生创新创业训练计划项目 1 项。

67. 赵建会

赵建会,男,1964 年生于西安周至,教授,工学硕士,研究生导师。1989 年毕业于西安矿业学院采矿工程系矿山通风与安全专业,留校任职。曾任西安科技大学能源学院党委副书记、西安科技大学科技处副处长,现任西安科技大学高新学院院长。任职以来先后主讲了"工程热力学"、"供热工

程"、"给排水概论"、"高等工程热力学"、"通风安全学"、"矿井通风与安全"和"大学生就业指导"等课程。长期从事供热、供燃气、通风及空调工程和安全科学与工程的教学与科学研究工作,任职以来指导硕士研究生30余人,发表论文50余篇,获得专利多项,主编、参编出版教材5部;主持、参与纵横向科研课题40余项,完成科研经费500余万元。兼任陕西省煤炭学会常务副理事、中国制冷协会会员和西安市制冷协会会员。多次被评为优秀党支部书记、优秀共产党员、党建工作优秀个人、工会先进工作者、创建文明校园活动先进工作者、校优秀党务工作者等。2010年被评为陕西省工信厅产学研联合开发先进工作者。

安全科学与工程学院

68. 邓军

邓军,男,1970年6月生,四川大竹人,教授,博士生导师。教育部"长江学者"特聘教授,"万人计划"国家科技领军人才,获得国务院政府特殊津贴,新世纪"百千万人才工程"国家级人选,中国青年科技奖获得者,全国先进工作者(劳模),教育部新世纪优秀人才。陕西省第十三次党代会代表。西安科技大学一级胡杨学者。先后赴德国弗莱贝格矿业学院和美国西弗吉尼亚大学做访问学者。现任安全科学与工程学院常务副院长,西部煤矿安全教育部工程中心主任、陕西省煤火灾害防治重点实验室主任、安全科学与工程国家重点学科带头人、教育部创新团队带头人、陕西省重点领域科技创新团队带头人,兼任中国煤炭工业协会防灭火专业委员会委员、中国煤炭工业劳动保护科学技术学会火灾防治专业委员会副主任委员、中国消防协会学术工作委员会委员。主要从事煤火灾害防治等领域的研究与应用,"十二五"期间,先后承担或完成了国家自然科学基金重点项目、"973"前期研究专项和中—澳国际科技合作等国家级项目5项,以及煤炭企业合作项目30多项横向课题。获国家科技进步二等奖2项、省部级科技进步一等奖8项,国家发明专利20余项,出版专著5部,发表论文100余篇。

69. 文虎

文虎,男,1972年11月生,新疆石河子人,教授,博士生导师。"百千万人才工程"国家级人选、国家有突出贡献专家、国务院政府特殊津贴专家、教育部新世纪优秀人才、陕西省科技创新领军人才、教育部全国万名优秀创新创业首批入库导师。现为安全科学与工程学院副院长,教育部西部煤矿安全工程研究中心副主任、中国安全生产科学技术学会理事,西安科技大学二级胡杨学者。获陕西五一劳动奖章、陕西五四青年奖章、陕西青年科技奖、孙越崎青年科技奖、兵团科技合作奖等荣誉。主要从事煤火灾害防治和矿山应急救援领域的教学和科研工作,主持和参与完成国家自然科学基金、十五科技攻关、十一五科技支撑、国家重点研发计划、国际科技合作项目60余项、企业科技合作项目300多项。获国家科技进步奖2项,国家教学成果奖1项,省部级科技进步奖50余项,国家专利80余项,出版著作10多部,发表论文200多篇。参与指导了200多起灾害事故救援,扑灭了全国18个省百余家煤矿的160多次火灾,被多个煤矿授予"名誉矿工"称号。研究成果在全国千余家煤矿使用,并出口俄罗斯、澳大利亚、孟加拉国等国,经济和社会效益显著。

70. 田水承

田水承,男,1964年11月生,山东淄博人,三级教授,博士生导师。现为安全与应急管理二级学科带头人,校期刊中心主任,学报编委会副主任委员、副主编,安全管理与风险控制研究所所长,中国职业安全健康协会理事、行为安全专业委员会副主任委员,中国煤炭学会安全工程专业委员会委员,中国人类工效学会管理工效学专业委员会委员,全国安全文化专家,国家安全生产监督管理总局安全培训专家及职业卫生专家库专家,中国工程教育专业认证专家,国家自然科学基金委员会评议专家,《中国安全科学学报》编委,享受陕西省三秦人才津贴。陕西省高校学报研究会常务理事,陕西省科技期刊编辑学会常务理事。曾任通风安全教研室主任,校高教评估中心(后改为高教所)副主任(副所长)、规划处副处长。长期从事行为安全与安全管理、矿山灾害防治理论与技术等

研究。先后主持国家自然科学基金、教育部博士点基金等纵横向课题 30 余项,发表论文 100 余篇,SCI、EI、ISTP 等收录 30 余篇。获国家专利 10 余项,软件著作权 1 项;获陕西省科技进步一等奖 1 项、省科学技术三等奖 2 项;主编《安全管理学》等国家级规划教材、国家煤矿安全监察局主持的教材等 10 余部,获省优秀教材一等奖 1 项,教育部优秀教材二等奖 1 项;获国家教学成果二等奖 1 项,陕西省教学成果一等奖 2 项、二等奖 2 项,主持省精品课程 1 门、精品视频公开课 1 门;获全国安全培训讲课比赛二等奖;中国高等教育学会优秀著作三等奖;获评陕西省科技期刊编辑学会优秀主编;获陕西省高等教育学会特别奖、一等奖等 4 项奖励;2012 年被评为校教学名师。组织筹办协办多次安全管理等国际会议。

71. 陈晓坤

陈晓坤,男,1961 年 11 月生,辽宁沈阳人,教授,博士生导师。现为安全科学与工程国家重点学科职业安全健康二级学科带头人,教育部创新团队核心成员,国家矿山应急救援(西安)研究中心副主任,中国煤炭工业劳动保护科学技术学会火灾防治专业委员会委员。主要从事煤火灾害防治与职业危害防控的研究与教学工作,先后承担参与国家科技支撑计划、国家自然科学基金、国际科技合作等 20 余项纵向科研项目和 30 多项横向科研项目,获省部级科技进步奖 8 项,出版著作 3 部,发表学术论文 60 余篇。

72. 罗振敏

罗振敏,女,1976 年 11 月生,山东兖州人,教授,博士生导师。陕西省青年科技标兵,陕西省青年科技新星,曾获陕西省青年科技奖、全国煤炭青年五四奖章提名奖,享受陕西省三秦人才津贴,西安科技大学二级胡杨学者。现任西安科技大学安全科学与工程学院副院长,兼任全国高等学校消防工程专业教学指导委员会委员。主要从事气体燃爆防控理论与技术的研究与应用。主持国家重点研发计划子课题、国家自然科学基金面上项目、青年项目、陕西省重点项目等多项纵向科研项目。获国家教学成果二等奖 1 项、陕西省教学成果特等奖 1 项、省部级科技奖励 7 项、全国煤炭教育优秀研究成果一等奖 1 项、煤炭工业十大科学技术成果一等奖 1 项,获国家专利 10 余项,出版著作 2 部,发表国内外期刊学术论文 60 余篇。

73. 程文东

程文东,男,1958 年 6 月生,河南巩义人,教授,硕士生导师,校教学督导专家组成员。曾任教务处副处长、能源学院党委书记和建筑与土木工程学院党委书记。长期在教学和科研一线,从事采矿工程和煤矿生产安全控制教学与科研工作,主要研究方向为矿山压力与岩层控制、复杂煤层开采和煤矿安全生产管理。主持完成数十项教育教学、煤炭地下开采和煤矿生产安全控制科学研究项目,先后获中国煤炭工业协会科技进步特等奖、省级科技进步一等奖、国家安全生产监督管理局科技成果一等奖、省教学成果二等奖等多个奖项。在《煤炭学报》《煤炭科学技术》等中文核心期刊和《煤炭高等教育》发表多篇论文。

74. 蔡周全

蔡周全,1963 年 2 月生,陕西岐山人,研究员,硕士生导师,一级安全评价师。从事瓦斯煤尘爆炸防治技术研究及安全工程专业教学工作。主持完成国家攻关及部委课题 18 项,参与 12 项;制定国家标准 3 项;主持完成横向项目 18 项;负责完成煤矿、非煤矿山、危险化学品、烟花爆竹等安全评价 300 多项;获省部级科技进步奖三等奖 3 项;独著或第一作者核心期刊发表论文 40 余篇。独立或与他人获实用新型专利 16 项,其中"气体粉尘爆炸自动抑爆装置"作为低浓度瓦斯输送管道的安全保障装置已普遍推广应用。

75. 张俭让

张俭让,1963 年 7 月生,陕西岐山人,教授,硕士生导师,国家注册安全工程师。曾任全国高等学校安全工程学科教学指导分委员会委员、中国煤炭劳动保护科学技术学会矿井通风专业委员会委员、西安科技大学能源学院副院长。主要从事通风安全理论、通风系统分析、矿井灾害防治技术的教学与科研工作,先后为本科生、研究生讲授课程 10 余门,主持省级精品资源共享课程 1 门,完成各类科研项目 30 余项、教改项目 10 余项,编写并出版教材等 10 余部,发表论文 40 余篇。获评国家教学成果二等奖 2 项,省级科技成果奖及省级教学成果奖 6 项。

76. 魏引尚

魏引尚,1966 年 10 月生,陕西富平人,教授,硕士生导师。从事安全科学与工程、煤矿通风安全教学与科研工作,国家安全工程教学指导委员会学科建设分委员会委员,国家职业卫生健康协会专家,陕西省煤矿安全监察局、陕西省煤矿安全监督管理局和陕西省安监局特聘安全技术专家,陕西省"青联"第九届委员会委员。主持完成省部级及企业委托科研项目数十项,出版著作、教材 3 部,获省部级科技进步奖 3 项,获国家专利 5 项,发表论文 30 余篇。

77. 张辛亥

张辛亥,1971 年 11 月生,陕西蓝田人,教授,硕士生导师,国家一级安全评价师,中国煤炭工业劳动保护科学技术学会安全专家委员会委员。主要从事煤火灾害防治与职业危害防控的研究与教学工作,先后承担国家科技支撑计划、国家自然科学基金面上项目、国家自然科学基金煤炭联合基金项目、国际科技合作等纵向科研项目 20 余项,主持 30 多项横向科研项目,获国家科技进步奖 1项,省部级科技进步奖 8 项,获发明及实用新型专利 10 余项,多项技术已经在矿井推广应用,出版著作 3 部,发表学术论文 80 余篇。2002 年赴奥地利开展国际合作研究。2010 年至 2011 年美国密苏里科技大学访问学者。

78. 马砺

马砺,1978 年 8 月生,四川隆昌人,博士,教授。现任消防工程系主任,兼任陕西省科学技术协会第八届委员,陕西省煤炭学会理事,全国消防工程专业教学指导委员会委员。主要从事重大灾害事故应急救援与消防工程领域的研究。先后荣获校优秀教师,陕西省青年科技奖、孙越崎青年科技奖、中国科协求实杰出青年奖、全国煤炭青年五四奖章等荣誉称号。承担或参加了国家科技支撑子课题、国家科技攻关、中澳国际科技合作与交流专项等国家、省部级课题 20 余项,承担企业横向科研课题 50 多项。主要科学研究成果获国家科技进步二等奖 1 项,省部级科技进步奖 12 项,发明专利 10 余项,发表论文 50 余篇,出版专著 4 部。

79. 金永飞

金永飞,1975 年 2 月生,河北献县人,教授,硕士生导师,中国煤炭工业安全科学技术学会火灾防治专业委员会委员。主要从事安全技术及工程教学与科研工作,研究方向为煤火灾害防治及矿山应急救援。先后主持或完成了国家自然科学基金重点项目、"973"前期研究专项、"十一五"国家科技支撑、国家自然科学基金青年项目、中国博士后科学基金、陕西省科技攻关等纵向科研项目 12项;主持横向科研项目 20 余项,参与完成横向科研项目 50 余项。荣获孙越崎青年科技奖、煤炭工业杰出青年科技工作者、"挑战杯"大学生创业计划竞赛优秀指导教师等荣誉称号。研究成果获陕西省科技进步奖、四川省科技进步奖、国家安全生产监督管理总局科技进步奖、中国煤炭工业科学技术奖等省部级科技进步一等奖 6 项、二等奖 8 项、三等奖 6 项,国家专利 35 项,出版专著 3 部,发表学术论文 60 余篇。

80. 林海飞

林海飞,1979 年 2 月生,山西天镇人,教授,博士生导师。主要从事煤矿瓦斯灾害防治理论和技术的教学与科研工作,现任安全监管监察学院(西安)副院长、安全科学与工程学院副院长,兼任陕西省煤炭工业协会、陕西省煤炭学会安全工程专业委员会副秘书长、《煤炭科学技术》青年专家委员会委员。主持国家自然科学基金 2 项,陕西省自然科学基金、陕西省教育厅专项基金以及横向项目 10 余项,参与国家自然科学基金、教育部博士点基金等纵横向课题 20 余项。主要研究成果获陕

西省科学技术二等奖 2 项、国家安全生产科技成果二等奖 1 项、山西省科学技术二等奖 1 项,厅局级科技进步奖 8 项。在《煤炭学报》《岩石力学与工程学报》、*International Journal of Mining Science and Technology* 等期刊发表学术论文 30 余篇(SCI、EI 等收录 12 篇,领跑者 5000——中国精品科技期刊顶尖学术论文 1 篇),出版专著 1 部,参编教材 10 部;授权国家发明专利 2 项,实用新型专利 20 项、软件著作权 2 项。获评陕西省青年科技新星、中国职业安全健康协会青年科技奖、陕西省煤炭工业优秀科技工作者。西安科技大学三级胡杨学者。

81. 翟小伟

翟小伟,1979 年 4 月生,陕西富平人,教授,硕士生导师,安全工程系党支部书记。主要从事安全科学与工程学科的相关教学和科研工作,研究特色为煤矿热动力灾害机理及应急救援技术。近年来主持国家自然科学基金、国家安全生产重大事故防治关键技术科技项目等 5 项,参与“973”计划前期研究专项、长江学者和创新团队发展计划等项目 10 余项,主持国内外企业合作项目 20 余项。主要研究成果获国家级科技进步二等奖 1 项,获得省部级科技进步一、二等奖 12 项;发表学术论文 80 余篇,其中 SCI、EI 检索 11 篇,出版专著 2 部;获发明专利 7 项,实用新型专利 18 项;负责及参与了孟加拉国巴拉普库利亚煤矿及国内 20 余座煤矿井下火灾事故的抢险救援工作。曾赴波兰 AGH 科技大学、德国佛莱贝格工业大学及捷克奥斯特拉发工业大学进行交流访问,曾被授予全国煤炭青年科技奖、全国煤炭工业一线优秀青年科技工作者、陕西省青年科技奖、西安市青年科技人才奖以及陕西省煤炭工业优秀科技工作者、西安科技大学师德先进个人等荣誉称号。西安科技大学三级胡杨学者,科技新星。

82. 刘超

刘超,1981 年 8 月生,河南息县人,教授,硕士生导师,陕西省科技新星,中国岩石力学学会会员,中国煤炭学会会员。主要从事煤矿瓦斯智能抽采方面的研究工作。主持了国家自然科学基金面上项目、国家自然科学青年基金项目、陕西省自然科学基金项目等多项纵向项目;主要参与了国家重大基础研究计划“973”项目、国家自然科学基金重大国际合作研究项目、国家自然科学基金重点项目及“十一五”国家科技支撑计划项目子课题等多项纵向科研项目。并在煤矿、金属矿山、公路边坡及水电站等工程领域进行了多项横向项目的微震监测技术工作。目前已在 *International Journal of Rock Mechanics and Mining Science*、《岩石力学与工程学报》等国内外核心期刊发表科技论文 30 余篇,其中,SCI 收录 3 篇、EI 收录 11 篇、ISTP 收录 1 篇。获得国家发明专利 2 项、实用新型专利 7 项、软件著作权 1 项。获得安徽省科技进步二等奖 1 项、中国煤炭协会科技进步二等奖 1 项、黑龙江省科技进步三等奖 1 项、山东省科技进步三等奖 1 项。

建筑与土木工程学院

83. 戴俊

戴俊,1964 年生,博士后,教授,现任建筑与土木工程学院院长,中国煤炭工业爆破技术与爆破器材专家委员会委员。近 5 年完成国家自然科学基金项目等纵横研究项目 20 余项,发表论文 50 余篇(其中被 EI、ISTP 收录 10 余篇),出版著作 2 部,教材 3 部,参加主编手册 1 部,获得省部级科技成果一等奖、二等奖各 1 项,厅局级科技成果一等奖、三等奖各 1 项,校级教学成果特等奖 1 项。出版教材《爆破工程》被评为普通高等教育“十一五”国家级规划教材,并获陕西省优秀教材二等奖,已被国内多家高校选用,著作《岩石动力学特性与爆破理论》已被他人引用 100 余人次,并于 2013 年再版,受到专业同行好评,2014 年出版的教材《隧道工程》被评为 2015 年陕西省高校优秀教材二等奖。主要研究方向:岩石动力学与爆破理论研究,岩石破碎现代技术,深部隧道支护与施工技术研究,城市隧道抗爆理论与设计研究,并为本科生、研究生讲授“爆破工程”“隧道工程”“岩石力学”“高等岩土力学”“爆炸动力学”“爆炸物理基础”等课程。

84. 谷拴成

谷拴成,博士,教授,校市政工程学科带头人,博士生导师,校学术委员会委员,校学位委员会委员,校教学指导委员会委员,中国岩石力学与工程学会会员,陕西省岩石力学与工程学会理事,陕西省土木工程专业委员会理事,陕西省煤炭学会会员。曾任建筑与土木工程学院院长。主要从事岩土加固理论与技术,结构可靠度分析及地下结构抗震研究。先后主持完成纵横项科研项目50余项,发表学术论文70余篇,获得厅局级以上科技进步奖5项。

85. 任建喜

任建喜,男,1968年生,教授,博士后,博士生导师。陕西省普通高等学校教学名师,学校防灾减灾与防护工程学科博士点带头人,陕西省岩土工程专业教学团队、陕西省应用型土木工程人才培养模式创新实验区、陕西省岩土工程实验教学示范中心负责人,省级精品课程"岩土工程测试技术"和"地下工程施工技术"负责人。长期从事岩土工程专业本科教学、实验室建设和科学研究工作。承担本科生"岩石力学""岩土工程测试技术""地下工程施工技术"等课题的教学工作。在岩土工程稳定性评价、煤矿深井围岩稳定性评价与支护技术、浅埋煤层富水砂土层井筒普通法施工理论与技术、城市地铁车站深基坑维护优化设计、黄土地区区间隧道盾构施工技术等方面承担了大量国家级、省级和横向科研课题。发表论文100篇,出版专著3部,教材3部,其中SCI检索3篇,EI检索18篇,ISTP检索11篇。获得国家发明专利2项,实用新型4项。已经指导毕业硕士生40人,博士生3人。

86. 叶万军

叶万军,男,1976年生,教授,博士(后),博士生导师,2006年取得长安大学工学博士学位。现任西安科技大学建筑与土木工程学院副院长,"陕西省岩土体稳定与地质灾害防治重点创新团队"带头人,教育部"新世纪人才支持计划"获得者,陕西省青年科技新星,陕西省省级地质灾害应急专家组专家。兼任中国岩石力学与工程学会会员、陕西省岩土力学与工程学会理事、《西安科技大学学报》编委会委员。研究方向:特殊土的工程性质;岩土体稳定性评价及加固技术;坡工程;地质灾害防治理论与技术。主要成果:发表论文50余篇,出版《黄土路堑高边坡稳定性评价及防治技术》《边坡工程》《陕南山区滑坡灾害防治关键技术》等教材、专著5部,主持国家自然科学基金项目3项、省部级及其他横向科研项目20余项,获省部级科学技术二等奖2项、三等奖2项。

87. 王晓利

王晓利,男,二级教授,获得国务院政府特殊津贴专家,全国煤炭系统专业技术拔尖人才,煤炭工业技术委员会委员,获国家科技进步奖1项,陕西省科技进步一等奖、中国煤炭工业协会科技进步一等奖等省部级奖20项。王晓利教授是我国柔模支护成套技术的创始人,该技术填补了国内空白。王晓利教授提出了柔模混凝土理论、沿空留巷承载梁理论及锚碹井巷支护理论;开发了柔模及柔模混凝土新材料;研制了柔模混凝土制备输送机组、沿空留巷支架等成套装备;开发了柔模无煤柱开采、柔模充填开采及柔模锚碹井巷支护三项新技术与新工艺,已在全国八大矿区、50余座矿井、不同工程地质条件的100多个采煤工作面进行了推广应用,提高了煤炭回收率10%以上,减少巷道掘进量十万余米,有效解决了高瓦斯矿井瓦斯超限等难题,取得了重大的经济效益和社会效益。

88. 奚家米

奚家米,男,1974年生,教授,博士,硕士生导师。2010年取得西安科技大学工学博士学位。指导培养硕士生12名,已毕业8名,在读4名。研究方向:岩石力学与支护工程;岩土工程冻结法理论与技术;岩土力学特性及其与地下工程结构的相互作用。主要成果:发表论文50余篇,出版教材、专著2部。参与或主持国家自然科学基金面上项目、省部级自然科学基金等项目6项,获省部级科学技术奖2项、省部级教学成果二等奖3项。

89. 赵来顺

赵来顺,男,正高级工程师。大学毕业后一直在西安科技大学(原西安矿业学院)从事矿业及建筑领域的教学、实验、科研、设计及工程监理工作。先后担任了"钢筋混凝土结构""建筑结构试验""结构可靠度分析""建筑加固改造工程学"等7门课的授课及指导实习、指导试验等工作,并担任工程监理、质检培训的授课任务。指导学生撰写的科技论文,获陕西省大学生课外科技作品竞赛特等奖、"挑战杯"全国大学生课外科技作品竞赛三等奖;指导学生的创业作品,获陕西省大学生创业竞赛金奖、"挑战杯"全国大学生创业赛三等奖,获三育人先进个人奖、大学生科技论文优秀指导教师奖及多项教学成果奖。参加或负责完成了科研项目40余项,其中参加国家"七五"重点攻关项目"软岩巷道支护工艺研究",获1990年东北煤炭总公司科技进步二等奖、1991年能源部科技进步三等奖。参加煤炭部"多功能立式巷道支架试验台"研制项目,1993年通过部级鉴定,达国际领先水平,获陕西省第三届技术成果交易会金奖,获西安矿业学院科研有功人员重奖。参加劳动部《矿山提升系统安全技术检测检验规范》编写项目(为第四编写人),1995年通过部级鉴定,填补了国内空白,1996年作为国家标准正式使用。负责完成的30多个既有建筑物的下沉开裂病害治理、加层改造、纠倾、顶升及结构托换项目,均取得了良好效果,其中2000年负责完成的全国首例"煤矿栈桥纠倾、顶升及加固处理项目",在不停产的情况下,实现最大纠倾量600毫米,最大顶升量400毫米,使濒临倾倒的栈桥恢复了正常使用。2003年负责完成的"营业楼五层砖混改底框项目",在上部继续使用的情况下,将二层以上悬空换底,成功进行了西北首例既有建筑物的结构托换工程实例。在既有建筑物加固改造理论与技术的研究和应用方面成绩卓越,曾被多家报刊和电视台予以报道。发表科技论文26篇,专著1部。

90. 郭秉山

郭秉山,男,博士,教授,硕士研究生导师,国家一级注册结构工程师,省地震工程专业委员会委员。主要从事结构工程领域的研究和教学工作,主持完成纵横向科研项目20余项,获省部级奖三项,发表学术论文60余篇,出版著作2部,指导培养研究生50余名。

91. 邸芃

邸芃,辽宁北镇人,1981年毕业于西安冶金建筑学院建筑学专业,工学学士学位,教授,研究生导师,中国建筑学会会员,国家一级注册建筑师,校建筑学专业学科带头人,主要从事建筑学专业教学与科学研究工作。曾在设计院工作20多年,有丰富的设计实践经历。先后主持设计完成了多项大型建筑设计项目,已竣工投入使用的建筑面积达上百万平方米。部分项目还获得了省、市级奖励。指导研究生多名。编写国家统编教材2部。在建筑设计中的节能、生态、防灾技术及绿色建筑等方面开展科研工作。

92. 惠兴田

惠兴田,男,汉族,1958年生,教授,从事岩土支护技术研究,尤其擅长顺槽掘进施工和锚杆技术。近几年系统地完成了从平巷掘进到沿空留巷的一个平巷全寿命支护研究,取得了多项重大成果。公开发表的第一作者论文37篇,第二作者论文12篇。专著《矿山建设工程》、《岩石锚杆工程》和《岩土特殊施工技术》已经在本科和研究生教育中采用。在几十年的专项研究中,解决了全国70余例煤矿平巷支护和掘进技术难题,获得专利7项,还有多项发明专利正在进行中。科研方面获得国际领先1项,国际先进1项,国内首创1项,国家级奖项2项,省级奖项2项,厅局级奖项2项。

93. 陈新年

陈新年,男,正高级工程师,硕士生导师,建筑与土木工程实验中心主任,主要从事土木工程材料、地下工程支护理论与施工技术等方面的实验教学与研究工作。近年来在煤矿地下工程支护理论与施工技术、软岩巷道锚喷支护、岩土工程注浆加固材料与技术、煤矿地质灾害的预防和治理、粉煤灰等工业废渣综合利用诸多方面开展了大量的研究工作,先后参加纵横项科研项目20余项,作为主要参加人获省教委科技进步二等奖1项,第四届陕西省煤炭工业科技成果一等奖1项。参与教育教学改革项目多项,获陕西省人民政府教学成果特等奖1项,二等奖1项,获院优秀教学成果一等奖。指导第三届陕西省大学生创业大赛获陕西省银奖、西安科技大学金奖。在各类学术期刊发表论文10余篇。

94. 曹萍

曹萍,女,1968年生,教授,博士,英国皇家特许建造师(MCIOB),一级注册建造师、注册监理工程师、注册招标师。2008年取得同济大学管理学博士学位。现为西安科技大学建筑与土木工程学院结构工程带头人,兼任陕西省土木建筑学会理事。研究方向:工程管理;绿色建造与信息化管理;太阳能与建筑一体化。主要成果:发表论文40余篇,出版《工程项目管理》《建设工程监理制度应用指南及案例分析》《工程经济学》等教材、专著7部。主持、参与的科研项目主要有"西安地铁工程项目实施的组织策划研究""西安市地下空间合理开发与利用研究""某热电有限公司数字化信息平台建设""高层住宅户内可拆卸式平板太阳能集热设备开发研究""陕西某大厦项目策划"等。

95. 张淑云

张淑云,女,1972年生,湖南桃源人,教授,博士,硕士生导师。主要从事结构工程、防灾减灾及防护工程专业的科研与教学工作,熟悉结构分析与结构优化设计等方面的通用软件。主要研究方向:工程结构抗震与防灾、高层及混合结构设计与计算。指导硕士研究生19名,已毕业10名。主持完成省教育厅专项科研2项,参与完成国家自然科学基金及省属科研项目5项,完成横向科研项目10余项,负责校级精品课程"结构优化设计""混凝土结构设计原理"等建设工作。发表科研与教改论文30余篇,出版学术专著1部,主编与参编教材3部,编写教辅用书2部,授权实用新型专利3项。指导学生荣获"全国大学生结构设计竞赛"三等奖2项、优秀奖2项,指导学生荣获省级优秀毕业设计二等奖2项。荣获教育部科学技术进步奖二等奖、校级教学成果二等奖。

96. 邓友生

邓友生,男,1969年生,教授,博士,2005年取得东南大学桥梁与隧道工程专业工学博士学位。武汉理工大学和湖南大学土木工程学科出站博士后。研究方向:结构工程;桥梁与隧道工程;工程结构防灾减灾。指导硕士生和本科生学位论文多次荣获省优秀论文并连续多年获得国家奖学金。近5年主持国家自然科学基金项目2项;获省科技进步二等奖2项;以第一作者发表学术论文和教研论文70余篇,其中被SC1、EI、ISTP检索20余篇,主编教材5部。

97. 景宏君

景宏君,男,汉族,1974年6月生,陕西吴堡人,教授,西安交通大学固体力学博士后经历,长安大学道路与铁道工程专业博士,陕西省重点领域顶尖人才,陕西省"三五人才",享受陕西省三秦人才津贴。近年先后发表国家级核心期刊论文30余篇(EI收录近20篇),主要获陕西省科技进步二等奖1项(排名第一),三等奖1项(排名第二),中国公路学会科技进步二等奖1项(排名第二),主持2项交通部西部科研项目,10余项陕西省级重点交通科研项目。发明专利4项,出版专著1部。"黄土路基三维固结变形研究"成果近十年应用经济效益显著,节约维修养护费累计达上亿元,实用价值高,推广应用前景良好。

机械工程学院

98. 薛河

薛河,男,二级教授,博士生导师,西安科技大学"胡杨学者"特聘教授;陕西理工大学"汉江学者计划"特聘教授;陕西省优秀留学回国人员,享受陕西省三秦人才津贴。现任西安科技大学学术委员会委员、机械设计及理论博士点学科带头人,兼任《西安科技大学学报》副主编,陕西省力学学会理事等职。主要从事重要机械结构安全性评价以及煤矿机电设备等方面的教学科研工作。主持完成国家自然科学基金项目3项、教育部博士点基金等省部级项目4项,参与或主持完成重大国际合

作项目及其他企业合作项目 20 余项。发表学术论文 200 余篇,其中 SCI/EI 收录 50 余次,获批各类专利 20 余项;以第一完成人身份获陕西省第十二届优秀学术论文一等奖、西安市科技进步一等奖,陕西省高等学校科技进步一等奖各 1 项。指导的博士生获陕西省优秀博士学位论文 1 篇。

99. 杨来侠

杨来侠,女,教授,主要从事快速成型与模具制造方面的研究与开发,先后承担和参加过中国和美国省部级以上项目 10 余项,申请中国和美国专利 11 项,发表相关学术论文 50 余篇,开发快速成型方面设备 3 台,形成了一支快速成型、控制工程、机械设计与制造等交叉学科研究团队。主持陕西省自然科学基金项目、省教育厅专项项目和留学回国人员科研启动基金各 1 项。

100. 郭卫

郭卫,男,教授,博士生导师,陕西省教学名师。1992 年 1 月至 1997 年 2 月担任机械工程系副主任,1997 年 3 月至 2002 年 6 月担任机械工程系主任,2002 年 6 月至 2013 年 11 月担任机械工程学院院长,现任学校机械制造及其自动化学科带头人、机械工程博士后科研流动站站长、机械制造及其自动化国家特色专业和省级教学团队负责人、省级人才培养模式创新试验区"基于煤矿机电特色机械类工程应用型人才培养模式创新实验区"负责人,兼任中国煤炭学会第四届煤矿机电一体化专业委员会委员、中国自动化学会制造技术专业委员会委员等。

主要研究方向:煤矿机械及其自动化、煤炭机械数字化产品设计、矿山机械设备测试与控制。获省级科学技术奖 2 项、西安市科学技术奖 1 项、省级教学成果奖二等奖 2 项。在国内外学术期刊上发表学术论文近百篇,其中 SCI/EI 收录多篇,出版专著 2 部,授权国家发明专利和实用新型专利30 余件。指导的研究生获得工学硕士学位和工程硕士学位逾百人。先后为本科生、硕士和博士研究生开设"机械制造工艺学""机械优化设计""先进制造技术""创造学原理与应用""工程创新思维与方法""创新创业教育""机械机械工程学科前沿""矿山机电学科前沿"等课程。曾获陕西省高校系统优秀党员、陕西省研究生培养先进工作者、西安科技大学优秀教师等荣誉称号。

101. 于洋

于洋,男,教授,西安科技大学机械工程学院工会主席,中国机械工程学会矿山机械分会委员,西安科技大学机械工程学院教授委员会委员。主要研究方向:数字化设计与制造和石油机械装备研制。主持陕西省教育厅专项基金等纵向项目 2 项、主持横向项目 13 项,参与纵横项项目多项。在国内外学术刊物上发表论文 30 余篇,其中被 EI 和 ISTP 收录 8 篇。获得陕西省优秀教学成果二等奖 1 项,陕西省优秀教材二等奖 1 项,西安科技大学优秀教材 1 项、西安科技大学科学技术三等奖 1 项、发明专利 1 项,出版著作教材 5 部。

102. 史晓娟

史晓娟,女,博士,教授,美国密歇根大学访问学者,西安市机械工程学会矿山机械分会会员。主要研究方向:现代数控技术及自动化装备、机电系统智能控制。主持陕西省自然科学基金 1 项、陕西省教育厅科研计划项目 2 项,参与完成国家自然科学基金 3 项,参与完成其他纵向项目 10 余项,参与完成多项企业合作科研项目。在国内外学术期刊上发表论文 30 余篇,其中 EI 收录 10 篇,出版教材 2 部。研究成果获西安科技大学科技进步一等奖 1 项,西安科技大学教学成果特等奖 1项,陕西省高等教育优秀教学成果二等奖 1 项,获陕西省普通高等学校优秀教材二等奖 1 项。

103. 任中全

任中全,男,汉族,1961 年 5 月生,教授。1982 年毕业于西安矿业学院机电系获学士学位。1985 年毕业于东北大学机械学院获硕士学位。主要从事矿山机电方面的教学研究工作。近年来共承担科研项目 10 多项,其中 6 项为项目负责人,其余为主要参加者。在国内外学术期刊上发表相关学术论文 80 多篇,获专利 20 多项,主编教材 3 部,参编专著 1 部,年平均科研经费 15 万元。主要参与完成的省级重点项目"矿用防爆柴油牵引车研制",2004 年获陕西省科学技术三等奖,

2002 年获得"陕西煤炭工业 1996～2001 年度十大科技成果奖"。2010 年"DSJ140×200/4×400 可伸缩带式输送机研制"项目获陕西省科学技术三等奖。主持完成了陕西省自然科学基金项目"跑车运行状态及捕捉过程的动态模拟与研究",陕西省教育厅自然科学基金项目"水气混合式无阀低压凿岩机研究"。

104. 李建华

李建华,女,教授,中国机械工程学会会员,陕西省机械工程学会工业设计、工业工程分会会员。主要研究方向:制造业生产管理及信息服务技术。主持完成省部级科研项目 2 项,主持参与与企业合作项目多项,发表论文及专著多篇(部),被 El 收录 2 篇。

105. 李海宁

李海宁,男,教授,国内知名煤矿支护和设备配套设计方面的专家。主要从事液压传动与控制方向的教学与研究。近年来,在不同煤层赋存条件、井型能力、开采方法和配套要求下的液压支架研发,煤矿综采工作面设备配套设计和咨询,煤矿机械及其液压控制系统和元件的研发及应用等方面与国内核心企业开展深入合作,取得了显著成果。先后在核心期刊以上杂志发表论文 30 多篇,"两柱单摆杆综采放顶煤液压支架及其适应性研究""前置式端头支架在急倾斜特厚松软综放工作面的开发与应用""坚硬煤层大方高综采放顶煤开采技术研究"等 5 项成果先后获省部级科学技术奖。适应大倾角综采放顶煤工作面的 ZF4800/16/30、ZF5000/17/28 系列液压支架,为靖远煤业集团公司、华亭煤业集团公司和新疆许多煤矿的大倾角条件下的煤层开采提供了可靠的设备保障。

106. 李曼

李曼,女,教授,陕西省"教学名师",陕西省"优秀教师"。主要研究方向:智能检测与控制。主持科技部专项基金 1 项,陕西省自然科学基金 1 项,陕西省教育厅产业化项目 1 项,教育厅专项基金 2 项,西安市科技转移促进工程项目 1 项,主持企业合作项目 3 项,主持陕西省重点教改项目 1 项,校级教改项目 10 余项。第一完成人获陕西省优秀教学成果二等奖 3 项,全国煤炭行业教育教学成果二等奖 1 项,校教学成果特等奖 1 项。主持建设省级精品课程 1 门。指导学生完成的科技作品获"挑战杯"全国大学生课外科技作品竞赛一等奖 1 项、三等奖 1 项,1 项入选"世界工程师大会"大学生科技作品展。获省煤炭工业科学技术二等奖 1 项、校科学技术一等奖 1 项。授权国家发明专利 2 项,实用新型专利 10 余项,发表各类学术论文 50 余篇,主编教材 1 部。

107. 张传伟

张传伟,男,教授,机械工程学院院长。中国自动化学会制造技术专业委员会和中国金属学会铁合金分会委员,中国机械工程学会会员。主要研究方向:现代电动汽车控制技术和机电系统智能控制。主持教育部博士点基金 1 项,陕西省自然科学基金 1 项、陕西省教育厅专项科研计划项目 1 项,参与完成国家自然科学基金等纵向项目 10 余项,参与完成多项企业合作科研项目。在国内外学术期刊上发表学术论文 40 多篇,其中 SCI/EI 收录 20 余篇,获专利 6 件,其中发明专利 3 件,软件著作权登记 2 项,出版著作教材 4 部。研究成果获陕西省普通高等学校优秀教材二等奖 1 项,西安市科技进步二等奖 1 项、三等奖 1 项,西安科技大学科技进步二等奖 1 项。

108. 张旭辉

张旭辉,男,教授,机械工程学院副院长。主要研究方向:机电设备研发、智能检测与控制。主要从事矿山设备测试与控制、机电一体化系统和数控技术方面的教学和科研工作。主持教育部科学技术研究重点项目 1 项、陕西省自然科学基金项目 1 项、陕西省博士后一等资助科研基金项目 1 项、陕西省教育厅专项科研计划项目 3 项;发表学术论文 70 余篇,其中 SCI、EI 检索 20 多篇;申报国家专利 20 余项,授权 11 项;参编规划教材 5 部,分别于 2009 年、2011 年、2013 年获陕西省普通高等学校优秀教材二等奖。2014 年获得陕西省科学技术进步一等奖 1 项,陕西高等学校科学技术奖励二等奖 1 项。

109. 赵栓峰

赵栓峰,男,教授,主要研究方向:机械设备监测与故障诊断、车辆主动安全监测、煤矿综采设备安全监测。主要从事机械设备监测与诊断方法、车辆安全监测方法等方面的教学和科研工作。主持国家自然科学基金1项、陕西省自然科学基金1项、陕西省教育厅自然专项基金1项,参与国家自然科学基金项目等纵横向项目多项,发表科研论文20余篇,被SCI/EI检索10余篇。

110. 周新建

周新建,男,教授,硕士生导师,机械工程专业,主要从事液压传动及控制技术方面的教学和科研工作。主持和参与了20余项项目的开发与研究。其中省部级纵向项目8项,横向项目20项。获实用新型专利12项。在《煤炭学报》《化工学报》等核心期刊上发表文章50余篇。

111. 郝迎吉

郝迎吉,男,教授,主要研究方向为计算机监测与控制。主要研究嵌入式应用系统的开发,在航空机载设备检测、军事通信与数据处理、铁路调度指挥、矿热炉功率因数补偿、煤矿安全等领域均有实际产品投入应用。在国内外学术期刊上发表相关学术论文30多篇,其中SCI/EI收录3篇,获专利3项,出版著作1本,年平均科研经费20万元。

112. 曹现刚

曹现刚,男,工学博士,教授。现任机械工程学院副院长。兼任中国煤炭工业协会设备管理分会机电系统技术专家,中国振动工程学会专业委员会委员,全国高校机械工程测试技术研究会西北分会副理事长,陕西省机械工程协会工业工程分会常务理事等职。主要从事煤矿机械研发、机械系统故障诊断与状态预测,测试技术与智能仪器开发,机械装备全生命周期健康监控与智能维护方向的研究工作。近年来,在国内外学术刊物上发表论文40余篇,其中被SCI、EI收录8篇,参编教材、专著7部,其中2部任主编。获国际发明专利1项,国内专利15项。参加973项目1项,科技部项目1项,国家自然科学基金2项。主持神东煤炭公司、宁夏煤业公司等企业横向课题多项。获陕西省优秀教学成果二等奖2项,西安科技大学优秀教学成果特等奖3项,煤炭行业教育教学成果一等奖1项,二等奖1项。指导学生获第一届全国机器人创意设计大赛一等奖1项,省机械创新设计大赛二等奖2项,陕西省工业工程改善创意竞赛一等奖1项,并获优秀指导教师等荣誉。

113. 曹春玲

曹春玲,女,教授,硕士研究生导师。1984年毕业于西安矿业学院,工学学士。2001年前一直在煤炭科学研究总院太原分院支护研究所工作,主要进行液压支架泵站液压系统及乳化液泵站新产品设计开发。2001年来校后在机械工程学院从事机械制造专业教学及工业工程系质量管理方向本科及研究生教学工作,在校多年来科研方向仍为煤矿机械乳化液泵及液压支架产品开发设计。多年来主持及参与横向科研项目共计30多项;完成煤炭科学基金项目1项;参编高校规划教材及专著3部,其中一部为副主编;获得国家实用新型专利3项;在国内学术期刊公开发表与科研及教学相关论文共计28篇。

114. 寇发荣

寇发荣,男,教授,博士(后),现任机械工程学院副院长。西安科技大学胡杨名师特聘教授。中国汽车工程学会会员,陕西省机械工程学会机械设计分会常务理事,陕西省汽车工程学会理事,西安科技大学高教兼职研究员,美国加利福尼亚大学戴维斯分校访问学者。主要研究方向:车辆系统动力学、振动控制与能量回收、智能车辆与智能控制技术等。先后主讲车辆系统动力学、汽车理论、车辆振动基础等课程,获陕西省优秀教学成果奖1项,校级教学科研成果奖6项。主持承担国家自然科学基金面上项目2项、省部级项目10余项。发表学术论文40余篇,其中SCI/EI收录20余篇;授权发明专利7项。

115. 龚晓燕

龚晓燕,女,教授,《计算机集成制造系统》期刊理事会理事。主要研究方向:机电设备安全性分析、煤矿通风安全分析及智能调控。主持陕西省自然科学基金1项、主持陕西省重要研发项目1项、主持陕西省教育厅专项科研计划项目3项,主持陕西省教育厅产业孵化项目1项,主持企业横向项目6项;参与承担国家自然科学基金面上项目2项,参与承担中日国际合作项目5项。在国内外学术期刊上发表学术论文40多篇,其中SCI/EI收录20余篇,获专利30多件,其中授权发明专利5件,软件著作权登记8项,出版著作教材1部。研究成果获陕西省高等学校科学技术奖一等奖1项,西安市科技技术奖一等奖1项,西安科技大学科学技术奖二等奖2项,中国煤炭学会优秀论文奖1项。

116. 韩敏

韩敏,女,教授,校级"教学名师""优秀教师"。主要从事机械工程专业的教学和科研工作,发表论文30余篇(其中EI、ISTP收录3篇),主持和参与编写教材及著作7部,主持及参与纵向和横向项目4项,获得国家专利15项,指导学生科技作品获国家级奖1项。

117. 魏娟

魏娟,女,教授,西安科技大学机械工程学院教学指导委员会成员,中国机械工程学会会员。主要研究方向:数控技术和机器人技术及应用。主持并完成陕西省工业技术攻关、产业化、自然科学基金等多项省级项目,参与完成国家自然科学基金、陕西省科技统筹等多项纵横向项目。在国内外刊物上发表学术论文20余篇,其中被SCI和EI收录7篇。获得陕西省优秀教学成果二等奖1项,陕西省高等学校科学技术一等奖1项,西安市科技局科学技术三等奖1项,获得发明专利4项,主编和参编教材6本。

电气与控制工程学院

118. 付周兴

付周兴,男,1959年生,教授,硕士生导师,毕业于辽宁工程技术大学电气传动及其自动化专业,工学硕士学位。1983年7月到西安矿业学院工作,2001年12月任教授。历任西安矿业学院人事处干部,西安矿业学院机电系教师,西安矿业学院机电系讲师,西安科技学院自动化系副教授,西安科技大学电气与控制工程学院副院长、院长。

付周兴教授长期从事电力系统及煤矿自动化领域教学研究与科研工作。在国内外学术期刊上发表论文50余篇,主编和参编教材5部,获国家专利5项,获校级教学成果一等奖、科技成果一等奖各1项,主编教材《电力系统自动化》获陕西省优秀教材二等奖。获陕西省人民政府科学技术奖三等奖1项,获陕西省自动化学会第七届本科生毕业设计大赛一等奖1项,获陕西省教育厅高等学校科学技术三等奖1项,获西安科技大学科学技术奖一等奖1项、三等奖1项。曾担任陕西省煤炭协会机电专业委员会副主任、中国电力高等教育协会委员会。

119. 杜京义

杜京义,男,硕士生导师。2007年7月毕业于西安科技大学安全技术与工程专业,博士学位,2000年7月到西安科技大学工作,2007年11月任教授。

主要研究方向:复杂电气设备智能监测与故障诊断、系统辨识及建模等。在《煤炭学报》《仪器仪表学报》《模式识别与人工智能》《电力电子技术》等刊物及国际会议发表学术论文40多篇,其中被SCI、EI、ISTP检索20多篇;出版教材与专著3部。

120. 刘树林

刘树林,男,博士,博士生导师。先后于1985年、1988年、2007年分别在四川大学、航天部771研究所及西安科技大学获学士、硕士和博士学位。曾在西安电力电子研究所、西安建筑科技大学及深圳中兴通讯股份有限公司从事研究与教学工作。现任学院副院长、"电力电子电路与系统科研创

新团队"负责人、矿山机电工程博士点学科带头人。

现为中国工程教育认证专家、国家科学技术奖评审专家、陕西省/广东省/山东省科学技术奖评审专家、中国防爆电气专家委员会委员、中国电能质量专委会委员、陕西省电源学会常务理事、陕西省仪器仪表学会常务理事。

曾获陕西省优秀博士论文、电源行业领军人物、优秀拔尖人才、优秀研究生指导教师、课外科技作品优秀指导教师、先进科技工作者等多项荣誉。指导本科生及研究生参加全国电子设计大赛、课外科技作品比赛、创新创业大赛等,多次获得国家级、省部级奖励;所指导研究生硕士学位论文多次被评为优秀学位论文。

主要从事电力电子电路与系统、本安防爆电路与装置及功率集成电路等方面的研究工作。主持承担各类纵横向科研项目及教改项目60余项,其中国家自然科学基金项目4项(主持面上项目3项)、国家科技部专项计划项1项、江苏省福地英才人才计划项目1项,陕西省重大创新计划项目1项、陕西省/西安市科技攻关及创新基金项目共5项、陕西省教育厅产业化培育项目1项。

通过相关研究,在 *IEEE Transactions on Power Electronics*、*Mathematical Problems in Engineering*、《物理学报》《中国电机工程学报》《电子学报》《电工技术学报》《煤炭学报》《西安交通大学学报》等国内外具有重要影响的学术期刊及 IEEE 国际会议上发表专业学术论文120余篇,被 SCI 和 EI 收录70余篇次;申请及授权国家专利50余项,其中发明专利30余项;获各类科研及教学成果奖励15项;出版著作、教材7部,其中1部入选国家"十一五"规划教材。

121. 汪梅

汪梅,女,博士生副导师,2006年6月毕业于西安科技大学安全技术及工程专业,工学博士学位。1990年7月到西安科技大学工作,2004年12月任教授(三级)。历任学院第二支部书记、模式识别与智能系统学科带头人、控制理论与控制工程省级优势特色学科带头人兼控制科学与工程省级优势特色一级学科召集人、测控技术系主任、西安科技大学教师教学发展指导专家委员会委员、校学术委员会委员、校科技委员会委员。

主要从事脑机接口智能控制及电力传输线故障诊断等领域的教学和研究工作。共发表 SCI/EI 论文80余篇;出版著作3部;授权发明专利20余项;获陕西省人民政府教学成果一等奖1项和二等奖1项。承担国家自然科学基金1项、陕西省工业公关基金3项、陕西省自然科学基金1项、陕西省教育厅基金4项及校企合作重大项目多项科研课题,研究成果先后获陕西高等学校科学技术奖二等奖1项和三等奖各1项。

2004年获西安科技大学优秀教师,2013年获西安科技大学教学名师,2015年获陕西省优秀教师,2016年入选陕西省三秦人才,2016年担任陕西省自动化学会理事,2017年任国际信息研究学会中国分会人工智能委员会委员。

122. 郭秀才

郭秀才,男,硕士生导师。1984年7月毕业于西安矿业学院矿山电气化与自动化专业,硕士研究生,2001年11月到西安科技大学工作,硕士生导师,2008年10月任教授。现为学院检测技术与自动化装置学科学术带头人,国家注册监理工程师。

主要从事自动化技术、测控技术、计算机网络技术等专业方向的教学与科研工作。特别在安全监控及网络集成、智能检测与计算机控制、计算机网络与信息化技术等方面做了较深入的研究。近年来,在国内外学术刊物发表论文50多篇,其中被 EI/CPCI 等收录40多篇;出版著作及教材6部;获国家专利及软件著作权13项;承担完成科研40多项,其中主持研发的煤矿安全信息远程监测系统、矿山资源信息管理系统、煤矿安全监控网络集成平台等研究成果已用于生产第一线;研究成果获省部级科技进步二等奖2项、三等奖2项。

123. 童军

童军,男,硕士生导师。1982年毕业后到西安矿业学院工作。先后担任电气与控制工程学院基础部和电子科学系主任,任系主任近20年。2003年成立微电子科学与工程新专业,授命组建电子科学系,2004年该专业顺利通过省级专业验收,2008年获批微电子学与固体电子学硕士点;为微电子专业引进博士4人,指导青年教师3人。讲授研究生课程3门,培养研究生50余名。

现主要致力于电力电子与电力传动的基础理论及关键技术研究,参加纵向项目多项,主持横向项目数十项,特别是第五代中频电源的推广项目,在国内首次将感应加热技术应用在阳极钢爪校直机中,改变了传统切、割、焊校直方式,提高了钢爪的使用寿命和导电率,相关成果填补了国内电解铝行业空白。研制的防爆馈电开关、磁力启动器智能保护器、矿用分级变频软启动器,在甘肃容和矿用设备集团配套3 000余台套,解决了矿用刮板机重载启动困难问题,在国内处于领先水平。曾获陕西省科学技术二、三等奖,西安市科学技术三等奖,陕西省高校科学技术二等奖等多项;获发明专利和实用新型专利多项。2014年获评省民盟先进个人,2015年获评省民盟"模范盟员",2016年获评西安科技大学"最关心支持大学生就业创业先进个人"和"优秀教研室主任"。

124. 黄梦涛

黄梦涛,女,硕士生导师。2006年11月毕业于西安交通大学仪器科学与技术专业,博士学位,1985年7月到西安科技大学工作,2006年12月任教授。一直在学院任专职教师,2012年6月起任西安科技大学模式识别与智能系统学科带头人。

主要从事测控技术与仪器、控制工程与智能系统等方面的教学和科研工作。发表论文60余篇,主编教材2部;授权发明专利3项,参加国家自然科学基金、陕西省科技攻关等项目的研究,主持省教育厅及多项企业合作项目,获国家科技进步二等奖1项。2011年受聘为中国煤炭工业技术委员会委员。

125. 商立群

商立群,男,硕士生导师。1994年10月到西安科技大学工作,硕士生导师。2005年9月毕业于西安交通大学电气工程专业,获博士学位。2006年至2007年英国卡迪夫大学博士后。2008年12月任教授。2012年至2013年台湾勤益科技大学客座教授。

主要从事电气工程及其自动化的教学和研究工作。共发表学术论文60篇;主编专著2部;授权发明专利1项;承担国家自然科学基金、国家教育部留学回国人员科研基金、陕西省自然科学基金、陕西省教育厅科研计划等多项科研课题,研究成果先后获西安科技大学科学技术奖,陕西省煤炭学会优秀论文奖等。负责陕西省精品示范课程1项,学校研究生精品课程3项。

担任中国机械工业教育协会电力系统及其自动化分委员会委员、陕西省自动化学会会员、陕西省电源学会电气设备状态监测分会会员。

126. 王清亮

王清亮,女,硕士生导师。2010年6月毕业于西安科技大学安全技术及工程专业,博士学位,2001年10月到西安科技大学工作,2015年12月任教授,担任西安科技大学电力系统及其自动化学科负责人。

主要从事电力系统及其自动化教学和研究工作。共发表学术高水平学术论文30余篇;主编专著1部,规划教材4部;授权发明专利3项;获省部级、厅局级、校级等科学技术奖共6项;承担陕西省自然科学基金、陕西省教育厅、陕煤化集团等多项科研课题,研究成果先后获国家安全生产监督管理总局科技成果奖,陕西省高等学校科学技术奖等。

127. 赵建文

赵建文,男,硕士生导师。2011年3月毕业于西安科技大学安全技术及工程专业,工学博士学位,2015年11月任教授,硕士生导师,高电压与绝缘技术学科带头人,历任西安科技大学电力工程

系书记兼副主任;于 2010 年至 2011 年在华中科技大学国家重点学科电气工程学科从事访问学者研究。

主要从事矿井电网安全运行与保护、智能电网、电力系统绝缘监测及智能故障诊断等方面的教学与研究工作,特别在配电网单线接地故障检测技术方面的研究和成果颇具影响。先后主持陕西省科技攻关项目、陕西省教育厅自然科学专项、兖矿集团科技项目等 10 余项;主持完成的"KJLD-100 型智能选漏保护装置"通过了国家采煤机械设备检测检验中心测试、达国内领先水平,已在煤炭企业推广使用,该技术成果被鉴定为国内领先水平,赵教授被兖矿、山东博诚等企业称为坚守在漏电保护领域的专家;近 5 年来在《中国电机工程学报》《Australian Journal of Electrical & Electronics Engineering》等高影响因子刊物上发表论文 30 余篇,其中 SCI、EI 检索 16 篇;出版《工矿电网漏电保护技术》等专著 2 部,主编出版《电力系统微机保护》等教材 3 部;以第一完成人获科技成果奖 8 项,其中陕西省科技成果三等奖 1 项、陕西省高等学校科技成果二等奖 1 项、西安科技大学科技成果一等奖 2 项;获得国家专利 20 余项,其中发明专利 6 项。

曾获西安科技大学优秀青年教师、师德标兵、优秀共产党员,电气与控制工程学院科研能手标兵等荣誉称号。担任陕西省招投标评审专家,广东省科学技术厅科技咨询专家、西安市招投标评标专家、教育部科技项目评审专家,IEEE 高级会员。

128. 王再英

王再英,男,硕士生导师。1987 年 6 月毕业于西安交通大学自动控制专业,获硕士学位,1987 年 7 月进入西安科技大学任教,2010 年获西安科技大学获博士学位,硕士生导师,2005 年 11 月任教授,2006 年 2 月取得注册自动化系统工程师(注册 ASE)证书。

主要从事过程控制流程自动化、楼宇自动化教学和研究工作。共发表学术论文 50 余篇;主编国家级规划教材和工程专著 2 部;授权发明专利 3 项;承担完成陕西省基础研究计划、陕西省重点研发计划、国家级自然基金等多项科研课题;完成多项煤炭洗选关键参数协调控制研究等校企合作科研项目,以及多项核电站 PPS、火力发电厂、大型建筑智能化系统工程项目设计与实施。

2009 年获陕西省优秀教材二等奖、2010 年中国煤炭教育协会优秀教材一等奖、2016 年中国煤炭教育协会优秀教学成果奖。担任第十三届、十四届西安市政协委员;民盟西安科技大学委员会副主委;国家科技部重大研发计划项目、陕西省重点研发(重点)计划项目评审专家、陕西省政府采购招标评审专家。

兼任陕西仪器仪表学会常务理事,省自动化学会、电子学会理事;教育部自动化教指委"应用型自动化课程与教材建设委员会"委员;国家"十三五"重点图书"电气与自动化卓越系列教材"出版工作小组成员;中国机械教育协会自动化学科教学委员会委员等。

129. 马宪民

马宪民,男,1954 年出生,陕西杨凌人,教授,博士,博士生导师。在美国田纳西大学国家电力电子应用中心和清华大学汽车安全与节能国家重点实验室做过访问学者。曾任西安科技大学计算机科学与技术系副主任、电气与控制工程学院副院长,现任西安科技大学电气工程研究所所长。系国际计算机信息技术学会高级会员,中国煤炭学会资深会员,中国汽车工程学会电动汽车分会会员。多次担任 IEEE 国际会议程序委员会委员和分会场主席,在有关会议上作大会主题报告,为多个国际国内期刊、国际会议的审稿人和北京大学图书馆中文核心期刊评审专家。

马宪民教授主要从事电力传动新技术、智能检测与控制的研究工作,主要研究方向为电气传动系统的新技术、图像处理技术、故障检测与识别等。曾先后负责教育部、清华大学汽车安全与节能国家重点实验室开放基金、陕西省科技厅以及教育厅等 10 余项纵向科研项目。获陕西省科技二等奖和学校科技进步二等奖各 1 项。主持过陕西省双语教学项目,获省级优秀教学成果一等奖。出版专著、教材、译著 5 部,发表论文 100 余篇,EI 检索 50 余篇,授权专利 10 余项。

130. 柴钰

柴钰,男,硕士生导师。分别于1982年7月和1987年7月获得西安矿业学院机电系专业的学士学位和硕士学位,1982年7月到西安矿业学院工作,2012年11月任教授(四级)。2015年至2017年任西安科技大学电气与控制工程学院系统工程学术带头人,2014年至2017年任西安科技大学留学归国人员联席会秘书长。

主要从事智能机器人和仪器仪表的教学和研究工作。共发表学术论文40余篇;主编专著或译著等1部;授权发明专利40余项;承担"基于双目视觉的煤矿井下图像识别系统研发""数控测井系统研究"等纵横向科研项目,经费累计200余万元。

主持完成、参与了省级、校级教学改革立项6个;教学论文10篇、编写教材1部;获陕西省级教学成果二等奖2项、校级教学成果一等奖3项、二等奖2项;并积极组织、参与大学生创新创业工作和课外科技活动,组织指导各类竞赛获得国家级、省级竞赛奖百余项,支持大学生创业的企业十余家。

131. 高赟

高赟,男,硕士生导师。1982年7月毕业于西安矿业学院电气工程专业,获工学学士学位,2005年6月毕业于西安科技大学安全技术及工程专业,获工学博士学位。1982年8月到西安矿业学院工作,2007年11月任教授。

主要从事电路理论教学和控制理论与工程方面的研究工作。共发表学术论文40余篇;主编"十二五"规划教材1部;授权实用新型专利10项;承担陕西省教育厅支助项目2项、校企合作研究项目7项。

132. 贺虎成

贺虎成,男,硕士生导师。2008年7月毕业于西北工业大学控制科学与工程专业,获工学博士学位,2008年8月到西安科技大学工作,2017年任教授。现任学院自动化系主任。

主要从事电力电子应用技术、运动控制技术和智能自动化装置等方面的研究工作。先后参加国家自然科学基金重大专项和面上项目、国防科工委基础科研项目和横向课题多项,主持陕西省自然科学基金项目、陕西省教育厅科研计划项目和学校培育基金项目各1项。在《中国电机工程学报》《电工技术学报》《电子学报》《系统仿真学报》《电力自动化设备》等学术期刊上发表论文20余篇,主编"十二五"规划教材1部,获国家发明专利4项、实用新型2项。

通信与信息工程学院

133. 吴延海

吴延海,男,1956年10月出生于山东省菏泽市,四级教授,硕士生导师。1982年7月毕业于西北电讯工程学院无线电通信专业,学士学位。2001年4月到校工作,历任通信与信息工程学院电信系主任、副院长。

主要从事EDA、DSP技术及应用教学和数据采集、数字图像处理研究工作。共发表学术论文60余篇;主编专著4部;获中国电子学会全国高校创新作品二等奖2项;承担省科技攻关、省自然基金、地方企业多项科研课题,研究成果先后获陕西高校科学技术三等奖1项、校级科学技术奖一等奖2项、二等奖3项。

主持完成国家"十一五"教育教学改革子课题1项、省级质量工程项目4项、校级教育教学改革项目4项,获全国煤炭教育教学成果一等奖1项,获校级优秀教学成果特等奖1项、一等奖1项、二等奖3项,主编教材获全国煤炭高等教育优秀教材二等奖1项。2004年、2014年分别荣获西安科技大学优秀教师称号,2010年荣获西安科技大学教学名师称号。兼任陕西省电子学会理事、陕西省图形图像学会理事。

134. 李白萍

李白萍,女,1963 年 3 月出生于陕西省西安市,四级教授,硕士生导师。1985 年 7 月毕业于重庆大学无线电技术专业,学士学位,1997 年 7 月毕业于辽宁工程技术大学电气传动及其自动化专业,硕士学位,2011 年 7 月毕业于西安科技大学安全技术与工程专业,工学博士学位。1985 年 7 月到西安矿业学院工作,历任通信与信息工程学院工会主席、副院长、分党委副书记、分党委书记、院长职务。

主要从事信息与通信工程教学和研究工作。共发表学术论文 60 余篇;主编专著或教材等 10 余部;授权实用新型专利 2 项;软件著作权 2 项;获西安市科技局、陕西省教育厅等科技进步奖 3 项;承担陕西省自然科学基金项目、陕西省教育厅科学计划项目等多项科研课题。

2007 年入选中国教育信息化专家数据库,2013 年获陕西省高等教育教学成果奖二等奖一项、2011 年陕西省省级特色专业建设点负责人、2013 年省级教学团队建设项目负责人、2015 年省级精品课程建设项目负责人、2015 年度陕西本科高校省级实验教学示范中心建设项目负责人;获学校"教学名师""优秀教师""师德先进个人"等荣誉称号,获全国教科文卫体系统"优秀工会工作者"称号,获学校教学优秀成果奖 10 余项。

雁塔区第十五届、十六届人大代表。兼任陕西省电子学会、陕西省天文学会理事,陕西省教育信息化专家委员会委员,西安科技大学教学委员会委员。

135. 李国民

李国民,男,1965 年 10 月出生于湖南省宁乡县,四级教授,硕士生导师。1985 年 7 月毕业于武汉大学无线电电子学专业,获理学学士学位,1988 年 6 月毕业于北京邮电学院信号、电路与系统专业,获工学硕士学位。1988 年 6 月到西安矿业学院工作,历任通信工程系副主任、常务副主任,学院常务副院长、院长,2014 年 5 月起任西安科技大学学术委员会委员,学院教授委员会主任。

主要从事信息与通信工程学科教学和研究工作。共发表学术论文 60 余篇;编写出版教材、著作等 8 部;授权发明专利 6 项;获陕西省、西安市、陕西省教育厅科学技术奖 6 项;承担陕西省科技厅、陕西省教育厅、企业多项科研课题。获陕西省优秀教学成果二等奖 3 项;2014 年获西安科技大学"教学名师"荣誉称号。兼任陕西省电子学会常务理事、陕西省通信学会理事、陕西省信号处理学会理事。

136. 张释如

张释如,曾用名张敏瑞,女,分别于 1987 年、1993 年和 2005 年获西安电子科技大学工学学士、硕士和博士学位。1987 年 7 月分配到本校,分别于 1994 年、1999 年和 2004 年晋升为讲师、副教授和教授职称。现任学校信号与信息处理专业学科带头人,陕西省信号处理学会常务理事兼副秘书长,陕西省电子学会常务理事、陕西省创造学会常务理事。

主要经历:1988 年 1 月至 1988 年 9 月在陕西省澄合矿务局权矿调度室锻炼;2008 年 5 月至 2009 年 11 月为美国著名大学 UIUC(伊利诺伊大学香槟分校)访问学者;2014 年 2 月至 2015 年 1 月任台湾勤益科技大学客座教授。主讲数字信号处理、专业外语(本科、硕士)、数字图像处理(本科、硕士)、随机信号分析、信号检测与估计(硕士)等课程。

发表论文 100 余篇,出版著作 3 部,主持 10 余项国家级、省部级项目,授权国家专利 14 项,获计算机软件著作权 5 项。1997 年获陕西省第五届自然科学优秀学术论文二等奖;2006 年获陕西高等学校科学技术三等奖;2007 年获陕西省优秀教学成果一等奖;2010 年获第一届全国煤炭高等教育优秀教材二等奖;2015 年获西安市科学技术三等奖;2016 年获第十届中国创造学会"创造成果三等奖"等。主要荣誉:2004 年陕西省教工委"创新能手";陕西省第十一次党代会代表;学校 2004 年优秀教师、2005 年优秀研究生导师、2012 年师德先进个人、2013 年教学名师。

137. 吴冬梅

吴冬梅,女,1964年6月出生于陕西省西安市,四级教授,硕士生导师。1988年3月毕业于南京理工大学信号、电路与系统专业,工学硕士学位。1999年2月到校工作,2002年至2012年历任学院电子信息工程系副主任、主任。2005年起任教授。

主要从事电子信息工程教学和研究工作。共发表学术论文40余篇;主编或副主编教材4部;其中主编的《DSP技术及应用》获校级优秀教材。承担陕西省自然科学研究项目、陕西省教育厅专项科研计划、陕西省工业攻关计划项目多项科研课题,研究成果先后获西安科技大学科学技术奖3项。

2012年获得校级教学名师奖,主持多项校级本科及研究生精品课程、教改项目、教学团队建设等。2015年主持建设省级教学团队1项。获西安科技大学优秀教学成果奖2项。兼任陕西省图象图形学学会理事。

138. 程红丽

程红丽,女,1966年8月出生于浙江省临安县,四级教授,硕士生导师。1989年7月毕业于哈尔滨工业大学无线电工程专业,学士学位。2000年7月到校工作,任副教授,2007年11月起任教授。

主要从事电子技术教学和电路系统专业研究工作。共发表学术论文40余篇;主编专著或译著等7部;授权发明专利2项;获国防科技进步奖3项;承担国家自然科学基金、教改、校企合作等多项科研课题,研究成果先后获的西安市科技进步、专利奖等。2015年获校级教学名师称号。

139. 孙弋

孙弋,男,1972年3月出生于陕西省泾阳县,教授,硕士生导师。2001年5月毕业于西安交通大学电气工程专业,工学博士学位。2003年3月到西安科技大学电子科学与技术系工作。

主要从事无线通信及嵌入式系统教学和研究或教学或研究工作。共发表学术论文30余篇;主编专著或译著等5部;授权发明专利10余项。

140. 李文峰

李文峰,男,1969年11月出生于河南省襄城县,三级教授,硕士生导师。2004年5月毕业于西北工业大学电路与系统专业,博士学位。2004年5月到西安科技大学工作,历任学院讲师、副教授、教授,2012年7月起任西安科技大学电路与系统(硕士点)学科带头人。

主要从事应急通信、矿业信息工程科学技术领域的教学和研究工作。共发表学术论文100余篇;主编专著及教材6部;授权发明专利8项;获省部级科技进步奖4项;主持国家科技支撑计划、国家重点研发计划、国家安全生产科技发展计划、中小企业创新基金、博士后科学基金、陕西省重大科技创新等多项科研课题,"产学研用"相结合开发出系列矿山信息化、应急救援装备,如应急救援黑匣子、本安型网络交换机、本安型网络摄像仪、安全生产应急平台、煤炭公路运输综合管理系统、救援装备云管理系统、电梯无线应急通信系统和电梯安全远程监管系统等等,累计实现产值5 000余万元。

兼任中国矿山救护专委会副秘书长、中国煤炭工业安全科学技术学会理事、教育部高等学校电子信息类专业教学指导委员会协作委员以及《电子元器件与信息技术》期刊编委。

141. 倪云峰

倪云峰,男,汉族,1968年11月出生于陕西省韩城县,博士,教授,中共党员。1991年7月毕业于西安理工大学电气自动化专业,获学士学位;1997年6月在该校电力拖动及自动化专业获工学硕士学位;2009年11月于西安科技大学安全技术及工程获工学博士学位;四级教授,硕士生导师。2000年到校工作,2006年至2012年任学院电子信息科学与技术专业系副主任。

主要从事工业信息数据采集与自动化系统过程控制,配电站综合自动化方向的教学和研究工

作。共发表学术论文 37 篇;主编专著 1 部;授权发明专利 1 项;曾先后承担陕西省自然科学基金、国家"九五"科技攻关、企业科技攻关等多项科研课题,研究成果先后获国家科技部科技进步二等奖 1 项、陕西省科技进步一等奖 3 项、陕西省电力公司一等奖 1 项。

曾授课程"电子技术基础""单片机原理与应用"。在校期间,曾积极辅导大学生电子科技大赛,于 2005、2006、2007 连续三年被评为西安科技大学"大学生科技竞赛优秀指导教师"。2007 年所带队伍获得陕西省大学生科技赛"挑战杯"三等奖。2013 年在学工系统组织的学生民主测评中,被评为"我心目中最尊敬的老师"。2015 年所编著教材获西安科技大学教材一等奖。

142. 王安义

王安义,男,1968 年 9 月出生于山东省安丘市,教授,硕士生导师。2001 年 3 月毕业于西安电子科技大学信号与信息处理专业,博士学位。1995 年 7 月到校工作,历任学院通信工程系主任、信号与信息处理学科带头人、矿业信息工程博士点学科负责人,2016 年 7 月起任学院院长。

主要从事新一代无线宽带移动通信技术以及行业信息化技术的教学和研究工作。共发表学术论文 70 余篇;主编出版教材 1 部;授权发明专利 10 余项;获中国通信学会科技进步三等奖 1 项、西安市科技进步奖 1 项、省科技进步二等奖 1 项,国家级企业管理现代化创新成果奖 1 项;承担省自然科学基金、教育厅专项、市科技攻关及企业合作项目多项科研课题,并参与了国家 863 计划项目,以及科技部发展基金项目多项。

143. 韩晓冰

韩晓冰,男,1965 年 1 月出生于黑龙江省鹤岗市,四级教授,硕士生导师。1987 年 7 月毕业于北京邮电学院无线电工程系专业,学士学位。1987 年 7 月到西安矿业学院工作,历任学院通信工程系主任、光电工程系主任、电子商务系主任、物联网工程系主任、通信与信息工程学院副院长,2014 年 9 月起任西安科技大学科学技术委员会委员、电磁场与微波技术学科学术带头人。

主要从事通信与信息系统、电磁场与微波技术方面的教学和研究工作。共发表学术论文 30 余篇;主编参编专著教材 5 部;承担国家 863 计划项目、工信部电子基金项目、兖矿集团等多项科研课题,研究成果先后获山东省煤炭科学技术进步二等奖 1 项、国家煤炭科学技术进步三等奖 1 项、陕西省高等学校科学技术三等奖 1 项、陕西省信息产业厅科技成果二等奖 1 项。1999 年 12 月获陕西省优秀教学成果二等奖 1 项。兼任陕西省电子学会电视技术委员会副主任委员。

计算机科学与技术学院

144. 李占利

李占利,男,1964 年 8 月出生于陕西省周至县,三级教授,博士生导师,安全信息系统及工程学科带头人,陕西省教学名师。1997 年 12 月毕业于西安交通大学机械制造专业,工学博士。1989 年 7 月到校工作,历任计算机系副主任、学院副院长,2013 年 4 月起任计算机科学与技术学院院长。

主要从事危险信息感知理论与技术、计算机视觉、计算机图形学与可视化等领域的研究。发表百余篇学术论文,出版 5 部教材。主持完成"非计算机专业计算机软件技术教学改革研究与实践"等多项教学改革研究项目;主持和参加陕西省教育厅科研专项项目、陕西省自然科学基金项目、国家"九五"科技攻关项目、陕西省教育厅产业化培育项目等数十项,主持和参加国家自然科学基金项目、省部级自然科学基金等项目 10 余项,获省部级科技进步一等奖 1 项、三等奖 1 项,厅局级奖 10 余项,授权发明专利 1 项。兼任煤炭工业技术委员会委员,中国虚拟现实产业联盟常务理事陕西省计算机学会常务理事,陕西省计算机教育学会常务理事。

145. 秋兴国

秋兴国,男,1964 年 4 月出生于陕西省乾县,四级教授,硕士生导师。1986 年 7 月毕业于西北工业大学计算机应用专业,工学学士;1989 年获西安矿业学院矿山机械工程硕士学位。2002 年 3 月到校工作。

主要从事计算机监测与控制、智能信息处理、嵌入式系统与物联网、软件开发与测试方向的教学和研究工作。共发表学术论文30余篇;授权发明专利3项,实用新型专利4项;获陕西省科学技术奖、煤炭科学技术进步奖、西安市科学技术奖6项;承担光纤测温系统、煤与瓦斯监测预报系统、多功能直流电法数据处理解释软件多项科研课题,参与煤矿机械图形符号等7项国家标准制定。以主要参加人承担国家自然科学基金项目、省部基金项目4项。主持横向科研项目300余项。研究成果先后获中国煤炭工业科学技术进步二等奖2项,三等奖1项、陕西省科学技术三等奖1项、西安市科学技术二等奖1项、三等奖1项。2000年获陕西青年科技奖。

146. 付燕

付燕,女,1972年7月出生于河南省鹤壁市,四级教授,硕士生导师。2002年9月毕业于西北工业大学计算机应用技术专业,工学博士。1996年6月到校工作,曾任软件工程系主任,学院副院长等职务。

主要从事计算机应用技术和软件工程学科的教学和研究工作。共发表学术论文40余篇;主编或参编出版教材3部;授权发明专利1项,实用新型专利1项,软件著作权6项;先后主持陕西省自然基金,教育厅专项基金等项目,参与国家科技支撑计划子项目研究,主持多个横向项目研究工作,研究成果先后获中国煤炭工业协会科学技术三等奖1项,厅局级科技奖7项。

2008年9月被评为西安科技大学优秀教师。中国计算机学会会员,IEEE会员,陕西省信号处理学会理事。

147. 薛弘晔

薛弘晔,男,1960年1月出生于陕西省扶风县,四级教授,硕士生导师。2011年4月毕业于西北工业大学导航、制导与控制专业,工学博士。2002年2月到校工作。

主要从事计算机科学与技术教学和研究工作。共发表学术论文50余篇;主编参编教材5部;授权实用专利1项;软件著作权3项;承担基于视觉计算的井下信息感知理论与预警方法研究、分布光纤测温系统在矿井温度监测中应用、实时集群计算机平台软件研究多项科研课题。

148. 李爱国

李爱国,男,1966年12月出生于新疆石河子市,四级教授,硕士生导师。2003年12月毕业于西安交通大学计算机软件与理论专业,工学博士。1996年10月到校工作,历任计算机应用教研室主任、网络工程系主任。

主要从事导航和自动控制等方面的教学和研究工作。共发表学术论文70余篇;主编专著1部;授权发明专利1项;获教育部科技进步二等奖2项;承担多项科研课题,研究成果获陕西高等学校科学技术奖三等奖。中国计算机学会高级会员。

149. 库向阳

库向阳,男,1968年7月出生于陕西省周至县,四级教授,硕士生导师。2005年9月毕业于西北工业大学系统工程专业,工学博士。2006年3月到校工作。

主要从事大数据挖掘与机器学习、智能信息处理与模式识别、计算智能等教学和研究工作。共发表学术论文30余篇;主编专著1部,参编教材4部;获陕西省科技进步一等奖1项;承担国家级、省部级多项科研课题。

150. 龚尚福

龚尚福,男,1954年12月出生于宁夏回族自治区石嘴山市平罗县,三级教授,硕士导师。1978年7月毕业于西安矿业学院电气自动化专业,工学学士。1978年7月留校工作,历任校计算中心主任,计算机系副主任、主任,计算机科学与技术学院院长等职务,计算机科学与技术学科学术带头人。

从事计算机与网络专业领域教学和研究工作。先后主持或参与完成国家级研究项目4项;省

部级科研与教学改革项目 30 余项,获得省部级以上科学技术一、二等奖和教学成果一、二等奖 8 项;正式主编出版著作教材 15 部,获得省部级优秀教材一、二等奖 5 项;主编"十一五"国家级规划教材 1 部;在国内外重要学术刊物上发表学术论文 80 余篇,SCI、EI 检索 25 篇;获得 5 门省级精品资源共享课程主持人;先后指导与培养研究生百余人。

2000 年度被评为学校拔尖人才与首届优秀教师;2004 年被评为西安科技大学优秀研究生指导教师;2006 年被评为西安科技大学"师德先进个人"、陕西省教育系统"师德标兵";2007 年获得第三届陕西省"教学名师奖";2008 年获得陕西省"计算机与信息科学"教学团队带头人。

151. 杨君锐

杨君锐,男,1961 年 5 月出生于陕西省杨凌,四级教授,硕士生导师。1998 年 7 月毕业于西安电子科技大学计算机应用专业,工学硕士。1995 年 1 月到校工作。

主要从事人工智能方向教学和研究工作。在各类期刊上发表论文 80 篇左右,其中三大检索 40 多篇次;出版教材 4 部;主持及参加各类纵横项目 10 余项;编写与修订教学计划和大纲多门;拥有专利与计算机软件著作权 10 余项。

152. 张小艳

张小艳,女,1967 年 8 月出生于陕西省临潼县,四级教授,硕士生导师。2002 年 7 月毕业于西安科技学院控制理论与控制工程专业,工学硕士。1989 年 7 月到校工作,2002 年至 2010 年任基础课部主任。2010 年 1 月起任学院督导组组长。2016 年 5 月任学院兼职纪检监察员。

主要从事计算机理论与技术学科教学和研究工作。共发表学术论文 30 余篇;主编教材 3 部;授权发明专利 1 项;软件著作权 8 项;承担省部级、校级多项科研课题,作为主持人与企业合作研发企业级软件 4 项。主持的"数据结构与算法设计"课程入选陕西省精品资源共享课程,2016 年获得西安科技大学教学名师称号。

153. 李军民

李军民,男,1959 年 11 月出生于陕西省延川县,四级教授,硕士生导师。1982 年 7 月毕业于山东矿业学院(现山东科技大学)计算数学专业,工学学士。1982 年 7 月到校工作,历任基础教研室主任、软件工程系主任。

主要从事计算机应用方向教学和研究工作。共发表学术论文 20 余篇;主编教材或指导书等 8 部;获省级优秀教学成果二等奖 1 项,校级教学优秀成果二等奖 2 项,陕西省信息产业厅优秀教材建设二等奖 1 项,"蓝桥杯"全国软件设计与创业大赛优秀指导教师多项;承担城市供水供热管网流量优化控制软件系统、城市地下管网数字化信息系统、城市数字化系统中地下管网可视化研究、WEB 水库信息管理系统多项科研课题。兼任陕西省计算机学会与陕西省计算基础教育研究会会员,国家职业技能心理咨询师二级。

154. 张卫国

张卫国,男,1964 年 7 月出生于陕西省渭南市,四级教授,硕士生导师。1986 年 7 月毕业于四川大学数学系计算数学专业,理学学士。1986 年 7 月到校工作,1994 至 2017 年在计算机科学与技术学院任教,现任信息科学系主任。

主要从事信息与计算科学教学和研究工作。公开发表学术论文 20 余篇;主编"十三五"规划教材《离散数学》和《数值计算方法》,参编《最优化理论与方法》等 4 部教材;登记软件著作权 2 项;承担多项科研课题,获陕西省科学技术三等奖 1 项,西安市科学技术二等奖、三等奖各 1 项。主持省级教改项目 1 项,获省级教学成果二等奖 1 项,校级教学成果特等奖 1 项。

中国优选法统筹法与经济数学研究会经济数学与管理数学分会第六届理事会常务理事,陕西省计算机学会会员。

155. 董立红

董立红,女,1968年1月出生于陕西省西安市,四级教授,硕士生导师。2010年1月毕业于中国矿业大学(北京)工程管理专业,工学博士。1990年7月到校工作,历任校教务处教学研究科、教材科、电教中心科长等职务。

主要从事计算机教学和研究工作。共发表学术论文28篇;主编专著1部;授权发明专利1项;获陕西省科学技术一等奖1项;承担陕西省、西安市及煤矿企业多项科研课题。担任陕煤集团、陕能集团等多个煤矿企业的信息化建设顾问。

156. 罗晓霞

罗晓霞,女,1964年7月出生于陕西省扶风县,四级教授,硕士生导师。1988年7月毕业于沈阳工业学院计算机及应用专业,工学学士。1994年4月到校工作,2014年9月起任学院工会主席。

主要从事软件工程专业的教学和研究工作。在国内外学术刊物或国际会议上发表学术论文40余篇;出版专著1部,内部实验教材4部;获软件著作权10项;主持陕西省教育厅专项2项,参加国家自然科学基金及其他纵向项目10多项,主持和参加横向项目20多项。2010年获得陕西省科学技术二等奖,2012年获得西安市科学技术二等奖,2014年获得陕西高等学校科学技术二等奖,2015年获得西安市科学技术三等奖,2011年获得西安科技大学教学成果一等奖,2015年获全国煤炭行业教育教学成果三等奖。2015年指导学生获得首届中国"互联网+"创新创业大赛陕西赛区铜奖,获得西安科技大学研究生移动终端应用创新设计大赛一等奖;2014年荣获西安科技大学优秀教师称号。

157. 贾澎涛

贾澎涛,女,1977年7月出生于陕西省蒲城县,四级教授,硕士生导师。2008年9月毕业于西北工业大学计算机科学与技术专业,工学博士。2002年7月留校工作,历任软件工程系副主任、教工第三党支部书记,2013年4月起任学院副院长。

主要从事计算机科学与技术专业教学和研究工作。共发表学术论文30余篇;主编教材2部、专著1部;获得校级优秀教师称号;承担陕西省自然科学基金、陕西省教育厅专项、西安市科技计划项目多项科研课题,研究成果先后获得陕西省科学技术二等奖1项、西安市科学技术二等奖1项、西安市科学技术三等奖2项、西安科技大学科学技术二等奖1项。获得校级教学成果一等奖3项、二等奖1项。兼任陕西省计算机学会理事、国际信息研究学会中国分会教育信息化与人工智能专委会委员。

地质与环境学院

158. 夏玉成

夏玉成,男,1957年1月出生于甘肃省武威市,二级教授,博士生导师。1981年12月获西安矿业学院煤田地质与勘探专业工学学士学位;1984年12月获西安矿业学院煤田油气地质勘查学科工学硕士学位;2003年6月获西安科技大学安全技术及工程学科工学博士学位。1984年12月留校工作,历任西安矿业学院地质系主任、地质工程博士点学科带头人,西安科技大学发展规划处处长、高教研究所常务副所长、教师教学发展中心常务副主任,2010年3月起任西安科技大学地质资源与地质工程博士后科研流动站站长。

主要从事煤田地质、构造地质、计算机地质及煤矿区生态环境保护等领域的教学科研工作。共发表学术论文120余篇;主编出版专著、教材等10余部;承担国家自然科学基金面上项目、国际合作及省部级自然科学基金等多项科研课题,研究成果先后获省部级科学技术进步一等奖、二等奖各2项。

1997年获陕西省学位与研究生教育管理先进个人;2009年获第五届陕西普通高等学校教学名师;获陕西省教学成果一等奖2项、二等奖1项。曾担任政协陕西省第11届委员会委员、政协西安

市第 11 届和第 12 届委员会委员、民盟陕西省委员会委员等职。

159. 侯恩科

侯恩科,男,1963 年 11 月出生于陕西省扶风县,二级教授,博士生导师。1984 年 7 月毕业于西安矿业学院煤田地质与勘探专业,获工学学士学位;1987 年 7 月毕业于西安矿业学院煤田地质与勘探专业,获工学硕士学位;2003 年 6 月毕业于中国矿业大学(北京校区)大地测量学与测量工程专业,获工学博士学位。1987 年 7 月工作,历任西安矿业学院地质系副主任、西安科技大学地质与环境工程系主任、科技处处长,2014 年 4 月起任西安科技大学研究生院常务副院长。

主要从事煤田地质与矿井地质、矿井水害防治理论与技术、矿区地质灾害防治与环境保护等方面的教学和研究工作。共发表学术论文 130 余篇,其中 1 篇论文 2014 年获《煤炭学报》创刊 50 周年百篇最具学术影响力学术论文称号;主编专著和教材等 6 部;授权发明专利 5 项;承担煤层顶板突水机理及突水危险性分区预测方法研究、基于剖面的三维拓扑地质建模研究、柴北缘中西部山前带构造特征及其对油气成藏的控制、宁东煤炭基地采煤塌陷的灾害链形成机制及防治对策多项科研课题,研究成果先后获国家科技进步二等奖 1 项、省部级科学技术一等奖 2 项、二等奖 4 项、三等奖 2 项。获陕西省优秀教学成果二等奖 1 项。

1998 年获中国地质学会第六届青年地质科技奖——银锤奖,2003 年获陕西省高等学校优秀青年教师共产党员,2005 年获陕西省高等学校优秀青年教师标兵,2010 年被评为陕西省师德先进个人。兼任煤炭工业技术委员会委员、中国地质学会、中国煤炭学会煤田地质专业委员会委员、中国煤炭工业安全科学技术学会水害防治专业委员会委员、陕西省煤炭学会常务理事;《煤田地质与勘探》《西安科技大学学报》编委会委员。

160. 丁正生

丁正生,男,1965 年 1 月出生于山西省万荣县,二级教授,硕士生导师。1985 年 7 月毕业于南开大学数学系数学专业,获理学学士学位,1992 年 7 月毕业于南开陈省身数学研究所概率论与数理统计专业,获理学硕士学位。1985 年 7 月到校工作,历任西安科技大学基础部副主任、党总支书记兼副主任、理学院党委书记兼副院长、高新学院院长等职,2013 年 4 月起任西安科技大学地质与环境学院党委书记。

主要从事数学与统计学的教学和研究工作。共发表学术论文 30 余篇;主编专著等 3 部;承担国家和省级科学基金多项科研课题,研究成果先后获陕西高等学校科技进步奖一、二、三等奖各 1 项。所负责的"概率论与数理统计"课程 2008 年获国家精品课程、2016 年获首批国家级精品资源共享课,2005 年荣获陕西省青年突击手,2009 年荣获第五届陕西普通高等学校教学名师奖,2013 年所负责的"工科数学教学团队"获陕西省教学团队,1999 年、2005 年、2009 年、2015 年分别荣获陕西省教学成果奖二等奖。

担任中国优选法统筹法与经济数学研究会经济数学与管理数学分会常务理事、陕西省工业与应用数学学会常务理事、陕西省运筹学学会常务理事、陕西省数学学会理事。

161. 王生全

王生全,男,1961 年 11 月出生于陕西省岐山县,教授,硕士生导师。1983 年 7 月毕业于西安矿业学院煤田地质与勘探专业,获学士学位;2006 年毕业于西安科技大学安全技术及工程专业,获硕士学位。1997 年晋升为副教授,2002 年晋升为教授。1983 年 7 月留校任教,1995 年起任地质系煤田地质教研室副主任、主任,地质系教学科研秘书,2004 年起任西安科技大学地质系副主任,2007 年起任学校图书馆馆长,2014 年 4 月起任学院院长。

主要从事煤矿地质、瓦斯地质及煤层气地质的教学和研究工作。以第一作者发表学术论文 60 余篇;出版专著 3 部;授权专利 2 项;获陕西省科技进步奖、陕西省教学成果奖、陕西省高等学校科技进步奖及陕西省煤炭工业局科技成果优秀奖 5 项,西安科技大学科技进步奖 5 项,西安科技大学

教学成果奖 3 项。主持省部级及厅局级纵向课题 15 项,主持厅局级横向课题 40 余项,参加国家自然科学基金项目 3 项。

兼任西安波浪镶嵌构造研究会常务理事、西安能源研究会常务理事、中国煤炭学会瓦斯地质专业委员会委员、中国地质学会矿井防治水与利用专业委员会委会、中国地质学会第 40 届理事会理事、中国地质学会教育研究分会委员。

162. 王瑛

王瑛,男,1958 年 5 月出生于陕西省蒲城县,四级教授,硕士生导师。1981 年 12 月毕业于西安矿业学院煤田地质及勘探专业,获学士学位。1982 年 1 月留校任教,历任曾任西安矿业学院煤田教研室副主任、地质系教学秘书、西安科技大学地质博物馆馆长等职。

主要从事煤炭地质教学与研究工作。共发表学术论文 60 余篇;主编教材、专著 8 部;承担和参与以地质观点为主的煤与瓦斯突出预测预报方法研究、西北中生代煤盆地生因特征及聚煤规律、陕西煤矸石土肥化潜能研究、陕西省瓦斯地质规律研究、青海省北祁连地区石炭系煤中硫的赋存特征研究、煤基植物生长营养液研制、CD95 吸收剂烟道脱硫技术研究等多项科研课题,研究成果先后获陕西省科学技术一等奖、陕西省优秀科学研究成果二等奖及陕西省教学成果特等奖等。

163. 唐胜利

唐胜利,男,1963 年 5 月出生于四川省仁寿县,教授,硕士生导师。1983 年 7 月毕业于武汉地质学院钻探工程专业,获学士学位;1991 年 7 月毕业于煤炭科学研究总院地质与勘探专业,获硕士学位。1983 年 8 月至 2003 年 4 月在煤炭科学研究总院西安分院从事科研工作,2003 年 5 月到校工作,2008 年 7 月起任学院副院长。

主要从事地质资源与地质工程专业教学和研究工作。共发表学术论文 80 余篇;参编专著 3 部;授权发明专利 2 项;承担国家和省部级科研课题 10 余项,获国家科技进步二等奖 1 项,省部级科技进步二等奖 2 项,省部级科技进步三等奖 3 项。

1995 年获中国地质学会青年科技奖,1997 年获"西安市十大杰出青年"称号,1998 年入选煤炭系统专业技术拔尖人才。

担任西安科技大学教学委员会委员,地质与环境学院教授委员会委员,兼任中国煤炭学会钻探工程专业委员会委员、陕西省地质学会探矿工程专业委员会暨非开挖专业委员会副主任委员,煤炭行业煤矿专用设备标准化技术委员会勘探设备分会委员,中国地质大学(武汉)兼职教授,国家科技进步奖及国家自然科学基金评委,《煤炭学报》《煤田地质与勘探》《探矿工程》杂志审稿人。

164. 王念秦

王念秦,男,1964 年 6 月出生于河南省孟津县,三级教授,博士生导师。2004 年 6 月毕业于成都理工大学地质工程专业,博士学位。2006 年 2 月到校工作,2012 年 7 月起任地质工程学科带头人及地质资源与地质工程一级学科召集人。

主要从事岩土体稳定性及地质灾害防治方面的教学和研究工作。共发表学术论文 60 余篇;主编专著 2 部、专业教材 2 部;授权发明专利 2 项;承担国家自然科学基金重点项目子课题(人类活动的黄土滑坡响应机理与灾害预警)、国家自然科学基金面上项目(黄土塬灌区灌排机制及塬边斜坡灾害机理研究、黄土山区城镇化行为过程与地质环境耦合机制)、陕西省科技统筹创新工程计划项目(陕北神府矿区废弃物发育特征及其综合治理技术研究、神府矿区矿山地质环境保护及其综合治理技术研究)、甘肃省科技攻关项目(农村小城镇建设中的地质灾害评估体系及其生态地质环境建设研究)、甘肃省自然科学基金(黄土滑坡中短期预报的理论与实践、黄土斜坡变形及滑移研究、冻融期滑坡形成机理与滑移特征研究)等多项科研课题,研究成果先后获省部级科技进步二等奖 3 项,三等奖 6 项。

2002 年入选甘肃省"555"创新人才工程第一层次人才,2004 年首批入选甘肃省科研院所学科

带头人。

担任中国科学技术协会中国科学技术服务咨询中心滑坡防治技术专家委员会专家,中国煤炭工业技术委员会矿区环境保护专家委员会委员,陕西省省级地质灾害应急专家组专家,西安市专家咨询团特聘专家,西安市突发地质灾害应急处置专家。西安科技大学学报编委。

165. 赵晓光

赵晓光,男,1965年4月出生于陕西省西安市,教授,博士生导师。1986年7月毕业于西北农业大学农田水利专业,学士学位。2002年10月到校工作,历任地质与环境工程系副主任、主任、学院院长,2014年4月起任学校图书馆馆长。

主要从事环境教学和研究工作。共发表学术论文60余篇;主编专著2部,教材5部;授权发明专利6项;获陕西省科技进步二等奖2项。先后为本科和博硕士研究生开设了"环境保护与可持续发展""环境生态学""水污染的面源控制""矿山环境学""环境学新进展""土地复垦与生态重建"等10余门课程。

现任矿山环境工程博士点学科带头人,曾任中国科学院土壤侵蚀与旱地农业国家重点实验室客座研究员,陕西省环保厅特聘专家。

166. 陈练武

陈练武,男,1960年7月出生于陕西省礼泉县,教授,硕士生导师。1982年7月毕业于西安矿业学院煤田普查与勘探专业,毕业后留校任教。1997年获辽宁工程技术大学的采矿工程硕士学位,1998年11月取得副教授技术职称,2004年12月取得教授技术职称、硕士生导师。曾任学院资源勘查工程系主任。

主要从事矿产资源勘查与评价、计算机地质应用和地质灾害防治的教学与科研工作教学和研究工作。共发表学术论文50余篇;主编专著4部;授权发明专利1项;承担40多项科研课题,开发了地质数据库管理系统及基于MAPGIS的地质自动成图系统,并取得了良好的应用效果。2013年被聘请为中华人民共和国国家级矿产督察员。

167. 张志沛

张志沛,男,1961年12月出生于青海省大通县,四级教授,硕士生导师。2009年6月毕业于西安科技大学安全技术及工程专业,博士学位。1985年6月到校工作。

主要从事地质工程教学和研究工作。共发表学术论文30多篇;主编或参编专著、教材7部;承担"河南省煤矿采空区调查及综合治理方法研究""煤系地层公路隧道设计与施工技术研究""乌鲁木齐绕城高速公路(东线)急倾斜煤层采空区公路治理技术研究""微型桩(树根桩)快速处治既有高速公路路基病害的应用研究""浅层干拌碎石注浆成桩法在公路养护中的应用""微型锚固桩处理山区高速公路路基侧向滑移的研究"等多项科研课题,研究成果先后获山西省科学技术奖励委员会和河北省科学技术奖励委员会三等奖。兼任陕西省水利水电工程学会地质勘测专业委员会委员理事、陕西省古生物学会理事。

168. 刘转年

刘转年,男,1968年6月出生于陕西省富平县,教授,博士生导师。2004年7月毕业于西安建筑科技大学环境工程专业,博士学位。2004年7月到校工作。

主要从事环境工程与环境科学教学和研究工作。共发表学术论文60余篇;主编专著等4部;授权发明专利14项;获中国循环经济协会科学技术奖二等奖和西安市科技进步三等奖各1项,个人排名第一。承担国家自然科学基金面上项目、陕西省工业攻关项目、中国博士后科学基金项目、西安市科技攻关项目及企业合作项目等20多项科研课题。兼任陕西省资源综合利用协会理事、西安节能协会理事等。

169. 薛喜成

薛喜成,男,1968年出生于山西省芮城县,教授。1991年本科毕业于山西矿业学院煤田地质与勘探专业,获工学学士学位。1994年硕士研究生毕业于西安矿业学院煤田地质与勘探专业,获工学硕士学位。2008年博士研究生毕业于西安科技大学矿业工程专业,获工学博士学位。现任学院副院长。

主要研究方向为煤炭地质、环境地质、数学地质与计算机应用。先后主持、参与各类科研项目50余项,出版专著、教材7部,发表学术论文60余篇,EI收录10余篇,各类获奖10余项。所坚持的工作态度是"踏踏实实搞研究,认认真真当老师"。兼任中国煤炭教育协会地质学科教材编审委员会副主任、中国煤炭学会矿井地质专业委员会委员、陕西省煤炭学会煤田地质专业委员会委员。

170. 马东民

马东民,男,1967年5月出生于陕西省合阳县,四级教授,硕士生导师。1994年7月毕业于西安矿业学院煤油气地质专业,工学博士学位。1994年7月到校工作,任学院资源勘查系教师。

主要从事煤及煤层气地质教学和研究工作。共发表学术论文40余篇;主编煤层气国家标准3部;承担国家973煤层气项目(2002CB211708-1)、国家高技术研究发展计划项目(863计划)(2006AA06Z236)、国家科技重大专项《大型油气田及煤层气开发》(2008ZX05040)4项子课题、中国地质调查局《重点煤矿区煤层气资源调查》(韩城区)(121201534702)等40项科研任务。兼任中国煤炭学会煤层气专业委员会委员、中国煤炭学会煤层气标准工作组专家、陕西省非常规天然气专业委员会委员。

171. 李新虎

李新虎,男,1967年5月出生于陕西省西安市,教授,硕士生导师。2008年3月毕业于西安科技大学矿业工程专业,博士学位。1993年7月留校工作,2015年10月起任学院资源勘查工程系主任。

主要从事地球物理勘探方面的教学和研究工作。共发表学术论文20篇;主编专著1部;承担国家自然科学基金、陕西省自然科学基金等多项纵向科研课题,并承担多项与企业单位联合的横向项目。兼任陕西省地球物理学会常务理事。

172. 党小虎

党小虎,男,1968年12月出生于宁夏回族自治区隆德县,教授,硕士生导师。2007年6月毕业于中国科学院教育部水土保持与生态环境研究中心生态学专业,博士学位。2007年7月到校工作。

主要从事环境科学、生态学、生态经济学方面的教学和研究工作。共发表学术论文20余篇;主编/参编专著6部;承担国家自然科学基金面上项目、科技部"十三五"重点研发计划专题、陕西省科技计划项目等多项科研课题。

173. 贾锐鱼

贾锐鱼,女,1963年11月出生于陕西省韩城市,教授,硕士生导师。1986年7月毕业于西北农林科技大学水利工程专业,学士学位。2003年6月到校工作。

主要从事水土生态环境领域教学和研究工作。发表论文20多篇;主编教材3部,参编教材1部;授权发明专利10多项;获中国石油与化学工业优秀出版物奖教材二等奖。

174. 李晓军

李晓军,男,1971年11月出生于陕西省兴平县,教授,硕士生导师。1999年9月毕业于西安公路交通大学交通运输工程专业,工学博士学位。2007年1月到校工作。

主要从事地质工程教学和研究或教学或研究工作。共发表学术论文40篇;专著3部;授权发明专利5项;获省部级科技进步奖一项、承担多项科研课题。

175. 修福荣

修福荣,男,1975年10月出生于福建省长汀县,四级教授,硕士生导师。2010年7月毕业于中国科学院生态环境研究中心环境工程专业,博士学位。2017年9月到校工作。

主要从事固体废弃物处置及资源化教学和研究工作。共发表SCI学术论文20余篇;授权发明专利10余项;获福建省自然科学优秀学术论文奖2项;承担国家自然科学基金、省部级科技计划项目多项科研课题。2015年入选福建省新世纪优秀人才支持计划。兼任 *Chemical Engineering Journal*,*Journal of Hazardous Materials*,*Waste Management* 等多个国际SCI期刊审稿人。

176. 代革联

代革联,男,1968年5月出生于陕西省西安市,教授,硕士生导师。1993年7月毕业于西安矿业学院水文及工程地质专业,获学士学位;2012年6月毕业于山东科技大学地球科学与工程学院矿产普查与勘探专业,获硕士学位。1993年7月留校工作,历任地质系教学秘书、系团总支书记;西安科技学院组织部秘书;地质与环境系党总支副书记;电气与控制工程学院党委副书记、书记,地质与环境学院党委书记,管理学院党委书记;2016年6月起任继续教育学院院长。

主要从事水文地质与工程地质的教学和研究工作。共发表学术论文30余篇;主编参编专著、教材5部;授权发明专利1项;获得中国人民解放军总参谋部科技三等奖1项、陕西省优秀教学成果二等奖1项;参与完成国际科技合作专项项目1项、国家自然科学基金项目2项、陕西省自然基金项目2项,完成横向科研项目20余项。

测绘科学与技术学院

177. 史经俭

史经俭,男,1963年6月出生,江苏丰县人,教授,西安科技大学教学名师,测绘科学与技术一级学科召集人,大地测量学与测量工程学科带头人,陕西省"测绘工程教学团队"带头人,西安科技大学高教研究所兼职研究员。

主持完成煤炭部煤炭青年基金1项,主要参加国家自然科学基金2项、煤炭部科研项目2项、陕西省教育厅项目2项,主持陕西省精品资源共享课程1项、陕西省在线开放课程MOOC(慕课)建设项目1项,2016年获陕西省师德先进个人荣誉称号。

178. 师芸

师芸,女,1974年9月出生,陕西周至人,教授。1994年入校工作,其中2009年10月至2010年10月在香港理工大学土地测量及地理资讯学系任助理研究员,2015年2月至2016年1月受国家留学基金委资助在美国南卫理公会大学合作研究。主持国家自然科学基金青年项目和面上项目2项,主要参与2项国家自然科学基金面上项目,主持其他纵横项项目10余项。发表论文30多篇,以第一作者和通信作者发表SCI和EI论文10篇(SCI论文7篇,EI论文3篇)。主持的"乘性误差数据处理"项目获得2017年陕西省教育厅科技进步一等奖。

179. 朱庆伟

朱庆伟,男,1975年7月出生,陕西蓝田人,教授,从事各类地质灾害的监测与预计,矿山开采沉陷等教学和科研工作。2007年毕业于中国矿业大学(北京)获博士学位,2011年1月从西安科技大学博士后流动站出站,2012年进入教授科研工作室,积极参与各类科学研究项目,主持并参与了多项省部级科研项目,结题结果均为优秀,出版专著1部、校级研究生规划教材1部,发表检索及核心论文30余篇,申报国家发明专利2项,完成的"三道沟煤矿开采沉陷基础规律研究"项目顺利通过煤炭工业协会的国际先进鉴定并申报科技进步奖。2010年获测绘科学与技术学院"科研先进个人"荣誉称号,年均教学工作量600余学时,被学生评为"我最喜爱老师"。

180. 汤伏全

汤伏全,男,1966年6月出生,湖南湘潭人,教授,工学博士,测绘科学与技术学院副院长,地学

信息工程博士点学科带头人,第十一届中国测绘地理信息学会矿山测量专业委员会委员,教育部工程专业认证专家组成员。1990年7月西安矿业学院研究生毕业后留校任教。在开采沉陷、矿山测绘和形变监测等领域持有专长。公开发表学术论文30多篇,出版教材和专著5部,获得实用新型专利6项、发明专利2项、软件著作权8项,主持国家自然科学基金面上项目"西部黄土覆盖区采煤地面形变灾害机理研究(51674195)"和陕西省自然科学基金项目"基于雷达遥感与重力测量数据的采煤沉陷区地面长期稳定性基础研究",主持完成省部级以上科研课题6项,获陕西省测绘地理信息科技进步一等奖等科技奖5项。

181.李崇贵

李崇贵,男,1966年6月出生,四川西充人,教授,硕士生导师。1985年至1989年就读于西安矿业学院矿山测量专业,获学士学位;1991年至1994年就读于西安矿业学院工程测量专业,获硕士学位;1996年至1999年就读于中国林科院林业遥感专业,获博士学位。2008年到校工作,从事测绘工程专业的教学和科研工作。主要研究方向为林业遥感蓄积量估测、移动GIS软件开发、台式机GIS软件开发。主持国家自然科学基金项目2项、广东省地市重点引导攻关项目1项、深圳市科技攻关项目2项。

182.杨永崇

杨永崇,男,1966年10月出生,甘肃皋兰人,工学博士,教授。1988获武汉测绘科技大学大地测量专业学士学位,1995获西安矿业学院工程测量专业硕士学位,2007获中国矿业大学(北京)地图制图学与地理信息工程专业博士学位,2007年起任教授,2009年起任西安科技大学地图制图学与地理信息工程学科带头人。主持完成科学研究项目4项、社会服务项目70余项,发表学术论文38篇,出版著作3部。主要研究地理信息科学及其在智慧城市与大数据中的应用。

183.张春森

张春森,男,1963年1月出生,陕西西安人,教授,硕士生导师。摄影测量与遥感二级学科带头人,《测绘学报》《武汉大学学报(信息科学版)》《光学精密工程》等期刊评审专家。1983年至1987年就读于武汉测绘学院摄影测量与遥感专业,获学士学位;1993年至1997年就读于武汉测绘科技大学摄影测量与遥感专业,获硕士学位;2000年至2004年就读于武汉大学摄影测量与遥感专业,获博士学位。1991年到西安矿业学院从事摄影测量与遥感教学与科研工作。主要研究方向为近景数字摄影测量、遥感应用研究。主持参加多项国家自然科学基金项目、陕西省自然科学基金项目等。公开发表论文30多篇,其中被SCI检索1篇、EI检索18篇、ISTP收录论文16篇,获西安科技大学科学技术进步奖2项、省自然科学优秀论文奖2项,出版规划教材2部,获国家专利1项、软件著作权5项。

184.陈秋计

陈秋计,男,1970年9月出生,山西运城人,博士(后),教授,中国煤炭学会土地复垦与生态修复专业委员会委员。主要从事矿区土地复垦与生态重建,3S技术集成与应用,土地定级与估价、土地利用规划领域的教学与科研工作。近年来,主持或参与完成国土资源部公益专项、河南省科技攻关项目、陕西省教育厅自然科学项目等各类科研项目6多项,在国内外期刊上发表论文30多篇,获国家发明专利4项,出版专著1部,主编教材1部,主要成果获省部级科技奖励3项。

185.陈晓宁

陈晓宁,男,1959年4月出生,重庆江津人,教授,硕士生导师。1997年到西安矿业学院从事测绘工程专业教学与科研工作。主要研究方向为测绘工程、摄影测量与遥感的理论与技术研究。先后为本科生开设过"地球科学概论""遥感原理与应用"等课程,为研究生开设"遥感工程"课程,指导研究生近30名。主持了数字摄影测量系统硬件研制、呼伦贝尔1:2000地形图外业调绘等多个项目。先后在核心期刊上发表了多篇科技论文。获得国家科技进步一等奖1项。

186. 孟鲁闽

孟鲁闽,男,1958年12月出生,山东泗水人,教授,硕士生导师。1978年至1982年就读于武汉测绘学院天文大地测量专业,获学士学位。1982年至1988年在西安矿业学院从事测绘工程专业教学与科研工作,1989年至1992年在德国达姆施塔特工业大学大地测量研究所从事土地信息系统及水域测量的科研工作,1993年到西安矿业学院从事测绘工程专业教学与科研工作。

主要研究方向为测绘工程、天文大地测量理论与方法、控制测量理论与技术研究、变形监测数据处理等。主持了北钱村五栋高层建筑沉降观测、五环集团合作19楼沉降观测、西安龙湖紫都城项目沉降观测工程等多个项目。在核心期刊上发表多篇科技论文。

187. 胡荣明

胡荣明,男,1969年2月出生,甘肃白银人,教授,博士,测绘科学与技术学院副院长,中国卫星导航定位协会"教育与发展专业委员会"委员、中国地理学会地理信息协会教育与科普委员会委员,西安科技大学地图学与地理信息系统学科带头人,西安科技大学师德先进个人。《测绘学报》《煤炭学报》《遥感技术应用》《西安科技大学学报(自然科学版)》等期刊审稿人。

长期从事测绘遥感信息工程方面的教学与研究工作。在轨道交通工程测量安全、工程测量信息化、工程遥感方面开展了较为深入的研究,出版《城市地铁测量安全技术》专著及《工程测量学》等教材。主持或参与国家省部级项目"渭北煤田矿山开采地表移动规律的研究""中国主要水蚀区土壤侵蚀过程与调控研究(973计划2007CB407200)""高分辨率遥感影像的信息提取(E0305/1112/JC01)""黄土丘陵沟壑区植物基部土堆形成机理及其生态效应41401306"等;发表论文30余篇,获得国家专利9项。

188. 姚顽强

姚顽强,男,1966年7月出生,山西繁峙人,教授,博士,硕士生导师,学院院长,陕西省地理空间信息技术工程中心负责人,国际矿山测量(ISM)委员会委员,中国测绘学会矿山测量专业委员会委员,中国煤炭学会矿山测量专业委员会委员,陕西省测绘地理信息学会矿山测量委员会主任,《矿山测量》期刊编委。

主要研究方向:3S集成与应用、开采沉陷与矿山环境、数字矿山理论与关键技术、遥感与地理国情监测等方面的科学研究与科技服务工作。主持和主要参与国家级项目2项、省部级项目6项,合作科研项目20余项,获国家测绘科技进步三等奖1项、陕西省测绘科技进步二等奖1项、陕西煤炭科技进步二等奖1项。陕西省精品课程"矿山测量学"负责人,主编《工程测量》《测量学》等3部教材,承担多项教改项目,"地方高校测绘地理信息类专业工程创新型人才培养"获教学成果一等奖。

189. 原喜屯

原喜屯,男,1966年10月出生于山西省河津市,四级教授级高工,硕士生导师,国家注册测绘师。1995年1月毕业于武汉测绘科技大学摄影测量与遥感专业,学士学位。2014年9月到西安科技大学工作。2014年前在中煤航测遥感局工作,一直从事生产、科研、管理等工作,曾任测绘工程院工程测绘队队长、副院长、院长。2014年在西安科技大学实验室工作、2014年9月任西安科技大学测绘科学与技术学院地理空间信息工程研究所所长。

主要从事摄影测量与遥感工程应用、三维建模与地理信息系统研发工程教学和研究工作。共发表学术论文5篇;参与主编专著1部;授权发明专利3项;获测绘学会优秀测绘工程金奖、银奖和铜奖20多项,获国家测绘地理信息局中国测绘科技进步奖5项。

190. 梁明

梁明,男,1958年7月出生,陕西大荔人,教授,硕士生导师,陕西省测绘学会常务理事。主要研究方向:测绘工程、大地测量理论与方法、矿山测量理论与技术。发表学术论文40余篇,参编《大

比例尺数字测图原理与与方法》等教材 4 部,获厅局级以上奖励 3 项,主持、参与省(厅)级项目 10 余项,主持、参与横向项目 40 余项,主持完成省、校级教学研究项目 6 项。其中主持完成的"测绘工程专业人才培养方案及教学内容和课程体系改革研究"项目获陕西省政府优秀教学成果一等奖,主持完成的"地矿类各专业课程体系及教学内容改革研究与实践"项目获陕西省政府优秀教学成果二等奖。

材料科学与工程学院

191. 王晓刚

王晓刚,男,1956 年 2 月出生于陕西省蓝田县,二级教授,博士生导师。1999 年 6 月毕业于西安交通大学电工材料与绝缘技术专业并获博士学位。1983 年到西安矿业学院工作,历任地质系教学科研秘书、学校教务处副处长,地质系主持工作的系主任、材料工程系副主任、学校校办产业总公司副总经理,2002 年 12 月任西安科技学院材料科学与工程学院院长,2006 年至 2007 年在日本群马大学做访问学者 1 年。2008 年任陕西省硅镁产业节能与多联产工程技术研究中心主任,2016 年任陕西省硅镁碳微纳米材料与应用工程技术研究中心主任(改建提升)。

主要从事材料制备理论与应用方面的研究工作。共发表学术论文 100 余篇;主编或参编专著 8 部;授权发明专利 17 项;主持完成了包括国家科技支撑计划、国家自然科学基金、国家重点技术创新项目等 10 项国家级项目,29 项省级重点科技攻关项目和重点工业性试验项目,43 项与企业联合的项目。科研成果转化创产值 200 余亿元。项目研究获省部级科技进步和优秀教学成果一、二、三等奖 6 项、获陕西省劳动人事厅、陕西省科技厅和陕西省总工会联合颁发的职工发明金奖,获陕西省教育厅等厅局级奖励 9 项。

2001 年被授予陕西省有突出贡献的中青年专家称号,2005 年被授予陕西省有突出贡献的专家称号,2014 年被授予陕西省劳动模范称号。兼任陕西省煤转化研究会常务副理事长兼秘书长,陕西省硅酸盐学会理事,陕西省高级专家协会会员,贵州、宁夏等省科技特派员,陕西、四川、云南、宁夏、福建、青海、新疆等省(区)相关企业高级顾问。

192. 杨建业

杨建业,男,1958 年 12 月出生于陕西省西安市,三级教授,博士生导师。1999 年 6 月毕业于中国矿业大学(北京)矿产普查与勘探专业,博士学位。1988 年 7 月到校工作。

主要从事煤化学炭材料教学和研究工作。共发表学术论文 40 篇;参编专著 2 部;承担国家级、省部级、厅局级 10 多项科研课题,研究成果先后获西安市科技三等奖、陕西省自然科学优秀学术论文三等奖。2015 年被列为中国能源学会煤炭组专家,2017 年又被特聘为新一届西安科技大学高教研究所兼职教授。

193. 李小池

李小池,男,1960 年 4 月出生于陕西省蓝田县,四级教授,硕士生导师。1997 年 7 月毕业于武汉工业大学硅酸盐材料专业,硕士学位。1985 年 7 月到校工作,历任学院讲师、副教授、教授,2005 年 11 月起任材料科学与工程学院教授。

主要从事碳化硅材料、复合材料、普通陶瓷材料的合成理论与制备工艺的研究。近年来在《硅酸盐学报》《无机材料学报》《硅酸盐通报》等学术期刊上发表论文 40 余篇,其中被 SCI、EI、CA 等国际著名索引收录 10 余篇;出版专著一部。参与并完成了国家经贸委、宁夏计委、宁夏经贸委重点支持的工业试验项目,重点创新项目,国家自然科学基金项目,陕西省教育厅重大产业化项目;主持陕西省科技攻关项目,西安科工业攻关项目,陕西教育厅科研专项,西安市基础研究重点项目共计 30 余项。申请发明专利四项;获省部级科技进步一等奖 1 项,三等奖 1 项。曾任材料物理与化学硕士点学科带头人。

194. 杜慧玲

杜慧玲,女,1972年1月出生于河南省许昌市,三级教授,博士生导师。2002年6月毕业于西安交通大学电子科学与工程专业,获博士学位。曾在美国UC-Davis访学研究1年。陕西省"新能源材料创制理论与技术"重点科技创新团队带头人。1994年7月任教于西安矿业学院,曾任材料学院教研室主任。2014年4月起任材料科学与工程学院院长。

主要从事材料科学与工程专业教学和研究工作,长期从事新能源与功能材料及器件的研究与开发,包括能量转换与存储新材料、气体吸附/分离材料、清洁可再生能源及先进复合材料等研发。共发表学术论文110余篇;授权发明专利6项;承担国家自然科学基金项目3项及省部级多项科研课题,研究成果先后获省部级科技进步二等奖1项、三等奖2项。

2011年入选教育部"新世纪优秀人才支持计划",2017年获陕西省中青年科技创新领军人才。兼任中国仪表功能材料学会常务理事,中国能源学会常务理事,中国化工学会化工新材料委员会委员。

195. 陈杰

陈杰,女,1967年10月出生于陕西省铜川市,教授,硕士生导师。1989年7月毕业于华东理工大学无机非金属材料专业,获工学学士学位。2004年和2011年毕业于西安科技大学矿业工程专业,分别获得工学硕士学位和工学博士学位。1995年6月到校工作,历任材料科学与工程学院工程师、高级工程师、副教授,2012年12月起任材料科学与工程学院教授。

主要从事无机非金属材料专业的教学和研究工作。共发表学术论文60余篇;授权发明专利2项;承担陕西省科技厅科技攻关项目、陕西省教育厅科学研究项目、榆林市产学研合作项目等多项科研课题,研究成果先后获陕西省科学技术一等奖1项、陕西高等学校科学技术二等奖2项、其他厅局级奖3项。

主编高等教育规划教材2部,主持省级精品课程1门,主持教改项目2项;教学成果先后获西安科技大学优秀教学成果一等奖1项、二等奖4项。2010年主编教材获全国煤炭高等教育优秀教材二等奖。兼任西安市雁塔区第十七届人大代表。

196. 杜双明

杜双明,男,1963年9月出生于陕西省渭南市,四级教授,硕士生导师。2003年7月毕业于西北工业大学材料科学与工程专业,博士学位。2003年6月到西安科技大学工作,2005年至2009年任材料科学与工程学院副院长,2015年起任西安科技大学教学指导委员会委员,材料加工工程学科带头人。

主要从事材料科学与工程专业教学和研究工作。共发表学术论文40余篇;主编专著3部;授权发明专利5项;承担省部级、企业横向等多项科研课题。

2013年获陕西省优秀教学成果奖一等奖,陕西省资源共享课程(材料科学基础)负责人,曾获西安科技大学师德先进个人、勤廉兼优先进个人、优秀教师称号。

197. 刘向春

刘向春,男,1975年2月出生于陕西省蓝田县,四级教授,硕士生导师。2007年4月毕业于西北工业大学材料学专业,博士学位。2007年6月到西安科技大学工作,历任西安科技大学无机非金属材料教研室主任、无机非金属材料工程系主任,2015年7月起任西安科技大学材料学学科带头人。

主要从事无机非金属材料专业的教学和研究工作。共发表学术论文41篇;授权发明专利6项;承担教育部博士点基金、陕西省技术转移及成果推广项目、陕西省自然科学基金等多项科研课题,研究成果先后获陕西省科技进步二等奖、西安市科技进步三等奖、西安科技大学科技进步二等奖、陕西省职工优秀发明创新成果金奖、陕西省高等学校科学技术二等奖。

2008年获西安科技大学青年教师讲课比赛三等奖,2009年获西安科技大学第七届挑战杯大学生课外学术作品竞赛一等奖优秀指导教师,2010年至2015年连续6年获学院先进教学个人,2013年和2015年先后获西安科技大学优秀教学成果一等奖和全国煤炭行业教育教学成果奖二等奖,任职以来,先后3次获校级优秀教师。兼任中国材料学会会员,西安市科技计划项目评审专家。

198. 孙万昌

孙万昌,男,1965年10月出生于山西省河津市,教授,硕士生导师。2003年10月毕业于西北工业大学材料学专业,获工学博士学位;2004年1月至2006年6月,在清华大学材料系从事博士后研究。2006年7月到西安科技大学工作,2006年7月至2012年9月任材料科学与工程学院材料科学与工程系主任,2007年5月至2015年5月任西安科技大学材料加工工程学科带头人,2015年9月起任材料科学与工程学院党委委员。

主要从事表面功能微纳米复合涂层/膜技术以及高性能多尺度碳及陶瓷基复合材料研究工作,共发表学术论文70余篇,其中SCI、EI收录60余篇;以第一发明人授权国家发明专利7项,主编"十二五"研究生规划教材1部;先后承担总装备部航空预研基金、国防预研基金、国家自然科学基金、兵器工业总公司攻关、陕西省工业科技攻关、陕西省教育厅专项科研计划、榆林市产学研合作等多项科研课题;科研项目"高性能C/C复合材料制备及应用技术研究"获国防科学技术一等奖(国防科工委)。

承担了5门本科生及研究生的课程教学工作,主持本科生"材料力学性能"精品课程、"材料合成与制备"研究生双语教学及"先进复合材料学"研究生精品课程建设,承担校级教改重点项目1项。兼任中国材料研究学会会员,中国航空学会材料工程分会会员,陕西省"材料科学与工程专业教学团队"骨干成员,*Materials Science and Engineering A*、*Surface & Coatings Technology*、*Applied Surface Science*、*Corrosion Science*、*Wear*、《无机材料学报》、《航空学报》、《硅酸盐学报》等国内外学术期刊论文审稿专家。

化学与化工学院

199. 杜美利

杜美利,男,1962年9月生,陕西户县人,工学博士,教授,博士生导师。1982年8月参加工作,1998年8月加入九三学社,现任西安科技大学化学与化工学院院长,西安科技大学应用化学学科带头人,西安科技大学学术委员会委员,西安科技大学学位委员会委员,西安科技大学文献编辑委员会委员,陕西省矿物岩石地球化学学会理事,全国煤炭标准化技术委员会煤岩分会委员,西安市雁塔区第14届至第16届人大代表,九三学社西安科技大学委员会主委,九三学社陕西省委员会委员。长期从事化石能源开发及加工利用等方面的教学科研工作,在国际国内学术刊物发表学术论文100多篇,多篇论文为SCI、EI收录;出版专著4部;获得专利授权6项;承担国家自然科学基金重点项目、国家自然科学基金面上项目、中国石油天然气公司项目、陕西省科技攻关项目等在内的纵横向科研项目30余项,获各类教学科研成果奖6项,培养博硕士研究生50多名。

200. 周安宁

周安宁,男,博士,二级教授,博士生导师,矿物加工工程学科带头人,教学名师,煤炭工业技术优秀创新人才,陕西省优秀留学回国人员,陕西省优秀教师。主要从事能源化工和功能材料等方面的教学和科研开发工作。主要学术兼职包括国土资源部煤炭资源勘察与综合利用重点实验室副主任,西安纳米科技学会副理长,陕西省煤炭学会煤炭清洁加工与利用专业委员会副主任,陕西省化工学会煤化工专业委员会常务理事,中国煤炭工业协会煤炭工业技术委员会委员。主要研究领域包括煤炭分质加工与多联产转化、清洁能源、煤基材料和二氧化碳转化利用等。先后主持或完成国家及省部级基金项目和企业合作项目20余项,获省部级科技进步奖5项,获发明专利10余项,出版教材及专著4部,发表论文150余篇。

201. 蔡会武

蔡会武,男,陕西岐山人,1985年7月毕业于中山大学化学系,现任西安科技大学化学与化工学院副院长,教授,工业催化学科带头人,长期工作在教学科研一线,分管学院本科教学工作十余年,先后获西安科技大学优秀青年教师、西安科技大学师德先进个人、西安科技大学大学生课外科技作品优秀指导教师、西安科技大学研究生优秀论文指导教师、西安科技大学教学名师等荣誉称号,获西安科技大学教学优秀成果特等奖1项、一等奖1项、二等奖1项,西安科技大学优秀教材二等奖1项,获陕西省教育厅科技成果一等奖1项、三等奖1项,"有机化学"(2015)、"有机合成化学"(2013)两门陕西省精品资源共享课程负责人。

主持"化工类专业高水平双师型师资队伍建设及应用型创新人才培养研究"等多项教学改革项目,发表教学改革论文10余篇。主持陕西省科技厅工业攻关项目"空心玻璃珠改性硅酸铝保温涂料的制备与应用研究"等多项纵横向科研项目,在国内外期刊发表学术研究论文40余篇。

202. 李侃社

李侃社,男,陕西商洛人,三级教授、博士生导师、校级教学名师、省级工科化学教学团队带头人。1984年7月毕业于兰州大学化学系,获理学学士学位,2003年6月毕业于四川大学高分子材料工程国家重点实验室,获工学博士学位。兼任政协陕西省第十一届常务委员会委员、文化教育委员会副主任、中国化学会会员、陕西化工学会理事,多次担任陕西省科技项目、科技奖等评审专家。作为安全培训师,先后为陕煤集团、中石油、延长石油集团、航天六院、省安监局等进行安全生产与管理、安监执法培训讲座。获得学校学科建设、科研先进个人,2次获得校优秀教师。

主要从事聚氯乙烯高性能化、功能化新技术及功能分子设计与制备等方面的研究工作,在国内外学术刊物上发表论文100余篇,其中40多篇被SCI和EI收录,出版教材主编2本、副主编3本,研究成果获国家技术发明二等奖1项,省部级教学、科研成果奖6项,发明专利授权8件、公开10件。

203. 刘向荣

刘向荣,女,博士,教授,博士生导师,陕西省教学名师,陕西省优秀教师。主要从事物理化学课程教学及煤的微生物溶解热动力学方面的科研工作;主持省级和校级教改项目6项,发表教改论文10余篇。主持国家自然科学基金面上项目2项,在国内外学术期刊发表论文70余篇,其中被SCI收录45篇;获陕西高校科学技术一等奖和二等奖各1项,获陕西省教学成果二等奖1项。连续10年指导本科生大学生创新实验项目和"挑战杯"竞赛,被评为省级优秀指导教师。本科生获批国家级创新项目4项,校级2项,已结题的5项均被鉴定为优秀;获"挑战杯"竞赛国家级三等奖1项、省级特等奖1项、一等奖1项、校级特等奖2项、一等奖1项;指导的博、硕士生发表论文40余篇,被SCI收录23篇,EI收录4篇,3人获国家奖学金,连续5年6人获得徐精彩优秀研究生奖学金。

204. 贺拥军

贺拥军,男,1967年9月生,陕西蓝田人,教授,博士生导师,化学工艺硕士点学科带头人。1989年毕业于陕西师范大学化学系获学士学位,1992年毕业于西北大学化工学院获硕士学位,2003年毕业于西安交通大学化工学院获博士学位;主要从事新型纳米材料和催化反应的教学与科研工作;主持完成国家自然科学基金项目、陕西省自然科学基金项目、公安部消防局科技计划项目、榆林重大科技专项、陕西延长石油集团科研项目、陕西坚瑞消防公司科研项目、佛山太迪化工公司项目等;在国内外重要期刊和学术会议发表论文80余篇,获授权发明专利18项,出版专著1部,出版教材2部;获陕西省科学技术奖1项,陕西省高等学校科技奖2项。

205. 杨志远

杨志远,男,博士(后),教授,博士生导师,化学工程学科带头人,校级创新团队工科第一批和第二批第一层次负责人,陕西省质量监督科学技术委员会委员,《洁净煤技术》杂志编委,国土资源部

重点实验室"煤炭勘查与综合利用"学术委员会委员,国家能源煤炭分质清洁转化重点实验室委员,中国能源学会会员。主要从事煤炭洁净利用、计算机模拟和分离工程等方面教学和科研工作。出版学术专著1部,公开发表论文70余篇,SCI、EI收录40篇。获得发明专利4项,实用新型专利14项和软件著作权3项。2008年获陕西省优秀博士论文称号。2014年评为西安科技大学师德先进个人。

研究成果获得省部级科技进步一等奖1项,二等奖1项,三等奖3项,厅局级科技奖5项。组织完成了国家科技重大专项课题、"973"项目子课题、国家"十一五"科技攻关课题、国土资源部重点实验室开放课题、陕西省科技攻关课题等多项科研课题。主持国家自然科学基金面上项目1项,陕西省重大科学研究项目1项,国土资源部重点实验室重点课题1项,年均科研经费100多万元。培养博士1名,硕士20余名,青年骨干教师3名。指导的研究生发表高水平科学论文20余篇,获得国家奖学金5人次,校级优秀硕士论文2人次,徐精彩奖学金1人次。指导博士生2名,硕士生12名。

206. 张亚婷

张亚婷,女,1972年11月生,陕西咸阳人,博士,教授,博士生导师。西安科技大学胡杨名师,校级科技创新团队负责人,化学与化工学院副院长;兼任陕西省化工学会煤化工委员会理事、中国石墨烯标准化委员会委员、中国能源学会专家委员会委员、学术期刊《炭素材料》《煤化工》编委、"全国煤化工信息总站"技术委员等。

主要从事煤化学化工、煤基炭材料等方面的教学和科研工作;先后在 *Energy & Fuels*、《煤炭学报》、《化工学报》、《新型炭材料》等刊物上发表论文50余篇;申请及授权专利10余项;荣获陕西省科技进步三等奖1项;先后主持国家自然科学基金项目3项,陕西省自然科学基金项目1项,陕西省教育厅科研计划项目1项,各类横向课题若干项。

207. 周文英

周文英,男,1971年12月生,陕西汉中人,博士(后),教授,硕士生导师。2007年6月毕业于西北工业大学理学院,获材料学复合材料专业博士学位,2009年9月于西安交通大学电气工程博士后流动站高电压与绝缘技术专业出站。曾供职于中国航天科技集团第四研究院西安航天复合材料研究所多年,从事航天结构与功能复合材料的研究与开发。2016年12月至2018年1月访学于美国宾夕法尼亚州立大学材料科学与工程系材料研究所,从事储能与导热聚合物方面的研究。

主要从事:① 导热电子封装与电气绝缘聚合物复合材料;② 高性能聚合物改性及先进聚合物基复合材料的制备及性能;③ 介电功能聚合物复合材料;④ 能量收获与储能聚合物等方面的研究工作。主持国家自然科学基金项目2项,教育部重点科技项目1项,陕西省科技厅和教育厅科研基金项目3项,工程电介质及其应用教育部重点实验室开放基金2项,中国博士后首届特别资助及42批资助2项;此外,主持并完成了包括航天基金、国防和总装军工预研、企业横向科研等多项科研项目。在国内外学术期刊上发表学术论文100余篇,其中SCI检索40篇,EI检索60余篇,研究论文被SCI引用超过1 100次,单篇引用超过100次论文4篇;出版导热聚合物领域专著2部。任中国复合材料学会介电高分子及应用专业委员会委员,获国家授权发明专利8项,有的已经投入工业应用。荣获西安市科技成果转化专项奖1项,陕西省高等学校科学技术奖一等奖1项。

208. 屈孟男

屈孟男,男,1981年生,教授,博士生导师,西安科技大学"胡杨学者"特聘教授。兰州大学有机化学博士,美国匹兹堡大学博士后。获陕西省"青年科技新星"及西安科技大学优秀教师称号。兼任 *Nature Protocols*、*ACS Applied Materials & Interfaces*、*Journal of Materials Chemistry A*、*RSC Advances*、*Applied Surface Science*、*Tribology International* 等多个国际著名学术期刊审稿人及 *Journal of Nanomaterials* 特刊客座主编、国家自然科学基金委员会项目评议专家,享受陕

西省三秦人才津贴。

从事仿生功能界面材料的制备及应用研究。相关研究获得了国家自然科学基金面上项目、国家自然科学基金青年基金、陕西省科学技术研究发展计划项目(科技新星类)、陕西省自然科学基础研究计划面上项目及青年人才项目、陕西省教育厅专项科研计划项目的支持和资助。迄今已在 *Advanced Functional Materials*，*ACS Applied Materials & Interfaces*，*Langmuir* 等顶级国际学术期刊及其他学术期刊上发表相关学术论文 50 余篇(SCI 收录 30 余篇)。相关研究成果已被国际期刊引用 600 余次，单篇最高引用 200 次以上，并获 2015 年度陕西省科学技术三等奖、2015 年度陕西高等学校科学技术二等奖、2017 年西安科技大学科学技术一等奖及 2014 年西安科技大学科学技术一等奖。所培养研究生多次获研究生国家奖学金、徐精彩奖学金、陕西省首届研究生创新成果二等奖、陕西省第三届研究生创新成果二等奖等荣誉。

管 理 学 院

209．冯套柱

冯套柱，男，1963 年 12 月出生于陕西省渭南市，四级教授，硕士生导师。1986 年 7 月毕业于中国矿业大学工业管理工程专业，1997 年 7 月获辽宁工程技术大学采矿工程专业(矿业经济管理方向)工学硕士学位。1986 年 7 月到校工作，历任学院教学科研秘书、会计学教研室主任、科技处副处长、期刊中心主任。

主要从事能源产业经济、组织行为与管理、公司理财与资本运营、组织战略与风险管理领域的教学和研究工作。共发表学术论文 70 余篇；主编专著和国家规划教材 4 部；授权发明专利和实用新型专利 5 项；承担国家自然科学基金、陕西省重大产业化示范工程、陕西省自然科学基金、陕西省软科学基金、陕西省哲学社会科学基金以及企业委托研究的多项科研课题，研究成果先后获省部级科学技术二等奖 3 项和三等奖 4 项、陕西省哲学社会科学优秀成果一等奖 1 项和二等奖 3 项、西安科技大学科学技术一等奖 1 项和二等奖 1 项。

2003 年获陕西省优秀教学成果二等奖 1 项，2009 年获西安科技大学优秀教学成果二等奖 1 项、2015 年被评为西安科技大学优秀硕士学位论文指导老师、西安科技大学管理学院最受学生欢迎的教师、2016 年被授予第七届中国大学生 BIM 施工管理沙盘及软件应用大赛总决赛优秀指导教师、1998 年被评为西安科技大学 1996 年至 1998 年度工会先进工作者、2006 年被授予陕西省产学研联合开发工程先进工作者、2003 年和 2017 年先后被评为西安科技大学 2001～2003 年度、2015～2017 年度优秀共产党员。兼任中国煤炭学会经济管理专业委员会委员、陕西省煤炭学会经济管理专业委员会常务理事、国家安全生产监督管理总局安全管理培训教师、渭南市人民政府经济技术咨询委专家。

210．李红霞

李红霞，女，1965 年 10 月出生于陕西省铜川市。1985 年毕业于西安矿业学院，工学学士学位；1993 年毕业于西安矿业学院，工学硕士学位；2000 年毕业于西安交通大学，管理学博士学位。1985 年 7 月到西安矿业学院工作，1998 年晋升为副教授，2002 年破格晋升为教授，2008 年批准为博士生导师，现为三级教授。曾任能源学院(原西安矿业学院采矿系)企业管理教研室副主任；管理系副主任、管理学院副院长、企业管理硕士点学科带头人、管理科学与工程硕士点学科带头人；现任西安科技大学矿业工程二级学科博士点矿业经济与管理学科带头人。

主要从事人力资源与管理、安全经济与应急管理、大数据与电子商务等方面教学和研究工作。主持承担国家自然科学基金、教育部博士点基金等纵横向课题 30 余项，发表论文 100 余篇，主编专著或编著等 10 余部，授权发明专利 1 项，实用新型专利 16 项；研究成果先后获陕西省优秀教学成果一等奖、科学技术三等奖、陕西省优秀教材一等奖、中国高等教育学会优秀著作奖等 5 项省部级奖励，厅局级奖励 10 余项。

先后被评为陕西省教学名师，陕西省高校人文社会科学英才支持计划获得者校，校教学名师、

校优秀教师。指导博士、硕士生毕业 100 余人;先后应邀赴美国、加拿大等国参加国际学术交流,负责组织承办安全管理等国际会议 3 次。

兼任中国煤炭工业协会专家委员、中国管理工效学学会委员、陕西省应急学会理事、陕西省电子政务与电子商务联合实验室理事,国家自然科学基金评议专家,国家科技进步奖评审专家,陕西省公务员注册考官,西安市决策咨询专家。

211. 李朋林

李朋林,男,1964 年 2 月出生于陕西省延川县,四级教授,硕士生导师。1998 年 3 月毕业于西安交通大学管理工程专业,博士学位。2002 年到校工作,历任学院系主任、副院长、常务副院长,2008 年 12 月起任学院院长。

主要从事经济学教学和研究工作。共发表学术论文 80 篇;主编专著或译著等 4 部;授权发明专利 1 项;获陕西省科学技术二等奖 2 项、三等奖 4 项;承担国家、省级纵向科研项目以及企业委托项目等多项科研课题。兼任陕西省哲学社会科学重点研究基地——"能源经济与管理研究中心"副主任。

212. 李永清

李永清,男,1959 年 9 月出生于甘肃省兰州市,四级教授,硕士生导师。1982 年 7 月毕业于西安矿业学院矿井建设专业,工学学士;1985 年 7 月毕业于山东矿业学院企业管理专业,经济学学士。1982 年 7 月到校工作,历任学院工程管理系主任,2015 年 5 月起任西安科技大学校学术委员会委员、校学位委员会委员。

主要从事工程管理教学和研究工作。共发表学术论文 40 余篇;主编教材 10 余部;授权实用新型专利 1 项;获陕西高校人文、社会科学研究优秀成果奖三等奖,中国煤炭学会经济管理专业委员会优秀论文二等奖,西安科技大学优秀教师,甘肃煤矿安全监察局煤炭工业安全科技成果二等奖(安全工程类),西安科技大学优秀教材一、二等奖,全国城市出版社优秀图书二等奖,西安科技大学科学技术奖三等奖,全国煤炭高等教育优秀教材一、二等奖,陕西城市经济文化发展贡献奖优秀研究员,西安科技大学校级教学成果二等奖,BIM 算量大赛总决赛全国二等奖"优秀指导教师",BIM 算量大赛总决赛挑战赛全国三等奖"优秀指导教师"。

兼任铜川市人民政府经济技术顾问;陕西省国家职业资格统一鉴定物业管理师答辩委员;陕西省和西安市招标投标评标专家;陕西煤业化工集团公司招标投标评标专家;重庆文理学院兼职教授;高等教育自学考试全国统考课程"工程经济学"命题质量评估专家;西安市企业技术进步咨询与指导专家委员会专家;陕西省城市经济文化研究会研究员;西安市资源能源节约循环经济低碳经济及生态保护评审专家。

213. 钱敏

钱敏,女,1965 年 10 月出生于江苏省如皋市,四级教授,硕士生导师。1989 年 7 月毕业于西安矿业学院煤田地质与勘探专业,硕士学位。1989 年 12 月留校任教,现任学院工程管理系教师。主要从事企业管理、工程管理教学和研究工作,发表学术论文 60 多篇;主编参编教材 7 部;主持或独立完成数十项科研项目,涉及煤炭、机械、电子、冶金、石油、建筑等行业的组织机构与流程再造、战略规划、质量管理、职业健康安全管理、环境管理、标准化管理。研究成果先后获部级现代化管理成果特等奖 1 项,省部级二等奖 2 项、三等奖 1 项,获科技成果奖、优秀论文、优秀教材、校师德模范等奖项。

兼任教育部学位与研究生教育评估通信评议专家,国家注册 ISO 9000、ISO 14000、GB/T 28001 资深审核员,中国质量管理协会资深培训师,担任多家企业高级管理顾问、独立董事。

214. 尚梅

尚梅,女,1966 年 9 月出生于陕西省西安市,四级教授,硕士生导师。2005 年毕业于西安建筑

科技大学土木工程专业,博士学位。2002 年 5 月到校工作,现任学院技术经济及管理学科带头人。

主要从事项目管理及技术经济方面的教学和研究工作。共发表学术论文 40 余篇;主编专著 1 部,翻译著 1 部;授权发明专利 1 项,授权实用新型专利 6 项;承担省部级、厅局级科研项目多项。兼任中国"双法"能源经管分会理事,陕西造价协会会员,陕西监理协会会员,教育部学位中心学位论文通信评议专家。

215. 王萍

王萍,女,1968 年 10 月出生于陕西省西安市,四级教授,副博士生导师,硕士生导师。2008 年 12 月毕业于西安交通大学管理科学与工程专业,博士学位;2015 年 3 月至 2016 年 3 月为国家公派美国南加州大学(University of Southern California)访问学者。2000 年 5 月到校工作,历任西安科技大学管理学院讲师、副教授、教授,2002 年 3 月至 2006 年 9 月任旅游与国土资源管理系主任,2014 年 6 月起任学院工商管理系主任。

主要从事"应用统计分析""人力资源管理"等课程的教学,从事社会网络与人力资源管理、城镇化与农村能源经济、人口与社会可持续发展等方向研究。共发表学术论文 50 余篇;主编专著 1 部、参编教材 3 部;主持国家人文社科基金面上项目 2 项,参与国家自然科学基金项目、团队创新项目及美国 NIH 基金项目各 1 项,主持教育部人文社科规划基金项目、省软科学基金项目、省社科联基金项目等 9 项等纵向项目,参与企业横向科研项目等 5 项科研项目;研究成果先后获陕西高校人文社科研究优秀成果二等奖及三等奖、第五及第六届中国人口科学优秀成果(论文类)优秀奖和优秀成果奖(专著类)三等奖、西安科技大学科技进步奖软科学一等奖、中国(国际)老龄产业暨孝文化论坛一等奖和三等奖等。

2015 年起被列为国家、教育部人文社科专家以及省社科联项目评议专家;2017 年受聘为"西安科技大学习近平新时代中国特色社会主义思想研究中心"研究员以及"西安交通大学老龄与健康研究中"研究员;2002 年西安科技大学研究生公开课优秀奖。

2004 年起任国际人口科学研究联盟(IUSSP)、亚洲人口学会(APA)及中国人口学会(CPA)会员;2008 年起任西安人口学会理事,2012 年起被列为中国优选法统筹法与经济数学研究会能源经济与管理研究分会常务理事或理事,2016 年起任《技术与创新管理》第五届编委及欧洲人口学会(EPC)会员。

216. 王新红

王新红,女,1966 年 9 月出生于陕西省西安市,四级教授,硕士生导师。2007 年 6 月毕业于西北大学国民经济学专业,博士学位。1998 年 4 月到校工作,2000~2014 年任学院会计系主任,2011 年任西安科技大学会计学学科带头人,2014 年任工商管理一级学科召集人。

主要从事财务与会计的教学和研究工作。共发表学术论文 70 余篇;出版专著 1 部,主编、参编教材 10 部、入选中国专业学位教学案例中心案例 1 篇;获陕西省人文社会科学成果奖二等奖与三等奖各 1 项、陕西省优秀教学成果奖二等奖 1 项、陕西高等学校科学技术奖二等奖与三等奖各 1 项、全国多媒体课件大赛三等奖 1 项、陕西省水利科技进步二等奖 1 项、陕西省会计学会优秀论文二等奖 1 项、西安科技大学教学成果二等奖 3 项、西安科技大学科学技术奖 1 项、西安科技大学优秀教材二等奖 2 项等。先后主持和参与完成包括国家自然基金、省软科学基金、省教育厅专项基金、市软科学课题、校专项基金以及企业委托课题在内的科研课题 30 余项。

2002 年 9 月获西安科技大学优秀教师称号、2007 年与 2010 年获西安科技大学优秀共产党员称号、2014 年获得西安科技大学优秀研究生指导老师的称号。多次获得"挑战杯"大学生创业计划竞赛优秀指导教师、学生科技作品优秀指导教师、陕西省会计技能大赛优秀指导教师等。兼陕西省会计学会理事,中国企业管理研究会常务理事、西安技术经济研究会理事,中国会计学会会员,国家社科基金成果评审专家、教育部学位中心论文评审专家。

217. 王新平

王新平,男,1970年11月出生于陕西省凤翔县,四级教授,硕士生导师。2008年3月毕业于西安交通大学工商管理专业,博士学位。2001年3月到校工作,历任学院教学秘书、学科秘书、副院长,2007年5月起任学院副院长。

主要从事质量管理教学和研究研究工作。共发表学术论文48篇;出版专著5部;获陕西省青年突击手、陕西省岗位学雷锋标兵;承担教育部人文社科项目、陕西省软科学项目、陕西省教育厅人文社科项目等多项科研课题,研究成果先后获中国黄金协会科学进步一等奖、陕西高等学校科学技术三等奖、西安科技大学科技进步二等奖。

2016年被列为享受三秦人才津贴专家,2014年度入选陕西省质量人物提名奖。担任或兼任中国质量协会理事、中国能源学会理事、陕西省运筹学会会员、西安市质量协会副理事长。

218. 杨利红

杨利红,女,1967年10月出生于陕西省西安市,四级教授,硕士生导师。1989年6月毕业于中央财经大学会计系工业会计专业,经济学学士学位。2000年3月到校工作,曾任学院会计系副主任,2015年7月起任西安科技大学企业管理学科带头人。

主要从事会计理论教学与研究工作。共发表学术论文近40篇,其中核心期刊16篇,被中文社会科学引文索引(CSSCI)收录1篇,被人大报刊复印资料收录3篇,EI检索4篇。撰写专著1部,主编教材3部,副主编教材3部。主持中国学位与研究生教育学会项目、陕西省教育厅专项、陕西省科技厅项目、陕西省社科界、西安市社会科学规划基金项目、陕西省教育科学"十一五"规划课题、校繁荣哲学社会科学项目、校教改项目多项。

获得教育部第十二届、十三届多媒体课件大赛三等奖,第十五届优秀奖,西安科技大学第五届、第六届、第七届、第九届多媒体课件大赛一等奖,第八届、第十届二等奖,校教学成果奖一项,陕西省首届会计技能大赛优秀指导教师、西安科技大学师德先进个人,大学生创业计划竞赛优秀指导教师。取得中华人民共和国国家知识产权局实用新型专利12项。

219. 于立新

于立新,男,1968年12月出生于陕西省西安市,四级教授,硕士生导师。2007年12月毕业于陕西师范大学旅游管理专业,博士学位。2004年3月到西安科技大学工作,任学院旅游管理系教授。

主要从事旅游管理教学和研究工作。共发表学术论文32篇;主编专著2部;获校科技进步二等奖2项;承担省级、厅级、企业委托等30多项科研课题,2017年完成的有关西安市民营经济的研究成果获西安市委王永康书记亲笔批示,其部分内容成为市委文件下发,对西安市社会经济发展做出了一定贡献。

近年来,以访问学者身份,先后赴比利时安特卫普大学、加拿大BROCK大学、美国Troy大学、美国明尼苏达州立大学从事合作研究工作。主编教材3部(其中省部级规划教材1部、校优秀教材1部)。兼任陕西省旅游地学委员会副主委,陕西省房地产学会理事。

220. 袁显平

袁显平,男,1971年9月出生于四川省宜宾市,四级教授,硕士生导师。2008年3月毕业于西安交通大学,会计学专业,博士学位。2002年7月到校工作,曾任西安科技大学管理学院分工会主席,2014年6月起任西安科技大学管理学院会计系主任。

主要从事财务管理、成本与管理会计、能源经济与管理等方向的教学与科研工作。共发表学术论文40余篇;出版专著2部;研究成果先后获陕西省科学技术奖二等1项,陕西省哲学社会科学优秀成果三等奖1项;陕西省高等学校科学技术奖一等奖1项,二等奖1项,三等奖2项。主持或参与了国家自然(及社会)科学基金、陕西省自然(及社会)科学基金等近20项纵横向科研课题。兼任

中国会计学会会员。

221. 苏建军

苏建军，男，1975年1月出生于陕西省扶风县，四级教授，硕士生导师。2014年6月毕业于西北大学国民经济学专业，博士学位，陕西师范大学工商管理专业博士后。2017年8月到校工作。

主要从事旅游管理和区域发展教学与研究工作。共发表学术论文95篇，其中，ISTP检索2篇，人大复印资料《旅游管理》全文转载4篇，山西省政府内参《曙光论坛》全文转载1篇，CSSCI收录38篇；主编教材和专著4部；承担中国博士后基金、山西省教育厅、山西省规划办、运城市、陕西省西安市雁塔区多项科研课题，研究成果先后获山西省社会科学研究优秀成果"百部（篇）工程"三等奖2项、山西省第九次社会科学研究优秀成果优秀奖1项、中国博士后出站报告优秀奖1项。

2016年被列为山西省高等学校教学指导委员会地理科学类专业教学指导委员会委员和山西省普通高等学校本科专业评估专家，2017年被列为山西省高级经济专业职务评审专家，2010年获运城学院模范教师称号，2012年获山西省教学成果一等奖1项，2015年获"运城学院优秀党员"称号。兼任《旅游学刊》《投资研究》期刊审稿人。

艺术学院

222. 杨惠珺

杨惠珺，男，汉族，1971年8月生，中共党员，硕士研究生学历，教授，校级教学名师。主要研究方向：致力于美术与设计的关系、设计美学研究，在传统美学思想对现代设计文化影响领域有较高的造诣。曾获得"陕西省重大理论与现实问题研究项目"2项，省部级、实践类多项项目的资助；科研成果"陕西西部民间社火考察与研究"获得陕西省高校人文社科三等奖；策划和参加20多次艺术设计展览活动；出版著作3部、核心及以上论文5篇（被人大复印资料全文转载1篇）、实用新型专利1项。

马克思主义学院

223. 赖雄麟

赖雄麟，男，汉族，1957年出生，福建平和人，教授，博士生导师，校思想政治理论研究所所长。研究领域为思想政治教育元理论研究，致力于马克思主义思想政治教育理论的时代化解读与理论建构研究，提出思想政治教育权力理论解读"灌输论"的学术主张，并在思想政治教育主体论、价值论、文化论、教学论等方面均有建树，在学界产生了较大影响。先后主持国家级、教育部等项目各1项，省部级项目近10项，获省级三等奖2项；出版学术著作4部，发表学术论文70余篇，多篇被人大报刊资料全文转载，并入选全国纪念思想政治教育创建30周年文集。

224. 郑华萍

郑华萍，女，汉族，1951年出生，陕西安康人，教授，博士生导师，曾任地质系党总支书记，通信学院分党委书记。1976年毕业于西安矿业学院后留校任教。1988年至1990年在西安矿业学院思想政治教育研究生班学习，2005年5月至6月在美国北卡罗莱那大学、斯坦福大学、哈佛大学、麻省理工学院进行学术交流。主要研究方向：思想政治教育理论与实践，大学生思想政治教育、当代思想政治教育发展研究。公开发表论文30余篇，主持或参加国家"九五"子课题等省部级以上课题多项，先后出版专著、编著规划教材多部。先后获陕西省教学成果二等奖2项、陕西省高教协会第五届西法杯二等奖，多次获西安科技大学教学成果一、二等奖，曾获"全国煤炭高校优秀学生工作干部"荣誉称号。2016年获评全国思想政治教育学科优秀硕士学位论文指导教师。

225. 石磊

石磊，男，汉族，1964年出生，陕西横山人，教授，博士生导师，思想政治教育双学位，马克思主义理论博士后科研流动站站长。长期从事思想政治教育理论与实践研究，主持陕西省社科基金项目、陕西省教改项目、陕西省高教工委项目、陕西省社科界重大理论与现实问题研究项目和其他科

研项目 10 余项,公开发表学术论文 50 余篇。在思想政治教育理论研究、大学生思想政治教育实践研究等方面取得了一系列成果。

226. 周斌

周斌,男,汉族,1964 年出生,陕西绥德人,学士,教授,硕士生导师。长期从事大学生思想政治教育研究和高等教育及管理工作,长期关注高校贫困生和少数民族大学生的思想政治教育问题,多年来发表学术论文 60 余篇,出版教材、论著 2 部,主持省部级科研项目 10 余项,曾获得教育部奖励 2 项,获陕西省哲学社会科学优秀成果三等奖 1 项、西安市社会科学优秀成果二等奖 1 项,陕西省教学成果奖 2 项,煤炭行业教育教学成果二等奖 1 项、全国高校学生工作优秀学术成果二等奖等多项奖励,获“陕西省社科界优秀科普名家”等荣誉称号。

227. 李金勇

李金勇,男,汉族,1963 年出生,河南浚县人,博士,教授,硕士生导师,马克思主义基本原理学科带头人。校学术委员会委员,学院教授委员会主席,马克思主义基本原理教研室主任,陕西省马克思主义基本原理教学委员会理事,陕西省哲学学会、心理学学会会员。

从事马克思主义哲学原理研究,主要致力于意识形态问题研究。在葛兰西文化领导权思想研究、意识形态话语权及主流意识形态安全建构等方面取得一系列研究成果。先后发表高水平学术论文 20 余篇,出版专著、统编教材 5 部,主持陕西省社科基金 2 项、陕西省重大理论与现实问题研究课题 3 项(其中重点项目 1 项)、西安科技大学繁荣哲学社会科学重点项目 1 项,主持陕西省级精品资源课程 1 项,参与横向课题 3 项;获得省厅级奖励 7 项;获 2015 年度全国高校思想政治理论课教师影响力提名人物。

228. 孙红湘

孙红湘,女,汉族,1964 年出生,湖南株洲人,教授,硕士生导师,马克思主义中国化学科带头人。校教学委员会委员、马克思主义理论教学团队负责人、毛泽东思想和中国特色社会主义理论体系概论精品课程负责人,《西安科技大学学报(社会科学版)》主编。陕西省马克思主义理论教学团队负责人,陕西省思政课教学指导委员会成员;陕西省《资本论》研究会理事;陕西省高校政治经济学教学研究会理事。

从事马克思主义政治经济学原理及其中国化的教学与研究工作 30 余年,着力于探索中国特色社会主义经济理论与现实问题。关注丝绸之路经济带发展、房地产发展等西部发展的现实问题,提出了政府在协调各方关系时摆正市场制度与政府制度关系的具体对策,在思想政治课教学质量评价体系重构研究中提出了新见解,在学界产生一定影响。近年发表高水平学术成果 10 余项,主持或参与各级各类科研教改课题 7 项。2012 年获得“陕西省思政课教学能手”称号,2015 年成为陕西省马克思主义理论教学团队负责人。

229. 周静

周静,女,汉族,1965 年出生,江苏常州人,教授,硕士生导师,中国近现代史基本问题研究学科带头人。近年来承担了“中国近现代史纲要”“毛泽东思想与中国特色社会主义理论体系概论”等本科课程,及“马克思主义基本原理”“中国特色社会主义理论与实践研究”等研究生课程。

主要研究方向:马克思主义中国化、中国近现代史基本问题研究。出版专著 1 部,编写教材 7 部,公开发表论文 20 余篇,主持科研项目 7 个,参与 10 项。主持研究生校级精品课 1 项,参与本科生校级精品课 2 项。荣获陕西省社会科学优秀成果三等奖 1 项,获西安科技大学思想政治教育优秀科研成果一等奖 1 项、三等奖 1 项。曾获“陕西省高等学校优秀共产党员”“陕西省教育工会先进女工干部”等荣誉称号。

230. 赵京

赵京,男,汉族,1969 年出生,陕西临潼人,博士,资源经济与管理方向博士后,美国密苏里科技

大学访问学者,教授,硕士生导师,校科技委员会委员,国外马克思主义研究学科带头人。

主要从事社会主义经济理论与实践方面的研究,参与国家社科基金重大项目、国家自然科学基金项目、国家软科学计划项目、教育部博士点基金项目等8项,主持中国学位与研究生教育研究课题、陕西省软科学项目、教育厅科研计划项目、陕西省"十三五"教育科学规划课题等项目等10余项。获西安市社会科学优秀成果二等奖1项,陕西高校科学技术一等奖2项、三等奖1项、人文社会科学优秀成果二等奖1项。2014年入选首批陕西高校人文社会科学青年英才支持计划,获"陕西省社科界优秀社科普及工作者""西安科技大学教学名师"称号。出版专著1部、发表学术论文10余篇。

231. 张海燕

张海燕,男,汉族,1966年出生,陕西延安人,教授,硕士生导师,全国医学院校马克思主义教学研究会常务理事。主要研究方向:马克思主义社会发展理论与中国法制建设。研究成果主要集中在法哲学、法理学、社会心理学、延安精神、民商法等方面,共公开发表学术论文、论著30多篇(部),专著3部,获厅局以上奖6项,承担国家社会科学基金项目1项。

232. 高振岗

高振岗,男,汉族,1968年生,陕西子洲县人,博士,教授,硕士生导师。马克思主义发展史学科带头人,马克思主义学院副院长,兼任中国政治学会理事、陕西省哲学学会毛泽东邓小平哲学思想研究专业委员会副会长、陕西省马克思主义理论研究会副秘书长、陕西省科学社会主义学会常务理事、陕西省自然辩证法研究专业委员会理事。

主要从事政治哲学、中国特色社会主义文化、党建研究,发表高水平学术论文30余篇,出版专著2部,主编教材4部,主持国家社科基金1项、陕西省社会科学界重大理论与现实问题研究课题1项、西安市社科基金1项、横向科研项目2项,参与国家社科基金、教育部项目、陕西省社科基金重点项目等17项,获陕西省委宣传部、陕西省纪委、中国政治学会等奖励多项。

233. 卫晓君

卫晓君,男,1966年生,陕西西安人,博士,研究员,硕士生导师。1988年7月本科毕业于西安矿业学院矿业工程专业。1988年7月留校工作,历任西安科技大学校报编辑部副主任、宣传干事、宣传部副部长、部长,2014年4月起任西安科技大学工会常务副主席。

主要从事思想政治教育和文化建设研究工作。发表学术论文22篇;出版专著2部,主编(副主编)5部;承担全国教育科学教育部规划课题、陕西省社会科学基金项目、陕西高校思想政治教育研究项目、陕西省社会科学界重大理论与现实问题研究项目、西安市社会科学规划基金项目等10项科研课题。研究成果获得陕西高校人文社会科学奖三等奖、陕西高校思想政治教育优秀成果奖二等奖、西安科技大学教学成果奖特等奖;担任全国思想政治工作科学专业委员会特约研究员。

理 学 院

234. 郭长立

郭长立,男,1966年12月出生于河南省许昌市,四级教授,硕士生导师。1990年7月毕业于清华大学工程物理系,工学学士,2002年7月毕业于西安科技大学岩土工程专业,获工学硕士学位。1997年9月到校工作,历任西安科技大学物理实验室主任兼物理教研室副主任、理学院副院长、理学院工会主席、教务处副处长等职务,2016年7月起任西安科技大学教师教学发展中心常务副主任。

主要从事物理学教学、科研和高等教育管理工作,公开发表学术论文30余篇,主编教材2部。主持教育部大学物理课程教学指导委员会课题1项,主持教育部高等学校物理学类专业教学指导委员会立项课题1项,主持陕西省教育厅项目3项,获授权发明专利5项,实用新型专利7项。负责大学物理实验省级精品资源共享课程建设,主持西安科技大学教改立项4项,获陕西省高教学会

优秀教学科研成果奖二等奖 2 项,获中国煤炭教育协会优秀教学成果二等奖 1 项,优秀教材二等奖 1 项,获西安科技大学优秀教学成果奖一等奖 1 项,二等奖 2 项,优秀教材二等奖 1 项。

现任教育部高等学校大学物理课程教学指导委员会西北地区分委员会委员,西安科技大学高教兼职研究员。

235. 李明

李明,男,1963 年 9 月出生于江苏省苏州市,三级教授,博士生导师。1999 年 4 月毕业于西安交通大学机械工程专业,获工学博士学位。1988 年 7 月到校工作,历任西安科技大学基础课部力学系主任、基础课部副主任、理学院副院长,2014 年 4 月起任西安科技大学理学院院长。曾先后在南京航空航天大学振动工程研究所和日本东北大学流体科学研究所作为博士后和客座研究员从事科研工作。

主要从事工程力学、动力学与控制等方面的研究工作。共发表学术论文 100 余篇;主编了学术专著《完整约束下转子—轴承系统非线性振动》及力学类教材 2 部;授权发明专利 1 项;获省部级科研奖励 3 项;承担国家自然科学基金、省自然科学基金、军地合作等科研项目 30 余项,主持研究成果先后获陕西省科学技术奖、西安市科学技术奖等。

2000 年获霍英东高等院校青年教师奖,2006 年度获全国力学教学优秀教师称号,2017 年入选西安科技大学首届"胡杨人才工程"特聘教授。先后获得校级"教学名师""优秀研究生导师""科研先进个人"和"师德先进个人"等荣誉称号。兼任陕西省力学学会副理事长及常务理事、陕西省振动工程学会副理事长、中国振动工程学会转子动力学专业委员会常务理事。

236. 张涛

张涛,男,1977 年 1 月出生于山东省荣成市,四级教授,硕士生导师,美国宾州州立大学访问学者。2008 年 8 月毕业于南京大学声学专业,博士学位。2000 年 7 月到校工作,2009 年 7 月起任西安科技大学理学院副院长。

主要从事物理教学和研究工作。共发表学术论文 40 余篇;主编专著或译著等 3 部;授权发明专利 2 项;研究成果获陕西省科学技术奖,陕西省教学成果奖,西安市科技进步奖,中国功能材料学会年会最佳报告,陕西省统战理论研究一等奖,西安科技大学科学技术奖、优秀教学成果奖等奖项 16 项;承担国家自然科学基金、陕西省科技统筹重大项目、中国博士后科学基金、教育部新教师基金、陕西省自然科学基金、陕西省慕课改革项目、陕西省教育厅产业化项目、西安市工业研发计划等多项科研课题。

2010 年入选陕西省第十届青联委员,2015 年入选国家无党派人士先进事迹代表和首届中央统战部中国高校党外知识分子学习班,中国访印、访韩青年代表团科教界代表,先后获陕西省优秀留学归国人员,西安科技大学优秀教师,学科建设先进工作者。兼任中国微米纳米学会微纳传感分会理事,中国第六届固体科学与新材料专业委员会委员,中国功能材料学会常务理事,陕西省物理学会理事,西安市声学学会理事,西安市纳米学会理事等职务。

237. 张仲华

张仲华,男,1977 年 10 月出生于河南省息县,四级教授,硕士生导师。2007 年 11 月毕业于西安交通大学应用数学专业,博士学位。2008 年 7 月到西安科技大学工作,历任理学院教学科研秘书、理学院党委委员、西安科技大学科学技术委员会委员等职,2014 年 4 月起任西安科技大学理学院副院长。

主要从事微分动力系统、传染病动力学等方面的研究工作。共发表学术论文 30 余篇;主编专著 1 部;授权发明专利 1 项;获西安科技大学科学技术二等奖及陕西高等学校科学技术二等奖各 1 项;承担国家自然科学基金、中国博士后基金、国家自然科学基金天元专项基金、陕西省自然科学基金等多项科研课题,研究成果先后在 *Journal of Mathematical Analysis and Applications*,*Non-*

linear Analysis，*Computer and Mathematics with Applications*，*Bulletin of Australia Mathematical Society*，*Mathematical Population Studies* 等国际知名期刊上发表。兼任陕西省数学会理事、德国"数学评论"评论员等社会职务。

238. 李勇

李勇，男，1959年8月出生于辽宁省锦州市，四级教授，硕士生导师。1982年2月毕业于辽宁工程技术大学机械制造专业，工学学士，2004年10月毕业于北京师范大学教育经济与管理专业获研究生同等学历。1982年2月到校工作，历任西安科技大学基础部副主任、主任、主任兼党总书记，理学院院长。2015年5月起任西安科技大学学术委员会委员，理学院教授委员会主任。

主要从事工程图学、标准化工程的研究与教学工作，公开发表学术论文40余篇，主持科研及教改项目18项，获专利3项，软件著作权2项，编著、主编、参编出版教材与著作11部。主编参编国家标准《技术制图》等16部，独立撰稿的《技术制图国家标准应用指南》荣获国家新闻出版署"十一五"重点图书出版计划。研究成果先后获全国优秀课件二等奖，陕西省优秀教材一等奖，煤炭高校优秀教材二等奖，陕西省优秀教学成果三等奖，陕西省科研成果二等奖，西安市科技成果二等奖，校优秀教学成果一等奖，优秀教材一等奖。

曾获陕西省首届优秀图学科技工作者、陕西省高校教书育人先进个人、西安科技大学首届优秀青年知识分子，西安科技大学首届教学名师，勤廉兼优先进个人等。作为国家标准化委员会专家多次代表我国参加了洛杉矶、悉尼、开普敦、巴黎等国际会议。兼任全国技术产品文件标准化技术委员会委员，全国图形符号标准化技术委员会委员，陕西省工程图学学会常务理事，西安科技教育研究会理事长。

239. 张慧梅

张慧梅，女，1968年12月出生于山西省大同市，四级教授，博士生导师。2010年6月毕业于西安科技大学岩土工程专业，工学博士学位。1999年10月到校工作，历任力学系副主任、主任。

主要从事力学与岩土工程交叉领域的教学和研究工作。共发表学术论文50余篇；主编专著或译著等5部；承担国家自然科学基金、陕西省自然科学基金等多项科研课题，研究成果先后获科学技术奖3项、科学技术鉴定2项、优秀学术论文奖1项。

曾获全国徐芝纶力学优秀教师奖1项，西安科技大学教学名师奖、优秀教师奖、师德先进个人奖、获优秀教学成果奖多项，指导学生全国周培源大学生力学竞赛获国家级奖3项，省级奖10余项。兼任陕西省力学学会理事、岩石力学与工程学会理事。

240. 张天军

张天军，男，1971年生，四级教授，博士生导师。2009年毕业西安科技大学矿业工程专业，获博士学位。历任矿山工程力学省级实验教学示范中心主任，力学系党支部书记。

主要主要从事矿山灾害力学机理及防控技术方向的教学研究工作。在国内外核心刊物上发表论文60余篇，参编出版专著《高瓦斯矿煤岩力学性态及非线性失稳机理》、《煤系地层公路隧道设计与施工技术研究》2部。主持国家自然科学基金面上项目3项，主持或参加国家自然科学基金面上项目、省部级及产学研合作项目40余项，研究成果获省部级科技进步二等奖3项、三等奖2项。授权发明专利6项。曾获评中国力学学会全国徐芝伦力学优秀教师奖，校优秀教师，校优秀研究生指导教师。兼任陕西省力学学会理事。

241. 屈钧利

屈钧利，男，1958年9月出生于陕西省西安市，四级教授，硕士生导师。1982年1月毕业于西安矿业学院力学专业，工学硕士。2001年12月到校工作。

主要从事力学课程的教学和研究工作，发表学术论文30多篇。承担国家自然科学基金、省部级、厅局级等多项科研课题，研究成果先后获地市级科技进步奖4项。先后获西安科技大学教学成

果奖多项。

242. 郭志勇

郭志勇,男,1958年1月出生于陕西省扶风县,四级教授,硕士生导师。1982年1月毕业于西安矿业学院力学师资班专业,学士学位。1982年1月到西安矿业学院力学教研室任教。

主要从事工程力学教学和岩土力学研究工作。共发表学术论文40余篇;主编专著1部;获省级教学成果奖1项;参与国家自然科学基金等多项科研课题。

243. 张嘉凡

张嘉凡,男,1967年6月出生于辽宁省朝阳市,四级教授,硕士生导师。2009年6月毕业于西安科技大学采矿工程专业,工学博士学位。1995年8月到校工作。

主要从事矿山岩体力学与岩层控制方面的教学和研究工作。共发表学术论文30余篇;主编专著或译著等4部;承担国家自然科学基金、教育部煤炭科学基金、科技合作开发多项科研课题,研究成果先后获科学技术奖3项、科学技术鉴定4项。曾获西安科技大学优秀教学成果奖1项,指导学生全国周培源大学生力学竞赛获全国三等奖3项,优秀奖10项,陕西省一等奖7项,二等奖12项,三等奖多项。

244. 王雪峰

王雪峰,男,1963年10月出生于陕西省合阳县,四级教授,硕士生导师。1988年1月毕业于西安电子科技大学应用数学专业,获理学硕士学位。1988年1月到西安矿业学院工作,现任西安科技大学理学院数学一系主任。

主要从事数学教学和研究工作。共发表学术论文30余篇;主编教材5部;获西安科技大学科学技术奖1项;主持横向科研项目1项,参与国家自然科学基金、863计划等多项科研课题。主持省级教改项目1项,获陕西省教学成果二等奖1项。兼任陕西省工业与应用数学学会理事,陕西省大学数学教学委员会委员,《高等数学研究》编辑部编委。

245. 杨秀妮

杨秀妮,女,1963年11月出生于陕西省蒲城县,教授。1986年6月毕业于陕西师范大学应用数学专业,学士学位。2002年7月到校工作。

主要从事数学教学和研究工作。发表学术论文10篇;承担陕西省教育厅重点教改项目、教育部重点教改项目、科技厅基金课题、陕西省社科联项目多项科研课题,研究成果先后获陕西省教学成果奖二等奖、高等学校科学技术奖一等奖。

246. 乔宝明

乔宝明,男,1962年9月出生于陕西省宝鸡市,四级教授,硕士生导师。1983年7月毕业于兰州大学数学力学系数学专业,获学士学位。1983年7月到西安矿业学字院工作,历任理学院工会主席、校教工委员会委员等职务。现任西安科技大学学位委员会委员、理学院数学二系主任。

主要从事偏微分方程及应用、小波分析方面的教学和研究工作。在国内外学术刊物上发表科研论文20篇,被EI、ISTP收录8篇;主编教材2部,为国家级精品课程"概率论与数理统计"的主讲教师,并主持校级精品课程2门,研究生精品课程1门;授权发明专利1项;获陕西省优秀教学成果二等奖2项,校级优秀教学成果二等奖2项。参与国家自然科学基金3项,省教育厅重点科研课题各2项,主持校级科研、教改课题4项,多次指导学生参加全国大学生数学建模大赛并取得多项国家和省级奖励。兼任中国优选法统筹法与经济数学研究会经济数学与管理数学分会理事、陕西省工业与应用数学学会理事。

247. 赵高长

赵高长,男,1965年4月出生于陕西省大荔县,教授,硕士生导师。1987年7月毕业于中山大学数学专业,学士学位。1987年7月到西安矿业学院工作,曾任西安科技大学理学院数学二系副

主任,2016 年 9 月起任西安科技大学理学院实验中心主任。

主要从事应用数学教学和研究工作。共发表学术论文 20 余篇;主编教材两部,获校级优秀教材二等奖 1 项;承担国家自然科学基金、省自然科学基金等多项科研课题,研究成果获省高校科学技术三等奖 1 项。

2014 年获评陕西省师德先进个人,同年获评校师德先进个人,2015 年获评校教学名师,2005 年、2009 年获陕西省教学成果二等奖两项,2013 年国家级精品资源共享课主要成员及省级教学团队成员,担任数学建模教练获奖多项。曾任陕西省数学会理事。

248. 炎正馨

炎正馨,男,1969 年 9 月出生于河南省新乡市,四级教授,硕士生导师。2006 年 6 月毕业于四川大学原子分子物理专业,博士学位。2006 年 7 月到西安科技大学工作,历任西安科技大学理学院物理系主任和物理实验室主任。

主要从事大学物理教学和研究工作。共发表学术论文 33 篇,其中 SCI 收录 16 篇,EI 收录 13 篇;主编专著或译著等 3 部;主持国家博士后基金委面上一等资助基金和国家博士后基金委特别资助基金各 1 项;主持陕西省教育厅科学专项基金 2 项,获得陕西省科学技术厅自然科学优秀论文三等奖;获得西安科技大学科学技术奖一等奖 1 项;陕西省教育厅高等学校科学技术奖二等奖 1 项,西安市人民政府科学技术奖三等奖 1 项。承担省部级教学科研多项科研课题,获得校级教学成果一等奖 1 项;主编教材《大学物理实验教程》获得西安科技大学优秀教材二等奖 1 项。兼任陕西省物理学会会员。

249. 解忧

解忧,男,1977 年 9 月出生于安徽省宿州市,教授,硕士生导师。2012 年 6 月毕业于陕西师范大学物理学专业,博士学位。2000 年 7 月到校工作,2005 年 12 月起任西安科技大学理学院物理系副主任,2015 年 10 月起任西安科技大学理学院物理系党支部书记。

主要从事物理学的教学和研究工作。共发表学术论文 49 篇,其中第一作者论文被 SCI/EI 收录 16 篇;主编专著和教材共 2 部,参编教材 2 部;授权发明专利 2 项;获西安市科学技术进步奖、陕西高等学校科学技术奖、西安科技大学科学技术奖等 4 项;承担国家自然科学基金、陕西省自然科学基金、中国博士后科学基金多项科研课题。研究成果被他引 125 次,单篇文章最高被引用 51 次。

曾多次荣获西安科技大学优秀共产党员和 2014 年陕西省高等学校优秀共产党员。兼任陕西省物理学会会员。

250. 王亚民

王亚民,男,1958 年 3 月出生于山西省芮城县,四级教授,硕士生导师。1982 年 1 月毕业于太原理工大学物理学专业,学士学位。1982 年 1 月到校工作,历任西安科技大学理学院分党委委员、物理教研室主任、党支部书记、物理实验室主任。

主要从事大学物理教学和研究工作。共发表学术论文 53 篇;主编专著或译著等 5 部;承担国家自然科学基金、省部级科研项目多项,研究成果先后获陕西省高等学校科学技术二等奖、西安科技大学科学技术一等奖。承担省部级教改项目多项,1997 年获陕西省普通高等学校教学成果二等奖、1995 年获校教学型拔尖人才。兼任教育部高等学校大学物理课程教学指导委员会西北地区工作委员会委员。

251. 谢泳

谢泳,男,1965 年 2 月出生于浙江省绍兴市,四级教授。1986 年 7 月毕业于西安矿业学院机械制造专业,学士学位。1986 年 7 月留校工作,现任西安科技大学理学院工程图学系主任。

主要从事工程制图教学和研究工作。共发表学术论文 21 篇;主编出版教材和电子课件等 8 部;参加多项横向科研项目,曾获全国多媒体课件大赛优秀奖、西安科技大学教学优秀成果一等奖、二等奖、优秀教材一等奖等多项教学改革成果。

252. 尉朝闻

尉朝闻,男,1962年11月出生于陕西省蒲城县,四级教授,硕士生导师。1985年7月毕业于西安科技大学机械制造工艺与设备专业,学士学位。1985年7月到西安矿业学院工作。

主要从事工程图学教学工作。共发表学术论文10余篇;主编教材和国家标准等4部;获省部级优秀教材一等奖1项;承担"MT570煤矿电气简图用图形符号""煤矿采矿技术文件用图形符号""数控加工技术服务"多项科研课题,研究成果先后获国内先进,省部级科学技术二等奖。

253. 刘金瑄

刘金瑄,女,汉族,1968年3月出生于山东省青岛市,四级教授,硕士生导师。2003年毕业于西安科技大学机械设计及理论专业,获工学硕士学位。2009年在美国北亚利桑那大学做访学,兼任中国图学学会第七届图学教育专业委员会委员。

主要从事工程制图教学和研究工作。发表教改、科研论文30余篇,主编、参编教材8部。参加国家自然科学基金等项目7项,获科技奖励5项。主持"机械制图双语教学研究与实践""中美工程制图比较研究与创新实践"等教改项目;2013年与美国北亚利桑那大学Terry E. Baxter教授合作出版了双语教材《工程制图》。

2008年所带课程获得陕西省双语教学示范课程,2014年获得陕西省教学团队。2010年获得西安科技大学教学成果一等奖,2016年获得校优秀教师、西安科技大学教学名师。2016年主编的《工程制图》(英汉对照)获得陕西省普通高等学校优秀教材一等奖。

人文与外国语学院

254. 李雅玲

李雅玲,女,1965年出生,汉族,陕西渭南人,中共党员,学士,教授。现任学院大英二部主任。主要研究方向为英语教学。主持校级教改项目2项;参与省级精品资源共享课程建设1门;近年来发表学术论文8篇(中文核心期刊2篇);参编大学英语教辅教材4余部;主持地市级科研项目1项,横向科研项目1项。获校级教学成果奖2项、校级教材奖1项;指导学生获得英语竞赛全国一等奖2项。

255. 姚克勤

姚克勤,男,1965年出生,汉族,陕西大荔人,中共党员,教授。兼任西安外国语大学硕士生导师。主要研究方向为英语教学、应用语言学。主持校级教改项目3项;主持省级精品资源共享课程建设1门,主持校级精品课程建设1门。近年来发表学术论文10篇(其中CSSCI期刊1篇、中文核心期刊4篇);出版教材3部,参编大学英语教辅教材10余部;主持地市级科研项目1项,横向科研项目1项。获省校级教学成果奖1项;获2006~2007年度校"优秀教师"称号;指导学生获得英语竞赛全国一等奖2项。

256. 魏羽

魏羽,女,1965年出生,汉族,陕西咸阳人,硕士,教授。主要研究方向为科技英语翻译、英语教学。主持并完成校级教改项目1项;主持校级精品课程建设2门,参与校级资源共享课程1门。近年来发表学术论文7篇(其中CSSCI期刊1篇、中文核心期刊4篇);出版教材2部,参编研究生拓展教材1部;主持并完成教育厅科研项目1项,横向科研项目1项。获校级教学成果奖2项;获2011~2012年度校"优秀教师"称号;指导学生获得英语竞赛全国一等奖1项。获2015年度省教育工会"五一巾帼标兵"称号;两次获学校"工会工作先进个人"称号。

257. 张芸

张芸,女,1966年出生,汉族,陕西西安人,学士,教授。现任学院英语系主任。主要研究方向为英美文学、英语教学。主持校级教改项目1项;参与省级精品资源共享课程建设2门,主持校级

精品课程建设1门。近年来发表学术论文7篇（其中CSSCI期刊2篇、中文核心期刊5篇）；出版教材3部，参编大学英语教辅教材2部。校级教学成果奖1项（"基于文学改编的英文电影对英美文学课的多模态辅助教学研究"）、校级教材奖2项；获2014～2015年度校"优秀教师"称号；指导学生获得英语竞赛全国一等奖2项。

258．张燕清

张燕清，女，1966年出生，汉族，陕西华县人，中共党员，硕士，教授。主要研究方向为翻译学、英语教学。主持校级教改项目3项；校级精品课程建设1门。近年来发表学术论文20余篇（中文核心期刊4篇）；出版教材4部。获2014～2015年度校"优秀教师"称号。

259．师新民

师新民，男，1967年3月出生，汉族，陕西渭南人，中共党员，教授。现任学院院长，兼任陕西高等学校大学外语教学研究会副会长、陕西省翻译协会常务理事、中国语言教学研究会理事。主要研究方向为英语教学、文学翻译。主持完成校级教改项目4项；参与完成教育厅教改项目2项、陕西省社科联项目1项、西安市社科规划项目1项；主持1门省级精品资源共享课程、3门校级精品课程建设工作，负责1个省级教学团队建设。近年来发表学术论文16篇（CSSCI期刊1篇、中文核心期刊3篇）；出版教材5部，大学英语教辅教材10余部；主持省级科研项目1项，参与国家社科基金项目1项、省级科研项目多项，参与横向科研项目4项。获陕西省研究生学位办公室优秀教学成果一等奖1项；校级优秀教学成果特等奖1项、二等奖3项；校级优秀教材二等奖3项；2000年和2014年获校级"优秀教师"称号、2016年获校级"教学名师"称号；指导学生获得全国大学生英语竞赛一等奖3项，二等奖2项。

260．高宝萍

高宝萍，女，1970年出生，汉族，天津静海人，中共党员，硕士，教授。现任学院研究生英语教研室主任。主要研究方向为文学翻译学、英语教学。主持校级精品课1门。近年来发表学术论文13篇，其中CSSCI期刊3篇，中文核心期刊3篇；出版教材10部；翻译作品5部；主持横向科研项目3个。获2014年优秀教师，2015年指导研究生参加西北地区研究生演讲比赛二等奖。

261．冯正斌

冯正斌，男，1978年11月出生，汉族，教授，在读博士。现任学院副院长，兼任陕西省外国文学研究会理事。主要研究方向为文学翻译学、英美文学、英语教学。主持校级教改项目3项；参与省级精品资源共享课程建设2门，校级精品课程建设3门；参与省级教学团队建设1个。近年来发表学术论文15篇（CSSCI期刊2篇、中文核心期刊8篇）；出版教材2部，参编大学英语教辅教材10余部；主持省部级科研项目3项，地市级科研项目2项，横向科研项目2项。获省级教学大赛一等奖1项、校级教学成果奖4项、校级教材奖2项；获2014～2015年度校"优秀教师"称号；指导学生获得英语竞赛全国一等奖3项，省级二等奖3项。

262．纳秀艳

纳秀艳，女，1968年出生，土族，九三成员，博士，教授。主要研究方向为中国古代文学。近年来发表学术论文17篇（其中CSSCI期刊2篇、中文核心期刊6篇）；出版专著3部、教材1部。主持国家社科基金项目1项。获省级教学大赛一等奖2项、二等奖1项，校级教学一等奖2项。获得省级优秀社科成果奖三等奖1项。

体 育 部

263．孙青山

孙青山，男，教授，中共党员，1982年毕业于北京体育大学体育系，1991年毕业于广州体育学院研究生班。原体育部主任，体育部学科带头人，全国煤炭高校体协副主席，陕西省高校体协副主席，全国大学生跆拳道协会副主席，陕西跆拳道协会副主席，中国体育科学学会会员，现任西安科技大学学术委员会委员。主要研究方向为体育社会学、学校体育学,先后在核心期刊发表论文 10 余篇,主编教材 2 部,主持校级课题 3 项,主持厅局级和省部级科研课题 2 项,获厅局级科研成果奖 1 项。

264. 陈黎

陈黎,女,教授,中共党员,原体育部副主任。1987 年毕业于西安体育学院体育系,现任西安科技大学学术委员会委员。乒乓球国际级裁判。主要研究方向为体育教学与运动训练,先后在核心期刊发表论文 10 余篇,主编教材 5 部,主持校级科研项目 1 项,主持及参与厅局级、省部级科研项目 7 项;主持校级教改 2 项,获得全国煤炭高效教学成果特等奖 1 项,校级教学成果一等奖 2 项,厅局级教学成果奖一等奖 2 项,大学体育校级教学团队带头人。

265. 张欢

张欢,硕士研究生,教授,中共党员。1987 年毕业于北京体育大学体育系,2001 年毕业于西安体育学院研究生部,1992 年至 1994 年赴日本大阪体育大学进修,现就职于西安科技大学体育部,担任科研与体测教研室主任。主要研究方向为运动训练学、学校体育学,先后在核心期刊上发表论文 10 多篇,主编教材 1 部。主持校精品课程 1 项,主持或参与校级、省级、部级科研课题多项,编写教材 3 部,获校级教学成果奖 3 项,获厅局级科研成果奖 1 项。

266. 马珺

马珺,男,教授,中国共产党党员。1991 年毕业于西安体育学院体育系,现任西安科技大学学术委员会委员,中国体育科学学会会员,中国高校体育场馆联盟副理事长,曾获得全国煤炭系统高校体育工作先进个人,西安科技大学优秀拔尖人才,西安科技大学优秀青年教师,西安科技大学优秀教师,西安科技大学优秀共产党员,西安科技大学优秀工会工作者称号。在核心期刊发表论文 10 余篇,主编、参编专著、教材 10 余部,先后获中国煤矿体育协会、西安科技大学、陕西省体育局优秀教学成果,科研成果 10 余项,西安市优秀调研成果二等奖一项。主持省级精品资源共享课程一门,校级精品课程两门。主持或参与省级、厅局级科研项目 10 余项。

267. 马红霞

马红霞,女,教授,中共党员。1997 年毕业于西安体育学院体育系,2007 年获得教育训练学硕士学位,现任教授委员会委员。主要从事高校体育教学和研究工作,在核心期刊刊发表论文 10 余篇,出版教材 3 部,主持及参与省部级科研 3 项,校级教学改革项目 4 项、获得的厅局级以上科研、教学改革成果奖 3 项。

图 书 馆

268. 沈思

沈思,女,1972 年 12 月出生于湖南省浏阳市,研究馆员。2004 年毕业于西安科技大学马克思主义理论与思想政治教育专业,获硕士学位。1998 年 3 月到校图书馆工作,2014 年 6 月起任校图书馆学科服务部主任。

主要从事文献信息建设与学科服务工作。共发表学术论文 35 篇;主编专著 1 部;主持省级、厅局级项目 5 项,作为主要研究人员参与研究国家级项目 2 项;研究成果获得陕西高等学校人文社会科学研究优秀成果奖二等奖、陕西省高等学校科学技术奖三等奖、西安科技大学科学技术奖二等奖等省厅级奖励 4 项。

269. 陈泉

陈泉,女,1963 年 8 月出生于陕西省西安市,研究馆员。1985 年 7 月毕业于西北大学图书馆学专业,1985 年 10 月到校工作。历任西安科技大学图书馆流通部副主任、期刊阅览部主任、信息咨询部主任等职务。

主要从事网络信息检索课教学和文献信息资源的获取和利用方面的研究工作。共发表学术论文 21 篇;主编教材 4 部,参编教材 1 部。从事的学术研究工作曾获得首届全国高校图书馆服务创

新案例大赛二等奖、编写出版的著作和学术论文及科研项目,曾先后获得陕西省图书馆学会第7届至第9届学术成果评奖中荣获一、二等奖、西安科技大学技术奖、西安科技大学第十三届校级教学成果等荣誉。

期刊中心

270. 杨忠民

杨忠民,男,1962年9月出生于陕西省白水县,编审。1986年7月毕业于重庆大学煤矿地下开采专业,获学士学位;2003年7月毕业于西安科技大学矿业工程(管理方向)专业,获硕士学位;2011年12月晋升编审。1986年7月到1993年7月在西安矿业学院采矿系采煤教研室任教,1993年7月后在学报编辑部工作,从1995年起一直担任学报编辑部主任,先后担任学报副主编、执行主编。经历了学报由《西安矿业学院学报》《西安科技学院学报》更名为《西安科技大学学报》的全过程,学报由季刊办成双月刊,参与了自1993年第3期以来每期学报的编校工作,学报先后于1992年、2000年、2004年、2008年、2014年5次入选北大中文核心期刊。2002年创办了《西安科技大学学报(社科版)》。先后发表编辑出版论文20余篇;先后6次获陕西省(高校)科技期刊优秀主编(主任)。多次负责出版校学术会议论文集、教育教学会议论文集。陕西省高校学报研究会常务理事。

第三节　教授及正高职称人员

学校1958~2017年教授及正高职称人员共有378人。

1958~1987年教授及正高职称人员有20人,名单如下:

侯运广	袁耀庭	谭宗尧	李启东	方慎权	王廷武	韩大中	邓　宝	刘听成	杨仲平
黄作华	吴绍倩	薛问西	魏泽国	刘怀恒	钟奉娥	刘鸿浩	何唐铺	高　桐	曾仲节

1988~2007年教授及正高职称人员有224人,名单如下:

陈志学	杜玉枝	何新义	黄克兴	廖启徽	刘建生	刘其兴	马中骥	石平五	唐祖章
王徽枢	王英才	闫嘉祺	姚应生	张少儒	常心坦	贺敦良	李　晋	李世文	龙荣生
马文芬	孟昭孝	王世熙	张文生	赵文杰	赵轶群	房树人	韩　华	刘冠姝	吕宏太
田艾平	张燕美	陈光寅	陈扬杰	葛岭梅	韩庆达	郝　瑛	黄　俊	李维坚	刘荣钧
刘少亭	毛开友	秦愉庆	石呈龙	宋之桐	田家琦	徐启光	徐玉山	杨恒青	张光富
张汉生	张家彬	张志周	赵嘉荫	周先德	蔡大文	冯楼台	雒昆利	田一涵	王野平
曾国元	程永贵	侯忠杰	李新东	马秀清	秦玉宝	苏文智	王志英	吴光霞	徐子善
张福林	张　奇	赵敏端	赵贤淑	郑书信	陈君翔	褚维盘	韩江水	惠七明	李永和
李云鹏	梁绍暹	路庆忠	茅兴富	宁仲良	潘文玲	王树林	王芝银	伍永平	夏玉成
徐精彩	徐木彬	袁汉春	樊锡德	郭长生	郭　卫	海彦合	侯媛彬	李　勇	潘国斌
羌志萍	史正有	王勉华	王晓利	徐天仲	杨梅忠	余学义	龚尚福	谷拴成	廖诗方
田小泉	王亚民	韦　力	杨治林	周安宁	柴　敬	巨天乙	李树刚	李永清	廖少俊
刘　健	卢建军	任中全	赛云秀	王　英	杨更社	杨世兴	张金锁	郑华萍	柴光远
邓广哲	杜美利	傅周兴	郭秉山	侯恩科	黄庆享	李占利	梁　明	马宏伟	索永录
王晓刚	薛　河	杨建业	杨文哲	张群会	戴　俊	樊怀仁	郝迎吉	李红霞	李　明
刘联会	龙熙华	卢文科	马宪民	孟鲁闽	田水承	王明恕	王生全	韦惠民	吴延海
杨来侠	陈晓宁	程安宁	丁正生	郭志勇	李白萍	李建华	李侃社	苏　燹	赵晓光
陈练武	邓　军	李国民	李龙清	屈钧利	任建喜	孙红湘	唐胜利	汪　梅	王水利
杨君锐	贠东风	张敏瑞	邸　芃	冯套柱	姬长发	来兴平	赖雄麟	李小池	刘树林
孙青山	王瑞平	王再英	吴冬梅	谢　泳	闫月梅	张恩强	方　红	龚晓燕	黄梦涛

李海宁	苏三庆	张志沛	曹春玲	陈 黎	陈晓坤	程红丽	杜慧玲	杜京义	高 赟
郭建民	贺拥军	李爱国	刘向荣	牟国栋	师新民	石 磊	王贵荣	王念秦	王新红
文 虎	杨永崇	张 欢	周新建						

2008～2017年教授及正高职称人员有134人,名单如下:

蔡会武	曹 萍	付 燕	郭秀才	李 曼	李朋林	刘金瑄	钱 敏	秋兴国	商立群
史经俭	孙 弋	魏 娟	杨志远	张小艳	张燕清	周 斌	端木合顺	李文峰	张辛亥
李崇贵	赵来顺	蔡周全	曹现刚	程文东	韩 敏	李雅玲	刘念黎	马 珺	倪云峰
同温玉	王安义	尉朝闻	薛弘晔	姚顽强	张春森	张俭让	张天军	郑 重	周 静
刘转年	韩晓冰	惠兴田	李金勇	乔宝明	尚 梅	史晓娟	童 军	王雪峰	魏引尚
许满贵	薛喜成	姚克勤	于 洋	张嘉凡	张立杰	张卫国	陈 泉	李新虎	马东民
王 萍	魏 羽	张慧梅	赵高长	炎正馨	卫晓君	杨忠民	蔡文皓	柴 钰	陈 杰
党小虎	郭长立	贾锐鱼	李军民	库向阳	汤伏全	杨利红	张传伟	张 芸	赵 京
叶万军	张 涛	董立红	杜双明	高宝萍	李晓军	罗振敏	王新平	杨惠珺	樊建武
胡荣明	解 忧	刘向春	马红霞	奚家米	张旭辉	陈秋计	贾澎涛	金永飞	马 砺
王清亮	杨秀妮	赵建文	张 杰	张海燕	张威虎	冯正斌	寇发荣	林海飞	罗晓霞
师 芸	孙万昌	张淑云	张亚婷	张仲华	赵兵朝	周文英	朱庆伟	原喜屯	沈 思
代革联	高振岗	贺虎成	景宏君	屈孟男	袁显平	翟小伟	赵建会	赵栓峰	刘 超
邓友生	纳秀艳	苏建军	修福荣						

第四节 院士校友

一、魏悦广——中国科学院院士

北京大学教授,中国科学院力学研究所研究员、博士生导师,2017年当选中国科学院院士。

魏悦广,力学家,北京大学教授。1960年1月出生于陕西渭南,籍贯陕西渭南。1982年毕业于西安矿业学院(西安科技大学),1986年毕业于中国矿业大学北京研究生部获硕士学位,1992年毕业于清华大学获博士学位。1992年6月至1994年底,中国科学院力学研究所博士后、副研究员。1995年1月至1998年8月,美国哈佛大学访问学者、博士后。1998年8月至2000年8月。中国科学院力学研究所非线性力学国家重点实验室研究员。2000年8月至2001年3月,美国哈佛大学客座研究员。2001年3月至2002年7月,中国科学院力学研究所非线性力学国家重点实验室研究员、博士生导师。2002年8月至2002年11月,美国加州大学客座研究员。2002年11月任中国科学院力学研究所非线性力学国家重点实验室研究员、博士生导师。现任《力学学报》主编等。

魏悦广院士主要从事跨尺度力学、弹塑性断裂力学、复合材料力学等研究。在国际上建立了协同考虑应变梯度和表界面效应的跨尺度力学理论;建立了可压缩应变梯度理论和适合应变梯度理论的有限元方法,并由此预测出金属的微尺度断裂强度高达其宏观屈服强度十倍以上的重要结论,突破了传统力学理论的预测极限,引起了国际上对于跨尺度力学的广泛研究。近年来,他将跨尺度力学理论成功应用于发动机叶片先进热障涂层强韧及破坏机制的表征。相关成果获国家自然科学二等奖2项和三等奖1项。

(1)在材料及结构的跨尺度力学研究方面(Top-Down):在国际上首次且到目前为止唯一地提出了适合应变梯度理论的有限元方法,建立了可压缩应变梯度理论,在国际上首次预测出金属材料的微尺度断裂强度可达其宏观屈服强度的十倍以上的重要结论,对应变梯度理论(作为一种跨尺度理论)在国际上的建立和发展起了核心推动作用。

（2）在纳米结构材料的跨尺度力学表征方面（Bottom-Up）：采用分子动力学模拟和微结构演化观测，首次获得偏位错形成、演化及其与晶界及孪晶界的作用机制、孪晶界的演化机制以及最终的纳米材料的强韧力学机制等，对揭示纳米结构材料力学行为尺度效应的微观机理提供了基础。

（3）在固体的弹塑性断裂研究方面：在国际上首次求解给出了裂纹尖端20阶的弹塑性应力应变渐近场并证明了只有3个独立参数，依此为基础建立了弹塑性断裂准则；首次为"内聚力模型可作为材料的断裂准则"提供了数学物理基础。

（4）在复合材料压缩破坏研究方面：从弹塑性稳定性理论出发预测出了复合材料的压缩破坏折曲带模式，其被《国际损伤力学杂志》长期设计为封面。

（5）从摄动理论出发求解给出了防护工程中承受不同地压作用的巷道的弹塑性应力应变场，并以此建立了巷道的失稳判据。

二、何琳院士——中国工程院院士

1957年生，1982年毕业于西安矿业学院（西安科技大学），海军工程大学教授、博士生导师、振动与噪声研究所所长，2017年当选中国工程院院士。2018年受聘为西安科技大学双聘院士。2005年以来，组织研制出我国第一代舰船噪声监测系统，为实现舰船声学特征管理奠定了基础。以上成果均已得到广泛应用，同时获得多项国家发明专利。他组织开展了"主被动混合隔振技术"研究工作，取得了多项关键技术的突破和进展。自主研发的系列抗高压平衡式挠性接管，具有突出的管路振动隔离性能，解决了部分重要应用的管路减振降噪难题，获得2009年国家科技进步二等奖。

20世纪80年代始，何琳教授即从事舰船噪声与振动控制科研工作，先后主持开展和组织实施了数十项重要科研项目的研究，取得了多项突出的技术创新和突破，并获得重要科技奖项。针对大型船用设备的隔振问题，研制开发出具有国际先进水平的船用气囊隔振器；此后，创新性地研制出"智能气囊隔振装置"，使我国在大型隔振装置上实现重大跨越，获得2011年军队科技进步一等奖。

何琳教授在从事科研工作的同时，注重声学相关的学科建设和人才培养，指导了近30位研究生和博士后，培养了一批优秀的科研人才，组建了一支高素质的科研队伍。他组织或参与了多次全国性学术会议，与国内多个科研部门建立了良好的合作关系。何琳教授重视应用基础研究工作，先后撰写了论文50多篇，合作出版了4部学术专著，为我国的声学事业推广和发展做出了重要贡献。

第五篇

学 院 篇

第一章　能　源　学　院

第一节　学院沿革及概况

能源学院起源于 1895 年成立的天津北洋西学学堂矿务学,前身是 1938 年由国立西北联合大学工学院、国立东北大学工学院和私立焦作工学院等内迁组成的国立西北工学院矿冶系(后更名为采矿系)。1957 年,该系调整到由上海整体迁至西安的交通大学。1958 年,教育部以西安交通大学采矿系、地质系及部分基础部师资与设备为基础成立西安矿业学院(1999 年更名为西安科技学院,2003 年更名为西安科技大学),隶属于原煤炭工业部,成为国内两所之一、西部地区唯一的一所矿业工程类五年制本科高等院校,采矿系是学院成立时的最主要的教学单位之一。著名煤炭开采专家、矿井通风界元老,西安矿业学院采矿系创始人之一——侯运广教授在学校变迁的整个过程中一直担任采矿系教授兼主任,著名采矿专家吴绍倩教授、刘听成教授、唐祖章教授、石平五教授、常心坦教授、徐精彩教授等均在此任教。

采矿系历经西北工学院、交通大学、西安矿业学院一直成建制办学,其中 1959 年所属矿山机电、采掘机械及运输教研室联合组建了机电系,1988 年以井巷工程教研室、采矿方法教研室和通风安全教研室组建成立采矿工程系,1989 年所属井巷工程和建筑工程教研室组建成立建筑工程系。1994 年采矿工程系更名为资源开发与管理工程系,1998 年所属管理学科与社科部合并成立了管理系,1998 年恢复为采矿工程系,2001 年更名为能源科学与工程系,2002 年更名能源学院,2016 年所属安全工程系和消防工程系合并组建安全科学与工程学院。在近 80 年的办学历程中,先后孕育发展了矿山测量、机电、建筑工程、管理科学、安全科学与工程等专业(系、院),现已形成学科特色鲜明、专业结构合理、师资力量雄厚、实验设备先进的教学与科研体系,是国家采矿工程、矿山安全技术及工程高等教育和科学研究的重要基地。

学院现有采矿工程和建筑环境与能源应用工程 2 个本科专业。矿业工程学科历史悠久,底蕴深厚,1979 年被批准招收硕士研究生,1984 年获得硕士学位授予权,1998 年被批准为陕西省重点学科,2000 年获得西部第一个矿业工程一级学科博士授予权,2004 年设立矿业工程学科博士后科研流动站,2005 年获得矿业工程领域工程硕士学位授予权,2011 年被评为国家重点学科培育学科。采矿工程专业 2007 年被评为国家特色专业和陕西省名牌专业,2011 年被确定为教育部首批"卓越工程师"计划实施专业,2012 年与 2015 年两次通过了教育部工程教育专业认证。

学院所属实验室源于 1961 年我国著名采矿专家吴绍倩、刘听成教授创建成立的矿山压力研究所,已有 50 多年的历史,是西安科技大学(原西安矿业学院)在国内采矿工程学科建设最早的实验室之一,1965 年建成的 5 米平面应力模拟实验架仍是国内最大的平面模拟实验架之一,20 世纪 80 年代,建成了多种形式的相似模拟、巷道支架实验平台,90 年代初建成了亚洲唯一的多功能立式支架实验台和国内最大组合立体相似模拟实验台,研究平台和研究成果均处于国际先进水平。1998 年,矿山压力实验室被批准为国家煤炭工业采矿工程重点实验室和陕西省岩层控制重点实验室,2006 年成立西部矿井开采及灾害防治重点实验室,2007 年 12 月通过教育部专家组的验收。

2013年重点实验室被评为国家级采矿工程实验教学示范中心和煤矿开采与安全工程国家级实践教育中心,2014年分别被评为西部煤矿安全教育部工程中心、陕西省煤矿灾害防治及应急救援工程技术研究中心、陕西省煤炭资源安全高效开发协同创新中心。

学院拥有矿业工程一级学科博士学位授权点,采矿工程和建筑环境与能源应用工程2个硕士学位授权点,1个工程硕士授权领域,形成了完善的本科、硕士、博士三级培养体系。截至2017年9月,学院在读博士研究生74人,全日制硕士研究生146人,工程硕士研究生183人,本科生898人。

截至2017年12月,学院教职工76人,其中专任教师64人,职工12人,专任教师中教授11人,副教授19人;博士生导师7人,硕士生导师28人;教师中博士学位获得者45人,占到82%,硕士学位获得者50人。学院在侯运广、刘听成、吴绍倩等老一辈教授的带领下,培养了以伍永平、黄庆享、柴敬、来兴平等为代表的一批中青年人才和知名专家,设有院士工作站1个,教育部"长江学者"特聘教授岗位1个,陕西省"三秦学者"特聘岗位1个;现有中国工程院院士有效候选人1人,国务院学科评议组成员1人,教育部"长江学者"特聘教授1人,国务院政府特殊津贴获得者3人,新世纪百千万人才工程国家级人选2人,国家中青年科技创新领军人才1人,新世纪优秀人才支持计划2人,陕西省"三秦学者"特聘教授1人,陕西省"百人计划"4人,陕西省青年科技奖2人,形成了一支年龄、学历、职称结构合理的高水平师资队伍。

近5年,学院围绕西部煤炭资源安全高效绿色开采中的重大关键科学与技术问题,承担了国家"973"项目子课题、前期专项、国家自然科学基金重点项目、重大仪器专项、国家自然科学基金项目30余项;陕西省科技攻关重大项目以及大型企业委托项目300余项,科研经费逾亿元。成果获得国家科技进步二等奖3项,国家教学成果二等奖2项,省部级科技进步奖一等奖10余项,发表学术论文300余篇,其中SCI/EI收录150余篇;出版学术专著20余部,获国家发明专利授权20余项。在传承研究特色与优势的基础上勇于创新,开拓了大倾角煤层、浅埋煤层科学研究与工程实践新领域,解决了西部特殊赋存条件煤层动力灾害防治、岩层变形光纤监测、黄土沟壑区地表沉陷预计等安全高效绿色开发与利用难题。在国内行业领域和高校具有广泛影响,对推动西部煤炭行业技术进步和促进西部经济社会发展方面具有重要作用。

第二节　组织机构

能源学院组织机构设置如图5-1-1所示,党委成员及学术机构人员组成见表5-1-1和表5-1-2。

表5-1-1 　　　　　　　　　2002～2017年党委成员组成情况一览表

年份	党委书记	党委副书记	党委委员				
2002.09～2005.05	程文东	赵建会	程文东	赵建会	徐精彩	张俭让	黄庆享
2005.05～2007.12	程文东	张俭让	程文东	李树刚	赵建会	姬长发	张俭让
2007.12～2015.04	程文东	高朕栋	程文东	伍永平	高朕栋	姬长发	张俭让
2015.04～2016.06	杜　勇	高朕栋	杜　勇	伍永平	高朕栋	文　虎	罗振敏
2016.06～	陈吉兰	高朕栋	陈吉兰	伍永平	高朕栋	赵兵朝	邵小平

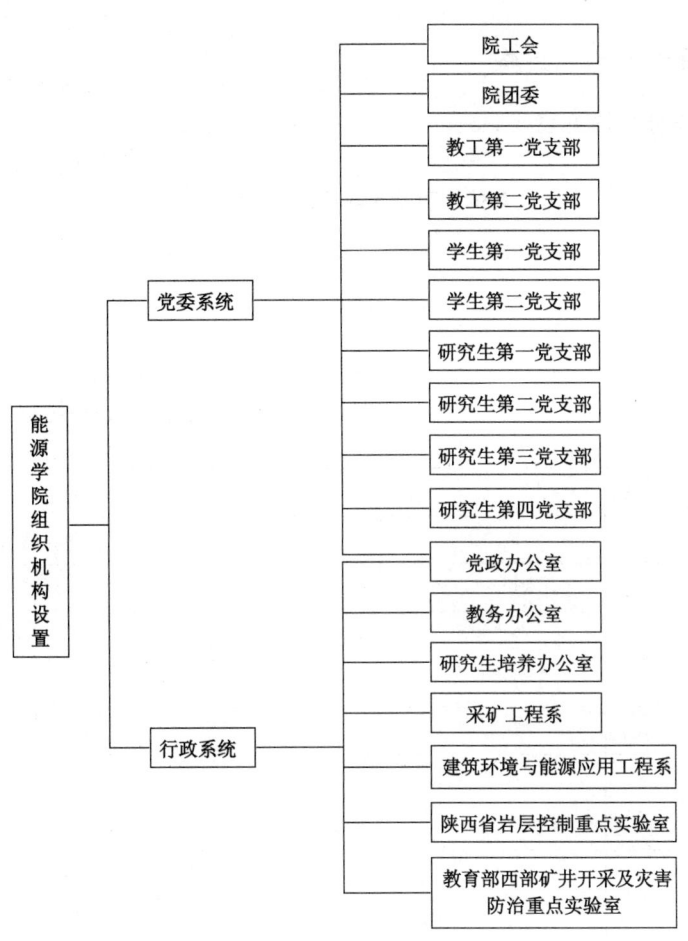

图 5-1-1 能源学院组织机构设置

表 5-1-2   2002～2017 年行政领导成员组成情况一览表

年份	院长	副院长
2002.09～2003.10	徐精彩	程文东 黄庆享 张俭让
2003.10～2005.05	李树刚	程文东 黄庆享 徐精彩 张俭让
2005.05～2006.12	李树刚	程文东 黄庆享 张俭让
2006.12～2015.04	伍永平	黄庆享 张俭让
2015.04～2016.06	伍永平	文 虎 罗振敏 赵兵朝
2016.06～	伍永平	赵兵朝 邵小平 张小艳

第三节 师资队伍

截至 2017 年 12 月,能源学院在册教职工 74 人,其中教授 11 人,副教授及高级工程师 21 人,具有中级职称教师 30 人,博士生导师 7 人。

一、历年教职员工职称结构

历年教职员工职称结构见表5-1-3。

表 5-1-3　　　　　　　　　　2002～2017 年教职员工职称结构　　　　　　　　单位:人

年份	正高级	副高级	中级	初级	其他	总人数
2002	11	10	11	23	6	61
2003	11	13	13	19	8	64
2004	13	10	18	12	9	62
2005	16	7	18	18	9	68
2006	16	11	24	19	4	74
2007	18	10	22	18	3	71
2008	19	11	31	19	3	83
2009	21	10	36	17	3	87
2010	23	13	38	16	2	92
2011	23	17	34	21	2	97
2012	23	22	38	17	2	102
2013	24	25	53	8	2	112
2014	24	29	75	5	1	134
2015	27	32	69	5	1	134
2016	13	18	36	3		70
2017	11	21	41	3		76

(截至 2017 年 12 月)

二、在岗教职员工职称结构

2017 年在岗教职工职称结构见表5-1-4。

表 5-1-4　　　　　　　　　2017 年在岗教职员工职称结构一览表　　　　　　　单位:人

单　位	教　师					职　工					合计
	教授	副教授	讲师	助教	小计	高级工程师	工程师	助理工程师	工人	小计	
采矿教研室	10	14	21								
建环教研室	1	5	10								
实验室							4	2			
行政管理			3			2	3	1			
总　计	11	19	34			2	7	3			76

(截至 2017 年 12 月)

第四节　　本（专）科教育

一、概况

（一）采矿工程专业

采矿工程专业源于 1895 年天津北洋西学学堂矿务学，1938 年迁并于国立西北工学院矿冶系，1957 年调整至西安交通大学采矿系，1958 年与地质系及部分基础部师资从西安交通大学分出成立西安矿业学院，是当时隶属原煤炭工业部仅有的两所五年制采矿工程本科专业之一。

采矿工程专业 1979 年开始招收硕士研究生，1984 年获得硕士学位授予权；2000 年获得矿业工程一级学科博士学位授予权，2004 年设立矿业工程学科博士后科研流动站；2004 年被评为陕西省名牌专业，2007 年被确定为首批国家特色专业建设点；2010 年被评为陕西省省级教学团队；2011 年被确定为教育部首批卓越工程师计划实施专业和陕西高等学校人才培养模式创新实验区；2012 年与 2015 年两次通过教育部工程教育专业认证；2016 年获批国家级专业综合改革试点专业。

采矿工程专业拥有采矿工程国家级教学示范中心、煤矿开采与安全工程国家级实践教育中心、国家煤炭工业采矿工程重点实验室、西部矿井开采与灾害防治教育部重点实验室、陕西省岩层控制重点实验室、陕西省煤炭资源安全绿色高效开发协同创新中心等教学科研平台。

（二）建筑环境与能源应用工程专业

建筑环境与能源应用工程专业始于 1998 年，在原西安矿业学院采矿系矿井通风与安全专业基础上，引进新的专业技术人才，重新调整办学思路，创立了"供热通风与空调工程专业"，并于同年 9 月开始招生。1998 年，普通高等学校本科专业目录将本科专业"供热通风与空调工程"与"城市燃气供应工程"合并调整为"建筑环境与设备工程专业"。2012 年，普通高等学校本科专业目录中把建筑智能设施、建筑节能技术与工程两个专业纳入本专业，专业范围扩展为建筑环境控制、城市燃气应用、建筑节能、建筑设施智能技术等领域，专业名称调整为"建筑环境与能源应用工程专业"。调整后的"建筑环境与能源应用工程专业"所涉及的内容比以前专业广泛很多，要求学生掌握的知识面也比以前宽很多。

二、教育教学改革

学院积极推进教育教学改革与研究工作，进一步调动教师参与课程建设和课程改革的积极性，优化课程体系，提升课程建设水平，提高人才培养质量，获批了各类教育教学改革与研究项目。学院教师积极申报并获批校级及以上教育教学改革与研究项目和精品课程，并取得一定的成果。2010～2016 年，学院教师共承担教改项目 42 项，其中省级项目 2 项。2003～2015 年，学院教师获批精品课程 35 项，其中省级精品课程 16 项。

三、教材建设

教材是体现教学内容和教学方法的知识载体，是进行教学的基本工具，也是深化教育教学改革，全面推进素质教育，培养创新人才的重要保证。教材建设是学校教学工作的重要组成部分，是衡量学校办学水平的重要标志，也是提高教学质量的基础性工作。学院教师积极开展教材建设工作，2013～2017 年，共编写出版教材与专著 31 部。

四、实践教学

实践教学体系由课内实验教学（实验）、工程实践教学（实习）、综合设计（课程设计）和课外（第

二课堂)实践教学等4个环节组成,其中课外实践教学分为科研创新和社会实践两个部分。2012～2016年,学院大学生创新创业训练计划项目立项19项。

五、教学成果

一直以来,学院教师坚持以提高教学质量、培养高素质人才为中心,积极开展教育教学改革研究与实践,获得了一系列具有代表性的教学成果,有力地促进了本科教育教学质量的提升。2009～2016年,学院教师共获得本科教学成果国家级奖1项,省部级一等奖3项,校级特等奖5项,校级一、二等奖8项,其他奖16项。

六、实验场所建设

2014年,学院投入485万元用于采矿工程专业、建筑环境与能源应用工程专业实验室,以及采矿工程实验教学示范中心等实验场所的建设;2015年,投入530万元用于高水平矿业和安全研究型人才培养平台建设、高水平西部矿井露天开采实验室、采矿工程专业实验中心建设、西部矿井开采及灾害防治实验平台、矿山开采围岩控制创新实验平台等建设项目;2016年,投入254万元建设本科实验室、采矿工程实验中心及高水平西部矿井开采实验室等。学院现有矿山岩石力学实验室、相似材料模拟实验室、矿山模型实验室、矿山工具与设备实验室、数字化矿山实验室、通风除尘实验室、热工及传热实验室、供热实验室、制冷空调实验室等9个实验室。

第五节 研究生教育

一、概况

1984年学院获得采矿工程硕士学位授予权,1998年采矿工程学科被批准为陕西省重点学科,2000年获得西部第一个矿业工程一级学科博士授予权,2004年被批准设立矿业工程博士后科研流动站,2011年被陕西省确定为国家重点学科培育学科。本一级学科涵盖采矿工程、矿物加工工程、矿山灾害防治、矿山岩体力学、矿业经济与管理5个二级学科。一级学科博士点、一级学科硕士点批准时间见表5-1-5。

表5-1-5　　　　　　一级学科博士点、一级学科硕士点批准时间

学科名称	所在院系	国家重点学科	博士后流动站	一级学科博士点（*个）批次/批准时间	博士点（*个）批次/批准时间	一级学科硕士点（*个）批次/批准时间	硕士点（*个）批次/批准时间
安全学科	能源学院	安全科学与工程/2002	安全科学与工程	(1个)/1998	(1个)/1998	(1个)/1993	(1个)/1993
矿业工程	能源学院	—	矿业工程博士后流动站(1个)/2004	(1个)/2000	(5个) 采矿工程/2000 矿物加工工程/2000 矿山机电工程/2002 矿山环境工程/2002 矿山信息工程/2002	(1个)/2006年	(3个) 采矿工程/1984 安全技术与工程/1993 矿物加工工程/1996

二、博硕士点简介

矿业工程学科分别于 1984 年和 1996 年获采矿工程和矿物加工工程二级学科硕士学位授予权，2000 年获西部第一个一级学科博士授予权，2004 年被批准设立矿业工程博士后科研流动站，2011 年被陕西省确定为国家重点学科培育学科。

矿业工程一级学科博士点下设采矿工程、矿物加工工程、矿山灾害防治、矿山岩体力学、矿业经济与管理 5 个二级学科博士点。其中，采矿工程学科 2007 年被确定为首批国家特色专业建设点，2014 年获批陕西省三秦学者设岗学科。2010 年采矿工程教学团队被评为陕西省省级教学团队，采矿工程实验教学中心分别于 2009 年和 2013 年被评为陕西省实验教学示范中心和国家级实验教学示范中心。研究生专业设置和变化情况见表 5-1-6。

表 5-1-6　　　　　　　　　　2015～2017 年研究生专业设置和变化情况一览表

专业　＼　年份	2015 年	2017 年
二级学科硕士点	采矿工程	采矿工程
	矿业工程	矿业工程
	供热、供燃气、通风机空调工程	供热、供燃气、通风机空调工程
	安全科学与工程	
	安全工程	
二级学科博士点	采矿工程	采矿工程
	矿山安全与灾害防治	矿山安全与灾害防治
	矿山岩体力学与工程	矿山岩体力学与工程
	安全技术	
	安全科学	
	安全系统工程	
	矿山灾害力学	
	安全与应急管理	
	职业安全健康	

三、学科研究方向及特色

矿业工程一级学科涵盖采矿工程、矿物加工工程、矿山灾害防治、矿山岩体力学、矿业经济与管理 5 个二级学科领域，涵盖矿山压力与岩层控制、浅埋与复杂煤层开采理论与技术、矿山优化设计与系统工程、开采损害与环境保护、煤岩层水压预裂控制理论、矿物加工理论与洁净煤技术、煤炭分质加工与转化理论、技术和设备、矿物功能材料制备与应用、超细粉体技术与设备、废弃物资源化加工与利用、矿业安全与可持续发展、矿山采动灾害机理与控制、矿山水害防治、矿山灾害防治与人因工程、矿业系统工程、矿山安全与应急管理、矿业经济与可持续发展、矿业质量管理、矿山岩体力学理论与应用、矿山岩体力学与计算机方法、矿山岩体实验理论与技术、矿山岩体结构与控制工程等 23 个方向。

四、指导教师

研究生指导教师均具有高级职称，所有课程均由教授授课。采矿工程专业教学团队于 2010 年

获陕西省教学团队。研究生导师情况见表5-1-7。

表 5-1-7　　　　　　　　　　　2002～2017 年研究生导师一览表

年份	研究生导师								
	博士生导师		硕士生导师						
	采矿工程	安全科学与工程	采矿工程	矿山岩体力学与工程	安全科学与工程	安全科学	安全技术	安全与应急管理	供热、供燃气、通风及空调工程
2002 之前	侯忠杰 伍永平 余学义 黄庆享	徐精彩 李树刚 田水承	李龙清 贠东风 张恩强		姬长发 邓 军 张俭让 程文东				
2003 新增			来兴平		文 虎 魏引尚 赵建会				
2004 新增		邓 军 蔡周全	范公勤		张辛亥				
2005 新增	邓广哲								姬长发
2006 新增					许满贵				张小艳 薛韩玲
2007 新增		文 虎							陈 柳
2008 新增	来兴平				罗振敏 金永飞				
2009 新增		张俭让 陈文东	高晓旭						
2010 新增		魏引尚 许满贵	肖 江						
2012 新增			邵小平 赵兵朝 王红胜 张 杰		马 砺 吴奉亮 林海飞 杨守国				姜 华
2013 新增		张天军 陈晓坤			王建国 王红刚 肖 旸 翟小伟 成连华				
2014 新增					金洪伟 潘红宇 刘 超				张亚平
2015 新增			董国伟			徐 刚 张嬿妮	刘纪坤	郑学召	
2016 新增			刘 浪 解盘石	崔 峰					
2017 新增	张杰		丁自伟 高喜才 吕文玉 马 力 王红伟						

第六节 科 学 研 究

2008～2017年,学院教师承担纵向课题218项,横向课题885项,其中国家级课题80余项,获各类奖项182项,具体分布情况见表5-1-8。2008～2017年学院科研合同与到款经费情况见表5-1-9。

表 5-1-8 **2008～2017年纵向、横向项目分布情况一览表**

年度	纵向课题/项							横向课题/项
	国家级	省部级	西安市	厅局级	校级	其他	合计	合计
2008	6	2		6		1	15	33
2009	8	4		12			24	70
2010	3	6		9	1	2	21	104
2011	7	9		7	1		24	97
2012	12	4		10			26	103
2013	9	13		11			33	120
2014	15	4		8		1	28	142
2015	16	8	2	3			29	97
2016	4	5		2			11	59
2017	2	2		3			7	60
总计	82	57	2	71	2	4	218	885

表 5-1-9 **2008～2017年科研合同与到款经费情况统计**

年度	合同经费/万元			到款经费/万元		
	纵向	横向	合计	纵向	横向	合计
2008	673.60	761.90	1 435.50	407.12		407.12
2009	637.60	1 761.94	2 399.54	369.90	3 824.37	4 194.27
2010	637.20	9 181.44	9 818.64	668.14	5 815.36	6 483.50
2011	843.60	2 617.13	3 460.73	375.70	1 555.36	1 931.06
2012	490.20	5 529.96	6 020.16	471.00	2 842.60	3 313.60
2013	927.80	2 679.95	3 607.75	699.30	2 459.82	3 159.12
2014	934.00	1 729.13	2 663.13	700.00	2 606.29	3 306.29
2015	480.16	1 627.22	2 107.38	597.70	1 680.78	2 278.48
2016	553.00	768.80	1 321.80	470.90	858.99	1 329.89
2017	126.00	562.00	688.00	272.20	624.40	896.60
总计	6 303.16	27 219.47	33 522.63	5 031.96	22 267.97	27 299.93

第七节　学生工作

一、概述

2008～2018年,能源学院学生工作在以前工作经验的积累与积淀下,形成了能源学院学生工作目标体系,即"3145"工作模式。

坚定一个目标。按照面向现代化、面向世界、面向未来的要求,全面贯彻党的教育方针,坚定培养德智体美全面发展的社会主义合格建设者和可靠接班人的总目标。

树立一个中心。坚持教育学生以学习为中心,培养学生良好的专业基础素质和先进文化素质,持续开展学风建设,将学生形成良好学习风气和习惯作为工作的中心。

强化一个思路。坚持育人为本、德育为先。用马克思主义最新理论成果和社会主义核心价值体系引领学生思想,引导学生形成正确的世界观、人生观和价值观。

坚持四个为重。教育学生学会知识技能,学会动手动脑,学会生存生活,学会做人做事,全面加强和改进德育、智育、体育和美育。注重学生身体素质、心理健康、安全意识、审美情趣、人文素养、热爱劳动、能力锻炼、主动适应社会等各方面的培养。

立足五个加强。加强理想信念教育和思想道德教育,坚定学生对中国共产党领导、社会主义制度的信念和信心;加强以爱国主义为核心的民族精神和以改革创新为核心的时代精神教育,建立当代大学生的良好精神风貌;加强社会主义荣辱观教育,培养学生团结互助、诚实守信、遵纪守法、艰苦奋斗的良好品质;加强公民意识教育,树立社会主义民主法治、自由平等、公平正义理念,培养社会主义合格公民;加强中华民族优秀文化传统教育和革命传统教育,锻造具有鲜明民族特质和改革创新精神的优秀青年。

二、学生工作干部队伍

2008～2017年,学生工作人员发生了一定的变化,具体见表5-1-10。

表 5-1-10　　　　　　　　　2008～2017年学生工作主要负责人一览表

年　　份	负责人	学生工作干部名单
2008.01～2009.06	高朕栋	李大畏　孟媛媛　戴开文　刘　黎　岳宁芳
2009.07～2010.06	高朕栋	孟媛媛　戴开文　刘　黎　岳宁芳　郭胜忠
2010.07～2011.06	高朕栋	孟媛媛　戴开文　刘　黎　岳宁芳　郭胜忠　姚海燕(兼)
2011.07～2012.06	高朕栋	孟媛媛　戴开文　刘　黎　岳宁芳　郭胜忠　闵　斌　姚海燕(兼)　张艳丽(兼)
2012.07～2013.06	高朕栋	孟媛媛　刘　黎　郭胜忠　闵　斌　段绍斌　王　倩　姚海燕(兼)
2013.07～2014.06	高朕栋	孟媛媛　刘　黎　郭胜忠　闵　斌　段绍斌　王　倩　万　超　曹　月　姚海燕(兼)
2014.07～2015.06	高朕栋	刘　黎　郭胜忠　闵　斌　段绍斌　王　倩　万　超　曹　月　连晓旭　姚海燕(兼)
2015.07～2016.06	高朕栋	刘　黎　郭胜忠　闵　斌　段绍斌　王　倩　万　超　曹　月　连晓旭　袁　刚
2016.07～2017.06	高朕栋	闵　斌　段绍斌　万　超　连晓旭　王雪琪
2017.07～	高朕栋	段绍斌　万　超　连晓旭　王雪琪

2008～2017年,学生人数也发生了不断的变化,具体见表5-1-11。

表 5-1-11　　　　　　　　　　2008～2017 年学生人数统计一览表

人数/人 时间	本科生总数	硕士生总数	博士生总数	备注
2008.12	1 019	231	145	
2009.12	1 092	232	148	
2010.12	1 302	219	149	
2011.12	1 544	231	153	
2012.12	1 773	255	124	
2013.12	1 948	279	129	
2014.12	2 023	317	106	
2015.12	2 004	369	81	
2016.12	1 018	147	76	
2017.12	—	—	—	

三、招生和毕业生情况

2008～2017 年,学生招生和毕业情况具体见表 5-1-12。

表 5-1-12　　　　　　　　　　2008～2017 年招生和毕业人数统计一览表

人数/人 时间	本科生总数		硕士生总数		博士生总数		备注
	招生	毕业	招生	毕业	招生	毕业	
2008	298	245	66	56	—	—	
2009	358	287	74	73	21	18	
2010	415	208	83	89	19	18	
2011	463	220	78	68	17	13	
2012	522	303	94	70	20	18	
2013	537	362	107	81	22	17	
2014	493	413	119	78	22	17	
2015	451	463	144	91	20	12	
2016	204	318	42	51	12	5	
2017	200	332	67	47	12	7	

第二章　安全科学与工程学院

第一节　发展历程及学院概况

一、发展历程

(一)学院发展历程

1938年,学院前身为国立西北工学院矿冶工程系通风安全教研组;1957年,成立西安交通大学采矿系通风安全教研室;1958年,成立西安矿业学院采矿系通风安全教研室;1984年,获批设立矿山通风与安全本科专业;1998年,成立西安矿业学院采矿系安全工程系教研室,教育部将矿井通风与安全专业调整为安全工程专业;2002年,成立西安科技学院能源学院安全工程系;2008年,获批设立消防工程本科专业(与陕西省消防总队共建);2014年,增设消防工程系;2016年,西安科技大学安全科学与工程学院成立(设安全工程系、消防工程系),获批成立安全监管监察学院(西安),与安全科学与工程学院合署办公。

(二)学科发展历程

1938年,本学科前身为国立西北工学院矿冶工程系通风安全方向;1974年,发起召开第一届全国煤炭高校通风安全年会;1985年,开始招收矿山通风与安全方向硕士研究生;1993年,矿山通风与安全专业获硕士学位授予权;1998年,安全技术及工程学科被评为陕西省重点学科,获安全技术及工程博士学位授予权(学校首个博士点);2002年,安全技术及工程学科被评为国家重点学科;2003年,安全工程专业被评为陕西省名牌专业;2007年,安全工程专业被确定为首批国家特色专业建设点;2011年,调整为安全科学与工程一级学科,安全工程专业被确定为教育部"卓越工程师"计划实施专业;2012年,获批"安全科学与工程"博士后科研流动站;2017年,安全科学与工程学科列为陕西省A类优势学科,安全工程专业入选陕西省一流专业建设项目,消防工程专业入选陕西省一流专业培育项目;2017年,安全科学与工程学科在全国第四轮学科水平评估中获评"A－"。

二、学院概况

西安科技大学安全科学与工程学院(简称安全学院)的前身是1938年成立的国立西北工学院矿冶系矿井通风与安全学科。2016年4月,安全工程系、消防工程系合并组建安全科学与工程学院,80年来历经国立西北工学院矿冶系、西安交通大学采矿系、西安矿业学院采矿系、西安科技大学能源学院、西安科技大学安全科学与工程学院,是学校办学历史最悠久、实力最雄厚的教学单位之一。

自1938年西北工学院汇集北洋大学工学院和私立焦作工学院的采矿冶金科成立矿冶系开始,矿井通风与安全即作为该系重要学科分支而逐渐发展壮大,于1957年成立通风安全教研室,是国家最早成立的安全技术及工程类专业教研室之一。1984年矿山通风与安全本科专业正式招生,1985年开始招收矿山通风与安全方向的硕士生,1993年安全技术及工程学科获得硕士学位授予

权,1998年获评陕西省重点学科,1998年安全技术及工程学科获博士学位授予权,2000年本学科所在的矿业工程一级学科获得当时西部地区唯一的博士学位授予权,2002年安全技术及工程被批准为国家重点学科,这是当时国家安全工程领域仅有的两个国家重点学科之一,2003年设立矿业工程学科博士后科研流动站,安全技术及工程学科依托其培养博士后;2008年获批设立消防工程专业。2012年获安全科学与工程一级学科博士后科研流动站;2014年成立消防工程系。2016年10月,学校由国家安全生产监督管理总局批复设立安全监管监察学院(西安),与安全学院合署办公。学院现已建成国内安全类专业人才培养层次、培养类型最齐全的培养体系,是国家安全科学与工程类人才培养、科学研究和社会服务的重要基地。

学院设有安全工程和消防工程2个本科专业(系),现有教职工92人,其中专任教师60人,实验室教师14人,学生思想政治辅导员5人,行政管理人员13人;教师队伍中教授(研究员)17人、副教授26人,具有博士学位者52人;现有在读博士研究生61人,全日制硕士研究生259人,非全日制硕士研究生165人,本科生880人(截至2018年3月)。教师队伍中现有国务院学位委员会学科评议组成员1人,"长江学者"特聘教授1人,享受国务院政府特殊津贴人员4人,国家"万人计划"科技创新领军人才1人,中国青年科技奖获得者1人,全国先进工作者(劳模)1人,新世纪百千万人才工程国家级人选3人,中青年科技创新领军人才1人,"教育部新世纪优秀人才支持计划"人选2人,国家安全生产专家1人,全国安全文化专家1人。

学院拥有1个国家级教学团队、1个教育部"长江学者和创新团队发展计划"创新团队和1个陕西省重点领域科技创新团队;拥有国家矿山救援技术西安研究中心、西部矿井开采及灾害防治教育部重点实验室、煤火灾害防治陕西省重点实验室、西部煤矿安全教育部工程研究中心、陕西省工业过程安全及应急救援工程技术研究中心、陕西省热动力灾害防治国际联合研究中心等6个省部级科研平台,以及国家级煤矿开采与安全工程实践教育中心、国家级应用型安全技术及工程人才培养模式创新实验区、陕西省虚拟仿真实验教学中心等3个省部级教学平台,为高层次人才培养、科学研究和社会服务提供了优良的条件和环境。

在侯运广、唐海清、贺敦良、刘冠姝、李新东、常心坦、徐精彩等具有深厚学术造诣和良好师德风范的几代带头人的带领和培养下,经过数十年的建设与发展,学院凝练形成了煤火科学与防控、矿井通风与瓦斯灾害防治、矿山设备安全与救援、安全管理与安全系统工程、气体与粉尘爆炸、智慧消防等特色鲜明的研究方向。近年来,学院先后承担或完成国家自然科学基金重点项目、国际合作等国家级项目30余项,省部级项目40余项,企业委托科研项目200余项,取得了一批标志性科研成果,获国家科技进步奖3项,省部级科技进步一、二等奖10余项;获国家级教学成果奖2项;出版教材及著作90余部,发表学术论文千余篇,获国家发明专利50余项。学院自主研发的相关技术和产品应用于全国近千家煤矿、国家矿山救援基地和企业救护队,并出口美国、俄罗斯、孟加拉等国。

第二节　组织机构

学院各组织机构设置见图5-2-1,党委成员与行政领导组成情况见表5-2-1和表5-2-2。

表5-2-1　　　　　　　　　　　2016～2017年党委成员组成情况一览表

年份	党委书记	党委委员
2016.04～	杜　勇	邓　军　田　园　文　虎　罗振敏

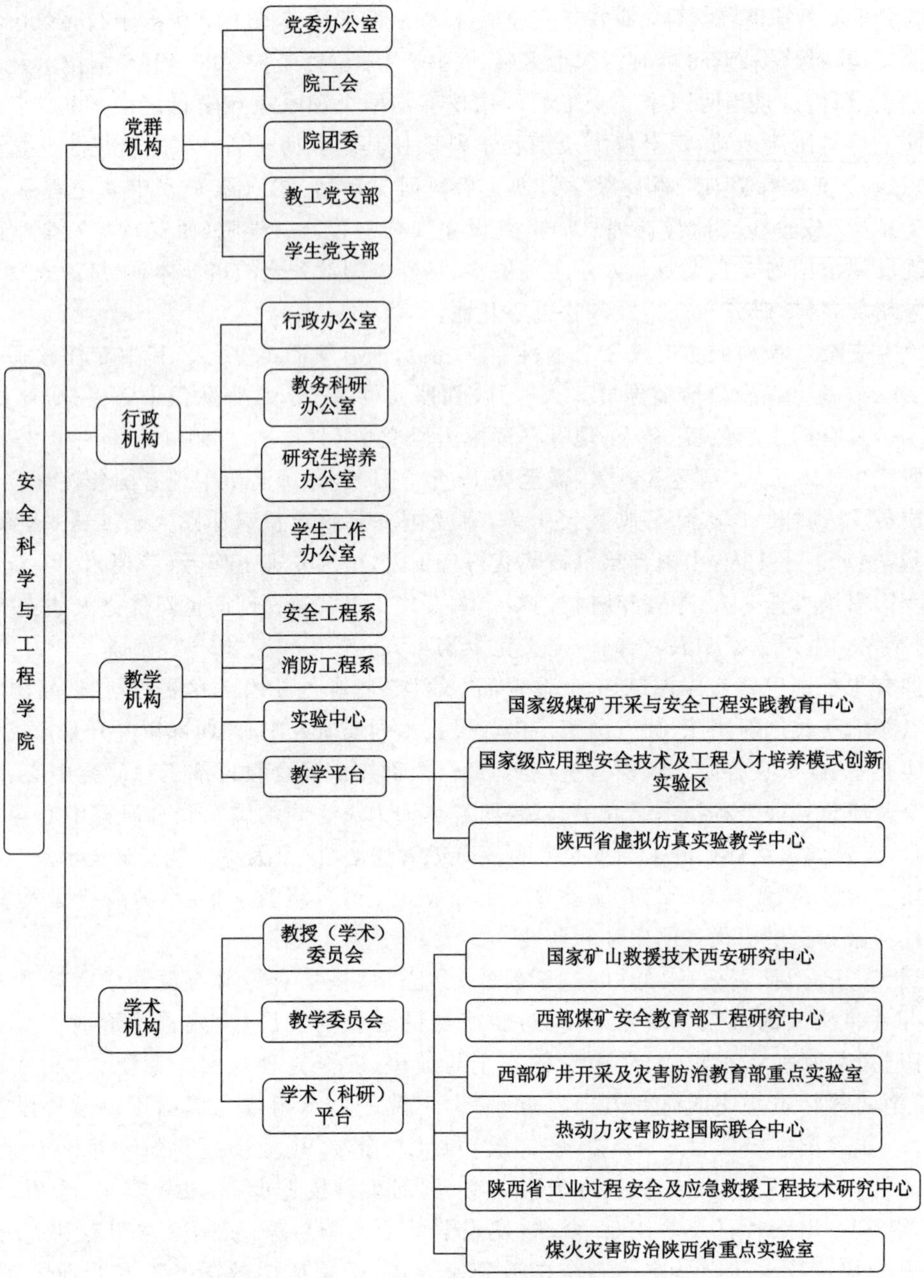

```
                              ┌─── 党委办公室
                              │
                              ├─── 院工会
                       党群    │
                       机构 ───┼─── 院团委
                              │
                              ├─── 教工党支部
                              │
                              └─── 学生党支部

                              ┌─── 行政办公室
                              │
                       行政    ├─── 教务科研
                       机构 ───┤    办公室
                              │
                              ├─── 研究生培养
安                            │    办公室
全                            │
科                            └─── 学生工作
学                                 办公室
与
工                            ┌─── 安全工程系
程
学                            ├─── 消防工程系
院                     教学    │
                       机构 ───┤    实验中心 ──┬── 国家级煤矿开采与安全工程实践教育中心
                              │              │
                              └─── 教学平台 ──┼── 国家级应用型安全技术及工程人才培养模式创新
                                             │    实验区
                                             │
                                             └── 陕西省虚拟仿真实验教学中心

                              ┌─── 教授(学术)
                              │    委员会 ─────── 国家矿山救援技术西安研究中心
                              │
                              ├─── 教学委员会 ──── 西部煤矿安全教育部工程研究中心
                       学术    │
                       机构 ───┤              ┌── 西部矿井开采及灾害防治教育部重点实验室
                              │              │
                              └─── 学术(科研)──┼── 热动力灾害防控国际联合中心
                                   平台       │
                                             ├── 陕西省工业过程安全及应急救援工程技术研究中心
                                             │
                                             └── 煤火灾害防治陕西省重点实验室
```

图 5-2-1　学院各组织机构设置

表 5-2-2　　　　　　　　　　2016～2017 年行政领导成员组成情况一览表

年份	院长	副院长
2016.04～	张铁岗(院长) 李树刚(执行院长)	邓　军(常务副院长) 文　虎　罗振敏　林海飞　曹　鸿(行政副院长)

第三节　师资队伍

　　学院下设安全工程、消防工程两个系和一个实验中心,现有教职工 92 人,其中专任教师 60 人,

实验室教师 14 人，学生思想政治辅导员 5 人，行政管理人员 13 人（其中安监学院 6 人）。学院 2016～2017 年教职员工职称结构见表 5-2-3，2017 年在岗教职员工职称结构见表 5-2-4。

表 5-2-3　　　　　　　　　　　**2016～2017 年教职员工职称结构**　　　　　　　单位：人

年份	正高级	副高级	中级	初级	其他	总人数
2016	15	19	41	6	3	84
2017	17	26	46	3	0	92

表 5-2-4　　　　　　　　　**2017 年在岗教职员工职称结构一览表**　　　　　　　单位：人

单　位	教师系列					工程系列				合计
	教授	副教授（高级讲师）	讲师	助教	小计	教授级高级工程师	高级工程师	工程师	助理工程师	小计	
安全工程系	11	13	13	0	37	—	—	—	—	—	37
消防工程系	6	7	10	0	23	—	—	—	—	—	23
实验中心	—	—	—	—	—	—	3	9	2	—	14
思想政治辅导员	—	—	4	1	5	—	—	—	—	—	5
行政管理	—	1	4	0	5	—	2	6	0	8	13
总　计	17	21	31	1	70	—	5	15	2	22	92

（截至 2017 年 12 月）

第四节　本科教育

学院现有安全工程和消防工程两个本科专业，其中安全工程专业含有安全工程（卓越班）。

一、专业设置

（一）安全工程专业

安全工程专业依托安全科学与工程一级学科，师资力量雄厚，办学条件优越，有良好的社会声誉和广阔的发展前景，已形成本、硕、博完整的人才培养体系。1998 年教育部将矿井通风与安全专业调整为安全工程专业，2003 年被评为陕西省名牌专业，2007 年被确定为首批国家特色专业建设点，2011 年被确定为教育部"卓越工程师"计划实施专业，2013 年入选第一批国家级专业综合改革试点，同年通过教育部"工程教育本科专业认证"。

（二）消防工程专业

消防工程专业依托安全科学与工程国家重点学科设立，2009 年招收第一届本科生，2014 年与陕西省公安消防总队、陕西省消防协会签订共建协议，是西北地区唯一的消防工程专业本科人才的培养单位。

消防工程专业教学科研平台主要依托于陕西省重点实验室、陕西省工业过程安全工程中心和国家矿山救援中心，目前科研方向主要包括智慧消防、工业火灾理论及防治技术、危化品及可燃粉尘火灾爆炸危险特性、建筑火灾特性、阻燃材料及消防安全评估等。

二、教育教学研究

学院积极探索面向国家经济发展的新动向、结合未来安全生产需要和当前安全工程人才培养方式,突破院系壁垒,构建多学科交叉融合的安全工程复合型人才培养体系,在培养方案、培养模式、产学研协同育人、国际化视野等方面进行探索和实践,为全国高校安全工程专业人才培养提供新模式及推广经验。李树刚教授主持的"面向新经济的安全工程专业人才培养体系探索与实践"项目获教育部首批"新工科"研究与实践项目立项。

学院以教育教学改革项目为抓手,不断提高教师教学水平,以进一步提高人才培养质量和管理水平。近年来学院共获得各类教学成果奖 25 项,其中国家级奖 2 项,省部级奖 11 项,其他获奖 12 项,学院教师共承担教学改革项目 34 项,其中省级项目 1 项,获批精品课程 7 项。

三、教材建设

近年来,学院教师积极开展教材建设工作,共出版教材与专著 90 余部。

四、实践教学及创新创业教育

学院努力培养创新能力强、适应经济社会发展需要的高质量各类型工程技术人才,组建了学院大学生创新创业中心以及"安全工程协会"、"消防工程协会",依托安全科学与工程国家重点学科平台,全面提升学生实践及创新创业能力。2016～2017 年,学院大学生创新创业训练计划项目立项 23 项,其中国家级 3 项,省部级 3 项。

第五节　研究生教育

一级学科:安全科学与工程。安全科学与工程是一门涉及生命、自然、技术、社会和系统等要素,并以人为中心的综合学科,涉及自然灾害、事故灾难、职业健康、公共卫生、社会安全等多个领域,重点围绕安全系统、突发事件、承灾载体、应急管理及其相互作用等开展研究。本一级学科涵盖安全科学、安全技术、安全系统工程、安全与应急管理、职业安全健康、矿山灾害力学、安全信息系统及工程 7 个二级学科。

学校安全科学与工程学科源于 1938 年国立西北工学院矿冶系的矿井通风与安全教研组,1985 年开始培养矿井通风与安全方向研究生,1993 年获安全技术及工程硕士学位授予权,1998 年获安全技术及工程博士学位授予权,2003 年开始培养消防科学与技术方向的硕士研究生,2004 年依托矿业工程一级学科博士后科研流动站开始培养博士后人员,2011 年调整为安全科学与工程一级学科博士后科研流动站,是西部第一个安全类博士学位授权点,全国首批两个安全类国家重点学科之一,具体批准时间见表 5-2-5,各学科研究生导生见表 5-2-6。

表 5-2-5 一级学科博士点、一级学科硕士点批准时间

学科名称	所在院系	国家重点学科	博士后流动站	一级学科博士点(＊个)批次/批准时间	博士点(＊个)批次/批准时间	一级学科硕士点(＊个)批次/批准时间	硕士点(＊个)批次/批准时间
安全科学与工程	安全学院	2002	2012	1/1998	1/1998	1/1993	1/1993

表 5-2-6　　　　　　　　　　　　2016～2017 年研究生导师一览表

专业\年份	博士生导师	硕士生导师					
	安全科学与工程	安全科学	安全技术	安全系统	安全与应急管理	职业安全健康	矿山灾害力学
2016	张铁岗 袁 亮 李树刚 邓 军 文 虎 田水承 陈晓坤 张天军 何学秋 罗振敏	张辛亥 程文东 肖 旸 翟小伟 张嬿妮 张玉涛 严 敏 张 超	张俭让 魏引尚 林海飞 吴奉亮 杨守国 王红刚 刘纪坤 肖 鹏 赵鹏翔 王秋红 任海峰 刘长春	金永飞 郑学召	成连华 王建国 李 磊	许满贵 蔡周全 马 砺 张玉涛 王秋红	潘红宇 刘 超 金洪伟 徐 刚
2017 新增	林海飞 范京道	程方明 王彩萍 王 凯 丁 洋	张京兆		王 莉		

注：列在博士生导师名单中的教师均同为硕士生导师，在硕士生导师名单中不再列出。

　　学院拥有国家级教学团队、教育部创新团队、陕西省重点科技创新团队等科研教学团队，拥有西部矿井开采及灾害防治教育部重点实验室、国家矿山救援西安研究中心、西部煤矿安全教育部工程研究中心、陕西省煤火灾害防治重点实验室、陕西省工业过程安全与应急救援工程技术研究中心、热动力灾害防治国际联合研究中心等科研平台，拥有国务院学位委员会学科评议组成员、教育部长江学者特聘教授、百千万人才工程国家级人选、国家突出贡献中青年专家、中青年科技创新领军人才、全国先进工作者、教育部新世纪优秀人才、全国安全文化专家等高层次人才，与美国、德国、澳大利亚、波兰、日本、挪威等国家高校和科研院所建立了研究生联合培养平台，是我国安全科学与工程高层次人才培养和科学研究的基地。

　　二级学科：安全科学。安全科学的研究方向为人们在生产和生活中，生命和健康得到保障，身心与相关设备、财产以及事物免受危害等，揭示安全的客观规律并提供学科理论、应用理论和专业理论。本学科经长期发展形成了煤火科学与防控理论、矿井通风与瓦斯灾害防治理论、气体与粉尘爆炸机理与动力学、热动力灾害防控理论、灾害评价理论与方法等特色鲜明的研究方向。在煤火灾害机理、煤火灾害动力学与预测技术、煤火灾害探测预警技术、煤火灾害防控理论、煤火灾害引起的环境问题研究、矿井火灾防治技术、矿井通风系统优化及模拟软件开发、矿井瓦斯与火灾综合防控理论、矿井流-固-热-化耦合致灾机理与模拟、煤与瓦斯共采理论与技术、矿井防灭火材料、工艺与设备开发、气体爆炸及抑爆机理、矿井热动力灾害热棒移热防控理论、灾害评价理论与方法等方面进行了大量深入研究与开发工作，取得了一系列在国内外具有重要影响的学术成果，部分成果总体达到国际领先水平。

　　二级学科：安全技术。安全技术是研究解决安全问题的工程技术、装备、设施、系统和过程的一门学科。其任务是基于灾害事故规律，研究控制风险、预防灾害事故发生和减少灾害事故损失的预测、预防、预警与应急等关键技术及其集成。本学科经过多年的建设和发展，形成了煤火灾害防控、煤与瓦斯共采、应急救援与管理、矿井通风安全监控与计算机模拟等特色鲜明的研究方向。在煤火

灾害隐患识别与防控技术、煤矿安全监测监控实时在线分析系统、矿山救援可视化指挥装置、生命信息钻孔探测系统、煤与瓦斯安全共采技术、围岩灾害监测与控制技术、矿山动力灾害控制技术、安全风险防控技术等方面进行了大量富有成效的研究与开发工作,取得了一系列在国内外具有重要影响的学术成果。

二级学科:安全系统工程。安全系统工程是综合运用系统论、运筹学、概率论、决策论、数理统计、控制论以及安全科学理论等知识,来研究安全系统的分析、规划、设计、组织、管理、评价与控制等问题的学科。其研究内容主要有危险的识别、分析与事故预测;消除、控制导致事故的危险;分析构成安全系统各单元间的关系和相互影响,协调各单元之间的关系,取得系统安全的最佳设计等。安全系统工程的理论基础是安全科学和系统科学,追求的是整个系统的安全和系统全过程的安全,目的是使生产条件安全化,使事故减少到可接受的水平。本学科经过多年的建设和发展,形成了矿山安全系统和灾区信息侦测、数据挖掘、分析、评价、优化理论与方法、建模仿真等特色鲜明的研究方向。在矿井通风系统安全可靠性分析、瓦斯与煤火灾害耦合致灾防控技术体系构建、矿山应急救援体系建设、煤矿热动力灾害应急指挥与决策、矿山救援灾区信息侦测与应急处置关键技术等方面进行了大量富有成效的研究与开发工作,取得了一系列在国内外具有重要影响的学术成果。

二级学科:安全与应急管理。安全管理是为实现安全而组织和使用人力、物力、财力和环境等各种资源的过程。它利用计划、组织、指挥、协调、控制等管理机能,在法律制度、组织管理、技术和教育等方面采取综合措施,来避免发生伤亡事故,保证人的安全和健康,保证财产安全和生产顺利进行。应急管理是为应急的预防与准备、监测预警、救援处置和恢复重建等提供科学的管理理论和方法。本学科经过多年的建设和发展,形成了行为安全与安全管理,应急管理,安全经济分析与决策,安全管理理论与方法,风险管理与评价,应急决策与指挥,应急心理行为等特色鲜明的研究方向。在危险源理论、不安全行为机理与预防、煤矿险兆事件机理与组合干预对策、人员不安全行为实验、安全经济分析与决策、预警管理与应急决策、安全文化建设及评估等方面进行了大量富有成效的研究与开发工作,取得了一系列在国内外具有重要影响的学术成果。

二级学科:职业安全健康。职业安全健康是认识职业安全健康机制和规律,研究环境毒理与职业危害及其管理等理论和方法,为职业危害因素的辨识、科学评价、危害防控技术研究等提供理论基础和工程技术及管理的支持。其研究内容主要有:识别、评价、预测和控制不良工作条件中存在的职业有害因素,创造安全、卫生和高效的作业环境;工作中因环境及接触有害因素引起人体生理心理的变化;改善劳动条件、消除事故隐患、预防工伤事故和职业危害等所采取的组织措施和技术措施。本学科经过多年的建设和发展,形成了职业危害因素辨识评估与防控、粉尘防治、热害防治等特色鲜明的研究方向,在职业危害因素辨识与评估、泡沫除尘技术及工艺装备、深井温湿度独立控制降温系统、新型制冷剂及性能、井下人体热舒适度影响及指标、季节性井下热害形成机理及防治等方面进行了大量富有成效的研究与开发工作,取得了一系列在国内外具有重要影响的学术成果。

二级学科:矿山灾害力学。矿山灾害力学学科属于一级学科"安全科学与工程"下自主设置的目录外二级学科,是研究安全科学与工程领域材料与结构的变形、损伤、断裂和破坏的特征,流体介质的流动和相应的动量、能量和物质运输规律,离散系统的运动和演化规律及其数学建模和物理力学机理的学科。本学科经过多年的建设和发展,形成了煤岩体渗流机理及稳定性分析、矿山灾害力学机理及防控技术、煤层瓦斯抽采封孔装备材料及检测技术研究、煤岩体裂隙演化机理及监测技术、矿山工程结构动力学特性等特色鲜明的研究方向,特别是针对矿山安全生产重点领域的灾害事故发生力学机理及防控技术,动力学演化过程及其相关数学建模,煤岩体裂隙演化机理及监测技术研究及应用等方面进行了大量富有成效的研究与开发工作,取得了一系列在国内外具有重要影响的学术成果。

二级学科:安全信息系统。安全信息系统及工程属于一级学科"安全科学与工程"下自主设置的目录外二级学科,是研究信息系统及信息的安全与保密,安全风险信息的获取、融合、利用及其可视化技术的学科。本学科经过多年的建设和发展,形成了信息系统集成与网络信息安全、物联网与危险信息感知、智能信息处理与可视化等特色鲜明的研究方向。该学科围绕我国信息系统安全保障及煤炭企业信息化建设与安全生产管理中信息技术应用的关键技术,以信息安全、信息感知与可视化为特色,以信息系统为基础,研究信息系统中可能存在的安全威胁和信息泄漏问题,保障信息的存储、使用、传输安全;全面感知生产过程中的危险信息并提供可视化的监测和管理方法,为安全生产中的各类信息处理提供理论依据和技术保障;补充、丰富与发展安全科学与工程学科的内涵与外延,促进我校学科交叉,解决我国矿山安全生产和管理中的相关问题和技术难点,培养高水平信息技术人才,推动数字化和智能化矿山建设。本学科在这些方面进行了大量富有成效的研究与开发工作,取得了一系列在国内外具有重要影响的学术成果。

第六节 科学研究

一、概述

学院依托科研团队和科研平台积极开展科学研究工作,承担国家科技支撑计划项目、国家自然科学基金项目及国家级、省部级重点科技成果推广项目等纵向以及重大横向项目多项,具体见表5-2-7。2016~2017年,安全学院共承担各类项目145项,其中国家级项目17项,省部级项目28项,横向项目81项,项目经费3 000余万元,获得省部级以上科技奖励20余项,具体科研合同与到款经费情况见表5-2-8;在国内外核心期刊发表论文578篇,其中被SCI收录72篇,EI收录137篇;获得各级各项奖励11项;获准专利101项,其中发明专利52项。

学院积极开展国内外学术交流活动,活跃学术气氛,促进学科发展,2016~2017年,共邀请来自美国、英国、德国、波兰、澳大利亚、中国台湾等国家和地区的著名专家学者20余人次来学院进行学术交流,并派出60余人次参加国际学术会议,承办和协办10余次国际国内学术会议。

表 5-2-7　　　　　　　2016～2017 年纵向、横向项目分布情况一览表

年度	纵向课题/项							横向课题/项
	国家级	省部级	西安市	厅局级	校级	其他	合计	合计
2016	9	13	0	6	2	0	30	28
2017	8	15	0	7	4	0	34	53
总计	17	28	0	13	6	0	64	81

表 5-2-8　　　　　　　2016～2017 年科研合同与到款经费情况统计

年度	合同经费/万元			到款经费/万元		
	纵向	横向	合计	纵向	横向	合计
2016	475.6	977.0	1 452.6	599.2	812.5	1 411.7
2017	795.0	1 344.8	2 139.8	604.1	1 263.6	1 867.7
总计	1 270.6	2 321.8	3 592.4	1 203.3	2 076.1	3 279.4

二、科研团队介绍

(一)煤火灾害防治教育部创新团队

20世纪90年代初,徐精彩教授创建了煤火灾害防治科研团队。2008年该团队被评为"教育部创新团队",2012年被评为"陕西省重点科技创新团队"。目前,团队有固定人员28人,其中教授9名(含教育部"长江学者"特聘教授、陕西省"三秦学者"特聘教授1人,陕西省"百人计划"特聘教授2人),副教授7名,讲师6名,在站博士后5名。另外,团队还有在读博士研究生13名,硕士研究生90多名。团队先后承担或完成了国家"十一五"科技支撑计划项目、"973"计划前期研究专项、国家自然科学基金重点项目、国际科技合作项目、国家自然科学基金面上项目等省部级以上科研项目30余项,企业合作科研项目170余项,获国家科技进步二等奖2项,省部级科技进步一等奖9项、二等奖12项,获国家专利30多项,出版著作8部,发表学术论文500余篇,培养了10余名博士和200余名硕士。

(二)西部矿山煤与瓦斯安全共采研究团队

团队以西安科技大学安全科学与工程国家级重点学科为依托,现有成员26人,其中教授3人,副教授11人,讲师11人,工程师1人。团队拥有国务院学位委员会安全科学与工程学科评议组成员1人,百千万人才工程国家级人选1人,国家有突出贡献中青年专家1人,国家安全生产应急专家1人,陕西省教学名师1人,陕西省师德标兵1人,陕西省青年"百人计划"2人,陕西省青年科技新星2人,中国职业安全健康协会青年科技奖获得者1人。

近5年,团队先后承担国家自然科学基金科学仪器专项1项、国家"十一五"科技支撑项目子课题1项、国家自然科学基金面上及青年项目16项,省部级科研项目10余项,企业合作项目60余项;获国家教学成果二等奖2项,国家科技进步二等奖1项,省部级科技奖7项,发表高水平学术论文近200篇,其中SCI、EI收录50余篇,"领跑者5 000——中国精品科技期刊顶尖学术论文"1篇,获国家发明专利及实用新型专利50余项,软件著作权7项,出版专著及教材12部。

(三)通风安全研究团队

以常心坦为带头人的研发团队主要从事以复杂网络系统分析为基础的安全监控数据处理、安全风险预测与预警、系统隐患辨识与优化等安全工程的理论研究与工程实践活动,特别在矿山通风分析与优化、矿井通风瓦斯监控预警、火灾仿真分析、虚拟现实技术应用等领域独具特点。

(四)安全与应急管理团队

团队为专兼职结合的开放团队,现有成员10余人,其中教授2人(博导2人)、副教授4人、讲师4人、助工1人。团队成员60%具有博士学位。近年来,团队取得了丰硕的教学成果与科研成果,其中,"基于三类危险源的煤矿安全管理与安全投资决策理论与方法"等获陕西省科学技术奖2项,"西部工科地方院校大学生创新创业'3-4-3'教育模式研究与实践"等获陕西省教学成果一等奖、中国高等教育学会奖等奖项,在安全管理与行为安全、险兆事件管控理论与方法以及煤矿安全投资决策理论与方法等方面取得重要成果。

三、科研平台介绍

(一)陕西省煤火灾害防治重点实验室

实验室现有固定人员29人,其中教授7人,副教授5人,高级工程师1人,讲师7人,工程师8人;研究人员16人,技术及管理人员13人,具有博士学位人员18人。实验室拥有教育部创新团队1个,陕西省重点科技创新团队1个,教育部"长江学者"特聘教授1人,科技部中青年科技创新领军人才等各类人才称号25人次。

近五年,实验室承担国家及省部级重大科研项目27项,主要包括:国家自然科学基金重点项目

1 项、973 计划前期研究专项 1 项、国家自然科学基金面上及青年基金 17 项、中国博士后基金项目 5 项、教育部新世纪优秀人才支持计划项目 1 项、陕西省创新团队项目 1 项等。另外,实验室还承担企业委托项目近 50 项,总经费 6 000 多万元。

近五年,实验室获省部级科技进步一等奖 5 项、二等奖 8 项、三等奖 12 项;在国内外学术期刊发表论文 150 多篇,其中 SCI、EI 收录 38 篇;出版专著和教材 7 部,获国家发明专利授权 10 项,实用新型专利 70 项,软件著作权 2 项。

（二）国家矿山应急救援西安研究中心

研究中心队伍主要以西安科技大学安全学科的教授、副教授和博士为骨干,有长期固定研究人员 38 人。团队成员现已参加如山东平邑石膏矿坍塌事故救援、八宝煤矿瓦斯爆炸事故救援、内蒙古骆驼山透水事故救援、渭南澄合鑫合煤业"12·12"火灾事故救援与调查、陕西大佛寺瓦斯爆炸事故救援等大大小小各种矿山事故救援上百起。

（三）陕西省工业过程安全与应急救援工程技术研究中心

该研究中心是经陕西省科技厅批准,依托西安科技大学,联合陕西煤业化工集团有限责任公司、陕西精诚安全技术服务有限公司、西安捷锐消防有限责任公司、西安天河矿业科技有限责任公司共同建设的,是陕西省首家工业安全及应急救援领域科技创新与研发基地。

（四）西部煤矿安全教育部工程研究中心

该研究中心隶属于教育部,依托于西安科技大学,以西安科技大学安全技术及工程国家重点学科和教育部重点实验室为基础,凝聚煤矿安全领域学术骨干,形成结构合理、素质较高的技术创新团队和工程化队伍;重点在煤层火灾预警与防治、矿井通风与瓦斯灾害控制、围岩灾害预警与控制和应急救援与监控四个特色鲜明的研究领域,跟踪国际前沿,研发、集成和转化高水平的新技术和新产品;形成具有西部和煤炭行业特色的研发和中试基地,促进我国煤矿尤其是西部煤矿的安全技术进步。

（五）热动力灾害防治国际联合研究中心

该研究中心依托西安科技大学安全学院建设,以煤火灾害防治教育部创新团队成员为核心,于2016 年被陕西省科技厅授予国际科技合作基地称号,是安全科学领域的国际合作研究与创新平台。该中心由安全学院常务副院长邓军教授牵头,旨在有效发挥国际科技合作在扩大科技开放中的推动作用,发展"项目-基地-人才"相结合的国际科技合作模式,发挥国际科技合作对经济社会发展、科技进步与创新和对外开放的促进作用。

近年来,研究中心面向国内、国际进行了大量热动力灾害领域的跨国性学术交流与科技合作,与美国的西弗吉尼亚大学和密苏里科技大学、德国的弗莱贝格工业大学和慕尼黑工业大学、澳大利亚联邦科学与工业研究院、挪威米切尔森研究院、波兰克拉科夫矿业大学和中国台湾云林科技大学等知名机构建立和保持着紧密的合作,联合开展合作项目 10 余项。

四、实验中心

学院实验中心现已建设形成以煤矿安全为核心,涵盖油气化工安全、建筑消防安全等领域,从专业基础实验到专业实验再到专业特色实验,从演示验证型实验到综合设计型实验再到创新研究型实验的多层次多领域实验教学体系,包含热工测量、燃烧与阻燃测试 2 个专业基础实验平台以及矿井通风、煤火灾害防治、煤矿瓦斯防治、气体与粉尘爆炸、安全救护装备、安全人因工程、消防物证分析、火灾报警与联动控制 8 个专业实验平台。

第七节　学生工作

学院学生工作负责开展学生思想政治工作,进行理想、信念和道德修养教育;负责学院团组织

建设,指导院基层团组织开展工作;指导院学生会、研究生会和学生社团开展工作;组织、指导大学生开展社会实践、科技创新和校园文化活动;负责学生入党积极分子的教育、培养、考察与发展工作;负责学生评优、助困,做好学生的心理咨询、国防管理、就业指导等工作。学生工作办公室形成了由团委书记全面负责,辅导员、班主任具体落实的工作梯队。

学院现有学生工作专职干部6人,其中,副书记(主管副院长)1人,本科生辅导员4名,研究生辅导员1名。每个本科班级配备一名班主任,共计28人。2016年,学院增设专职研究生辅导员,强化了学生工作队伍建设,也进一步理顺了研究生教育管理的体制,确保学生思想政治教育的全覆盖。学院2016～2017年学生工作主要负责人见表5-2-9。

表5-2-9   2016～2017年学生工作主要负责人一览表

年份	负责人	学生工作干部名单
2016.06～2017.01	曹　鸿	郭胜忠　王　倩　曹　月　袁　刚　同　超
2017.01～	田　园	郭胜忠　王　倩　曹　月　袁　刚　同　超　姚海燕(2017.01～2017.11)

第八节　文化传承

一、学院精神

学院以创建国家一流学科为发展目标,围绕学校"胡杨精神",确立了"立地顶天"的学院精神。"顶天",就是要树立安全为天的理念,结合国家战略,积极拓展视野,紧抓科技前沿,培养一流人才,产出一流成果,为社会和人类发展创造价值;"立地",就是要脚踏实地,以人为本,严谨求实,志向远大,保证学院人才培养和科学研究紧密结合实际。

二、徐精彩精神

为了继承和发扬徐精彩教授"热爱祖国、服务人民、崇尚科学、辛勤劳动、艰苦奋斗"的精神,西安科技大学、相关企事业单位和徐精彩教授的弟子们积极倡导创建了"徐精彩基金",奖励品学兼优的学生和杰出的煤炭科技工作者,为推动煤炭事业做出了应有的贡献。2006年以来,学院共开展十二届"徐精彩奖学金"和三届"徐精彩青年教师奖"评选,受资助学生范围自最初的能源、地质、化工相关专业学生逐步扩展至全校范围,共评选出优秀的青年教师、研究生和本科生269名,发放奖金100多万元。

"徐精彩奖学金"和"徐精彩青年教师奖"的设立,在西安科技大学的人才培养过程中发挥着非常重要的导向和促进作用,实现了精神育人、奖励育人的积极目标,为学校营造良好育人环境做出了积极贡献。

第九节　西安科技大学安全技术培训中心

一、发展历程

2005年12月,安全技术培训中心获国家安全生产监督管理总局审批危险化学品类、非煤矿山类一级培训机构;2008年9月,成立西安科技大学安全技术培训中心;2009年9月,获国家安全生产监督管理总局审批煤炭类一级培训机构;2014 年 5 月,安全技术培训中心并入继续教育学院,并设立培训科及考试科;2016 年 6 月,安全技术培训中心并入安全科学与工程学院。

二、中心概况

安全技术培训中心是经国家安全生产监督管理总局于 2005 年 12 月审批确认的国家一级安全生产培训机构,主要承担煤矿、金属及非金属矿山、危险化学品的安全培训工作,是西北唯一的包含煤矿培训的国家一级安全培训机构。

中心自成立以来依托西安科技大学雄厚的教学和科研实力,坚持“面向西部经济社会发展,面向基层安全生产实践”的培训方针,主要举办高、中层次的安全监察、高级管理人员和安全技术人员的中、短期培训,承担地方行政管理人员及生产经营单位主要负责人和安全生产管理人员的安全技术培训,以及二、三级安全培训机构教师的培训和注册安全工程师的继续教育等培训任务,是西北地区颇具影响力的安全科学与技术人才教育和培训基地。

中心于 2010~2013 年连续四年获得陕西省煤矿安全培训先进集体荣誉称号,在 2012 年举办的第一届全国安全培训教师讲课比赛中,田水承教授代表中心参赛并获得二等奖。安全技术培训中心始终发扬“励志图存,自强不息”的胡杨精神,坚持“面向西部经济社会发展,面向基层安全生产实践”的培训方针,为发展西部地区和陕西的安全培训事业做出更大的贡献。

三、人员组成

安全技术培训中心 2005~2017 年管理人员组成情况见表 5-2-10。

表 5-2-10　　　　　　安全技术培训中心 2005~2017 年管理人员组成情况

年　份	主　任	副主任	成　员
2005~2008	李树刚(兼)	王贵荣　程文东　张俭让	许满贵　林海飞　成连华　李　莉
2008~2009	韩江水(兼)	程文东(常务)　沙保胜	许满贵　易永忠　张　进
2009~2014	韩江水(兼)	程文东　张加林	张　威　任周荣　张　进　许满贵　肖　鹏　高晓旭　易永忠
年　份	主　任	副主任	培训科　　　　　考试科
2014~2016	杨梅忠	程文东　张加林	薛荣虎　　　　　郭何明
2016.04~	邓　军	林海飞　曹　鸿　张加林	薛荣虎　　　　　郭何明

第三章 建筑与土木工程学院

第一节 学院沿革及概况

建筑与土木工程学院的前身是西安矿业学院采矿工程系矿井建设专业,1959年9月,矿井建设专业正式招生。

西安矿业学院矿井建设专业开设初期为五年制本科建制,1964年第一届学生顺利毕业。其后,矿井建设专业的发展在"文化大革命"中受到影响,于1972年学校恢复招生,采矿系组建了矿井建设专业委员会,每年招收1～2个班。1978年,国家恢复高考后的第一届(1977级)学生进校,从此,矿井建设专业步入了正轨。随着高等教育事业的蓬勃发展,在原有矿井建设专业的基础上,学校于1988年开设了工业与民用建筑专业,于2002年成立了建筑与土木工程学院。之后,相继增设了岩土工程专业、市政工程专业、防灾减灾工程及防护工程专业、桥梁与隧道工程专业及建筑与城市绿化环境等专业,从此,建筑与土木工程学院的专业教学步入了正轨。

在"文化大革命"时期,矿井建设专业教师仍然坚持教学,坚持深入实践一线,开展科学研究,并取得大量科学研究与应用成果。矿井建设专业教师参与的铜川下石节矿斜井施工创造了世界纪录;参加湖南桥头河二号主井施工创造全国主井快速施工纪录;在光面爆破、锚喷支护等方面取得了显著的理论研究与应用成果,创造了斜井快速施工世界纪录。这些工作后来都得到了原煤炭工业部的嘉奖,井巷教研室被评为全国煤炭行业百面红旗单位,矿井建设专业成为西安矿业学院的强势专业。

1978年矿井建设专业教师王廷武负责的项目"立井深孔光面爆破",李赤波、刘怀恒、何唐镛等负责的项目"锚喷支护技术和材料"在全国科学大会上获奖;1978年西安矿业学院采矿系井巷教研室在西安发起并召开了第一届全国高等学校矿井建设专业学术会议,从此开始了每两年一次的高校建井年会,为加强煤炭高校及全国同行的教学、科研及学术交流提供了平台;1979年陕西省煤炭学会在我校设立矿井建设专业委员会,杜玉枝教授担任主任;同年矿井建设专业首次招收硕士研究生;1984年经国家教委批准,矿井建设专业获得硕士学位授予权;1984年西安矿业学院采矿系决定成立建井工程研究室;1988年工业与民用建筑专业招生;1989年以井巷工程教研室和建筑工程教研室为基础,正式组建成立了建筑工程系。

在矿井建设专业的发展历程中,井巷工程教研室起到了极其重要的作用,为建筑与土木工程学院后来的发展奠定了坚实基础。西安矿业学院采矿系井巷工程教研室成立于1958年,是一个多学科的综合教研室,承担矿井建设专业所有专业课程和部分专业基础课程的教学任务,开设有井巷工程、特殊凿井、钻眼爆破、岩石力学、结构力学、建筑材料、工程结构以及采煤专业的井巷工程开拓等课程。

井巷工程教研室有20多名老中青教师、实验室人员及其他人员,先后为我国的煤炭事业培养了一批又一批的专业技术人才,这些毕业生早已成为矿井建设,特别是西北煤炭建设的主力军和骨干力量。教研室全体人员团结、努力,在教学、科研和实验室建设中取得了显著的成绩,1982年被原煤炭工业部授予"煤炭系统全国百面红旗"单位,当时的教研室党支部书记何德福同志代表教研室两次进京参加了全国煤炭系统先进集体、英模表彰大会,并受到党和国家领导、原煤炭工业部领导的接见,这是当时全国煤炭高等院校唯一的"煤炭系统全国百面红旗"单位,它既是井巷工程教研室全体同志的崇高荣誉,也是学院师生的自豪和骄傲。

1989年建筑工程系成立时,仅有井巷工程、建筑工程两个教研室和一个建井研究室;有矿井建设、工业与民用建筑两个本科专业和工业与民用建筑专科专业;另有矿山建设工程硕士点,全系教职工45名,其中教授4名,副教授5名,讲师及工程师18名。

建系初期,根据国家教育改革发展的形势与要求,学校对两个本科专业教学计划进行了修订,增加了基础理论和计算机信息化的教学内容,着重对矿井建设专业的教学计划进行了方向拓宽和修订,使该专业学生知识面得到进一步拓展,毕业后适应社会的能力进一步增强,由此也迎来了建工系快速发展阶段。

1994年西安矿业学院获准设立了建筑装饰技术专科专业,1995年开始招生;同年,根据当时的形势和有关要求,矿井建设专业与采矿系的采矿工程、通风安全工程专业合并,实行采矿类招生;1997年国家专业目录调整,建筑工程系矿井建设、工业与民用建筑专业归属土木工程专业;1998年经国家教委批准设立了五年制的建筑学本科专业,2000年批准设立了艺术设计本科专业,从而使建筑工程系本科专业扩大到3个,即土木工程、建筑学和艺术设计专业。2004年5月,艺术设计专业从学院分出,与工业设计专业合并成立了艺术系。

1994年学校以矿山建设工程学科为基础申报岩土工程硕士点,1995年获国家学位委员会批准。1997年在专业目录调整中,矿山建设工程学科硕士点调整为结构工程学科硕士点,同年成功申报岩土工程学科硕士点,2000年西安科技学院申报防灾减灾工程及防护工程学科硕士点并获得成功,建筑工程系的硕士点达到3个。

科研方面,建筑工程系全体教职工,既坚持在学术上不断拓宽方向,扩大学科的对外影响,又坚持深入现场,围绕生产一线的实际工程问题开展课题研究,完成科研项目的层次有了明显的提升,项目数量、经费数都有了很大增长;科研获奖档次与数量、发表论文的级别与数量,以及出版著作、教材等方面都有了较快的发展,各项工作均出现了喜人的局面,学科发展迈上了新台阶。

1989年建筑工程系在西安成功举办了第10届全国高等学校矿井建设专业学术会;1993年5月,在刘怀恒教授等同志的不懈努力下,受国际岩石力学计算机方法及发展协会(IACMAG)的委托,建筑工程系协助西安矿业学院成功承办了"计算机方法在岩石力学及工程中的应用"国际学术讨论会;1997年建筑工程系获准为全国工程建设监理定点培训院校;1999年9月,建筑工程系承办了第19届全国高等学校矿井建设专业学术会。2014年11月,建筑与土木工程学院协助西安科技大学联合中国岩石力学与工程学会教育工作委员会成功承办了"第三届国际岩石力学青年学者论坛",这些活动激发了全系(院)广大教职工的工作热情,扩大了对外的影响力和知名度。

多年来,建筑工程系狠抓学生的素质教育,把加强学风建设当作教学和学生管理工作的重要内容,鼓励学生积极参加各类科技论文、数学建模等多种课外科技作品竞赛活动,使学生综合素质得到明显提高,科技创新方面取得了丰硕成果;本科生英语四级通过率曾连续三年全校第一。1990级工业与民用建筑专业陈涛同学获陕西省"新长征突击手"荣誉称号,1993级建筑工程专业的孙彩云同学获孙越崎奖学金;1993级吕树峰、孙彩云同学荣获"煤炭部优秀大学生"称号;1994级郭晓华、黄建文两次获全国大学生数学建模竞赛二等奖,1995级建筑工程专业蔡锋、王永红同学获陕西省"优秀大学毕业生"称号;1997年黄建文、米春景的论文《隔震建筑结构地震动力响应时程分析》获陕西省课外科技论文竞赛二等奖;郭小华、来海峰的论文《钢筋混凝土材料粘弹性各向异性损伤有限元法》获全国"挑战杯"大学生课外科技论文竞赛鼓励奖;王飞舟在两届煤炭工业部大学生运动会中获跳高第一名,并在第二十届陕西省大学生运动会上获同组跳高第一名的优异成绩。

20世纪90年代初期,建筑工程系的师资队伍建设得到了较快的发展,张奇、王芝银、李永和、王晓利、杨更社等为代表的一批中青年骨干教师脱颖而出,他们奋发图强、努力拼搏,在教学科研中

取得了突出成绩,在发表学术论文、科研获奖、完成科研项目、获得国家专利等方面表现突出,在国内同行中有较高知名度。

2002年9月9日,根据西安科技学院《关于成立能源学院、建筑与土木工程学院的决定》(西科字〔2002〕93号),撤销建筑工程系建制,在原建筑工程系的基础上组建成立建筑与土木工程学院。自此,建筑与土木工程学院诞生。

学院现有教职工139人,其中教师115人,实验中心及行政人员24人。教师队伍中博士生导师10人,硕士生导师38人,教授13人,副教授34人,高级工程师2人,"三秦学者"特聘教授1人,入选教育部"新世纪优秀人才支持计划"1人,岩土工程系获"全国煤炭工业先进集体"称号。学院在校生达到2 013人,其中博、硕士研究生277人,本科生1 736人。近年来,学院完成和承担大量国家及省、部级各类纵向项目,形成了比较鲜明的学科特色。学院重视学生的素质教育和创新能力培养,积极开展各类课外科技学术竞赛活动,取得了优异的成绩,并培养出一大批具有基础扎实、敬业奉献、吃苦耐劳的优良传统的深受用人单位欢迎的专业人才。

第二节　组织机构

学院组织机构设置见图5-3-1,历届党委成员组成情况见表5-3-1,历届行政领导成员组成情况见表5-3-2。

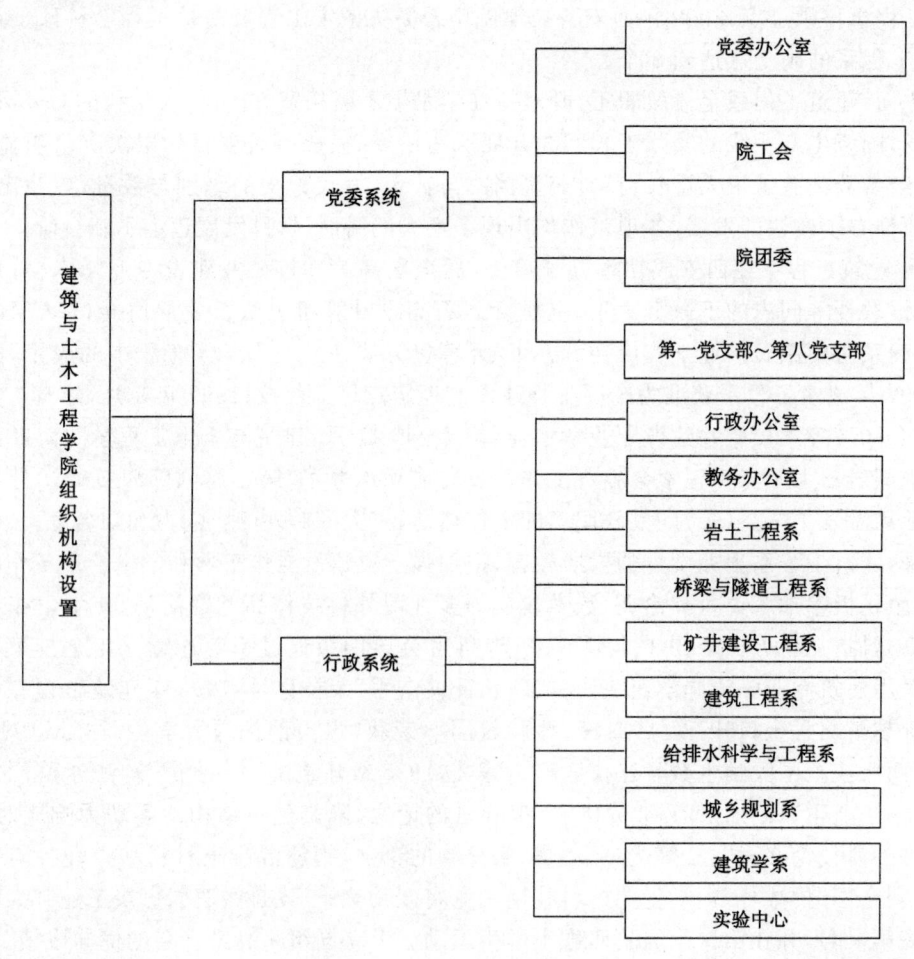

图5-3-1　学院组织机构设置

表 5-3-1   建工学院历届党委成员组成情况一览表

年份	党委书记	党委副书记	党委委员
1989～1993	周联侠	周联侠 姜良成 朱旭风	韩庆达 路庆忠
1993～1994	路庆忠	朱旭风	赫跃天 张福林
1994～1996	路庆忠	石 磊	张福林
1996～1998	路庆忠	石 磊	李永和
1998～1999	石 磊		李永和 杨更社
1999～2000	石 磊		杨更社
2000～2001	石 磊	刘文刚	郭秉山 戴 俊
2001～2002	石 磊	刘文刚	郭秉山 戴 俊 曹 萍
2002～2004	苏更生	刘文刚	谷拴成 邹仁华 邸 芃
2004～2005	苏更生	奚家米	谷拴成 邹仁华 邸 芃
2005～2006	苏更生	奚家米	谷拴成 邸 芃
2007～2008	苏更生	李建明	谷拴成 邸 芃
2008～2009	苏更生	李大骞	谷拴成 邸 芃
2010～2014	李政平	李大骞	谷拴成 邸 芃 陈新年
2014～2016	程文东	李大骞	戴 俊 陈新年 叶万军
2016～2017	张冬生	齐 垚	戴 俊 邱继生 叶万军

表 5-3-2   建工学院 1989～2017 年行政领导成员组成情况一览表

年份	院长	副院长
1989～1990	杜玉枝	韩庆达
1990～1993	刘怀恒	韩庆达 路庆忠
1993～1994	赛云秀	赫跃天 张福林
1994～1996	赛云秀	张福林
1996～1998	张福林	李永和
1998～1999	王芝银	李永和 杨更社
1999～2000	王芝银	杨更社
2000～2001	王芝银	郭秉山 戴 俊
2001～2002	王芝银	郭秉山 戴 俊 曹 萍
2002～2005	谷拴成	邹仁华 邸 芃
2005～2013	谷拴成	任建喜 邸 芃
2013～2014	谷拴成	任建喜 倪 茜
2014～2015	戴 俊	任建喜 倪 茜 叶万军
2015～2017	戴 俊	任建喜 叶万军 邱继生

第三节 师资队伍

一、历年教职员工职称结构

学院历年教职工职称结构见表 5-3-3。

表 5-3-3　　　　　　　　　　学院 2008~2017 年教职工职称结构一览表　　　　　　　　　单位:人

年份	正高级	副高级	中级	初级	其他	总人数
2008	12	9	62		5	88
2009	12	10	62		5	89
2010	12	12	64		5	93
2011	12	12	65		5	94
2012	12	15	67		6	100
2013	13	17	67		6	103
2014	13	18	67		6	104
2015	14	20	67		6	107
2016	14	21	71		7	113
2017	15	34	73	3	14	139

二、在岗教职员工职称结构

学院 2017 年在岗教职工职称结构见表 5-3-4。

表 5-3-4　　　　　　　　　学院 2017 年在岗教职员工职称结构一览表　　　　　　　　　单位:人

单位	教师					职工					总计
	教授	副教授	讲师	助教	小计	高级工程师	工程师	助理工程师	其他	小计	
建筑工程系	4	5	14		23						23
岩土与地下工程系	3	5	10		18						18
给排水工程系		3	8		11						11
桥梁与隧道工程系	2	7	12		21	1				1	22
矿井建设工程系	3	6	4		13	1				1	14
建筑学系	1	5	10		16						16
城市规划系		2	10		12						12
实验中心		1			1		5	3	14	22	23
合计	13	34	68		115	2	5	3	14	24	139

第四节　本科教育

一、专业设置

(一)土木工程专业

土木工程专业是西安科技大学传统优势专业之一,其办学历史可以追溯到 1959 年开始招生的五年制矿井建设本科专业,设有建筑工程、岩土工程、交通土建工程、地下工程 4 个专业方向。土木工程专业为国家级特色专业建设点,并获批陕西普通本科高校省级"专业综合改革试点""陕西省一流专业建设"项目,2010 年通过住建部土木工程专业本科教育评估,2015 年通过复评。

土木工程专业具有博士后科研流动站、一级学科博士学位和硕士学位授予权,下设岩土工程、结构工程、防灾减灾工程与防护工程、桥梁与隧道工程、供热供燃气通风与空调工程、市政工程 6 个二级学科博士点和硕士点,其中岩土工程学科为陕西省重点学科,2014 年获批设立陕西省"三秦学者"岗位。地下工程方向是学校的优势特色专业方向,入选教育部"卓越工程师教育培养计划"实施专业,2014 年开始招生。经教育部批准,由学校与澳大利亚塔斯马尼亚大学联合举办土木工程本科高等学历教育合作办学项目,2014 年开始招生。

（二）建筑学

建筑学学科以土木工程学科为依托,在 1994 年获准设立的建筑装饰技术专业的基础上发展而成。学院于 1998 年经国家教委批准设立了五年制的建筑学本科专业,1999 年首届招生,截至 2017 年底,共有在校学生 330 名。

（三）城市规划专业

2008 年,学校开设城市规划本科专业,每年招收规模为 60 人左右 2 班制,并授予工学学士学位;2013 年,城市规划专业更名为城乡规划专业,每年招收规模缩小为 30 人左右 1 班制。

（四）给排水科学与工程

学校给排水科学与工程专业于 2006 年开始招收给水排水工程专业四年制本科生;2013 年,专业名称调整为给排水科学与工程;2006 年,市政工程学科获得硕士学位授予权;2011 年,市政工程学科获得博士学位授予权;2012 年获准设立土木工程博士后流动站。

二、本科教育

2008～2018 年,学院先后承担各类国家级、省部级、校级教学改革立项 20 余项,其中各类国家级教改项目 7 项,省部级 18 项。2005～2017 年学院教师共编写出版教材 11 部,根据各学科和各专业实践教学的不同要求,依托企事业单位、科研机构及其捐赠设备,通过各种途径新增校内实习基地 5 个、校外实习基地 33 个。2008～2018 年,学院共获准教学成果奖 60 余项,获批精品课程 37 项,其中省级 8 项。

第五节　研究生教育

一、发展历史

1979 年学院首次招收矿山建设工程学科硕士研究生,王铁成成为第一届研究生,主要从事矿山建筑材料方向的研究。随着研究生教育的发展,矿山建设工程学科的研究领域不断扩大,涉及以岩土体为主的各种工程问题及其相应的理论、设计及施工技术。1994 年底,建筑工程系以矿山建设工程学科为基础申报了岩土工程学科硕士学位授予权,同年,何唐镛教授被学院聘为岩土工程学科带头人,刘其兴教授任矿山建设工程学科带头人。1996 年岩土工程学科获得硕士学位授予权。1997 年国家专业目录调整过程中,经申报,矿山建设工程学科硕士点调整为岩土工程和结构工程学科硕士点。2006 年学院获得土木工程一级学科硕士学位授予权,下设 7 个二级学科硕士点(岩土工程,结构工程,市政工程,防灾减灾工程及防护工程,桥梁与隧道工程,供热、供燃气、通风及空调工程,建筑与城市绿色环境);另有在职人员以同等学力申请硕士学位授予权、工程硕士授予权和高等学校教师在职攻读硕士学位授予权以及专业硕士学位授予权,具体见表 5-3-5 和表 5-3-6。

表 5-3-5 　　　　　　　　　　学院硕士学位授权一级学科

学科名称	所在院系	国家重点学科	博士后流动站	一级学科博士点(＊个)批次/批准时间	博士点(＊个)批次/批准时间	一级学科硕士点(＊个)批次/批准时间	硕士点(＊个)批次/批准时间
土木工程	建筑与土木工程学院		2012	1个/2003	1个/2003	1个/2006	7个/2006

表 5-3-6 　　　　　　　　　　学院硕士学位授权二级学科

一级学科		二级学科		批准时间
学科代码	名称	学科代码	名称	
0814	土木工程	081402	结构工程	1996
		081401	岩土工程	1996
		081403	市政工程	2006
		081404	供热、供燃气、通风及空调工程	2006
		081405	防灾减灾工程及防护工程	2000
		081406	桥梁与隧道工程	2003
		0814Z1	建筑与城市绿色环境	2014

二、专业设置

学院现有岩土工程、结构工程、市政工程、防灾减灾工程及防护工程、桥梁与隧道工程等5个学术型硕士专业,建筑与土木工程领域等1个专业学位硕士专业,建筑与城市绿色环境等1个自设专业,土木工程等1个博士生专业,岩土工程、结构工程、市政工程、防灾减灾工程及防护工程、桥梁与隧道工程等5个研究方向。

表 5-3-7 　　　　　　　　　　2008～2017年研究生专业设置和变化情况一览表

专业＼年份	2008	2009	2010	2011	2012	2013	2014	2015	2016	2017
二级学科硕士点	结构工程									
	岩土工程									
	市政工程									
	供热、供燃气、通风及空调工程									
	防灾减灾工程及防护工程									
	桥梁与隧道工程									
	建筑与城市绿色环境									
二级学科博士点	岩土工程									
	结构工程									
	市政工程									
	防灾减灾工程及防护工程									
	桥梁与隧道工程									

三、建筑与土木工程学院博士生导师。

学院研究生导师情况见表5-3-8。

表5-3-8　　　　　　　　　　学院2008～2017年研究生导师一览表

专业 年份	博士生导师	硕士生导师					
	土木工程	岩土工程	结构工程	市政工程	桥梁与隧道工程	防灾减灾工程及防护工程	建筑与城市绿色环境
2008 新增	戴　俊　赛云秀 董书宁　石智军 虎维岳						
2009 新增		陈新年	张淑云				
2010 新增		奚家米　徐拴海					
2011 新增			唐丽云				倪　茜　师立德
2012 新增		郅　彬					李雪平
2013 新增	张慧梅	李金华	文艳芳		张　玥		
2014 新增			邱继生	万　琼	任　翔		
2015 新增		高丙丽　于远祥 李海滨　申艳军		李亚娇			
2016 新增	叶万军	李　昂　宋勇军 王　磊	肖前慧	柴蓓蓓	柴生波		刘　冬
2017 新增	邓友生	刘　慧　苏培莉 胡梦玲　贾海梁 韩佳明　陈方方 秦立科	侯俊锋 李　强 马尤苏夫	王　娜	刘群峰　郑选荣 张　岩　景宏君	邓博团	

注:列在博士生导师名单中的教师均同为硕士生导师,在硕士生导师名单中不再列出。

第六节　科学研究

一、学术成果

近年来,学院教师在核心以上期刊发表学术论文共计390余篇,出版教材和专著50余部,承担国家和省部级基金项目52项,与企业合作项目240余项,获省部级以上科研与教学成果奖28项,国家专利28项。

二、学术交流

学院重视学术氛围的营造,鼓励教师进行校内外、国内外学术交流的同时,每年举办学院学术大会;1993年岩土工程学科成功举办了"计算机方法在岩石力学与工程中的应用"国际学术讨论会,有14个国家和地区的140余名中外学者参加了会议;1999年举办了全国矿井建设专业专业学术会议,2002年协办了中国岩石力学与工程学会第七次全国学术大会,中国力学学会岩土青年第五次、第六次会议等学术会议,协办第一届全国土木工程会议;多人次参加了国际学术会议,与日本

鸟取大学、美国邵尔大学等5所大学建立了友好学术交流关系;2005年,承办第七届全国青年岩石力学工程大会。2009年9月,学院召开西部矿山建设战略学术研讨会;2016年5月,协办2016年岩石工程安全大会——第一届岩石工程现场调研、建模、构建的安全性国际会议。

三、科研课题、项目数量分布情况

2008～2016年,学院共承担国家级科研课题16项,省部级科研课题10项,具体见表5-3-9。

表5-3-9　　　　　　　　学院2008～2016年纵向、横向项目分布情况一览表

年度	纵向课题/项							横向课题/项
	国家级	省部级	西安市	厅局级	校级	其他	合计	合计
2008	0	0	1	1	0	0	2	1
2009	1	1	0	1	4	0	7	4
2010	1	2	0	3	0	0	6	8
2011	0	2	0	0	3	0	5	7
2012	1	0	0	3	3	0	7	7
2013	0	1	0	2	5	0	8	37
2014	2	1	1	1	7	1	13	27
2015	6	3	0	2	9	4	24	28
2016	5	0	0	4	11	0	20	42

四、科研经费

二十年来,学院的科研经费不断增加,项目层次不断提升,国家级研究项目稳步增加,科研项目覆盖范围不断扩大,从单一的煤炭领域扩展到了交通、建筑、材料、环境等领域,基础性研究课题受到重视,并得到很大发展;广大教师从事科研的积极性,发表科研论文、出版学术著作的档次和数量以及科研获奖水平和数量明显提高。2008～2016年科研到款经费情况统计见表5-3-10。

表5-3-10　　　　　　　　2008～2016年科研到款经费情况统计

年度	到款经费/万元		
	纵向	横向	合计
2008	—	—	450
2009	28	687	715
2010	54	1 257	1 311
2011	73	1 226	1 299
2012	134	1 125	1 259
2013	74	1 090	1 164
2014	228	1 292	1 520
2015	150	1 105	1 255
2016	150	800	950

五、科研成果

自1989年建系至2008年,学院(系)教师在业内知名刊物上发表了200多篇学术论文,2008～

2016年,发表文章近800篇,并出版了一系列的学术专著,取得了一大批在国内有较大影响的科研成果。

2008年以来,学院获得省科技进步一等奖1项,省科技进步二等奖4项,省科技进步三等奖1项,省教学成果奖二等奖3项,国家科技进步奖一等奖1项。

2008～2017年,学院教师在核心以上刊物及国际学术会议上发表论文近1 000篇,其中SCI、EI、ISTP三大检索收录245篇。

2009年以前,学院教师共出版著作25部,其中学术专著8部,编著及翻译教材、习题集17部,出版领域涉及岩土工程、隧道工程、爆破工程、建筑工程、结构计算等,其中部分教材为普通高等教育"十一五"国家级规划教材,被国内多所高校选用。

2009～2017年,学院成果鉴定取得国内领先7项,国际领先9项,国际先进4项。

第七节 学生工作

一、学生工作机构

学院学生工作由学院党委副书记全面负责。学生思想政治辅导员处在学生工作的第一线,直接对学生进行教育和引导,负责学生学习、生活等日常工作,是学生工作的中坚力量。为了在学习上对学生进行更有效的指导和管理,加强专业老师与学生的联系,学院为学生班级配备了班主任,进一步加强了师生间的交流与联系,为优良学风的形成提供了有力的支持。

二、学生工作的思路和目标

建工学院学生工作经过长期实践和积累,逐渐形成了围绕"一个"中心(以育人为中心),明确"两个"目标(增强学生综合素质、提高学生综合能力),抓好"三个"结合(思想教育与情感教育相结合、教育管理与日常服务相结合、解决思想问题与解决实际问题相结合),突出"四个"重点(安全稳定、思想引领、日常管理、服务学生),加强"五项"建设(学生党建、学风建设、学生服务、校园活动、队伍建设),构建"十大"育人体系(课程、科研、实践、文化、网络、心理、管理、服务、资助、组织)的工作思路。

(一)学生党建工作

学院始终坚持党员发展程序,在入党积极分子培养、党员的监督管理和学生党支部考核等方面严格规范管理,发挥学生党员的先锋模范作用和支部的战斗堡垒作用。2007年3月,学院成立学院学生党务工作小组,进一步完善学生党员管理培养体系,推进学院学生党建工作的规范化、制度化、合理化进程;加强党员教育管理,制定党员作用发挥"五项制度"(理论学习制度、社会工作制度、志愿服务制度、帮困助学制度、联系宿舍制度),保证学生党员的先锋模范作用得以发挥。

(二)学生思想政治教育

学院认真开展理想信念教育,不断创新思想政治教育方式方法,坚持两周一次班团会,每学期一次学生座谈会,充分利用入学教育、年级会、网络教育等方式,加强对学生的思想政治教育,帮助学生树立正确的人生观、价值观、世界观;利用国际国内政治事件对学生进行形势政策教育,端正学生的政治方向,坚定学生的政治立场;以节日主题教育为契机,挖掘节日教育资源,丰富节日文化内涵,开展清明祭扫烈士陵园、"一二·九"大合唱等活动,传承中华优秀传统文化。

(三)学生管理服务

学院以教育引导为主,加强学生日常管理,严格执行"一日生活制度",引导学生制定大学生涯规划,搭建学科科技竞赛平台,树立"教育在先、预防第一、管理前移"的工作思路,密切关注学生思

想动态,落实好稳定安全工作预案。学院积极为学生提供就业服务,广泛开展专业教育和就业指导,建立了学院学生就业工作小组,就业率一直位居全校前列;规范资助程序,实现了资助工作的公正、公开、透明,建立了教师结对帮扶贫困学生体系;重视新生心理健康普测,实现新生普测全覆盖,进一步加强国防教育,鼓励学生应征入伍。

（四）"以赛促学",促进学风建设

结合学院的专业特点和学生实际情况,学院制定并落实了"以赛促学、凝练院系特色"的指导思想,制定并实施了《关于教师参与指导学生科技作品竞赛工作的若干规定》及《学生参加科技竞赛奖励办法》等文件。在2007年第四届中国威海国际建筑设计大赛中,我院参赛的两件学生作品,一件获唯一的金奖,另一件获优秀奖,在"挑战杯"大学生课外学术科技作品竞赛和"挑战杯"大学生创业计划大赛中也取得了丰硕的成果。近十年来,学院累计荣获国际级奖项2项、国家级奖项56项、省级奖项68项。

（五）校园文化活动

学院校园文化活动的开展始终坚持做到三个结合,即校园文化活动要与学风建设相结合、与思想政治教育效果相结合、与学院专业特色相结合。校园文化活动的开展,使学生干部的组织管理能力得到提高,同时达到营造校园文化氛围的目的。丰富多彩的文体活动,丰富了学生的课余生活,增强了学生的集体观念,达到寓教于乐的效果。学院引入NBA(美国职业篮球联赛)理念的"JG-BA"篮球联赛已成为学院的品牌学生活动,此外,演讲比赛、新生辩论赛、建筑学专业作品展等活动也为增强学生能力、展现学生风采搭建了广阔平台。

三、取得的成绩

近年来,在学校各级部门的关心和帮助下,在学院全体师生的共同努力下,学院学生工作不断取得新成绩,迈上新台阶。2006年3月,土木工程0305班被教育部授予"全国先进班集体"荣誉称号;2007年11月,土木工程0406班被共青团陕西省委授予"五四红旗团支部"荣誉称号;2008～2017年,学院社会实践团队先后7次被共青团陕西省委授予"陕西省社会实践先进团队";2013年12月,学院社会实践团队被共青团陕西省委授予"陕西省社会实践标兵团队"称号;其中1名同志被共青团中央评为"全国社会实践先进个人"。近十年来,学院学生先后获各类国家级奖项70余项,获各类省部级奖项110余项,充分展现了建工学子昂扬向上的精神风貌。

第四章　机械工程学院

第一节　学院沿革及概况

机械工程学院源自西安交通大学1958年创办的矿山机电专业,1959年成立西安矿业学院机电系,1986年机电系分为机械工程系和电气工程系,2002年6月成立机械工程学院。学院下设机械设计系、机械制造系、机械电子系、工业工程系、车辆工程系和实验中心。

机械工程学科为陕西省重点学科,拥有机械工程博士后科研流动站,机械工程一级学科博士授权点,机械设计及理论、机械制造及其自动化、机械电子工程、车辆工程、矿山机电工程、机械工程材料6个二级学科博士授权点,机械工程一级学科硕士授权点,以及机械设计及理论、机械制造及其自动化、机械电子工程、车辆工程、矿山机电工程、机械工程材料、测试计量技术及仪器、工业设计等8个二级学科硕士授权点,机械工程、工业工程、车辆工程等3个领域工程硕士授权点。现有机械设计制造及其自动化、工业工程、车辆工程和机械电子工程4个本科专业。2013年,机械设计制造及其自动化专业获批加入教育部"卓越工程师教育培养计划"。学院拥有国家级特色专业1个,陕西省优秀教学团队2个,陕西省人才培养模式创新实验区2个,陕西省实验教学示范中心1个,陕西省研究生联合培养示范工作站2个,陕西省煤矿机电工程技术研究中心1个,国家级研究生联合培养示范基地1个,陕西省重点实验室1个。

学院现有教职工111人,其中专任教师84人,博士生导师5人,教授21人,副教授29人,博士后及博士59人,实验教师14人,管理干部13人。学院现有陕西省"百人计划"人才4人,陕西省教学名师2人。学院积极开展科学研究,近五年来承担国家级项目20余项、省部级项目30余项、横向项目200余项,发表论文600余篇,出版专著、教材30部,获得省部级科技进步奖和教学成果奖10余项,形成了相对稳定、特色鲜明的研究方向。

学院在校研究生与本科生共计2 000余人,其中一批研究生考入国内外著名大学攻读博士。近年来,约百人次获得全国和省部级各类奖学金与荣誉称号,还曾获全国大学生"挑战杯"科技作品竞赛、全国大学生机械创新设计大赛、全国大学生工程训练综合能力竞赛、全国机器人创意设计大赛、中国节能竞技大赛等国家级奖项。学院就业率一直保持在96%以上,部分优秀毕业生已成为海尔、华为、美的、格力、小米、ACER、TCL、大唐、神东、娃哈哈等国内著名企业的骨干力量。

学院多次获得"治安综合治理先进单位"、"党风廉政建设先进单位"和"先进分党委"等荣誉称号。

第二节　组织机构

机械工程学院组织机构设置见图5-4-1,1991~2017年党委成员组成情况见表5-4-1,1958~2017年行政领导成员组成情况见表5-4-2。

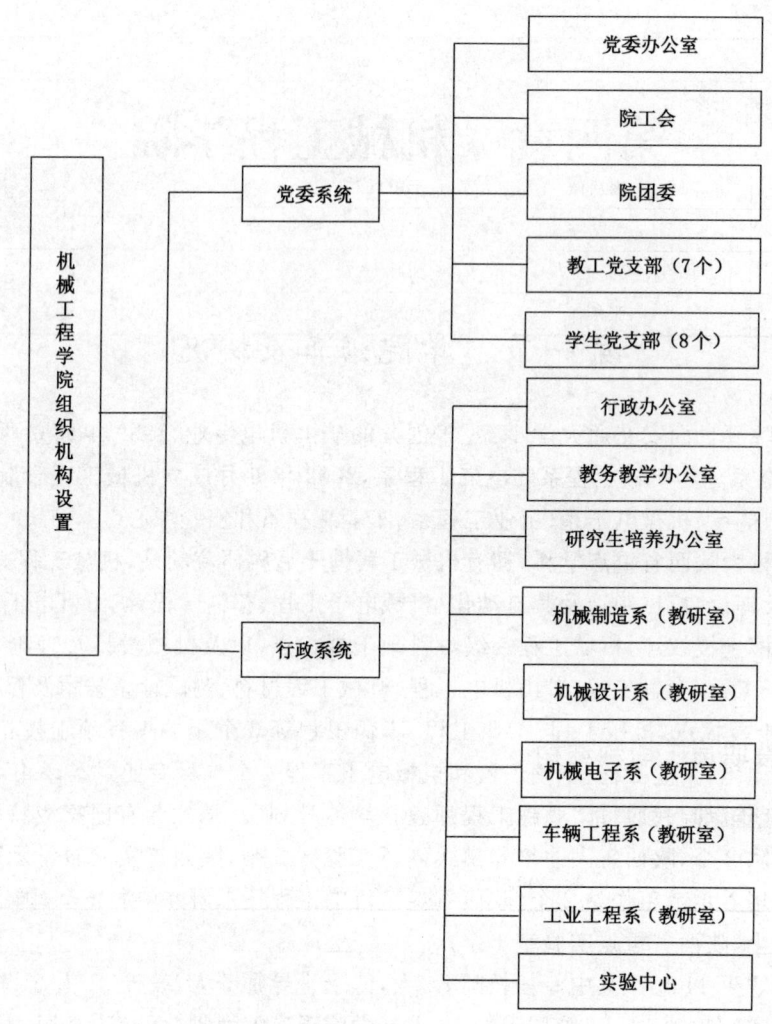

图 5-4-1　机械工程学院组织机构设置

表 5-4-1　　　　　　　　　**1991~2017 年党委成员组成情况一览表**

年份	党委书记	党委副书记	党委委员
1991.01~1992.09	生成德	车文敏	毛开友　廖启徽　宁中良
1992.09~1994.11	车文敏	周　斌	毛开友　郭　卫　秦玉宝
1994.11~1995.09		朱旭风(主持工作) 周　斌	毛开友　郭　卫　秦玉宝
1995.09~1998-07	朱旭风	周　斌	毛开友　郭　卫　秦玉宝
1998.07~1999.06	朱旭风	肖昌龙	郭　卫　任中全　马胜利
1999.06~2004.05	朱旭风	王学礼	郭　卫　任中全　马胜利
2004.05~2006.06		王学礼(主持工作)	郭　卫　任中全　马胜利
2006.06~2007.11	王学礼		郭　卫　任中全　马胜利
2007.11~2009.11	王学礼	汪卫兵	郭　卫　任中全　马胜利
2009.11~2014.04	赵晓强	汪卫兵	郭　卫　任中全　席芝红
2014.04~	汪卫兵	李婉丽	张传伟　曹现刚　寇发荣

表 5-4-2　　　　　　　　1958～2017 年行政领导成员组成情况一览表

年份	院长	副院长
1958～1990	吴秀士　肖继彦　闫　润 韩　华　刘鸿浩（机电系）	吴秀士　袁旭东　王忠平　闫　润　韩　华　陈振魁　生成德 李世文　杨振铭　刘少亭　赵轶群（机电系）李维坚　毛开友
1991.01～1992.01	廖启徹	宁中良
1992.01～1997.03	毛开友	宁中良　秦玉宝　郭　卫
1997.03～2013.11	郭　卫	马胜利　任中全　柴光远　张传伟
2013.11～	张传伟	曹现刚　张旭辉　寇发荣

第三节　师资队伍

一、概况

学院现有教职工 111 人，其中专任教师 84 人：博士生导师 5 人，教授 21 人，副教授 29 人，博士后及博士 59 人，以及实验教师 14 人，管理干部 14 人；现有陕西省"百人计划"人才 4 人，陕西省教学名师 2 人。

二、历年教职员工职称结构

2007～2017 年学院教职员工职称结构见表 5-4-3。

表 5-4-3　　　　　　　　　2007～2017 年教职员工职称结构　　　　　　　　单位：人

年份	正高级	副高级	中级	初级	总人数
2007	8	19	26	10	63
2008	10	18	26	11	65
2009	14	17	30	9	70
2010	14	17	33	9	73
2011	16	19	34	5	74
2012	16	22	35	7	80
2013	16	24	37	4	81
2014	17	25	42	3	87
2015	18	23	48	4	93
2016	20	27	47	7	101
2017	21	29	54	7	111

第四节　本（专）科教育

一、概况

机械设计制造及其自动化专业源于 1958 年开设的矿山机电专业，1972 年调整为煤矿机械化、煤矿机械制造工艺与设备维修两个专业，后又调整为机械设计与制造专业、机械制造及其自动化专

业,1994 年增设了机械电子工程专业,1998 年合并为机械设计制造及其自动化专业。该专业是国家特色专业、省级综合改革试点专业,拥有机械设计制造及其自动化专业省级教学团队。

机械电子工程本科专业源于 1994 年开设的机械电子工程本科专业,1999 年国家教育部专业目录调整合并为机械设计制造及其自动化专业,2008 年恢复单独招生。专业 2014 年获批陕西省教学团队,有陕西省中青年科技创新领军人才 1 名和陕西省教学名师 2 名。

工业工程专业自 2002 年开始招生。本专业开设在机械工程学院,突出了学科的工科背景,对学生进行了管理学方面的教育及训练,满足了该专业交叉学科的要求。

车辆工程专业自 2006 年正式独立成立并招生。

二、专业沿革

学院 1972～2017 年专业沿革情况见表 5-4-4。

表 5-4-4　　　　　　　　　　　1972～2017 年专业沿革情况一览表

年份	专　　业
1972～1977	矿山机电、矿山机械制造与修配
1977	矿山机电(侧电)、矿山机电(侧机)、矿山机械
1987	机械制造工艺与设备、矿业机械
1988	机械制造与工艺、矿山机械化
1989～1993	机械制造工艺与设备、矿山机械化
1993	机械制造工艺与设备、机械设计与制造、机械电子工程(本科、专科)
1994～1998	机械制造工艺与设备、机械设计与制造、机械电子工程(本科、专科)、机械设备及自动化(专科)
1998	机械设计制造及其自动化
1999～2002	机械设计制造及其自动化、工业设计
2002～2004	机械设计制造及其自动化、工业设计、工业工程
2004～2006	机械设计制造及其自动化、工业工程
2006～2008	机械设计制造及其自动化、工业工程、车辆工程
2008～	机械设计制造及其自动化、工业工程、车辆工程、机械电子工程

三、专业简介

机械设计制造及其自动化专业源于 1959 年开设的矿山机电专业,1972 年调整为煤矿机械化、煤矿机械制造工艺与设备维修两个专业,后又调整为机械设计与制造专业、机械制造及其自动化专业,1994 年增设了机械电子工程专业,1998 年合并为机械设计制造及其自动化专业。本专业是国家特色专业、省级综合改革试点专业,拥有机械设计制造及其自动化专业等两个省级教学团队、两个省级人才培养模式创新实验区、省级机械工程实验教学示范中心、省级工程训练中心,与陕西煤化集团等企业共建 14 个教学实习实践基地,专业年均招生约 240 名,在校生 1 020 名,均为全日制培养;为本科生培养创造了良好的培养环境,专业第一志愿报考率 180％以上,就业率保持在 95％以上。

机械电子工程专业是由 1993 年成立的测试技术教研室发展而来的,1994 年开设机械电子工程本科专业,1999 年国家教育部专业目录调整合并为机械设计制造及其自动化专业,2008 年恢复单独招生,2014 年获批陕西省教学团队,教学用实验仪器设备总值 2 000 余万元,拥有专业相关图书 30 余万册,与陕西秦川机床工具集团等 3 家企业共建教学实习与实践基地;拥有陕西省中青年科技创新领军人才和陕西省教学名师各 1 名;专业年均招生约 60 名,在校生 245 名,均为全日制培养;专业与学科平台为本科生的培养创造了良好环境,第一志愿报考率多年维持在 120% 以上,就业率保持在 95% 以上。

车辆工程专业是校级综合改革试点专业,自 2006 年开始本科专业的招生,与陕西汽车集团等企业共建 4 个教学实习实践基地,年均招生约 65 名,在校生 260 名,均为全日制培养,为本科生培养创造了良好的培养环境,专业第一志愿报考率 180% 以上,就业率保持在 98% 以上。

工业工程专业是校级综合改革试点专业,自 2002 年开始本科专业的招生;建成人因工程实验室及工业工程综合实验室,可满足本科专业教学的基本需求;年均招生约 60 名,在校生 240 名,均为全日制培养;为本科生培养创造了良好的培养环境,就业率保持在 95% 以上。

四、教育教学改革

近年来,学院教师共承担省级教改项目 11 项,获批精品课程 17 项,其中省级精品课程 4 项,编写出版教材 11 部,获教学成果奖 16 项,其中国家级奖 1 项,省部级奖 12 项。

五、实验场所建设

专业实验教学的基础课程有大学物理、电工学、计算机强化等,由学校的物理实验教学中心、电工电子实验教学中心、计算机中心等提供支持。金工实习等实践教学环节由学校的工程实训中心提供。其中,物理实验教学中心、电工电子实验教学中心是省级教学示范中心,工程实训中心是省级机械工程实验教学示范中心。

专业基础课和专业课的实验教学由机械工程学院所属的机械实验教学中心提供支持。机械实验教学示范中心是省级实验教学示范中心,实验教学用房总面积 3 000 余平方米,实验仪器设备总数约 1 400 余件,总金额超过 3 000 余万元。

六、教学实习基地建设

学院先后与凤凰山煤矿大学生校外实践教育基地、洛拖大学生校外实践教育基地、中信重工机械股份有限公司、山西晋煤集团金鼎煤机矿业有限责任公司、西安煤矿机械有限公司等单位合作建立了实习基地,聘请经验丰富的工程技术人员担任兼职教师,并在实习过程中对青年教师进行指导。本专业学生在实习基地进行认识实习、生产实习等教学实践活动。通过实习实践环节,学生以最直接的方法学习与专业方向相关知识,提高学生的动手能力和解决实际问题的能力。

第五节　研究生教育

一、概况

机械工程学科为陕西省重点学科。机械工程学院学位与研究生教育始于 1978 年,自 1979 年开始招收硕士研究生,1984 年获矿山机械工程硕士学位授予权,2002 年经国务院学位委员会批准,在矿业工程一级学科下自主设置了矿山机电工程博士点,并开始培养博士研究生;2011 年获得机械工程一级学科博士学位授予权,涵盖机械设计及理论、机械制造及其自动化、机械电子工程、车辆工程、矿山机电工程、机械工程材料等 6 个二级学科博士点;2012 年批准设立机械工程博士后科研流动站;2017 年测试计量技术及仪器升级为一级学科硕士授权点,具体见表 5-4-5 和表 5-4-6。

学院拥有机械工程、测试计量技术及仪器一级学科硕士授权点,机械设计及理论、机械制造及其自动化、机械电子工程、车辆工程、矿山机电工程、机械工程材料、测试计量技术及仪器、工业设计

(设在艺术学院)等 8 个二级学科硕士授权点,以及机械工程、车辆工程、工业工程 3 个领域工程硕士授权点。学院现有博士生导师 4 人,硕士生导师 45 人,在校各类研究生 300 余人。学院设有陕西省研究生联合培养示范工作站,机械工程专业学位为陕西省研究生教育综合改革试点专业。机械设计制造及其自动化专业为国家特色专业、教育部"卓越工程师教育培养计划"专业、省级综合改革试点专业,拥有机械设计制造及其自动化省级专业教学团队、机械电子工程专业省级教学团队、机械工程省级实验教学示范中心、基于煤矿机电特色的机械类工程应用型省级人才培养模式创新实验区、以工程应用能力和创新能力培养为目标的机械工程复合型省级人才培养模式创新实验区、陕西省煤矿机电工程技术研究中心。

近年来,学院承担国家级项目 20 余项、省部级项目 40 余项、横向项目 200 余项,发表论文 600 余篇,被 SCI/EI 检索收录 200 余篇,出版教材、专著 30 余部,省部级奖 10 余项,发明专利 30 余项,并先后与美国、俄罗斯、日本、英国等国家的高校、科研机构等建立了良好的合作关系,积极参加国内外学术交流,主办和承办国内国际学术会议,提升了学科影响力,促进了学科的持续发展。

表 5-4-5　　　　　　　　　　　一级学科博士点、一级学科硕士点批准时间

学科名称	所在院系	国家重点学科	博士后流动站	一级学科博士点(1个)批次/批准时间	博士点(6个)批次/批准时间	一级学科硕士点(2个)批次/批准时间	硕士点(7个)批次/批准时间
机械工程	机械		1	第十一次/2011	第十一次/2011	第十次/2006	机械制造及其自动化(第七次/1998)、机械电子工程(第九次/2003)、机械设计及理论(第二次/1984)、车辆工程(第十次/2006)、矿山机电工程(2011)、机械工程材料(2011)、工业设计(2015)
测试计量技术及仪器	机械					2017	

表 5-4-6　　　　　　　　　　1979～2017 年研究生专业设置和变化情况一览表

年份 专业	1979		1984	1998	2002	2003	2006	2011	2015			
二级学科硕士点	矿山机械工程、矿山电气化与自动化											
			机械设计及理论									
			机械制造及其自动化									
						机械电子工程					
						测试计量技术及仪器、车辆工程					
							矿山机电工程、机械工程材料				
								工业设计			
二级学科博士点							矿山机电工程					
							机械制造及其自动化、机械电子工程、机械设计及理论、车辆工程、矿山机电工程、机械工程材料					

机械制造及其自动化：主要从事煤矿机械设备与先进制造技术研究，形成了煤矿机械设备研究与开发、快速成型制造技术与纳米材料、制造系统及自动化等研究方向，近年来主持了起爆药连续化合生产线设计与控制系统研制、多因素耦合条件下采煤机滚筒切割响应规律和特征研究、基于生物力学的下颌骨替代物仿生设计机理研究、糖基快速成型机理研究等多项国家、省部级课题，未来将进一步加强煤矿机械智能制造、3D打印和先进材料成型技术等领域的研究、开发和应用。

机械电子工程：主要从事煤矿机电设备智能检测与控制研究，形成了煤矿机械无损检测、机器人、设备监测诊断与维护、机电智能控制等研究方向，近年来主持了煤矿机械关键零部件缺陷超声信号提取与智能识别研究、矿用强力输送带缺陷弱磁特性与智能识别研究、煤矿救援机器人自主导航与智能控制基础研究、煤矿救援探测机器人研发等多项国家、省部级课题，未来将进一步加强煤矿机电装备智能化、救援和采掘机器人、虚拟现实和故障诊断等领域的研究、开发和应用。

机械设计及理论：主要从事现代机械设计方法及应用研究，形成了现代机械设计、计算机辅助工程和设备安全评价与寿命预测等研究方向，近年来主持了矿山重要设备结构安全性评价工程方法的研究、力学因素对核电结构材料环境致裂影响研究、轻水堆关键焊接接头环境致裂机理与残余寿命预测方法等多项国家、省部级课题，未来将进一步加强煤矿机械和核电装备等领域的基础研究与应用。

车辆工程：主要从事矿用车辆和车辆振动控制、安全驾驶等研究，形成了矿用无轨胶轮电动车、车辆振动主动控制和车辆安全驾驶等研究方向，近年来主持了矿用无轨胶轮电动车本质安全控制器和鲁棒控制方法研究、车辆电动静液压自供能量式主动悬架工作机理与协调控制研究、基于车辆行驶状态的险态驾驶动态感知及协同诊断模型研究等多项国家、省部级课题，未来将进一步加强新能源矿用车辆、车辆智能控制、车辆振动控制和车辆安全驾驶等领域的研究、开发和应用。

矿山机电工程：主要从事矿山机电系统质量检测、安全监测、智能控制等研究，形成了矿山机电安全分析与评价、矿山安全系统智能监控技术、矿区电力系统安全监控与故障诊断、本质安全开关电源等研究方向，近年来主持了多项国家、省部级课题，未来将进一步加该强领域的研究、开发和应用。

机械工程材料：主要从事特殊制造方法和特殊场合下、特殊产品的制造工艺和装备研究与开发，形成了起爆药连续化合生产工艺、智能化过程控制和危险物料自动装卸等研究方向，主持了国防科工委"起爆药连续化合生产线研制"项目，未来将进一步加强起爆药生产过程自动化和智能化等方面的研究与应用。

测试计量技术及仪器：主要从事工程测试计量技术与智能仪器仪表的研究，形成了煤矿安全检测、机器状态监测与故障诊断、智能仪器仪表和虚拟仪器等研究方向，主持了基于瓦斯报警矿灯的采煤工作面无线瓦斯监测系统研究、矿用全方向压电自俘能无线监测系统研究、便携式矿井通风参数综合检测仪关键技术的研究、电机故障智能监测保护仪的应用研究、煤矿机械设备安全检测与评价虚拟仪器的研发等省部级课题，未来将进一步加强声光复合微纳成像检测、设备监测诊断与智能维护等方面的研究、开发与应用。

二、导师队伍

学院现有博士生导师5名：马宏伟、薛河、郭卫、杨来侠、张旭辉。

硕士生导师43名（博士生导师不再计入）：郝迎吉、任中全、韩敏、李海宁、马胜利、曹春玲、周新建、龚晓燕、魏娟、于洋、李曼、史晓娟、李建华、牛秦玉、尚可超、张红兵、曹现刚、张传伟、寇发荣、汪

卫兵、赵栓峰、贺文海、唐伟、杨来侠、薛河、陈艳、方秀荣、闫向彤、乔心州、钱卫香、宗学文、田海波、张武、毛清华、樊红卫、彭先龙、王昀睿、高扬、葛红玉、夏晶、钟斌、文建平、董明。

第六节 科学研究

近20年来,学院共承担包括国家"863计划"、"973计划"、国家科技重大专项、国防科工委专项和国家自然科学基金等国家级项目30余项,承担教育部科学技术重点项目、中国博士后科学基金、教育部博士点基金、陕西省自然科学基金和陕西省科技统筹创新工程等省部级项目200余项;获得省部级科技奖励20余项,授权国家专利300余项(其中发明专利近50项);研究与开发经费快速增长,累计科研经费到款超过1亿元;建设了一批高水平科技创新平台,拥有国家发改委煤炭绿色安全高效开采国家地方联合工程研究中心、陕西省煤矿机电工程技术研究中心和煤炭资源安全绿色高效开发协同创新中心等平台,培养了一批年富力强的青年科研骨干。1999～2017年科研项目分布情况见表5-4-7,2009～2017年科研合同与到款经费情况见表5-4-8。

表5-4-7 　　　　　　　　1999～2017年纵向、横向项目分布情况一览表

年度	纵向课题/项							横向课题/项
	国家级	省部级	西安市	厅局级	校级	其他	合计	合计
1999		2		2			4	6
2000				5			5	10
2001		3		2			5	15
2002		1		2			3	12
2003		1		3			4	16
2004				2			2	14
2005		2					2	19
2006			1	4	5		10	21
2007		2		3	4		9	24
2008	2			2	3		7	20
2009	1			6	2		10	24
2010	2	1		7	10		20	23
2011	1			10	7		19	20
2012	2	4	1	2	8		17	44
2013	1	3	1	11	4		20	30
2014	1	4		4	5		14	6
2015	6	13	2	8	6		35	19
2016	7	4	2		5		24	7
2017	6	10	5	5	10		36	16
总计	29	52	12	84	69		246	346

表 5-4-8　　　　　　　　　　　2009～2017 年科研合同与到款经费情况统计

年度	合同经费/万元			到款经费/万元		
	纵向	横向	合计	纵向	横向	合计
2009	50	200	250	40	266.6	306.6
2010	80	172.5	252.5	65	227.1	292.1
2011	70	730.3	800.3	55	471.1	526.1
2012	206	708.8	914.8	138.6	487.0	625.6
2013	208	601.7	809.7	122	489.6	611.6
2014	200	29.8	229.8	113	189.1	302.1
2015	400	371.4	771.4	381.6	197.102	578.7
2016	240	56.5	296.5	198	140.07	338.07
2017	400	386.6	786.6	421.8	272.2	594
总计	1 854	3 257.6	5 111.6	1 535	2 739.9	4 174.9

第七节　学生工作

一、概况

学院学生工作始终以立德树人为根本,围绕学生、关照学生、服务学生,以学风建设为中心,以大学生的思想政治教育为主线,以安全稳定为重心,传承"胡杨"精神,践行社会主义核心价值观,逐步构建并完善"五位一体"的学生工作体系。

学院现有学生 2 124 人,其中本科生 1 831 人,研究生 293 人;专职辅导员 7 名,兼职 1 名;聘有班主任共 31 人,主要由专任教师组成。

二、学生工作主要负责人

学院 1992～2017 年学生工作主要负责人见表 5-4-9。

表 5-4-9　　　　　　　　　　　1992～2017 年学生工作主要负责人一览表

年份	负责人	学生工作干部名单
1992～1998	周　斌	王学礼　张　斌　刘　伟　樊建武　段　辉　赵晓强
1998～2007	肖昌龙　王学礼	赵晓强　汪卫兵　张　斌　杨　华　陈　霖　丁　铂　李彩虹　齐　垚
2007～2014	汪卫兵	陈　霖　李彩虹　张　耿　张立显　杨建涛　张晶晶　芮智刚　程　鹏
2014～2017	李婉丽	杨建涛　芮智刚　程　鹏　吕叻加　周学刚　刘　烨　杨　芝　杨迪珂
2017～	李婉丽	周学刚　芮智刚　程　鹏　吕叻加　刘　烨

三、特色工作

学院以"课堂教学为主阵地,把教学工作与竞赛工作有机地结合起来,提升教育教学科研创新能力"为工作思路,出台《西安科技大学机械工程学院关于创新创业的管理办法(试行)》,为学科竞赛做好制度保障和经费支持;以"机械设计大赛"、"挑战杯"、"创业计划竞赛"、"全国大学生工程训练综合能力竞赛"为核心,积极培养学生的科研水平。

2017年,学院累计参与创新创业类竞赛共782人次,参赛作品总计268件,其中获国家级奖项15件,省级奖项56件,奖项等级全覆盖;在大学生创新创业项目中,国家级立项23人,省级立项18人,11人获得实用新型专利,4人发表学术期刊论文。

四、招生情况

近年来,学院四个本科专业面向全国25个省(市、自治区)招生,招生数量、录取分数逐年递增,近两年累计招生863人,其中陕西省666人,占总人数77.17%,男生757人,占总人数87.71%,女生106人,占总人数12.29%。学院在2016年招生过程中试点实施了大类招生。机械类共计招生424人,其中陕西省内315人,占总人数74.29%,具体招生情况见表5-4-10。

表5-4-10　　　　　　　　　　2012～2017年招生情况

年份	专业	人数/人	合计/人
2012	机械设计制造及其自动化	168	303
	工业工程	45	
	机械电子工程	37	
	车辆工程	53	
2013	机械设计制造及其自动化	262	441
	工业工程	60	
	机械电子工程	61	
	车辆工程	58	
2014	机械设计制造及其自动化(卓越)	27	424
	机械设计制造及其自动化	201	
	工业工程	69	
	机械电子工程	62	
	车辆工程	65	
2015	机械设计制造及其自动化(卓越)	31	446
	机械设计制造及其自动化	230	
	工业工程	57	
	机械电子工程	60	
	车辆工程	68	
2016	机械类	428	463
	机械设计制造及其自动化(卓越)	35	
2017	机械类	433	470
	机械设计制造及其自动化(卓越)	37	

五、就业情况

学院落实就业工作党政"一把手"负责工程,针对本专业的特点,开展就业创业指导工作;发挥班主任、毕业设计指导教师的作用,积极为毕业生推荐联系就业单位,不断扩大就业市场,助力毕业生就业创业;搭建就业信息发布平台,发布就业光荣榜,毕业生就业信息专栏和网络平台,使学生在第一时间获得招聘和就业信息;针对考研学生进行考研讲座、邀请专家专门指导,联系考研优秀学生做经验交流,鼓励学生积极考研,开展考研"结对子,一帮一"活动。学院学生就业率一直高于

96％,连续多年荣获学校"就业先进单位"称号,具体情况见表5-4-11。

表 5-4-11　　　　　　　　　　　2014～2017 年就业、考研情况一览表

年份	人数/人	考研率/%	就业率/%	专业名称	就业率/%
2014	415	10.60	98.80	车辆工程	100.00
				工业工程	93.85
				机械电子工程	98.15
				机械设计制造及其自动化	94.65
2015	448	15.68	96.43	车辆工程	95.59
				工业工程	90.91
				机械电子工程	100.00
				机械设计制造及其自动化	97.27
2016	434	13.36	96.77	车辆工程	96.65
				工业工程	92.53
				机械电子工程	100.00
				机械设计制造及其自动化	97.77
2017	440	15.32	96.27	车辆工程	92.86
				工业工程	96.43
				机械电子工程	100.00
				机械设计制造及其自动化	95.98

　　各专业毕业生就业分布在煤炭、机械等相关行业,工作中通过回访用人单位、发放毕业生就业调查问卷分析,了解到毕业生在工作中能利用专业知识解决复杂的工程问题,受到用人单位的一致好评,满意度均在 95％以上,部分优秀毕业生已担任单位区域经理等职务,其中 2012 届毕业生李文龙等 8 名同学被评为"全国煤炭行业优秀毕业生"。

第五章　电气与控制工程学院

第一节　学院沿革及概况

　　电气与控制工程学院源自西安交通大学采矿系矿山机电专业,1959 年成立西安矿业学院机电系,1985 年 12 月机电系分为电气工程系和机械系,1994 年 12 月成立自动化系,2002 年 6 月,在自动化系的基础上成立了电气与控制工程学院。

　　学院现设有四系两中心,即自动化系、电气工程系、测控技术系、电子科学系、电工电子中心和实验教学中心,拥有矿山机电工程二级学科博士点 1 个,控制科学与工程、电气工程一级学科硕士点 2 个,电力电子与电力传动、控制理论与控制工程等二级学科硕士点 10 个,控制工程、仪器仪表工程、电气工程工程领域硕士点 3 个。

　　截至 2017 年 12 月,学院在职教工 116 人,其中教授 15 人,副教授及高级工程师 31 人;博士 45人,硕士 58 人;在校本科生 1 815 人,硕士研究生 602 人(其中工程硕士 296 人)。

　　学院重视大学生实践性教学,坚持以科研促教学,教学科研相长的理念。积极开展大学生课外科技活动,在全国大学生数学建模、全国大学生电子竞赛中多次获奖。

　　近年来,学院获省级教学成果奖 2 项,校级特等教学成果奖 2 项,一等教学成果奖 8 项,二等教学成果奖 10 项,现有省级教学团队 3 个,省级精品课程 8 门,国家级特色专业 1 个。

　　学院承担省部级以上科研项目 24 项,横向课题 300 余项;获得各类省部级奖 8 项,国家专利300 余项(其中发明专利 80 余项);编写出版教材、专著 80 余部,在国内外学术刊物上发表论文 600余篇,其中 200 余篇被 SCI、EI、ISTP 检索收录。2016 年学院获得首批陕西省高等学校创新创业教育改革试点学院。

第二节　组织机构

　　学院设有院党委、院行政、分团委、学生会、分工会,下设有负责分管工作的党政办公室、学生工作办公室、教务教学办公室、研究生培养办公室及学生会,以系、专业为单位分别建立党支部,在学科专业的基础上设立系和学科团队。

　　学院组织机构设置见图 5-5-1,党委成员组成情况见表 5-5-1,行政领导成员组成情况见表 5-5-2。

表 5-5-1　　　　　　　　　　　学院 2002~2018 年党委成员组成情况一览表

年份	党委书记	党委副书记	党委委员				
2002.06~2004.04	杨世兴	陈俊杰	杨世兴	韦　力	陈俊杰	王勉华	付周兴
2004.04~2006.04	杨世兴	代革联	杨世兴	韦　力	代革联	王勉华	付周兴
2006.04~2007.11	代革联	代革联(兼)	代革联	韦　力	王勉华	付周兴	
2007.11~2009.10	代革联	杨　勇	代革联	杨　勇	付周兴	王勉华	杨战社
2009.10~2012.04	王生成	杨　勇	王生成	杨　勇	付周兴	王勉华	杨战社
2012.04~2014.04	王生成	杨　勇	王生成	杨　勇	付周兴	杜京义	李　忠
2014.04~	杨　勇	丁　铂	杨　勇	付周兴	丁　铂	杜京义	李　忠

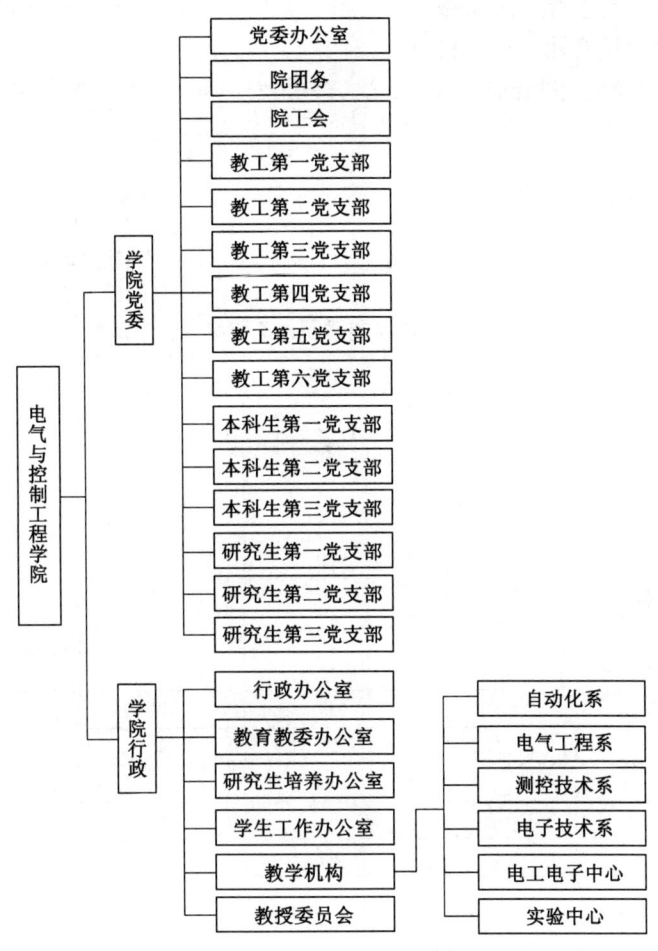

图 5-5-1　学院组织机构设置

表 5-5-2　　　　　　　　　　　学院 2002～2017 年行政领导成员组成情况一览表

年份	院长	副院长
2002.06～2005.07	韦　力	王勉华　马宪民
2005.07～2007.10	韦　力	王勉华　刘树林
2007.10～2012.04	王勉华	付周兴　刘树林
2012.04～	付周兴	刘树林　杜京义

第三节　师资队伍

一、概况

截至 2017 年 12 月,学院在岗教职工 116 人,其中教授 15 人,副教授及高级工程师 31 人,具有中级职称教师 63 人,教师中具有博士学历 45 人。

教授:付周兴　杜京义　刘树林　汪　梅　郭秀才　童　军　黄梦涛　商立群　王清亮
　　　赵建文　王再英　马宪民　柴　钰　高　赟　贺虎成

副教授:杨　勇　许　军　辛芳芳　周奇勋　惠阿丽　程　勇　岳改丽　刘宁庄　刘　青

吴伟丽　赵永秀　陈文燕　王　湃　黄向东　邵晓强　王媛彬　张玉峰　郝兆明
杨学存　杨战社　马　莉
高级工程师:雷俊科　刘晓荣　高　瑜　李红岩　王党树　郭　鹏　赵心恬　丁　铂
杨瑜侠　刘华旭

二、历年教职工职称结构

学院2002～2017年教职员工职称结构见表5-5-3,2017年在岗教职员工职称结构见表5-5-4。

表 5-5-3　　　　　　　　学院 2002～2017 年教职员工职称结构一览表　　　　　　单位:人

年份	正高级	副高级	中级	初级	其他	总人数
2002	7	6	35	22	0	70
2003	7	9	35	22	0	73
2004	8	11	36	20	0	75
2005	10	12	38	18	0	78
2006	10	12	39	19	0	80
2007	12	14	39	17	0	82
2008	11	16	46	11	0	84
2009	12	16	48	9	0	85
2010	12	17	49	9	0	87
2011	13	17	51	5	0	86
2012	13	17	53	4	0	87
2013	15	18	59	6	0	98
2014	14	23	62	3	0	102
2015	14	22	62	6	0	104
2016	15	26	67	4	0	112
2017	15	31	63	7	0	116

表 5-5-4　　　　　　　学院 2017 年在岗教职员工职称结构一览表　　　　　　单位:人

单位	教师					职工					合计
	教授	副教授	讲师	助教	小计	高级工程师	工程师	助理工程师	工人	小计	
党委	0	1	0	0	1	1	0	0	0	1	2
电气与控制工程学院党政办公室	0	0	0	0	0	1	1	0	0	2	2
教务教学办公室	0	0	0	0	0	1	0	0	0	1	1
研究生培养办公室	0	0	0	0	0	1	1	0	0	2	2
学生工作办公室	0	0	6	2	8	0	0	0	0	0	8
自动化系	3	7	12	0	22	0	0	0	0	0	22
电子科学系	2	2	5	0	9	0	0	0	0	0	9
电气工程系	4	4	9	0	17	0	0	0	0	0	17
测控技术系	4	2	9	0	15	0	0	0	0	0	15
电工电子中心	2	5	12	0	19	0	0	0	0	0	19
实验教学中心	0	0	0	0	0	6	8	5	0	19	19
合　计	15	21	53	2	91	10	10	5	0	25	116

第四节　本(专)科教育

一、专业介绍

(一)自动化专业

自动化专业源于西安交通大学矿山机电专业,1959年成立西安矿业学院机电系,开设五年制矿山机电专业,1979年更名为煤矿自动化专业,1994年更名为自动化专业,专业年均招生约180名。

自动化系共有专业教师22人,其中教授2人、副教授5人、讲师15人,高级职称教师占32%;具有博士学位教师16人,在读博士2人,硕士学位以上教师占86%。自动化专业主要从事智能控制理论及其在安全生产中的应用,在斜井防跑车监测监控装置,煤炭铁路调度监督系统等方面作了大量的研究工作,形成了鲜明的工矿应用特色。

(二)电气工程及其自动化专业

电气工程及其自动化专业成立于1997年9月,源自1997年3月成立的西安矿业学院自动化系的电力教研室,1997年9月第一批开始招生,招生人数70人。

电气工程及其自动化专业于2003年获得电力系统及其自动化硕士学位授予权;2007年成为学校一本招生专业;2008年成为学校"3+1"人才培养模式试点专业;2015年获教育部批准学校与澳大利亚麦考瑞大学联合办学专业。电气工程及其自动化专业可以培养工程学士、硕士。

(三)测控技术与仪器专业

测控技术与仪器专业于1993年开始招生,其前身是检测技术专业,当年招生30人,1995年更名为自动控制专业,保持招生规模30人,2001年更名为测控技术与仪器专业,此后保持招生规模60人。

测控技术与仪器专业共有专业教师14人,其中教授3人,副教授2人,讲师9人,高级职称教师占35.7%;具有博士学位教师11人,在读博士1人,硕士学位以上教师占100%。近3年来,测控技术与仪器专业获批省级教学团队,荣获省级教学成果奖1项,校级教学成果奖3项;获批精品课程省级2项,校级精品课程3项;获批双语教学示范课程省级1项,校级1项;承担并完成教改项目5项,发表科研论文130余篇,其中EI检索80余篇,教改论文20余篇,年均培养本科生60人左右,毕业生一次就业率均在95%以上。

(四)微电子科学与工程

微电子科学与工程专业是学校的一个新专业,2003年在微电子大专基础上申报成功,2004年开始招生,授予工学学士学位;每年计划内招生60名,2006、2007年招收专升本学生90人,已有10届本科毕业生,在校学生246人;2006年获得微电子学与固体电子学硕士点,隶属电子科学系管理。

在微电子科学与工程专业中,电子科学系承担专业教学和研究任务的专职教师9人,其中教授2人,副教授2人,讲师5人。博士5人,硕士4人;近三年发表论文50余篇,出版专著4部,承接纵、横向项目20余项,获得厅局级一等奖1项,校级一等奖1项,三等奖1项,专利9项。

二、教育教学改革

2002~2017年,学院教师共承担教改项目37项,其中国家级4项,省部级14项,编写出版教材69部,获批省级精品课程10项,获得教学成果奖13项,其中国家级奖4项,省部级奖6项。

三、实践教学

2000~2017年,学院先后建立了湖北宜昌葛洲坝水电站实习基地、河南第一拖拉机有限公司、航天时代民芯科技有限公司、芯派电子、西安市大唐灞桥热电厂实习基地、陕西宝鸡石头河水电站实习基地、天水天光半导体有限公司、洛阳源创电气有限公司、黄陵煤业集团、西安邮电大学、国家集成电路设计西安产业化基地、中国中信有限公司、宁夏煤业集团、天水自动化研究所、中国长城电气有限公司、甘肃海林轴承厂、天津中环半导体股份有限公司、西安市西瑞保护控制设备有限公司等18个实习基地。学院大学生创新创业训练计划项目立项68项。

第五节　研究生教育

一、概况

学院于1984年获控制理论与控制工程硕士学位授予权,2011年获控制科学与工程、电气工程一级学科硕士学位授予权,2011年获矿山机电工程博士点(自主设置)。共有10个学术型硕士专业、3个专业学位硕士专业,具体批准时间见表5-5-5,专业设置和变化情况见表5-5-6。

学术型硕士专业10个:电力系统及其自动化、电机与电器、高电压与绝缘技术、电力电子与电力传动、电工理论与新技术、微电子学与固体电子学、控制理论与控制工程、检测技术与自动化装置、模式识别与智能系统、系统工程。

专业学位硕士专业3个:电气工程、控制工程、仪器仪表工程。

表 5-5-5　　　　　　　　　　一级学科博士点、一级学科硕士点批准时间

学科名称	所在院系	国家重点学科	博士后流动站	博士点(1个)批次/批准时间	一级学科硕士点(2个)批次/批准时间	硕士点(10个)批次/批准时间
矿山机电工程	电气与控制工程学院			自主设置/2011.10		
电气工程	电气与控制工程学院				十一/2011.03	
电力电子与电力传动	电气与控制工程学院					七/1998.06
电力系统及其自动化	电气与控制工程学院					九/2003.09
电机与电器	电气与控制工程学院					十一/2011.03
高电压与绝缘技术	电气与控制工程学院					十一/2011.03
电工理论与新技术	电气与控制工程学院					十一/2011.03
控制学科与工程	电气与控制工程学院				十一/2011.03	

学科名称	所在院系	国家重点学科	博士后流动站	博士点（1个）批次/批准时间	一级学科硕士点（2个）批次/批准时间	硕士点（10个）批次/批准时间
控制理论与控制工程	电气与控制工程学院					二/1984.01
检测技术与自动化装置	电气与控制工程学院					八/2000.12
模式识别与智能系统	电气与控制工程学院					十/2006.01
系统工程	电气与控制工程学院					十一/2011.03
微电子学与固体电子学	电气与控制工程学院					十/2006.01

表 5-5-6　　学院 2002～2017 年研究生专业设置和变化情况一览表

专业＼年份	2002	2003	2004	2006	2009	2010	2011	2012	2013	2015	2016	2017
二级学科硕士点	电子电子与电力传动											
	控制理论与控制工程											
	检测技术与自动化装置											
			电力系统及其自动化									
	模式识别与智能系统											
	微电子学与固体电子学											
								高电压与绝缘技术			
							电机与电器				
								电工理论与新技术			
								系统工程			
二级学科博士点					矿山机电工程							

二、硕士点简介

（一）电力系统及其自动化

电力系统及其自动化学科属于一级学科电气工程下的二级学科，是研究和解决在电能生产、转换、传输、分配、控制、保护及应用过程中的科学技术问题的学科。电力系统及其自动化二级学科于2003 年获得硕士学位授予权，2011 年获得电气工程一级硕士学位授予权，2014 年获矿山机电工程博士学位授予权。

（二）电机与电器

电机与电器学科是一级学科"电气工程"下的二级学科，是研究电机电器及其控制系统的运行理论、电磁场理论、电机计算机辅助设计及优化技术、电机电磁场数学模型与数值分析、电机与电器系统控制策略的一门学科。电机与电器二级学科于 2012 年获得硕士学位授予权，同年开始招收硕

士研究生,主要从事电机与电器领域的基础理论及应用研究。

（三）高电压与绝缘技术

高电压与绝缘技术学科是一级学科电气工程下的二级学科,主要研究高电压与绝缘理论、测试和试验,电力设备绝缘设计,电力系统过电压及其防护,高电压与绝缘技术在电力工业和其他新兴科学技术中的应用。高电压与绝缘技术二级学科于2003年开始招收该研究方向的硕士研究生,2010年获得硕士学位授予权。本学科拥有一支学术水平高、创新能力强的教学科研团队。

（四）电力电子与电力传动

电力电子与电力传动学科属于一级学科电气工程下的二级学科,是研究电力电子与电路、本质安全、新型电力电子器件应用和电机控制的学科。本学科是1958年从西安交通大学分离而组建的西安矿业学院矿山机电专业,是国内最早的硕士点之一;1981年开始招收硕士研究生,1984年获得硕士学位授予权,1995年成为煤炭部重点学科,1999年被学校确定为准博士点学科。本学科形成了电力电子电路与装置、电力传动与控制策略研究、电力电子在电力系统中的应用、本质安全电路与装置四个稳定的研究方向,在本质安全理论、新型电力电子器件应用、高频软开关技术、无速度传感器直接转矩控制、开关磁阻电机控制研究方面达到国内领先水平。

（五）电工理论与新技术

电工理论与新技术学科属于一级学科电气工程下的二级学科,是研究电网络、电磁场和电工新技术的理论、方法及其新技术在工程领域应用的学科。电工理论与新技术二级学科于2012年获得硕士学位授予权,同年开始招收硕士研究生。

电工理论与新技术学科经过多年的建设和发展,形成了电工电能新技术及其应用、新型电能发电与变换技术、本质安全电路理论及应用、矿山机电设备安全运行等特色鲜明的研究方向。

（六）微电子学与固体电子学

微电子学与固体电子学科属于一级学科电子科学与技术下的二级学科,是研究固体电子器件和集成电路的专门学科。微电子学与固体电子学科于2006年获得硕士学位授予权,2007开始招收硕士研究生。本学科拥有一支学术水平较高、创新能力较强的教学科研团队。

本学科依托IC设计中心和国家集成电路设计西安产业化基地,拥有IC设计研发中心,配备了系统、逻辑、电路、器件、工艺以及MEMS等方面的最新EDA软件,与多家微电子相关科研院所建立了良好的合作关系,为本学科的科学研究及人才培养奠定了良好基础。本学科培养的研究生主要在科研院所、大中型国有企业等从事研究、设计、教学和管理等工作。

（七）控制理论与控制工程

控制理论与控制工程学科隶属于一级学科控制科学与工程,是以工程领域内的控制系统为主要研究对象,采用现代数学方法和智能控制技术、先进通信技术、智慧感知和测量技术等,研究系统的建模、分析、控制、设计的一门学科。

（八）检测技术与自动化装置

检测技术与自动化装置学科隶属于一级学科控制科学与工程,是研究将自动化、计算机、控制工程、电子信息、机械等多学科融和与应用的复合技术,是以应用为主、理论与实践紧密结合的综合性学科。检测技术与自动化装置二级学科于2001年获得硕士学位授予权,同年开始招收硕士研究生。

（九）模式识别与智能系统

模式识别与智能系统学科隶属于一级学科控制科学与工程,致力于探讨和发展新一代智能机器,以提高计算机认知水平和思维决策能力,使其具备模仿人类处理复杂环境与事务的能力。本学科在控制科学和计算机科学领域中具有重要地位,并成为一门理论性强、应用广泛的综合性交叉新兴学科,于2006年获得模式识别与智能系统学科硕士授予权,2007年开始招生。本学科学术梯队结构合理,已取得多项教学科研成果。

（十）系统工程

系统工程学科隶属于一级学科控制科学与工程,是系统科学、控制科学、计算机科学、数学、经济学等多门学科相互渗透而形成的交叉学科。本学科以信息处理和计算机仿真技术等为基础,分析研究复杂系统随时间推移而产生的行为模式,研究有关复杂信息反馈系统的动态趋势;通过建立系统工程学模型,可以研究系统的结构、功能和行为之间的动态关系,以便寻求较优的系统结构和功能。系统工程二级学科于 2012 年获得硕士学位授予权,同年开始招收硕士研究生。

（十一）电气工程

电气工程是以自然科学和技术科学为基础,结合生产实践中的技术经验,研究和解决在电能的生产、传输及其使用全过程,以及各类电气设备和系统的设计、制造、运行和控制等相关方面的理论和工程技术的应用学科。电气工程涵盖电力系统及其自动化、电力电子与电气传动、电工理论新技术、高电压与绝缘、电机与电器等,研究方向以电气系统及电器设计、分析、运行、控制等方面的基础理论、专门技术和方法为主,涉及计算机技术、信息技术、检测技术、电子技术、自动化技术等相关领域,特别在电力系统自动化、电气设备绝缘与故障诊断、开关电源及本质安全电路、煤矿供电系统可靠性和供电安全技术、供电系统过电压防护方面优势明显。

（十二）控制工程

控制工程是实现工业、农业、国防以及其他领域日益增长的自动化、智能化需求的重要的工程领域。本领域以控制论、信息论、系统论为基础,采用控制理论及技术,以工程应用为主要目的。其应用已推广至交通、环境、军事、生物、医学、经济、金融和社会各个领域。与机械工程、计算机技术、仪器仪表工程、电气工程、电子与信息工程等领域密切相关。

（十三）仪器仪表工程

仪器仪表工程是提供检测、计量、监测和控制装置、设备与技术的综合性工程领域,涉及国民经济、科学研究及日常生活的各个方面,为社会提供了重要物质技术保障。本领域涉及传感技术、电子技术、计算机技术、现代测控技术与系统,以及精密仪器及自动仪表设计、制造、试验、使用、维修等基础理论、技术和方法。学校仪器仪表工程领域覆盖学术型研究生培养中的多个学科:控制理论与控制工程、检测技术与自动化装置、系统工程、模式识别与智能系统、导航制导与控制。

三、指导教师

电气与控制工程学院 2002～2017 年硕士生导师名单见表 5-5-7。

表 5-5-7　　　　　2002～2017 年研究生导师一览表

专业年份	硕士生导师		
	电气工程一级学科	控制科学与工程一级学科	微电子学与固体电子学
2002～2011	刘　健　王清亮　付周兴 董张卓　负保记　黄向慧 许　军　童　军　商立群 赵建文	汪　梅　杜京义　郭秀才 黄梦涛　柴　钰　黄向东 王再英　陈文燕	刘树林　岳改丽　程红丽 朱向东　徐大林　张　涛
2012 新增	贺虎成　刘　青		
2013 新增		王媛彬　邵小强　杨　勇	
2014 新增	周奇勋　程　勇		
2015 新增		林灶生	

专业 年份	硕士生导师		
	电气工程一级学科	控制科学与工程一级学科	微电子学与固体电子学
2016 新增		王 亮　王 湃 潘红光　吴伟丽	
2017 新增	张玉峰　杨战社　杨学存 惠阿丽　赵永秀	刘 驰	刘宁庄

第六节　科学研究

一、概述

近 15 年来,电气与控制工程学院突出学院各个专业的研究特色,结合国内、外科学研究发展状况,整合科研资源与力量,凝练科研方向,以学院 8 个科研创新团队为中心,形成了以教授、副教授、博士等中青年教师为科研梯队的学术研究团队。15 年来,学院共承担国家级科研课题 14 项,省部级科研课题 19 项,副省部级和厅局级科研课题 46 项。

（一）科研课题、项目数量分布情况

2002~2017 年电气与控制工程学院纵向、横向项目分布情况,具体见表 5-5-8。

表 5-5-8　　　　　　　　学院 2002~2017 年纵向、横向项目分布情况一览表

年度	纵向课题/项							横向课题/项
	国家级	省部级	西安市	厅局级	校级	其他	合计	合计
2002	0	0	0	2	0	0	2	6
2003	0	1	1	0	0	0	2	2
2004	0	1	0	1	0	0	2	8
2005	0	0	1	3	0	0	4	9
2006	0	0	0	0	3	0	3	11
2007	0	0	2	1	4	0	7	9
2008	0	1	1	0	2	0	4	11
2009	1	3	0	7	2	0	13	32
2010	0	0	0	3	4	0	7	26
2011	0	2	0	4	4	0	10	28
2012	1	0	0	2	5	0	8	42
2013	1	1	0	4	11	0	17	47
2014	2	1	0	3	8	0	14	33
2015	0	4	0	2	5	0	11	21
2016	3	2	0	11	4	0	20	20
2017	6	3	0	5	8	1	23	25
总计	14	19	5	41	67	1	147	330

（二）科研经费

2002～2017年,电气与控制工程学院科研与技术服务发展迅速,科研合同额及到款额逐年增加,科研合同额达到4 420.92万元,到款额3641.68万元,具体见表5-5-9。

表 5-5-9　　　　　学院 2002～2017 年科研合同经费与到款经费情况统计

年度	合同经费/万元			到款经费/万元		
	纵向	横向	合计	纵向	横向	合计
2002	12.2	14.47	26.67	12.2	39.94	52.14
2003	8.0	17.09	25.09	7.2	12.09	19.29
2004	9.5	4.28	13.78	6.6	5.45	12.05
2005	15.0	18.66	33.66	15.0	16.08	31.08
2006	0.9	42.00	42.90	0	25.15	25.15
2007	9.2	42.98	52.18	8.0	135.48	143.48
2008	14.6	37.26	51.86	4.0	39.63	43.63
2009	60.3	402.71	463.01	51.9	122.79	174.69
2010	9.2	467.81	477.01	21.3	270.53	291.83
2011	18.8	211.43	230.23	14.5	394.84	409.34
2012	89.6	840.04	929.64	65.9	557.76	623.66
2013	48.0	697.53	745.53	40.9	478.52	519.42
2014	72.5	471.16	543.66	49.3	515.71	565.01
2015	43.0	391.40	434.40	74.3	242.88	317.18
2016	131.5	219.80	351.30	88.2	325.53	413.73
2017	141	300	441	102	240	342

（三）科研成果

2011～2017年,学院获各类科技奖15项,获批各项专利320项。

（四）学术交流及论文情况

近15年来,学院先后与中国台湾勤益科技大学、英国曼彻斯特大学、澳大利亚麦考瑞大学、法国科西嘉大学、日本鸟取大学等多所大学进行合作与交流。选派优秀骨干青年教师15名到国内外进修访学,邀请国内外知名学者讲座90场次,举办、承办国际会议2场。

2002～2017年间学院教师共在国内外学术刊物上发表论文600余篇,其中200余篇被SCI、EI、ISTP检索收录。

二、科研团队简介

（一）电力电子电路与系统学科创新团队

团队现有成员12人,其中博导1人、教授3人、博士4人,在读博硕士研究生50多人。团队负责人为刘树林教授,团队助理为童军教授。团队下设电力电子电路综合实验室、IC设计中心、本质安全电路实验室、博硕士研究生工作室、教授工作室、教师工作室。

（二）电力系统自动化学科创新团队

团队现有成员18人,其中教授3人,副教授5人,具有博士学位6人。团队负责人为付周兴教

授,研究方向为电力系统自动化和煤矿供电安全技术;团队助理为商立群教授,研究方向为电力系统过电压分析与防护技术。

（三）电气控制与自动化学科创新团队

团队现有成员 7 人,其中,教授 1 人,副教授 3 人,博士 2 人。团队负责人为贺虎成副教授,主要从事电力电子技术、运动控制技术和智能自动化装置等方面的研究工作;团队顾问为王勉华教授,主要从事电力传动、控制和自动化装置等方面的研究工作。

（四）过程控制与流程自动化学科创新团队

团队致力于检测技术与自动化仪表、DCS 与 PLC 系统、过程控制系统与流程工业自动化、智能建筑与楼宇自动化以及大型复杂系统的建模、优化、调度与控制研究理论与应用,培养过程控制与流程自动化、智能建筑与楼宇自动化领域的专业技术人才,并为相应的专业领域提供社会服务。研究涵盖二级学科:控制理论与控制工程、系统工程、检测技术与自动化装置及系统、建筑电气与智能化;主要研究方向:工业生产过程控制、煤化工及煤矿生产系统流程自动化、过程诊断与容错控制、智能建筑与楼宇自动化、公共安全技术及工程。

（五）控制工程学科创新团队

团队现有成员 10 人,其中教授 2 人,副教授 1 人,具有博士学位 3 人。团队负责人为杜京义教授,研究方向为电工理论及应用技术;团队学术顾问为侯媛彬教授,研究方向为智能控制系统理论与新技术。

（六）信息与控制学科创新团队

团队现有成员 14 人,其中博导 1 人,教授 3 人,高工和副教授 2 人,博士 3 人,在职博士生 4人。团队负责人为汪梅教授,研究方向为智能控制系统、电力系统状态识别与故障诊断、图像处理、气体检测与数据融合;团队助理为马宪民教授,研究方向为检测系统与自动化装置、图像处理与信息融合。

（七）自动化控制工程学科创新团队

团队现有成员 11 人,其中教授 1 人,高级工程师和副教授 2 人,博士 2 人,在职博士生 2 人。团队负责人为高赟教授,研究方向为电机控制理论与方法、自动化控制装置及自动化系统集成等。

（八）测控技术与自动化学科创新团队

团队现有成员 6 人,其中教授 2 人,副教授 2 人,具有博士学位 1 人。团队负责人为郭秀才教授,研究方向为检测技术与自动化、计算机网络与信息化;团队负责人为黄梦涛教授,研究方向为智能检测与识别、基于图像的测量与监控。

第七节　学生工作

学院学生工作以人才培养为中心,以安全稳定为前提,以理想信念教育为核心,以德育工程为重点,以学风建设为基础,以队伍建设为保障,牢固树立"坚持以学生为本,促进学生全面发展"的工作思路,积极构筑教育、管理、服务相结合的全过程、全方位和全员育人体系,学生工作干部树立"严谨高效、爱岗敬业、引领服务、争创一流"的创新团队工作理念。

多年来,学院学生工作紧紧围绕学校和学院中心工作,积极进取、创新发展,比较圆满地完成了各项任务;在学生党建、学生干部队伍建设、学风建设、科技创新与学科竞赛、学生思想政治工作文化创新及就业工作等方面取得了一定成绩,连续 7 年荣获西安科技大学学生工作先进单位,连续 5年荣获西安科技大学就业工作先进单位。2008～2017 年学院主要负责人见表 5-5-10,2009～2017年学院就业情况见表 5-5-11。

表 5-5-10　　　　　　　　**2008～2017 年学生工作主要负责人一览表**

年份	负责人	学生工作干部名单
2008	杨　勇	王建强　岳海华　海　路　赵心恬　郭小平　常　瑜　赵统堂
2009	杨　勇	岳海华　郭小平　常　瑜　赵统堂　刘戈亮
2010	杨　勇	岳海华　郭小平　常　瑜　赵统堂　刘戈亮　冯　欢
2011	杨　勇	岳海华　常　瑜　赵统堂　刘戈亮　冯　欢　童康胜
2012	杨　勇	常　瑜　赵统堂　刘戈亮　冯　欢　童康胜　于　飞
2013	杨　勇	常　瑜　赵统堂　刘戈亮　冯　欢　童康胜　于　飞　芦雪鹏
2014	丁　铂	常　瑜　刘戈亮　冯　欢　童康胜　于　飞　芦雪鹏　王　永
2015	丁　铂	常　瑜　冯　欢　童康胜　于　飞　芦雪鹏　王　永　丁　元
2016	丁　铂	常　瑜　冯　欢　童康胜　于　飞　芦雪鹏　王　永　丁　元　李　逸
2017	丁　铂	常　瑜　冯　欢　童康胜　于　飞　王　永　丁　元　李　逸

表 5-5-11　　　　　　　　**2009～2017 年学院就业率情况一览表**

就业率/% ＼ 年份 ＼ 学历	2009	2010	2012	2013	2014	2015	2016	2017
本科生	88.60	95.17	98.80	99.70	96.54	97.39	99.07	99.79
研究生				98.90	98.86	97.70	97.80	

第六章 通信与信息工程学院

第一节 学院沿革及概况

通信与信息工程学院始于西安矿业学院电气工程系1985年创建的通信工程专业,该专业自1984年开始筹建,1985年9月开始招收专科生,1987年9月招收第一批本科生,是当时全国煤炭高校中第一个通信工程专业。1994年12月,通信工程教研室从电气工程系分出,成立通信工程系。1996年原煤炭部以学院通信工程专业为基础设立煤炭专用通信人才培训基地,培养全国煤炭行业通信技术专业人才,2002年6月29日,在原通信工程系的基础上成立通信与信息工程学院。

1996年,学院增设信息工程本科专业并招生,同年通信工程、信息工程专业在陕西省参加第一批重点分数线录取;1998年新增光电子技术本科专业并招生,同年学校被陕西省考试中心批准通信专业为自学考试主考院校;1999年根据教育部颁布的《高等学校本科专业设置规定》专业目录,信息工程调整为电子信息工程,光电子技术调整为电子科学与技术;2001年经批准新增电子信息科学与技术;2004年开设电子商务专业(理),2013年停止招生,该专业划归学校管理学院;2012年开设物联网工程专业,2013年9月开始招生。

1996年学校设置硕士学科点通信与电子系统;2002年学校在矿业工程一级学科博士点下自主设置二级学科博士点矿业信息工程;2003年在全国第九批博硕士点申报过程中,新增二级学科硕士点信号与信息处理;2004年学院获批电子与通信工程工程硕士学位授予权;2006年在全国第十批博硕士点申报过程中,新增一级学科硕士点信息与通信工程,二级学科硕士点电路与系统,同年通信与信息系统硕士学位授予点顺利通过国家评估;2011年获批二级学科硕士点电磁场与微波技术。

学院现拥有1个二级学科博士点:矿业信息工程;2个一级学科硕士点:信息与通信工程、电子科学与技术;4个二级学科硕士点:通信与信息系统、信号与信息处理、电路与系统、电磁场与微波技术;1个工程硕士领域:电子与通信工程领域;5个本科专业:通信工程、电子信息工程、电子科学与技术、电子信息科学与技术、物联网工程。

截至2017年12月,学院有教职员工115人,具有高级职称教师50人,其中硕士生导师39人;在籍学生2 312名,其中本科生2 077名,硕士研究生233名,博士研究生2名。

学院现有陕西省通信工程特色专业建设点,陕西省电子信息工程专业综合改革试点,陕西省"一流专业"电子信息工程,陕西省电子信息类人才培养模式创新实验区,通信工程陕西省实验教学示范中心,陕西省通信工程系列课程教学团队3个,陕西省精品资源课程5门。学院拥有基础和专业两个实验中心,共27个实验室。与大唐电信有限责任公司、深圳华为有限公司、深圳中兴通讯股份有限公司等10多个IT企业联合建立了国内先进的通信系统实验室。2017年,学院与华为技术有限公司共建华为ICT学院,共同培养ICT创新型和应用型技术人才。

学院学生在全国大学生电子设计竞赛、全国大学生机器人大赛、全国大学生物联网设计大赛、"挑战杯"全国大学生课外学术科技作品竞赛中频频获奖,每年约15%的毕业生考取211、985院校和本校硕士研究生。本科生和研究生就业良好,本科生平均就业率96％,研究生就业率100％,就业单位主要为中国移动、中国联通、中国电信、珠海格力电器股份有限公司等电信运营企业、IT 制造企业及工程建设公司等。

2002～2017 年,学院教职工主持参与完成国家 863 计划、国家自然科学基金、陕西省自然科学基金、国家计委科技产业化项目、国家火炬计划项目等 30 多项,企业合作项目 50 多项;获省部级以上科技进步奖及教学成果奖 20 余项,专利 20 余项;发表学术论文 1 000 余篇,其中被 SCI、EI 检索收录 400 余篇,编写出版教材、著作 67 部;获省部级以上科技进步奖 3 项,陕西省教学成果奖 1 项。

第二节 组 织 机 构

学院组织机构设置见图 5-6-1,学院党委成员组成情况见表 5-6-1,学院行政领导成员情况见表 5-6-2。

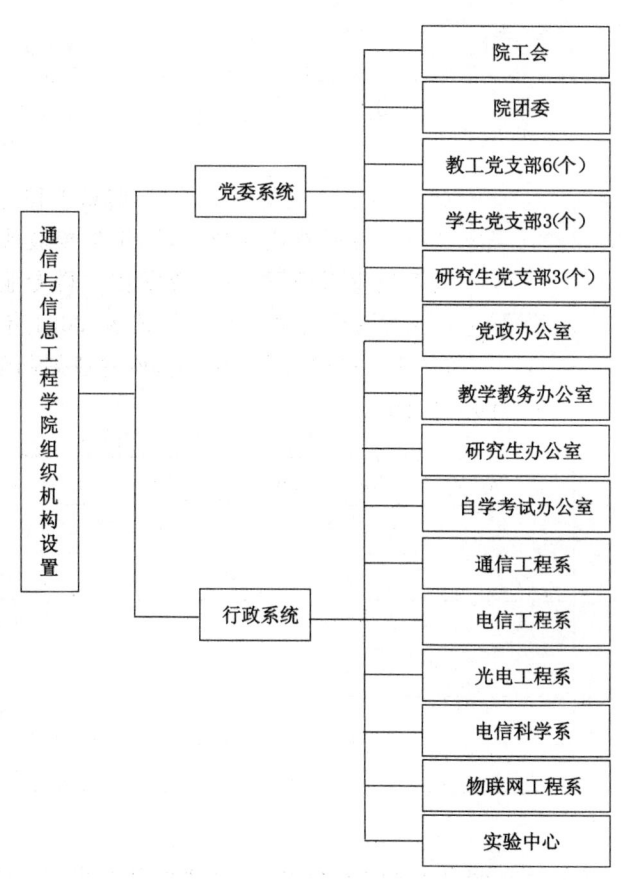

图 5-6-1 学院组织机构设置

1984 年,通信工程教研室成立初期,刘少亭担任教研室主任;1994 年 12 月,通信工程教研室从电气工程系分出成立通信工程系,韦力担任党总支书记,刘少亭担任系主任,王生成担任党总支副书记,韦力、卢建军担任系副主任;1997 年 12 月班子成员进行调整,韦力担任党总支书记,卢建军担任系主任,吕宏艳担任党总支副书记,李国民担任系副主任;1998 年 6 月,通信工程系党总支书记调整,郑华萍担任党总支书记,卢建军担任系主任,吕宏艳担任党总支副书记,李国民担任系副主任;2000 年 12 月,郑华萍担任党总支书记,卢建军担任系主任,吕宏艳担任党总支副书记,李国民担任系常务副主任,李白萍、韩晓冰担任系副主任。

表 5-6-1   2002～2017 年党委成员组成情况一览表

年份	党委书记	党委副书记	党委委员
2002.01～2002.06（通信系党总支）	郑华萍	吕宏艳	郑华萍　卢建军　吕宏艳 刘少亭　罗小莹
2002.06～2006.06（通信学院党委）	郑华萍	汪　仁	郑华萍　卢建军　李国民 汪　仁　李白萍　韩晓冰　罗小莹
2006.06～2007.05	—	李白萍(主持工作) 汪　仁	李白萍　李国民　汪　仁 韩晓冰　吴延海　罗小莹
2007.05～2009.11	李白萍	汪　仁	李白萍　李国民　汪　仁 韩晓冰　吴延海
2009.11～2014.04	李白萍	刘　琳	李白萍　李国民　刘　琳 韩晓冰　吴延海
2014.04～2015.11	李建明	刘　琳	李建明　李白萍　刘　琳 李国明　韩晓冰　吴延海
2015.11～2016.03	李建明	刘　琳	李建明　李白萍　刘　琳 王树奇　田　丰
2016.03～	李建明	薛建航	李建明　李白萍　薛建航 王树奇　田　丰

表 5-6-2   2002～2017 年行政领导成员组成情况一览表

年份	院长	副院长
2002.06～2005.05	卢建军(兼)	李国民(常务副院长)　李白萍　韩晓冰
2005.05～2007.05	李国民	李白萍　韩晓冰
2007.05～2014.04	李国民	吴延海　韩晓冰
2014.04～2014.10	李白萍	王树奇
2014.10～2016.07	李白萍	王树奇　田　丰
2016.07～	王安义	王树奇　田　丰

第三节　师资队伍

截至 2017 年 12 月,学院在册教职工人 115 人,其中教师 85 人,实验人员 15 人,行政人员(辅导员)15 人;教授 11 人,副教授及高级工程师 38 人,讲师 54 人,工程师 6 人,助教 2 人,助理工程师 4 人。

一、教职员工职称结构

2002～2017 年学院教职员工职称结构见表 5-6-3。

表 5-6-3　　　　　　　　　**2002～2017 年教职员工职称结构**　　　　　　　　　单位:人

年份	正高级	副高级	中级	初级	其他	总人数
2002	3	8	35	26	0	72
2003	4	9	45	20	0	78
2004	6	11	54	17	0	88
2005	7	10	65	11	0	93
2006	7	11	64	13	0	95
2007	8	13	60	15	0	96
2008	10	17	59	9	0	95
2009	10	17	64	7	0	98
2010	11	18	61	4	0	94
2011	11	20	60	4	0	95
2012	11	25	59	5	0	100
2013	11	29	59	4	0	103
2014	11	33	56	5	0	105
2015	11	35	57	6	0	109
2016	11	36	56	7	0	110
2017	11	38	60	6	0	115

二、在岗教职员工职称结构

2017 年学院在岗教职员工职称结构见表 5-6-4。

表 5-6-4　　　　　　　　　**2017 年在岗教职员工职称结构一览表**　　　　　　　　　单位:人

单　位	教师					职工					合计
	教授	副教授	讲师	助教	小计	高级工程师	工程师	助理工程师	工人	小计	
通信工程系	2	8	13	0	23	0	0	0	0	0	23
电信工程系	3	6	11	0	20	0	0	0	0	0	20
光电工程系	3	4	10	0	17	2	0	0	0	2	19
电信科学系	2	5	5	0	12	0	0	0	0	0	12
物联网工程系	1	7	3	0	11	0	0	0	0	0	11
行政管理	0	0	9	2	11	1	2	1	0	4	15
实验中心	0	0	3	0	3	5	4	3	0	12	15
总　计	11	30	54	2	97	8	6	4	0	18	115

(截至 2017 年 12 月)

第四节　本(专)科教育

一、概况及专业特色

西安科技大学于 1984 年开始筹建通信工程专业,1985 年 9 月开始招收专科生,1987 年 9 月招收第一批本科生。经过数年的发展,学院形成了通信工程、电子信息工程、电子科学与技术、电子信息科学与技术、物联网工程5个本科专业的人才培养格局,在培养方向和课程设置上依托学校地矿特色学科交叉,突出专业特色,强化创新实践能力培养,形成应用型人才培养模式。

（一）通信工程专业

本专业2011年获批为陕西省通信工程特色专业建设点,2013年获批为陕西省通信工程系列课程教学团队,2015年获批为陕西省通信工程实验教学示范中心,通信原理和现代交换技术两门课程于2015年获批为陕西省精品资源课程。

（二）电子信息工程专业

本专业学生主要学习电子信息工程方面的基本理论和基本知识,学习信息获取、信号处理、信号传输以及电子信息系统设计、应用开发等方面的专业知识,接受电子工程、信息工程、计算机辅助设计实践的基本训练,掌握电子设计、信息处理、应用开发和集成电子设备及信息系统的基本能力。本专业于2017年成为陕西省一流专业。

（三）电子科学与技术专业

本专业培养具有坚实理论基础和较高分析与解决问题的能力,可以进行光电子技术、电路与系统、电子设计与开发的系统性研究分析,能在光电子、光电信息处理、电子电路设计等领域从事科研、教学、产品开发、生产管理等工作的高级工程技术人才。本专业面向行业技术的发展前景,通过课内、课外互动融合的育人思路,培养具有良好动手能力、科技前沿思考能力、创新创业意识与能力、服务于国家与社会的高水平人才。

（四）电子信息科学与技术专业

本专业培养具有坚实专业理论基础和较高分析解决问题的能力,掌握信息与通信工程学科的基本理论和电子信息获取、传输、处理、应用等方面的专业知识,具备电子设备和信息系统的研究、设计、应用和开发的能力,能在信号与信息处理、电子技术、智能控制及相关领域从事科学研究、工程设计、技术开发、设备制造、管理维护的复合型工程科技人才。本专业开设了图像处理、视频信号处理、传感器、嵌入式系统相关课程,利用视频图像处理方法与应用对煤矿安全监控中的视频信息进行智能处理与预警。

（五）物联网工程专业

物联网已经被正式列为国家重点发展的战略性新兴产业之一。物联网工程专业是学院为适应这一技术发展和人才培养需求,2012年申报后经教育部第二批正式批准的新专业。本专业是计算机技术、通信技术、无线传感技术、云计算、大数据、人工智能与工程技术相结合的新兴交叉专业,主要培养国家物联网等战略性新兴产业发展急需的物联网人才。

二、教育教学改革

学院以教学优先为前提,将"转变观念,强化质量,加强保障,完善规范,突出素质教育和创新教育"作为教学改革与建设的方向,在学院各系深入开展教育教学改革,鼓励并组织教师开展多种多样的教改活动,力求使专业结构更加合理,人才培养机制更加灵活。在实际改革过程中,学院根据各系所、各学科教学与实践的不同情况,在各系所采取了有针对性的教学改革措施。

2008～2017年学院承担教学改革项目50余项,其中国家级2项。2003～2017年学院获批精品课程17项,其中省部级5项。学院积极参加省教学团队申报工作,现有3个团队获批省级教学团队或实验教学示范中心。

三、教材建设

学院对教材建设和出版工作高度重视,积极加强对教材建设的管理。2003～2017年学院共编写出版教材 40 部。

四、实践教学

（一）实践教学体系建设

学院所构建的实践教学体系,从纵向看,分为基础与认知、专业基础与技能、综合训练与创新 3 个层面;从横向看,由课程实验、校内外实习、设计(论文)和其他课内外实践 4 个环节组成,形成了与理论教学相配套,课内外相结合,科学合理、层次清晰、架构完整的实践教学内容与体系。

（二）实验教学与实验室开放情况

学院的实验室全部向学生开放,根据不同层次学生的要求,确定开放内容。实验类型分为教学实验项目型、自选(拟)实验项目型、学生科技活动型、学生参与科研型、计算机应用型、综合素质培养型等;对于低年级学生,以训练其基本技能和实践能力为主;对于高年级学生,以培养其创新意识和创业能力为主。实验室向学生开放采用以学生为主体,教师加以启发指导的实验教学模式,开放时间分为全开放和预约式开放。其中创新实验室是学生会科技部组织、教师指导的科技竞赛基地,全天候为学生开放,为大学生电子竞赛等培养了一批又一批的人才。其中,2012~2014 年,学院大学生创新创业训练计划项目立项 14 项。

五、教学成果

2007~2017 年,学院共获准教学成果奖 11 项,其中省部级及以上奖 5 项。

六、实验场所建设

学院实验中心是全校理工科专业电子技术和信息类实验教学基地,2015 年获陕西省高等学校本科实验教学示范中心称号。学院现有实验室 27 个,其中功能实验室 26 个,大学生创新实验室 1 个;临潼校区 2 000 平方米,应用于本科生的实验教学,雁塔校区 266 平方米,应用于科学研究;教学仪器设备价值 2 000 余万元。学院拥有模拟电子技术实验室、数字电子技术实验室、两个专业基础类实验室、DSP 技术及应用实验室、EDA 技术及应用实验室、RFID 系统实验室、电磁场与电磁波实验室、多媒体信号处理实验室、高频电路实验室、光电子技术实验室、通信原理实验室、微波技术与天线实验室、微机应用系统实验室、现代交换与信息网实验室、信号与系统实验室等 12 个专业类实验室,以及综合实训类实验室和创新设计类实验室。

七、教学实习基地建设

学院在西咸新区大数据信息技术服务有限公司、新开普科技股份有限责任公司、陕西斯达煤矿安全装备有限公司、西安西科测控设备有限责任公司、西安易培德科技有限责任公司、洛阳牡丹通信有限公司、四川长虹股份有限公司、西安海舟科技有限公司、陕西烽火通信集团有限公司、西安博纳通信科技有限公司等建立了 20 个实习基地。

第五节　研究生教育

一、概况

学院现有矿业信息工程 1 个二级学科博士点,信息与通信工程、电子科学与技术 2 个一级学科硕士点,通信与信息系统、信号与信息处理、电路与系统、电磁场与微波技术 4 个二级学科硕士点,电子与通信工程领域学科领域 1 个。学院基本形成了矿山通信与网络技术,信息处理与信息系统、

数字移动通信技术、图像处理与图像通信4个特色鲜明的研究方向。

二、博硕士点简介

（一）二级博士点学科:矿业信息工程学科

矿业信息工程学科围绕我国煤炭信息化建设与技术创新,培养掌握煤矿安全生产监测监控、应急救援通信、井下有限空间无线通信技术、数字化矿山技术等领域的专业技术知识和创新实践能力,能在矿山通信与信息系统、安全生产专家决策系统、应急救援通信等相关领域从事科研、生产和教学工作等方面的高级专业技术研究与开发人才。

（二）硕士学科:通信与信息系统

通信与信息系统学科培养掌握现代通信技术的发展以及宽带通信、移动与个人通信技术、有限空间无线通信技术、数字移动通信技术与系统、光通信技术、数字化矿山技术等领域的专业技术知识和创新实践能力,能在通信系统、电子信息系统、计算机应用及相关领域从事科研、生产和教学工作等方面的高级技术研究与开发人才。

（三）硕士学科:信号与信息处理

信号与信息处理学科培养掌握现代电子与通信技术的发展、数字信号处理与系统、信息采集与处理技术、通信信号处理、数字图像处理领域的专业技术知识和创新实践能力,能在通信系统、数字图像处理与传输系统、计算机应用等相关领域从事科研、生产和教学工作等方面的高级技术研究与开发人才。

（四）硕士学科:电路与系统

电路与系统学科培养掌握现代数字、模拟、线性与非线性电路与系统的理论与技术,嵌入式系统设计与应用,电路与系统的计算机辅助设计,模拟电路故障诊断,光电检测技术等领域的专业技术知识和创新实践能力,能在通信系统、电子信息系统、电力系统、计算机网络技术等领域从事电路与系统的设计、开发和应用等方面的高级技术研究与开发人才。

（五）硕士学科:电磁场与微波技术

电磁场与微波技术学科培养掌握高等电磁理论、有限空间无线电波传播特性、微波射频电路设计、智能天线技术、无线传感器网络、光电成像技术等领域的基础理论,能在无线信道分析、电磁辐射与电磁兼容、电波传播特性等领域从事与微波器件与电路的设计、天线设计等方面的高级技术研究与开发人才。

（六）工程硕士领域:电子与通信工程

本工程领域将现代通信技术、电子电路设计、信息采集与处理、安全监测监控技术等方向与企业需求相结合,形成了独特的研究方向;在专用信息网络、短距离无线通信、智能终端开发、矿山应急救援通信技术、安全生产监测监控技术、企业应用管理软件开发等方向形成了具有特色优势的培养体系。

学院博士点和硕士点批准时间见表5-6-5,专业设置和变化情况见表5-6-6。

表5-6-5 一级学科博士点、一级学科硕士点批准时间

学科名称	所在院系	博士点(1个) 批次/批准时间	一级学科硕士点(2个) 批次/批准时间	硕士点(5个) 批次/批准时间
矿业信息工程	通信与信息工程学院	2010		
信息与通信工程	通信与信息工程学院		2006	
电子科学与技术	通信与信息工程学院		2011	

续表 5-6-5

学科名称	所在院系	博士点（1个）批次/批准时间	一级学科硕士点（2个）批次/批准时间	硕士点（5个）批次/批准时间
通信与信息系统	通信与信息工程学院			1996
信号与信息处理	通信与信息工程学院			2003
电路与系统	通信与信息工程学院			2006
电磁场与微波技术	通信与信息工程学院			2011
电子与通信工程	通信与信息工程学院			2004

表 5-6-6　　　　　　　　　　　　研究生专业设置和变化情况一览表

专业＼年份	1996	…	2002	2003	2004	2005	2006	2007	2008	2009	2010	2011	…
二级学科硕士点	通信与信息系统												
			信号与信息处理										
						电路与系统							
											电磁场与微波技术		
二级学科博士点											矿业信息工程		

三、指导教师

学院通信与信息系统、信号与信息处理、电路与系统、电磁场与微波技术、电子与通信工程等 5 个学科 20 个研究方向，硕士研究生导师共计 49 名，博士生研究生导师 1 名。

硕士研究生导师：蒋　林　张威虎　李白萍　王安义　曾召华　张　红　张晓莉　王建新
殷晓虎　赵　谦　李国民　王树奇　朱代先　田　丰　黄　健　李明明
马　莉　廖晓群　汪　仁　贺　顺　姚　军　刘　涛　唐善成　赵安新
朱周华　张释如　吴冬梅　苏　扬　侯　颖　王书朋　康晓非　李文峰
蔺丽华　冀汶莉　孙　弋　倪云峰　张　渤　李旭红　程红丽　庞立华
刘树林　韩晓冰　陈　伟　毛昕蓉　刘新良　武风波　王晓路　王　静
郭　苹

博士研究生导师：廖桂生

第六节　科　学　研　究

一、概述

学院学术与科研以煤炭企业信息化建设与安全生产中信息技术应用为主要特色，形成了矿山通信理论与技术、智能信息处理理论与技术、宽带无线通信与雷达信号处理、图像与视频处理等具有特色的科研团队，并根据最新的通信与信息理论不断拓展在行业中的应用。

二、科研课题、项目数量分布

2002～2017 年科研项目分布情况见表 5-6-7。

表 5-6-7 　　　　　　　　　　2002～2017 年纵向、横向项目分布情况一览表

年度	纵向课题/项							横向课题/项
	国家级	省部级	西安市	厅局级	校级	其他	合计	合计
2002	0	2	1	3	0	0	6	1
2003	0	1	0	1	0	0	2	1
2004	0	2	0	0	0	0	2	1
2005	0	1	0	1	0	0	2	5
2006	1	4	0	2	5	0	12	5
2007	0	2	0	3	4	0	9	4
2008	0	0	0	4	4	0	9	5
2009	0	2	1	5	1	0	9	10
2010	0	1	0	2	12	1	16	6
2011	0	4	0	3	1	0	9	11
2012	0	3	4	5	5	2	19	16
2013	2	2	1	4	7	4	20	17
2014	0	1	1	4	4	2	12	23
2015	0	5	5	4	11	4	29	21
2016	0	3	3	3	5	3	17	22
2017	4	5	1	1	1	1	13	16
总计	7	38	19	45	56	17	186	164

三、科研经费

　　学院自 2002～2017 年,科研与技术服务发展迅速,科研到款额逐年增加,科研到款额 3 453.86 万元,具体见表 5-6-8。

表 5-6-8 　　　　　　　　　　2002～2017 年科研到款经费情况统计

年度	到款经费/万元		
	纵向	横向	合计
2002	15.3	0.4	15.7
2003	3.9	4.29	8.19
2004	3.0	1.37	4.37
2005	4.1	42.0	46.1
2006	208.5	42.5	251.0
2007	18.2	46.2	64.4
2008	19.2	49.9	69.1
2009	39.4	170.9	210.3
2010	44.1	102.8	146.9
2011	78.1	177.8	255.9
2012	73.5	451.1	524.6
2013	131.4	266.6	398.0

年度	到款经费/万元		
	纵向	横向	合计
2014	90.8	341.4	432.2
2015	186.3	245.3	431.6
2016	55.9	225.6	281.5
2017	139.0	175.0	314.0
总计	1 110.7	2 343.16	3 453.86

四、科研成果

学院在数字化矿山技术、矿山应急救援通信技术、煤矿安全生产监测监控技术、数字移动通信、配电网信息采集与处理、图像处理与图像通信等领域的研究中取得了丰硕的成果,主持参与完成了国家 863 计划、国家自然科学基金、陕西省自然科学基金、国家计委科技产业化项目、国家火炬计划项目等 30 多项,企业合作项目 50 多项,获省部级以上科技进步奖及教学成果奖 20 余项,专利 20 余项,发表学术论文 1 000 余篇,其中被 SCI、EI 检索收录 400 余篇,编写教材、著作 67 部。

五、院属科研机构简介

（一）煤炭信息技术研究所

研究所有专业研究人员 8 人,其中教授 2 名,副教授和高级工程师 4 名,硕士研究生 30 余人。研究所与中国电子信息产业发展研究院、北京赛迪时代信息产业股份有限公司、煤炭科学研究总院常州自动化研究院等院所企业进行了良好合作,并利用院企合作平台,针对煤炭信息化技术展开一系列研究,重点针对煤炭行业亟待解决的煤矿安全预警、安全生产、信息通信、防灾救灾、矿山调度、监控定位等问题。

研究所先后承担了国家"863 计划"课题,原信息产业部电子基金招标项目,与宁夏煤业集团、淄博矿业集团、兖矿煤业集团等多大型煤炭企业鉴定科技合作项目,国家博士后科学基金,以及国家安全生产监督管理总局、陕西省、西安市、陕西省教育厅、公司、企业等多项课题。近三年,研究所在中外学术期刊、国内国际会议上发表学术论文 50 余篇,出版著作 10 余部,取得专利/软件版权 4 项,获得省部级科技奖励 4 次。

（二）西科银河信息自动化技术研究所

研究所是依托通信与信息系统、信息与信号处理和电力电子与电力传动学科以及安全技术及工程国家重点学科,与陕西电力银河集团联合成立的高技术研究机构;2001 年被陕西省科技厅和陕西省教育厅评为"产学研先进单位";主要研究信息采集与处理理论及技术,配电自动化及矿井安全生产信息处理系统的设计开发技术,多媒体信息处理系统与集成技术等。

研究所承担了国家计委、科技部"配电过程自动化成套设备"等产业化项目和创新基金项目,深入研究了强电磁干扰下配电系统运行状态信息的实时采集技术及远距离抗干扰传输技术,负责研究开发了 IC-5-101-105、DNP3.0、Modbus 等电力通信协议的处理模块,分析了配电自动化系统中各种信息的特点和采集周期,提出了这些信息的分类方法以及配电自动化信息系统数据动态更新技术与分布式处理技术,通过 Internet 的远程访问技术以及电力通信协议与 TCP/IP 协议之间的转换技术,其研究成果应用到了陕西银河电力自动化公司的配电自动化系统中。近几年,研究所在重要学术刊物上发表学术论文 119 篇,其中 37 篇被 SCI、EI 收录,出版著作 7 部,获省部级科技进步奖 10 余项。

（三）信号处理与数据通信研究所

研究所共有研究人员 9 名,其中教授 3 名,副教授 2 名,讲师 3 名,助教 1 名。研究所有硕士研

究生 59 名。研究成员的最低学历为硕士,其中 3 名为博士,5 名为硕士生导师。研究所现有一个可支配使用的语音与图像处理实验室,若干常用的通信与信号处理研究设备和器件,数十台计算机,曾承担并较好地完成过陕西省科技厅、陕西省教育厅、西安市科技局、中国博士后流动站、国家安全生产监督管理总局等多个单位的许多纵向科研项目,较好完成和正在进行国内多个著名公司、企业、煤矿等单位的横向科研项目。研究成员近年来在中外学术期刊、国际/内会议上发表学术论文百余篇,出版著作十余部,取得专利多项,荣获省部级等多项科研项目和学术论文的重要奖励。

第七节 学 生 工 作

一、概况

学院学生工作主要内容:学生的思想政治教育、心理健康教育、学风建设、学生党团建设、学生活动、社会实践、社团建设、帮困助学、评奖评优、就业指导与服务、日常管理、学生事务、安全稳定等。

学生工作宗旨:坚持"三个一,一个三",弘扬和培育社会主义核心价值观,充分发扬学生主体性,帮助学生成长,引导学生成才,促进学生全面发展和综合素质提升。

"三个一",即为了一个目标:以学生的成长、成才、发展和就业为旨归,全面促进学生综合素质的提升;完善一套体系:以学风建设为中心,积极开展第二课堂和学科竞赛,建立健全学生培养体系;打造一支队伍:以学生教育为主,以学生管理为辅,努力打造一支由辅导员、学生党员、学生干部构成的三位一体学生工作队伍。

"一个三",即坚持三全育人:坚持全员育人、全过程育人、全方位育人,构筑良好的育人环境。坚持全员育人,实施本(专)科生导师制,为本科学生配备导师,因材施教,加强个性化教育和主体性教育,提高学生以创新精神和创新能力为核心的综合素质;坚持全过程育人,根据不同年级的实际情况,实施课外科技活动学分制及公共选修课制度,积极开展第二课堂,加强学科竞赛投入,培养学生的动手实践能力,以赛促学,培养合格的工程师;坚持全方位育人,充分利用各种教育载体,如综合测评和奖学金评比、贫困生资助与勤工助学、学生组织建设与管理、班风建设、舍风建设、学风建设、诚信教育、社会实践等,形成合力共同促进学生全面培养。

二、学生工作机构

学院积极运用各种载体开展学生工作,促进学生全面发展。学院已成立的主要工作机构有分团委学生会、大学生媒体中心、大学生科创实验室、大学生心理辅导站、马克思主义新语读书社和党建阅览室。

三、学生工作主要负责人

2002～2017 年学院学生工作主要负责人见表 5-6-9。

表 5-6-9　　　　　　　　　　2002～2017 年学生工作主要负责人一览表

年份	负责人	学生工作干部名单								
2002	汪 仁	杨苗苗	刘训明	郭 鹏	何 瑞	张志鹏				
2003	汪 仁	杨苗苗	刘训明	李卫鹏	郭 鹏	何 瑞	张志鹏	肖 阳	李 琳	
2004	汪 仁	杨苗苗	刘训明	李卫鹏	郭 鹏	何 瑞	张志鹏	肖 阳	李 琳	张 萌	张智兰
2005	汪 仁	杨苗苗	刘训明	李卫鹏	郭 鹏	何 瑞	张志鹏	肖 阳	李 琳	张 萌	张智兰

续表 5-6-9

年份	负责人	学生工作干部名单
2006	汪　仁	杨苗苗　刘训明　李卫鹏　郭　鹏　何　瑞　张志鹏　肖　阳　李　琳　张　萌　王　楠　张智兰
2007	汪　仁	杨苗苗　郭　鹏　何　瑞　张志鹏　李　琳　张　萌　王　楠　李卫鹏　赵　谦　张智兰
2008	汪　仁	郭　鹏　何　瑞　张志鹏　李　琳　张　萌　王　楠　吴　凡　赵　谦　李明明　张智兰　李卫鹏
2009	汪　仁(2009.11)　刘　琳	郭　鹏　何　瑞　张志鹏　李　琳　张　萌　王　楠　吴　凡　赵　谦　李明明　张智兰　李卫鹏
2010	刘　琳	郭　鹏　何　瑞　张志鹏　李　琳　张　萌　王　楠　李明明　吴　凡
2011	刘　琳	郭　鹏　何　瑞　张志鹏　李　琳　张　萌　王　楠　刘召用　李明明
2012	刘　琳	张志鹏　刘召用　蒋　飞　赵海霞　郭　鹏　苗蓓蕾　李　琳　何　瑞　王　楠　张　萌
2013	刘　琳	张志鹏　刘召用　蒋　飞　赵海霞　王永杰　苗蓓蕾　王　楠　张　萌　李　琳
2014	刘　琳	郝　卿　刘召用　蒋　飞　赵海霞　刘　悦　王永杰　苗蓓蕾　王　楠
2015	刘　琳	郝　卿　刘召用　蒋　飞　赵海霞　刘　悦　王永杰　张　剑　陈振兴　苗蓓蕾
2016	刘　琳(2016.03)　薛建航	郝　卿　刘召用　蒋　飞　赵海霞　刘　悦　王永杰　张　剑　陈振兴　苗蓓蕾
2017	薛建航	郝　卿　刘召用　蒋　飞　赵海霞　刘　悦　王永杰　张　剑　陈振兴　苗蓓蕾　王婧婕

四、历年招生、就业情况

2008～2017 年本科招生人数见表 5-6-10,2015～2017 年签约率情况见表 5-6-11。

表 5-6-10　　　　　　　　　　学院 2008～2017 年本科招生人数一览表

人数/人　年份 专业	通信工程	电子信息工程	电子科学与技术	电子信息科学与技术	电子商务(理)	通信技术	总人数
2008	129	141	64	97	59	71	561
2009	172	126	61	67	53	70	549
2010	142	118	62	66	57	70	515
2011	134	134	60	67	62	62	519
2012	129	130	76	66	60	59	520
2013	156	126	58	58		58	456
2014	142	116	62	61		62	443
2015	148	115	67	63		61	454
2016	165	158	62	59		95	539
2017	551	551					

表 5-6-11   **学院 2015~2017 年签约率情况一览表**

时间	专业	毕业人数/人	已签约人数/人	签约率/%	总签约率/%	类型
2015	电子科学与技术	58	56	96.55	96.15	本科生
	电子商务	59	57	96.61		
	电子信息工程	137	131	95.62		
	电子信息科学与技术	59	58	98.31		
	通信工程	155	148	95.48		
2016	电子科学与技术	58	56	96.55	95.42	
	电子商务	59	57	96.61		
	电子信息工程	137	131	95.62		
	电子信息科学与技术	59	58	98.31		
	通信工程	155	148	95.48		
	物联网工程	52	50	96.15		
2017	电子科学与技术	67	65	97.01	95.01	
	电子商务	3	2	66.67		
	电子信息工程	127	124	97.64		
	电子信息科学与技术	58	55	94.83		
	通信工程	164	155	94.51		
	物联网工程	62	56	90.32		
2015	电路与系统	7	7	100.00	95.83	研究生
	通信与信息系统	20	20	100.00		
	信号与信息处理	21	19	90.48		
	电子与通信工程	24	23	95.83		
2016	电路与系统	7	7	100.00	97.18	
	电磁场与微波技术	2	2	100.00		
	通信与信息系统	18	18	100.00		
	信号与信息处理	8	7	87.50		
	电子与通信工程	36	35	97.22		
2017	电路与系统	1	1	100.00	96.15	
	电磁场与微波技术	2	2	100.00		
	通信与信息系统	17	16	94.12		
	信号与信息处理	6	6	100.00		
	电子与通信工程	26	25	96.15		

第七章　计算机科学与技术学院

第一节　学院沿革及概况

1994 年 12 月,以计算机及应用本科专业为主体,由电气工程系计算机教研室、基础部计算数学教研室、学校计算中心合并,组建成立计算机科学与技术系,2008 年 6 月 1 日,更名为计算机科学与技术学院。

1987 年计算机及应用专业专科招生;1989 年计算机及应用本科专业招生,根据 1998 年教育部专业目录,计算机及应用本科专业调整为计算机科学与技术专业;1995 年计算机应用及维护专科专业招生;1999 年申报获批信息与计算科学本科专业,2000 年 9 月招生;2003 年申报获批软件工程本科专业,2004 年 9 月招生;2005 年申报获批网络工程本科专业,2006 年 9 月招生。

1996 年获批计算机应用技术学科工学硕士学位授予权,并于当年开始研究生招生;2002 年获批计算机技术工程领域工程硕士学位授予权,2004 年 9 月招生;2006 年获批计算机软件与理论学科工学硕士学位授予权,当年招生;2009 年获批软件工程工程领域工程硕士学位授予权,2010 年 9 月招生;2011 年获批计算机科学与技术一级学科硕士学位授予权;2012 年获批软件工程一级学科工程硕士学位授予权。2014 年在安全科学与工程博士一级学科下,自主设置安全信息系统及工程二级博士点,开始博士生招生。

学院党委现设 12 个党支部,其中教工党支部 6 个,本科生党支部 3 个,研究生党支部 3 个;党员 240 名,其中教职工党员 72 名,学生党员 168 名。

学院现设计算机科学系、信息科学系、软件工程系、网络工程系、基础教学课部、专业实验教学中心、校计算中心、创新创业教育中心;拥有可视化测控技术、计算机应用和矿山智能信息化技术 3 个研究所;学院设教授委员会,学位评定分委员会,教学督导组等机构。学院有省级教学团队 2 个,校级教学团队 1 个;省级教学名师 3 名,校级教学名师 1 名;校级科技创新团队 1 个。

学院在册教职工 100 人;在籍学生 1 442 名,其中本科生 1 313 名,硕士研究生 129 名。

第二节　组织机构

学院组织机构、学院党委成员、学院行政领导成员情况变化等见图 5-7-1、表 5-7-1 和表 5-7-2。

表 5-7-1　　　　　　　　　　　2008～2017 年党委成员组成情况一览表

时间	党委书记	党委副书记	党委委员				
2008.06～2008.10	陈俊杰	杜文渊	陈俊杰	杜文渊	龚尚福	李占利	龙熙华
2008.10～2009.10	陈俊杰	王文莉	陈俊杰	王文莉	龚尚福	李占利	龙熙华
2009.10～2014.04	陈俊杰	王建强	陈俊杰	王建强	龚尚福	李占利	付　燕
2014.04～2015.11	冯爱玲	王建强	冯爱玲	王建强	李占利	龚尚福	付　燕
2015.11～2017.06	冯爱玲	王建强	冯爱玲	王建强	李占利	贾澎涛	付　燕
2017.06～	冯爱玲	陈伟伯	冯爱玲	陈伟伯	李占利	贾澎涛	付　燕

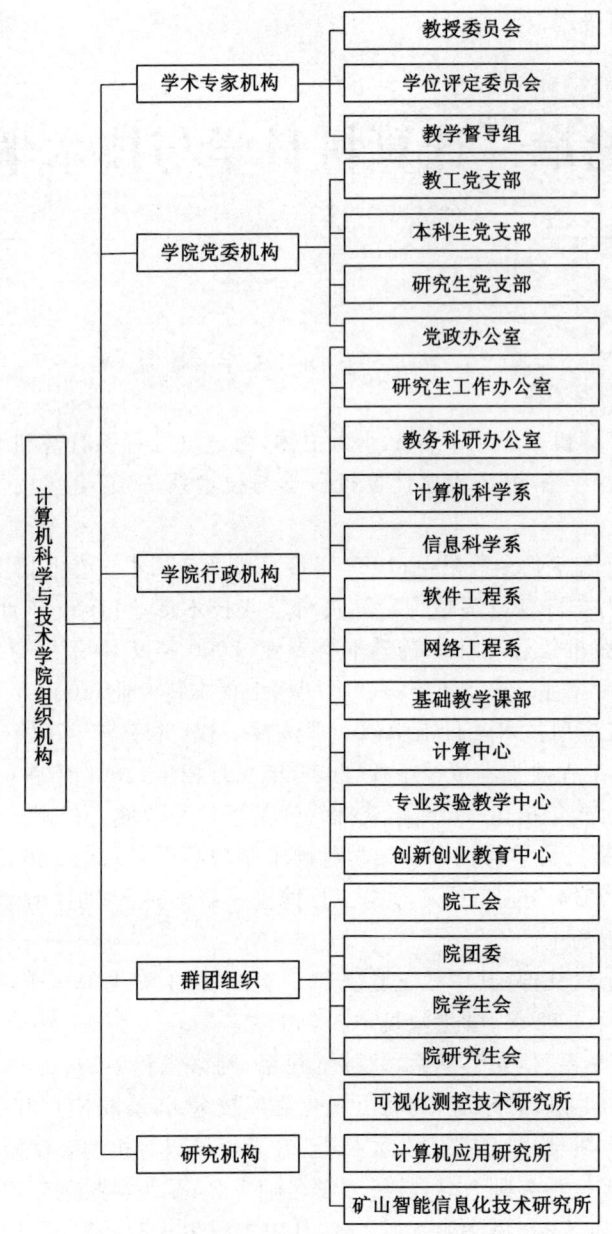

图 5-7-1　学院组织机构设置

表 5-7-2　　　　　　　　　　　　2008～2017 年行政领导成员组成情况一览表

时　间	院　长	副院长
2008.06～2009.10	龚尚福	李占利　龙熙华
2009.10～2013.04	龚尚福	李占利　付　燕
2013.04～2017.06	李占利	付　燕　贾澎涛
2017.06～	李占利	贾澎涛　马　天

第三节　师资队伍

　　截止到 2017 年 12 月,学院在册教职工 100 人,其中专任教师 71 人,实验技术人员 17 人,工人

2 人,辅导员 6 人,管理干部 6 人;教授 14 人、副教授及高级工程师 26 人、讲师和工程师 53 人。

一、教职员工职称结构

学院 2008～2017 年教职员工职称结构见表 5-7-3。

表 5-7-3　　　　　　　　　2008～2017 年教职员工职称结构　　　　　　单位:人

年份	正高级	副高级	中级	初级	其他	总人数
2008	9	19	27	22	3	80
2009	10	18	26	24	3	81
2010	11	19	27	22	3	82
2011	11	20	35	14	3	83
2012	13	18	46	10	2	89
2013	14	18	50	9	2	93
2014	14	21	49	9	2	95
2015	15	20	48	10	2	95
2016	14	22	49	9	2	96
2017	14	26	53	5	2	100

二、在岗教职员工职称结构

学院 2017 年在岗教职员工职称结构见表 5-7-4。

表 5-7-4　　　　　　　　　2017 年在岗教职员工职称结构一览表　　　　　　单位:人

单位	教师					职工					合计
	教授	副教授	讲师	助教	小计	高级工程师	工程师	助理工程师	工人	小计	
计算机科学系	3	4	7	0	14	0	0	0	0	0	14
信息科学系	3	3	9	0	15	0	0	0	0	0	15
软件工程系	4	5	7	0	16	0	0	0	0	0	16
网络工程系	2	4	6	0	12	0	0	0	0	0	12
基础教学课部	2	3	7	2	14	0	0	0	0	0	14
专业实验教学中心	0	0	0	0	0	3	5	0	0	8	8
计算中心	0	0	0	0	0	3	2	2	2	9	9
辅导员、管理	0	0	5	2	7	1	3	1	0	5	12
总　计	14	19	41	4	78	7	10	3	2	22	100

(截至 2017 年 12 月)

第四节　本科教育

一、专业设置

学院现有计算机科学与技术、信息与计算科学、软件工程、网络工程 4 个本科专业。

（一）计算机科学与技术专业

计算机科学与技术专业主要以培养能从事计算机科学与技术领域的研究、教学、管理、开发与应用等工作的应用型高级技术人才为目标,能够系统地学习自然科学基础知识以及计算机、网络与信息系统相关的基本理论、基本知识、基本技术和基本方法,注重科学思维能力、实践能力、创新能力和综合运用知识能力的培养。

（二）信息与计算科学专业

信息与计算科学专业主要学习信息科学与计算科学的基本理论、基本知识和基本方法,打好数学基础,得到较扎实的计算技能训练,具备较强的计算思维能力,具备在信息科学与计算科学领域从事科学研究、解决工程实际中遇到的各种信息处理和科学计算问题,并具备良好的应用软件开发能力。招生规模每年 60 人左右。

（三）软件工程专业

软件工程专业以素质教育和能力培养为中心,通过改革课程体系和教学内容,加强实践教学,加强师资队伍建设,构建"理论＋实践"双线齐进教学模式,坚持以服务为宗旨,以就业为导向,走产学研结合之路,实施面向应用领域的人才培养,突出软件工程实践应用特色。本专业通过促进实践教学体系的改革及实践教学基地建设,以人才市场需求为导向,以行业为依托,以高素质、强理论的具有工程背景的高水平教师为保证,把软件工程专业建设成为目标定位准确、专业理论扎实、实践教学体系完善、产学研结合紧密、具有鲜明特色的示范专业。招生规模每年 90 人左右。

（四）网络工程专业

网络工程专业以培养创新应用型高级工程技术人才为目标,立足于学生工程应用能力、创新综合能力、注重网络工程相关理论、技能、方法和实际应用能力的培养。本专业毕业生具备从事计算机网络研究、网络工程规划设计及实施、网络系统管理与维护、网络系统安全保障能力;了解本专业的发展趋势,对新知识、新技术有较敏锐的洞察能力。招生规模每年 65 人左右。

二、本科教育

学院通过教学改革立项研究、专题研讨和日常教学法活动多种途径促进教学改革。学院承担各级各类教育教学改革项目 67 项,内容涉及教学法研究、课程体系和课程设置与建设、教学内容和教学方法、创新人才培养、实验内容和实验方式以及实践教学体系改革等方面。

2008～2017 年,学院先后承担国家级、省部级、校级等教学改革立项 67 项,其中国家级 2 项,省部级 10 项。2010～2015 年,学院获批省级精品课程 5 门,校级 10 门。2008～2017 年,学院共编写出版本科教材、专著和辅导教材 30 部。2012～2017 年,学院共有 47 名学生作为项目负责人参加大学生创新创业训练计划项目,共获得国家级、省级项目 23 项。2008～2017 年,学院获各级各类教学成果奖 22 项,其中国家级奖 2 项,省部级将 2 项,校级奖 18 项,其他奖 2 项。

三、教学实验室、实习基地与设施

学院有校内计算中心、专业实验教学中心和创新创业教育中心 3 个实验实训基地,2008～2017 年,建有 22 个校外实习基地。学院资料室用来存放专业图书和期刊共 4 000 余册,存放近 5 年教学资料,为本科生的生产实习、研究生与教师的科学研究提供保障。

第五节　研究生教育

一、概况

学院拥有安全信息系统及工程 1 个博士二级学科,计算机科学与技术和软件工程 2 个硕士一级学科,计算机软件与理论,计算机系统结构,计算机应用技术,软件工程,导航、制导与控制 5 个硕士二级学科。

二、博硕点简介

(一)博士二级学科授予点介绍

安全信息系统及工程学科是西安科技大学在安全科学与工程一级博士点学科下自主设置的目录外二级学科。该学科以信息安全、安全科学、安全系统工程、安全管理科学原理为基础,以信息系统为研究对象,研究信息系统及信息的安全与保密,安全风险信息的获取、融合、利用及其可视化技术,为保障企业信息系统及信息安全提供技术手段,为保障生产安全、减少事故发生、提高管理信息化水平提供科学理论、工程方法和技术手段。

(二)硕士一级学科硕士点介绍

1. 软件工程

软件工程学科源自 1987 年创办的计算机及应用本科专业,2006 年取得计算机软件与理论二级学科硕士学位授予权,2007 年开始招生,2009 年取得软件工程领域工程硕士学位授予权,2011年取得软件工程一级学科学术学位硕士授予权。该学科以计算机科学理论和技术以及工程管理原则和方法等为基础,主要研究软件开发与维护过程中建模与计算、软件集成、测试与评价、智能信息处理等方面的理论与方法。学科始终坚持理论研究与应用实践相结合,已形成了软件开发与测试技术、视觉计算与可视化、人工智能与信息处理、大数据与云计算等 4 个相对稳定且颇具特色和优势的研究方向。

2. 计算机科学与技术

1987 年创办计算机及应用本科专业,1996 年获得计算机应用技术专业硕士学位授予权,2004年获得计算机技术领域工程硕士学位授予权,2006 年获得计算机软件与理论专业硕士学位授予权,2011 年获得计算机科学与技术一级学科硕士学位授予权。该学科设有计算机系统结构、计算机软件与理论、计算机应用技术 3 个二级学科,主要开展智能信息处理、科学计算与可视化、网络安全与网络集成技术、计算机图形图像处理、计算机监测与控制技术、嵌入式与物联网等方面的研究。计算机科学与技术专业共分为 3 个学科方向。一级学科博士点,一级学科硕士点批准时间见表5-7-5,学院 2008～2018 年研究生专业设置和变化情况见表 5-7-6。

表 5-7-5　　　　　　　　一级学科博士点、一级学科硕士点批准时间

学科名称	所在院系	博士点(1 个)批次/批准时间	一级学科硕士点(2 个)批次/批准时间	硕士点(6 个)批次/批准时间
计算机应用技术	计算机科学与技术系			1996
计算机技术(工硕)	计算机科学与技术系			2002
计算机软件与理论	计算机科学与技术学院			2004
软件工程(工硕)	计算机科学与技术学院			2009
计算机科学与技术	计算机科学与技术学院		2011	
计算机系统结构	计算机科学与技术学院			2011
软件工程	计算机科学与技术学院		2012	2012
安全信息系统及工程	计算机科学与技术学院	2014		

 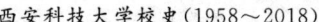
表 5-7-6 2008～2018 年研究生专业设置和变化情况一览表

专业 \ 年份	2007	2008	2009	2010	2011	2012	2013	2014	2015	2016	2017	2018
二级学科硕士点	计算机应用技术　计算机技术（专硕）　计算机软件与理论											
				软件工程（专硕）								
						计算机系统结构						
二级学科博士点								安全信息系统及工程				

三、学科研究方向及特色

计算机科学与技术学院源自于 1994 年设立的计算机系,1996 年获得计算机应用技术专业二级学科硕士学位授予权;2004 年获得计算机技术领域工程二级学科硕士学位授予权;2006 年获得计算机软件与理论专业二级学科硕士学位授予权;2010 年获得软件工程工程二级学科硕士学位授予权;2011 年获得计算机科学与技术一级学科和软件工程一级学科硕士学位授予权;2014 年获得安全信息系统及工程二级博士学科授予权,主要涵盖计算机软件开发、测试和系统集成,人工智能和信息处理,大数据与云计算,嵌入式、物联网和网络安全体系结构方向,计算机图形与计算机视觉等研究方向。

四、指导教师

学院 2008～2017 年研究生导师见表 5-7-7。

表 5-7-7 2008～2017 年研究生导师一览表

专业\年份	博士生导师	硕士生导师			
	安全信息系统及工程	计算机科学与技术	软件工程	应用数学	导航、制导与控制
2008		龚尚福　龙熙华　李占利 张群会　薛弘晔　朱　宇 李军民　杨君锐　秋兴国 李爱国　张小艳　付　燕 高　晔　罗晓霞　张卫国 岳国华　张坤鳌　刘南艳 齐爱玲　牟　琦　库向阳	龚尚福　龙熙华　李占利 张群会　薛弘晔　朱　宇 李军民　杨君锐　秋兴国 李爱国　张小艳　付　燕 高　晔　罗晓霞　张卫国 岳国华　张坤鳌　刘南艳 齐爱玲　牟　琦　库向阳	龙熙华 张卫国 库向阳	李占利 李爱国 张坤鳌 刘南艳
2010 新增		贾澎涛　田红鹏　董立红	贾澎涛　田红鹏　董立红		
2011 新增		杨晓强	杨晓强		
2012 新增			冯　健		
2013 新增	李占利	刘晓健　付立东 （朱　宇　张群会退休）	刘晓健		
2014 新增					
2015 新增		马　天　张丽娜	马　天　张丽娜	张丽娜 （龙熙华 退休）	
2016 新增		陈振华	陈振华	陈振华	
2017 新增		蒋　林　李洪安　罗香玉			

第六节　科学研究

一、概况

学院科技工作紧紧围绕学校的中心工作,结合学院科技工作的特点和实际,积极开展各种类型的学术研究、学术交流等活动,努力营造积极向上的科技工作氛围,保持科技工作良好的发展态势,促进学院科技工作的稳步深入发展,不断提高科技工作的整体实力,实现科技工作更好更快的发展。

（一）科研课题、项目数量分布情况

2008～2017年,学院共计获批各类纵向科研项目60余项,其中省部级及以上纵向项目12项（国家级2项）,横向课题达290余项,具体见表5-7-8。

表 5-7-8　　　　　　　　　2008～2017 年纵向、横向项目分布情况一览表

年份	纵向课题/项							横向课题/项
	国家级	省部级	西安市	厅局级	校级	其他	合计	合计
2008				1	4		5	
2009		2		2	2		6	33
2010		0		4	4		8	29
2011					2		2	32
2012	1	3		2	2		8	46
2013			2	7	5		14	43
2014		1		4	3		8	31
2015			1	1			2	48
2016		0		2	3	1	6	29
2017	1	4		2	3		10	22

（二）科研经费

2008～2017年学院科研经费年均500万元左右,完成各类科研项目300余项,累计科研经费达6 500万元,其中纵向经费达275万余元,具体见表5-7-9。

表 5-7-9　　　　　　　　　2008～2017 年科研合同经费与到款经费情况统计

年份	合同经费/万元		到款经费/万元		
	横向	合计	纵向	横向	合计
2008	223.300 0	223.300 0		624.500 0	624.500 0
2009	379.900 0	379.900 0	15.618 0	268.270 0	283.888 0
2010	354.277 0	354.277 0	40.780 0	443.885 0	484.665 0
2011	720.008 0	720.008 0	18.930 0	481.305 0	500.235 0
2012	1 110.298 5	1 110.298 5	25.790 0	701.067 0	726.857 0
2013	1 600.202 5	1 600.202 5	49.430 0	652.640 1	702.070 1
2014	542.361 7	542.361 7	49.508 0	458.612 3	508.120 3
2015	898.997 7	898.997 7	39.700 0	386.728 6	426.428 6
2016	202.420 0	202.420 0	34.387 0	120.444 0	154.831 0
2017	255.256 0	255.256 0	47.300 0	236.500 0	283.800 0

（三）科研成果

2008～2017年间,共计发表论文250余篇,被三大检索收录100余篇;获(厅局级)市级及以上科研奖励14项,其中省部级以上3项;获国家专利授权44项,其中发明专利4项;获软件著作权登记260余项;获批各类纵向科研项目部分专利已经在相关领域逐步进行应用。

二、科研机构简介

计算机学院拥有可视化测控技术研究所、计算机应用研究所、矿山智能信息化技术研究所等3个科研机构。

（一）可视化测控技术研究所

该研究所主要研究面向工业应用的可视化技术与测控技术,致力于相关产品的研发。该研究所现有研究人员8名,每年招收硕士研究生10余人。研究所对可视化技术和现代测控技术有着深入系统的研究,近年来将可视化技术与现代测控技术有机结合,开发了一系列测控产品,并以矿井水害检测预报为研究重点,开发了我国第一套可视化海域水情在线监测预警系统,在龙口矿务局北皂矿得到应用。国家安全生产监督管理总局领导和有关专家在项目验收时,称赞其为"先进生产力的代表";开发的矿用水文动态监测可视化智能预警系统已成功应用于宁夏、陕西、贵州、山西、河南、安徽、江苏、山东、辽宁、河北等省市的数十个煤炭企业,有多项研究成果获得省部级奖。

（二）计算机应用研究所

该研究所主要研究面向煤炭工业应用的信息化建设规划、管理及信息处理,数据挖掘与信息融合等。该研究所现有研究人员8名,每年招收硕士研究生10余人。近年来,研究所开发了一系列信息处理软件产品。研究所开发的产品已成功应用于宁夏、陕西、贵州、山西、河南、安徽等省市的煤炭企业,有多项研究成果获奖。

（三）矿山智能信息化技术研究所

该研究所主要研究面向煤炭企业应用的信息化建设规划、管理及信息处理、智能监测预警等。该研究所现有研究人员8名,每年招收硕士研究生10余人。近年来,研究所开发了一系智能监测预警处理软件产品。研究所开发的产品已成功应用于宁夏、陕西、贵州、山西、河南、安徽等省市的煤炭企业,取得了良好的社会经济效益,有多项研究成果获奖。

第七节　学　生　工　作

一、概述

学院学生工作始终坚持以立德树人为根本,以学风建设为核心,围绕学生、关照学生、服务学生,在学生党建、共青团工作、学生资助工作、学风建设、科技竞赛、大学生心理辅导等方面都取得了优异成绩。

（一）学生党建工作

学院于2005年开始举办学院初级党校,制定《计算机科学与技术学院学生党课管理办法》,2016年成立"马克思主义立人班"入党积极分子培养教育平台。学院初级党校每年举办2期,至2017年已举办47期,总计培训入党积极分子1 000余名。学院的学生在学校高级党校结业率连续多年在全校居于首位。2008年,学院成立第一个学生党支部,现有学生党支部6个,其中本科生党支部3个,研究生党支部3个,学生党员168人。

（二）共青团工作

1998 年，西安科技学院计算机系团总支成立，当年召开第一次团员代表大会。2012 年，计算机学院团委第二次团员代表大会顺利召开，2017 年 5 月计算机学院团委第三次团员代表大会顺利召开。计算机学院共青团组织自成立以来，杜文渊、李腾龙、翟海刚三名同志曾先后担任团委（团总支）书记，现任团委书记由马继刚同志担任（2013 年 1 月至今）。学院共青团工作始终坚持以思想引领工作为核心，以组织建设为保障，以科技竞赛、社会实践、校园文化活动为载体，将大学生社会实践能力培养与创新创业精神有机结合起来，积极探索具有时代特征、学院特色、与第二课堂有效衔接的共青团"四育人"工作体系，先后获得暑期"三下乡"社会实践陕西省标兵团队、优秀团队、西安科技大学"五四红旗分团委"、西安科技大学社会实践优秀组织单位等诸多荣誉。

（三）学生资助工作

学院始终贯彻"资助育人"工作理念，坚持经济资助、学业帮扶、就业指导相结合，奖励与资助相结合，国家资助、学校资助与企业资助相结合的完整帮扶体系。2011 年，学院在临潼区金秋敬老院建立了"爱心敬老"基地，2014 年设立西安科技大学"SAP"奖助学金，2013 年起为受助学生发放受资助学生活动登记卡，2015 年和 2016 年分别承办了西安科技大学第一届和第二届"诚信"主题 DV 视频创作大赛，2012 年和 2013 年学院连续两年被评为西安科技大学资助工作先进单位。

（四）学风建设工作

学院多措并举，扎实推进，以科技竞赛、创新实验室、就业培训基地平台、"电脑 e 家"服务站为依托，拓展学风建设，推动学风建设再上新台阶。2003 年学院承办第一届程序设计大赛，已举办 14 届；2009 年承办第一届网页设计大赛，已举办 7 届；2014 年承办第一届网络攻防大赛，至 2017 年已经举办 4 届；2015 年开始承办第一届"互联网＋"大学生创新创业大赛，已举办 3 届；组织学生参加数学建模竞赛、全国大学生英语竞赛、电子设计竞赛、课外科技作品竞赛、"蓝桥杯"软件设计大赛等省级以上竞赛 20 余项，学科竞赛成绩显著，促进了学风的转变。学院每年获得各类竞赛省级及以上奖项 100 人次以上。2008 年以来，学院推选出国家级"活力团支部"1 个，省级"活力团支部"2 个，省级先进班集体 1 个，校级先进班集体 59 个，"标兵宿舍"47 个，"五四红旗团支部"7 个，十佳班级 4 个。

（五）心理健康教育工作

学院心理健康教育工作主要突出心理关怀和心理疏导，于 2016 年成立心理二级辅导站——"学生之家"，创办《心情》期刊，针对学生特点进行心理健康教育宣传活动，在 2016 年校"心理活动月"中获得心理话剧三等奖，副站长王兰被评为"优秀个人"。2017 年校"心理活动月"中学院被评为"优秀组织单位"，王兰被评为"优秀个人"。学院辅导员参与学生心理健康教育培训累计达 30 多次，其中 5 名辅导员于 2016 年取得大康培训三级心理咨询师培训结业证，2 人承担学校心理健康课程教学任务。

学院学生工作逐步构建并完善"学业指导帮扶、创新创业教育、就业规划服务、困难学生资助、心理健康疏导"五位一体的服务育人工作体系，全面提升指导服务水平。学生工作办公室成员有专职辅导员 6 名，兼职 1 名；聘有班主任 19 人，主要由专任教师组成。

二、学生工作负责人、学生工作干部情况

学院学生工作机构下设学院团委、学生会，现有学生工作干部 7 人，具体学生工作负责人见表 5-7-10。

表 5-7-10　　　　　　　　　　2008～2017 年学生工作主要负责人一览表

年份	负责人	学生工作干部名单
2008.01～ 2008.12	王文莉 （2008.01～2008.12）	翟海刚（2001.07～2011.12）　马继刚（2003.07～） 郝卿（2004.07～2014.06）　　张颖（2005.07～2014.06） 田俊锋（2005.07～2011.11）马靖智闻（2006.07～2012.07）
2009.01～ 2017.05	王建强 （2009.01～2017.06）	翟海刚（2001.07～2011.12）　马继刚（2003.07～） 郝卿（2004.07～2014.06）　　张颖（2005.07～2014.06） 田俊锋（2005.07～2011.11）马靖智闻（2006.07～2012.07） 胡军卫（2013.07～）　王少搏（2013.07～） 王兰（2014.07～）　　白生宝（2015.07～） 王浩（2016.07～）
2017.06～	陈伟伯（2017.06～）	马继刚（2003.07～）　　胡军卫（2013.07～） 王少搏（2013.07～）　　王兰（2014.07～） 白生宝（2015.07～）　　王浩（2016.07～）

三、招生就业情况

学院自 2008 年以来，招生规模、培养质量和就业率稳步增长，具体信息见表 5-7-11 和表 5-7-12。

表 5-7-11　　　　　　　　　　2008～2017 年学院招生人数一览表

年份		2008	2009	2010	2011	2012	2013	2014	2015	2016	2017
本科/人	计算机网络技术	47	65	58	—	—	—	—	—		
	计算机科学与技术	83	85	86	99	96	101	97	93	—	—
	软件工程	57	57	56	66	96	87	94	101	—	—
	网络工程	62	55	56	59	65	77	63	63		
	信息与计算科学	60	59	55	65	64	53	56	57	63	60
	计算机类	—							—	309	287
硕士研究生/人	应用数学	10	7	8	12	2	7	5	1	4	1
	导航、制导与控制	0	0	0	0	3	2	1	1	0	1
	计算机软件与理论	6	10	11	5	5		3	4	5	2
	计算机应用技术	37	27	20	9	4	9	3	11	10	7
	软件工程	0	0	0	1	12	18	16	13	12	20
	计算机技术	0	0	3	5	6	8	8	5	12	11
	计算机系统结构	0	0	0	0	0	2	1	3	0	1

注：2016 年开始本科计算机类专业实行大类招生，大二专业分流为计算机科学与技术、软件工程、网络工程 3 个专业。

表 5-7-12　　　　　　　　　　2008～2017 年学院就业情况一览表

年份	2008	2009	2010	2011	2012	2013	2014	2015	2016	2017
本科就业率/%	97.44	92.8	93.4	94.66	99.3	97.4	95.6	98.4	96.04	96.23
硕士研究生就业率/%	97.52	96.28	95.2	94.15	90.9	97.62	93.75	97.0	97.87	96.34

第八章　地质与环境学院

第一节　学院沿革及概况

一、学院沿革

地质与环境学院的前身可以追溯到 1938 年成立的国立西北工学院矿冶工程学系,1957 年 7 月,西北工学院采矿系及新批准成立的地质专业并入由上海迁来的交通大学(西安)。1958 年西安交通大学地质系和采矿系及部分基础课教师成建制分出成立了西安矿业学院。地质系成为当时西安矿业学院的两个系之一,学制 5 年。

1959 年,西安矿业学院地质系在矿产地质勘探专业基础上,增设了地质测量与找矿专业,并将矿产地质勘探专业改为煤田地质与勘探专业。1960 年,撤销地质测量与找矿专业,改为矿井地质专业。1961 年矿井地质专业与煤田地质勘探专业合并。

1966~1971 年的六年间,学校停止招生。1969 年 12 月地质系随学校开始疏迁韩城,1971 年 3 月迁回西安。1972 年起至 1976 年正式招生三年制本科工农兵学员。1977 年起恢复高考制度,开始招收四年制本科生。1978 年原采矿系测量教研室并入地质系并成立矿山测量专业,同年开始招生。1987 年 10 月新增水文地质与工程地质专业,1988 年开始招生第一届本科生。1988 年 10 月,矿山测量专业从地质系分出,成立测量工程系。1993 年根据市场需要,增设矿产综合利用与营销专科专业 1 个,仅招生 1 届。1993 年按照教育部目录要求将煤田地质与勘探专业调整为地质矿产勘查专业,同时增设无机非金属材料本科专业。无机非金属材料专业于 1994 年开始招生。1998 年按教育部新专业目录,地质矿产勘查专业和水文地质与工程地质专业的一部分合并为地质工程专业,水文地质与工程地质专业的另一部分对应调整为环境工程专业。次年环境工程专业招生。1998 年 4 月无机非金属材料本科专业从地质系分出,划归新成立的材料工程系。1999 年,地质系更名为地质与环境工程系。2010 年新增煤及煤层气工程本科专业,次年开始招生。2013 年应教育部本科专业统一调整要求,煤及煤层气工程本科专业合并到资源勘查工程本科专业,当年停止招生。

1979 年煤田地质与勘探专业开始招收硕士研究生(由中国矿业大学授予学位)。1984 年获批煤田、油气地质勘探学科硕士学位授予权。1995 年地质矿产勘查专业停招 1 年,硕士点调整,撤销煤田、油气地质勘探硕士点学科,新上水文地质与工程地质及矿物加工工程(与新材料系联合)两个学科的硕士学位授予权。1996 年地质矿产勘查专业恢复招生。1997 年,水文地质与工程地质硕士点对应调整为地质工程硕士点。

2002 年 6 月地质博物馆在临潼校区建成,10 月正式开馆。2003 年获批地质工程二级学科博士学位授予权,获批矿产普查与勘探学科及环境工程学科硕士学位授予权。在矿业工程一级博士学科下自设矿山环境工程二级学科博士点。2003 年地质工程学科获批陕西省重点学科。2004 年获批地质工程领域工程硕士授予权。2005 年地质工程专业获批陕西省名牌专业。2005 年重新申请获批资源勘查工程本科专业,次年开始招生。2006 年获批环境科学与工程一级硕士学科授予权

及地球探测信息技术硕士学科授予权。

2008 年地质与环境工程系更名为地质与环境学院。2008 年地质工程专业获批省级特色专业点及国家级特色专业建设点,地质工程学科确定为陕西省国家重点学科培育学科。2009 年获准设立地质资源与地质工程博士后科研流动站。2009 年地质工程专业获批省级人才培养模式创新实验区。2011 年地质资源与地质工程学科获批陕西省重点学科,资源勘查工程专业获批省级特色专业建设点,地质工程专业队伍获批省级教学团队。2011 年获得"地质资源与地质工程"一级学科博士、硕士学位授予权。2011 年,地质工程专业(煤田地质与矿井地质方向)获批加入教育部"卓越工程师教育培养计划"。2012 年地质工程专业获批陕西省专业综合改革试点。2014 年地质与环境实验教学中心获批陕西省实验教学示范中心。2014 年获批陕西省研究生联合培养示范工作站。

2015 年地质工程专业通过中国工程教育专业认证协会的认证。2017 年地质工程专业被确定为陕西省一流专业建设专业,资源勘查工程专业被确定为陕西省一流专业培育专业。

二、学院概况

学院现有 1 个博士后科研流动站(地质资源与地质工程),1 个一级学科博士点(地质资源与地质工程),4 个二级学科博士点[矿产普查与勘探、地球探测与信息技术、地质工程、矿山环境工程(自设)],2 个一级学科硕士点(地质资源与地质工程、环境科学与工程),5 个二级学科硕士点(矿产普查与勘探、地球探测与信息技术、地质工程、环境科学、环境工程),2 个工程硕士培养领域(地质工程、环境工程),3 个本科专业(地质工程、资源勘查工程、环境工程),1 个教育部"卓越工程师教育培养计划"实施专业(地质工程)。其中拥有 1 个国家特色专业(地质工程),2 个省级特色专业(地质工程、资源勘查工程),1 个省级名牌专业(地质工程),5 门省级精品资源共享课程,1 个省级教学团队,1 个省级重点科技创新团队,1 个省级人才培养模式创新实验区、1 个省级实验教学示范中心、1 个省级研究生联合培养示范工作站。共建有煤炭绿色安全高效开采国家地方联合工程研究中心、国土资源部煤炭资源勘查与综合利用重点实验室、陕西省煤层气工程中心及陕西省岩土体稳定性与地质灾害防治创新团队。

学院下设地质工程、资源勘查工程、环境科学与工程 3 个系,1 个教学实验中心及 1 个地质博物馆。拥有教职工 106 人,其中:专任教师 83 人,其中博士生导师 5 人,教授 20 人、副教授(高级工程师)27 人;兼职教师 32 人,包括双聘院士 2 人,兼职博士生导师 3 人(含双聘院士 1 人)、兼职硕士生导师 6 人、客座教授 22 人。专任教师队伍中具有博、硕士学位教师占总数的 96.4%。有陕西省教学名师 2 人、陕西省师德先进个人 1 人,教育部高等学校地质类专业教学指导委员会委员 1 人,教育部评估中心高等学校本科教学审核评估专家 1 人。

学院现有全日制本、硕、博学生共计 1 500 余名,其中本科生 1 300 余名,博士、硕士研究生 200 余名。

"十二五"期间,学院承担纵向科研项目共计 62 项,其中国家自然科学基金、国家科技重大专项、国际科技合作专项、省部级重点项目 46 项,横向课题 300 余项,年均科研经费 1 500 万元;获科研、教学成果奖励 50 余项,其中国家级科研、教学成果奖 4 项,省部级科研、教学成果奖 16 项;获国家发明专利 33 项,实用新型专利 106 项;发表学术论文 370 余篇,其中核心期刊论文 200 余篇,SCI/EI/ISTP 收录 130 余篇;出版专著及教材 38 部。

第二节 组 织 机 构

学院党委组成情况见表 5-8-1,行政领导成员情况见表 5-8-2,学院组织机构见图 5-8-1。

表 5-8-1　　　　　　　　　**2008～2017 年学院党委成员组成情况一览表**

时　间	党委书记	党委副书记	党委委员
2008.04～2009.11	赵晓强	程　鹏（2009 年 2 月止） 王建强（2009 年 5～11 月）	赵晓强　赵晓光　程　鹏　王建强 唐胜利（2009 年 7 月起）
2009.11～2013.04	代革联	王文莉	—
2013.04～2017.12	丁正生	王文莉	丁正生　王生全　王文莉　唐胜利　孙学阳

表 5-8-2　　　　　　　　　**2008～2017 年学院行政领导成员组成情况一览表**

时　间	院长（系主任）	副院长（系副主任）
2008.01～2008.04	樊怀仁（系主任）	薛喜成（系副主任）
2008.04～2008.06	赵晓光（系主任）	薛喜成（系副主任）
2008.06～2014.04	赵晓光（院长）	薛喜成（副院长）　唐胜利（副院长）
2014.04～2017.12	王生全（院长）	薛喜成（副院长）　唐胜利（副院长）　孙学阳（副院长）

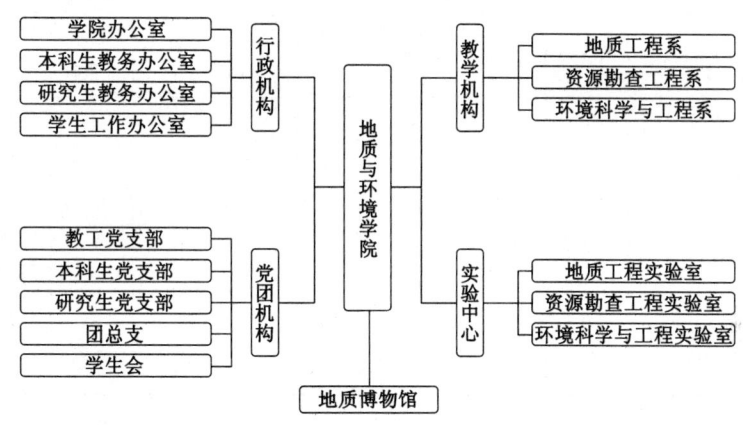

图 5-8-1　学院组织机构设置

第三节　师资队伍

截至 2017 年 12 月，学院在册教职工 106 人。其中，专任教师 83 人，实验人员 10 人，行政人员 13 人（不含双肩挑 4 人）；教授 20 人、副教授及高级工程师 27 人、讲师 45 人、工程师 5 人。

一、教职员工职称结构

具体情况见表 5-8-3。

表 5-8-3　　　　　　　　　**2008～2017 年学院教职员工职称结构一览表**　　　　　　单位：人

年份	正高级	副高级	中级	初级	其他	总人数
2008	10	16	13	5	4	48
2009	11	17	17	3	8	56
2010	16	15	16	6	7	60
2011	15	15	24	5	2	61

年份	正高级	副高级	中级	初级	其他	总人数
2012	13	15	22	5	7	61
2013	20	16	26	5	11	77
2014	20	17	35	9	3	84
2015	19	19	45	4	3	90
2016	19	21	46	9	2	97
2017	20	27	50	7	2	106

二、在岗教职员工职称结构

具体情况见表 5-8-4。

表 5-8-4　　　　　　　　　　2017 年底学院在岗教职员工职称结构一览表　　　　　　　单位:人

单位	教师					职工					合计
	教授	副教授	讲师	助教	小计	高级工程师	工程师	助理工程师	工人	小计	
行政人员(不含双肩挑院长、副院长)	1	0	4	4	9	1	2	1	0	4	13
地质工程系	6	6	16	0	28	—	—	—	—	—	28
资源勘查工程系	8	8	18	0	34	—	—	—	—	—	34
环境科学与工程系	5	9	7	0	21	—	—	—	—	—	21
实验中心	—	—	—	—	—	3	3	2	2	10	10
总　计	20	23	45	4	92	4	5	3	2	14	106

第四节　本(专)科教育

一、专业概况

(一)资源勘查工程专业与地质工程专业

资源勘查工程专业与地质工程本科专业前身为 1957 年上半年创建于西北工学院地质系的"矿产地质勘探"专业。1957 年 7 月,西北工学院新批准成立的地质系与矿冶工程学系并入交通大学(西安)。1958 年西安交通大学采矿系、地质系及部分基础课教师从交大分出,成立了西安矿业学院,地质系成为当时西安矿业学院仅有的两个系之一,专业名称由"矿产地质勘探专业"改为"煤田地质与勘探"。1979 年"煤田地质与勘探"专业开始招收硕士研究生(由中国矿业大学授予学位)。1984 年获批"煤田、油气地质勘探"学科硕士学位授予权。1987 年新增"水文地质与工程地质"本科专业。1994 年经上级批准将"煤田、油气地质勘探"硕士点调整为"水文地质与工程"。1997 年,根据教育部新颁专业目录,将"煤田地质与勘探"专业与"水文地质与工程地质"专业合并为地质工程专业。2005 年地质工程专业获批陕西省名牌专业。2006 年学院重新申请获批(恢复)资源勘查工程专业。2008 年地质工程专业获批省级特色专业点及国家级特色专业建设点。2011 年资源勘查工程专业获批省级特色专业建设点。2017 年地质工程专业与资源勘查工程专业分别入选陕西省一流专业建设专业及一流专业培育专业。

2016年资源勘查工程专业与地质工程本科专业实行按地质大类招生,采取"2+2"的培养模式组织教学,即前两年(四个学期)搭好公共基础平台及专业基础课程平台,于第四学期末完成相关专业及方向的分流工作,后两年(四个学期)按相应专业方向继续学习。专业包括地质工程和资源勘查工程两个,其中地质工程专业下设工程地质、岩土钻掘和矿井水防治三个方向,资源勘查工程专业下设煤炭地质、煤层气地质和地球物理勘探三个方向。

(二)环境工程专业

环境工程本科专业于1998年获批,1999年第一次招生,2003年获批环境工程硕士点,2010获批环境科学硕士点;2002年在矿业工程一级博士学科下自设矿山环境工程二级博士点,2010年归入地质资源与地质工程一级学科。

(三)地质工程(卓越工程师)专业

"卓越工程师教育培养计划"是国家教育部贯彻落实《国家中长期教育改革和发展规划纲要(2010～2020年)》和《国家中长期人才发展规划纲要(2010～2020年)》的重大改革项目。2011年,地质工程专业(煤田地质与矿井地质方向)获批成为教育部第二批"卓越工程师教育培养计划"实施专业。

二、教育教学改革

学院承担各级各类教育教学改革项目21项,内容涉及教学法研究、课程体系和课程设置与建设、教学内容和教学方法、创新人才培养、实验内容和实验方式以及实践教学体系改革等方面。以制度建设为先导,完善了教学质量保证体系建设,形成了较为完备的院系二级管理制度和实施细则。2008～2018年学院先后承担校级重点、一般、青年教师改革专项等教学改革立项(两年一次)20多项。教师不断进行着教学改革方面的尝试,2008～2017年,学院教师共完成教改论文67篇。学院自2010年来,共计建设6门省级精品课程、2门校级精品课程。

三、教材建设

教材建设是一项重要的基础性工作,学院领导对教材建设和出版工作高度重视,积极加强对教材建设的管理。据统计,2008～2016年规划出版教材22部、校内讲义8部、实验指导书和实习指导书18项。

四、实践教学

近年来,学院承担中央财政支持陕西高校发展专项资金实验室建设项目6项,陕西省高水平大学建设专项、优势学科实验室建设项目4项,学校实验室建设专项10余项,累计投入资金近4 000万元到实验室建设,并与陕西省煤层气开发利用有限公司签订了合作共建实验室协议,为本科生的实验教学、生产实习、研究生和教师从事科学研究与合作提供了重要保障。

专业的实践与实习包括认识实习、填图实习、生产实习、毕业实习、环境污染调查、矿井地质实习、矿井防治水实习、煤田地质勘探实习和钻探工程实习等。

五、教学成果

2008～2017年,学院共获得各类教学成果奖17项,其中国家级教学成果奖1项,陕西省教学成果奖8项,厅局级教学成果奖8项。

学院注重师德师风建设,树立教师楷模。2008～2017年学院教师共获得省级及校级各种荣誉称号14人次。

六、实验场所建设

地质与环境实验教学中心前身为成立于 1958 年的原西北工学院地矿实验室,2014 年被评为陕西省实验教学示范中心。中心现有实验室面积 3 111 平方米,仪器设备 3 000 余台套,固定资产 4 000余万元。下设普地构造实习室、矿物实习室、岩石实习室、古生物地层实习室、显微鉴定实习室、野外地质填图室内综合实习室、计算机数值模拟实验室、土质土力学实验室、水文地质实验室、岩土原位测试实验室、岩芯编录实习室、物探实验室、煤矿采动致灾物理模拟实验室、遥感实习室、煤田地质实验室、煤层气地质实验室、油气地质实验室、大型地质灾害模拟实验室、流变实验室、环境监测实验室、环境微生物实验室、水(大气)污染控制工程实验室、环境分析实验室、光谱分析室、色谱分析室和仪器分析室等 26 个实验分室。中心承担地质工程、资源勘查工程、煤及煤层气工程、环境工程等专业的本科生实验教学任务以及学生毕业(设计)论文实验、大学生创新创业训练计划项目、"挑战杯"全国大学生课外学术科技作品竞赛等课外科技活动实验,同时承担研究生课程的实验教学任务,并为教师和研究生科研工作提供实验平台。

七、教学实习基地建设

教学实习基地是专业学习中各项实习任务的保障。近年来,学院和相关单位签约,共建立了 28 个长期稳定的校外实习基地。此外还有若干毕业实习点,遍布我国西部各省区大部分矿区及矿井。

第五节　学位与研究生教育

一、概况

学院研究生教育始于 1979 年煤田、油气地质勘探学科招收硕士研究生,1984 年获得硕士学位授予权。1994 年学科调整为水文地质与工程地质,1997 年调整为地质工程。2003 年获批地质工程二级学科博士学位授予权、矿产普查与勘探学科硕士学位授予权和环境工程学科硕士学位授予权。在矿业工程一级博士学科下自设矿山环境工程二级学科博士点。2004 年获地质工程领域工程硕士授予权。2006 年获批环境科学与工程一级学科硕士学位授予权和地球探测与信息技术学科硕士授予权。2011 年获得地质资源与地质工程一级学科博士、硕士学位授予权,获批环境工程领域工程硕士授予权。2003 年地质资源与地质工程学科被确定为陕西省重点(优势)学科,2008 年被确定为陕西省国家重点学科培育学科,2009 年获批博士后科研流动站。2014 年获批陕西省研究生联合培养示范工作站。2017 年地质资源与地质工程学科在第四轮全国学科水平评估中取得"C+"等级。

二、博硕士点简介

(一)博士授权点

经过半个多世纪的发展,学院学科专业日趋完善,现有地质资源与地质工程博士后科研流动站 1 个,地质资源与地质工程一级学科博士点 1 个。

地质资源与地质工程是研究地质体勘查(察)评价和开发利用的学科,尤其是以煤炭资源勘查与开发中的"资源-环境-灾害"问题为重点研究对象。涉及资源和环境两大领域,与社会和经济可持续发展密切相关,地质资源与地质工程的发展既为社会生产力发展提供最基本的物质条件,也是进行工农业建设的先行和超前性工作。该学科下设"矿产普查与勘探"、"地球探测与信息技术"、

"地质工程"、"地学信息工程"和"矿山环境工程"等五个二级学科。

1979年开始招收硕士研究生,1984年获煤田油气地质勘探学科硕士学位授予权,1994年调整为水文地质与工程地质学科,1997年调整为地质工程学科,2003年获批地质工程学科二级博士学位授予权及矿产普查与勘探学科硕士学位授予权,2006年获批地球探测与信息技术硕士学位授予权,2011年获地质资源与地质工程一级学科博士、硕士学位授予权。2003年被陕西省确定为陕西省重点(优势)学科,2008年被确定为陕西省国家重点学科培育学科。2009年获批地质资源与地质工程一级学科博士后科研流动站。2014年获批陕西省研究生联合培养示范工作站。

学科拥有陕西省岩土体稳定性与地质灾害防治创新团队,地质工程陕西省教学团队,共建了煤炭绿色安全高效开采国家地方联合工程研究中心、国土资源部煤炭资源勘查与综合利用重点实验室、陕西省煤层气工程中心及省煤炭资源安全绿色高效开发协同创新中心,拥有"大容量煤层气解吸/吸附"、"隐蔽致灾地质因素隐患探查与信息处理"、"大型地质灾害物理模拟"、"采动损害相似材料模拟"、"岩土体地质工程性能测试"、"矿山环境综合分析测试"及"矿区环境监测及健康诊断"等多个特色实验平台,形成了"从煤炭地质综合勘查技术,到开采地质条件评价预测,再到地质灾害防治"为一体的人才培养与科技创新平台,为开展博士研究生培养和科学研究奠定了坚实的基础。

(二)硕士授权点

学院现有一级学科硕士点(地质资源与地质工程、环境科学与工程)2个,二级学科硕士点(矿产普查与勘探、地球探测与信息技术、地质工程、环境科学、环境工程)5个,工程硕士培养领域(地质工程、环境工程)2个。

1. 地质资源与地质工程一级学科硕士点

经过长期发展和凝练,学科形成了稳定且有特色的矿产普查与勘探学科、地球探测与信息技术学科、地质工程学科3个二级学科方向。

2. 环境科学与工程一级学科硕士点

环境科学与工程学科可以追溯到1958年西安矿业学院成立时的地质系水文地质教研组。2003年获环境工程二级学科硕士学位授予权,2006年获环境科学与工程一级学科硕士学位授予权,2003年在矿业工程一级学科博士点下自主设立矿山环境工程二级学科博士点,2011年矿山环境工程博士点调整至地质资源与地质工程一级学科博士点。该一级学科涵盖环境科学和环境工程2个二级学科。

三、指导教师

现有博士生导师5人,硕士生导师40余人,教授20人,副教授(含及高级工程师)27人;2名双聘院士(武强、王双明),兼职博士生导师(含王双明)3人,兼职硕士生导师6人,客座教授22人。拥有陕西省教学名师2人,陕西省师德先进个人1人。校内导师情况见表5-8-5。

表5-8-5　　　　　　　　　　　学院校内导师情况表

年　份	博士生导师	硕士生导师			
	地质资源与地质工程	矿产普查与勘探	地球探测与信息技术	地质工程	环境工程
2008年以前	夏玉成　侯恩科 赵晓光	王生全　侯恩科 唐胜利　王　英 陈练武　薛喜成 马东民　端木合顺	李新虎	夏玉成　杨梅忠 巨天乙　樊怀仁 王贵荣　张志沛 王念秦　王晓明 唐亦川	赵晓光　刘转年 贾锐鱼　王　铮 郑　重

年份	博士生导师		硕士生导师		
	地质资源与 地质工程	矿产普查 与勘探	地球探测与 信息技术	地质工程	环境工程
2008 年新增				李晓军	党小虎
2010 年新增				代革联	侯晨涛 程爱华
2011 年新增				邓念东	
2012 年新增	王念秦		解海军		
2013 年新增		孙学阳			田 华 张 蕾
2014 年新增		方世跃		赵 洲	
2015 年新增	刘转年				荆秀艳
2016 年新增		汤小燕 樊婷婷 魏少妮 李焕同	李 勤	马建全 刘 飞	宋世杰
2017 年新增		鲍 园 冯娟萍 钟红利		段 钊 尚 慧 毛正君 唐 皓	修福荣 齐莹莹 杜华栋 聂文杰

第六节　科研成果

一、概况

学院突出煤炭地质与地质灾害研究特色,结合国内、国际科学研究发展状况,整合科研资源与力量,凝练科研方向,形成了以特聘教授、教授、中青年教师为科研梯队的学术研究团队。

二、科研课题、项目数量分布情况

2008～2017 年,学院共承担科研课题 632 项,其中国家级科研课题 34 项,省部级科研课题 45 项,厅局级课题 33 项,横向课题 520 项,具体见表 5-8-6。

表 5-8-6　　　　　　　　2008～2017 年学院纵向、横向项目分布情况一览表

年份	纵向项目/项					横向项目/项
	国家级	省部级	厅局级	其他	合计	
2008	3	6	1		10	18
2009	3	2	1		6	23
2010	2	3	2		7	57
2011	2	5	0		7	37
2012	4	6	0		10	84
2013	2	4	3		9	72
2014	5	5	5		15	44
2015	5	4	6		15	64
2016	5	3	5		13	53
2017	3	7	10		20	68
总计	34	45	33		112	520

三、科研经费

2008～2017 年,学院科研与技术服务发展迅速,科研合同额及到款额逐年增加,到款总额9 891.30万元,具体见表5-8-7。

表 5-8-7　　　　　　　　2008～2017 年学院科研与到款经费情况统计

年份	到款经费/万元		
	纵向	横向	合计
2008	152.80	196.60	349.40
2009	185.30	439.10	624.40
2010	184.30	788.70	973.00
2011	149.70	1 108.90	1 258.60
2012	269.70	1 347.80	1 617.50
2013	140.80	776.90	917.70
2014	225.20	644.90	870.10
2015	220.40	795.40	1 015.80
2016	193.50	939.50	1 133.00
2017	227.30	904.50	1 131.80
合计	1 949.00	7 941.30	9 891.30

四、科研成果

2008～2017 年学院共获得国家及省部级各类奖项 39 项,其中国家级获奖 3 项、省部级特等奖4 项、省部级一等奖 9 项、省部级二等奖 13 项、省部级三等奖 10 项。

2008～2017 年学院共获得各类专利 310 项,其中发明专利 95 项、实用新型专利 212 项、外观设计 3 项、软件著作权登记 11 项。

五、学术交流及论文情况

2008～2017 年,学院与意大利罗马大学、法国波尔多建筑与景观学院、波兰华沙大学、德国汉诺威大学、挪威科技大学、德国科德布斯大学、日本岩手大学、英国卡迪夫大学、日本大学理工部、英国诺丁汉大学等本学科领域 10 多个知名大学签订了校(院)际协议,选派 9 名优秀骨干教师出国留学进修,邀请国内、国际知名学者讲座 42 场次,举办、承办国际会议 6 场。

2008～2017 年间学院教师共发表核心及以上期刊论文 644 篇,其中 SCI 收录 50 篇、EI 收录168 篇。

第七节　学生工作

一、概况

学院学生工作按照"人才目标培养体系"的要求,结合学院学生的基本情况和自身特点,积极稳妥地推进学院学生工作。

学生工作办公室为常设工作机构,负责组织开展学生思想政治教育工作;负责学院学生党团组

织建设;组织、指导大学生开展社会实践、科技创新和校园文化活动;负责学生评优、助困,做好学生的心理咨询、学业帮扶、就业指导等工作。形成了由分管副书记全面负责,团委书记、辅导员、班主任具体落实的工作梯队。

截至2017年12月31日,学院有全日制学生1 517人,其中博士研究生27人,硕士研究生189人,本科生1 301人;主管副书记1名,专职辅导员6人,兼职班主任31人,共计38人。在近十年的各项年度评优表彰中,共获评省级优秀辅导员1人次,校级优秀辅导员标兵1人次,校级优秀辅导员3人次,校级优秀共青团干部10人次,校级优秀班主任10人次,考研先进单位3次,就业先进单位1次,学生工作先进集体1次。

二、学生工作主要负责人情况

具体见表5-8-8。

表5-8-8   2008～2017年学院学生工作主要负责人一览表

时 间	主管学生工作副书记	团委书记	辅 导 员
2008.01～2009.06	程 鹏	霍 霖	王彩勤 白 莉 文海超 聂文杰(兼本科生) 杨 帆(兼研究生)
2009.06～2009.11	王建强	霍 霖	白 莉 文海超 高 欣 张瑞桓(研究生)
2009.11～2009.12	王文莉	霍 霖	白 莉 文海超 高 欣 张瑞桓(研究生)
2010	王文莉	霍 霖	白 莉 文海超 高 欣 张瑞桓(研究生)
2011	王文莉	霍 霖	白 莉 高 欣 张卫国(兼本科生) 张瑞桓(研究生)
2012	王文莉	霍 霖	高 欣 许 峰 张卫国(兼本科生) 张瑞桓(研究生)
2013	王文莉	霍 霖	许 峰 慈继豪 韩 蕊 高 欣(研究生)
2014	王文莉	林 伟	许 峰 慈继豪 韩 蕊 梁曼彤 高 欣(研究生)
2015	王文莉	林 伟	许 峰 慈继豪 韩 蕊 高 欣(研究生)
2016	王文莉	林 伟	慈继豪 桓斌斌 汪 莹 韩 蕊(研究生)
2017	王文莉	林 伟	慈继豪 桓斌斌 汪 莹 余小涛 韩 蕊(研究生)

三、招生、就业情况

2008～2017年学院招生人数情况见表5-8-9,就业情况见表5-8-10。

表5-8-9   2008～2017年学院招生人数一览表   单位:人

专业名称＼年份		2008	2009	2010	2011	2012	2013	2014	2015	2016	2017
本科	地质工程	115	135	146	133	133	134	120	127	201	156
	资源勘查工程	62	61	66	94	100	146	128	116		
	煤及煤层气工程	0	0	0	61	65	0	0	0	0	0
	环境工程	64	58	59	70	67	62	94	91	92	87
	地质工程(卓越工程师)	0	0	0	0	28	28	29	28	32	32
	合 计	241	255	271	358	393	370	371	362	315	275
硕士研究生		45	38	41	49	47	64	55	50	66	76
博士研究生		5	3	3	2	1	3	2	3	6	10
合 计		50	41	44	51	48	67	57	53	72	86

表 5-8-10 　　　　　　　　 2008～2017 年学院就业率一览表

专业	就业率/% 年份	2008	2009	2010	2011	2012	2013	2014	2015	2016	2017
本科	地质工程	100	100	100	100	93.75	98.56	97.96	98.48	93	98.30
	资源勘查工程			100	98.40	87.30	98.36	98.48	96.74	96.60	97.30
	煤及煤层气工程								94.92	98.50	66.67
	环境工程	89.09	93	96.63	100	95.24	100	100	97.01	98.40	95.45
	总体就业率	94.54	94.86	98.58	99.50	92.44	98.82	98.88	97.14	97.23	97.20
	总体升学率		21.96	23.20	32.30	25.20	26.70	23.40	20.29	21.60	24.94
研究生	就业率	92.31	92	76.92	86.96	94.70	97.56	97.96	97.83	98.39	98.15

四、学生论文发表情况

学院本科生 2015 年以来公开发表学术论文 12 篇,其中核心 9 篇,授权实用新型专利 4 项。研究生 2013 年以来公开发表论文 260 篇,核心及以上论文 132 篇,其中 SCI 收录 8 篇、SSCI 收录 3 篇、EI 收录 7 篇、EI 检索会议论文 37 篇、CPCI-S 收录 3 篇、ISTP 收录 3 篇;授权发明专利 5 项,实用新型专利 63 项。

第九章　测绘科学与技术学院

第一节　学院沿革及概况

测绘科学与技术学院办学历史可以追溯到 1958 年,西安矿业学院成立时在采矿系设立测量教研组;1978 年原采矿系测量教研室并入地质系成立矿山测量本科专业,招收第一届矿山测量专业本科生;1988 年成立测量工程系;1992 年矿山测量专业更名为测量工程专业;1993 年获批地籍测量与土地管理专科专业,次年招收 29 名两年制专科学生;1998 年测量工程专业更名为测绘工程专业;1999 年新增地理信息系统专业并开始招收第一批本科生;2007 年增设资源环境与城乡规划管理专业,同年开始招生。

2008 年 5 月,成立测绘科学与技术学院。2013 年增设遥感科学与技术专业并于同年招生,地理信息系统专业更名为地理信息科学专业,资源环境与城乡规划管理专业更名为自然地理与资源环境专业。

学院拥有测绘工程、地理信息科学、自然地理与资源环境及遥感科学与技术 4 个本科专业;设测绘工程、地理信息科学、自然地理与资源环境、遥感科学与技术 4 个教学系;现有测绘科学与技术一级博士授予权、地学信息工程二级学科博士授予权,测绘科学与技术(工)、地理学(理)2 个一级学科硕士授予权,测绘工程领域工程硕士授予权。

2007 年测绘工程专业获批陕西省特色专业,同年被批准为国家级特色专业建设点;2010 年,地理信息科学专业被批准为陕西省特色专业建设点;2013 年,测绘工程专业通过中国工程教育专业认证,被教育部批准为"卓越工程师教育培养计划"试点专业,被陕西省批准为综合改革试点专业;2016 年,测绘工程专业以优异的成绩通过中国工程教育专业认证复审,并获得 6 年有效期。

学院积极开展理论研究和科技创新,协同国家大地测量数据处理中心、国家测绘地理信息局第一航测遥感院、ESRI China(Beijing)、西安煤航信息产业有限公司等多家科研院所与企事业单位进行科研攻关,形成了以大地测量学与工程测量、摄影测量与遥感、地图制图学与地理信息工程、导航与位置服务、矿山与地下测量、地理学为特色的教学与科学研究方向。

截至 2017 年 12 月,全院教职工 76 人,专任教师 58 人,具有博士学位教师比例达 70% 以上,其中教授 14 人、副教授 21 人。著名摄影测量专家王任享教授,武汉大学遥感信息工程学院院长、测绘遥感信息工程国家重点实验室主任龚健雅教授受聘为学院双聘院士,在学院设立院士工作室;国家测绘地理信息局副局长李朋德,教育部长江学者特聘教授、全国百篇优秀博士论文及国家杰出青年科学基金获得者、中南大学教授、博士生导师吴立新,武汉大学卫星导航定位技术研究中心主任、教育部长江学者特聘教授、国家杰出青年科学基金获得者姜卫平,武汉大学测绘学院院长、教育部长江学者特聘教授姚宜斌,同济大学测绘与地理信息学院院长、教育部长江学者特聘教授、新世纪百千万人才工程国家级人选、国家杰出青年科学基金获得者童小华等多位知名专家为学院兼职教授。学院先后获省部级奖 10 项;发表学术论文 200 余篇,出版各类教材与专著 17 部;累计推广成果 10 余项;近年来,学院承担完成国家自然科学基金、国家支撑计划及国防建设项目等高层次科研课题 10 余项;获省级精品课程 3 门,省级教学团队 1 个,省级实验教学示范中心 1 个,省级工程中心 1 个；获国家级奖 2 项。

学院建有高水平省级教学示范中心，拥有先进的 GIS（地理信息系统）、GNSS（全球卫星导航系统）、DM（数字矿山）、RS（摄影测量与遥感）等特色教学科研实验平台，1 个陕西省地理空间信息工程技术研究中心。学院积极推行人才培养模式改革，与企业、政府部门等十余家单位合作建设了校外实践基地。

学院现有在籍学生 1 355 人，其中研究生 236 人、本科生 1 119 人。学院科技创新活动成效显著，本科生参与省级和国家级科技竞赛、仪器操作技能大赛等获奖数量及层次逐年上升。学生党建成绩突出。学生党支部连续多年获校特色党支部。学院已为国家培养出 5 000 余名测绘地理信息类专业人才，主要分布在测绘、石油、铁路、公路、水利、电力、地质、林业、土地、建筑、煤炭、教育、IT 等行业及科研院所。学院本科生和研究生的初次就业率均达到 96% 以上，学院多次被学校评为"就业工作先进单位""学生工作先进单位"。

第二节　组织机构

学院组织机构如图 5-9-1 所示。学院成立前历届负责人见表 5-9-1 和表 5-9-2，学院党委成员组成见表 5-9-3，学院行政领导成员组成见表 5-9-4。

表 5-9-1　　　　　　　　　　测量工程系成立前测量教研组（室）历任负责人一览表

名　称	任职时间	组长（主任）	副组长（副主任）
采矿系测量教研组	1958.09～1966.01	何新义	
井巷测量教研室	1966.01～1972.02	杜玉枝	王良才
矿建专业测量教研组	1972.02～1978.05	唐德金	罗丽英
地质系测量教研组	1978.05～1978.09	—	唐德金、罗丽英
	1978.09～1981.12	杨作勋	唐德金、罗丽英
矿山测量教研室	1981.12～1984.01	杨作勋	陈月华、陈君翊
	1984.01～1988.10	杨作勋	—

表 5-9-2　　　　　　　　　　1988～2008 年测量系党政领导一览表

任职时间	系党总支书记	系主任
1988.10～1990.10	杨作勋	杨作勋
1990.10～1990.12	赵志强（主持工作）	杨作勋
1990.12～1993.10	赵志强	杨作勋
1993.10～1994.01	赵志强	陈君翊
1994.01～1995.02	雷汉平	陈君翊
1995.02～1996.02	雷汉平	余世书
1996.02～2002.01	雷汉平	梁　明
2002.01～2004.07	姚顽强（主持工作）	梁　明
2004.07～2005.07	姚顽强	梁　明
2005.07～2007.11	姚顽强	姚顽强
2007.11～2008.06	王忠义	姚顽强

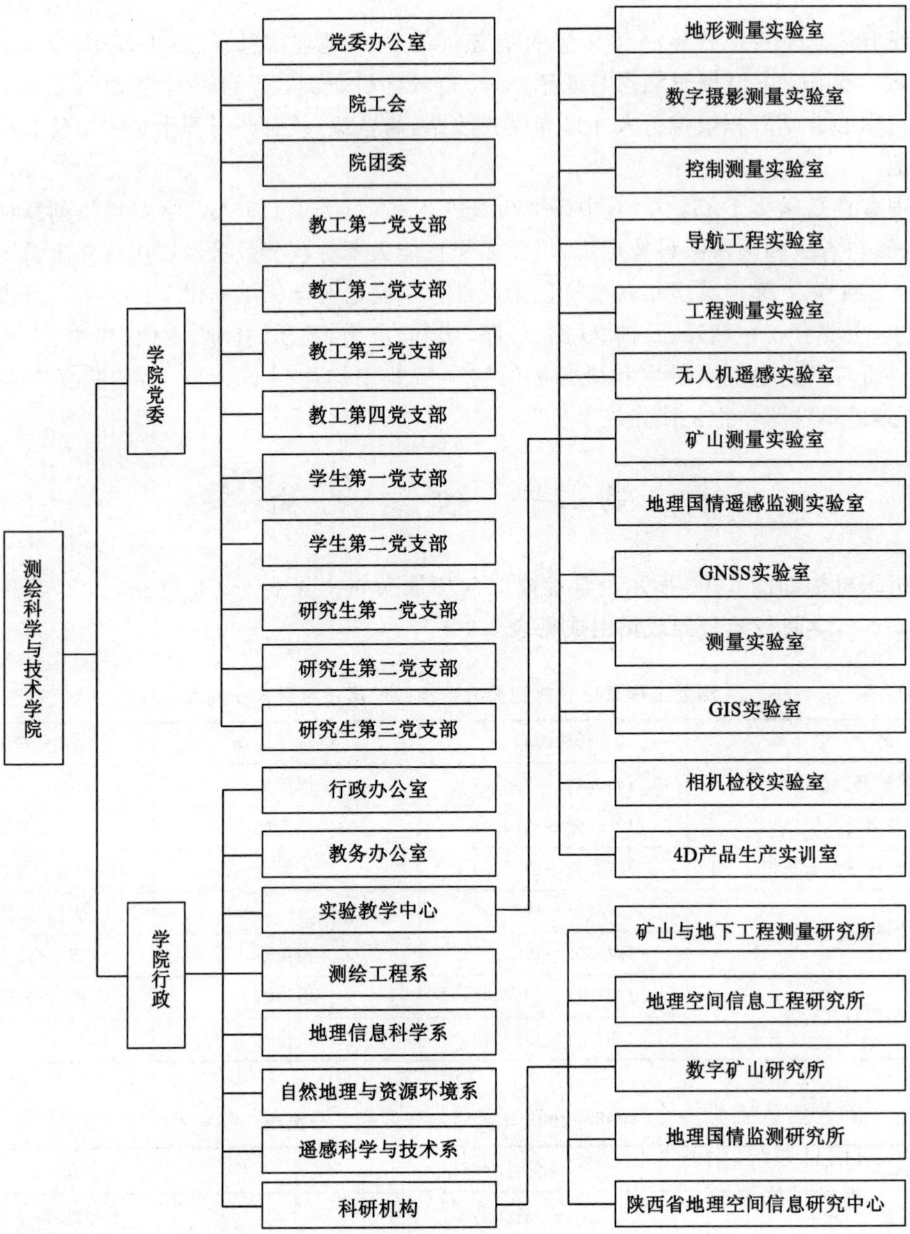

党委办公室		地形测量实验室
院工会		数字摄影测量实验室
院团委		控制测量实验室
教工第一党支部		导航工程实验室
教工第二党支部		工程测量实验室
教工第三党支部		无人机遥感实验室
教工第四党支部		矿山测量实验室
学生第一党支部		地理国情遥感监测实验室
学生第二党支部		GNSS实验室
研究生第一党支部		测量实验室
研究生第二党支部		GIS实验室
研究生第三党支部		相机检校实验室
行政办公室		4D产品生产实训室

学院党委 / 学院行政 / 测绘科学与技术学院

行政办公室	矿山与地下工程测量研究所
教务办公室	地理空间信息工程研究所
实验教学中心	数字矿山研究所
测绘工程系	地理国情监测研究所
地理信息科学系	陕西省地理空间信息研究中心
自然地理与资源环境系	
遥感科学与技术系	
科研机构	

图 5-9-1　学院组织机构设置

表 5-9-3　　　　　　　　　　　　2008～2017 年学院党委成员组成情况一览表

任职时间	党委书记	党委副书记	党委委员				
2008.01～2008.12	王忠义	曹雪梅	王忠义	曹雪梅	姚顽强	孟鲁闽	陈晓宁
2008.12～2011.03	王忠义	费秀水	王忠义	费秀水	姚顽强	孟鲁闽	陈晓宁
2011.03～2015.11	段 辉	费秀水	段 辉	费秀水	姚顽强	孟鲁闽	陈晓宁
2015.11～2016.03	段 辉	费秀水	段 辉	费秀水	姚顽强	汤伏全	胡荣明
2016.03～	殷屈娟	费秀水	殷屈娟	费秀水	姚顽强	汤伏全	胡荣明

表 5-9-4　　　　　　　　　**2008～2017 年学院行政领导成员组成情况一览表**

任职时间	院　长	副院长
2008.01～2009.11	姚顽强	刘长星　杨永崇
2009.11～2014.04	姚顽强	刘长星　李崇贵
2014.04～	姚顽强	胡荣明　汤伏全

第三节　师资队伍

　　截至 2017 年 12 月,学院在册教职工 76 人,其中:专任教师 55 人,实验人员 7 人,行政管理 14 人;教授 14 人,副教授及高级工程师 23 人,讲师 28 人,助教 4 人,工程师 3 人,助理工程师 3 人。

一、历年教职员工职称结构

　　学院历年教职员工职称结构,具体情况见表 5-9-5。

表 5-9-5　　　　　　　　　**2008～2017 年学院教职员工职称结构一览表**　　　　　　单位:人

年份	正高级	副高级	中　级	初　级	其　他	总人数
2008	4	17	12	5	5	43
2009	4	17	12	6	7	46
2010	7	16	14	7	4	48
2011	7	18	20	5	1	51
2012	7	17	19	5	10	58
2013	9	16	27	4	5	61
2014	10	19	26	4	4	63
2015	11	19	30	4	0	64
2016	12	21	31	5	1	70
2017	14	23	34	4	1	76

二、在岗教职员工职称结构

　　学院 2017 年在岗教职员工职称结构,具体情况见表 5-9-6。

表 5-9-6　　　　　　　　　**2017 年学院在岗教职员工职称结构一览表**　　　　　　单位:人

单　位	教　师					职　工					合计
	教授	副教授	讲师	助教	小计	高级工程师	工程师	助理工程师	工人	小计	
测绘工程系	5	8	6	2	21	0	0	0	0	0	21
地理信息工程系	2	4	4	0	10	0	0	0	0	0	10
自然地理与资源环境系	1	6	7	0	14	0	0	0	0	0	14
遥感科学与技术系	2	3	4	1	10	0	0	0	0	0	10
实验中心	1	0	0	0	1	1	2	2	1	6	7
行政管理	3	0	7	1	11	1	1	1	0	3	14
总　计	14	21	28	4	67	2	3	3	1	9	76

第四节　本科教育

一、专业概况及专业课程

(一)测绘工程专业

测绘工程专业起源于井巷教研室,1978年招收矿山测量专业本科生,1989调整为工程测量专业,2004年更名为测绘工程专业。测绘工程专业于2001年被陕西省人民政府首批授予"陕西省普通高校名牌专业";2007年被批准为国家级特色专业建设点;2013年通过教育部工程教育专业认证,并获批加入教育部"卓越工程师培养计划"。2016年通过教育部工程专业认证复审,获得6年有效期。

(二)地理信息科学专业

1999年开始招生,2013年地理信息系统专业更名为地理信息科学专业,以地理信息的收集与内业处理等实验为支撑平台。2010年被批准为陕西省特色专业建设点。

(三)自然地理与资源环境专业

2007年开始招生。2013年资源环境与城乡规划管理专业更名为自然地理与资源环境专业。培养能够利用遥感、野外调查、实验分析、测绘等技术方法获取数据,并利用地理信息系统对数据进行编辑处理、查询管理、分析显示,具备一定的数据获取与处理、数据分析与制图能力,具有一定的管理与规划设计能力的应用型高级专门人才。

(四)遥感科学与技术专业

2013年开始招生。遥感科学与技术专业是在空间科学、地球科学、信号与信息科学、计算机科学等学科交叉融合的基础上发展起来的工程应用型专业。培养具有基础空间信息测绘、摄影测量、遥感信息的计算机处理、分析、开发和应用技能,具有从事基础测绘、资源环境遥感和地理国情监测、数字城市建设等方面的生产、设计、开发、研究及管理工作能力的应用型高级专门人才。

二、教育教学改革

提高人才培养质量是高等教育的核心任务,深化教育教学改革是新时期高等教育发展的强大动力。十年来,学院不断改进教育教学理念、健全完善教育教学机制、更新教育教学内容方法、夯实实践教学,有效推进教育教学改革,人才培养质量得到了大幅提高。

2008～2017年学院先后承担国家级、省部级等教学改革立项23项,获批精品课程7项,其中省级3项。

三、教材建设

学院坚持"以服务人才培养为目标,以提高教材质量为核心,以创新教材建设的体制机制为突破口,以实施教材精品战略、加强教材分类指导、完善教材评价选用制度为着力点"的教材建设方针,同时遵循适用性、先进性、择优选用的原则选用教材,充分调动学院教师编写出版高水平精品教材的积极性,提高教材编写质量,为提高本科教学质量和人才培养质量发挥了重要作用。2008～2017年学院教师编写出版教材、专著、译著共计17部。

四、实践教学

多年来,学院丰富实践教学内容,拓展实践教学渠道,通过学科竞赛、实践基地、产学研合作等平台,促进了人才培养。

近年来,学院共有6名学生作为项目负责人参加"国家大学生创新创业训练计划",参与学生数量达 21 人。

五、教学成果

随着教学改革的推进,学院教师取得的各项教学成果逐年增多,并且紧跟教学发展的新动向,主动适应新时期的高等教育理念。特别是在全国高等学校测绘类青年教师讲课比赛中,学院教师取得了优异成绩,其中特等奖 2 项、一等奖 7 项、二等奖 5 项。校级各类教学成果奖 12 项。

六、实验场所建设

学院实验室起源于矿山测量专业实验室,现整合为测绘地理信息实验教学中心,属省级实验教学示范中心。该中心由地形测量实验室、控制测量实验室、GNSS 实验室、工程测量实验室、矿山测量实验室、GIS 实验室、数字摄影测量实验室和导航工程实验室共 8 个实验室组成,有专职实验员 7 名(其中教授级高级工程师 1 人、高级工程师 1 人、工程师 2 人、助理工程师 2 人、技师 1 人),兼职实验员 7 名(均为高级职称)。

七、实习基地建设

2008~2017 年,学院在学生培养过程中重视实习实践环节,陆续建立多个实习基地。比较成熟的有蓝田焦岱测绘实践教学基地、蓝田汤峪测绘实践教学基地,经过十多年建设及与当地村委会及村民的相处、合作,探索出了一条较好的校村合作的育人模式与机制,同时也促进了村子文化氛围的提升,达到了双赢的效果。

第五节　研究生教育

一、概况

学院于 1985 年开始培养硕士研究生,1990 年获批大地测量学与测量工程学科硕士学位授予权,是西北最早获批硕士学位授权的测绘学科,2006 年获批测绘科学与技术一级学科硕士学位授予权,2011 年获批地理学一级学科硕士学位授予权。

学院现拥有陕西省地理空间信息工程中心、陕西省测绘地理信息教学示范中心、西部矿井开采及灾害防治重点实验室等多个科研创新平台;拥有国家大地测量数据处理中心、煤田地质局航测遥感局、国家农业信息化工程技术研究中心等多个产学研合作及人才培养基地。学院将理论与实践相结合,提升学生综合素质,全面发展。

依托学校地矿与安全学科优势,测绘学院形成鲜明的自身特色,矿山与地下测量以及"3S"集成与应用优势突出;服务国土资源调查、地理国情监测、精准农林工程,且获批"3S"集成及应用校级科技创新团队。

二、博硕士点简介

(一)博士授权点

1. 测绘科学与技术一级学科博士点

测绘科学与技术学科源于 1958 年成立西安矿业学院时设置的采矿系测量教研组,1985 年开始培养硕士研究生,1990 年获批大地测量学与测量工程硕士学位授予权,是西北地区最早获批硕士学位授权的测绘学科,2005 年获批一级学科硕士学位授予权,2017 年获批一级学科博士学位授予权。

依托学校地矿学科优势,经过近60年的建设和发展,该学科形成了矿山与地下测量、大地测量学与测量工程、摄影测量与遥感等三个稳定的、特色鲜明的学科方向。20世纪90年代,团队率先将GPS应用于矿区控制测量,取得"起算数据在矿区控制网中的影响规律"等一批标志性成果,享誉当时的矿山测量界。多年来,团队将西部煤矿区作为主要研究对象,针对厚黄土山区条件和煤炭开采实际,深入研究和总结厚黄土区采煤地层沉陷变形规律,取得重要的理论突破;开发矿用钻孔轨迹测量及分析系统,被中国煤炭工业协会鉴定为国际领先,并被第一批列入国家安全生产先进适用技术与产品指导目录。

进入新世纪,面向GPS、InSAR等现代大地测量数据处理问题,该学科团队在国内率先开展乘性误差模型的估计理论与方法研究,取得多项高水平理论成果。面向森林蓄积量、碳储量估测等重大科学问题,团队深入研究高分遥感影像处理理论与技术,从底层研发森林资源调查移动GIS系统,达到国内领先水平,在全国森林资源调查中得到广泛应用。

2. 地学信息工程二级学科博士点

地学信息工程是在地质资源与地质工程一级学科博士点下自主设置的二级学科博士点。该学科将传统地学研究与现代高新技术相结合,以遥感信息、地理信息、地球物理探测及地球化学探测信息的综合研究与应用、"3S"技术的集成开发为主要研究方向,可广泛应用于地质工程、地质资源评价信息系统、地质灾害监测、国土资源信息工程、地学信息系统等领域。

地学信息工程是在传统地学研究与遥感、地理信息系统和计算机软件开发等高新技术相结合的基础上发展起来的新学科,具有综合性、复杂性、系统性和前沿性等特点,所涉及的学科领域非常广泛。它以地质学、地球探测与信息技术处理、地学环境和地质灾害、遥感图像处理、遥感地学分析、地理信息系统原理、地质统计学原理和计算机科学与技术等为理论基础。

研究方向主要有:资源环境遥感监测理论与技术、地学信息三维建模及可视化管理、地学信息"3S"集成技术及应用、矿山开采沉陷监测理论与方法。

(二)硕士授权点

1. 测绘科学与技术一级学科硕士点

1985年开始培养硕士研究生,1990年获批大地测量学与测量工程学科硕士学位授予权,是西部地区最早获批的测绘学科硕士学位授权点,2006年获批测绘科学与技术一级学科硕士学位授予权。

该授权点现有专任教师33人,其中:硕士生导师23人;教授11人,副教授12人,讲师9人;具有博士学位20人,具有硕士学位9人。

兼职教授10人,其中有两院院士,武汉大学、上海交通大学等高校的教授,国家测绘地理信息局科学研究院的测绘领军人才,中科院等研究单位的研究员。

经过长期发展和凝练,学科形成了稳定且有特色的3个二级学科方向,形成了大地测量学与测量工程学科、地图制图学与地理信息工程学科、摄影测量与遥感科学3个二级学科方向。

2. 地理学一级学科硕士点

地理学科是在1999年建立的地理信息系统专业和2007年建立的资源环境与城乡规划专业的基础上发展起来的,2011年获地理学一级学科硕士学位授予权,下设自然地理学、人文地理学、地图学与地理信息系统3个二级学科硕士学位授权点。

本学科拥有一支师德高尚、治学严谨、锐意创新、团结协作的研究生导师队伍,以具有博士学位的中青年教师为学术骨干,强化矿区地理环境特色,依托西部资源优势,融合测绘科学与技术学科的新理论和新方法,形成自然地理、人文地理、地图学与地理信息系统方向为主的研究方向。

三、学科研究方向及特色

学院在4个本科专业基础上,获得了测绘科学与技术(工)、地理学(理)2个一级学科硕士授予

权,测绘工程领域工程硕士授予权,以及地学信息工程二级学科博士授予权。测绘科学与技术学院积极开展理论研究和科技创新,协同国家大地测量数据处理中心、国家测绘地理信息局第一航测遥感院、ESRI China(Beijing)、西安煤航信息产业有限公司等多家科研院所与企事业单位进行科研攻关,形成了以大地测量学与工程测量、摄影测量与遥感、地图制图学与地理信息工程、导航与位置服务、矿山与地下测量、地理学为特色的教学与科学研究方向。

四、指导教师

学院历年研究生导师具体情况见表 5-9-7。

表 5-9-7　　　　　　　　　　　2008～2017 年学院研究生导师一览表

专业 年份	硕士生导师					
	大地测量学与 测量工程	摄影测量与遥感	地图制图学与 地理信息工程	自然 地理学	人文 地理学	地图学与地 理信息系统
2008之前 (含当年)	梁　明　孟鲁闽 史经俭　姚顽强 汤伏全　胡荣明 师　芸　朱庆伟 张耀民　郭　岚 陈宪冬　刘长星 陈秋计	张春森　姚顽强 陈晓宁　全　斌 贾建华　胡荣明 李崇贵　汤伏全 朱庆伟　师　芸	杨永崇　李崇贵 张耀民　郭　岚 朱庆伟　党小虎 邱春霞　陈宪冬	汤伏全 郭力宇 陈秋计 崔晓临 刘长星 朱庆伟 郭　岚	胡荣明 郭力宇 陈秋计 崔晓临	胡荣明　陈秋计 崔晓临　邱春霞 贾建华　张春森 姚顽强　陈宪冬 全　斌　史经俭 师　芸　杨永崇
2009新增	郭春喜	李增元　王小平				
2010新增		刘良云				
2012新增			马庆勋			
2014新增	龚　云　段荣虎 姜友谊					
2015新增		原喜屯		吴雅睿		
2016新增	陈　鹏	竞　霞　黄远程 刘　英	娄　宁	杨梅焕		史晓亮
2017新增				周自翔 向　洋 李朋飞		郭　斌

第六节　科学研究

一、概述

"十二五"以来,学院瞄准测绘地理信息科学发展前沿,秉持"需求导向、创新驱动、特色引领、质量优先"的科研理念,立足西部,面向全国,服务地矿,积极开展理论研究和科技创新,协同国家大地测量数据处理中心、ESRI China(Beijing)、西安煤航信息产业有限公司等多家科研院所与企事业单位进行科研攻关,成效显著。

2008～2017 年,学院承担完成国家自然科学基金、国家支撑计划及国防建设项目等高层次科研课题 50 余项;获批省级实验教学示范中心 1 个,省级工程中心 1 个;获国家级奖 2 项,省、部级奖

10项;获国家专利授权162项,其中发明专利30项;发表学术论文200余篇,出版教材与专著17部;累计推广成果近10项,创造经济效益上亿元。

二、科研课题及项目数量分布情况

2008～2017年学院纵向、横向项目分布具体情况见表5-9-8。

表5-9-8   2008～2017年学院纵向、横向项目分布情况一览表

年份	纵向课题/项				横向课题/项
	国家级	省部级	厅局级	小计	
2008	—	2	3	5	53
2009	1	3	—	4	57
2010		1		1	43
2011	—	2		2	51
2012		3		4	66
2013	2	2	—	4	72
2014	3	2		5	83
2015	1	7	—	8	56
2016	3	6	2	11	57
2017	3	7	1	11	48

三、科研经费情况

2008～2017年学院科研合同额及到款额逐年增加,主持各类科研项目近500项,累计科研经费达4 030余万元,其中纵向经费达500万元以上。近年科研到款具体情况见表5-9-9。

表5-9-9   2008～2017年学院科研到款经费情况统计表

年份	到款经费/万元		
	纵向	横向	合计
2008	45.20	600.10	645.30
2009	47.59	622.66	670.25
2010	37.86	307.57	345.43
2011	50.20	531.47	581.67
2012	60.10	710.54	770.64
2013	90.75	894.10	984.85
2014	132.10	872.89	1 004.99
2015	123.18	442.61	565.79
2016	166.79	537.59	704.38
2017	173.14	578.99	752.13

四、学术交流及论文情况

2008～2017年学院共举办学术交流活动49场次,学院教师发表论文200余篇,其中核心期刊

及以上论文总数 188 篇,被三大检索收录 70 余篇。在大地测量数据处理方面,师芸老师在国际大地测量最高学术期刊 *Journal of Geodesy* 等发表多篇论文,提出了以最小二乘法原理为基础的乘性随机误差模型下的参数估计方法,包括最小二乘法、加权最小二乘法和偏差改正加权最小二乘法,并推导了这三种最小二乘法的参数估计、观测值的平差值,给出了相应的估计偏差分析和各个估计量的精度评定模型;在数字近景摄影测量方面,张春森老师在测绘学报、武汉大学学报(信息科学版)及国际期刊上发表多篇论文,提出了高光谱影像光谱-空间多特征的加权概率融合分类方法,发展了倾斜影像的三维纹理快速重建技术等;在卫星导航技术应用方面,陈鹏老师在 *Advances In Space Research*、《测绘学报》等期刊发表多篇论文,将地基 GNSS 和空基数据融合,构建全球高精度电离层模型,并基于 GNSS 数据反演开展了多项应用研究。

六、科研机构简介

学院依托教授的专业技术优势,先后成立了矿山与地下测量、大地测量数据处理及应用、矿山开采沉陷与灾害治理、"3S"集成及应用、地学三维建模与数字矿山、地理国情遥感监测等 6 个研究所,支持、拓展学院相关教师的专业技术对社会的服务功能。

第七节　学生工作

学院学生工作秉承"理论基础夯实、专业特色明显、综合素质优秀"的学生培养模式,坚持"理论基础扎实、素质能力过硬、工作创新有效"的辅导员队伍建设理念,以立德树人为根本,以服务学生成长成才为目标,深入开展社会主义核心价值观教育,以学生工作的精细化和制度化建设为载体,不断加强制度建设与执行,细化日常管理与教育,不断提升思想政治教育工作的针对性和实效性。

学院现有分管学生工作的书记 1 人,本科生辅导员 5 人,研究生辅导员 2 人(同时兼任研究生教务员),院分团委书记 1 名,副书记 1 名;现有本科生 1 119 人,研究生 236 人。

学院党委按照"控制总量、优化结构、提高质量、发挥作用"的原则,不断加强学生党建、党员发展和教育管理服务机制建设。学院注重加强对党员的教育培养,强化理论学习,通过"党员联系宿舍""党员承诺制""党员督查舍风学风""党员模范带头"等多个方面发挥党员榜样的示范、教育和引领作用。学院现有学生党支部 5 个,学生党员 181 人。学院于 1995 年开始举办二级学院初级党校,已举办 42 期,总计培训积极分子 2 000 余名。

自 2008 年起,学院开始试行"朋辈班主任"制度。此举较好地发挥了学生的自我管理、自我教育、自我服务的功能,更锻炼了一批综合素质较好的学生干部,学校近 5 年的 8 名"三好学生标兵"中,其中 2 位是学院的朋辈班主任。学院以学科竞赛为依托,为学生发展创造良好平台。近 10 年,学院学生在全国大学生英语、高等数学等基础学科竞赛中获得省部级奖励 160 余项,学院传统学科专业竞赛"测绘技能竞赛"和"GIS 软件应用与设计竞赛"已经分别连续举办了 13 届和 6 届,学生在专业学科竞赛中获得省部级奖励 60 余项。学院的团学工作严谨务实、成绩显著,院分团委先后获得校 2012~2013 年度、2014~2015 年度、2015~2016 年度"五四红旗分团委"荣誉称号;2016 年,院团委申报的"多措并举凝聚青春力量,大力弘扬四进四信精神"团学项目获团中央四进四信活动优秀项目;社会实践暑期三下乡团队 2012~2016 年连续四年获陕西省优秀团队,其中,2015 年获省级标兵团队,2016 年获"美丽中国"全国社会实践优秀团队。2016 年、2017 年,学院连续两年获学校体育节学生团体总分第一名的好成绩。学院学生工作干部先后公开发表学生工作论文 40 余篇,主持校级科研项目 8 项,主持陕西省教工委辅导员精品项目 1 项,3 人荣获校"优秀辅导员"荣誉称号,2 人荣获校"就业工作先进个人"荣誉称号。10 年来,在全院师生的共同努力下,学院先后5 次被学校评为"学生工作先进单位"。

学院高度重视毕业生的就业工作,切实加强学生职业生涯规划与就业指导,着力构建适应形势发展要求的就业工作体系,坚持立足行业、服务区域、面向全国,通过"走出去、请进来"的方式积极开拓就业市场,促进毕业生充分就业,提高毕业生就业质量,已经建立校外就业基地32家。10年来,学院本科生和研究生的初次就业率均达到96%以上,学院先后6次被学校评为"就业工作先进单位"。

一、历届招生、就业情况

学院2008~2017年招生人数情况,见表5-9-10。

表 5-9-10　　　　　　　　　　2008~2017 年学院本科招生人数一览表

专业	人数/人 年份	2008	2009	2010	2011	2012	2013	2014	2015	2016	2017
本科	测绘工程	121	128	147	178	190	128	132	154	130	—
	地理信息科学	55	59	61	68	65	59	55	68	67	—
	遥感科学与技术	—	—	—	—	—	72	61	63	61	—
	自然地理与资源环境	64	62	67	68	58	61	45	30	32	—
	合　计	240	249	275	314	313	320	293	315	290	259

注:2017年学院开始实行大类"测绘类"招生。

学院2008~2017年学生就业情况,见表5-9-11。

表 5-9-11　　　　　　　　　　2008~2017 年学院本科就业率情况一览表

专业	就业率/% 年份	2008	2009	2010	2011	2012	2013	2014	2015	2016	2017
本科	测绘工程	96.10	99.60	98.20	100	99.15	99.21	99.25	96.61	97.70	96.30
	地理信息科学	98.20	100	94.90	99.60	100.00	100.00	98.21	98.46	100	96.50
	遥感科学与技术	—	—	—	—	—	—	—	—	—	98.4
	自然地理与资源环境	99.10	94.40	95.80	99.40	100.00	100.00	98.31	95.89	94.74	98.20
	合　计	97.80	98.00	96.30	99.50	99.55	99.58	98.79	96.83	96.20	96.80

二、学院团委(团总支)主要负责人

学院学生工作干部情况见表5-9-12。

表 5-9-12　　　　　　　　　　2008~2017 年学院学生工作干部情况一览表

时　间	团委书记	辅导员
2008.12~2011.10	曹　鸿	曹　鸿(2005.07~2012.09)　吴映瞳(2008.07~) 王孝云(2011.07~)　张　扬(2012.05~)
2011.10~	吴映瞳	张　雷(2015.07~)　郭江波(2016.07~) 张朝辉(2008.07~)　马　飞(2013.07~,兼职)

第十章　材料科学与工程学院

第一节　学院沿革及概况

材料科学与工程学院办学历史可追溯到1958年建校时的地质系,该系的岩石矿物学、地质构造与古生物、煤田地质勘探等教研室的部分教职员工,从70年代开始就从事黏土矿物、宝玉石、陶瓷与耐火物原料、日用艺术陶瓷等研究及产品试制工作,1988年在地质系建立了地质矿产研究所,开展矿物加工、矿产综合利用、煤炭转化等研究工作,自主研发的以黏土矿物为主要组成的建筑涂料是该所的主要产品之一。1991年,在地质系建立了矿产综合利用与营销专科专业。1993年,在矿产综合利用与营销专业以及部分从事黏土矿、宝玉石、建陶与日用陶瓷研究与人才培养的基础上,建立无机非金属材料专业,并于次年开始招生。

1998年,无机非金属材料专业从原地质系分出,与学校新材料工程系化工工艺专业合并成立材料工程系,设有无机非金属材料和化工工艺2个本科专业。1999年,无机非金属材料专业调整为材料科学与工程专业,设有无机非金属材料和高分子材料与工程2个专业方向。

2002年,学校根据学科专业发展需要,酝酿建设材料科学与工程系。2003年1月,正式组建了材料科学与工程系,按一级专业招生设置了材料科学与工程专业。2005年,开办了高分子材料与工程专业并开始招生。2007年以来,建立了陕西省硅镁产业节能与多联产工程技术研究中心,后经陕西省批准,建设硅镁碳微纳米材料与应用工程技术研究中心(提升改建)。2008年5月,材料科学与工程系更名为材料科学与工程学院,同年,无机非金属材料工程专业恢复招生。

经过20余年的发展,学院现有材料科学与工程、无机非金属材料工程和高分子材料与工程等3个本科专业,拥有机械工程材料、矿物加工工程2个二级学科博士点,材料科学与工程一级学科硕士点(含材料物理与化学、材料学、材料加工工程3个二级学科硕士点)、机械工程材料二级学科硕士点和材料工程领域专业硕士学位点,同时具有微电子学与固体电子学、矿物加工工程硕士学位授予权。

学院坚持"质量立院、特色兴院、追求一流"的办学理念,在专业设置与人才培养上注重宽口径、重基础、强实践,形成了以硅镁碳微纳米材料与应用、矿物冶金与材料制备、电子材料与元器件、新能源材料、功能化复合材料、金属材料加工与表面处理、新型建筑材料和功能高分子材料为特色的教学与科学研究方向。

学院现有教职工66人,专任教师51人,具有博士学位教师比例达94%,其中教授8人、副教授16人,陕西省突出贡献专家1人,教育部新世纪创新人才1人,陕西省"百人计划"2人,陕西省青年科技新星1人。学院有省级教学团队1个、省级精品资源共享课程2门以及陕西省新能源材料创制理论与技术重点科技创新团队。学院先后承担了包括国家科技支撑计划项目、国家自然科学基金、国家技术创新计划项目等在内的纵向项目60余项,获省部级科技进步奖11项、陕西省优秀教学成果奖20项,授权国家发明专利50余项。在国内外重要刊物发表论文400余篇,其中被SCI、EI、ISTP收录200余篇次,出版专著10部。

学院建有高水平省级实验教学示范中心,下设18个基础、专业实验室,有X-射线衍射仪、扫描电镜、扫描探针显微镜、冷等静压成型机、热压烧结炉、综合分析仪、傅里叶红外光谱仪等先进的材料制备、加工、测试试验研究设备共计 1 000 余台套。

学院积极推行人才培养模式改革,建设有省级人才培养模式创新实验示范区,与天津南玻集团、十堰二汽、洛阳第一拖拉机有限公司等 10 余家大中型企业合作建设了校外实践基地。毕业生深受电子、机械、汽车、建材等领域大中型企业欢迎,就业率稳定在 96% 以上;考研率位居学校前列。学院被评为陕西高等学校先进基层分党委,多次被学校评为"先进分党委""文明院部""综合治理先进单位""学生工作先进单位""就业工作先进单位""考研先进单位"。

第二节　组织机构

学院组织机构设置见图 5-10-1,党总支、党委成员组成情况见表 5-10-1 和表 5-10-2,行政领导成员情况见表 5-10-3 和表 5-10-4。

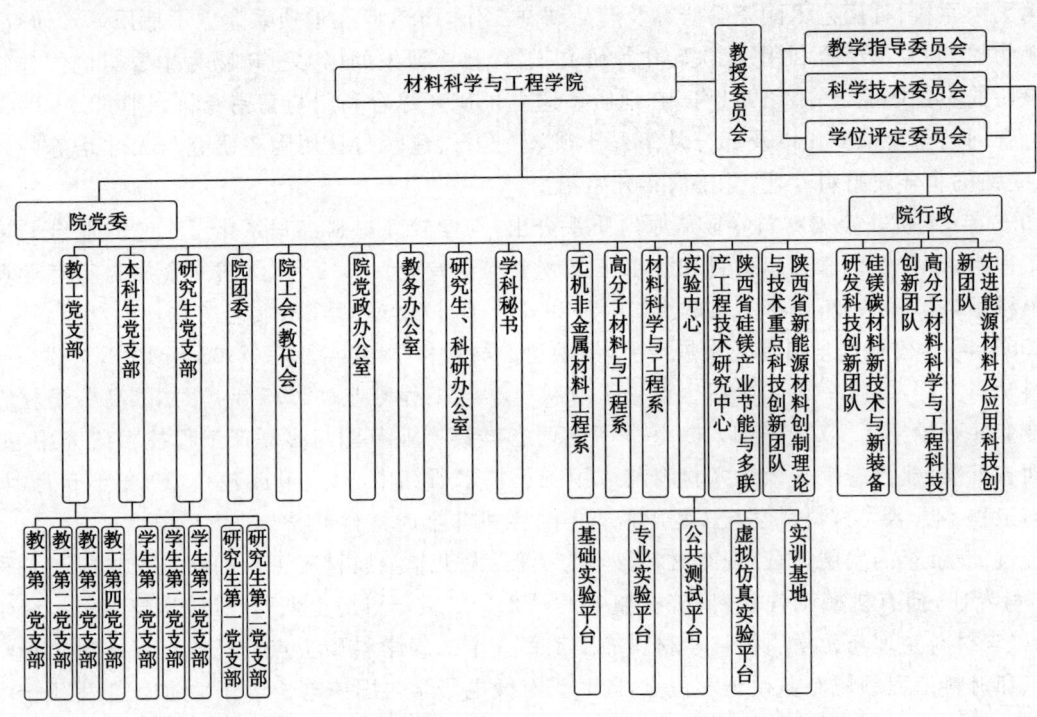

图 5-10-1　学院组织机构设置

表 5-10-1　　　　　　　2003～2008 年材料科学与工程系党总支成员组成情况一览表

时　间	党总支书记	党总支副书记	党总支委员
2003.01～2004.04	—	程卫星(主持工作)	—
2004.04～2004.11	程卫星	—	—
2004.11～2006.06	程卫星	李腾龙	—
2006.06～2008.04	程卫星	李腾龙	王晓刚　邓军平　杨建业
2008.04～2008.05	程卫星	—	王晓刚　邓军平　杨建业

表 5-10-2   2008～2017 年学院党委成员组成情况一览表

时　间	党委书记	党委副书记	党委委员
2008.05～2008.12	程卫星	—	王晓刚　邓军平　杨建业　任建勋
2008.12～2010.10	程卫星	任建勋	王晓刚　邓军平　杨建业
2010.10～2014.04	程卫星	任建勋	王晓刚　邓军平　杨建业
2014.04～2015.11	罗红伟	任建勋	王晓刚　邓军平　杨建业
2015.11～2016.03	罗红伟	任建勋	杜慧玲　孙万昌　强军锋
2016.03～2016.06	罗红伟	—	杜慧玲　孙万昌　强军锋
2016.06～	罗红伟	马婧智闻	杜慧玲　孙万昌　强军锋

表 5-10-3   2003～2008 年材料科学与工程系行政领导成员组成情况一览表

时　间	系主任	副主任
2003.01～2003.03	王晓刚	—
2003.03～2005.05	王晓刚	牟国栋　邓军平
2005.05～2005.11	王晓刚	邓军平
2005.11～2008.05	王晓刚	邓军平　杜双明

表 5-10-4   2008～2017 年学院行政领导成员组成情况一览表

时　间	院　长	副院长
2008.05～2009.11	王晓刚	邓军平　杜双明
2009.11～2011.04	王晓刚	邓军平
2011.04～2014.04	王晓刚	邓军平　朱　明
2014.04～	杜慧玲	朱　明　强军锋

注：2003 年 1 月 19 日成立材料科学与工程系，2008 年 5 月 8 日更名为材料科学与工程学院。

第三节　师资队伍

截至 2017 年 9 月，学院在册教职工 66 人（专任教师 51 人），其中，教授 8 人（博士生导师 3 人），博士 48 人，副教授 16 人，高级工程师 2 人，讲师 27 人，工程师 8 人。具体情况见表 5-10-5 和表 5-10-6。

表 5-10-5   2008～2017 年学院教职员工职称结构表   单位：人

年份	正高级	副高级	中级	初级	工人	总人数
2008	5	6	24	4	2	41
2009	5	9	21	6	2	43
2010	5	10	27	3	2	47
2011	5	11	30	1	2	49

续表 5-10-5

年份	正高级	副高级	中级	初级	工人	总人数
2012	6	14	29	4	2	55
2013	7	14	29	4	2	56
2014	8	14	31	5	1	59
2015	8	16	34	8	1	67
2016	8	18	35	4	1	66
2017	8	18	35	4	1	66

表 5-10-6　　　　　　　　　　　**2017 年学院在岗教职员工职称结构一览表**　　　　　　　　单位:人

单位	教师					职工(实验技术、辅导员、行政)					总计
	教授	副教授	讲师	助教	小计	高级工程师	工程师	助理工程师	工人	小计	
无机非金属材料系	5	3	8	0	16	2	8	4	1	15	
材料科学与工程系	2	7	12	0	21						
高分子与工程系	1	6	7	0	14						
合计	8	16	27	0	51						66

第四节　本(专)科教育

一、概况

截至 2017 年 12 月,学院共有在校学生 1 151 名,其中本科生 1 068 名(材料科学与工程专业 377 名,高分子材料科学与工程专业学生 185 名,无机非金属材料工程专业 244 名,材料类 262 名),博硕士研究生 83 名。

二、专业设置

（一）材料科学与工程专业

材料科学与工程专业的前身为 1993 年创建的矿产综合利用与营销专业,1993 年成立无机非金属材料工程专业,并于次年开始招生。自 1999 年以来开始按照引导性专业"材料科学与工程"办学,分无机非金属材料和高分子材料两个方向,年招生 4 个班。2004 年增设金属材料工程方向,2006 年增设材料成型方向。2005 年和 2008 年,分别在无机非金属材料方向、高分子材料方向基础上成立了无机非金属材料工程专业、高分子材料科学与工程专业。材料科学与工程专业保留金属材料工程和材料成型两个方向。

（二）无机非金属材料工程专业

1993 年,在原地质系矿产资源利用与营销专业的基础上成立无机非金属材料工程专业,并于次年开始招生,当年招生 30 人,学制四年。1999 年按引导性专业材料科学与工程专业招生,包含无机非金属材料和高分子材料两个专业方向,每年招 4 个班 120 人,学制四年。2009 年按照无机非金属材料工程专业招生,每年招生两个班 60 人,2013 年起每年招生 3 个班 90 人。

形成了以矿物冶金与材料制备、硅镁碳微纳米材料、精细陶瓷、电子材料、新型建材和新能源材料为特色方向,以学校优势学科为支撑,融汇电子、化工、建筑等相关学科的专业特色。

（三）高分子材料与工程专业

高分子材料与工程系的前身是 1999 年西安科技学院在材料科学与工程引导性专业下开设的高分子材料方向,每年招生两个班,先后培养了 6 届毕业生;从 2006 年起,学院正式成立高分子材料与工程本科专业,招收了首届高分子材料与工程本科专业学生。学院以此为契机,不断加强师资和教学基本建设,经过多年的努力,办学条件得到很大改善。随着学校的跨越式发展,高分子材料与工程专业的办学条件已达到国家教育部规定的合格评估标准,人才培养质量达到国家学位授权标准。每年招收两个班学生,学制四年,学生毕业授予工学学士学位。

形成了以高分子材料为主体,以学校优势学科为支撑,融汇地环、采矿、煤化工等相关学科的专业特色。

三、本科教育

2004～2017 年,学院教师共承担教改项目 25 项,获批精品课程 12 项,其中省级精品课程 3 项,出版教材 11 部。2012～2016 年,学院大学生创新创业训练计划项目立项 24 项。2009～2017 年,学院教师获得各类教学成果奖 12 项,其中省教改以上奖励 6 项。2004～2017 年,学院共建立校外实习基地 32 家。

第五节　研究生教育

一、概况

学院拥有 2 个二级学科博士点,1 个一级学科硕士点,3 个二级学科硕士点。主要研究方向主要包括硅镁碳微纳米材料制备与应用、矿物冶金与合金化、光电信息功能材料、绿色建筑材料、储能与换能材料、材料复合与强韧化、能量转换与存储材料、材料的表面与界面、材料改性与表面工程、纳米复合材料、光电子封装材料、薄膜材料、材料成型过程的组织与性能控制、特种构件与材料的连接技术、加工过程的模拟与智能化控制和材料循环再生技术等。

学院拥有 1 个陕西省重点科技创新团队和 1 个陕西省教学团队,其中博士生导师 3 人、硕士生导师 30 人。研究生教育依托陕西省硅镁材料节能与多联产技术工程研究中心、陕西省材料类"五段式"人才培养模式创新实验示范区、陕西省矿物材料实验教学示范中心等一系列科研和人才培养平台,拥有的大型、精密、贵重仪器设备价值约计 2 600 万元,本学科中外文藏书量 1.65 万册,中外文数据库 20 种,为研究生培养提供了良好条件。

二、专业设置

学院研究生专业设置情况见表 5-10-7 和表 5-10-8。

表 5-10-7　　　　　学院一级学科博士点、一级学科硕士点批准时间

学科名称	所在院系	国家重点学科	博士后流动站	一级学科博士点(＊个)批次/批准时间	博士点(＊个)批次/批准时间	一级学科硕士点(＊个)批次/批准时间	硕士点(＊个)批次/批准时间
材料科学与工程	材料科学与工程学院	0	0	0	0	1 个/2005 年	3 个

表 5-10-8　　　　　　　**2000～2017 年学院研究生专业设置和变化情况一览表**

专业＼年份	2000	2001	2002	2003	2004	2005	2006	⋯	2011	2012	⋯	2017
二级学科硕士点	材料学											
						材料物理与化学						
						材料加工工程						
二级学科博士点	矿物加工工程											
									机械工程材料			

三、研究生导师

近年学院研究生导师情况见表 5-10-9。

表 5-10-9　　　　　　　**2002～2017 年学院研究生导师一览表**

专业＼年份	博士生导师		硕士生导师		
	矿物加工工程	机械工程材料	材料学	材料物理与化学	材料加工工程
2002	王晓刚		李小池　牟国栋		
2004 新增			杜双明		
2005 新增			陈 杰		
2007 新增			邵水源	李会录	孙万昌
2009 新增	杨建业　杜慧玲				
2010 新增			邓军平		
2011 新增				刘向春	
2012 新增		王晓刚　杜慧玲	樊子民		朱 明　孟 昭
2013 新增			牛立斌		余竹焕
2014 新增			张菊梅	陈 进	
2015 新增			田爱芬	彭龙贵　杨庆浩	
2016 新增			杜立飞　郑 斌　刘 霄　刘 俊	强军锋　卢 海　常梦洁	易大伟
2017 新增				李 颖	

第六节　科学研究

一、概况

学院拥有 1 个省级工程中心,3 个中央与地方共建实验室,拥有 1 个省级科研团队,3 个校级科研团队。陕西省硅镁产业节能与多联产工程技术研究中心以学校矿物加工工程和机械工程材料博士点、材料科学与工程一级学科硕士点学科为依托,以国内唯一的多热源多向流中试实验室等为基础,是国内首家以煤炭和矿物原料为主要资源进行硅类材料、镁类材料和复合材料及其生产工艺技术研发、孵化、中试及工业性实验的专业研究机构。新能源材料创制理论与技术陕西省重点科技创新团队旨在解决我国能源产业发展进程中具有重大影响的产能/储能/换能材料制备、结构与效能中的共性关键问题,现已在"力-电"耦合与能量转换功能材料可控制备与性能调控、共轭高分子材料的设计合成与构效等理论和技术方面获得了多项具有自主知识产权的研究成果。

学院依托上述科研团队或科研平台积极开展科学研究工作,承担国家科技支撑计划项目、国家自然科学基金项目及国家级、省部级重点科技成果推广项目等纵向以及重大横向项目多项。2008～2017年,学院共承担各类纵向项目156项,其中国家级项目22项、省部级项目37项,横向项目97项,项目到款经费2 000余万元;在国内外核心期刊发表论文578篇,其中被SCI收录72篇,EI收录137篇;获得省部级科学技术奖7项,厅局级科学技术奖4项;授权专利102项,其中发明专利52项。

学院积极开展国内外学术交流活动,邀请来自美国、日本、加拿大、法国、意大利、澳大利亚等国家和地区的著名专家学者20余人次来学院进行学术交流,并派出60余人次参加国际学术会议,承办和协办10余次国际国内学术会议。

二、科研课题、项目数量分布情况

具体情况见表5-10-10和表5-10-11。

表5-10-10　　　2008～2017年学院纵向、横向项目分布情况一览表

| 年份 | 纵向课题/项 | | | | | | | 横向课题/项 |
	国家级	省部级	西安市	厅局级	校级	其他	合计	合计
2008	2	2	0	3	4	0	11	7
2009	0	2	0	1	1	0	4	8
2010	2	3	1	3	6	0	15	4
2011	1	5	0	6	9	0	21	9
2012	3	6	3	5	6	1	24	2
2013	1	3	0	4	8	0	16	18
2014	1	5	0	3	8	0	17	14
2015	4	5	1	4	10	0	24	16
2016	5	4	0	3	4	0	19	9
2017	3	2						10
总计	22	37	5	32	56	4	156	97

表5-10-11　　　2008～2017年学院科研合同与到款经费情况统计

| 年份 | 合同经费/万元 | | | 到款经费/万元 | | |
	纵向	横向	合计	纵向	横向	合计
2008	518.2		518.2		21.8	21.8
2009	12.0		12.0	346.6	22.5	369.1
2010	186.6		186.6	151.9	13.7	165.6
2011	275.8	402.0	677.8	248.3	47.4	295.7
2012	204.2	58.0	262.2			
2013	130.0	210.4	340.4	89.8		89.8
2014	335.5	194.5	530.0	228.3	179.5	407.8

续表 5-10-11

年份	合同经费/万元			到款经费/万元		
	纵向	横向	合计	纵向	横向	合计
2015	263.1	102.7	365.8	244.5	87.9	332.4
2016	252.4	217.7	470.1	224.7	100.4	325.1
2017	177.2	230.3	407.5	152.7	162.2	314.9
总计	2 355.0	1 415.6	3 770.6	1 686.8	635.4	2 322.2

第七节　学生工作

一、概况

学院学生工作坚持以培养学生全面发展为目标,紧扣学风建设,突出就业导向,营造以文育人氛围和安全稳定环境。通过教育引导、严格管理、建章立制、细致服务,不断完善学生管理服务体系,提升学生工作内涵,促进人才培养的质量,为学校、学院发展及学科、专业建设奠定坚实基础。

截至 2017 年 12 月,学院共有在校学生 1 151 名,其中本科生 1 068 名(材料科学与工程专业 377 名,高分子材料科学与工程专业学生 185 名,无机非金属材料工程专业 244 名,材料类专业 262 名),研究生 83 名。

二、学生工作机构

学院设有党委副书记 1 名,主管学生工作;团委设书记 1 名,副书记 2 名(含学生 1 名),为每个年级、专业聘任专职辅导员负责本科生及研究生的学生教育管理工作,为每个学生班级从学院专任教师中聘任班主任负责协助学生工作,从 2017 年 9 月开始为一年级每个学生宿舍聘任学业导师负责专业学习引导,构建了层次全覆盖、素质能力并重的学生工作队伍。

三、学生工作主要负责人情况

2008～2017 年学生工作主要负责人具体见表 5-10-12。

表 5-10-12　　　　　　　　2008～2017 年学院学生工作主要负责人一览表

时　间	负责人	学生工作干部名单
2008.01～2008.04	李腾龙	任建勋　陈伟伯　李彩云　蔡　峰
2008.04～2008.12	—	任建勋　陈伟伯　李彩云
2008.12～2009.07	任建勋	陈伟伯　李彩云
2009.07～2010.07	任建勋	陈伟伯　李彩云　侯斌刚
2010.07～2012.04	任建勋	陈伟伯　李彩云　侯斌刚　史长军
2012.04～2012.07	任建勋	陈伟伯　侯斌刚　史长军
2012.07～2014.01	任建勋	陈伟伯　侯斌刚　史长军　马翠英
2014.01～2014.07	任建勋	陈伟伯　侯斌刚　马翠英
2014.07～2015.07	任建勋	陈伟伯　侯斌刚　马翠英　黄静欣
2015.07～2016.03	任建勋	陈伟伯　侯斌刚　马翠英　黄静欣　吴行健

时　间	负责人	学生工作干部名单
2016.03～2016.06	—	陈伟伯　侯斌刚　马翠英　黄静欣　吴行健
2016.06～2017.06	马婧智闻	陈伟伯　侯斌刚　马翠英　黄静欣　吴行健
2017.06～2017.07	马婧智闻	侯斌刚　马翠英　黄静欣　吴行健
2017.07～2017.08	马婧智闻	侯斌刚　马翠英　黄静欣　吴行健　夏瑾
2017.08～	马婧智闻	马翠英　黄静欣　吴行健　夏瑾

四、招生就业情况

2008～2018 年学院招生人数情况见表 5-10-13。

表 5-10-13　　　　　　　　　2008～2017 年学院招生人数一览表　　　　　　　　　单位：人

专业 \ 年份		2008	2009	2010	2011	2012	2013	2014	2015	2016	2017	小计
本科生	材料科学与工程	149	133	136	127	132	132	139	105	102	—	1 155
	高分子材料科学与工程	57	61	59	70	65	58	60	70	52	—	552
	无机非金属材料工程	0	55	59	70	65	90	81	88	88	—	596
	合　计	206	249	254	267	262	280	280	263	242	264	2 567
硕士研究生	材料学	8	10	7	13	14	10	10	10	11	10	103
	材料物理化学	6	3	2	5	1	6	4	1	2	4	34
	材料加工工程	4	2	4	5	10	6	6	4	1	3	45
	材料工程	0	0	0	2	9	16	12	7	14	17	77
	合　计	18	15	13	25	34	38	32	22	28	34	259

学院构建了院党政、辅导员、班主任、任课教师四位一体的全员就业服务育人体系,充分利用新媒体、新通信等手段,实现就业服务精准快捷,学院毕业生就业率、考研率位居学校前列,学院多次被评为"学生工作先进单位"、"就业工作先进单位"和"考研先进单位"。2008 年以来,共向社会输送 2 800 余名高级专门人才,毕业生深受电子、机械、汽车、建材等领域大中型企业欢迎。2008～2018 年学院就业情况见表 5-10-14。

表 5-10-14　　　　　　　　　2008～2017 年学院就业率情况一览表

类别 \ 年份 就业率/%	2008	2009	2010	2011	2012	2013	2014	2015	2016	2017
本科生	94.3	96.8	99.5	98.5	100	98.7	97.3	98.4	96.8	96.1
硕士研究生	100	100	100	100	100	100	97.9	97.1	97.1	96.7

第十一章　化学与化工学院

第一节　学院沿革及概况

　　1989 年,原西安矿业学院地质系成立矿产研究所,下设非金属矿加工利用研究室、精细化学品、煤炭加工与综合利用研究室和涂料试验厂等机构。1994 年,原地质系矿产研究所与原基础部化学教研室合并组建西安矿业学院新材料工程系,同时招收第一届化工工艺专业本科生。1996 年,新材料工程系成立实验中心,下设矿物加工实验室、化学实验室、化工实验室和高分子材料实验室。1998 年,新材料工程系和地质系无机非金属材料教研室合并成立材料工程系,开设材料科学与工程(无机非金属材料、高分子材料)、化学工程与工艺、应用化学 3 个本科专业,拥有矿物加工工程、材料学 2 个二级学科硕士点,矿业工程(矿物加工工程方向)工程硕士培养领域和矿物加工工程学科博士点;实验中心下设矿物加工实验室、化学实验室、化工实验室和材料实验室。2003 年,以材料工程系矿物加工工程教研室、化学教研室、化工教研室及相应的实验中心为核心成立化学与化工系,开设化学工程与工艺、应用化学、矿物加工工程 3 个本科专业,拥有应用化学、化工工艺、矿物加工工程 3 个二级学科硕士点和矿物加工工程学科博士点,矿业工程(矿物加工工程方向)工程硕士培养领域;实验中心更名为化学与化工系中心实验室。2008 年,化学与化工系更名为化学与化工学院,下设化学、化工、应用化学和矿物加工工程 4 个系和 1 个实验中心。

　　学院现设有化学、化工、应用化学和矿物加工工程 4 个系,开设应用化学、化学工程与工艺、矿物加工工程、能源化学工程 4 个本科专业,拥有化学工程与技术一级学科(包含化学工程、化学工艺、工艺催化、应用化学、生物化工 5 个二级学科)硕士点、矿物加工工程二级学科硕士点、化学工程和矿业工程 2 个工程硕士培养领域、矿物加工工程二级学科博士点和 1 个实验中心。共建国家能源煤炭分质清洁转化重点实验室和国土资源部煤炭资源勘查与综合利用重点实验室,共建中国循环经济工程技术、陕西省煤炭资源安全绿色高效开发和陕北能源化工产业发展 3 个协同创新中心,拥有陕西省化学实验教学示范中心、校级专业实验中心 2 个实验中心,拥有 1 个陕西省特色优势学科(矿物加工工程学科)、1 个国家级特色优势专业(化学工程与工艺)、1 个卓越工程师教育培养计划专业(化学工程与工艺)、1 个陕西省专业改革综合试点专业(化学工程与工艺)、1 个陕西省人才培养模式创新实验区(化学工程与工艺)、2 个陕西省一流专业(化学工程与工艺专业、矿物加工工程专业)、2 个陕西省能源化工人才培养基地(化学工程与工艺专业、矿物加工工程专业),化学工程与工艺专业通过国家工程教育专业认证。

　　学院现有教职工 87 名,其中专任教师 60 名,包括教授 10 名,博士生导师 6 名,副教授 24 名;有专职实验技术人员 16 名,包括高级工程师 6 名。专任教师中博士学历的占教师总数的 78%。学院先后引进陕西省"百人计划"学者 3 人、"青年科技新星"2 人,已形成以省部级人才为引领、校级人才为核心、青年骨干教师为基础的师资队伍整体特色。在籍学生 1 339 名,其中本科生 1 210 名,硕士研究生 116 名,博士研究生 13 名。

　　学院党委下辖 8 个党支部,其中教工党支部 3 个,学生党支部 5 个。党员 147 名,其中教工党员 62 名,学生党员 85 名。

第二节　组织机构

学院组织机构见图 5-11-1,学院（系）党委成员组成情况和行政领导成员组成情况分别见表 5-11-1和表 5-11-2。

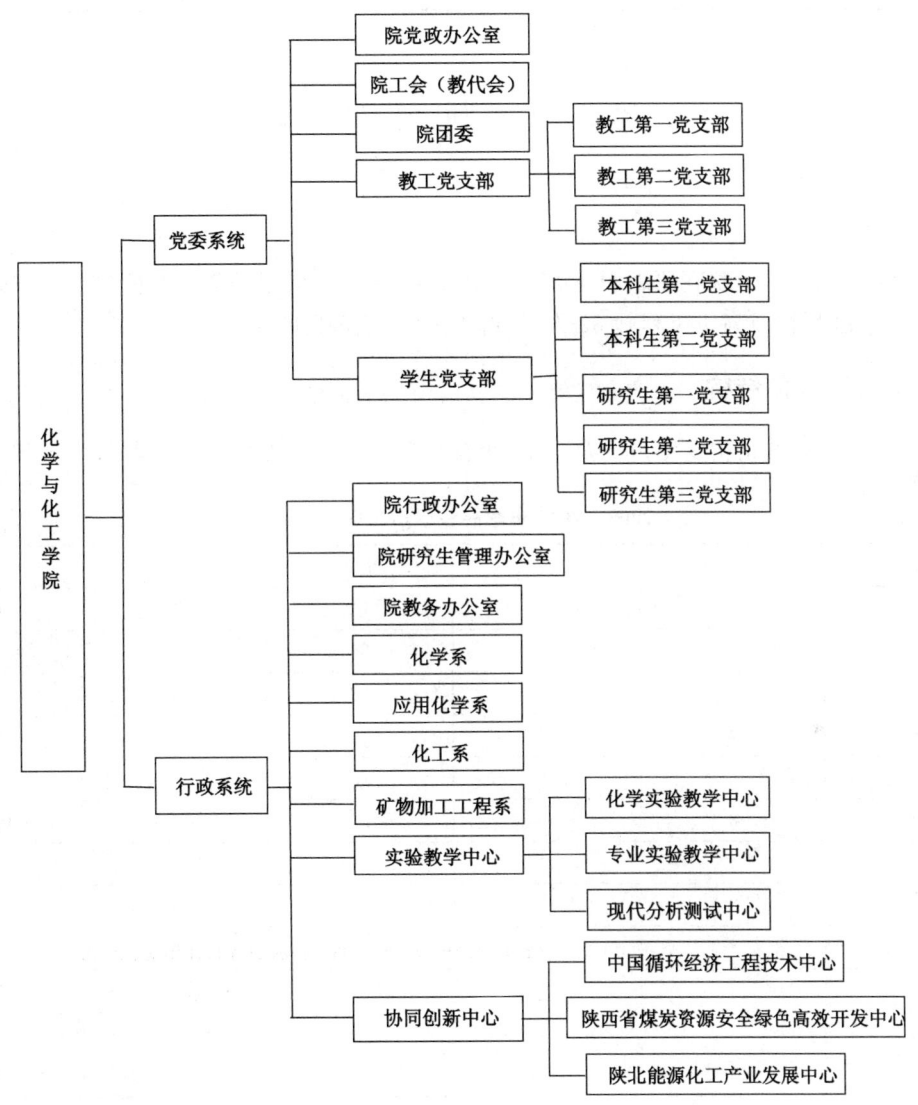

图 5-11-1　学院组织机构设置

表 5-11-1　　　　　　　2003～2017 年学院党委成员组成情况一览表

时　间	党委书记 （党总支书记）	党委副书记 （党总支副书记）	党委委员 （党总支委员）	兼职纪委检查员
2003.01～2009.11	鲍　梁	段　辉	鲍　梁　周安宁　段　辉 闫兰英　张亚婷	
2009.11～2015.11	杜文渊	杨宝华	杜文渊　周安宁　杨宝华 闫兰英　张亚婷	杨伏生
2015.11～	杜文渊	杨宝华	杜文渊　周安宁　杨宝华 张亚婷　赵顺省	杨伏生

表 5-11-2 2003～2017 年学院行政领导成员组成情况一览表

时　间	院长(主任)	副院长(副主任)
2003.01～2011.09	周安宁	刘向荣　郭晓滨
2011.10～2014.03	周安宁	李侃社　蔡会武
2014.04～	杜美利	蔡会武　张亚婷

第三节　师资队伍

一、概况

截至 2018 年 3 月,学院在册教职工 87 人,其中专任教师 60 人、实验人员 16 人、管理人员 11 人,教授 10 人、副教授及高级工程师 32 人、讲师 31 人、工程师 10 人。

二、教职工职称结构

历年教职员工职称结构变动情况及 2017 年在岗教职员工职称结构详见表 5-11-3 和表 5-11-4。

表 5-11-3　　　　　　　　　　2003～2017 年学院教职员工职称结构　　　　　　　　单位:人

年份	正高级	副高级	中级	初级	总人数
2003	3	12	24	2	41
2004	4	11	26	2	43
2005	4	11	28	2	45
2006	4	11	31	2	48
2007	6	9	29	5	49
2008	8	13	24	5	50
2009	8	14	28	4	54
2010	8	15	34	3	60
2011	8	19	36	2	65
2012	8	21	40	2	71
2013	8	24	41	3	76
2014	8	25	44	5	82
2015	8	30	39	5	82
2016	10	31	38	7	86
2017	10	32	41	4	87

表 5-11-4　　　　　　　　　2017 年学院在岗教职员工职称结构一览表　　　　　　　　单位:人

单　位	教　师					职　工					合计
	教授	副教授	讲师	助教	小计	高级工程师	工程师	助理工程师	工人	小计	
化学系	2	7	4		13						13
应用化学系	3	6	8		17						17

单　位	教　师					职　工					合计
	教授	副教授	讲师	助教	小计	高级工程师	工程师	助理工程师	工人	小计	
化工系	3	8	8		19						19
矿物加工系	2	3	6		11						11
实验中心						6	8	2		16	16
行政管理			5	2	7	2	2			4	11
总　计	10	24	31	2	67	8	10	2		20	87

第四节　本(专)科教育

一、概况

化学与化工学院本科生教育始于 1994 年,1994 级共招生 28 人,1997 年煤炭部煤科教高函字(97)41 号文件的批复同意设立化工工艺本科专业,1998 年教育部专业结构调整,化工工艺专业调整为化学工程与工艺专业。2002 年应用化学专业招收本科生。2006 年矿物加工工程本科专业开始招生。2012 年申报能源化学工程专业获批,同年开始招生。截至 2018 年 3 月,学院共设有应用化学、化学工程与工艺、能源化学工程和矿物加工工程 4 个本科专业,在校本科生达到 1 210 人。

2004～2017 年期间,学院共计完成校级教改项目 30 项,获批省级教改项目 4 项,编写教材 12 部;完成陕西省精品课程建设 5 门,校级精品课程 18 门;获批省级教学团队建设 3 个,校级教学团队 4 个;获省级教学成果奖二等奖 2 项,校级教学成果特等奖 1 项、一等奖 2 项、二等奖 4 项,校级优秀教材二等奖 1 项;省级人才培养模式创新实验区 1 个,校级人才培养模式创新实验区 2 个;陕西省优秀教师 2 人,校级优秀教师 5 人,陕西省教学名师 1 人,校级教学名师 4 人;学生课外科技作品获"三井杯"化工设计大赛国家级奖 16 项;"挑战杯"全国大学生课外学术科技作品竞赛全国三等奖 1 项、陕西省一等奖 1 项、三等奖 1 项,大学生创新实验项目立项 56 项,建立校外实习基地 22 个。

二、专业情况

(一)化学工程与工艺专业

1994 年化工工艺专业招生,1996 年获化工工艺学士学位授予权,1998 年按教育部本科专业目录调整为化学工程与工艺专业。专业依托化学工程与技术学科,不断强化本专业教育教学工作,2008 年获批"陕西省能源化工人才培养基地",2010 年分别获批"省级特色专业建设点"和"国家级特色专业建设点",2013 年获批陕西省高等学校"专业综合改革试点"专业及陕西省"人才培养模式创新实验区",2013 年获批教育部"卓越工程师教育培养计划"实施专业,2014 年通过教育部工程教育质量认证,2017 年获批陕西省一流专业培育项目。专业拥有"工科化学"、"煤化工系列课程"和"物理化学"3 个陕西省教学团队,"化工设计"、"碳一化工"等 7 个精品资源共享课程。

(二)能源化学工程专业

学院于 2011 年申请增设能源化学工程专业,2012 年获批,并于同年面向全国开始招收本科生。能源化学工程专业定位为适应国家和陕西省经济社会发展需要和能源化工行业企业发展需求,符合学校学科发展,专业建设指导思想明确。

（三）应用化学专业

应用化学专业始建于 2002 年,招生规模 60 人/年。2002 年,获批理学学士学位授予权;2004年,本科专业目录调整为理科专业,设置精细化学品和商品检验两个特色方向。同时,该专业也是西部地区以煤化工及精细化工为特色的学科,肩负着为陕西乃至西部地区精细化学和化工领域培养和输送优秀人才的重任。

（四）矿物加工工程专业

1995 年,矿物加工工程学科获批硕士学位授权点。2000 年,矿业工程一级学科获批为博士学位授权点;矿物加工工程学科成为博士学位授权点和陕西省重点(优势)学科。2006 年,矿物加工工程本科专业开始招生。2008 年,矿物加工工程本科专业纳入陕西省能源化工人才培养基地。2009 年,矿物加工工程专业被评为校级特色优势专业。2012 年 5 月,以西安科技大学矿物加工工程学科为主要参与者,与陕西省煤田地质局等联合建设"国土资源部煤炭资源勘查与综合利用重点实验室";同年 8 月,与陕西煤业化工集团有限公司等联合建设"国家能源煤炭分质清洁转化重点实验室"。2013 年,西安科技大学矿物加工工程、安全科学与工程和采矿工程等学科联合建设"陕西省煤炭资源安全绿色高效开发协同创新中心"。2017 年,矿物加工工程专业增列本硕连读学制;2017 年,矿物加工工程专业被遴选为陕西省"一流专业"。

三、教学、教改及各类成果情况

2008～2017 年,学院教师共承担教改项目 36 项,获批精品课程 15 项,其中省级精品课程 5 项,编写出版教材 26 部,获教学成果奖 10 项,学院本科生参与并获奖科研训练项目 8 项,"大学生创新实验计划"项目立项 102 项,共建立校外实习基地 22 家。

第五节　研究生教育

一、概况

学院研究生教育始于 1998 年,紧扣服务需求、提高质量这条主线,围绕完善研究生教育体系、深化培养模式改革两个目标,立足优化学位点布局、推进分类培养模式、改善培养条件、构建质量保障 4 个着力点深入推进研究生教育改革,取得较好效果。学院现有博士生导师 8 人,其中兼职博士生导师 2 人;硕士生导师 27 人,其中兼职硕士生导师 1 人;硕士研究生 116 名(其中 1 名在职硕士),博士研究生 7 名(其中 5 名在职博士);拥有二级学科博士学位授权点 1 个、一级学科硕士学位授权点 1 个、工程硕士专业学位授权点 2 个、二级学科硕士学位授权点 6 个。研究生培养学科设置情况见表 5-11-5。

表 5-11-5　　　　　　　　　　学院研究生培养学科设置情况一览表

学科与专业设置			
博士学位(1 个二级)	矿物加工工程(081902)(2000 年)		陕西省重点学科(2000 年)
学术硕士 (2 个一级,6 个二级)	化学工程与技术 (0817)(2011 年)	生物化工(081703)(2011 年)	应用化学(081704)(2003 年)
		化学工程(081701)(2011 年)	化学工艺(081702)(2006 年)
		工业催化(081705)(2011 年)	
	矿业工程(0819)	矿物加工工程(081902)(1996 年)	
专业硕士(2 个)	工程硕士(0852)	化学工程(085216)(2010 年)	矿业工程(085218)(2001 年)

二、硕博点介绍

经过近 28 年的建设与发展,学院学科建设取得了可喜的成绩。拥有矿物加工工程陕西省重点(优势)学科、陕西省国家重点学科培育学科;矿物加工工程二级学科博士学位授权点,化学工程与技术 1 个一级学科硕士学位授权点,矿物加工工程、化学工程、化学工艺、生物化工、应用化学、工业催化 6 个二级学科硕士学位授权点,矿业工程和化学工程 2 个工程领域专业学位硕士授权点,详见表 5-11-6。

表 5-11-6　　　　　　　　　学院一级学科博士点、一级学科硕士点批准时间

学科名称	博士点(*个) 批次/批准时间	一级学科硕士点(*个) 批次/批准时间	硕士点(*个) 批次/批准时间
矿业工程 (矿物加工工程)	1 个 8/2000 年		1 个 6/1996 年
化学工程与技术 (应用化学)			1 个 9/2003 年
化学工程与技术 (化学工艺)			1 个 10/2006 年
化学工程与技术 (化学工程、生物化工、工业催化)		1 个 11/2011 年	3 个 11/2011 年

三、指导教师

化学与化工学院每年新增博士生导师、硕士生导师名单详见表 5-11-7。

表 5-1-7　　　　　　　　　　新增博士生导师、硕士生导师名单

年份	博士生导师		硕士生导师	
	矿业工程	矿物加工工程	化学工程与技术	矿物加工工程
1998	葛玲梅			
2002		周安宁		
2003			蔡会武	
2004			郭晓滨	
2005			李建伟	
2006			李天良　扈广法(兼职)	
2008	杜美利　李侃社		梁耀东	王晓华
2008			汪晓芹　曲建林	杨伏生
2010		邱介山(兼职)	贺诗华　赵世永	
2011			申丽华	
2012	杨志远　刘向荣	张亚婷　李远刚　熊善新　周文英　屈孟男		
2013		贺拥军	汪广恒	
2014			赵顺省　何金梅	李　振
2015		刘生忠(兼职)	陈福欣	
2016			贺新福　杨再文　褚　佳　柳　娜　吴伯华	
2017		张亚婷　屈孟男	章结兵　党永强　宫　铭　加晓丹 李　赛　陈治平　蔡江涛	

四、实验室及平台建设

学院实验中心以 1958 年建设的普通化学实验室为基础,1994 年规划并通过原煤炭部"基础实验室达标工程"建设,1997 年通过省教委基础课教学实验室评估,2006 年获"陕西省化学实验教学示范中心"称号。现实验中心主体由化学实验教学中心、专业实验教学中心和分析测试中心三部分组成,实验室总面积 4 380 平方米,教学科研仪器设备总价值 4 834 万元,其中 5 万元以上大型仪器设备 130 台套,服务于研究生和本科生的日常教学、科研。学院共建有创新开放化学实验室、精细化学品实验室、化工仿真实验室、化工模拟与仿真实验室、油品分析实验室和高分子化工实验室等 6 个特色实验室。

第六节 科学研究

学院科技工作紧紧围绕学校中心工作,结合学院特点和实际,积极开展各种类型的学术研究、学术交流等活动,努力营造积极向上的科技工作氛围,保持良好发展态势,不断提高科技工作的整体实力。

一、科研课题、项目数量分布情况

自建院(系)以来,学院教职员工砥砺奋进,结合国内、国际科学研究发展状况和自身研究优势,整合科研资源与力量,凝练科研方向,形成了教授、中青年教师为科研梯队的学术研究团队。学院科研立项逐年增加,截至 2017 年,共承担国家级科研课题 47 项,省部级科研课题 60 项,纵向研究课题共计 249 项,横向研究课题共计 125 项。1999～2017 年学院纵向、横向项目分布情况见表 5-11-8。

表 5-11-8 1999～2017 年学院纵向、横向项目分布情况一览表

年份	纵向课题/项					横向课题/项
	国家级	省部级	厅局级	校级	合计	合计
1999		1	1		2	6
2000	1	1	1		3	4
2001		2			2	6
2002	1		1		2	1
2003		1	1		2	3
2004	1	2			3	1
2005	1				1	1
2006	1	3	3	4	11	1
2007	1				11	
2008	1	1	2	5	9	6
2009	1	2		2	9	7
2010	4	2	4	9	19	15
2011	7	7	6	5	25	7
2012	1	4	5	7	17	8
2013	8	5	11	11	35	19
2014	6	6	5	11	28	10

年份	纵向课题/项					横向课题/项
	国家级	省部级	厅局级	校级	合计	合计
2015	6	6	4	7	23	8
2016	3	8	7	9	27	10
2017	4	6	6	4	18	12
总计	47	60	64	78	249	125

二、科研经费情况

自 2008 年以来,学院的科研工作与技术服务发展迅速,科研合同额及到款额逐年增加,科技合同额达到 4 648.8 万元,到款额 4 204.69 万元。2008～2017 年学院科研合同与到款经费情况见表 5-11-9。

表 5-11-9　　　　　　　2008～2017 年学院科研合同与到款经费情况统计

年份	合同经费/万元			到款经费/万元		
	纵向	横向	合计	纵向	横向	合计
2008	51.50	24.50	76.00	34.94	4.22	39.16
2009	60.80	337.50	398.30	95.60	123.00	218.60
2010	127.00	552.32	679.32	69.09	308.92	378.01
2011	504.60	64.50	569.10	213.18	235.85	449.03
2012	134.40	403.37	537.77	253.36	189.40	442.76
2013	423.00	468.30	891.30	338.10	283.71	621.81
2014	250.50	35.91	286.41	268.83	311.05	579.88
2015	312.79	85.08	397.87	337.85	222.48	560.33
2016	211.20	118.93	330.13	261.54	199.67	461.21
2017	283.40	199.20	482.60	326.10	127.80	453.90
总　计	2 359.19	2 289.61	4 648.80	2 198.59	2 006.10	4 204.69

三、科研成果情况

学院高度重视科研工作的发展,不断强化科研工作的地位,学院的科研工作不断发展,科研获奖的层次和数量不断提升,自 2008 年以来,累计获得省部级奖项 7 项,厅局级奖项 16 项。

四、学术交流及论文情况

学术活动是高等学校教学和科研的重要组成部分。为了与国内外学术界建立广泛良好的学术联系,扩大学校理科专业在国内外的影响,学院坚持邀请国内外知名学者讲学制度,对学院良好科研氛围的营造和科研水平的提高产生了积极作用。自 2003 年以来,学院教师累计发表论文总数930 篇,被 SCI/EI 检索收录 407 篇,会议论文 152 篇。

第七节　学生工作

一、概况

学院学生工作秉承"立志　修身　博学　创新"的学风建设理念,始终坚持以德育为首,以育人

为本,以理想信念教育为基础,以制度建设为保障,以学风建设为中心,以校园文化活动为载体,以就业为导向,以成才为目标,促进学生全面发展的指导思想,不断拓宽工作思路,切实加强大学生的思想政治教育工作,全面提高大学生的综合素质。

学院紧紧围绕学生工作重点,不断加强学生党组织建设和学生党员教育,在学生支部中积极开展推优入党、社会实践活动、科技活动、青年志愿者等活动。建立健全青年志愿者的组织机构,确立了以团支部为基本志愿者支队的组织形式。鼓励学生积极参与多种形式的专业竞赛,展示了学风建设的成果。在全国化工设计竞赛、全国化工实验大赛、全国矿物加工工程专业学生实践作品大赛、"挑战杯"陕西省大学生课外学术科技作品竞赛、陕西省化学实验邀请赛、陕西省化学视频大赛、陕西省趣味化学知识邀请赛以及全国大学生英语竞赛、高等数学竞赛中,捷报频传,连创佳绩。

学院高度重视毕业生的就业工作,多年来一直坚持贯彻学校"四化"方针,立足行业,服务区域,面向全国,积极拓展就业市场,切实加强学生职业生涯规划与就业指导,着力构建适应形势发展要求的就业工作体系,促进毕业生充分就业。学院本科毕业生初次就业率连续 10 年达到 96%,并多次被学校评为就业工作先进集体。2007 年以来,学院共向社会输送 3 000 余名优秀人才,分布在全国各个行业的多个领域。

截至 2018 年 3 月,学院有在校学生 1 339 人,其中本科生 1 210 人,硕士研究生 116 名,博士研究生 13 名;学生工作办公室成员有专职辅导员 6 名;聘有班主任、辅导员助理共 76 人,主要由专业教师、研究生和高年级本科生组成。

二、学工队伍建设

学院历年学生工作主要负责人情况详见表 5-11-10。

表 5-11-10 　　　　　　　　2003～2017 年学院学生工作主要负责人一览表

年份	负责人	学生工作干部名单					
2003	段　辉	罗红伟	周　涛				
2004	段　辉	罗红伟	周　涛				
2005	段　辉	周　涛	李栋墚				
2006	段　辉	周　涛	李栋墚	靳　菲			
2007	段　辉	周　涛	李栋墚	靳　菲	刘国阳		
2008	段　辉	周　涛	李栋墚	靳　菲	刘国阳		
2009	段　辉	周　涛	李栋墚	靳　菲	刘国阳		
2010	杨宝华	周　涛	李栋墚	靳　菲	刘国阳		
2011	杨宝华	周　涛	李栋墚	靳　菲	刘国阳		
2012	杨宝华	刘国阳	付春岚	师瑞峰			
2013	杨宝华	刘国阳	付春岚	师瑞峰	周探伟	朱艳洁	
2014	杨宝华	刘国阳	付春岚	师瑞峰	周探伟	朱艳洁	
2015	杨宝华	刘国阳	付春岚	师瑞峰	周探伟	朱艳洁	
2016	杨宝华	刘国阳	师瑞峰	周探伟	朱艳洁	余　翔	
2017	杨宝华	刘国阳	师瑞峰	周探伟	朱艳洁	余　翔	蔡雨初

三、招生就业情况

学院历年招生人数变化情况及毕业生就业情况详见表 5-11-11 和表 5-11-12。

表 5-11-11　　　　　　　　　　　**2003～2017 年学院招生人数一览表**　　　　　　　　　单位：人

专业		2003	2004	2005	2006	2007	2008	2009	2010	2011	2012	2013	2014	2015	2016	2017
本科	化学工程与工艺	87	92	84	90	94	122	118	130	143	135	137	88	90	89	90
	应用化学	53	58	51	65	63	70	58	57	68	59	58	60	58	61	63
	矿物加工工程	—	—	—	52	61	55	59	68	95	98	112	81	80	48	51
	能源化学工程	—	—	—	—	—	—	—	—	—	61	62	57	61	66	61
	化学工程与工艺（卓越）	—	—	—	—	—	—	—	—	—	—	—	28	30	30	28
硕士研究生	化学工程	—	—	—	—	—	—	—	—	23	25	14	14	16	20	25
	化学工艺	—	—	—	—	5	11	8	6	12	15	13	9	7	9	1
	生物化工	—	—	—	—	—	—	—	—	—	2	1	2	0	2	0
	应用化学	—	10	14	13	7	6	7	11	4	7	5	7	5	8	11
	工业催化	—	—	—	—	—	—	—	—	—	—	4	0	0	0	6
	矿业工程	—	—	—	—	—	—	—	—	5	3	23	9	9	0	0
	矿物加工工程	7	3	5	9	8	4	4	6	7	7	6	4	5	1	4
博士研究生	矿业工程	1	1	1	0	2	1	5	1	—	—	—	—	—	—	—
	矿物加工工程	—	—	—	—	—	—	—	3	6	3	4	1	1	1	2

表 5-11-12　　　　　　　　　　　**2003～2017 年学院就业率情况统计表**

专业		2003～2005	2005～2009	2010	2011	2012	2013	2014	2015	2016	2017
本科	化学工程与工艺	100	100	100	100	100	99.15	97.14	95.89	94.62	95.45
	应用化学	—	100	98.46	100	100	100	96.42	95.38	100	96.82
	矿物加工工程	—	—	100	100	100	100	98.50	97.87	95.74	96.29
	能源化学工程	—	—	—	—	—	—	—	—	96.36	96.92
硕士研究生	化学工程	—	—	—	—	—	—	100	100	100	100
	化学工艺	—	—	100	100	100	100	91.67	100	100	100
	生物化工	—	—	—	—	—	—	—	100	100	100
	应用化学	—	100	100	100	100	100	100	100	100	85.71
	工业催化	—	—	—	—	—	—	—	—	100	—
	矿业工程	—	—	—	—	—	—	100	100	100	100
	矿物加工工程	100	100	100	100	100	100	100	100	100	75.00

第十二章　管理学院

第一节　学院沿革及概况

管理学院办学历史可以追溯到 1958 年由西安交通大学分出成立的西安矿业学院管理教研组，始于原采矿工程系 1962 年成立的矿业经济教研室，创始人为我国 20 世纪 50 年代首批留苏归国管理学专家黄树模教授。在此基础上原采矿工程系在 20 世纪 80 年代初先后成立了企业管理教研室、质量管理教研室、煤炭工业质量管理研究咨询培训中心和矿业系统工程研究室。20 世纪 80 年代，刘建生教授和唐祖章教授在煤炭企业质量管理和矿业系统工程的研究与实践方面作出了重要贡献；90 年代，刘建生教授因上书国务院建议成立国家质量技术监督局而受到时任国务院副总理邹家华同志的亲切接见。1998 年，与社会科学系、品德教研室共同组建了管理系，2000 年以管理系为主体独立组建新的管理系，2002 年成立管理学院。

学院本科教育现有工商管理、会计学、工程管理、信息管理与信息系统、电子商务、旅游管理和物流管理等 7 个本科专业；硕士研究生教育有管理科学与工程和工商管理 2 个一级学科硕士点，管理科学与工程、企业管理、技术经济与管理、会计学、旅游管理以及产业经济学等 6 个二级学科硕士点；工业工程与项目管理 2 个工程硕士领域；1 个工商管理（MBA）专业学位硕士点；1 个会计学专业学位硕士点（MPAcc）。博士研究生教育有"矿业工程"一级学科博士点下设的"矿业经济与管理"1 个二级学科博士点。学院还设有陕西省（高校）哲学社会科学重点研究基地——能源经济与管理研究中心和中加智能管理联合研究中心 2 个研究机构，1 个实验中心和 1 个专业资料室。

学院现有教职工 105 人，具有高级职称 49 人，其中博士生导师 1 人、硕士生导师 40 人，教授 13 人、副教授 33 人，具有博士学位的教师 40 人；学院还有一支高水平的兼职教师队伍，其中，企业高管人员 5 人，外聘教授 4 人。学院在校学生 2 800 余人，其中本、专科生 2 200 余人，硕士研究生 600 余人，博士研究生 16 人。

学院自建院以来承担省部级及以上研究课题 80 余项，企业合作项目 270 余项，到款经费 4 000 多万元；发表核心以上论文 1 000 余篇，出版专著、教材 100 余部。

第二节　组织机构

学院组织机构设置见图 5-12-1，党委组成情况见表 5-12-1，行政领导成员情况见表 5-12-2。

表 5-12-1　　　　　　　　1998～2017 年学院党委成员组成情况一览表

时　间	党委书记	党委副书记	党委委员					
1998.07～2002.01	崔　峰	潘建湘(1999.12 免)	崔峰	张金锁	潘建湘	田晓泉		
2000.01～2002.01	崔　峰	陈　华	崔峰	张金锁	陈　华	田晓泉		
2002.06～2005.05	—	陈　华(主持)	张金锁	陈　华	刘福民	李红霞		
2005.05～2007.11	陈　华	赵雪萍	陈　华	张金锁	赵雪萍	刘福民	李红霞	李朋林

续表 5-12-1

时　间	党委书记	党委副书记	党委委员
2007.11～2009.10	王生成	赵雪萍	王生成　李朋林　赵雪萍　刘福民　王新平
2009.10～2011.07	王学礼	汪　仁	王学礼　李朋林　汪　仁　李红霞　王新平
2011.07～2012.05	王学礼	—	王学礼　李朋林　王新平　李红霞
2012.05～2013.04	王学礼	田　园	王学礼　李朋林　田　园　王新平　李红霞
2013.04～2016.06	代革联	田　园	代革联　李朋林　田　园　王新平　李红霞
2016.06～2016.09	代革联	贾　斌	代革联　李朋林　贾　斌　王新平　李红霞
2016.09～	冯国栋	贾　斌	冯国栋　李朋林　贾　斌　王新平　李红霞

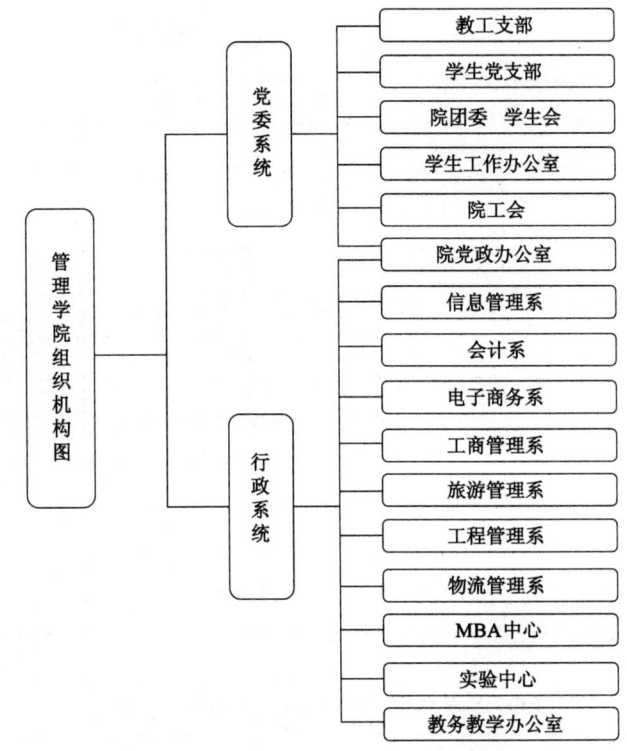

图 12-2-1-1　管理学院组织机构设置

表 5-12-2　　　　　1998～2017 年学院行政领导成员组成情况一览表

时　间	院　长	副院长
1998.07～2000.11	张金锁	田晓泉
2000.04～2000.11	张金锁	田晓泉　刘福民
2000.11～2001.03	张金锁	刘福民
2001.03～2004.11	张金锁	刘福民　李红霞
2004.11～2005.05	张金锁	陈　华(常务副院长)　刘福民　李红霞
2005.05～2007.04	张金锁	陈　华(常务副院长)　刘福民　李朋林
2007.04～2008.12	—	李朋林(主持)　刘福民　王新平
2008.12～2009.11	李朋林	刘福民　王新平
2009.11～2017.10	李朋林	王新平　李红霞

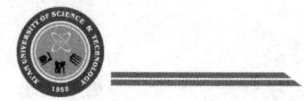

第三节 师资队伍

截至 2017 年 9 月,学院在册教职工 105 人,其中,教师 82 人、职工 23 人,教师中教授 13 人、副教授 33 人、讲师 36 人,博士生导师 1 人,硕士生导师 40 人,获博士学位教师 40 人,硕士学位教师 36 人。具体情况见表 5-12-3 和表 5-12-4。

表 5-12-3 2002～2017 年学院教职员工职称结构 单位:人

年份	正高级	副高级	中级	初级	其他	总人数
2002	3	7	15	22	6	53
2003	3	7	18	19	11	58
2004	3	13	31	8	15	70
2005	3	12	28	22	4	69
2006	3	13	33	31	1	81
2007	3	14	41	23	1	82
2008	4	13	48	15	1	81
2009	6	16	44	11	1	78
2010	6	21	42	13	1	83
2011	7	24	47	8	2	88
2012	8	26	49	8	1	92
2013	9	29	43	12	1	94
2014	10	35	42	11	1	99
2015	11	35	42	9	1	98
2016	11	35	40	10	1	97
2017	13	39	46	6	1	105

表 5-12-4 2017 年学院在岗教职员工职称结构一览表 单位:人

单位	教师					职工					合计
	教授	副教授	讲师	助教	小计	高级工程师	工程师	助理工程师	工人	小计	
工商管理系	2	5	5	0	12						
会计系	3	7	7	0	17						
信息管理与信息系统系	1	2	6	0	9						
电子商务系	1	4	5	0	10						
工程管理系	4	9			13						
旅游管理系	2	4			11						
物流管理系	0	2	8		10						
学院实验中心						2	2	2	0	6	
行政管理(含辅导员)			6	3	9	4	2	1	1	8	
总 计	13	33	42	3	91	6	4	3	1	14	105

第四节 本 科 教 育

一、专业概况

(一) 会计学

会计学专业是管理学院最早开办的专业之一,1996 年开始会计学专业本科学生的培养,已有20 多年的办学历史。1998 年起在"企业管理"下开始了会计学、公司理财等方向的硕士研究生培养,2011 年正式获得会计学二级学科硕士点,2014 年获批会计专业硕士(MPAcc)授权点,已建成了兼有会计学本科、学术型硕士和专业硕士(MPAcc)的多层次办学体系。会计系有专任教师 17名,其中教授 3 人、副教授 7 人、讲师 7 人,博士学位获得者 6 人,在读博士 2 人,博士生副导师 1 人,硕士生导师 9 人。会计系具有良好的学术氛围,教师们重视学术交流和科研工作,近年来主持或参与横向和纵向课题 50 余项,在中文核心及以上期刊发表论文 80 余篇,出版专著和教材 10 余部。建有会计手工模拟实验室、电算化模拟实验室和证券投资实验室。

(二) 工商管理

学院拥有工商管理本科学士和研究生硕士(MBA)两个层次授予权。工商管理系是在原企业管理教研室基础上于 2002 年 6 月组建而成,下设工商管理本科专业,是学院最早开办专业之一,已有 20 多年的办学历史。工商管理专业通过"科学定位、错位发展、彰显特色",不断探索差异化的发展路径,形成了"扎根陕西,服务全国,西部一流"的专业定位以及"心怀西部煤炭企业之发展,聚焦国家商科之大势"的专业特色,同时也形成了坚实的行业基础并取得了一定的办学成果,成为陕西省甚至西北地区应用型工商管理专业人才的培养基地。本专业累计毕业生数1 602 人。工商管理系拥有一支思想素质高,专业能力强,教学经验丰富,职称结构和年龄结构相对合理的专业师资队伍。现有专任教师 12 名,其中教授 2 人,副教授 4 人,高级经济师 1 人,讲师 5 人;副博士生导师 1 人,硕士生导师 7 人;博士 7 人,博士在读 1 人。近年来,该系教师主持或参与国家级纵向课题和企业合作横向课题 60 余项,在中文核心及以上期刊发表论文百余篇,出版专著和教材 20 余部。

(三) 旅游管理

旅游管理专业开设于 2001 年,现有专任教师 11 人,全部具有硕士学位,其中,教授 2 人、副教授 4 人、讲师 5 人,具有博士学位 6 人。该专业根据"旅游+"、"互联网+"、全域旅游时代要求,立足于区域旅游产业人才需求,采用以强化创新-创业能力、网络应用能力、批判性思维能力为导向的定制化、定向化培养模式,为我国尤其是西部地区培养高质量的旅游人才。

(四) 工程管理

学院于 2000 年成立了工程管理本科专业筹备小组,于 2002 年正式招收工程管理本科专业学生,2006 年独立成立工程管理系。专业开设十余年来,经过不断的建设和发展,积累了培养专业人才的丰富经验和能力。工程管理系现有教师 13 人,其中教授 4 人、副教授 9 人,具有博士学位 7人,硕士生导师 11 人,形成了一支团队协作、知识结构互补、富有朝气的中青年师资队伍。建有BIM 工程项目管理沙盘模拟实验室、BIM 工程造价实验室等专业实验室,与中铁一局三公司、陕建三公司等多家建筑企业建立了稳定的实习基地。

(五) 信息管理与信息系统

信息管理与信息系统系现有专任教师 9 人,其中教授 1 人、副教授 2 人、讲师 6 人,具有博士学位 7 人,硕士学位 2 人,硕士生导师 3 人,形成了一支团队协作、知识结构互补、富有朝气的中青年师资队伍。该系下设一个本科专业——信息管理与信息系统专业,该专业开设于 2001 年 6 月,不

仅积累了丰富的培养和办学经验,而且拥有综合性信息管理实验室与实训基地。该专业按照"专业＋技能＋社会常识"的教育模式,顺应"互联网＋"的时代需求,努力培养具有突出的实践能力、沟通能力和适应能力,具备良好的职业素质和研究能力的复合型、创新型人才。

(六)电子商务

学院在工商管理、会计学、计算机科学与技术、信息与计算科学、电子信息工程、信息管理与信息系统、工程管理等专业的基础上,于2002年成立了电子商务本科专业筹备小组,并于2004年正式招生,于2009年9月独立成系,2017年被评为陕西省一流建设专业。2002～2017年,经过不断的建设和发展,该系组建了良好的师资队伍,现有教师10人,其中教授1人、副教授4人、讲师5人,具有博士学位6人,硕士生导师4人。系部配备了先进的专业实验室,建立了稳定的实习基地,积累了培养该专业人才的丰富经验和能力。

(七)物流管理

学院于2013年成立了物流管理专业,2014年成立物流管理系,并于当年开始招收物流管理本科专业学生,学制四年。该系积累了丰富的培养和办学经验,现有教师10人,其中副教授2人、讲师8人,具有博士学位4人,硕士生导师2人,也拥有了配套的实验设施和实训实习基地。物流管理系注重与国外院校进行合作交流,3人次出国考察学习物流与供应链管理。

二、教育教学改革

学院自成立以来注重教育教学改革,为了提升教学质量本科教学质量,积极鼓励和大力支持教师申报教改项目、精品课程、教材立项以及图书出版等:获批33项教改项目,其中省级教改项目4项;出版教材、专著97种;获教学成果奖19项;精品课程4项;获省级教学名师、师德标兵共4人次。

三、实习基地

实践教学是高等教育的重要教学环节之一,是指导学生理论联系实际,培养学生综合素质与创新意识的重要途径。管理学院充分利用社会力量和资源,为学生提供实践教学基地,共与45家企业建立了学生实习基地。

四、实验室建设

学院实验中心是学院各专业学生实验实训教学基地,始建于2003年,分专业实验室(临潼校区)和研究生实验室(雁塔校区)。最初仅有一个会计电算化模拟实验室,随着学校持续发展和管理学科各专业培养层次的不断提升与拓宽,尤其是2009年获批工商管理硕士(MBA)授权点、2014年获批会计学专业硕士(MPAcc)授权点和物流管理本科专业并于当年正式招生,学科门类不断丰富,教育层次不断深化。在中央支持地方及陕西省高水平大学等建设项目的有力支持下,实验室建设、实验实训项目设置、功能和结构等日趋完善,已经建设成为立足陕西、面向西部、服务能源产业的经济管理类专业人才培养、科学研究和社会服务的综合平台。

学院实验中心主要承担工程管理、工商管理、电子商务、信息管理与信息系统、会计学、旅游管理、物流管理等7个本科专业,工商管理和管理科学与工程2个一级硕士点学科,工商管理硕士(MBA)、会计硕士(MPAcc)、工业工程、项目管理等4个专业硕士学位,以及会计学、旅游管理等二级学科硕士学位、能源经济与管理博士点学科课程的校内教学实践任务,同时承担着全校"现代管理导论""拓展训练""基础会计学""运筹学"等非管理专业课程的校内实践教学任务,年参与实验实训人数2 000余人。

学院实验中心现拥有14个专业实验室(临潼校区)和4个科研实验室(雁塔校区)。2003

年,创建客房模拟实验室,同年创建商务礼仪模拟实验室并于 2011 年全面更新。2004 年,创建 ERP 沙盘模拟实验室。2004 年,创建现代商务中心实验室,2013 年全面更新升级,占地面积约 240 平方米,配置清华同方计算机 75 台,安装企业人力资源管理、企业经营模拟、金蝶财务等软件。2013 年,学院实验中心被批准为校级实验教学示范中心。2014 年,创建工程管理实验室, 占地面积 100 平方米,配备有 1 套广联达工程项目管理物理沙盘,6 台学生机和 1 台教师机,1 台多媒体投影仪,以及广联达工程项目管理分析工具、算量软件等。2014 年,创建证券投资模拟实验室。2015 年,创建 3D 物流管理模拟实验室,采用上海百蝶三维互动仓储仿真系统,通过 3D 技术真实再现仓储环境。2015 年,创建酒店管理实训室。2016 年,创建会计手工模拟实训室, 面积约 240 平方米。2016 年,创建信息系统综合实验室,面积约 120 平方米,现有联想计算机 71 台、三层思科 WS-C3750G 交换机 4 台,同时配有完整的多媒体教学设备(投影仪、挂幕、音频设备等)。2016 年 11 月,省教育厅组织开展了省级实验教学示范中心和虚拟仿真实验教学中心评选工作,经学校推荐、专家审核、网上公示,省教育厅确定西安科技大学"管理学院实验中心"为省级实验教学示范中心。2017 年,创建 VR 体验创新实验室、旅游服务中心和 BIM 实验室。

第五节　研究生教育

一、概况

管理学院 1984 年挂靠矿业工程学科培养质量管理和矿业系统工程方向的硕士研究生;1998 年取得企业管理硕士授权点;2003 年取得管理科学与工程硕士授权点;2004 年依托矿业工程、安全科学与工程一级学科博士点招收矿业经济与管理和安全经济与管理方向的博士研究生;2006 年取得技术经济及管理和产业经济学硕士授权点,同时获批煤炭职业经理人国家二级培训资质;2009 年 5 月顺利通过国务院学位办审核,获批工商管理硕士(MBA)授权点;2010 年取得项目管理工程硕士领域授权;2011 年在矿业工程一级学科博士点自主设置"矿业经济与管理"二级学科博士点; 2014 年获批会计硕士(MPAcc)授权点。在这期间,累计培养了 1 000 多名博、硕士研究生,积累了丰富的高级管理人才的培养经验。

二、博硕士点简介

(一)矿业经济与管理博士点(二级学科)

矿业经济与管理学科是研究矿业资源评价、矿山企业及项目经营管理、矿业产业转型与可持续发展等内容的应用学科,培养具有坚实的经济与管理基础理论和系统的矿业工程专门知识,了解本学科的研究现状、主要成果和发展方向;具有市场观念、效益观念、可持续发展观念和创新意识,具备应用现代科学理论与研究方法独立从事较高层次的科学研究与实践能力;具有较强的分析问题、解决问题和创新工作的能力,在科学或专门技术上作出创造性的成果;能熟练地运用计算机技术从事矿业经济与管理的高层次人才。本学科主要研究方向包括:矿业系统工程、矿山安全与应急管理、矿业经济与可持续发展、矿业质量管理。

(二)管理科学与工程硕士点(一级学科)

本学科培养德智体全面发展且具有较高管理素质、合理的知识结构、较强的分析问题和解决问题能力的高级专业人才。具体包括:① 对于管理科学的思维方式、方法技术系统掌握和透彻理解, 能够采用恰当的定量分析技术解决实际管理问题;② 熟悉本领域的研究成果,了解相关学科的知识及发展动态;③ 掌握规范的研究方法,能够独立承担一定的科研任务;④ 掌握一门外语,能熟练阅读本专业的外文资料。该专业设 6 个研究方向:管理系统工程,工业工程与质量管理,信息化与大数据管理,工程管理,管理心理与行为科学,科技与创新管理。

(三)企业管理硕士点(二级学科)

本学科培养具有比较扎实的经济学和管理学理论基础,具有科研兴趣和严谨的科研作风,掌握定量和定性分析方法及数据处理技术,了解本专业学术前沿与学术动态,善于提炼科学研究问题,具有一定的学术研究创新能力,能够开展本专业学术研究和应用研究从事管理工作的专门人才。该学科设6个研究方向:企业组织与战略管理,财务管理,人力资源管理,市场营销与品牌管理,创新管理与电子商务,生产运作管理。

(四)技术经济及管理硕士点(二级学科)

本学科培养掌握技术经济及管理学科坚实的基础理论和深入的专门知识,了解本学科的前沿发展现状和趋势;具有从事科研工作或担负专门技术工作的能力,对所研究的课题具有新见解,具有工程经济问题建模及分析的基本能力;具有良好的表达交流能力和团队精神,能比较熟练地阅读本专业的外文资料。该学科设4个研究方向:技术经济评价与项目管理,安全经济与管理,技术创新管理,可持续发展管理。

(五)产业经济学硕士点(二级学科)

本学科培养具备全面、扎实的经济学基础理论与专业知识,规范的学术训练,掌握本专业领域的基础成果,具备学术研究的基本能力;能够针对现实经济问题进行调查研究、设计方案、构建模型、实证检验,并具有继续学习、创新、提高的基础和能力;较为熟练地掌握一门外语,能熟练地阅读本专业文献资料,具有基本的国际交流能力;思维严谨,具有发现问题、提出问题和解决问题的基本能力,能从事中高层次实务工作。该学科设4个研究方向:能源金融,产业经济与宏观政策,产业安全与环境经济,能源产业组织与政策。

(六)会计学硕士点(二级学科)

本学科培养具有扎实的经济学和管理学理论基础,具有科研兴趣和严谨的科研作风,掌握定量和定性分析方法及数据处理技术,了解本专业学术前沿与学术动态,善于提炼科学研究问题,具备一定的学术研究创新能力,能够开展本专业学术研究和应用研究的会计专门人才。该学科设3个研究方向:会计理论与方法,资本运营与公司理财,审计理论与方法。

(七)旅游管理硕士点(二级学科)

本学科培养具有扎实的管理学、经济学和系统的旅游管理理论基础,了解国内外旅游管理领域的理论发展动态和现代技术分析方法;掌握旅游企业经营管理理论与方法,具有较强的事业心、职业道德与责任感,具备一定的学术研究创新能力,能够开展本专业学术研究和应用研究;熟练掌握一门外国语言,能熟练地运用计算机技术从事旅游管理、研究和教学;具有健康的身体和良好的心理素质,符合国家旅游业发展对人才综合素质和能力的要求。该学科设4个研究方向:旅游开发与规划,旅游市场营销,旅游经济,旅游服务管理。

(八)工业工程硕士点(工程硕士)

本学科培养掌握工业工程领域坚实的基础理论和宽广的专业知识,掌握解决本领域某一方向的工程实际问题的先进技术方法和现代技术手段,了解本领域技术的现状和发展趋势,具有对复杂生产系统、服务系统进行分析、规划、设计、管理和运作的能力,具有创新意识和独立担负工程技术和工程管理工作的能力,具有应用所学知识发现并分析、解决工程实际问题的能力。该学科设6个研究方向:物流与供应链管理,质量工程,人因工程,生产或服务系统的建模与仿真,工程项目技术经济评价,管理信息系统与电子商务。

(九)项目管理硕士点(工程硕士)

本学科培养掌握项目领域坚实的基础理论和丰富的专业知识及管理知识,了解国内外项目管理领域工程技术的现状和发展趋势,掌握解决项目管理有关问题的先进技术方法和手段,具有独立担负工程技术或工程管理的能力,具有较强的创新意识和一定的创新创业能力,能比较熟练地阅读本专业的外文资料。该学科设 2 个研究方向:企业项目管理,工程项目管理。

（十）工商管理硕士（MBA）（专业学位）

本学科培养热爱祖国,拥护中国共产党的领导,遵纪守法,具有强烈的社会责任感、高尚的道德品质与文化修养,掌握经济管理理论与方法和系统的工商管理专业知识,具有全球化战略意识和分析决策能力,有较强工作能力,善于运用管理理论和方法发现问题、分析问题和解决问题,熟练掌握一门外语,能够阅读本专业外文资料。该学科设 11 个研究方向:工程项目管理,组织行为与人力资源管理,质量管理与工程,信息管理与电子商务,资本运营与公司理财,生产运作管理,旅游企业管理,能源经济与管理,安全经济与管理,组织战略与风险管理,市场营销。

（十一）会计专业硕士（MPAcc）（专业学位）

本学科依托管理学院卓越的工商管理专业学位教育实践和先进的财务会计教育理念,致力于培养系统掌握现代会计学、审计学、财务管理以及相关领域知识,同时具备较强投资和融资策划、企业重组等资本运作能力,具有全球视野又深谙中国国情,具有持续竞争力的财务会计与公司金融领域的实战型、复合型、管理型的高级人才。该学科设 5 个研究方向:财务会计理论与实务,成本管理会计理论与实务,财务管理理论与实务,审计理论与实务,资本市场与公司治理。

学院博士、硕士点批准时间见表 5-12-5,研究生专业设置和变化情况见表 5-12-6,导师情况见表 5-12-7。

表 5-12-5　　　　　　　　　　一级学科博士点、一级学科硕士点批准时间

学科名称	所在院系	一级学科硕士点（＊个）批次/批准时间	备　注
管理科学与工程	管理学院	2003	学术型
工商管理	管理学院	2011	学术型专业性
工商管理硕士	管理学院	2009	专业型
会计硕士	管理学院	2013	专业型

表 5-12-6　　　　　　　　　　1998～2016 年学院研究生专业设置和变化情况一览表

专业＼年份	1998	2003	2004	2006	2010	2011	2014
二级学科硕士点		企业管理					
		管理科学与工程（一级）					
				产业经济学　项目管理			
					工商管理（MBA）		
			工商管理（一级）　会计学　旅游管理　技术经济及管理　工业工程				
						会计专业硕士（MPAcc）	
二级学科博士点		矿业经济与管理					

表 5-12-7　　　　　　　　　1999～2017 年学院研究生导师一览表

项目\年份	博士生导师		硕士生导师					
	专业名称	专业名称	专业名称	专业名称	专业名称	专业名称	专业名称	专业名称
	矿业工程	安全技术与工程	管理科学与工程	会计学	企业管理	旅游管理	技术经济及管理	产业经济学
1999					张金锁 李红霞 李永清 钱敏 李树茂			
2000			李永清 苏建军					
2001	—	—	—	—	—	—	冯套柱	—
2002					刘福民			
2003	张金锁	—	张金锁 李红霞	杨利红	王新红	—	—	张金锁 李红霞 李朋林
2004					陈华			
2005	—	—	—	王岚	—	于立新	—	—
2006			李文琴		李铁治	—	尚梅	
2007	—	—	王萍		张全瑜	—		
2008			—	高雅翠	王新平			
2009	李红霞	李红霞	—	袁显平	—			
2010	—	—			陈铁华			
2011			邹绍辉	—	文炳洲 王喜莲	宋咏梅	李玲 史玉芳	吕靖烨
2012	—	—	朱春燕 郭莉	—	李琰	董红梅	风亚红	—
2013			孙林辉	—	—	—	张红利	
2014			袁晓芳	张伟 王思薇	张根林	—	白芙蓉	窦红宾
2015	—	—	—	—	—	王会战	—	—
2016	王萍(副)	—	—					
2017	王新红(副)	—	闫晓霞		史恭龙	苏建军	—	索瑞霞

第六节　科学研究

一、概况

学院积极开展科学研究工作，研究方向涉及能源经济与管理、安全经济与管理、技术经济分析、

公司理财、战略管理、人力资源管理等,承担了纵向项目 260 余项、横向项目 270 余项,其中国家级项目 17 项,具体情况见表 5-12-8 和表 5-12-9。累计发表核心以上论文 1 000 多篇,其中 EI、SCI 等收录 200 多篇,ISTP 检索 90 多篇;授权实用新型专利 100 多项;参加学术交流 500 多人次。

表 5-12-8　　　　　　　　　2002～2017 年学院纵向、横向项目分布情况一览表

年份	纵向课题/项							横向课题合计/项
	国家级	省部级	西安市	厅局级	校级	其他	合计	
2002	—	1	—	3	—	—	4	10
2003	—	2	1	2	—	—	5	8
2004	1	2	1	3	—	—	7	5
2005	—	1	—	3	—	—	4	11
2006	1	4	1	2	4	—	12	10
2007	1	3	1	2	3	—	10	13
2008	1	2	1	2	4	—	10	13
2009	1	2	—	3	10	—	16	23
2010	1	7	1	9	8	—	26	28
2011	—	5	—	12	—	—	17	39
2012	3	2	—	10	5	—	20	23
2013	2	9	4	7	6	—	28	26
2014	1	6	1	6	17	—	31	16
2015	—	10	2	7	6	—	25	6
2016	3	7	4	10	3	—	27	20
2017	2	5	2	4	10	—	23	21
总计	17	68	19	85	76	—	265	272

表 5-12-9　　　　　　　　　2002～2017 年学院科研合同与到款经费情况统计

年份	合同经费/万元			到款经费/万元		
	纵向	横向	合计	纵向	横向	合计
2002	3.40	47.00	50.40	3.40	47.00	50.40
2003	9.50	55.00	64.50	9.50	55.00	64.50
2004	27.20	11.00	38.20	27.20	11.00	38.20
2005	3.90	38.90	42.80	3.90	38.90	42.80
2006	29.20	143.30	172.50	29.20	143.30	172.50
2007	11.50	96.10	107.60	11.50	96.10	107.60
2008	47.50	258.30	305.80	47.50	258.30	305.80
2009	29.50	263.20	292.70	29.50	263.20	292.70
2010	59.80	550.25	610.05	59.80	550.25	610.05
2011	54.40	328.80	383.20	54.40	328.80	383.20
2012	109.80	274.90	384.70	109.80	274.90	384.70
2013	71.89	394.90	466.79	71.89	394.90	466.79

年份	合同经费/万元			到款经费/万元		
	纵向	横向	合计	纵向	横向	合计
2014	73.00	210.50	283.50	62.00	189.50	251.50
2015	59.85	104.90	164.75	59.85	203.20	263.05
2016	145.00	278.50	423.50	124.28	206.70	330.98
2017	70.75	227.56	298.31	61.72	292.50	354.22
总计	806.19	3 283.11	4 089.30	765.44	3 353.55	4 118.79

二、研究中心

西安科技大学"能源经济与管理研究中心"是在原矿业系统工程研究室基础上于 2000 年 9 月成立的,2008 年 5 月成为陕西(高校)哲学社会科学重点研究基地,经过三年多的建设于 2011 年 10 月 21 日成功通过验收,正式挂牌。中心已形成能源资源可持续开发利用战略、能源企业安全管理、能源产业经济、能源企业质量管理等 4 个稳定的研究方向,在煤炭资源开发利用战略、矿产资源资产估价理论与方法、煤炭企业安全管理和质量管理以及煤炭产业经济等方面的研究具有一定的优势和特色,是西部地区唯一集科研、人才培养、咨询服务于一体的能源经济与管理研究机构。

中心现有专、兼职研究人员 26 人,并聘请了国家发改委能源局、国务院发展研究中心、加拿大阿尔伯塔大学、中国科学院科技政策与管理科学研究所等单位的 5 位专家学者为中心客座教授。中心拥有图书资料 1.1 万册,光盘读物 500 盘,学术期刊 136 种;拥有相对独立集中的科研办公室、图书资料、学术报告用房 610 平方米,科研办公和实验室共配备计算机 67 台,设有专用网页,配有专业工作人员定期维护和更新网页内容;与学校图书馆合作建立了可以查阅图书馆的电子书籍、多媒体光盘,以及 EI、Springer、Eslevier、中国全文期刊(CNKI)、万方数字资源系统、中国优秀博硕士论文、中国学术会议论文、煤炭图书馆信息网等 18 个网络数据库。

中心自 2011 年 10 月通过验收以来,围绕 4 个研究方向取得了多项研究成果:发表学术论文 100 多篇,其中核心期刊论文 80 多篇,重要期刊 20 多篇,被 SCI、EI、ISTP、人大报刊复印资料等检索机构收录论文 20 余篇;获得纵向科研项目 40 余项,其中国家自然科学基金项目 5 项、国家社科基金重大项目 2 项,横向科研项目 40 多项,科研经费 1 000 余万元;获得各类教学、科研奖励 13 项,其中陕西省科学技术二等奖 1 项、三等奖 1 项,煤炭工业协会科学技术二等奖 1 项;出版专著 10 部,译著 1 部,教材 40 部。

第七节 学生工作

管理学院学生工作紧密围绕校党委中心工作,结合学院实际,以立德树人为根本任务,稳定安全为基础,学风建设为主线,队伍建设为依托,加强思想引领,营造笃学氛围,不断搭建实践平台,创新活动载体,强化问题导向,教育引导学生成长成才,以营造学科文化氛围促学业、搭建创新创业平台促就业为突破,着力做好各项学生工作。

学院学生积极参加各类学科竞赛及科技文化活动,获得省级以上奖励 450 余项:获得全国"挑战杯"创业计划大赛银奖,"用友杯"全国大学生沙盘模拟经营大赛国家级一等奖,"金蝶杯"全国大学生创业大赛全国二等奖,全国大学生英语竞赛一等奖,"广联达杯"全国高等院校工程算量大赛总决赛全国二等奖等国家级奖励 190 余项;获得"金蝶杯"全国大学生创业陕西省选拔大赛一等奖,"挑战杯"大学生创业计划竞赛陕西省金奖,全国大学生电子商务"创新、创意及创业"挑战赛陕西赛区二等奖,"创青春"陕西省大学生创业大赛金奖等各类省级奖励260余项。学院学生积极参加体育比赛,获全国大学生空手道锦标赛、全国及陕西省大学生啦啦操大赛等比赛奖项120余项。学院重视利用暑期组织大学生进行社会实践活动,两次受到陕西省委宣传部、陕西省教育厅、共青团陕西省委等单位表彰,获得"陕西省社会实践先进集体"荣誉称号。

学院历年学生工作主要负责人情况见表5-12-10。

表 5-12-10　　　　　　　　　　　2002～2017 年学院学生工作主要负责人一览表

时　间	负责人	学生工作干部名单
2002.07～2005.07	陈　华	李　琰　高朕栋　戴　悦　冯国栋　孙再罗
2005.07～2006.07	赵雪萍	冯国栋　孙再罗　李　琰　林　锋　汤　超　王　鸽　马若伦　贾　斌　李墨音
2006.07～2007.07	赵雪萍	冯国栋　林　锋　汤　超　王　鸽　马若伦　贾　斌　李墨音　尹　弘
2007.07～2008.07	赵雪萍	冯国栋　林　锋　汤　超　王　鸽　马若伦　贾　斌　李墨音　尹　弘　王丽娟
2008.07～2009.01	赵雪萍	冯国栋　林　锋　汤　超　王　鸽　马若伦　贾　斌　李墨音　尹　弘　王丽娟
2009.01～2009.07	汪　仁	贾　斌　林　锋　汤　超　王　鸽　马若伦　贾　斌　李墨音　尹　弘　王丽娟
2009.07～2010.07	汪　仁	林　锋　王　鸽　马若伦　贾　斌　李墨音　尹　弘　王丽娟
2010.07～2011.07	汪　仁	林　锋　王　鸽　马若伦　贾　斌　李墨音　尹　弘　王丽娟　胡小平
2011.07～2011.09	汪　仁	贾　斌　李墨音　尹　弘　王　鸽　胡小平　马若伦　上官万成
2011.10～2012.04	王学礼 (代管)	贾　斌　李墨音　尹　弘　王　鸽　胡小平　上官万成
2012.05～2012.06	田　园	贾　斌　李墨音　尹　弘　王　鸽　胡小平　上官万成
2012.07～2013.06	田　园	贾　斌　李墨音　尹　弘　王　鸽　胡小平　上官万成　党光磊
2013.07～2014.05	田　园	贾　斌　李墨音　尹　弘　王　鸽　胡小平　上官万成　党光磊　王　楠
2014.06～2015.06	田　园	贾　斌　李墨音　胡小平　上官万成　党光磊　王　楠
2015.07～2016.05	田　园	贾　斌　李墨音　胡小平　上官万成　王　抢　田　方
2016.06～2016.09	贾　斌	李墨音　胡小平　上官万成　王　抢　吴　迪　田　方　王　楠　党光磊
2016.10～2016.12	贾　斌	李墨音　上官万成　王　抢　吴　迪　田　方　王　楠　王延平　党光磊
2016.01～2017.06	贾　斌	李墨音　上官万成　王　抢　吴　迪　田　方　王　楠　王延平
2017.07～	贾　斌	李墨音　上官万成　王　抢　吴　迪　田　方　李骊欣　王延平

第十三章　艺术学院

第一节　学院沿革及概况

　　艺术学院的前身是 2004 年 5 月成立的艺术系,由机械工程学院的工业设计专业本科生和建筑与土木工程学院的艺术设计专业本科生及各专业相关教师组建成立。艺术系成立之初,下设党政办公室、实验室以及环境艺术、视觉传达、工业设计和美术基础 4 个教研室,设有工业设计和艺术设计两个本科专业,见表 5-13-1,有教职工 31 人,其中专任教师 26 人,行政人员(含辅导员、实验室人员)5 人,各专业学生近 500 人。2008 年 6 月,艺术系更名为艺术学院。

表 5-13-1　　　　　　　　　2004 年艺术系成立之初教职工基本情况

系属单位	人　员	
	教研室主任	成　员
环境艺术教研室	满　浩	张　为　陈和虎　钱　磊　陈越平　肖　岚
视觉传达教研室	马春萍	党　明　郭巧媛　孙大路　董　健　杨　志
工业设计教研室	刘永琪	曹新炜　池宁骏　耶虹菲　赵立杉　贺　莹
美术基础教研室	杨惠珺	田　晓　王卓文　卢小飞　王亚婷　姬　莹　窦仲军　田荣军
实验室	薛光照	
行政人员	党总支书记兼主任	朱旭风
	党总支副书记	陈吉兰
	副主任	王卓文
	团总支书记	杨　华(兼)
	辅导员	杨　华　李　雯

　　注:当年聘任,办公室主任白云;临潼办公室人员陈倩;新进教师:贾婧玮、张韵、康蕾。

　　1995 年,学校建筑工程系设立建筑装饰设计与施工(专科)专业,在此基础上,2000 年设立艺术设计(本科)专业,并于当年开始招生。1999 年,机械系设立工业设计(本科)专业,当年以工科类进行招生,2000 年开始以艺术类招收学生。2005 年在艺术设计专业中增设了"公共艺术设计"方向,2006 年调整为"景观艺术设计"方向,同时在艺术设计专业中增设"动漫设计"方向。2006 年底,获批设立动画专业,于 2007 年正式招生。2011 年,学院在艺术设计专业中增设"展示设计"方向。2012 年底,依据国家新的专业目录,学院将艺术设计专业调整为环境设计专业和视觉传达设计专业,工业设计(艺术类)专业调整为产品设计专业,并于 2013 年进行招生。现有环境设计、视觉传达设计、产品设计、动画4 个本科专业。2016 年,学院在机械工程一级学科下自主设置"工业设计"二级学科硕士点,并于当年顺利招生,开始了研究生教育。2017 年,学院获批"设计学"一级学科硕士点。

　　学院现有产品设计系、动画系、环境设计系(下设室内和景观 2 个教研室)和视觉传达设计系(下设平面和展示两个教研室)共 4 个系,1 个实验中心、1 个党政办公室以及工会、团委 2 个群团组织。建有逆向工程实验室、动画专业录音室、"三雄"极光照明实验室、木工制作工作室、定格动画工作室、原画制作室以及平面输出、丝网印刷、建筑装饰材料等多个实验室(工作室);具有专业画室、设计室、多媒体教室、图档室、专业机房等齐全的教学设施。

第二节　组织机构

学院组织机构如图 5-13-1 所示,党委成员情况见表 5-13-2,行政领导成员情况见表 5-13-3。

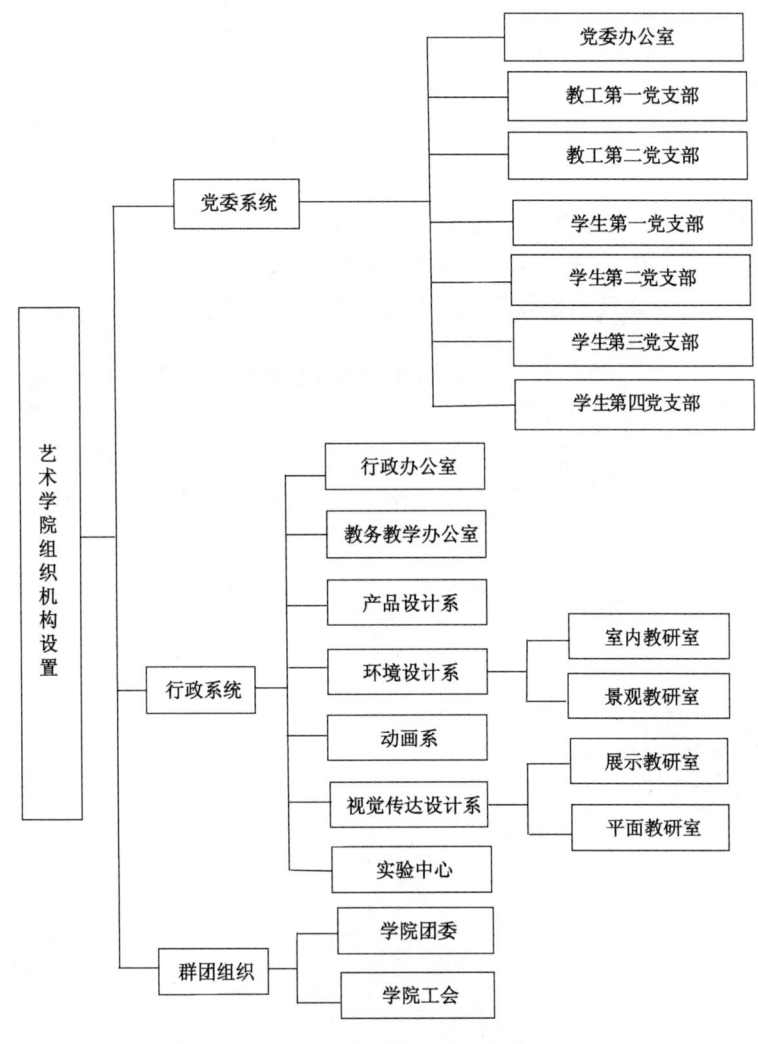

图 5-13-1　艺术学院组织机构设置

表 5-13-2　　　　　　　　　　2004～2017 年学院党委成员组成情况一览表

时　间	党委书记	党委副书记	党委委员
2004.05～2005.12	朱旭风	陈吉兰	朱旭风　陈吉兰　王卓文　杨　华
2005.12～2007.04	朱旭风	陈吉兰	朱旭风　陈吉兰　王卓文　杨惠珺　杨　华
2007.04～2009.11	朱旭风	陈吉兰	朱旭风　陈吉兰　王卓文　杨惠珺　张金来
2009.11～2012.06	朱旭风	杨　华	朱旭风　杨　华　王卓文　杨惠珺　张金来
2012.06～2015.11	朱旭风	杨　华	朱旭风　杨　华　王卓文　杨惠珺
2015.11～2017.03	杨　华	吕勤勇	杨　华　朱旭风　吕勤勇　杨惠珺　卢小飞
2017.03～	杨　华	吕勤勇	杨　华　杨惠珺　吕勤勇　卢小飞

表 5-13-3　　　　　　　**2004～2017 年学院行政领导成员组成情况一览表**

时　间	院　长	副院长
2004.05～2005.06	朱旭风	王卓文
2005.06～2014.04	朱旭风	王卓文　杨惠珺
2014.04～2017.03	朱旭风	杨惠珺　卢小飞
2017.03～		杨惠珺(主持行政工作)　卢小飞

第三节　师资队伍

　　学院现有教职工 62 人,其中专任教师 49 人,行政及实验管理人员 13 人。专任教师中有教授 1 人、副教授 11 人、讲师 37 人,具有博士学历的教师 5 人,硕士及以上学历教师占专任教师的 81%。2004～2018 年学院高级职称教职工情况见表 5-13-4,各岗位现有职工职称情况见表 5-13-5。

表 5-13-4　　　　　　**2004～2018 年学院高级职称教职工情况一览表**　　　　单位:人

年份	专任教师		非教师职工	总人数	客座教授	学术带头人
	教授	副教授	高级工程师			
2004			1	1		1
2005			1	1		1
2006			1	1		1
2007		1	1	2		1
2008		2	1	3		1
2009		2	1	3		1
2010		3	1	4		1
2011		4	1	5		1
2012		6	1	7		1
2013	1	6	1	8		1
2014	1	6	2	9		1
2015	1	7	2	10	3	1
2016	1	10	2	13	3	1
2017	1	11	4	16	3	1
2018	1	11	4	16	3	1

表 5-13-5　　　　　　　**2018 年学院在岗教职工职称结构一览表**　　　　单位:人

单　位	教　师					职　工					合计
	教授	副教授	讲师	助教	小计	高级工程师	工程师	助理工程师	工人	小计	
产品设计系		6	5		11						
环境设计系	1	1	14		16						
视觉传达设计系		3	10		13						
动画系		1	8		9						
艺术学院实验中心			1		1	1		1	1	4	
行政管理			3	1	4	3	1			4	
总　计	1	11	41	1	54	4	2	1	1	8	62

第四节　本(专)科教育

一、专业概况及简介

学院现有 4 个本科专业,即产品设计、环境设计、视觉传达设计和动画专业,其中环境设计专业包含室内设计和景观设计 2 个方向,视觉传达设计专业包含平面设计和展示设计 2 个方向。

(一)产品设计专业

该专业源于 1999 年机械系设立的工业设计专业,第一届招生为工科类,2000 年以后均按艺术类招生。现每年招生人数为 60 人,在校生 240 余人。2004 年 5 月从机械学院分离,并入新成立的艺术系,成立工业设计教研室(2013 年更名为产品设计系),现有专职教师 11 人,其中副教授 6 人、讲师 5 人。

产品设计系是一支以中青年教师为主,知识、年龄、学位、职称等方面结构较为合理的学术队伍。教师主要围绕产品创新设计、文化创意、创新方法、设计工程、产品地域设计和可视化等方向开展设计和研究,取得了一系列成果。特别是在设计教育与培训上更具独特的优势,培养的学生先后获得德国红点概念设计奖、国际 iF 概念设计奖、上海张江杯全国工业设计大赛金奖、陕西省知识产权比赛一等奖等。团队与青岛海尔、中兴通讯、深圳创维、步步高、微鲸电视等国内知名企业具有长期的设计项目合作。多元的产品设计经验和知识面,已成为西安科技大学产品设计系设计创新的优势。

(二)动画专业

该专业获批于 2006 年,2007 年开始招生,年均招生约 60 人,在校学生 200 余人。现有专职教师 9 人,其中副教授 1 人、讲师 8 人。教师擅长于动画制作、插画、影视拍摄及后期、摄影、音乐制作、游戏美术、品牌形象设计等不同领域。

动画专业主要培养图形动画、游戏原画、插画、漫画、影视后期等与影视、游戏、传媒相关的数字艺术人才。学生作品多次获得各类省级、国家级专业大赛奖项,如北京电影学院动画学院奖二等奖、陕西省大学生摄影大赛一等奖、陕西省原创动画大赛二等奖等。已培养动漫人才 400 余名,现多就职于京、深、广、沪、杭等动漫产业较发达地区,从事动画制作、影视后期、游戏制作、漫画制作等工作,受到用人单位好评。教师带领学生长期为多家知名企业如万科地产等制作动画广告,也为陕西省安全生产管理局、城墙管委会等政府部门制作公益宣传片,获得了市场与行业的肯定。

(三)环境设计专业

环境设计专业最早可以追溯到学校建工学院在 1995 年创办的室内装潢(专科)专业,2000 年开始招收第一届本科生,在艺术设计专业下设立环境设计方向。2004 年艺术系成立后,该专业调整至艺术系。2006 年,根据市场对环境设计专业人才的需求,下设室内设计和公共艺术设计 2 个方向,2007 年公共艺术设计改名为景观设计。2012 年,随着国家专业设置的调整,设立了环境设计专业,学院在该专业下设置室内设计和景观设计 2 个培养方向,其中室内设计方向以建筑内部环境设计为主,包含部分庭院设计,建筑外部景观环境设计为辅安排教学,而景观设计方向则以建筑外部景观环境设计教学为主、室内空间设计教学为辅的培养模式。专职任课教师有 16 人,其中教授 1 人、副教授 1 人、讲师 14 人,具有博士学位教师 2 人。

该专业累计培养本(专)科毕业生 1 000 余人。学生积极参加国内外各类专业竞赛,累计获奖 50 余项,其中不乏 ILIA、中国环境设计学年奖等国际顶级大赛奖项。

(四)视觉传达设计专业

该专业创办于 2000 年,分为平面和展示两个专业方向。共有专任教师 13 人,其中副教授

3人、讲师10人,在校生约240人。视觉传达设计专业一直秉承艺术化、数字化、多元化、科学化的发展理念,形成了较强的团队协作和专业创新发展能力。主要从事广告、包装、文化创意产品设计、数字媒体设计、平面设计、展示设计等。已经培养了一批视觉传达领域高级创新应用型人才,取得了一系列可喜成果。曾获得国家级大赛及创新创业项目奖项两项,省级大赛银奖、铜奖、优秀奖多项,在行业领域内取得了一定的影响力。

二、专业沿革

2004年5月艺术系成立时,仅有工业设计和艺术设计两个本科专业,2006年时设置过一届艺术设计专科(3年制)。随着学院发展,现设有产品设计、动画、环境设计(室内设计、景观设计)及视觉传达设计(平面设计、展示设计)共计4个专业(6个方向)(详见沿革统计表5-13-6,从2016年开始学院实行大类招生,统称为设计类专业,入校学习1年后再进行专业分流)。

表5-13-6 艺术学院历年专业设置一览表

年 份	专业设置		
2004～2005		工业设计	
	艺术设计	环境艺术设计	
		视觉传达设计	
2006		工业设计	
	艺术设计	环境艺术设计	
		视觉传达设计	
		动漫艺术设计	
		公共艺术设计	
	艺术设计(专科)		
2007～2012		工业设计	
		动画	
	艺术设计	室内设计	
		景观设计	
		视觉传达设计	
2013～2015		产品设计	
		动画	
	视觉传达设计	平面设计	
		展示设计	
	环境设计	景观设计	
		室内设计	
2016～		产品设计	
		动画	
	环境设计	景观设计	
		室内设计	
	视觉传达设计	平面设计	
		展示设计	

三、学院主要专业实验场所

学院建设有建筑装饰材料室、雕塑工作室、照明实验室、摄影实验室、图像输出室、平面输出机房、丝网印刷室及手工艺制作室、陶艺工作室、模型制作室、3D 打印/逆向工程工作室、原画制作室、定格动画工作室、动画机房(专用)、动画专业录音室、木工制作工作室、激光雕刻实验室和综合机房等 17 个实验室,面积共计 1 302.46 平方米,另有 23 个校外实习基地,满足学院各专业的教学需求。

四、教育教学改革

2004~2017 年,学院教师共承担教改项目 19 项,获批精品课程 8 项,MOOC 课程资源建设 1 项,教材立项 14 项,编写出版教材 29 部,共获得各类本科教学成果奖 32 项。

第五节　研究生教育

一、工业设计学科

（一）学科简介

工业设计硕士点于 2015 年依托机械工程一级学科自主设置,2016 年开始招收硕士研究生。学科设置充分结合西安科技大学的地矿行业特色,突出了煤矿机电产品设计、开发与服务,主要研究方向包括:产品创新设计与开发,计算机辅助工业设计,工业设计理论与应用研究。现学科已经拥有一支朝气蓬勃、积极进取的教学科研团队,团队先后承担国家社科基金、教育部人文社会科学研究项目、陕西省社科项目、陕西省教育厅等项目数十项;获国家级设计奖项(包括德国红点设计大奖)多项;授权实用新型专利数十项;在中文核心期刊和国际重要刊物上发表学术论文数十篇。

（二）硕士生导师

学院近年硕士生导师名单见表 5-13-7。

表 5-13-7　　　　　　　　　2015~2016 年学院研究生导师一览表

姓　名	专　业	遴选时间
池宁骏	工业设计	2015 年
卢小飞	工业设计	2015 年
孙英丽	工业设计	2015 年
吴　勘	工业设计	2016 年

（三）实验室及平台建设

实验室建设方面,结合工业设计学科特性和研究方向,将艺术学院、机械学院和工程训练中心的现有实验室进行系统配置和整合,实现合理、高效服务工业设计学科的教学、实践和科研。在校企平台建设方面,于 2016 年与江苏大丰东方一号创意产业园建立研究生工作站,初步实现研究生教学与企业实践的互动。

二、设计学学科

（一）学科简介

学院于 2017 年获批设计学一级学科硕士学位授予权,该学科立足陕西,面向西部,发挥学校地矿特色,突出矿山煤机产品设计、矿区环境规划与设计、西部地域文化保护以及民居生态环境设计

的特色,探索西部区域性美术、文化与设计的互动交流,研究复杂环境与居所下的人性化设计和系统设计;坚持设计学学科在"艺术"与"科学"两方面的协调发展,结合机械工程、土木工程学科的科研优势和学术积淀探索协同教学方法,在多学科的交叉、渗透与融合的基础上建立多元化的人才培养机制,满足西部经济建设对综合性设计人才的需求。

(二)学科研究方向与特色

1. 设计历史与理论

本研究方向主要涵盖传统美学思想对现代设计文化的影响、西部地域文化保护、中外美术与设计交流、设计艺术学研究方法论 4 个领域。通过美学、历史、文学与设计学的交叉融合,丰富西部区域性美术与设计文化的发展,探索宗教纹饰、秦汉唐美学研究设计美学与文化心理的关系。其优势在于多项纵向课题,特别是两项国家社科基金与国家"一带一路"倡议息息相关,对文化设计、传承设计的成果转化应用具有广泛的意义。

2. 工业设计

本研究方向主要是对计算机辅助工业设计、敏捷设计与先进制造、工业设计创新方法等设计科学的研究。通过机械工程、设计学与工业设计的交叉融合,突出矿山煤机大型生产设备、服务设施和安全设备等产品的应用型设计,研究复杂环境下的产品人性化设计和系统设计。优势在于依托机械工程一级学科,自主设置的工业设计二级学科已经形成完整的研究生教学体系和协同教育模式,对机械工程学科的科技成果转化和市场推广起到促进作用。

3. 环境设计

本研究方向主要是对矿区环境规划、生态环境设计、居民点体系规划、公共设施环境规划等设计科学的研究。通过建筑学、城市规划与环境设计的交叉融合,探索西部的地形地貌、风土民情与工业环境的和谐性发展,研究农村社区、工业厂区、矿区塌陷等旧环境的改造,基于藏族、羌族文化的研究成果对少数民族地区做环境设计。优势在于学校主干学科和煤炭行业长期的科研合作为环境设计方向从事矿区环境的规划研究提供有力支撑。

第六节　科学研究

一、科研概况

学院重视科学研究和成果积累,深化科研工作的管理,学院鼓励教师申报纵向课题、重视成果的转化和专利的申请,2005～2017 年学院累计获批国家级项目 3 项、省部级项目 13 项、厅局级项目 20 余项等,横向课题 88 项,各类课题累计到款 502.98 万元。学院教师出版各类教材、专著共计 27 部。获得各类科研奖励 4 项,获批专利 362 项。

二、学院科研情况

学院近年的科研情况,具体可见表 5-13-8 和表 5-13-9。

表 5-13-8　　　　　2005～2017 年学院纵向、横向项目分布情况一览表

年份	纵向课题/项							横向课题/项
	国家级	省部级	西安市	厅局级	校级	其他	小计	
2005							0	1
2006					3		3	8
2007					2		2	2

续表 5-13-8

| 年份 | 纵向课题/项 | | | | | | | 横向课题 小计/项 |
	国家级	省部级	西安市	厅局级	校级	其他	小计	
2008					2		2	7
2009		2			7		9	7
2010		1		2	3		6	13
2011		2			2		4	13
2012		1		1	4		6	19
2013		1		2	1		4	7
2014		2		2	2		6	5
2015	1	2	2	1			6	0
2016	1	1	3	2	3		10	3
2017	1	1		5	5		12	3
总计	3	13	5	15	34		70	88

表 5-13-9　　　　　2005～2017 年学院科研合同与到款经费情况统计

| 年度 | 合同经费/万元 | | | 到款经费/万元 | | |
	纵向	横向	合计	纵向	横向	合计
2005	0	0.7	0.7	0	0.7	0.7
2006	0.9	5.0	5.9	0.9	6.9	7.8
2007	0.6	3.5	4.1	0.6	8.5	9.1
2008	0.6	10.5	11.1	0.6	14.0	14.6
2009	3.3	17.5	20.8	3.3	26.1	29.4
2010	4.2	36.9	41.1	4.2	18.3	22.5
2011	1.3	29.4	30.7	1.3	32.1	33.4
2012	11.2	42.5	53.7	11.2	41.0	52.2
2013	1.5	115.5	117.0	1.5	49.8	51.3
2014	11.9	57.6	69.5	11.9	113.5	125.4
2015	29.7	0	29.7	29.7	16.1	45.8
2016	24.0	7.0	24.7	24.0	3.8	27.8
2017	39.9	83.0	122.9	39.9	43.08	82.98
总计	129.1	409.1	538.2	129.1	373.88	502.98

三、院属科研机构

学院的科研建设已步入良性、持续、稳健的发展期,科研给学科内涵建设提供保障,为专业建设拓宽平台,为学院产生良好的办学效益和社会影响。为了进一步提升学院科研实力和社会影响力,学院特成立科研机构如下:

(1)设计中心:利用"学、研"优势,提高学院参与度,根据市场需要和社会发展趋势,更好地服务于区域经济建设,加强教师社会参与度,为学院横向课题提供有力保障。

(2)设计与美术理论研究中心:提升学院科研实力,加强学科内涵建设,提高整体学术研究水

平,组织并参与国家各类纵向课题的申报,负责对外联系业界专家,深化学术交流和合作。

（3）艺术实践与创作中心:扩大学院社会影响度,提高教师艺术实践水平,以艺术采风等活动为载体,搭建师生优秀作品的社会展览平台,丰富校园文化建设和区域文化创作。

第七节　学生工作

一、概况

艺术学院现有在校学生 950 人,其中本科生 944 人、研究生 6 人,32 个自然班。学生中有少数民族 30 人,中共党员 91 人。学院坚持学风建设为基础,实施"五位一体"的学风建设管理机制,努力将其与党员发展、学生干部选拔、日常教育、校园文化建设、学科竞赛等相结合,全面夯实学风建设的基础。

学院注重特色发展,依托学生党校、团校、学生党支部、社会实践服务队及各类学生社团等载体,开展形式多样的教育活动,创建了一系列特色品牌项目,引导学生全面发展,提高综合素质。例如:"画＋艺术大学生思想政治教育"品牌项目,开拓出思想政治教育与学院特色结合的新思路;"创新、创意、创业中心"品牌项目,打造大学生自己的众创空间,多次受到省市领导关心支持,带动和辐射了全院学生提高创新创业能力;"舞动青春、彰显魅力"品牌项目,形成了以啦啦操、街舞和响扇舞3 个艺术体操为龙头的品牌文体活动,近 6 年获得 14 个冠军称号。

二、学院历年招生情况

学院历年招生情况具体见表 5-13-10～表 5-13-12。

表 5-13-10　　　　　　　　　　2004～2012 年学院招生情况表　　　　　　　　　　单位:人

年份	招生总数	艺术设计	动画	工业设计	环境设计(专科)
2004	238	172		66	
2005	239	172		67	
2006	332	177		103	52
2007	346	181	70	95	
2008	289	164	57	68	
2009	236	139	44	53	
2010	272	178	40	54	
2011	259	149	41	69	
2012	332	198	55	79	

表 5-13-11　　　　　　　　　　2013～2015 年学院招生情况表　　　　　　　　　　单位:人

年份	招生总数	动画	产品设计	环境设计	视觉传达
2013	278	58	63	102	55
2014	236	62	59	60	55
2015	240	60	58	60	62

表 5-13-12　　　　　　　　　　　　2016～2017 年学院招生情况表　　　　　　　　　　　单位:人

年份	招生总数	设计学类
2016	240	240
2017	240	240

注:从 2016 年开始,艺术学院采取设计类大类招生方式。

三、历年就业情况

艺术学院学生就业工作坚持科学化、规范化、制度化、精细化原则,紧紧围绕国家发展重大战略和陕西省经济社会发展重大需求,以提高人才培养质量为核心,以拓宽就业创业渠道为重点,以完善就业创业政策为支撑,以提高就业创业指导服务为保障,坚持改革创新,坚持问题导向,协调推进就业工作保持良好态势。近年来,毕业生就业率保持在 80% 以上,学生在创维集团有限公司、海尔集团、深圳深装总装饰公司、中建一局集团装饰工程有限公司等知名企业均有就业。学院还分别在2009 年、2011 年、2013 年、2016 年获得校就业工作先进单位。学院历年就业情况统计见表 5-13-13和表 5-13-14。

表 5-13-13　　　　　　　　　　2008～2010 年学院就业率情况一览表　　　　　　　　单位:%

专业 年份	艺术设计	工业设计
2008	100	100
2009	85	78
2010	91	95

表 5-13-14　　　　　　　　　　2011～2017 年学院就业率情况一览表　　　　　　　　单位:%

专业 年份	艺术设计	工业设计	动画
2011	95	98	100
2012	93	76	98
2013	100	97	100
2014	96	96	94
2015	92	88	87.5
2016	92	93	84
2017	92.6	98	84.2

四、学院学生工作、团委学生会主要负责人

学院学生工作的主管领导是学院党委副书记,具体职能由学院分团委和年级辅导员承担,主要负责学生日常思想政治教育和管理工作的组织、实施与指导。历任工作人员名单见表 5-13-15～表5-13-17。

表 5-13-15 　　　　　　　　　　　　学院历任党委副书记一览表

党委副书记	任职时间
陈吉兰	2004.05～2009.11
杨 华	2009.11～2014.04
吕勤勇	2014.04～

表 5-13-16 　　　　　　　　　　　　学院历任团委书记一览表

团委书记	任职时间
杨 华	2004.10～2007.04
张金来	2007.05～2012.06
王 辉	2012.06～

表 5-13-17 　　　　　　　　　2004～2017 年学院学生工作队伍一览表

时 间	负责人	学生工作干部名单
2004.05～2005.07	陈吉兰	李 雯 杨 华
2005.07～2007.04	陈吉兰	段 辉 李 雯 杨 华 张金来
2007.04～2007.07	陈吉兰	段 辉 李 雯 张金来
2007.07～2009.07	陈吉兰	常 艳(兼) 段 辉 王 辉 张金来
2009.07～2009.11	陈吉兰	段 辉 王 辉 薛力猛 张金来
2009.11～2010.07	杨 华	段 辉 王 辉 薛力猛 张金来
2010.07～2011.07	杨 华	段 辉 王 辉 王 菲 薛力猛 张金来
2011.07～2012.06	杨 华	段 辉 王 辉 薛力猛 张金来 张 萌
2012.06～2014.04	杨 华	段 辉 王 辉 薛力猛 张 萌
2014.04～2014.06	吕勤勇	段 辉 王 辉 薛力猛 张 萌
2014.06～2015.07	吕勤勇	段 辉 王 辉 张 萌
2015.07～2017.07	吕勤勇	段 辉 王 辉 魏佳赟 张 萌
2017.07～2017.10	吕勤勇	段 辉 王 辉 魏佳赟 王 妤 张 萌
2017.10～	吕勤勇	王 辉 魏佳赟 王 妤 张 萌

第十四章　马克思主义学院

第一节　学院沿革及概况

一、历史沿革

马克思主义学院是西安科技大学二级教学机构之一,其历史可以追溯到 1958 年建校时设立的公共基础课教学部马列主义教研室。1960 年 6 月,马列主义教研室从公共基础课教学部分离,单独设置。1982 年 6 月,校党委决定,马列主义教研室下设哲学、政治经济学、中共党史等 3 个教学组。1984 年 6 月,设立共产主义思想品德教研室,隶属党委学工部。至此,思想政治理论课教学机构构架基本形成。

1989 年 3 月,马列主义教研室更名为社会科学部。1991 年,为加强学生思想政治教育,思想品德教研室改由校党委直接领导。1997 年,社会科学部更名为社会科学系。1998 年 6 月,社会科学系、思想品德教研室与采矿系企业管理、质量管理教研室合并,组建管理系。2000 年 11 月,为适应高等教育形势和学校发展需要,校党委决定以管理系的哲学、经济学、革命史、思想道德等 4 个教研室为基础,组建新的社会科学系。2008 年 4 月,社会科学系更名为人文与社会科学学院,下设 3 个系和 4 个教研室,分别为:政治学与行政学系、汉语言文学系、法学系、马克思主义基本原理教研室、邓小平理论教研室、近代史教研室、法律与思想道德修养教研室。

2009 年 6 月,为进一步加强和改进大学生思想政治理论课(简称"思政课")教学工作,学校决定成立思想政治理论教学科研部(简称"思政部"),与人文与社会科学学院合署办公。2011 年 6 月,学校决定单独设置思政部(同时撤销人文与社会科学学院建制,其原有政治学与行政学、法学、汉语言文学等三个本科专业与外国语学院合并组建人文与外国语学院)。

2015 年 12 月,思政部更名为马克思主义学院。

二、学院概况

学院的主要职责是:① 负责思政课建设,承担全校博士、硕士和本科生的思政课教学任务;② 作为马克思主义理论学科的依托单位,负责马克思主义理论学科建设及研究生培养、科学研究工作;③ 负责思想政治理论课师资队伍的建设与管理工作。

截至 2017 年 9 月,学院拥有专任教师 56 人,兼任教师近 100 人,专职管理人员 5 人,其中教授 10 人、副教授 18 人、博士生导师 8 人(含外聘 4 人)、博士生副导师 3 人、硕士生导师 23 人,74.5% 的专任教师具有博士或硕士学位,85% 的教师是中国共产党党员。同时,外聘专家 7 人。1 人入选陕西省青年"百人计划",2 人享受陕西省"三秦人才"津贴,2 人入选陕西高校"人文英才"计划,1 人荣获陕西省"思政课教学能手"称号,1 人荣获全国高校思政课教师影响力提名人物,1 人获校级教学名师称号,1 人入选校级"胡杨学者"。

学院始终坚持以思政课教学工作为中心,坚持以立德树人为根本任务,全面贯彻党的教育方针,全面落实思政课"05"方案,紧密结合地矿艰苦行业的人才需求和地矿专业学生的思想实际,弘

扬和传承学校"励志图存,自强不息"的大学精神,不断深化课程教学改革,充分发挥思政课的主渠道和主阵地作用,卓有成效地开展思想政课教学活动,教学质量不断提高。学院拥有省级教学团队1个、省级精品资源共享课程1门、校级精品资源共享课程5门。

学院于1998年获得马克思主义理论与思想政治教育学科硕士学位授予权,2006年获得马克思主义理论一级学科硕士学位授予权(含马克思主义基本原理、马克思主义发展史、马克思主义中国化研究、国外马克思主义研究、思想政治教育、中国近现代史基本问题研究等6个二级学科)、思想政治教育二级学科博士学位授予权。马克思主义理论学科于2006年获批陕西省重点学科(优势特色学科),2014年获批马克思主义理论博士后科研流动站。

学院不断优化马克思主义理论学科研究生培养方案和课程体系,深化研究生教育综合改革,稳步扩大研究生招生规模,人才培养质量不断提高。自1999年以来,累计培养马克思主义理论硕士研究生500余人、思想政治教育学科博士研究生33人、高校教师在职攻读硕士学位研究生39人,招收博士后3人。

"十二五"以来,学院建成陕西高校哲学社会科学特色学科建设项目团队1个,校级A类科研创新团队1个;承担纵向科研项目80余项,其中国家级项目3项,省部级项目20余项;发表核心刊物或C刊论文100余篇;出版教材和专著26部;承担地方政府和企业委托项目20余项;获得省部级、厅局级成果奖20余项。

第二节　组织机构

一、概况

经校党委批准,学院设立党总支委员会和行政领导班子。学院坚持认真落实党政联席会议制度,建立健全内设工作机构和工作体制,保证了各项工作的顺利进行。

学院下设党政办公室、教授委员会、分工会、分团委、教务科研办公室等机构,按照课程建设需要设立了5个教研室,成立了4个教工党支部、3个研究生党支部。设立思想政治教育研究所、学科文献资料室。

二、学院组织机构设置

学院近年党委、行政领导成员组成情况见表5-14-1和表5-14-2,组织机构设置见图5-14-1。

表5-14-1　　　　　2011～2017年学院党委成员组成情况一览表

时　间	党总支书记	党委副书记	党委委员
2011.06～2016.11	赵雪萍	—	袁金群　赖雄麟　周　静　李金勇
2016.11～2017.12	赵雪萍	—	袁金群　赵　京　高振岗　史长军

表5-14-2　　　　　2011～2017年学院行政领导成员组成情况一览表

时　间	院长(主任)	副院长(副主任)
2011.06～2012.03	袁金群	赖雄麟
2012.03～2014.04	袁金群	赖雄麟　赵　京
2014.04～2017.12	袁金群	赵　京　高振岗

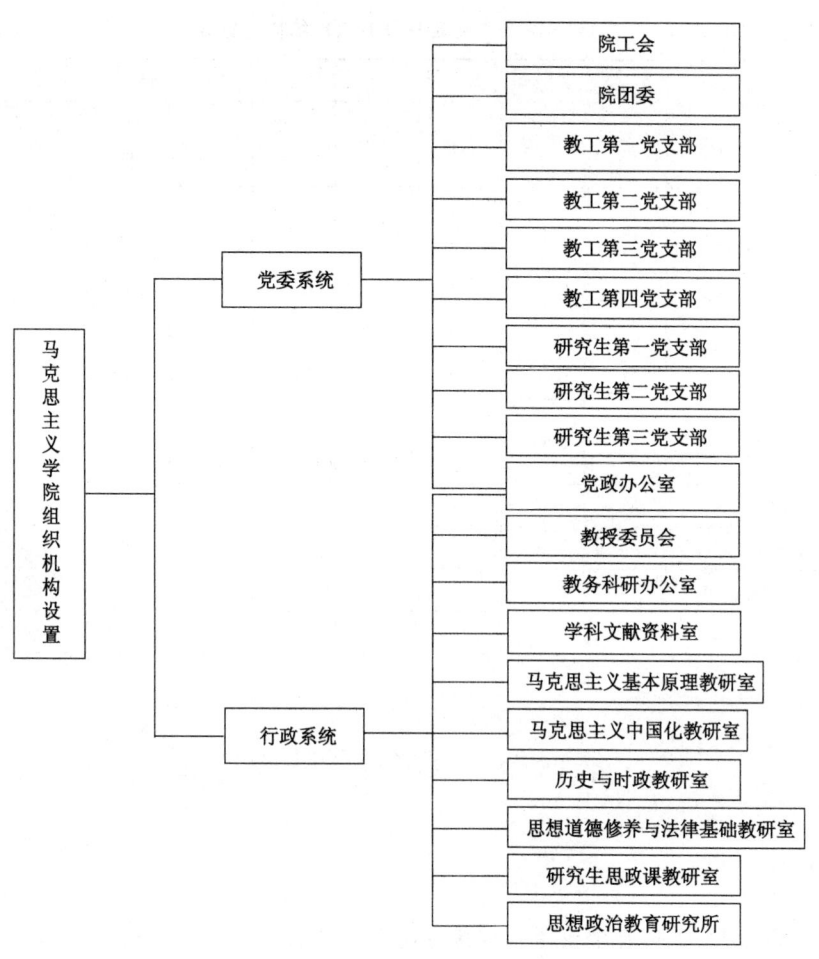

图 5-14-1　学院组织机构设置

第三节　师资队伍

按照思政课教师队伍建设的要求,学院始终把师资队伍建设作为提高教学质量和学科水平的关键环节,着力加强和加快教师队伍的引进和培养,教师队伍规模不断扩大,中青年骨干教师快速成长。截至 2017 年 9 月,学院现有专任教师 56 人,兼任教师 100 余人,外聘专家 7 人,基本建成了专职教师为主、专兼结合的马克思主义理论教学科研队伍,教师队伍职称、学历、年龄和学缘结构日趋优化。教职工职称情况见表 5-14-3 和表 5-14-4。

表 5-14-3　　　　　　　　　　2011～2017 年学院教职员工职称结构　　　　　　　　　　单位:人

年份	正高级	副高级	中级	初级	其他	总人数
2011	8	18	17	0	0	43
2012	9	17	19	0	0	45
2013	10	19	24	0	0	53
2014	11	18	25	0	0	54
2015	11	19	27	0	0	57
2016	10	20	24	0	0	54
2017	10	21	25	0	0	56

表 5-14-4　　　　　　　　**2017 年学院在岗教职员工职称结构一览表**　　　　　单位:人

单　位	教　师					职　工					合计
	教授	副教授	讲师	助教	小计	高级工程师	工程师	助理工程师	工人	小计	
马克思主义基本原理教研室	1	4	6	0	11	0	0	0	0	0	11
马克思主义中国化教研室	3	5	7	0	15	0	0	0	0	0	15
历史与时政教研室	1	3	5	0	9	0	0	0	0	0	9
思想道德修养与法律基础教研室	1	4	4	0	9	0	0	0	0	0	9
思想政治教育研究所	4	2	0	0	6	1	0	0	0	1	7
学科文献资料室	0	0	0	0	0	0	1	0	0	1	1
行政管理	0	0	0	0	0	2	2	0	0	4	4
总　计	10	18	22	0	50	3	3	0	0	6	56

第四节　本(专)科教育

一、概况

学院不设本科专业,承担着全校所有本科专业思政课教学任务。学院认真落实学校本科人才培养方案,以教书育人、立德树人为根本导向,深入推进马克思主义中国化最新理论成果进教材、进课堂、进学生头脑工作,建立了完善的思政课管理制度,推行新教师试讲制度、教学大纲核准制度、集体备课制度、专家督导制度、领导听课制度、评教制度、试卷抽查制度、年度评估考核制度等,保证了思想政治理论课教学管理的科学化和规范化,思政课教学质量明显提高。

二、课程设置

按照思政课"05"方案的要求,学院为全校本科生开设了 5 门思政课必修课,分别为:马克思主义基本原理概论、毛泽东思想和中国特色社会主义理论体系概论、中国近现代史纲要、思想道德修养与法律基础、形势与政策。同时,开设"当代世界经济与政治"选修课。

为巩固和增强思政课教学效果,进一步提高大学生的综合素质和人文素养,学院积极挖掘课程资源,开设了人文素质教育公选课 20 余门,包括大学生网络法律基础、社交礼仪、文化产业概论、中国传统道德与现代社会、《老子》导读、孙子兵法导读、现代新儒家与传统文化、伦理学、伦理与人生、公共关系、摄影基础知识与技巧、家庭学、孔子·《论语》及现代社会、积极心理学、社会心理学、应用文写作、儒家哲学与当代社会、中国佛教智慧、中西方人生哲学、语言与逻辑等。

三、教育教学改革

学院深入实施本科人才培养质量工程,积极开展教育教学研究和改革,取得了一批教育教学成果,思政课建设质量明显提高。2011～2017 年,学院教师承担教改项目 49 项,其中省级教改项目 6 项。2009～2015 年,获批精品课程 6 项,其中省级精品课程 1 项。

四、教材建设

学院严把思政课教材关,各门思政课必修课程均使用马克思主义理论研究和建设工程统编教材。在此基础上,学院组织骨干教师编写了思政课辅导材料或人文素质教育教材。2012～2014年,共编写出版教材 13 部。

五、实践教学

1. 实践教学体系建设

思想政治理论课实践教学实行课内与课外相结合。课外实践环节单列纳入教学计划,按照本科 2 学分的标准实施教学,内容紧密结合思想政治理论课教学大纲,由任课教师担任指导教师。实践环节与校史教育、学生党团活动、学生社团活动、学生日常思想教育活动、三下乡活动、观看教学资料片、原著导读、社会调查、参观爱国主义教育基地、征文比赛、公益活动等相结合,覆盖全体学生。

2. 社会实践的效果

马克思主义基本原理概论、毛泽东思想和中国特色社会主义理论体系概论、中国近现代史纲要等课程均安排有课内实践环节。马克思主义中国化教研室和思想道德修养和法律基础教研室承担单列的思政课实践环节的教学组织和指导工作。① 校史教育。思想道德修养和法律基础教研室每学期开展一次校史教育,由主讲教师对学校校史进行讲解,学生参观后以“知校、爱校、荣校”为主题,写一篇不少于 2 000 字的观后感。常态性安排,效果较好。② 观看教学资料片。根据学生特点、课程内容等,各教研室都选择部分优秀教学资料片播放,观影结束后,安排学生讨论和撰写观后感,总体效果良好。③ 原著导读。马克思主义中国化教研室每学期常规化开展原著导读活动并组织讨论。对学生理解教学内容有一定的帮助。④ 制作手抄报。马克思主义中国化教研室对学生分组开展手抄报活动,给学生提供了自主学习的空间和渠道,增强学生学习思政课的兴趣,促进学生主动参与的积极性,提高了教学质量,效果较好。⑤ 社会调研。分组协作调研并撰写调研报告促进了学生理论联系实际能力、社会实践能力与创新能力、活动组织能力和与人交往沟通能力的提高,也在一定程度上培养了学生的社会责任感,明确了使命担当。

六、教学成果

2011～2017 年,学院教师共获得教学成果奖省部级奖励 7 项、厅局级奖励 9 项、校级奖励 13 项。

第五节　学科与研究生教育

一、概况

学院于 1998 年获批马克思主义理论与思想政治教育二级学科硕士学位授予权,1999 年开始招收和培养硕士研究生。2005 年国家学科专业目录调整后,学院申请马克思主义理论一级学科硕士点、思想政治教育二级学科博士点学位授予权,并于 2006 年获得批准。2007 年开始招收和培养博士研究生。统计情况见表 5-14-5。1998～2017 年,学院研究生招生规模稳步扩大,人才培养质量不断提高,赢得了良好的社会评价和影响,专业设置和变化情况见表 5-14-6。

表 5-14-5 　　　　　　　　　　学院一级学科博士点、一级学科硕士点批准时间

学科名称	所在院系	国家重点学科	博士后流动站(＊个)批准时间	一级学科博士点(＊个)批次/批准时间	博士点(＊个)批次/批准时间	一级学科硕士点(＊个)批次/批准时间	硕士点(＊个)批次/批准时间
马克思主义理论	马克思主义学院	—	马克思主义理论(1个)2014 年	马克思主义理论(1个)2018 年	思想政治教育(1个)第十一批/2006 年	马克思主义理论(1个)第十一批/2006 年	马克思主义理论与思想政治教育(1个)第十批/1998 年

表 5-14-6 　　　　　　　1998～2017 年学院研究生专业设置和变化情况一览表

专业＼年度	1999～2006	2007～2015	2016～2017
二级学科硕士点	马克思主义理论与思想政治教育	马克思主义理论	马克思主义基本原理
		马克思主义中国化研究	马克思主义中国化研究
		思想政治教育	思想政治教育
			马克思主义发展史
二级学科博士点		思想政治教育	思想政治教育

二、学科点简介

（一）思想政治教育二级学科博士点

思想政治教育学科是马克思主义理论一级学科下属的二级学科之一，是关于思想政治教育的理论、方法与规律的科学。它旨在运用马克思主义立场观点方法，研究人的思想教育、政治教育、品德教育、法制教育、心理健康教育等本质和规律，以期教化、影响和帮助人们树立正确的世界观、人生观、价值观的学科。学校历来重视思想政治教育的理论与实践研究，2006 年获得思想政治教育学科博士学位授予权，同年被批准为陕西省重点学科。

2017 年，经国务院学位委员会第三十四次会议审议批准，思想政治教育二级学科晋升为马克思主义理论一级学科。

（二）马克思主义理论一级学科硕士点

马克思主义理论学科是一门从整体上研究马克思主义基本理论和科学体系的学科。主要研究马克思主义基本理论及其形成和发展的历史、马克思主义在世界范围的传播和发展过程及其规律，特别是马克思主义中国化的历史过程、理论成果与具体实践，以及把马克思主义研究成果运用于马克思主义理论教育、思想政治教育与思想政治工作的方法与规律。下设马克思主义基本原理、马克思主义发展史、马克思主义中国化研究、国外马克思主义研究、思想政治教育和中国近现代史基本问题研究等 6 个二级学科。

本学科近年来承担了多项国家社会科学基金、教育部人文社会科学研究等国家级、省部级哲学社会科学研究项目，获得了多项省部级教学科研成果奖励，培养了一批品学兼优、专业能力和创新意识较强的博士和硕士研究生，赢得了良好的社会声誉。

三、研究方向和特色

经过长期的建设与发展，马克思主义理论学科培育和形成了思想政治教育、马克思主义基本原理、马克思主义中国化研究、马克思主义发展史等 4 个重点学科方向，具有较大优势。在思想政治

教育基础理论研究、大学生思想政治教育方法研究、马克思主义意识形态理论及其实际运用研究、马克思主义中国化的文化基础研究、中国传统文化现代化机理研究、西部煤炭企业文化建设等方面,形成了比较明显的特色。近年来学科依托学校传统办学优势,在西部能源产业经济与社会统筹发展战略、区域发展战略和宏观政策、煤炭企业文化建设等领域进行应用性研究,承担地方政府和企业委托项目 20 余项,取得了良好的社会效益。

四、研究生指导教师名录

学院的研究生指导教师情况具体见表 5-14-7。

表 5-14-7　　　　　　　　　　1999～2017 年学院研究生导师一览表

项目 年份	博士生导师 思想政治教育二级学科	硕士生导师 马克思主义理论一级学科
1998	—	徐木彬　郑华萍　孙红湘　田小泉
1999 新增	—	赖雄麟　同温玉
2000 新增	—	袁金群　王斗虎
2001 新增	—	郭建民　石磊
2002 新增	—	叶江　周斌
2003 新增	—	李金勇　周静　张立杰
2004 新增	—	刘德安
2005 新增	—	余非
2006 新增	—	刘予东(兼)
2007 新增	—	赵京　牛迈程
2008 新增	赖雄麟　卢黎歌(兼)	杜玉珍
2009 新增	—	高振岗
2010 新增	郑华萍　石磊　李刚(兼)	陈俊杰
2011 新增	—	刘子实
2012 新增	—	张铭钟　董焱　罗清郁
2013 新增	张立杰	张少元
2014 新增	郑志飚(兼)	何江新　郭鹏　宋超(兼)
2015 新增	王岩(兼)	赵雪萍　张海燕　李敏(兼)
2016 新增	樊建武　谭虎娃(兼)	刘颖　冯永才
2017 新增	—	任忠惠　孙曼曼　乔辉　张立进

注:列在博士生导师名单中的教师均同为硕士生导师,在硕士生导师名单中不再列出。

五、研究生教育

近年来,学院获批校级研究生精品课程 3 门,获得国家级、省级研究生教育综合改革项目 2 项,校级研究生教改项目 8 项,校级研究生优秀讲义 6 门;累计开展研究生读书会 103 场、科研汇报会 112 次,参加学术会议 60 余人次,举办各种形式的校外实践活动 90 余次,累计举办各种学术讲座 20 余场。培养的硕士生先后有 20 余名考上博士研究生,研究生获校内外各种奖励 30 余人次,研究生一次性就业率达到 98%,社会声誉良好。累计获得校级优秀指导教师称号 2 人次,校级优秀博士论文 4 篇,优秀硕士学位论文 3 篇。研究生在核心以上期刊发表学术论文 30

余篇,累计21人次获得研究生国家奖学金。硕士研究生王栋同学在2014年西北五省研究生英语演讲比赛获二等奖,实现了学校在该奖项上的历史性突破;郑华萍教授指导的2011级硕士研究生杨晓晨同学的学位论文《当今大学生集体主义教育对策研究》被评为全国思想政治教育学科优秀硕士学位论文。

六、实验室及平台建设

学院充分利用各类经费,加大学科平台建设力度,改善教师和研究生工作条件,取得了明显成效。截至2017年9月,已经建成有:学科资料室1个,藏书3万余册;文献检索中心1个,共30台电脑检索终端;社会调查与统计中心1个,共30台电脑终端;学术交流中心1个;博士生导师工作室4个;思想政治教育研究所;学科工作室4个,分别为马克思主义基本原理学科工作室、思想政治教育学科工作室、马克思主义中国化学科工作室和中国近现代史学科工作室;博士后科研流动站工作室1个。

第六节 科 学 研 究

学院根据学科发展现状,凝练学科方向,组建科研梯队,完善科研制度,开展学术交流,建构科研平台,创造学术研究氛围,加强科研管理,取得了显著成效。

一、科研项目情况

2007～2017年,学院纵向项目取得突破性发展,分别获批国家社科基金项目、教育部社科基金项目、陕西省社科基金项目、陕西省软科学项目、陕西省教学改革项目、西安市社科基金项目、陕西省社科界重大理论与现实科研项目,以及陕西省教育厅人文与社会科学项目。2012～2017年,完成主要科研项目34项,其中省部级项目21项;在研主要科研项目31项,其中国家社科基金项目3项。历年具体项目分布情况可见表5-14-8。

表5-14-8　　　　　　　2011～2017年学院纵向、横向项目分布情况一览表

年份	纵向课题/项							横向课题/项
	国家级	省部级	西安市	厅局级	校级	其他	合计	合计
2011		3	4		2		9	
2012	1	3			2		6	
2013	1	4	2	3	2		12	8
2014	1	1	3	10	3		18	3
2015		4	1	9	3		17	10
2016		7	2		2		11	2
2017		4	4	4			12	1
总计	3	26	16	26	14		85	24

二、科研经费

自2011年以来,学院纵向科研经费稳步增长,社会服务能力不断增强,科研到款额逐年增加,呈现出良好的发展态势,具体情况可见表5-14-9。

表 5-14-9　　　　　　　　2011～2017 年学院科研合同与到款经费情况统计

年份	合同经费/万元			到款经费/万元		
	纵向	横向	合计	纵向	横向	合计
2011	14.50	18.30	32.80	14.00	18.30	32.30
2012	20.80	65.00	85.80	19.60	65.00	84.60
2013	30.80	109.00	139.80	28.50	105.00	133.50
2014	63.70	18.00	81.70	56.60	18.00	74.60
2015	39.10	100.26	139.36	38.20	92.60	130.80
2016	44.60	4.30	48.90	40.30	4.30	44.60
2017	25.20	8.00	33.20	19.00	8.00	27.00
总计	238.70	322.86	561.56	216.20	311.20	527.40

三、科研成果及奖励

自 2011 年以来,学院发表论文总数达 300 多篇,其中北大核心期刊及以上刊物 100 余篇,国际会议论文 25 篇,EI 和 ISTP 检索 5 篇,出版图书 26 部,授权实用新型专利 2 项,获各级科研成果奖 20 余项。

第七节　学生工作

学院学生工作紧紧围绕学校中心工作,结合学科特色,坚持"学生为本,服务为基"的工作理念,以思想建设为先导,始终把握思想政治引领这一核心任务,以研究生教育综合改革为契机,以营造学术研究氛围为重点,以校园文化活动为载体,以促进学生综合素质的全面提高为目标,坚持以日常工作推进整体工作,以重点工作带动日常工作的思路,扎实有序地开展工作。

一、学生工作概况

截至 2017 年 12 月 31 日,学院有研究生 135 人,其中博士研究生 30 人、硕士研究生 105 人;学生党员 45 人。自招生以来,学院为社会培养毕业生累计 400 余名。

二、学生工作机构

学院团总支具体负责学院学生各项工作,指导学院学生会开展工作。主要机构设置如下:

团总支:设团总支委员 5 名,团总支书记 1 名,副书记 1 名。下设组织部、宣传部。

学生会:主席团 5 人,设主席 1 名、副主席 4 名,下设秘书处、学术部、生活部、文体部、新闻部、社团管理部等。

学院现有马克思主义理论研究会和潇湘文学社两个学生社团。

学院近年学生工作主要负责人名单见表 5-14-10。

表 5-14-10　　　　　　　2011～2017 年学院学生工作主要负责人一览表

时　间	负责人	学生工作干部名单
2011.04～2014.07	赵雪萍	张晓恒
2014.08～2017.12	赵雪萍	史长军

三、主要工作及特色

（1）依托学院学科优势，以学生社团——马克思主义理论研究会为平台，以马克思主义理论名家讲坛、研究生党员论坛、研究生读书会、研究生科研汇报会和中华优秀传统文化讲座为载体，多层次开展思想政治引领工作，不断提高学生的思想水平。学院邀请了吉林大学陈秉公教授、陕西师范大学袁祖社教授、西安交通大学王宏波教授等一批马克思主义理论名家为学生做学术报告。2014年以来，学院共举办研究生读书会26次、研究生党员论坛13次、研究生科研汇报会62人次。2015年，马克思主义理论研究会被评为"四进四信"活动全国百佳大学生理论学习社团。

（2）结合时政热点，开展社会主义核心价值观宣传教育。学院团总支学生会积极在校内外开展志愿服务活动，并结合建党、建国、建团、建校、五四运动、"一二·九"等纪念日和重要历史节点，适时举办各类主题鲜明的思想教育活动，引导广大青年自觉践行社会主义核心价值观。先后与西安城墙景区管委会联合开展"洁净城墙　扮靓古城　人人都是志愿者"等环保公益活动、"教离退休老同志使用智能手机"等志愿服务活动，组织学生参观八路军驻西安办事处、西安事变纪念馆等爱国主义教育基地活动和暑期社会实践活动，举办党史校史知识竞赛、抗战知识竞赛、校歌传唱等活动。2014级研究生团支部被评为全校十佳团支部，并被团中央学校部评为全国高校践行社会主义核心价值观"示范团支部"。

（3）党建带团建，为党组织不断输入新鲜血液。2015年来，学院团总支推荐38名入党积极分子参加学校高级党校学习，通过团支部推优，发展学生党员25名。担任团干部和学生干部的党员较好地发挥了模范和带动作用。连续6年学生党支部被学校评为特色党支部。

（4）注重实践，不断增强学生科研创新能力。2016年，学院设立研究生科研能力提升项目，其中重点项目2项，每项资助金额3 000元；一般项目8项，每项资助金额1 500元。鼓励学生积极投身社会实践和社会服务，学院团总支组织学生慰问抗战老兵，为学校离退休老同志表演节目、提供志愿服务，赴陕煤集团黄陵建庄矿业有限公司、江苏盐城市等地进行社会实践，并建立了大学生社会实践基地，提高了学生的社会实践能力、责任意识和志愿精神。

（5）加强文化建设，"两坛两会一讲座"作为学院品牌活动影响力不断增强。学院学生工作秉承特色和传统，发挥学科优势，坚持不懈地加强学院文化建设，先后开展了马克思主义理论名家讲坛、研究生党员论坛、研究生科研汇报会、研究生读书会、中华优秀传统文化系列讲座（简称"两坛两会一讲座"）等活动，为学生们营造了良好的文化氛围，现已成为学院团学品牌活动。

四、研究生招生、就业情况

学院近年研究生招生、就业情况见表5-14-11。

表5-14-11　　　　　　2011～2017年学院研究生招生、就业情况一览表　　　　　　单位：人

年　份	硕士研究生招生人数	博士研究生招生人数	就业人数	备注
2011	44	3	32	
2012	40	5	42	
2013	35	4	43	
2014	44	4	44	
2015	28	5	38	
2016	37	4	35	
2017	46	4	37	
合计	274	29	271	

第十五章　理　学　院

第一节　学院沿革及概况

理学院前身是基础部。1958年9月学校成立时由西安交通大学基础课部部分师资组成,设有数学、理化、力学、俄语、体育、制图、零件、马列主义等基础部教研组,隶属于教务处。1959年2月成立了数学、理化、语文(外语、汉文)、体育、力学、制图六个教研组。1960年从教务处分出,保留外语和体育教研组,分别由教务处和院长办公室管理,其他教师划转至各系。1960年下半年精简机构时,基础课各教研组又从各系分离,单独成立了相当于系一级的公共基础部教研室。1963年2月,为了加强基础课的教学工作,将数学、物理、化学、力学、画法几何、外语、体育以及马列主义教研室合并成立了公共基础课教学部。1964年11月,马列主义教研室由公共基础课教学部划归党委直接领导。

1966~1976年"文化大革命"期间,公共基础课教学部解散,教研室分到各个专业连队。粉碎"四人帮"后,1977年国家宣布恢复高考,高等教育春天来临。学校决定赵文杰任主任,黄忠民任书记,重新组建了基础部,设有高等数学、计算数学、物理、化学、力学、制图、零件、外语、体育等教研室。同年,基础部向学校申请并获批招收了七七级力学师资班。

为了适应高等教育的快速发展,学校相继增设重组了一些系部,涉及基础部多个教研室:1991年7月零件教研室划归机械系;1994年2月,计算数学教研室分出与电气系部分、计算中心等组建了计算机系;1994年6月,化学教研组分出与矿产研究所组建了新材料工程系;1996年1月,体育教研室分出成立了体育部;2000年5月,外语教研室分出成立了外国语言文学系。2008年6月,学校校内机构改革,在基础课部基础上成立了理学院。

理学院现有工程力学系、数学Ⅰ系、数学Ⅱ系、应用物理系、工程图学系等5个系,拥有矿山灾害力学博士点1个,固体力学、工程力学、应用数学及物理电子学等4个硕士点,数学与应用数学、工程力学2个本科专业,在校学生427人,其中研究生82人,本科生345人。学院设有矿山力学实验中心、物理实验中心、数学实验室、图形图像实验室等4个实验室。

基础部、理学院历任领导:

历任书记:秦　英　黄忠民　邱成凯　郑书信　席延军　李　勇　丁正生　吕红艳　张冬生　孙颜红

历任主任(院长):闫　润　李东浦　赵文杰　马中骥　孟昭孝　郑书信　李　勇　李　明

历任副书记:邱成凯　席延军　杨　军　潘　磊　贾　哲

历任副主任(副院长):杨柏安　赵继功　韩大中　郑书信　冯楼台　黄国良　韩江水　李　勇　乔宝明　李云鹏　丁正生　李　明　郭长立　张　涛　张仲华

杰出校友(基础部本科七七级力学师资班):

(1) 中国工程院院士、海军工程大学何琳教授。

(2) 中国科学院院士、北京大学魏悦广教授。

第二节 组织机构

学院组织机构设置见图 5-15-1,2008～2018 年党委成员、行政班子成员见表 5-15-1 和表 5-15-2。

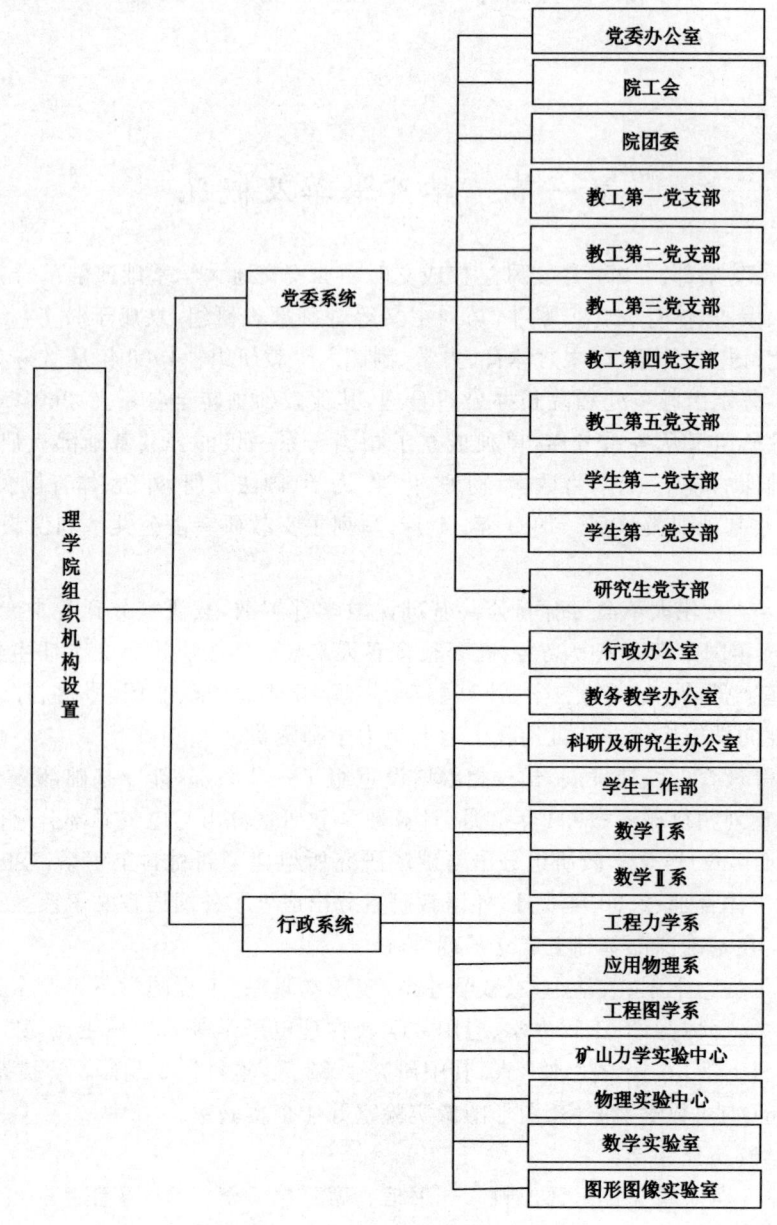

图 5-15-1 学院组织机构设置

表 5-15-1　　　　　　　　　　**2008～2018 年党委成员情况一览表**

年　份	党委书记	党委副书记	党委委员
2008.01～2009.05	丁正生	杨　军	丁正生　杨　军　李　明　王亚民
2009.06～2010.05	吕红艳	杨　军(截至 2010.07)	吕红艳　杨　军　李　明　王亚民
2010.05～2014.04	吕红艳	潘　磊(2010.07～2012.05)	吕红艳　潘　磊　李　勇　李　明　王亚民 曹根牛　吴　乐

续表 5-15-1

年　份	党委书记	党委副书记	党委委员
2014.04～2015.05	张冬生	贾　哲（2012.05 起）	张冬生　贾　哲　李　明　张仲华　王亚民 曹根牛　吴　乐
2015.06～2016.10	张冬生	贾　哲	张冬生　贾　哲　李　明　张仲华　解　忧
2016.10～	孙颜红	贾　哲	孙颜红　贾　哲　李　明　张仲华　解　忧

表 5-15-2　　　　　　　　　　**2008～2018 年行政班子成员一览表**

年　份	院　长	副院长
2008.01～2014.04	李　勇（1997.08～2014.04）	李　明（2002.05～2014.04） 郭长立（2004.04～2009.06）
2014.04～	李　明	张　涛（2009.06～） 张仲华（2014.04～）

第三节　师资队伍

截至 2017 年 12 月，理学院在册教职工 147 人，其中教授 19 人，副教授 36 人，讲师 70 人，高级工程师 4 人，工程师 16 人。教师中博士生导师 3 人、硕士生导师 33 人，有 56 人获博士学位。

一、在岗教职员工职称结构

具体情况见表 5-15-3。

表 5-15-3　　　　　　　　　　**2017 年在岗教职员工职称结构一览表**

单　位	教师/人					非教师/人					合计/人
	教授	副教授	讲师	助教	小计	高级工程师	讲师	工程师	助理工程师	小计	
数学Ⅰ系	2	9	23	1	35						35
数学Ⅱ系	3	7	10		20			1		1	21
应用物理系	4	13	15		32	2		7		9	41
工程力学系	6		16		22			3	1	4	26
工程图学系	4	7	4		15			1		1	16
学院办公室						2	2	4		8	8
合　计	19	36	68	1	124	4	2	16	1	23	147

二、历年高级职称变化情况

具体情况见表 5-15-4。

表 5-15-4　　　　　　　　　　　2008～2016 年高级职称增加情况一览表

年份	教师/人		非教师/人	合计/人
	教 授	副 教 授	高级工程师	
2008	刘金瑄	冯卫兵　付巧峰　王云平　张　涛　解　忧		6
2009	蔚朝闻　张天军	韩立安　孟彪龙　渊小春	强　蕊	6
2010	王雪峰　乔宝明　张嘉凡	张仲华　夏小刚　郝丽梅　陈　渊		7
2011	张慧梅　赵高长　炎正馨			3
2012	张　涛　郭长立	金　浩　锁要红　周　彬		5
2013		鱼海涛　梁　飞		2
2014	解　忧	杨云峰　高晓艳　王豆豆	杨富强　白　云	6
2015	杨秀妮	赵梦玲　宋雪丽　刘　杰		4
2016	张仲华	梁绍辉　张桂花　刘　佳		4
合计	14	26	3	43

第四节　本(专)科教育

一、概况

学院现有专任教师 124 人,其中教授 19 人,副教授 36 人,讲师 68 人,助教 1 人,副高以上职称教师占 44%;教师中具有博士学位教师 56 人,具有硕士学位教师 48 人,博士和硕士以上学历教师分别占 45% 和 39%;专任教师结构趋于合理。

学院现有数学与应用数学和工程力学两个本科专业。本着"合理定位、明确方向、寻求特色、提高发展"及"理工结合"的专业建设指导思想,学院根据社会发展需求,不断探索工科大学开办理科专业的人才培养新模式,明确专业定位,两个本科专业中逐渐凝练出了四个专业特色方向:数学与应用数学专业形成了计算智能和统计与决策专业两个方向;工程力学专业形成了岩土力学与工程及力学与工程软件应用两个方向。

(一)数学与应用数学专业

数学与应用数学专业设置于 2002 年,同年开始招生,当时隶属于基础部数学教研室,成立理学院后,划归数学Ⅱ系。招生规模曾在每年 30~60 人之间变动,稳定在每年 30 人左右。

现有专业课教师 21 人。其中,教授 3 人,副教授 7 人,讲师 10 人,实验员 1 人。

(二)工程力学专业

工程力学专业始于 1977 年,偏重于学生数学、力学理论基础教育,专业教育知识体系分一般力学方向和固体力学方向。从 2010 年开始,年计划招生人数增加为 60 人。

力学系现有教师员工 24 人,其中教授 8 人,副教授 1 人,讲师 9 人,实验室工程师 3 人。13 人具有博士学位。近年来,本学科 4 位教师获得了博士学位,并引进 8 位博士。博士队伍的扩大,使本学科的学历结构有了较大的改观。2 位教授于 2013 年被遴选为学校博士生指导教师。

二、本科教育教学改革

学院承担了学校高等数学、大学物理、物理实验、各类制图、各类力学、线性代数、概率论与数理统计等众多公共理科基础课程教学任务。学院坚持以本科教学为中心,在教学质量监控方面形成了一套行之有效的基础教学质量监控体系。通过各项工作,做到既实时了解并融入国家高等教育发展新思路和新技术,尤其是慕课、微课、反转课堂等新型信息化教学手段改革,同时力保学院基础教学核心主体任务不动摇,强抓基础教学质量,坚持夯实基础教学的标准性、系统性和稳定性。学院管理实行教学工作一票否决制,连续八年教学秩序与质量良好,无教学事故,多年本科教学年度考核名列学校前茅。启动了"工程力学、数学与应用数学2个本科专业的综合改革"项目,本科专业综合改革的迫切性与核心思想深入人心。

2008~2018年学院先后承担校级教学改革立项45项,其中国家级教改项目4项。2008~2016年,学院获批精品课程19项,其中国家级精品课程1项,省级精品课程5项。2008~2018年,学院教师以第一主编编写出版教材与教辅55部。自2008年以来,学院共获教学成果奖22项,其中省部级奖3项。学院取得的其他"质量工程"项目成果44项。

三、实验场所建设

（一）矿山工程力学实验教学示范中心

中心现有实验室13个,实验用房面积约1 700平方米,实验仪器设备500余台(套),固定资产总值860余万元。中心建设过程中,曾获多项荣誉:1990年被煤炭部评为优秀实验室;1991年被评为陕西省高校先进实验室;1998年被陕西省评为基础课实验教学合格实验室;2004年通过教育部本科教学水平评估;1997年、2005年、2011年分别被评为西安科技大学实验室先进集体;2013年被评为矿山工程力学省级实验教学示范中心。

（二）物理实验中心

中心成立于1958年,现有功能实验室23个,实验室面积2 000平方米,大型仪器设备5台(套),教学科研仪器设备总值500万元。1990年即被评为"陕西省高校先进实验室"和"陕西省基础课实验合格实验室",此外还多次被评为西安科技大学优秀实验室,并在2006~2007年度的学评教活动中测评为优秀等级。

现有专职实验教师9人,兼职教师32人,队伍中高级职称19人,中级职称13人。物理实验室可开设力学、热学、光学、电磁学及近代物理实验30多个,物理演示实验70余种,物理虚拟实验67种。承担全校理工科非物理类专业130多个本科班的基础物理实验教学任务,同时为部分本科毕业生及相关专业研究生提供了实验研究场所,也是应用物理系教师的科研基地。

（三）微纳米科学与智能技术实验室

始建于2012年,2015年正式建成。该实验室由学校微纳米技术及其先进材料创新团队主持申报与建设,历经5年多的资金筹建、实验室精细规划、大量调研与严格验收等工作,最终建设出具有国际前沿水平、系统功能性强、主体建设专业的微纳米科学与智能技术实验室。该实验室着眼于微纳米器件制备技术,以及新型功能材料设计、制备及其微观机理研究等物理学科核心研究方向,具备千级洁净间、百级洁净间、溶胶-凝胶、磁控溅射、热阻蒸发、电子束蒸发、LB膜制备仪、SUSS光刻机、Micro湿法刻蚀系统、微纳探针平台、半导体器件测试仪、网络分析仪、阻抗分析仪、原子力显微镜、低温恒温变温测试系统、高性能计算服务器等多种进口精密实验制备、测试和计算平台。基于该实验平台光刻制备系统,现已成功制备出最小线度为1微米的西安科技大学校名和LOGO,这被称为"微纳米上的西安科技大学",同时也标志着学校正式进入微纳米制备技术领域。

（四）应用数学实验室

成立于2003年,现有计算模拟实验室和应用数学实验室,实验室面积188平方米,配备计算机111台、服务器1台、多媒体投影仪3套,Matlab、Maple、SPSS等数学软件、教学设备总值52万元。实验室现有专职实验教师1人(中级职称)。

四、数学建模应用技术创新实践基地

数学建模应用技术创新实践基地前身是创建于2003年的数学建模研究室,基地依托应用数学

实验室和计算模拟实验室。基地拥有用于算法开发、数据可视化、数据分析以及数值计算的 Mathematic、Matlab 软件,用于交互式的线性和通用优化求解的 lingo、lindo 软件,以及用于统计分析及数据挖掘的 SPSS、R、SAS 软件,能满足相关课程的实验教学和各类数学建模竞赛培训需要。

基地现有教师 23 人,分别来自理学院、电气与控制工程学院、计算机科学与技术学院、工程训练中心、人文与外国语学院等学院及中心。先后负责国家、省、校各级各类科研项目 10 余项,横向课题 10 余项,累计科研经费上百万,发表 SCI 等高水平论文近 20 篇。2013 年被评为校级优秀教学团队。基地承担了学校数学建模教学、校赛、全国建模挑战赛、暑期培训、全国建模竞赛、"泰迪杯"数据挖掘挑战赛、美国建模竞赛等工作。近年来,学校共获得国际级、国家奖 30 余项,陕西赛区奖 200 余项,7 次获得全国建模竞赛陕西赛区优秀组织奖。3 人被评为陕西省优秀建模教练。大学生数学建模研究与实践被评为陕西省优秀教学成果二等奖。学校的数学建模在国内产生了一定影响,包括陕西省教育厅网、陕西教育网、中国大学生在线、中国国防生、西安科技大学新闻网等媒体对学校建模竞赛进行了报道。

第五节　研究生教育

一、概况

理学院现有二级学科硕士点 4 个(应用数学、固体力学、工程力学、物理电子学);1 个自主设置二级学科博士点(矿山灾害力学)。2017 年,新增数学、力学、物理学等 3 个一级学科硕士点和应用统计 1 个专业硕士学位授权点。

二、学科简介

(一)应用数学

培养能够在能源、地质、计算机科学、管理与经济等领域从事数字仿真、软件测试、数据处理等工作的,适合当代信息社会的复合型人才。

该学科点现有硕士生导师 17 人,教授 6 人,副教授 19 人。具有博士、硕士学位的教师 18 人。

(二)固体力学

固体力学是研究工程结构和材料强度、稳定性及材料本构关系问题的一门科学,理论性强,应用范围广,具有理科和工科的双重特点。本学科主要致力于工程结构在外界因素作用下发生的变形、破坏规律及本构关系的理论、方法研究,侧重于采用计算机技术求解工程与力学相关的耦合问题,应用微观和宏观相结合的方法对工程结构的损伤与断裂、动力学效应及工程应用等问题进行研究,为工程提供分析和预测手段,具有理论研究与工程应用的桥梁作用。

(三)工程力学

与学校的传统优势学科相结合,培养具有扎实的数理基础,掌握相关的力学理论和实验知识,能够熟练应用计算机软件对工程中的力学问题开展计算、设计、分析及应用研究,在相关学科和交叉学科具有竞争能力的人才。

(四)物理电子学

物理电子学是电子学、近代物理学、光电子学、量子电子学、超导电子学及相关技术的交叉学科,主要在电子工程和信息科学技术领域内进行学术前沿和应用研究。物理电子学学科将物理电子技术与学校地矿特色紧密结合,以产业化技术与应用研发为主要导向,专业应用性强,就业与深造前景广阔。

三、指导教师

博士生导师、硕士生导师名单见表 5-15-5。

表 5-15-5　　　　　　　　　　　　学院 2008～2017 年研究生导师一览表

年份＼专业	博士生导师	硕士生导师		
		应用数学	工程力学 固体力学	物理电子学
2008	李　明	乔宝明　王雪峰 丁正生　赵高长 刘叶玲　曹根牛	韩江水　李　明 杨治林　郭志勇 屈钧利　张慧梅 张嘉凡　张天军	炎正馨　王亚民 郭长立　王瑞平
2009 新增				田玉仙
2010 新增		冯卫兵		张　涛　班丽瑛 赵省贵
2011 新增				
2012 新增		张仲华　夏小刚		解　忧
2013 新增	张天军　张慧梅	周　彬　金　浩		郝丽梅
2014 新增		梁　飞	锁要红	
2015 新增		杨云锋　高晓艳		王豆豆
2016 新增		赵梦玲　宋雪丽 苏　军	黄耀光　杨　帆 肖　玲　刘　明	李绍蓉　杨　静 庞华锋　李百宏
2017 新增		梁少辉	程文杰　李自刚	刘　伟　周高亮

四、实验室及平台建设

（一）力学实验中心

中心拥有电测实验室、光弹性实验室、疲劳实验室、振动测试实验室、冲击实验室、流体力学实验室、传感器实验室、应变片粘贴实验室、拉压实验室、扭转实验室、理论力学实验室、冲击硬度室、矿山工程力学综合设计实验室等 13 个实验室，实验用房面积约 1 700 平方米，实验仪器设备 500 余台（套），固定资产总值 860 余万元。1990 年被煤炭部评为优秀实验室；1991 年被评为陕西省高校先进实验室；1997 年、2005 年、2011 年分别被评为西安科技大学实验室先进集体；2013 年被评为陕西省省级实验教学示范中心。中心为固体力学、工程力学方向硕士研究生培养和相关学科的科学研究提供了良好的实验条件。

（二）物理实验中心

中心现有功能实验室 23 个，实验室面积 2 000 平方米，大型仪器设备 5 台（套），教学科研仪器设备总值 500 万元。1990 年即被评为"陕西省高校先进实验室"，多次被评为西安科技大学优秀实验室，并在 2006～2007 年度的学评教活动中测评为优秀等级。

"煤矿安全监测终端传感技术科研实验室"隶属于理学院物理学科。该实验室于 2012 年获批中央发展专项 150 万元的专项基金支持，辅助以 2012 年获批陕西省高水平大学学科实验室 90 万元专项建设资金共同建设。实验室总面积约 85 平方米，为物理电子学的研究生培养和相关学科的科学研究提供了良好的实验条件。

第六节 科 学 研 究

一、科技创新团队

（1）"工程力学建模、分析及计算"科技创新团队

团队中教授 3 人，讲师 7 人，博士学位获得者 8 人。团队中具有陕西省青年科技新星 1 人，西安科技大学"胡杨人才工程"特聘教授 1 人、"菁英人才工程"1 人。近年来，团队获得省部级科学技术奖 2 项；团队成员主持了 4 项国家自然科学基金，其中面上项目 2 项、青年基金 2 项；省部级项目、军队和校企合作等项目 10 项。近年来，团队在国内外重要学术期刊上发表了 40 余篇论文，其中 30 余篇被 SCI、EI 收录。

（2）"煤矿安全微型机电器件与技术"科技创新团队

团队是学校 2012 年首批立项建设的科技创新团队之一。团队拥有核心骨干 16 人，其中有教授 3 人，副教授 4 人，拥有博士学位 14 人，团队平均年龄 36 岁。2015 年，该团队创立了"微纳米器件及其先进材料"创新论坛，在实现团队内部交流前提下加强团队与外界的学术交流，收效显著。近年来，团队承担国家级、省部级纵向科研项目 15 项，发表科研论文百余篇，其中被 SCI、EI 检索60 余篇，出版专著 3 部，授权实用新型专利 8 项，发明专利 5 项，获得厅局级以上科技奖励 13 项。

二、科研课题、项目数量分布情况

2008～2017 年，学院共承担纵向课题共 215 项，横向课题共 60 项，其中国家级项目 35 项，详见表 5-15-6。

表 5-15-6　　　　　　学院 2008～2017 年纵向、横向项目分布情况一览表

年份	纵向课题/项							横向课题/项
	国家级	省部级	西安市	厅局级	校级	其他	合计	合计
2008	0	3	0	3	10	0	16	3
2009	1	3	0	2	5	0	11	3
2010	1	4	0	4	14	0	23	3
2011	3	3	1	8	8	0	23	6
2012	2	2	1	6	11	0	22	8
2013	4	4	1	5	12	0	26	10
2014	6	6	0	3	17	0	32	8
2015	7	9	0	4	5	0	25	6
2016	7	10	0	4	3	0	24	7
2017	4	5	1	4	1	0	13	6
总计	35	49	4	41	86	0	215	60

三、科研经费

自 2008 年至 2017 年，理学院科研与技术服务发展迅速，科研合同额及到款额逐年增加，科技合同额达 2 418.03 万元，到款额达 2 175.61 万元，详见表 5-15-7。

表 5-15-7　　　学院 2008～2017 年科研合同经费与到款经费情况统计（以项目负责人计）

年份	合同经费/万元			到款经费/万元		
	纵向	横向	合计	纵向	横向	合计
2008	16.0	50.5	66.5	13.0	21.9	34.9
2009	18.5	36.7	55.2	20.0	49.7	69.7
2010	80.2	15.0	95.2	50.0	5.1	55.1
2011	176.8	167.0	343.8	114.0	65.9	179.9
2012	105.8	124.5	230.3	119.8	139.45	259.25
2013	255.7	276.0	531.7	160.7	95.55	256.25
2014	195.0	204.43	399.43	140.8	255.15	395.95
2015	166.0	178.1	344.1	189.09	78.07	267.16
2016	121.0	29.0	150.0	229.66	117.67	347.33
2017	143.0	58.8	201.8	230.37	79.7	310.07
合计	1 278	1 140.03	2 418.03	1 267.42	908.19	2 175.61

四、科研成果

自 2008 年学院成立以来一共获得省部级以上奖励 23 项,申请专利 90 余项,软件著作权登记 35 项,成果鉴定 4 项。

五、学术交流及论文情况

近三年来学院先后邀请国内外著名学者来院讲学 30 余人次,同时,学院教师参加国内外学术会共计 60 余人次,并且有 20 余人次在各类学术会议上做了演讲,2013 年成功协办了中国力学大会。

2008～2018 年间,学院教师发表核心以上论文总数达 695 篇,其中 SCI 收录 135 篇,EI 收录 216 篇,CPCI 收录 10 篇。

第七节　学生工作

一、概况

学院现有学生 442 名,其中本科生 353 名,研究生 89 名。学院牢固树立"立德树人"的教育理念,紧抓学生党建与思想政治教育工作,以学风建设为基础,以加强日常管理和队伍建设为保障,做好学生教育管理服务工作,开展形式多样的教育活动,引导学生全面发展,提高综合素质,近几年在学校学生工作评估考核中一直名列前茅。

二、学生工作机构

学院学生工作主要负责人具体见表 5-15-8。

表 5-15-8　　　　　　　　　　学院学生工作主要负责人一览表

职务＼年份	2008	2009	2010	2011	2012	2013	2014	2015	2016	2017
党委副书记	杨 军	潘 磊			贾 哲					
团委书记	谭 博		魏 颖				赵 明			
团委副书记		董康乾	全 超	焦娇娇	董晓刚	杨立平	张堂基	申宇航	冯欣凯	
学生会主席		赵 航	赵振兴	张 磊	董晓刚	刘亚文	贺 隆	申宇航	刘 叶	

三、招生及生源情况

（一）总体生源状况

学院新生志愿录取率稳定在99％的较高水平,新生报到率保持在99％以上。学生结构中,全学院男女比例基本为3∶1,来自城镇的比例占总人数的三分之一左右。

（二）各专业生源数量及特征

学院共有数学与应用数学、工程力学 2 个本科专业,男女生比例基本为 3∶1,录取学生最高分为 549 分,最低分 486 分,来自城镇的学生占到总人数的三分之一。具体见表 5-15-9。

表 5-15-9　　　　　　　　　学院 2008～2017 年招生人数一览表　　　　　　　　单位:人

专业		年份									
		2008	2009	2010	2011	2012	2013	2014	2015	2016	2017
本科	工程力学	31	31	60	55	58	60	59	65	62	62
	数学与应用数学	51	57	26	38	32	30	33	30	31	34
	合　计	82	88	86	93	90	90	92	95	93	96
硕士研究生	应用数学	32	27	12	12	5	8	10	13	13	11
	固体力学	1	2	1	3	3	3	2	3	4	4
	工程力学	2	4	3	3	5	4	8	3	4	9
	物理电子学	0	0	0	0	7	9	7	7	8	8
	合　计	35	33	16	18	20	24	27	26	29	32

四、就业情况

近三年,学院毕业生就业率保持在94％以上,考研上线率保持在30％以上,毕业生就业质量稳中有升。进一步完善就业工作相关制度,编撰完成《理学院学生工作制度汇编》,完善了《理学院毕业生跟踪调查暂行规定》和《理学院毕业生〈就业推荐表〉管理暂行办法》2 个就业工作相关制度,并使制度得到较好的执行,收到良好的效果。对未就业毕业生,学院持续提供就业指导服务,及时宣传毕业生生源地人社部门及教育部门举办的各类招聘、就业指导活动,推送用人信息和就业政策,重点关注和帮扶困难家庭未就业毕业生。学院 2008～2017 年就业情况具体见表 5-15-10。

表 5-15-10 　　　　　　　　　学院 2008～2017 年就业情况 　　　　　　　　单位：人

就业 专业		年 份									
		2008	2009	2010	2011	2012	2013	2014	2015	2016	2017
本科	工程力学				24	31	29	60	55	48	55
	数学与应用数学				54	51	60	25	42	23	26
	合　计				78	82	89	85	97	71	81
硕士 研究生	应用数学	16	14	19	32	27	12	12	4	9	10
	固体力学	4	5	2	1	2	1	3	3	3	2
	工程力学	0	0	4	2	4	3	3	5	4	7
	物理电子学	0	0	0	0	0	0	0	7	9	6
	合　计	20	19	25	35	33	16	18	19	25	25

第十六章 人文与外国语学院

第一节 学院沿革及概况

人文与外国语学院成立于 2011 年 4 月。其历史沿革可追溯到西安科技大学(原西安矿业学院)基础课部外语教研室。经历 50 余年的发展,学校于 2000 年 5 月设立外国语言文学系,2008 年 6 月成立外国语学院;2011 年学校学科调整之后,与原人文社会科学学院汉语言文学专业、法学专业、政治学与行政学专业合并成立人文与外国语学院。

学院现有教职员工 131 人,其中教授 9 人,副教授及高级工程师 35 人,讲师 83 人,工程师 4 人;实验室教师 7 人,行政管理人员 8 人。专任教师获博、硕士学位者 103 人,留学归国教师 14 人,另有外籍教师 4 人。开设有英语、汉语言文学、法学、政治学与行政学等 4 个本科专业,拥有自主设置二级学科"马克思主义与国家治理"硕士点和翻译专业硕士两个硕士学位授权点。学院承担本院本科生、研究生教育培养之外,还承担着全校本科生、硕士研究生和博士研究生的英语、日语、俄语等公共外语教学任务。

学院拥有语言实验室 16 个,其中同声传译室 1 个、多媒体语言实验室 8 个、多媒体教室 2 个、外语电台 2 个、录音室 2 个、外语资料室 1 个。拥有供专业和非专业学生学习的各种听力材料近 5 000 余盘,图书资料 8 000 余套,英文原版期刊 47 种、图书 45 种、VCD 与 DVD 影视资料 1 200 余盘。

第二节 组 织 机 构

学院党委成员情况见表 5-16-1,行政领导成员情况见表 5-16-2,组织机构设置见图5-16-1。

表 5-16-1　　　　　　　　　　学院 2000～2017 年党委成员情况一览表

年 份	党委(党总支)书记	党委(党总支)副书记	党委(党总支)委员	备 注
2000～2003	方 红	—	孙向红　师新民　张燕清	方 红(主持工作副书记)
2003～2008	方 红	孙向红	杨梅忠　孙向红　师新民　张燕清	
2008～2009	方 红	孙向红	孙向红　师新民　张燕清	
2009～2011	方 红	杨 军	杨 军　师新民　张燕清	
2011～2013	方 红	潘 磊	潘 磊　师新民　张燕清	
2013～2014	苏陆岭	潘 磊	潘 磊　师新民　张燕清	
2014～2017	苏陆岭	戴 悦	师新民　戴 悦　冯正斌　邓晓菲	
2017～	苏陆岭	张振中	师新民　张振中　冯正斌　邓晓菲	

备注:2008 年 6 月成立外国语学院分党委,之前为外语系党总支。

表 5-16-2　　　　　　学院 2000～2017 年行政领导成员情况一览表

年　　份	院长（主任）	副院长（副主任）
2000～2003		师新民（主持工作）　张燕清
2003～2008	杨梅忠	师新民　张燕清
2009～2011		师新民　张燕清
2011～2012	师新民	张燕清
2012～2014	师新民	张燕清　叶　江
2014～	师新民	张燕清（任至 2014 年） 叶　江（2012～） 冯正斌（2014～）

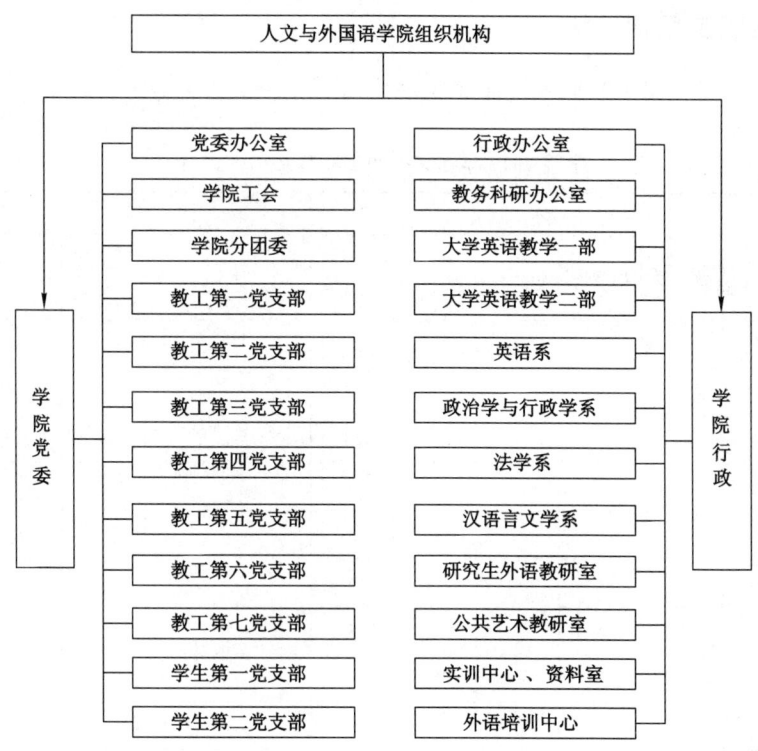

图 5-16-1　学院组织机构设置

第三节　师资队伍

　　截至 2017 年 12 月,学院在册教职工 131 人,其中教授 9 人、副教授及高级工程师 35 人、讲师 83 人、工程师 4 人。教师中硕士生导师 4 人,获博士学位 10 人、硕士学位 93 人。

一、历年教职工职称结构

　　学院历年教职工职称结构见表 5-16-3。

表 5-16-3　　　　学院 2011～2017 年教职工人数与专业技术职称结构

年份	正高级		副高级		中级		初级		其他		合计/人
	人数/人	比例/%	人数/人	比例/%	人数/人	比例/%	人数/人	比例/%	人数/人	比例/%	
2011	8	6	21	16	83	63	17	13	2	2	131
2012	9	7	22	16	91	68	10	7	2	1	134
2013	9	7	22	16	92	69	9	7	2	1	134
2014	9	7	24	18	89	67	8	6	3	2	133
2015	8	6	29	22	87	66	4	3	3	2	131
2016	7	5	29	23	89	70	3	2	0	0	128
2017	9	7	35	27	87	66	0	0	0	0	131

二、在岗教职工职称结构

学院 2017 年在岗教职工职称结构如表 5-16-4 所列。

表 5-16-4　　　　学院 2017 年在岗教职工职称结构一览表　　　　单位:人

单 位	教 师					职 工					合计
	教授	副教授	讲师	助教	小计	高级工程师	工程师	助理工程师	工人	小计	
大学英语教学一部	2	3	30	0	35						
大学英语教学二部	1	6	26	1	34						
英语系	4	3	7	0	14						
法学系	0	5	5	0	10						
汉语言文学系	0	3	5	0	8						
政治学与行政学系	0	2	4	0	6						
研究生外语教研室	1	4	1	0	6						
公共艺术教研室	0	0	2	0	2						
实训中心						3	4	0	0	7	
行政管理						1	7	0	0	8	
总 计	8	26	80	1	115	4	11	0	0	15	

第四节　本(专)科教育

　　学院开设有英语、汉语言文学、法学、政治学与行政学 4 个本科专业。英语专业于 2000 年 9 月开始招生;汉语言文学专业于 2005 年 9 月开始招生;法学专业于 2003 年 9 月开始招生;政治学与行政学专业于 2000 年 9 月开始招生。4 个本科专业学制为四年。2005 年 9 月开始招收英语高职(专科)学生,共有 6 届毕业生。2011 年学校决定停招英语高职专业学生。此外,学院还承担全校非英语专业本科生的大学英语教学工作。

一、专业概况及专业特色

（一）英语专业

2000 年 5 月,学校外语系正式成立,同年 9 月开始招收英语专业学生,当年招生 60 人,学制四年,所属专业为英语语言文学,学生毕业授予文学学士学位。现英语专业为一本招生,每年招收两个班学生。

专业在 2007 年教育部开展的"英语专业本科教学水平评估工作"中获"良好"等级。

（二）汉语言文学专业

2005 年,学校原人文学院设立汉语言文学专业,同年 9 月招收汉语言文学专业本科生,当年招生 60 人,学制四年,学科类别为中国语言文学,学生毕业授予文学学士学位。现本专业为一本招生,每年招收一个班学生。

（三）法学专业

2003 年,学校原人文学院设立法学专业,同年 9 月招收法学专业本科生,当年招生 60 人,学制四年,属法学学科,学生毕业授予法学学士学位。

（四）政治学与行政学专业

2000 年,学校原人文学院设立政治学与行政学专业,同年 9 月开始招收政治学与行政学专业本科生,当年招生 60 人,学制四年,属法学学科,学生毕业授予法学学士学位。

二、教育教学改革

学院以促进学生知识、能力、素质协调发展,培养学生实践能力和创新精神为目标,积极开展教学研究,2004~2017 年,学院教师共承担国家级、省部级、厅局级科学研究课题 12 项,出版专著和教材 51 本;建成省级精品资源共享课程 2 门,校级精品课程 10 门;省级教学团队 1 个,校级教学团队 1 个。2007~2016 年,学院教师共获得各类教学成果奖 18 项,其中省部级奖 2 项,校级奖 16 项。

三、实验场所建设

（一）语言教学实训中心

始建于 1984 年。2011 年根据学校各专业建设和发展的需要,在原语言实验室的基础上成立了实训中心。拥有 16 间语言实验室共 872 个座位,其中 1 间为同声传译室,3 间为云网络语言实验室,4 间为 Newclass 多媒体语言实验室,其余为普通多媒体语言实验室和外语电台。实训中心覆盖全校万余名本科生的外语视听说教学。现有工作人员 7 人,其中高级工程师 3 人,工程师 4 人。

（二）电子政务室

学院电子政务实验室始建于 2004 年,原隶属于人文社会科学学院,2011 年划归人文与外国语学院。面积 93.3 平方米,建设规范,设备齐全。现有实验设备 40 余台件,固定资产 38 万元。实验室现有工作人员 1 人。本实验室是基于电子政务课程教学要求而设立的专业实验室,主要任务是培养学生在政务现代化、信息化方面的实践技能。电子政务实验室分别对政治学与行政学专业、中文专业、法学专业开设电子政务、办公自动化软件、模拟审判 3 门课程。

（三）模拟法庭

学院模拟法庭实验室始建于 2004 年,原隶属于人文社会科学学院,2011 年划归人文与外国语学院。模拟法庭占地面积 149 余平方米,可容纳 110 人。从法学专业 2003 级学生首次开展模拟审判活动至今已成功举办了十余次模拟审判的活动,参与及旁听的学生达数千人。

第五节　研究生教育

学院研究生教育包括"马克思主义与国家治理"二级学科硕士研究生教育和全校硕士生、博士

生的英语、日语等公共外语教学两部分。

一、马克思主义与国家治理硕士研究生教育

马克思主义与国家治理是 2016 年学校以马克思主义理论研究一级硕士点学科为依托,自主设置的二级硕士点学科,属法学类,主要研究马克思主义理论与国家治理的主要关系,是一门新兴的、实用的、多学科交叉的边缘学科。

本专业计划 2018 年开始招生。在继承学科传统的同时,借助学校其他学科专业优势,形成了有一定特色的培养方向,主要有:国外马克思主义相关理论研究、西方国家治理理论的演进与创新研究、中西方国家治理理论的比较研究。现有硕士生导师 3 人。2011～2017 年学院研究生专业设置情况见表 5-16-5。

表 5-16-5 　　　　　　　　　学院 2011～2017 年研究生专业设置情况一览表

专业 ＼ 年度	2011～2016	2017	备注
硕士点	—	马克思主义与国家治理(2017.03)	

学院硕士生导师名单见表 5-16-6。

表 5-16-6 　　　　　　　　　学院研究生导师一览表

专业名称	硕士生导师
马克思主义与国家治理	李金勇　叶　江　李　东

二、全校硕士生、博士生公共外语教学

学院研究生外语教研室于 2011 年成立,现有教师 10 人,其中教授 2 人、副教授 4 人、讲师 4 人,具有硕士学位教师 8 人,主要承担全校硕士生、博士生的英语、日语等外语教学任务。

第六节　科学研究

学院根据学科发展现状,凝练学科方向,组建科研团队,优化科研激励机制,建构科研平台,积极开展学术研究与交流。

一、科研课题、项目数量分布情况

学院 2011～2017 年纵向、横向项目分布情况具体见表 5-16-7。

表 5-16-7 　　　　　　　　学院 2011～2017 年纵向、横向项目分布情况一览表

年度	纵向课题/项					横向课题/项
	国家级	省部级	厅局级	校级	合计	合计
2011	0	0	0	3	3	0
2012	0	1	0	4	5	1
2013	0	2	1	1	4	0

年度	纵向课题/项					横向课题/项
	国家级	省部级	厅局级	校级	合计	合计
2014	1	1	0	3	5	1
2015	1	4	0	3	8	0
2016	0	0	1	2	3	0
2017	3	3	0	4	10	0
总计	5	11	2	20	38	2

二、科研经费

学院历年科研合同金额及到款金额具体情况见表 5-16-8。

表 5-16-8 　　　　学院 2006～2010 年科研合同经费与到款经费情况统计

年度	合同经费/万元	到款经费/万元
2006	2.8	2.8
2007	12.3	12.3
2008	8.35	8.35
2009	15.9	11.2
2010	9.5	6.1

三、学术交流及论文发表情况

学院自成立以来,积极与国内、国际多所知名大学开展广泛的学术交流合作关系。共计派出 20 余位教师出国进修、攻读学位或出国访问;主办、协办和参加国内学术会议多次,接待国内外专家、教授或团体来访、讲学 10 余人次,举办大型学术活动近 20 次。教师公开发表学术论文 140 余篇。

第七节　学　生　工　作

一、概况

学院现有学生 566 人(不含国际交流生 4 人),专职辅导员 3 人。学院学生工作由学院党委副书记全面负责,学院团委书记、辅导员、班主任及学生干部等具体落实。根据学院的学科和专业特色,学院学生工作围绕"培养'博雅通识'的应用型人才"的培养目标,不断进行工作创新,完善各项工作制度,精心打造了"博雅系列文化工程""读书会""英语节"等极具专业特色的品牌活动。学院还依托学生党校、学生党支部、社会实践、学生社团、志愿服务等载体和平台,承办了学校英语角、大学生模拟法庭、英语演讲比赛、翻译大赛、新闻文化节、文学创作大赛等活动。

2008～2017 年,共评出省级"社会实践优秀个人"1 人次,校级"十佳辅导员"2 人次,校级"优秀辅导员"1 人次,校级"优秀共产党员"3 人次,校级"优秀共青团干部"3 人次,校级"工会工作先进个人"1 人次,"挑战杯"全国大学生课外学术科技作品竞赛"优秀指导教师"1 人次。1 人获得国家就业指导师资格,1 人获得三级心理咨询师资格。学生获得省部级以上课外学术竞赛类奖项 140 余

人次,省部级以上文体活动奖项 60 余人次,陕西高校新闻奖通讯类特等奖 1 人次,"孙越崎科技教育基金优秀学生奖学金"1 人次,国家级煤炭行业优秀共青团员 2 人次,校级标兵称号 9 人次;获各级各类奖学金、助学金、企业奖学金千余人次。学院团委荣获 2015 年社会实践优秀组织单位,2016 年"五四红旗分团委"。

学院学生工作机构见图 5-16-2。

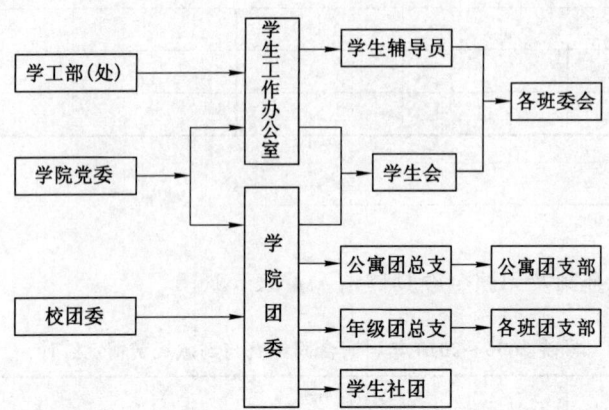

图 5-16-2　学院学生工作机构一览

学院学生工作主要负责人见表 5-16-9。

表 5-16-9　　　　　　　　　　2000～2017 年学院学生工作主要负责人

年　份	负责人	学生工作干部名单
2000～2001	方　红	魏　颖　王廷栋　刘　媛　党　雪
2001～2009	孙向红	魏　颖　王廷栋　刘　媛　党　雪
2009～2011	杨　军	魏　颖　王廷栋　刘　媛　党　雪
2000～2011	袁金群　吕宏艳　杨苗苗	刘　琳　张晓恒　韩　鹏　李　磊
2011.04～2014.04	潘　磊	谭　博　刘　媛　华　强　王　媛　韩　帅
2014.04～2017.06	戴　悦	张晶晶　韩　帅　李银亮
2017.06～	张振中	张晶晶　韩　帅　李银亮

二、历届招生、就业情况

(一)学院 2000～2017 年招生情况

学院 2000～2017 年招生情况见表 5-16-10。

表 5-16-10　　　　　　　　学院 2000～2017 年招生人数一览表　　　　　　　　单位:人

	专业名称	2000～2011	2012	2013	2014	2015	2016	2017	小计
本科	英　　语	984	62	41	53	49	45	33	1 267
	汉语言文学	356	29	31	30	32	32	33	543
	法　　学	547	32	30	33	26	31	41	740
	政治学与行政学	675	30	27	31	30	28	30	851
	合　　计	2 562	153	129	147	137	136	137	3 401

（二）学院 2013～2017 年就业情况

学院 2013～2017 年就业情况见表 5-16-11。

表 5-16-11　　　　　　　　　　学院 2013～2017 年就业率一览表　　　　　　　单位：%

专业名称		2013	2014	2015	2016	2017
本科	英　语	93.20	97.16	88.68	90.77	88.24
	汉语言文学	77.50	100	91.43	81.25	97.14
	法　学	70.70	88.23	93.10	60	80.56
	政治学与行政学	87.30	91.17	92.59	81.82	86.67
	合　计	91.05	96.83	90.36	80	88.16

第十七章 继续教育学院

第一节 学院发展历史沿革

一、学院简介

西安科技大学成人教育创办于 1960 年,"文化大革命"中被迫停办。1979 年 11 月,学院恢复组建了函授部。1994 年在原函授部的基础上组建成人教育学院,2005 年 7 月更名继续教育学院。随着学院更名,其职能业务由过去单一的成人教育扩展为成人学历教育、非学历培训教育和面向煤炭系统单独考试、单独招生的普通高等教育组成的综合性成人高等教育办学格局。

学院既是独立的办学实体,又是全校成人教育的专职管理机构,也是学校发挥服务社会职能和对外宣传的重要窗口。现设有 6 个科室,分别为办公室、招生办公室、教学教务科、培训科、团总支和直属函授站。管理人员 18 名,成人教育在籍学生 15 710 余人,单考单招学生现有 150 人。

学校继续教育始终坚持为经济建设和社会发展服务的宗旨,突出为成人学习服务的方向,始终把握为在职从业人员提供学习机会为导向,在招生领域突破过去单一的煤炭行业,努力延伸,开拓市场,拓宽到电力系统、金融、石化、汽车等领域,形成本科、专科、专升本、业余、脱产、岗位培训、大学后继续教育等多规格、多层次、多元化的办学体系。设有采矿工程等 16 个本科专业,煤矿开采技术等 23 个专科专业,安全工程等 15 个专升本专业。在新疆、甘肃、宁夏、青海、内蒙古、四川、江西、重庆、陕西、贵州和云南等 11 省份设立函授站。

学院坚持面向社会、依托市场、校企合作、联合共建的原则,依据企业不同需求,设置所需专业,实行订单式培养。先后与神东公司、陕西各矿务局、榆神矿区、青海西部矿业公司、窑街矿务局、靖远矿务局、新疆地矿系统、神木煤炭局、府谷煤炭局、中煤南梁矿业公司、四川华蓥山矿务局、芙蓉矿务局、鲁能陕西府谷能源公司等联合举办采煤、矿山机电、电气自动化等专业,为企业培养紧缺人才。

学校自 1960 年开始成人教育以来,培养了五万余名毕业生,他们中绝大部分成为所在企业的技术骨干和领导干部。据统计,有近 200 人分别担任了矿处级领导干部,其中有 20 余人担任厅局级领导。继续教育毕业生的扎实工作和为经济建设付出的努力,已经赢得了单位和社会各界的广泛赞誉。

二、继续教育发展历程

1960 年 7 月,根据煤炭部的指示,学校成立了西安矿业学院函授部,负责西北地区煤炭系统的高等函授教育工作。

1961 年,学校曾先后撤销了实习工厂、校办子弟小学和学院函授分部;1962 年,根据煤炭工业部的指示,恢复了西安矿业学院函授分部。

"文化大革命"期间,函授部处于停办状态。

党的十一届三中全会以后,函授教育事业出现新的生机。1979 年 11 月,学院恢复组建了函授部。

1990年改为成人教育部。1994年组建成人教育学院。2005年，成人教育学院更名继续教育学院，下设办公室、招生办公室、教学教务科、培训科、团总支、直属函授站，学院业务从起初单一的成人教育逐步拓展成为成人学历教育为主、具有非学历继续教育和面向煤炭系统单独考试、单独招生的普通高等教育的多规格、多层次、多元化的办学体系。

三、继续教育办学思路与理念

成人教育创办之初，根据煤炭建设现代化发展需求，就设立了明确的指导思想：坚持"立足煤炭，面向地方，以党的教育方针为指导，以育人为宗旨，以满足煤炭生产一线为目标，坚持理论与实践相结合、教学与生产相结合、集中与分散相结合、面授与自学相结合，以水平求生存，以质量谋发展，进一步扩大办学规模，提高办学效益，增强市场竞争能力，开展多层次的学历教育和岗位技能培训"，本着"基础要实，专业要宽，知识要新"的原则开展教学和培训工作，力求使学生毕业后能够初步掌握现代化生产和管理的基本理论和基本方法。

自1998年以来成人教育以机制求活力，实行目标管理，从办学方向、办学规模、办学层次、专业设置、管理体制入手，全方位开拓办学思路。以市场需求定计划，以规模质量求发展，以特色铸品牌，不断提高办学层次、质量，努力拓宽办学领域。

1960~2018年，学院走出了"面向社会，依托企业，校企结合，学校与企业、地方政府联合"的办学思路。确立了特色的办学机制，拓宽了办学渠道和办学理念，为继续教育的发展奠定了基础，受到了社会各界好评，取得了良好的社会信誉，扩大了西安科技大学继续教育在西北、西南乃至全国的知名度和影响力。

四、继续教育社会服务职能的延伸

成人教育的最初职能是负责西北地区煤炭系统的高等函授教育工作。为了适应煤炭行业发展的需要，为煤炭事业培养人才，在努力办好普通高等教育的同时，学院大力发展函授教育和其他各种成人高等教育。1979年恢复组建函授部后，举办了进修班、短训班、委托代培、函授教育等形式的成人高等教育，提升了成人教育办学水平，扩大了成人教育办学影响，教育机构逐渐健全和配套。

2005年，成人教育学院更名为继续教育学院。适逢煤炭行业发展的高峰期，学院把握时机，多渠道扩大成人继续教育范围，积极拓展社会服务领域。经过多年努力，继续教育学院现主要承担以下工作：负责学校单考单招学生的教学组织与管理、教学质量监控及学籍管理、学生日常管理工作；负责学校各类成人高等学历教育（脱产、函授）工作；代表学校负责非学历培训教育对外联络、协议签订及对内政策协调工作；统筹协调校内各二级单位开展非学历培训教育工作；负责成人高等教育学历证书、非学历培训教育证书的管理与发放工作。

2012~2016年，煤炭行业随着社会经济发展进入新常态，学院审时度势，及时调整办学思路，应对因煤炭行业变化引起的各种困境，确保了学院成人教育的可持续发展。在成人高等学历教育方面，学院根据社会经济发展需求，结合学校本科专业，积极申报并获批新专业，使成人高等学历教育招生人数逆势上扬，稳步提升了成人高等学历教育办学规模。在非学历培训教育方面，学院在巩固已有培训业务的基础上，多方面拓展培训领域、以创新模式寻求发展，通过加强基地建设开创非学历培训教育新局面，先后获批"全国煤炭行业教育培训基地"和"陕西省专业技术人员继续教育基地"，培训从单一的煤炭行业拓展到安监、地测、国土、税务和管理等领域。

学院积极响应国家精准扶贫工作，充分发挥煤炭主体专业学科特色和办学优势，开展智力扶贫，通过"送出去"的培训方式，打造将"输血"与"造血"结合起来发展的特色产业扶贫新模式，先后开展了"矿井水害防治""教师能力提升""苹果栽培技术""煤矿'一通三防'""农村电子商务"等专题

培训班,为推动长武县特色产业发展、助力长武县脱贫攻坚提供有力支撑。2017年,陕西省教育厅下发了《关于公布首批高校农民培训基地遴选结果的通知》,学校成功获批建设首批省级农民培训基地。

五、各历史时期继续教育组织机构建设

2005年,随着继续教育学院职能的扩展,经校党委研究决定,在原直属党支部的基础上组建继续教育学院党总支,学院科室调整为办公室、招生办公室、教学教务科、培训科、团总支,管理职能相应有所调整。拥有管理人员15人,其中院级管理人员4人,科级管理人员4人,一般管理人员7人。

2014年学校人事调整,学院管理人员22人(研究生学历11人),其中院级管理人员5人(书记1人、院长1人、副书记1人、副院长2人),科级管理人员6人,一般管理人员11人。学院管理队伍不断壮大,科室设置日趋健全,设有办公室、招生办公室、教学教务科、培训科、团总支和直属函授站,管理职能进一步调整和优化。2017年3月起,院级管理人员4人,科级管理人员6人,一般管理人员8人。

六、继续教育学院办学办公条件沿革

2012年以前,学院办公地点设在西安科技大学南院地质楼,办公环境基本满足办学要求。

根据学校整体布局安排,学院自2012年10月8日起迁址到西安市雁塔路中段58号西安科技大学(北院)教学主楼二层,学院办公、办学条件得到极大改善。北院办公室7间,临潼办公室4间。有教室17间,多媒体教室8间,教学机房1间(可容纳60名学生使用),教学资源不断丰富,教学需求得到满足。

因学校布局调整,学院于2017年11月6日起搬至雁塔校区西影路校园办公,新址地点设在西安市雁塔区西影路116号。

第二节 学 历 教 育

学院的高等学历教育主要由面向煤炭企业和三校生的单独考试单独招生的普通高等教育和成人高等函授教育、脱产教育综合组成。其中,脱产教育2008年起停止招生,单考单招普通高等教育2016年停止招生,在校单考单招学生毕业后将取消此办学类型。

一、成人学历教育

1960年7月,根据煤炭部的指示,学校成立了函授部,负责西北地区煤炭系统的高等函授教育工作。先后建立了铜川、韩城、蒲城三个函授工作站,组织了第一批函授生的招录和正常函授教学工作,参加学习的函授生共有260名。为了在甘、宁、青、新四省(区)开展函授教育工作,1960年8月、12月,学院分别在兰州和铜川召开有各省(区)煤炭局干教部门和各大矿务局参加的函授工作会议。会后在兰州、西宁、哈密、山丹等地设立了函授站,招生专业设有煤矿地下开采、矿山机电、矿井建设、矿山测量等专业。学习年限定为四年,要求毕业后,基本达到高等工科学校全日制同专业本科毕业生的水平。

党的十一届三中全会以后,函授教育事业出现了新的生机。1979年11月,学院恢复组建了函授部。经过短期准备,1981年6月在陕西铜川、甘肃窑街两个函授站招收工业电气自动化和矿业机械本科函授生70名,学制五年。

经过艰苦努力,学院的函授教育规模和招生范围不断扩大,教育机构逐步健全与配套。当时学

院函授招生主要面向西北、西南八省(区),开设采煤、工业电气自动化、矿业机械、矿山机电四个专业。学制为本科五年半、专科三年半。1988年,学院在校函授生361人。

1987年1月11日,经过"文化大革命"之后恢复函授教育的第一届函授本科工业电气自动化专业33名学生圆满完成学业,顺利毕业。

截至1988年,学院已在陕西的铜川、韩城、陕西煤炭基建公司,甘肃的窑街、靖远、华亭,宁夏的石嘴山、石炭井,新疆的乌鲁木齐、哈密,内蒙古的乌达,四川省的成都、永荣、南桐等恢复和重建14个函授站。各函授站在行政上归建站单位领导,在业务上接受院函授部的领导。各站共有专职管理人员29人、专职教师15人、兼职教师25人。学院的函授教学除函授部、站配备一定数量的专、兼职教师承担外,主要依靠学院的师资力量和教学设备开展工作。学院始终坚持函授教育走正规化办学的道路,十分重视函授生的培养规格和质量。学院函授教育坚持把好入学,期中、期末考试,毕业设计(论文)答辩"三关"。学院还结合自己的特点,制定了《西安矿业学院函授部工作条例》、《函授生守则》、《函授教材发放制度》等规章制度,加强对函授教育的管理工作。

成人教育的招生领域由过去单一的煤炭行业拓展到电力、金融、石化、汽车等行业和领域。本科专业由6个增加到31个,专科专业由9个增加到23个。招生规模逐年有所增加,在校学生人数上万人。

2005年至2017年,函授发展规模趋于稳定,函授教育职能得到更进一步优化,办学形式更加符合时代需求,办学水平进一步得到提升,为国民经济建设培养高等专门人才开辟了新途径。

函授站分布:在陕西、新疆、甘肃、青海、宁夏、内蒙古、四川、重庆、河南、贵州、云南等11个省市(区)直辖市设立函授站。函授学员遍布西北、西南各矿区。

学院成人学历教育管理工作实行主管校长领导下的西安科技大学—继续教育学院—函授站—教学班级四级管理体系。

学院坚持"严谨治学、质量为本"的准则,对于每一个管理环节严抓不懈,在依法办学、专业设置、招生录取、证书发放、学费收缴、函授站管理、教学环节实施等方面,建立了一套严格的管理制度和措施。

招生方面坚持"透明高效,公平竞争,择优录取"的原则,严格政策。

学籍管理上坚持做到"档案完备、真实客观、妥善保存、专人管理、及时反馈",深受广大学员和学员工作单位的好评。

教学内容方面,在保证体系完整的前提下,突出基础理论,既适合各函授站辅导教师授课,又适合学生自学,并力求密切联系企业生产经营管理实际,具有较强的现实指导意义。

教学方式方面,坚持集中与分散相结合、面授与自学相结合,并根据学员实际情况采取灵活机动的教授方式,既保证学员顺利完成学业,又不影响企业生产经营。

师资队伍建设方面,聘请教学经验丰富、教学水平较高、熟悉函授教育特点的教师,同时认真开展各种教学评估活动,由学员和函授站对任课教师授课情况作出评价,确保教学质量。

教学成绩考核方面,严格执行有关规定,坚持标准化操作,认真组织,客观评判,及时分析,全面总结,切实使学员的成绩考核成为检验和推动教学工作的有效途径。

学员毕业环节方面,严抓毕业设计关,坚持"既有理论指导,又有现实经验;既体现学业水平,又能解决实际问题"的原则,使毕业设计真正成为学员学业的集中体现。学院一直坚持本科、专科学生都做毕业设计(论文)的做法,这也是学院函授教育严把质量关的一个重要措施和特色教学模式。

函授教材方面,学院一直坚持高质量更新函授教材版本,稳定中求发展。2015年函授教材管理制度改革,将过去直接面向函授站发行教材改革为学院确定课程教材版本并监督函授站执行教材计划,管理和协调教材发行工作。学院已形成一套稳定中更新的函授教材使用计划,并配套印制实验指导书以及作业集等。学院还自行出版规划教材3本。

完善规章制度,加强制度化、标准化、规范化建设。先后建立健全了《继续教育学院科室职责及岗位职责》《函授生学籍管理办法》《函授教学环节基本要求》《评选先进函授站、优秀函授教师和优秀函授教育工作者办法》《教材管理制度》等 40 个规范性文件。2014 年在相关文件制度基础上,统筹修订完成《成人高等教育函授教学计划》《继续教育管理制度汇编》,制定《继续教育学院工作细则》。明确了招生、教学、学籍、师资、教材、考务等管理工作规范。

以育人为本,不断加强学员政治思想教育,促进学风建设。加强政治思想教育是形成良好学风的重要保证,也是提高办学质量的基本前提。各专业均开设马列主义理论课,提高学员的政治理论水平,帮助他们树立正确的世界观、价值观和人生观。学院指派思想觉悟较高、责任心较强的同志做兼职班主任,负责学员的日常思想教育,并要求任课教师在教书的同时更要育人,形成了学院(函授站)—班主任—任课教师—单位齐抓共管的格局。引入激励机制是加强管理教育的有效途径,坚持每年度开展一次思想鉴定和评优工作,对思想觉悟较高、学习成绩优秀、工作成绩突出的学员进行表彰,形成了你追我赶的喜人局面。几年来,共有 130 余名学员被评为优秀学员、优秀毕业生,他们绝大多数已成为本单位生产经营管理的中坚力量。

函授站是开展成人教育的基层单位,对保证正常教学秩序和提高教育质量有着重要影响。为了加强对各函授站的管理,学校严格执行《普通高等学校函授教育辅导站暂行规程》的有关规定。近年来,函授站在学院和设站单位的双重领导下得到了相当程度的发展。各站教学设施齐全,管理制度完善,基本满足了函授教学的需要。为进一步加强经验交流,互相促进,共同提高,学校定期召开函授站站长会议,为函授站提供相互学习、相互探讨的机会,并对优秀函授站及函授工作者进行表彰。同时学院充分利用考试巡考、函授站检查、评估等机会对函授站进行检查、监督,及时解决有关问题,从而使函授站工作有显著提高。

2015 年,学院机械电子工程专升本专业被评为陕西省高等继续教育特色专业建设项目。

学院一直重视教学改革、教学建设和教学研究工作,近年来主持和参加了多项省级、校级和院级教改工作。

学院负责的学校教育教学改革研究项目"又好又快发展继续教育的研究与实践",获得 2011 年学校教学成果奖二等奖。2013 年陕西省高等继续教育教学改革研究重点项目"依托行业教育资源构建服务地方建设培养体系的研究与实践"已验收结题。"基于多元问题模块的非学历继续教育模式研究和实践"获批 2015 年度陕西省高等继续教育教学改革研究一般项目。"互联网背景下的地方特色高校继续教育信息化建设研究与实践"获批 2017 年度陕西省高等继续教育教学改革研究一般项目。

2017 年,根据《关于做好 2017 年高等继续教育特色专业申报工作的通知》(陕教高办〔2017〕30号),省教育厅组织开展了 2017 年陕西高校高等继续教育特色专业评选工作,学校采矿工程、地质工程两个专业获批为陕西省高等继续教育特色专业。

成教学生的主体是函授生,函授生分布在各函授站,函授站建设历来是学院工作的重点,定期对函授站点进行教学检查,坚持每年召开函授站工作会议,加强对函授站工作人员的培养和管理,开展评选先进优秀活动,充分发挥函授站在招生、教学管理等方面的积极性和主动性,保证函授教育各项工作的顺利开展。通过各省教育厅对函授站评估加强对函授站的宏观管理、规范办学行为、强化基本建设、细化教育过程、确保教育质量。

根据《陕西省教育厅关于进行成人高等教育函授站评估工作的通知》(陕教高〔2006〕25号)文件精神,2006 年 8 月,省教育厅专家组对学校省内的 6 个函授站进行评估,反馈意见是各站手续齐备、机构设置合理,教学基础设施完备,教学管理严格,充分发挥了主办学校专业优势,以与煤炭相关专业为主流,大力培养煤炭及其相关的中高级专业人才和管理人才,为煤炭行业发展培养了大批人才。6 个站全部合格,其中 3 个站进入了优秀评选行列。学院新疆函授站、宁夏煤校函授站、宁

夏工业职业技术学院函授站、甘肃煤炭工业学校函授站、兰州资源环境职业技术学院函授站、靖远矿务局函授站、内蒙古准能函授站通过当地教育主管部门的合格评估,其中,宁夏工业学校函授站两次被评为优秀函授站。2010年5月开始,陕西省教育厅分批次对在陕建立的高等继续教育教学站、点和陕西省普通高等学校与独立设置成人高校的高等继续教育工作进行检查评估,历时一年多,学院的10个函授站、点参加了检查评估,全部合格。2015年,陕西省教育厅对学院学籍管理方面工作进行了专题调研和检查,给予了很高的评价。2016年5月,陕西省教育厅对在陕设立的高等继续教育校外教学站点开展检查,学校榆林供电局等10个在陕函授站接受了省上检查,全部合格。

西安科技大学主要函授站见表5-17-1。

表 5-17-1　　　　　　　　　　西安科技大学主要函授站一览表

序号	函授站名称	省份	依托单位	地址
1	准煤公司	内蒙古	准格尔能源有限公司	鄂尔多斯市薛家湾
2	重庆科能中等专业学校	重庆	重庆科能中等专业学校	重庆市沙坪坝区
3	四川芙蓉矿务局	四川	芙蓉矿务局	宜宾市珙县巡场镇
4	贵州	贵州	贵州林东矿业集团公司技工学校	贵阳市观山湖区金华镇
5	昆明	云南	昆明五华文津教育培训学校	昆明市五华区云大晟苑B座
6	渭南就业培训中心	陕西	渭南市就业培训中心	渭南市人力资源市场四楼
7	西安工业科技技术学校	陕西	西安工业科技技术学校	西安市沁水路26号
8	榆林供电局函授站	陕西	榆林供电局职工学校	榆林市上郡中路51号
9	西安数字技术学院	陕西	西安数字技术学院	西安市东郊水安路108号
10	西安城市建设学院	陕西	西安机电信息技术学院	西安市长安区郭杜镇学府大道西口
11	铜川技师学院	陕西	铜川矿务局职工中专	铜川王益区红旗街育才路29号
12	澄合矿务局技校	陕西	澄合矿务局职工学校	澄城县庄头镇
13	韩城矿务局	陕西	韩城矿务局党校	韩城市新城区老百户
14	陕西省地方电力培训中心	陕西	陕西省地方电力培训中心	西安市长安区杜陵路
15	继续教育直属站	陕西	西安科技大学继续教育学院	西安市雁塔区西影路116号
16	兰州资源环境职业技术学院	甘肃	甘肃资源环境职业技术学院	兰州市城关区段家滩
17	甘肃煤炭工业学校	甘肃	甘肃煤炭工业学校	白银市平川区
18	青海高教学会	青海	青海高等教育学会	西宁市微波巷
19	宁夏工业学校	宁夏	宁夏工业学校	石嘴山市大武口
20	新疆工程学院	新疆	新疆工程学院	乌鲁木齐南昌路

二、单考单招普通高等教育

单考单招是国家为培养煤炭行业紧缺人才的一种特殊政策。学校根据煤炭行业协会、国家煤矿安全监察局及教育部相关文件精神,面向煤炭企业优秀青年和少量社会三校生中实行单独考试、单独招生,招生时签订定向培养就业协议,毕业后全部回到煤炭行业就业。招生专业主要由四年制本科采矿工程、机械设计制造及其自动化、地质工程、土木工程、安全工程和三年制专科机电一体化专业组成。累计培养单考单招学生共1 409人,2016年开始停招单考单招类,2018年全部毕业。

在单考单招学生教育管理方面,学院主管学生工作副书记1名,辅导员4名。在日常的学生教育管理中,学院坚持以人文素养讲座为学生文化建设的重要内容和素质教育的主要载体,多年来学

院分别开展了以爱国主义教育、法制教育、传统礼仪文化、心理健康教育、安全稳定、科技竞赛等为主题的讲座,本着倾听一次讲座、开展一次活动、实现一次成效的方式进行。通过多年的努力,学院人文素养讲座在思想政治教育中的作用已初见成效并形成特色,是学院近几年全面优化育人环境而进行的一项有益探索和尝试。同时举办参观临潼博物馆、召开普法宣传主题班会、金秋敬老院献爱心、心理漫画大赛、安全稳定教育主题班会、科技竞赛和安全设计大赛等活动,形成以讲座为引领、以活动为支撑的局面,巩固人文素养讲座在思想政治教育上的效果,实现思想政治教育的目的。

自单考单招类型学生招生以来,学生就业率平均达到95%以上,特别是近两年就业率连续达100%。两名辅导员荣获"就业创业工作先进个人"荣誉称号,学院曾被评为"就业创业工作先进集体",毕业生去向主要集中在新疆、贵州、内蒙古、安徽、青海、河南、宁夏、甘肃、陕西等地区的煤炭行业。

第三节　非学历继续教育

一、非学历教育发展

学院非学历继续教育始终坚持服务社会的宗旨,在全力做好煤炭行业专业技术人员能力提升培训的基础上,不断加强非学历继续教育模式与体系建设。

学院非学历继续教育主要以培训基地建设为依托,以地矿类专业技术人员培训为核心、专业技术人员继续教育为拓展,凝练出了煤炭经济战略规划与管理研修、煤炭企业管理人员专题研修、煤炭行业专业技术人员技能培训、煤炭行业转岗及转专业培训、"技能+学历"培训和特色大讲堂等多元化的培训模式,培训课程设计中注重以现场问题为引领,构建了模块化、积木式、全方位的培训教学体系。学院通过学员和教师"请进来,走出去"的方式,为煤炭行业各层级管理人员和专业技术人员提供多层次、专业化的培训。自1980年学院举办"学历+培训"全脱产培训以来,学院非学历教育先后经历了带学历脱产培训教育、煤炭工业质量管理培训、"653工程"培训、陕煤集团中层干部轮训和多元化培训等阶段,培训效果得到社会和企业的广泛认可。

二、"学历+培训"教育

党的十一届三中全会以后,成人高等教育正式纳入正规化高等教育轨道。随着煤炭工业的发展,矿区对工程技术人才的需求越来越急迫,学院加快发展成人高等教育。1981年学院招过两年制专科矿长班。1983年以后,学院挖掘潜力,成人高等教育发展较快。1984年,经煤炭部批准,学院在陕西铜川、韩城矿区对口招收219名成人委托代培生,学制为两年制专科,开设采煤、矿井建设、矿山机械三个专业。同年,学院响应陕西省委帮助老区建设的号召,为榆林地区办了矿建专修班,学制两年,招生29人。1985年6月,学院从甘肃窑街、青海、四川南桐等矿区招收118名成人委托代培生,开设采煤、矿山机电、矿业机械三个专业。同年又在全国煤炭企事业单位招收质量管理专修科32名学生和教学干部专修科22名学生。1994年,学院与神华集团签订100万元人民币的培训协议,开辟了在学历教育和岗位培训方面的新前景。截至1998年,学院已全部完成了与神华集团签订的协议所规定的培训任务,先后为他们培养脱产、函授毕业生162名,岗位技能培训人员228名。

三、煤炭工业质量管理培训

为了适应煤炭工业管理现代化的发展和继续工程教育的需求,根据煤炭部领导同志"要西安矿业学院承担煤炭工业系统干部的质量管理教育培训任务"的要求精神,1984年10月,在西安矿业学院建立了煤炭工业质量管理研究、咨询、培训中心。其主要任务是承担煤炭系统干部和技术人员的全面质量管理的教育培训任务,开展科学研究,组织对煤炭工业企业进行质量管理的咨询、诊断活动。中心建立以来,积极开展工作,先后为煤炭部举办了6期领导干部或技术人员质量管理研究班,有300多个厂、矿企业的370多位领导干部和技术骨干在中心接受了全面的质量管理、电子计算机、系统工程等方面的教育。中心还派出教师应邀为华东六省一市局长学习班讲学,为宁夏煤炭厅、河南煤机公司、国家医药总局等单位举办质量管理学习班;深入几十个企业进行短期专题讲学,就企业关心的方针目标管理等问题作专题讲座。

四、"653工程"培训

根据2007年全国煤炭行业"653工程"工作安排,西安科技大学被批准为全国"653工程"施教机构。同年,学院积极启动了"653工程"培训,第一批为陕西煤化工集团培训43名学员,学员主要为非煤类专业本科生转煤炭专业学习,培训期为一年半,为陕西省煤炭产业的发展注入了新的活力。

五、陕煤集团中层干部轮训

2012~2014年,陕煤集团为提升中层干部专业技术与管理能力,开展了中层干部轮训。学院先后承担了8期共308人次的陕煤集团中层领导研修班。参加轮训的学员经过培训后,在单位担任要职。学院承办的8期轮训为学校扩大在陕煤的影响力发挥了重要作用。

六、多元化培训

2012年以来,学院面对煤炭行业发展新常态,抓住煤炭主体专业技术培训不放松,多路径深挖煤炭行业培训潜力,以各类培训基地建设为依托多渠道拓展领域,以标准化、专业化和品牌化思路打造西安科技大学非学历培训教育。经过多方努力,学院非学历培训教育由传统的煤炭行业培训拓展至安全生产监管、国土资源管理、税务管理、职业高校教师能力提升和基层干部能力提升等领域,学校先后获批"全国煤炭行业教育培训基地"和"陕西省专业技术人员继续教育基地"。2012年以来,学院非学历培训教育人数保持较为稳定的增长,年均在1 200人左右。学院培训质量和服务受到培训单位和学员的肯定和好评,成为学院非学历培训教育持续发展的原动力。

第四节　实习基地和继续教育基地建设

一、实习基地建设

学院一直注重学生实习基地建设,建成了包括山西凤凰山煤矿、韩城矿务局、黄陵矿业公司等非学历教育参观实习基地。

针对单考单招学生的培养和实践能力提升,学院与西安极朴电气有限公司等校外企业合作,建立了多个校外实习基地,为学生培养拓展了空间。

二、非学历培训教育基地建设

(一)全国煤炭行业教育培训基地

2015年9月23~24日,全国煤炭行业发展现代职业教育推进大会和全国煤炭行业发展现代职业教育成果展在江苏徐州举行,在大会上,学校获批"全国煤炭行业教育培训基地",中国煤炭工业协会副会长欣然为学校题词。获批以来,学院积极发挥学校煤炭主体专业师资和学科优势,每年

承办和举办多期煤炭行业专业技术人员培训。截至 2017 年 12 月,学院共完成 1 376 人涉煤专业技术人员培训,为煤炭产业发展做出积极贡献。

(二)陕西省专业技术人员继续教育基地

根据陕西省人力资源与社会保障厅陕人社函〔2015〕925 号文件,西安科技大学被批准为省级专业技术人员继续教育基地。基地主要承担陕西省、西安市中、高级层次专业技术人才培训,涉及教育、工程、会计专业,同时充分利用西安科技大学自身资源优势,主动为各类企事业单位和专业技术人员提供继续教育服务。2016 年 7 月,基地承办了"落实营改增,推动陕西经济健康发展"高级研修班一期。截至 2017 年 12 月,学院共完成 1 448 人学历继续教育培训。2017 年,学院副院长张旭东同志作为陕西省先进单位代表在全省继续教育基地会议上做了题为《规范管理、注重创新,努力做好专业技术人员继续教育工作》的交流发言,介绍了建设经验。同年通过陕西省人力资源与社会保障厅的复审评估,继续教育基地建设进入了快车道。

第五节　历年获得荣誉及担任社会职务

一、学院历年所获荣誉展示

2012 年,学校在咸阳承办陕西省 2012 年度高等继续教育校院长联席会议,韩江水副校长在会上发言。

2013 年,学院获第一届"全国煤炭成人教育先进集体",张建奇和张葳被评为第一届"全国煤炭成人教育先进个人"。

2015 年,获批中国煤炭工业协会全国煤炭行业首批教育培训基地。

2016 年,学院被评为第二届"全国煤炭成人教育先进集体",李巧文、杨瑾被评为第二届"全国煤炭成人教育先进个人"。

2016 年,学院被评为"2015 年煤炭行业教育培训先进单位"。

2016 年,获批中国煤炭教育协会煤炭行业教育培训先进单位。

2017 年,学院荣获陕西省高等继续教育学会理事单位。

二、学院相关负责人担任社会职务

张建奇副院长担任煤炭成人教育网络化资源共建共享协作委员会资源建设专门委员会委员和陕西省高等继续教育学会教育发展与评估委员会委员;张旭东副院长担任陕西省高等继续教育学会理事。

第十八章 体 育 部

第一节 体育部发展历史沿革

西安科技大学体育部成立于 1996 年,由原基础课部体育教研室组建。体育部现有教职员工50 人,其中教授 5 人,副教授 19 人,讲师 18 人,助教 1 人。体育部负责学校体育工作规划与发展,承担全校本科生、研究生公共体育课程设置与实施、课外体育活动与竞赛、学生体质监测与评价,以及学校体育场地设施管理与保障等方面的工作。

自建校以来,体育部从 2 名教师组成的教研组发展为学校二级教学单位,见证了学校建设特色鲜明的高水平教学研究型大学的各个重要历史阶段。

第一阶段,初创发展阶段(1958～1966 年)。1958 年建校初学院就设立了体育教研组,体育教研组为教务处直接领导的基础课体育教研组。体育教研组由朱景秋、钱富章 2 名从西安交通大学分出的体育教师组成。1959 年,根据学院教务处拟定的《关于制订教育计划若干问题的意见》,体育教研组制订了体育课程教学计划和教学大纲以及学院体育活动开展办法等规章制度。

1961 年,体育教研组新增张志周、刘录锁、白树壁 3 名教师,体育教研组教师队伍得到了充实,体育教学工作逐渐步入正轨。

1962 年,学院在基础课部体育教研组的基础上成立了体育教研室,朱景秋任教研室主任,体育教研室直属教务处领导。同年,体育教研室新增教师王英才。

1963 年,体育教研室新增教师闫永宁,钱富章老师调离体育教研室,体育教师总数达 5 名,同年,体育教师总数达 9 名,学院体育教师队伍进一步加强,教师队伍学缘结构更加丰富。学院体育工作在加强体育教学的同时向纵深发展。1963 年 3 月,学院成立了以党委副书记、副院长为领导,工会、团委、学生会、各系和体育教研室参加的体育工作筹备委员会。在采矿、地质和机电三个系实行了体育辅导员制,由体育教师分系包干,辅导各系学生的课外体育活动。1963 年 4 月,学院第一届田径运动会成功举办,共有 28 个班级的 467 名学生参加了比赛,有 22 人达到了等级运动员标准。随后,学院相继成立了田径、篮球、足球、乒乓球等代表队。同年 6 月,男子足球队在高校分区赛中获得了亚军,为学院争得荣誉。

这一时期,学院教职工体育活动蓬勃开展。在陕西省教育工会主办的高校教工乒乓球比赛中,学院教工男、女队分别获得小组团体冠、亚军,在个人单打比赛中获得女单亚军和男单第三名、第五名的好成绩。

20 世纪 60 年代中期,体育教研室新增赵敏端、白淑碧(女)、马文芬(女)、孟宪高、张来喜等教师,体育教师总数达 10 人。期间,随着体育教学、课外体育、运动竞赛和学校体育其他各项工作的顺利开展,体育教研室曾聘任学院机电系学生刘国柱和采矿系学生罗新民为临时体育教师负责篮球教学与篮球队训练工作。

1964 年,王英才担任体育教研室主任,积极响应学院推进教学改革、加强教学工作精神,带领体育教研室教师探索体育教学与课程改革,组织实施并编写了新的西安矿业学院体育教学大纲、体育课程讲义。在学院党政的正确领导与体育教研室全体教师共同努力下,学院体育工作进入了规

范有序、不断提升的发展阶段。

第二阶段,"文化大革命"中断阶段(1966～1976年)。学院迁往陕西韩城,体育教学设施、设备损坏严重,体育场地被侵占。学院体育教师被集中分流到韩城农村和韩城矿务局周边,学校体育工作停止。在这期间,先后有廖诗方、苗德恕、金建中、熊启耀、王宏周等老师调入体育教研室。"文化大革命"期间,体育教研室主任王英才暂时离开体育教研室,由孟宪高任体育教研室主任。

第三阶段,拨乱反正、重新发展阶段(1976～1987年)。"文化大革命"结束后,经过拨乱反正,学院工作开始出现转机并进入新的发展阶段。王英才重新主持体育教研室工作,学院体育教师在教研室主任王英才、副主任赵敏端的带领下以极大的热情投入到体育教学和学校体育各项工作之中。期间,体育教研室先后增加了吕爱芳、石优良等教师,体育教研室在编教师达到17人。体育教研室积极贯彻落实1979年教育部和国家体委联合颁布的《高等学校体育工作暂行规定(试行草案)》、《全国学生体育运动竞赛制度》和《高等学校普通体育课教学大纲(试行草案)》等文件,着力改善学校体育工作。这一时期,学院85%的学生达到了《国家体育锻炼标准》要求。仅1981年至1983年,男、女学生分别有26项60人(次)和18项44人(次)打破了学院田径单项纪录。学院重新组建了多支运动代表队,其中,田径队、篮球队、足球队在全省大学生比赛中均获得了较好的成绩,在陕西省大学生运动会上6次获得男子团体和女子团体名次。

在教职工体育活动中,学院干部、长跑老将董耀录同志在1985年9月举行的第二届全国工人运动会上打破5 000米和10 000米陕西省老年纪录。在1985年陕西省高校教职工乒乓球比赛中,学院教工马东升获得男子单打冠军。

1984年,学院游泳池建成并投入使用,游泳教学逐渐成为学院特色教学项目。同年,学院在体育教研室主任王英才、副主任赵敏端的带领下与煤炭部联合招收体育大专班,由体育教研室教师负责全部教学工作,体育师资班主要面向煤炭系统职工,学制2年,学生毕业由煤炭部颁发大专文凭,其中,1988年第三届体育大专班为体育师资班。3届共为煤炭系统培养了80余名体育教师,许多体育专业人才和教师已成为煤炭系统体育工作的主力军。1985年,体育师资班学生篮球队在西安市职工篮球赛中获得冠军。

第四阶段,深化改革、深入发展阶段(1988～1996年)。学院高举中国特色社会主义理论伟大旗帜,全面贯彻党的教育方针,学院体育面貌焕然一新。期间,新增了孙青山、惠飞虎等15名体育教师,形成了一支老、中、青各年龄段搭配,教授、副教授、讲师、助教构成的职称比例较合理的体育教师队伍。

1988年,学院第一届体育教学工作会议召开,学院在总结多年来体育教学经验的基础上,把早操作为夯实体育教学的重要保障,出台了《西安矿业学院早操制度》,学生早操活动得以坚持。学院体育教研室从1994年开始,挖掘师资潜力,克服经费和场地不足的困难,为学生开设了篮球、足球、乒乓球、羽毛球、跆拳道、体育保健和健美操等共7门体育课程,学生根据自己的兴趣和身体素质自由选择,提高了学生的学习兴趣,获得较好的教学效果。

20世纪90年代以后,随着国家高等教育改革的发展,高校体育教学在课程设置、教学方法、教学时数等方面也在改变传统模式。体育教研室紧跟高等学校体育教学改革步伐,在体育教研室主任廖诗方的带领下,将大学体育课程分为体育基础课和体育专项课,在保证体育教学质量的基础上,有效地提高了学生上体育课的兴趣和积极性。学生体育竞赛活动也步入新的发展阶段,学院有田径队、男女篮球队、足球队、排球队、乒乓球队、跆拳道队、健美操队等八支代表队,在省内高校比赛中屡创佳绩:1996年足球队获得全国煤炭高校学生足球赛冠军。1997年男、女篮球队在省大学生篮球赛中分别获得第五名和第二名;田径队队员王飞舟、范鹏、常敏在全省大学生运动会上分别夺得男子跳高第一名、标枪第二名和女子跳高第二名。乒乓球队在1998年全省高校比赛中夺得团体第五名。女子健美操队在1997～1998年度全省高校表演赛中获得表演优秀奖。多年来,学院体

育部坚持每学期至少举办一期裁判员培训班,为学院运动竞赛工作培养各类裁判人才。

1996年1月,经学院批准成立西安矿业学院体育部,升格为正处级教学单位,隶属教学副校长直接领导,成为学校十个二级教学单位之一,负责全校本专科生和研究生公共体育教学和学校体育工作。廖诗方任体育部主任,孙青山任副主任。设立直属党支部,张志周任党支部书记。体育部的成立开创了西安矿业学院学校体育工作的新局面,为学院体育工作的深入开展奠定了坚实的基础。

第五阶段,抢抓机遇、砥砺奋进阶段(1997~2018年)。在学院党委和行政部门的正确领导下,体育部全面贯彻党的教育方针,抢抓教育深化改革的机遇,进入了快速发展的阶段。1998年成立了校体育运动委员会,形成了由校体育运动委员会—体育部—学生会体育部组成的体育组织结构。体育部教师每年新增1~2名,最多时每年新增4名教师,教师队伍的扩大为学校体育工作全面深入开展提供了人才支持。2000年,体育部赵敏端老师获批田径国际级裁判,成为体育部第一位国际级裁判员,其参与编写的《田径裁判学》成为中国田协裁判员培训指定教材,也为学校培养了大批田径二级、三级裁判员。

2001年,体育部主任廖诗方同志退居二线,派任周荣同志担任体育部党支部书记,孙青山同志任体育部副主任全面主持工作。2002年,体育部完成了领导班子更新,学院成立体育部党总支,由任周荣同志任体育部党总支书记,孙青山任体育部主任,陈黎、刘永涛任体育部副主任,分别负责体育教学与群体竞赛工作。体育部党总支下设第一党支部、第二党支部。

2003年,学校更名西安科技大学,体育部以此次更名为契机,以弘扬优秀体育文化和创建国内知名大学进程中体育教育所肩负的责任为己任,制订了五年体育发展规划和一系列教学、竞赛、管理等规章制度,首次试行体育课教考分离。体育部行政也从原来的一个教研室,发展成为两个教研室。马珺任第一教研室主任,张剑光任第二教研室主任,刘永涛兼任群体教研室主任,张欢任体育科研室主任。

2005年,体育教学在全省高校率先开展"网上三自主"选课模式,并较早实施体育教学选项课教学模式。体育选项课从开始的田径、篮球、足球、排球、羽毛球、乒乓球、健美操、跆拳道、体育舞蹈等9门课程发展到18门课程。同年,临潼校区2块标准游泳池投入使用,游泳场地面积位居陕西高校前列,学校将游泳课设为学生必修课程,游泳课教学成为体育部特色教学项目。

2006年,以临潼校区塑胶田径场为标志的一批新的体育场地设施投入使用,极大地改善了临潼校区体育教学环境。2007年,侯平涛任体育部办公室主任,协助体育部主任负责体育部日常行政工作。2008年,临潼校区综合体育馆落成并投入使用,综合体育馆的面积、功能在陕西高校位居前列,体育部近一半的课程教学进入场馆,保证了体育教学和群体竞赛与训练工作的开展。

2009年,体育部组织机构进行了重新调整。体育部行政下设第一教研室、第二教研室、体育科研与体测室、群体竞赛室、场馆中心。郭林任第一教研室主任,张剑光任第二教研室主任,张欢任体育科研与体测室主任,王华任群体竞赛室主任,马珺任场馆中心主任。2010年任周荣同志退居二线,体育部党总支完成新老换届,党天虎任体育部党总支书记,霍舟任体育部第一党支部书记,汝铁林任体育部第二党支部书记。2012年,体育部设立第三教研室(兼教学秘书),赵亮任第三教研室主任。

2014年,体育部领导班子完成新老交替,陈俊杰同志任体育部主任,陈欣任体育部办公室主任,协助体育部主任负责体育部日常行政工作。同年,体育部成立教授委员会,陈俊杰、孙青山、陈黎、张欢、马珺、马红霞、米春娟任体育部教授委员会委员。同年3月,学校派周涛同志兼任体育部党总支副书记。2015年,吕宏艳同志任体育部党总支书记。2016年,体育部党委委员和第一、第二党支部完成换届选举,党总支委员由吕宏艳、陈俊杰、霍舟、汝铁林、张剑光5人组成;霍舟任体育部第一党支部书记,汝铁林任体育部第二党支部书记,各党支部委员和人员构成也同时完成。

截至2017年12月,体育部共有教职工50人,其中,行政管理5人,实验室人员2人,教师43人,第一教研室教师24人,第二教研室教师19人。

体育部现有 12 支运动代表队,在省内外各类比赛中获得了多项佳绩,特别是健美操队、跆拳道队、游泳队、田径队、乒乓球队、羽毛球队等,展示了西科学子良好的素质和精神面貌;学生体质健康测试工作中,体育部积极落实《国家学生体质健康标准(2014 年修订)》,精心组织、严格要求,圆满完成大学生每年一次的体质健康测试工作,学生体质健康测试达标率、优秀率逐年提高;在体育科研工作中,体育部教师每年申报的省部级项目不断增加,教师发表的核心期刊论文逐年增加,科研成果不断涌现;在体育教学场地设施建设中,近年来相继完成了体育馆的综合改造工程、游泳池防晒棚及综合维修工程以及篮球场、网球场改建工程等,保证了体育教学与竞赛训练工作的顺利开展。

第二节 组织机构

体育部组织机构设置如图 5-18-1 所示,党委成员情况见表 5-18-1,行政领导成员情况见表 5-18-2。

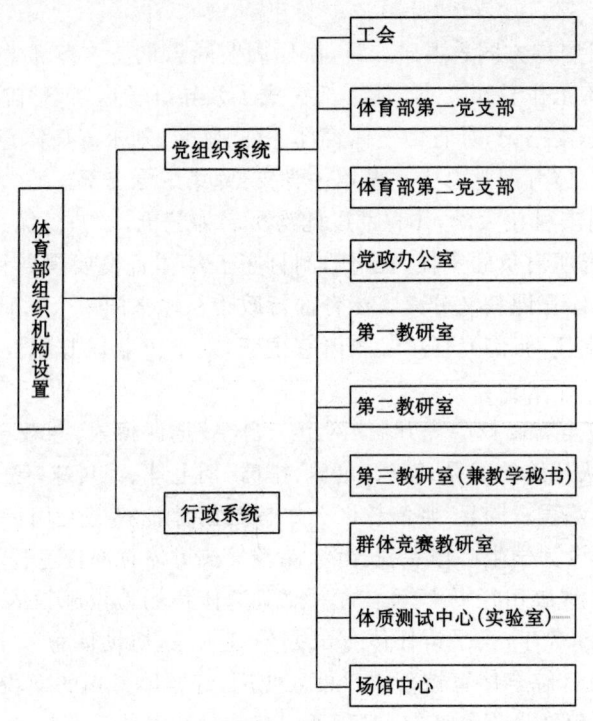

图 5-18-1 体育部组织机构设置

表 5-18-1 体育部 1982～2017 年党委成员情况一览表

年 份	党总支(支部)书记	党总支(支部)副书记	委 员
1982.06～1988.09	张志周 (党支部书记)	—	张志周 王英才
1988.10～1991.09	张志周 (党支部书记)	—	张志周 王英才
1991.10～1996.09	张志周 (党支部书记)	—	赵敏端 孙青山
1996.10～2001.02	张志周 (党支部书记)	—	孙青山 陈 黎

续表 5-18-1

年　份	党总支(支部)书记	党总支(支部)副书记	委　员
2001.03～2002.05	任周荣 (党支部书记)	—	陈　黎　张剑光
2002.06～2010.04	任周荣	—	马　珺　任周荣　孙青山　刘永涛　陈　黎
2010.05～2015.03	党天虎	周　涛	党天虎　孙青山　陈　黎　马　珺　刘永涛
2015.06～2016.10	吕宏艳	周　涛	吕宏艳　孙青山　陈　黎　马　珺　霍　舟
2016.10～	吕宏艳	—	吕宏艳　陈俊杰　张剑光　霍　舟　汝铁林

表 5-18-2　　　　　　　　　　体育部 1958～2017 年行政领导成员情况一览表

年　份	主　任	副主任
1958.07～1964.07	朱景秋	王英才
1964.08～1973.01	王英才	赵敏端
1973.02～1975.11	孟宪高	赵敏端
1976.02～1985.10	王英才	赵敏端
1985.10～1991.09	王英才	廖诗方
1991.10～2001.08	廖诗方	赵敏端　孙青山
2001.09～2002.05	孙青山(主持工作)	
2002.06～2003.08	孙青山	陈　黎　刘永涛
2003.09～2014.04	孙青山	陈　黎　刘永涛
2014.04～	陈俊杰	—

第三节　师资队伍

1958 年从西安交通大学的采矿系和地质系独立建院,成立西安矿业学院,当时,从西安交通大学分出来两名体育教师——朱景秋(讲师)、钱富章(助教)成为西安矿业学院体育教研室的成员。

从 1958 年建校至 2017 年,先后有 70 名体育教师奋战在学校体育教学一线;共有张安、党岷江、刘锡山、朱林、杨凯等 5 名教辅人员以及韩凤云、任周荣、党天虎、师志革、侯平涛、朱林、陈俊杰、陈欣、吕宏艳、王瑞等 10 名行政人员为学校体育工作做出了自己的贡献。截至 2017 年 12 月,体育部在册教职工 50 人,其中教授 5 人,副教授 19 人,讲师 18 人,助教 1 人。其中,教师中在读博士 2 人,获硕士学位 34 人。

一、体育部历年教师情况一览表

体育部历年教师情况见表 5-18-3。

表 5-18-3　　　　　　　　　　体育部 1958～2017 年教师统计表

年　份	姓　名	合计/人
1958	朱景秋　钱富章	2
1961 新增	张志周　刘录锁	4
1962 新增	王英才	5

续表 5-18-3

年　份	姓　　名	合计/人
1963 新增	闫永宁	6
1963 新增	刘国柱(兼职)　罗新民(兼职)	8
1964 新增	赵敏端	9
1965～1970 新增	白淑碧(女)　马文芬(女)　孟宪高　张来喜	13
1971～1973 新增	廖诗方　苗德恕　金建中　熊启耀　王宏周	18
1976 新增	吕爱芳(女)　石优良	20
1982 新增	孙青山　惠飞虎　张亚东　张晓琴(女)	24
1986 新增	刘迟	25
1987 新增	张欢	26
1988 新增	朱琼(女)　徐瑛(女)	28
1991 新增	马珺	29
1994 新增	刘永涛	30
1995 新增	张剑光　刘炜	32
1996 新增	陈黎(女)　李东颖(女)　宋敏勇	35
1997 新增	郭林　马红霞(女)	37
1998 新增	柯昕	38
1999 新增	霍舟	39
2000 新增	王华　汝铁林　杨黎	42
2001 新增	岳海侠(女)　谢志斌　韦巍　赵茜(女)	46
2002 新增	惠忠涛　赵学军	48
2003 新增	辛阳　薛峰　杨飞	51
2004 新增	赵亮　米春娟(女)　刘毅　向斌	55
2005 新增	杨晓光	56
2006 新增	宋亮　李春璐(女)	58
2007 新增	黄海	59
2008 新增	刘巍　张杨(女)	61
2009 新增	林锋	62
2010 新增	闫永兰(女)　齐宝	64
2013 新增	雷正方　林海强	66
2015 新增	张艳青(女)	67
2016 新增	李贺　蔡珊(女)	69
2017 新增	王忠宝	70

二、在岗教职员工职称结构

体育部在岗教职员工职称结构见表 5-18-4。

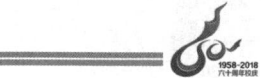

表 5-18-4　　　　　　　　　体育部 2017 年在岗教职员工职称结构一览表　　　　　　　　单位:人

单　位	教　师					行政及实验室					合计
	教授	副教授	讲师	助教	小计	高级工程师	工程师	助理工程师	工人	小计	
第一教研室	3	12	9	0	24						24
第二教研室	2	7	9	1	19						19
体育部行政		1			1	1	1	4		6	7
总　计	5	20	18	1	44	1	1	4		6	50

第四节　课程设置

一、课程简介

体育部承担全校本科生公共体育课教学工作,开设全校体育必修课和公共选修课。体育必修课采用选项课教学模式,学生通过校园网自主选择任课教师、教学项目和教学时间。公共选修课每学年由教务处征集,教师进入全校公选课课程库申请开设具有特色的选修课程。

体育部开设了 19 门选项课程,选项课计划学时为每学期 16 周,共 32 学时。包括:

(1)球类项目:篮球、足球、排球、乒乓球、羽毛球、网球、垒球、柔力球等课程。

(2)体操与舞蹈项目:体育舞蹈、瑜伽、健美操、啦啦操、健身排舞等课程。

(3)其他项目:武术、散打、跆拳道竞技、跆拳道品势、健身健美、定向与拓展。

同时,体育部每学年第二学期为大一、大二学生开设 16 学时游泳课程,游泳课为必修课。

共开设了 18 门公共选修课程,选修课计划学时为每学期 8 周,共 16 学时。包括:

(1)体育运动竞赛规则课程:篮球规则与裁判法、足球竞赛规则与裁判法、排球裁判法、垒球竞赛规则、跆拳道竞赛规则。

(2)体育文化课程:体育欣赏、大学体育文化、唐代体育文化史。

(3)体育健康课程:营养与健康。

(4)其他课程:台球、慢投垒球、轮滑、形体训练、健身健美、健身舞蹈、瑜伽、有氧搏击操、跆拳道竞技。

二、实践教学环节

包括体育课堂实践教学(含体育理论)、第二课堂体育活动、体质健康测试、身体素质考核、专项考核。

第五节　体育教学

一、本科生体育教学

体育部体育教学工作由体育部主管教学的副主任全面管理,1996 年成立体育部,下设第一、二教研室。2007 年设立教学秘书辅助体育部教学副主任工作,同年成立体育部场馆中心,负责雁塔、临潼两个校区体育教学场馆设施的全面运行和管理工作。2012 年设立第三教研室(兼教学秘书),负责体育部教学、教务管理工作。

1998 年,体育部经过调查研究,对教学大纲进行了修订,在传统体育教学的基础上增设了专项提高班,并提出选项教学模式,即一年级为体育基础课,采用行政班级男、女分班教学;二年级为专项提高班,采用选项教学,男、女生合班上课。学校是在全省高校中率先提出并实施选项教学模式的高校,这一教学模式深受学生欢迎。2006 年开始在体育课程教学上实施网上"三自主"分级教学选项教学模式,进一步拓宽了选项教学的内容和深度,体育选项课程体系日趋完善。

体育部以促进学生知识、能力、素质协调发展,培养学生运动能力和提高体质健康水平为目标,把教学内容与课程体系改革作为完善人才培养方案的主要落脚点,积极开展教学研究并取得明显成效。共承担了省、市各类软科学研究课题 30 余项,出版专著和教材 40 余部,在各类学术杂志上发表论文 400 余篇,一批优秀论文、专著和教材相继发表和出版;已建成省级精品资源共享课程 1门,校级精品课程 5 门。运动代表队学生在各类运动竞赛中取得令人瞩目的成绩。

二、研究生体育教学

从 2000 年起,体育部承担学校研究生体育课教学工作,研究生体育教学在雁塔校区进行,研究生体育课教学管理由体育部教学副主任负责。研究生体育课每学期 18 周,每周 2 学时。体育部每学期选派 5～6 名教授、副教授和教学经验丰富的讲师担任研究生体育课教学工作。研究生体育课为选项教学,教学项目主要有羽毛球、乒乓球、篮球、足球、舞蹈、跆拳道、太极拳、健美操和体育舞蹈等。

2003～2017 年,体育部教师共承担教改项目 24 项,获批精品课程 13 项,编写出版教材 33 部,发表核心期刊论文 65 篇,获得各类教学成果奖 5 项。

第六节　群体竞赛

体育部是学校体育工作的主要执行者和实施者,始终秉承"以人为本,健康第一"的指导思想,树立"全面发展、终身受益"的体育教育理念,使健康体育、快乐体育、终身体育贯穿于体育教学和群体活动中,从而不断增强学生的体质、提高健康水平、全面提高素质。

为了更好地贯彻"健康第一"思想的理念,鼓励广大大学生积极参加体育锻炼,从而掀起群众性体育锻炼的热潮,学校于 2003 年成立了西安科技大学体育运动会员会,于 2007 年 7 月成立了以学校体育运动会员会为组织领导机构的阳光体育运动领导小组。

学校特色体育文化节创新模式立足于学校和学生全面发展的基础上,旨在促进大学生广泛参与健康向上的体育文化活动,从而强身健体,愉悦身心。从 2003 年起,学校将传统的田径运动会改为体育文化节,同年,学校第 32 届田径运动会暨第一届体育文化节胜利召开。

2007 年,学校的体育文化节从一年一度的春季体育文化节发展到一年两次的春季、秋季体育文化节。春季体育文化节历时一个半月,其内容丰富,包括健身体育、竞技体育、娱乐休闲体育、观赏体育、体育创作、体育讲座等。秋季体育文化节历时一个月,主要以健身、娱乐项目为主,配以长跑接力等内容。

体育文化节活动内容见表 5-18-5。

表 5-18-5　　　　　　　　　　　　体育文化节活动内容

活动类别	活动项目
健身体育活动	健美操与啦啦操、街舞、排舞、柔力球、集体跳绳、踢毽子、瑜伽、健身健美等
竞技体育活动	田径运动会、足球联赛、乒乓球、羽毛球、垒球、跆拳道、排球、网球等
娱乐性体育活动	拔河、"三人制"篮球、定向、桌球、各种游艺活动

续表 5-18-5

活动类别	活动项目
创造性体育活动	体育摄影比赛、会徽设计大赛等
观赏性体育活动	体育征文、团体操表演、大型演出等
测试性体育活动	体质健康标准测试
体育知识宣传活动	体育论坛与讲座、奥林匹克知识竞赛、体育知识竞赛、心理咨询、运动损伤的预防和急救等的讲座等

第七节 科学研究

体育部根据体育学科发展现状,凝练学科方向,组建科研梯队,完善科研制度,开展学术交流,建构科研平台,创造学术研究氛围,加强科研管理,取得了显著成效。

一、科研课题、项目数量分布情况

体育部 1999～2016 年纵向、横向项目分布情况具体见表 5-18-6。

表 5-18-6　　　　体育部 1999～2016 年纵向、横向项目分布情况一览表

年度	纵向课题/项					横向课题/项
	国家级	省部级	厅局级	校级	合计	合计
1999				1	1	1
2000				2	2	1
2001				1	1	1
2002				3	3	
2003				2	2	1
2004			1	3	4	2
2005				3	3	3
2006		2		4	6	5
2007		2	2	10	14	6
2008			2	4	6	5
2009		4	2	7	13	6
2010		3	1	6	10	5
2011			2	3	5	7
2012		1	3	3	7	3
2013		1	4	5	10	13
2014		2	5	4	11	7
2015		4	9	2	15	2
2016		5	6	3	14	5
2016		9	2	2	13	2
总计		33	39	68	140	75

二、科研经费

2003～2017年,体育部科研与技术服务发展迅速,科研合同经费及到款经费逐年增加,具体情况见表5-18-7。

表5-18-7 体育部2003～2017年科研合同经费与到款经费情况统计

年度	合同经费/万元	到款经费/万元
2003	0.8	0.4
2004	1.0	0.8
2005	0.3	0.16
2006	2.8	2.8
2007	12.3	12.3
2008	5.03	5.03
2009	3.1	3.1
2010	42.1	42.1
2011	41.2	41.2
2012	4.7	4.7
2013	25.4	25.4
2014	16.7	13.7
2015	13.4	11.4
2016	9.4	6.4
2017	12.6	10.2

三、科研成果

2009～2016年,体育部教师获得各类科研成果奖8项,获批专利11项。

四、学术交流及论文情况

2008～2017年,先后派出40余位教师外出进修、攻读学位,主办、协办和参加国内学术会议多次,接待国内专家、教授或团体来访、讲学10余人次。1999～2017年,举办学术活动近5次,教师发表论文总数达256篇,其中北大核心期刊95篇。

第八节 学生体质检测中心

学生体质检测是学校体育工作的重要组成部分。学校学生体质检测中心全面负责管理、实施《国家学生体质健康标准(2014年修订)》要求的测试、统计、数据处理和上报工作。

一、中心简介

2003年,学校成立了"学生体质测试室",2006年配备了专职实验员,2008年学校又将"学生体质测试室"更名为"体质检测中心",划归学校实验室管理处。现体质检测中心设主任1名,专职实验室人员2名。

2003～2016年间,学校先后投入200余万元,分批购买和更新了体质健康测试仪器,测试地点安排在学生体质检测中心(600平方米)和室外(5 000平方米)。体质检测中心的600平方米占地面积与仪器配置规模,已居陕西省高校前列。

从近几年学校学生体质测试情况看,无论测试仪器的数量还是测试场地的面积均能充分保障学校学生体质测试工作的圆满完成。

二、工作开展情况

2003年中心筹建,2004年开始使用,随着学校的发展,在校学生人数从2003年的12 000余名发展到2017年的20 000余名,测试方式也从过去的主要集中测试改为以整班测试模式,测试项目、评价标准也随着2007年、2014年《国家学生体质健康标准》的变化而变化。但是,学校体质检测中心的建设一刻没有停止,而是与时俱进,不断适应学校体育教学改革的需要,为教学服务,为学生服务。

第九节　体育场馆与设施

一、体育部教学场馆

体育场馆与设施建设是学校体育的重要工作,是学校综合实力的体现。学校现有包括田径场、足球场、篮球场、排球场、垒球场、游泳池、羽毛球场、乒乓球场等在内的功能齐全、配置完善的室外运动场地,总面积达98 130平方米。

2008年,临潼校区综合体育馆建成并投入使用,包括羽毛球馆、乒乓球馆、跆拳道馆、壁球室、台球室、攀岩室、体育舞蹈室、瑜伽室、健美操室、健身室、多功能训练室、教师训练室、多媒体教室、体质测试室、综合教室、器材室等,总面积达16 000余平方米。

近年来,学校每年投入大量体育场馆设施专项经费用于运动场馆设施维护和改扩建,体育场馆设施质量、功能等不断完善,能够满足学校体育教学、竞赛训练活动的需求。学校体育场馆设施建设整体上位居陕西高校前列。

二、体育部图书资料室

体育部资料室占地面积40多平方米,现拥有中外文藏书300余册,报刊10多种,声像资料60多件,图书资料的选购注重学术性、前沿性、思想性、基础性和科学性相结合。图书室具备宽敞的读书、借阅环境,可供十多人同时在资料室学习阅读。体育部还制定了详细的图书借阅规定和资料室管理规定,方便教师学习备课,提高教学和研究水平。同时,资料室配备多功能档案柜,负责体育部行政、教学、科研、群体竞赛、体质健康测试、场馆等方面的各类档案资料的归档和保管工作。

第十九章　高新学院

第一节　学院沿革及概况

　　高新学院的办学历史可以追溯到 2003 年西安科技大学与陕西西科美芯科技集团有限公司成立的西安科技大学电子信息学院。2006 年，根据教育部《关于规范并加强普通高校以新的机制和模式试办独立学院管理的若干意见》（教发〔2003〕8 号）文件精神，由西安科技大学申请，陕西西科美芯科技集团有限公司投资举办，经教育部教发函〔2006〕79 号文件批准，成立全日制普通本科独立学院——西安科技大学高新学院。

　　学院围绕"应用型本科高校"的办学定位，以高素质应用型人才为培养目标，构建"产教融合、校企合作"的办学模式，探索创新创业教育改革，推进国际化开放办学，走出了一条教育改革和人才培养的新路子。

　　经过 12 年的建设发展，学院"千亩校园、万名学子"的办学格局基本稳固，综合声誉不断提升。学院占地面积 912 亩，设有信息与科技工程学院、新传媒与艺术设计学院、国际教育学院、经济与管理学院和城市建设学院 5 个二级学院，开设本科专业 33 个，专科专业 8 个，涵盖了工、管、文、艺等多个学科门类，拥有教职工 725 人，图书馆现馆藏图书 86.5 万册，近三年毕业生就业率均保持在 95％以上。

　　2009 年，产学研基地建设项目被列为"西安市重点建设项目"；2012 年，获得学士学位授予权单位；2013 年，被评为"西安市文明校园"；2014 年，被陕西省教育厅确定为首批应用型转型试点院校；2015 年，被陕西省民政厅授予"5A 级社会组织单位"；2016 年，被陕西省教育厅确定为首批创新创业教育改革试点院（系）；2017 年，学院省级重点建设项目创新创业产业园开工建设。

第二节　组 织 机 构

　　学院组织机构设置如图 5-19-1 所示，党委成员组成情况见表 5-19-1，行政领导成员情况见表5-19-2。

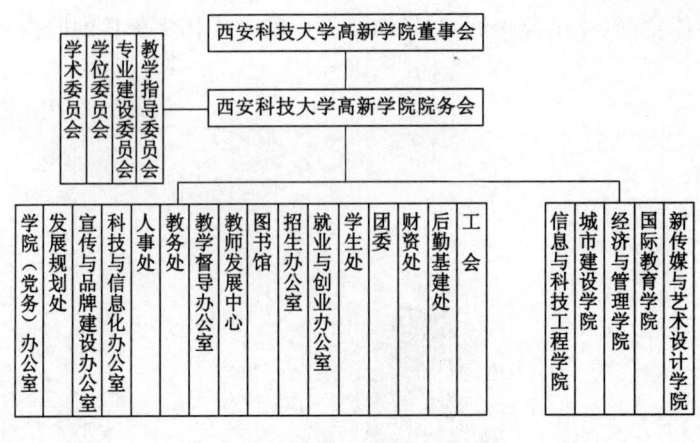

图 5-19-1　学院组织机构设置

表 5-19-1　　　　　　　　　　**2006～2017 年党委成员组成情况一览表**

年　份	党委书记	党委委员
2006.04～2008.06	苏陆岭	苏陆岭　冯爱玲　孙　华
2008.06～2010.08	苏陆岭	苏陆岭　冯爱玲　独文菁
2010.08～2011.09	苏陆岭	苏陆岭　丁正生　冯爱玲　董世平　独文菁
2011.09～2014.07	汪　仁	汪　仁　赵建会　冯爱玲　董世平　独文菁
2014.07～	汪　仁	汪　仁　赵建会　汪　阳　董世平　独文菁

表 5-19-2　　　　　　　　　　**2006～2017 年行政领导成员情况一览表**

年　份	董事长	院　长	副院长
2006～2008	孙龙杰	韩江水	孙龙杰　张淑萍　冯爱玲　吴　波　常俊华
2009～2011	孙龙杰	丁正生	孙龙杰　张淑萍　冯爱玲　吴　波　常俊华
2011～2012	孙龙杰	赵建会	孙龙杰　张淑萍　冯爱玲
2012～2013	孙龙杰	赵建会	张淑萍　冯爱玲　王新兰
2014～2015	孙龙杰	赵建会	张淑萍　翁连正　汪　阳
2015～	孙龙杰	赵建会	张淑萍　汪　阳　翁连正

第三节　师资队伍

学院采取"培养为主,引进为辅,专兼结合,优化结构,内涵发展"的方针,积极引进和培养专任教师,外聘兼职教师,形成了一支学科带头人、行业企业专家为龙头,以中青年教学骨干、双师型教师为主体,专兼结合、结构优良且发展趋势良好的师资队伍。

作为陕西省应用型转型试点院校,学院将"双师型"师资队伍建设作为应用型转型的重要抓手,改革教师聘任制度和评价办法,整合校内外师资资源,从行业企业中聘任了一批学有专长、实践经验丰富的专家、学者和工程技术人员作为双师型教师。

2013 年,学院成立了教师发展中心,制定了《西安科技大学高新学院教职工教育培训管理办法》《西安科技大学高新学院优秀教师评选办法》等多个制度,为教师教学能力和专业水平的提高提供了有力保障。近年来,学院教师在省级青年教师讲课比赛、辅导员职业能力大赛等比赛中屡获殊荣。

第四节　本(专)科教育

一、专业建设

建校以来,学院主动适应国家经济结构战略性调整,围绕陕西省经济建设和社会发展需要,从人才培养方案、师资队伍、教学实验实训条件、课程体系与教学内容等方面进行综合改革,加快专业建设步伐。2006 年建校时,学院制定了专业建设 5 年规划,按照 6 大专业群建设思路,增设专业,对专业谋篇布局,后制定了《西安科技大学高新学院 2008～2013 年学科专业建设规划》《西安科技大学高新学院 2014～2017 年专业建设与发展规划》,明确提出了专业建设与发展的思路、原则和目标。已开设 33 个本科专业,8 个专科专业,涵盖了工学、管理学、文学、艺术学、经济学、教育学等多个学科门类。除现有 33 个本科专业外,2012 年专业目录调整时,学院通过原有专业调整增设轨道

交通信号控制、服装设计专业。

2017年,学院能源与动力工程、汉语国际教育和财务管理3个专业被列入陕西高校"一流专业"培育项目。

二、教学改革

学院于2006年、2011年、2013年、2017年先后四次全面修订人才培养方案,新的人才培养方案优化了课程体系和课程内容,增加了实践教学比重;融入创新创业教育理论与实践,构建了素质拓展提升与创新创业实践体系。各专业根据自身特点,结合学生基础条件、个性发展需要和教学软硬件条件以及师资队伍、校企合作情况,采取更加适宜的教学设计和人才培养模式,搭建了多元化人才培养体系,形成了独具特色的应用技术型人才培养方案。

2009～2017年,学院教师共承担教改项目10项,其中省级教改项目4项。2016年获批精品课程5项。

三、教材建设

为做好教材建设工作,学院成立了教材建设委员会,制定了《西安科技大学高新学院教材建设委员会工作条例》,先后出台了《西安科技大学高新学院教材建设管理暂行办法》和《西安科技大学高新学院教材选用与供应管理办法》。学院选定的教材中,获得国家级和省部级奖励的优秀教材、国家级和省部级重点教材、面向"21世纪高校教材"、教育部推荐教材和全国统编的高校规划教材的比例达到75%。

学院与西安电子科技大学出版社合作成立了西安电子科技大学出版社高新分社,积极组织开展教材编写工作。近几年,学院教师编写(参编)正式出版教材30余部。

四、实践教学

学院高度重视实验室建设工作,成立了实验管理中心,负责实验室建设和实践教学管理。学院加大实验室建设投入力度,近3年累计投入建设资金2 120万元,支持完善了25项实验室建设项目,现有各类实验室(中心)67个,学院教学仪器设备总值达6 888余万元,年增长率达10%以上,生均设备值达7 000余元,年均开出实验课程近150门,实验项目总数达1 170个,实验开出率达98.2%。

学院积极推进校企合作,师生共同参与,运用现代企业机制,举办联办了西科节能、航天意德、科大高新教育、大数网络等十几家创新型校办企业,与国内行业知名企业合作,建立校外实习实训基地121个。获批2个省级大学生校外实践教育基地,产学研基地连续7年被列为"西安市重点建设项目",创新创业产业园连续两年被列为"陕西省重点建设项目"。

第五节 科学研究

一、科研工作概况

学院的科研工作坚持"产学研"特色,紧密联系办学实际,努力创造工作条件,用心建设科研团队,积极营造科研氛围,不断提升科研水平。学院设有科技与信息化办公室,节能技术应用研究所、矿山数字化应用研究所、移动互联网技术应用研究所、现代管理与策划研究所、建筑工程与装饰材料设计应用研究所和新媒体研究所6个研究所,1个省级重点实验室和工程中心。

2012年来共主持各类科研项目50多项;发表论文200多篇,其中核心期刊20余篇;获得国家专利授权 49 项,其中发明专利 2 项;举办、承办各类学术交流会 100 多场次,科研工作呈现稳步上升的发展态势。

2013～2017 年纵向、横向项目分布情况见表 5-19-3。

表 5-19-3　　　　　2013～2017 年纵向、横向项目分布情况一览表

年度	纵向课题/项							横向课题/项
	国家级	省部级	西安市	厅局级	校级	其他	合计	合计
2013		2			12		14	
2014		3			9		12	
2015		5			5		10	
2016								
2017		3		1	13		17	3
总计		13		1	39		53	3

二、产学研成果

学院依托节能技术应用研究所,成立了西安西科节能技术服务有限公司,先后承担了山西康庄焦化余热利用工程、山西高义钢铁节能自动化控制工程、榆林榆神管委会地源热泵工程应用、高校数字化后勤节能服务等项目,在节能技术的研发与成果转化方面取得了可喜成果,"数字化矿工系统"获国家第六届安全生产科技成果奖三等奖、"数字化矿工系统(Ⅱ型)"获西安市科技成果二等奖。

矿山数字化应用研究所研发的"煤矿瓦斯预测分析系统"、"矿井通风分析系统"广泛应用于陕西黄陵矿业集团有限责任公司、新疆焦煤(集团)有限责任公司、神华宁夏煤业集团有限责任公司等大型煤业集团,取得了良好的社会与经济效益。

依托移动互联网技术应用研究所,合作支持陕西航天意德高科技产业有限公司,以数据应用为主要科技研发领域,学院相关专业师生积极参与研发和应用推广,年产值逾 4 000 万元。

第六节　学生工作

学院倡导以学生为中心的服务理念,坚持"以思想政治教育为主线,以基本素质培养为基础,以学风建设为重点,以队伍建设为保障,充分发挥学生在成长成才过程中的主体作用,营造良好的育人环境,促进学生全面发展"的指导思想,不断继承和发扬,切实加强大学生的思想政治教育工作,提高大学生的综合素质。

一、招生情况

在西安科技大学、学院董事会的正确领导下,学院坚持"阳光录取、强化服务、稳中求进、力求创新"原则,稳定规模与提高质量并重,扎实开展各项招生工作。2015～2017 年,均超额完成招生计划,新生平均报到率在 90% 以上,多数专业录取成绩接近二本线,在省内同类院校中三项指标处于前列,招生工作受到省招办的充分肯定。

二、就业情况

自建校以来,已累计培养了 13 969 名毕业生,为社会尤其是中小型企业培养了大量急需的应

用型人才。学院大力开展与职业资格认证对接的职业资格认证培训,包括能源管理审计师培训、绿建工程师培训、卓越软件工程师培训、测绘工程师培训、建筑行业八大员认证培训、会计从业资格培训等,累计培训学生过万人。2010～2017 年,学院总体就业率均在 90% 以上。

三、学生工作主要负责人情况

学院 2006～2017 年学生工作主要负责人见表 5-19-4。

表 5-19-4　　　　　　　　　2006～2017 年学生工作主要负责人一览表

年　份	学生处处长	团委书记	学生工作干部名单
2006.09～2008.08	孙 华	李 伟	孙 华　杨 博　董世平
2008.09～2009.08	石 峰		戴 军　董世平　程伟雄
2009.09～2010.08	戴 军	董世平	董世平　史国峰
2010.09～2011.08	戴 军		董世平　刘仰平　沙保胜　徐启贞
2011.09～2012.08	张哲弘		戴 军　董世平　程伟雄　王育顺
			刘仰平　沙保胜　徐启贞　季 娥
2012.09～2013.08	刘志高	姜正一	王育顺　张 实　卓青梅　刘仰平　沙保胜　陈雪梅　季 娥
2013.09～2014.08	刘志高		王育顺　张 宇　刘仰平　沙保胜　陈雪梅　季 娥
2014.09～2015.08	刘志高		王育顺　吴 静　张 宇　张 晨　陈雪梅　刘仰平　田 野
2015.09～2016.08	刘志高		王育顺　杨忠明　杨喜梅　田 野
2016.09～2017.08	王育顺		王育顺　杨喜梅　杨忠明　陈雪梅
			费珊珊　宋颖佳　田 野
2017.09～	王育顺	董康康(副)	王育顺　李宁倩　陈雪梅　张文伟　王洪伟　杨喜梅　王 倩

第二十章　职业技术教育学院

第一节　学院沿革及概况

职业技术教育学院始于陕西省理工学校,创建于1958年,原名陕西省冶金工业学校,隶属于陕西省冶金工业局领导的一所理工类普通中等专业学校。1962年6月,因国民经济调整而停办。1978年10月,经陕西省革委会批准恢复建校。1989年4月,借助西安冶金建筑学院(现西安建筑科技大学)的办学条件恢复招生,隶属于陕西省冶金厅。1992年10月,迁入现校址西影路116号。1999年3月,更名为陕西省理工学校。2001年11月,经陕西省人民政府办公厅第105次专题会议纪要将陕西省理工学校正式划归陕西省教育厅管理,是一所以工科类为主、工艺美术类为辅,集中专、成教、高职为一体,多层次办学的全日制普通中等专业学校,国家级重点中专。2016年12月12日,陕西省人民政府印发《陕西省人民政府同意西安科技大学等3所高校与陕西省理工学校等5所中职学校资源整合的批复》(省政发〔2016〕174号),批准了西安科技大学与陕西省理工学校进行资源整合,为此学校于2017年7月成立西安科技大学职业技术教育学院,与陕西省理工学校合署办公,院址位于西安市雁塔区西影路116号。

第二节　组织机构

一、学院(陕西省理工学校)组织机构设置

(一)陕西省理工学校组织机构设置

(1)党委下设党委办公室、监察审计室、校工会、校团委及8个教工党支部。

(2)学校行政下设校长办公室、人事劳资科、财务科、保卫科、基建办、招生科、卫生膳食科、教研室、资助中心、督导室、行政科、学生科、教务科、技能鉴定中心、基础教学部、机电工程教学部、电子工程教学部、实训教学部。

(二)职业技术教育学院组织机构设置

学院党总支下设教工党支部;学院行政下设学院办公室、教务科。

二、历任学院(陕西省理工学校)领导

正职:杨　明　徐景福　杨　萍　李文新　余发舜　王长友　来俊文(现)　刘　鸿(现)

副职:朱孝义　张积华　李文新　倪　慧　赵宁霞　来俊文　刘　鸿　尚卫锋(现)

1997~2017年党委成员情况见表5-20-1。

1958~2017年行政领导成员情况见表5-20-2。

表 5-20-1 　　　　　　　　　　　　　1997～2017 年党委成员情况一览表

年　份	党总支书记 党委书记	党总支副书记 党委副书记	党总支委员 党委委员
1997.12～2000.05	李文新	杨　萍	李文新　杨　萍　来俊文　曹鸿彦　李　斌
2000.05～2003.05	杨　萍	—	杨　萍　余发舜　来俊文　曹鸿彦　李　斌
2003.05～2007.09	余发舜	来俊文	余发舜　来俊文　杨　萍　李　斌
2007.11～2011.05	来俊文	—	来俊文　王长友　刘　鸿
2011.05～	刘　鸿	尚卫锋	刘　鸿　尚卫锋　来俊文

表 5-20-2 　　　　　　　　　　　　　1958～2017 年行政领导成员组成情况一览表

年　份	校　长 院　长	副校长 副院长
1958.05～1962.06	杨　明	—
1978.10～1996.03	徐景福	朱孝义　张积华　李文新
1996.03～2004.06	杨　萍	余发舜　赵宁霞　倪　慧
2004.06～2011.05	王长友	倪　慧　刘　鸿　赵宁霞
2011.05～2017.07	来俊文	倪　慧　赵宁霞
2017.07～	来俊文	—

第三节　办学历史沿革

一、学院(陕西省理工学校)办学历史

陕西省理工学校,原名陕西省冶金工业学校,创建于 1958 年,校址在长安县韦曲。学校有土地 240 亩,校舍 199 间,窑洞 85 孔,建筑面积 19 000 平方米;共有教师 64 人,设有采矿、选矿、炼钢、冶炼、轧钢、冶金机械等 6 个专业,学制三年,招生录取了 744 人。1962 年因国民经济调整而停办,原校址被西安红旗手表厂和西安油泵油嘴厂占用。

1978 年 10 月 26 日,经陕西省革委会批准恢复建校。1989 年 4 月,经陕西省高教局批准,陕西省冶金工业学校恢复招生。1989 年,陕西省编制委员会批复:成立"陕西省冶金工业学校筹备处",边建校边招生,事业编制 30 人,招收钢铁、冶金、自动化仪表专业各 40 名,学制两年,校址在原西安冶金建筑学院(现西安建筑科技大学)内,也称"陕高校职校冶金分校"。1991 年,陕西省编制委员会同意:陕西省冶金工业学校为陕西省冶金工业厅下属县级事业单位,人员编制暂定 30 名,同时撤销"陕西省冶金工业学校筹备处"。经省冶金厅和陕西钢厂与雁塔区政府多次协商,雁塔区政府同意将其所辖西影路小学 30 亩土地的使用权和地面 2 000 平方米建筑设施的所有权有偿转让给省冶金工业学校用于办学,陕西省冶金工业学校于 1992 年 10 月迁入西影路新校址,开始逐步走上独立建校办学的轨道,同年招生 160 人。1996 年,陕西省机构编制委员会批复:陕西省冶金工业学校为全额拨款事业单位,编制 160 名,所需人员从省级事业单位和大专毕业生中逐步调剂解决。

1999 年,根据《关于同意省冶金工业学校更名为省理工学校的复函》(陕政办函〔1999〕18 号)文件精神,陕西省冶金工业学校更名为陕西省理工学校。2001 年陕西省人民政府专题会议纪要:将陕西省理工学校正式划归陕西省教育厅管理。

2002 年,陕西省人民政府下发陕政函〔2002〕204 号文件,批准陕西省理工学校为省级重点中等专业学校。2003 年,根据陕西省劳动和社会保障厅下发的陕劳社函〔2003〕401 号文件批复,成立了职业技能鉴定站,陕西省理工学校被教育部评为"全国职业技术学校职业指导工作先进单位"。2004 年陕西省理工学校被人社厅定为推进实施职业资格证书制度国家级试点工作单位的五所职业院校之一。2004 年 9 月,陕西省理工学校顺利通过国家级重点中等职业学校的评估验收。2005 年学校被教育部等七部委授予"全国职业教育先进单位",教育部教职成厅〔2005〕1 号文件批准认定陕西省理工学校为第二批国家级重点中等职业学校。

2008 年,陕西省理工学校上报《在临潼新区建设新校区的报告》(陕理校〔2008〕35 号),开启秦汉新校区建设的序幕。临潼校区建设项目占地 220 亩,总建筑面积 107 906 平方米,计划总投资 2.5 亿元。2009 年 4 月经省政府批准,确定了陕西省理工学校等 15 所学校为首批省级示范性中等职业学校。2013 年通过中国质量认证中心 ISO 9001 质量管理体系认证,标志着基于 ISO 9001 的现代综合管理标准体系在陕西省理工学校建成。

2015 年底,西安科技大学与陕西省理工学校开始接洽并达成资源整合意向,2016 年 3 月 25 日,学校向教育厅报送《西安科技大学 陕西省理工学校关于两校合并的请示》,正式启动陕西省理工学校资源整合工作。2016 年 5 月 13 日,为了有序推进资源整合工作,西安科技大学决定成立以校长杨更社为组长,分管副校长张威虎、总会计师黄英维为副组长,相关部门负责人参加的资源整合工作领导小组,并在领导小组下设立两校资源整合工作小组,陕西省理工学校也成立了相应的机构,强化了两校资源整合工作的领导工作。2016 年 5 月 16 日,两校联合形成《西安科技大学和陕西省理工学校资源整合可行性报告》并上报省教育厅。2016 年 12 月 12 日,陕西省人民政府印发《陕西省人民政府同意西安科技大学等 3 所高校与陕西省理工学校等 5 所中职学校资源整合的批复》(省政发〔2016〕174 号),批准了西安科技大学与陕西省理工学校进行资源整合,为此两校资源整合的具体组织实施工作正式展开。根据相关文件精神,学校设置西安科技大学职业技术教育学院,与理工学校实行"两块牌子,一套人马",合署办公,新设立的西安科技大学职业技术教育学院会同陕西省理工学校现任领导班子,按照陕西省理工学校现有管理体制和办法,做好中职教育的相关工作。陕西省理工学校职工按照学校工作安排,进行了重新聘岗。

二、学院(陕西省理工学校)联合办学情况

从 2001 年开始,陕西省理工学校与苏州工艺美术职业技术学院、西安理工大学、西安工程大学、陕西省铁路职业技术学院、陕西省工业职业技术学院等多家院校签订了合作办学协议,开始招收培养五年制大专、成人大专学生,从办学方向、办学规模、办学层次、专业设置、管理体制入手,全方位开拓办学思路。以市场需求定计划,以规模质量求发展,以特色铸品牌,不断提高办学层次、质量,努力拓宽办学领域。通过联合办学拓宽办学渠道的办学理念,取得了良好的社会信誉。制定了一套比较完整的教学计划、教学大纲等教学文件,建立了一套完整的教学管理文件和管理制度,形成了良好的教风和学风,规范了工作流程,制定了工作质量标准,对于提升教育管理水平和服务质量起到了很大的促进作用,提高了陕西省理工学校的办学规模和办学层次。

学院合作办学情况见表 5-20-3。

表 5-20-3　　　　　　　　　　　　　　　合作办学情况一览表

年　份	合作院校	开办专业
2001.01	苏州工艺美术职业技术学院	服装设计与工艺、工艺美术(装潢设计专门化)、工艺美术(室内设计专门化)
2003.03	西安工程大学	机电一体化技术、建筑工程技术、电气自动化技术、会计电算化
2007.12	陕西广播电视大学成人教育学院	数控加工技术、应用电子技术、计算机应用技术
2008.11	西安理工大学	数控技术、计算机信息管理
2011.06	陕西省铁路职业技术学院	工程材料技术、建筑工程技术、铁道工程技术、道路桥梁工程技术
2011.12	陕西省工业职业技术学院	机械制造技术、电气自动化、建筑工程

附　录

附录1　大事记(1958年7月~2018年3月)

1958年

7月,陕西省人民委员会与煤炭部商定,将西安交通大学采矿、地质两系调出作为基础建立西安矿业学院。

8月1日,西安矿业学院筹备委员会召开第一次全体会议,会议决定由陕西省委宣传部部长张华辛任学院筹备委员会主任,省煤炭工业局局长郝耀、西安交通大学副校长苏庄任副主任。由何能、侯运广、袁耀庭、杜庆轩、阎贺庭、肖绥文、杨培材等7人任委员。学院筹备委员会在陕西省煤干校校址内设立办公室,由何能主持日常筹备工作。

9月15日,西安矿业学院建院开学典礼在原陕西省煤干校校址内隆重举行。有关单位负责人和代表前来祝贺。

9月,学院制定了《西安矿业学院组织机构的职责规定》草案。这一规定基本明确了各部门的职责范围,对于保证建院初期各项工作的开展起到重要的作用。

10月,学院开展了"教育改革"运动,开展了"兴无灭资"的思想教育和教育革命大辩论,对教学方法和课程设置等进行了一些"改革"并组织全院师生参加了生产劳动和大炼钢铁等活动。

11月,经中共陕西省委批准,何能任学院副院长,王田夫任教务处处长,赵杰任总务处副处长。

建院初期,学院系陕西省所属的高等院校,由陕西省人民委员会实行领导。设立了院长办公室、教务处、人事处、总务处、采矿系、地质系、图书馆、团委等机构。计有教职工146名,学生456名。

12月,经中共陕西省委宣传部批准:西安矿业学院临时党委成立,由何能、王田夫、赵杰、阎贺庭、杜庆轩五人组成,何能任副书记。

1959年

1月,根据陕西省煤炭工业局关于《加强普查工作中生产与教学相结合的决定》学院地质系成立了地质综合普查大队。

1月,经陕西省人民委员会批准,西安矿业学院、西安煤校、陕西省煤干校三校合并,合并后仍以"西安矿业学院"命名,在由何能任主任,张化民、肖绥文任副主任的三校合并工作委员会领导下进行了合并工作。

2月16日,三校合并工作结束,三校合一的西安矿业学院正式开学并举行了开学典礼。三校合并后学院设有采矿系、地质系、机电系、矿建系、经济系。共有学生1937人,教职工623人。

2月,三校合并后学院对原三校的基础课教学组织进行了合并调整。设立了数学、理化、语文

(外文、汉文)、体育、力学、制图六个教研组。其中数学、理化、语文、体育四个教研组归教务处领导，力学、制图归机电系领导，并指定了各教研组负责教师。

3月，经陕西省委宣传部批准，张化民、申垣周被增补为学院临时党委成员。

4～8月，学院对教育计划进行了修订，新的教育计划突出了"教育为无产阶级政治服务，教育与生产劳动相结合"的方针。

5月，学院根据中共陕西省委《关于高等学校管理体制的规定》，由陕西省委领导改为陕西省高教局和省煤炭局双重领导。

5月，全院400多名学生和部分教师，先后到各地矿山、工厂和野外进行了第二次为期3个月的生产劳动和生产实习。

5月，学院党委决定由阎贺庭、田传谨、赵洪镜、霍银狮、刘志杰、谭静萍、伍丁权、张月琴、王新三、石金铭、张明显、王淑英等人组成学院团委，并由阎贺庭兼任团委书记。

6月，经陕西省人民委员会批准，西安矿业学院、西安煤校、陕西省煤干校，三校仍按原来建制分开设立。7月11日分校工作结束，三校开始单独对外办公。

6月，经陕西省高教局批准，学院增设地质测量与找矿、矿井建设两个专业，并将矿产地质勘探专业改为煤田地质勘探专业。

7月，经中共陕西省委批准，卜吉甫任学院党委副书记、史德周任学院副院长、申垣周任人事处处长、易云任总务处处长、何能兼任统战部部长、阎贺庭任党委宣传部部长兼党委办公室主任。

8月，中国教育工会西安矿业学院基层委员会成立，肖绶文兼任工会主席。

9月，学院建院后第一次招收的270名新生入校学习。

9月，经陕西省人民委员会批准，王田夫任学院教务处处长，赵杰任总务处副处长。

9月，学院职工业校开学，共设立了初小、高小、初中、高中四个班，100多名职工参加了学习。

9月，在"左"的路线指导下，学院开展了"以学习八届八中全会文件、反右倾、鼓干劲"为中心的反右整风运动，运动历时半年，对一些同志进行了错误批判，严重地伤害了他们的感情，也使学院党内的民主生活遭到了损害。

10月，经陕西省委宣传部批准，学院党委监察委员会成立。由何能、卜吉甫、申垣周、杜庆轩、王田夫5人组成，何能兼任监委书记。

11月，学院提出了《关于教职工培养工作的八年计划》(1960～1967)，对教师职工培养、进修的方法、步骤等都做了明确的规定。

11月2日，学院第一届院务委员会成立，从此学院开始实行党委领导下的院务委员会负责制。院务委员会由24人组成，具体情况如下：

院务委员会主席：何　能

院务委员会常委：何　能　史德周　卜吉甫　王田夫　申垣周　易　云　侯运广　袁耀庭
　　　　　　　　吴秀士

院务委员会委员：王志兴　张廷范　丁克宽　刘听成　谭普久　张居仁　谭宗尧　席昭明
　　　　　　　　杨卜安　朱景秋　赵文杰　李国忠　陈世南　焦学洪　刘学芳

12月，学院召开了共青团西安矿业学院第一届代表大会。

1960 年

1月，学院学生会主席冉立功出席全国学联召开的全国第十七届学生代表大会。

1月，地质系举行了第一次科学报告专题报告会，地质系教师向大会提交了14篇论文。

1月，经陕西省煤炭工业局批准，学院成立科学研究处，由何能兼任处长。

1月，学院制定了《西安矿业学院系务委员会暂行办法》，对系务委员会的性质、组织领导原则、职责范围等都做了明确的规定。此后学院各系的系务委员会相继成立。

1月，学院召开首届先进集体代表、先进工作者表彰大会。对评出的机电系、采矿通风教研组、地质矿物岩石教研组、机电矿山机械设备教研组、基础课数学教研组、教务处教材供应室、总务处基建组等7个先进集体和24名先进个人进行了表彰。

2月，学院举办的党政干部专业学习班开课。学习班以讲授本院三个系各专业的基础知识为主，设置了地质基础知识、采煤基础知识、矿山机电基础知识等3门课程。

3月，全院开展了学习毛主席著作活动，由何能、卜吉甫、阎贺庭、申垣周、王田夫、王志兴、肖绥文、冉立功、畅驼等人组成了院学习毛主席著作领导小组。

4月，学院人民公社成立。组织成立家属综合工厂，开展了以服务性为主的生产活动。

4月，学院在"教育改革"的基础上又开展了"教学革命"。对学院所有课程的内容和教师的教学观点、教学态度等进行了检查，对一些教师进行了批判，对教育计划、课程设置、课程内容、教学方法等进行了一些新的"改革"。

4月，经陕西省煤炭工业局批准学院在人事处下设保卫科，在总务处下设伙食科。

5月，学院地质系举行了第二次科学报告会，地质系教师向大会提交了9篇论文。

5月，学院开展了"反贪污、反浪费、反官僚主义"的三反运动。在干部中从检查"五多、五少"入手对官僚主义作风进行了检查和批判，对管理钱财、物资的部门也进行了清查。

5月，为了贯彻中央关于劳逸结合的指示，学院制定了《关于劳逸结合的十大措施》。

6～8月，学院90多名师生组成了"西安矿业学院支援蒲城工农业建设工作大队"前往蒲城完成了多种支农劳动任务。

6（毕业班从3月开始）～8月，全院663名学生及部分干部教师分别前往省内外18个厂矿和野外进行生产劳动、生产实习和毕业实习，参加厂矿的"双革"、"四化"活动，并取得了一些成果。

7月，学院函授部成立，先后建立了铜川、韩城、蒲城3个函授工作站，开始创办西北地区煤炭系统高等函授教育。

7月，学院首次进行了职称评定和晋级工作，将十几名助教提升为讲师，并给部分同志晋了级。

8月，学院进行了精简机构、精减人员工作。在这次精减中学院将行政机构的处改为科，成立了公共基础课教研室，对应精减的人员分别进行了回乡或调换工作等安置。

9月，学院首届毕业生（采矿专业）52名毕业离校。

9月，学院招收的第二届五年制本科生240名入校学习。

10月，学院成立了由何能等7人组成的院保粮保钢与增产节约突击领导小组，在全院开展了以保粮保钢为中心的增产节约运动。

11月，隶属西安矿业学院的陕西省煤炭科学院成立。煤科院成立了采煤选矿、煤田地质、矿山机电3个研究室，由侯运广、袁耀庭、谭宗尧分别任主任，由申垣周任煤科院党总支书记。

11月，学院武装部成立，史德周兼任武装部部长。

1961 年

3月，根据中共陕西省委关于在文教工作中开展反"五风"（共产风、命令风、瞎指挥、浮夸风、特殊风）的指示，中共西安矿业学院委员会作出关于开展反"五风"的初步安排意见，从3月1日学院开展反"五风"运动。

3月，陕西省人民委员会指令学院从小寨西路原校址搬出，3月18日召开了关于西安矿业学院校址移交中共西北局党校占用问题座谈会，会议制定了移交的9条规定，3月22日学院搬迁基本

结束。

4月，为了帮助学院师生渡过困难，根据实际需要学院成立生产科。

4月30日，陕西省煤炭工业管理局决定，西安煤矿学校的地质专业和物探专业交由西安矿业学院代管。两院校负责人关于交接代管问题互相进行了协商。

5月10日，学院召开了科级干部和讲师以上人员座谈会，征求对学院工作的意见。

5月11日，中共西安矿业学院委员会决定苏芝兰任共青团西安矿业学院委员会副书记。

5月12日，根据学院存在的问题，中共西安矿业学院党委作出了进一步在学院开展整风运动的决定。

5月13日，中共陕西省委监察委员会工作组来学院，对西安矿业学院向中共西北局党校移交小寨西路原校址中出现的问题进行调查和处理。5月24日调查组离开学院。

6月29日，学院决定，张廷范为采矿系副主任、王仲平为机电系副主任；并任命刘听成等19人为教研室正、副主任；任命4名科室负责人。

7月，根据中央和教育部精简机构、压缩人员的指示精神，学院对行政机构和各类人员进行定编工作。

8月26日，学院已有高级知识分子（即正、副教授和老讲师）：袁耀庭、侯运广、谭宗尧、杨卜安、张廷范、黄树模、郭泰、阎润、李树森、朱景秋、丁克宽、方慎权。这些中华人民共和国成立前大学毕业的教师正值年富力强，他们在学院的各个教学岗位上发挥了领导和骨干作用。

9月，学院党委作出关于《改进党委工作的十条规定》。

9月，根据中央调查编制精减人员的指示，经院务委员会扩大会议讨论决定，撤销西安矿业学院煤炭科学院，并对有关人员、科学研究任务，以及固定资产的交接作出了安排。

10月21日，共青团西安矿业学院第二届代表大会召开，苏芝兰代表上届委员会作工作报告。大会选举产生出共青团西安矿业学院第二届委员会，并上报中共西安矿业学院党委会通过。第二届委员会由苏芝兰、冉立功、毛开友、赵文杰、杨作勋、张明昱、岳英发7人组成，由苏芝兰任副书记。

10月，学院对教师的工作量、学生的学习负担情况、社会活动进行全面检查，要求严格遵守作息制度，控制会议时间，做到劳逸结合、恰当安排；学院办起豆腐坊、成立小卖部、设立小灶等。

10月，学院决定将院马列主义教研室由基础课教研室划归党委宣传部领导。

10月，由中共西安矿业学院委员会直接领导的院"甄别领导小组"成立，成员有何能、阎贺庭、封秉天，下设甄别办公室，由阎贺庭任办公室主任，并研究布置了学院的甄别平反工作。

12月26日，陕西省人民委员会任命郝耀为西安矿业学院院长。

12月，按照煤炭工业部的指示，学院编制了七年发展规划。

1962 年

1月18日，中共陕西省委决定，封秉天任西安矿业学院院长助理。

2月，西安矿业学院函授分部正式成立。函授分部编制7人。设主任1人、秘书1人、教师5人。函授教学受北京矿业学院函授总部和西安矿业学院教务处领导，函授分部负责西北地区与省市煤炭函授教育，并通过各函授站开展教学工作。

3月，根据教育部调整会议精神，经陕西省人民委员会同意，西安矿业学院改由中华人民共和国煤炭工业部领导。

3月17日，中共西安矿业学院第一届党员大会正式召开，院党委副书记卜吉甫向全体党员报告了建院4年来工作情况。党员大会历时14天。大会采取差额选举方法，产生了中共西安矿业学院第一届委员会，并报请中共陕西省委同意，由何能、卜吉甫、郝耀、史德周、赵杰、王田夫、封秉天、杜庆轩、王琪 9 人组成中共西安矿业学院第一届委员会。由何能、卜吉甫任党委副书记。

3 月,学院几位教师在《给全国人民代表大会的一封信》中汇报了学院存在的问题。这种关心学院发展前途、正确行使民主权利的做法,引起了上级领导部门的重视。

4 月,按照教育部直属高等工科学校本科(5 年制)教学计划,并参照煤炭工业部直属高等学校 4 年制修订教学计划的规定,学院对采矿专业、矿建专业、矿山机电专业、煤田地质及勘探等 4 个专业的教学计划进行修订。

4 月,在"五反"中,学院组成由副院长史德周为组长,有赵杰、王志兴、范文义参加的西安矿业学院核仓、核资领导小组,开展"核仓、核资"工作。

4 月,陕西省煤炭工业管理局决定,将煤炭工业管理局西安配件厂改编为西安矿业学院实习工厂。定员 75 人,以承担学院的教学实习和地方煤炭机械加工配件任务。

5 月,学院采矿系、地质系分别成立了毕业考试委员会,由院长郝耀出任主任委员并邀请了校内外专家学者担任副主任委员及答辩委员。采矿系和地质系的 71 名大学生顺利地通过了毕业设计答辩。

"5·4"青年节之际,学院表彰和奖励了 44 名优秀大学生。

6 月,学院根据煤炭工业部批示精神撤销了"矿井地质专业"并相应地充实和加强了邻近专业。

6 月,学院"内部清理"工作结束。

7 月,学院决定把基础课各教研室划归教务处领导,院党委办公室与院长办公室分开办公,撤销院人事处,人事工作业务划归院长办公室。

9 月,学院为了整顿教学秩序成立了教学规章制度审查小组。第一批规则即:《学生课堂规则》《学生奖惩暂行办法》《学生请假制度》《学生学籍处理暂行办法》经院长批准执行。

9 月,学院结合"五反"运动,安排本学期的政治学习内容。开展了"中共中央关于国际共产主义运动总路线"的学习。

10 月,以西北煤管局副局长罗沛为组长的西北煤管局检查组一行 3 人来学院检查工作,并和学院领导一起研讨了学院的发展规模及有关问题。

11 月,煤炭工业部西北煤管局批复了学院编制。

11 月,谭伯奉煤炭工业部之调任西安矿业学院副院长。

12 月,中共西安矿业学院委员会决定陈琪担任共青团西安矿业学院委员会书记。

12 月,郝耀以西北煤管局局长身份率工作组进驻学院帮助工作。

1963 年

1 月,进行定员编制工作。全院定编 433 人,其中教学人员 220 人,行政干部 86 人,工勤人员 127 人。

2 月,基础课教研室与马列主义教研室合并,成立院公共基础课教学部。基础部有数学、物理、化学、力学、外语、体育、制图和马列主义等 8 个教研室。

2 月,为加强学生的思想政治工作,学院选拔一些党政干部和政治教师兼任学生班级政治辅导员。

3 月,响应毛主席"向雷锋同志学习"的号召,全院开展了"学雷锋,争三好"、"争当先进工作者"、"先进集体"活动。全院涌现出大量的好人好事。

3 月,院建立治保委员会,负责全院的安全保卫工作。

学院成立了以院党委副书记何能为组长的 3 人甄别领导小组,并设立甄别办公室。根据上级指示精神,本着实事求是的原则,对 1958 年以来在历次政治运动中受过批判和处分的教员、职工和

学生进行甄别复查工作,从 1962 年 9 月起对 167 人的问题进行了甄别,至 1963 年 3 月甄别工作结束。

3 月,学院成立了课外体育工作筹备委员会,制订了体育运动竞赛计划。

4 月,学院成立由谭伯、侯运广、袁耀庭、张廷范、丁克宽、张钵、阎润、方慎权、李东甫、杨卜安、顾祝三、刘听成、李玉琨组成的修订教学计划领导小组,谭伯任组长,袁耀庭、侯运广为副组长。此后,通过了各系(部)修订教学计划小组名单,并开展了修订教学计划工作。

4 月,院党委召开了党员教师和党员教学行政干部会议。要求党的基层组织应当保证修订教学计划工作顺利进行,党员应发挥模范带头作用,团结积极分子和群众一起把修订教学计划工作尽快搞好。

4 月 25 日,学院保卫科成立。

4 月,学院决定将原有教学组改称为教研室,并任命了王学文等 10 人为教研室正、副主任。

5 月,按照陕西省委部署,学院开始开展"反贪污、反浪费、反官僚主义"的运动。

5 月,学院任命李东甫等 10 人为教研室正、副主任。

6 月,根据《中华人民共和国教育部直属高等学校暂行工作条例(草案)》规定,并经煤炭工业部批准,由郝耀、何能、谭伯、封秉天、孔繁彬、安化余、侯运广、袁耀庭、丁克宽、阎润、方慎权、李东甫、顾祝三等 13 人组成西安矿业学院校务委员会。

6 月,中共西安矿业学院监察委员会成立,由史德周、何能、姚书兰、封秉天、黄忠民 5 人组成,史德周任监委书记。

7 月 6 日,煤炭工业部批准学院 5 年发展规划(1963~1967 年)。规划中提出学院在校学生 1 500 人。再扩建面积 1 700 平方米,扩建投资 170 万元。当时委托陕西省城市设计院承担设计。

9 月,经西北煤炭工业管理局批准,学院成立基建办公室。

10 月~1966 年 4 月,以何能为领队,学院先后四次派出干部赴渭南、铜川、汉中等地参加社教运动。

10 月,院修订教学计划领导小组在广大教师的积极支持下,经过半年多的细致工作,顺利完成采矿专业、矿建专业、煤田地质与勘探专业和机电专业的教学计划修订工作。

10 月,采矿系通风教研室讲师唐海青出席陕西省社会主义建设先进集体和先进生产者代表会议。

10 月,共青团西安矿业学院第三届代表大会召开,出席这次代表大会的正式代表 93 人,院团委副书记苏芝兰代表第二届团委向大会作了工作报告。大会选举产生了共青团西安矿业学院委员会。由陈琪、苏芝兰、冉功立、姚玉芳、姚世廉、张竹亭、高桐等 7 人组成院第三届团委。陈琪任书记、苏芝兰任副书记。

12 月,西安矿业学院民兵团正式成立。郝耀任团长,何能、谭伯、史德周任副团长,陈琪任副政委。

12 月,学院成立院党委副书记卜吉甫为组长的计划生育指导小组,开展计划生育宣传教育工作。

1963 年,学院荣获西安市卫生模范单位的称号。

1964 年

3 月,陕西省人民委员会批复,同意西安矿业学院在西安市雁塔路以西、建设路以南征用土地 38 亩,至此,学院开辟了鲁家村校园(即北院)。

3 月,西安矿业学院函授部召开了西北五省区煤炭系统各函授站主任教研组长会议。会议讨论并通过了今后 7 年函授教育规划。

4 月,学院传达了毛主席"春节指示",以"少而精"为原则,开始对课程设置、课程内容进行改革。

5 月,学院开展了整顿校风、校纪、校容的群众运动,收到了良好效果。

5 月,在贯彻"少而精"的原则对教学实施改革的过程中,学院决定以高等数学课作为试点,进行改革试验。

6 月,开办了《教学改革学习讨论情况简报》。

9 月,侯运广教授出席了中国人民政治协商会议陕西省第三届会议。

9 月,中共陕西省委宣传部任命程振国任中共西安矿业学院委员会副书记。同年 10 月,中共煤炭工业部政治部任命程振国兼任西安矿业学院政治部主任。

11 月,马列主义教研室由公共基础课教学部分出划归院党委直接领导。

11 月,学院成立"四清办公室"。

1965 年

1 月,学院成立了教学改革领导小组。领导小组由郝耀、谭伯、邢子辉、王学文、刘听成、杜庆轩、赵文杰等人组成。

2 月,采矿、矿建、地质、机电 4 个专业的 127 名应届毕业生分别由 24 名教师带领,赴陕西铜川矿务局、河北开滦矿务局及有关勘探队进行"真刀真枪"的毕业设计。先后完成技术设计和施工设计 30 项,完成专题调查研究技术革新 52 项。受到现场技术人员和工人的好评。

2 月,30 名教工和 130 名学生在院党委副书记何能带领下赴陕西铜川矿务局王石凹煤矿参加"四清运动"。

4 月,由 30 名教师和干部分别组成采矿、矿建、地质、机电和政治课 5 个专业小组,分别在铜川、淮南和焦作等煤矿,采取召开座谈会、个别走访和实际观察等方式对学院历届毕业生的政治思想、业务水平进行调查并征求现场技术人员对教学环节和教材改革等方面的意见。

6 月,学院党委决定调整机构设置,成立院政治部、教务部、院务部。

政治部下设:办公室、宣传部、组织部、干部部、武装部、马列主义教研室、保卫科。

教务部下设:办公室、教务科、教研科、教材科、教学组织一科、教学组织二科、图书馆资料室、函授部、实习工厂。

院务部下设:办公室、财务科、总务科、伙管科、器材供应科。

6 月,院成立人民防空委员会,由院长郝耀担任主任委员,史德周、程振国、卜吉甫任副主任委员。

6 月 18 日,中共西安矿业学院委员会向全院发出通知,响应中共陕西省委的号召,以实际行动学习冯玉萍同志的英雄事迹。

6 月,全院召开经验交流会,对"真刀真枪"毕业设计进行总结。

7 月,召开以活学活用毛主席著作、促进学校革命化、大搞教学改革为内容的经验交流大会。并以系、处为单位举办了展览。

7 月,国务院任命罗沛为西安矿业学院院长。

8 月,以朱献民司长为组长的煤炭工业部工作组进院,协助学院党政领导做了大量的工作。

8 月,学院成立了以党委副书记程振国为组长,以副院长史德周为副组长的 5 人"内清"领导小组。

9 月,学院决定各系设立政治指导员,学生年级设政治辅导员。

9月,学院 270 多名学生和部分教师,分别到陕西华阴、宝鸡、西安和中国人民解放军 8734、8075 部队进行军训。返校后,举办了大学生军训展览。

10月,学院学生会主席张永福出席全国学联召开的全国第十八届学生代表大会。

11月,中共陕西省委任命罗沛为中共西安矿业学院委员会副书记,并代理书记。

11月,召开全院教职工大会,由煤炭工业部工作组组长朱献民,就深入学习毛主席教育思想和党的教育方针问题作专题报告。

12月,学院重建民兵团,由罗沛任团长,程振国任政委并兼任政治部主任职务,史德周任副团长并兼任团参谋长职务。

12月,在煤炭工业部工作组的协助下学院决定王琛等 65 人由助教提升为讲师。

12月,学院函授站共有陕西铜川、蒲城、甘肃窑街、阿干镇、宁夏石嘴山、新疆哈密、青海、乌达等 8 个分站,分布在西北五省区。

1966 年

1月6～7日,学院召开了第二届党员大会。会议听取并批准了罗沛所作的工作报告,选举产生了由罗沛、程振国、史德周、何能、卜吉甫、杜庆轩、沙伯录、邢子辉、樊茂德、郭建华、赵亚民 11 人组成的中共西安矿业学院第二届委员会。学院第二届党委由罗沛、程振国、何能、史德周、卜吉甫 5 人任党委常委;罗沛任书记,程振国、卜吉甫任副书记。史德周、郭建华、赵亚民、张春芳、霍济正 5 人任院第二届党委监委委员,史德周任监委书记。

1月,学院部分机构进行调整。调整的情况如下:

(1)在教务处下设:教学科、科研科、教材科。

(2)在总务处下设:物资设备供应科、行政科、伙食管理科、财务科、医务所、托儿所。

(3)将采矿系的井巷工程、采煤、通风、测量 4 个教研室合并为采煤通风安全教研室和井巷测量教研室。

(4)将地质系的煤田地质及勘探、岩矿、普地、地史古生物 4 个教研室合并为煤田地质勘探、岩石矿物、普地古生物 3 个教研室。

(5)将机电系的普通电工、矿山电工、运输设备、采掘机械教研室合并为电工、运输提升设备、采掘机械金工 3 个教研室。

(6)将基础部的数学、物理、化学、力学、外语、体育、机械制图与零件 7 个教研室合并为数学、理化、技术基础课、外语、体育 5 个教研室。

2月,学院开展了评选"四好团支部"、"三好学生"的活动。对全院评选出的 8 个"四好团支部"和 38 名"三好学生"分别进行了表彰。

3月,学院撤销了"西安矿业学院基本建设指挥部",同时成立"西安矿业学院基本建设办公室"。

5月7日,学院党委发出了关于"高举毛泽东思想伟大红旗,积极参加社会主义文化大革命"的通知,并召开了开展"文化大革命"的动员大会,全院师生相继开展了批判"三家村"等活动。"无产阶级文化大革命"运动从此在学院逐步展开。

5月24日,学院"文革办公室"成立。各系、部也相继建立了"文革领导小组"。

6月4日,陕西省委第一工作组进驻学院。学院开始出现第一批揭发批判院内干部、教师的大字报。院党委根据省委指示精神作出了"关于深入开展文化大革命的三项决定"。14日,学院形势相对稳定,省委第一工作组撤离学院。

6月18日,学院 500 多名学生前往铜川等地参加"四清"运动,8月27日返回参加院内"文化大革命"。

7月1日,省委第二工作组一行11人进驻学校领导"文革"运动,8月4日工作组宣布停止工作,就地学习整训。8月以后,学院"文革筹备处"(后改为筹委会)、"临委会",以及其他红卫兵群众组织相继成立。

8月16~18日,学院部分群众参加了西安交大、冶院、西工大等院校红卫兵组织在省委门前进行的"静坐斗争"。

9月3~5日,西安交大、西工大等9个院校部分红卫兵组织在省委门前静坐示威。6~9日静坐示威活动达到高潮,由静坐转为绝食,学院部分红卫兵组织也参加了这一行动。

10月4日,学院部分师生首批赴京串连,此后逐步形成串连高潮。

1967 年

1月27日,在"一月风暴"席卷全国的形势下,学院内也出现了全面夺权的局面。

6月28日,学院革命委员会正式成立。院革委会成员有:

主任委员:徐抗学

第一副主任委员:王 斌

副主任委员:刘支全 杜庆轩 戚惠卿

常委委员:(按姓氏笔画排列)

王 斌 刘支全 杜庆轩 沙伯录 张联科 袁喜春 徐抗学 殷明甫 戚惠卿

委员:(按姓氏笔画排列)

王 斌 王世荣 王兆林 史德周 邢子辉 师立心 刘支全 阴海潮 杜庆轩 杨大凯
杨树田 何杨政 沙伯录 张云武 张联科 袁喜春 徐开桂 徐抗学 徐志科 殷明甫
席昭明 戚惠卿

6月30日,经院革委会研究确定,设立院革委会办公室(内事、外事)、政宣部、组织部、后勤部、教改办公室等机构。

7月,在解放军的帮助下,全院师生进行了为期20天的军政训练。同时院革委会也作出决定,从7月15日起全院开始"复课闹革命",并以军政训练作为"复课闹革命"的第一课。

7~11月,经院革委会批准,院采矿系、地质系、机电系革命委员会和院后勤革命领导小组相继成立。

9月2日,在"大批判指挥部"的命令下,以高等院校为主的10余个单位抢了国家体委"102"库的武器弹药。学院部分红卫兵组织参加了这一行动。

10月,学院革委会对其下设机构和人员分工再次进行了调整。调整后机构设置:院革命委员会办公室,政治部(内设宣传、政教、保卫等组),斗、批、改办公室,后勤部。

10月,学院革委会作出了"关于形势与任务的决定",对学校今后主要的工作提出了8条意见。

12月23日,学院副院长、党委常委、临委书记史德周因病逝世。享年63岁。

1968 年

3月,学院基础部革命委员会、教务系统革命领导小组、实习工厂革命领导小组先后成立。

3月,学院第三办公室成立负责"清队"工作,学院清理阶级队伍工作开始。

3~5月,学院举办了"院第五期毛泽东思想学习班"。这次学习班中途转向将22名干部关进"牛棚",对几十名干部、群众进行批判。

4月5～10日,学院院刊编辑部、院广播台联合召开了形势座谈会(即四、八串连会)。

5月29日～7月10日,学院举办了"院第七期毛泽东思想学习班",对一些干部和群众进行了批判、游斗。

8月29日,渭北煤矿工人毛泽东思想宣传队进驻学校。工宣队进校后由工宣队、军宣队及院革委会主要负责人计11人组成了院领导小组,负责全院各项工作。11月起学院66、67、68级毕业生相继毕业离校。

1969 年

4月,党的"九大"以后,学院进行"整党建党"工作,相继恢复了党员的组织生活,建立了院党的核心小组和各系、部的党组织。

7月,学院69、70级学生毕业离校。到此学院所有学生全部离校。

9～10月间,以战备疏散为名学校教职工开始疏迁韩城。

12月,煤炭部根据中央关于高等院校下放问题的指示,下发了《关于将煤炭部所属高等院校交给所在省革命委员会领导的联合通知》,据此学院再次划归陕西省领导。

1970 年

5月,学院采矿系自建"象山矿"建井工程开工,地质系赴延安地区普查找矿。

3～7月,学院集中力量开展了"一打三反"运动,对22件案件进行了立案上报处理。

8月,在"教育革命"和学习清华大学"为创办社会主义理工科大学而奋斗"文章的形势下,学院将基础部各教研室的教师分散到采矿、地质、机电等各系,形成了撤销基础部状况。

9月,经陕西省革命委员会批准学院迁往韩城矿区建校,学院规模暂定为1 500名学生,600名工人。院址设在韩城县红旗公社姚庄大队姚庄坡。

12月,由于学生革命委员会委员毕业等原因,院革委会委员人数已由成立初的22名,减为6名。院革委会对其委员进行了增补。后经陕西省革命委员会批准:罗沛任院革委会主任,白金良、庄泽华、孟庆熙任院革委会副主任,乔荣山任院革委会常委,关廷献、刘宝兴、吴秀士、鲍其珍、曹炳鸿5人任院革委会委员。

12月,经陕西省革命委员会批准,院革委会党的核心小组成立,由罗沛、白金良、庄泽华、孟庆熙、苏枫、王斌6人任核心小组成员。罗沛任组长,白金良任副组长。

1971 年

3月,学院从韩城迁回西安。为收回被外单位占用的校舍,学院做了大量的工作。

3月,学院举办"工人地质试点班",学制一年半。

4月起,在中央的统一部署下,学院相继开展了"批修整风"、"批陈整风"运动。"九·一三"事件后又开展了"批林整风"运动。

4月,经全国教育工作会议研究确定,学院增设了矿山机械专业,并于1972年开始招生。

5月,陕西省革命委员会任命苏枫为院革委会常委。

8月,原隶属院政工组的办事组从政工组分出,成立院革委会办事组。

10月起,学院开展了贯彻《省委汇报会传达提纲》的运动。举办了院核心小组、总支等各级学习班,对"文化大革命"以来学校发生的部分重大问题和"清队"、"一打三反"运动中遗留的部分问题进行清查和处理。

11月,陕西省革命委员会发出《关于改变高等学校领导关系的通知》对各高等院校领导关系重新进行了调整,本院除教育革命仍由高教局负责外,其余均由省燃化局领导。为了恢复办学,学院集中力量进行了制订各专业教育计划、编写教材等工作。12月又建立了采矿工程、井巷工程、通风安全、测量、机械工艺、采掘基础、煤田地质及勘探、岩石矿床、地层构造、化学、外语、力学、物理、数学、军事体育等教学研究组,并确定了各教学研究组的负责人。为新生入校学习做了多方面的准备。

1972 年

4月,学院恢复招生后面向西北五省招收的首届251名工农兵学员入校学习。其中地下开采专业招生63名、矿建专业招生32名、矿山机电专业招生62名、矿山机械专业招生31名、煤田地质专业招生63名。5月2日学院举行了开学典礼。

6月,经院革委会党的核心小组批准,学院团工委成立。院团工委由李三明、李建章、陈国荣、苏友、苏芝兰、徐永征、段鸿道、黄冬凤同志组成。由苏芝兰任团工委书记、徐永征任副书记。

7月27日～8月25日,学院教师、学生300多人组成野营训练营,行军一千余里前往延安进行野营拉练。

10月,学院对组织机构再次进行调整。调整后学院设采矿系、机电系、地质系、公共基础课教学部、实习工厂,将院革委会办事组、政工组、教育组、后勤组分别改为院办公室、政治部、教务处、总务处,仍设团工委、武装部和战备办公室。

1973 年

1月,学院农场在泾阳县太平公社建立。

3月,学院制定了《西安矿业学院办事机构职责范围划分的暂行规定》。

4月,学院第四届团代会召开。会议选举产生了由苏芝兰、徐木彬、徐永征、冉立功、段鸿道、王贵、李建章、陈国荣、李三明、黄冬凤、陈贵元、苏友、高庆信等13人组成的院第四届团委会。并由苏芝兰任团委书记,徐木彬、徐永征任副书记。

10月26～27日,学院第三届党的代表大会召开。出席这次大会的正式代表99人,罗沛代表院党的核心领导小组作了题为《在党的十大路线指引下以批林整风为纲夺取教育革命新胜利》的工作报告。会议选举产生了由罗沛、苏枫、王斌、谭伯、孙茂喜、卜吉甫、乔荣山、邢子辉、赵亚民、沙伯录、杜庆轩、黄忠民、樊茂德、郭建华、吴秀士、王学文、苏芝兰、王良才、张汝恒、周永斌、邵志忠等21人组成的中共西安矿业学院第三届委员会。10月31日,学院第三届党委会召开第一次全委会。会议选举产生了由罗沛、苏枫、王斌、谭伯、孙茂喜、卜吉甫、乔荣山、邢子辉、赵亚民等9人组成的党委常委,并由罗沛任党委书记、苏枫任副书记。

10月,学院恢复招生后的第二届300名工农兵学员入校学习。

11月,学院第六届学生代表大会召开。会议选举产生了13人组成的院第六届学生会。

1974 年

2月,学院矿建专业、矿山机械专业、煤田地质及勘探、采煤专业等都先后成立"教育革命实践队",开展了开门办学等教育革命活动。

2月，在中央的统一部署下，学院成立了批林批孔办公室，在全院开展了"批林批孔"运动。

4月，学院根据陕西省委关于"院校党委和部、系总支的工宣队员要相应增加，院校政工、教改部门的主要科、组，要有工宣队员参加工作"的决定精神，经上级党委批准梁国兴、李立全等十几位工宣队员分别担任了院党委、革委会、各系、部、总支等各级的领导工作。

10月，根据省委"把74级工农兵学员的入学教育放到人民解放军这所毛泽东思想大学校里进行"的指示，学院74级新生257名及部分干部、教师前往部队进行了为期20多天的学军训练。

12月，学院对其组织机构再次进行调整，撤销系，成立专业委员会，将三系、一部改为地下采煤、矿井建设、矿山机械、矿山机电（侧电）、矿山机电（侧机）、煤田地质勘探等6个专业，设立了政治部、教改组、院务部，并相应成立了各专业、部的革命领导小组和总支委员会。

1975 年

3月，学院召开了第五届团代会。会议选举产生了由徐木彬、何秀兰、李瑞荣、席延军、邓世恭、郑华萍、贺碧云、王岳昭、苗新兰、李会平、刘南军、李军、张桂珍、陈振国、冯明光、崔成生、吴之河等17人组成的院团委，并由徐木彬任团委书记，何秀兰、李瑞荣任副书记。

4月，经院党委批准院第七届学生会成立。

7月，学院73级300名学生及部分干部、教师前往部队进行了为期一个月的学军训练。

8月，学院首届72级工农兵学员251名相继毕业离校。学院相继开展了以开门办学为主的"教育革命"活动，各年级各专业学生都相继走出校门，深入现场进行教学实践、毕业实践等，并在西安、铜川、韩城等地进行了建立教育革命基地的工作。

1976 年

按照上级部署，学院开展"反击右倾翻案风"运动。8月，经上级批准，卜吉甫、乔荣山二人改任学院顾问。谭伯调往西安外国语学院工作。

10月，在党中央粉碎"王、张、江、姚"反党集团以后，全院迅速掀起了传达、学习中央文件，揭发批判"四人帮"的高潮。

1977 年

3月，院成立清查领导小组，开展了群众性揭批"四人帮"运动。开始对"文化大革命"以来学院内部的重点问题进行清查和平反纠正冤、假、错案工作。

5～7月，74、75、76级751名学生及部分教职工分赴陕西、甘肃、宁夏、山东等省区十几个矿、厂进行开门办学。

6月，学院组织机构和中层领导班子再度调整，改专业委员会为系，调整后学院设三系（采矿、地质、机电）、四部（政治部、教改部、院务部、基础部）。

8～12月，76级310名学生（含60名进修生）及部分教职工分赴陕西、山西等省十余个矿、厂进行以参加生产实践为主的开门办学体制。

8月，采矿系井巷工程教研室荣获陕西省高教局先进科研集体，李赤波、魏泽国二同志荣获先进科技工作者奖，KR-Ⅰ型速凝剂和喷射水泥、铜川王石凹煤矿副井630千瓦绞车的可控硅串级调速系统、串调下动力制动万能机械特性曲线、蜗螺齿轮传动、竖井激光指向仪、钢丝绳胶带机可控硅串级调速系统、立井深孔光面爆破等7项科研成果荣获重大科研成果奖。

8月,学院74级工农兵学员学业期满毕业离校。

10月,学院根据煤炭工业发展前景的需要,提出了本院在校生2 000人的发展规模,并将本院原有的煤田地质勘探、矿井建设、地下采煤、矿山机电(侧机)、矿山机电(侧电)、矿山机械6个专业的名称改为煤田地质勘探专业、煤矿建井专业、地下采煤专业、煤矿电气化专业、煤矿机械化专业、煤矿机械制造专业。

10月,学院学代会召开。会议选举产生了由17人组成的院学生会。

11月,召开教育革命积极分子大会。全院评出教育革命积极分子113人,先进集体11个。

12月,根据中央的指示精神工宣队撤离学院。

1978 年

1月,学院恢复高考制度后的首届四年制本科生390名(含力学师资班)入校。

1月,根据中央文件精神学院为336名教职工调整了工资。

3月,学院提出了《西安矿业学院十年规划(草案)》。

4月,学院党委针对实际制定了《关于贯彻落实全国科学大会精神的初步措施》(十条)。

4～7月,学院各专业75、76级学生280名及部分教职工分赴省内外十几个矿、厂进行毕业设计和实习。

5月,院学术委员会成立。由王学文、侯运广任副主任(王学文代主任),王永义、刘昕成、杜玉枝、何新义、阎润、董金、赵国藻、廖启徽、张居仁、张钵、赵文杰、杨卜安、文振翼、秦愉庆等14人为委员。

5月,经上级批准学院在原测量教研室的基础上成立煤矿矿山测量专业并确定年内招收30名学生。

8月,学院党委提出"贯彻全国教育工作会议精神,全面执行毛主席的教育路线,为尽快提高教育质量而奋斗"的口号,此后逐步开始了医治学校创伤和恢复正常教学秩序的工作。

10月,学院恢复高考制度后的第二届四年制本科生360名入校学习。其中煤田地质勘探专业60名,煤矿建井专业60名,地下采煤专业60名,煤矿机械化专业60名,煤矿电气自动化专业60名,煤矿机械制造与修配专业60名。

11月,由学校筹办的"煤炭高等院校第一届建井学术报告会"在西安召开。部属各院校、中国煤炭学会、光明日报等45个单位出席了会议。本院在大会上宣读论文8篇,与兄弟单位协作发表1篇。

1978年获奖情况:

地质系教师黄克兴的"地质力学在煤田预测中的应用"、高振铎的"0.5 m^{3}内涨摩擦式耙斗装岩机"获全国科学大会奖。

采矿系教师李赤波、刘怀恒、何唐镛的"锚喷支护技术及材料"获国家科学大会奖。

采矿系教师王廷武的"立井深孔光面爆破"分别获国家科学大会、陕西省科学大会奖。

采矿系教师陈志学的"2 500 kgf/cm^{2}脉冲水射流发生装置"获全国科技大会奖。

学院教师李赤波的"KR-P型速凝剂"获全国科学大会奖及陕西省高等学校重大科技成果集体二等奖。

地质系教师邓宝的《陕西紫阳弓笔石的发现》一文获陕西省科技成果一等奖。《陕西山阳早石炭世植物群的发现及其地质意义》一文获陕西省科技大会奖。

学院教师李赤波的"液体速凝剂"、"锚喷水泥",魏泽国的"可控硅串级调速的理论及应用"获陕西省科学大会奖。

基础部教师周先德的"蜗螺齿轮传动"获陕西省科学大会奖。

学院教师肖继彦的"多点转换器"获陕西省高等学校重大科技成果集体二等奖。

1979 年

1月,学院开始实行新的体制和组织机构。学院由煤炭部和陕西省双重领导,开始实行党委领导下的院长分工负责制;设立院、系(处、部)、室(科、所)三级机构。

学院党委机构:

党的纪律检查会、党委办公室、组织部、宣传部、人武部、保卫科、马列主义教研室。

学院行政机构:

院长办公室、人事处、教务处、科研处、知青办、采矿系、地质系、机电系、基础部、图书馆、工厂。

工、青、学生组织:

院工会、院团委、院学生会。

同时,学院各教研组一律改为教研室。

1月,经陕西省委文教部批准,学院27名同志分别担任各系、部、处领导工作。

1月,学院第一个研究室"建井研究室"成立。

2月,学院确定和提升90名同志为讲师。

4月,经省委组织部批准:李树荣任学院党委副书记、院长;宋歧任学院党委副书记、副院长;张毅任学院党委副书记;赵亚民任学院副院长;何能任学院顾问。

4月,院召开先进工作者大会,对全院评选出的先进集体和先进个人进行表彰。

5月,学生会主席吴嘉林出席了全国学联十九次代表大会,会后学院在学生中开展了以学习为中心、"三好"为目标的"学雷锋、创三好"活动。

5月,学院清仓利库领导小组成立,宋歧任组长,杜庆轩、王永义任副组长,在全院开展了清仓利库工作。

6月,学院党的临时纪律检查委员会成立。张毅任书记、易云任专职副书记。

9月,经陕西省高教局批准学院10名讲师被确定、提升为副教授。

9月,学院首次招收研究生,矿井建设和煤田地球物理勘探各录取一名。

11月,院函授教学工作部成立。

11月,学院工会第三届委员会恢复工作。杜庆轩任主席,黄树模任副主席,委员13名。院工会下设办公室处理日常工作。院工会恢复工作后,各系、部相继建立了8个部门工会。

12月,经煤炭部党组批准,王学文任学院副院长,卜吉甫、乔荣山任学院顾问。

1979年获奖情况:

学院教师邓宝的"陕西弓笔石的发现"获陕西省科技成果一等奖。

采矿系教师刘怀恒的"岩石力学非线性问题有限元法及程序"获陕西省科技成果二等奖。

采矿系教师李赤波、刘怀恒、何唐镛、肖继彦的"锚喷支护理论及技术"获陕西省科委科技成果二等奖。

1980 年

2月,印发了学院《党、政、群办事机构职责范围规定》。

4月,经煤炭部批准,矿压科技情报中心站井巷地压分站在学院成立,站长刘昕成,副站长刘怀恒、任定华。

5月,学院成立院职工子弟中学并开始招生。

5月,学院51名教师被确定和提升为讲师。

12月,学院第四届党员大会正式召开。会期2天,305名党员出席了大会。会议审议并通过了罗沛代表上届党委所作的题为《加强和改善党的领导,为四化培养又红又专的煤炭建设人才而奋斗》的工作报告;选举产生了由罗沛、张毅、赵亚民、宋歧、王学文、肖继彦、于继武、王永义、刘昕成、杜玉枝、杜庆轩、苏芝兰、赵文杰、徐木彬、樊茂德15人组成的学院第四届党委会,由罗沛、张毅、赵亚民、宋歧、王学文、肖继彦6人组成学院党委常委,并由罗沛任党委书记,张毅、赵亚民任党委副书记;选举产生了由张毅、易云、张春芳、于继武、冯振坤、徐木彬、郭建华7人组成的学院纪律检查委员会,张毅兼任书记,易云、张春芳任副书记;大会还选举罗沛为学院出席省第六届党代会的代表。

12月,学院第二届学术委员会成立。由王学文、侯运广、杜玉枝、刘昕成、王廷武、肖继彦、廖启徽、董金、赵国藻、黄作华、何新义、张钵、韩大中、杨卜安、薛问西、杨治泰、孟宪高、王永义、李久昌19人组成。王学文任主任,侯运广任副主任。

1980年获奖情况:

采矿系教师刘怀恒的"有限元在地下工程中应用"、基础部教师周先德的"蜗螺齿轮传动"获陕西省科技成果二等奖。

1981年

3月,院党委召开院政治工作会议,研究部署了1981年学院政治思想工作的任务,并着重讨论了贯彻中央工作会议精神,加强和改善思想政治工作,以及开展"五讲"、"四美"活动等问题。

7月,学院学生工作部、保卫处成立;马列主义教研室直属院党委领导;院财务科由后勤处分出,直属院长领导。

7月,经上级批准学院提升19名讲师为副教授。

7月,经西安市人民政府批准学院劳动服务公司成立。

8月,学院地质系教师邓宝应邀出席在英国伦敦举行的第二届国际笔石会议。

8月,经煤炭部批准,肖继彦任学院副院长、李树荣任学院顾问。

10月,经煤炭部批准,学院将1976年创办的内部学术刊物《科技通讯》改名为《西安矿业学院学报》,正式公开发行。学院成立了由14人组成的学报编辑委员会,侯运广教授任主编,肖继彦、刘怀恒、杨仲平、黄克兴、韩大中任副主编。

11月,学院组织了"文化大革命"后首次毕业生设计(论文)及答辩会。参加答辩的77级毕业生计357人次,设计题目340多项。其中取得优秀成绩的158人,占总数的44.3%;良好的174人,占总数的48.7%。

12月,学院矿井建设、地下采煤、煤田地质与勘探、矿山电气化与自动化等专业招收攻读硕士学位研究生7名。

本年:学院对国家规定的7种专业技术人员进行了职称评定工作。学院教师贺敦良的"煤、油共生矿安全问题的研究"获陕西省科委科技成果一等奖。

1982年

1月,学院77级四年制本科生359名学生学业期满毕业离校。

2月,学院开始进行打击经济犯罪活动的斗争。

3月,经煤炭部批准学院学位评定委员会由15名委员组成。肖继彦为主席,侯运广、王永义为

副主席。

3月，学院采矿系井巷工程教研室被煤炭工业部、中国煤矿工会全国委员会授予"全国煤炭工业先进集体"称号，井巷工程教研室代表何德福参加了煤炭工业部召开的表彰命名大会。

4月，学院对77级本科生教育质量进行了较全面的调查。

5月，学院为77级352名毕业生授予学士学位。

5月，学院地质系78级学生雒昆利被团中央、教育部命名为"全国三好学生"。

5月，学院地质系副主任黄作华参加煤炭部中国煤炭技术考察团到日本考察访问。

6月，学院采矿工程、矿山建设工程、矿山电气化与自动化、煤田地质与勘探四专业录取攻读硕士学位研究生7名。

7月，学院78级四年制本科生423名学业期满毕业离校。

11月，经陕西省高教局批准学院14名讲师提升为副教授。

本年：

学院在全院教职工中开展了"学先进、赶先进、为人师表"的活动。

学院教师王宝瑜等的《西安南郊地裂缝成因初探》获西安市自然科学优秀论文三等奖。

1983 年

年初，学院开始院级领导班子调整工作。6月，经中宣部和煤炭部党组批准：肖继彦任党委书记，王学文任院长，何德福任党委副书记，赵文杰、刘听成任副院长。原党委书记罗沛、副书记赵亚民改任顾问，原党委副书记张毅、副院长宋歧离职休养。

学院采矿系采煤80—2班被授予"陕西省高教系统建设社会主义精神文明先进集体"称号。

3月，学院对1982年学院各项工作中涌现出来的先进集体和先进个人进行表彰。决定授予井巷工程教研室、采矿工程教研室、采掘机械教研室、普通电工教研室、测量教研室、岩矿教研室、计算数学教研室、化学实验室、图书馆、情报资料室、伙食管理科、印刷厂、人事处等单位为1982年学院先进集体称号；授予105名同志为1982年学院先进工作者称号。

5月，学院伙食科开始试行经费承包责任制。矿山机械工程、矿山电气化与自动化等专业招收攻读硕士学位研究生12名。

9月，学院新领导班子提出了《关于加强自身建设的八项规定》。

9月，学院学生会主席胡兰子出席了全国学联第二十届代表大会。会后院学生会在院党委领导下在学生中开展了自己教育自己、自己管理自己的活动，收到了良好的效果，并受到省学联的表扬。

本年：

学院教师黄克兴、赵德政、阎文英等参加的全国大协作项目"中国煤田预测"获煤炭部科学技术进步特等奖。

学院教师张文生、席昭明等与兄弟单位协作的"河南新密米村煤矿矿井技术改造"获煤炭部科技进步特等奖（1982年获河南省技术改造三等奖）。

地质系教师邓宝的《论螺旋笔石的形态特征及亲缘关系并讨论其地层意义》获煤炭部科技进步一等奖。

地质系教师黄作华的《自然伽马测井曲线的分析及反褶积校正》获陕西省科协优秀论文二等奖。

学院与兄弟单位协作的"CPR-Ⅰ型体外心肺复苏器"获陕西省卫生厅医药卫生科研成果三等奖。

学院教师唐德金、马秀清等与兄弟单位协作的"SIZ竖井激光指向仪"获山东兖州煤炭基建公司科技成果二等奖。

学院教师黄克兴、曲星武参加编写的《中国煤田地质学》一书获全国优秀科技图书奖。

井巷地压分站主编的《井巷地压与支护》经部情报所批准出刊,成为煤炭部批准内部发刊的14种期刊之一。

1984 年

1月,学院完成机构改革和中层领导班子调整。

2月,经国务院学位委员会批准,学院矿山建设工程、采矿工程、煤田地质与勘探、矿山电气化与自动化、矿山机械工程五专业具有硕士学位授予权。

年初,学院新建图书馆大楼竣工并投入使用。

3月,经煤炭部批准王仁远任学院副院长。

4月,陕西省委科教部、高教局、省教育工会联合召开教书育人、为人师表工作交流会,学院地质系测量教研室、采矿系通风安全教研室及姚应生、张汉生、赵贤淑、张光富分别被大会授予省教书育人、为人师表先进集体和先进个人的称号。

5月,学院派出以顾问罗沛、副院长赵文杰带队的考察组赴甘、青、宁、新四省区考察学院教育质量,征求各地领导对学院教育的意见,并看望和慰问了学校历届毕业生。

5月,院采矿工程、矿山建设工程、矿山电气化与自动化、矿山机械工程、煤田地质与勘探五专业招收攻读硕士学位研究生15名。

6月,朝鲜政府经济代表团来学院访问。

7月,学院地质系召开第六次科学报告会及三中全会以来科研成果展览会。会期三天,会上39位教师宣读论文58篇。

8月,全国煤炭工业质量管理研究咨询培训中心在学院成立,赵文杰任主任,顾贻昌、杜玉枝、程传涛、刘建生、王忠平任副主任,郝风印任顾问。

8月1日,煤炭工业部副部长叶青来学院检查指导工作。

8月18日,采矿系教授、煤炭部教育顾问团顾问侯运广同志逝世。

9月,学院首次聘请的加拿大文教专家舒尔茨来校讲学。

9月,创办于1959年10月的院刊《西安矿院》在中断十余年后正式复刊。

10月,学院开始试行班主任制度,19位教师受聘担任一、二年级班主任工作。

10月,瑞士苏黎世大学格罗布教授应邀来学院讲学一周。

10月,院乒乓球代表队在陕西省高校乒乓球赛中荣获教工男子团体第八名;马东升荣获教工组男子单打冠军。

12月,院召开1983～1984学年表彰大会,对全院15个三好先进集体和266名三好学生、优秀学生干部进行了表彰,并分别为他们颁发了证章、证书、奖金和奖品。

12月,经煤炭部党组织批准,学院顾问罗沛离职休养。

12月,西安矿业学院"大学生科技协会"成立。

12月,院举行首次硕士学位研究生论文答辩会。

12月,西安矿业学院第二届科学技术报告会(机电分会)在机电系举行,八省市41个科研及现场单位参加了报告会,提交大会论文40篇。

本年:

采矿系教师刘建生的《论质量效益》获西安市自然科学优秀论文一等奖,《企业素质强化之道》获西安市科协优秀论文二等奖。

采矿系教师刘建生、李树茂的《如何提高产品质量效益》《质量的挑战》获西安市科协优秀论文二等奖。

采矿系教师刘建生、李树茂的《行为科学在质量管理中的作用》获西安市自然科学优秀论文二等奖。

机械系教师席昭明的《平衡提升在矿井技术改造中的作用》获郑州市煤炭学会二等奖。注:此项目1982年获河南省技术改进三等奖、1983年获煤炭部科学技术进步特等奖、1985年获河南新密矿务局优秀论文一等奖。

采矿系教师何唐铺的"快硬水泥卷锚杆"获煤炭部技术发展司一等奖。

采矿系教师李筱毅、刘华强的"采场支承压力微电脑数据处理系统"获全国微机应用成果展览交流会三等奖。

1985 年

1月、7月,院两批攻读硕士学位研究生计15名,分别学业期满留校任教。

1月,院科技服务部成立,刘听成兼主任,王忠平、班建勋任副主任。

2月,学院为81级7名应届毕业研究生授予硕士学位。

3月,按照省委科教部的统一部署,学院的整党工作全面展开。院整党领导小组由7人组成,肖继彦任组长,何德福任副组长,成员:王学文、张春芳、樊茂德、苏芝兰、谢国泰。

3月,法国圣太田矿业学院大学生代表团一行43人来学院参观访问,并与本院学生联欢。

3月,学院在机电系82级和84级两个班试行奖学金制度。

4月,德国威斯特伐仑基金会矿专大学格仑布教授应邀来学院参观讲学。

4月,院高教研究室成立,赵文杰兼主任,李玉琨兼副主任。

4月,学院举行第十四届运动会,参加比赛的运动员计一千多人次。其中学生解建国,教工潘建湘、张晓芹、卢建军分别打破男子铁饼、女子200米、女子铅球、女子跳高的院纪录。

5月,院采矿系教师刘建生被煤炭部授予全国煤炭工业劳动模范称号。

5月,院财务科在煤炭部召开的高校财务工作会议上被评为先进单位。

5月,院图书馆委员会成立,委员会由15人组成,刘听成任主任、李晋任副主任。

5月,中国民主同盟西安矿业学院支部成立。

5月,学院18项科研成果参加全国首届煤炭工业科技成果交易会,并获大会摊位二等奖。

6月,以波兰西里西亚工学院副院长J.弗拉切克为团长的西里西亚工学院代表团一行三人来学院参观访问,并与西安矿业学院、焦作矿业学院、淮南矿业学院、河北煤炭建筑工程学院正式签署了科技合作协议。

6月,西安矿业学院、中国矿业学院等六所矿业学院在徐州与波兰克拉科夫矿冶学院正式签署了科技合作协议,相互建立校际关系。

7月,院召开党员大会,庆祝党的生日,请参加过老山战斗的陆军学校教员徐超同志作报告。

7月,学院采矿工程、矿山建设工程、矿山机械工程、矿山电气化与自动化、煤田地质与勘探五专业招收攻读硕士学位研究生25名。

8月,地质系教授邓宝参加了在丹麦首都哥本哈根召开的第三届国际笔石学术会议,并在大会上宣读了题为《笔石相及矿产关系》的论文。

9月,学院召开全院教职工大会,欢庆第一个教师节,并为96位从事教育工作三十年的老同志颁发了荣誉证书,对优秀教师、先进集体进行了表彰。

9月,学院董跃录同志在全国第二届工人运动会上,以18′25″的成绩打破陕西省5 000米老年组纪录；以 38′10″5 的成绩打破陕西省 10 000 米老年组纪录。

9 月，学院从 85 级开始实行浮动学制。

9 月，采矿系教师吴绍倩捐款 1 000 元，筹办西安矿业学院"热爱采煤事业奖学金"基金会，得到校内外各方大力支持。基金会旨在促进采煤事业人才的成长，奖励学生学采煤、爱采煤、献身于采煤事业。

10 月，学院举行师生员工大会，请人民解放军"英模功臣报告团"成员一等功臣张文彬、章晓虎、赵丽君作报告。会后，英模报告团同志和学生举行座谈。

11 月，采矿系教师何唐镛、刘建生出席了煤炭部在北京召开的全国煤炭工业劳动模范、先进集体大会。

11 月，学院与赴老山前线参战的人民解放军某部开展以"共做四有新人，共立四化大业"为主要内容的"双共"活动。

12 月，根据《中华人民共和国高等矿业学院波兰西里西亚工学院科技合作协议》，煤炭部教育司组织了由六人组成的西安、焦作、淮南、河北四院校教师赴波代表团。学院刘听成副院长（任团长）和采矿系陈志学副教授（兼翻译）参加了代表团，并与西里西亚工学院草签了 1986～1987 年双方进行科技合作具体工作计划的协议书，此外还同克拉科夫矿冶学院就 1986 年双方开展科技合作问题草签了备忘录。

12 月，学院对 20 个先进集体和 71 名先进个人进行了表彰。

本年：

采矿系教师曾仲节的《斜井机械化配套作业线及施工新工艺新纪录》获国家科学技术进步三等奖。

采矿系教师吴绍倩、刘听成与煤炭部技术咨询委员会等单位协作的《对巩固无煤柱开采及进一步扩大的使用范围的研究》获煤炭部第三次煤炭科技大会科技进步奖。

采矿系教师何唐镛的"KM84 型快硬水泥卷锚杆"获陕西省高校科研一等奖。

机械系教师毛开友与中国矿院协作的《采煤牵引部控制系统动态特性的研究》获煤炭部科技进步二等奖。

机械系教师席昭明的《论多绳摩擦提升钢丝绳的滑动极限及其应用》获煤炭部科技进步三等奖。

地质系教师曲星武等的《煤的结构与变质因素研究》获煤炭部科技进步三等奖。

地质系教师黄作华编著的《煤田测井方法与数字处理》上、下册二书获陕西省科研成果二等奖。

学院教师曾天章、秦愉庆的《浅析西安市人口增长与经济发展的关系》获陕西省社会科学优秀论文三等奖。

采矿系教师吴绍倩、刘听成与煤炭部技术咨询委员会等单位协作的"无煤柱开采研究及推广"获国家科技进步三等奖。

采矿系教师郭长生的"XAX 斜井人车安全信号装置"获煤炭部首届科技成果交易会希望奖、鼓励奖。

电教中心教师王建国的"财务帐务管理软件"获煤炭工业第二届计算机应用交流会表扬奖状。

学院鲍梁与兄弟单位协作的"体外心脏复苏器"获陕西省卫生厅医药卫生科研成果二等奖。

1986 年

1 月，学院撤销机电系建制，成立机械工程、电气工程两系。

1 月，学院举行隆重表彰大会，对 1985～1986 学年三好集体、三好优秀生、三好学生、优秀学生干部、单项优等生进行了表彰。

3月,煤炭部部长于洪恩来学院检查指导工作。

3月,学院教师邓宝、吴桂英被增补为陕西省政协委员。

4月,院党委开办学生业余党校,樊茂德任校长,徐木彬、冉立功任副校长。

4月,院业余团校举行开学典礼。团委书记郝巨才兼任校长。

4月,陕西省高校实验室评比检查团来院检查实验室工作。

5月,学院成立离退休干部管理处,撤销调研咨询室。

5月,经陕西省委科教部批准学院整党工作结束。

5月,学院在地质系召开现场会,检查整顿校风校纪、开展"一舍二操三堂"文明活动。

6月,学院成立统战部、财务处。

6月,院采矿工程、矿山建设工程、矿山电气化与自动化、矿山机械工程、煤田地质与勘探五专业招收攻读硕士学位研究生30名(含委托培养)。

6月,院长王学文前往美国新墨西哥矿业及理工学院访问,并与该院学术事务副院长卡尔·J.波普商谈了建立两校校际学术合作协议的有关问题。

9月,地质系举行建系三十周年庆祝会及第七次科学报告会,会上宣读论文67篇。

9月,学院侨联成立并举行庆祝大会,省市侨办、侨联及院有关领导参加了大会。

10月,经陕西省高教局批准,学院黄作华、刘听成、刘怀恒、邓宝、吴绍倩、薛问西6位副教授晋升为教授,37位讲师晋升为副教授。

10月,学院成立工资改革领导小组,在全院进行套入职务工资的改革工作。

10月,煤炭教育系统外事协作组第一届年会在学院召开。

10月,学院第十三届学生代表大会召开。院及有关领导和14所兄弟院校的代表等到会祝贺。大会选举产生了由范京道等27名学生组成的第十三届学生会。

12月,学院校庆筹备委员会正式组建并召开了筹委会第一次会议,提出了校庆活动的总体设想和实施规划。筹委会主任由院长王学文担任。下设办公室负责具体筹备组织工作。

12月,学院党委决定授予17个班为1985～1986学年先进集体,授予4名同学为"三好学生标兵"的称号,授予21名同学为"三好优秀生"的称号,授予191名同学为"三好学生"的称号,授予96名同学为"优秀学生干部"的称号。并向先进集体颁发奖状、奖金;向先进个人颁发证章、证书、奖金,并向其家长发送喜报。

本年:

采矿系教师何唐镛的"固定锚杆水泥卷锚固剂"获煤炭部科学技术进步一等奖。

采矿系教师吴绍倩负责的"立式单架巷道支架试验台"与吴绍倩、刘听成的"急倾斜煤层开采"分别获陕西省高教局科技成果一等奖。

电气系教师魏泽国的"可控硅串级调速原理应用"、采矿系教师王廷武的"光面爆破破岩机理研究"、石平五的"无煤柱开采的相似材料模拟试验方法"、郭长生的"XAX斜井人车安全信号装置"、地质系教师黄作华的"煤田测井方法与数字处理"分别获陕西省高教局科技成果二等奖。

机械系教师陶煜翘的"矿用圆链尺寸对变形的影响"获陕西省科技成果二等奖。采矿系教师张文生、王树仁的"开采方法",吴绍倩的"煤田地下开采方法",刘听成的"矿山压力及其控制"分别获陕西省高教局科技成果三等奖。

1987 年

1月,学院经过对1984年制定的各部门职责范围的修订,再次印发了学院《党、政、群办事机构及各系、部、处的职责范围和岗位责任》(试行草案),并在全院实行。

2月,陕西省政协副主席胡景儒、傅道伸,省政协常委刘进洪等11名政协委员来院视察。

3月,煤炭部教育司司长鲍恩荣来院检查工作。

4月,学院3634名选民参加了区人民代表的选举。学院石平五、刘建生当选为雁塔区人民代表。

4月,经高教局批准,学院魏泽国、杨仲平、王廷武、韩大中、钟奉娥、李启东、方慎权7位副教授晋升为教授,29位讲师晋升为副教授。

4月,在学院举行的第十六届田径运动会上,机制86一班王耀红打破学院男子5公里竞走纪录。

4月,波兰原西里西亚工学院院长巴兹乔拉博士应邀来学院进行访问。

5月,学院举行首届大学生文化周活动。

5月,为进一步提高本科生教育质量,学院发出了加强和提高本科生教育质量的决定。

5月,采矿系采矿工程及矿山压力教研室研制成功的《巷道支架试验台自动控制台自动测试系统》通过部级鉴定,该系统在我国煤炭系统支架实验中处于领先地位。

5月,基础部召开了第二届科技报告会,大会共收到论文128篇。

6月,学院煤田地质与勘探、采矿工程、矿山建设工程、矿山电气化与自动化、矿山工程力学、矿山测量、矿山机械工程七个专业录取攻读硕士学位研究生34名(含委托培养)。

6月,经陕西省高教局批准,陕西省高教系统职业技术学校西安矿业学院分校成立,赵纪功任分校校长,张联科任副校长。

7月,九三学社西安矿业学院支社成立。

7月,波兰克拉科夫矿冶学院院长安东尼·S.克列兹可夫斯基教授来学院进行友好访问,并就加强两校校际合作问题与王学文院长进行了诚挚和友好的商谈。

7月,经煤炭部批准学院领导班子换届调整,王学文改任党委书记,何德福继续担任党委副书记,赵文杰代理院长,李世文、徐子善为副院长。

8月,学院组织大学生、研究生、青年教师60余人深入陕北老区,进行以社会调查和科技服务为主要内容的社会实践活动。

9月,院团委决定授予奋不顾身抢救落水游人的申孝龙同学"优秀共青团员"的光荣称号。并号召全院学生向申孝龙同学学习。

9月,学院9项科研项目(负责或协作)被批准列入煤炭部1987年度科技发展计划,其中国家"七五"科技攻关项目4项,煤炭部重点项目2项,煤炭部一般项目3项。

10月,学院西北西南新技术开发中心成立,谢天麟任主任兼总经理。

11月,学院学生奖贷基金委员会成立,何德福任主任,李世文、冉立功任副主任。从1987年入学新生开始实行奖学金、贷款制度。

11月,院务咨询委员会成立。由罗沛、李树荣、肖继彦、张毅、宋歧、赵亚民、刘昕成、黄克兴、韩大中、魏泽国、施吾省、丁克宽、邓宝、谢天麟14人任委员。罗沛任主任,肖继彦、赵亚民任副主任。

12月,学院自费大学部成立。

12月,学院确定重点学科。

院级重点学科:

采矿系采矿工程学科(专业)

采矿系矿井建设学科(专业)

系级重点学科:

地质系煤田地质勘探学科(专业)

电气工程系工业电气自动化学科(专业)

机械工程系矿业机械学科(专业)

基础部应用力学学科(专业)

12 月 25 日,学院第五届党代会正式召开。会期 2 天,正式代表 115 人出席了大会。会议审议并原则通过了王学文代表上届党委所作的题为《在党的十三大精神指引下团结起来开拓前进,为实现振兴矿院的共同目标而努力奋斗》的工作报告;审议并原则同意了《西安矿业学院 1988～1991 年发展规划纲要》《学习贯彻十三大精神,加强和改进学院思想政治工作实施意见》等文件;选举产生了由于继武、王学文、杜玉枝、何德福、邱成凯、杨恒青、杨作勋、赵文杰、徐木彬 9 人组成的院第五届党委,王学文任党委书记,何德福任副书记;选举产生了由王良才、生成德、何德福、沙保胜、姚世廉 5 人组成的院党的第二届纪委,何德福任纪委书记,姚世廉任副书记。

本年:

采矿系教师何唐镛的"固定锚杆水泥卷技术"获国家科技进步三等奖。采矿系教师刘听成参加主编的《矿山压力及其控制》获 1987 年国家教委优秀教材奖。

学院 10 篇论文获西安市自然科学优秀论文奖。刘建生的《论质量革命及其在中国的特点》获一等奖。李树茂的《论质量的法律保证》、刘建生的《封闭原理与质量保证体系的有效性》分别获二等奖。毛开友、蔡大文的《合理选择油缸缸体的强度理论》,羌志萍、毛开友的《采煤机电液自动调速特性的合理匹配》,刘肖梅的《西安地区地热资源的初步评价》,陈扬杰、任大伟、李晋、翁汶的《陕西蒲白地区高岭石质煤矸石的特征及利用的探讨》,梁绍遏、傅炳章、许永年的《铜川矿区太原组 5# 煤层高岭石泥岩夹矸的成因及其在煤层对比中的意义》,李树茂的《产品质量开发的途径》,韩大中的《动态规划在资源开发和分配问题中的应用》分别获三等奖。

采矿系教师曾仲节与兄弟单位协作的"斜井机械化配套作业线及施工工艺新纪录"获国家科技进步三等奖。

基础部教师孟昭孝、郝瑛与兄弟单位协作的"先天性红绿色盲微机鉴别与分析系统"获陕西省中医药科技成果三等奖。

电教中心教师王建国的"财务计算机管理系统"、采矿系教师唐祖章的"矿井主生产系统电算模拟软件"分别获煤炭部第四届应用软件表彰大会三等奖。

采矿系教师李永和的《开孔卸压与锚杆加固联合支护的边界元方法及其机理分析》获全国岩石力学与工程青年论文优秀奖。

采矿系教师唐祖章、张金锁的"编制生产矿井年度采掘接替计划计算机软件"获煤炭部第四届应用软件表彰大会表扬奖。

采矿系教师刘听成、吴绍倩的"无煤柱开采情报服务"获第二届全国煤炭科技情报会议表扬奖。

院电教中心与采矿系矿压教研室协作制作的《急倾斜采煤方法》电视教材获陕西省高教局优秀电视教材二等奖。

院电教中心制作的《筒型建筑拆除爆破》电视教材获陕西省高教局优秀电视教材三等奖。

1988 年

1 月 15 日,成立院务咨询委员会。

1 月 20 日,煤炭部以〔88〕煤干字第 53 号文,任命赵文杰同志为西安矿业学院院长。

3 月,共青团西安矿业学院第八次代表大会召开。

3 月 31 日,西安矿业学院科学技术发展基金委员会成立。

4 月,陕西省高等数学课程评估专家组来院考察。

4 月 7～9 日,院首届教代会和第四届工代会隆重举行。赵文杰院长作了题为《齐心协力,为实现四年规划而努力奋斗》的工作报告。

5月11日,第四届工会委员会人员确定。

5月27日,院召开教学经验交流会。

9月15日,建校三十周年庆祝大会举行。

10月15日,西安矿业学院第十四次学生代表大会召开。

10月17日,学院的矿山测量专业从地质系分出,成立测量系。

11月11日,学院对本、专科学生实行奖学金和贷款制度。

11月17~19日,召开1988学年教学工作会议。

12月6日,院成立"西北矿冶经济技术开发中心"。

12月23日,西安矿业学院校园治安委员会成立。

1989 年

1月5日,西安矿业学院与西安遥感公司联合办学签字仪式举行。

1月13~14日,院召开科技工作会议。

1月14日,学院对1988年科技成果进行了评奖,评选出院科技进步奖12项,院优秀论文奖94篇。

3月28日~4月1日,煤炭高校思想政治教育研究会青年分会在学院召开。

3月30~31日,召开思想政治工作会议。

4月,由省高教局组织并主持的"省高校工厂整顿验收"会议在学院召开。

4月,学院评选出第一届优秀教学成果获奖项目共38项。

4月13日,中共中国统配煤矿总公司党组以〔89〕中煤总党字第11号及中煤〔89〕总人字第169号文通知,杨恒青同志任西安矿业学院党委副书记兼副院长。

4月15日,学院与宜君县人民政府签订了全面合作协议和联办宜君营坊沟煤矿合同。

5月11日,中国统配煤矿总公司干部司张维昌司长一行三人在陕西省煤炭厅厅长刘揆楚的陪同下来学院与中层干部见面,并作了讲话。

6月10日,思想教育课程正式纳入教学计划。

6月29日,西安矿业学院实习工厂在新迁地址开业。

9月10日,刘怀恒同志被评为1989年全国优秀教师。

9月18日,中国统配煤矿总公司副总经理濮洪九一行三人来院视察。

10月,吴绍倩同志被授予"全国能源工业劳动模范"称号;常晋才同志被评为"陕西省优秀教师";郭艳生同志被评为"陕西省先进保密工作者"。

11月9~18日,院长赵文杰率有关系、部、处领导赴神府煤田考察。

11月22~30日,中国统配煤矿总公司张维昌司长一行五人来校考察领导班子。

12月25日,苏联专家、图拉工学院院长索可罗夫教授、采机系主任布列涅尔教授来校讲学、访问、学术交流。历时两周。

12月25日,增设工业与民用建筑专业。

1990 年

1月21日,院成立财务委员会。

2月,根据中国统配煤矿总公司和陕西省高教局的有关文件精神,学院制定了青年教师参加社会实践锻炼(见习)的规定。

3月13日,中国统配煤矿总公司张宝明副总经理及总公司人事局、计划局、财务局等领导一行15人,在陕西省煤炭厅厅长刘揆楚同志陪同下来校视察工作。

3月,学院党委举办"国际形势与政策教育骨干学习班"。

3月21日,学院召开了"院科学技术发展基金委员会90年度第一次工作会议"。

3月27日,召开整顿教学秩序提高教学质量动员大会。

3月28日,杨恒青、石平五当选雁塔区第十一届人民代表大会的代表。

4月2日,院成立交通安全领导小组。

4月10日,召开西安矿业学院第十五次学生代表大会。

5月9日～6月下旬,完成党员重新登记工作。

9月1日,中共中国统配煤矿总公司党组以〔90〕中煤总党字第33号文通知,增补徐子善同志为西安矿业学院党委委员、任党委书记。同意王学文同志辞去西安矿业学院党委书记职务;免去何德福同志的西安矿业学院党委副书记职务,任专职纪委书记(副院级)。

9月1日,中国统配煤矿总公司以〔90〕中煤总人字第425号文通知,任命张志豪同志为西安矿业学院副院长。免去徐子善同志西安矿业学院副院长职务。

9月3日,成立公费医疗管理小组。

9月7日,中国统配煤矿总公司濮洪九副总经理和干部司温广棉处长来院视察工作,并代表总公司党组和总公司宣布学院领导班子调整充实的决定。学院领导班子成员如下:

党委书记:徐子善

院　　长:赵文杰

副院长:李世文

副书记兼副院长:杨恒青

副院长:张志豪

何德福同志任专职纪委书记(副院级)。

9月25～30日,日本鸟取大学工学部土木工学科西林新藏教授来校讲学。

12月,李永和、李政平、张奇、常晋才被评为煤炭系统优秀青年知识分子。

12月23日,苏联图拉工学院布勒切夫副教授一行三人来校访问。

12月27日,第一届第三次教职工代表大会召开。

12月,何唐铺教授被国家教育委员会、国家科委授予全国高等学校先进科技工作者。

12月,实习工厂通过国家教委验收,成为全国高校首批验收合格单位。

12月,工程测量专业获硕士学位授予权。

1991 年

3月23日,学院实施《公费医疗改革修改草案》。

4月27日,中国统配煤矿总公司副总经理范维唐、煤矿机械制造局局长刘先树、标准局质量管理处处长顾贻昌等一行6人来校检查指导工作。

5月23日,西安市委书记程安东来校给应届毕业生作《怎样做一名合格的煤炭工作者》的报告。

5月25日,能源部副部长兼中国统配煤矿总公司总经理胡富国一行6人来院看望师生员工,并在1991届毕业生大会上发表讲话。

5月,评选出优秀教学成果奖30项。

6月,总务基建党总支书记李玉琴同志被授予"全国高校优秀思想政治工作者"称号。

6月,著名力学家、中科院学部委员、博士生导师、中国矿业大学北京研究生部陈至达教授应邀来校讲学。

6～7月,院党委书记徐子善同志等5人组成的代表团访问苏联图拉工学院,与该院院长索科洛夫教授共同签署了两校教学科研合作协议。

8月,高等函授教育治理整顿工作于8月9～14日通过了中煤总公司、煤炭函授总部、陕西省教委检查验收组的检查验收。

8月,采矿系吴绍倩教授被评为"陕西科技精英"。

9月10日,教师节表彰大会举行。

9月10日,王世熙被评为1991年全国优秀教师。

10月,高等数学教研室、测量教研室被评为陕西省教书育人先进集体,伍永平、李勇、戴俊被评为先进个人。

10月23～25日,赵文杰院长一行赴河北邢台矿务局对院矿业机械专业88级学生的生产实习情况进行检查。

11月7日,中国统配煤矿总公司副总经理韩英同志在陕西煤炭厅王勤功厅长、陈跃副厅长的陪同下来校视察。

12月27日,陕西省高校后勤中片9所院校在学院召开伙食财务工作现场会。

12月,学院享受政府特殊津贴的人员:吴绍倩。

1992 年

1月8日,实验室工作先进集体、先进个人表彰大会召开。

1月15～16日,教职工代表大会第一届第四次会议召开。

2月25日,学院印发《西安矿业学院"八五"计划》。

3月1日,学院印发《西安矿业学院学生德、智、体综合测评条例》。

3月1～5日,波兰克拉科夫矿冶学院副院长斯塔尼斯瓦·米特考夫斯基教授来校访问,并与学院副院长李世文副教授共同签订《中国西安矿业学院与波兰克拉科夫矿冶学院教学与科研合作协议》。

4月3～5日,西安矿业学院代表队在西安举行的西安地区高校第一届数学模型竞赛中荣获一等奖。

4月27日,西安矿业学院自修大学更名为西安矿业学院工商培训学院。

4月27日～5月21日,波兰克拉科夫矿冶学院副院长贝克一行4人来校讲学。

5月16日,陕西省高教委以陕教高〔92〕24号文通知,矿井通风与风气调节、矿山压力及其控制、煤矿岩层与地表移动、采掘机械、高等数学、岩石力学与支护被列为省级重点学科。

6月10日,92届毕业典礼举行。

6月26日,成立第三届学位评定委员会。

7月1日,西安矿业学院校办产业委员会成立。

7月11～12日,中共西安矿业学院第六次代表大会召开。

8月28日,印发《西安矿业学院出售公有住房试行办法》。

9月,院长赵文杰应邀赴美国密执安技术大学进行讲学及学术交流。

9月9日,学院设立陕西省煤炭液压设备检测监督站。

9月22日,由杨恒青等一行4人组成的赴日访问团在鸟取大学、神户大学、东京大学进行考察,与鸟取大学就建立校际合作关系进行洽谈,达成了一致意见。

10月,刘建生教授通过英国BSI主任评审员资格考试,这是我国煤炭系统第一位通过英国BSI

主任评审员资格考试的专家。

11 月 16～23 日,中煤总公司教育局在学院举办煤炭教学工作会议。

12 月 17 日,国务院学位委员会以学位〔93〕39 号文通知,同意学院增设"安全技术及工程"为硕士学位授权点。

12 月 17～19 日,第二届教代会暨第五届工代会召开。

12 月,电气工程专业 89—1 班杨学贤同学荣获首届"中国科学技术发展基金会孙越崎科技教育基金"优秀学生奖学金。

12 月,学院享受政府特殊津贴的人员:

邓　宝　何唐铺　刘怀恒　刘建生　刘听成　黄克兴　王世熙　李世文　高　桐　魏泽国
唐祖章　陈志学　陈月华

本年,学院通过煤炭工业部组织的办学水平综合评估。

1993 年

2 月 19～22 日,由李朝辉、艾晓国和金祥曙 3 位大学生组成的数学建模代表队获"1993 年大学生国际数学建模竞赛"成功奖。

2 月 28 日,第五届工会委员会组成人员确定。

3 月 24 日,学院建成我国第一座大型多功能巷道支架试验台,并于 1993 年 3 月 24 日通过部级鉴定。该成果属国内首创,处于国际领先水平。

5 月 5～14 日,在陕西省第三届技术成果交易会上,学院有 7 项研究成果获金奖和银奖。

5 月 24～28 日,学院和清华大学水利系主办并由学院承办的"计算机方法在岩石力学及工程中的应用"国际学术研讨会在西安召开。陕西省副省长姜信真、西安市委书记兼人大常委会主任程安东出席会议并致祝贺。岩土力学数值方法国际委员会主席 C.S. 德赛、大会名誉主席赵文杰院长在会上作了讲话。

6 月 1 日,学院与日本鸟取大学建立了校际科教合作关系。

6 月 6～10 日,由中国煤炭学会举办的全国煤炭系统第二届青年科技工作者学术讨论会在学院召开。

9 月 7 日,中共陕西省委常委、西安市委书记程安东和省教委负责同志陈维理、苏有义等来校慰问教职员工。

9 月 24 日,学院印发《西安矿业学院自筹经费硕士生经费管理办法》。

9 月 29 日,增设机械电子工程、无机非金属材料 2 个本科专业和企业文秘、机械设备及自动化、市场营销、检测技术及应用、工业企业质量管理、工业企业经济管理、建筑装饰技术、地籍测量与土地管理 8 个专科专业。

9 月 30 日,南院学生工作领导小组成立。

9 月,评选出 1992 年度优秀青年知识分子。

9 月,评选出优秀教学成果奖 30 项。

10 月 14～17 日,全国煤炭院校纪检监察工作研讨会在学院召开。

10 月 15 日,数学建模代表队获"第二届全国大学生数学建模竞赛"一等奖。

12 月,学院党委举办纪念毛泽东同志诞辰 100 周年活动。

本年,地质系副教授雒昆利博士被评为全国、陕西省优秀教师;石平五教授被评为陕西省优秀教师;总务处伙食管理中心科长何绍斌同志被评为陕西省高校服务育人"十佳"教育工作者。

12 月,学院聘请史元伟、谢广成、刑兆杵、贾希荣、孙法文等 5 名同志为学院兼职教授。

12 月 17 日,"安全技术及工程"获批为硕士学位授予点。

12 月,学院享受政府特殊津贴的人员：

石平五　方慎权　何新义　曾仲节　李启东　张文生　贺敦良　曲新武　孟昭孝　王廷武

赵轶群　赵文杰　王树仁　高振铎

1994 年

1 月 8 日,院党委书记徐子善率科研处等单位负责人一行 7 人赴神木县考察、访问,并签署《关于缔结友好校县的协议》。

2 月 28 日,15 名学生被评为煤炭院校优秀学生。

3 月 9 日,赵文杰院长率采矿系主任石平五、矿产所所长葛岭梅、院办主任吴升三等一行 4 人赴华能精煤公司神府分公司进行访问。

3 月 15 日,学院召开第二届教职工代表大会第二次会议,审议通过了张志豪副院长所作的《西安矿业学院综合改革方案》报告、《西安矿业学院公有住房售后维护管理暂行条例》说明报告。

3 月 16 日,提高教学质量表彰动员大会召开。

3 月 28 日,1994 年思想政治工作会召开。

3 月 30 日,华能精煤公司神府分公司总经理何永久高级工程师及其多种经营公司总经理樊治国高级工程师等来校访问。

4 月 5 日,西安矿业学院、华能精煤公司神府分公司技术合作专家组成立。

4 月 8 日,学院召开干部大会,赵文杰院长部署落实《西安矿业学院综合改革方案》。

4 月 9 日,学院成立"经济活动核定监督领导小组"。

4 月 18 日,常心坦同志任院长助理。

4 月 22 日,第二十三届田径运动会举行,计算机 93—2 班吴天飞同学刷新了保持 13 年的跳远纪录,采矿 92—1 班杨伟打破了学生男子 1 500 米的院纪录。

4 月 25 日,院党委书记徐子善及常心坦、徐精彩、煤炭部科教司刘志军同志赴美国密执安技术大学、密苏里罗拉大学进行学术交流。

5 月 4 日,赵文杰院长与专家组赴神府矿区展开对口研讨。

5 月 9 日,成立"学科建设领导小组"。

5 月 17 日,美国西弗吉尼亚大学采矿系教授罗毅博士夫妇来校讲学。

5 月 18 日,陕西省教委以陕教高〔94〕53 号文同意,学院从 1994 年开始试行专科升本科浮动学制。

5 月 18 日,学院隆重召开"西安矿业学院工程教育指导委员会"成立大会。

5 月 27 日,院团委下发《关于全院开展"希望工程"募捐活动的通知》,全院师生共捐资 28 000元,投资兴建商南县太吉河小学。

5 月 28 日,联合国国际劳动组织首席技术顾问 T. 兹维尔斯基参观学院多功能巷道支架实验台。

6 月 14 日,院党委书记徐子善等组团赴神府矿区考察。

6 月 23 日,中国科学院院士、山东矿业学院教授宋振骐来校作报告。

6 月 28 日,煤炭部、省煤管局、教工委联合考察院领导班子小组进驻学院进行工作。

7 月 16 日,赵文杰院长率团赴神府矿区考察"工作组"工作进展情况。

9 月 9 日,举行"庆祝第十届教师节大会"。

9 月 19 日,确定院级重点学科:采矿工程、矿山建设工程、矿山机械工程;准硕士点:岩土工程、

通信与电子系统、计算机应用。

10月7日,常心坦同志任西安矿业学院副院长,宁仲良同志任西安矿业学院副院长,张志豪同志任西安矿业学院工会主席(保留副地级)。

10月8日,第二届教职工代表大会第三次会议召开。

10月10日,院"校园治理整顿领导小组"成立。

10月11日,院长赵文杰等人赴南京晨光机械厂、宝山钢铁(集团)公司访问。

10月15日,俄罗斯全俄煤矿藏地质勘探科学研究院副院长斯米尔洛夫博士来校讲学。

10月18日,"全国煤炭高校思想政治教育研究会九四年年会"在学院召开。

10月22日,院党委书记徐子善等赴华能精煤公司神府分公司访问。

11月5日,院党委任命张森丰同志为院长助理。

11月16日,华能精煤公司神府分公司总经理何永久来校进行合作交流。

11月25日,离退休处离退休老同志车学春、宋歧、金永俭、刘培玉、丁茹、钟奉娥、王英铎7名同志签订扶贫合同,共资助10名小学生完成小学学业;院团委与太吉河希望小学签订合同,共资助50名失学儿童完成小学学业。

11月30日,第二届教育工作会议召开。

12月19～20日,省教委评估专家组对学院金工课程和实习两方面进行了检查评估,结论:课程教学良好;实习教学优秀。

12月21日,学院成立院勤工助学领导小组。

12月22～25日,科研、校产工作会议召开。

12月,煤炭部批准学院成人教育增设脱产专业,首批批准学院机电、通信、工民建、企管、会计5个专科脱产专业招生。学院成人教育由过去单一函授教育发展为函授、双专科、脱产等多种形式的教育。

1995 年

2月14日,增设检测技术及仪器仪表、建筑工程2个本科专业。

3月25日,"煤炭工业部通信专业人才培训基地"在学院成立。

3月27日,学院印发《西安矿业学院院内收费管理的规定》。

3月27日,学院第一任党委副书记兼副院长何能同志在西安逝世,享年90岁。

3月28日,神华集团公司神府分公司总经理何永久来院访问。

4月7日,榆林地区行政公署吴秀峰副专员受行署委托,率副秘书长邢解放、计委主任曹军念等一行5人来学院访问并签署了《榆林地区西安矿业学院关于校地经济技术与合作的协议书》。

4月14日,赵文杰院长等一行6人赴府谷县人民政府访问。

4月17日,赵文杰院长等一行6人赴榆林地区行署进行访问。

4月20日,第十四届田径运动会举行。建工系学生孙贵玲、大专部学生耿杏哲打破学生女子组"五项全能"纪录,院工商进修学院学生张春建打破男子组"五项全能"纪录,采92—1班杨伟打破学生男子400米纪录。

5月22日,学院党委决定:授予周宏伟等9名同志为1993年度优秀青年知识分子称号;授予田水承等11名同志为1994年度优秀青年知识分子称号。

6月,学院评选出优秀教学成果奖30项,其中有一项获省级优秀教学成果二等奖。

6月1日,陕西省教委刘炳奇副主任等来院视察稳定工作。

6月10日,英国设计制图和标准化专家西蒙先生、日本标准化专家库瓦达先生应邀来院进行学术交流。

6月22日,召开中层以上干部、副高职以上教师会议。煤炭部人事司副司长路德信等领导同志宣布了部党组决定:赵文杰退休不再担任院长,决定由徐子善同志任西安矿业学院院长。

6月27日,美国密苏里·罗拉大学采矿系主任威尔逊教授、田正仁副教授应邀来院进行学术交流。

7月6日,电力传动及自动化专业增列为部级重点学科。

7月18日,院学生会代主席路海涛同学参加全国学联第22次代表大会。

8月8日,计算机及应用专业和通信工程专业在陕西省首次参加高考招生第一批录取。

8月21日,石呈龙等3位教授赴俄讲学。

9月5日,成立函授教育评估领导小组。

9月20日,学院召开表彰全国教育系统劳动模范徐精彩同志大会。

10月1日,学院与日本鸟取大学签署了互派留学生协议。

10月3日,陕西省教委对陕西地区本科院校所办机械类专科的金工实习教学工作进行了检查评估。学院总分74.2分,排列十三所院校第三名。

10月18～22日,学院函授站长会议和第一届工程教育指导委员会第二次会议在广西北海市召开。

10月25日,中国煤田地质总局出资30万元设立"中国煤田地质教育事业资学金"。25～27日在院召开了奖学金基金委员会成立大会暨第一届委员会会议。

10月30日,常心坦、葛岭梅、徐精彩、周安宁4位同志赴日讲学。

11月1日,李新东、吴绍倩教授及攀枝花矿务局郭保山、刘培德赴美进行学术交流。

11月28日,学院援建的商南县太吉河希望小学落成。

12月6日,经国家教委同意,煤炭工业部以煤人字〔95〕第628号文,授予学院采矿工程、矿山建设工程、电力传动及自动化、煤田油气地区与勘探、矿山机械工程、矿山工程力学6个学科有副教授任职资格评审权。

12月7日,"创佳评差"总结评比会举行。

12月18日,新疆煤炭工业管理局副局长许治政一行15人来院访问。

1995年,学院徐精彩同志获全国教育系统劳动模范奖章,受到国务院总理李鹏、副总理李岚清等党和国家领导人的接见。

1995年,雒昆利同志获"中国科学技术发展基金会孙越崎科技教育基金一九九五年度优秀青年科技奖"。

1995年,党岷江同志被评为陕西省委、省政府老干部工作先进个人。学院被中共中央宣传部、国家教委、共青团中央评为"社会实践先进单位"。

1995年,学院赴商南大学生志愿者服务队被团中央、全国学联评为"中国大学生志愿者扫盲与科技文化服务行动优秀志愿服务队"。

1995年,学院享受政府特殊津贴的人员:王晓利、龙荣生。

1995年,学院徐精彩、雒昆利被评为煤炭部"专业技术拔尖人才"。

1996 年

1月10日,第二届教职工代表大会第四次会议召开。

1月29日,赛云秀同志任中共西安矿业学院委员会副书记,张淼丰同志任西安矿业学院副院长。

3月1日,增设会计学、信息工程、自动控制3个本科专业。

3月21日,学院成立校产委员会。

4月23日,学院被批准为有资格招收保送生的普通高等学校,并在陕西省招收了24名保送生。

4月29日,创建文明校园领导小组成立。

4月29日,全国劳模赵伯璧同志来院作先进事迹报告。

5月13日,"西安矿业学院校医院"成立。

6月24日,通信与电子系统、计算机应用、岩土工程、水文地质与工程地质、矿物加工工程等5个学科获硕士学位授予权。同时撤销矿山工程力学、煤田油气地质与勘探硕士学位授权点。

6月24日,魏泽国编写的《自动控制原理》、冯楼台编写的《微型计算机应用基础》、龙荣生编写的《矿井地质学》荣获煤炭工科高等学校第三届优秀教材二等奖;杨仲平编写的《自动控制系统》、黄克兴编写的《构造控煤概论》荣获煤炭工科高等学校第六届优秀教材三等奖。

7月5日,西安矿业学院工商进修学院被省教委批准为陕西省高等教育学历文凭考试试点学校。

1996年,学院建工系93—1班孙彩云、自动化93—2班李翔同学被评为1996年度中国科学技术发展基金会孙越崎科技教育基金"优秀学生奖"。

1996年,煤炭部批准"煤炭专用通信网试验中心"成立。

9月20日,煤炭部函授教育评估验收专家组在部人才交流中心赵声文副主任带领下对学院函授教育自评工作进行全面评估验收。

9月22～24日,全国煤炭院校后勤管理研究会在学院召开。

9月28日,德国西门子公司杨红光博士来院作学术报告。

10月7日,第12届全国高校矿井通风与安全学术年会在学院召开。

10月11日,荷兰国际航测及地学学院教授冯·享德伦博士来院作讲座。

10月15日,美国密苏里·罗拉大学采矿系主任威尔逊教授、田正仁教授来校进行学术交流和科技合作。

10月18日～11月5日,中国煤田地质教育事业奖学基金会第二次会议在学院召开。学院王毅、张澜涛、武晓伟3位同学获奖。

10月,学院被省教委评为电教工作一类学校。

10月24日,中国地球物理学会理事长、中科院院士刘光鼎教授来学院作报告。

11月5日,学院印发《西安矿业学院关于工人设岗的暂行规定》。

11月8日,第十七次学生代表大会召开。

11月13日,中国矿业大学北京研究生院王祖讷教授、朱书全教授、邵清邦博士一行3人来院作学术报告。

11月,学院评选出优秀教学成果奖30项,其中一等奖中有2项获省级优秀教学成果二等奖。

12月10～12日,中共西安矿业学院第七次代表大会胜利召开。

第七届党委委员:徐子善 杨恒青 赛云秀 常心坦 宁仲良 张淼丰 王忠义 姜良成
　　　　　　　牛迈程

徐子善任书记,杨恒青、赛云秀任副书记。

第四届纪委委员:赛云秀 车文敏 崔 峰 任周荣 沙保胜

赛云秀任书记,车文敏任副书记。

12月16日,学院对1996年科研成果进行了评奖,评选出科技进步奖18项;优秀著作奖24部;优秀论文奖280篇;"大运会彩车"授予特别奖。

12 月 17 日,澳大利亚南威尔士大学博士、校友岳文龙博士应邀来院进行学术交流。

12 月 31 日,新疆煤炭厅厅长关希贵、哈密矿务局局长兼党委书记李春生、乌鲁木齐矿务局党委书记姚伟、艾维尔沟煤矿矿长吴甲春等一行 9 人来院参观交流。

1996 年,学院享受政府特殊津贴的人员:雒昆利。

1997 年

3 月 5 日,西安市副市长张富春等来校视察。

3 月 6 日,增设企业管理、电力系统及其自动化、化工工艺 3 个本科专业。

3 月 8 日,"四条线"财务管理改革领导小组成立。

3 月 24 日,院长徐子善等赴深圳市华为技术有限公司进行考察。

4 月 8 日,制订《西安矿业学院"九五"规划及 2010 年长远规划》。

4 月 9 日,共青团西安矿业学院第九次代表大会召开。

4 月 24 日,西安矿业学院思想政治工作会议召开。

6 月 10 日,第四届学术委员会成立。

6 月 20 日,第四届学位评定委员会成立。

6 月 23 日,"西安矿业学院校内资金结算中心"及"西安矿业学院会计服务中心"成立。

6 月 26 日,经国务院学位委员会批准,同意学校开展在职人员以研究生毕业同等学力申请硕士学位工作。

8 月 30 日,基础课实验室评估工作领导小组和评估专家组成立。

9 月,学院首次对新生进行军训。

10 月 9 日,王斗虎同志任中共西安矿业学院委员会党委书记;免去徐子善同志中共西安矿业学院委员会党委书记职务。

10 月 15～18 日,"煤炭高等教育研究年会"在学校召开。

11 月 5 日,何德福任西安矿业学院调研员(副院级)。

11 月 8 日,学院派队参加第五届"挑战杯"全国大学生课外学术科技作品竞赛,取得优异成绩。

11 月 12 日,学院黄建文、郭小华、刘青获 1997 年全国大学生数学建模竞赛二等奖。

11 月 23 日,省文明校园验收组来校验收检查。

1997 年,3 个学科荣获陕西省省级"重点学科"。

1997 年,院团委被中宣部、国家教委、团中央、全国学联授予"社会实践先进集体"称号。

1998 年

1 月 14 日,第二届教职工代表大会第五次会议召开。

1 月 30 日,参加全国前四批硕士学位授权点进行基本条件合格评估的机械设计及理论、采矿工程、岩土工程、管制理论与控制工程全部学科在评估中被确定为 A 级学科。

2 月 16 日,学校被授予"市级园林化单位"称号。

2 月 16 日,学校被命名为"1997 年度省级文明校园"称号。

2 月 26 日,学校获批为"科技事业单位国家二级档案目标管理"单位。

3 月 3 日,马克思主义理论与思想政治教育、机械制造及其自动化、电力电子与电力传动获批为硕士学位授权点。

3 月 10 日,增设光电子技术、供热通风与空调 2 个本科专业。

3月17日,岩层控制实验室获批为陕西省岩层控制重点实验室。

3月26～27日,第三届教代会暨第六届工代会召开。

5月28日,由省教工委、省教育工会组成的教代会制度执行情况检查团来校评估检查,授予学校"民主管理先进单位"称号。

6月、9月、11月,对全校处级、科级及科以下干部、教学及实验技术人员进行考核聘任。

6月1日,与日本鸟取大学续签了为期5年的科教合作协议。

6月10日,举行文明校园挂牌仪式及创建文明校园总结表彰大会。

6月15日,学校第六届工会委员会人员组成确定。

6月16日,制定《院领导目标责任制》和《西安矿业学院"52311118"目标实施方案》。

6月22日,第三届教职工代表大会第二次会议召开。

6月23～27日,安全技术及工程获批博士学位授予权。

7月14日,陕西省人民政府宣布,学校自9月起实行省部共建、以省为主的管理体制。

9月10日,陕西省副省长陈宗兴、省教委副主任胡致本等人来校慰问师生员工。

9月15日,建校四十周年庆祝大会举行。

9月15日,与荷兰国际航测及地球科学学院续签为期5年的科教合作协议。

9月15日,荷兰国际航测及地球科学学院院长哈默森教授赠送学院价值10万元的计算机软件及其他科技资料。

9月23日,与澳大利亚吉普斯兰理工学院签署了合作办学的意向书。

10月20日,与铜川市人民政府签订《关于决策咨询及人才培养、技术交流与合作、组织与协调友好合作协议书》。

10月21日,中共陕西省委组织的"实行中央地方共建的五所普通高校调研组"来校调研。

10月,专业结构进行调整与改造,原有22个本专科专业调整为18个本科专业,另新增3个本科专业。

10月,制定并实施《西安矿业学院院内津贴分配办法》。

10月,首批在职人员以同等学力申请硕士学位课程学习班开课。

11月4日,张奇教授入选为陕西省"三五人才工程"第二层次人选。

11月10日,宁仲良副院长当选为中国煤矿体协第四届理事会理事。

11月26日,常心坦、石平五2位教授被确定为安全技术及工程学科博士生指导教师。

12月4日,根据国家煤炭工业局煤企改字〔98〕第543号文批复,同意在学校建立采矿工程部级重点实验室,其名称为"国家煤炭工业采矿工程重点实验室"。

12月13日,伍永平、王晓利2位教授确定为煤炭系统第二批专业技术拔尖人才。

12月14日,何德福同志退职休养,不再担任西安矿业学院副院级调研员。

12月26日,博士点建设领导小组成立。

1998年,学校基建开工面积为20 000平方米(筒子楼改造),竣工面积为11 279平方米。

1999 年

1月15日,1999年工作会议召开。

2月8日,国家煤炭工业局副局长王显政、人事司副司长黄玉治等人来校视察、指导工作。

3月4日,第三届教材建设工作委员会成立。

3月8日,与煤炭科学研究总院西安分院合签关于共建岩土工程博士点及联合培养博士生的协议。

3月9日,西安矿业学院实验室建设指导委员会成立。

3月9日,制度建设工作指导小组成立。

3月10日,中共陕西省委常委、省政法委书记孙安华与省公安厅副厅长李乐天、省教委副主任胡致本等人来校视察指导工作。

4月,学校被中共陕西省委教育工作委员会授予"民主管理先进单位"称号。

5月5日,国家自然科学基金委员会工程与材料科学部常务副主任李克健来校指导工作。

5月,机械系机电95—1班的刘青同学被评为全国"三好学生"。

5月,《西安矿院报》从本期起被编为全国统一刊号,成为全国公开发行的报纸,刊号为CN61-0804/(G)。

6月,学校组织申报的"陕西高等教育面向21世纪教学内容和课程体系改革研究项目"有8项获准立项,其中两个项目学校为主持单位。

7月6日,学校正式更名为西安科技学院,并举行了更名庆典大会。

8月10日,学校与山东省胶南市人民政府合签联合办学框架协议,在胶南市成立西安科技学院青岛校区。

8月,学校扩大招生规模,当年总招生计划达2 500人,扩招近1 400人。

9月1~4日,美国密苏里大学罗拉分校奥哥劳斯克副校长田正仁教授来校进行学术交流。

9月8日,临潼校区挂牌仪式隆重举行。

9月20日,西安科技学院计划生育工作协会成立。

9月28日,西安科技学院创新园区建设开始启动。

9月,省专业建设专家组来校对5年以来新建专业和2000年拟增专业建设情况进行检查。

10月8日,安全技术及工程、采矿工程、岩土工程、控制理论与控制工程分别获得重点学科资助经费13万元、11万元、10万元、10万元,共计44万元。

10月14日,西安市市长冯煦初、市长助理王志强等人来校视察工作。

10月,2项科研课题被批准为国家自然科学基金项目。

10月,2项成果分获四川省科技进步一等奖、国家煤炭工业局科技进步特等奖,6项科技成果荣获陕西省教委1999年度科技进步奖。

11月,信息与计算科学、英语、艺术设计3个专业获批为本科专业。

12月8日,西安市人大常委会副主任张富春、市长助理王志强、市环保局局长彭志玺等人来校视察工作。

12月16日,与天水电气传动研究所签订《关于共建电子电力与电力传动博士点及联合培养博士生的协议》。

12月22日,第三次教育工作会议召开。

12月27日,乌鲁木齐环鹏有限责任公司正式引进由学院研制开发的、具有世界领先水平的多晶相SIC合成技术。

12月,落实教学科研成果奖励和优秀拔尖人才队伍建设的政策,学校为77名教师进行了奖励资助,奖励资助费共计13.88万元。

12月,在陕西省高校第三次大学生高等数学竞赛中学校有33名同学获奖。

12月,5项成果荣获1999年度优秀教学成果奖。

12月,常心坦教授获陕西省有突出贡献专家称号。

12月,制订《西安科技学院教师队伍建设"十五"规划》。

1999年,完成考试中心的筹建工作,初步实现教考分离。

2000 年

1月17日,学报编辑部列为院直属机构,隶属院长直接领导。

1月19日,韩国龙仁大学跆拳道队来学院进行表演。

1月22日,2000年工作会议召开。

2月28日,西安科技学院后勤社会化改革领导小组成立。

2月28日,西安科技学院大学生心理咨询服务中心成立。

3月1日,陕西省委宣传部理论处处长胡煜来校作报告。

3月16日,管理系主任张金锁被铜川市经济技术顾问团聘为顾问。

3月17日,陕西省高校首家学科创新园区——西安科技学院学科创新园区成立,标志着学校学科建设又上新台阶。

3月17日,中国陕西发明专利中心与学校在校生尚魏联合开发的"S2系列全自动液体发酵罐"试机成功。

3月20日,西部开发与企业发展报告会在学校举行。

3月22日,西部大开发领导小组成立。

4月10日,省委教育工委组群处处长张长保、组群处干部于慧英来校对党建评估工作进行了检查验收。

4月12日,西安科技学院自学考试辅导中心成立。

4月13日,波兰B.DRZEZLA教授来校进行学术交流和专题讲座。

4月14日,采矿工程、地质工程两个专业获批为国家管理专业。

4月26日,中煤第三建设公司陕西路桥公司与学校签订《捐资助学教研学协议书》。

4月27日,韩城矿务局与学校签订合作协议。

5月9～12日,全国煤炭系统高校图书馆馆长研讨会在学校举行。

5月9～12日,在陕西省第二十三届大学生田径运动会上,学校范鹏以46.73米的好成绩勇夺男子A甲标枪金牌;常敏获女子A甲跳高银牌;王飞舟获男子A甲跳高铜牌。

5月20日,澳大利亚国际专业培训研究学会董事胡国耀先生、北京恒天易德化工有限公司总裁陈易美女士来访。

5月23日,荷兰金德伦教授来访并作专题讲座。

5月29日,外国语言文学系成立。

6月1日,首批个人住房贷款签约暨房产证颁发仪式举行。

6月6日,地质系更名为地质与环境工程系。

6月29日,召开中层以上干部、副高职以上教师会议。

7月8日,西安科技学院后勤产业有限责任公司成立。

9月5～6日,思想政治工作会议召开。

9月19日,"三讲"教育工作领导小组成立。

9月21日,中国工程院院士、重庆大学教授鲜学福,中国科学院院士、中国矿业大学教授陈清如来校交流。

9月28日,临潼校区新校址奠基仪式举行。

9月30日,校区建设领导机构成立。

9月,学校在2000年全国大学生英语竞赛中有11名同学分别荣获一、二、三等奖。

10月,荷兰国际航天航空测量与地球科学学院冯·亨德伦教授来校作报告。

11月2日,曲阜市与学校签署友好校市协议。

11月3日,国家自然科学基金委数理科学部力学学科主任孟庆国来校作报告。

11月10日,陕西省委常委、省政法委书记孙安华同志,省委教育工委委员、教育纪工委书记董祥林同志等一行5人来校检查"三讲"教育工作。

11月15日,社会科学系成立。

11月20日,著名环保作家和环保活动家、《大自然》杂志前主编、国家环保总局特聘环境使者唐锡阳教授来校作报告。

11月23日,陕西省社会科学院经济研究所所长张宝通研究员来校作学术报告。

11月24日,国家航测与遥感重点实验室常务副主任、国家长江学者、国家中青年学术骨干、学科带头人、西安科技学院兼职教授龚健雅博士来校讲学。

11月25日~12月1日,荷兰国际航天航空测量与地球科学学院常驻中国代表玛丽安女士、遥感应用所所长亨德伦教授来访。

11月,杨更社教授荣获首批教育部骨干教师资助计划项目基金资助。

11月30日,全国工程硕士专业学位教育指导委员会西北片考察组专家、南京理工大学副校长、研究生院院长、国务院学科评议组成员汪信教授一行3人来学校,对学校申请开展培养工程硕士专业学位工作的办学条件进行实地考察。

12月,学校与中国科学院地理研究所共同承担了国家重点基础研究发展计划(又称"973"计划)——"我国煤中重金属元素的含量和赋存规律的研究"。

12月,学校研制的第五代中频电炉控制器XKJQ-5被认定为国家重点新产品。

12月8日,学校与陕西银河电力自动化有限公司联合申报的配电过程自动化成套设备项目列入国家高技术产业化示范工程项目计划,该项目立项总投资为7 620万元。

12月15日,陕西省教育厅副厅长张炜同志,省教育厅科技与产业处处长窦海潮同志、副处长朱征南同志一行3人来校视察重点实验室建设、科研与校办产业和后勤产业集团工作。

12月15日,第四届学术委员会和第五届学位委员会成立。

12月15日,西安交通大学原校长、国务院学位委员会委员史维祥教授来校作学术报告。

12月22日,后勤产业有限责任公司董事会成立。

12月25日,价格委员会成立。

12月,2项教育教学改革成果获得第二届中国煤炭教育科研成果论文类一等奖及三等奖。

2000年,正式审批教授9人,副教授15人,高级工程师4人,副编审1人,副主任医师1人。

2001 年

1月2日,印发西安科技学院校风、校训、校徽。校风:团结、勤奋、求实、创新;校训:祖国利益高于一切。

1月2日,科技处、西科科技产业股份有限公司成立。

1月13日,2001年工作会议召开。

2月19~25日,院长常心坦、副院长卢建军、地环系主任巨天乙教授出席"中荷高校合作交流研讨会"。

2月23日,临潼校区首批建设项目开工典礼在临潼校区隆重举行。

3月7日,陕西省工业与应用数学学会副秘书长、数学建模专家朱钤教授来校作报告。

3月12日,自动入选及选拔评选校优秀拔尖人才共103人。

3月17~19日,荷兰壳牌国际石油勘探与开发公司代表团来访。

3月25日,中国教育部中教国际教育交流中心工作站管理部主任华建宁来校作报告。

3月27日,第五届文献信息工作会议召开。

3月28日,陕西省发展计划委员会陕计社会236号文件,同意学院建设教学楼;同意学院在临潼征地建设新校区。

3月28日,中国陕西省委党校校务委员、国家突出贡献专家、硕士生导师郑志飙教授来校作形势报告。

3月,在陕西省政协八届四次会议上,学校3位省政协委员邓宝、石平五、褚维盘同志向大会提交提案7个,2个被评为大会优秀提案。

3月,《美文》杂志资深编辑、著名青年作家安黎,《西安晚报》特稿部副主任、著名散文作家刘小荣,"博士直谏陕西文坛"事件当事人、人民文学出版社编辑李建军博士来校作讲座。

4月2日,陕西省重点学科调研组一行9人来学校调研指导工作。

4月6日,在第五届中国东西部合作与投资贸易洽谈会上,学校与神木煤电焦集团公司合作的"W8.8防爆柴油牵引车"、与东大阿尔派公司联建的"陕西网络工程技术公司"、与榆林煤炭局合作的"COPO树脂制备技术"等项目参加了大会的集中签约,项目涉及总金额2 500万元。

4月4～8日,美国密执安工业大学盖瑞·科姆拜尔博教授来校进行学术交流。

4月11日,文献信息工作委员会成立。

4月25日,上海市教委汤传明书记一行6人来校考察后勤社会化改革情况。

4月28日,陕西省委教育工委书记陈存根、省教育厅干部人事处处长江楼来校检查工作。

4月,在2000年"网易杯"全国大学生数学建模竞赛中,学校大学生数学建模队获陕西赛区二等奖1项,三等奖1项。

4月28日～5月1日,波兰克拉科夫大学玛本尔切克教授和玛克夫斯基博士来校进行学术交流。

5月10日,西安科技学院基建安全工作领导小组成立。

5月10～13日,在第三届"挑战杯"陕西省大学生课外科技作品竞赛中,校代表队15件作品获奖,团体部分获优胜杯。

5月13日,全国学位与研究生教育研究中心常务副主任谢桂华教授等一行2人来校指导工作。

5月14日,教学工作评价领导小组及评价专家组成立。

5月17日,中国工程院院士何继善教授来访。

5月17～18日,教学工作会议召开。

5月22日,采矿系更名为能源科学与工程系。

5月25日,陕西省委教育工委书记陈存根来校视察。

5月29～30日,中国共产党西安科技学院第八次代表大会召开。

5月31日,陕西省教育厅副厅长薛耀瑄来校视察临潼校区。

6月6～9日,澳大利亚中吉普斯兰理工学院国际项目部李荣誉主任来访。

6月11日,在陕西省高校大学生乒乓球邀请赛中,校乒乓球队荣获女子团体第四名,男子团体第六名,黄世伟、乔小伟和葛伟静、张丽获男双第二、女双第四名,管理系黄世伟获男子单打金牌。

6月15日,陕西省委教育工委陕教工干〔2001〕79号同意中共西安科技学院第八届委员会、中共西安科技学院第五届纪律检查委员会会议选举结果,人员组成如下:

党委委员:(以姓氏笔画为序)

马宏伟　王斗虎　王忠义　卢建军　宁仲良　刘德安　张立杰　姜良成　常心坦
韩江水　赛云秀

王斗虎为党委书记,刘德安为党委副书记。

纪委委员:(以姓氏笔画为序)

　　　　王民生　车文敏　刘德安　沙保胜　张爱明

刘德安为纪委书记,车文敏为纪委副书记。

6 月 19 日,陕西省教育厅教学督导组主任、原西安交通大学副校长束鹏程教授一行 3 人来校进行教学督查。

6 月 20～21 日,2001 年学术大会召开。

6 月 26 日,西安西科产业发展有限公司成立。

6 月 27 日,陕西省教育厅副厅长张炜同志来校视察临潼校区。

6 月 28 日,学校被评为陕西省高等学校重点学科建设先进单位。

6 月,在"杜克普杯"陕西省第二十四届大学生田径运动会上,校代表队取得团体第八名,并打破了 10 项校运动会纪录。

7 月 24 日,西安市委书记崔林涛在市委副书记孙清云,市委常委、市委秘书长桂维民和市上有关部门领导的陪同下视察临潼新校区工地建设情况。

7 月 29 日,国家科技进步奖国土资源评审组长、原国家石油天然气总公司副局长石宝珩,国家科技进步奖办公室农业社会科学处处长袁建湘,陕西省科技厅副厅长张己耀,省科技厅成果奖励处处长杨鹏林等一行 6 人来校考察。

7 月 30 日,教育部副部长张保庆在教育部财务司副司长陈伟光、规划司副司长韩进、陕西省人民政府副秘书长薛汉军、省教育厅副厅长薛耀瑄、教育部办公厅秘书张燕军、省教育厅计划建设处处长曹普选等的陪同下,来校视察新校区工作。

8 月 14 日,14 名学生赴美国托伊州立大学留学。

8 月,由机械系郭卫教授主持研制的 W8.8 型防爆柴油牵引车专利产品,在陕西龙华机电技术发展有限责任公司正式投入批量生产。

9 月 3 日,中国全民健康心理专家委员会副主任、湘潭工学院主任督导员胡安邦教授来访。

9 月 21 日,安全技术及工程被评为国家重点学科。

9 月 23 日,在第七届"挑战杯"全国大学生课外学术科技作品竞赛中,学校 3 件作品荣获三等奖。

9 月 23～25 日,中国矿业大学校长谢和平教授,国际岩石力学学会教育委员会主席、波兰西里西亚工业大学库斯涅乌斯基博士来访。

10 月 9 日,陕西省副省长陈宗兴在陕西省人民政府副秘书长薛汉军、省教育工委书记陈存根、省教育厅副厅长张炜等领导的陪同下,视察了临潼校区。

10 月 12～14 日,荷兰航天航测及地球科学院院长莫乐纳教授一行来访。

10 月 13 日,在陕西省第四届大学生高等数学竞赛中,学校获一等奖 1 名,二等奖 3 名,三等奖 44 名。

10 月 17 日,资产核资领导小组成立。

10 月 27 日,原教育部副部长、全国高等教育学会会长、学院特聘教授周远清一行来校视察。

10 月 29 日,教师资格认定工作领导小组和教师资格专家审查委员会成立。

11 月 1～2 日,研究生工作会议召开。

11 月 6～7 日,美国特洛伊州立大学马来西亚分院汤姆·哈尔博特教授一行来访。

11 月 12 日,学报(人文社科版)于 9 月正式创刊,同时,学院决定成立《西安科技学院学报》(人文社科版)编委会。

11 月 23 日,陕西省委副书记袁纯清、陕西省副省长陈宗兴、西安市市长冯煦初、省教育工委书

记陈存根、省教工委副书记兼教育厅副厅长邓文龙、省教育厅副厅长张炜一行 60 余人视察临潼校区。

11 月 30 日,陕西省监察厅召开了第四批特邀监察员聘请大会,学校基础课部数学教研室主任、省政协委员褚维盘教授被聘为陕西省监察厅特邀监察员。

12 月 3～4 日,第四届教职工代表大会召开,第七届工会代表大会召开。

12 月 6～7 日,第三次全国高校后勤社会化改革工作会议在西安开幕。

2001 年,正式审批教授 12 人,副教授 23 人,副编审 1 人,副研究馆员 2 人,副主任医师 1 人,高级工程师 7 人。

2002 年

1 月 11 日,王晓刚同志被授予 2001 年度陕西省有突出贡献中青年专家称号。

1 月 22 日,测绘工程专业被授予"陕西省普通高等学校名牌专业"。

2 月 19 日,陕西岩层控制重点实验室被评为合格省级重点实验室。

2 月 26 日,2002 年工作会议召开。

2 月 28 日,王斗虎同志当选为陕西省第十次党代会代表。

2 月 28 日,西安科技学院教学工作指导委员会成立。

3 月 11 日,常俊华同志任党委委员、副书记(正院级)。

3 月 18 日,杨更社、余学义、李树刚、周安宁教授认定为矿业工程一级学科博士生指导教师;刘健教授为安全技术及工程学科博士生指导教师。

3 月 20 日,西安科技学院国家助学贷款协调领导小组成立。

4 月 17 日,实行校院二级管理体制。

4 月 27 日,常心坦同志被中共陕西省委、陕西省人民政府评为陕西省先进工作者,刘健同志被中共陕西省委、陕西省人民政府评为陕西省劳动模范。

5 月 20～27 日,党委书记王斗虎同志参加第十次党代会。

6 月 7 日,共青团西安科技学院第十次代表大会暨第十八次学生代表大会召开。

6 月 27 日,成立机械工程学院、管理学院、通信与信息工程学院、电气与控制工程学院 4 个二级学院。

6 月 27 日,聘任第三届学科专家、学科带头人、学科负责人。

7 月 14 日,防汛工作指挥部成立。

9 月 1 日,临潼校区图书馆、1 号教学楼、2 号教学楼、实验楼交付使用。

9 月 9 日,成立能源学院、建筑与土木工程学院。

9 月 20～27 日,2002 年学术大会在主楼报告厅举行。

10 月 15 日,地质博物馆开馆。

10 月 18 日,聘任杨更社为岩土工程(硕士点)学科带头人,石平五(兼)为采矿工程(博士点)学科带头人,郭秉山为结构工程(硕士点)学科带头人,任建喜为防灾减灾工程及防护工程(硕士点)学科带头人。

10 月 27～28 日,国家高校设置评议委员会专家李进才、周万钧、何长法、徐文龙、韩筠等一行 5 人对学校申请更名为"西安科技大学"进行实地考察。

11 月 4 日,学校被中宣部、教育部、团中央、全国学联授予"2002 年全国大中专学生志愿者暑期'三下乡'社会实践活动先进单位"。

11 月 8 日,计算机校园网络安全领导小组成立。

11 月 15 日,学校被授予"陕西省研究生培养工作先进单位"。

11 月 28 日,杨更社教授获得教育部"优秀青年教师资助计划"基金。

12 月 4 日,在 2002 年参加全国大学生英语竞赛中,学校有 33 名学生获奖。

12 月 11 日,思想政治教育研究会议召开。

12 月 15 日,马宏伟、薛河教授认定为安全技术及工程学科博士生指导教师,王晓刚、张金锁、黄庆享教授认定为矿业工程一级学科博士生指导教师。

12 月 18 日,开展青年教师"四个一工程"达标评比活动。

12 月 21 日,聘任王文科教授为地质资源与地质工程学科专家。

12 月 21 日,褚维盘、石平五同志当选为陕西省第九届政协委员。

12 月 28 日,牛迈程、杜美利被选举为雁塔区第十四届人大代表。

12 月 31 日,研究生部党天虎同志被授予全国高等学校招生工作先进个人称号。

2004 年,正式审批教授 16 人,副教授 27 人,高级工程师 6 人,另有高级会计师 1 人,副主任医师 1 人。

2003 年

1 月 19 日,成立化学与化工系。

4 月 11 日,获全国大学生数学建模竞赛陕西省二等奖 3 项,三等奖 6 项。学校获陕西赛区优秀组织奖。

4 月 21 日,预防非典型性肺炎领导小组成立。

4 月 28 日,安全工程专业被授予陕西省普通高等学校名牌专业。

5 月 2 日,网络信息资源建设小组成立。

5 月 9 日,根据陕政函〔2003〕98 号文件、教育部〔2003〕128 号文件,西安科技学院更名为西安科技大学。

5 月 16 日,西安科技学院更名为西安科技大学纪念柱落成揭幕仪式举行。

5 月 17 日,学校在雁塔校区和临潼校区分别举行纪念学校更名为西安科技大学邮品首发式。

5 月 18 日,学校在临潼校区举行西安科技学院更名为西安科技大学揭牌庆典。

6 月 18 日,学校代表队在省"挑战杯"大学生科技作品竞赛中取得好成绩,2 项作品获大赛特等奖,2 项作品获大赛一等奖。

6 月 24 日,西安科技大学党风廉政建设责任制领导小组成立。

6 月 27 日,纪念建党八十二周年暨先进集体先进个人表彰大会举行。

6 月,徐精彩教授被聘为国务院学位委员会学科评议组成员。

6 月,首届博士学位论文答辩会举行。

8 月 9~17 日,学校荣誉教授、美国密苏里罗拉大学采矿系教授田正仁博士来校进行友好访问。

8 月 24 日,美国 Mintec 软件公司技术负责人蔡文龙教授一行 2 人来校访问。

8 月,《中美人才培养计划》"1+2+1 项目"美国托伊州立大学国际项目部主任黛比·戴维斯来校访问。

9 月 10 日,本科教学工作水平评估动员、更名工作总结暨庆祝教师节大会举行。

9 月 12 日,学校与煤炭科学研究总院西安分院举行产、学、研合作座谈会及合作签字仪式。

9 月 17 日,成立电子信息学院。

9 月 24 日,中国煤炭学会副会长、中国煤炭工业协会副会长、博士生导师朱德仁教授来校作

报告。

9月,基础部教师褚维盘教授被授予2003年陕西普通高等学校"教学名师"称号。

10月4日,学校校友、青海省委常委、省委组织部长肖瑞华回母校访问。

10月10日,联建学校食宿大楼合同签字仪式举行。

10月11日,西安科技大学普通话水平培训测试工作站成立。

10月16日,英国广播公司教育部总监安德鲁·汤普森一行来校参观访问。

10月20～22日,加拿大派特森国际教育集团国际交流部主任韩耀新博士来学校访问。

10月21日,举行处级领导干部学习"三个代表"重要思想研讨班。

10月23日,学校获批为新增博士后流动站单位,矿业工程一级学科获批博士后科研流动站。

10月30日,民盟省委组织部白玉副部长和办公室孙春魁主任来校检查指导民盟组织建设工作。

11月2日,西安科技大学就业工作领导小组成立。

11月4日,陕西省教育厅专家组来校考察指导学校申请设置独立学院的筹备工作。

11月8日,在全国大学生英语竞赛中,学校5名同学荣获一等奖。

11月8日,学校外语系学生高静获CCTV杯全国大学生英文演讲比赛二等奖。

11月19日,西安科技大学学生勤工俭学领导小组成立。

11月19日,西安科技大学校内助学贷款基金委员会成立。

11月20日,教育部教技函〔2003〕56号文件批准学校"西部矿井开采及灾害防治"实验室为教育部省部共建重点实验室。

11月21日,奥地利格拉兹工业大学教授格诺特·克莱莫来校交流访问。

11月26日,校长常心坦教授参加荷兰ITC学院和中国科技合作25周年纪念会。

11月,学校李学兰同学在首届"外教社杯"全国大学生英语写作大赛中荣获陕西省一等奖。

11月,在陕西省普通高校图书馆评估中,学校名列本科院校组第一。

11月,学校在第八届"挑战杯"全国大学生课外学术科技作品竞赛中,获一等奖1个,三等奖2个。

12月17日,在陕西省教育系统"师德"演讲比赛中,学校电控学院教师孟凡静获得一等奖。

12月18日,陕西省教育厅专家组对学校成人教育学院进行学籍专项检查。

12月20日,国家高级教育行政学院校长班一行80余人参观学校临潼校区。

12月24日,南非金山大学学者董宏军博士来校洽谈合作事宜。

12月28日,教育部学位与研究生教育发展中心办公室主任王崇东、陕西省教育厅主任孙朝一行来校调研指导工作。

12月,新华网陕西频道刊发学校党委书记王斗虎署名文章——《实践"三个代表",取得"三个突破",为兴陕富民作出新贡献》。

12月,学校牛迈程同志采写的消息《学校徐精彩教授"灭火"创奇迹》荣获2002年度中国高校校报好新闻(消息类)一等奖。

2003年,正式审批教授14人,副教授27人,高级工程师11人。

2004 年

1月8日,学校第四届教材建设委员会换届完成。

1月10日,2004年工作会议召开。

1月12日,学校8名特困大学生接受"陕西风采"2003年度资助。

1月14日,学校大学生在2003年全国大学生电子设计竞赛中荣获陕西省三等奖2项。

1月,召开迎评促建培训会,把迎评促建工作作为今年工作的重中之重。

1月,邓军教授被授予2003年度"陕西省有突出贡献中青年专家"称号。

2月9日,人事分配制度改革领导小组及工作小组成立。

2月21日,九三学社陕西省委副主委刘斌、秘书长佘振伟、组织部长袁学军一行3人来学校调研。

2月22日,煤炭工业协会副会长、原煤炭部副部长濮洪九一行来学校检查指导工作。

2月,子弟中学2003年中考在雁塔区名居榜首。

3月1日,西安科技大学教育改革发展工作小组成立。

3月2日,学校在2003年全国大学生数学建模竞赛中,荣获陕西省一等奖1项,陕西省二等奖2项,陕西省三等奖5项。成功参赛奖2项。

3月11日,中国作家协会会员、陕西省作家协会理事贾平凹研究专家、著名作家孙见喜来校作报告。

3月15日,学校召开"迎评促建"工作会议。

3月25日,以中国工程院李佩成院士为组长的教育部重点实验室建设计划评审专家组对学校省部共建教育部重点实验室建设计划进行了专家论证。

3月,校长助理、能源学院徐精彩教授被中共陕西省委、陕西省人民政府授予"2003年度陕西省有突出贡献专家"称号,能源学院邓军副教授被中共陕西省委、陕西省人民政府授予"2003年度有突出贡献中青年专家"称号。

3月,来兴平副教授获霍英东教育基金会第九届青年教师奖。

4月6日,西安市委书记崔林涛莅临视察指导工作。

4月15日,西安科技大学学生食堂监督管理领导小组成立。

4月17日,学校与西安市半坡博物馆共建爱国主义教育基地、教学实习基地签字仪式在半坡博物馆举行。

4月19日,首届"英语节"开幕。

5月18日,学校成立艺术系。

5月19日,第四届教代会第四次会议隆重召开。

5月22日,陕西省大学俄语教学研讨2004年年会在学校举行。

5月,学校和中国科学院数学机械化重点实验室、中国科学院自动化研究所模式识别国家重点实验室联合举办的"几何不变量及其工程应用"国际研讨会举行。

6月3日,学校2003年度新增优秀拔尖人才47名。

6月7日,在共青团陕西省委、中共陕西省教育工委、陕西省学生联合会主办的第二届西安高新"挑战杯"大学生计划创业大赛中,学校获得2个金奖、2个银奖、1个铜奖、4个优秀奖,并获省高校"优秀组织奖"。

6月19日,人事分配制度改革领导小组及工作小组成立。

6月29日,西安科技大学联建合作项目领导小组成立。

6月,省委教育工委任命程书强同志为西安科技大学党委委员、校长助理。

7月6日,西安科技大学研究院成立。

8月12日,西安科技大学国家矿山救援技术研究中心成立。

11月4日,学校学生在2004年全国大学生英语竞赛中取得好成绩,特等奖2人,一等奖13人,二等奖35人,三等奖72人。

12月1日,学校迎接教育部本科教学工作水平评估动员大会在大学生活动中心举行。

12月3日,学校在2004年全国大学生数学建模竞赛中取得好成绩,获国家一等奖6人,陕西省一等奖 3 人,陕西省二等奖 12 人,陕西省三等奖 21 人,陕西省成功参赛奖 3 人。学校荣获陕西赛区优秀组织奖。

12 月 23 日,学校在 2004 年陕西省第五次大学生高等数学建模竞赛中取得好成绩,荣获陕西省一等奖 5 人,陕西省二等奖 16 人,陕西省三等奖 44 人。

12 月,教育部评估专家组对学校的本科教学工作水平进行了评估考察。

2005 年

1 月 10 日,本科教学工作水平评估整改动员大会召开。

1 月 11 日,四届四次教代会校务公开会议召开。

1 月 13 日,学校国家矿山救援技术研究中心顺利通过国家局考核验收。

1 月 14 日,2005 年工作会议召开。

2 月 26 日,学校在临潼校区举行由后勤公司融资建设的 10 号、11 号、12 号、13 号四栋学生公寓开工典礼。

3 月 7 日,学校印发了《关于贯彻落实中央十六号文件和全国加强大学生思想政治教育工作会议精神意见》。

3 月,学校丁正生教授、杜慧玲副教授被共青团陕西省委授予"陕西省青年突击手"荣誉称号。

3 月,徐精彩教授入选首批"新世纪百千万人才工程"国家级人选。

4 月 8 日,学校在 2005 年陕西省高等教育教学成果奖评审中荣获一等教学成果奖 1 项,二等教学成果奖 4 项。

4 月 11 日,学校与中国人民解放军总后勤部签约为军队培养干部。

4 月 27 日,第四届五次教代会会议召开。

5 月,教育部以教高函〔2005〕13 号文件公布,学校在 2004 年度本科教学工作水平评估中获得优秀等级。

5 月,2 人获得教育部新世纪人才支持计划资助。

6 月 1 日,新增"工业工程"工程硕士领域。

6 月 14 日,校长助理、教授、博士生导师、国家重点学科安全技术及工程学科点学术带头人、全国教育系统劳动模范、全国师德先进个人、长江学者特聘教授、国家首批新世纪"百千万"国家级人才、2005 年中国工程院院士增选有效候选人徐精彩同志遇车祸不幸因公殉职。

6 月 21 日,日元贷款项目日方检查工作团石井胜之先生来学校检查。

6 月 22 日,学校在大学生活动中心礼堂举行徐精彩同志悼念仪式。

6 月 22 日,地质工程专业被评为陕西普通高等学校名牌专业。

6 月 26 日,美国北卡罗莱纳彭布洛克大学副校长 Alex Chen 访问学校。

6 月 28~29 日,学校与中国国际教育交流协会在西安联合举办了"第二届中美大学学历学分互认国际研讨会"。

6 月 28~29 日,学校与美国内布拉斯加大学签署正式校际合作协议。

6 月 29 日,学校举行纪念建党八十四周年暨先进集体先进个人表彰大会。

6 月 29 日,校党委作出了关于开展向优秀共产党员徐精彩同志学习活动的决定。

6 月,在第十批博硕士点申报中,学校 8 个一级学科硕士点、19 个二级学科硕士点通过初审。

6 月,陕西省学位委员会对学校马克思主义理论与思想政治教育等 9 个硕士点进行了评估。

6 月,学校共获省教育厅科研计划项目 14 项。

7 月 4 日,美国斯蒂芬·奥斯汀大学校长 Tito Guerro 访问学校,两校正式签署校际合作协议。

7月26～28日,2005年教学工作研讨会召开。

7月29日,有机化学、汇编语言程序设计、材料物理等三门课程被评为省级精品课程。

8月13日,学校参加2005届《中美人才培养计划》"1+2+1项目"的13名同学离境赴美留学。

8月19日,学校与宁夏煤业集团公司第二批战略合作项目在西安集中签约,签约项目4项,合同金额135万元。

8月23日,校保持共产党员先进性教育领导小组印发《关于建立西安科技大学党委委员保持共产党员先进性教育活动联系点制度的通知》。

8月25日,保持共产党员先进性教育活动动员大会召开。

9月1日,开始按照《西安科技大学岗位聘任和津贴制度实施办法(试行)》实行聘任上岗。

9月9日,徐精彩同志先进事迹报告会在学校大学生活动中心举行。

9月16日,省委常委、教育工委书记郭永平等领导来学校检查保持共产党员先进性教育活动。

9月21日,先进性教育活动学习体会与心得交流大会召开。

9月22日,人事分配制度改革工作阶段总结暨岗位聘任签字仪式举行。

9月27日,全省教育系统学习徐精彩同志先进事迹报告会在西安国际会议中心举行。

9月,陕西电视台推出系列报道《记录矿难专家——徐精彩》。

9月,学校共获准6项国家自然科学基金面上项目的资助。

9月,学校参加中国神华能源股份有限公司神东煤炭分公司科研项目招标活动,成功中标两项,标的金额88.8万元。

10月8日,中共陕西省委作出关于追授徐精彩同志"优秀共产党员"称号的决定。

10月8日,中共陕西省委作出关于开展向徐精彩同志学习活动的决定。

10月14日,美国东华盛顿大学校长Brain Levin-Stankevich一行访问学校。

10月19日,中共陕西省委召开徐精彩同志先进事迹报告会。

10月24日,电工电子实验教学示范中心被评为省级实验教学示范中心。

10月24日,微电子学高职专业被评为陕西省优秀高职高专教改试点专业。

10月26日,在"第三轮陕西省高等教育教学改革研究项目"申报评审中,学校共获得5个项目,其中重点项目2项。

10月27日,学校在临潼校区召开先进性教育活动校班子专题民主生活会情况通报大会。

10月,校体育部赵茜、宋敏勇两位教师受邀参加了第十届全国运动会艺术体操和跆拳道比赛的裁判工作。

10月,有机化学、汇编语言程序设计、材料物理等三门课程被评为省级精品课程。

10月,地质工程专业被授予陕西普通高等学校名牌专业。

10月,电子信息学院微电子技术专业荣获陕西省优秀高职高专教改试点专业。

10月,徐精彩先进事迹展览馆建成,中共陕西省委常委、陕西省委教育工委书记郭永平来校参观指导。

10月,电工电子实验教学中心被评为"陕西省实验教学示范中心"。

10月,增设本科专业5个,高职专业3个。

10月,获得6项国家自然科学基金项目。

10月27日至11月17日,全省高校4万余人来校参观徐精彩同志先进事迹展览。

11月2日,保持共产党员先进性教育活动整改提高阶段动员大会举行。

11月3日,美国北卡罗莱纳—彭布罗克大学校长艾伦·迈德斯博士、副校长陈乃冀博士来访。

11月6日,在"第二届中国西安·模拟联合国大会"上,校代表队以良好的表现获得"优秀代表队"荣誉称号。

11 月 8 日,中共中央政治局常委、国家副主席曾庆红在陕西宾馆主持召开陕西省党政领导干部座谈会,校党委书记王斗虎作为我省教育系统的代表参加了座谈会并在会上汇报工作。

11 月 8 日,与东华盛顿大学签署正式校际合作协议。

11 月 23 日,《现代信息网》、《地理信息数字化技术概论》2 部教材荣获"2005 年陕西省普通高等学校优秀教材"二等奖。

11 月 29 日,省委教育工委先进性教育督导组来校主持召开先进性教育活动座谈会。

11 月 30 日,2005 年学术大会开幕式暨学术报告会举行。

11 月,博士后流动站迎来首位进站博士。

11 月,有关专家对学校中央与地方共建实验室项目进行了论证,其中地环系、建工学院和电控学院的建设项目已通过论证,进入实施阶段。

11 月,陕西省科技厅副厅长邱义路在学校主持召开了由学校、西安交通大学、西北大学、西安石油大学、陕西省地质矿产所参与的"陕北能源重化工基地建设科研立项工作研讨会"。

11 月,与铜川矿务局合作的《易燃煤层综放面采空区瓦斯抽放条件下的配套防火技术研究》项目获国家十五科技攻关示范工程项目立项,立项经费 140 万元。

12 月 2 日,首届"精英口译大赛"决赛在图书馆报告厅进行。

12 月 4 日,学校荣获"全国高校后勤工作先进单位"称号。

12 月 7 日,保持共产党员先进性教育活动总结大会召开。

12 月 9 日,党委书记王斗虎荣获思想政治教育研究奉献奖。

12 月 10～11 日,学校与宁夏煤业集团科技合作项目验收会在银川举行,双方第一、二批战略合作的六项科研项目进行了集中验收。

12 月 14 日,研究生教育工作会议召开。

12 月 16 日,建设节约型校园工作会议召开。

12 月 21 日,与台湾蓝天电脑集团公司签订了台湾蓝天集团百脑汇科技数码广场落户学校科技大厦的合作协议。

12 月,教育部党组作出在全国教育系统开展向徐精彩同志学习的活动决定,号召广大教师和教育工作者向徐精彩同志学习。新华社、中央电视台、中央人民广播电台、人民日报、经济日报、中国教育报等媒体报道了徐精彩教授的先进事迹。

12 月,校工会、女工委在工会会议室举办全校女教授、女博导座谈会。

12 月,教务处获 2005 年全国煤炭教育先进教务管理单位称号,教务处处长张金锁荣获"2005年全国煤炭教育先进工作者"称号。

12 月,地质博物馆被命名为临潼区青少年科技教育基地。

12 月,《现代信息网》、《地理信息数字化技术概论》荣获"2005 年陕西普通高等学校优秀教材二等奖"。

12 月,中央先进性教育办公室、中央宣传部新闻局授予学校宣传部郭连江与陕西日报记者的长篇通讯《知识校园一生精彩》"第二批先进性教育活动优秀新闻作品"。

12 月,学校 5 项产业化科技项目入选全省 100 项"陕西省重大科技项目"。

12 月,学校共获得 7 项省科技厅科技计划的资助,其中包括自然科学基金和软科学计划。

2005 年,日元贷款人才培养项目 6 人赴日研修。

2006 年

1 月 10 日,与西安大唐电信有限公司成立联合研究中心。

1月,学校被国家安全生产监督管理局授予一级安全生产培训机构资质。

1月,学校获甘肃省科学技术奖两项。

2月20日,中国煤炭进出口公司总经理杨列克来校访问。

3月1日,省委任命学校新一届行政领导班子:苏三庆同志任西安科技大学校长,西安科技大学党委副书记;常心坦同志任正校级调研员,不再担任校长职务;韩江水、卢建军、杨更社、马宏伟、张金锁同志任西安科技大学副校长。

3月7日,教育部专家组考察学校举办独立学院相关工作。

3月10日,延安大学廉振民校长一行来校调研。

3月24日,校党委中心组学习"两会"精神及胡锦涛总书记社会主义荣辱观重要论述。

3月,创建省级"安全文明校园"工作全面启动。

3月,学校在第十批博硕士点申报工作中获思想政治教育博士学位授权点1个,一级学科硕士学位授权点9个,二级学科硕士学位授权点11个。

4月13日,中共陕西省委统战部王家春副部长来学校检查指导工作。

4月19日,中国工程院何继善院士来校指导工作。

4月29日,第四届教代会第六次会议召开,审议通过《西安科技大学"十一五"教育事业发展规划(草案)》。

5月22日,美国奥斯汀大学副校长兼教务长玛丽·卡琳南(Mary Cullinan)博士一行来校访问。

5月31日,泰国亚洲技术学院代表团来校访问。

5月31日,榆林市人民政府代市长李金柱一行来校访问。

5月,高新学院获得教育部批准。

5~6月,学校22个分党委(党总支、直属党支部)完成换届选举。

6月1日,省校务公开考核评估组对学校进行考核评估。

6月10日,学校部分处级干部赴延安参观学习,庆祝建党85周年。

6月11~14日,美国绍尔大学牛志文校友来校访问。

6月15日,空军驻西北地区代表秦英孝大校来校作报告。

6月16日,民进西安科技大学支部成立。

6月19日,学校地下工程技术中心成立。

6月24日,学校两项科技成果获陕西省科学技术奖。

6月26日,学校2基层党组织、6名共产党员、3名党务工作者在中共陕西省委教育工委纪念中国共产党建党85周年暨表彰大会上受到表彰。

6月29日,英国赫德斯非尔大学计算机学院副院长Dave Taylor率团来校访问。

6月,学校健美操代表队跻身全国学生动感啦啦操锦标赛总决赛。

6月,学校3项科技成果获陕西省高校科学技术奖。

7月5日,张立杰同志任校党委副书记。

7月5日,2006年学科建设工作大会召开。

7月13日,校办产业改革工作会召开。

7月15日,财政部中地共建高校基础实验室专项资金项目评估专家组莅临学校指导工作,对学校基础实验室项目进行评估。

7月22日,由学校和陕西煤业化工集团公司、煤科总院西安分院联合组建的陕西煤化集团安全技术研究中心成立。

7月26日,北亚利桑那州立大学校长助理莎拉·贝克博士率该校14位中层领导来校访问。

7月，校党委被中共陕西省委授予"全省先进基层党组织"荣誉称号。

7月，副校长韩江水教授被评为"陕西省教学名师"。

7月，"数据结构""开采损害学"两门课程被评为省级精品课程。

7月，自动化专业被评为陕西普通高等学校名牌专业。

7月，邓军、王晓刚被授予2005年度"陕西省有突出贡献专家"称号。

8月7～8日，苏三庆校长出席煤炭教育协会第八届"校长论坛"，并参观走访新疆煤炭企业和单位。

8月，高新学院首次开始本科招生，圆满完成招生计划。

9月10日，庆祝教师节暨表彰优秀教师大会召开。

9月27日，科技工作大会召开。

9月，化学实验教学示范中心被评为省级实验教学示范中心。

10月13～14日，校党委书记王斗虎、副校长卢建军一行赴山东走访淄博矿业集团有限责任公司和兖矿集团有限公司。

10月14日，学校举办2006年硕士研究生导师培训会。

10月17～18日，美国北亚利桑那大学副校长劳拉·尤恩尼科博士等一行来校访问。

10月18～20日，美国北亚利桑那大学著名教育心理学教授托马斯·迪斯特法洛博士来校访问。

10月20日，学校民盟支部成立新一届支委。

10月25日，中国煤炭工业协会副会长、中国煤炭教育协会理事长朱德仁，兖矿集团有限公司董事局副主席、总经理王信，兖州煤业股份有限公司副总经理何烨等一行来校访问。

10月27日，日本群马大学工学部部长保田教授等一行6人来校访问，保田教授被学校化工系聘为客座教授。

10月30日，国际岩石力学学会教育委员会2006年巡回讲学在学校进行。

10月，校党委发出《关于认真学习〈江泽民文选〉》的通知，要求全校教职工认真学习《江泽民文选》。

10月，学校调整了教学督导专家组成员。

10月，副校长卢建军应邀出席了中国总工会举办的"创新——中美教育合作研讨会"，并作了大会主题发言。

10月，学校新的工资制度改革开始实施。

11月4～18日，苏三庆校长率领由9所参加《中美人才培养计划》"1＋2＋1项目"的中国院校的校（院）长组成的代表团赴美国大学访问，并看望了在美国大学就读的《中美人才培养计划》"1＋2＋1项目"留学生。

11月6日，教育部科技司司长谢焕忠来校指导工作。

11月7～14日，学校健美操队代表陕西省参加2007年世界拉拉队锦标赛选拔赛，获得健身六人健美操二等奖、啦啦操三等奖、团体总分名列第六的好成绩。

11月9日，榆林市人民政府副市长兰新哲来校访问。

11月16日，中国科学技术协会常委冯长根来校访问。

11月17日，澳大利亚维多利亚大学商法学院院长罗布·西蒙斯一行来校访问。

11月22日，刘德安同志任西安科技大学党委书记。

11月24日，2006年度学术大会召开。

11月28日，雁塔校区食宿大楼封顶仪式举行。

11月，学校社科系教师刘哲制作的CAI课件在教育部组织的"第六届全国多媒体课件大赛"中获高等教育文科组优秀奖。

11月,《灾害学》等9部教材列入国家"十一五"教材建设规划。

11月,学校与美国加利福尼亚州立大学签署合作协议。

12月4～6日,田水承、邓军参加国家自然科学基金委"双清论坛"。

12月8日,数学建模协会正式成立。

12月26日,科学技术大会召开。

12月27日,学校与西安煤机厂签订校企合作协议。

12月27日,推选党的十七大代表和省第十一次党代会代表工作启动。

12月,学校被列为陕西省第二批完全学分制试点院校之一,时间从2007年9月开始。

12月,学校1项科研成果获第三届安全生产科技成果奖。

2006年,学校共获准4项国家自然科学基金项目。

2007 年

1月3日,副校长张金锁一行赴银川参加宁夏校友联络分会迎新联谊会。

1月7日,党委书记刘德安、校长苏三庆、副校长张金锁赴北京参加北京校友迎新联谊会。

1月19日,学校印发《西安科技大学关于实施学分制工作安排的意见》,正式启动学分制改革实施工作。

1月23～25日,英国蒂赛德大学工学院副院长珍妮·霍德森女士(Janey Henderson)等来校访问。

1月27日,2007年工作会议召开。

1月,学校相继召开中层以上领导干部2006年度年终民主生活会。

1月,下发《西安科技大学教学二级管理实施办法(试行)》,教学二级管理推行进入实质性阶段。

1月,学校3项成果奖获第三届安全生产科技奖。

1月,韦力教授主持项目获陕西省科学技术二等奖。

2月8日,与平顶山煤矿机械厂签订校企合作协议。

2月9日,校长苏三庆访问中国矿业大学。

2月27～28日,学校召开新增学科点研究生培养方案审核会议。

2月,部分校领导对学校双聘院士及长期支持学校学科建设与发展的相关院士进行了走访和交流。

2月,学校获第二届陕西科技调研成果奖4项。

3月4日,陕西煤化工集团副总朱周岐一行来校访问。

3月21日,与美国新墨西哥州立大学签署合作协议。

3月22日,《党的建设思想政治工作重要文件选编》发放仪式举行。

3月23日,中国矿业大学副校长葛世荣一行来校访问。

3月28日,与美国新墨西哥州立大学建立校际合作关系。

3月29日,省民办高校党建工作调研组来校调研。

3月,学校3项科技成果受到省煤炭工业局表彰。

3月,高新学院启动在长安校区的建设工作。

3月,学校1项科研成果获云南省科学技术进步奖。

4月2日,留学回校人员科技座谈会召开。

4月12日,山东兖矿集团董事局主席耿加怀一行来校访问。

4月16日,全国人大代表郑亚教授来校作学习"两会"精神辅导报告。

4月24~26日,印度软件技术协会控股有限公司董事长、印度语言学院院长、印中友好学会主席霍建华教授(Prof. Rajesh Wallace)来校访问。

4月26日,山东大学威海分校校长韩圣浩一行来校访问。

4月28日,全国人大翟勇副巡视员来学校作报告。

4月,学校增设"安全工程"、"工程管理"两个第二学士学位专业。

5月13日,新华社驻联合国分社前社长、新华社驻联合国中美关系研究所研究员钱文荣先生来校作报告。

5月14~18日,"原煤炭高校财务工作联席会"一届二次会议在学校召开。

5月15日,长江学者、大连理工大学教授唐春安来校访问。

5月17~18日,张金锁副校长参加国家自然科学基金重大研究计划"西部能源利用及其环境保护的若干关键问题"重点项目中期检查评审会。

5月17日,长江学者、太原理工大学矿业工程学院院长赵阳升教授来校作报告。

5月19日,中国科学院蔡睿贤院士来校作报告。

5月24日,省学位办专家组来校检查指导工作。

5月30~31日,济宁职业技术学院院长于建民一行来校访问。

5月,9学科通过全国硕士点评估。

5月,校党委发出通知,号召全校师生员工学习方永刚事迹,弘扬高尚品德。

5月,王晓刚教授被评为陕西省先进工作者。

5月,学校下发了《西安科技大学"十一五"规划任务分解表》,明确各单位、部门在目标实现过程中的责任。

5月,学校获陕西省高校科学技术奖5项,其中一等奖1项,二等奖2项,三等奖2项。

5月,学校获甘肃省科学技术进步奖2项。

6月6日,学校在省大学生课外学术科技作品竞赛中获一等奖1项,二、三等奖10项。

6月7日,安徽理工大学副校长刘泽功一行来校访问。

6月9日,学校100余名老同志参观临潼校区。

6月10日,学校教学成果鉴定会举行,对6项教学成果进行了鉴定。

6月13日,省委教工委思想政治理论课新方案实施情况检查组来校检查工作。

6月15~18日,《煤炭高等教育》执行主编丁三青来校进行学术交流。

6月16日,学校四川校友2007年联谊会在四川举行。

6月17~20日,美国邵尔大学校长Clarence G. Newsome博士率代表团来校访问,与学校签署合作协议。

6月19日,"创卫"工作会议召开。

6月25~26日,学校和榆林市人民政府共同主办榆林煤炭产业发展科技论坛。

6月26日,校长苏三庆出席学校榆林地区校友座谈会。

6月28日,学校举行庆祝建党86周年暨先进集体先进个人表彰大会。

6月,任建喜获"陕西省青年突击手"荣誉称号。

6月,"安全学原理"课程被评为省级精品课程。

7月1日,学校被西安市市容园林局授予"园林式单位"称号。

7月7~11日,党委书记刘德安一行访问河南理工大学、焦煤集团、中国矿业大学。

7月9日,总后勤部干部部副部长苏林波来学校检查国防生培养工作。

7月10～16日,美国弗拉格斯塔夫市市长约瑟夫·唐纳德森博士来校访问。

7月10～16日,学校举办首届国际学生中国历史文化研修班,来自美国大学的15名短期留学生参加了研修班的学习。

7月12日,"西部煤矿安全"教育部工程研究中心建设方案论证会召开。

7月16～17日,省英语专业自评专家组对学校英语专业进行考察评估。

7月19日,大学生心理健康教育及思想政治教育研究分会成立。

7月,学校在陕的7个函授站顺利通过评估验收。

7月,学校在成都召开函授站站长工作会议。

7月31日～8月3日,党委书记刘德安、原党委书记王斗虎赴安徽参加中国煤炭教育协会高等教育分会第九届校长论坛。

8月18日,"西部煤矿安全"教育部工程研究中心建设项目顺利通过教育部组织的立项论证。

8月21日,"西部煤矿安全"教育部工程研究中心通过教育部网络评审。

8月,学校5项科研成果获陕西高校科学技术奖。

8月,5项科研项目顺利通过省科技厅重大科技创新工程评审答辩。

8月,龚尚福教授被评为"陕西普通高等学校教学名师"。

8月,韦力教授等获陕西省科学技术二等奖。

9月5日,学校雁塔校区食宿大楼正式投入使用。

9月8日,财政部中地共建高校特色优势学科实验室项目评审专家组一行5人来校考察。

9月14日,教学督导专家组工作会议召开。

9月18日,西安市人民政府陈宝根市长来校调研房屋权属登记工作。

9月19日,省教育厅检查组来学校检查辅导员队伍建设工作。

9月26～27日,美国北亚利桑那大学副教务长兼国际教育中心主任哈维·查理斯博士(Dr. Harvey Charles)等一行来校访问。

9月27日,学校建工学院03—1班学生许彬彬、孙笙真获国际建筑设计大赛金奖。

9月28日,家庭经济困难学生资助工作会召开。

9月30日,学校与煤炭科学研究总院西安研究院联合研究中心揭牌。

9月,"安全技术及工程"国家重点学科通过教育部考核评估。

9月,化工系教师刘向荣获中国博士后科学基金资助。

9月,机械工程实验中心被评为省级实验教学示范中心。

9月,学校第九届优秀教学成果评选共评出特等奖2项、一等奖5项、二等奖14项。

10月8日,统计工作会议召开。

10月11～13日,教育部专家组对学校英语专业本科教学工作进行评估。

10月15日,学校下发通知要求全校各级党组织认真组织收听、收看中国共产党第十七次全国代表大会。

10月15～17日,克拉科夫科技大学波兰大学校长Antoni Tajdus教授率代表团访问学校,并与学校续签合作协议。

10月16日,学校召开校党委会学习胡锦涛总书记十七大报告精神。

10月19日,省委组织部、教育工委调研组来校调研领导班子建设。

10月23～24日,美国东华盛顿大学校长若多夫·阿黑瓦罗(Dr. Rodolfo Arevalo)博士和国际部教育与招生主任苏珊·何尔斯(Dr. Susan Hals)博士访问学校。

10月24日,学校校友、宁煤集团总经理王俭一行来校访问。

10月24日,学校召开英语专业评估整改专题工作会议。

10月26日,西安科技大学校友联络总会贵州分会在贵阳成立。

10月29～31日,加拿大阿尔波特大学中国学院院长姜文然博士访问学校。

10月,校长苏三庆一行访问青海煤炭企业。

10月,新增城市规划、机械电子工程2个本科专业。

10月,《微机原理与接口技术》和《开采损害学》获陕西高校优秀教材二等奖。

10月,学校"数学建模思想融入'概率统计'课程教学的研究与实践"获教育部批准立项。

10月,成功签约一项终南山公路隧道建设重点工程。

10月,3项科研项目获得陕西省"13115"重大科技创新工程专项资金计划项目。

10月,社科系教师刘哲在全国第七届多媒体课件大赛决赛中获1个二等奖和1个优秀奖。

10月,能源学院获"全国煤炭工业先进集体"称号。

10月,测量工程系测绘工程2003级3班被教育部评为"全国先进班集体"。

11月1日,苏三庆校长一行访问中国煤炭地质总局航测遥感局。

11月7～11日,举办处级以上领导干部培训班。

11月9日,第十届全国"挑战杯"飞利浦全国大学生课外学术科技作品竞赛决赛中,学校3件作品获三等奖。

11月11日,航天七院副院长庞季洪一行来校访问。

11月14日,省教育厅来校检查学分制试点工作。

11月22日,山东工商学院副院长霍林中一行来校访问。

11月23日,我国著名工程热物理学家蔡睿贤院士来校作学术报告。

11月24日,学校百余名处级以上领导干部赴韩城学习郭孝义先进事迹。

11月25～28日,加拿大阿尔博特大学和旅加教授协会组织的张小川(Dr. Scot Chang)等5位教授来校进行学术交流。

11月26日,2007年度学术大会举行。

11月26日,新疆煤矿安全监察局副局长吴甲春一行来校访问。

11月27日,新疆工业高等专科学校党委副书记董遂宽一行来校访问。

11月28～30日,苏三庆校长一行赴贵州省煤管局、六盘水市林东矿业集团、贵州煤矿设计院等单位访问,并参加贵州校友分会成立大会。

11月,校党委发出通知号召全校师生员工认真学习贯彻党的十七大精神。

11月,工程力学专业建设教学团队和计算机与信息科学教学团队获评"陕西普通高等学校教学团队"。

11月,博士质量调查工作全面开展。

11月,"西部煤矿安全"教育部工程研究中心获准立项建设。

11月,全国人大常委、中国科协书记党组成员冯长根来学校指导工作。

11月,学校首次承担国家科技部国际科技合作与交流计划项目。

11月,张金锁副校长访问日本。

12月1日,西部矿井开采及灾害防治重点实验室通过教育部验收。

12月4～5日,本科教学工作会议召开,全面实施教育教学"质量工程"。

12月5～7日,"中日双边电子电气信息工程学术讨论会"在学校召开。

12月7日,测绘工程专业获第一类省级特色专业,安全工程获第二类省级特色专业。

12月7日,在2007年全国大学生数学建模竞赛中,学校获1个全国二等奖、5个陕西省一等奖、3个省级二等奖、11个省级三等奖,学校并获优秀组织奖。

12月10日,建校50周年校庆工作动员大会召开。

12月13~14日,党委副书记张立杰等一行赴兰州访问甘肃煤矿安全生产监督管理局、甘肃煤矿安全监察局、甘肃资源环境职业技术学院等单位,并看望了在兰州工作的部分校友。

12月14日,四高碳化硅新材料项目洽谈会在学校召开。

12月14~17日,党委书记刘德安、副校长张金锁等一行访问新疆煤矿安全监察局、自治区煤炭工业管理局、新疆煤田地质局、新疆煤炭设计院、神华新疆能源公司等单位,看望了在新疆工作的部分校友。

12月15日,教育部科技司基础处处长雷忠良来校检查指导工作。

12月15日,新疆校友分会2007年联谊会在乌鲁木齐召开。

12月17日,印发《西安科技大学本科教学质量与教学改革工程实施意见》,提出质量工程实施的指导思想、目标、内容及政策措施。

12月21~23日,副校长杨更社一行赴云南昆明,访问了云南冶金高等专科学校、云南煤炭安全监察局、云南煤炭安全监察局曲靖分局、云南万通实业(集团)公司等单位,并看望了在云南工作的部分校友。

12月27~28日,中科院院士宋振骐教授来校指导工作。

12月28日,邓军教授获第十届中国青年科技奖。

2007年,共获批5项国家自然科学基金项目。

2008 年

2月1日,校党委书记刘德安、校长苏三庆拜会陕西省人民政府副省长朱静芝。

2月24日,《煤矿用灌浆注胶防灭火系统及装备》等3项成果通过中国煤炭工业协会组织的科技成果鉴定。

2月29日,学校与蒲白矿务局校企合作框架协议签字仪式暨工程硕士开班典礼举行。

2月,邓军教授入选2007年新世纪百千万人才工程国家级人选。

3月,测绘工程专业被教育部批准为第二批高等学校特色专业建设点。

4月16日,6项科技成果通过中国煤炭工业协会鉴定,其中,2项鉴定为国际先进,3项鉴定为国内领先,1项鉴定为国内先进。

4月25日,校党委书记刘德安、副校长卢建军拜会全国政协副主席陈宗兴。

4月28日,学校聘请中国矿业大学副校长、矿物加工工程国家重点学科带头人、国家环境保护清洁煤炭与矿区生态恢复工程技术中心主任、煤炭加工与高效洁净利用教育部重点实验室主任、长江学者特聘教授刘炯天博士为客座教授。

5月,广大师生员工、离退休人员向受灾地区捐款509 390.70元。

5月,4 207名党员自愿交纳"特殊党费"348 829.30元支援抗震救灾。

5月,丁正生等7位教授获"十一五"国家级课题项目资助。

6月1日,人文学院等9个新组建学院举行揭牌仪式。

6月20日,西安能源新技术孵化器——矿山安全与煤化工产业发展中心揭牌。

6月26日,陕西省科技厅副厅长邱义路一行来学校考察陕西省硅镁产业节能与多联产工程技术研究中心建设项目。

6月,常心坦等6位教授入选(当选)中国煤炭工业技术专家委员会。

6月,学校研究生"胡杨林大讲堂"正式开办。

7月4日,省市共建榆林学院能源化工类学科签字仪式举行。韩江水副校长代表学校与榆林学院签订对口支援协议。

7月,新增中国近代史基本问题研究硕士点。

7月,安全技术及工程等2个教学团队被评为省级教学团队。

7月,"安全经济学"等2门课程被评为省级精品课程。

7月,地质工程等2专业被评为省级特色专业建设点。

8月16日,中国煤炭教育协会第五届理事会召开,校党委书记刘德安当选为副理事长,学校当选副理事长单位。

8月18日,由中国煤炭教育协会高等教育分会主办、学校承办的全国煤炭高校2008年校长论坛在延安举行,本次论坛围绕"回顾与展望:煤炭高校管理体制改革十年"这一主题开展了交流与研讨。

9月12日,学校召开2008'采矿、安全与环境保护国际学术会议。

9月14日,西安科技大学董事会成立暨第一次全体董事大会召开。

9月14日,学校建校50周年校史展开展仪式举行。

9月14日,学校与四川省煤炭产业集团有限责任公司等企业代表举行了校企战略合作协议签约仪式。

9月14日,学校与美国密苏里理工大学等10所国外大学代表签署校际合作协议。

9月14日,学校建校50周年标志性建筑揭幕仪式举行。

9月14日,学校"博知亭"揭幕仪式在临潼校区举行。

9月14日,中国工程院陈清如院士来校作报告。

9月15日,学校隆重举行建校50周年庆祝大会。

9月15日,学校建校50周年文艺演出及焰火晚会举行。

9月18日,国家"973"首席科学家徐宗本教授来校作报告。

9月25日,学校承办的"2008西部能源资源开发利用战略研讨会"隆重召开。

9月25日,教育部"长江学者"、南京航空航天大学裘进浩教授来校作学术交流。

9月26日,学校"胡杨林大讲堂——博士论坛"成功举办。

9月,学校岩土工程实验中心被评为省级实验教学示范中心。

9月,学校龙熙华教授荣获"陕西省普通高等学校教学名师"荣誉称号。

9月,学校被国土资源部评为抗震救灾地质灾害应急排查"先进单位"。地环学院王英等6人被评为"先进个人"。

9月,学校能源学院来兴平教授获中国岩石力学与工程学会第五届青年科技奖(银奖)。

9月,中国工程院院士、中国人民解放军总参谋部测绘研究所研究员王任享院士,中国科学院、中国工程院两院院士、亚洲GIS协会会长、中国博士后管委会专家委员会成员李德仁院士来校作报告。

10月1日,全国政协副主席陈宗兴来校视察。

10月16日,"百家讲坛"知名学者王立群来校讲学。

10月21～25日,学校组织22名成员深入石泉县城关镇10个自然村向广大村民宣讲党的十七届三中全会精神。

10月,学校7个项目获批国家自然科学基金项目。

10月,学校6个项目获得第四届陕西省煤炭工业科技成果奖。

10月,学校李树刚教授被评为陕西省2008年师德标兵。

10月,学校参与完成的"边坡稳定性演化的有限元仿真以及工程应用"项目获湖北省科技进步二等奖。

10月,学校"概率论与数理统计"荣获2008年度国家级精品课程。

10月,学校安全技术及工程教学团队荣获2008年国家级教学团队。

10月,新增无机非金属材料工程和消防工程2个本科工学类专业。

11月22日,学校"高瓦斯矿井双局扇故障诊断及其自动切换闭锁一体化装置"项目通过验收和鉴定。

11月26日,学校召开陕西省硅镁产业节能与多联产工程技术研究中心建设启动会。

12月4日,陕西省委政法委副书记刘自成一行来临潼校区检查督察校园周边环境综合治理工作。

12月5日,举行纪念改革开放30周年暨"一二·九"学生运动73周年大合唱比赛。

12月6日,全国政协常委、中国煤炭工业协会会长王显政一行来校视察。

12月,邓军教授入选陕西省"三五人才工程"第二层次人选。

2009 年

1月23日,中国人民解放军68310部队政治部主任李伟少将来校访问。

2月21日,2项教改项目通过陕西省高等教育教学改革研究项目教学成果鉴定。

2月26日,学校与中煤国际工程集团武汉设计研究院举行共建煤矿支护研发中心签约仪式。

3月3日,学校与西安邮电学院、霍尼韦尔(中国)高科技有限公司、陕西斯达煤矿安全设备有限公司举行战略合作签字仪式。

3月3日,学校与北京超图软件股份有限公司举行共建GIS人才培养基地启动仪式。

4月10日,中共陕西省委教育工委副书记、陕西省教育厅厅长、省委教育工委学习实践科学发展观活动领导小组组长杨希文一行来校检查指导学习实践科学发展观活动。

4月22日,省委第二批学习实践活动检查组来校检查指导工作。

4月,学校学生沈洁琼、张鹏在2009年国际模拟联合国大会活动中分别获得"最佳立场文件奖"和"最佳代表奖"。

5月9日,陕西省科技厅厅长张炜教授来校作报告。

5月11日,举行"煤层火灾隐患意识识别及控制新技术的研究与应用"教育部创新团队建设项目启动仪式。

5月15日,陕西日报、陕西电视台、陕西人民广播电台等8家媒体采访学校学习实践科学发展观活动开展情况。

5月18日,党委书记刘德安、校长苏三庆做客西部网"对话书记校长"特别节目,畅谈学校以学习实践科学发展观活动为契机,积极为地方和行业服务的思路和做法。

5月26日,雁塔校区实验楼主体结构封顶仪式举行。

5月27日,共青团西安科技大学第十一次代表大会召开。

6月17日,召开深入学习实践科学发展观活动转段大会。

6月26日,陕西省决策咨询委员会副主任、省十届人大常委会副主任邓理来校作专题报告。

6月,文虎教授荣获2008年度陕西省有突出贡献专家称号。

7月23日,学校与陕西煤化工建设集团有限公司签订战略合作协议。

7月,学校丁正生、夏玉成两位教授被评为陕西省高校教学名师。

7月,学校3门课程被评为省级精品课程。

7月,材料科学与工程专业教学团队和机械设计制造及其自动化专业教学团队被评为省级教学团队。

8月1日,2009年全国大学生英语竞赛总决赛暨2009年全国大学生英语夏令营在学校开幕。

9月9日,"依托国家重点学科的安全工程专业建设与实践"获国家教学成果奖二等奖。

9月14日,召开深入学习实践科学发展观活动总结暨满意测评大会。

9月30日,学校举行MBA教育管理中心揭牌仪式。

9月,地质资源与地质工程学科博士后科研流动站申报成功。

9月,学校6个项目获批国家自然科学基金项目。

9月,学校采矿工程实验中心被评为省级实验教学示范中心。

10月16日,央视5套播出学校拉拉队参加亚运会全国选拔赛实况。

10月22～24日,学校喜获"中科欧鹏杯"足球机器人大赛冠军。

10月27～28日,由中国林学会主办,学校和中国林学会计算机应用分会承办的全国数字化森林资源调查新技术交流暨学术研讨会在西安举行。

10月30～31日,2009煤炭工业发展与高层次人才培养论坛在学校举办。

10月,周安宁教授被评为省优秀教师。

10月,土木工程和自动化2个本科专业被评为2009年度国家级特色专业建设点。

11月3日,学校与日本九州外国语学院建立校际合作关系。

11月21日,陕西省作家协会主席、西安市文联主席、著名作家贾平凹来校访问。

11月,学校被评为全省理论学习先进单位。

11月,采矿工程和安全技术及工程学科获批"三秦学者"岗位。

11月,学校获6项省级优秀教学成果奖。

11月,获得全国大学生数学建模竞赛3项全国二等奖。

12月4～5日,学校主办的2009中日安全管理理论与实践学术研讨会在西安举行。

2010年

3月15日,学校与日本鸟取大学续签校际友好合作协议。

3月25日,举行地质资源与地质工程博士后科研流动站揭牌仪式。

3月,学校新增5个工程硕士授权领域。

4月,由学校模拟联合国团队起草的决议草案获亚洲模拟联合国大会最佳决议草案奖,王鹏同学获陕西模拟联合国大会个人一等奖——最佳代表奖。

4月,学校采矿工程专业教学团队、岩土工程教学团队被评为省级教学团队。

4月,学校2门课程被评为省级精品课程。

5月4日,能源学院文虎教授获第九届"陕西青年五四奖章"。

5月,能源学院伍永平教授、邓军教授等6人受邀组团赴德国柏林参加了第二届国际煤火大会(ICCFR2)。

5月,学校2个专业获2010年省级特色专业建设点。

6月4日,举行华清大讲堂启动仪式暨首场报告会。

6月8日,李智军同志任学校党委委员、纪委委员、纪委书记,李树刚同志任学校党委委员、副校长。

6月9日,陕西省人民政府原省长程安东莅临学校视察指导工作。省委教育工委副书记、省教育厅厅长杨希文陪同视察。

6月13日,学校与关键科技(北京)有限公司、陕西斯达煤矿安全装备有限公司举行关键科技企业奖学金和斯达煤矿安全装备有限公司企业奖学金签约仪式。

6月17～21日,学校与阿克苏地区行署、昌吉州政府签署战略合作协议。

6月,学校参与完成的1项目获2009年国家能源局科技进步二等奖。

6月,学校56项项目获省教育厅科学研究计划专项项目立项资助。

6月,丁正生教授主持的项目获国家级教改项目资助。

6月,校医院通过"一级医院"等级验收,获得医保定点单位资格。

7月29日,中国工程院院士袁亮一行来校指导工作。

7月,土木工程专业通过住房与城乡建设部高等教育评估,并被授予高等教育土木工程专业评估合格证书。

7月,机械设计制造及其自动化、化学工程与工艺2个专业获第六批高等学校特色专业建设点资助建设。

9月28日,4个一级学科博士点、8个一级学科硕士点通过陕西省学位委员会审核。

9月,学校举行与南非地球科学研究院"开采沉陷与地下水保护研究"项目合作签字仪式。

10月18日,7个课件在第十届全国多媒体课件大赛中获优秀奖。

11月16日,学校爱心捐助中心成立。

11月29日,中国共产党西安科技大学第九次代表大会召开。

11月30日,中共西安科技大学第九届委员会、中共西安科技大学第六届纪律检察委员会分别召开第一次全体会议。

11月,邱介山、罗毅、王振平3位教授入选陕西省第二批"百人计划"。

11月,新增环境工程工程硕士授权领域。

12月7日,苏三庆同志任学校校长;韩江水、杨更社、马宏伟、张金锁、李树刚同志任学校副校长。

12月,学校学报入选中国科技论文统计源期刊(中国科技核心期刊)。

12月,21部教材获全国煤炭高等教育优秀教材奖。

2011 年

1月14日,学校获得2项国家科技进步奖二等奖。

3月24~27日,外语学院学生王鹏在2011年亚洲国际模拟联合国大会上获得个人一等奖、大会最佳代表奖。

3月25日,中国华能集团公司在学校设立中国华能华亭煤业奖学金。

3月,煤及煤层气工程本科专业获准设立。

3月,114部教材被列入高等教育(矿业)"十二五"规划教材。

3月,学校新闻网荣获"第四届全国高校百佳网站"。

4月13日,省委教育工委副书记、省教育厅副厅长梁宝林一行来校调研。

4月27日,学校单独设置思想政治理论课教学科研部(简称思政部)、组建人文与外国语学院。

4月,学校23位专家入选中国煤炭工业技术委员会委员。

5月21日,西安科技大学董事会一届二次会议召开。

5月,学校科技处获"全国高等学校科技管理先进团队"。

5月,新增地质资源与地质工程、土木工程、机械工程3个一级学科博士点,地理学、电气工程、电子科学与技术、控制科学与工程、计算机科学与技术、化学工程与技术、地质资源与地质工程、工商管理8个一级学科硕士点。

5月,邓军教授申报的"西部侏罗纪煤自燃火灾动力学基础研究"获得国家科技部2011年度"973"计划(国家重点基础研究发展计划)前期研究专项立项。

6月,校党委被省委教育工委授予"先进基层党委"称号。

7月1日,校党委中心组集中收看庆祝中国共产党成立90周年大会,学习胡锦涛总书记讲话精神。

7月11日,黄英维同志任学校总会计师。

8月,"安全科学与工程"获准调整通过为一级学科博士点。

9月2～5日,学校举办第八届中国腐蚀与防护学会高温专业委员会首次会议暨高温腐蚀与防护学术会议。

9月22日,省教育厅张雄强副厅长一行来校检查指导工作。

9月,文虎教授入选2010年度教育部新世纪优秀人才计划。

9月,青年教师翟晓伟被评为"全国煤炭工业生产一线优秀青年科技工作者"。2篇论文被中国煤炭学会评为"全国煤炭工业生产一线青年技术创新优秀论文"。

10月11～12日,学校与美国密苏里科技大学联合主办的第二届采矿、安全与环境保护国际学术会议在西安举行。

10月21日,陕西(高校)哲学社会科学重点研究基地——能源经济与管理研究中心顺利通过验收。

10月,学校成为第二批卓越工程师教育培养计划高校。

11月,学校6人获2011年西部地区人才培养特别项目资助。

11月,学校学生获国际工业设计大赛"德国红点设计奖"。

11月,"矿物材料工程实验教学中心"被评为省级实验教学示范中心。

12月30日,学校与中煤陕西榆林能源化工有限公司、中煤西安设计工程有限责任公司举行战略合作协议暨科研项目合同签约仪式。

12月,李侃社教授被评为"民革全国参政议政先进个人"。

12月,学校能源经济与管理研究中心顺利通过省教育厅验收正式挂牌。

12月,学校入选国家建设高水平大学公派研究生项目实施院校、陕西省大学生创新能力培养综合改革试点学校。

12月,学校被确定为陕西省大学生创新能力培养综合改革试点学校。

12月,学校被授予陕西省"平安校园"称号。

2012 年

1月,熊善新入选陕西省第四批百人计划。

1月,邓军、文虎入选陕西省三五人才工程。

2月,学校获得1项国家科技进步奖二等奖。

3月,获准设立物联网工程(080640S)、能源化学工程(081106S)本科专业。

3月,叶万军获2012年度陕西省青年科技新星称号。

3月,杜慧玲入选教育部新世纪优秀人才支持计划。

3月,2部教材获陕西省优秀教材奖。

4月21日,举行西安科技大学 & 美国德州仪器公司大学生创新中心签约暨挂牌仪式。

4月,李旭兴、董登攀、赵国强组成的代表队获2012年美国大学生数学建模竞赛一等奖。

5月,常瑜在第一届全国高校辅导员职业技能竞赛中获三等奖。

7月,采矿工程、地质工程和安全工程3个专业获批2012年省级专业综合改革试点项目。

7月,学校获批为首批国家级工程实践教育中心。

8月,王晓刚等43位教师被聘请为中国博士后科学基金评审专家。

9月23日,西安科技大学研究生院成立暨揭牌仪式举行。

9月,学校杨文华、马鹏琛、唐徐情合成出一种新化合物——2-乙酰基呋喃-2-吡啶甲酰腙,经剑桥大学晶体数据库验证,确定新物质编号为CCDC878344。

10月16日,刘德安获得陕西高校思想政治教育研究先进个人称号。

10月24日,学校与渭南市政府战略合作协议签约。

10月,学校获准、确认设立4个博士后科研流动站。

10月,张广明、杨守国入选陕西省第六批百人计划。

11月,建筑与土木工程学院岩土与地下工程系获全国煤炭工业先进集体,伍永平获全国煤炭工业先进工作者称号。

12月21日,学校举行获准增设的安全科学与工程和新设的机械工程、土木工程博士后科研流动站揭牌仪式。

12月,叶万军入选教育部新世纪优秀人才支持计划。

12月,工程训练中心获2012年省级实验教学示范中心。

12月,自动化专业教学团队、测绘工程专业教学团队获2012年度省级教学团队。

12月,6门课程确定为省级精品课程。

2013 年

1月5日,学校与韩国圣洁大学签署两校友好合作协议。

1月10日,学校举行与美国玛斯金格姆大学合作项目签署仪式。

1月18日,学校获得1项国家科学技术进步二等奖。

1月,田水承受聘为国家安全监督管理总局第一批安全文化专家。

3月14日,省委教育工委常务副书记董小龙、省教育厅副厅长郭立宏来校调研。

3月22日,学校与中国煤炭地质总局签订战略合作协议。

3月,获批68项2012年第二批国家级大学生创新创业训练计划项目。

3月,学校民革副主委李侃社、民盟主委夏玉成当选为陕西省第十一届政协委员。

4月23日,省委副书记、省高教工作领导小组组长孙清云来校调研党建工作。

4月,学校在2013年美国大学生数学建模竞赛中获一等奖2队(Meritorious Winners)、二等奖2队(Honorable Mentions)。

4月,新增遥感科学与技术本科专业。

4月,金浩、屈孟男和朱明获2013年度陕西省青年科技新星称号。

4月,叶万军入选2012年度新世纪优秀人才支持计划。

5月3日,陕西省副省长庄长兴一行来校调研。

5月23日,西安科技大学—中煤科工集团常州自动化研究院联合技术中心成立暨合作协议签约仪式举行。

5月,马砺获第十六届中国科协求是杰出青年成果转化奖。

6月4日,北京则泰集团西安科技大学人才培养基地暨则泰奖学金签约仪式举行。

6月,学校与陕西煤业化工集团有限责任公司联合申报的工程实践教育中心项目获批国家级大学生校外实践教育基地建设项目。

6月,学校获批全国首批节约型公共机构示范创建单位。

7月15日,学校原校长、党委副书记苏三庆同志赴西安建筑科技大学任校长、党委副书记。

7月,学校原纪委书记李智军同志任省委高教工委委员、统战部部长(副厅级)。

8月24～25日,智能检测与控制国际会议在学校举行。

8月,采矿工程实验教学中心获批国家级实验教学示范中心。

9月9日,邓军获陕西省师德楷模称号。

9月15日,庆祝建校55周年升国旗暨校旗搭乘神舟十号飞船遨游太空返校迎接仪式举行。

9月,获批24项国家级大学生创新创业训练计划项目。

10月15日及12月3日,省委常委、省委统战部部长陈强一行来校调研。

11月1日,学校获2013年度《中美人才培养计划》"1+2+1项目"特别贡献奖。

11月19日,杨更社同志任学校校长、党委副书记。

11月,李树刚入选百千万人才工程国家级人选。

11月,学校牵头的煤炭资源安全绿色高效开发协同创新中心被认定为陕西省2011协同创新中心。

12月3日,陕西省委常委、省委统战部部长陈强来校指导校级领导班子专题民主生活会。

12月10日,学校与陕西高速集团、北京城建道桥建设集团有限公司、西安重工装备制造集团有限公司签订战略合作协议。

12月,林海飞获2014年度陕西省青年科技新星称号。

12月,测绘地理信息实验教学中心、矿山工程力学实验教学中心获批省级实验教学示范中心。

2014 年

1月2日,省委常委、省委统战部部长陈强等一席人来校指导党的群众路线教育实践活动整改落实工作。

1月6日,刘子实同志任学校纪委书记。

1月,学校通过陕西省创建国家级节约型公共机构示范单位考核验收。

3月19日,学校举行通信与信息工程学院和Altera国际有限公司合作成立EDA/SOPC联合实验室的签约及揭牌仪式。

3月20日,举行党的群众路线教育实践活动总结大会。

3月21日,学校分别与陕西省地质调查院、神华乌海能源有限责任公司、中煤科工集团西安研究院有限公司、中煤科工集团重庆研究院有限公司四家单位签订校企战略合作协议。

3月22日,学校聘任中国工程院院士蔡美峰为学校"双聘院士"及协同创新中心学术委员会主席。

3月25日,学校获首批"节约型公共机构示范单位"。

4月12日,学校举行2014年两岸前沿控制技术论坛及学术交流研讨会。

4月,"物流管理"专业(120601)已通过教育部备案,获准于2014年开始招生。

5月21日,团省委书记李豫琦一行来校调研指导共青团工作。

5月,《西安科技大学学报(自然科学版)》被《中国学术期刊文摘》(简称CSAC)数据库收录。

6月16日,学校与神华神东煤炭集团有限责任公司签订战略合作协议。

6月24日,校党委获"陕西高等学校先进基层党委"称号。

6月,文虎、来兴平两名教授入选陕西省创新人才推进计划,当选中青年科技创新领军人才。

7月10日,李曼、任建喜获"陕西省普通高等学校教学名师"称号。

7月11日,学校与陕西省公安消防总队、陕西省消防协会签订战略合作协议。

8月13日,2018年第十一届世界矿山通风大会成功申办。

8月29日,黄庆享教授获"全国优秀教师"荣誉称号。

8月30日,学校举行第三届智能检测与控制国际会议。

8月,新增会计硕士(MPAcc)、工程硕士(车辆工程)两个硕士专业学位授权点。

8月,学校被评为陕西省第一批"节约型公共机构示范单位"。

8月,学校在2014年陕西本科高校"专业综合改革试点"子项目中获批省级精品资源共享课15门(新建9门、升级改造6门)、省级实验教学示范中心2个、省级人才培养模式创新实验区3个、省级教学团队4个。

8月,学校36个项目获批2014年度国家自然科学基金申请项目。

9月4日,学校举行陕西省人民政府、国家安全生产监督管理总局共建西安科技大学签约仪式。

9月4日,学校获得1项国家级教学成果二等奖。

9月18日,陕西省教育厅印发《陕西省教育厅关于核准〈西安科技大学章程〉的通知》(陕教政〔2014〕28号)。

9月29日,安全科学与工程等6个一级学科获得立项建设。

9月,能源学院解盘石当选陕西省青年科技新星。

9月29日~10月1日,学校礼宾队国旗护卫队作为陕西高校的唯一代表参加了首届全国高校升旗手交流展示活动并获表彰。

10月18日,学校获得国家级大学生创新创业训练计划实施工作先进单位。

11月9日,学校承办"第三届国际岩石力学青年学者论坛"。

11月10日,印发《西安科技大学"十三五"发展规划编制工作方案》。

11月,学校在"2014年中国教育机器人大赛"全国总决赛获奖7项。

11月,学校被授予"陕西省研究生联合培养示范工作站"。

2015 年

1月6日,张威虎同志任西安科技大学党委委员、副校长,免去张金锁同志西安科技大学党委委员、副校长职务,另有任用。

1月9日,获1项国家科技进步奖二等奖。

1月30日,学校与榆林学院签订对口支援协议。

1月,马克思主义理论博士后科研流动站获批设立。

1月,2位青年教师入选陕西省青年"百人计划"。

1月,李树刚教授、伍永平教授入选国务院学科评议组。

3月25日,西安科技大学与美国密苏里州立大学签署校际友好交流合作协议。

3月,邓军教授入选教育部"长江学者"特聘教授,文虎教授入选2014国家百千万人才工程人选。

4月14日,学校与中国台湾云林科技大学正式签订友好合作协议。

4月13~14日,"第二届海峡两岸工业安全学术论坛"在学校举行。

4月28日,邓军教授荣获"全国先进工作者"称号并参加全国五一表彰大会。

4月29日,李树刚教授获2014年国务院政府特殊津贴。

4月29日,文虎教授荣获2015年陕西省五一劳动奖章。

5月18日,学校召开"三严三实"专题教育党课暨动员会。

5月,获全国大学生英语竞赛奖13项。

6月30日,省委副书记胡和平来校调研。

6月30日,获批省级精品资源共享课程24门、省级教学团队9个、省级人才培养模式创新实验区4个。

6月,土木工程专业通过评估,合格有效期为6年,自2015年5月起至2021年5月止。

7月31日,惠朝阳同志任西安科技大学党委委员、副校长。

8月,西安科技大学与澳大利亚麦考瑞大学合作举办的电气工程及其自动化专业本科教育项目获批。

9月24日,省委常委、省委组织部部长毛万春来校调研。

9月24日,学校主办召开首届全国"大倾角、急倾斜煤层安全高效开采理论与技术暨标准制定研讨会"。

9月,《中文核心期刊要目总览》公布了2014版收录期刊名录,《西安科技大学学报》入选。

9月,第4届智能检测与控制国际会议(The 4th International Conference on Intelligent Detection and Control)在学校举行。

9月,解盘石副教授荣获2015年全国煤炭青年科技奖。

9月,刘超被评为陕西省青年科技新星。

10月,学校成为全国高校国旗护卫队联盟高校26个成员之一。

11月25日,李明、樊建武分别任西安科技大学党委副书记。

11月,遵照校友张元伟先生遗愿,张元伟的家属向学校图书馆捐赠其生前收藏的2 851册图书。

11月,李树刚教授入选首届学科建设专家委员会委员。

11月,学校与京东公司合作共建的"电子商务研究与应用中心"正式投入运行。

12月25日,文虎教授率领"国家矿山救援西安研究中心"专家一行4人奔赴山东省平邑石膏矿救援。

12月29日,马克思主义学院暨马克思主义理论博士后科研流动站揭牌。

12月,学校与陕西煤业化工技术研究院有限责任公司联合申报的"矿业与安全研究生联合培养示范工作站"获批"陕西省研究生联合培养示范工作站"。

2016 年

3月7日,陕西省人民政府与国家安全生产监督管理总局共建西安科技大学工作座谈会在北京召开。

3月,矿山建设工程虚拟仿真实验教学中心获批国家级虚拟仿真实验教学中心。

3月,"PDS"创新设计团队喜获全国大学生"小平科技创新团队"称号。

3月,学校被评为"2015年煤炭行业教育培训先进单位"。

3月,能源学院黄庆享教授入选2015年国家百千万人才工程,并被授予"有突出贡献中青年专家"荣誉称号。

4月29日,学校召开"两学一做"学习教育动员部署大会。

4月,学校机械工程博士学位授权学科和工商管理硕士专业学位授权点评估结果均为"合格"。

4月,来兴平教授入选"长江学者"特聘教授。

5月,邓军教授入选国家中青年科技创新领军人才,张旭辉教授入选陕西省中青年科技创新领军人才,赵顺省副教授入选陕西省青年科技新星。

6月24日,印发《西安科技大学"十三五"教育事业发展规划》。

6 月，学校获批将开展"本硕连读"（本硕分流培养）招生。

6 月，校党委获得"全省先进基层党组织"称号。

6 月，获"省属高等学校领导班子 2015 年度目标责任考核优秀单位"称号。

6 月，经学校六届五次教代会审议、学校党委会批准，《西安科技大学"十三五"教育事业发展规划》正式发布实施。

7 月 8 日，学校举行《西安科技大学之歌》校歌修订交接仪式。

7 月，中国工程院院士武强受聘为学校双聘院士。

7 月，学校主办的 IEEE IS3C′2016 国际学术会议在西安举行。

7 月，6 名教师入选第八批"百人计划"入选人员名单。

8 月，学校被批准为中国高等教育学会教学研究分会常务理事单位，李树刚当选为理事会常务理事。

8 月，伍永平教授负责的"大倾角煤层长壁工作面安全高效开采基础研究"获得 2016 年度国家自然科学基金项目重点项目资助。学校还获面上项目 15 项，青年科学基金项目 24 项。

8 月，学校"智慧矿山创客空间孵化基地"获准第二批"陕西众创空间孵化基地"授牌。

9 月 12 日，学校与陕西能源集团有限公司签订战略合作协议。

9 月 14 日，新版《西安科技大学之歌》发布。

9 月，学校"热动力灾害防治国际联合研究中心"被陕西省科技厅授予"国际科技合作基地"称号。

10 月 26 日，省委高教工委书记董小龙来校调研。

10 月，西安科技大学工程训练中心 PDS 三创基地获批国家级众创空间。

11 月 2 日，陕西省知识产权局局长巨拴科来校调研。

11 月 2 日，陕西省委科技工委书记、科技厅厅长卢建军来校调研科技创新工作。

11 月 17 日，陕西煤业化工集团有限责任公司与西安科技大学共建"煤炭科技创新基地签约仪式举行。

11 月 18 日，王贵荣同志任西安科技大学副校长。

11 月，获批建设"陕西省煤火灾害防治重点实验室"。

11 月，国家安全监管总局办公厅同意支持西安科技大学建设安全监管监察学院（西安）。

11 月，采矿工程专业、地质工程专业通过全国工程教育专业认证，有效期 3 年，认证结论有效起止时间为 2016 年 1 月至 2018 年 12 月。

12 月 14 日，学校印发《关于成立创新创业教育学院的通知》。

12 月 14 日，学校印发《关于成立陕西省丝路质量研究院的通知》。

12 月，中国共产党西安科技大学第十次代表大会召开。

2017 年

2 月 13 日，央视新闻频道报道学校一对退休夫妇一起签订眼角膜捐献协议书的故事。

2 月，材料学院教师郑斌博士的研究成果以"Unravelling surface and interfacial structures of a metal-organic framework by transmission electron microscopy"为题在线发表在 2017 年 2 月 20 日的国际权威学术杂志《自然·材料》（*Nature Materials*，DOI：10.1038/nmat4852）上。

2 月，黄宏伟教授以"三秦学者"特聘教授身份，聘任到学校岩土工程（地下工程）三秦学者岗位工作。

3 月 9 日，伍永平、文虎、黄庆享享受国务院政府特殊津贴。

3月15日,获批"陕西省示范性高等学校毕业生就业创业指导服务机构"。

3月,学校在2016年全省驻村联户扶贫工作考核中获评优秀。

4月28日,中共陕西省委、陕西省人民政府授予学校"陕西省先进集体"荣誉称号。

4月,学校蔡美峰、武强、张铁岗院士工作室顺利完成建设工作并交付使用。

4月,学校成为陕西省首批教育管理数据融合试点单位。

4月,学校获得2017年美国大学生数学建模竞赛(MCM)国际一等奖(Meritorious Winner)1项,二等奖(Honorable Mentions)5项。

4月,4个项目获批国家安全生产监督管理总局发布2017年安全生产重特大事故防治关键技术科技项目立项。

5月6日,经创客教育基地联盟常务理事会24家常务理事单位现场表决,同意增设包括西安科技大学在内的9家单位为联盟常务理事单位。

5月17日,学校和中兴通讯"教育部ICT产教融合创新基地"合作签约仪式在深圳中兴通讯有限责任公司举行。

5月18日,学校"溯源志远"纪念碑揭幕仪式在汉中城固古路坝村原国立西北工学院旧址举行,这标志纪念校庆60周年"寻根"系列活动启动。

5月19日,王晓利教授获得"全国煤矿支护先进个人"。

5月,安全科学与工程学院马砺荣获"全国煤炭青年五四奖章"。

5月,学校9人入选第九批"百人计划"。

6月6日,学校创新创业教育学院成为2017年陕西省高等学校创新创业教育改革试点学院。

6月12~13日,第三届中国"互联网+"大学生创新创业大赛陕西赛区训练营在学校临潼校区举行。

6月21日,学校与长武县人民政府签约助力脱贫攻坚战略合作框架协议。

6月21日,学校与北京蓝墨大数据技术研究院联合成立"陕西省本科院校移动云教学大数据研究中心"。

6月22日,"四主体一联合"新型研发平台"陕西煤炭科技创新基地"学术交流会在雁塔校区举行。

6月28日,"西部煤炭科技创新创业雁塔联盟"成立大会在学校召开。

6月,测绘工程、机械设计制造及其自动化顺利通过专业认证。

6月,来兴平教授入选"中青年科技创新领军人才"。

7月3日,首次成为中国高等教育学会单位理事,校长杨更社当选理事会理事。

7月5日,"安全工程实验教学中心"成为省级实验教学示范中心,"机械工程虚拟仿真实验教学中心"成为虚拟仿真实验教学中心。

7月14~16日,学校与澳大利亚教育管理集团(AEMG)联合举办的2017国际教育管理会议(IEMC)"打造云端高等教育丝绸之路国际合作对高校发展的意义与影响高峰论坛"在西安举行,并签署《云校园联盟框架协议》。

8月30日,周孝德任西安科技大学党委书记,刘德安任西安理工大学党委书记。

8月,获批46项国家自然科学基金项目,直接经费资助总额1 849万元。

9月18日,印发《西安科技大学"一流大学、一流学科"建设方案》。

9月,经过《煤炭学报》编辑部和论文作者授权,能源学院黄庆享教授发表在《煤炭学报》2017(1)期的论文《浅埋煤层保水开采岩层控制研究》,被日本科学技术振兴机构(JST)中国综合研究交流中心(CRCC)选中进行日文全文翻译,转载于其运营网站Science Portal China(中国科学门户网站,http//www.spc.jst.go.jp)。

10月25日,黄庆享教授荣获"我身边的好老师"称号。

11月8日,学校举行习近平新时代中国特色社会主义思想研究中心成立大会。

11月12日,全省追赶超越第三季度点评暨脱贫攻坚推进视频会在西安召开,学校获得"省属高水平建设大学"第三名。

11月15日,陕西省人大常委会副主任姚引良一行来校开展调研。

11月17日,白永皓同学获评第六届全国道德模范孝老爱亲模范,参加了习近平总书记及中央领导和全体代表的会见。

11月24日,聘任伍永平、来俊文两位同志为校长助理。

11月24日,党的十九大代表、省委宣讲团成员、省委科技工委书记、省科技厅厅长卢建军应邀在学校雁塔校区主楼报告厅作党的十九大精神宣讲报告。

11月27日,学校地质资源与地质工程学科带头人、博士生导师王双明教授当选中国工程院能源与矿业工程学部院士,校友何琳教授当选中国工程院机械与运载工程学部院士。

11月28日,校友魏悦广教授当选为中国科学院技术科学部院士。

11月,学校成功入选第三批"陕西省高校实践育人创新创业基地"。

12月5日,蒋林任西安科技大学党委委员、副书记;免去杨更社西安科技大学党委委员、副书记职务;胡巍任西安科技大学党委委员、副书记;免去刘子实西安科技大学党委委员、纪律检查委员会书记职务。省政府决定:蒋林任西安科技大学校长,试用期一年;免去杨更社西安科技大学校长职务;免去马宏伟西安科技大学副校长职务。

12月14日,中国工程院王国法院士受聘学校双聘院士。

12月20日,退休教师毛开友教授荣获2017年度中国老科学技术工作者协会奖。

12月20日,校党委书记周孝德当选为中国煤炭教育协会第七次会员代表大会副理事长,副校长王贵荣当选为常务理事。学校获评2017年全国煤炭行业教育工作先进单位,机械工程学院院长张传伟等8人被评为先进个人,王贵荣教授主持的"面向西部矿山需求的地质类专业综合改革与实践"研究项目获得成果类特等奖,丁正生、曹现刚、杜惠玲三位教授主持的教育教学研究项目获得成果类一等奖,樊建武教授撰写的论文获得高等教育论文类一等奖。

12月22日,中国工程院杨小牛院士受聘学校双聘院士。

12月,由西安声学学会、上海市声学学会共同主办,西安科技大学承办的2017西安-上海第五届声学学术交流会议在学校召开。

12月,学校获"2017年全国大中专学生志愿者暑期'三下乡'社会实践活动优秀单位"。

2018 年

1月22日上午,举办学习贯彻党的十九大精神研讨班。

1月,获批陕西省研究生联合培养示范工作站。

1月,获批建设首批省级农民培训基地。

1月,矿山建设工程国家级虚拟仿真实验教学中心一期建设完成,通过专家组验收。

2月25日,中国工程院何琳院士受聘为学校双聘院士。

3月12日,省委高教工委副书记李智军来校开展春季开学暨学校安全风险防控专项督导工作。

3月18日,学校10项科技成果通过中国煤炭工业协会鉴定。

3月22日,新增2个一级学科博士点、6个一级学科硕士点、2个专业学位授权点。

3月29日,西安科技大学北美校友会在纽约成立。

3月,邓军教授、来兴平教授入选国家"万人计划"。

3月,学校11篇论文入围ESI高被引论文。

附录2　西安科技大学章程

（陕西省教育厅 2014 年 9 月 18 日核准）

序　言

西安科技大学是一所底蕴厚重、综合实力较强的多科性大学。学校的办学历史可追溯到 1895 年成立的北洋大学采矿冶金科。1938 年 7 月迁并于国立西北工学院矿冶工程学系。1957 年 7 月，矿冶工程学系调整到西安交通大学。1958 年 9 月，以西安交通大学采矿系、地质系及矿山机电专业、基础课部部分师资与设备等为基础成立了独立的西安矿业学院，隶属于煤炭工业部。1998 年实行中央与地方共建，以地方管理为主，划归陕西省。1999 年更名为西安科技学院，2003 年更名为西安科技大学。

在长期发展历程中，学校形成了"团结、勤奋、求实、创新"的校风、"祖国利益高于一切"的校训和"励志图存，自强不息"的大学精神，为国家经济社会发展特别是煤炭事业作出了重要贡献。

学校以办人民满意大学为目标，致力于建设特色鲜明的高水平教学研究型大学，将学校建成高质量人才培养、高层次科学研究、高水平社会服务和优秀文化传承创新的重要基地。

为实现学校的奋斗目标，规范办学行为，保障学校科学发展，根据《中华人民共和国教育法》、《中华人民共和国高等教育法》、《中华人民共和国教师法》等法律法规，结合学校实际，制定本章程。

第一章　总　则

第一条　学校中文全称为西安科技大学，简称"西科大"、"西安科大"，英文全称为 Xi'an University of Science and Technology，缩写为"XUST"。

第二条　学校法定注册地址为陕西省西安市碑林区雁塔中路 58 号。

学校设雁塔和临潼两个校区。雁塔校区位于陕西省西安市雁塔中路 58 号，临潼校区位于陕西省西安市临潼区陕鼓大道 48 号。

互联网域名为 http://www.xust.edu.cn。

第三条　学校为非营利性事业组织，具有独立法人资格，依法享有办学自主权，独立承担法律责任。

第四条　学校以中国特色社会主义理论体系为指导，坚持社会主义办学方向，全面贯彻党和国家的教育方针，把立德树人作为根本任务，培养德智体美全面发展的社会主义建设者和接班人。

第五条　学校以人才培养、科学研究、社会服务和文化传承创新为基本职能。

第六条　学校将人才培养置于中心地位，坚持育人为本、德育为先、能力为重、全面发展，着力增强学生服务国家服务人民的社会责任感、勇于探索的创新精神、善于解决问题的实践能力，培养具有"基础厚实、作风朴实、工作扎实、为人诚实、勇于创新"特点的应用型高级专门人才和创新型人才。

第七条　学校积极开展基础研究、应用研究和成果转化，不断提升科研水平和科技创新能力。

第八条　学校面向社会办学，积极推进社会合作，立足西部，面向全国，为国家经济社会发展特别是地矿行业服务，不断提升社会服务能力与水平。

第九条　学校继承和创新文化传统，履行文化传承创新的使命，促进国家文化事业的繁荣和进步。

第十条　学校积极开展与国内外高水平大学和科研机构的交流与合作，促进教育国际化。

第十一条　学校实施"质量立校、人才强校、特色兴校、开放办学"的发展战略,坚持规模、质量、结构、效益相协调,推动学校科学发展。

第十二条　学校不断深化改革,妥善处理改革、发展和稳定之间的关系。

第二章　举办者与学校

第十三条　学校举办者为陕西省人民政府。

第十四条　举办者享有下列权利:

(一)依法决定学校的设立、变更和撤并;

(二)依法确定学校的领导体制;

(三)按照有关规定,任免学校负责人;

(四)指导学校的改革发展,并实行监督管理;

(五)评价监督学校的办学水平和教育质量;

(六)法律法规规定的其他权利。

第十五条　举办者应当履行下列义务:

(一)指导学校工作,为学校改革发展提供必要保障;

(二)支持学校依法自主办学、自主管理;

(三)按照国家规定,保证学校办学经费,逐步增加办学投入;

(四)支持学校开展人才培养、队伍建设、学科建设、科学研究等活动;

(五)维护学校合法权益;

(六)法律法规规定的其他义务。

第十六条　学校面向社会依法自主办学,建立自我管理、自我约束的体制与机制,享有以下权利:

(一)开展人才培养、科学研究、社会服务和文化传承创新;

(二)设置和调整学科、专业;

(三)制定招生方案,调节招生比例,确定选拔学生的条件、标准、办法和程序;

(四)制定学校规划并组织实施;

(五)设置内部组织机构;

(六)确定内部收入分配原则;

(七)招聘、管理和使用人才;

(八)使用与管理财产和经费;

(九)法律、法规规定的其他权利。

第十七条　学校应当履行下列义务:

(一)贯彻党的教育方针,执行国家教育政策,保证教育教学质量;

(二)依法建立信息发布制度,向社会发布质量报告等公开信息,接受监督;

(三)主动围绕国家和区域发展需求,开展多种形式的科学研究、合作和服务;

(四)维护受教育者、教职工的合法权益,尊重和保障教职工和学生依法享有的学术自由;

(五)积极改善教职工和学生在校学习、工作和生活条件,为其提供良好服务;

(六)遵照国家有关规定收取费用并公开收费项目;

(七)法律法规规定的其他义务。

第三章　教育形式和学科门类

第十八条　学校以实施普通高等教育为主,大力开展继续教育,积极拓展留学生教育。

第十九条　学校基本教育形式为全日制学历教育,包括本科教育和研究生教育。其他教育形式包括成人学历教育和非学历教育、远程教育、中外合作办学等。

第二十条　学校根据社会需要和办学实际合理确定办学规模,科学拟订招生计划和招生方案。

第二十一条　学校按照国家规定,根据社会需求和办学实际,设置和调整学科、专业。

第二十二条　学校强化地矿与安全及其相关学科特色,突出工程技术学科优势,积极发展基础学科和哲学社会科学学科,鼓励发展新兴交叉学科,形成多学科协调发展的学科专业结构。

第二十三条　学校坚持教学工作中心地位、教育教学改革核心地位和教学建设优先地位。根据经济社会发展和行业发展要求,制订人才培养方案,创新人才培养模式,优化教育教学方法,科学组织实施教学活动。

第二十四条　学校根据人才培养目标要求,制订教学计划和教学大纲,选用优秀教材,编写特色教材,并依据教学计划和教学大纲要求检查与考核教学活动。

第二十五条　学校通过理论教学、实践教学、第二课堂及社会实践等环节,加强对学生的培养与教育。

第二十六条　学校建立教学质量监控体系,通过教学委员会、教学督导组及相对独立的评估机构等,对教学质量进行评估;积极参与和接受社会及第三方评价,改进与完善教学工作,促进教学质量稳步提高。

第二十七条　学校依法对完成学业的受教育者颁发学业证书或出具学习证明。

第二十八条　学校依法对符合条件的受教育者授予学士、硕士及博士学位,依法向为社会发展和文明进步作出突出贡献的杰出人士授予名誉博士学位。

第二十九条　学校配备满足学科、专业要求的校舍、师资力量和教学设备,保障日常教学、学生生活与体育锻炼及学校长远发展需要。

第四章　学校管理体制

第一节　学校管理体制一般规定

第三十条　学校实行中国共产党西安科技大学委员会领导下的校长负责制,坚持依法治校,实行教授治学,实施民主管理。

第三十一条　学校支持与鼓励民主党派及群众组织依法参与学校民主管理。

学校设立申诉机构,受理师生申诉事宜。

第三十二条　学校根据精简和效能的原则,设置党政职能机构、直属机构和教学科研机构。各机构根据学校授权履行职责,保障学校各项工作顺利开展。

第三十三条　学校根据工作需要,依法设立学术机构和对外合作机构。

第三十四条　学校根据社会需求,依法设立培训机构,开展各类培训服务。

第三十五条　学校设立图书馆、博物馆、档案馆等公共服务机构,为师生员工和社会提供服务。

第三十六条　学校附属的具有独立法人资格的单位,依照法律和学校规定实行相对独立运营与管理。

第三十七条　学校依法与社会各界联合设立的机构,依据双方协议开展合作办学、合作研究与技术开发、社会实践等活动。

第三十八条　学校重大事项决策须遵循以下程序:

(一)决策前组织调研;

(二)提出比较方案和建议;

(三)广泛征求意见或组织专家论证;

(四)校党委会或校长办公会议集体讨论决策。

第二节　学校党委

第三十九条　中国共产党西安科技大学委员会是学校的领导核心,统一领导学校工作,支持校长依法独立行使职权并开展工作,保障学校各项工作顺利进行。其主要职责是:

(一)宣传和执行党的路线、方针、政策,宣传和执行党中央、上级组织和本级组织的决议,坚持社会主义办学方向,依法治校,依靠全校师生员工推进学校科学发展,培养德智体美全面发展的中国特色社会主义事业合格建设者和可靠接班人。

(二)审议确定学校基本管理制度,讨论决定学校改革发展稳定以及教学、科研、行政管理中的重大事项。

(三)讨论决定学校内部组织机构的设置及其负责人的人选,按照干部管理权限,负责干部的选拔、教育、培养、考核和监督。加强领导班子建设、干部队伍建设和人才队伍建设。

(四)按照党要管党、从严治党的方针,加强学校党组织的思想建设、组织建设、作风建设、制度建设和反腐倡廉建设。落实党建工作责任制。发挥学校基层党组织的战斗堡垒作用和党员的先锋模范作用。

(五)按照建设学习型党组织的要求,组织党员认真学习马克思列宁主义、毛泽东思想、邓小平理论、"三个代表"重要思想和科学发展观,坚持用中国特色社会主义理论体系武装头脑,坚定走中国特色社会主义道路的信念。组织党员学习党的路线、方针、政策和决议,学习党的基本知识,学习科学、文化、法律和业务知识。

(六)领导学校的思想政治工作和德育工作,促进和谐校园建设。

(七)领导学校的工会、共青团、学生会等群众组织和教职工代表大会。

(八)做好统一战线工作。对学校内民主党派的基层组织实行政治领导,支持他们依照各自的章程开展活动。支持无党派人士等统一战线成员参加统一战线相关活动,发挥积极作用。

第四十条　中国共产党西安科技大学委员会坚持民主集中制,实施集体领导和个人分工负责相结合的制度。凡属重大问题都要按照集体领导、民主集中、个别酝酿、会议决定的原则,由党委会集体讨论,作出决定。

第四十一条　中国共产党西安科技大学纪律检查委员会是学校的党内监督机构,在学校党委和上级纪委的领导下开展工作。其职责是:

(一)维护党的章程和其他党内法规,对党员进行遵纪守法教育,作出关于维护党纪的决定;

(二)检查党组织和党员贯彻执行党的路线、方针、政策和决议的情况,对党员领导干部行使权力进行监督;

(三)协助党委加强党风建设和组织协调反腐败工作,推进廉洁教育和廉政文化建设;

(四)检查、处理党组织和党员违反党的章程和其他党内法规的案件,按照有关规定决定或取消对这些案件中的党员的处分;

(五)受理党员的控告和申诉,保障党的章程规定的党员权利不受侵犯。

第三节　校　　长

第四十二条　校长是学校的法定代表人,由学校举办者根据国家有关规定任免,全面负责学校的教学、科学研究和其他行政管理工作。

第四十三条　校长的主要职权是:

(一)拟订发展规划,制定具体规章制度和年度工作计划并组织实施;

(二)组织教学活动、科学研究和思想品德教育;

(三)拟订内部组织机构的设置方案,推荐副校长人选,任免内部组织机构的负责人;

(四)聘任与解聘教师以及内部其他工作人员,对学生进行学籍管理并实施奖励或者处分;

（五）拟订和执行年度经费预算方案,保护和管理校产,维护学校的合法权益;

（六）法律规定的其他职权。

第四十四条 学校行政工作实行校长领导,副校长、总会计师协助分工负责,职能部门组织实施的工作机制。

第四十五条 校长主持校长办公会议,讨论、决定学校行政工作中的重要事项。

第四十六条 学校实行校务公开,校长向教职工代表大会报告工作。

第四节　学术组织

第四十七条 学校设立学术委员会。学术委员会是学校学术事务的最高学术机构,统筹行使学术事务的决策、审议、评定和咨询事项,在学科建设、学术评价、学术发展和学风建设等事项上发挥重要作用。

第四十八条 学术委员会设立学位评定委员会、教学委员会、科学技术委员会等专门委员会;可根据工作需要成立评议组、评审组或专家组完成专项工作。

学院(部)设立教授委员会。

第四十九条 各专门委员会和教授委员会根据学术委员会授权及各自章程开展工作,向学术委员会报告工作,接受学术委员会的指导和监督。

第五十条 学术委员会由不同学科、专业的教授及具有正高级以上专业技术职务的人员组成。根据需要,可邀请校外专家学者担任特邀委员。学术委员会人数为不低于15人的单数。其中,担任学校及职能部门党政领导职务的委员,不超过委员总人数的1/4;不担任党政领导职务及院系主要负责人的专任教授,不少于委员总人数的1/2。

第五十一条 学术委员会委员按程序选举产生,由校长聘任。主任委员由校长提名,全体委员选举产生。

第五十二条 学术委员会委员实行任期制,任期一般为4年,可连选连任,但连任最长不超过2届。学术委员会每次换届,连任的委员人数不高于委员总数的2/3。

第五十三条 学术委员会闭会期间,学术委员会秘书处负责处理日常工作。

第五十四条 学术委员会的主要职责是:

（一）审议学校学科、专业和科技发展规划,对重大学术问题进行论证、提供咨询。

（二）审定学科、专业的设置,指导学科、专业评估与考核;审议学校学科建设、学术团队建设和人才培养等有关工作中的重要学术事项。

（三）对科学研究与教育教学改革项目进行学术评价;评定、推荐教学成果奖与科技成果奖。

（四）审定、审议学校专业技术职务人员及外聘专家的任职资格。

（五）审定专门委员会和学院(部)教授委员会人员组成,指导专门委员会和学院(部)教授委员会开展工作。

（六）指导学校学术道德和学风建设。

（七）指导学校重大国内外学术交流活动。

（八）开展学校委托的其他学术事项工作。

第五十五条 学术委员会及其专门委员会委员全体会议应有2/3以上委员出席方可举行。议事决策实行少数服从多数的原则,重大事项应当以与会委员的2/3以上同意,方可通过。若须通过表决形成决议,采取投票方式。

第五节　教职工代表大会

第五十六条 教职工代表大会是教职工依法参与学校民主管理和监督的基本形式。学校建立两级教职工代表大会制度。工会为教职工代表大会的工作机构。

第五十七条　教职工代表大会代表原则上以分工会为单位,由教职工以无记名投票差额选举产生。教职工代表大会代表中,具有高级职称的人员以及非中共党员、女性、青年、工人应占一定比例,教学、科研人员原则上不少于 3/5。

教职工代表大会代表依法行使权利,履行义务。

第五十八条　教职工代表大会 5 年为一届,期满应当进行换届选举。教职工代表大会每学年至少召开一次。遇有重大事项,经学校、校工会或 1/3 以上教职工代表大会代表提议,可以临时召开教职工代表大会。

第五十九条　教职工代表大会须有 2/3 以上教职工大会代表出席。教职工代表大会的选举和表决,须经教职工代表大会代表总数半数以上通过方为有效。

第六十条　教职工代表大会的职责:

(一)听取学校章程草案的制定和修订情况报告,提出修改意见和建议;

(二)听取学校发展规划、教职工队伍建设、教育教学改革、校园建设以及其他重大改革和重大问题解决方案的报告,提出意见和建议;

(三)听取学校年度工作、财务工作、工会工作报告以及其他专项工作报告,提出意见和建议;

(四)讨论通过学校提出的与教职工利益直接相关的福利、校内分配实施方案以及相应的教职工聘任、考核、奖惩办法;

(五)审议学校上一届(次)教职工代表大会提案的办理情况报告;

(六)按照有关工作规定和安排评议学校领导干部;

(七)通过多种方式对学校工作提出意见和建议,监督学校章程、规章制度和决策的落实,提出整改意见和建议;

(八)讨论法律、法规、规章规定的以及学校与学校工会商定的其他事项。

教职工代表大会的意见和建议,以会议决议的方式作出。

第六十一条　教职工代表大会行使职权的程序:

(一)凡提交教职工代表大会审议的草案(议案、方案、制度、办法和事由),均由学校有关职能部门起草,并征求相关领导的意见和建议;

(二)在教职工代表大会召开前,将草案印发给教职工代表大会代表,对草案进行评析和论证,提出修改建议;

(三)学校相关职能部门根据修改建议,对草案进行修改完善,提交大会审议表决;

(四)学校全面听取教职工代表大会提出的意见和建议,认真处理教职工代表大会提案及有关决议。

第六节　学生代表大会

第六十二条　学生代表大会是在校党委领导、校团委指导下,学生行使民主权利和参与学校民主管理的重要形式。学生会是学生代表大会的工作机构。

第六十三条　学校建立校院两级学生代表大会制度。

第六十四条　学生代表大会代表原则上以学生分会为单位,由学生以无记名投票差额选举产生。学生代表大会任期 2 年。

第六十五条　学生代表大会的职责:

(一)参与讨论重大改革方案和发展规划等,提出意见建议;

(二)审议学生提案以及其他涉及学生切身利益的具有普遍性的重要事项,并提出意见建议;

(三)就广大学生普遍关心的教学、科研、生活、管理等问题听取报告,并进行监督;

(四)制定、修改学生代表大会章程,并组织实施;

(五)审议学生会工作计划和工作报告;

（六）选举新一届学生代表大会委员会委员和校学生会主席；

（七）审议其他应当由学生代表大会讨论的事项。

第五章　学院(部)

第六十六条　学校实行校院二级管理体制。学院(部)是学校开展人才培养、科学研究、社会服务、文化传承创新的主体。

第六十七条　学校以学科群为基础,根据学科发展需要设置学院(部),学院(部)数量与学校规模相适应。

第六十八条　学院(部)建立以党政联席会议、教授委员会和教职工代表大会为基本形式的治理结构。党政联席会议是学院(部)最高决策机构;教授委员会是学院(部)学术事务的咨询、决策机构;学院(部)教职工代表大会是学院(部)审议、监督机构。学院(部)在学校的统一领导下实行自主管理。

第六十九条　学院(部)党委(党总支)是本单位的政治核心,其主要职责是:

（一）宣传、执行党的路线、方针、政策及学校各项决定,并为其贯彻落实发挥保证监督作用;

（二）通过党政联席会议,讨论和决定本单位重要事项,支持本单位行政领导班子、教授委员会及其负责人在其职责范围内独立负责地开展工作;

（三）加强党组织的思想建设、组织建设、作风建设、制度建设和反腐倡廉建设,具体指导党支部开展工作;

（四）领导本单位的思想政治工作;

（五）做好本单位党员、干部的教育和管理工作;

（六）领导本单位工会、共青团、学生会等群众组织和教职工代表大会。

第七十条　学院(部)院长(主任)全面负责学院(部)的教学、科研、学科建设、师资队伍建设等工作,对学院(部)行政事务行使管理权,定期向学院(部)教职工代表大会报告工作。学院(部)实行院长(主任)行政工作统一领导、副院长(副主任)分工负责的工作机制。

第七十一条　学院(部)党政联席会议的议事范围:

（一）讨论决定本单位的发展规划、重大改革方案、年度工作计划;

（二）讨论决定本单位行政管理重要事项及规章制度;

（三）讨论决定本单位人事管理、经费预决算、资金使用、办学资源调配、招生、就业及学生工作等事项;

（四）其他需要党政联席会议讨论决定的重大事项。

第七十二条　学院(部)教授委员会从具有高级专业技术职务的在岗教学科研人员中由全体教学科研人员选举产生,也可推选校外专家学者担任委员。

第七十三条　学院(部)教职工代表大会在学院(部)党组织领导下,参与学院(部)民主管理和监督,维护教职工合法权益,支持本单位行政行使管理职权。

第七十四条　独立建制的研究中心(院、所)、工程研究中心和重点实验室等,根据有关规定和学校授权设立相应的管理及学术机构,承担相应的人才培养、科学研究、社会服务及文化传承创新等任务。

第六章　教职工

第七十五条　学校根据有关规定和办学需要确定教职工总量和各类教职工比例,按照精简、统一、高效的原则科学定编定岗。

学校根据事业发展需要聘请兼职人员。

第七十六条　学校按照国家有关规定,执行劳动人事制度,按照岗位聘任制对教职工进行管理。

第七十七条　学校对教职工的思想政治表现、职业道德、业务水平、工作实绩等进行考核,考核结果作为聘任或者解聘、晋升和奖惩的依据。

第七十八条　学校教职工享有下列权利:

(一)按工作职责和贡献使用学校的公共资源;

(二)公平获得自身发展所需的相应工作机会和条件;

(三)在品德、能力和业绩等方面获得公正评价;

(四)公平获得各级各类奖励及各种荣誉称号;

(五)知悉学校改革、建设和发展及涉及切身利益的重大事项;

(六)参与民主管理,对学校工作提出意见和建议;

(七)就职务、福利待遇、评优评奖、纪律处分等事项表达异议和提出申诉;

(八)法律法规及学校规定或合同约定的其他权利。

第七十九条　学校教职工须履行下列义务:

(一)珍惜和维护学校名誉,维护学校的秩序和利益;

(二)遵守职业道德规范和学校规章制度;

(三)爱岗敬业,勤奋工作,尽职尽责;

(四)尊重和爱护学生,维护学生利益;

(五)法律、法规及学校规定或合同约定的其他义务。

第八十条　学校尊重和保护学术自由,为教师开展教学科研活动、提高专业水平提供必要条件和保障。

第八十一条　教职工通过教职工代表大会、学术组织等,参与学校民主管理和监督。

第八十二条　学校根据办学条件,稳步提高教职工的福利待遇、生活与工作条件。

学校建立教职工权利保护机制,维护教职工合法权益。教职工合法权益受到侵害的,有权要求有关部门依法处理,或者依法申请仲裁、提起诉讼。

第八十三条　学校向为本校教育事业发展作出突出贡献的校外人员授予相关荣誉称号。

第七章　学生及学员

第八十四条　学生是指取得本校学籍、在本校注册接受学历教育的受教育者。

第八十五条　学生享有下列权利:

(一)公平接受学校教育,平等利用学校公共教育资源;在满足学历及学位条件后,获得学历证书及学位证书。

(二)知悉学校改革、建设和发展及涉及切身利益的重大事项,参与民主管理,对学校工作提出意见和建议。

(三)维护自身合法权益,享有监督权、建议权和申诉权。

(四)依照法律法规和学校规定组织参加学生自治组织、学生社团和文体活动。

(五)根据规定申请国家和学校的资助,获得各种奖励和荣誉称号。

(六)法律法规规定的其他权利。

第八十六条　学生须履行下列义务:

(一)遵守宪法、法律、法规;

(二)遵守学校管理制度;

(三)努力学习,积极参与科研活动和社会实践,完成规定学业;

（四）按规定缴纳学费及有关费用，履行获得贷学金及助学金的相应义务；

（五）遵守学生行为规范，尊敬师长，养成良好的思想品德和行为习惯；

（六）珍惜和维护学校声誉，维护学校的秩序和利益。

第八十七条 学校引导学生养成珍爱生命、尊重人权、尊敬师长、见义勇为、诚实守信、爱护自然、热心公益、勤俭节约的良好品格。

第八十八条 学校依法建立学生权利保护机制，维护学生合法权益。

（一）健全人才培养机制，完善学习生活条件，保障学生成长成才；学校为符合条件的学生颁发毕业证书、授予学位。

（二）依法建立对家庭经济困难学生的资助制度。

（三）依法建立学生安全管理制度，提供心理健康教育、咨询，预防和处理学生伤害事故。

（四）对学生提供就业、创业指导与服务；为学生创新和科技活动提供指导、支持和保障，鼓励支持学生开展文体活动。

（五）对取得突出成绩和为学校争得荣誉的学生集体或个人进行表彰奖励；对违纪学生给予相应的纪律处分。

（六）健全学生申诉制度，保障学生合法权益。

第八十九条 经学校批准，学生可以在校内成立学生团体，学生团体应在法律、法规规定的范围内活动，服从学校的领导和管理。

第九十条 学员是指依照有关规定在学校注册、接受非学历教育培训、没有本校学籍的受教育者。

学员入学应当与学校签订教育服务协议。学员按照法律法规和有关规定或者教育服务协议的约定，享有相应的权利，履行相应的义务。学校按照有关规定发给学员相应的结业证书或学习证明。

第八章　董事会　教育基金会　校友会

第九十一条 学校董事会是学校与社会双向参与、双向服务的联系与咨询机构，对学校的办学方向、发展规划、人才培养等重大问题提供咨询，进行指导和监督。

第九十二条 董事会以与学校联系较为紧密的大中型企事业单位、相关政府部门为主要成员单位。

第九十三条 董事会遵循"双向参与、互惠互利、全面合作、共同发展"的工作原则，坚持权利与义务相统一，董事会成员承担一定义务，董事会维护并尊重成员权利。

第九十四条 学校教育基金会是学校加强和国内外各界的联系与合作，募集办学资金，奖励、资助师生，推动学校教育事业发展的常设法人实体。

第九十五条 教育基金会设立理事会，理事会是最高决策机构；设立监事会，对基金会资产管理和业务工作进行监督检查。

教育基金会实行理事会领导下的理事长负责制。理事会设立秘书处，在理事会领导下开展工作。

第九十六条 学校校友会是由校友自愿组成的联谊性、学术性、非营利性社团组织。

第九十七条 校友会依照法律法规，加强校友与学校、校友之间的合作交流，发挥广大校友优势，促进学校改革发展。

第九十八条 凡在西安科技大学（西安科技学院、西安矿业学院）学习过的各层次、各类别毕业生、结业生、留学生、短期培训生；任教任职者、兼职教师、访问学者、客座教授、名誉教授及其他人员均为学校校友。

第九十九条　学校以多种方式联系和服务校友,凝聚校友力量,支持成立届别、行业、地域校友分会。

第九章　资产、经费与财务

第一百条　学校建立和完善财务、资产管理制度,为教学、科学研究、社会服务和学生、教职员工的学习、工作、生活提供保障。

第一百零一条　学校经费来源主要包括财政拨款、事业收入和其他收入等。学校接受符合国家及地方法律、法规和有关规定的各类捐赠。

第一百零二条　学校依法拓展办学经费来源渠道,采取多种措施组织收入,保证办学经费逐步增长。

第一百零三条　学校实行"统一领导,分级管理,集中核算"的财务管理体制,建立健全财务管理制度、经济责任制度、财务信息披露制度和审计监察制度,接受监督,规范校内经济秩序。

第一百零四条　学校坚持勤俭办学,提高资金使用效益,建设节约型校园。各项支出均应严格执行国家和学校有关财务规章制度规定的开支范围及开支标准。

第一百零五条　学校对拥有的资产享有法人财产权,依法进行自主管理和使用。学校加强对流动资产、固定资产、无形资产、各类资质和对外投资的管理,合理配置资源,提高资源使用效率。

第一百零六条　学校保护并合理利用无形资产,包括校名、学校声誉和知识产权等。

第一百零七条　学校坚持为教学、科研、师生服务的后勤工作宗旨,深化后勤管理体制改革,完善后勤服务体系,提高后勤保障水平。

第一百零八条　学校后勤逐步建立以"市场提供服务、学校自主选择、政府宏观调控、行业规范自律、部门依法监管"为主要特征的新型后勤保障体系,基本实现学校后勤服务的社会化、专业化、现代化,为学校教育改革与发展提供强有力的支撑。

第十章　校徽　校旗　校歌　校庆日

第一百零九条　学校校徽包括徽志和徽章。

学校徽志是圆形徽标,徽标下方为小篆体"西科大"字样;外环上方是"西安科技大学"的英文大写,下方有"1958"字样,代表学校建校时间。

学校徽章为教职工和学生佩戴的题有校名的长方形证章。

第一百一十条　学校校旗为红色长方形旗帜,中央印有校名,左上角配以学校徽志。

第一百一十一条　学校校歌是《西安科技大学之歌》。

第一百一十二条　学校校庆日为9月15日。

第十一章　附　则

第一百一十三条　本章程生效后制定的学校规章制度,不得与本章程相抵触。本章程生效之前制定的学校规章制度与本章程不一致的,以本章程为准。

第一百一十四条　本章程的修订由校长提出,经教职工代表大会讨论,校长办公会审议,学校党委会审定,陕西省教育行政部门核准,学校发布。

第一百一十五条　本章程由学校党委会负责解释。

第一百一十六条　本章程自发布之日起施行。

附录3 西安科技大学党群机构设置图

西安科技大学
党群组织
- 党委办公室
- 党委组织部、党校
- 党委宣传部
- 党委统战部
- 党委学工部、党委武装部
- 工会
- 团委
- 机关党委
- 后勤党总支
- 离退休党委
- 直属单位党总支
- 能源学院党委
- 安全科学与工程学院党委
- 建筑与土木工程学院党委
- 机械工程学院党委
- 电气与控制工程学院党委
- 通信与信息工程学院党委
- 计算机科学与技术学院党委
- 地质与环境学院党委
- 测绘科学与技术学院党委
- 材料科学与工程学院党委
- 化学与化工学院党委
- 管理学院党委
- 艺术学院党委
- 马克思主义学院党总支
- 理学院党委
- 人文与外国语学院党委
- 继续教育学院党总支
- 职业技术教育学院党总支
- 体育部党总支
- 高新学院党委

附录4　西安科技大学行政机构设置图

西安科技大学
行政管理部门
- 校长办公室（省部共建办公室、档案馆）
- 监察处
- 教务处（招生办）
- 研究生院
- 学生处
- 科技处（研究院）
- 实验室与设备管理处（工程训练中心）
- 学科建设办公室
- 发展规划处（高教研究所）
- 人事处
- 高层次人才工作办公室
- 财务处
- 审计处
- 基建处
- 资产与后勤管理处（后勤集团）
- 保卫处
- 离退处

西安科技大学
直属单位
- 教师教学发展中心
- 图书馆
- 国际交流与合作处（港澳台事务办公室）
- 期刊中心
- 附属中学
- 资产管理公司对外联络与合作处（校董事会办公室、
校友联络总会办公室、捐资助学办公室）
- 信息网络中心
- 征地办公室

附录 5 西安科技大学历任校(院)级领导名单

(1958～2018,以任职先后为序)

一、历任校(院)党委书记

姓　名	职务名称	任职时间
罗　沛	西安矿业学院党委书记	1965～1983
肖继彦	西安矿业学院党委书记	1983～1987
王学文	西安矿业学院党委书记	1987～1990
徐子善	西安矿业学院党委书记	1990～1997
王斗虎	西安矿业学院党委书记	1997～1999
	西安科技学院党委书记	1999～2003
	西安科技大学党委书记	2003～2006
刘德安	西安科技大学党委书记	2006～2017
周孝德	西安科技大学党委书记	2017～

二、历任校(院)党委副书记

姓　名	职务名称	任职时间
何　能	西安矿业学院党委副书记	1958～1979
卜吉甫	西安矿业学院党委副书记	1959～1979
程振国	西安矿业学院党委副书记	1964～1970
苏　枫	西安矿业学院党委副书记	1970～1979
李树荣	西安矿业学院党委副书记	1979～1981
宋　歧	西安矿业学院党委副书记	1979
张　毅	西安矿业学院党委副书记	1979～1983
赵亚民	西安矿业学院党委副书记	1979～1983
何德福	西安矿业学院党委副书记	1983～1990
杨恒青	西安矿业学院党委副书记	1989～1999
	西安科技学院党委副书记	1999～2000
赛云秀	西安矿业学院党委副书记	1995～1999
	西安科技学院党委副书记	1999～2000
刘德安	西安科技学院党委副书记	2000～2003
	西安科技大学党委副书记	2003～2006
常俊华	西安科技学院党委副书记	2002～2003
	西安科技大学党委副书记	2003～2006
苏三庆	西安科技大学党委副书记	2006～2013
张立杰	西安科技大学党委副书记	2006～2015

姓 名	职务名称	任职时间
甘安生	西安科技大学党委副书记	2009～2014
李智军	西安科技大学纪委书记	2010～2013
杨更社	西安科技大学党委副书记	2013～2017
刘子实	西安科技大学纪委书记	2014～2017
樊建武	西安科技大学党委副书记	2015～
李 明	西安科技大学党委副书记	2015～
蒋 林	西安科技大学党委副书记	2017～
胡 巍	西安科技大学党委副书记	2017～

三、历任校(院)长

姓 名	职务名称	任职时间
郝 耀	西安矿业学院院长	1961～1965
罗 沛	西安矿业学院院长	1965～1979
李树荣	西安矿业学院院长	1979～1981
罗 沛	西安矿业学院院长	1981～1983
王学文	西安矿业学院院长	1983～1987
赵文杰	西安矿业学院院长	1987～1995
徐子善	西安矿业学院院长	1995～1999
	西安科技学院院长	1999～2000
常心坦	西安科技学院院长	2000～2003
	西安科技大学校长	2003～2006
苏三庆	西安科技大学校长	2006～2013
杨更社	西安科技大学校长	2013～2017
蒋 林	西安科技大学校长	2017～

四、历任副校(院)长

姓 名	职务名称	任职时间
何 能	西安矿业学院副院长	1958～1979
史德周	西安矿业学院副院长	1959～1967
谭 伯	西安矿业学院副院长	1962～1973
赵亚民	西安矿业学院副院长	1979
宋 歧	西安矿业学院副院长	1979～1983
赵文杰	西安矿业学院副院长	1987～1995
王学文	西安矿业学院副院长	1979～1983
肖继彦	西安矿业学院副院长	1981～1983
刘听成	西安矿业学院副院长	1983～1987
王仁远	西安矿业学院副院长	1984～1987
李世文	西安矿业学院副院长	1987～1994

姓　名	职务名称	任职时间
徐子善	西安矿业学院副院长	1987～1990
杨恒青	西安矿业学院副院长	1989～1999
	西安科技学院副院长	1999～2000
张志豪	西安矿业学院副院长	1990～1994
常心坦	西安矿业学院副院长	1994～1999
	西安科技学院副院长	1999～2000
宁仲良	西安矿业学院副院长	1994～1999
	西安科技学院副院长	1999～2000
张淼丰	西安矿业学院副院长	1995～1999
	西安科技学院副院长	1999～2000
赛云秀	西安科技学院副院长	2000～2002
韩江水	西安科技学院副院长	2000～2003
	西安科技大学副校长	2003～2016
卢建军	西安科技学院副院长	2000～2003
	西安科技大学副校长	2003～2008
杨更社	西安科技大学副校长	2003～2013
马宏伟	西安科技大学副校长	2003～2017
张金锁	西安科技大学副校长	2006～2015
李树刚	西安科技大学副校长	2010～
张威虎	西安科技大学副校长	2015～
惠朝阳	西安科技大学副校长	2015～2018
王贵荣	西安科技大学副校长	2016～
来兴平	西安科技大学副校长	2018～
黄英维	西安科技大学总会计师	2011～

附录6　西安科技大学各院(系)、部、处历任负责人名单

1958~2008 年期间(以任职先后为序)

一、党群系统

纪律检查委员会

书　记:何　能　史德周　张　毅　肖继彦　何德福　赛云秀　刘德安

副书记:易　云　张春芳　黄忠民　姚世廉　邱成凯　车文敏　张爱明

党委办公室

主　任:阎贺庭　赵亚民　谢国泰　姜良成　王忠义　李邦邦　周　斌　樊建武

副主任:肖绥文　于世潭　谢国泰　郭艳生　李邦邦　樊建武　杜　勇　陈春林

组织部

部　长:封秉天　郭建华　樊茂德　宋德超　徐永征　刘德安　张立杰　李邦邦

副部长:霍济正　于继武　姜良成　刘德安

宣传部

部　长:阎贺庭　王田夫　邢子辉　徐木彬　牛迈程　卫晓君

副部长:苏芝兰　徐木彬　张国强　朱旭风　牛迈程　吕宏艳　卫晓君　薛奋勇

统战部

部　长:何　能　苏芝兰　冉立功　贺光金　邓志春

副部长:贺光金

学工部

部　长:冉立功　梁延声　姜良成　周　斌

副部长:冉立功　徐木彬　梁延声　朱旭风　沙保胜　黄晓团　邓志春　吕宏艳
　　　　潘建湘　张立杰　薛奋勇　陈春林　刘文刚　李腾龙

武装部

部　长:史德周　冯振坤　雷志华　雷汉平　姜良成

副部长:管恩培　马维仁　独峰昌

党校

常务副校长:姜良成　刘德安　张立杰　李邦邦

工会

主　席:肖绥文　黄忠民　杜庆轩　杨恒青　张志豪　宁仲良

副主席:黄树模　冉立功　史　瑛　雷志华　史正有　刘志刚　李茂盛　樊怀仁

团委

书　记:阎贺庭　王志兴　陈　琪　苏芝兰　徐木彬　马来功　郝巨才　朱旭风
　　　　黄晓团　张加林　张立杰　赵晓强　刘文刚

副书记:王志兴　苏芝兰　徐木彬　徐永征　梁延声　黄晓团　朱旭风　张加林

潘建湘　赵晓强　李建明　贾　哲

机关党委

书　记:秦　豪　于世潭　姚世廉　李珍珠　张爱明

副书记:毛艳娥　骆　宾　殷屈娟

科研产业党总支

书　记:雷志华　张新平　沙保胜　王生成　张新平　杜　勇

总务党总支

书　记:黄忠民　沙伯录　杜庆轩　李锦生　李玉琴　宁文斌　沙保胜　张新平

　　　　张永和　李政平

副书记:宁文斌　苗宏泽　雷志华　黄晓团　郝庆海

后勤集团党总支

书　记:杜　勇　肖昌龙(代理)　陈振国

研究生部党总支

书　记:沈月娟　马宏伟

副书记:柴　敬　王专兵

能源学院党委

书　记:杜庆轩　吴秀士　李玉琴　李新东　周　斌　程文东

副书记:杜玉枝　陈振魁　李玉琴　徐子善　姜良成　肖昌龙　张俭让　赵建会

　　　　高朕栋

建筑与土木工程学院党委

书　记:周联侠　路庆忠　石　磊　王芝银　苏更生

副书记:周联侠　姜良成　朱旭风　多　林　石　磊　刘文刚　奚家米　李建明

地质与环境学院党委

书　记:阎贺庭　申垣周　王田夫　樊茂德　王志兴　杨作勋　黄作华　郑华萍

　　　　苏更生　樊怀仁　赵晓强

副书记:宋国富　张顺发　张春芳　秦　豪　姚世廉　郑华萍　张居仁　张新平

　　　　樊怀仁　代革联　程　鹏

测绘科学与技术学院党委

书　记:杨作勋　赵志强　雷汉平　姚顽强　王忠义

副书记:雷汉平　赵志强　王廷满　姚顽强　曹雪梅

机械工程学院党委

书　记:陈振魁　生成德　车文敏　朱旭风　王学礼

副书记:车文敏　周　斌　朱旭风　肖昌龙　王学礼　汪卫兵

电气与控制工程学院党委

书　记:杨恒青　陈振魁　王忠义　杨世兴　代革联

副书记:王忠义　王生成　陈俊杰　代革联　杨　勇

通信与信息工程学院党委

书　记:韦　力　郑华萍　李白萍

副书记:王生成　吕宏艳　李白萍　汪　仁

计算机科学与技术学院党委

书　记:张家彬　陈振国　陈俊杰

副书记:陈振国　杜文渊

材料科学与工程学院党委

书　记:鲍　梁　程卫星

副书记:程卫星　李腾龙

化学与化工学院党委

书　记:鲍　梁

副书记:段　辉

理学院党委

书　记:黄忠民　邱成凯　郑书信　席延军　李　勇　丁正生

副书记:赵文杰　邱成凯　席延军　杨　军

管理学院党委

书　记:崔　峰　陈　华　王生成

副书记:潘建湘　陈　华　赵雪萍

人文与社会科学学院党委

书　记:吕宏太　王志英　田小泉　牛迈程　薛奋勇

副书记:袁金群　吕宏艳　杨苗苗

外国语学院党委

书　记:方　红

副书记:方　红　孙向红

艺术学院党委

书　记:朱旭风

副书记:陈吉兰

电子信息学院党支部

书　记:杨宝华

继续教育学院党总支

书　记:郝巨才　沙保胜

副书记:苏陆岭　吕晓军

西安科技大学高新学院党总支

书　记:苏陆岭

离退休党总支

书　记:苗宏泽　苏更生　党岷江　李树真

副书记:苏更生　骆　宾

体育部党总支

书　记:廖诗芳　任周荣　党天虎

图书馆党总支

书　记:胡发全　张永和

子中党支部

书　记:赵纪功　胡晋生

机电厂党支部

书　记:贾文胜

二、行政系统

校(院)长助理

宁仲良　常心坦　张淼丰　韩江水　王民生　徐精彩　卢建军　程书强　王忠义

校长办公室

主　任:肖绥文　赵亚民　于世潭　张志豪　吴升三　王忠义　李邦邦　周　斌　樊建武

副主任:于世潭　张国强　张志豪　吴升三　梁延声　张淼丰　李邦邦　樊建武　杜　勇
　　　　陈春林

教务处

处　长:王田夫　胡赠璧　王永义　刘怀恒　李世文　李玉琨　冯楼台　韩江水　杨更社
　　　　张金锁　李树刚

副处长:王学文　李玉琨　王桂荣　曾国元　郑书信　韦　力　王晓刚　赛云秀　吕爱芳
　　　　程文东　马宏伟　王天平　冯爱玲　李树刚　王贵荣　奚家米

科技处

处　长:何　能　王学文　李久昌　杨恒青　陈志学　韩庆达　赵朔柱　伍永平　侯恩科

副处长:李久昌　陈培玉　王良才　董企新　赵朔柱　折振安　宋　柏　杨来侠　冯套柱
　　　　赵建会

人事处

处　长:申垣周　封秉天　郭建华　陈培玉　徐永征　鲍　梁　张爱明　石　磊

副处长:刘　谦　于继武　王德才　徐永征　王廷满　鲍　梁　苏更生　李彩如　孙颜红

财务处

处　长:崔　峰　王民生　张秋生　陈　华

副处长:舒元宽　崔　峰　党筱玉　张秋生　王卫民　孙逸辉　刘　钢

研究生部

主　任:李久昌　冯楼台　张爱明　马宏伟　柴　敬

副主任:张爱明　沈月娟　柴　敬　马宏伟　党天虎

学科建设办公室

主　任:张爱明　沈月娟　杜美利

副主任:薛　河

发展规划处

处　长:夏玉成

副处长:田水承

招生办公室

主　任:王天平

国资处

处　长:崔　峰

监察处

处　长:车文敏　张爱明

审计处

处　　长：任周荣　周　斌　樊广明

副处长：张联科　盛诗宏　任周荣

保卫处

处　　长：冯振坤　李树真　雷汉平

副处长：冯振坤　李树真　马维仁　独峰昌　赵亚军

总务处

处　　长：易　云　赵　杰　孔繁彬　杜庆轩　徐子善　杨玉录　宁文斌　王民生
　　　　　张新平　沙保胜　李政平　肖昌龙

副处长：赵　杰　李锦生　袁旭东　章　戈　杨玉录　常智恭　甘武宝　岳育才　郝庆海
　　　　　马来功　王民生　苏武民　独峰昌　张治儒　杜　勇　张新平　张永和　廉武卫
　　　　　李政平

离退处

处　　长：于继武　党岷江

副处长：苗宏泽　党岷江　苏更生　独峰昌　骆　宾

基建处

处　　长：李　侃　袁旭东　陈振魁　生成德　李政平　王忠义

副处长：袁旭东　陈桂林　杨玉录　唐德金　赵金璞　甘武宝　陈志高　郭　方　李政平
　　　　　樊广明　邹仁华

能源学院

院　　长：侯运广　杜玉枝　陈志学　唐祖章　石平五　徐精彩　李树刚　伍永平

副院长：肖绥文　张廷范　杜玉枝　王良才　唐祖章　徐子善　韩庆达　唐祖章　李新东
　　　　　侯忠杰　石平五　徐精彩　张金锁　伍永平　黄庆享　程文东　张俭让

建筑与土木工程学院

院　　长：杜玉枝　刘怀恒　赛云秀　张福林　王芝银　谷拴成

副院长：韩庆达　路庆忠　张福林　郝跃天　李永和　石　磊　曹　萍　杨更社　郭秉山
　　　　　代　俊　邹仁华　邸　芄　任建喜

地质与环境学院

院　　长：袁耀庭　王田夫　田　明　黄作华　石呈龙　夏玉成　巨天乙　侯恩科　樊怀仁
　　　　　赵晓光

副院长：宋国福　田　明　王忠平　黄作华　何新义　王徽枢　姚应生　曲星武　石呈龙
　　　　　孙传显　张新平　王晓刚　侯恩科　夏玉成　巨天乙　杨梅忠　樊怀仁　王贵荣
　　　　　赵晓光　王生全　薛喜成

测绘科学与技术学院

院　　长：杨作勋　陈君翊　余世书　梁　明　姚顽强

副院长：姚应生　陈君翊　梁　明　余世书　孟鲁闽　史经俭　刘长星　杨永崇

机械工程学院

院　　长：廖启徽　毛开友　郭　卫

副院长:生成德　李维坚　毛开友　宁仲良　郭　卫　秦玉宝　马胜利　任中全　柴光远

电气与控制工程学院

院　长:刘鸿浩　赵轶群　王忠义　杨世兴　韦　力　王勉华

副院长:赵轶群　刘少亭　任　鹏　杨世兴　耿稳强　王勉华　马宪民　刘树林　付周兴

通信与信息工程学院

院　长:刘少亭　卢建军　李国民

副院长:韦　力　卢建军　李国民　韩晓冰　李白萍　吴延海

计算机科学与技术学院

院　长:赵轶群　张家彬　龚尚福

副院长:张家彬　龙熙华　陈泽志　龚尚福　马宪民　李占利

管理学院

院　长:张金锁

常务副院长:陈　华

副院长:田小泉　李红霞　刘福民　陈　华　李朋林　王新平

材料科学与工程学院

院　长:葛岭梅　周安宁　王晓刚

副院长:任大伟　李侃社　周安宁　王晓刚　杜美利　牟国栋　邓军平　杜双明

化学与化工学院

院　长:周安宁

副院长:刘向荣　郭晓滨　李侃社　蔡会武

理学院

院　长:阎　润　李东甫　赵文杰　马中骥　孟昭孝　郑书信　李　勇

副院长:赵纪功　杨卜安　韩大中　王仁远　张少儒　郑书信　黄国良　冯楼台

　　　　韩江水　李　勇　乔宝明　李云鹏　丁正生　李　明　郭长立

人文与社会科学学院

院　长:王志兴　杨治泰　吕宏太　秦愉庆　王志英　田小泉　袁金群

副院长:吕宏太　秦愉庆　王志英　陈加锁　田小泉　袁金群　赖雄麟　孙红湘

外国语学院

院　长:杨梅忠

副院长:师新民　张燕清

艺术学院

院　长:朱旭风

副院长:王卓文　杨慧珺

电子信息学院

院　长:孙龙杰

副院长:龚尚福(兼)

继续教育学院

院　长:王忠平　姚世廉　曾国元　郝巨才

副院长:王忠平　崔　峰　郝巨才　谢天麟　韩江水　陈招娥　苏陆岭

高新学院

院　长:韩江水

副院长:冯爱玲

体育部

主　任:廖诗方　孙青山

副主任:孙青山　陈　黎　刘永涛

高教研究所

所　长:赵文杰(兼)　李玉琨　陈培玉　吴升三　韩江水(兼)

常务副所长:夏玉成

副所长:李玉琨　刘育斋　董企新　折振安　吴升三　周安宁　田水承

国际交流中心

主　任:巨天乙　徐兴业

副主任:徐兴业

校友联络办公室

主　任:王忠义　梁　明

副主任:董企新

图书馆

馆　长:肖绥文　侯运广　安化余　李　晋　高　桐　王廷满　王生全

副馆长:崔悦道　樊天增　宁文斌　郭西山　段鸿道　王廷满　胡发泉　吕爱芳　姜渭洪
　　　　张永和

期刊中心

主　任:冯套柱

主　编:王勉华

副主编:折振安

编辑部主任:杨忠民

后勤集团

总经理:张新平　沙保胜　肖昌龙　胡发泉

副总经理:杜　勇　石忠亮　独峰昌　孙德权　王政军

产业公司

总经理:王生成　张新平

副总经理:宋　柏　杨梅忠　王晓刚　杜　勇　巨天乙

房地产开发中心

总经理:张新平

机电厂

厂　长:李茂盛　杨昭俊　贾文胜

子弟中学

校　长:赵纪功　许永年　刘颖嘉　胡晋生

副校长:王巨勇　丁瑞琴

劳动服务公司

经　理:张联科　章　戈　宁文斌　杨玉录　戚惠卿

副经理:史　瑛　李国良　戚惠卿　俞崇德　张永和

三、已撤销建制的单位

机电系党总支

书　记：吴秀士　樊茂德　陈振魁

副书记：陈振魁　杨恒青

机电系

主　任：吴秀士　肖继彦　阎　润　韩　华　刘鸿浩

副主任：吴秀士　袁旭东　王忠平　阎　润　韩　华　陈振魁　生成德　李世文
　　　　杨振铭　刘少亭　赵轶群

生产设备处

副处长：王建文

调研室

主　任：王永义

科技服务部

主　任：刘听成　王忠平

副主任：王忠平　班建勋　谢天麟　刘育斋

科技开发公司

副经理：王廷满　谢天麟　刘育斋　叶新民　高凯玉

校产办

主　任：谢天麟　俞崇德　王生成

副主任：刘育斋　俞崇德　王生成

基建党总支

书　记：陈振魁

副书记：王民生

教务科研党总支

书　记：王永义　宁文斌　雷志华　张爱明　胡晋生　苏更生　王廷满

副书记：王学文　章　戈　陈培玉　曾国元　张爱明　胡晋生　沈月娟

青岛校区管理委员会

主　任：张淼丰

临潼校区管理委员会

主　任：赛云秀

常务副主任：肖昌龙

副主任：薛奋勇

临潼校区管理委员会直属党支部

书　记：肖昌龙

校区建设指挥部办公室

副主任：独峰昌

思想政治教研室(品德教研室)

主　任：冉立功　徐木彬

副主任:赖雄麟

临潼校区

主　任:韩江水　马宏伟

常务副主任:程书强　樊建武

副主任:石　磊

办公室主任:樊建武

学生工作办公室主任:薛奋勇　刘文刚

教务教学办公室主任:冯爱玲

总务办公室主任:肖昌龙(兼)　廉武卫

财务办公室主任:王卫民

保卫办公室主任:马维仁　独峰昌　赵亚军

临潼校区图书馆常务副馆长:胡发泉

临潼校区党总支

书　记:刘德安

副书记:肖昌龙　薛奋勇

人才交流中心

主　任:李彩如

西部开发领导小组办公室

主　任:杨梅忠

2008～2018年期间(以任职先后为序)

一、党群系统

纪律检查委员会

书　记:李智军　刘子实

副书记:张爱明　王学礼

党委办公室

主　任:樊建武　陈春林

副主任:张冬生　罗红伟　冯国栋　王雪莉　张志鹏　王廷栋　张金来　马若伦

组织部

部　长:李邦邦　刘文刚

副部长:曹雪梅　魏　颖　赵　涛

党校

常务副校长:李邦邦　刘文刚

宣传部

部　长:卫晓君　樊建武　曹雪梅

副部长:吕宏艳　赵雪萍　张振中　马若伦　翟海刚

统战部

部　长:雷汉平　曹雪梅　段　辉

学工部

部　长:周　斌　程卫星

副部长:李腾龙　李建明　陈吉兰　吕晓军　孙再罗　郭　威　潘　磊　翟海刚　周　涛
　　　　张　颖

武装部

部　长:周　斌　程卫星

副部长:李建明　陈吉兰　孙再罗

工会

主　席:宁仲良　张立杰

副主席:樊怀仁　卫晓君

团委

书　记:刘文刚　李建明　潘　磊　周　涛

副书记:贾　哲　周　涛　李绥波

机关党委

书　记:张爱明　陈春林　王学礼

副书记:殷屈娟　孙向红

后勤党总支

书　记:陈振国　杜文渊　胡发全　薛奋勇

离退休党委

书　记:陈春林　邓志春　陈吉兰　李腾龙

副书记:杨　军　戴　悦

直属单位党总支

书　记:张新平　樊广明

副书记:李腾龙　王雪莉

能源学院党委

书　记:程文东　杜　勇　陈吉兰

副书记:高朕栋

安全科学与工程学院党委、安全监管监察学院(西安)党委

书　记:杜　勇

副书记:田　园

建筑与土木工程学院党委

书　记:李政平　程文东　张冬生

副书记:李建明　李大垦　齐　垚

机械工程学院党委

书　记:赵晓强　汪卫兵

副书记:汪卫兵　李婉丽

电气与控制工程学院党委

书　记:王生成　杨　勇

副书记:杨　勇　丁　铂

通信与信息工程学院党委

书　记:李白萍　李建明

副书记:刘　琳　薛建航

计算机科学与技术学院党委

书　记:陈俊杰　冯爱玲

副书记:杜文渊　王文莉　王建强　陈伟伯

地质与环境学院党委

书　记:赵晓强　代革联　丁正生

副书记:程　鹏　王建强　王文莉

测绘科学与技术学院党委

书　记:王忠义　段　辉　殷屈娟

副书记:曹雪梅　费秀水

材料科学与工程学院党委

书　记:程卫星　罗红伟

副书记:任建勋　马婧智闻

化学与化工学院党委

书　记:鲍　梁　杜文渊

副书记:段　辉　杨宝华

管理学院党委

书　记:王学礼　代革联　冯国栋

副书记:汪　仁　田　园　贾　斌

艺术学院党委

书　记:朱旭风　杨　华

副书记:陈吉兰　杨　华　吕勤勇

马克思主义学院党总支

书　记:赵雪萍

理学院党委

书　记:丁正生　吕宏艳　张冬生　孙颜红

副书记:杨　军　潘　磊　贾　哲

人文与外国语学院党委

书　记:方　红　苏陆岭

副书记:潘　磊　戴　悦　张振中

继续教育学院党总支

书　记:沙保胜　苏更生

副书记:吕晓军　岳海华

职业技术教育学院党总支

书　记:刘　鸿

副书记:尚卫锋

体育部党总支

书　记:党天虎　吕宏艳

副书记:周　涛

高新学院党委

书　记:苏陆岭　汪　仁

二、行政系统

校长办公室

主　任:樊建武　陈春林

副主任:张冬生　罗红伟　冯国栋　王雪莉　张志鹏　王廷栋　张金来　马若伦

档案馆

馆　长:王雪莉　王廷栋　张志鹏

省部共建办公室

主　任:韩江水

常务副主任:冯国栋

监察处

处　长:张爱明　王学礼

教务处

处　长:李树刚　王贵荣　奚家米

副处长:王贵荣　郭长立　奚家米　郭　鹏　张涛伟　潘　昊　李　磊

招生办公室

主　任:王天平　奚家米　李　磊

研究生院

院　长:马宏伟

常务副院长:杜美利　侯恩科

副院长:王专兵　肖　阳　李成峰

科技处

处　长:侯恩科　来兴平

副处长:杨来侠　赵建会　赵玉龙　戴开文　孙颜红

研究院

院　长:张金锁　马宏伟

常务副院长:杨来侠　孙颜红

实验室与设备管理处

处　长:王贵荣　胡发全

副处长:尚长春　张涛伟　郭　鹏　刘　琳

工程训练中心

主　任:尚长春　刘　琳

学科建设办公室

主　任:柴　敬

副主任:段　辉　薛　河　张　剑

发展规划处

处　长:夏玉成　石　磊

副处长:田水承　孟凡静

高教研究所

所　长:韩江水　李树刚

常务副所长:夏玉成　石　磊

副所长:田水承　孟凡静

人事处

处　长:石　磊　周　斌

副处长:孙颜红　张向荣　赵　涛　梁　钰

高层次人才办公室

主　任:周　斌

副主任:赵　涛

财务处

处　长:陈　华　孙逸辉

副处长:孙逸辉　刘　钢　王　凯

审计处

处　长:樊广明　赵晓强

基建处

处　长:孙德权

副处长:邹仁华　廉武卫　谢　毅　郭小平

资产与后勤管理处、后勤产业集团

总经理(处长):杜　勇　王政军

副总经理(副处长):杜文渊　孙德权　石忠亮　闫　昊　马维仁　张向荣　翟海刚

　　　　　　　　　　孙　涛　蔡　坤　王建强

4 号、9 号楼拆迁安置办公室

副主任:王建强

保卫处

处　长:雷汉平　陈春林　赵亚军

副处长:赵亚军　独峰昌　孙联社　周　涛　任恩岐

离退处

处　长:党岷江　王政军　李腾龙　李大畏

副处长:骆　宾　杨　军　戴　悦

教师教学发展中心

主　任:杨更社　李树刚　王贵荣

常务副主任:夏玉成　梁　明　郭长立

图书馆

馆　长:王生全　赵晓光

副馆长:姜渭洪　冯永财　陈招娥　张治红

国际交流与合作处、港澳台事务办公室

主　任:徐兴业　尚长春

期刊中心

主　任:冯套柱　田水承

副主任:折振安

编辑部主任:杨忠民

附属中学

校　长:胡晋生　张永和

资产管理公司

总经理:张新平　樊广明

副总经理:杨梅忠　巨天乙　杨　军　丁　铂　贾文胜　廉武卫　王胜利　张　葳

对外联络与合作处、校友联络总会办公室、校董事会办公室和捐资助学办公室

处长(主　任):梁　明　张新平

副处长(副主任):汪　阳　肖大为

信息网络中心

主 任:廖晓群

征地办公室

主 任:张新平

副主任:孙联社　王胜利

能源学院

院 长:伍永平

副院长:黄庆享　张俭让　程文东　文　虎　罗振敏　赵兵朝　邵小平　张小艳

西部矿井开采及灾害防治教育部重点实验室

常务副主任:来兴平　高喜才

安全科学与工程学院

院 长:张铁岗

执行院长:李树刚

常务副院长:邓　军

副院长:文　虎　罗振敏　林海飞

行政副院长:曹　鸿

安全监管监察学院(西安)

院 长:张铁岗

执行院长:李树刚

常务副院长:邓　军

副院长:文　虎　罗振敏　林海飞　曹　鸿

安全技术培训中心

主 任:杨梅忠　邓　军

副主任:林海飞　曹　鸿

建筑与土木工程学院

院 长:谷拴成　戴　俊

副院长:邸芃　任建喜　倪　茜　叶万军　邱继生

机械工程学院

院 长:郭　卫　张传伟

副院长:任中全　柴光远　张传伟　曹现刚　张旭辉　寇发荣

电气与控制工程学院

院 长:王勉华　付周兴

副院长:刘树林　付周兴　杜京义

通信与信息工程学院

院 长:李国民　李白萍　王安义

副院长:韩晓冰　吴延海　王树奇　田　丰

计算机科学与技术学院

院 长:龚尚福　李占利

副院长:龙熙华　李占利　付　燕　贾澎涛　马　天

地质与环境学院

院 长:赵晓光　王生全

副院长:薛喜成　唐胜利　孙学阳

测绘科学与技术学院

院　长:姚顽强

副院长:刘长星　杨永崇　李崇贵　汤伏全　胡荣明

材料科学与工程学院

院　长:王晓刚　杜慧玲

副院长:邓军平　杜双明　朱　明　强军峰

化学与化工学院

院　长:周安宁　杜美利

副院长:李侃社　蔡会武　张亚婷

管理学院

院　长:李朋林

副院长:李朋林　王新平　李红霞

艺术学院

院　长:朱旭风

副院长:王卓文　杨惠珺　卢小飞

马克思主义学院

院　长:袁金群

副院长:赖雄麟　孙红湘　赵　京　高振岗

理学院

院　长:李　勇　李　明

副院长:丁正生　李　明　郭长立　张　涛　张仲华

人文与外国语学院

院　长:杨梅忠　师新民

副院长:师新民　张燕清　叶　江　冯正斌

继续教育学院

院　长:杨梅忠　代革联

副院长:刘福民　沙保胜　张冬生　张建奇　张旭东

职业技术教育学院

院　长:来俊文

体育部

主　任:孙青山　陈俊杰

副主任:陈　黎　刘永涛

高新学院

院　长:丁正生　赵建会

副院长:冯爱玲　汪　阳

创新创业教育学院

院　长:王贵荣

常务副院长:奚家米

副院长:李绥波　刘　琳　潘　昊

三、已撤销建制的单位

研究生部党总支

副书记:柴 敬 王专兵

科研产业党总支

书 记:杜 勇

总务党总支

书 记:李政平

图书馆党总支

书 记:张永和

附属中学直属党支部

书 记:胡晋生

房地产开发中心

主 任:张新平

副主任:杨 军 丁 铂

机电厂直属党支部

书 记:贾文胜

人文与社会科学学院党委

书 记:薛奋勇

副书记:杨苗苗

外国语学院党委

书 记:方 红

副书记:孙向红 杨 军

电子信息学院党支部

书 记:杨宝华

国资处

处 长:崔 峰

总务处

处 长:杜 勇

副处长:李政平

机电厂

厂 长:贾文胜

人文与社会科学学院

院 长:袁金群

副院长:赖雄麟 孙红湘

外国语学院

院 长:杨梅忠

副书记:师新民 张燕清

思想政治理论教学科研部

主 任:袁金群

副主任:赖雄麟 孙红湘 赵 京 高振岗

附录7　西安科技大学承担国家级项目统计表(2008～2017)

2008～2017 年学校承担国家级项目列表(321 项)

序号	项目名称	学院(部)	负责人	计划类别	项目类型	立项年度
1	矿井多元瓦斯爆炸特性及控制基础研究	能源学院	邓　军	国家自然科学基金	面上项目	2008
2	覆岩采动裂隙场与卸压瓦斯渗流场耦合机理研究	能源学院	李树刚	国家自然科学基金	面上项目	2008
3	多尺度下核电结构材料环境致裂机理与定量预测研究	机械学院	薛　河	国家自然科学基金	面上项目	2008
4	寒区低温岩石损伤力学特性及多场耦合的实验及理论研究	建工学院	杨更社	国家自然科学基金	面上项目	2008
5	煤中铀的有机岩石学-地球化学研究	材料学院	杨建业	国家自然科学基金	面上项目	2008
6	冻融作用引起的黄土边坡剥落机理研究	地环学院	叶万军	国家自然科学基金	青年科学基金项目	2008
7	基于实物期权的煤炭资源投资决策方法研究	管理学院	张金锁	国家自然科学基金	面上项目	2008
8	复杂构件控形控制性制造方法研究(973课题)子课题——成型件热静力实验测试研究	机械学院	杨来侠	国家重点基础研究发展计划(973计划)	子课题	2008
9	矿井安全生产多源信息融合火灾预警系统的研究	能源学院	陈晓坤	国家科技支撑计划	专题任务	2008
10	多热源内热试验炉工艺及装备的研究	材料学院	王晓刚	国家科技支撑计划	专题任务	2008
11	延长油区低渗透油藏气驱先导性选区评价——低渗透油藏气驱可行性研究及先导试验研究	地环学院	杨梅忠	国家科技支撑计划	专题任务	2008
12	水土流失综合治理效益评价模式与技术	地环学院	党小虎	国家科技支撑计划	专题任务	2008
13	新疆煤炭资源综合评价技术与应用研究	化工学院	杨志远	国家科技支撑计划	专题任务	2008
14	矿山三维巷道网络模型的构建及其空间分析研究	地环学院	侯恩科	国家自然科学基金	面上项目	2009
15	林区高空间分辨率遥感图像变形机理和最优纠正模型研究	测绘学院	李崇贵	国家自然科学基金	面上项目	2009
16	可聚合小分子凝胶前驱体制备炭气凝胶的新方法	化工学院	李远刚	国家自然科学基金	科学部主任基金	2009
17	本安防爆开关DC-DC变换器的非爆炸本质安全判据及优化设计理论	电控学院	刘树林	国家自然科学基金	面上项目	2009
18	复杂网络上社会平衡动力学及其布朗运动等问题的研究	理学院	刘　伟	国家自然科学基金	科学部主任基金	2009

序号	项目名称	学院(部)	负责人	计划类别	项目类型	立项年度
19	气溶胶抑制瓦斯爆炸的基础研究	能源学院	罗振敏	国家自然科学基金	青年科学基金项目	2009
20	黄土塬灌区灌排机制及塬边斜坡灾害机理研究	地环学院	王念秦	国家自然科学基金	面上项目	2009
21	深厚富水软岩井筒冻结壁低温状态下的力学特性研究	建工学院	杨更社	国家自然科学基金	面上项目	2009
22	煤田火区裂隙介质中多元燃烧多场耦合力学研究	能源学院	张辛亥	国家自然科学基金	面上项目	2009
23	高丰度煤层气富集机制及提高开采效率基础研究	地环学院	马东民	国家重点基础研究发展计划(973计划)	子课题	2009
24	不确定条件下我国能源开发、利用与储备可持续发展战略研究	管理学院	张金锁	国家社会科学基金	重大项目子课题	2009
25	大型油气田及煤层气开发——晋城矿区采动区动力场、空间场和流动场演化规律与模型	地环学院	马东民	国家科技重大专项	子课题	2009
26	李嘴孜矿3232(3)大倾角综采工作面防火研究	能源学院	邓 军	国家科技支撑计划	专题任务	2009
27	大倾角煤层长壁开采"关键层"转换与岩体结构变异致灾理论研究	能源学院	伍永平	国家自然科学基金	面上项目	2010
28	转子间具有完整约束的大型多转子耦合系统非线性动力学研究及软件开发	理学院	李 明	国家自然科学基金	面上项目	2010
29	高温水环境中镍基合金应力腐蚀开裂速率定量预测模型研究	机械学院	薛 河	国家自然科学基金	面上项目	2010
30	低表面能化合物分子结构与超疏油行为相关性研究	化工学院	屈孟男	国家自然科学基金	青年科学基金项目	2010
31	新型羧酸类芳酰腙稀土配合物的合成及对小麦条锈病杀菌、抑菌效应的研究	化工学院	刘向荣	国家自然科学基金	面上项目	2010
32	黄土三维微结构模型构建技术研究	地环学院	邓念东	国家自然科学基金	青年科学基金项目	2010
33	光纤传感地层分层沉降仪关键技术研究	能源学院	柴 敬	国家自然科学基金	专项基金项目	2010
34	煤层割理的微电阻率成像测井响应机理及数值模拟	地环学院	李新虎	国家自然科学基金	面上项目	2010
35	煤田露头火灾动态演化过程动力学基础研究	能源学院	金永飞	国家自然科学基金	青年科学基金项目	2010
36	钛酸铋钠基微晶无铅压电材料微结构与性能优化研究	材料学院	杜慧玲	国家自然科学基金	面上项目	2010
37	高导热、高介电-低损耗高分子复合材料制备、结构及其导热、介电行为研究	化工学院	周文英	国家自然科学基金	主任基金	2010

序号	项目名称	学院(部)	负责人	计划类别	项目类型	立项年度
38	煤矿机械关键零部件缺陷超声信号提取与智能识别研究	机械学院	马宏伟	国家自然科学基金	面上项目	2010
39	Zn/Mg/Al层状双氢氧化物/煤纳米复合矿物材料制备与阻燃性能研究	化工学院	周安宁	国家自然科学基金	面上项目	2010
40	多热源体系冶炼SiC反应动力学及其应用	材料学院	王晓刚	国家自然科学基金	面上项目	2010
41	复杂构件控形控性制造方法研究子课题——成型件热静力实验测试研究	机械学院	杨来侠	国家重点基础研究发展计划(973计划)	973子课题	2010
42	子女迁移对农村老年人家庭养老和健康状况的影响研究	管理学院	王　萍	国家社会科学基金	一般项目	2010
43	影响煤层气产能的解吸特性物理模拟实验	地环学院	马东民	国家科技重大专项	子课题	2010
44	影响煤层气产能的吸附特性物理模拟实验	地环学院	马东民	国家科技重大专项	子课题	2010
45	中高煤阶煤样采集及吸附解吸实验研究	地环学院	马东民	国家科技重大专项	子课题	2010
46	储层保护研究储层伤害测试	地环学院	马东民	国家科技支撑计划	专题任务	2010
47	第二届采矿、安全与环境保护国际会议	能源学院	邓　军	国家自然科学基金	国际(地区)合作交流项目	2011
48	寒区冻融循环条件下受荷岩石的损伤力学特性研究	理学院	张慧梅	国家自然科学基金	面上项目	2011
49	氮杂环卡宾和金属配合物协同催化的烯丙基亲核取代反应研究	化工学院	何金梅	国家自然科学基金	青年科学基金项目	2011
50	新型两亲分子的设计合成及其在煤岩组分分离中的应用研究	化工学院	李远刚	国家自然科学基金	青年科学基金项目	2011
51	吡唑酮衍生配体稀土配合物近红外发光材料:制备、结构及在细胞成像中的应用	化工学院	赵顺省	国家自然科学基金	青年科学基金项目	2011
52	中国侏罗纪成煤植物对煤中有毒有害元素响应性研究	化工学院	杜美利	国家自然科学基金	面上项目	2011
53	煤中微量元素地球化学行为的周期律研究	材料学院	杨建业	国家自然科学基金	面上项目	2011
54	荷载-湿度-温度耦合效应下黄土崩塌灾害形成的机理研究	建工学院	叶万军	国家自然科学基金	面上项目	2011
55	抽放条件下采空区流场的叠加方法研究	能源学院	王红刚	国家自然科学基金	青年科学基金项目	2011
56	地下煤火非控燃烧热量提取及利用基础研究	能源学院	王建国	国家自然科学基金	青年科学基金项目	2011

续表

序号	项目名称	学院(部)	负责人	计划类别	项目类型	立项年度
57	采动覆岩破断对卸压瓦斯储运的动力学响应机理	能源学院	林海飞	国家自然科学基金	青年科学基金项目	2011
58	矿井轨道运输系统耦合动力特性研究	机械学院	贺文海	国家自然科学基金	青年科学基金项目	2011
59	N-烃基马来酰胺酸根稀土配合物的设计与制备及对 PVC 的热稳定作用研究	化工学院	李侃社	国家自然科学基金	面上项目	2011
60	浅埋煤层局部柔性充填隔水岩组稳定性研究	能源学院	黄庆享	国家自然科学基金	面上项目	2011
61	采动裂隙椭抛带中卸压瓦斯升浮—扩散机理研究	能源学院	李树刚	国家自然科学基金	面上项目	2011
62	高瓦斯低透气煤层煤岩灾变的多场多尺度耦合机理	理学院	张天军	国家自然科学基金	面上项目	2011
63	微波照射下硬岩损伤演化的研究	建工学院	戴　俊	国家自然科学基金	面上项目	2011
64	基于改进期权的我国西部煤炭投资管理应用研究	理学院	金　浩	国家自然科学基金	青年科学基金项目	2011
65	煤田火区形成演化过程及灭控理论与方法研究	能源学院	邓　军	国家自然科学基金	重点项目	2011
66	浅埋煤层大采高顶板结构及其稳定性研究	能源学院	黄庆享	国家自然科学基金	煤炭联合基金	2011
67	神府粉煤成型催化热解-活化耦合多联产转化研究	化工学院	周安宁	国家自然科学基金	煤炭联合基金	2011
68	巷道锚杆锚索支护结构光纤在线监测研究	能源学院	柴　敬	国家自然科学基金	煤炭联合基金	2011
69	煤层气田产气能力影响因素分析(大型油气田及煤层气开发)	地环学院	马东民	国家科技重大专项	子课题	2011
70	大型油气田及煤层气开发-不同类型离子对煤层微粒运移规律研究	化工学院	杨志远	国家科技重大专项	子课题	2011
71	西部侏罗纪煤自燃火灾动力学基础研究	能源学院	邓　军	国家重点基础研究发展计划(973 计划)	前期研究专项课题	2011
72	人类活动的黄土滑坡响应机理与灾害预警	地环学院	王念秦	国家自然科学基金	子项目	2012
73	多分散体系导电聚合物界面自组装聚合方法与机理	材料学院	杨庆浩	国家自然科学基金	青年科学基金项目	2012
74	煤基石墨烯的制备及其结构与性能研究	化工学院	张亚婷	国家自然科学基金	面上项目	2012
75	旱区多环芳烃在地表-地下水系统传输的动力学过程研究	地环学院	田　华	国家自然科学基金	青年科学基金项目	2012

序号	项目名称	学院(部)	负责人	计划类别	项目类型	立项年度
76	乘性噪声模型的平差方法研究及其应用	测绘学院	师　芸	国家自然科学基金	青年科学基金项目	2012
77	退耕驱动的黄土丘陵区人-地响应机制及模型研究	地环学院	党小虎	国家自然科学基金	面上项目	2012
78	西部白垩系地层深厚富水基岩煤矿立井冻结壁稳定性的基础理论研究	建工学院	杨更社	国家自然科学基金	面上项目	2012
79	基于构造控灾机理的采煤沉陷灾变预警基础研究	地环学院	孙学阳	国家自然科学基金	面上项目	2012
80	碳在先进镍基单晶高温合金中的作用及碳化物生长规律	材料学院	余竹焕	国家自然科学基金	青年科学基金项目	2012
81	氧化膜在太阳能热发电储能氯化物熔盐中失效机制研究	材料学院	朱　明	国家自然科学基金	青年科学基金项目	2012
82	大倾角煤层长壁大采高采场顶板稳定性及其与支架相互作用特征研究	能源学院	解盘石	国家自然科学基金	青年科学基金项目	2012
83	浅埋煤层粘土层隔水性采动破坏及控制机理研究	能源学院	张　杰	国家自然科学基金	青年科学基金项目	2012
84	复合关键层下煤层采场瓦斯渗流热-固-气耦合机理研究	能源学院	潘红宇	国家自然科学基金	青年科学基金项目	2012
85	采空区可燃气体爆炸冲击灾害动力学研究	能源学院	马　砺	国家自然科学基金	青年科学基金项目	2012
86	煤田火区煤岩体热破坏及气体渗流动力学研究	能源学院	肖　旸	国家自然科学基金	青年科学基金项目	2012
87	西北地区典型城市降雨径流污染负荷定量化研究	建工学院	李亚娇	国家自然科学基金	青年科学基金项目	2012
88	车辆电动静液压自供能量式主动悬架工作机理与协调控制研究	机械学院	寇发荣	国家自然科学基金	面上项目	2012
89	开关电源本安防爆性能试验与评价的理论及方法研究	电控学院	刘树林	国家自然科学基金	面上项目	2012
90	煤/聚乙烯亚胺交联复合螯合吸附剂制备及其对重金属离子的协同作用机制研究	地环学院	刘转年	国家自然科学基金	面上项目	2012
91	三元系PMnN-PZT铁电薄膜微观掺杂机理研究	理学院	张　涛	国家自然科学基金	青年科学基金项目	2012
92	中国情境下煤矿工人不安全行为多层次理论模型构建与度量研究	管理学院	李红霞	国家自然科学基金	面上项目	2012
93	不确定条件下我国重要能源资源供给安全管理的理论与政策研究	管理学院	张金锁	国家自然科学基金	面上项目	2012
94	煤炭资源采矿权案例估价理论与方法研究	管理学院	邹绍辉	国家自然科学基金	面上项目	2012

续表

序号	项目名称	学院(部)	负责人	计划类别	项目类型	立项年度
95	煤矿"险兆事件"致因机理与"组合干预"策略研究	能源学院	田水承	国家自然科学基金	面上项目	2012
96	基于视觉计算的井下信息感知理论与预警方法研究	计算机学院	李占利	国家自然科学基金	煤炭联合基金	2012
97	高效人工光合作用反应器的仿生设计与制造	机械学院	杨来侠	国家自然科学基金	专项基金项目	2012
98	陕北易自燃煤层低温氧化特性及其表征参数研究	能源学院	张嬿妮	国家自然科学基金	专项基金项目	2012
99	非局部偏微分方程模型的扩散行为及其图像处理应用	理学院	周 彬	国家自然科学基金	专项基金项目	2012
100	马克思主义思想政治教育时代化的理论形态建构研究	思政部	赖雄麟	国家社会科学基金	西部项目	2012
101	矿产资源安全高效开采加工关键技术合作研究-开采沉陷矿区生态潜水保护技术研究	地环学院	夏玉成	国家国际科技合作专项项目	子课题	2012
102	铋层状压电材料的可控制备、共生/复相结构特征及性能调控研究	材料学院	杜慧玲	国家自然科学基金	面上项目	2013
103	基于向错理论研究断层运动与地表重力变化的关系	测绘学院	段虎荣	国家自然科学基金	青年科学基金项目	2013
104	VTI 型构造煤地震波各向异性响应特征研究及裂隙预测	地环学院	李 勤	国家自然科学基金	青年科学基金项目	2013
105	滑坡强度定量预测方法研究	地环学院	赵 洲	国家自然科学基金	青年科学基金项目	2013
106	基于余度间电磁解耦方法的 PMSM 伺服系统协调与容错控制研究	电控学院	周奇勋	国家自然科学基金	青年科学基金项目	2013
107	煤炭价格对企业碳排放行为的影响研究	管理学院	王喜莲	国家自然科学基金	青年科学基金项目	2013
108	过渡金属导向辅助的含氧酸根阴离子自组装的机理研究	化工学院	杨再文	国家自然科学基金	青年科学基金项目	2013
109	油页岩选择性解离浮选分离的基础研究	化工学院	刘莉君	国家自然科学基金	青年科学基金项目	2013
110	氮掺杂炭功能化碳纳米管的制备及其在燃料电池电催化中的应用	化工学院	吴伯华	国家自然科学基金	青年科学基金项目	2013
111	甲醇水蒸气重整与煤热解耦合制油过程研究	化工学院	贺新福	国家自然科学基金	青年科学基金项目	2013
112	基于生物素-亲合素的磁性固定化复合酶在煤生物转化中的应用研究	化工学院	赵玮钦	国家自然科学基金	青年科学基金项目	2013
113	新疆煤基先进功能碳材料及其复合材料的制备与性能研究	化工学院	张亚婷	国家自然科学基金	重点项目子项目	2013

序号	项目名称	学院(部)	负责人	计划类别	项目类型	立项年度
114	基于界面共价键构建的聚苯胺/多维碳基纳米结构体杂化电致变色材料	化工学院	熊善新	国家自然科学基金	面上项目	2013
115	微生物溶煤过程的热动力学规律与调控机理研究	化工学院	刘向荣	国家自然科学基金	面上项目	2013
116	基于时空经历的煤矿搜救机器人行为认知模型及其预测	机械学院	尚万峰	国家自然科学基金	青年科学基金项目	2013
117	基于车辆行驶状态的险态驾驶动态感知及协同诊断模型研究	机械学院	赵栓峰	国家自然科学基金	青年科学基金项目	2013
118	矿用强力输送带缺陷弱磁特性与智能识别研究	机械学院	马宏伟	国家自然科学基金	煤炭联合基金项目	2013
119	冻融-荷载联合作用下裂隙岩体局部损伤及断裂特性研究	建工学院	申艳军	国家自然科学基金	青年科学基金项目	2013
120	基于变分偏微分方程的自适应压缩感知及其图像重建应用	理学院	周　彬	国家自然科学基金	青年科学基金项目	2013
121	可调谐的负弹性模量声学超材料及其性能研究	理学院	郝丽梅	国家自然科学基金	青年科学基金项目	2013
122	高比压水润滑橡胶轴承支承转子系统的振动控制及非线性动力学行为	理学院	李　明	国家自然科学基金	面上项目	2013
123	增透抽采瓦斯煤岩体裂隙演化及蠕变失稳机理研究	理学院	张天军	国家自然科学基金	面上项目	2013
124	大水矿井注浆堵水帷幕微震活动规律及其失稳机理研究	能源学院	刘　超	国家自然科学基金	青年科学基金项目	2013
125	气-固复合灭火剂对瓦斯爆炸点火过程的抑制机理研究	能源学院	程方明	国家自然科学基金	青年科学基金项目	2013
126	基于固气耦合相似模拟的裂隙演化与瓦斯运移动力学机理实验研究	能源学院	肖　鹏	国家自然科学基金	青年科学基金项目	2013
127	侏罗纪煤层井工开采自燃机理及火区探测技术基础	能源学院	张辛亥	国家自然科学基金	煤炭联合基金项目	2013
128	综放开采覆层形成及安全开采	能源学院	来兴平	国家自然科学基金	煤炭联合基金项目重点项目	2013
129	煤与瓦斯安全共采三维物理模拟方法及综合实验系统研究	能源学院	李树刚	国家自然科学基金	专项基金项目	2013
130	高精度柔性基线双天线干涉SAR运动补偿方法研究	通信学院	王　静	国家自然科学基金	青年科学基金项目	2013
131	基于Mesh网络井下可视化无线救灾通讯技术与装备	通信学院	李文峰	国家科技支撑计划	子课题	2013
132	鄂尔多斯东缘煤层气开发示范工程	地环学院	马东民	国家科技重大专项子课题	子课题	2013

续表

序号	项目名称	学院(部)	负责人	计划类别	项目类型	立项年度
133	鄂尔多斯盆地煤炭资源安全绿色高效开发的对策研究	管理学院	张金锁	国家软科学研究计划		2013
134	美国学术著作出版标准研究	人文与外国语学院	李婉丽	国家社科基金	青年科学基金项目	2013
135	以德治国视域下党的执政伦理构建研究	思政部	高振岗	国家社科基金	西部项目	2013
136	带自相容源的孤子方程新类型的精确解及其动力学性质研究	理学院	苏军	国家自然科学基金	青年科学基金项目	2014
137	低温环境下岩石蠕变特性及其损伤机理研究	建工学院	宋勇军	国家自然科学基金	青年科学基金项目	2014
138	几种新型稀土金属间化合物中位错性质的高压效应	理学院	李绍蓉	国家自然科学基金	青年科学基金项目	2014
139	煤体复杂介质内瓦斯气体脱附及扩散动力学研究	理学院	刘伟	国家自然科学基金	青年科学基金项目	2014
140	Al掺杂有序介孔硅负载氧化钼双功能催化剂的构建及催化1-丁烯自歧化反应研究	化工学院	柳娜	国家自然科学基金	青年科学基金项目	2014
141	新型微透镜阵列的构筑及生物传感应用研究	材料学院	常梦洁	国家自然科学基金	青年科学基金项目	2014
142	煤催化热解-化学气相沉积耦合制富含碳管掺氮多相碳/金属氧化物及其电容特性的研究	化工学院	汪晓芹	国家自然科学基金	青年科学基金项目	2014
143	具有自修复功能和耐摩擦磨损性能的超疏水材料制备及性能增强研究	化工学院	屈孟男	国家自然科学基金	面上项目	2014
144	黄土丘陵沟壑区植物基部土堆形成机理及其生态效应	地环学院	杜华栋	国家自然科学基金	青年科学基金项目	2014
145	荒漠化矿区土壤湿度多分辨率时空演变机理研究	测绘学院	刘英	国家自然科学基金	青年科学基金项目	2014
146	干湿-盐侵蚀耦合作用下黄土劣化效应与边坡演化机理研究	地环学院	刘飞	国家自然科学基金	青年科学基金项目	2014
147	渭北保水采煤区软岩底板隔水岩层组稳定性控制机理研究	建工学院	李昂	国家自然科学基金	青年科学基金项目	2014
148	基于覆岩层状结构特征的开采沉陷分层传递原理及预计方法研究	地环学院	宋世杰	国家自然科学基金	青年科学基金项目	2014
149	新疆包古图斑岩铜矿成矿岩浆氧化-还原特征及其控制因素研究	地环学院	魏少妮	国家自然科学基金	青年科学基金项目	2014
150	基于多源数据融合和非负不等式约束的全球电离层精细建模研究	测绘学院	陈鹏	国家自然科学基金	青年科学基金项目	2014
151	煤层顶板突水机理及突水危险性分区预测方法研究	地环学院	侯恩科	国家自然科学基金	面上项目	2014

序号	项目名称	学院(部)	负责人	计划类别	项目类型	立项年度
152	含瓦斯煤解吸过程红外热像特征及热动力学效应研究	能源学院	刘纪坤	国家自然科学基金	青年科学基金项目	2014
153	深部煤层水力压裂煤体裂隙演化及其对瓦斯渗流的控制机理	能源学院	徐　刚	国家自然科学基金	青年科学基金项目	2014
154	煤与瓦斯突出矿井鉴定的新指标体系研究	能源学院	金洪伟	国家自然科学基金	青年科学基金项目	2014
155	温湿度独立控制深井降温系统研究	能源学院	陈　柳	国家自然科学基金	青年科学基金项目	2014
156	煤自燃过程非线性动力学特性及其"滞后"效应机理研究	能源学院	张玉涛	国家自然科学基金	青年科学基金项目	2014
157	静载与冲击组合作用下西部白垩系冻结软岩动态损伤演化机理	建工学院	王　磊	国家自然科学基金	青年科学基金项目	2014
158	西部高惰质组煤岩的微波协同解离机制研究	化工学院	李　振	国家自然科学基金	青年科学基金项目	2014
159	水浸烟煤微观结构及其氧化动力学特征研究	能源学院	翟小伟	国家自然科学基金	青年科学基金项目	2014
160	金属材料矿浆输送管道内部液、固两相流电阻层析检测机理及评价方法研究	电控学院	王　湃	国家自然科学基金	青年科学基金项目	2014
161	LDHs-半焦活性炭脱硫脱硝脱汞的机理研究	化工学院	袁　媛	国家自然科学基金	青年科学基金项目	2014
162	锈蚀钢筋混凝土柱抗剪性能研究	建工学院	李　强	国家自然科学基金	青年科学基金项目	2014
163	既有裂纹的混凝土箱形桥墩(塔)结构在自然温变下的损伤及评价研究	建工学院	任　翔	国家自然科学基金	青年科学基金项目	2014
164	流域土地利用/覆被变化对干旱的影响评价及综合调控研究	测绘学院	史晓亮	国家自然科学基金	青年科学基金项目	2014
165	矿井瓦斯综合抽采技术与设备创新体系研究	能源学院	潘红宇	国家自然科学基金	面上项目	2014
166	区域隔水关键层采动破坏的突水致灾机理与防治研究	能源学院	张　杰	国家自然科学基金	面上项目	2014
167	轻水堆关键焊接接头环境致裂机理与残余寿命预测方法	机械学院	薛　河	国家自然科学基金	面上项目	2014
168	基于多粒度知识发现的人群复杂行为模式分析及预测模型研究	电控学院	王　亮	国家自然科学基金	青年科学基金项目	2014
169	基于人因数据同步分析的矿工应急反应测试与应急能力评估研究	管理学院	袁晓芳	国家自然科学基金	青年科学基金项目	2014
170	不确定环境下煤炭资源多阶段投资管理的理论及应用研究	理学院	金　浩	国家自然科学基金	面上项目	2014

续表

序号	项目名称	学院(部)	负责人	计划类别	项目类型	立项年度
171	以咖啡酸苯乙酯为先导物的新型 Nrf2 激动剂的设计合成、筛选及构效关系研究	化工学院	陈福欣	国家自然科学基金	青年科学基金项目	2014
172	采动覆岩多场耦合与地下水系统动态响应机制	能源学院	来兴平	973 计划	子课题	2014
173	西部矿山多源动力学灾害发生演化机制与防控基础研究	能源学院	来兴平	973 计划	前期研究专项课题	2014
174	二维 Newton-Boussinesq 方程解的几种吸引子的存在性研究	理学院	宋雪丽	国家自然科学基金	数学天元青年基金	2014
175	金属原子修饰的石墨烯表面解吸附甲烷的第一性原理研究	理学院	王素芳	国家自然科学基金	理论物理专款	2014
176	历代三礼图文献整理与综合研究	人外学院	乔 辉	国家社会科学基金	西部项目	2014
177	中国梦融入西部高校藏族大学生思想政治教育全过程研究	思政部	何江新	国家社会科学基金	西部项目	2014
178	快速模具制造工艺与性能研究	机械学院	杨来侠	863 计划	子课题	2015
179	两类非线性随机波动方程的爆破性及渐近性研究	理学院	梁 飞	国家自然科学基金	青年科学基金项目	2015
180	拘束效应和残余应力耦合下的核电异种金属焊接接头环境致裂研究	理学院	赵凌燕	国家自然科学基金	青年科学基金项目	2015
181	电磁推力轴承新型材料 SMCs 及动态特性研究	理学院	肖 玲	国家自然科学基金	青年科学基金项目	2015
182	纳米阵列结构失稳机理的研究	理学院	杨 帆	国家自然科学基金	青年科学基金项目	2015
183	常曲率二维弯曲系统中 KT 相变的理论研究	理学院	翟啸波	国家自然科学基金	青年科学基金项目	2015
184	声场作用下 ZnO 量子点中载流子自旋相干性动力学机理研究	理学院	庞华锋	国家自然科学基金	青年科学基金项目	2015
185	啁啾纠缠光子对的压缩与整形研究	理学院	李百宏	国家自然科学基金	青年科学基金项目	2015
186	金纳米棒@二硫化钼核-壳结构的可控制备及其增强光催化性能研究	材料学院	刘 俊	国家自然科学基金	青年科学基金项目	2015
187	荧光小分子调控碳点碳核与表面结构及光学性能的研究	化工学院	党永强	国家自然科学基金	青年科学基金项目	2015
188	基于多尺度计算的金属有机骨架材料的机械性能研究及其成型工艺开发	材料学院	郑 斌	国家自然科学基金	青年科学基金项目	2015
189	杂原子掺杂石墨烯量子点的介质阻挡放电合成法及其发光特性研究	化工学院	申丽华	国家自然科学基金	青年科学基金项目	2015

续表

序号	项目名称	学院(部)	负责人	计划类别	项目类型	立项年度
190	新型双功能纳米 Au/TS-1@MS 催化剂的制备/改性及其催化机理的研究	化工学院	王丽娜	国家自然科学基金	青年科学基金项目	2015
191	陕北沙漠化逆转过程中土壤-植物反馈机制及植被演替效应研究	测绘学院	杨梅焕	国家自然科学基金	青年科学基金项目	2015
192	鄂尔多斯地区中新元古代构造沉积演化与岩相古地理研究	地环学院	冯娟萍	国家自然科学基金	青年科学基金项目	2015
193	致密砂岩储层微观孔喉非均质性及对石油分布的控制作用	地环学院	钟红利	国家自然科学基金	青年科学基金项目	2015
194	中高阶原生结构煤的导电性对含气量的回馈机理研究	地环学院	汤小燕	国家自然科学基金	青年科学基金项目	2015
195	湘中地区煤系构造递进变形规律及构造控煤模式研究	地环学院	李焕同	国家自然科学基金	青年科学基金项目	2015
196	考虑大气温度变化下冻土桩基承载力预报模型研究	建工学院	唐丽云	国家自然科学基金	青年科学基金项目	2015
197	黄土山区城镇化行为过程与地质环境耦合机制	地环学院	王念秦	国家自然科学基金	面上项目	2015
198	铝合金凝固过程中微观缺陷形成机制的数值模拟研究	材料学院	杜立飞	国家自然科学基金	青年科学基金项目	2015
199	基于共价键导向构建具有强界面相互作用的导电聚合物/量子点纳米复合电致变色材料	化工学院	褚　佳	国家自然科学基金	青年科学基金项目	2015
200	金属矿山充填膏体多相/多场流动沉降规律及力学响应研究	能源学院	刘　浪	国家自然科学基金	青年科学基金项目	2015
201	基于细观结构的煤(岩)体三轴抗压强度快速评价模型研究	能源学院	丁自伟	国家自然科学基金	青年科学基金项目	2015
202	复杂条件下煤岩体耦合致裂基础研究	能源学院	崔　峰	国家自然科学基金	青年科学基金项目	2015
203	煤矿工人不安全行为形成机理及组合干预研究	能源学院	李　磊	国家自然科学基金	青年科学基金项目	2015
204	煤自燃多组分指标气体 TDLAS 痕量检测技术基础研究	能源学院	王伟峰	国家自然科学基金	青年科学基金项目	2015
205	促进高变质煤氧化自燃的热动力学导因基础研究	能源学院	王彩萍	国家自然科学基金	青年科学基金项目	2015
206	热管抑制爆炸火焰和压力波的耦合热效应研究	能源学院	张亚平	国家自然科学基金	青年科学基金项目	2015
207	含瓦斯煤渗透特性对动态密封的响应机制	能源学院	张　超	国家自然科学基金	青年科学基金项目	2015
208	瓦斯煤尘预混爆炸的火焰传播机理与自由基辐射特性研究	能源学院	王秋红	国家自然科学基金	青年科学基金项目	2015

续表

序号	项目名称	学院(部)	负责人	计划类别	项目类型	立项年度
209	新型车用金属带式无级变速器螺旋缠绕钢丝疲劳与磨损失效机理研究	机械学院	张 武	国家自然科学基金	青年科学基金项目	2015
210	冻融与硫酸盐腐蚀共同作用下再生混凝土耐久性研究	建工学院	肖前慧	国家自然科学基金	青年科学基金项目	2015
211	地下工程裂隙煤岩体浆-水两相流注浆扩散机制研究	建工学院	苏培莉	国家自然科学基金	青年科学基金项目	2015
212	静水压对大水深水库水体-沉积物界面磷迁移转化的影响机理研究	建工学院	柴蓓蓓	国家自然科学基金	青年科学基金项目	2015
213	高温差环境下衬砌混凝土的强度特性及其破坏机理研究	建工学院	张 岩	国家自然科学基金	青年科学基金项目	2015
214	煤自燃液态二氧化碳相变驱动防灭火基础研究	能源学院	马 砺	国家自然科学基金	面上项目	2015
215	聚合物结构及氢键对共混聚合物的热导率调控及其机理研究	化工学院	周文英	国家自然科学基金	面上项目	2015
216	大型装配式厌氧发酵罐技术参数的数字模拟及实验装置研发	材料学院	王晓刚	"十二五"农村领域国家科技计划课题	子课题	2015
217	纳米非晶态金属硼化物阳极催化直接硼氢化物燃料电池及其水解机理的研究	化工学院	李 赛	国家自然科学基金	应急专项	2015
218	10～15世纪古代阿里地区藏传佛教艺术研究	艺术学院	李 俊	国家社会科学基金	西部项目	2015
219	两类流体动力学方程解的一些渐近性质研究	理学院	宋雪丽	国家自然科学基金	青年科学基金项目	2016
220	液晶填充太赫兹微结构光纤及其热/电调谐特性研究	理学院	王豆豆	国家自然科学基金	青年科学基金项目	2016
221	PZT基压电陶瓷准同型相界处微观缺陷演化及其对相变和电性能的影响研究	理学院	杨 静	国家自然科学基金	青年科学基金项目	2016
222	反射率与叶绿素荧光协同的小麦白粉病早期探测机理与方法研究	测绘学院	竞 霞	国家自然科学基金	青年科学基金项目	2016
223	镧系元素煤地球化学效应研究	材料学院	杨建业	国家自然科学基金	面上项目	2016
224	中国残植煤大分子结构模拟及分类界限研究	化工学院	杜美利	国家自然科学基金	面上项目	2016
225	龙门山构造带南段中-新生代构造变形特征研究	地环学院	陈应涛	国家自然科学基金	青年科学基金项目	2016
226	超深黄土填方体内部水分场变化规律及其工程病害效应研究	建工学院	叶万军	国家自然科学基金	面上项目	2016
227	黄土滑坡灾害中水盐运移对滑带土强度影响的试验研究	地环学院	马建全	国家自然科学基金	青年科学基金项目	2016

序号	项目名称	学院（部）	负责人	计划类别	项目类型	立项年度
228	乘性随机误差模型的粗差剔除，稳健与附有约束的估计理论研究	测绘学院	师　芸	国家自然科学基金	面上项目	2016
229	煤层地震波各向异性响应及裂隙预测	地环学院	李　勤	国家自然科学基金	面上项目	2016
230	新型钙钛矿结构钛酸铋钠氧离子导体的电导调控与机理研究	材料学院	刘　霄	国家自然科学基金	青年科学基金项目	2016
231	介孔复合金属氧化物 NiO/CeO$_2$@ligand-SiO$_2$ 催化剂的限域调控制备及甲烷催化氧化性能研究	化工学院	张亚刚	国家自然科学基金	青年科学基金项目	2016
232	基于高导高容氧化物构筑的协同固硫复合材料及其固硫行为研究	材料学院	段晓波	国家自然科学基金	青年科学基金项目	2016
233	高温深井下含冰粒充填料浆蓄冷-相变降温机理及力学行为研究	能源学院	刘　浪	国家自然科学基金	面上项目	2016
234	大倾角煤层长壁采场人工与垮落矸石复合充填体耦合控制覆岩作用机理研究	能源学院	吕文玉	国家自然科学基金	青年科学基金项目	2016
235	大倾角煤层长壁开采工作面"飞矸"动力损害机制研究	理学院	刘　明	国家自然科学基金	青年科学基金项目	2016
236	大倾角煤层长壁工作面安全高效开采基础研究	能源学院	伍永平	国家自然科学基金	重点项目	2016
237	裂隙岩体注浆驱替渗透诱发劈裂裂隙演化机理研究	安全学院	刘　超	国家自然科学基金	面上项目	2016
238	浅埋煤层群开采煤柱群结构效应及其应力场与裂缝场耦合控制	能源学院	黄庆享	国家自然科学基金	面上项目	2016
239	深部峰后破裂围岩注浆渗流扩散与加固机理研究	理学院	黄耀光	国家自然科学基金	青年科学基金项目	2016
240	射流火焰形态和辐射场的细水雾控制机理研究	安全学院	刘长春	国家自然科学基金	青年科学基金项目	2016
241	矿工不安全行为的社会网络传播过程研究	管理学院	李　琰	国家自然科学基金	青年科学基金项目	2016
242	爆炸性环境电感分断电弧引燃微观机理及本安评价方法研究	电控学院	赵永秀	国家自然科学基金	青年科学基金项目	2016
243	西北侏罗纪煤自燃反应模型及其热动力学基础研究	安全学院	张嬿妮	国家自然科学基金	面上项目	2016
244	煤自燃活性结构超声萃取及其氧化特性研究	安全学院	李亚清	国家自然科学基金	青年科学基金项目	2016
245	深部开采煤体变形破裂与瓦斯解吸渗流耦合机理研究	安全学院	林海飞	国家自然科学基金	面上项目	2016
246	煤自燃高温环境中多元可燃性气体链-热爆炸动力学研究	安全学院	罗振敏	国家自然科学基金	面上项目	2016

续表

序号	项目名称	学院(部)	负责人	计划类别	项目类型	立项年度
247	基于能量效应的覆岩破断与瓦斯运移耦合动力学机理研究	安全学院	赵鹏翔	国家自然科学基金	青年科学基金项目	2016
248	三维微米尺度条件下瓦斯吸附-解吸热力学特性研究	安全学院	严 敏	国家自然科学基金	青年科学基金项目	2016
249	新型类水滑石/活性炭复合材料制备及 CO_2 捕集与光催化性能研究	化工学院	周安宁	国家自然科学基金	面上项目	2016
250	基于双元功能溶剂与成膜添加剂的锂硫电池电解液体系构建及其抑硫改性机制研究	材料学院	卢 海	国家自然科学基金	青年科学基金项目	2016
251	西部黄土覆盖区采煤地面形变灾害机理研究	测绘学院	汤伏全	国家自然科学基金	面上项目	2016
252	通用直刃刀具切磨面齿轮的运动规律、齿面偏差与啮合特性	机械学院	彭先龙	国家自然科学基金	青年科学基金项目	2016
253	基于复合载药的可降解药物控释系统结构优化设计研究	机械学院	高 扬	国家自然科学基金	青年科学基金项目	2016
254	高品质自适应电磁平衡机理及自平衡电主轴动态特性研究	机械学院	樊红卫	国家自然科学基金	青年科学基金项目	2016
255	基于改进挠度理论的双缆多跨悬索桥刚度特征研究	建工学院	柴生波	国家自然科学基金	青年科学基金项目	2016
256	基于预测控制的闭环脑机接口系统研究	电控学院	潘红光	国家自然科学基金	青年科学基金项目	2016
257	基于声显微成像的集成电路封装内部缺陷诊断方法研究	机械学院	张广明	国家自然科学基金	面上项目	2016
258	煤矿工人安全胜任力模型构建与实证研究	管理学院	孙林辉	国家自然科学基金	面上项目	2016
259	黄土高原水土流失治理与生态产业协同发展技术集成与模式	地环学院	党小虎	国家重点研发计划	子课题	2016
260	SCET 因子化中 Glauber 胶子效应的研究	理学院	周高亮	国家自然科学基金	应急专项项目	2016
261	钙钛矿锰氧化物/铁电体异质界面自旋序的铁电控制及其应力调控效应	理学院	陈立勇	国家自然科学基金	应急专项项目	2016
262	湖相热水沉积白云岩成因机理:Ca-Mg 同位素和矿物晶体结构约束	地环学院	樊婷婷	国家自然科学基金	应急专项项目	2016
263	Fe-Cr-Ni-B 合金液-固两相流作用下的冲刷腐蚀交互作用基础研究	材料学院	易大伟	国家自然科学基金	应急专项项目	2016
264	地磁暴对油管管网及电网耦合作用的建模	电控学院	刘 青	国家重点研发计划	子课题	2016
265	泄漏和爆炸及其次生衍生事故的演化机理与规律研究	安全学院	王秋红	国家重点研发计划	子课题	2016

续表

序号	项目名称	学院（部）	负责人	计划类别	项目类型	立项年度
266	增权视角下我国革命老区旅游精准扶贫的机制创新与路径优化研究	管理学院	王会战	国家社会科学基金	西部项目	2016
267	汉唐中外美术交流史	艺术学院	常　艳	国家社会科学基金	青年项目（艺术单列）	2016
268	采空区煤自燃火源位置判定方法与技术	安全学院	文　虎	国家重点研发计划	子课题	2017
269	具有分数阶特征的船用隔振系统全局振动控制方法	理学院	李自刚	国家自然科学基金	青年科学基金项目	2017
270	缺陷石墨烯瓦斯吸附的第一性原理研究	理学院	王素芳	国家自然科学基金	青年科学基金项目	2017
271	基于水滑石纳米片前体制备高效电催化剂及其电催化全分解水性能研究	化工学院	加晓丹	国家自然科学基金	青年科学基金项目	2017
272	催化裂化汽油改质降烯烃过程分子尺度动力学模型研究	化工学院	陈治平	国家自然科学基金	青年科学基金项目	2017
273	基于遥感监测的珠峰地区表碛覆盖冰川变化研究	测绘学院	向　洋	国家自然科学基金	青年科学基金项目	2017
274	冲击液化作用下黄土滑坡运动机理研究	地环学院	段　钊	国家自然科学基金	青年科学基金项目	2017
275	长期冻结条件下含水裂隙的扩展机制	建工学院	贾海梁	国家自然科学基金	青年科学基金项目	2017
276	冻融与荷载共同作用下孔隙砂岩损伤力学特性研究	建工学院	刘　慧	国家自然科学基金	青年科学基金项目	2017
277	大气作用下黄土路基水分迁移规律及增减湿变形特性研究	建工学院	胡梦玲	国家自然科学基金	青年科学基金项目	2017
278	煤矿区地表环境演化遥感监测与沉陷机制研究	地环学院	尚　慧	国家自然科学基金	青年科学基金项目	2017
279	生态服务空间流动模拟研究——以泾河流域土壤保持服务为例	测绘学院	周自翔	国家自然科学基金	面上项目	2017
280	构造应力作用下煤结构演化与甲烷富集的分子模拟	化工学院	杨志远	国家自然科学基金	面上项目	2017
281	冻融诱发岩石-混凝土界面损伤脱粘机理研究	建工学院	申艳军	国家自然科学基金	面上项目	2017
282	基于多尺度模拟结构和力学性能设计低成本金属硬质化合物	材料学院	王连莉	国家自然科学基金	青年科学基金项目	2017
283	氧化煤自燃性增强的微观特征及构效关系研究	安全学院	王　凯	国家自然科学基金	青年科学基金项目	2017
284	极近距离煤层采空区叠加区瓦斯与煤自燃复合致灾机理研究	安全学院	丁　洋	国家自然科学基金	青年科学基金项目	2017

续表

序号	项目名称	学院(部)	负责人	计划类别	项目类型	立项年度
285	大型三维模拟条件下大采高综采覆岩卸压瓦斯运移机理实验研究	安全学院	魏宗勇	国家自然科学基金	青年科学基金项目	2017
286	基于增强现实-多模态生物电理论的消防员演练评价方法研究	电控学院	秦学斌	国家自然科学基金	青年科学基金项目	2017
287	低温等离子体改性热解焦催化剂对褐煤热解过程中油气品质的影响研究	地环学院	张 蕾	国家自然科学基金	青年科学基金项目	2017
288	空间站复杂环境中基于零空间描述的人机协作机械臂自然交互研究	机械学院	夏 晶	国家自然科学基金	青年科学基金项目	2017
289	超高速 AFPM 电机转子系统的轴向冲击响应与结构优化	理学院	程文杰	国家自然科学基金	青年科学基金项目	2017
290	定向凝固 Fe-B-C 合金基体和硼化物协同抗磨料磨损行为基础研究	材料学院	易大伟	国家自然科学基金	青年科学基金项目	2017
291	Me_xN_y/Ag 纳米多层膜的多循环宽温域连续润滑行为及自适应减摩机理	材料学院	刘二勇	国家自然科学基金	青年科学基金项目	2017
292	难切削金属棒料高效可控旋弯精密下料工艺及断裂力学行为研究	机械学院	钟 斌	国家自然科学基金	青年科学基金项目	2017
293	数控机床可靠性多尺度精细建模方法研究	机械学院	葛红玉	国家自然科学基金	青年科学基金项目	2017
294	在役轴疲劳裂纹超声非拆卸检测与定量评价	机械学院	董 明	国家自然科学基金	青年科学基金项目	2017
295	基于有效组合的多元混合物生物毒性评价体系研究	建工学院	王 娜	国家自然科学基金	青年科学基金项目	2017
296	方钢管混凝土边框联肢钢板剪力墙结构抗震性能与设计方法研究	建工学院	马尤苏夫	国家自然科学基金	青年科学基金项目	2017
297	深部开采采空区覆岩卸压瓦斯精准抽采基础研究	安全学院	李树刚	国家自然科学基金	重点项目	2017
298	浅埋近距房柱式采空区上下残采围岩结构及失稳机理研究	能源学院	张 杰	国家自然科学基金	面上项目	2017
299	大倾角伪俯斜采场支架与围岩四维作用机理及稳定性研究	能源学院	解盘石	国家自然科学基金	面上项目	2017
300	西部白垩系地层煤矿立井人工冻结软岩蠕变损伤力学特性研究	建工学院	杨更社	国家自然科学基金	面上项目	2017
301	微胶囊硅胶泡沫释控阻燃机理研究	安全学院	邓 军	国家自然科学基金	面上项目	2017
302	声波灭火微观机理及其诱导下的热-流-声多场耦合特性研究	安全学院	张玉涛	国家自然科学基金	面上项目	2017
303	抽采钻孔孔周煤岩体水-瓦斯耦合裂隙扩展机理及其超声波特征研究	理学院	张天军	国家自然科学基金	面上项目	2017

序号	项目名称	学院（部）	负责人	计划类别	项目类型	立项年度
304	煤岩体多尺度裂隙结构演化特征及与瓦斯运移耦合机理研究	安全学院	肖　鹏	国家自然科学基金	面上项目	2017
305	车辆电磁直线式自供能混合主动悬架工作机理与协调控制研究	机械学院	寇发荣	国家自然科学基金	面上项目	2017
306	锻造加工效应下的钛合金汽轮机叶片环境致裂及寿命预测研究	机械学院	方秀荣	国家自然科学基金	面上项目	2017
307	混合直流输电线路故障分析及继电保护研究	电控学院	高淑萍	国家自然科学基金	面上项目	2017
308	本安开关变换器输出短路火花放电机理与引燃能力及可控抑爆方法研究	电控学院	刘树林	国家自然科学基金	面上项目	2017
309	5G Massive MIMO 系统能量有效的波束赋形技术研究	通信学院	庞立华	国家自然科学基金	青年科学基金项目	2017
310	基于参数级重构的任意构型星/弹 SAR 聚焦方法研究	通信学院	郭　苹	国家自然科学基金	青年科学基金项目	2017
311	基于结构感知的大规模动态图划分算法研究	计算机学院	罗香玉	国家自然科学基金	青年科学基金项目	2017
312	基于多模型假设检验方法的地面目标机动检测	电控学院	刘　宝	国家自然科学基金	青年科学基金项目	2017
313	多轨道角动量态的相干衍射叠层成像检测方法研究	通信学院	李昭慧	国家自然科学基金	青年科学基金项目	2017
314	生态环境约束下我国煤炭跨期最优开采规模及保障机制研究	管理学院	闫晓霞	国家自然科学基金	青年科学基金项目	2017
315	多尺度落叶松人工林生长预测	测绘学院	李崇贵	国家重点研发计划	子课题	2017
316	非活性钼尾矿制备无机保温材料和蓄水材料技术研究与示范	通信学院	李文峰	国家重点研发计划	子课题	2017
317	爆炸灾害效应的评估方法及评估系统平台的开发	安全学院	罗振敏	国家重点研发计划	子课题	2017
318	绿色设计评价工具和平台建设	机械学院	张旭辉	2017 年绿色制造系统集成项目	子课题	2017
319	农村老年人家庭结构与代际支持的动态演进研究	管理学院	王　萍	国家社会科学基金	年度项目	2017
320	二十世纪一二十年代的天津文学	人文与外国语学院	张　辉	国家社会科学基金	西部项目	2017
321	两宋时期海上丝绸之路美术交流史研究	艺术学院	冯　青	国家社会科学基金（艺术单列）	青年项目	2017

附录8　西安科技大学省部级以上科技成果奖统计表(1978~2017)

1978~2007年期间,获省部级以上科技成果奖112项,其中国家级奖9项。

2008~2017年期间,获省部级以上科技成果奖242项,其中国家级奖5项。

西安科技大学省部级以上科技成果奖统计表(1978~2007)

序号	成果名称	项目负责人及参加人员	授奖部门	奖励名称及等级	获奖时间	备注
1	液体速凝剂	李赤波	陕西省科学大会		1978年	
2	锚喷水泥	李赤波	陕西省科学大会		1978年	
3	可控硅串级调速的理论及应用	魏泽国	陕西省科学大会		1978年	
4	锚喷支护技术及材料	李赤波　刘怀恒　何唐镛	国家科学大会		1978年	
5	立井深孔光面爆破	王廷武	国家科学大会 陕西省科学大会		1978年 1978年	
6	0.5 m³内涨摩擦式耙斗装岩机	高振铎	国家科学大会 陕西省科学大会		1978年 1978年	
7	蜗螺齿轮传动	周先德	陕西省科学大会 陕西省人民政府		1978年	
8	陕西紫阳弓笔石的发现	邓　宝	陕西省科委	一等奖	1979年	
9	锚喷支护理论及技术	李赤波　刘怀恒　何唐镛 肖继彦	陕西省科委	二等奖	1979年	
10	有限元法在地下工程中应用	刘怀恒	陕西省人民政府	二等奖	1980年	
11	煤油共生矿安全开采	贺敦良	陕西省科委	一等奖	1981年	协作项目
12	JT-1000钢绳牵引胶带运输机	魏泽国	陕西省科委		1981年	协作项目
13	论螺旋笔石的形态特征及亲缘关系并论其地质意义	邓　宝	煤炭工业部	科技进步一等奖	1983年	
14	煤田预测	黄克兴	煤炭工业部	特等奖	1983年	协作项目
15	河南米村矿技术改造	席绍明　张文升	煤炭工业部	特等奖	1983年	协作项目
16	对巩固无煤柱开采及进一步扩大的使用范围的研究	吴绍倩	煤炭工业部	科技进步推广管理奖	1985年	协作项目
17	论多绳摩擦提升钢丝绳的滑动极限及其应用	席昭明	煤炭工业部	科技进步三等奖	1985年	
18	采煤机牵引部控制系统动态特性的研究	毛开友	煤炭工业部	科技进步二等奖	1985年	协作项目

序号	成果名称	项目负责人及参加人员	授奖部门	奖励名称及等级	获奖时间	备　注
19	无煤柱开采研究及推广	刘听成　吴绍倩	中华人民共和国国务院	国家科技进步三等奖	1985 年	协作项目
20	快硬水泥卷锚杆	何唐镛	煤炭工业部	科技进步一等奖	1987 年	
			国家科委	国家科技进步三等奖	1987 年	
21	斜井机械化配套作业线及施工工艺新纪录	曾仲节	国家科委	国家科技进步三等奖	1987 年	协作项目
22	平庄红庙煤矿软岩巷道支护工艺的研究	何唐镛　郭长生　杨更社　赵来顺　霍志芳 等	能源部	煤炭工业科技进步三等奖	1990 年	
23	岩石力学及矿山工程数值方法研究	刘怀恒　王芝银　李云鹏　杨更社	能源部	煤炭工业科技进步三等奖	1991 年	
24	煤低温自燃过程研究	徐精彩　贺敦良　葛岭梅　徐炳坤 等	能源部	煤炭工业科技进步三等奖	1992 年	
25	中国采煤方法的研究	陈志学　刘听成　王世熙　侯忠杰 等	能源部	能源部科技进步一等奖	1992 年	合作项目
			中华人民共和国国务院	国家科技进步二等奖	1993 年	
26	急倾斜特厚煤层大放高工作面矿压显现及顶煤运动规律的研究	石平五　黄庆享　刘晋安　邓广哲　苏普正	新疆维吾尔自治区人民政府	新疆维吾尔自治区科技进步三等奖	1992 年	合作项目
27	急斜放顶煤回采巷道快硬水泥木锚杆支护研究	赵朔柱　吴绍倩　苏普正　李云鹏	甘肃省人民政府	甘肃省科技进步三等奖	1993 年	合作项目
28	金刚煤矿电机车运输"信集团"系统	杨恒青　任　鹏 等	四川省人民政府	四川省科技进步三等奖	1993 年	合作项目
29	安口煤矿巷道软岩支护技术的研究	王晓利　王宗彦　韩庆达 等	甘肃省人民政府	甘肃省科技进步二等奖	1993 年	合作项目
30	大倾角煤层软岩底板滑移机理及防治	石平五　周宏伟　刘晋安　阎少宏	四川省人民政府	四川省科技进步三等奖	1993 年	合作项目
31	大倾角特厚易燃煤层综合防火技术	徐精彩	甘肃省科委	甘肃省科技进步三等奖	1994 年	合作项目
32	靖远矿务局红会一矿缓倾斜特厚易燃坚硬煤层综采技术研究	索永录　张　平　负东风　师幼安	甘肃省科委	甘肃省科技进步三等奖	1995 年	合作项目
33	储煤场煤堆自燃火灾防治	徐精彩　徐炳坤 等	甘肃省人民政府	煤炭工业科技进步三等奖	1995 年	合作项目
34	油田地面工程规划优化及应用软件研究	韩大中　李占利　张群会　颜会芳　席耀鹏	联合国技术信息量促进系统中国国家分部	发明创新科技之星奖	1995 年	

序号	成果名称	项目负责人及参加人员	授奖部门	奖励名称及等级	获奖时间	备注
35	DW系列电弧炉短网	白彦俊	陕西省人民政府	陕西省科技进步二等奖	1995年	合作项目
36	红石岩煤矿煤层准备巷道组合斜肩带金属锚杆支护研究	侯忠杰 苏普正 伍永平 索永录 等	司法部	司法部科技进步四等奖	1996年	
37	XK-1.5除尘清洗两用机	黄俊 李茂盛 周建新 王宇仙 杨昭俊	劳动部	劳动部科技进步四等奖	1997年	
38	本质安全电路计算机评估方法研究	张燕美 李维坚 黄向东 耿稳强 马欣梅	煤炭工业部	煤炭部科技进步三等奖	1997年	
39	地下民用建筑火灾烟气流动过程模拟技术的研究	常心坦	公安部	公安部科技进步一等奖、国家科技进步三等奖	1997年	
40	耐温高水胶体直接灭火技术	徐精彩 葛岭梅 邓军 文虎 李树刚 郭兴明 李全	煤炭工业部	煤炭工业部科学技术进步二等奖	1998年	
41	柔性人工保护盘的研究	刘其兴 杨德英 赛云秀 张文华 白福才	煤炭工业部	煤炭工业部科学技术进步三等奖	1998年	
42	小宝鼎煤矿山体建筑物下沉7363工作面开采	石平五 余学义 柴敬 地振兴 田家琦	四川省人民政府	四川省科学技术进步三等奖	1998年	
43	绿水洞煤矿大倾角综采技术研究	伍永平 负东风 石平五 柴敬	四川省人民政府	四川省科学技术进步一等奖	1999年	
44	单路交直流前置放大器及频标电路	学校参加人:程红丽	国防科工委	国防科学技术三等奖	1999年	
45	开关电容变换及高效变换器设计理论	学校参加人:刘健	国家机械工业局	国家机械工业局科技进步二等奖	1999年	
46	银川城区配电自动化	学校参加人:刘健	国家电力公司	国家电力公司科技进步三等奖	1999年	
47	矿井废品水一体化处理技术	学校参加人:李天良	甘肃省煤炭工业局	甘肃省煤炭科技进步二等奖	1999年	
48	坚硬厚煤层综放开采关键技术研究	张金锁 索永录 王小林	国家煤炭工业局	国家煤炭工业局科学技术进步特等奖	2000年	
49	综采放顶煤工作面凝胶防灭火技术	徐精彩 葛岭梅 邓军 常心坦 田水承 魏引尚 崔洪义 徐精求 李全	陕西省人民政府	陕西省科学技术进步奖一等奖	2000年	
50	ISDN技术在煤炭专用网中的应用研究	卢建军 李国民 韩晓冰	国家煤炭工业局	国家煤炭工业局科学技术进步三等奖	2000年	

序号	成果名称	项目负责人及参加人员	授奖部门	奖励名称及等级	获奖时间	备注
51	凤县三台山金矿矿山地质研究及矿床前景评价	侯恩科　郝珠承　周志贤 端木合顺　王贵荣	陕西省人民政府	陕西省科学技术进步三等奖	2000年	
52	摆动扫描红外地球敏感器厚膜电路（10个品种）	学校参加人：程红丽	国防科工委	国防科学技术三等奖	2000年	
53	坚硬煤层大放高综采放顶煤开采技术研究	学校参加人：索永录　等	甘肃省科学技术奖励委员会	甘肃省科学技术进步一等奖	2001年	
54	多芯炉生产SiC新技术	王晓刚　李晓池	宁夏回族自治区人民政府	宁夏回族自治区科学技术进步一等奖	2001年	
55	窑街矿区巷道综合支护技术研究	伍永平　肖　江　张森丰 来兴平	甘肃省科学技术进步奖委员会	甘肃省科学技术进步三等奖	2001年	
56	智能型斜井跑车防护装置	宋　柏　王勉华　朱　华	陕西省人民政府	陕西省科学技术进步二等奖	2001年	
57	神府矿区浅埋煤层顶板结构理论与支护对策研究	黄庆享　田小明　石平五 杨俊哲　侯忠杰　郭春锋 陈　杰　杨　鹏	陕西省人民政府	陕西省科学技术进步三等奖	2001年	
58	线性开关电容DC-DC变换器理论及其单片集成的可行性	刘　健　等	陕西省人民政府	陕西省科学技术进步二等奖	2001年	
59	城区配电自动化系统	刘　健　等	陕西省人民政府	陕西省科学技术进步二等奖	2001年	
60	军用高可靠性15W系列混合集成DC/DC及变换器	程红丽　等	国防科工委	国防科工委科学技术进步三等奖	2001年	
61	坚硬煤层大放高综采放顶煤开采技术研究	李海宁　等	甘肃省科学技术委员会	甘肃省科学技术进步一等奖	2002年	
62	煤自燃火灾预测及防灭火新技术的研究与应用	徐精彩　邓　军　文　虎 葛岭梅　张辛亥　李树刚 李　莉　常心坦　许满贵	国务院	国家科学技术进步二等奖	2003年	
63	陕西韩城矿区瓦斯灾害的预测及防治措施研究	王生全　钱建峰　王晓刚 陈练武　樊怀仁　夏玉成 唐亦川	陕西省人民政府	陕西省科学技术奖三等奖	2003年	
64	第五代中频电源的研制及推广	韦　力　童　军　叶新民 马宪民　陈文燕　袁　兴 郭秀才	陕西省人民政府	陕西省科学技术奖三等奖	2003年	
65	高瓦斯矿井易自燃煤层综放面胶体防灭火技术研究	徐精彩　张辛亥　文　虎	山西省科委	山西省科学技术进步二等奖	2003年	

续表

序号	成果名称	项目负责人及参加人员	授奖部门	奖励名称及等级	获奖时间	备注
66	三峡工程左 J1-5# 井坡段深层抗滑稳定有限元分析研究	任建喜 等	上海市人民政府	上海市科学技术进步二等奖	2003 年	
67	高性能低温烧结温度稳定性型 BZN 基高频 ML-CC 瓷料	杜慧玲 等	陕西省人民政府	陕西省科学技术奖二等奖	2003 年	
68	磨盘形力化学反应器及其在高分子材料制备中的应用	李侃社 等	教育部	教育部发明一等奖	2003 年	
69	多电源多热炉生产 SiC 新技术	王晓刚 李晓池 等	青海省人民政府	青海省科学技术进步奖三等奖	2003 年	
70	东峡煤矿大倾角特厚易燃煤层群倾斜分层"双大"开采方法研究	伍永平 肖 江	甘肃省科学技术奖励委员会	甘肃省科学技术进步奖三等奖	2003 年	
71	岩层控制的关键层理论	学校参加人:黄庆享 李树刚	教育部	教育部自然科学奖一等奖	2003 年	
72	高性能低温烧结 BZN 基高频电介质陶瓷	学校参加人:杜慧玲	教育部	教育部自然科学奖一等奖	2003 年	
73	TZL 预应力锚具应用试验研究	学校参加人:黄庆享	陕西省人民政府	陕西省科学技术奖三等奖	2003 年	
74	高瓦斯坚硬特厚煤层综采放顶煤水力致裂软化技术与应用研究	邓广哲 杨更社 等	陕西省人民政府	陕西省科学技术奖二等奖	2004 年	
75	破碎带围岩大断面巷道复修支护技术研究	黄庆享 惠心田	四川省人民政府	四川省科学技术进步二等奖	2004 年	
76	高原台塬过渡区(淳化)高产型林果粮发展研究	学校参加人:赵晓光	陕西省人民政府	陕西省科学技术奖二等奖	2004 年	
77	县级电网综合自动化系统	学校参加人:刘 健	陕西省人民政府	陕西省科学技术奖二等奖	2004 年	
78	近距急斜煤层水平分段轻型支架放顶煤开采技术	石平五 张嘉凡	新疆维吾尔自治区人民政府	新疆维吾尔自治区科技进步二等奖	2004 年	
79	急-倾斜厚煤层长壁综放开采技术研究	程文东 负东风	国家安全生产监督管理局、国家煤矿安全监察局	安全生产科技成果一等奖	2004 年	
80	义马矿区易自燃煤层综放开采成套防灭火技术研究	邓 军 等	国家安全生产监督管理局、国家煤矿安全监察局	安全生产科技成果三等奖	2004 年	

续表

序号	成果名称	项目负责人及参加人员	授奖部门	奖励名称及等级	获奖时间	备注
81	急-倾斜厚煤层长壁综放开采技术研究	程文东　负东风	中国煤炭工业协会、中国煤炭学会	中国煤炭工业协会科学技术特等奖	2005 年	
82	急-倾斜厚煤层长壁综放开采技术研究	程文东　负东风	甘肃省科学技术奖励委员会	甘肃省科学技术进步一等奖	2005 年	
83	矿运防爆柴油牵引车研制	郭　卫　柴光远　任中全　杨善安	陕西省人民政府	陕西省科学技术奖三等奖	2005 年	
84	前置式端头支架在急倾斜特厚松软综放工作面的开发与应用研究	李海宁	甘肃省科学技术奖励委员会	甘肃省科学技术进步奖三等奖	2005 年	
85	铝电解阳极钢爪在链全自动校直机研制开发	韦　力　童　军　韦　魏　陈文燕　袁　兴	宁夏回族自治区人民政府	宁夏回族自治区科学技术奖三等奖	2005 年	
86	钎焊接头的超声成像无损检测技术研究与设备开发	马宏伟　等	教育部	教育部科学技术进步二等奖	2005 年	
87	缓坡耕地水土管理原理及配套技术研究	学校参加人：赵晓光	陕西省人民政府	陕西省科学技术奖二等奖	2005 年	
88	煤层火灾隐患识别及控制新技术研究	徐精彩　文　虎	山东省人民政府	山东省科学技术奖一等奖	2005 年	
89	滑坡区矿井工业广场下煤层控制开采技术研究	余学义　石平五	四川省人民政府	四川省科学技术三等奖	2005 年	
90	孙越崎青年科学技术奖	文　虎	中国科学技术发展基金会孙越崎科技基金委员会	孙越崎青年科技奖	2005 年	
91	宁夏灵新煤矿西天河下安全开采技术研究	学校参加人：来兴平	教育部	教育部科学技术进步二等奖	2005 年	
92	两柱单摆杆综采放顶煤液压支架及其适应性研究	李海宁	甘肃省科学技术奖励委员会	甘肃省科学技术进步奖二等奖	2006 年	
93	急倾斜特厚易燃煤层水平多分层开采系统复杂矿井通风、防灭火优化研究	徐精彩　许延辉	甘肃省科学技术奖励委员会	甘肃省科学技术进步奖三等奖	2006 年	
94	陕西凤县银母寺铅锌矿矿体定位技术研究	侯恩科　樊怀仁	陕西省人民政府	陕西省科学技术奖二等奖	2006 年	
95	COPO 树脂制备技术工业中间试验研究	周安宁　葛岭梅　李天良　曲建林　杨伏生　闫兰英　蔡江涛　牛红梅　李侃社　杨国荣	陕西省人民政府	陕西省科学技术奖三等奖	2006 年	

续表

序号	成果名称	项目负责人及参加人员	授奖部门	奖励名称及等级	获奖时间	备 注
96	复杂地层条件下近1 200 m竖井施工技术创新研究	柴 敬 戴 俊	中国煤炭工业协会、中国煤炭学会	中国煤炭工业协会科学技术奖一等奖	2006年	
97	松软煤层综放面自燃火灾预测及防治技术研究	文 虎	中国煤炭工业协会、中国煤炭学会	中国煤炭工业协会科学技术奖三等奖	2006年	
98	矿山救援可视化指挥系统及装置	文 虎 徐精彩 陈晓坤 郑学召 吴建斌 邓 军 金永飞 李文峰	国家安全生产监督管理局、国家煤矿安全监察局	安全生产科技成果二等奖	2006年	
99	双鸭山煤层自燃规律及综合防治技术研究	陈晓坤 张辛亥 邓 军 文 虎	黑龙江省人民政府	黑龙江省科学技术进步二等奖	2006年	
100	爆破锚杆卸压锚固注浆加固反拱底板技术施工工艺研究	惠心田	中国煤炭工业协会、中国煤炭学会	中国煤炭工业协会科学技术奖三等奖	2006年	
101	固相力化学反应器及其在高分子材料制备和加工中的应用	学校参加人:李侃社	中华人民共和国国务院	国家技术发明二等奖	2006年	
102	基于形状记忆合金的土木工程结构振动控制理论研究	学校参加人:苏三庆	陕西省人民政府	陕西省科学技术奖二等奖	2006年	
103	配电网智能调度及大面积断电快速恢复系统	学校参加人:刘 健	陕西省人民政府	陕西省科学技术奖一等奖	2006年	
104	森林资源数字经营模型与林场精准作业研究	学校参加人:牛迈程	中华人民共和国教育部	教育部科学技术进步二等奖	2006年	
105	复杂围岩环境大断面井筒缺陷掘进与支护技术研究和应用	学校参加人:来兴平	甘肃煤矿安全监察局	甘肃煤矿安全监察局科学技术进步一等奖	2006年	
106	极钢爪全自动在链校直系统研制及推广	韦 力 刘 健 童 军 韦 巍 武贵林 陈文燕 袁 兴 等	陕西省人民政府	陕西省科学技术二等奖	2007年	
107	复杂地层条件下近1 200 m竖井施工技术创新研究	柴 敬 戴 俊	国家安全生产监督管理总局	第三届安全生产科技成果奖二等奖	2006年	
108	矿井高效防火抑尘新材料开发	文 虎	国家安全生产监督管理总局	第三届安全生产科技成果奖二等奖	2007年	

续表

序号	成果名称	项目负责人及参加人员	授奖部门	奖励名称及等级	获奖时间	备　注
109	急倾斜煤层安全高效及决策支持系统	石平五　邵小平　伍建文	新疆维吾尔自治区人民政府	新疆维吾尔自治区科学技术进步二等奖	2007 年	
110	松软煤层综放面自燃火灾预测及防治技术研究	徐精彩　等	国家安全生产监督管理总局	第三届安全生产科技成果奖三等奖	2007 年	
111	高应力强膨胀性裂隙软岩支护及修复理论和方法研究	邓广哲　杨更社	云南省人民政府	云南省科学技术进步三等奖	2007 年	
112	煤矿开采引起的地表变形计算分析与环境评价系统及其工程应用	学校参加人：张立杰	甘肃省人民政府	甘肃省科学技术进步奖三等奖	2007 年	

国家级科技成果奖励一览表(2008～2017)

序号	成果名称	项目负责人及参加人员	完成单位	奖励名称	奖励等级	年度
1	高瓦斯大倾角煤层开采自燃火灾防治技术研究	侯铁军　文　虎　董庆利 邓　军　顾正清　李树刚 朱新政　翟小伟　张　为 马　砺	新疆生产建设兵团农六师大黄山煤矿、西安科技大学、西安森兰科贸有限责任公司	国家科技进步奖	二等奖	2010 年
2	中国煤炭地质综合勘查关键技术与工程运用	徐水师　王　佟　孙升林 曹代勇　李增学　孙玉壮 王双明　谭克龙　唐胜利 马国东	中国煤炭地质总局、中国矿业大学(北京)、西安科技大学、山东科技大学、陕西省煤田地质局、河北工程大学、河北省煤田地质局	国家科技进步奖	二等奖	2010 年
3	鄂尔多斯盆地生态脆弱区煤炭开采与生态环境保护关键技术	王双明　范立民　黄庆享 王文科　王　佟　石平五 侯恩科　王建利　马立强 王怀贤	西安科技大学、陕西省地质调查院、长安大学、中国矿业大学、中国煤炭地质总局、陕西汇森煤业开发有限责任公司、榆林市榆阳区煤炭局、中国煤炭地质总局水文地质局	国家科技进步奖	二等奖	2011 年
4	大倾角煤层长壁工作面综合机械化开采技术和装备	伍永平　周邦远　王　丽 陈合寿　负东风　刘万波 王寿全　解盘石　曹善华 余玉江　程文东　高正强 彭　勇　刘富安　伍厚荣	四川省煤炭产业集团有限责任公司、西安科技大学、四川华蓥山广能集团嘉华机械有限责任公司	国家科技进步奖	二等奖	2012 年
5	宁东特大型整装煤田高效开发利用及深加工关键技术	王　俭　李玉民　周光华 樊永宁　关清安　郭菊娥 李光明　张忠富　赵　林 刘洪涛	神华宁夏煤业集团有限责任公司、中国矿业大学、西安科技大学、煤炭科学研究总院、西安交通大学	国家科技进步奖	二等奖	2014 年

省部级科技成果奖励一览表(2008～2012)

序号	成果名称	项目负责人及参加人员	完成单位	奖励名称	奖励等级	年度
1	冶炼碳化硅的多炉芯炉及其生产碳化硅的方法	王晓刚　强军锋　李晓池 田欣伟　樊子民　邓军平 邵水源　任建勋	西安科技大学	西安市科学技术奖	一等奖	2008年
2	巷道快速掘进技术与保障体系研究	王　俭　柴　敬　崔洪明 戴　俊　李玉民　严永胜 张　杰	宁夏煤业集团有限责任公司、西安科技大学	宁夏回族自治区科学技术进步奖	二等奖	2008年
3	新型胶体防灭火技术的研究与应用	邓　军　张辛亥　马　砺 陈晓坤　翟小伟　陈小军 文　虎　金永飞　郑学召 吴建斌　罗振敏	西安科技大学	陕西省科学技术奖	二等奖	2008年
4	高等学校教育创新理论与陕西高等教育体制创新的实证研究	张　炜　张金锁　张玉岩 刘延松　冯套柱　肖宏伟	西北大学、西安科技大学	陕西省科学技术奖	二等奖	2008年
5	超细煤粉体光氧化降解机理及其动力学研究	周安宁　杨志过　杨伏生 曲建林　葛岭梅　李侃社 李天良	西安科技大学	中国煤炭工业协会科学技术奖	二等奖	2008年
6	煤层火灾新型胶体防灭火材料及系统装备研究	文　虎　邓　军　张辛亥 马　砺　翟小伟　陈晓坤 金永飞　李树刚　吴建斌 张丽平　张　荣　郑学召 罗振敏	西安科技大学、西安森兰科贸有限责任公司	中国煤炭工业协会科学技术奖	二等奖	2008年
7	高瓦斯油气共生易自燃厚煤层放顶开采瓦斯治理技术集成与示范	吴志刚　黄　河　薛　鸣 王兆丰　赵豫祥　文　虎 等	铜川矿务局、河南理工大学、煤炭科学研究总院重庆分院、西安科技大学	中国煤炭工业协会科学技术奖	二等奖	2008年
8	深井厚煤层双斜综放开采通防关键技术研究	刘佩成　郭永泉　文　虎 胡彦会　刘玉斌　马　砺	山东天安矿业有限公司、西安科技大学	山东省科学技术奖	三等奖	2008年
9	煤层富含硫化氢的治理技术研究与应用	翟所国　文　虎　赵庆民 董曰喜　张辛亥　尹经梅	淄矿集团陕西长武亭南煤业有限责任公司、西安科技大学	山东省科学技术奖	三等奖	2008年
10	纳米粒子对乳状液的稳定作用及在复合纳米结构中的应用研究	贺拥军　余向阳　李天良	西安科技大学	陕西省科学技术奖	三等奖	2008年
11	急倾斜松软围岩煤巷沿空留巷锚网支护研究	黄庆享　冉隆明　赵茂森 刘四平　黄正平	攀枝花煤业(集团)有限责任公司、西安科技大学	四川省科学技术奖	三等奖	2008年
12	急倾斜煤层火区治理技术应用研究	邓　军　曾坤军　刘四平	攀枝花煤业(集团)有限责任公司、西安科技大学	四川省科学技术奖	三等奖	2008年

序号	成果名称	项目负责人及参加人员	完成单位	奖励名称	奖励等级	年度
13	自燃过程中松散煤体内气体的非稳态渗流规律研究	王振平　文　虎　崔洪义 王洪权　夏孝明　马　砺 许　义　左全忠　张辛亥	兖州煤业股份有限公司、西安科技大学	中国煤炭工业协会科学技术奖	三等奖	2008年
14	煤矿用灌浆注胶防灭火工艺及系统装备研究	文　虎　邓　军　张辛亥 马　砺　翟小伟　陈晓坤 金永飞　李树刚　吴建斌 张平丽　张　荣　郑学召 罗振敏　张嫣妮　肖　旸	西安科技大学	第四届安全生产科技成果奖	一等奖	2009年
15	大倾角复杂特厚易燃煤层6.2 m大采高开采集成技术研究	王　俭　严永胜　崔洪明 李玉民　刘晋翼　周光华 荆宁川　邵林珠　艾宇廉 来兴平　赵生华　张力生 方国华　宋兆贵　王金平	神华宁夏煤业集团有限责任公司、西安科技大学	宁夏回族自治区科学技术进步奖	一等奖	2009年
16	大倾角复杂特厚易燃煤层6.2 m大采高开采集成技术研究	王　俭　严永胜　崔洪明 李玉民　刘晋翼　陈　艾 周光华　邵林珠　来兴平 马万祥　荆宁川　张力生 艾宇廉　方国华　王金平 赵生华　宋兆贵	神华宁夏煤业集团有限责任公司、西安科技大学	中国煤炭工业协会科学技术奖	一等奖	2009年
17	大倾角硬顶软底软煤走向长壁综放开采技术	黄国春　伍永平　李如明 李方立　贠东风　等	新疆焦煤（集团）有限责任公司、西安科技大学	新疆维吾尔自治区科学技术奖	一等奖	2009年
18	浅埋煤层大面积露头火灾治理技术的研究与应用	邓　军　王国良　冉隆明 汪章进　王志远　庞　德 金永飞	攀枝花煤业（集团）有限责任公司、西安科技大学	四川省科学技术进步奖	二等奖	2009年
19	巡场煤矿三水平东二采区村庄下煤层充填开采技术研究	余学义　文仁毅　卓知权 余邦儒　高正强	四川芙蓉实业集团有限责任公司、西安科技大学	四川省科学技术进步奖	二等奖	2009年
20	冻融环境下软岩体细观损伤力学特性及水热迁移机理研究	杨更社　张全胜　任建喜 刘　慧　蒲毅彬　周春华 田应国	西安科技大学	陕西省科学技术奖	二等奖	2009年
21	高瓦斯油气共生易自燃厚煤层放顶煤开采瓦斯治理技术集成与示范	宋志刚　黄　河　薛　鸣 赵豫祥　戴耀辉　刘生江 熊鹏辉　封　华　王兆丰 （文虎参与）	铜川矿务局、河南理工大学、煤炭科学研究总院重庆分院、西安科技大学	陕西省科学技术奖	二等奖	2009年
22	地下水自动监测测报系统	秋兴国　王清发　李占利 龚尚福　张卫国　张朝逢 石琢栋　张瑞萍　武晓宏 雷　欢　刘　刚	西安科技大学	西安市科技进步奖	二等奖	2009年

续表

序号	成果名称	项目负责人及参加人员	完成单位	奖励名称	奖励等级	年度
23	大倾角坚硬易燃特厚煤层群综合机械化放顶煤开采技术研究	刘 斌 伍永平 杨 明 王彪谋 李 前 胡延斌 周 翔 张志桓 王 玮	甘肃华亭煤业集团东峡煤矿、西安科技大学	甘肃省科学技术进步奖	二等奖	2009年
24	农村小城镇建设中的地质灾害评估体系及其生态地质环境建设研究	周自强 王念秦 张世武 叶万军 白晓华 王志荣 张雪燕 张连科 姚 勇	甘肃省科学院地质自然灾害防治研究所、西安科技大学	甘肃省科学技术进步奖	二等奖	2009年
25	宁东矿区松软地层柔模泵注混凝土快速支护技术应用研究	王 俭 王晓利 严永胜 崔洪明 樊永宁 张新华 赵文华 张忠富 赵 林 赵生华 吴国强 王恩路 张志强 吴玉意 李的荣	神华宁夏煤业集团有限责任公司、西安科技大学	宁夏回族自治区科学技术进步奖	二等奖	2009年
26	高瓦斯矿井双局扇故障诊断及自动切换一体化装置	侯媛彬 郑英华 白 云 杜京义 宋春峰 郭建彪 王 勇 胡晓东 索永录	西安科技大学	中国煤炭工业协会科学技术奖	二等奖	2009年
27	基于粉煤灰资源化的矿井防灭火成套技术及装备研究	王振平 文 虎 崔洪义 王洪权 马 砺 张广文 夏孝明 宋先明 阮国强 郝迎格 于晓波 张辛亥	兖州煤业股份有限公司、西安科技大学	中国煤炭工业协会科学技术奖	二等奖	2009年
28	孟巴矿高地温特厚易自燃煤层1110火区治理理论及技术研究	吴志刚 唐 毅 于保华 杨胜强 文 虎 庞卫东 康虎彪 马芝贺 岳宝祥 陈 舸 段金伦 朱 松 袁兴启	徐州矿务集团有限公司、中国机械进出口(集团)有限公司、中国矿业大学、西安科技大学	中国煤炭工业协会科学技术奖	二等奖	2009年
29	35°倾角综放工作面高效开采技术研究	冯增强 齐庆新 文 虎 王道宗 郝迎格	兖州煤业股份有限公司、天地科技股份有限公司开采所、西安科技大学	第四届安全生产科技成果奖	三等奖	2009年
30	宁东矿区软土井巷柔模泵注混凝土快速支护技术应用研究	王 俭 王晓利 严永胜 崔洪明 樊永宁 张新华 赵文华 张忠富 赵 林	神华宁夏煤业集团有限责任公司、西安科技大学	中国煤炭工业协会科学技术奖	三等奖	2009年
31	大倾角硬顶软底软煤走向长壁综放开采技术	黄国春 伍永平 李如明 李方立 负东风 廖由俊 周强文 陈建杰 唐宗良	新疆焦煤(集团)有限责任公司、西安科技大学	中国煤炭工业协会科学技术奖	三等奖	2009年
32	综放开采大面积采空区有害气体控制技术的研究与应用	黄福昌 文 虎 李仲辉 王振平 崔洪义 李 伟 倪兴华 李 峰 马 砺	兖州煤业股份有限公司、西安科技大学	中国煤炭工业协会科学技术奖	三等奖	2009年
33	煤对井下有害气体吸附特性的研究	王振平 邓 军 王洪权 文 虎 夏孝明 于晓波 王永胜 马 砺 宋先明	兖州煤业股份有限公司、西安科技大学	中国煤炭工业协会科学技术奖	三等奖	2009年

序号	成果名称	项目负责人及参加人员	完成单位	奖励名称	奖励等级	年度
34	黄陵一号煤矿煤层自然发火隐患识别及适用性控制技术研究与应用	范京道　文　虎　张维新 王锁成　吴义军　张辛亥 武光辉　王爱军	黄陵矿业集团有限责任公司一号煤矿、西安科技大学	中国煤炭工业协会科学技术奖	三等奖	2009年
35	山区丘陵地带黄土沟壑残塬区人防工程地质灾害防治研究——以铜川市为例	李　鹏　杨梅忠　代革联 黄凯旋　寇吉平　史　佳 王建民	铜川市人民防空办公室、西安科技大学	军队科学技术奖	三等奖	2009年
36	基于粉煤灰资源化的矿井防灭火成套技术及装备研究	王振平　文　虎　崔洪义 王洪权　马　砺　张广文	兖州煤业股份有限公司、西安科技大学	山东省科技进步奖	三等奖	2009年
37	榆神府区煤炭资源开采与生态水位保护研究	王双明　黄庆享　范立民 王文科　石平五　白　宏 郝　君　杨泽元　侯恩科 马雄德　王怀贤　邵小平 张晓团　白如鸿　贾志华 曹省民　康　勇	西安科技大学、长安大学、陕西省煤炭地质测量中心、榆林市煤炭工业局	煤炭工业协会科学技术奖	一等奖	2010年
38	"三高"近距离煤层群开采煤自燃早期预报及防治技术研究	邱居德　邓　军　汤晓东 金永飞　盛建发　何继光 俞学平　陈　靓　余玉江 张嬿妮	四川芙蓉集团实业有限责任公司、西安科技大学	四川省科学技术奖	一等奖	2010年
39	高瓦斯大倾角煤层开采自燃火灾防治技术研究	侯铁军　文　虎　董庆利 顾正清　朱新政　李树刚 张　为　李丁夫　翟小伟 王庚寅　王　东　赵军峰 温成新　刘汝明　许延辉	农六师大黄山煤矿、西安科技大学	新疆生产建设兵团科学技术进步奖	一等奖	2010年
40	灵武矿区极易自燃煤层自然发火规律及监测预报技术研究	李玉民　邓　军　马灵军 文　虎　翟小伟　张力生 康希武　杨春林　马有虎 陈会宁　陈治忠　陈晓坤 张辛亥	神华宁夏煤业集团有限责任公司、西安科技大学	煤炭工业协会科学技术奖	二等奖	2010年
41	中国南方七省贫煤区资源赋存规律与勘查利用研究	王　佟　樊怀仁　张斌川 赵克荣　夏玉成　邵龙义 唐胜利　彭正奇　陈美英 王庆伟　严　群　张春陆 王华耀	中国煤炭地质总局、西安科技大学	煤炭工业协会科学技术奖	二等奖	2010年
42	大倾角复杂特厚易燃煤层6.2m大采高开采集成技术研究	王　俭　严永胜　李玉民 崔洪明　刘晋翼　周光华 陈　艾　来兴平　林红梅 邵林珠	神华宁夏煤业集团有限责任公司、西安科技大学	国家能源局科技进步奖	二等奖	2010年

序号	成果名称	项目负责人及参加人员	完成单位	奖励名称	奖励等级	年度
43	长距离大孔径定向钻孔高效抽采瓦斯技术研究	李玉民 马灵军 文 虎 翟小伟 李 祥 朱国忠 徐宁武 邓 军 李继平 马 砺 程方明 王学兵 许延辉 贾立刚 王亚超 黄江宁	神华宁夏煤业集团有限责任公司、西安森兰科贸有限责任公司、西安科技大学	宁夏回族自治区科技进步奖	二等奖	2010年
44	"三高"近距离煤层群开采煤自燃早期预报及防治技术研究	邱居德 邓 军 汤晓东 金永飞 盛建发 何继光 俞学平 陈 靓 余玉江	四川芙蓉集团实业有限责任公司、西安科技大学、川煤集团	煤炭工业协会科学技术奖	三等奖	2010年
45	浅埋煤层大面积露头火灾治理技术的研究与应用	邓 军 冉隆明 王志远 金永飞 曾庆林 汪章进 崔小伟 胡宗国 曾坤军	攀枝花煤业(集团)有限责任公司、攀枝花安全生产监督管理局、西安科技大学	煤炭工业协会科学技术奖	三等奖	2010年
46	多参数水文动态监测智能预警系统	秋兴国 龚尚福 李占利 石琢栋 张卫国 武晓宏 朱 宇	西安科技大学	陕西省科学技术奖	三等奖	2010年
47	大倾角"三软"易燃厚煤层综放面综合防灭火技术研究与应用	孙 海 田水承 董正坤 郭 珑 范向军 刘 灿 李红霞	宝鸡秦源煤业有限公司、西安科技大学	陕西省科学技术奖	三等奖	2010年
48	黄土边坡剥落病害处治技术研究	郭利平 折学森 房 斌 叶万军 庞 琪 刘军营 宁 军	陕西黄延高速公路有限责任公司、长安大学、西安科技大学	陕西省科学技术奖	三等奖	2010年
49	本质安全型防爆开关电源系列产品研究	刘树林 刘 健 杨 波 童 军 岳改丽 武 梅 寇 蕾	西安科技大学	陕西省科学技术奖	三等奖	2010年
50	粉煤灰超细改性和制备成型吸附剂研究	刘转年 赵晓光 杨 帆 薛喜成 杨志远 端木合顺 程爱华	西安科技大学	西安市科学技术进步奖	三等奖	2010年
51	救援通信理论研究、关键技术及装备开发	李文峰 韩晓冰 韩 非 徐克强 谢 昆 赵梦玲 罗文静 陈 阳	西安科技大学、西安终南信息技术有限公司	中国电子学会电子信息科学技术奖	三等奖	2010年
52	陕北生态脆弱矿区煤水地质特征及科学开采研究	王双明 黄庆享 范立民 王文科 余学义 王国柱 杨泽元 冯勤科 申 涛 苗霖田 马雄德	西安科技大学、长安大学、陕西省煤炭地质测量技术中心、陕西省煤炭地质局	陕西省科学技术奖	一等奖	2011年
53	MG900/2210-WD型交流电牵引采煤机	刘 鹏 马宏伟 杨润全 惠万里 王设计 郭 卫 施 平 许秀芳 赵友军 郭利录 封平安	西安煤矿机械有限公司、西安科技大学、国投新集能源股份有限公司	陕西省科学技术奖	一等奖	2011年

序号	成果名称	项目负责人及参加人员	完成单位	奖励名称	奖励等级	年度
54	西北侏罗纪煤炭资源形成条件及资源评价	王　佟　邵龙义　徐水师　赵克荣　孙升林　夏玉成　曹代勇　刘占勇　王俊民　孙玉壮　刘天绩　刘继东　李新安　鲁　静　王庆伟　王文龙　许　莉	中国煤炭地质总局、中国矿业大学（北京）、西安科技大学、新疆维吾尔自治区煤田地质局、中国煤炭地质总局第一勘探局、中国煤炭地质总局煤炭资源信息中心、中国煤炭地质总局青海煤炭地质局、宁夏回族自治区煤田地质局、河北工程大学	中国煤炭工业协会科学技术奖	一等奖	2011年
55	智能大型LED显示屏控制系统	袁胜春　宗靖国　周筱媛　向健勇　张都应	西安电子科技大学、西安科技大学、西安诺瓦电子科技有限公司	西安市科学技术奖	一等奖	2011年
56	基于期权的西部煤炭资源采矿权估价理论与方法研究	张金锁　邹绍辉　李朋林　王喜莲　李铁治　袁显平　赵　京　惠莉萍　许　建	西安科技大学	陕西省科学技术奖	二等奖	2011年
57	急倾斜煤层综放开采顶煤超前预爆弱化技术研究	张子飞　来兴平　胡开江　石平五　郭秉超　王宁波　苏金元　卢　俭　孙久恒　李书军　漆　涛　金　鑫　祃连兴	神华新疆能源有限责任公司、西安科技大学	中国煤炭工业协会科学技术奖	二等奖	2011年
58	中国南方贫煤省区煤炭资源赋存条件与潜力评价	王　佟　樊怀仁　赵克荣　夏玉成　邵龙义　唐胜利　陈美英　王庆伟　马国东　冯　帆	西安科技大学	国土资源部科学技术奖	二等奖	2011年
59	新型矿用胶体快速密闭技术基础研究	罗振敏　葛岭梅　张辛亥　张嬿妮　邓　军　翟小伟　肖　旸	西安科技大学	陕西省科学技术奖	三等奖	2011年
60	DSJ140＊200/4＊400可伸缩带式输送机	曹保新　李耀辉　田　方　任中全　李建华　程永军　王选生	陕西蒲白三通公司、西安科技大学	陕西省科学技术奖	三等奖	2011年
61	柔模泵注混凝土沿空留巷支护技术应用研究	何长海　王晓利　尚书海　吴嘉林　田金栋　于新胜　闫云胜　周秀隆　李玉泉	冀中能源峰峰集团有限公司、西安科技大学、中煤国际工程集团武汉设计研究院	中国煤炭工业协会科学技术奖	三等奖	2011年
62	矿井煤层自燃隐蔽火源红外成像探测技术	谢强珍　王振平　马　砺　郭　杰　文　虎　张玉贞　肖　旸　李志勇　翟小伟	兖州煤业股份有限公司、西安科技大学	中国煤炭工业协会科学技术奖	三等奖	2011年

序号	成果名称	项目负责人及参加人员			完成单位	奖励名称	奖励等级	年度
63	宁东特大型煤炭基地开发建设及深加工关键技术	王俭 姚敏 关清安 周光华 董家麟 罗春桃 荆宁川	严永胜 樊永宁 刘洪涛 赵林 艾宇廉 李光明 马红梅	李玉民 郭菊娥 刘晋翼 张忠富 冯茂龙 郑海滨 杨丽坤	神华宁夏煤业集团有限责任公司、西安交通大学、中国矿业大学、西安科技大学、煤炭科学研究总院北京煤化工研究分院	中国煤炭工业协会科学技术奖	特等奖	2012年
64	秦岭终南山深埋特长公路隧道2号竖井下洞群建造关键技术	苏三庆 王巍 杨更社 曹建涛	刘宝许 伍永平 吴全立 刘兴国	来兴平 赵超志 高崇霖	西安科技大学、中交隧道工程局有限公司、陕西省交通建设集团公司秦岭终南山公路隧道分公司	陕西省科学技术奖	一等奖	2012年
65	陕西省系列瓦斯地质图、矿井瓦斯赋存规律及应用	范立民 张晓团 何万盈 孙相斌	王英 屈永安 师同民 于峰	陈永昌 赵庆民 钱建峰	陕西省地质调查院、西安科技大学、陕西韩城矿业有限公司、陕西煤炭铜川矿业公司陈家山煤矿、彬县煤炭有限责任公司、陕西长武亭南煤业有限责任公司	陕西省科学技术奖	一等奖	2012年
66	煤田火区演化规律及控制新技术研究	邓军 马砺 翟小伟 张嬿妮	文虎 张荣 费金彪 程方明	金永飞 张辛亥 许延辉	西安科技大学、西安森兰科贸有限责任公司	陕西省科学技术奖	一等奖	2012年
67	井筒基岩冻结法施工解冻水害治理技术研究及应用	严广劳 王联合 武光辉 任健喜	王蓬 赵强 徐栓海 张联队	段王栓 刘沛林 朱明诚	陕西彬长矿业集团有限公司、中煤科工集团西安研究院、西安科技大学	陕西省科学技术奖	一等奖	2012年
68	煤田火区演化规律及控制新技术研究	邓军 马砺 翟小伟 张嬿妮	文虎 张荣 费金彪 程方明	金永飞 张辛亥 许延辉	西安科技大学、西安森兰科贸有限公司	中国煤炭工业协会科学技术奖	一等奖	2012年
69	基于采动裂隙场变化的煤与甲烷共采基础理论	李树刚 潘红宇	林海飞 成连华	张天军 肖鹏	西安科技大学	陕西省科学技术奖	二等奖	2012年
70	陕北矿区建设一流现代化矿井综合技术研究	闫龙 张恩强 石增武	张金锁 王世斌 党明	刘高文 秦岭 龚尚福	陕煤集团神木红柳林矿业有限公司、西安科技大学、陕西煤业化工集团安全技术研究中心	陕西省科学技术奖	二等奖	2012年
71	采空区遗煤复采综合防灭火技术研究	张辛亥 邓军 陈晓坤 许延辉 程方明	王同合 金永飞 马砺 翟小伟	文虎 张书元 费金彪 封华	西安科技大学、邢台东庞通达煤电有限公司西庞井、西安森兰科贸有限公司	中国煤炭工业协会科学技术奖	二等奖	2012年

序号	成果名称	项目负责人及参加人员	完成单位	奖励名称	奖励等级	年度
72	松散地层沉降变形光纤光栅检测技术	张广文　柴　敏　吴向前 李　毅　杨建华　张广学 吕文茂　韦　华　赵艳斌 钟林华	兖州煤业股份有限公司、西安科技大学	中国煤炭工业协会科学技术奖	二等奖	2012年
73	中厚煤层柔模泵送混凝土留巷支护技术应用研究	赵兵文　王晓利　田金栋 吴嘉林　周晓路　李大屯 周秀隆　于新胜　孙世国 杨爱国　吴玉意　王志敏 刘文学	冀中能源峰峰集团有限公司九龙矿、西安科技大学、中煤科工集团武汉设计研究院	中国煤炭工业协会科学技术奖	二等奖	2012年
74	急倾斜煤层综放开采顶煤超前预爆弱化技术研究	胡开江　来兴平　郭秉超 王宁波　苏金元　卢　俭 孙久恒　李书军　漆　涛 祃连兴　金　鑫　周　强 蒋东晖　陈建强　赵　凯 田英男　陈　明　崔　峰 常　博　曹建涛　高文成 邵小平　陈泽刚　苏普正 易永忠　陈　建	神华新疆能源有限责任公司、西安科技大学	新疆维吾尔自治区科学技术进步奖	二等奖	2012年
75	煤层自燃液态二氧化碳防灭火技术	王振平　郝迎格　文　虎 王洪权　马　砺　马　旭 肖　旸　宋先明　翟小伟	兖州煤业股份有限公司、西安科技大学	山东省科学技术奖	二等奖	2012年
76	基于剖面的三维地质建模研究	侯恩科　邓念东　赵　州 罗晓霞　张志华	西安科技大学	西安市科学技术进步奖	二等奖	2012年
77	煤的光氧化与生物转化耦合作用机理及其应用研究	周安宁　杨志远　杨伏生 曲建林　张亚婷　汪广恒 李　慧　孟庆宇　孙　鸣 王永娟　曾　梅	西安科技大学	陕西省科学技术奖	三等奖	2012年
78	基于三类危险源的煤矿安全管理与安全投资决策理论与方法	李红霞　田水承　王　莉 颜会芳　袁晓芳　李　琰 沈　剑	西安科技大学	陕西省科学技术奖	三等奖	2012年
79	冶炼碳化硅的多炉芯炉及其生产碳化硅的方法	王晓刚　李晓池	西安科技大学	陕西省科学技术奖	三等奖	2012年
80	智能大型LED显示屏控制系统	袁胜春　宗靖国　周筱媛 向健勇　张都应　赵小明 何国经	西安电子科技大学、西安科技大学、西安诺瓦电子科技有限公司	陕西省科学技术奖	三等奖	2012年
81	矿井采空区煤火灾害多参数监测预报技术	陈晓坤　邓　军　马　砺 程方明　张嬿妮　肖　旸 王伟峰	西安科技大学、西安森兰科贸有限责任公司	陕西省科学技术奖	三等奖	2012年

续表

序号	成果名称	项目负责人及参加人员	完成单位	奖励名称	奖励等级	年度
82	矿井采空区煤火灾害多参数监测预报技术	陈晓坤　邓　军　马　砺 程方明　张嬿妮　肖　旸 王伟峰　金永飞　许延辉	西安科技大学、西安森兰科贸有限公司	中国煤炭工业协会科学技术奖	三等奖	2012年
83	新型喷浆材料及工艺研究与应用	张广文　文　虎　吴向前 马　砺　吴学新　肖　旸 苗黎晖　许延辉　申　棣	兖州煤业股份有限公司、西安科技大学	中国煤炭工业协会科学技术奖	三等奖	2012年
84	长平井田陷落柱成因及含水性评价研究	王永革　张育恒　田书龙 李树刚　刘红军　钱　敏 薛晓星　成连华　张前进	山西晋城无烟煤矿业集团有限公司、山西长平煤业有限责任公司、西安科技大学	中国煤炭工业协会科学技术奖	三等奖	2012年
85	神南矿区柠条塔矿浅埋煤层群大采高开采自燃防治技术研究	张康顺　党浩宇　李龙清 王建文　文　虎　赵书明 张辛亥　杨鹏超　金永飞	陕煤集团神木柠条塔矿业有限公司、西安科技大学	中国煤炭工业协会科学技术奖	三等奖	2012年
86	高瓦斯易自燃煤层开采自燃早期预报及防灭火技术研究	曾从忠　金永飞　李连云 李益强　李基述	四川省川南煤业有限责任公司、西安科技大学、四川煤炭产业集团技术中心	四川省科学技术奖	三等奖	2012年
87	镧系元素地球化学效应研究	杨建业	西安科技大学	西安市科学技术进步奖	三等奖	2012年
88	压电薄膜基声表面波煤矿瓦斯传感器关键技术研究	张　涛　任跃武　解　忧 炎正馨　李　敏　李　勇 赵省贵	西安科技大学	西安市科学技术进步奖	三等奖	2012年
89	全真圣地重阳宫,祖庵碑林树奇葩	樊建武	西安科技大学	陕西省第十次哲学社会科学优秀成果奖	三等奖	2012年
90	Monitoring deformation and damage on rock structures with distributed fiber optical sensing（岩体变形破坏的分布式光纤传感检测方法）	柴　敬　魏世民　常心坦 刘金瑄	西安科技大学	陕西省第九届自然科学优秀学术论文	二等奖	2006年
91	浅埋煤层开采隔水层位移规律相似模拟研究	黄庆享　刘腾飞	西安科技大学	陕西省第十届自然科学优秀学术论文	三等奖	2008年

省部级科技成果奖励一览表（2013～2017）

编号	成果名称	完成人	完成单位	奖励名称	等级	获奖时间
1	焊接力学不均匀性对静止和扩展裂纹前端局部应力应变场的影响	薛　河　小川和洋　庄子哲雄	西安科技大学	陕西省第十二届自然科学优秀学术论文	一等奖	2013年
2	煤矿致灾隐患监测辨识预警平台关键技术研究及应用	方　刚　董立红　龚尚福　郭佐宁　张建安　迪　明　李占利　王碧清　库向阳　李文俊　刘韩勇	陕煤集团神木张家峁矿业有限公司、西安科技大学	陕西省科学技术奖	一等奖	2013年
3	中国西北地区中生代含煤盆地多种能源资源聚集规律与潜力评价	王　佟　傅雪海　孙升林　刘占勇　何深伟　郑柏平　侯恩科　任玉桃　曹代勇　阿布里提甫　左明星　李凤义　张　博　丁述理　李瑞明　江　涛　马国东	中国煤炭地质总局、中国煤炭地质总局第一勘探局、西安科技大学、中国矿业大学（北京）、新疆维吾尔自治区煤田地质局、中国矿业大学、河北工程大学	中国煤炭工业协会科学技术奖	一等奖	2013年
4	几类逻辑代数及其模糊化研究	辛小龙　孟彪龙　王　伟　戢　伟　王维琼	西北大学、西安科技大学	陕西省科学技术奖	二等奖	2013年
5	陕南山区滑坡灾害防治关键技术研究	王建智　侯恩科　杨更社　赵　洲　何　晖　朱有禄　叶万军　郭秀才　赵海林	中国有色金属工业西安勘察设计研究院、西安科技大学、西安工业大学、汉中市地质环境监测站	陕西省科学技术奖	二等奖	2013年
6	矿井救援无线多媒体通信关键技术研究与装备应用	文　虎　金永飞　郑学召　吴建斌　马　砺　李新卫　王伟峰　费金彪　张青峰	西安科技大学、西安森兰科贸有限责任公司	陕西省科学技术奖	二等奖	2013年
7	急倾斜特厚煤层安全开采关键技术研究	郝　贵　来兴平　胡开江　王宁波　卢　俭　漆　涛　徐会军　祸连兴　崔　峰　陈建强　蒋东晖　蒋新军　张新战	神华新疆能源有限责任公司、西安科技大学	中国煤炭工业协会科学技术奖	二等奖	2013年
8	兖州矿区应急救援体系及关键技术研究与应用	王　信　文　虎　李　伟　王振平　李增良　马　砺　宋先明　郑学召　王洪权　吴建斌　刘士义　许　义　王伟峰	兖矿集团有限公司、西安科技大学、西安森兰科贸有限责任公司	中国煤炭工业协会科学技术奖	二等奖	2013年
9	急倾斜特厚煤层深部煤岩动力灾害防治技术研究	来兴平　王宁波　卢　俭　漆　涛　徐会军　祸连兴　崔　峰　陈建强　蒋东晖　蒋新军　张新战　金　鑫　周　强	神华新疆能源有限责任公司、西安科技大学	中国煤炭工业协会科学技术奖	二等奖	2013年
10	煤微量元素地球化学的一个重要规律	杨建业	西安科技大学	陕西省第十二届自然科学优秀学术论文	三等奖	2013年

序号	成果名称	项目负责人及参加人员	完成单位	奖励名称	奖励等级	年度
11	纳米铝粉和微米铝粉凝聚机理的对比研究	炎正馨 邓 军 罗振敏	西安科技大学	陕西省第十二届自然科学优秀学术论文	三等奖	2013年
12	基于植入玻璃纤维聚合物的光纤光栅传感器厚松散层沉降变形监测	柴 敬 刘金瑄 邱 标 李 毅 朱 磊	西安科技大学	陕西省第十二届自然科学优秀学术论文	三等奖	2013年
13	特厚煤层分层综放开采覆岩冒裂带高度观测研究	李广成 余学义 刘远康 卢 熹 张旺荣 杨世杰 赵兵朝	甘肃华亭煤业集团有限责任公司、西安科技大学	甘肃省科学技术进步奖	三等奖	2013年
14	新型铋基焦绿石材料微结构与介电响应机制研究	杜慧玲 史 翔 李会录 杜 娴 崔 玉	西安科技大学	陕西省科学技术奖	三等奖	2013年
15	电子商务信息智能统计与应用研究	程书强 钱海婷 刘 敏 张守刚 陈 正 杨晓虎 张同琦	西安财经学院、渭南师范学院、西安科技大学	陕西省科学技术奖	三等奖	2013年
16	榆林地方煤矿安全高效开采关键技术及应用	白如鸿 郝 君 蒋泽泉 王振华 许满贵 赵锦峰 刘宝元	榆林市杨伙盘煤矿、陕西省煤田地质局一八五队、西安科技大学	陕西省科学技术奖	三等奖	2013年
17	高地温超长综放面自燃特点及预防技术	孙广京 马 砺 韩 力 赵延湘 王乃国 文 虎 周升举 刘建峰 王伟峰	山东新巨龙能源有限责任公司、西安科技大学	中国煤炭工业协会科学技术奖	三等奖	2013年
18	井下多媒体信息地面钻孔探测技术研究	文 虎 陈晓坤 郑学召 吴建斌 金永飞 李新卫 马 砺 张青峰 王伟峰	西安科技大学、西安森兰科贸有限责任公司	中国煤炭工业协会科学技术奖	三等奖	2013年
19	马克思主义思想政治教育理论时代化研究	赖雄麟	西安科技大学	陕西省第十一次哲学社会科学优秀成果奖	三等奖	2013年
20	比较与整合:中国当代"主体间性"道德教育理论的建构	张立杰	西安科技大学	陕西省第十一次哲学社会科学优秀成果奖	三等奖	2013年
21	新疆地区煤炭与煤层气资源聚集规律及勘查评价	王 佟 王俊民 傅雪海 韦 波 夏玉成 孙升林 邵龙义 张 相 田继军 马国东 任玉桃 杨曙光	新疆维吾尔自治区煤田地质局、中国煤炭地质总局、新疆大学、西安科技大学、中国矿业大学(北京)、中国矿业大学	新疆维吾尔自治区科学技术进步奖	一等奖	2014年

序号	成果名称	项目负责人及参加人员			完成单位	奖励名称	奖励等级	年度
22	空区群高应力矿体水平深孔浅孔组合采矿综合技术研究	白复锌　王善功　刘　浪 姜顺鹏　周罗中　于向波 白凤龙　宋召法　李伟明 李守正　满雪峰　张玉刚 王晓宁　王美良　夏世羽			山东黄金矿业（鑫汇）有限公司、长沙矿山研究院有限责任公司、西安科技大学、长沙吉华矿业技术有限公司	中国黄金协会科学技术奖	一等奖	2014 年
23	黄陇侏罗纪煤田煤油气共生矿井耦合灾害防控关键技术	王双明　闵　龙　王苏健 范立民　邓　军　虎维岳 邓增社　原德胜　师同民 唐恩贤　程建远　宋　飞 陈　通　司俊鸿　李　涛 黄克军　徐文全			陕西煤业化工集团有限责任公司、陕西省地质调查院、中煤科工集团西安研究院有限公司、西安科技大学、陕西煤业化工技术研究院有限责任公司、陕西彬长矿业集团有限公司、陕西陕煤铜川矿业有限公司、陕西陕煤黄陵矿业有限公司	中国煤炭工业协会科学技术奖	一等奖	2014 年
24	急倾斜煤层重复采动沿空软岩巷道支护技术研究	何　攀　伍永平　曹建辉 解盘石　兰胜华　曾佑富 培　安			四川广旺能源发展（集团）有限责任公司赵家坝煤矿、西安科技大学	四川省科学技术进步奖	二等奖	2014 年
25	基于工业工程的煤矿安全管理信息系统平台开发及应用研究	蒋　静　廖传义　刘　健 邬康明　车　平　黄承刚 杨志福			四川达竹煤电（集团）有限责任公司、西安科技大学、西安邮电大学、北京中安达远科技发展有限公司	四川省科学技术进步奖	二等奖	2014 年
26	彬长矿区富水岩层井筒非全深冻结施工技术研究及应用	马忙利　任建喜　原德胜 昝军才　谢冬季　张　琨 刘沛林　冯喜存　韩栓祥 窦桂东　梁彦安　张峰飞 张小宇			陕西彬长矿业集团有限公司、西安科技大学	中国煤炭工业协会科学技术奖	二等奖	2014 年
27	风积砂似膏体机械化充填采煤技术及应用	吕文宏　刘鹏亮　刘　巍 张华兴　王晓利　赵立新 吴群英　孙凯华　郭永平 郑天斌　李建民　杨正民 孙万明			陕西中能煤田有限公司、天地科技股份有限公司、西安科技大学	中国煤炭工业协会科学技术奖	二等奖	2014 年
28	适用于少人或无人工作面的采煤机自动截割控制技术研究与应用	王增强　惠万里　马宏伟 张大伟　赵友军　赵亦辉 杨五五　赵　斌　王维发 袁　智　张旭辉　赵永科 孙永锋			西安重工装备制造集团有限公司、西安煤矿机械有限公司、西安科技大学、山西中新唐山沟煤业有限责任公司	中国煤炭工业协会科学技术奖	二等奖	2014 年
29	矿井火灾多源信息融合预警及控制技术研究	李　英　程方明　韩红远 马　砺　邓　军　石仓勇 朱翔宇　王伟峰　孟凡龙 王建农　张嫣妮　梁　飞			西安科技大学、太原市电子研究设计院、大同煤矿集团有限责任公司、西安森兰科贸有限责任公司	中国煤炭工业协会科学技术奖	二等奖	2014 年

序号	成果名称	项目负责人及参加人员	完成单位	奖励名称	奖励等级	年度
30	矿井粉煤灰灌浆固化膨胀充填防灭火技术研究	赵 君 金永飞 李 渊 王爱国 程剑新 文 虎 乔耀东 张辛亥 张栋建 邓 军 张 翼 景珂宁 王子邦	大同煤矿集团有限责任公司、西安科技大学、大同煤矿集团有限责任公司同大科技研究院、西安森兰科贸有限责任公司、大同煤炭职业技术学院	中国煤炭工业协会科学技术奖	二等奖	2014年
31	基于 ObjectARX \ DBX 的矿井通风设计智能一体化 CAD 系统研究	郑忠友 李龙清 宫守才 吴奉亮 武 讲 常心坦 李学文 王长友 王红刚 赵传刚 段明岸 宋 伟 张京兆	中煤西安设计工程有限责任公司、西安科技大学	中国煤炭工业协会科学技术奖	二等奖	2014年
32	煤岩开采动力灾害演化规律科学计算与微震监测预警方法研究	唐春安 薛俊华 刘 超 余国锋 陆菜平 张永彬 周 伟 马天辉 张锤金 何 勇 段昌瑞 罗 勇 张 寒	淮南矿业(集团)有限责任公司、大连理工大学、西安科技大学、中国矿业大学	中国煤炭工业协会科学技术奖	二等奖	2014年
33	矿粮复合区耕地损毁信息获取、评价及土壤修复技术与应用	张合兵 马守臣 刘文锴 王世东 王新闯 陈秋计 关中美 李慧敏 郝成元 李春意 蔡来良 刘振波 桑振平	河南理工大学、河南工程学院、西安科技大学、河南大有能源股份有限公司常村煤矿	中国煤炭工业协会科学技术奖	二等奖	2014年
34	急倾斜特厚煤层多源灾害综合预报关键技术及应用	来兴平 张国辉 王宁波 陈建强 冯 浩 祃连兴 漆 涛 王 庆 吴 兵 张新战 付 斌 孙秉承 曹建涛	神华新疆能源有限责任公司、西安科技大学、北京中才华源高新技术有限责任公司	中国煤炭工业协会科学技术奖	二等奖	2014年
35	煤矿区土地损毁评价、复垦技术及其信息化	陈秋计	西安科技大学	河南省科学技术进步奖	三等奖	2014年
36	柔模泵注混凝土沿空留巷支护技术应用研究	何长海 王晓利 尚书海 吴嘉林 田金栋	冀中能源峰峰集团有限公司、西安科技大学、中煤国际工程集团武汉设计研究院	河北省科学技术奖	三等奖	2014年
37	南梁煤矿区段煤柱及回采巷道支护参数研究	杨文清 张 杰 付二军 李旭东 李自雄 张宪良 李 宇 赵淑慧 张 磊	陕西南梁矿业有限公司、西安科技大学	中国煤炭工业协会科学技术奖	三等奖	2014年
38	集贤煤矿沿空留巷及围岩控制关键技术研究	李庆军 李树刚 孙久政 王红胜 赵维国 刘 超 张长山 李春生 赵秋贵	黑龙江龙煤矿业集团股份有限公司双鸭山分公司集贤煤矿、西安科技大学	中国煤炭工业协会科学技术奖	三等奖	2014年
39	矿山救援无线多媒体通讯技术及装备	王振平 文 虎 李增良 王洪权 郑学召 宋先明 吴建斌 于晓波 马 砺	兖州煤业股份有限公司、西安科技大学、西安森兰科贸有限责任公司	中国煤炭工业协会科学技术奖	三等奖	2014年

序号	成果名称	项目负责人及参加人员	完成单位	奖励名称	奖励等级	年度
40	深井高地温综放开采防灭火技术研究与应用	王振平　阮国强　马　砺 王伟峰　王保齐　文　虎 张祥云　简俊常　骆　伟	兖州煤业股份有限公司、兖煤菏泽能化有限公司、西安科技大学、西安森兰科贸有限责任公司	中国煤炭工业协会科学技术奖	三等奖	2014年
41	高瓦斯低透气性单一煤层强化增透技术研究	王　强　李树刚　李忠群 佐江宏　张天军　李迎业 徐　刚　王红胜　王　强	山西潞安环保能源开发股份有限公司五阳煤矿、西安科技大学	中国煤炭工业协会科学技术奖	三等奖	2014年
42	大倾角易燃煤层综放安全高效开采关键技术研究	张东俭　柏正才　刘国顺 彭学东　王道国　管　辉 杜国宏　邢承庆　车守强	兖矿新疆能化有限公司、西安科技大学	中国煤炭工业协会科学技术奖	三等奖	2014年
43	自燃特厚煤层综放开采自燃预防技术的研究与应用	杨纪元　苏小卫　候毛伟 赵青松　苗永新　曹纪龙 文　虎　马　砺　李玉鹏	陕西煤业集团黄陵建庄矿业有限公司、西安科技大学	中国煤炭工业协会科学技术奖	三等奖	2014年
44	高丰度煤层气富集区的评价指标和方法体系	李建武　杨志远　张培河 贾建称　张新民　晋香兰 李贵红　降文萍　杜志强	中煤科工集团西安研究院有限公司、西安科技大学	中国煤炭工业协会科学技术奖	三等奖	2014年
45	黄陵矿业数字化电厂建设与应用	张　代　刘海洋　刘海东 李　宁　曹根山　付　燕 李贵民　赵丹普　彭康利	陕西陕煤黄陵矿业有限公司、西安科技大学	中国煤炭工业协会科学技术奖	三等奖	2014年
46	完整约束下多转子-轴承系统非线性动力学研究及其应用	李　明　李自刚　薛　萍 付团伟　阿　梅　王　静	西安科技大学	西安市科学技术进步奖	二等奖	2014年
47	基于安全隔离的煤矿安全生产多业务远程综合监测系统	卢建军　赵安新　王晓路 金　蓉　卫　晨　战金龙 刘志鹏	西安邮电大学、西安科技大学	西安市科学技术进步奖	二等奖	2014年
48	TD-SCDMA煤矿安全生产指挥调度系统	李　明　王安义　彭　渝	陕西浩瀚新宇科技发展有限公司、西安科技大学、大唐移动(西安)通信设备有限公司	西安市科学技术进步奖	三等奖	2014年
49	矿用本质安全型网络设备	李文峰　韩　非　徐克强 代新冠　李国民　薛颖轶 刘俊斌	西安科技大学、西安终南信息技术有限公司	西安市科学技术进步奖	三等奖	2014年
50	多功能低温介电温度测试系统关键技术研究及应用	杜慧玲　史　翔　李会录 杜　娴　管仁忠　赵　岑	西安科技大学	西安市科学技术进步奖	三等奖	2014年
51	适用于少人或无人工作面的采煤机自动截割控制技术研究与应用	王增强　惠万里　马宏伟 张大伟　赵友军　赵亦辉 杨五五　赵　斌　王维发 袁　智　张旭辉	西安重工装备制造集团有限公司、西安煤矿机械有限公司、西安科技大学、山西中新唐山沟煤业有限责任公司	陕西省科学技术奖	一等奖	2015年

序号	成果名称	项目负责人及参加人员	完成单位	奖励名称	奖励等级	年度
52	黄土沟壑区煤油气共生矿井耦合灾害防治关键技术	王双明 闵 龙 王苏健 虎维岳 邓 军 谢文兵 邓增社 原德胜 师同民 唐恩贤 程建远	陕西煤业化工集团有限责任公司、陕西省地质调查院、中煤科工集团西安研究院有限公司、西安科技大学、中国矿业大学	陕西省科学技术奖	一等奖	2015年
53	深井高地温综放开采防灭火技术研究与应用	王振平 阮国强 马 砺 王伟峰 王保齐 文 虎 张祥云 简俊常 骆 伟 刘林胜 肖国强 孙 超 王会强 刘 恒 雷 静	兖州煤业股份有限公司、兖煤菏泽能化有限公司、西安科技大学、西安森兰科贸有限责任公司	第六届安全生产科技成果奖	一等奖	2015年
54	黄陇侏罗纪煤田煤油气共生矿井耦合灾害防控关键技术	王双明 闵 龙 王苏健 范立民 邓 军 虎维岳 邓增社 原德胜 师同民 唐恩贤 程建远 宋 飞 陈 通 司俊鸿 李 涛	陕西煤业化工集团有限责任公司、陕西省地质调查院、中煤科工集团西安研究院有限公司、西安科技大学、陕西煤业化工技术研究院有限责任公司、陕西彬长矿业集团有限公司、陕西陕煤铜川矿业有限公司、陕西陕煤黄陵矿业有限公司	第六届安全生产科技成果奖	一等奖	2015年
55	核电焊接结构材料环境致裂失效机理与安全评价方法	薛 河 龚晓燕 李智军 赵凌燕 杨富强 汪卫兵 方秀荣 唐 伟 杜云鹏	西安科技大学	西安市科学技术奖	一等奖	2015年
56	岩层变形光纤传感检测方法	柴 敬 李 毅 刘金瑄 张丁丁 朱 磊 王振平 杨建华 张 渤 王春耀	西安科技大学	陕西省科学技术奖	二等奖	2015年
57	庙哈孤矿区顶板分类分区与巷道支护技术研究	侯恩科 安仁旺 邓广哲 翟鸿良 吴文良 杨 帆 郭旺生 卫 鹏 宋安峰	陕西涌鑫矿业有限责任公司、西安科技大学	陕西省科学技术奖	二等奖	2015年
58	大采高开采围岩灾害动力学与控制基础研究	来兴平 伍永平 曹建涛 单鹏飞 崔 峰	西安科技大学	陕西省科学技术奖	二等奖	2015年
59	大倾角煤层走向长壁大采高综采技术研究	伍永平(第二) 解盘石(第四) 贠东风(第六)	西安科技大学(第二)	新疆维吾尔自治区科学技术进步奖	二等奖	2015年
60	余煤复采综合技术研究	俞学平 邓 军 何 荣 金永飞 宋润权 陈绍林 张克培	四川芙蓉集团实业有限责任公司、西安科技大学	四川省科学技术进步奖	二等奖	2015年
61	矿井火灾多源信息融合预警及控制技术研究	陈晓坤 李 英 程方明 韩红远 马 砺 邓 军 石仓勇 朱翔宇 王伟峰 孟凡龙	西安科技大学、太原市电子研究设计院、大同煤矿集团有限责任公司	第六届安全生产科技成果奖	二等奖	2015年

序号	成果名称	项目负责人及参加人员	完成单位	奖励名称	奖励等级	年度
62	覆岩采动裂隙场与卸压瓦斯渗流场耦合机理及应用研究	李树刚　林海飞　肖　鹏 张天军　潘红宇　成连华 赵鹏翔　魏宗勇　王红胜 黄金星	西安科技大学	第六届安全生产科技成果奖	二等奖	2015年
63	重大矿山事故钻孔救援关键技术及配套装备应用研究	王志坚　刘永彬　杨永钦 石智军　陈晓坤　程　光 郭瑞京　孟斌成　田得雨 邱　雁	国家安全生产监督管理总局矿山救援指挥中心、中煤地质工程总公司北京大地特勘分公司、中国石油化工股份有限公司中原油田分公司、中煤科工集团西安研究院有限公司、西安科技大学、河北联合大学、国家安全生产监督管理总局矿山医疗救护中心	第六届安全生产科技成果奖	二等奖	2015年
64	矿热炉高低压联合无功补偿控制系统	张传伟　文建平　张武刚 王　渊　郭　卫	西安科技大学	西安市科学技术奖	二等奖	2015年
65	覆岩采动裂隙场与卸压瓦斯渗流场耦合机理及应用研究	李树刚　林海飞　肖　鹏 张天军　赵鹏翔　潘红宇 成连华　黄金星　魏宗勇 王红胜	西安科技大学	西安市科学技术奖	二等奖	2015年
66	大倾角煤层长壁开采"关键层"转换与岩体结构变异致灾理论研究	伍永平　王红伟　解盘石 贠东风　张艳丽　曾佑富 高喜才　窦　娟	西安科技大学	西安市科学技术奖	二等奖	2015年
67	电梯无线应急通信系统	李文峰　韩　非　徐克强 李国民　李志华　刘荣灿 刘　粉	西安科技大学、西安终南信息技术有限公司	陕西省科学技术奖	三等奖	2015年
68	陕西省地质灾害发育规律与防治技术研究	康金栓　赵法锁　李　芳 滕宏泉　娄月红　何意平 李永红	陕西省地质环境监测总站、长安大学、西安科技大学	陕西省科学技术奖	三等奖	2015年
69	气溶胶类物质对矿井瓦斯的控爆研究	罗振敏　文　虎　程方明 王秋红　蔡周全　陈晓坤 王　华	西安科技大学	陕西省科学技术奖	三等奖	2015年
70	倾斜中厚难采矿体分段中孔阶段空场采矿综合技术研究	赵　杰　刘　浪　刘汉福 周罗中	山东黄金集团昌邑矿业有限公司、长沙矿山研究院、西安科技大学	中国黄金协会科学技术奖	三等奖	2015年
71	深井厚煤层柔模泵注混凝土沿空留巷安全开采技术应用研究	张光建　王晓利　齐明胜 张敬军　刘新亮　谢文强 刘忠平	河南神火煤电股份有限公司、西安科技大学、陕西开拓建筑科技有限公司	河南省科技进步奖	三等奖	2015年

续表

序号	成果名称	项目负责人及参加人员	完成单位	奖励名称	奖励等级	年度
72	基本洪水演进模型的高速公路滞洪区路堤三维动态监测与稳定性技术	左俊朝　张立杰　戴为民 李　君　郭建新　李海滨 李栋材　李少强　滑　彬 郭法霞	邢台市邢衡高速公路管理处、西安科技大学	河北省科学技术奖	三等奖	2015年
73	GTM数字仿真与高性能沥青混合料开发研究	段海军　郝新利　李晓军 王庆凯　闫世龙　马立纲 马磊霞　张永利　王洪涛 舒继伟	河北省高速公路承赤筹建处、河北省交通规划设计院、西安科技大学	河北省科学技术奖	三等奖	2015年
74	集贤煤矿沿空留巷及围岩控制关键技术研究	李庆军　李树刚　孙久政 王红胜　赵维国　刘　超 张长山	龙煤集团双鸭山分公司、西安科技大学	黑龙江省科学技术奖	三等奖	2015年
75	高应力动压软岩巷道破坏机理及其锚注支护技术研究	高小明　李虎林　马忠元 任建喜　马志鹏　奚家米 陈新年	甘肃省靖远煤电股份有限公司魏家地煤矿、西安科技大学	甘肃省科学技术进步奖	三等奖	2015年
76	黄土工程特性及高边坡工程防治技术研究	陈效星　王念秦　王国义 陈则连　刘晓玲　杨建国 许再良　崔庆国　隋孝民 肖世伟	铁道第三勘察设计院集团有限公司、西安科技大学	铁道科技奖	三等奖	2015年
77	深井厚煤层柔模泵注混凝土沿空留巷安全开采技术应用研究	张光建　王晓利　齐明胜 张敬军　刘新亮	河南神火煤电股份有限公司、西安科技大学、陕西开拓建筑科技有限公司	第六届安全生产科技成果奖	三等奖	2015年
78	矿井动压灌浆防灭火系统的研究与应用	肖　旸　任晓东　马　砺 薛永利　葛令建	兖州煤业股份有限公司、西安科技大学、西安森兰科贸有限责任公司	第六届安全生产科技成果奖	三等奖	2015年
79	高瓦斯低透气性单一煤层强化增透技术研究	王　强　李树刚　李忠群 佐江宏　张天军	山西潞安环保能源开发股份有限公司五阳煤矿、西安科技大学	第六届安全生产科技成果奖	三等奖	2015年
80	矿井煤层自燃隐蔽火源红外成像探测技术研究	谢强珍　郭　英　郭　杰 文　虎　张玉贞	兖州煤业股份有限公司、西安科技大学	第六届安全生产科技成果奖	三等奖	2015年
81	深井高地温矿井综放采空区惰化降温防灭火技术	孙广京　马　砺　韩　力 王焕忠　王乃国	山东新巨龙能源有限责任公司、西安科技大学	第六届安全生产科技成果奖	三等奖	2015年
82	上行开采工作面采空区自然发火防治技术研究	颜　磊　张殿振　莫　技 马　砺　赵延湘	山东省新汶矿业集团公司孙村煤矿、西安科技大学	第六届安全生产科技成果奖	三等奖	2015年

序号	成果名称	项目负责人及参加人员	完成单位	奖励名称	奖励等级	年度
83	矿井粉煤灰灌浆固化膨胀充填防灭火技术研究	李　渊　金永飞　景珂宁　王爱国　陈　菲	大同煤矿集团有限责任公司、西安科技大学、大同煤矿集团有限责任公司同大科技研究院	第六届安全生产科技成果奖	三等奖	2015年
84	矿井高压电网单相接地故障机理与保护技术研究	王清亮　付周兴　杜　辉　焦水林	西安科技大学	第六届安全生产科技成果奖	三等奖	2015年
85	煤矿致灾隐患监测辨识预警平台关键技术及应用	方　刚　董立红　龚尚福　郭佐宁　张建安	陕煤集团神木张家峁矿业有限公司、西安科技大学	第六届安全生产科技成果奖	三等奖	2015年
86	复杂矿井通风系统三维动态仿真与全风网监测系统研究	张　森　李龙清　王建文　吴奉亮　延光生	陕煤集团神木柠条塔矿业有限公司、西安科技大学	第六届安全生产科技成果奖	三等奖	2015年
87	煤岩开采动力灾害演化规律科学计算与微震监测预警方法研究	唐春安　薛俊华　刘　超　余国锋　陆菜平	淮南矿业（集团）有限责任公司、大连理工大学、西安科技大学	第六届安全生产科技成果奖	三等奖	2015年
88	兖州矿区应急救援体系及关键技术研究	王　信　文　虎　李　伟　王振平　李增良	兖矿集团有限公司、西安科技大学、西安森兰科贸有限责任公司	第六届安全生产科技成果奖	三等奖	2015年
89	近河下特厚煤层分层综放开采技术研究与应用	卢　熹　杨世杰　李广成　刘远康　丁隆端	甘肃华亭煤电股份有限公司陈家沟煤矿、煤炭科学研究总院唐山研究院、西安科技大学	第六届安全生产科技成果奖	三等奖	2015年
90	WORD文档信息隐藏和图像水印新方法研究	张释如　柏　均　姚　展　郗艳华	西安科技大学	西安市科学技术奖	三等奖	2015年
91	矿山三维巷道网络模型的构建及其空间分析研究	罗晓霞　张志华　侯恩科　邓念东　赵　洲　史晓楠　朱庆伟	西安科技大学	西安市科学技术奖	三等奖	2015年
92	KJ402矿井水文监测系统	秋兴国　解海军　任　义　刘　刚　贾澎涛　姜冬茹　蔡青松	西安科技大学	西安市科学技术奖	三等奖	2015年
93	煤矿岩层柔模支护控制高效开采成套技术研发及应用	王晓利　张子飞　李晋平　吴嘉林　张金锁　吴群英　杨俊哲　贺安民　张敬军　赵兵文　周光华	西安科技大学、神华神东煤炭集团有限责任公司、陕西煤业化工集团有限责任公司、陕西开拓建筑科技有限公司、中煤科工集团武汉设计研究院有限公司	陕西省科学技术奖	一等奖	2016年

序号	成果名称	项目负责人及参加人员	完成单位	奖励名称	奖励等级	年度
94	基于柔模支护的煤矿安全高回收开采关键技术与装备研发及工业化应用	王晓利　杨俊哲　李晋平 吴嘉林　张金锁　吴群英 周光华　王世斌　赵兵文 魏里阳　张敬军　王海军 冯茂龙　贺安民　杨吉平 施文刚　吴玉意	西安科技大学、神华神东煤炭集团有限责任公司、山西潞安矿业(集团)有限责任公司、中煤科工集团武汉设计研究院有限公司、神华宁夏煤业集团有限责任公司、冀中能源峰峰集团有限公司、陕西开拓建筑科技有限公司、陕西陕煤韩城矿业有限公司、神华乌海能源有限责任公司、河南神火集团有限责任公司、陕西中能煤田有限责任公司、六枝工矿(集团)有限责任公司	中国煤炭工业协会科学技术奖	一等奖	2016年
95	急倾斜特厚煤层安全高效开采关键技术开发与应用	来兴平　张国辉　王宁波 陈建强　卢俭　常博 漆涛　崔峰　蒋新军 张新战　苏育德　孙秉成	神华新疆能源有限责任公司、西安科技大学	新疆维吾尔自治区科学技术进步奖	一等奖	2016年
96	矿井全风量降温关键技术研究与工程示范	王振平　阮国强　冯小平 王树胜　王保齐　马砺 郭英　徐京　易欣 郭念波　吴奉亮　简俊常 刘健	兖矿集团有限公司、兖煤菏泽能化有限公司、江南大学、西安科技大学	中国煤炭工业协会科学技术奖	二等奖	2016年
97	太西洗煤厂流化床气流粉碎分选制备超细超纯煤新技术研究	朱长勇　叶庆春　张迁 周安宁　李成刚　杨程 李振　熊善新　曹文军 曲建林　杨伏生　赵世永 汪晓芹	神华宁夏煤业集团有限责任公司太西洗煤厂、西安科技大学	中国煤炭工业协会科学技术奖	二等奖	2016年
98	地铁盾构隧道预制管片施工及验收标准	曹振　任建喜　贺农农 雷斌　杨锋　任翔 张宁　张琨　章忠	西安科技大学、西安市地下铁道有限责任公司、中铁十五局集团有限公司、西安港创建材有限公司	陕西省科学技术奖	二等奖	2016年
99	复杂地质条件下沿空留巷成套技术研究与应用	王世斌　陈永民　王苏健 刘效贤　卫兆祥　刘新民 屈永安　谢建厚　曹新奇	陕西陕煤韩城矿业有限公司、陕西煤业化工技术研究院有限公司、西安科技大学、西安重装韩城煤矿机械有限公司	陕西省科学技术奖	二等奖	2016年
100	矿井粉煤灰灌浆固化膨胀充填防灭火技术研究	赵君　金永飞　李渊 王爱国　程剑新　文虎 乔耀东　张辛亥	大同煤矿集团有限责任公司、西安科技大学、大同煤矿集团有限责任公司同大科技研究院、大同煤炭职业技术学院	山西省科学技术奖	二等奖	2016年
101	有机多孔-金属微孔复合填料开发及其在污水处理中的应用研究	李杰　魏东洋　程爱华 贺涛　王亚娥　马娟 赵炜　马宁　李泰儒	兰州交通大学、环境保护部华南环境科学研究所、西安科技大学	国家环境保护科学技术奖	二等奖	2016年

序号	成果名称	项目负责人及参加人员	完成单位	奖励名称	奖励等级	年度
102	粉煤灰成型吸附剂的制备及应用	刘转年　王贵荣　程爱华 刘　源　韩晓刚　徐敏华 荆秀艳	西安科技大学	中国循环经济协会科学技术奖	二等奖	2016 年
103	复杂难采矿体的高效开采与安全控制关键技术研究	王明勤　刘　浪　王小军 邓代强　于向波　姜顺鹏 李伟明　何远富　姜峰军 王红胜　唐亚男　王　健 李正灿　满雪峰　耿爱鹏	山东黄金矿业（鑫汇）有限公司、长沙矿山研究院有限责任公司、西安科技大学、长沙吉华矿业技术有限公司	中国黄金协会科学技术奖	二等奖	2016 年
104	具有约束关系的复杂转子-轴承系统动力学特性与振动控制	李　明　李自刚　薛　萍 赵　文　刘渊博　付团伟 刘　刚	西安科技大学	陕西省科学技术奖	三等奖	2016 年
105	极端润湿材料的仿生制备及润湿性可控规律研究	屈孟男　何金梅　周安宁 张俊彦　李　辉	西安科技大学、中国科学院兰州化学物理研究所	陕西省科学技术奖	三等奖	2016 年
106	聚氯乙烯高性能化、抗静电功能化新技术	李侃社　汪晓芹　牛红梅 陈创前　康　洁　闫兰英 梁耀东	西安科技大学、西安新大地塑业有限公司	陕西省科学技术奖	三等奖	2016 年
107	榆神矿区浅埋煤层自燃灾害预警基础研究	马　砺　邓　军　肖　旸 王伟峰　罗振敏　李　贝 代爱萍	西安科技大学	陕西省科学技术奖	三等奖	2016 年
108	矿井电网智能漏电保护技术	赵建文　付周兴　侯媛彬 黄永平　郭秀才	西安科技大学	陕西省科学技术奖	三等奖	2016 年
109	间隔式采煤后采空区及煤柱对下层煤开采的矿压影响	杨文清　张　杰　付二军 成浩然　李自雄　郭志伟 石　强　郝胜利　王志瑞	陕西南梁矿业有限公司、西安科技大学	中国煤炭工业协会科学技术奖	三等奖	2016 年
110	南梁危险源辨识及信息系统研究	杨文清　付二军　高晓旭 成浩然　李自雄　郭志伟 石　强　郝胜利　王志瑞	陕西南梁矿业有限公司、西安科技大学	中国煤炭工业协会科学技术奖	三等奖	2016 年
111	高瓦斯近距离煤层采空区瓦斯与煤火灾害协同防治技术	张　华　李树刚　王学洋 郭　英　林海飞　谷守生 姚　飞　马　砺　许光海	兖州煤业股份有限公司、山西和顺天池能源有限责任公司、西安科技大学	中国煤炭工业协会科学技术奖	三等奖	2016 年
112	煤层自燃气溶胶阻化防灭火技术研究与应用	郝迎格　马　砺　王振平 肖　旸　马　旭　王　旭 文　虎　张连锋　王伟峰	兖州煤业股份有限公司、西安科技大学	中国煤炭工业协会科学技术奖	三等奖	2016 年
113	近距离易自燃煤层群开采复合采空区瓦斯与火协同防控技术研究	赵　君　陈晓坤　刘　敬 李树刚　李　渊　吴跃平 林海飞　景珂宁　贾永生	大同煤矿集团有限责任公司、西安科技大学、大同煤矿集团有限责任公司矿山救护大队、大同煤炭职业技术学院	中国煤炭工业协会科学技术奖	三等奖	2016 年

续表

序号	成果名称	项目负责人及参加人员	完成单位	奖励名称	奖励等级	年度
114	红外辅助脉冲强磁处理重介质关键设备研究	李国彪　陈　进　关泽龙　张小康　景春选　田爱芬　张金耀　张向华　张　镜	霍州煤电集团有限责任公司、西安科技大学	中国煤炭工业协会科学技术奖	三等奖	2016年
115	干旱半干旱煤矿区生态环境变化监测及治理关键技术	陈秋计　刘长星　郭　斌　吴雅睿　古江华　张合兵　杨梅焕　姚顽强　王贵荣	西安科技大学、河南理工大学、神木县孙家岔镇柠条塔煤矿	中国煤炭工业协会科学技术奖	三等奖	2016年
116	三道沟煤矿采空区地表移动沉陷规律基础研究	朱庆伟　张润安　邵水才　任福勇　高国生　马矿生　霍雷敏　高林君　杨传福	西安科技大学、神华神东煤炭集团有限责任公司、神华神东煤炭集团有限责任公司三道沟煤矿管理处	中国煤炭工业协会科学技术奖	三等奖	2016年
117	智能实时监控远端控制模块的开发	赵　谦　曾召华　孙　弋　黄　健　孙翠珍　苗　露　赵　诚	西安科技大学	西安市科学技术奖	三等奖	2016年
118	浅埋煤层开采岩层控制理论及其应用	黄庆享　张　沛　陈　杰　张文忠　陈苏社　邵水才　蔚保宁　刘腾飞　黄克军	西安科技大学	陕西省科学技术奖	一等奖	2017年
119	矿井煤层自然发火标志性气体研究	金永飞　蒋志刚　赵　凯　景宏年　唐金陵　赵怀刚　张　静　邱邦汉　王显银　赵茂森	四川省煤炭产业集团有限责任公司、西安科技大学、四川芙蓉集团实业有限责任公司、四川华蓥山光能(集团)有限责任公司、四川达竹煤电(集团)有限责任公司	四川省科学技术奖	一等奖	2017年
120	煤自燃危险区域无线监测预警技术研究	马　砺　王九红　郭　英　王　旭　王伟峰　马　旭　李珍宝　范爱文　侯玉亭　孙计全　张连锋　郑　旋　程方明　雷昌奎　任立峰　王秋红	兖州煤业股份有限公司、西安科技大学	中国煤炭工业协会科学技术奖	一等奖	2017年
121	高瓦斯矿井综放柔模无煤柱煤与瓦斯共采技术应用研究	刘进平　王晓利　张君正　王志强　郭李刚　王　嵩　赵　伟　张永平　刘忠平　魏保玉　魏　朝　高宗明　张正斌　孙文忠　张智强　李安红　王平清	山西潞安矿业(集团)有限责任公司、西安科技大学、山西高河能源有限公司、陕西开拓建筑科技有限公司	中国煤炭工业协会科学技术奖	一等奖	2017年
122	复杂环境超高层框-筒结构楼房拆除爆破关键技术研究	王小林 等	福建高能建设工程有限公司、青岛第一市政工程有限公司、西安鹏程爆破工程有限公司、西安科技大学、西安交通大学	中国爆破行业协会科学技术进步奖	一等奖	2017年

序号	成果名称	项目负责人及参加人员	完成单位	奖励名称	奖励等级	年度
123	高分辨率遥感林业应用技术与服务平台	李增元　高志海　张煜星　陈尔学　张　旭　张怀清　覃先林　夏朝宗　李晓松　李崇贵　武红敢　邓　广　史京京　凌成星　李世明	西安科技大学	地理信息科技进步奖	一等奖	2017年
124	急倾斜特厚煤层群综放开采围岩动力灾害控制基础研究	来兴平　崔　峰　曹建涛　单鹏飞　孙　欢　陈建强　漆　涛　张新战　常　博	西安科技大学、神华新疆能源有限责任公司	陕西省科学技术奖	二等奖	2017年
125	急倾斜(55°~74°)特厚易燃煤层长壁综放开采技术研究	谢俊文　程文东　仇安东　卢　熹　上官科峰　王　昀　杨世杰　周　翔　范振东　负东风	华亭煤业集团有限责任公司、西安科技大学、中国矿业大学、北京科技大学、天地(常州)自动化股份有限公司	甘肃省科学技术奖	二等奖	2017年
126	采动破断覆岩中瓦斯储运规律及人工导流抽采技术研究	林海飞　李树刚　赵鹏翔　潘红宇　肖　鹏　成连华　李　莉　魏宗勇　丁　洋	西安科技大学	陕西省科学技术奖	二等奖	2017年
127	西部侏罗纪煤自燃隐患识别及预测技术	邓　军　肖　旸　王彩萍　张嬿妮　翟小伟　王　凯　许延辉　罗振敏　程方明	西安科技大学	陕西省科学技术奖	二等奖	2017年
128	近距离易自燃煤层群开采复合采空区瓦斯与火协同防控技术研究	赵　君　陈晓坤　刘　敬　李树刚　李　渊　吴跃平　杨建武　林海飞	大同煤矿集团有限责任公司、西安科技大学、大同煤矿集团有限责任公司矿山救护大队、大同煤炭职业技术学院	山西省科学技术奖	二等奖	2017年
129	轨道交通预应力混凝土预制梁施工及验收标准	雷　斌　任建喜　曹　振　贺农农　任　翔　杨　锋　张　琨　章　忠　金连晟	西安科技大学、西安市地下铁道有限责任公司、中铁十五局集团有限公司、中交第一公路工程局有限公司	陕西省科学技术奖	二等奖	2017年
130	高瓦斯矿井综放柔模无煤柱安全开采关键技术应用研究	唐军华　王晓利　孙玉福　刘进平　宋艳鹏　张君正　王志强　刘忠平	山西潞安矿业(集团)有限责任公司、西安科技大学、山西高河能源有限公司、陕西开拓建筑科技有限公司	山西省科学技术奖	二等奖	2017年
131	厚煤层浅埋深河床下开采技术研究	孙文德　余学义　邱邦汉　朱培德　陈新年　蔡华林　杜维毅　黄正谷	四川芙蓉集团实业有限责任公司、西安科技大学、珙县生产力促进中心	四川省科学技术进步奖	二等奖	2017年
132	彬长矿区近距离煤层群协同开采与矿井合理规模研究	王红胜　范钢伟　张新志　李树刚　张东升　李　辉　吴林梓　王旭锋　刘　浪　李　磊　董永建　田苏波　双海清	西安科技大学、旬邑县中达燕家河煤矿有限公司、中国矿业大学	中国煤炭工业协会科学技术奖	二等奖	2017年

序号	成果名称	项目负责人及参加人员	完成单位	奖励名称	奖励等级	年度
133	急倾斜厚煤层瓦斯高效抽采成套技术研究	陈建强　刘程　黄旭超 田华　汪长明　孙秉成 来兴平　刘军　郑三龙 宋丹　赵凯　陈亮 唐翔宇	神华新疆能源有限责任公司、中煤科工集团重庆研究院有限公司、西安科技大学	中国煤炭工业协会科学技术奖	二等奖	2017年
134	近距浅埋煤层柱式采空区下重复采动覆岩结构破坏及控制	张杰　赵兵朝　邵小平 高晓旭　丁自伟　杨文清 付二军　李自雄　郭志伟 赵淑慧　杨涛	西安科技大学、陕西南梁矿业有限公司	中国煤炭工业协会科学技术奖	二等奖	2017年
135	采煤工作面CO生成规律及安全临界指标研究与应用	翟小伟　张嫚妮　马灵军 王凯　邓军　王彩萍 余行贤　王亚超　景巨栋 张玉涛　康希武　肖旸 吕兆海	西安科技大学、神华宁夏煤业集团有限责任公司	中国煤炭工业协会科学技术奖	二等奖	2017年
136	瓦斯异常区瓦斯与煤自燃耦合规律及协同预控技术	任晓东　王伟峰　冯浩 张辛亥　李付臣　李贝 葛令建　王亚超　赵亮 王彩萍　薛永利　张志鹏 王志伟	兖州煤业股份有限公司、西安科技大学、西安捷锐消防科技有限责任公司	中国煤炭工业协会科学技术奖	二等奖	2017年
137	急倾斜(55°~74°)特厚易燃煤层长壁综放开采技术研究	谢俊文　马宝彦　卢熹 程文东　仇安东　王昀 周翔　范振东　负东风 上官科峰　杨世杰　关俊文 张常应	华亭煤业集团有限责任公司、西安科技大学、中国矿业大学、北京科技大学、天地(常州)自动化股份有限公司	中国煤炭工业协会科学技术奖	二等奖	2017年
138	煤矿采矿技术文件用图形符号	尉朝闻　秋兴国　马中骥	西安科技大学	中国煤炭工业协会科学技术奖	二等奖	2017年
139	近距离煤层群协同开采关键技术与应用研究	王红胜　范钢伟　张新志 李树刚　张东升　李辉 吴林梓	西安科技大学、旬邑县中达燕家河煤矿有限公司、中国矿业大学	陕西省科学技术奖	三等奖	2017年
140	矿山垂直钻井救生救援关键技术与装备	雷衍庆　文虎　宋宽强 曹继玉　郑学召　刘文革 樊文龙	陕西省煤田地质有限公司、西安科技大学、陕西煤田地质机械制造有限公司	陕西省科学技术奖	三等奖	2017年
141	复合泡沫充填防灭火技术研究	杨俊哲　张辛亥　贺安民 张玉涛　安世岗　刘文永 吴建斌　白枫桐　陈晓坤	神华神东煤炭集团有限责任公司、西安科技大学	中国煤炭工业协会科学技术奖	三等奖	2017年
142	冷却塔高位弱化低位爆破高效拆除技术	王小林 等	西安鹏程爆破工程有限公司、西安科技大学、西安交通大学	中国爆破行业协会科学技术进步奖	三等奖	2017年

序号	成果名称	项目负责人及参加人员	完成单位	奖励名称	奖励等级	年度
143	极薄煤层机载或非机载变频调速远距离控制交流电牵引采煤机的开发	赵书斐　赵友军　马宏伟 罗时斌　马民政　赵亦辉 豆　斌　滕　文　贾思学	西安煤矿机械有限公司、西安科技大学、黑龙江龙煤双鸭山矿业有限责任公司	中国煤炭工业协会科学技术奖	三等奖	2017年
144	煤矿用全液压定向钻机操作模拟培训系统	李晓鹏　董洪波　姚亚峰 张旭辉　乔　杰　汪　芸 陈洪岩　申中杰　宋海涛	中煤科工集团西安研究院有限公司、西安科技大学	中国煤炭工业协会科学技术奖	三等奖	2017年
145	煤矿机械关键零部件缺陷超声信号提取与智能识别研究	马宏伟　董　明　陈　渊 齐爱玲　魏　娟　姜俊英 王　星　张一澍	西安科技大学	西安市科学技术奖	三等奖	2017年
146	采空区自然发火动态预测方法及三维虚拟仿真研究	贾澎涛　龚尚福　秋兴国 龚星宇　董丁稳　温乃宁	西安科技大学	西安市科学技术奖	三等奖	2017年

附录9　西安科技大学获省部级优秀教学成果奖统计表

陕西省高校优秀教学成果奖项目统计表(1989～2007)

序号	成果名称	完成单位	完成人员	奖励等级	获奖时间
1	大力加强矿山压力实践性教学环节	采矿系	石平五　王世熙　王金安	二等奖	1989年
2	加强课程建设　提高教学质量	基础部	刘荣均　孟昭孝　官建立	三等奖	1989年
3	配合专业改造　进行课程建设	电气系	杨恒青　任　鹏　赵　坤	三等奖	1989年
4	切实加强实习实践管理工作,促进青年知识分子健康成长	教务处、人事处	李世文　郑书信　韦　力　郑小平	二等奖	1991年
5	大学物理课的形象化教学法	基础部	黄国良	三等奖	1991年
6	矿井通风实验课七年改革	采矿系	常心坦　张森丰　李政平	三等奖	1991年
7	跟踪学科进展、适应社会需要,搞好课程建设——计算机原理及应用课程建设十年	电气系	田艾平　龚尚福	三等奖	1991年
8	基础部的教学管理系统	基础部	韩江水　李　勇　黄国良　冯楼台　郑书信	三等奖	1993年
9	分级教学、独立作业、统一管理	基础部	郝　瑛　程永贵　孟昭孝　谢建平　刘叶玲	三等奖	1993年
10	面向煤矿生产第一线发展高水平专业实验室	采矿系	李筱毅　柴　敬　赵　扬　苏普正　刘晋安	二等奖	1993年
11	活跃学生课余生活,大力举办裁判学习班——教书育人,培养有用人才	体育教研室	赵敏端	三等奖	1993年
12	抓住机遇,横向合作,加快通信专业建设	通信系	刘少亭　徐子善　卢建军　韦　力　李国民	二等奖	1995年
13	加强金工实习课程建设,提高教学质量	机械系	宁仲良　李茂盛　刘玉兰　鲁建丘　陈龙民	二等奖	1996年
14	现代工程技术物理基础专题研究	基础课部	马秀清　史正有　郑书信　王亚民　廖少俊	二等奖	1996年
15	西安矿业学院教师职称量化评审办法的探索与实践	教务处	常心坦　韩江水　赵　明	一等奖	1999年
16	通过目标化管理,全面提高大学生综合素质的举措与实践	机械系	周　斌　马胜利　赛云秀　赵晓强	二等奖	1999年
17	在教改中教书育人,加强学生能力培养	基础部	丁正生　褚维盘　赵贤淑　谢建平　雷敏茹	二等奖	1999年
18	校企合作,产学研结合的办学模式实践	通信系	徐子善　卢建军　李国民　郑华萍　韩晓冰	二等奖	1999年
19	化工—材料复合型人才培养方案及教学内容体系的研究	材料系	李侃社　周安宁　葛岭梅	二等奖	1999年
20	测绘工程专业人才培养方案及教学内容和课程体系改革研究	测量系	梁　明　孟鲁闽　史经俭　师　云	一等奖	2001年

序号	成果名称	完成单位	完成人员					奖励等级	获奖时间
21	大学生素质教育及能力培养的实践方法研究	建工系	石　磊	王芝银	奚家米	王专兵	杨更社	二等奖	2001 年
22	土木工程专业人才培养方案及教学内容和课程体系改革研究	建工系	张福林	杨更社	陈新年	郭秉山	赵来顺	二等奖	2001 年
23	非力学专业力学课程教改研究与实践	基础部	李云鹏	韩江水	郭志勇	张天军	杨治林	二等奖	2001 年
24	地质类专业改造拓宽和材料类专业建设的探索与实践	材料系	王晓刚	郑华萍	李晓池	樊怀仁	侯恩科	二等奖	2001 年
25	大学生综合素质培养目标体系的研究与实践	校办、管理学院	刘德安	陈　华	张金锁	孙再罗	戴　悦	一等奖	2003 年
26	西安科技大学系(部)本科教学评价研究与实践	校办、教务处	韩江水	杨更社	赵文杰	冯爱玲	孙艳红	二等奖	2003 年
27	安全工程专业课程体系及教学内容改革和实践	校办、能源学院	常心坦	李树刚	张俭让	徐精彩	程文东	二等奖	2003 年
28	地矿类各专业课程体系及教学内容改革研究与实践	测量系等	梁　明	黄庆享	杨梅忠	史经俭	贠东风	二等奖	2003 年
29	基于戴明循环的教学质量监控体系研究与实践	校办、教务处	韩江水	张金锁	王贵荣	孙艳红	王天平	一等奖	2005 年
30	计算机文化基础课教学研究与实践	计算机系	龚尚福	李军民	张小艳	冯爱玲	朱　宇	二等奖	2005 年
31	加强机电综合实验教学,注重学生创新能力培养	机械学院	李　曼	马宏伟	曹现刚	王振义	汪卫兵	二等奖	2005 年
32	大学生数学建模的研究与实践	基础部	丁正生	冯卫兵	赵高长	王雪峰	乔宝明	二等奖	2005 年
33	依托国家重点学科的安全工程专业建设与实践	能源学院	李树刚	许满贵	张俭让	罗振敏	邓　军	特等奖	2007 年
34	双语教学中教学规律的研究及教学方法的改革	电控学院	马宪民	张敏瑞	汪　梅	戴　俊	王　枫	一等奖	2007 年
35	基于 TQM 原理的毕业设计(论文)质量管理研究与实践	校长办公室	杨更社	王贵荣	张金锁	赵　明	孙艳红	二等奖	2007 年
36	数控技术课程实践性教学环节改革与创新	机械学院	魏　娟	马宏伟	于　洋	杜功儒	张旭辉	二等奖	2007 年
37	以学风建设为切入点,拓展高校思想政治教育工作的研究与实践	党委办公室	张立杰	奚家米	代革联	李腾龙	李建明	二等奖	2007 年

陕西省高校优秀教学成果奖项目统计表(2008～2017)

获奖时间	成果名称	主要完成人					获奖等级
2009 年	地方高校大学生职业生涯规划教育的研究与实践	刘德安	陈 华	张金锁	李 琰	冯国栋	省一等奖
2009 年	西部地方高校内部教育资源优化配置研究与实践	韩江水	田水承	夏玉成	冯爱玲	孟凡静	省二等奖
2009 年	以学科竞赛为抓手,加强大学生创新精神和实践能力培养	杨更社	王贵荣	李树刚	柴 钰	赵 明	省二等奖
2009 年	普通高校机电类专业学生科技创新和实践能力培养的研究与实践	李 曼	柴 钰	郭 卫	孙艳红	尚可超	省二等奖
2009 年	地方工科院校管理类专业实践教学体系的研究与实践	张金锁	王新红	方 莹	刘福民	张涛伟	省二等奖
2009 年	概率论与数理统计课程教学改革与建设	丁正生	赵高长	乔宝明	马继丰	廖登洪	省二等奖
2011 年	基于工程应用能力培养的土木工程专业人才培养体系构建与实践	杨更社	任建喜	谷拴成	郅 彬	陈新年	省特等奖
2011 年	地方高校校院二级管理体制改革研究与实践	苏三庆	夏玉成	张 剑	孟凡静	朱若羽	省一等奖
2011 年	基于煤炭行业的工程应用型创新人才培养体系构建与实践	郭 卫	马宏伟	李 曼	寇发荣	汪卫兵	省二等奖
2011 年	新时期高校实验室管理体制改革与资源优化整合研究与实践	王贵荣	奚家米	杨更社	尚长春	仝晓燕	省二等奖
2011 年	优化三维一体教学结构,提高大学基础课教学质量	龙熙华	张小艳	张 涛	靳玉萍	张卫国	省二等奖
2013 年	煤矿主体专业人才培养模式与教学改革的探索与实践	苏三庆 张恩强	杨更社 张俭让	王贵荣 薛喜成	李树刚 金美容	张涛伟	省特等奖
2013 年	基于应用型创新人才培养的材料类专业实验教学体系的构建与实践	王晓刚 华小虎	杜双明 邵水源	朱 明	陆树河	邓丽荣	省一等奖
2013 年	划转地方高校强化办学特色的研究与实践	韩江水	夏玉成	孟凡静	张 剑	田水承	省一等奖
2013 年	基于科学素质教育的普通化学教学内容体系的优化整合与教学模式创新	李侃社	刘向荣	梁耀东	贺诗华	何金梅	省二等奖
2013 年	完善教书育人管理制度体系保障育人整体水平	郑华萍	李国民	李白萍	郭 鹏	汪 仁	省二等奖
2015 年	以需求为导向的面向西部矿山地质类专业综合改革与实践	王贵荣 陈练武	梁居伟 王 英	薛喜成 王生全	唐亦川 党 琪	孙学阳	省特等奖
2015 年	煤炭行业高校土木工程专业学生实践创新能力培养模式构建与实践	任建喜	郅 彬	谷拴成	梁 钰	邓博团	省一等奖
2015 年	工科地方院校大学生创新创业"3-4-3"教育模式研究与实践	田水承 孙庆兰	李红霞 尹 弘	李 琰	王 莉	沈 剑	省一等奖
2015 年	电类工程专业依托项目的双螺旋渐进式大学生工程创新能力培养	侯媛彬	汪 梅	昝宏洋	付周兴	杜京义	省二等奖
2015 年	基于煤矿特色的机械类专业人才培养的改革与实践	李 曼	张旭辉	史晓娟	曹现刚	韩 敏	省二等奖
2015 年	地方高校自主管控策略及方法的研究与实践	韩江水	张 剑	孟凡静	何 瑞	冯国栋	省二等奖
2015 年	基于信息化平台的工科数学教学改革与创新实践	杨秀妮	冯卫兵	丁正生	夏小刚	郑颖春	省二等奖
2017 年	行业特色大学研究生"1431"培养体系构建与实践	马宏伟 赵心恬	侯恩科 任海峰	肖 阳 刘蓉洁	李成峰 郭 凡	南涛涛 杨善虎	省特等奖

续表

获奖时间	成果名称	主要完成人	获奖等级
2017 年	基于完善内部治理体系的"教授治学"实现路径研究与实践	韩江水　孟凡静　吴晓明　张　剑　石　磊	省二等奖
2017 年	以创新能力培养为导向的采矿工程人才培养改革与实践	赵兵朝　伍永平　余学义　邵小平　高喜才	省二等奖
2017 年	注重能力培养、强化课程育人的概率论与数理统计课程改革与实践	丁正生　马继丰　杨云锋　金　浩　杨　慧	省二等奖
2017 年	立足西部与地矿行业的大学生有效就业"3＋4＋5"教育指导模式的研究与实践	周　斌　李　磊　奚家米　费秀水　薛建航	省二等奖
2017 年	能力导向的工科院校 OBE-KAA 大学生应急教育模式	李红霞　李　琰　田水承　沈　剑　邸鸿喜	省二等奖

附录10 西安科技大学获省部级以上荣誉称号名单

1. 院士(1 人)
2017 年:王双明
2. 国务院学位委员会学科评议组成员(4 人/次)
2008 年:李树刚
2011 年:李树刚
2015 年:伍永平 李树刚
3. "长江学者奖励计划"特聘教授(2 人)
2015 年:邓 军
2016 年:来兴平
4. 国家"万人计划"科技领军人才(2 人)
2018 年:邓 军 来兴平
5. 百千万人才工程国家级人选(7 人)
2005 年:徐精彩
2007 年:邓 军
2009 年:蒋 林
2013 年:李树刚
2014 年:文 虎
2015 年:黄庆享
2017 年:来兴平
6. 国家中青年科技创新领军人才(2 人)
2016 年:邓 军
2017 年:来兴平
7. 国家级突出贡献中青年专家(5 人)
2009 年:蒋 林
2013 年:李树刚
2014 年:文 虎
2015 年:黄庆享
2017 年:来兴平
8. 享受国务院特殊津贴人员名单(42 人)(1991～2017)
吴绍倩 邓 宝 何唐镛 刘怀恒 刘建生 刘昕成 黄克兴 王世熙 李世文
高 桐 魏泽国 唐祖章 陈志学 陈月华 石平五 方慎权 何新义 曾仲节
李启东 张文生 贺敦良 曲星武 孟昭孝 王廷武 赵轶群 赵文杰 王树仁
高振铎 王晓利 龙荣生 雒昆利 徐精彩 常心坦 葛岭梅 王芝银 余学义
蒋 林 邓 军 李树刚 伍永平 文 虎 黄庆享
9. 全国先进工作者(1 人)
2015 年:邓 军
10. 全国优秀教师(1 人)
2014 年:黄庆享

11. 全国教育系统及煤炭工业劳动模范、先进工作者(1人)

2012年:伍永平

12. 国家安全文化专家(1人)

2012年:田水承

13. "三秦学者"特聘教授(3人)

2010年:邓　军

2011年:伍永平

2017年:黄宏伟

14. 陕西省"三五人才工程"人选(10人)

1997年: 徐精彩　王芝银　赵朔柱

1998年:张　奇　张耀民

2001年:伍永平

2002年:王念秦

2003年:刘　健

2011年:邓　军　文　虎

15. 煤炭专业技术拔尖人才(13人)

1997年: 徐精彩　雒昆利　萨贤春

1998年:伍永平　王晓利　唐胜利

2000年:邓　军　李树刚　王芝银　张耀民　刘　健　杨来侠　赛云秀

16. 陕西省有突出贡献专家(1人)

2009年:文　虎

17. 陕西省教学名师(16人)

2003年:褚维盘

2006年:韩江水

2007年:龚尚福

2008年:龙熙华

2009年:丁正生　夏玉成

2010年:李树刚

2011年:张金锁　郭　卫

2014年:蒋　林　李　曼　任建喜

2015年:李占利　刘向荣

2016年:李红霞　王贵荣

18. 教育部新世纪优秀人才支持计划(4人)

2009年:蒋　林

2011年:文　虎

2012年:杜慧玲　叶万军

19. 陕西省"百人计划"特聘专家(24人)

2010年:邱介山　罗　毅　王振平

2011年:卢　平　熊善新

2012年:张广明　杨守国

2014年:金洪伟　张玉涛

2016 年:刘恩龙　刘　驰　李文英　张显程　刘　浪　董国伟

2017 年:党智敏　王智刚　王　彬　吴世亮　马立强　秦红梅　何江新　郑　斌　丁自伟

20. 陕西省先进工作者(1 人)

2012 年:邓　军

21. 陕西青年五四奖章获得者(1 人)

2010 年:文　虎

22. 陕西省五一劳动奖章获得者(1 人)

2015 年:文　虎

23. 陕西高校人文社会科学青年英才支持计划(3 人)

2014 年:赵　京

2015 年:李红霞　张铭钟

24. 陕西省青年科技新星(11 人)

2010 年:罗振敏

2012 年:邹绍辉　叶万军

2013 年:金　浩　屈孟男　朱　明

2014 年:林海飞

2015 年:解盘石　刘　超

2016 年:张旭辉　赵顺省

25. 陕西青年科技奖(5 人)

2008 年:来兴平

2013 年:马　砺

2015 年:翟小伟

2016 年:罗振敏　解盘石

26. 陕西青年科技标兵(1 人)

2017 年:罗振敏

27. 陕西省创新人才推进计划中青年科技创新领军人才(4 人)

2014 年:蒋　林　文　虎　来兴平

2016 年:张旭辉

28. 教育部高等学校安全工程教学指导委员会委员(1 人)

2008 年:李树刚

29. 教育部学校教学指导委员会委员(1 人)

2008 年:刘长星

30. 孙越崎科技奖(1 人)

2011 年:金永飞

附录 11　西安科技大学高级职称人员名单(1958~2017)

一、1958~1988 年期间

1. 教授(19 人)

谭宗尧　侯运广　袁耀庭　李启东　方慎权　王廷武　韩大中　邓　宝　刘听成

杨仲平　黄作华　吴绍倩　薛问西　魏泽国　刘怀恒　钟奉娥　刘鸿浩　何唐镛

高　桐

2. 高级工程师(教授级)(1 人)

曾仲节

3. 副教授(65 人)

班建勋　陈学文　程之远　丁克宽　董　金　杜其仁　范象英　冯笑薇　付炳章

高　云　高振铎　耿景林　顾勤昌　顾祝三　郭　泰　韩振邦　黄　贵　黄树模

蒋芷华　康添辉　李赤波　李慧生　李家砥　李鹭鸣　李守章　李忠真　李　准

梁向荣　廖明治　刘兆庆　骆志勤　马志恩　孟继文　孟宪高　牛志远　秦庚孝

曲星武　剡鸿甲　生成德　施吾省　孙汝芬　陶信诚　陶煜翘　王大鹏　王树仁

王依仁　文振翼　翁　汶　邬崇章　吴生玺　谢远涵　续　俊　薛少君　阎永宁

杨卜安　杨　坚　杨振铭　叶友林　袁恒志　张　钵　张廷范　张之光　赵德政

赵国藻　周凯声

4. 其他高级职称(10 人)

陈桂林　陈刃余　董　博　樊天增　李树森　李玉琨　舒元宽　王建国　王永义

谢天麟

5. 特级教师(5 人)

陈　盈　李　让　李素琴　许永年　赵纪功

二、1988~2007 年期间

1. 教授(222 人)

1988 年:陈志学　杜玉枝

1991 年:何新义　黄克兴　廖启徽　刘建生　刘其兴　马中骥　石平五　唐祖章　王徽枢
　　　　王英才　闫嘉祺　姚应生　张少儒

1992 年:常心坦(破格)　贺敦良　李　晋　李世文　龙荣生　马文芬　孟昭孝　王世熙
　　　　张文生　赵文杰　赵轶群

1993 年:房树人　韩　华　刘冠姝　吕宏太　田艾平　张燕美

1994 年:陈光寅　陈扬杰　葛岭梅　韩庆达　郝　瑛　黄　俊　李维坚　刘荣钧　刘少亭
　　　　毛开友　秦愉庆　石呈龙　宋之桐　田家琦　徐启光　徐玉山　杨恒青　张光富
　　　　张汉生　张家彬　张志周　赵嘉荫　周先德

1995 年：蔡大文　冯楼台　雒昆利（破格）　田一涵　王野平　曾国元

1996 年：程永贵　侯忠杰　李新东　马秀清　秦玉宝　苏文智　王志英　吴光霞　徐子善
　　　　张福林　张　奇（破格）　赵敏端　赵贤淑　郑书信

1997 年：陈君翊　褚维盘　韩江水　惠七明　李永和　李云鹏　梁绍暹　路庆忠　茅兴富
　　　　宁仲良　潘文玲　王树林　王芝银　伍永平　夏玉成　徐精彩　徐木彬　袁汉春

1998 年：樊锡德　郭长生　郭　卫　海彦合　侯媛彬　李　勇　潘国斌　羌志萍　史正有
　　　　王勉华　王晓利　徐天仲　杨梅忠　余学义

1999 年：龚尚福　谷拴成　廖诗方　田小泉　王亚民　韦　力　杨治林　周安宁（破格）

2000 年：柴　敬（破格）　巨天乙　李树刚（破格）　李永清　廖少俊　刘　健　卢建军
　　　　任中全　赛云秀　王　英　杨更社　杨世兴　张金锁　郑华萍

2001 年：柴光远　邓广哲（破格）　杜美利　傅周兴　郭秉山　侯恩科　黄庆享（破格）
　　　　李占利　梁　明　马宏伟　索永录　王晓刚　薛　河　杨建业　杨文哲　张群会

2002 年：戴　俊　樊怀仁　郝迎吉　李红霞（破格）　李　明　刘联会　龙熙华　卢文科
　　　　马宪民　孟鲁闽　田水承　王明恕　王生全　韦惠民　吴延海　杨来侠

2003 年：陈晓宁　程安宁　丁正生　郭志勇　李白萍　李建华　李侃社　赵晓光（破格）

2004 年：陈练武　邓　军（破格）　李国民　李龙清　屈钧利　任建喜（破格）　孙红湘
　　　　唐胜利　汪　梅　王水利　杨君锐　贠东风　张敏瑞

2005 年：邸　芃　冯套柱　姬长发　来兴平（破格）　赖雄麟　李小池　刘树林　孙青山
　　　　王瑞平　王再英　吴冬梅　谢　泳　闫月梅　张恩强

2006 年：方　红　龚晓燕　黄梦涛　李海宁　张志沛

2007 年：曹春玲　陈　黎　陈晓坤　程红丽　杜慧玲　杜京义　高　赟　郭建民　李爱国
　　　　贺拥军（破格）　刘向荣　牟国栋　师新民　石　磊　王贵荣　王念秦　王新红
　　　　杨永崇　文　虎（破格）　张　欢　周新建

2. 副教授（264 人）

1988 年：邓思澄　罗丽英　门广学　吴桂英　徐永润　许必辉

1991 年：陈明标　陈月华　顾祖莉　官建立　何德福　何振芳　侯德明　贾明彦
　　　　李富凯　米秀英　苗德恕　冉立功　孙传显　王　瑞　王文隆　文君玲
　　　　熊启耀　闫文英　杨作勋　殷明甫　张广卿

1992 年：陈加锁　郭仁俊　黄国良　李　斌　刘肖梅　张纯义

1993 年：常凤林　郝跃天　孟昭江　张居仁

1994 年：陈培亨　邓觊林　范公勤　耿稳强　靳菲曼　李充宁　李树茂　刘存利　刘玉兰
　　　　刘增荣　卢崇来　吕小红　牛东民　唐德金　王忠义　徐兰珍　杨忠健　余世书
　　　　张弼斌　张耀民　赵朔柱（破格）

1995 年：常晋才　刘　净

1996 年：韩　敏　何万库　康少华　刘叶玲　沈海萍　宋国雍　王秀娥　赵宝魁

1997 年：李开生　王小林

1998 年：柴　钰　樊广明　高兑现　黄向东　惠兴田　刘建国　刘念黎　同温玉　王创荣
　　　　邢连鲜　张西正

1999 年：陈泽志　陈毅静　惠飞虎　刘鹏飞　庞栓琴　钱　敏　任大伟　史经俭　王小文
　　　　杨　瑛　裔　杰　袁金群　张义宽

2000 年：蔡会武　端木合顺　霍海虹　雷敏茹　李军民　马胜利　孟泉水　田　红　童　军
　　　　　尉朝闻　张俭让　张建军　周　斌
2001 年：曹　萍　常　琳　冯芙叶　郭秀才　韩晓冰　贺玲芳　贾建华　刘福民　乔宝明
　　　　　全　斌　萨贤春　商立群　王安义　魏　娟　许　军　杨秀妮　叶　江　周　静
2002 年：付　燕　李金勇　李朋林　李雅玲　刘长星　刘金瑄　刘骏跃　罗　英　马　珺
　　　　　秋兴国　王晓明　王　铮　魏　羽　薛弘晔　杨利红　于　洋　张春森　张小艳
　　　　　张燕清　周广宽　朱　宇
2003 年：蔡文皓　曹根牛　陈俊杰　陈文燕　高　晔　高　勇　郭　岚　郭晓滨　李　东
　　　　　李鸿斌　李　曼　李铁治　李文琴　刘春光　罗晓霞　史晓娟　孙龙杰　孙　弋
　　　　　唐亦川　王雪峰　魏引尚　薛喜成　杨志远　姚克勤　姚顽强　岳改丽　曾召华
　　　　　张卫国　赵高长　赵建会　支剑锋
2004 年：曹现刚　代革联　郭长立　郭力宇　郝卫全　胡元哲　贾锐鱼　李建伟　李文峰
　　　　　马东民　倪云峰　尚可超　尚　梅　苏　扬　王　岚　于立新　余　非　贠永峰
　　　　　岳国华　张　红　张嘉凡　张天军　张辛亥　张　芸　郑　重　邹仁华
2005 年：陈　杰　崔晓临　杜双明　梁耀东　廖登洪　邱春霞　舒　秦　张红兵　张惠梅
　　　　　张全瑜
2006 年：班丽瑛　陈　艳　程文东　黄向慧　李会录　李新虎　刘永涛　刘转年　牟　琦
　　　　　邱建伟　孙万昌　汤伏全　王　萍　王晓华　肖　江　许满贵　薛韩玲　张小艳
　　　　　张晓莉　赵　京
2007 年：陈　柳　陈宪冬　程爱华　杜玉珍　高宝萍　高雅翠　管延红　侯晨涛　胡荣明
　　　　　冀汶莉　李东颖　李禾俊　李晓军　刘南艳　马红霞　齐爱玲　库向阳　师　芸
　　　　　田　晓　田玉仙　汪晓芹　王建新　王清亮　王新平　武晓宏　炎正馨　杨伏生
　　　　　姚　军　张传伟　张坤鳌　张淑云

3. 其他高级职称(181 人)

1992 年：陈培玉　陈志高　杜公民　甘武宝　金　炜　李中文　王复兴　吴志敏　武银秀
　　　　　徐永征　赵金璞
1993 年：常润棣　段鸿道　高　飞　高凯瑜　郭西山　贺光金　霍志芳　李筱毅　刘育斋
　　　　　苗宏泽　戚惠卿　宋　柏　姚世廉　翟日元　张爱明　张创荣　张建中　张志豪
　　　　　赵来顺
1995 年：白　乔　鲍　梁　曹志诚　陈丕贞　陈振国　崔　峰　邓志春　董企新　郭建彪
　　　　　韩　莹　郝巨才　黄晓团　姜良成　姜渭洪　李彩如　李国良　李惠芳　李茂盛
　　　　　李其顺　李秦正　李　新　李政平　梁国锋　梁延声　牛迈程　任周荣　桑　西
　　　　　沙保胜　沈月娟　苏建军　唐彩霞　王等趁　王聚仓　王民生　王廷满　王宇仙
　　　　　魏法祥　文焕英　吴升三　徐文娣　徐延峰　张森丰　折振安　朱桂茹　朱旭风
1996 年：张潇云
1997 年：陈安祥　雷汉平　梁明哲　路　平　彭晓明　田忠业　姚改焕　于江舟　朱　华
1998 年：车文敏　范东洪　何安弟　胡晋生　李桂莲　李建疆　吕爱芳　苏如玉　王斗虎
　　　　　王宏周　王秀珍　肖庆生　张　萍　张婉荣
1999 年：刘苗珍　田文学　王季芳　杨忠民　张新平　张智兰
2000 年：党天虎　窦淑良　胡发泉　刘德安　申建玲　王天平　王振义　卫晓君　叶新华
　　　　　张永和
2001 年：韩金峰　雷俊科　李邦邦　李珍珠　肖昌龙　叶新民　张立杰　张秋生

2002 年:曹彩云　孔素桥　刘呼玲　刘晓荣　刘　颖　刘颖嘉　吕宏艳　王宁霞　薛奋勇
　　　　薛　萍
2003 年:苏　燹
2004 年:曹晓燕　陈　华　陈　泉　贾文胜　景长青　廖晓群　刘　霞　苏普正　王学礼
　　　　吴相军　殷屈娟　袁家驹　周惠萍
2005 年:陈新年　杜功儒　杜　勇　冯爱玲　李天良　鲁坚丘　罗永红　邵水源　师幼安
　　　　孙向红　孙逸辉　王建军　王卫民　杨宝华　张碧艳
2007 年:常缨利　陈照娥　戴　岱　党小虎　段　辉　贾平利　焦水林　李秋苗　刘　钢
　　　　刘　茜　刘淑励　曲建林　孙颜红　王胜利　夏文学　杨婉华　杨亚莉　张保强
　　　　赵雪萍

三、2008～2018 年期间

1. 教授(128 人)

2008 年(21 人):

评审通过20人:蔡会武　曹　萍　付　燕　郭秀才　李　曼　李朋林　刘金瑄　钱　敏
　　　　　　　秋兴国　商立群　史经俭　孙　弋　魏　娟　杨志远　张小艳　张燕清
　　　　　　　周　斌　 端木合顺 　李文峰(破格)　张辛亥(破格)

调入1人:李崇贵

2009 年(18 人):曹现刚　程文东　韩　敏　李雅玲　刘念黎　马　珺　倪云峰　同温玉
　　　　　　　王安义　尉朝闻　薛弘晔　姚顽强　张春森　张俭让　张天军　郑　重
　　　　　　　周　静　刘转年(破格)

2010 年(16 人):韩晓冰　惠兴田　李金勇　乔宝明　尚　梅　史晓娟　童　军　王雪峰
　　　　　　　魏引尚　 许满贵 　薛喜成　姚克勤　于　洋　张嘉凡　张立杰　张卫国

2011 年(7 人):李新虎　马东民　王　萍　魏　羽　张慧梅　赵高长　炎正馨(破格)

2012 年(15 人):蔡文皓　柴　钰　陈　杰　党小虎　郭长立　贾锐鱼　李军民　厍向阳
　　　　　　　汤伏全　杨利红　张传伟　张　芸　赵　京　叶万军(破格)　张　涛(破格)

2013 年(7 人):董立红　杜双明　高宝萍　李晓军　罗振敏　王新平　杨惠珺

2014 年(7 人):樊建武　胡荣明　解　忧　刘向春　马红霞　奚家米　张旭辉

2015 年(11 人):

评审通过9人:陈秋计　张　杰(能源)　陈新年(教授级高工)　贾澎涛　金永飞　马　砺
　　　　　　王清亮　杨秀妮　赵建文

调入2人:张海燕　张威虎

2016 年(12 人):冯正斌　寇发荣　林海飞　罗晓霞　师　芸　孙万昌　张淑云　张亚婷
　　　　　　　张仲华　赵兵朝　周文英　朱庆伟

2017 年(14 人):

评审通过10人:代革联　高振岗　贺虎成　景宏君　屈孟男　袁显平　翟小伟　赵建会
　　　　　　　赵栓峰　刘　超(破格)

调入4人:邓友生　纳秀艳　苏建军　修福荣

2. 其他正高级职称(7 人)

2008 年(2 人):

评审通过1人:赵来顺

调入1人:蔡周全

2010年(1人):陈　泉

2011年(2人):卫晓君　杨忠民

2014年(1人):原喜屯

2016年(1人):沈　思

3. 副教授(345人)

2008年(35人):陈秋计　邓军平　董立红　贺诗华　贾澎涛　金永飞　李旭虹　罗振敏
田红鹏　汪　仁　王树奇　奚家米　叶万军　殷晓虎　赵建文　赵世永
朱庆伟　陈铁华　冯卫兵　付巧峰　高振岗　和　牟　荆秀芳　柯　昕
吕靖烨　宋咏梅　王云平　邢杨青　杨惠珺　袁显平　张　涛　张小涓
赵省贵　解　忧(破格)　张旭辉(破格)

2009年(21人):邓念东　樊建武　方　莹　高晓旭　郭　林　韩立安　侯　颖　黄维模
霍　舟　寇发荣　刘向春　毛昕蓉　孟彪龙　倪　茜　申丽华　师立德
唐丽云　王立言　王卓文　杨晓强　渊小春

2010年(36人):

评审通过35人:白芙蓉　陈　渊　方秀荣　冯　健　冯正斌　付立东　郝丽梅　贺虎成
贺建红　姜　华　姬　莹　李　玲　李雪平　刘　炜　罗清郁　马庆勋
毛巨省　穆　莹　牛秦玉　汝铁林　邵小平　王书朋　王喜莲　魏小芹
夏小刚　闫向彤　张　杰　张亚平　张亚婷　张仲华　朱　明　朱周华
邹绍辉　贺文海(破格)　马　砺(破格)

调入1人:李春燕

2011年(27人):

评审通过26人:董红梅　董　焱　樊子民　郭　萌　李明明　李远刚　林海飞　刘　青
屈孟男　史玉芳　孙曼曼　汪卫兵　王红胜　王　华　吴奉亮　吴敏焕
熊善新　岳海侠　张铭钟　赵兵朝　赵栓峰　郅　彬　周文英　邹　虹
陈　伟(通信)　张　莹(管理)

调入1人:文炳洲

2012年(37人):

评审通过36人:成连华　凤亚红　郭　莉　金　浩　李金华　李　琰　刘　涛　卢小飞
牛红梅　牛立斌　秦　声　邵小强　舒　真　孙学阳　孙英丽　锁要红
唐善成　唐　伟　田　华　汪广恒　王红刚　王建国　王媛彬　韦　巍
文艳芳　杨　辉　杨　勇　余竹焕　翟小伟　张　蕾　张少元　张　玥
赵　亮　赵　谦　周　彬　朱代先

调入1人:宗学文

2013年(32人):

评审通过32人:陈　进　程　勇　池宁骏　段虎荣　龚　云　郭　鹏　何金梅　黄　健
惠忠涛　姜友谊　李　振　梁　飞　刘　超　潘红宇　钱卫香　邱继生
任　翔　尚万峰　孙林辉　田　丰　万　琼　王思薇　王晓路　席　东
于远祥　鱼海涛　张红利　张剑光　张菊梅　赵顺省　赵　洲　周奇勋

2014年(34人):

评审通过32人:曹恒民　陈福欣　窦红宾　高丙丽　高晓艳　惠阿丽　荆秀艳　康晓非
李海滨　李婉丽　李亚娇　刘纪坤　马　莉　马　天　米春娟　彭龙贵

乔心州	乔 辉	申艳军	田爱芬	王豆豆	吴雅睿	谢志斌	徐 刚
杨庆浩	杨云锋	袁晓芳	张剑锋	张丽娜	张 伟	张嬿妮	郑学召

调入2人:何江新 张 欣

2015年(31人):冯娟萍 冯 青 解盘石 竞 霞 李 昂 李 勤 刘 冬 刘 杰
刘 巍 刘 颖 刘 浪 柳 娜 娄 宁 毛清华 强军锋 宋雪丽
汤小燕 田海波 王秋红 王昀睿 肖 鹏 熊艳娥 杨梅焕 杨再文
张 渤 张 武 张玉涛 章结兵 郑选荣 赵凌燕 赵梦玲

2016年(38人):

评审通过35人:柴蓓蓓 常 艳 陈 鹏 崔 峰 丁自伟 段 钊 高喜才 宫 铭
龚星宇 郭 斌 韩佳明 郝秦霞 贺 顺 靳玉萍 梁少辉 刘 慧
刘 俊 刘宁庄 秦红梅 任忠惠 时 健 宋世杰 宋勇军 王 湃
文建平 薛 峰 张桂花 张京兆 张立进 赵立杉 赵永秀 郑 斌
朱 彬 刘 佳(理学院) 张 超(安全)

调入3人:李素丽 吴 勘 吴伟丽

2017年(54人):

评审通过53人:鲍 园 蔡江涛 柴生波 陈方方 陈和虎 褚 佳 董 明 杜华栋
樊婷婷 付科峰 高怀斌 郝兆明 贺新福 侯俊锋 李洪安 李朋飞
李 赛 李雪伍 李 颖 林嘉新 刘群峰 刘 英 刘 媛 吕文玉
马建华 马 力 毛正君 庞立华 彭先龙 秦立科 史晓亮 苏培莉
索瑞霞 王彩萍 王红伟 王 莉 武明华 肖 玲 闫晓霞 杨爱丽
杨鹏宇 杨晓光 杨学存 杨战社 易大伟 张玉峰 赵鹏翔 郑颖春
周 澜 周远国 朱 莉 李 磊(安全) 马 莉(电控)

调入1人:齐莹莹

4. 其他高级职称(199人)

2008年(15人):

评审通过13人:曹雪梅 畅 亮 丁 铂 董 敏 郭连江 金 毅 蔺丽华 孟春全
沈家蔚 苏更生 仝晓燕 赵渭泳 郑 琪

调入2人:孟 昭 王 卉

2009年(18人):

评审通过17人:陈春林 陈吉兰 程卫星 党欢牢 李 静 李 毅 廉武卫 刘志生
强 蕊 武风波 尚长春 王 芳 王红胜 王世卫 文 丽 乌公相
席芝红

调入1人:刘之的

2010年(17人):

评审通过16人:常 洁 金 英 李建明 李 强 李腾龙 刘 曦 吕晓军 任海峰
沈 思 王 刚 王政军 卫建军 曾社教 朱春燕 朱若羽 邹岳连

调入1人:李智军

2011年(10人):

评审通过7人:冯永财 郭何明 贺秀英 王国庆 王 阳 问西玲 许 锑

调入3人:方世跃 黄英维 王 静

2012年(14人):

评审通过11人:高 捷 高云燕 李 璐 刘文刚 马维仁 强云霄 田晓艳 肖 旸

　　　　　　张　斌　赵晓强　郭　鹏（教务处）

调入 3 人：林　庚　杨守国　张根林

2013 年（16 人）：

评审通过 13 人：高　瑜　高　宇　郭怀珍　韩建设　侯文婷　胡安辉　计　宏　李成峰
　　　　　　刘红艳　马　静　隋春侠　温乃宁　杨连顺

调入 3 人：金洪伟　刘晓建　刘子实

2014 年（12 人）：

评审通过 10 人：贾瑞娜　刘华旭　孙再罗　王军妮　杨富强　杨亚萍　杨瑜侠　赵　曼
　　　　　　赵玉龙　白　云（理学院）

调入 2 人：董国伟　韩凤玲

2015 年（18 人）：韩民生　呼翠侠　金美容　李红岩　李华静　刘蓉洁　罗红伟　潘　昊
　　　　　　史恭龙　宋　莹　汪正进　王彩勤　王延平　张冬生　赵　涛　周亚蕾
　　　　　　赵安新　张　剑（学科办）

2016 年（19 人）：

评审通过 18 人：蔡　坤　陈创前　程方明　邓博团　郭明环　贾国柱　李百宏　李彩虹
　　　　　　李　雯　梁　钰　聂文杰　王党树　许　佳　岳海华　张天杰　赵　蕾
　　　　　　左　晶　陈　阳（信息网络中心）

调入 1 人：辛芳芳

2017 年（60 人）：

评审通过 24 人：白　云　邓晓菲　段秀娣　冯晓光　贾　哲　李彩云　李婉丽　梁　宏
　　　　　　刘永娟　吕　涛　司　明　童美茹　汪　阳　王伟峰　吴晓明　谢　毅
　　　　　　杨　华　张　耿　张　琨　张涛伟　张雪梅　王　璐（纪委）　赵心恬
　　　　　　朱华泽

原陕西省理工学校转入 34 人：陈建刚　成晓兰　程智永　代素香　冯锦　郭　鹏　淮乃存
　　　　　　　　　　　　来俊文　雷　驰　李春侠　李　静　梁重娥　刘　鸿　刘　利
　　　　　　　　　　　　刘宁晖　刘晓春　马军卫　任军维　任雨民　孙　祎　滕　徽
　　　　　　　　　　　　王爱芳　王春平　王聪利　王华伟　王　艳　王　影　薛　进
　　　　　　　　　　　　杨红瑶　袁嘉轩　张乃侠　张　威　赵金萍　朱瑾钰

调入 2 人：丁晓倩　刘　进

附录12　西安科技大学历年在校学生人数统计表

1958～2017 年在校学生人数统计表

年份	本科/人	专科/人	总计/人	成人教育					研究生/人
				总计/人	本科/人		专科/人		
					函授	脱产	函授	脱产	
1958	408	44	452	518(干部)	518(干部)	—	—	—	—
1959	667	42	709	—	—	—	—	—	—
1960	735	41	776	—	—	—	—	—	—
1961	798	—	798	—	—	—	—	—	—
1962	787		787	—	—	—	—	—	—
1963	966	—	966	—	—	—	—	—	—
1964	1 006		1 006	—	—	—	—	—	—
1965	1 205		1 205	—	—	—	—	—	—
1966	1 205		1 205	—	—	—	—	—	—
1967	954	—	954	—	—	—	—	—	—
1968	640		640	—	—	—	—	—	—
1969	640		640	—	—	—	—	—	—
1970	—		——	—	—	—	—	—	—
1971	—	27(进修班)	27	—	—	—	—	—	—
1972	250	—	250	—	—	—	—	—	—
1973	551	—	551	—	—	—	—	—	—
1974	850	—	850	—	—	—	—	—	—
1975	846	74(进修班)	920	—	—	—	—	—	—
1976	787	56(进修班)	843	—	—	—	—	—	—
1977	848(普通班)	53(进修班)	901	—	—	—	—	—	—
1978	1 037	67(进修班)	1 104	—	—	—	—	—	—
1979	1 321	—	1 321						2
1980	1 524	—	1 524	—	—	—	—	—	3
1981	1 883		1 883						10
1982	1 488	—	1 488	—	—	—	—	—	16
1983	1 579		1 579	—	—	—	—		27
1984	1 655	—	1 655	51 (职业大学)	—	—	51	—	25
1985	1 808	109	1 917	331	103	—	228	—	64
1986	1 903	151	2 054	421	135	—	286	—	79
1987	1 891	202	2 093	341	88	—	253	—	83
1988	1 885	310	2 195	387	93	—	294	—	87
1989	1 870	216	2 086	354	—	—	354	—	81

续表

年份	本科/人	专科/人	总计/人	成人教育					研究生/人
				总计/人	本科/人		专科/人		
					函授	脱产	函授	脱产	
1990	1 973	120	2 093	380	—	—	380	—	81
1991	2 093	120	2 213	508	13	—	495	—	82
1992	2 215	234	2 449	621	13	—	608	—	81
1993	2 324	581	2 905	662	13	—	649	—	92
1994	2 379	715	3 094	864	13	—	851	—	92
1995	2 622	518	3 140	1 194	—	—	1 194	—	97
1996	2 837	408	3 245	1 361	—	—	1 361	—	100
1997	3 069	463	3 532	1 457	—	—	1 457	—	96
1998	3 565	509	4 074	1 305	—	—	1 305	—	123
1999	5 203	417	5 620	1 361	—	—	1 361	—	162
2000	6 878	185	7 063	1 288	341	—	947	—	261
2001	8 541	416	8 957	2 170	957	—	1 213	—	384
2002	10 121	598	10 719	2 940	831	354	1 234	521	611
2003	10 844	1 027	11 871	—	—	—	—	—	921
2004	12 343	1 289	13 632	3 479	1 099	401	1 693	286	1 276
2005	13 682	1 681	15 363	4 830	1 523	540	2 550	217	1 646
2006	14 942	2 096	17 038	—	—	—	—	—	1 906
2007	15 629	2 077	17 706	—	—	—	—	—	2 153
2008	16 281	1 755	18 036	8 861	3 082	384	5 296	99	2 326
2009	16 820	1 353	18 173	9 186	2 561	404	5 979	242	2 532
2010	17 385	1 294	18 679	9 826	2 351	233	7 137	105	2 667
2011	18 151	1 091	19 242	9 528	2 362	191	6 846	129	2 983
2012	19 294	644	19 938	14 637	5 165	—	9 472	—	3 326
2013	20 142	259	20 401	13 788	4 848	—	8 940	—	3 696
2014	20 709	—	20 709	13 445	5 143	—	8 302	—	3 946
2015	20 515	—	20 515	12 313	5 084	—	7 229	—	4 341
2016	19 986	—	19 986	10 832	3 966	—	6 866	—	4 466
2017	19 414	—	19 414	12 647	2 872	—	9 775	—	4 759

附录13 学校重要节点时期教职工名单

1958(181人)

丁克宽	万德新	门广学	马新民	王子清	王少杰	王世熙	王田夫	王延武	王 玖
王志华	王志具	王体仁	王 玫	王茂生	王树仁	王美琴	王振华	王跃仁	王淑贤
王 深	王徽枢	车学春	牛金生	方慎权	邓 宝	龙荣生	田传谨	丛敬明	吕全五
吕宏太	朱玉仁	朱景秋	任定华	行立权	邬崇章	刘占国	刘吉林	刘听成	刘怀恒
刘治国	刘学芳	刘树德	刘冠姝	刘 淮	闫文敏	闫贺庭	闫 润	闫家琪	孙文章
孙庆安	芦贵均	杜玉枝	杜庆轩	杜彦玲	李凤梅	李玉琨	李正群	李世文	李声文
李茂渊	李树森	李桂枝	李家砥	李菊英	李维坚	李 蕾	杨卜安	杨仲平	杨作勋
杨旺满	杨 琪	杨德才	吴应芳	吴绍倩	吴振华	何其华	何唐镛	何 能	何新义
余明清	邹开正	张玉良	张世平	张延范	张守仁	张如海	张顺发	张连中	张连科
张 钵	张盛公	张惠芳	张德昌	陆纽秋	陈万云	陈乃亮	陈刃余	陈 平	陈阳杰
陈志学	陈陪学	郁棣荃	罗孟玲	金永俭	周？生	周守礼	周 珩	郑召孚	郑惠琴
宗秀英	孟繁军	赵文杰	赵志停	赵 杰	赵宗群	赵定利	赵联承	胡景学	侯锡爵
俞明亮	姜伯熙	洪则邻	姚英杰	贺敦良	袁曼炎	袁耀廷	耿景林	贾宝真	原宝山
原寄华	顾宝荣	柴子和	钱素清	钱富章	侯运广	候伯宇	候振宇	倪立本	徐文升
徐启光	高 桐	郭艳生	郭 泰	席照明	唐祖章	唐海清	黄作华	黄树模	黄浩然
梅李益	曹淑霞	盛全家	常钟玉	梁凤悟	彭世章	董悦仁	蒋芝华	蒋 鹏	韩志忠
韩启斌	傅炳章	焦学洪	鲁素先	谢铭三	路 径	鲍其珍	蔡早艺	蔡青春	蔚风云
廖启薇	廖忠义	谭宗尧	谭普久	滕桂珍	滕家麒	薛振京	霍汉山	霍根生	魏泽国
？顺生									

1966(328人)

于伯炼	于继成	万德兴	马秀云	马忠贤	王广荣	王仁远	王世熙	王玉兰(采矿)
王玉兰(地质)	王多芬	王志兴	王宏林	王良才	王茂生	王英才	王忠平	王金鹏
王学文	王建文	王承敏	王树仁	王复兴	王美琴	王素如	王桂荣	王得才	王淑贤
王 深	王 斌	王富新	王瑞华	王增印	历秀明	牛天明	牛生金	牛志远	毛开友
毛艳娥	文振翼	方思强	邓有来	邓 宝	邓思澄	甘武保	可新义	石予丰	石平五
石呈龙	龙荣生	叶义华	叶佩生	田 明	田莲琴	史志诚	史俊昌	史德周	冉立功
代大中	代凤飞	白淑碧	丛敬同	包振科	冯义恩	冯灿章	冯治安	冯振坤	邢于辉
邢克政	吕大斌	朱家骥	竹立权	任定华	邬崇章	刘力珍	刘少亭	刘占国	刘西义
刘民生(宣传)	刘民生(基础)	刘庆海	刘听成	刘怀恒	刘其兴	刘荣钧	刘俊允
刘洪蔚	刘冠姝	刘海光	刘 淮	刘揆楚	刘景兰	刘 锡	闫文英	闫永宁	闫嘉琪
闫 润	米之桐	米寿允	米福允	江旭华	汤桂芝	孙文章	孙传显	孙汝芬	孙念圮
孙俊玺	孙翰章	苏文智	苏芝兰	杜玉枝	杜庆轩	李万定	李广善	李少蓉	李中文
李长魁	李仁兴	李文辉	李玉琨	李世文	李守章	李赤波	李花渊	李茂凌	李国新
李宗林	李建章	李振堂	李桂枝	李维坚	李登高	李锦生	李新东	李慧生	伞庆满

杨春兴　杨恒青　杨振铭　杨鸿彰　杨照时　肖月霞　吴生玺　吴永华　吴绍倩　吴桂英
吴鸿济　邱成凯　何其华　何唐铺　何德福　辛世智　张天星　张少如　张光富　张竹亭
张廷范　张汗生　张均炎　张志周　张来喜　张怀周　张良玉　张国宪　张建中　张居仁
张绍良　张绍珍　张祖银　张联科　张　增　张燕美　陆初秋　陈人镜　陈升善　陈月华
陈文纪　陈火坤　陈世南　陈立德　陈光昕　陈志学　陈昌荣　陈振魁　陈桂仙　陈培玉
陈培亨　陈　琪　苗洪泽　范存复　范志德　尚守庆　畅　驼　罗　沛　金天太　金永俭
金克家　周守礼　周凯声　周清平　郑书信　郑昭孚　郑新德　孟　邻　孟昭孝　孟宪高
孟繁章　赵云飞　赵文杰　赵占通　赵军峰　赵纪功　赵远方　赵志强　赵振科　赵敏瑞
赵联承　赵德政　赵德荣　郝庆海　郝志斌　荣　辉　胡以庆　相美玲　相韵梅　相　福
钟奉娥　段鸿道　侯忠杰　侯德明　姜志乎　姜伯熙　姚千芳　姚世廉　姚明贵　贺光金
贺敦良　泰愉庆　秦玉宝　秦庚孝　班建勋　袁旭东　袁英兴　袁恒志　袁铭枢　耿景林
原宝山　顾祖莉　顾祝三　徐木彬　徐升贵　徐文升　徐文德　徐永征　徐永润　徐木彬
徐国彬　徐国森　徐建华　殷明甫　翁福麟　高玉星　高振铎　高　桐　郭长生　郭来福
郭建华　郭　泰　席照明　唐祖章　唐海清　剡鸿甲　海彦和　海　滨　陶长平　陶煜翘
黄庆模　黄克兴　黄作华　黄树模　黄　俊　黄浩然　梅季益　章　戈　商惠海　梁月兰
梁绍选　彭性理　葛岭梅　董　金　董法德　董治贵　董悦仁　蒋芷华　蒋岳灵　蒋　鹏
韩　华　韩庆达　韩振邦　傅炳章　曾天章　曾国允　曾泽民　曾献永　谢天遴　谢远涵
谢国泰　杨仲平　路世瑞　路庆忠　解隶林　蔡　长　蔡选文　蔡柔芳　廖启徽　谭　柏
谭振京　谭普久　樊天增　樊茂德　樊锡德　潘瑞璞　薛问西　薛德仲　霍庚深　戴桂兰
魏泽国　魏俊民

1978（639人）

丁克宽　丁　茹　卜吉甫　于卉潭　于占年　于继武　门广学　马元安　马中骥　马文芬
马志恩　马来功　马秀清　马津浦　王大鹏　王仁远　王文隆　王玉兰　王玉芹　王玉琴
王巧玲　王世熙　王永义　王民生　王先海　王廷武　王　伟　王多芳　王守？　王孝茹
王志云　王志华　王志兴　王志英　王秀娥　王作宇　王宏林　王宏周　王良才　王君武
王拉柱　王茂生　王英才　王明芳　王忠义　王忠平　王依仁　王金科　王学文　王宝谕
王宗彦　王建文　王建平　王承敏　王绍其　王　珍　王树仁　王贵荣（教改部）　王复兴
王美琴　王宪棣　王铁成　王铁鹰　王益民　王雪琴　王彩侠　王淑贤　王淑清　王　渊
王等珍　王集芬　王敦子　王瑞华　王　静　王翠芳　王增印　王德才　王徽枢　车文敏
车学春　牛迈程　牛安琴　牛志远　毛开友　毛艳娥　文君玲　文振翼　方敦宁　方慎权
孔繁彬　邓大地　邓　宝　邓思澄　甘武保　石予丰　石平五　石优良　石呈龙　石忠民
龙荣生　龙熙华　卢鹤兴　叶友林　叶佩生　叶新民　叶新华　田莲琴　田爱平　史正有
史永昌　史志诚　史桂珍　史　瑛　冉立功　生成德　付吉芳　付炳章　代凤云　代　岱
代桂兰　白印乐　白爱文　白淑碧　丛敬同　包义恩　冯文恩　冯文德　冯灿章　冯治安
冯楼台　邢子辉　邢双全　邢克政　吕大斌　吕宏泰　吕爱芳　吕瑞云　朱春英　朱俊杰
朱继光　乔荣山　任大伟　任周荣　任宝华　刘力珍　刘少兰　刘少亭　刘艾玲　刘占国
刘永泰　刘西义　刘庆海　刘守铭　刘进兴　刘志刚　刘肖梅　刘听成　刘怀恒　刘其兴
刘育斋　刘治平　刘学芳　刘建生　刘荣钧　刘俊元　刘冠姝　刘桂玲　刘　萍　刘鸿甲
刘鸿浩　刘淑芳　刘　淮　刘景兰　刘鹏飞　刘禄锁　闫文英　闫永宁　闫　润　闫嘉祺
米秀英　安居才　许必辉　许永年　孙广发　孙文章　孙传显　孙汝芳　孙芳贵　孙忠仁

孙金怀	孙念屹	孙德成	孙翰章	折振安	苏仁有	苏凤英	苏文智	苏芝兰	苏如玉
苏武民	苏 枫	苏建华	茅兴富	杜玉枝	杜庆轩	杜其仁	杜晶秋	李广善	李少蓉
李中文	李长奎	李长腾	李仁兴	李凤兰	李文声	李文辉	李玉长	李玉琨	李正祥
李世文	李东甫	李守章	李赤波	李伯英	李启东	李其顺	李茂陵	李茂盛	李国新
李忠贞	李忠堂	李金龙	李定万	李建荣	李建章	李树茂	李树森	李科东	李济芳
李 勇	李振堂	李 晋	李桂枝	李桂莲	李 准	李家砥	李家菊	李崇林	李淑梅
李维坚	李惠芳	李 斌	李遂京	李富凯	李锦生	李 新	李满学	李嘉英	李慧生
杨卜安	杨小利	杨卫东	杨元生	杨玉琴	杨玉瑛	杨正洋	杨仲平	杨志学	杨 坚
杨作勋	杨春兴	杨昭贵	杨选文	杨美珍	杨鸿章	杨新德	杨 福	杨 睿	杨颜梅
肖继彦	肖韶琴	吴天正	吴生玺	吴永华	吴西玲	吴光侠	吴秀士	吴冷熙	吴绍倩
吴振华	吴桂英	吴家滨	吴鸿济	吴德轩	邱成凯	何应凯	何其华	何振芳	何唐铺
何 能	何新义	何德福	辛世智	汪荣富	汪 勤	沙伯禄	宋云桐	宋 柏	宋福元
张义传	张之光	张天星	张元伟	张友多	张少茹	张文生	张书卿	张玉成	张玉琴
张汉生	张光富	张廷范	张守业	张志儒	张克儒	张英侠	张国存	张国宪	张国强
张国蓉	张佩兰	张建中	张建华	张居仁	张绍良	张绍珍	张春芳	张树精	张顺发
张炳科	张晓娇	张 钵	张爱民	张家彬	张淑满	张联科	张雅慧	张慧芳	张燕美
张穗民	陆纫秋	陈人镜	陈乃亮	陈于萍	陈月华	陈丕真	陈永贵	陈邦凤	陈扬杰
陈光昕	陈光寅	陈向东	陈安详	陈纫余	陈志学	陈学文	陈振国	陈振魁	陈培玉
陈培亨	陈渐东	陈德安	邰念筠	纵永宏	武秀英	苗法恕	范安雄	范志德	范宪琴
范晓梅	范象英	林玉德	林建民	郁丽亚	郁棣荃	易 云	罗丽英	罗 沛	罗孟玲
金建中	金天泰	金永俭	周西平	周先德	周守礼	周凯声	周科华	周联侠	郑书信
郑可先	郑华平	郑昭孚	郑 重	郑海清	郑瑞华	官建立	屈炳才	孟昭孝	孟宪高
孟 郯	孟繁章	封忠玉	赵之亭	赵飞云	赵文杰	赵玉兰	赵占通	赵永薇	赵 扬
赵亚民	赵西奎	赵华峰	赵纪功	赵志强	赵来顺	赵贤淑	赵国藻	赵信社	赵拴群
赵轶群	赵振祥	赵晋明	赵敏端	赵联承	赵德政	郝巨才	郝庆海	郝志斌	郝贤慧
荣 辉	胡兵洁	胡国平	胡国宝	胡晋生	胡焕富	钟奉娥	段鸿道	侯媛彬	俞 旭
俞崇德	俞淑玲	施吾省	姜志萍	姜良成	姜峰义	洪春雨	洪剑麟	姚明桂	贺光金
贺敦良	骆志勤	骆 宾	秦玉宝	秦庚孝	秦愉庆	袁延安	袁旭东	袁英兴	袁恒志
袁彬侠	袁铭枢	耿昆亮	耿景林	贾艾民	贾惠娜	顾宝荣	顾祖莉	顾勤昌	党珉江
党胜利	钱富章	侯运广	候连云	候忠杰	候锡爵	候德明	倪淑珍	徐子善	徐开桂
徐天仲	徐木彬	徐文升	徐玉山	徐永征	徐永润	徐延峰	徐启光	徐建华	徐 素
徐继波	殷明甫	翁 汶	高 飞	高 云	高玉成	高 宇	高凯渝	高振锋	高 桐
高整风	郭长生	郭凤莲	郭功锦	郭龙祥	郭永平	郭西山	郭武祥	郭建民	郭建华
郭建彪	郭艳生	郭 泰	郭崇章	席延军	席昭明	唐德金	海彦合	陶长平	陶信诚
陶煜翘	黄广斌	黄东凤	黄克兴	黄作华	黄忠民	黄承海	黄树模	黄 贵	黄 俊
黄晓东	黄晓团	黄浩然	黄辉璧	梅幼明	梅季益	曹利华	曹秉宏	曹彩云	曹淑侠
曹衡君	戚惠卿	龚本钧	龚莲叶	常智恭	崔永禄	崔振良	崔 峰	崔悦道	崔 晨
崔熙?	康凤侠	康祖章	康添辉	章 戈	章西玲	梁月兰	梁延声	梁向荣	梁绍遏
梁落玲	续 俊	斑建勋	葛岭梅	董文华	董发德	董企科	董 金	董悦仁	董梅芳
董跃武	董 铸	蒋庆芝	蒋志华	蒋岳灵	韩大中	韩广廷	韩 华	韩庆达	韩国礼
韩振帮	韩 璋	惠彩柱	程志远	税昌群	傅芝艳	傅惠香	舒元宽	鲁增敏	曾国元
褚凤林	谢天麟	谢远函	谢其玉	谢国泰	谢铭三	蒙玉民	雷 军	雷福尧	路庆忠

鲍其珍　解聿林　蔡大文　蔡柔芳　蔡彩芩　管征芳　管恩培　廖明治　廖诗方　廖啟徽
谭永莲　谭宗尧　熊启辉　樊天增　樊茂德　樊锡德　潘文玲　潘国斌　燕　山　薛少君
薛玉凯　薛光明　薛问西　薛建英　薛德中　霍义秋　魏泽国　魏俊民　魏盛芳

2004(1 586人)

丁正生　丁　里　丁希忠　丁春雷　丁　铂　丁雅丽　丁瑞琴　卜荣珍　于小芹　于文武
于立新　于华荣　于华敏　于江舟　于远祥　于　劼　于春侠　于　洋　万　耕　卫建军
卫晓君　马元安　马东民　马庆丰　马红霞　马来功　马宏伟　马　君　马若伦　马岳潭
马建华　马建梅　马春苹　马胜利　马美茹　马津浦　马宪民　马　莉　马桂英　马　砺
马继丰　马继刚　马维仁　马　静　马　稳　王小好　王小林　王　卫　王卫民　王天平
王专兵　王云侠　王云萍　王水利　王长明　王文轩　王文莉　王斗虎　王引香　王书朋
王正平　王世卫　王生成　王生全　王立言　王立春　王　兰　王宁霞　王民生　王　玎
王亚宁　王亚民　王亚勋　王亚婷　王芝银　王再英　王西安　王　刚　王廷栋　王廷满
王延平　王　华　王创荣　王旭东　王宇仙　王守华　王安义　王　阳　王志华　王芬娥
王　军(财务)　　王　军(人才交流中心)　　王　芳(管理)　　王　芳(外语)　　王　岚
王秀林　王秀珍　王宏周　王武才　王　英　王　枫　王卓文　王国庆　王国旗　王昀睿
王忠义　王　凯　王季芳　王　侠　王　欣　王　征　王学礼　王　建　王建中　王建平
王建军　王建国　王建辉　王建强　王建新　王春侠　王政军　王树奇　王贵荣　王品遂
王复成　王保诚　王俊彦　王　剑　王胜利　王勉华　王洪斌　王宪棣　王振义　王　莉
王莉敏　王根义　王晓刚　王晓华　王晓利　王晓明　王晓春　王晓瑜　王晓路　王　健
王健美　王留城　王益民　王　涛　王海燕　王　娟　王　菁　王　爽　王雪莉　王雪峰
王　萍(财务)　　王　萍(管理)　　王　铮　王　鸽　王彩花　王彩勤　王焕萍　王清亮
王　渊　王　琢　王　琛　王　超　王喜莲　王雁平　王雅楠　王等趁　王集芬　王　媛
王媛彬　王瑞平　王　瑜　王新平　王新红　王新霞　王聚仓　王　慧　王　蕊　王　燕
王　璐　王耀先　韦　力　韦惠民　韦　魏　支剑锋　车文敏　车　丽　巨天乙　牛迈程
牛红梅　牛秦玉　牛格强　毛巨省　毛昕蓉　乌功相　凤亚红　文　丽　文　虎　文艳芳
文　瑶　方　华　方　红　方荣文　方　莹　计　宏　丑晓玲　孔素桥　孔爱华　邓广哲
邓天燕　邓　军　邓军平　邓军奇　邓志春　邓念东　邓　萍　邓博团　甘　凯　石文夫
石平五　石忠民　石忠亮　石　鋆　石维钊　石　磊　龙熙华　卢小飞　卢文科　卢旺民
卢建军　卢　勇　叶心爱　叶　江　叶新民　叶新华　申　飞　申丽华　申建玲　申　蓉
田小泉　田　丰　田水承　田文学　田玉仙　田　华　田　红　田红鹏　田　园　田忠业
田荣军　田　晓　田晓艳　田爱芬　田焕银　史凤玉　史文军　史永昌　史江静　史经俭
史姝洁　史恭龙　史桂珍　史晓利　史晓娟　付巧峰　付立东　付　亮　付　梅　付　敏
付　燕　代革联　代爱萍　代新玉　代新冠　白　云　白　乔　白芙蓉　白岩洲　白彦俊
白爱君　白　磊　仝春民　仝晓燕　乐春峡　包劲青　冯卫兵　冯正斌　冯永财　冯均毓
冯芙叶　冯国栋　冯孟琛　冯套柱　冯爱玲　冯啟云　宁民霞　宁仲良　邢双全　邢书宝
邢杨青　邢连鲜　成连华　师本强　师立德　师幼安　师志革　师　芸　师　涛　师新民
师翠英　曲建林　同温玉　吕　军　吕宏艳　吕荣华　吕晓军　吕爱芳　吕勤勇　吕靖烨
朱小丁　朱宁洪　朱　华　朱华双　朱合理　朱旭风　朱庆伟　朱　宇　朱　芸　朱若羽
朱　林　朱明亮　朱金山　朱周华　朱学军　朱　莲　朱　莉　朱桂茹　朱黎佳　乔宝明
伍永平　任中全　任周荣　任建勋　任建喜　任顺英　任海峰　华　蓓　向　斌　全　斌

伞　敏　邬晓峰　刘云富　刘少兰　刘少亭　刘长星　刘仓礼　刘文刚　刘巧玲　刘古珍
刘叶玲　刘训明　刘永涛　刘永琪　刘西成　刘同刚　刘向荣　刘庆安　刘红艳　刘志生
刘　芳　刘丽娜　刘君峰　刘武年　刘　青　刘苗珍　刘林红　刘　杰　刘转年　刘明远
刘呼玲　刘　佳　刘金瑄　刘念黎　刘　朋　刘　净　刘育斋　刘　炜　刘建国　刘春光
刘春茂　刘珍华　刘　茜　刘荣华　刘树林　刘　钢　刘俊跃　刘　艳　刘　哲　刘晋安
刘晓军　刘晓佩　刘晓玲　刘晓荣　刘　健(人才交流中心)　刘　健(通信)　刘凌志
刘培亚　刘　萍　刘彩芬　刘　堃　刘焕琴　刘淑励　刘随定　刘　琳　刘联会　刘　媛
刘登峰　刘楠燕　刘锡山　刘　颖(成教)　刘　颖(机电厂)　刘　颖(社科)　刘颖嘉
刘福民　刘　静　刘　黎　刘德安　刘　毅　刘　璟　刘　霞　刘　曦　齐如新　齐　宝
齐胜利　齐爱玲　闫小乐　闫月梅　闫书箐　闫兰英　闫红梅　闫　昊　闫晓梅　闫黎东
问西玲　米春娟　江　娥　池宁骏　汝铁林　汤伏全　汤　超　宇亚卫　安保存　祁美荣
许元飞　许　军　许　建　许建礼　许继伯　许　锑　许满贵　孙大路　孙　弋　孙艺珍
孙中桥　孙龙杰(电控)　孙龙杰(人才交流中心)　孙再罗　孙向红　孙　宇　孙红湘
孙纪芳　孙孝西　孙丽梅　孙秀红　孙青山　孙桂芳　孙晓云　孙凌昊　孙　涛　孙曼曼
孙逸辉　孙联社　孙德权　孙德成　孙颜红　牟国栋　牟　琦　纪海维　折振安　芮　强
苏　扬　苏　军　苏如玉　苏更生　苏陆岭　苏武民　苏建军　苏普正　苏静丽　苏　燚
杜文渊　杜双明　杜玉珍　杜功儒　杜亚文　杜京义　杜美利　杜　勇　杜秦生　杜　萍
杜慧玲　李大畏　李　凡　李卫鹏　李开生　李天良　李天品　李云华　李云鹏　李长安
李文峰　李文娟　李文琴　李　方(后勤)　李　方(图书馆)　李玉长　李本基　李龙清
李　东　李东颖　李占利　李禾俊　李白萍　李永和　李永清　李邦邦　李亚斌　李存学
李成峰　李　伟　李自立　李　全　李会平　李旭虹　李军民　李远征　李运堂　李宏霞
李其顺　李茂盛　李歧明　李国民　李　明　李明明　李忠民　李咏梅　李侃社　李金华
李金芳　李金勇　李朋林　李　波　李治平　李　怡　李学文　李建伟　李建昌　李建华
李建华(女)　李建明　李建谋　李建疆　李珍珠　李　玲　李政平　李　荣　李树刚
李树真　李贵民　李秋来　李秋苗　李秋霞　李俊兵　李　勇(基础)　李　勇(公司)
李　艳　李振宇　李　莉　李桂莲　李晓华　李晓池　李晓萍　李晓琳　李　晖　李铁治
李爱国　李海文　李海宁　李绥波　李继烈　李　捷　李培兰　李　萍　李雪平　李　敏
李彩如　李彩虹(后勤)　李彩虹(机械)　李鸿斌　李婉丽　李　瑛　李　琳　李　琰
李越雅　李　超　李惠芳　李　雯　李雅玲　李辉全　李善瑜　李　焱　李　强　李　媛
李　瑞　李　锦　李鹏华　李腾龙　李　新　李新民　李新虎　李意君　李慎安　李增安
李　静(基础)　李　静(科技)　李　磊　李　毅　李　熳　李　燕　李　璐　杨　川
杨　飞　杨水刚　杨文星　杨文哲　杨世兴　杨　宁　杨永崇　杨亚莉　杨亚萍　杨西娟
杨　光　杨　帆　杨伏生　杨　华　杨华平　杨庆浩　杨　军　杨　志　杨志远　杨更社
杨丽娜　杨来侠　杨连顺　杨利红　杨秀妮　杨良煜　杨君锐　杨苗苗　杨国防　杨明桃
杨忠民　杨　波(电控)　杨　波(通信)　杨泽凡　杨治林　杨宝华　杨　建　杨建业
杨建利　杨建胜　杨建翔　杨建德　杨春芳　杨战社　杨昭俊　杨俊三　杨　洁(电控)
杨　洁(建工)　杨　勇　杨晓光　杨晓丽　杨晓强　杨梅忠　杨　清　杨婉华　杨　瑛
杨惠珺　杨　智　杨善安　杨善虎　杨瑜侠　杨　新　杨新德　杨　黎　杨　曙　来兴平
肖大为　肖天和　肖文教　肖庆生　肖　江　肖　阳　肖　岚　肖昌龙　肖　晶　时　健
吴升三　吴文峰　吴　乐　吴冬梅　吴西玲　吴延海　吴兆凤　吴奉亮　吴欣光　吴建斌
吴相军　吴敏焕　吴　霄　吴德轩　贠东风　邱　月　邱建伟　邱春霞　邱继生　何万库
何凤华　何兴良　何　岚　何　英　何绍斌　何映凯　何秋文　何　彦　何　健　何益平

何　琰　何　瑞　何　蓉　佘起莺　余小琪　余竹焕　余　非　余学义　谷　川　谷拴成
邸　芃　邹仁华　邹岳连　邹绍辉　邹　虹　邹彩虹　斉红育　辛兴宇　辛　阳　汪卫兵
汪　仁　汪　阳　汪晓芹　汪　峰　汪　梅　沙保胜　沈月娟　沈　思　沈　剑　沈家尉
宋先文　宋志光　宋丽娟　宋武装　宋国雍　宋咏梅　宋　柏　宋彦娥　宋　洁　宋海婷
宋　梅　宋雪丽　宋敏勇　张小红　张小艳(计算机)　张小艳(能源)　张小涓　张义宽
张卫国　张天军　张天杰　张天喜　张少元　张文明　张　为　张玉茜　张玉峰　张玉萍
张巧玲　张　平　张　电　张冬生　张立功　张立杰　张永和　张加林　张亚平　张亚玲
张亚婷　张存娥　张　伟　张传伟　张向荣　张全瑜　张旭东　张旭茹　张旭莲　张旭辉
张　安　张军峰　张军辉　张　欢　张　红　张红兵　张红英　张　进　张志沛　张志鹏
张志儒　张　芸　张　丽　张轩远　张辛亥　张　青　张　玥　张坤鳌　张　杰　张　奇
张　鸣　张佳凡　张　征　张金锁　张京兆　张京虎　张治红　张建华　张建军　张建奇
张建昌　张春森　张　茵　张秋生　张秋会　张保强　张俭让　张俊霞　张　剑　张剑光
张剑锋　张艳玲　张素红　张振中　张　莹　张桂花　张晓凤　张晓恒　张晓娇　张晓莉
张恩强　张　峰　张峻山　张笑狮　张爱明　张留成　张　涛　张涛伟　张海英　张菊梅
张　萌(通信)　张　萌(子中)　张　萍　张雪梅　张敏瑞　张淑云　张淑娥　张婉荣
张　博　张博霞　张　葳　张雅莉　张　辉　张景华　张智兰　张　斌　张渝新　张　蓉
张新平　张新玲　张新惠　张　韵　张　雍　张福林　张群会　张碧艳　张嘉麒　张潇云
张慧梅　张　瑾　张　磊　张　燕　张燕清　张　霜　张穗民　张嬿妮　张耀民　阿小田
陈小刚　陈文燕　陈方方　陈石燕　陈龙民　陈付长　陈汉杰　陈吉兰　陈　刚　陈伟佰
陈　华　陈向东　陈安云　陈安民　陈安祥　陈　阳　陈红霞　陈志贤　陈　青　陈　杰
陈杰仙　陈和虎　陈　欣　陈泽志　陈学义　陈建华　陈春林　陈春梅　陈　柳　陈　泉
陈俊杰　陈宪冬　陈　艳(后勤)　陈　艳(机械)　陈振国　陈晓宁　陈晓坤　陈铁华
陈　倩　陈清安　陈　渊　陈　琦　陈越平　陈朝东　陈照娥　陈新年　陈　黎　陈德岭
陈毅静　陈　镝　邵小强　邵水源　邵郑芸　邵　晰　武风波　武明华　武树森　武晓宏
武　瑛　耶虹菲　范公勤　范安雄　范运芝　林　伟　林海飞　林　锋　郅　彬　尚长春
尚可超　尚　欣　尚　梅　畅　亮　易永忠　易　欣　呼翠霞　罗小莹　罗永红　罗红伟
罗侃强　罗振敏　罗晓霞　罗倩如　罗清郁　罗　瑛　和　牟　岳改丽　岳国华　岳海华
岳海侠　岳惠萍　金永飞　金　英　金　侠　金　毅　朋俊珂　周广宽　周亚蕾　周　庆
周兴华　周安宁　周　军　周丽红　周奇勋　周昌明　周　玲　周　娜　周　涛　周　娟
周　彬　周　铭　周　斌　周筱媛　周新建　周　静　周榕兰　周慧萍　周　鏖　鱼海涛
鱼曼曼　庞绍芳　庞栓琴　郑　宁　郑竹青　郑华萍　郑忠宏　郑学召　郑　重　郑　琪
郑颖春　单　英　宗　涛　屈钧利　屈根尚　孟凡静　孟　戈　孟春全　孟泉水　孟彪龙
孟彩萍　孟鲁闽　孟媛媛　赵小玲　赵天鹏　赵文华　赵文魁　赵心恬　赵玉龙　赵玉珍
赵世永　赵立杉　赵　宁　赵永秀　赵　扬　赵亚军　赵亚敏　赵亚辉　赵权龙　赵延红
赵来顺　赵国梁　赵　明　赵明心　赵　京　赵学军　赵学兵　赵宝魁　赵建文　赵建会
赵　茜　赵省贵　赵秋芬　赵信社　赵　亮　赵　洵　赵　洲　赵栓峰　赵栓群　赵晓光
赵晓琴　赵晓强　赵凌燕　赵高长　赵　涛　赵雪萍　赵渭泳　赵登育　赵鹏举　郝卫全
赵　斌(人才交流中心)　赵　斌(外语)　郝巨才　郝日芳　郝　兰　郝兆明　郝丽梅
郝迎吉　郝改红　郝　卿　荆秀芳　荆秀艳　胡元哲　胡少春　胡文彪　胡发泉　胡安辉
胡运凤　胡国平　胡荣明　胡选恩　胡晋生　胡晓东　柯　昕　柏　均　秋兴国　段双印
段军芳　段秀娣　段　辉　段　鹏　段颖华　侯文婷　侯平涛　侯忠杰　侯春友　侯恩科
侯　谊　侯晨涛　侯媛彬　侯　瑜　侯　颖　侯　磊　俞文婵　俞崇德　俞淑玲　独峰昌

昝宏洋　姜友谊　姜　华　姜安英　姜良成　姜俊英　姜美丽　姜娅娜　姜峰义　姜渭洪
娄　宁　祝菊锋　费秀水　姚西武　姚　军　姚克勤　姚改焕　姚顽强　姚　琴　姚新城
贺文海　贺进信　贺秀英　贺拥军　贺诗华　贺建红　贺养文　贺　莹　负永峰　骆　宾
秦　红　秦　声　秦　彬　班丽瑛　袁　兴　袁佩瑶　袁金群　袁建安　袁显平　袁家驷
袁　滨　换晓明　耿伟霞　耿晓东　聂文华　聂丽华　聂　荔　索永录　贾文胜　贾平利
贾亚军　贾国柱　贾建华　贾　哲　贾银萍　贾婧玮　贾　靓　贾锐鱼　贾瑞娜　贾　磊
贾澎涛　夏小刚　夏文学　夏玉成　顾为民　顾丽颖　顾　俐　顾　洁　柴光远　柴　钰
柴　敬　党天虎　党欢牢　党　明　党岷江　党育科　党胜利　党婉青　党婷阁　党　群
钱秀萍　钱　敏　钱　磊　倪云峰　倪　茜　徐天仲　徐木彬　徐延峰　徐兴业　徐美兰
徐炳坤　徐笑谦　徐精彩　殷屈娟　殷晓虎　殷　倩　殷新宇　奚家米　高云燕　高让礼
高　宇　高迎社　高兑现　高　凯　高宝萍　高建英　高　勇　高振岗　高晓旭　高　晔
高　峰　高朕栋　高　捷　高雅翠　高锦强　高　腾　高整风　高　赟　郭一萍　郭力宇
郭小平　郭小燕　郭　凡　郭　卫　郭长立　郭文章　郭巧媛　郭永平　郭亚明　郭西山
郭旭东　郭志勇　郭连江　郭　岚　郭利伟　郭秀才　郭何明　郭怀珍　郭　林　郭秉山
郭建民　郭建彪　郭荣海　郭　威　郭钧华　郭　洪　郭　莉　郭晓滨　郭海虹　郭　萌
郭　强　郭　鹏（教务处）　郭　鹏（通信）　席芝红　席延勃　席婉儿　席　晶　唐　伟
唐亦川　唐丽云　唐丽丽　唐　枫　唐胜利　唐彩霞　海　路　陶　溪　姬长发　姬战怀
姬保合　姬　莹　桑亚群　黄占良　黄冬凤　黄向东　黄向慧　黄庆享　黄军令　黄金城
黄晓东　黄　峰　黄　健　黄　海　黄梦涛　黄　婕　黄维模　黄　翔　黄翠蓉　萨贤春
梅　煜　曹引超　曹志城　曹现刚　曹建荣　曹春玲　曹恒民　曹莉华　曹晋荣　曹根牛
曹晓燕　曹　萍　曹雪梅　曹彩云　曹新炜　曹　燕　戚慧卿　龚　云　龚尚福　龚晓燕
盛屹东　盛春斌　常心坦　常俊华　常　洁　常　琳　常瑶芝　常缨利　崔小琳　崔　平
崔亚敏　崔江霞　崔　林　崔　星　崔振良　崔　峰　崔　霞　康　蕾　商立群　渊小春
梁世飘　梁延声　梁　宏　梁国峰　梁　明　梁明哲　梁　侠　梁　荣　梁荷玲　梁　钰
梁耀东　寇发荣　寇　敏　尉迟国　尉朝闻　隋春侠　彭龙贵　彭晓明　葛　丹　葛　芯
葛国库　葛　玲　董　卫　董立红　董汉军　董　宁　董企新　董红梅　董志霞　董秉祥
董艳红　董　健　董跃武　董　敏　董鹏宁　董　焱　董富强　蒋宝锋　韩立安　韩民生
韩　冰　韩江水　韩　玮　韩国礼　韩佳明　韩建设　韩选利　韩　莹　韩晓冰　韩　敏
韩景峰　韩瑞丽　韩　蓉　韩　静　惠飞虎　惠兴田　惠虎宇　惠忠涛　惠　艳　惠莉萍
惠彩柱　覃卫东　覃　飞　景常青　喻　鑫　程卫星　程文东　程安宁　程红丽　程时星
程宛珍　程爱华　程　梅　程　鹏　傅吉芳　傅周兴　焦水林　焦亮健　舒　秦　舒　真
鲁坚丘　鲁晓辉　童　军　曾召华　曾社教　谢安利　谢志斌　谢　泳　谢建平　谢　萍
谢　毅　强云霄　强军锋　强　蕊　靳玉萍　靳西祥　靳红梅　靳菲曼　蒙玉民　赖雄麟
甄小曼　雷巨才　雷汉平　雷　鸣（电控）　雷　鸣（人才交流中心）　雷俊科　雷勇刚
雷海宁　雷　琦　路　平　路和平　鲍　梁　解　忧　解晓蓉　解跃欣　廉武卫　禽　杰
靖民建　满　浩　窦仲军　窦淑良　褚维盘　蔡一力　蔡文皓　蔡会武　蔡江涛　蔡　坤
蔡金城　蔺丽华　裴胜利　管延红　管　如　管丽华　廖少俊　廖晓雯　廖晓群　端木合顺
廖登洪　谭　博　翟　伟　翟　玲　翟海刚　熊光红　熊善新　樊广明　樊卫平　樊子民
樊红亚　樊怀仁　樊建武　樊秋萍　樊晓萍　樊锡德　暴　宇　黎　晓　潘小玉　潘　昊
潘建华　潘建国　潘建湘　潘　磊　燕　山　燕春萍　薛弘晔　薛光照　薛奋勇　薛　河
薛荣虎　薛　峰　薛　萍　薛喜成　薛韩玲　薛颖轶　霍　舟　霍志芳　霍海虹　霍　霖
冀汶莉　穆　荣　穆　莹　戴开文　戴华炜　戴　红　戴　岱　戴建民　戴　俊　戴　悦

魏小芹　魏引尚　魏东风　魏　羽　魏　彤　魏法祥　魏　娟　魏　颖　魏　燕

2018(2 281 人)

丁　元　丁正生　丁自伟　丁希忠　丁春雷　丁　洋　丁晓英　丁晓倩　丁　铂　丁猛猛
卜荣珍　卜崇浪　卜薛婧　于　凡　于　飞　于立新　于　伟　于华荣　于远祥　于志金
于　劼　于春侠　于　洋　于晓东　万　耕　万　琼　万　超　万　翔　上官万成
卫建军　卫晓君　习红军　马　力　马下平　马　天　马东民　马延军　马尤苏夫
马　旭　马庆丰　马庆勋　马军卫　马红霞　马丽飞　马来功　马宏伟　马若伦　马岳谭
马　欣　马建华　马建全　马春萍　马保成　马胜利　马美茹　马宪民　马　莉(电控)
马　莉(通信)　马桂英　马　砺　马晓林　马健梅　马海勇　马继丰　马继刚　马　珺
马　彬　马婧智闻　马维仁　马　静　马碧侠　马　稳　马翠英　马　毅　马　薇
王小林　王川伟　王卫民　王云平　王云侠　王少剑　王少博　王文莉　王忆佳　王引香
王书朋　王　卉　王世卫　王生成　王生全　王立言　王　兰(计算机)　王　兰(学工部)
王　兰(资后处)　王　宁(人外)　王　宁(资后处)　王宁霞　王　永　王永杰　王永宾
王　玎　王亚宁　王亚民　王亚亚　王亚勋　王亚超　王再英　王　刚　王伟峰　王　华
王延平(安全)　王延平(管理)　王华伟　王会战　王刘兵　王守华　王安义　王　军
王军妮　王　阳　王红刚　王红伟　王红胜　王纪镇　王　抢　王孝云　王志华　王志兴
王　芳(管理)　王　芳(人外)　王豆豆　王丽娜　王丽娟　王丽雯　王连莉　王　岚
王利伟　王秀林　王　好　王　枫　王卓文　王　昆　王国庆　王国勇　王明静　王昀睿
王忠宝　王　岩(机械)　王　岩(计算机)　王罗惠　王　凯(安全)　王　凯(财务处)
王佳璇　王　侠　王　欣(管理)　王　欣(人外)　王　征　王金磊　王念秦　王　炎
王学礼　王　建　王建军　王建国　王建辉　王建强　王建新　王春平　王　珍　王　玲
王政军　王　荣　王　栋　王树奇　王　星　王昱哲　王贵荣　王思薇　王秋红　王秋莎
王保诚　王　剑　王胜利　王　亮　王　美　王美丽　王洪斌　王　津　王　娜　王　艳
王艳芝　王素芳　王振义　王　莉　王莉敏　王党树　王晓文　王晓刚　王晓华　王晓利
王晓明　王晓瑜　王晓路　王晓静　王晓璐　王　倩　王　健　王爱军　王爱芳　王爱学
王　涛(材料)　王　涛(测绘)　王　浩　王　悦　王家兵　王　萌　王　娟(理学院)
王　娟(人外)　王　娟(资后处)　王　萍(财务处)　王　萍(管理)　王　爽　王雪莉
王雪峰　王雪琪　王　彪　王　铮　王　鸽　王彩花　王彩萍　王彩勤　王清亮　王清峰
王　渊　王婧婕　王　绿　王　瑛　王　琢　王　琛　王　超　王　博　王喜莲　王朝阳
王　辉　王　晶(艺术)　王　晶(资后处)　王　锋　王　斌　王　湃　王　强　王媛彬
王　媛(管理)　王　媛(人外)　王　楠(人外)　王　楠(通信)　王媛媛　王　瑞
王　瑜　王　嵩　王　鹏　王新平　王新红　王新霞　王　静(财务处)　王　静(通信)
王嘉博　王　箐　王翠霞　王　璇　王聪利　王　磊　王　影　王　璟　王蕾钦　韦　魏
云小红　王　燕(机械)　王　燕(能源)　王　璐(纪监处)　王　璐(人外)　支民军
支剑锋　尤　雷　牛立斌　牛红梅　牛秦玉　牛耿欣　牛　超　毛巨省　毛正君　毛玮炜
毛昕蓉　毛清华　乌公相　凤亚红　文　丽　文　虎　文建平　文炳洲　文艳芳　文　瑶
方世跃　方　华　方秀荣　方荣文　计　宏　尹　弘　丑晓玲　邓　凡　邓广哲　邓天燕
邓友生　邓月华　邓　军　邓军平　邓军奇　邓丽荣　邓念东　邓晓菲　邓博团　双海清
甘　凯　甘　蕊　古江华　左　晶　石忠亮　石　钰　石　鉴　石　甜　石维钊　石　磊
卢小飞　卢旺民　卢昶雨　卢　艳　卢　海　卢　琛　叶万军　叶文涛　叶心爱　叶　江

叶 鸥	申文盛	申丽华	申建玲	申艳军	申 蓉	田 丰	田水承	田 方	田玉仙
田 华	田红鹏	田 园	田忠业	田俊峰	田 晓	田晓艳	田爱芬	田海波	田 甜
田焕银	田 楠	史长军	史凤玉	史文军	史玉芳	史江静	史经俭	史姝杰	史恭龙
史晓利	史晓亮	史晓娟	史晓楠	史 翔	付巧峰	付立东	付纪刚	付周兴	付春岚
付科峰	付常青	付 静	付 燕	代革联	代素香	代爱萍	代新冠	代慧娟	白生宝
白 冰	白 云(工程训练中心)		白 云(理学院)		白芙蓉	白苗苗	白 昀	白 勇
白 莉	白 涛	白 磊	仝春民	仝晓燕	乐春峡	包婉玉	冯卫兵	冯正斌	冯永财
冯 欢	冯 圮	冯启云	冯 青	冯国栋	冯佳宁	冯孟琛	冯 艳	冯套柱	冯晓光
冯 健	冯爱红	冯爱玲	冯娟萍	冯 斌	冯 锦	宁民霞	宁晓晴	司 明	加晓丹
边会媛	邢书宝	邢 乐	邢杨青	邢 怡	邢皓越	吉科利	权 美	库向阳	成连华
成晓兰	毕 冉	师 丹	师玉璞	师本强	师立德	师幼安	师志革	师 芸	师 涛
师维刚	师瑞峰	师新民	曲建林	同 超	吕文玉	吕叻加	吕亚娟	吕 园	吕宏艳
吕 杰	吕荣华	吕宣玲	吕晓军	吕 涛	吕海燕	吕勤勇	吕靖烨	吕 源	朱小霞
朱广安	朱代先	朱宁洪	朱永林	朱光苤	朱华双	朱华泽	朱向会	朱旭风	朱庆伟
朱若羽	朱 林	朱 明	朱周华	朱学军	朱春燕	朱艳洁	朱 莉	朱 彬	朱雪丹
朱 群	朱瑾钰	朱黎佳	乔心州	乔宝明	乔 辉(理学院)		乔 辉(人外)		伍凤娟
伍永平	延秀娟	任乃艳	任中全	任军维	任肖华	任秀彬	任武昂	任雨民	任 明
任忠惠	任建勋	任建喜	任顺英	任 娜(材料)		任 娜(图书馆)		任 莹	任恩岐
任海峰	任 翔	华小虎	华 强	向 洋	向 斌	后振中	行 珊	全 斌	邬晓峰
庄 迪	刘二勇	刘小爱	刘 飞(地环)		刘 飞(电控)		刘云富	刘戈亮	刘长春
刘长星	刘仓礼	刘文永	刘文刚	刘方路	刘 平	刘叶玲	刘 冬	刘宁庄	刘宁晖
刘训明	刘永涛	刘永娟	刘永琪	刘召用	刘光林	刘同刚	刘 伟	刘华旭	刘向东
刘向春	刘 刚(工程训练中心)		刘 刚(理学院)		刘向荣	刘庆安	刘亦平	刘 江
刘红艳	刘纪坤	刘 进	刘志生	刘芸艳	刘 芳	刘克同	刘丽娜	刘 旸	刘 利
刘君峰	刘武年	刘 青	刘 英	刘 杰	刘转年	刘国阳	刘 畅	刘 明	刘明远
刘金昌	刘金瑄	刘 佳(材料)		刘 佳(理学院)		刘 朋	刘 炜	刘 宝	刘春光
刘南艳	刘树林	刘 钢	刘禹阳	刘 俊	刘姿伶	刘美洁	刘 洁	刘 洋	刘 艳
刘 哲	刘莉君	刘晋安	刘晓军	刘晓佩	刘晓建	刘晓春	刘晓荣	刘 峰	刘 卿
刘 健(通信)		刘 健(人才交流中心)		刘凌志	刘 烨	刘 涛	刘海莉	刘海强
刘 浪	刘 悦	刘敏学	刘 堃	刘清华	刘 鸿	刘淑励	刘琳婧	刘 越	刘 超
刘 博	刘朝科	刘 媛	刘媛媛	刘登峰	刘 琳(人外)		刘 琳(实验室设备管理处)	
刘蓉洁	刘 鹏(机械)		刘 鹏(计算机)		刘 颖	刘新全	刘慎坦	刘福民	刘群峰
刘 静	刘 瑶	刘 慧	刘 瑾	刘 霄	刘 黎	刘 毅	刘熹熹	刘 霞	刘 曦
刘 巍	齐如心	齐 兵	齐 宝	齐 垚	齐 剑	齐胜利	齐莹莹	齐爱玲	闫小乐
闫书箐	闫兰英	闫永兰	闫向彤	闫红梅	闫 昊	闫 明	闫振国	闫晓梅	闫晓霞
闫蕊鑫	闫黎东	问西玲	关 娒	米春娟	江 娥	池宁骏	池葆春	汝铁林	汤小燕
汤伏全	汤 超	宇亚卫	安群力	安静宇	祁美荣	许元飞	许延辉	许 军	许昕琪
许 佳	许 建	许建礼	许 珂	许 峰	许 琼	许 锑	孙大路	孙万昌	孙 弋
孙小娜	孙广清	孙艺珍	孙中桥	孙再罗	孙伟博	孙向红	孙庆兰	孙红湘	孙纪芳
孙孝西	孙丽梅	孙秀红	孙秀玲	孙青山	孙英丽	孙林辉	孙学阳	孙 祎	孙帮寨
孙思雅	孙晓云	孙倩倩	孙 涛	孙雪花	孙曼曼	孙逸辉	孙博亚	孙联社	孙富贵
孙 瑜	孙 颖	孙颖蕾	孙 赫	孙 睿	孙翠珍	孙德权	孙颜红	贠东风	贠永峰

牟 琦	纪海维	芮智刚	芮 强	花 蕾	严 敏	严 焱	苏 扬	苏光恩	苏 军
苏更生	苏陆岭	苏建军	苏晓云	苏晓亚	苏培莉	苏 媛	杜文渊	杜双明	杜玉珍
杜立飞	杜亚文	杜戌涓	杜华栋	杜君武	杜京义	杜荣军	杜昱阳	杜美利	杜 勇
杜秦生	杜根社	杜 涛	杜 娴	杜 萍	杜媛英	杜慧玲	李 力	李大畏	李小池
李小美	李卫鹏	李天良	李少华	李 丹	李文峰	李文娟(通信)		李文娟(图书馆)	
李文琴	李 方	李玉华	李巧文	李龙清	李 东	李东明	李东颖	李占利	李禾俊
李白萍	李立红	李永清	李亚娇	李亚清	李亚斌	李百宏	李存学	李 成	李成峰
李 刚	李华静	李自刚	李 全	李会录	李创功	李旭虹	李安娟	李军民	李红岩
李红梅	李红霞	李远成	李远刚	李远征	李克永	李识博	李妤晨	李奇虎	李国民
李国强	李 畅	李 明(党校办)		李 明(理学院)		李明明	李 昂	李 忠	李 季
李岳坤	李侃社	李金华	李金勇	李朋飞	李朋林	李 波	李 怡	李学文	李宗昆
李建伟	李建华	李建华(女)		李建昌	李建明	李建谋	李绍蓉	李春侠	李春燕
李春璐	李 玲	李 荣	李栋樑	李树刚	李昭慧	李贵民	李秋苗	李秋霞	李 俊
李俊兵	李洪安	李 娜	李 贺	李 勇	李 艳	李艳华	李素丽	李素梅	李 振
李振宇	李 莉	李晓华	李晓军	李晓萍	李晓琳	李 晖	李铁治	李爱民	李爱国
李海宁	李海滨	李 娟	李骊欣	李绥波	李 捷	李培健	李培煊	李雪平	李雪伍
李晨曦	李 曼	李崇贵	李银玲	李银亮	李 敏(工程训练中心)			李 敏(理学院)	
李彩云	李彩虹	李 逸	李焕同	李淑颖	李婉丽(机械)		李婉丽(人外)		李 瑛
李 琰	李 琳(图书馆)		李 琳(团委)	李 超	李博渊	李 雯	李雅玲	李 焱
李寒玉	李 强(继教)		李 强(建工)		李 瑞	李 楠(图书馆)		李 楠(资后处)	
李 勤	李 嵩	李 锦	李 鹏	李鹏华	李腾龙	李 颖	李新民	李新虎	李 瑶
李 静(建工)		李 静(科技处)		李 静(理学院)		李 赛	李墨音	李 黎	李毅鹏
李 燕	李 磊(安全)		李 磊(电控)		李 磊(教务处)		李 磊(能源)		李燕莉
李 璐	李馨诺	杨一帜	杨 川	杨 飞	杨云锋	杨水兰	杨水刚	杨文星	杨 方
杨 宁	杨永崇	杨亚莉	杨亚萍	杨 芝	杨再文	杨 光	杨伏生	杨 华	杨华平
杨创明	杨 帆(地环)		杨 帆(理学院 男)		杨 帆(理学院 女)			杨庆浩
杨守国	杨 军(测绘)		杨 军(组织部)		杨红莉	杨红瑶	杨志远	杨丽娜	杨来侠
杨利红	杨秀妮	杨 兵	杨宏亮	杨良煜	杨启博	杨君锐	杨雨林	杨国防	杨国红
杨迪珂	杨忠民	杨 凯	杨 征	杨 波(电控)		杨 波(人才交流中心)			杨学存
杨宝华	杨 建	杨建业	杨建利	杨建荣	杨建胜	杨建涛	杨建翔	杨建德	杨春芳
杨战社	杨泉林	杨俊三	杨 洁(电控)		杨 洁(建工)		杨 娜	杨 勇	杨 艳
杨晓光	杨晓强	杨爱丽	杨 浩	杨 娉	杨珺涵	杨 菲	杨梅焕	杨 清	杨婉华
杨 超	杨惠珺	杨善虎	杨富强	杨瑜侠	杨鹏宇	杨 新	杨满芝	杨 静	杨 漪
杨 慧	杨 瑾	杨 黎	杨 曙	来兴平	来俊文	来朝旭	连晓旭	肖大为	肖双双
肖乐乐	肖庆生	肖 江	肖 阳	肖 旸	肖泽元	肖 玲	肖前慧	肖 鹏	时 健
时 慧	吴文忠	吴文峰	吴 乐	吴冬梅	吴 刚	吴伟丽	吴延海	吴行健	吴安波
吴红菊	吴 轩	吴伯华	吴奉亮	吴 迪(管理)		吴 迪(建工)		吴建斌	吴 限
吴相军	吴映瞳	吴保传	吴盈萤	吴晓明	吴 悦	吴 勘	吴啸龙	吴敏焕	吴 博
吴雅睿	吴婷婷	吴 蒸	吴 霄	邱 月	邱华富	邱学晶	邱建伟	邱春霞	邱继生
何凤华	何文龙	何双喜	何江新	何兴良	何青峰	何其恩	何金梅	何绍斌	何晓伟
何 健	何 瑞	何 蓉	何 静	余起莺	余大伟	余小涛	余小琪	余竹焕	余 非
余学义	余 翔	余 兢	谷 川	谷栓成	邸 芃	邸俊燕	邸鸿喜	狄常馨	邹仁华

邹岳连　邹绍辉　邹　虹　邹晓龙　邹彩凤　邹彩虹　邹颖娴　旮红育　辛　华　辛　阳
辛扶瑶　辛芳芳　闵　斌　汪小军　汪广恒　汪卫兵　汪　仁　汪正进　汪　阳　汪　洋
汪　莹　汪晓芹　汪　峰　汪家杰　汪　梅　沟　睿　沈宗华　沈　思　沈　剑　宋　飞
宋世杰　宋志光　宋武装　宋咏梅　宋春峰　宋　亮　宋彦娥　宋　洁　宋勇军　宋振宇
宋　莹　宋晓华　宋海婷　宋　梅　宋雪丽　宋敏勇　宋　静　宋　毓　宋璐雯　张丁丁
张乃侠　张小红　张小勇　张小艳(计算机)　张小艳(能源)　张小涓　张子乔　张天军
张天杰　张卫国(地环)　张卫国(计算机)　张元龙　张云翌　张少元　张　文　张文明
张　为　张玉峰　张玉涛　张世佳　张可朋　张可茹　张龙妹　张　平　张东海　张　乐
张冬生　张立功　张立进　张立显　张永元　张永和　张加林　张　扬　张亚平　张亚刚
张亚玲　张亚娟　张亚婷　张　伟　张传伟　张仲华　张向荣　张全瑜　张旭东　张旭莲
张旭辉　张　江　张江洋　张　宇　张守刚　张军锋　张　欢(体育部)　张　欢(资后处)
张　红　张红利　张红兵　张红英　张　进　张志云　张志沛　张志鹏　张　芸　张　杨
张丽娜　张轩远　张辛亥　张　沛　张玮屹　张玮玮　张　武　张武刚　张　青　张　玥
张坤鳌　张　英　张　杰(建工)　张　杰(能源)　张杰慧　张　奔　张　奇　张　卓
张国峥　张国强　张　鸣　张　咏　张　岩(电控)　张　岩(建工)　张　欣　张金来
张京兆　张育芝　张　闹　张　波　张治红　张学芬　张建华　张建奇　张建昌　张春琴
张春森　张　茵　张　威　张威虎　张　研　张昭昭　张　思　张秋生　张秋会　张俭让
张剑光　张剑锋　张　剑(通信)　张　剑(学科办)　张　奕　张　恒　张艳丽　张艳青
张素红　张　娜(建工)　张　娜(艺术)　张振中　张　耿　张　莉　张　莹　张桂花
张根林　张晓东　张晓恒　张晓莉　张唤兰　张　峰　张峻山　张笑翀　张　烨　张　涛
张涛伟　张　浩　张海英　张海燕　张润兰　张　萌(教师教学发展中心)张　萌(艺术)
张菊梅　张梦原　张雪梅　张铭钟　张彩虹　张淑云　张　琳　张　琨　张　喆　张博霞
张　超(安全)　张　超(电控)　张　葳　张朝辉　张雅莉　张晶园　张晶晶　张景华
张程华　张释如　张　辉(保卫处)　张　辉(建工)　张　辉(人外)　张　辉(人事处)
张　斌　张　渤　张瑞圆　张　勤　张　蓉　张　楠　张　雷　张鹏利　张　腾　张　颖
张新平　张新艳　张　韵　张　雍　张　静　张碧艳　张碧航　张嘉凡　张毓隽　张潇云
张慧梅　张慧婷　张慧慧　张　瑾　张　蕴　张　磊　张　蕾(材料)　张　蕾(地环)
张燕清　张薇薇　张　璐　张嫚妮　张耀民　张　巍　张　夒　陆树河　陆　路　阿小田
陈小刚　陈　义　陈友良　陈少杰　陈　文　陈文燕　陈方方　陈龙民　陈立勇　陈吉兰
陈　刚　陈伟伯　陈　华　陈　伟(地环)　陈　伟(通信)　陈创前　陈兴周　陈　进
陈丽华　陈应涛　陈妍冰　陈　阳(信息网络中心)　陈　阳(学工部)　陈　杰　陈贤良
陈和虎　陈佳立　陈　欣　陈治平　陈建刚　陈练武　陈春林　陈　茗　陈　柳　陈秋计
陈　泉　陈俊杰　陈　亮　陈宪冬　陈　艳(机械)　陈　艳(资后处)　陈振华　陈振兴
陈晓宁　陈晓坤　陈铁华　陈　倩　陈海平　陈　跃　陈　渊　陈越平　陈　博　陈　辉
陈　婷　陈照娥　陈　鹏　陈新年　陈福欣　陈　静　陈　霖　陈　黎　陈　镝　邵小平
邵小强　邵水源　纳秀艳　武风波　武明华　武树森　武晓明　武继峰　武　瑛　耶虹菲
苗蓓蕾　苗　露　范公勤　范文静　范萌萌　林　伟　林　庚　林海飞　林海强　郅　彬
尚卫锋　尚云鹏　尚长春　尚可超　尚冬梅　尚　梅　尚　慧　畅　亮　易大伟　易永忠
易　欣　呼翠侠　罗生虎　罗永红　罗红伟　罗志刚　罗侃强　罗　珍　罗厚安　罗香玉
罗振敏　罗晓霞　罗　娟　罗清郁　罗　维　罗　琳　和　牟　岳宁芳　岳改丽　岳国华
岳晓俭　岳海华　岳海侠　岳惠萍　岳　辉　金大瑞　金永飞　金　英　金美容　金洪伟
金　浩　金　毅　金　鑫　朋俊珂　周小遨　周广宽　周文英　周亚蕾　周自翔　周安宁

周　军	周远国	周孝德	周　杨	周　妍	周奇勋	周学刚	周　娜	周晓媛	周高亮
周　涛	周探伟	周　铭	周惠萍	周　斌	周筱媛	周　颖	周新建	周　静	周　澜
郇　超	鱼海涛	鱼曼曼	庞立华	庞华锋	庞绍芳	庞栓琴	郑　宁	郑学召	郑选荣
郑俊良	郑　罡	郑　琪	郑　斌	郑强羽	郑颖春	郑　鑫	单　英	单鹏飞	炎正馨
宗学文	宗　涛	郎　丁	房科利	屈进州	屈孟男	屈钧利	屈根尚	孟凡静	孟　戈
孟　昭	孟泉水	孟　炯	孟彪龙	孟彩萍	孟鲁闽	孟媛媛	赵小玲	赵天鹏	赵文华
赵心恬	赵玉龙	赵玉娇	赵世永	赵立杉	赵　宁	赵永秀	赵亚军	赵亚敏	赵亚辉
赵权龙	赵　伟	赵延红	赵　华	赵庆志	赵安新	赵来顺	赵兵朝	赵玮钦	赵国梁
赵明心	赵金萍	赵　京	赵　明（教务处）	赵　明（理学院）	赵学军	赵学兵	赵建文
赵建会	赵　茜	赵省贵	赵秋丽	赵顺省	赵　亮	赵　洲	赵统堂	赵桂娟	赵栓峰
赵晓光	赵晓宇	赵晓辰	赵晓琴	赵晓强	赵晓慧	赵峰玉	赵　倩	赵凌燕	赵高长
赵　涛	赵海霞	赵　宽	赵梦玲	赵雪萍	赵　曼	赵婧昱	赵　斌	赵渭泳	赵　谦
赵登育	赵　鹏	赵鹏翔	赵燕云	赵　蕾	赵　璐	郝卫全	郝巧玲	郝　帅	郝兆明
郝丽梅	郝迎吉	郝改红	郝昱宇	郝秦霞	郝晓玲	郝　卿	郝彩宁	郝　锋	郝　静
荆秀芳	荆秀艳	荣伟岩	胡一波	胡小平	胡广翻	胡元哲	胡发泉	胡安辉	胡军卫
胡荣明	胡　恬	胡晓东	胡梦玲	胡　靓	胡靖怡	胡　巍	南涛涛	柯　昕	柏　均
柏松杉	柳　娜	钟红利	钟　斌	秋兴国	段军芳	段　钊	段秀娣	段虎荣	段　佳
段绍斌	段春乐	段晓波	段瑛锋	段　辉（统战部）	段　辉（艺术）	段　锦	段　鹏
段颖华	段新婵	修福荣	侯文婷	侯丕吉	侯平涛	侯东壮	侯东萍	侯李祥	侯春友
侯俊锋	侯晓丽	侯恩科	侯　爽	侯晨涛	侯斌刚	侯　瑜	侯　颖	侯　静	昝丽娜
昝宏洋	饶俊丽	施　楠	姜友谊	姜　华	姜利华	姜俊英	姜鹏飞	娄　宁	宣仙艾
宫　铭	祝少辉	祝菊锋	费秀水	费金彪	姚　乐	姚西武	姚　军	姚红霞	姚克勤
姚　迪	姚凯丰	姚　亮	姚顽强	姚海燕	姚　琴	贺文海	贺　平	贺进信	贺秀英
贺拥军	贺虎成	贺诗华	贺建红	贺　顺	贺　莹	贺媛阁	贺新福	骆一佳	秦立科
秦　红	秦红梅	秦　声	秦　雨	秦学斌	秦　昳	秦　卿	班丽瑛	袁子淳	袁　刚
袁　伟	袁　兴	袁金群	袁显平	袁晓芳	袁嘉轩	都松阳	换晓明	耿广坡	耿伟霞
耿阳婕	耿晓东	聂文杰	聂丽华	聂　珍	桓斌斌	索永录	索瑞霞	贾文胜	贾平利
贾亚军	贾国柱	贾　佳	贾　佩	贾艳艳	贾　哲	贾　真	贾海梁	贾婧玮	贾　靓
贾锐鱼	贾　斌	贾瑞娜	贾　磊	贾澎涛	夏小刚	夏　文	夏文学	夏文海	夏玉成
夏昭星	夏　猛	夏　晶	夏　瑾	原喜屯	顾卫民	顾　洁	柴生波	柴　钰	柴　敬
柴蓓蓓	柴蓉霞	党小虎	党永强	党光磊	党　明	党晓旭	党　雪	党婉青	党　琪
党　蒙	党　群	晁　媛	钱卫香	钱　敏	钱　磊	倪云峰	倪陈强	倪　茜	徐大庆
徐大明	徐长刚	徐田波	徐　刚	徐利军	徐炳坤	徐　恺	徐艳红	徐　超	徐　聪
殷屈娟	殷晓虎	殷新宇	奚家米	高云燕	高中堂	高丙丽	高　扬	高　争	高庆强
高红妮	高志刚	高　芳	高迎社	高沛林	高怀斌	高　凯	高　佳	高佳南	高　欣
高宝萍	高建明	高战辉	高　勇	高艳红	高振岗	高晋蓉	高晓旭	高晓艳	高　晔
高朕栋	高　捷	高淑萍	高　峰（计算机）	高　峰（理学院）	高喜才	高援国	高雅翠
高　翔	高登峰	高　瑞	高瑞华	高　瑜	高锦强	高　腾	郭一萍	郭力宇	郭小云
郭小凤	郭小平	郭　凡	郭　卫	郭卫彬	郭飞鹰	郭长立	郭巧媛	郭世宁	郭　伟
郭旭东	郭江波	郭　军	郭志勇	郭连江	郭　岚	郭利伟	郭秀才	郭何明	郭怀珍
郭　苹	郭　林	郭明环	郭荣海	郭钧华	郭胜忠	郭　洪	郭艳晓	郭　莉	郭　萌
郭　晨	郭　斌	郭　强	郭　鹏（电控）	郭　鹏（马院）	郭　鹏（实验室设备管理处）

郭 婷	郭 懿	席 东	席芝红	席婉儿	席 晶	唐仁龙	唐亚鹏	唐 伟	唐亦川
唐丽云	唐丽丽	唐 枫	唐胜利	唐美荣	唐 皓	唐善成	竞 霞	海 迪	海 路
涂 娟	陶 溪	姬长发	姬文轩	姬战怀	姬 莹	桑亚群	黄占良	黄永平	黄向东
黄向慧	黄 旭	黄庆享	黄远程	黄英维	黄金城	黄金星	黄 峰	黄 健	黄 海
黄梦涛	黄维模	黄 翔	黄静欣	黄耀光	梅 煜	曹 月	曹 乐	曹 劲	曹现刚
曹 非	曹建涛	曹春玲	曹恒民	曹根牛	曹晓燕	曹笑凡	曹 悦	曹 萍	曹雪梅
曹 鸿	曹雅霞	曹 媛	曹颖超	曹 磊	曹 燕	龚 云	龚文熔	龚尚福	龚星宇
龚晓燕	盛屹东	盛春斌	常 坤	常 洁	常 艳	常梦洁	常 琳	常 瑜	常瑶芝
常缨利	崔 平	崔亚敏	崔江霞	崔志林	崔 林	崔 星	崔晓临	崔晓娜	崔 峰
崔海文	崔 瑾	符立梅	符渭波	康 乐	康 洁	康晓非	章结兵	章 斌	商立群
淮乃存	渊小春	梁 飞	梁少辉	梁世飘	梁付君	梁秀梅	梁 宏	梁明哲	梁 侠
梁居伟	梁 荣	梁重娥	梁 钰	梁 婧	梁 博	梁耀东	寇发荣	寇 铭	寇 敏
尉迟国	尉朝闻	屠冰冰	隋春侠	续娟娟	彭龙贵	彭先龙	彭 倩	彭 涛	葛 丹
葛红玉	葛国库	董丁稳	董立红	董汉军	董西好	董红梅	董国伟	董 明	董 珂
董艳红	董 健	董跃武	董 敏	董惟昕	董鹂宁	董智斌	董 焱	董新博	董 煜
蒋 飞	蒋 林	蒋宝锋	蒋 媛	蒋 巍	韩飞燕	韩凤玲	韩 帅	韩立安	韩永志
韩民生	韩旭鹏	韩 冰	韩江平	韩 玮	韩佳明	韩 星	韩选利	韩 勇	韩 艳
韩 莉	韩晓冰	韩 钰	韩 娟	韩 敏	韩瑞丽	韩 蓉	韩 静	韩 熙	韩 蕊
惠兴田	惠阿丽	惠忠涛	惠莉萍	惠朝阳	覃 飞	覃亢节	景长青	景宁波	景宏君
景 鑫	喻 鑫	程卫星	程文东	程文杰	程方明	程红丽	程时星	程前进	程 勇
程爱华	程 梅	程甜甜	程智永	程 鹏	焦妍君	焦 娜	舒 予	舒 秦	舒 真
鲁晓珲	童 军	童美茹	童康胜	童鹏鹤	曾召华	曾佑富	曾社教	温乃宁	温苗利
谢志斌	谢 泳	谢建平	谢 毅	强云霄	强立静	强军锋	强 瑛	强 蕊	靳玉萍
靳伟涛	靳红梅	靳 盼	蓝培华	赖雄麟	雷卫东	雷正方	雷 驰	雷宋琼	雷 鸣
雷俊科	雷 莉	雷海宁	雷 琦	路 拓	路 程	鲍 园	解 忧	解晓蓉	解 晖
解海军	解盘石	解 琳	廉张军	廉武卫	廉晓庆	雍 繁	慈继豪	满 浩	窦仲军
窦红宾	窦夏阳	窦 娟	褚 佳	蔡会武	蔡江涛	蔡 玥	蔡 坤	蔡雨初	蔡雨庭
蔡周全	蔡 珊	蔡科选	蔡 辉	蔡璐璐	蔺丽华	臧红梅	裴胜利	裴琳娟	管延红
管丽华	廖 华	廖晓群	廖登洪	廖 颖	谭晨曦	谭 博	翟万林	翟小伟	翟承旭
翟 玲	翟海刚	翟啸波	熊光红	熊艳娥	熊善新	樊广明	樊子民	樊红卫	樊红亚
樊尚尚	樊建武	樊秋萍	樊晓萍	樊韩林	樊婷婷	樊锦文	樊 鹏	暴 宇	黎 晓
滕 徽	潘小玉	潘 宁	潘红光	潘红宇	潘 昊	潘建湘	潘轲通	潘彦宁	潘晶莹
薛力猛	薛弘晔	薛旭升	薛 进	薛奋勇	薛 河	薛建航	薛荣虎	薛 峰	薛 萍
薛喜成	薛韩玲	薛颖轶	霍 舟	霍海虹	霍 霖	冀汶莉	穆 阳	穆 荣	穆 莹
戴开文	戴 红	戴 俊	戴 悦	鞠灵杰	鞠 恺	魏小芹	魏 飞	魏少妮	魏引尚
魏东风	魏 羽	魏 彤	魏若男	魏佳赟	魏宗勇	魏 峰	魏 娟	魏 颖	魏 燕
瞿 琼									

参 考 文 献

[1] 《北京科技大学(北京钢铁学院)纪事》编辑组.北京科技大学(北京钢铁学院)纪事[M].北京:科学出版社,2013.

[2] 北洋大学—天津大学校史编辑室.北洋大学—天津大学校史(一)[M].天津:天津大学出版社,1990.

[3] 北洋大学—天津大学校史编辑室.北洋大学—天津大学校史(二)[M].天津:天津大学出版社,1995.

[4] 陈昌.煤炭志书编纂十讲[M].北京:煤炭工业出版社,2013.

[5] 陈浩.名师颂(第一卷)[M].北京:教育科学出版社,2007.

[6] 方光华.西北联大与中国高等教育[M].西安:西北大学出版社,2013.

[7] 改革开放30年中国教育改革与发展课题组.教育大国的崛起[M].北京:教育科学出版社,2008.

[8] 郭贵春,倪生唐.山西大学百年校史[M].北京:中华书局,2002.

[9] 合肥工业大学校史编委会.合肥工业大学校史(1945～2005)[M].合肥:合肥工业大学出版社,2005.

[10] 合肥工业大学校史编委会.合肥工业大学校史(2005～2015)[M].合肥:合肥工业大学出版社,2015.

[11] 《河南理工大学史》编委会.河南理工大学史[M].北京:中华书局,2009.

[12] 何宁.西北联大与中国高等教育Ⅱ——纪念西北联大汉中办学75周年[M].西安:世界图书出版西安有限公司,2014.

[13] 胡尘白.20世纪煤矿矿难纪年[M].北京:煤炭工业出版社,2012.

[14] 郎永杰.历史的见证——新闻媒体中的山西大学[M].北京:中国社会出版社,2012.

[15] 刘波,赵忠,杨更社,等.第六届西北联大与中国高等教育发展论坛论文集[C].西安:西安交通大学,2017.

[16] 刘德安,王斗虎.精彩人生:知识分子的杰出典范徐精彩[M].西安:陕西人民出版社,2008.

[17] 刘培进,信永华.发展足迹:来自《山东科大报》的报道[M].济南:山东友谊出版社,2011.

[18] 刘仲奎.第三届西北联大与中国高等教育发展论坛论文集[C].兰州:甘肃文化出版社,2015.

[19] 赛云秀.西安工业大学史(2005～2015)[M].西安:陕西人民出版社,2015.

[20] 山东科技大学.漫游中国大学:山东科技大学[M].重庆:重庆大学出版社,2011.

[21] 山西大学纪事编纂委员会.山西大学百年纪事[M].北京:中华书局,2002.

[22] 王少安.河南理工大学历史文化概览[M].北京:中华书局,2009.

[23] 吴晓煜.中国煤矿安全史话[M].徐州:中国矿业大学出版社,2012.

[24] 吴晓煜.中国煤矿史读本(古代部分)[M].北京:煤炭工业出版社,2016.

[25] 西北工业大学档案馆.西北工学院大事记(1938～1957)[A].西安:西北工业大学,2015.

[26] 西北工业大学档案馆.西北工业大学老照片[A].西安:西北工业大学,2015.

[27] 西北工业大学档案馆.西北工业大学图说校史[A].西安:西北工业大学,2014.

[28]《休闲读品》杂志.发现西北联大[M].西安:休闲读品杂志社,2012.

[29] 阎昭武.山东科技大学史[M].青岛:中国海洋大学出版社,2006.

[30] 杨德生.西北大学教育理念文选[M].西安:西北大学出版社,2004.

[31] 杨龙.北京开医道 西北续弦歌——西安交通大学医学部历史发展篇章[M].西安:西安交通大学出版社,2017.

[32] 张在军.西北联大[M].北京:金城出版社,2017.

[33] 中共陕西省委教育工委,陕西省教育厅.光辉的历程——陕西高等院校风采(1949～2009)[M].西安:陕西人民教育出版社,2009.

[34] 中国教育报刊社组.漫游中国大学:西北工业大学[M].重庆:重庆大学出版社,2007.

[35] 邹放鸣.中国矿业大学史[M].徐州:中国矿业大学出版社,2009.

[36] 邹放鸣.中国矿业大学志[M].徐州:中国矿业大学出版社,2009.

后　记

　　2018 年 9 月,西安科技大学将迎来办学 123 年和独立建校 60 周年华诞。为了追溯学校的办学渊源、全面回顾学校 60 年来的办学历程,缅怀先贤,总结经验,激励后人,学校于 2017 年 4 月启动了校史编纂工作。一年多来,在学校党政领导的关心支持及各单位的积极配合下,经过全体编写人员的辛勤努力,一部较为详细的记录学校发展历史的史书问世了。全国政协原常委、陕西省人民政府原省长程安东同志为本书作序,这是对校史编纂工作的肯定,也是对学校未来超越发展的殷切期望。

　　本书的编纂工作,得到了学校党政领导和全体师生员工、广大校友及其他有关单位人员的大力支持。在学校 60 周年校庆筹备之初,学校就决定编写校史,成立了以校党委书记、校长为主任委员,其他校领导为副主任委员,各单位主要负责人为成员的校史编纂委员会,下设校史编纂办公室,校党委副书记樊建武兼任办公室主任。编纂委员会讨论确定了编写大纲,中国矿业大学丁三青教授、西安建筑科技大学王继武编审先后受邀对编写人员进行了培训,并对编写大纲及二级学院纲目设定进行了指导。各职能部门和各二级学院都成立了编写组,认真提供本单位的材料。许多老领导、老教师十分关心本书的编写进程,抱着对学校深厚的感情积极提供历史线索并审核相关史料。在搜集资料的过程中,还得到了西安交通大学、西北工业大学、天津大学、河北工业大学、北京科技大学、中国矿业大学、山东科技大学、青岛理工大学、河南理工大学、山西大学、合肥工业大学、陕西理工大学、陕西省档案馆、甘肃省档案馆等有关单位的热情支持。

　　本史编纂采用学校统一组织,分章起草,编纂办公室统稿,编纂委员会集体审定的办法,合力成稿,并邀请陕西省教育厅教育志编纂办公室组织专家对书稿进行了会审。在编写过程中,编写组成员分工明确,朱旭风同志负责整体协调和调研考证,郭连江同志负责上卷部分统稿及部分章节撰写工作,王孝云同志负责下卷部分统稿工作,其他同志参与了调研、讨论及部分修改工作。编写组成员坚持辩证唯物主义和历史唯物主义的观点,坚持实事求是的原则,尊重史实,力求全面、准确、科学地记述学校历史,体现时代特征,凸显校情特色,彰显学校精神,以严肃认真的学术态度和对学校历史高度负责的精神,对学校的起源、前身及 1958 年时的建校基础等相关史实进行了考证和梳理,对学校 2008 年 4 月至 2018 年 3 月期间的十年历史进行了重点编写,对学校二级教学单位建院以来的历史进行了详细整理,并汇集了学校 2008 年编写的 50 周年校史内容,形成了 190 余万字的学校校史。全书分三部分。第一部分主要为学校管理部门内容,有 39 章;第二部分主要为二级教学单位内容,有 20 章;第三部分主要为附录,收录了学校章程、机构设置、历任校级领导、获奖统计、教职工名单等内容。

　　在本书的出版过程中,陕西亿杰控股集团给予了出版资金捐助,中国矿业大学出版社领导和相关编辑付出了辛勤劳动。值此本部校史出版之际,我们谨向所有关心支持编纂工作的各界朋友,向为校史编纂工作付出辛勤劳动的全体编撰人员,表示衷心的感谢!

　　校史编纂工作涉及面广,工作量大,任务繁重,时间仓促,再加上编写人员编纂水平有限,编纂中疏漏和错误之处在所难免,敬请广大师生校友及读者批评指正。

《西安科技大学校史》编写组

2018 年 5 月